Philosophie ist heute öffentlich. Diskussionen über politische, soziale und ökonomische Gegensätze werden jedoch mit einem Begriffsapparat geführt, der eine Inflation von Mißverständnissen ausgelöst hat. Der Verlag möchte mit dieser Lizenzausgabe des in der DDR erschienenen Wörterbuches ebenso dazu beitragen, solche terminologischen Mißverständnisse abzubauen wie die Verständigung zwischen Marxisten aus West und Ost und zwischen Marxisten und Nichtmarxisten zu erleichtern.
Da der Einbruch der Naturwissenschaft ins gesellschaftliche und private Kalkül eine neue Grenzziehung der Philosophie fordert, bietet dieses Wörterbuch auch mehr als die traditionellen Kompendien. Kybernetik, Informationstheorie, Semiotik und operationales Denken wurden bewußt einbezogen.

Rowohlt Taschenbuch Verlag

Marxistisch-leninistisches Wörterbuch der Philosophie

Herausgegeben von
Georg Klaus und Manfred Buhr

1 *A* (logisches Symbol)
Geschichte

rororo

Rowohlt

Gesamtleitung und Redaktion: Manfred Buhr, Georg Klaus

Technische Redaktion: Katharina Ochsenreither, Helga Röseler

Mitarbeiter: Karlheinz Barck, Gerhard Bartsch, Adolf Bauer, Ileana Bauer, Wilhelm Raimund Beyer, Manfred Buhr, Brigitte Burmeister, Herbert Crüger, Martin Döbler, Herbert Edeling, Wolfgang Peter Eichhorn, Martin Fontius, Rolf Geißler, Wilhelm Girnus, Arseni Gulyga, Wolfdietrich Hartung, Gerda Heinrich, Horst Hepach, Günter Heyden, Hans Hiebsch, Günther Hoppe, Hubert Horstmann, Gerd Irrlitz, Walter Jopke, Rolf Kirchhoff, Georg Klaus, Matthäus Klein, Hermann Klenner, Alexander Kolesnyk, Hans Kortum, Heinz Kosin, Alfred Kosing, Günter Kröber, Ulf Lehmann, Heinz Liebscher, Wernfried Maltusch, Helmut Mielke, Reinhold Miller, Manfred Müller, Werner Neumann, Rudolf Noack, Heinrich Parthey, Heinz Pepperle, Gudrun Richter, Jürgen Schmollack, Johanna Schramm, Winfried Schröder, Wolfgang Schubardt, Werner Schuffenhauer, Hans Schulze, Wolfgang Segeth, Manfred Starke, Fred Staufenbiel, Wolfgang Techtmeier, Jörg Vorholzer, Camilla Warnke, Claus Werner, Dieter Wittich, Vincent von Wroblewsky, Klaus-Dieter Wüstneck

Register: Gerhard Bartsch, Gundolf Gast, Gerda Heinrich, Guntolf Herzberg, Margritt Räck, Sonja Segeth

Ungekürzte Ausgabe
Veröffentlicht im Rowohlt Taschenbuch Verlag,
Reinbek bei Hamburg, Februar 1972
Titel der Originalausgabe: Philosophisches Wörterbuch

Fotomechanischer Nachdruck der 7. berichtigten Originalausgabe
Umschlagentwurf Werner Rebhuhn
Gesamtherstellung Clausen & Bosse, Leck/Schleswig
Printed in Germany
ISBN 3 499 16155 9

Vorwort

Das *Philosophische Wörterbuch* ist das erste seiner Art, das auf marxistisch-leninistischer Grundlage aufbaut. Seinen eigentlichen Bestand bildet die Darstellung der Kategorien und der mit ihrer Hilfe formulierten Gesetze des dialektischen und historischen Materialismus sowie der einzelnen Disziplinen der marxistisch-leninistischen Philosophie. Es werden ferner die Hauptpunkte (Strömungen, Richtungen, Disziplinen, Grundbegriffe) der Geschichte der Philosophie und der gegenwärtigen bürgerlichen Philosophie, der modernen Logik, der allgemeinen Methodologie, der Wissenschaftstheorie sowie die philosophisch relevanten Erkenntnisse der Natur- und Gesellschaftswissenschaften, der Kybernetik, der Semiotik, der Informations- und der Systemtheorie abgehandelt. Die Darstellung ist historisch und systematisch gehalten. Sie beginnt mit der Definition der jeweiligen Kategorie, des jeweiligen Begriffs, der jeweiligen Richtung usw., zeigt ihren historischen Werdegang auf und arbeitet auf dieser Grundlage ihre systematischen Aspekte in der Auseinandersetzung mit den wichtigsten einschlägigen Thesen der bürgerlichen Philosophie heraus. Der Grundbestand des Wörterbuchs wird ergänzt durch die Aufnahme allgemeiner philosophischer Begriffe und der – im engeren Sinne – philosophischen Terminologie, ihrer Bestimmung, Erklärung und Umschreibung. Dabei wurde auch die herkömmliche philosophische Terminologie (einschließlich der der traditionellen Logik) mit einbezogen, und zwar insoweit, als ihre Erklärung zum Verständnis historisch wirksam gewordener philosophischer Anschauungen und zur Auseinandersetzung mit der bürgerlichen Philosophie beitragen kann. Die Länge der einzelnen Artikel reicht von über mehrere Spalten sich erstreckenden Abhandlungen mit enzyklopädischem Charakter bis zu nur wenige Zeilen umfassenden Begriffsbestimmungen, deren Maß durch den – systematischen oder historischen – Stellenwert desjenigen Sachverhalts bestimmt ist, der zur Darstellung gebracht wird.

Ausgangspunkt der Darstellung sind die Werke von MARX, ENGELS und LENIN sowie die grundlegenden Dokumente der *Sozialistischen Einheitspartei Deutschlands* und der internationalen Arbeiterbewegung, insbesondere der *Kommunistischen Partei der Sowjetunion.*

Das *Philosophische Wörterbuch* soll allgemein eine schnelle, zuverlässige und gediegene Orientierung über die verschiedenen Bereiche der marxistisch-leninistischen Philosophie, der Geschichte der Philosophie, der Logik sowie der allgemeinen philosophischen Terminologie ermöglichen. Es soll ein wesentliches Hilfsmittel zum Studium der marxistisch-leninistischen Philosophie sowie zur Durchdringung der Werke von MARX, ENGELS und LENIN sein und zu deren tieferem Verständnis beitragen. Es soll darüber hinaus die Auseinandersetzung mit der bürgerlichen Philosophie und der imperialistischen Ideologie überhaupt befördern helfen.

Die Ausführung der einzelnen Stichwörter ist von dem Bestreben getragen, dem fortgeschrittensten Stand der Wissenschaftsentwicklung bzw. dem neuesten Stand der Forschung Geltung zu verleihen. Bei ihrer Ausarbeitung wurden die in den letzten Jahren erschienenen grundlegenden Werke und speziellen Untersuchungen zur marxistisch-leninistischen Philosophie berücksichtigt, deren Einsichten in die Darstellung eingegangen sind.

Zum Unterschied von der 1. bis 5. Auflage ist in der vorliegenden 6., *überarbeiteten und erweiterten Auflage* des *Philosophischen Wörterbuchs* die Anzahl der abgehandelten Stichwörter von etwa 1000 auf nahezu 1800 erhöht worden. Eine breitere und vertiefte Abhandlung erfuhren die Kategorien und Begriffe des dialektischen und historischen Materialismus. Stärkere Berücksichtigung fanden die Bereiche der Ethik, der allgemeinen Methodologie, der Wissenschaftstheorie und die Darstellung und Kritik der gegenwärtigen bürgerlichen Philosophie sowie einige Abschnitte der Geschichte der Philosophie. Die überwiegende Anzahl der Artikel der vorhergehenden Auflagen des Wörterbuchs ist neu abgefaßt, zumindest überarbeitet worden.

Generell liegt der vorliegenden Ausgabe des Wörterbuchs das Bestreben zugrunde, den operativen Sinn, den revolutionären, weltverändernden Charakter der marxistisch-leninistischen Philosophie zu betonen und einsichtig zu machen. Dadurch soll dem *Philosophischen Wörterbuch* noch umfassender sein Platz im Prozeß der Gestaltung des entwickelten gesellschaftlichen Systems des Sozialismus durch die Arbeiterklasse unter Führung der marxistisch-leninistischen Partei gesichert werden.

Gerade deshalb lag es in unserer Absicht, im Wörterbuch auch jenen philosophisch-theoretischen Problemen Rechnung zu tragen, die durch die Errichtung des Sozialismus unter den Bedingungen der wissenschaftlich-technischen Revolution, der damit verbundenen Spezifik der modernen Wissenschaftsentwicklung und – nicht zuletzt – der Prognose, Planung und Leitung der sozialistischen Gesellschaft aufgeworfen werden. In diesem Sinne soll das Wörterbuch zur Verbreitung neuer operativer Denkweisen und dialektisch-materialistischen Systemdenkens, des dialektischen Denkens überhaupt, und zwar als revolutionärer Methode der Gesellschaftsveränderung durch die Arbeiterklasse, beitragen. Beides steht nicht im Gegensatz zueinander, sondern bedingt sich wechselseitig.

Anlage, Aufbau und Darstellungsweise des Wörterbuchs ist bewußt gegen jede Erscheinungsform des überkommenen wie des gegenwärtigen Revisionismus gerichtet. Dergestalt wird in ihm gewollt jede Anschauung verworfen, die auf einen «Pluralismus» des Marxismus, auf eine «Konvergenz» mit der bürgerlichen Ideologie oder auf die Unabhängigkeit der marxistisch-leninistischen Philosophie vom konkreten Prozeß der Gestaltung der sozialistischen und kommunistischen Gesellschaft unter Führung der Partei der Arbeiterklasse abzielt.

Auch in dieser Ausgabe des Wörterbuchs konnte noch nicht das gesamte Gebiet der Philosophie umfassend zur Sprache gebracht werden. Manche Lücken und manche Disproportionen mußten in Kauf genommen werden. Die Herausgeber werden sich bemühen, das *Philosophische Wörterbuch* in weiteren Auflagen zu vervollständigen und die Abhandlung seines jetzigen Bestandes systematisch zu verbessern. Sie betrachten die Arbeit am Wörterbuch als eine ständige Aufgabe.

Von der Angabe von Sekundärliteratur am Ende jedes Artikels wurde bewußt abgesehen. Eine solche Aufgabe können nur – soll ihre Lösung nicht durch subjektive Willkür gekennzeichnet sein – philosophische Bibliographien erfüllen. Auf die Aufnahme von Philosophennamen wurde ebenfalls verzichtet. Diese gehören in ein noch zu entwickelndes Philosophen-Lexikon in marxistisch-leninistischer Gestalt. Unser Wörterbuch ist ein Wörterbuch philosophischer Kategorien, Begriffe, Strömungen, Richtungen, der allgemeinen philosophischen Terminologie, philosophisch-relevanter Tatsachen aus anderen Wissenschaften usw.

Zur besseren Orientierung ist den Artikeln ein *Begriffswortverzeichnis* vorangestellt. In diesem sind unter dem jeweiligen Stichwort die Namen der Verfasser der einzelnen Artikel angegeben. Am Schluß des Wörterbuchs befindet sich ein *Verzeichnis der in den Artikeln angeführten Personen und der zitierten Literatur.* Die zitierte Literatur ist durch Titelangaben ergänzt, die den Informationsgehalt der einzelnen Artikel erhöhen und die historische Orientierung erleichtern. Die in den Artikeln gemachten Literaturangaben sind so abgekürzt, daß der volle Titel ohne weiteres zu erkennen ist bzw. mit Hilfe des Verzeichnisses am Schluß des Wörterbuchs leicht eingesehen werden kann.

Für die Unterstützung der Arbeiten am *Philosophischen Wörterbuch* haben wir der Direktion des *Instituts für Philosophie* und der Direktion des *Instituts für Geschichte der Naturwissenschaften und der Technik* der *Akademie der Wissenschaften der UdSSR* zu danken.

Für Hilfe, Entgegenkommen und Verständnis ist der Leitung des Verlages Dank zu sagen.

Manfred Buhr/Georg Klaus

Abkürzungen und Zeichen

Logische Zeichen

$\sim$	Negation	[nicht; es ist nicht wahr, daß ...] (→ Negation)
$\wedge$	Konjunktion	[und] (→ Konjunktion)
$\vee$	Alternative	[oder; oder/und] (→ Alternative)
$\succ\!\!-\!\!\prec$	Kontravalenz	[entweder ... oder ...] (→ Kontravalenz)
$\mid$	Exklusion	[unverträglich] (→ Exklusion)
$\rightarrow$	Implikation	[impliziert; wenn ..., so ...] (→ Implikation)
$\leftarrow$	Replikation	[repliziert; nur wenn ..., so ...] (→ Replikation)
$\leftrightarrow$	Äquivalenz	[äquivalent; genau dann, wenn] (→ Äquivalenz)
$\downarrow$	Nicodsche Funktion	[weder ... noch ...] (→ Nicodsche Funktion)
$\forall$	Alloperator	[für jedes ...] (→ Allaussage)
$\exists$	Existentialoperator	[es gibt (mindestens) ein ...] (→ Existentialaussage)
$=$	Gleichheit	[ist gleich] (→ Identität)
$\equiv$	Identität	[ist identisch mit] (→ Identität)
ι, ℩	Jota-Operator	[dasjenige Individuum, welches] (→ Beschreibung)
λ, $\hat{}$	Lambda-Operator	[diejenigen Individuen, welche] (→ Name)
$\in$	Elementbeziehung	[ist Element von] (→ Elementbeziehung)
$\subset$, $\subseteq$	Enthaltenseinsbeziehung	[ist enthalten in] (→ Enthaltenseinsbeziehung)
$\cap$	Durchschnitt	[geschnitten mit] (→ Durchschnitt)
$\cup$	Vereinigung	[vereinigt mit] (→ Vereinigung)
Λ	Nullklasse	[Nullklasse] (→ Nullklasse)
V	Allklasse	[Allklasse] (→ Allklasse)
	Komplementärklasse	[Komplementärklasse] (→ Komplementärklasse)
M, $\Diamond$	Möglichkeitsoperator	[möglicherweise] (→ Grundmodalitäten)
N, $\Box$	Notwendigkeitsoperator	[notwendigerweise] (→ Grundmodalitäten)
$\vdash$	Behauptungszeichen	(→ Behauptung)
$=_{Def}$	Definitor	[ist definitionsgleich] (→ Definition)
(,); [,]	Klammern	(→ Klammern)

Da in der internationalen Literatur die logischen Zeichen nicht einheitlich verwendet werden, geben wir nachstehend eine vergleichende Übersicht für solche, die häufig verwendet werden:

	Hilbert-Ackermann Nowikow	Scholz Schröter	Whitehead-Russell Carnap	Kleene	Lukasiewicz	Lorenzen
Negation	—	$\sim$	$\sim$	$\neg$	N	$\neg$
Konjunktion	&	$\wedge$	$\cdot$	&	K	$\wedge$
Alternative	$\vee$	$\vee$	$\vee$	$\vee$	A	$\vee$
Implikation	$\rightarrow$	$\rightarrow$	$\supset$	$\supset$	C	$\sqsubset$
Äquivalenz	$\sim$	$\leftrightarrow$	$\equiv$	$\sim$	E	$\sqcap$
Exklusion	$\mid$		$\mid$		D	$\curlyvee$
Alloperator	(x)	$\forall$x	(x)	$\forall$x	Πx	$\bigwedge_x$
Existentialoperator	(Ex)	$\exists$x	($\exists$x)	$\exists$x	Σx	$\bigvee_x$

Abkürzungen

bzw.	– beziehungsweise
d. h.	– das heißt
d. i.	– das ist
eigtl	– eigentlich
etc.	– et cetera (und so weiter)
Ggs	– Gegensatz
sog.	– sogenannt
svw	– soviel wie
u. a.	– und andere(s)
u. ä.	– und ähnliche(s)
u. dgl.	– und dergleichen
urspr	– ursprünglich
usf.	– und so fort
usw.	– und so weiter
u. U.	– unter Umständen
u. Z.	– unserer Zeitrechnung
vgl.	– vergleiche
v. u. Z.	– vor unserer Zeitrechnung
z. B.	– zum Beispiel
→	– weist auf ein anderes Stichwort hin

Sprachbezeichnungen

arab	– arabische Sprache
engl	– englische Sprache
franz	– französische Sprache
german	– germanische Sprache
griech	– altgriechische Sprache
ital	– italienische Sprache
lat	– lateinische Sprache
neulat	– neulateinisch
portugies	– portugiesische Sprache
span	– spanische Sprache

Griechisches Alphabet

Α	*α*	Alpha	*Η*	*η*	Eta	*Ν*	*ν*	Ny	*Τ*	*τ*	Tau
Β	*β*	Beta	*Θ*	*ϑ*	Theta	*Ξ*	*ξ*	Xi	*Υ*	*υ*	Ypsilon
Γ	*γ*	Gamma	*Ι*	*ι*	Jota	*Ο*	*ο*	Omikron	*Φ*	*φ*	Phi
Δ	*δ*	Delta	*Κ*	*ϰ*	Kappa	*Π*	*π*	Pi	*Χ*	*χ*	Chi
Ε	*ε*	Epsilon	*Λ*	*λ*	Lambda	*Ρ*	*ϱ*	Rho	*Ψ*	*ψ*	Psi
Ζ	*ζ*	Zeta	*Μ*	*μ*	My	*Σ*	*σ, ς*	Sigma	*Ω*	*ω*	Omega

Begriffswortverzeichnis

aristotelischer Realismus: Realismus

Aristotelismus
Manfred Buhr

Ars combinatoria
Gerhard Bartsch

Artbegriff
Georg Klaus

Artes liberales
Alexander Kolesnyk

asiatische Produktionsweise
Herbert Crüger

Askriptor
Wolfgang Segeth

assertorisch
Georg Klaus

Assoziation
Günter Kröber/Camilla Warnke

Assoziationsgesetze
Gerhard Bartsch

Assoziationspsychologie
Gerhard Bartsch

assoziativ
Georg Klaus

Ästhetik
Wilhelm Girnus

Astrologie
Günter Kröber/Helmut Mielke

Astronomie
Günter Kröber/Helmut Mielke

Asymmetrie
Helmut Mielke

asymmetrisch: symmetrisch

Ataraxie
Manfred Buhr

Atheismus
[1] Werner Schuffenhauer
[2] Rolf Geissler

Äther
Günter Kröber/Helmut Mielke

Atom
Günter Kröber/Helmut Mielke

atomarer Ausdruck: Ausdruck, atomarer

atomare Tatsache
Hubert Horstmann

Atomismus: Atomistik

Atomismus, logischer
Hubert Horstmann

Atomistik
Manfred Buhr/Günter Kröber

Attraktion und Repulsion
Helmut Mielke

Attribut
Günter Kröber

Aufklärung
[1] Winfried Schröder
[2] Karlheinz Barck

Ausbeutung
Günter Heyden

Ausdruck, atomarer
Wolfgang Segeth

Ausdruck, logischer: logischer Ausdruck

Ausdruck, molekularer
Georg Klaus

Aussage
Georg Klaus

Aussagefunktion
Georg Klaus

Aussage, hypothetische
Georg Klaus

Aussagenkalkül: Aussagenlogik → Logikkalkül

Aussagenlogik
Georg Klaus

aussagenlogische Konstante: Funktor

Aussagenvariable
Wolfgang Segeth

Aussagenverbindung
Wolfgang Segeth

Außenwelt
Günter Kröber

Äußeres
Günter Kröber/Camilla Warnke

Austromarxismus
Matthäus Klein

Autarkie
Manfred Buhr

Autogenese
Camilla Warnke

Autokorrelation
Georg Klaus

Automat
Heinz Liebscher

Automatisierung
Georg Klaus

autonom
Manfred Buhr

Autonomie
[1] Manfred Buhr
[2] Hans Schulze

Autorität
Hans Schulze

autosemantisch
Georg Klaus

Averroismus
Manfred Buhr

Axiom
Georg Klaus

Axiomatik: Axiomensystem

axiomatische Methode
Georg Klaus

Axiomenmodell
Klaus-Dieter Wüstneck

Axiomensystem
Georg Klaus

Babouvismus
Wolfgang Techtmeier

Ballung
Hubert Horstmann

Bamalip
Wolfgang Segeth

Báñezianismus
Heinz Pepperle

Barbara
Wolfgang Segeth

Barbari
Wolfgang Segeth

Baroco
Wolfgang Segeth

Basis und Überbau
Wolfgang Peter Eichhorn

Bedeutung
Georg Klaus

Bedeutungserkennung
Georg Klaus

bedingte Anlaßafferenz
Georg Klaus

bedingter Reflex
Camilla Warnke

Bedingtheit
Günter Kröber

Bedingtsein
Günter Kröber

Bedingung
Günter Kröber

Bedingungen des materiellen Lebens der Gesellschaft
Günter Heyden

Bedingungslehre: Konditionalismus

Bedürfnis
Martin Döbler

Begriff
Georg Klaus

Begriffe, disjunkte
Wolfgang Segeth

Begriffe, interferierende
Georg Klaus

begrifflich
Wolfgang Segeth

Begriffsbestimmung
Wolfgang Segeth

A

A – in der *traditionellen Logik* Symbol für eine bejahende Allaussage der Form «Alle *S* sind *P*», auch abgekürzt durch «*SaP*»; von «*a*ffirmo» [lat] – «ich bejahe», «ich behaupte».
Eine solche Aussage kann in der modernen *Prädikatenlogik* im allgemeinen durch $\forall(x)\,[S(x) \rightarrow P(x)]$ wiedergegeben werden. In gewissen Fällen muß jedoch die in der traditionellen Logik stillschweigend geltende Voraussetzung, wonach dem Subjektsbegriff «*S*» nicht die Nullklasse entsprechen darf, wenn die Aussage *wahr* sein soll, ausdrücklich in Gestalt einer Existentialaussage $\exists(x)\,S(x)$ hinzugefügt werden (z. B. im Modus → Bamalip).

A = A – in der *traditionellen Logik* symbolische Schreibweise für den Satz der → Identität.

Abbild – 1. ideelle sinnliche und rationale Form, durch die das menschliche Bewußtsein die objektive Realität im Erkenntnisprozeß widerspiegelt. Sinnliche Abbilder sind Empfindung, Wahrnehmung und Vorstellung; rationale Abbilder sind Begriff, Urteil, Schluß, Theorie usw.
Abbilder entstehen im Erkenntnisprozeß als aktive ideelle Aneignungen der objektiven Realität auf der Grundlage praktischer Tätigkeit. Sie sind keine bloßen Kopien, sondern komplizierte, widerspruchsvolle Übersetzungen von Materiellem in Ideelles. Jedes Abbild ist vor allem eine Einheit von Objektivem und Subjektivem, indem es, vermittelt durch die Tätigkeit des Subjekts, Eigenschaften, Seiten, Zusammenhänge der objektiven Realität widerspiegelt. Die Dialektik von Objektivem und Subjektivem in den Abbildern wird oft vereinfacht: der Inhalt sei objektiv, die Form subjektiv. Tatsächlich enthält auch der Inhalt der Abbilder gewisse subjektive Elemente, und andererseits ist auch die Form letzten Endes objektiv bedingt. Die Abbilder sind sowohl dem Inhalt wie der Form nach überwiegend objektiv bestimmt, und ihre subjektiven Elemente sind kein schwerwiegendes Hindernis ihrer Erkenntnisfunktion. [1]
Auf die Frage, ob unsere Sinne uns richtige Abbilder von den durch sie wahrgenommenen Dingen geben, antwortet ENGELS (22, 296): «In dem Augenblick, wo wir [die] Dinge, je nach den Eigenschaften, die wir in ihnen wahrnehmen, zu unserem eigenen Gebrauch anwenden, in demselben Augenblick unterwerfen wir unsere Sinneswahrnehmungen einer unfehlbaren Probe auf ihre Richtigkeit oder Unrichtigkeit. Waren diese Wahrnehmungen unrichtig, dann muß auch unser Urteil über die Verwendbarkeit eines solchen Dinges unrichtig sein, und unser Versuch, es zu verwenden, muß fehlschlagen» (*auch*: LENIN 14, 103f). ENGELS und LENIN unterstreichen, daß es sich beim Abbild nicht um einen mechanischen Reflex der objektiven Realität handelt, sondern um einen aktiven Prozeß ihrer geistigen Erschließung: «Die menschlichen Vorstellungen ... sind relativ, doch setzt sich aus diesen Vorstellungen die absolute Wahrheit zusammen, diese relativen Vorstellungen entwickeln sich in der Richtung der absoluten Wahrheit, nähern sich dieser an» (LENIN 14, 171). [2]
2. Resultat der Operation des Abbildens. Betrachtet man nicht den Prozeß der Abbildung, sondern faßt sie nur als statische Relation auf (x wird abgebildet auf y, wobei der Bereich der Variablen x der Bereich der sog. Urbilder, der Bereich der Variablen y der Bereich der Bilder bzw. Abbilder ist), so sind die Bilder bzw. Abbilder Elemente einer Menge, die einer anderen Menge zugeordnet ist. Ist $\mathfrak{M}$ die Menge der Dinge, Eigenschaften, Sachverhalte usw., die abgebildet werden, $\mathfrak{M}'$ die Menge der Gedanken, Begriffe, Aussagen, Theorien usw., auf die abgebildet wird, so nennt man die Elemente dieser zweiten Menge die Bilder bzw. Abbilder der Elemente der ersten Menge. Besäßen die Menschen die absolute Wahrheit, so würde jedem Element der ersten Menge genau ein Element der zweiten Menge entsprechen.
Da dies nur für Teilbereiche der Wissenschaft erreicht worden ist und erreicht werden kann, wird also nicht $\mathfrak{M}$ abgebildet, sondern es findet eine Abbildung aus $\mathfrak{M}$ statt. Da andererseits nicht allen Elementen der Menge $\mathfrak{M}'$ ein Urbild entspricht (die Menschen können, ausgehend von der Praxis, zu freien Konstruktionen des Geistes gelangen, denen in der Realität nichts entspricht), so handelt es sich nicht um eine Abbildung auf $\mathfrak{M}'$, sondern in $\mathfrak{M}'$. Der Bereich der Gedanken, Begriffe, Aussagen, Theorien usw. ist also um-

fassender als der Bereich der Abbilder der objektiven Realität. Sehr häufig stellt sich im Verlauf der Wissenschaftsgeschichte heraus, daß derartige gedankliche Konstruktionen sich nachträglich doch als Abbilder erweisen. (Die nichteuklidischen Geometrien bzw. die nichtkommutativen Algebren waren zunächst reine Schöpfungen des menschlichen Geistes und haben sich späterhin als mathematische Abbilder objektivrealer Sachverhalte erwiesen.) [3]
→ Abbildung → Abbildtheorie.

Abbildrelation – Relation, Beziehung zwischen einem Abbild und dem abgebildeten Objekt. Je nach der Art des Abbildes und der Art des abgebildeten Objekts lassen sich Abbildrelationen mit unterschiedlichen Eigenschaften unterscheiden. Die am besten bekannte Abbildrelation ist die zwischen → Aussage und → Sachverhalt bestehende, d. h. die Wahrheitsrelation (→ Wahrheit). Eine andere Abbildrelation besteht zwischen dem → Begriff und der durch ihn widergespiegelten Klasse von Individuen oder von Klassen (→ Klasse, logische). Die beiden genannten Abbildrelationen stimmen zwar in wesentlichen Eigenschaften überein – so z. B. darin, daß das Abbild dem abgebildeten Objekt gegenüber sekundär ist –, unterscheiden sich aber auch voneinander, und zwar vor allem darin, daß der Aussage ein → Wahrheitswert zukommt, dem Begriff hingegen nicht.
→ Abbild.

Abbildtheorie (*auch*: Widerspiegelungstheorie) – 1. allgemein: Lehre, daß die Erkenntnis eine Abbildung oder Widerspiegelung der objektiven Realität im menschlichen Bewußtsein ist. In ihrer dialektisch-materialistischen Ausprägung ist die Abbildtheorie das Kernstück der marxistisch-leninistischen Erkenntnistheorie. Sie geht davon aus, daß der Gegenstand der Erkenntnis, die objektive Realität, unabhängig und außerhalb vom erkennenden Subjekt, dem gesellschaftlichen Menschen, existiert und von diesem in einem komplizierten Erkenntnisprozeß auf der Grundlage der Praxis bewußtseinsmäßig erfaßt und in ideellen Abbildern, wie Empfindungen, Wahrnehmungen, Begriffen, Aussagen, Theorien usw., widergespiegelt wird, d. h., das Materielle wird im Menschenkopf in Ideelles umgesetzt und übersetzt (Marx).

Die materialistische Beantwortung der *Grundfrage der Philosophie* impliziert in erkenntnistheoretischer Hinsicht in dieser oder jener Form eine Abbildtheorie. In der *Geschichte der Philosophie* ist von verschiedenen Philosophen ein Beitrag zu einer wissenschaftlich begründeten dialektischen Abbildtheorie geleistet worden, der ein Schritt auf dem Weg zum dialektischen und historischen Materialismus war.

In einer noch naiven Form wurde die Abbildtheorie bereits von Demokrit begründet. Nach seiner Auffassung werden alle Dinge durch Vereinigung von Atomen gebildet, die sich voneinander durch Gestalt, Ordnung, Lage, Größe und Gewicht unterscheiden. Alle Gegenstände senden fortwährend Atomgruppen (Eidola) aus, welche feine, unsichtbare Abbilder der Gegenstände sind und durch Berührung mit den menschlichen Sinnesorganen die Sinneserkenntnis ermöglichen.

Eine Neubegründung und Weiterentwicklung erfuhr die Abbildtheorie durch den *englischen materialistischen Sensualismus* und durch den an ihn anknüpfenden *französischen Materialismus des 18. Jahrhunderts.*

Bei Hobbes und Locke ist die Abbildtheorie der Erkenntnis eng mit ihrer Auffassung von den sog. primären und sekundären Qualitäten verbunden, woraus sich verschiedene Inkonsequenzen ihrer im ganzen materialistischen Erkenntnistheorie herleiten. Hobbes sieht in den Wahrnehmungen (ideas) Abbilder der materiellen Körper im Bewußtsein, die Empfindungen des Lichts, der Farbe, der Wärme, des Tons aber sind ihm nur Phantasmen, die aus der Einwirkung der Objekte auf die Sinnesorgane entstehen (Lehre vom Körper 4, 25). Ähnlich betrachtet Locke die Wahrnehmungen (ideas) der primären Qualitäten der Körper, wozu er Größe, Gestalt, Zahl, Lage und Bewegung rechnet, als Abbilder der objektiven Realität, während er die sekundären Qualitäten, wie Farbe, Ton, Geruch, Geschmack usw., als Wirkungen der primären Qualitäten auf die Sinnesorgane erklärt (Über den menschlichen Verstand 2, 8).

Die französischen materialistischen Philosophen des 18. Jahrhunderts, insbesondere Holbach und Diderot, führten die Abbildtheorie konsequenter durch. Sie machten keinen prinzipiellen Unterschied zwischen primären und sekundären Qualitäten und sahen in den Empfindungen, Wahrnehmungen und Ideen Abbilder der Gegenstände mit ihren Eigenschaften. Die materiellen Gegenstände existieren außerhalb des menschlichen Bewußtseins, sie wirken durch ihre Eindrücke auf die Sinne, wodurch Empfindungen entstehen, die als Wahrnehmungen im menschlichen Gehirn bewußt werden und als Ideen auf die Gegenstände bezogen werden, welche sie hervorrufen. Jede Idee ist das Abbild des Gegenstandes, von dem die Empfindung und die Wahrnehmung ausgehen (Holbach, System der Natur I, 8). Es besteht ein organischer Zusammenhang zwischen Empfindung, Wahrnehmung und Denken; alle sind sie Funktionen des menschlichen Gehirns und werden hervorgerufen durch die Einwirkung äußerer Gegenstände (Diderot, Elemente der Physiologie XVII, XXIX, XXXIII).

Die Abbildtheorie der englischen und französischen Materialisten war infolge des wesentlich

empiristischen Charakters ihrer Erkenntnistheorien vornehmlich auf die Sinneserkenntnis beschränkt. Soweit die rationale Erkenntnis einbezogen wurde – worum sich insbesondere DIDEROT stark bemühte –, gelang es noch nicht, ihre spezifische Qualität gegenüber der Sinneserkenntnis herauszuheben. Die französischen Materialisten verarbeiteten die damaligen naturwissenschaftlichen Kenntnisse, vor allem aus dem Bereich der Physiologie, um ihre erkenntnistheoretischen Auffassungen zu begründen. Obwohl sich bei ihnen eine Reihe wertvoller Gedanken über den dialektischen Charakter der Erkenntnis finden, blieb ihre Abbildtheorie insgesamt doch wesentlich undialektisch befangen.
Weitere Elemente der materialistischen Abbildtheorie entwickelte SPINOZA. Erkennen bedeutete für ihn ein Abbilden der Dinge und ihrer Ordnung in den Ideen und ihrer Ordnung (Ethik II, Lehrsatz 7). Die Ordnung der Ideen, der Zusammenhang der Gedanken im Bewußtsein muß den objektiven Zusammenhang der Dinge widerspiegeln, zwischen ihnen muß Übereinstimmung bestehen. Wenn die Ideen mit den Dingen übereinstimmen, sind sie wahr (Ethik I, Grundsatz 6). Das Erkennen muß ein getreues Bild der Natur geben. Die Anwendung der Abbildtheorie auf die rationale Erkenntnis durch SPINOZA bedeutete einen Fortschritt gegenüber dem einseitigen Empirismus und bildet zusammen mit den Auffassungen der englischen und französischen Materialisten eine wichtige theoretische Quelle der dialektisch-materialistischen Abbildtheorie.
Der Gedanke der Abbildtheorie ist von Vertretern des Idealismus in ihrem Kampf gegen die materialistische Erkenntnistheorie in subjektiv-idealistischer Weise verfälscht worden. BERKELEY und HUME schufen die immanente Abbildtheorie, die bis in die neuere bürgerliche Philosophie hinein nachwirkt. BERKELEY betrachtet die den Sinnen eingeprägten Ideen, also die Empfindungen, als die wirklichen Dinge, die Ideen im engeren Sinne, also die Gedanken, als die Abbilder der Dinge, so daß die Gedanken die Empfindungen abbilden (Über die Prinzipien der menschlichen Erkenntnis XXXIII). Ähnlich sieht HUME in den Vorstellungen oder Gedanken (ideas) Abbilder der Eindrücke oder Wahrnehmungen (impressions), so daß der ganze Abbildungsprozeß in allen seinen Gliedern dem Bewußtsein immanent ist (Eine Untersuchung über den menschlichen Verstand II). Durch BERKELEY und HUME wurde das materialistische Wesen der Abbildtheorie subjektiv-idealistisch umgefälscht.
Die Abbildtheorie des *dialektischen und historischen Materialismus*, die von MARX und ENGELS geschaffen und von LENIN weiterentwickelt wurde, bedeutet eine qualitativ neue Stufe in der Entwicklung der materialistischen Erkenntnistheorie. Sie führt die richtigen Grundgedanken der Abbildtheorie der früheren Materialisten fort, überwindet ihre Mängel und verarbeitet zugleich kritisch die Resultate und richtigen Problemstellungen, welche die idealistische Erkenntnistheorie hervorgebracht hat.
Die neue Qualität der dialektisch-materialistischen Abbildtheorie zeigt sich vor allem in folgenden Gesichtspunkten: sie erfaßt im Unterschied zu aller anderen Erkenntnistheorie den sozialen Charakter und die soziale Determiniertheit des Abbildungsprozesses. Die gesellschaftliche Praxis in ihren vielfältigen Formen ist die Grundlage, auf welcher der Abbildungsprozeß im menschlichen Bewußtsein erfolgt. Die Praxis ist auch das letzte und entscheidende Kriterium, das es gestattet zu prüfen, inwieweit die Abbilder mit dem Abgebildeten übereinstimmen, um sie fortlaufend zu korrigieren und zu präzisieren. Das menschliche Erkenntnisvermögen, der Apparat, mit dessen Hilfe die Abbildung der objektiven Realität erfolgt, ist nicht nur ein Ergebnis der biologischen Evolution und Anpassung, sondern vor allem der gesellschaftlichen Entwicklung. «Die Bildung der fünf Sinne ist eine Arbeit der ganzen bisherigen Weltgeschichte» (MARX). Ebenso erhält auch der Gegenstand der Erkenntnis infolge der Veränderung der Natur durch die Gesellschaft in wachsendem Maße sozialen Charakter. Da die dialektisch-materialistische Abbildtheorie auch den historischen Materialismus zu ihrer philosophischen Grundlage hat, kann sie den Abbildungsprozeß in seiner gesellschaftlichen Bedingtheit richtig erfassen, während die frühere Abbildtheorie ihn schon von ihren philosophischen Grundlagen her nur in seiner individuellen, vereinzelten und darum abstrakten Gestalt nehmen konnte.
Die marxistisch-leninistische Abbildtheorie hat im Unterschied zu der ihrem Wesen nach undialektischen Auffassung der früheren Materialisten den dialektischen Charakter des Abbildungsprozesses klar herausgearbeitet. Das Erkennen ist kein mechanischer Vorgang, sondern ein komplizierter Prozeß, der voller dialektischer Widersprüche ist. Er umschließt die widersprüchliche Einheit von Objektivem und Subjektivem, von Unmittelbarkeit und Vermittlung, von Sinnlichem und Rationalem, von Allgemeinem und Einzelnem, von Abstraktem und Konkretem, von Empirischem und Theoretischem. Dementsprechend sind auch die im Erkenntnisprozeß entstehenden Abbilder der objektiven Realität keine mechanischen Kopien, sondern komplizierte Übersetzungen gemäß den spezifischen Gesetzen der menschlichen Erkenntnistätigkeit. Aber es besteht eine eindeutige Beziehung zwischen den Abbildern und dem Abgebildeten, eine Isomorphie, die in den verschiedenen Abbildformen

unterschiedliche Gestalt annimmt. Die Abbilder in der rationalen Erkenntnis sind in unterschiedlichem Maße mit konventionellen Elementen, insbesondere mit Zeichen und Zeichensystemen verbunden. Diese sind zum Aufbau theoretischer Systeme und zu deren Formalisierung unerläßlich (→ Semiotik). Die Verabsolutierung dieser konventionellen Elemente und ihre idealistische Interpretation durch den *Neupositivismus* hat zur Entstehung der Zeichentheorie der Erkenntnis geführt, wonach Erkennen darin bestehe, irgendwelchen Tatbeständen Zeichen eindeutig zuzuordnen (SCHLICK, Allgemeine Erkenntnislehre I).

Die dialektisch-materialistische Abbildtheorie gründet sich fest auf die Resultate der modernen Naturwissenschaft. Sie findet ihre naturwissenschaftliche Grundlage vor allem in der Neurophysiologie und der Physiologie der höheren Nerventätigkeit sowie der Neurokybernetik (→ Reflex → Signalsystem). [1]

Gegen die vulgärsoziologische Vereinfachung der Abbildtheorie im Sinne einer mechanischen Reflextheorie, durch die der ideengeschichtliche Prozeß der Aneignung der objektiven Realität und seine relative Eigenständigkeit negiert wird, hat ENGELS noch 1890 in seinem Brief an Conrad SCHMIDT Stellung genommen (37, 493): «Aber als bestimmtes Gebiet der Arbeitsteilung hat die Philosophie jeder Epoche ein bestimmtes Gedankenmaterial zur Voraussetzung, das ihr von ihren Vorgängern überliefert worden und wovon sie ausgeht. Und daher kommt es, daß ökonomisch zurückgebliebene Länder in der Philosophie doch die erste Violine spielen können: Frankreich im 18. Jh. gegenüber England, auf dessen Philosophie die Franzosen fußten, später Deutschland gegenüber beiden. Aber auch in Frankreich wie in Deutschland war die Philosophie, wie die allgemeine Literaturblüte jener Zeit, auch Resultat eines ökonomischen Aufschwungs ... Die Ökonomie schafft hier nichts a novo, sie bestimmt aber die Art der Abändrung und Fortbildung des vorgefundnen Gedankenstoffs, und auch das meist indirekt, indem es die politischen, juristischen, moralischen Reflexe sind, die die größte direkte Wirkung auf die Philosophie üben» (MARX/ENGELS 37, 493). [2]

Die marxistische Abbildtheorie integriert vor allem die Erkenntnisse der Mathematik, der Kybernetik, der Informationstheorie und der Neurokybernetik usw. Damit ist es möglich, den Prozeß der Abbildung tiefer und genauer zu verstehen, das Wesen der Abbilder besser zu begreifen und vor allem zu erklären, weshalb diese Abbilder keine statischen, unveränderlichen Gebilde sind, sondern wie und weshalb sie sich ständig wandeln und die Abbildung der objektiven Realität im Prozeß ihrer Wandlung immer besser und genauer leisten können. In dieser Sicht erscheint die Abbildung der objektiven Realität als Rückkopplungsprozeß (→ Rückkopplung), in dessen Verlauf die Gesamtheit der Bilder der einzelnen Teile, Seiten, Aspekte der objektiven Realität, d. h. das innere Modell der Umwelt, durch ständige Konfrontation mit der Wirklichkeit, die in der gesellschaftlichen Praxis vorgenommen wird, sich ständig vervollkommnet. Der Erkenntnisapparat des einzelnen Menschen erscheint in dieser Sicht als Teilsystem des Gesamterkenntnisapparates der Gesellschaft, und beide haben den Charakter selbstoptimierender kybernetischer Systeme. Die marxistische Abbildtheorie unterscheidet sich von den vormarxistischen materialistischen Abbildtheorien nicht nur durch die Betonung des Prozeßcharakters der Abbildung (im Gegensatz zur rein statischen Konfrontation von Abbild und Urbild), durch eine wesentlich tiefere Einsicht in die Natur der Bilder (die Abbilder haben semantischen, nicht etwa im Sinne DEMOKRITS ikonischen Charakter), sondern auch durch eine neue Auffassung über den Charakter der Abstraktion. Die marxistische Abbildtheorie ist, als philosophische Lehre, zwar keine Einzelwissenschaft, sie stützt sich aber auf neue Einsichten der Einzelwissenschaften bzw. auf neu entstandene Disziplinen derselben. Informationspsychologie, Neurokybernetik usw. geben Hinweise, wie Experimente im Bereich der philosophischen Abbildtheorie durchgeführt werden können. Die Kybernetik hat technische Systeme ausgearbeitet, die den Charakter von technischen Modellen des Vorgangs der Abbildung besitzen. Schließlich schenkt die marxistische Abbildtheorie den Mitteln, mit deren Hilfe die Abbilder konstruiert werden, erhöhte Aufmerksamkeit, d. h. der natürlichen Sprache, der Fach- und Kunstsprache.

Abbildung ist im Sinne der *Informationstheorie* eine Codierung der Signale der Umwelt. Die marxistische Abbildtheorie berücksichtigt die Gesetzmäßigkeiten dieser neuen Wissenschaftsdisziplin und beschäftigt sich u. a. auch mit den verschiedenen Codes, die im Prozeß der Abbildung vom Erkennenden benützt werden.

2. allgemeine Lehre von der Abbildung von Mengen $\mathfrak{M}$ auf bzw. in Mengen $\mathfrak{M}'$ bzw. aus Mengen $\mathfrak{M}$ in oder auf Mengen $\mathfrak{M}'$. Die *abstrakte Abbildtheorie* beachtet weder die Art und Natur der Elemente der abgebildeten Mengen noch die der abbildenden Mengen. Sie untersucht vielmehr nur die mathematischen bzw. logischen Relationen zwischen Abbildern und Urbildern. Der philosophisch interessante Spezialfall einer Abbildung ist die Klasse derjenigen Erkenntnistheorien, die davon ausgehen, daß die menschlichen Erkenntnisse letztlich nichts anderes sind als Abbilder (bzw. Widerspiegelungen) der objektiven Realität. Nicht jede Form der Erkennt-

nistheorie ist eine Abbildtheorie. Dort, wo Erkennen ein sich Bewußtwerden bzw. Erinnern von Ideen ist (PLATON) oder Erkenntniselemente voraussetzt, die vor jeder Erfahrung gegeben sind (KANT), liegt ein völlig anderer Typ von Erkenntnistheorie vor. Andererseits ist nicht jede Abbildtheorie eine materialistische oder gar dialektisch-materialistische Abbildtheorie. [3]
→ Abbild → Abbildung → Erkenntnis → Erkenntnistheorie.

Abbildung – Sachverhalt, der in den verschiedensten Bereichen der Einzelwissenschaften und der Philosophie von grundlegender Bedeutung ist und jeweils Anlaß zu entsprechenden Theorienbildungen gegeben hat. Die speziellen Abbildbegriffe der verschiedensten wissenschaftlichen Bereiche haben heute direkt oder indirekt ihre Grundlage im Abbildbegriff der Mengentheorie. Nach ihr ist Abbildung eine Vorschrift, die jedem Element x einer Menge $\mathfrak{M}$ eindeutig ein Element y einer Menge $\mathfrak{M}'$ zuordnet. Diese Zuordnung nennt man eine Abbildung von $\mathfrak{M}$ in $\mathfrak{M}'$.

Die mathematischen Funktionen sind z. B. Abbildungen im Sinne dieser Definition. Dieser Abbildbegriff ist jedoch sehr allgemeiner Natur.

Abbildungen lassen sich nach verschiedenen Gesichtspunkten klassifizieren. Hier soll nur eine besonders wichtige Klasse von Abbildungen hervorgehoben werden, und zwar die Klasse der eineindeutigen Abbildungen. Eine solche Abbildung von $\mathfrak{M}$ auf $\mathfrak{M}'$ liegt dann vor, wenn

1. jedem Element von $\mathfrak{M}$ ein und nur ein Element von $\mathfrak{M}'$ zugeordnet ist;
2. jedem Element von $\mathfrak{M}'$ ein Element von $\mathfrak{M}$ entspricht;
3. zwei verschiedenen Elementen von $\mathfrak{M}$ immer zwei verschiedene Elemente von $\mathfrak{M}'$ entsprechen.

Dei erkenntnistheoretische Abbildbegriff ist insofern dem allgemeinen Abbildbegriff zu subsumieren, als die Erkenntnis nach Auffassung des dialektischen Materialismus eine Abbildung der Dinge, Eigenschaften, Sachverhalte usw. der objektiven Realität auf Gedanken, Begriffe, Aussagen usw. ist.

Systeme von Dingen, Relationen usw. werden dabei auf Systeme von Gedanken, Aussagen usw., d. h. auf Theorien abgebildet. Kybernetisch gesehen kann die Gewinnung eines ideellen Abbilds der materiellen Welt als Aufbau eines sog. inneren Modells der Außenwelt aufgefaßt werden. Dieses innere Modell ist kein statisches Gebilde. Die starre Gegenüberstellung von Urbild und Abbild ist deshalb nur in der Abstraktion zulässig. Das innere Modell der Außenwelt befindet sich vielmehr in einem Prozeß der informationellen Rückkopplung mit der Außenwelt. Die Abbildung ist ein Prozeß. Unsere Abbilder werden zu Grundlagen unserer Handlungen gemacht (z. B. durch wissenschaftliche Aussagen, die unsere Handlungen leiten), und die Erfolge unserer Handlungen bzw. die Abweichungen von dem angestrebten Ziel sind Grundlage für die Verbesserung unserer Abbilder bzw. unseres Systems von Abbildern. Das Rückkopplungsschema hat die allgemeine Struktur: Objektive Realität – Wahrnehmung, Empfindung – Verarbeitung von Wahrnehmung und Empfindung zu einem abstrakten Abbild bzw. einem System von Abbildern – Handlungen, die wir als Konsequenz unseres Systems von Abbildern vornehmen – Einwirkung mit Hilfe dieser Handlungen auf die Realität – Rückmeldung des Resultats in Form von Empfindungen und Wahrnehmungen – Verbesserung bzw. Bestätigung des Bildes. Der dialektisch-materialistische Abbildbegriff ist also mit dem Begriff der Praxis unlösbar gekoppelt.

Es ist oft davon die Rede, daß die Abbilder nach Auffassung des dialektischen Materialismus mit den Urbildern «übereinstimmen». Diese Übereinstimmung ist nicht eine Übereinstimmung, wie sie etwa in der vormarxistischen ikonischen Abbildtheorie vorzufinden ist, der zufolge verkleinerte Abbilder der wirklichen Dinge, die Eidola, in unserem Gehirn verankert sind; sie besteht vielmehr in bezug auf den Informationsinhalt und die Struktur von Urbild und Abbild. Abbilder sind eine Einheit von Objektivem und Subjektivem insofern, als der Erkenntnisapparat des Meoschen seine besonderen Formen der Informationsaufnahme, -übertragung und -verarbeitung hat, seine besonderen Methoden der Codierung und Speicherung von Information. Der aufgenommene Informationsinhalt und die allgemeinen Gesetze der Informationstheorie sind objektiv. Es besteht häufig die Tendenz, das Objektive im Abbildprozeß im Inhalt der Abbildung, das Subjektive in der Form zu sehen. Tatsächlich beziehen sich Objektives und Subjektives sowohl auf Inhalt als auch auf Form. Der subjektive Erkenntnisapparat des einzelnen Menschen, aber auch der menschlichen Gesellschaft, wählt aus dem angebotenen Informationsstrom der Umwelt aus, er beeinflußt also den Inhalt der Erkenntnis. (Wenn hier vom Informationsinhalt die Rede ist, so ist nicht nur der syntaktische, sondern auch der semantische und pragmatische Informationsinhalt gemeint.)

Umgekehrt ist die Form der Erkenntnis niemals rein subjektiv; die allgemeinen Gesetze der Codierung, der Informationsübertragung, der Kanalkapazität, der Informationsspeicherung und -verknüpfung usw. sind für jedes beliebige Subjekt und seinen Erkenntnisapparat Grundlage und bestimmen den Rahmen, innerhalb dessen subjektive Momente überhaupt möglich sind.
→ Abbildtheorie → Erkenntnis → Information → Semiotik → Menge.

Abduktion [lat] – *eigtl*: Ab-, Wegführung; Abziehung.
Nach ARISTOTELES (Erste Analytik II, 25, 69a) ein Schluß, dessen Obersatz gewiß und dessen Untersatz zwar ungewiß, aber ebenso glaubwürdig wie die Conclusio oder glaubwürdiger als diese ist. Eine Abduktion in diesem Sinne ist also ein *Wahrscheinlichkeitsschluß* in der Form eines Syllogismus.
Bei Ch. S. PEIRCE ist die Abduktion neben der Induktion eine der beiden Arten des nichtdeduktiven Schließens (Deduction, Induction and Hypothesis; in Collected Papers vol. II, 619 bis 644). Eine Abduktion ist bei PEIRCE soviel wie die Aufstellung einer Hypothese oder – in seiner Terminologie – eine Folgerung von einer Regel und einem Resultat auf einen Fall. Die Beziehungen zwischen Deduktion, Induktion und Abduktion werden durch folgendes *Beispiel* verdeutlicht:

Deduktion
Regel: Alle Bohnen aus diesem Beutel sind weiß.
Fall: Diese Bohnen sind aus diesem Beutel.
Resultat: Diese Bohnen sind weiß.

Induktion
Fall: Diese Bohnen sind aus diesem Beutel.
Resultat: Diese Bohnen sind weiß.
Regel: Alle Bohnen aus diesem Beutel sind weiß.

Abduktion
Regel: Alle Bohnen aus diesem Beutel sind weiß.
Resultat: Diese Bohnen sind weiß.
Fall: Diese Bohnen sind aus diesem Beutel.

Aberglaube – *urspr*: falscher Glaube, vom Standpunkt einer mit Absolutheitsanspruch auftretenden Religion. Im 18. Jahrhundert der der «Vernunft» entgegengesetzte religiöse Glaube (HEGEL 2, 415–441), nicht aber die «vernunftgemäß geläuterte», rationale Religiosität.
In der *marxistisch-leninistischen Philosophie* wird Aberglaube vornehmlich synonym mit Religion (als dem der wissenschaftlichen Erkenntnis entgegengesetzten *Glauben an Übernatürliches* überhaupt) gebraucht.
In der Auseinandersetzung mit den gegenwärtigen Erscheinungen des religiösen Bewußtseins ist indessen zwischen dogmatisch fixierten religiösen Glaubensformen von umfassendem Weltanschauungscharakter (Religionen, deren Glaubensrichtungen und Sekten) und einzelnen Äußerungen religiösen Bewußtseins, die nicht mit der Anerkennung des weltanschaulichen Gesamtsystems einer Religion verbunden sind, zu unterscheiden. Darunter sind vor allem solche zu verstehen, die ihrem Charakter nach Relikte historisch überwundener Stufen der Religionsentwicklung darstellen. Letztere Gruppe von Erscheinungen des religiösen Bewußtseins bezeichnet die *marxistisch-leninistische Philosophie* als *Formen des Aberglaubens* im engeren Sinn. Unter ihnen spielen Erscheinungen, die an *Magie*, *Totemismus*, *Fetischismus*, *Animismus* anknüpfen, eine besondere Rolle. Unter dem Einfluß des *Islams* und vor allem des *mittelalterlichen Christentums* fanden zahlreiche ihrer Formen besondere Verbreitung.
Folgende *wesentliche Formen* des Aberglaubens sind zu nennen, die besonders in den kapitalistischen Ländern noch weit verbreitet sind: *Sympathetische Magie*; Naturgegebenheiten (Mondwechsel, Konstellation der Gestirne, ungewöhnliche Naturerscheinungen) wird geheimnisvolle Wirkung auf menschliche Schicksale und Handlungen (Wünsche, Krankheiten, Kriege) zugeschrieben. Quelle vor allem für das Unwesen der → *Astrologie* (Horoskope). *Zahlen-*, *Wort- und Gegenstandsmagie*: bestimmten Zahlen und Zahlenkombinationen (Glücks- und Unglückszahlen), dem Aussprechen bestimmter Wörter (Zauberbücher) sowie bestimmten Gegenständen, Pflanzen, Tieren werden geheimnisvolle magische Kräfte zugesprochen. Quelle für *Kurpfuscherei* (sympathetische Kuren: angebliche Heilung selbst organischer Leiden durch lediglich suggestive Beeinflussung, durch «Besprechen» oder durch «Magnetismus») und betrügerischen *Massenvertrieb sympathetischer Mittel* (Amulett, Talisman, Maskottchen). Auch bestimmten Menschen wird geheimnisvolles übernatürliches Vermögen zugesprochen (magische Zauberei, Fakire, Hellsehen, «böser Blick», Hexen und Hexenbanner). Quelle für berufsmäßige betrügerische *Wahrsagerei* und noch auftretenden *Hexenwahn*, *Traumdeutung* (magisches Traumerleben, «Visionen», Ekstasen, Somnambulismus) als Quelle der Wahrsagerei (Traumbücher, Medien). *Geister-* und *Gespensterglaube*: auf animistische Vorstellungen und Traumerleben zurückgehender Glaube an das Wirken böser und guter Geister, an das tätige Fortwirken der Seelen Gestorbener («weiße Frau», Klopfgeister, Hausgeister, Schutzpatrone, Heilige). Heute vor allem Quelle für den *Okkultismus* in allen Formen (Spiritismus, Parapsychologie).
Diese Formen des Aberglaubens wurzeln wie die religiösen Anschauungen im allgemeinen in der Unwissenheit über die Zusammenhänge in Natur und Gesellschaft, in objektiver oder vermeintlicher Ohnmacht gegenüber den Wirkungen der Naturkräfte und gesellschaftlichen Gesetzmäßigkeiten und in der Mystifizierung des Zufalls. Der religiöse Aberglaube wird in der Klassengesellschaft, insbesondere unter den ausgebeuteten und unterdrückten, in Unwissenheit gehaltenen Massen des Volkes, ständig genährt und von den herr-

schenden Ausbeuterklassen in vielfältigen Formen zur Festigung ihrer Macht gefördert. Abergläubische Befangenheit wird in den Ländern des Kapitalismus vielfach von gewissenlosen Elementen zu schamloser persönlicher Bereicherung ausgenutzt.
Der Kampf gegen alle Formen des Aberglaubens ist ein wichtiger Bestandteil der ideologischen massenpolitischen Arbeit der *marxistisch-leninistischen Parteien* im Interesse der Sicherung der bewußten, schöpferischen und aktiv umgestaltenden Tätigkeit der Volksmassen.
→ Religion → Fetischismus → Animismus.

Abhängigkeit – Form des Zusammenhangs zwischen Objekten der materiellen Welt bzw. deren Abbildern im Bewußtsein, bei der die Existenz oder Veränderung der einen Objekte die Existenz oder Veränderung anderer Objekte voraussetzt. Während der Begriff des Zusammenhangs zwischen A und B lediglich bedeutet, daß die Existenz oder Veränderung von A stets von der Existenz oder einer entsprechenden Veränderung von B begleitet wird bzw. umgekehrt, wird im Begriff der Abhängigkeit die Richtung des Zusammenhangs präzisiert: «A hängt von B ab» heißt, daß die Existenz oder Veränderung von A die Existenz oder Veränderung von B voraussetzt, nicht aber umgekehrt. Als Form des Zusammenhangs leitet sich die Abhängigkeit der Erscheinungen aus der materiellen Einheit der Welt und der Bewegung als der Daseinsweise der Materie her.
Wenn die Existenz oder Veränderung einer Erscheinung A von der Existenz oder Veränderung einer anderen Erscheinung B abhängt, so sagt man auch, daß B eine notwendige Bedingung für A sei. A kann nur dann existieren oder sich verändern, wenn B existiert oder sich verändert. In diesem Sinne bringt der Begriff der Abhängigkeit das passive Moment des Zusammenhangs zwischen A und B zum Ausdruck.
Die Erkenntnis von Abhängigkeiten zwischen den Erscheinungen in Natur und Gesellschaft ist eine wichtige Voraussetzung für den wissenschaftlichen Fortschritt und den Erfolg der zielgerichteten praktischen Tätigkeit der Menschen. Wenn etwa bekannt ist, wie die Verhaltensweise eines materiellen Systems von seiner Struktur abhängt, so genügt es, die Struktur des Systems zu kennen, um seine wichtigsten Verhaltensweisen voraussagen zu können. Allgemein gesagt sind wissenschaftliche Voraussagen überhaupt nur dann möglich, wenn bekannt ist, in welcher Weise die zu prognostizierende Erscheinung von welchen Faktoren abhängt. Die Erkenntnis von Abhängigkeiten ist in der Regel eine wichtige Vorstufe der Gesetzeserkenntnis in der Wissenschaft.
Logisch gesehen ist die Abhängigkeit eine dreistellige Relation. Es genügt demnach nicht, zu sagen: «x hängt von y ab», sondern es muß gleichzeitig formuliert werden, in welcher Hinsicht x von y abhängt. Die vollständige Formulierung eines Abhängigkeitsverhältnisses muß deshalb lauten: «x hängt hinsichtlich z von y ab.» So kann z. B. ein Land, das zwar formal politische Selbständigkeit besitzt oder im Zuge des Zerfalls des imperialistischen Kolonialsystems seine staatliche Selbständigkeit errungen hat, durchaus noch auf die verschiedenste Weise politisch, ökonomisch oder militärisch von anderen imperialistischen Staaten abhängig sein.
Das Gegenteil der Abhängigkeit ist die Unabhängigkeit. Auch sie ist eine dreistellige Relation: «x ist hinsichtlich z von y unabhängig.» Jede Erscheinung ist hinsichtlich bestimmter Eigenschaften von anderen abhängig. Dies folgt aus dem universellen Zusammenhang der materiellen Welt und daraus, daß sich alle Erscheinungen der objektiven Realität in ständiger Bewegung und Veränderung befinden, aufeinander einwirken und sich in Wechselwirkung befinden. Es gibt keine absolut unabhängigen Erscheinungen. Diese wären nur möglich als total von ihrer Umwelt isolierte Systeme, die in keinerlei Stoff-, Energie- oder Informationsaustausch mit ihrer Umgebung stünden und somit existenzunfähig wären.
→ Bedingtheit → Relation → Zusammenhang, objektiver.

Ableitung – die Gewinnung einer Aussage durch logische Schlußregeln aus beliebig vorgegebenen Aussagen, über deren Wahrheit oder Falschheit nichts ausgemacht ist. Eine Ableitung führt deshalb nicht zu irgendwelchen schlüssigen Feststellungen über die Wahrheit oder Falschheit der abgeleiteten Aussage. Der Begriff der Ableitung ist weiter als der des Beweises. Jeder Beweis ist eine Ableitung, aber nicht jede Ableitung ist ein Beweis. Die begrifflich klare Unterscheidung von Beweis und Ableitung finden wir bereits bei ARISTOTELES. Der Unterschied zwischen Beweis und Ableitung kann, unter Zugrundelegung des HILBERT-ACKERMANNschen Axiomensystems der Aussagenlogik (Grundzüge I, § 10), durch folgende Beispiele verdeutlicht werden.
Die nachstehende Reihe von Formeln ist eine Schlußkette, die mit $\sim p \vee p$ (→ Satz vom ausgeschlossenen Dritten) endet nnd schlüssig bewiesen ist. In diesem Falle ist die Ableitung zugleich ein Beweis.

1. $p \vee p \rightarrow p$ (A_1)
2. $(p \vee p \rightarrow p) \rightarrow (\sim p \vee (p \vee p) \rightarrow \sim p \vee p)$ (A_4, R_2)
3. $\sim p \vee (p \vee p) \rightarrow \sim p \vee p$ $(1., 2., R_1)$
4. $(p \rightarrow p \vee p) \rightarrow \sim p \vee p$ (3., Def)
5. $p \rightarrow p \vee p$ (A_2, R_2)
6. $\sim p \vee p$ $(4., 5., R_1)$

Aus den Angaben in Klammern hinter den einzelnen Beweiszeilen erfahren wir, woher die jeweilige Formel kommt. Die Klammer hinter der zweiten Beweiszeile bedeutet: Es wurde vom HILBERT-ACKERMANNschen Axiom A_4 ausgegangen, dann wurde auf dieses Axiom die Einsetzungsregel R_2 angewandt. Da in unserem Falle der Ausgangspunkt *wahre* Voraussetzungen sind, ergibt sich als Resultat eine *wahre* Aussage, eben die sechste Beweiszeile, d. h. der Satz vom ausgeschlossenen Dritten. [Dieses Beispiel zeigt zugleich die Relativität des Begriffs «Axiom». Der Satz vom ausgeschlossenen Dritten, der in der *traditionellen Logik* zu den Axiomen der Logik gerechnet wurde, erweist sich in unserem Beispiel als ein Lehrsatz (→ Theorem), weshalb er als Axiom im HILBERT-ACKERMANNschen Axiomensystem der Aussagenlogik gar nicht erscheint.]

Als Beispiel einer Ableitung, die nicht zugleich ein Beweis ist, geben wir den Fall, daß zwei Prämissen p und $\sim p$ vorgegeben seien. Aus diesen Prämissen läßt sich etwa folgendes ableiten:

1.	p	Prämissen
2.	$\sim p$	Prämissen
3.	$\sim p \rightarrow \sim p \vee q$	(A_2, R_2)
4.	$\sim p \vee q$	$(2., 3., R_1)$
5.	$p \rightarrow q$	(4., Def)
6.	q	$(1., 5., R_1)$

Da q eine beliebig festlegbare Aussage ist, heißt das, daß man unter der Voraussetzung unserer beiden Prämissen jede beliebige Aussage (also auch jede beliebige *falsche* Aussage) ableiten kann.

→ Axiom → Beweis.

absolut [lat] – *eigtl*: abgelöst; unabhängig, unbedingt, uneingeschränkt, schlechthin, vollkommen; keiner näheren Bestimmung bedürftig; losgelöst von jeder Bindung. *Ggs*: relativ.

Absolute, das [lat] – das Unbedingte, Unbegrenzte, Uneingeschränkte. In den *idealistischen Philosophien* in der Regel Begriff für das letzte Wesen aller Erscheinungen, den letzten Grund des Weltganzen, oft mit Gott gleichgesetzt.

Absolutes [lat] – etwas, das in seiner Existenz, in seiner Wahrheit usw. durch nichts anderes bedingt oder vermittelt ist, sondern total unabhängige und damit unbegrenzte, uneingeschränkte Existenz bzw. Gültigkeit hat. Der Gegensatz zum Absoluten ist das Relative.

Der marxistischen Philosophie gilt die Materie als etwas Absolutes; sie genügt sich selbst in ihrer Existenz, ist durch nichts anderes, insbesondere durch keinen Schöpfungsakt bedingt und besitzt ewige und uneingeschränkte Existenz. Eine absolute Bestimmung der Materie ist die Bewegung, die als Daseinsweise und inhärentes Attribut der Materie durch keinen außerweltlichen ersten Beweger bedingt ist und allen Existenzformen der Materie zukommt. Auch die dialektische Widersprüchlichkeit, der «Kampf» der Gegensätze, ist eine absolute Bestimmung der sich bewegenden Materie: «Der Kampf der einander ausschließenden Gegensätze ist absolut, wie die Entwicklung, die Bewegung absolut ist» (LENIN 38, 339).

Jedoch ist das völlig auf sich selbst bezogene, d. h. absolut Absolute, eine reine Gedankenkonstruktion, der in der objektiven Realität nichts entspricht. Es gibt keine Objekte oder Bestimmungen der materiellen Welt, die außerhalb ihres universellen Zusammenhangs stünden, durch nichts vermittelt und somit absolut unabhängig wären. Insofern Absolutes real existiert, kann es deshalb nur als relativ Absolutes, als Absolutes in ganz bestimmter Hinsicht, in bestimmter Beziehung existieren: Absolutes bedarf zu seiner Existenz der gegensätzlichen Bestimmung des Relativen.

→ Absolutes und Relatives → Relatives.

Absolutes und Relatives [lat] – gegensätzliche Bestimmungen der objektiven Realität und der Erkenntnis, die in ihrer Einheit allen Objekten der materiellen Welt und deren Widerspiegelungen im menschlichen Bewußtsein zukommen. Absolutes existiert nur durch das Relative, im Relativen, und im Relativen ist stets zugleich Absolutes enthalten. Absolutes und Relatives stehen zueinander im Verhältnis des dialektischen Widerspruchs, d. h. sind Gegensätze, die sich ausschließen, zugleich aber einander bedingen.

So besitzt die Materie zwar absolute Existenz, ist durch nichts anderes bedingt, kann weder erschaffen noch zerstört werden; doch existiert Materie nicht an sich, als absolute Substanz im Sinne der idealistischen Philosophie, sondern nur in der unendlichen Vielfalt und Mannigfaltigkeit ihrer konkreten Struktur- und Bewegungsformen, deren jede relativ, durch andere bedingt, von anderen abhängig und räumlich und zeitlich begrenzt ist. Die Bewegung ist insofern ein absolutes Attribut der Materie, als es keine Materie ohne Bewegung gibt; doch ist Bewegung stets an konkrete, relative Materieformen gebunden und hat somit selbst relativen Charakter. Alle Struktur- und Bewegungsformen der Materie sind mithin in ihrer konkreten Existenz relativ, in ihrer Materialität aber, in ihrer Eigenschaft, Existenzformen der sich bewegenden Materie zu sein, zugleich absolut.

Wie in der objektiven Realität sind Absolutes und Relatives auch im Erkenntnisprozeß nicht voneinander zu trennen. Auch hier existiert Absolutes nur im Relativen und ist im Relativen Absolutes enthalten. Der Physiker z. B. sucht hinter den relativen Bestimmungen der Objekte, Systeme, Prozesse usw. deren absolute Bestimmungen, d. h. die Invarianten, aufzudecken. Der Erkenntnisprozeß selbst vollzieht sich in Form eines Aufsteigens von relativen Wahrheiten niederer Ordnung zu solchen höherer Ordnung, deren Folge sich unbegrenzt der absoluten Wahrheit nähert. Die Dialektik von relativer und absoluter Wahrheit bildet einen wichtigen Bestandteil der marxistischen Erkenntnistheorie.

Außer im Bereich der objektiven Realität und der Erkenntnis tritt die Dialektik von Absolutem und Relativem auch in der Ethik, im Bereich der Normen des menschlichen Verhaltens auf.

Da Absolutes und Relatives nicht getrennt voneinander, sondern nur in ihrer Einheit existieren, muß sich ihre Trennung und einseitige Hervorhebung nachteilig auf den Erfolg der praktischen und der Erkenntnistätigkeit des Menschen auswirken. So ist der Dogmatismus durch ein starres, absolutes Festhalten an einmal getroffenen Aussagen gekennzeichnet; er ignoriert den relativen Charakter der Wahrheit, erkennt nicht, daß eine Aussage, die unter bestimmten historischen Bedingungen wahr ist, unter veränderten Bedingungen falsch sein kann, und hemmt somit jegliches schöpferische Denken und Handeln. Für den Relativismus dagegen gibt es überhaupt keine vom Subjekt unabhängige objektive Wahrheit; für ihn ist alles relativ. In der Erkenntnistheorie führt der Relativismus unweigerlich zu Skeptizismus und Subjektivismus. «Der Unterschied zwischen Subjektivismus (Skeptizismus und Sophistik etc.) und Dialektik besteht unter anderem darin, daß in der (objektiven) Dialektik auch der Unterschied zwischen Relativem und Absolutem relativ ist. Für die objektive Dialektik ist *im* Relativen Absolutes *enthalten*. Für den Subjektivismus und die Sophistik ist das Relative nur relativ und schließt das Absolute aus» (Lenin 38, 339).

→ Absolutes → Relatives → Wahrheit.

absolute Wahrheit → Wahrheit.

Abstammungslehre – Lehre von der natürlichen Entwicklung der Lebewesen durch Entstehung neuer, biologisch höherer Formen aus niederen im Laufe großer Zeiträume. Die Abstammungslehre stützt sich auf die Erkenntnisse der vergleichenden Anatomie und Physiologie, der Paläontologie, der Embryologie sowie der Genetik und ist ein wichtiger Ausgangspunkt dialektischer Naturbetrachtung. Sie steht als wissenschaftlich allgemein anerkannte Theorie im Gegensatz zu der religiös-idealistischen Auffassung von der Konstanz der Arten.

Erste, rein spekulative Vermutungen über eine Entwicklung der Lebewesen sind in den Lehren der *griechischen Naturphilosophie* enthalten. Lukrez gibt in seinem Werk *De rerum natura* eine Zusammenfassung der antiken Anschauungen über die Entstehung und Entwicklung der Lebewesen.

Die ersten Ansätze zu einer *wissenschaftlichen* Abstammungslehre finden sich bei C. F. Wolff (*Theoria generationis* 1759), der der damals allgemein verbreiteten *Präformationstheorie* (bloße quantitative Entfaltung des im Keim fertig vorgebildeten Lebewesens) seine *Theorie der Epigenese* (stufenweise Entwicklung aus einfacheren Formen) entgegenstellte. Wesentliche Vorarbeit zur Herausbildung der wissenschaftlichen Abstammungslehre leisteten im 18. Jahrhundert auch Saint-Hilaire und Buffon. Lamarck (*Philosophie zoologique* 1809) ging von dem Grundgedanken aus, daß die Tierwelt unter dem Einfluß sich ständig ändernder Umweltbedingungen und der laufenden aktiven Anpassung an dieselben sich aus wenigen einfachen Urformen entwickelt habe. Der Gebrauch oder Nichtgebrauch von Organen führe zu erblichen Veränderungen des Organismus (z. B. sei der lange Hals der Giraffe entstanden durch ständiges Emporrecken nach dem Laub der Bäume). In letzter Instanz seien solche Veränderungen die Ursache für die Entstehung neuer Arten. Die Theorie Lamarcks war im wesentlichen *mechanisch-materialistisch*; sie war jedoch nicht frei von teleologischen Vorstellungen. Die Frage nach der Entstehung qualitativ neuer Formen konnte durch einen Evolutionismus, der die nur kontinuierliche Anhäufung quantitativer Veränderungen behauptete, nicht beantwortet werden.

Der eigentliche Begründer der wissenschaftlichen Abstammungslehre war Darwin (*On the origin of species by means of natural selection* 1859). Engels rechnete die Entwicklungstheorie Darwins zu den drei großen Entdeckungen von Naturzusammenhängen im 19. Jahrhundert. Sie wurde zu einem wesentlichen Ausgangspunkt *dialektischer* Auffassungen in der Biologie. Die stammesgeschichtliche Entwicklung der Lebewesen nimmt Darwin zufolge ihren Ausgangspunkt in den zufällig oder durch die Umwelt bewirkten «bestimmten» Variationen und erhält ihre Richtung durch Auslese (Selektion) derjenigen Individuen, die an ihre Umwelt angepaßt sind, durch natürliche Zuchtwahl im «Kampf ums Dasein». Diese Anpassungen können vererbt werden. Neue Arten entstehen durch allmählichen Übergang.

Die Theorie Darwins, der zufolge die Variationen der Ausgangspunkt der stammesgeschichtlichen Entwicklung sind, sieht von den vielseitigen widerspruchsvollen Zusammenhängen zwischen Bastardisierung und Isolation, Schwankungen der Populationsgröße und Selektion, die das Evolutionsgeschehen bestimmen, ab. Sie stellt nicht die Frage nach den unmittelbaren Ursachen der Variationen. Dies gab Anlaß zu einerseits willkürlichen Spekulationen (*Neovitalismus*), andererseits zu mechanizistisch beschränkten Anschauungen (*biologischer Mechanizismus*). Letzterer gab eine zwar materialistische, aber metaphysisch beschränkte Antwort auf das Problem. Die spontane, von Milieu und Stoffwechsel unabhängige Änderung der Atomstruktur innerhalb des Kerns der Keimzellen (in den Chromosomen und Genen) führe zu richtungslosen, zufälligen Veränderungen der Erbeigenschaften. Durch solche Sprünge in der Erbmasse (die ihrem selektiven Wert nach schädlich, gleichgültig oder nützlich sind) entstünden die erblichen Differenzierungen der Lebewesen, und an ihnen setze die Selektion ein. Zweifellos liegt in der experimentell gesicherten Gen-Theorie eine relative Wahrheit, da die Kernsubstanz der Keimzellen tatsächlich eine zentrale Stellung in der Steuerung biochemischer Prozesse beim Vorgang der Erbinformation innehat. Diese Ausgangsposition erwies sich jedoch nur insofern als teilweise berechtigt, als der Nachweis erbracht wurde, daß die Mutationen mit dem Stoffwechsel zusammenhängen und das Phänomen der plasmatischen Vererbung die Rolle des Zellkerns im Erbgeschehen relativiert. Die Tatsache der Vererbung erworbener Eigenschaften widerlegt die angenommene Konstanz und Invariabilität der Keimsubstanz. Die Ursachen der Mutationen sind also nicht rein zufällig, sondern liegen letztlich im dialektischen Widerspruch von Assimilation und Dissimilation: zufällige Störungen durch das äußere Milieu führen, wenn sie das Maß der vorhandenen Regelsysteme überschreiten, zu notwendigen Veränderungen der Erbsubstanz. Die Umwelteinflüsse lösen Mutationen nicht – wie es der biologische Mechanizismus will – auf direktem Wege, sondern vermittelt über die inneren widerspruchsvollen Bedingungen des Organismus aus.

In der gegenwärtigen Diskussion steht die Frage im Vordergrund, ob die Veränderung der Erbsubstanz in kleinen Schritten erfolge oder in größeren (z. B. in der Größenordnung der Art) und ob und in welchem Maße die Sprünge reversibel bzw. irreversibel sind. Es wurde die Vorstellung entwickelt, daß es eine bestimmte Zahl von biochemischen Gleichgewichtszuständen (Reaktionsoptima, durch minimale Entropieerzeugung gekennzeichnet und repräsentiert durch die Arten) gibt, die sich durch Sprünge realisieren, wobei labile Zwischenzustände rasch durchlaufen werden. Nach dieser Auffassung wären die Arten die natürlichen «Bausteine» oder «Elemente» der lebenden Materie, und der in der Paläontologie zu beobachtende Sachverhalt der «fehlenden Zwischenglieder» fände seine Erklärung. Jedoch ist das vorläufig nur eine Hypothese, weil der Artbegriff selbst noch ungenügend definiert ist.

Eine im Prinzip richtige, der klassischen Genetik entgegengesetzte Antwort auf die Frage nach dem Verhältnis von inneren (Stoffwechsel) und äußeren (Umwelt) Bedingungen beim Prozeß der Entstehung neuer Arten gab, vom züchterischen Anliegen der Veränderung von Art und Varietät ausgehend, MITSCHURIN. Er gelangte (vor allem durch das Phänomen der vegetativen Hybridisierung) zu dem praktischen Nachweis der Umweltabhängigkeit und der nicht notwendig auf die Keimzellen beschränkten Vererbung erworbener Eigenschaften. In Fortführung der Lehre MITSCHURINS kam es zeitweilig – bei berechtigter Kritik an der von der klassischen Genetik behaupteten Autonomie der Chromosomen – bei einigen seiner Schüler zur Abwertung der Gen-Theorie überhaupt. LYSSENKO und andere hielten jede Adaptation an die Umwelt für erblich, wodurch in mechanizistischer Weise die relative Konstanz und Stabilität der organischen Regelsysteme unterschätzt wurde.

Die *dialektisch-materialistische* Abstammungslehre wird neuerdings durch die Erkenntnisse der *Kybernetik* wesentlich gestützt. In kybernetischer Sicht erscheint die Höherentwicklung als Herausbildung immer umfassenderer, komplizierterer und leistungsfähigerer Regelsysteme, die es den Organismen immer besser gestatten, ihr inneres Milieu gegenüber äußeren zufälligen Störungen aufrechtzuerhalten. Die Kybernetik gestattet es vor allem, besser und beweiskräftiger als früher die Zielgerichtetheit der Entwicklung der Organismen materialistisch als Einregulierung eines Regelsystems auf seinen Sollwert zu erklären. Die Kybernetik ist in der Lage, mit Hilfe ihres mathematischen Apparats die Einwände gegen die Evolutionstheorie zu widerlegen, daß die natürliche Evolution aus Gründen der Wahrscheinlichkeitsrechnung und mathematischen Statistik unmöglich bzw. extrem unwahrscheinlich sei.

Die Erkenntnisse der wissenschaftlich gesicherten Abstammungslehre mißachtend, wird in der Gegenwart durch den sog. *Holismus* (vor allem MEYER-ABICH) eine ausgeprägt *idealistische antievolutionistische* unwissenschaftliche Auffassung vertreten. Ihr zufolge ist das Leben ewig, und neue Formen seien nicht das Resultat von Anpassung, Selektion und Vererbung, sondern das Produkt einer Synthese von bereits vorhandenen Formen (Typensynthese), die durch Lebensgemeinschaften (Symbiosen, Holobiosen usw.) entstanden gedacht werden. Dabei wird der Umwelt als sog. abiologischem Faktor lediglich auslösende Funktion für rein organismische Prozesse zugebilligt.

Ausgesprochen idealistische und unwissenschaftliche Züge trägt auch die offizielle Lehrmeinung

der *katholischen Kirche* hinsichtlich der Abstammung des Menschen. Sie bestreitet zwar nicht die naturwissenschaftliche Erkenntnis vom ursächlichen Zusammenhang des menschlichen Leibes mit der gesamten Natur, insbesondere seines geschichtlichen Zusammenhangs mit dem Tierreich; in seiner Einmaligkeit als geistiges Wesen (Person) soll der Mensch jedoch einer unmittelbaren, zielgerichteten Initiative Gottes entstammen. Die vom Körperlichen wesentlich verschiedene, von ihm unabhängige und ihrem Wesen nach unsterbliche Seele könne nur im Schöpfungsakt entstehen, nur unmittelbar durch Gott erschaffen werden. Auch diese, im Grunde genommen vitalistisch orientierte und theologisch-teleologisch fundierte Abstammungslehre der katholischen Kirche befindet sich im Widerspruch zur modernen Naturwissenschaft. Die unwissenschaftliche Annahme eines einmaligen, mystischen Schöpfungsaktes wird hier lediglich auf eine andere Ebene verlagert, wodurch sie freilich um nichts beweiskräftiger wird. Der Mensch, auch als geistiges, mit Bewußtsein begabtes Wesen, ist ein Teil der Natur, ein Produkt der natürlichen Entwicklung, das Bewußtsein selbst eine Eigenschaft der hochorganisierten Materie.
→ Genetik.

abstrahieren [lat] – *eigtl*: fortschleppen, rauben; abziehen, von etwas absehen; geistige Tätigkeit des Menschen, die auf die Gewinnung von Abstraktionen hinzielt. Häufig wird anstelle des Wortes «Abstrahieren» das Wort «Abstraktion» gebraucht, das nur zur Bezeichnung der Resultate des Abstrahierens benützt werden sollte. Rein funktionell betrachtet kann die Tätigkeit des Abstrahierens auch von hochorganisierten kybernetischen Systemen ausgeführt werden. Ob es philosophisch berechtigt ist, diese maschinell ausgeführten Funktionen als «abstrahieren» zu bezeichnen (innerhalb der Kybernetik wird das getan), ist umstritten.
→ Abstraktion.

abstrakt [lat] – *eigtl*: abgezogen; abgesondert, aus dem Zusammenhang herausgelöst, für sich allein betrachtet; im bloßen Denken, bloß in der Theorie verblieben, von allem Sinnlichen, Tatsächlichen abgesehen. *Ggs*: konkret. [1]
Da im Prinzip alles Denken des Menschen abstrakt ist, setzt die Unterscheidung von abstraktem und konkretem Denken einen bestimmten, weder im Gesamtbereich der Philosophie noch im Bereich der Einzelwissenschaften einheitlich eingenommenen Standpunkt voraus. Unter dem Gesichtspunkt der *formalen Logik* sind alle Begriffe abstrakt, und das Moment der Konkretheit kann nur Individualbegriffen zugesprochen werden, d.h. solchen Teilbegriffen, die die Bedeutung eines Eigennamens ausmachen. Unter dem Gesichtspunkt der *Dialektik der Begriffe* ist die Verwendung des Terminus «abstrakt» nur zulässig insofern, als dieser das dialektische Gegenteil des Terminus «konkret» ist (→ Abstraktes und Konkretes).
Es darf jedoch nicht übersehen werden, daß das konkrete Denken nicht das logische Gegenteil des abstrakten Denkens ist. Nicht jedes nicht abstrakte Denken ist konkret. Verworrenes, konfuses, an zufälligen Einzelmerkmalen der Dinge, Objekte, Eigenschaften, Relationen usw. orientiertes Denken ist sicher nicht abstrakt, aber es ist auch nicht konkret. Das konkrete Denken ist nur ein besonderer Teilbereich des nicht abstrakten Denkens. [2]

abstrakte Identität → Identität.

Abstraktes und Konkretes [lat] – dialektisch gegensätzliche Seiten des Erkenntnisprozesses und seiner Resultate (Begriffe, Aussagen, Theorien). [1]
Der Ausgangspunkt der Erkenntnis ist das Konkrete in seiner sinnlich gegebenen Erscheinungsform, wie es durch die Sinneserkenntnis erfaßt wird. Die Erkenntnis steigt dann zum Abstrakten auf, d.h., sie analysiert das Konkrete und bildet abstrakte Begriffe, die einzelne Seiten, Züge, Merkmale, Beziehungen der Gegenstände widerspiegeln. Das reicht jedoch zur Erkenntnis der Gesetzmäßigkeiten nicht aus, denn den einzelnen Abstraktionen fehlt noch der innere Zusammenhang. Die Erkenntnis muß vom Abstrakten zu einer höheren Form des Konkreten aufsteigen, das die Errungenschaften des Abstrakten bewahrt, aber zugleich seine Einseitigkeit und Isoliertheit aufhebt. Dieses Konkrete ist die Reproduktion des Gegenstandes in der Erkenntnis, die ihn nun als ein Ganzes in allen seinen wesentlichen Beziehungen erfaßt, als eine reiche Totalität von vielen Bestimmungen und Beziehungen. «Das Konkrete ist konkret, weil es die Zusammenfassung vieler Bestimmungen ist, also Einheit des Mannigfaltigen» (MARX/ENGELS 13, 632). [2]
Die Termini «abstrakt» und «konkret» werden im alltäglichen Gebrauch, aber auch im Gebrauch der Wissenschaften, ja selbst dem der Philosophie unterschiedlich benützt. Häufig versteht man unter einer abstrakten Darstellung, einem abstrakten Begriff usw. alles streng Wissenschaftliche, Komplizierte, schwer Verständliche. Manchmal wird das Wort «abstrakt» auch benützt, um rein spekulatives, ja praktisch wertloses Denken zu bezeichnen. Konkretes Denken wäre in dieser Sicht einfaches, unkompliziertes, leicht verständliches Denken, das auf das Unmittelbare, für jedermann Zugängliche gerichtet ist.
Im *philosophischen Sprachgebrauch* ist konkretes Denken bzw. sind konkrete Begriffe solche Formen des Denkens bzw. seiner Resultate, die dadurch gekennzeichnet sind, daß sie mit An-

schauung verbunden sind, nicht vom Einzelnen und Zufälligen absehen, den Gegenstand der Betrachtung nicht isolieren, sondern ihn in die ganze Fülle seiner Beziehungen hineinstellen. Das konkrete Denken ist in dieser oder jener Weise immer mit der Gesamtheit des menschlichen Bewußtseins verknüpft (also auch mit Emotionen usw.).
Ein solches Denken kann nur Ausgangspunkt der wissenschaftlichen Erkenntnis sein. Im Prozeß der Erkenntnis wird auf der Grundlage des ursprünglich vorhandenen konkreten Denkens durch Abstrahieren zum abstrakten Denken übergegangen, d. h. einem Denken, das mit Abstraktionen arbeitet, die Anschauung abstreift, ideale Gegenstände konstruiert usw. Dieser Übergang vom konkreten K_1 zum abstrakten A_1 bereichert einerseits die Erkenntnis und ermöglicht es der Menschheit, sich in der unendlichen Fülle des ursprünglich gegebenen Konkreten zurechtzufinden; andererseits bedeutet der Übergang zu dieser Form des abstrakten Denkens auch eine Verarmung des Denkens, weil von Momenten abgesehen werden muß, die weiter oben bei der Charakterisierung des Konkreten aufgezählt wurden. Deshalb muß vom abstrakten Denken A_1 der Schritt zu einem konkreten Denken K_2 auf höherer Ebene vor sich gehen. Bei diesem Denken wird das, was die Überlegenheit des einfach Abstrakten über das einfach Konkrete ausmacht, aufbewahrt, zugleich aber auch aufgehoben und in einer neuen Konkretheit weiterentwickelt. Es ergibt sich deshalb folgendes Schema der Entwicklung der Begriffe im Speziellen und des Denkens im Allgemeinen:

$$K_1 \rightarrow A_1 \rightarrow K_2 \rightarrow A_2 \rightarrow \dots$$

In der *formalen Logik*, die es nicht mit der Entwicklung der Begriffe und des Denkens zu tun hat, sondern die statischen Formen des Denkens analysiert, werden die Termini «abstrakt» und «konkret» häufig in einem davon abweichenden Sinne gebraucht. Abstrakte Denkweise, abstrakte Begriffe werden hier als Extensionen, als extensional aufgefaßt, konkrete hingegen als Intensionen, als intensional. Die sog. Extensionalitätsthese der modernen Logik würde in dieser Deutung beinhalten, daß alles Denken auf ausschließlich abstraktes Denken reduziert werden kann, die gegensätzliche These, die in der sog. Extensionalitätsthese nicht eine These, sondern eine Abgrenzung der formalen Logik gegenüber anderen Disziplinen (z. B. der dialektischen Logik) sieht, würde besagen, daß kein Denken völlig extensional sein kann, sondern immer das Moment des Intensionalen an sich hat. Dies würde auch der Tatsache entsprechen, daß Extension und Intension zwei Aspekte ein und desselben dialektischen Ganzen sind.
Manchmal werden in der Logik allgemeine Begriffe, Aussagen usw. als abstrakt betrachtet, singuläre Begriffe (→ Individualbegriff), singuläre Aussagen hingegen als konkret. Derartige Bedeutungen der genannten Termini sind äußerst verschwommen und geben Anlaß zu Mißdeutungen. Warum sollte der singuläre Begriff der Menschheit konkret sein, da er nur auf ein einziges Individuum zutrifft, der Begriff des Regenwurms hingegen abstrakt, da er als Extension eine ganze Klasse von Dingen mit einer Vielzahl von Elementen hat? Es gibt noch verschiedene andere Interpretationen der hier behandelten Termini, die einzelwissenschaftlich und philosophisch genauso unfruchtbar sind wie die eben erwähnten. [1]
→ Abstraktion → Erkenntnis.

Abstraktion [lat] – 1. wichtiges Moment des Erkenntnisprozesses beim Übergang von der sinnlichen zur rationalen Erkenntnis, 2. das Resultat dieses Prozesses. Der Abstraktionsprozeß besteht allgemein darin, daß in einer Reihe von analytischen Denkakten, in denen das konkrete Sinnesmaterial verarbeitet wird, von bestimmten Merkmalen, Eigenschaften und Beziehungen des betreffenden Gegenstandes abgesehen wird, andere dagegen als wesentlich herausgehoben und zugleich variabel gemacht werden. Als Ergebnis des Abstraktionsprozesses, der eng mit der Verallgemeinerung verbunden ist, entstehen Begriffe, die das Wesen der Gegenstände widerspiegeln.
Das Problem der Abstraktion gehört zu den grundlegenden und schwierigsten Fragen der Erkenntnistheorie. PLATON macht als erster darauf aufmerksam, daß es zur Erkenntnis notwendig sei, eine Idee begrifflich von allen anderen abzusondern (Staat VII, 14). Ausführlich hat sich ARISTOTELES mit der Abstraktion beschäftigt, als er die Frage untersuchte, wie das Denken vom sinnlich gegebenen Einzelnen zum Allgemeinen gelangt. Das Denken kann das Allgemeine, die Form, nur vermittels der Vorstellungsbilder erkennen, die von der Wahrnehmung stammen (Über die Seele III, 8). Dabei sondert das Denken bestimmte Eigenschaften von den konkreten Gegenständen ab. «Das sogenannte Abstrakte denkt die Denkkraft, wie sie, wenn sie das Stumpfnasige nicht, insofern es stumpfnasig, sondern insofern es hohl ist, wirklich dächte, dieses ohne Fleisch dächte, in welchem das Hohle liegt – so also denkt sie das Mathematische: Ungetrenntes, als ob es getrennt wäre, wenn sie das Mathematische, insofern es mathematisch ist, denkt» (Über die Seele III, 7). Der Mathematiker läßt in seinen Betrachtungen alles Sinnliche weg, er läßt nur das Quantum übrig und betrachtet es für sich (Metaphysik K 3; Zweite Analytiken I, 5). Trotz dieser wesentlichen Ansätze war ARISTOTELES jedoch nicht imstande, zu erklären, wie die ab-

strakte Erkenntnis aus dem sinnlichen Material gewonnen wird.
An Aristoteles knüpft Thomas von Aquin in seiner Abstraktionstheorie an, verbindet sie jedoch mit Elementen des *Platonismus*. Der Verstand durchleuchtet vermöge seiner Teilhabe am Licht der göttlichen Vernunft die Vorstellungsbilder und abstrahiert aus ihnen die Formen, die urbildlich in Gottes Verstand vor den Dingen (ante rem), zugleich abbildlich in den Dingen (in re) und schließlich als Allgemeinbegriffe im menschlichen Verstand nach den Dingen (post rem) existieren (Summa theologica I 84, 6; I 85, 1; I 40, 3). Auf diese eklektische Weise versuchte Thomas von Aquin den → Universalienstreit zu lösen (→ Realismus).
Die weitere Entwicklung der Abstraktionstheorie erfolgte durch materialistische Philosophen. Locke sah in der Abstraktion eine Tätigkeit des Verstandes, in deren Verlauf allgemeine Ideen und zu ihrer Bezeichnung allgemeine Wörter gebildet werden, indem sie von zeitlichen und örtlichen Umständen und anderen Ideen getrennt werden (Über den menschlichen Verstand III 3, 6). Bei der Abstraktion werden die Merkmale, die für die einzelnen Ideen eigentümlich sind, weggelassen und nur die zurückbehalten, die ihnen allen gemeinsam sind (Über den menschlichen Verstand III 3, 7). Dadurch werden diese Ideen zu allgemeinen Repräsentanten für alle Dinge von derselben Art, und man kann die Dinge in Klassen einteilen (Über den menschlichen Verstand II 11, 9). Aber die Allgemeinheit, die durch die Abstraktion erreicht wird, ist eine Erfindung des Verstandes, sie kommt nicht den Dingen zu, denn diese sind alle einzeln (Über den menschlichen Verstand III 3, 11), und das, was Wesen oder Wesenheit genannt wird, ist nichts als die vom Menschen durch Abstraktion geschaffene abstrakte Idee. Die Abstraktion hat nur den Sinn, daß wir die Dinge gleich bündelweise betrachten und besprechen können (Über den menschlichen Verstand III 3, 20), während wir ohne allgemeine Namen hierzu unendlich viele Namen brauchten (II 11, 9). Lockes Auffassung ist der Prototyp der empiristischen Abstraktionstheorie, die bis heute über Berkeley und Hume im *Neupositivismus* wirksam ist. Ihr Hauptmangel besteht darin, daß sie erstens von der metaphysischen (undialektischen) Annahme ausgeht, die materielle Welt bestehe aus lauter isolierten Dingen, also die Existenz von allgemeinen Zusammenhängen, Klassen usw. leugnet, und zweitens nur den elementaren, «oberflächlichen» Vorgang des Abstraktionsprozesses erfaßt, das Weglassen von Merkmalen.
Zum Unterschied von der empiristischen Auffassung der Abstraktion, die von subjektiv-idealistischer Position aus von Berkeley, Hume, später von Mill und Mach, schließlich vom gesamten Positivismus übernommen wurde, vertraten Bolzano, Husserl und zeitweilig auch Russell eine *platonische Auffassung* der Abstraktion, nach der die Abstraktion darin bestehe, an sich existierende Begriffe zu erfassen.
Eine *dialektische Auffassung* der Abstraktion wurde zum erstenmal von Hegel entwickelt. Er hielt die Abstraktion, das abstrahierende Denken für ein wesentliches Moment des Erkenntnisprozesses und wandte sich gegen die Vorstellung, daß beim Abstrahieren nur zu unserem subjektiven Behuf das eine oder andere Merkmal weggelassen werde. «Das abstrahierende Denken ist daher nicht als bloßes Auf-die-Seite-Stellen des sinnlichen Stoffes zu betrachten, welcher dadurch in seiner Realität keinen Eintrag leide, sondern es ist vielmehr das Aufheben und die Reduktion desselben als bloßer Erscheinung auf das Wesentliche, welches nur im Begriff sich manifestiert» (Logik II, 226).
Nach *dialektisch-materialistischer Auffassung* ist die Abstraktion ein wichtiges Erkenntnisinstrument, das es gestattet, aus dem Material der Sinneserfahrung die wesentlichen, notwendigen, allgemeinen Beziehungen und Eigenschaften der Gegenstände herauszuheben, um von der Erscheinung zum Wesen gelangen zu können. Die Möglichkeit der Abstraktion ist objektiv bedingt, denn die materielle Welt ist keine Anhäufung isolierter Einzeldinge, sondern eine zusammenhängende Mannigfaltigkeit, in der objektiv Klassen, allgemeine Beziehungen existieren. Der Abstraktionsprozeß ist darauf gerichtet, die (im gegebenen Fall) unwichtigen Eigenschaften, Beziehungen, Umstände usw. abzusondern, die wesentlichen, für das Verhalten des Gegenstandes bestimmenden, herauszuheben, eine Reihe gemeinsamer Eigenschaften und Merkmale variabel zu machen, um auf diese Weise im Begriff das Wesentliche einer Klasse von Gegenständen in reiner, von allen störenden Einflüssen befreiter Form oder in idealisierter Form zu erfassen.
Die im Resultat des Abstraktionsprozesses entstehenden Begriffe sind Abstraktionen, die von dem Sinnlich-Konkreten entfernt sind. Aber sie spiegeln die objektive Realität tiefer und umfassender wider als die unmittelbare Wahrnehmung. «Dadurch, daß das Denken vom Konkreten zum Abstrakten aufsteigt, entfernt es sich – wenn es *richtig* ist … – nicht von der Wahrheit, sondern kommt ihr näher. Die Abstraktion der *Materie*, des Natur*gesetzes*, die Abstraktion des *Wertes* usw., mit einem Wort *alle* wissenschaftlichen (richtigen, ernst zu nehmenden, nicht unsinnigen) Abstraktionen spiegeln die Natur tiefer, getreuer, *vollständiger* wider» (Lenin 38, 160). Die Abstraktionen sind richtig und not-

wendig, wenn sie eine objektive Grundlage in den Eigenschaften und Beziehungen der objektiven Realität haben, andernfalls verwandeln sie sich in «leere Abstraktionen», denen nichts Reales entspricht, in bloße Spekulationen. Der Abstraktionsprozeß und die Abstraktionen sind eine wesentliche Etappe, wesentliche Momente des Erkenntnisprozesses, der vom Konkreten in seiner sinnlich gegebenen Erscheinung zum Abstrakten und von diesem zum Konkreten im höheren Sinne verläuft. [1]

Das Verfahren der Abstraktion enthält eine Reihe unterschiedlicher Aspekte. Die *klassischen Formen der Abstraktion* sind die folgenden:

a) Die *generalisierende Abstraktion* sondert die unwesentlichen Eigenschaften der Dinge, Relationen usw. aus und hebt die wesentlichen hervor. Der Begriff der wesentlichen Eigenschaft ist dabei relativ, ohne subjektiv zu sein. Er bezieht sich immer auf ein bestimmtes wissenschaftliches System (die vergleichende Anatomie wird bei der Untersuchung der Klasse der Säugetiere andere Merkmale für wesentlich ansehen als etwa die Biochemie). Nach moderner Auffassung betrachtet man als Aufgabe der generalisierenden Abstraktion das Auffinden von Invarianzen.

b) Die *isolierende Abstraktion* löst bestimmte Eigenschaften, Beziehungen usw. von Klassen von Gegenständen gedanklich aus ihrem Zusammenhang heraus und verleiht ihnen gewissermaßen selbständige Existenz. Eine solche Verselbständigung erleichtert die Erkenntnisgewinnung dadurch, daß sie den zu untersuchenden Bereich übersichtlicher gestaltet. Wenn man sie jedoch verabsolutiert, verfällt man zumindest in den Fehler einer unzulässigen Simplifizierung, evtl. sogar in objektiven Idealismus.

c) Die *idealisierende Abstraktion* schafft Begriffe, indem sie zuvor ideale Objekte, Klassen usw. konstruiert (→ Idealisierung), denen diese Begriffe dann entsprechen. Die idealisierende Abstraktion wird durch *idealisierende Klassifikation, idealisierende Konstruktion* oder *idealisierende Klassifikation durch Konstruktion* vollzogen.

Die *idealisierende Klassifikation* geschieht über einer Menge von Elementen aus dem Bereich der objektiven Realität oder des Denkens. Zunächst muß eine Äquivalenzrelation über dieser Menge $\mathfrak{M}$ aufgefunden werden, mit deren Hilfe $\mathfrak{M}$ dann in Teilklassen $K_1, K_2, \ldots$ zerlegt wird. Bei einer solchen Unterteilung stößt man im allgemeinen auf Elemente von $\mathfrak{M}$, die durch die zugrunde gelegte Äquivalenzrelation keiner der Teilklassen eindeutig zugeordnet werden. Die Idealisierung besteht in diesem Falle darin, daß diese Elemente einer der Teilklassen durch Festsetzung zugeordnet werden. Die so konstruierten Klassen $K_1, K_2, \ldots$ sind nun als Extensionen der mittels idealisierender Abstraktion durch idealisierende Klassifikation neu konstituierten Begriffe anzusehen. Eine solche idealisierende Klassifikation ist meist auf verschiedene Weise möglich. Die Klassifikation und die aus ihr resultierende Neukonstitution von Begriffen ist im allgemeinen einem bestimmten Ziel untergeordnet, wobei dieses Ziel mit einem Minimum an Abstraktionsarbeit erreicht werden soll. Welche Äquivalenzrelation und damit Klasseneinteilung gewählt wird, hängt nicht nur von syntaktischen und semantischen Momenten ab, sondern weitgehend auch von pragmatischen.

Wie bei jeder Klassifikation, so werden auch durch idealisierende Klassifikation wenigstens zwei Teilklassen, nämlich eine Klasse K und ihre Komplementärklasse K', und damit wenigstens zwei Begriffe gewonnen. Es muß natürlich auch in diesem Falle darauf geachtet werden, daß die Vereinigung von K und K' gleich der ursprünglichen Menge $\mathfrak{M}$ ist, d.h. weder mehr noch weniger Elemente enthält als $\mathfrak{M}$. Im Verlaufe einer solchen Klassifikation erhält die Klasse K meist einen bestimmten neuen Namen und ihre Komplementärklasse K' häufig einen Namen, der nicht einfach durch logische Negation des Namens für K gebildet wird. *Beispiel*: Die Zahlen, die nicht Wurzeln einer algebraischen Gleichung sind, werden «transzendente Zahlen» genannt.

Die durch diese Form der Abstraktion entstandenen Begriffe werden (wenigstens in der Mehrzahl der empirischen Wissenschaften) zunächst intensional provisorisch festgelegt und dann schließlich extensional exakt abgegrenzt und definiert.

Auch die *idealisierende Konstruktion* geht von einer Menge $\mathfrak{M}$ von Elementen aus dem Bereich der objektiven Realität oder des Denkens aus. Von $\mathfrak{M}$ geht man nun zu einer Menge $\mathfrak{M}_1$ über, deren Elemente ideale Objekte sind. Voraussetzung für diesen Übergang ist, daß die Elemente von $\mathfrak{M}$ denen von $\mathfrak{M}_1$ in gewisser Beziehung ähnlich sind. Die Idealisierung besteht darin, daß bestimmte Eigenschaften der Elemente von $\mathfrak{M}$ bei den Elementen von $\mathfrak{M}_1$ nicht berücksichtigt werden und ihnen evtl. gewisse Eigenschaften zugesprochen werden, die die Elemente von $\mathfrak{M}$ nicht haben. *Beispiel*: Die Menge der unendlich fernen Punkte in der euklidischen Ebene, wobei jeder Richtung jeweils ein unendlich ferner Punkt entspricht, ist eine solche Menge $\mathfrak{M}_1$ idealer Objekte. Solche Mengen existieren natürlich nicht objektiv real. Dennoch können sie von großem Erkenntniswert sein. Derartige Abstraktionen bzw. Begriffsbildungen spielen z. B. eine große Rolle bei der Verwendung idealer Modelle. Ein kapitalistischer Markt etwa (und das wäre ein sehr vereinfachtes Marktmodell), der nur aus zwei Elementen, einem Verkäufer und einem Käufer besteht, ist eine idealisierende Konstruktion. Die Spieltheorie kann durch Operationen an diesem Modell dennoch gewisse wirtschaftswissenschaftliche Einsichten gewinnen.

Die *idealisierende Klassifikation durch Konstruktion* unterscheidet sich von der bloßen idealisierenden Klassifikation dadurch, daß die Äquivalenzrelation, die die Grundlage der Klassifikation bildet, nicht aufgefunden, sondern erfunden wird. Der idealisierenden Klassifikation liegt im Falle einer Menge von objektiv-realen Elementen eine objektiv-reale Äquivalenzrelation und im Falle einer Menge von Gedanken-Dingen eine Äquivalenzrelation zugrunde, deren Natur sich aus der Natur des zugrunde gelegten Bereiches ergibt. Bei der idealisierenden Klassifikation durch Konstruktion hingegen wird zur künstlich konstruierten bzw. frei erfundenen Äquivalenzrelation eine bestimmte Menge $\mathfrak{M}$ gesucht (im Prinzip könnte es sich um eine beliebige Menge handeln). Allerdings erfolgt die Konstruktion der Äquivalenzrelation meist bereits mit einer gewissen auf eine bestimmte Menge bezüglichen Absicht, wobei diese Menge, würde sie so genommen, wie sie vorliegt, keine exakte, sondern nur eine ungefähre Abgrenzung der Extension der neu zu bildenden Begriffe ermöglichen würde. Es wird dann durch die Praxis entschieden, welche Idealisierungen an den Elementen von $\mathfrak{M}$ vorgenommen werden müssen, damit die künstlich konstruierte Äquivalenzrelation die gewünschte Klassifikation leisten kann. Die Elemente der ursprünglich gegebenen Menge $\mathfrak{M}$ werden also nach einer vorgegebenen Norm umgeformt. Diese Normierung findet sich in primitiven Formen bereits bei den höherentwickelten Lebewesen. Sie ist eines der Prinzipien der Adaption und kann in gewisser Weise als eine Art relatives Apriori angesehen werden.

Bei allen Aspekten dieser Auffassung der Abstraktion spielt die sog. *Definition durch Abstraktion* eine wesentliche Rolle.

Das Resultat des Abstraktionsprozesses sind die Abstrakta, d. h. die allgemeinen Begriffe von Dingen, Eigenschaften, Beziehungen usw. Diese Gebilde sind keine isomorphen Abbilder der Realität, sondern sie bilden diese nur angenähert isomorph ab. Dennoch sind wir nur mit ihrer Hilfe in der Lage, die objektive Realität zu beherrschen. Das Abstrahieren ist eine der wesentlichsten Formen, mit denen sich die Gattung Mensch als kybernetisches System an die Umgebung anpaßt und diese auch beherrscht.

Alle angeführten Formen von Abstraktionen lassen sich mit Hilfe kybernetischer Systeme maschinell durchführen, z. B. mit Hilfe der von Karl STEINBUCH entwickelten Lernmatrizen. Die Realisierung komplizierterer Formen der Abstraktion (z. B. Abstraktionen von Abstraktionen) wird mit Hilfe sog. geschichteter Lernmatrizen möglich. Die Auffassung, daß die Maschine dem Menschen dadurch prinzipiell unterlegen sei, daß sie nicht abstrahieren könne, ist nur bedingt richtig, und zwar insofern, als eine Maschine dies in anderer Weise vollbringt als der Mensch mit seinen Sinnesorganen und seinem biologischen Neuronennetz. Im Hinblick auf das Resultat und den Erfolg des Abstrahierens ist diese Behauptung jedoch falsch. [2]

→ Abstraktes und Konkretes → Erkenntnis.

Abstraktion (auf der Grundlage von Isomorphierelationen) – wichtiges Verfahren, das vor allem für die moderne Mathematik charakteristisch ist. Es besteht darin, daß konkrete, einander isomorphe Gebilde als ein und dasselbe abstrakte Gebilde aufgefaßt werden. Entsprechend lassen sich Bildungsregeln für Abstraktionen aus der Existenz von Homomorphierelationen herleiten. Die Homomorphierelation ist eine abgeschwächte Isomorphierelation. So sind etwa Aussagenlogik, binäre Schaltalgebra usw. der Booleschen Algebra isomorph, und die Boolesche Algebra konstituiert also abstrakte Gebilde, deren Entsprechungen in den genannten Bereichen im Hinblick auf diese Abstraktionen konkrete Gebilde sind (Relativität von Konkretheit und Abstraktheit).

→ Abstraktion.

Abstraktor – *svw* Lambda-Operator → Name.

Abtrennungsregel → Schlußregel → Modus → Modus ponendo ponens.

actio [lat] – Wirkung, Tätigkeit, Kategorie der *Aristotelischen Philosophie*. – *in distans* – Wirkung in die Ferne; Fernwirkung. – *immanens* – das nach innen, auf sich selbst gehende Wirken (→ Entelechie). – *et reactio* – Wirkung und Gegenwirkung. – *transiens* – das nach außen, auf einen anderen Gegenstand gehende Wirken.

actus purus [lat] – *eigtl*: reines Wirken; Ineins von Sein und Wirken. Auf ARISTOTELES zurückgehender Begriff der *Scholastik* zur Bestimmung Gottes: Gott ist alles, was er sein kann, d. h., keine Möglichkeit ist in ihm unverwirklicht.

ad absurdum führen [lat] – den logischen Widerspruch in einer Behauptung, Begriffsbildung o. ä., deren Sinnwidrigkeit aufdecken, um sie dadurch zu widerlegen.

→ Reductio ad absurdum (impossibile).

adäquat [lat] – *eigtl*: angemessen, übereinstimmend, entsprechend. In der marxistisch-leninistischen Erkenntnistheorie wird ein Abbild als adäquat bezeichnet, wenn es mit dem in ihm widergespiegelten Objekt übereinstimmt, wenn es das ihm entsprechende Objekt richtig widerspiegelt. Als inadäquat wird ein Abbild bezeichnet, wenn es das ihm entsprechende Objekt verzerrt widerspiegelt, wenn es nicht mit ihm übereinstimmt.

Verschiedenen Arten von Abbildern kommen verschiedene Formen von Adäquatheit zu. Die Form der Adäquatheit, die Aussagen zukommt und die bisher auch am besten untersucht ist, ist die Wahrheit. Eine adäquate Aussage ist eine *wahre* Aussage, eine inadäquate Aussage ist eine *falsche* Aussage. Für die anderen Arten von Abbildern, wie z. B. für die den Empfindungen, Wahrnehmungen und Begriffen zukommenden Formen der Adäquatheit, sind in der dialektisch-materialistischen Erkenntnistheorie bisher keine besonderen Termini allgemein gebräuchlich.
Die manchmal noch vertretene Auffassung von der Identität von Adäquatheit und Wahrheit ist falsch, weil nicht alle Merkmale der Wahrheit zugleich auch Merkmale der anderen Formen der Adäquatheit sind. Eine Aussage und ihr Negat können z. B. niemals beide adäquat, d. h. *wahr* sein; ein Begriff und sein Negat können dagegen als Abbilder verschiedener wirklich existierender Klassen durchaus beide adäquat sein.

additiv [lat] – *eigtl*: hinzufügend; summenhaft, bloß zusammengesetzt, ohne bestimmten Zusammenhang.

ad hoc [lat] – für dieses, eigens für diesen Zweck.

a dicto secundum quid ... → Trugschluß der Akzidens.

ad infinitum → in infinitum.

Affektenlehre [lat] – nach Affekt: Stimmung, Leidenschaft, Zustand; häufig Bestandteil solcher philosophischer Lehren, in denen die Beziehungen des Menschen zu seiner Umwelt sowohl nach ihrer verstandes- als auch nach ihrer gefühlsmäßigen Seite hin untersucht werden, um zu Grundsätzen für sein Verhalten gelangen zu können.
Insofern war die Affektenlehre Teil der Ethik und wies Berührungspunkte mit der Psychologie auf.
Von der Antike bis in die Neuzeit (etwa Aristoteles bis Spinoza) wird der Begriff «Affekt» weiter als in der sich später als selbständige Wissenschaft herausbildenden Psychologie im Sinne von Gemütsstörungen aufgefaßt, die, wenn sie nicht von der Vernunft beherrscht werden, eine erzwungene gefühls- und willensmäßige Unterwerfung des Menschen unter die Bedingungen der Umwelt nach sich ziehen.
So wird in der *hellenistisch-römischen Philosophie*, unter *aristotelischem* und *kynäischem Einfluß* besonders von den *Stoikern* die Notwendigkeit des affektlosen Verhaltens zur Erreichung der Glückseligkeit betont. Der stoische Weise ist wesentlich dadurch gekennzeichnet, daß er, auf sich bezogen, bei völliger Unterwerfung unter die von der damaligen Physik und Logik erkannten Gesetze des Weltgeschehens, alle «Störungen» der Umwelt auf sich ausschaltet und den Zustand der Affektlosigkeit (→ Apathie), also der Gemütsruhe, des Gleichmuts sowie des Seelenfriedens (→ Ataraxie) erreicht hat.
Zu Beginn der Neuzeit sind es vor allem Hobbes, Descartes und Spinoza, die, ganz im Geiste der Mechanik, eine Darstellung der psychischen Funktionen des Menschen geben wollen. Insbesondere Spinoza entwickelt in seiner *Ethik* eine ausführliche Affektenlehre. Er nennt drei Grundaffekte, die sämtlich aus dem Selbsterhaltungstrieb resultieren sollen: Begierde, Lust, Schmerz. Sie sind naturgegeben und müssen – hier stimmt Spinoza mit Descartes überein – durch richtiges Denken geregelt werden. Hobbes wollte die gesamte Erkenntnistätigkeit, in Verbindung mit dem Gefühlsleben, in ihren Beziehungen zu den körperlichen Funktionen als einheitlichen mechanischen Zusammenhang und Vorgang begreifen (→ Assoziationspsychologie).
In der zweiten Hälfte des 17. Jahrhunderts bildete in Deutschland F. W. Stosch (Die Übereinstimmung von Vernunft und Glauben) in starker Anlehnung an Spinoza eine Affektenlehre aus, die erwachendes bürgerliches Lebensgefühl bezeugt. Alle Affekte, die dem Menschen Freude bringen, seien von Natur aus gut; durch die Freude wiederum gelange der Mensch zu größerer Vollkommenheit.
In der 1713 anonym erschienenen Schrift *Zweier guten Freunde vertrauter Brief-Wechsel vom Wesen der Seelen* werden im Sinne einer mechanisch-materialistisch begründeten Psychologie und Erkenntnislehre die Affekte auf die Empfindungsfähigkeit zurückgeführt. Teils würden sie durch physiologische Vorgänge im Körper selbst, teils durch Einwirkungen von außen, vermittelt durch Sinne und Nerven, verursacht.
Auch in der Folgezeit spielt das Thema der Affekte, vor allem als Grenzproblem zwischen Psychologie und Ethik, innerhalb des bürgerlichen Denkens eine Rolle, wird dann aber, vor allem seit W. Wundt (Grundzüge der physiologischen Psychologie; Grundriß der Psychologie), im Rahmen der Psychologie behandelt.

afferente Synthese [lat + griech] – Synthese von Situationsafferenz und bedingter Anlaßafferenz. → Reafferenzprinzip.

Affirmation [lat] – Bejahung.

affirmativ [lat] – *eigtl*: bejahend, versichernd. In der traditionellen Logik wurden die bejahenden Allaussagen der Form «Alle *S* sind *P*» (→ *A*) und die bejahenden partikulären Aussagen der Form «Einige *S* sind *P*» (→ *I*) als *affirmative*, die verneinenden Allaussagen der Form «Alle *S* sind nicht *P*» (→ *E*) und die verneinenden partikulären Aussagen der Form «Einige *S* sind nicht *P*» (→ *O*) als *negative* Urteile bezeichnet.

affizieren [lat] – *eigtl*: hinzutun; einwirken, erregen, reizen. Nach Kant muß der zu erkennende

Gegenstand «das Gemüt auf eine bestimmte Weise affizieren», um erkannt werden zu können.

a fortiori [lat] – *eigtl*: vom Stärkeren her. → Argumentum ...

Agens, das [lat; *Plur*: Agenzien oder Agentia] – wirkendes, handelndes Wesen; treibende Kraft, wirkende Ursache, das Wirkende, das in Bewegung Setzende.

Agnosie [griech] – Unwissen, Nichtwissen. Von SOKRATES methodisch als Ausgangspunkt des Erkennens gefaßt. Im *griechischen Skeptizismus* Endresultat der philosophischen Reflexion.

Agnostizismus [griech] – Name für *erkenntnistheoretische Lehren*, die das Wesen des jeweiligen Erkenntnisgegenstandes und in letzter Instanz der objektiven Realität für unerkennbar erklären.

LENIN (14, 122) definiert wie folgt: «Agnostiker ist ein griechisches Wort: *a* bedeutet griechisch *nicht*, *gnosis* – *Wissen*. Der Agnostiker sagt: *Ich weiß nicht*, ob es eine objektive Realität gibt, die durch unsere Empfindungen widergespiegelt, abgebildet wird, ich erkläre, daß es unmöglich ist, dies zu wissen ... Hieraus folgt die Verneinung der objektiven Wahrheit durch die Agnostiker und die Toleranz, die spießerhafte, philiströse, feige Toleranz gegenüber der Lehre von Waldteufeln, Hausgeistern, katholischen Heiligen und ähnlichen Dingen.»

«Agnostizismus» wird das erstemal von HUXLEY als Gegensatz zu «*Gnostizismus*» gebraucht.

Der Sache nach ist die Erkenntnistheorie HUMES, wenn man von den agnostischen Momenten in den Lehren der altgriechischen Sophisten und Skeptiker absieht, der erste ausgeprägte Agnostizismus. HUME gründet seine Erkenntnistheorie auf die Behauptung, daß dem Verstand nie etwas anderes gegenwärtig sei als Impressionen. Aus diesem Grunde sei die Existenz materieller Dinge außerhalb des Bewußtseins, die objektive Realität überhaupt, nichts weiter als eine Annahme, die sich aus Gewohnheit herleite. Hieraus ergebe sich – theoretisch – die Nichtexistenz der materiellen Dinge und damit zugleich ihre Nichterkennbarkeit.

Im Anschluß an HUME haben im 19. Jahrhundert HUXLEY, MILL, SPENCER agnostizistische Erkenntnistheorien ausgebildet.

Eine weitere Gestalt des Agnostizismus entwickelte KANT mit seiner Lehre vom Ding an sich. KANT geht von der These aus: die Erkenntnis erfaßt nur Erscheinungen und nicht Dinge an sich, der Erkenntnis zugänglich (erkennbar) sind nur die Erscheinungen von Dingen, die Dinge, wie sie an sich selber sind, bleiben ihr dagegen unzugänglich (unerkennbar). «Die transzendentale Analytik hat demnach dieses wichtige Resultat: daß der Verstand a priori niemals mehr leisten könne, als die Form einer möglichen Erfahrung überhaupt zu antizipieren, und, da dasjenige, was nicht Erscheinung ist, kein Gegenstand der Erfahrung sein kann: daß er die Schranken der Sinnlichkeit, innerhalb denen uns allein Gegenstände gegeben werden, niemals überschreiten könne» (A 246). Das Wissen von einem Gegenstand kann so – nach KANT – immer nur ein Wissen darüber sein, *wie* uns der Gegenstand in der Empfindung als Erscheinung gegeben wird, niemals ein Wissen vom Gegenstand selber.

Die Leugnung der Erkennbarkeit der Dinge an sich schließt für KANT jedoch nicht ihre Nichtexistenz ein. Im Gegenteil. «Es folgt natürlicherweise aus dem Begriff einer Erscheinung überhaupt, daß ihr etwas entsprechen müsse, was an sich nicht Erscheinung ist, weil Erscheinung nichts für sich selbst und außer unserer Vorstellungsart sein kann, mithin das Wort Erscheinung schon eine Beziehung auf etwas anzeigt, dessen unmittelbare Vorstellung zwar sinnlich ist, was aber an sich selbst, auch ohne diese Beschaffenheit unserer Sinnlichkeit, etwas, d. i. ein von der Sinnlichkeit unabhängiger Gegenstand sein muß» (A 251). Diesen von der Sinnlichkeit unabhängigen Gegenstand nennt KANT Ding an sich.

Mit dem Begriff «Ding an sich» will KANT die Grenze der menschlichen Erkenntnis markieren. Der Begriff eines Dinges, «welches gar nicht als Gegenstand der Dinge, sondern als ein Ding an sich selbst, lediglich durch einen reinen Verstand gedacht werden soll», ist ein notwendiger Begriff, «um die sinnliche Anschauung nicht bis über die Dinge an sich selbst auszudehnen, und also, um die objektive Gültigkeit der sinnlichen Erkenntnis einzuschränken» (B 309).

Indem KANT davon ausgeht, daß die menschliche Erkenntnis nur Erscheinungen erfassen kann und nicht die Dinge, wie sie an sich selber sind, gibt er seiner Erkenntnistheorie die Gestalt des Agnostizismus.

Eine umfassende Einschätzung und Kritik des Agnostizismus gaben ENGELS in *Die Entwicklung des Sozialismus von der Utopie zur Wissenschaft* und *Ludwig Feuerbach und der Ausgang der klassischen deutschen Philosophie* und LENIN in *Materialismus und Empiriokritizismus*.

ENGELS und LENIN weisen in ihrer Kritik vor allem darauf hin, daß mit erkenntnistheoretischen Mitteln allein dem Agnostizismus nicht beizukommen ist, sondern die Praxis als das entscheidende Kriterium der Wahrheit zu seiner Widerlegung ins Spiel gebracht werden muß. «Die schlagendste Widerlegung (des Agnostizismus) wie aller andern philosophischen Schrullen ist die Praxis ... Wenn wir die Richtigkeit unsrer Auffassung eines Naturvorgangs beweisen können, indem wir ihn selbst machen, ihn aus seinen Bedingungen erzeugen, ihn obendrein unsern

Zwecken dienstbar werden lassen, so ist es mit dem Kantschen unfaßbaren ‚Ding an sich' zu Ende» (MARX/ENGELS 21, 276). Indem der Mensch seine Erkenntnisse in Technik, Industrie, Wissenschaft, nicht zuletzt im gesellschaftlichen Leben erfolgreich anwendet, werden sie von der Praxis bestätigt, wodurch zugleich bewiesen wird, daß es sich um Erkenntnisse handelt, die das Wesen des jeweiligen Erkenntnisgegenstandes widerspiegeln.

Der Agnostizismus HUMES und KANTS resultiert weitgehend aus dem Entwicklungsstand der Wissenschaft ihrer Zeit und ist von diesem her historisch zu verstehen und zu erklären. Wenn jedoch seit dem Ende des 19. Jahrhunderts bis zur Gegenwart angesichts der immensen Fortschritte, die die Wissenschaft seit der Zeit HUMES und KANTS gemacht hat, innerhalb der *bürgerlichen Philosophie* immer wieder Versuche unternommen werden, besonders von den verschiedenen Spielarten des *Positivismus*, den Agnostizismus als ernsthafte erkenntnistheoretische Lehre neu zu beleben, so sind das reaktionäre philosophisch-theoretische Unternehmen, die mit Philosophie und Wissenschaft nur noch den Namen gemein haben.

→ Ding an sich → Erkenntnis.

Ähnlichkeit – Beziehung zwischen Dingen, Systemen, Prozessen usw., der eine bestimmte Transformation zugrunde liegt, durch die es möglich ist, das eine Ding, das eine System, den einen Prozeß in das andere Ding, das andere System, den anderen Prozeß überzuführen, wobei bestimmte wesentliche Größen invariant bleiben.

Der Begriff der Ähnlichkeit tauchte in exakter Form zuerst in der Geometrie auf, und es zeigte sich dabei, daß seine Anwendbarkeit begrenzt ist, da es Geometrien gibt, in denen eine Ähnlichkeit im Sinne der euklidischen Geometrie nicht auftritt. In der euklidischen Geometrie gibt es beispielsweise ähnliche Dreiecke, nicht aber in der hyperbolischen.

Der Begriff der Ähnlichkeit kann als eine spezielle Form des Begriffes der → Analogie aufgefaßt werden. Der Sprachgebrauch ist jedoch nicht einheitlich, und oft werden die Termini «Analogie» und «Ähnlichkeit» als äquivalent aufgefaßt.

akausal [griech + lat] – nicht ursächlich bedingt, in keinem Ursache-Wirkung-Zusammenhang stehend. *Ggs*: kausal.

Aus der universellen Gültigkeit des → Kausalitätsprinzips folgt, daß es keine akausalen Erscheinungen gibt. Alle Dinge, Prozesse usw. der materiellen Welt sind kausal bedingt, d. h. haben ihre materiellen Ursachen.

Die Annahme akausaler Erscheinungen bedeutet, objektive Kausalzusammenhänge durch willkürlich konstruierte, phantastische Zusammenhänge zu ersetzen, und führt somit zum Fideismus und religiösen Wunderglauben.

→ Akausalismus → Kausalität.

Akausalismus [griech + lat] – Behauptung der Möglichkeit akausaler Erscheinungen.

→ akausal → Kausalität.

aktiv [lat] – handelnd, tätig, wirksam. *Ggs*: passiv.

aktives Element [lat] – in der kybernetischen Systemtheorie Element (*E*) eines dynamischen Systems, das nach O. LANGE (*Ganzheit und Entwicklung in kybernetischer Sicht* 1966, 4) wie folgt definiert werden kann:

1. Die Einwirkungen der Umgebung führen in *E* gewisse Zustände genau bestimmter Art herbei (z. B. der Temperatur, des Drucks, der elektrischen Ladung, des Gefühls, Sinneseindrücke usw.). Die einzelnen Arten solcher Zustände sind die Inputs von *E*.
2. *E* wirkt auf die Umgebung, indem es gewisse Zustände genau bestimmter Art annimmt. Die Arten dieser Zustände sind die Outputs von *E*.
3. *E* besitzt mindestens einen Input und einen Output.

Diese Forderungen können als systemtheoretische Präzisierung der Grundthese des Materialismus, daß alle materiellen Gebilde Einwirkungen erleiden und ausüben, betrachtet werden. Der Begriff des aktiven Elements ist dabei jeweils auf ein bestimmtes System bezogen. Ein Element, das in einem System ein aktives Element ist, braucht dies in einem anderen keinesfalls zu sein.

Für die wissenschaftliche Bearbeitung von Systemen und die Konstruktion technischer Systeme wird noch eine vierte Forderung angestrebt, die aber nur im Idealfall eines determinierten Systems völlig realisiert werden kann: Die Input-Zustände bestimmen die Output-Zustände eindeutig. Im Normalfall (dem Fall stochastischer Systeme) hat die Beziehung zwischen den Input- und Output-Zuständen den Charakter einer Zufallsfunktion.

Akt – Potenz [lat] – Grundbegriffe der aristotelischen, später der thomistischen bzw. der an ARISTOTELES orientierten scholastischen Metaphysik überhaupt. ARISTOTELES bildete beide Begriffe, um das Problem des Werdens zu lösen und die sinnlich wahrgenommene Tatsache von Veränderungen und Entwicklungen begrifflich zu klären. Er suchte mit ihnen HERAKLITS und der *Eleaten* einander entgegenstehende Auffassungen der Bewegung zu überwinden. HERAKLITS Lehre, nach der «alles fließt», sei falsch, da sie gegen das Widerspruchsprinzip verstoße (Sein und Nichtsein sei für ihn zugleich). Von einem sich beständig verändernden Gegenstande könne es auch keine wissenschaftliche Erkenntnis geben. Ebenso falsch sei die Auffassung der *Eleaten*, die die Bewegung überhaupt leugneten und für

Sinnestäuschung erklärten. Das Werdende, lehrten sie, müsse entweder aus nichts oder aus etwas entstehen. Beides sei unmöglich, da aus nichts nur immer nichts werden könne, das aus etwas Entstandene aber kein eigentlich Entstandenes, sondern nur das sei, was schon war. Um das Dilemma dieser Bewegungslehren zu beheben, bildete ARISTOTELES den Begriff des *potentiellen Seins*. Er besagt, daß es zwischen Sein und Nichtsein ein Mittleres gibt – das Sein der Möglichkeit. Demnach entsteht das Werdende weder aus dem Nichts noch aus dem aktuell Seienden, sondern aus dem nur potentiell Seienden. Alles Werden ist ein Übergang von der Potenz zum Akt (z. B. der Übergang vom potentiellen Sein des Samens zum aktuellen Sein der Pflanze).

ARISTOTELES führte die Akt-Potenz-Lehre besonders im neunten Buch seiner *Metaphysik* aus: «Der Aktus besteht ...darin, daß ein Ding existiert, nicht in dem Sinne, wie man sagt, es sei der Potenz nach. Wir sagen z. B., der Potenz nach sei ein Hermes in dem Klotz ...: es besteht hier ein Verhältnis wie das des Bauenden zum Baukundigen, des Wachenden zum Schlafenden, des Sehenden zu dem, was die Augen zuhält, aber den Gesichtssinn hat, des aus der Materie Herausgearbeiteten zu der Materie und des Fertigen zum Unfertigen» (1048 ab).

Die aristotelische Akt-Potenz-Lehre hat in der Geschichte der Philosophie nachhaltigen Einfluß ausgeübt. Sie spielte vor allem in den Systemen der mittelalterlichen Scholastik, die wesentliche Elemente der aristotelischen Philosophie aufnahmen und verarbeiteten, eine große Rolle. Bei THOMAS VON AQUIN erhielt sie besondere Bedeutung, so daß die strengen Vertreter des Neuthomismus noch heute in ihr die «Zentrallehre» des Systems überhaupt erblicken (MANSER, BOCHEŃSKI). THOMAS VON AQUIN verband die Akt-Potenz-Lehre mit der Lehre von der → Analogie des Seins und gründete darauf jene Theorie der Hierarchie des Seins, die für das thomistische Weltbild zutiefst charakteristisch ist. Der Gedanke von der Analogie des Seins besagt, daß den Gegenständen das Sein nach Maßgabe ihres Wesens in verschiedenem Grade zukommt. Die Akt-Potenz-Lehre begründet die derart entstehende Auffassung der *Gradabstufung des Seins* unter dynamischem Aspekt: die Übergänge von der Potenz in den Akt sind Übergänge zu immer größerer Seinsfülle.

Die Akt-Potenz-Lehre ist bereits in ihrer aristotelischen Form unhaltbar. Sie löst weder das Problem des Werdens noch liefert sie eine brauchbare Grundlage, von der aus die Kategorie der → Möglichkeit wissenschaftlich zu bestimmen wäre. Ihr wesentlicher Mangel ist, daß sie eine rein statische, eine undialektische Theorie der Bewegung ergibt. Bewegung und Entwicklung werden als Summe identischer Zustände gefaßt. Die Akt-Potenz-Lehre verkennt, daß mit dem Begriffspaar Akt-Potenz jeweils nur das Anfangs- bzw. das Endstadium eines Prozesses, nicht aber der Prozeß selbst erklärt wird. Außerdem setzt die aristotelische Bewegungslehre voraus, daß die Stadien eines Prozesses nicht in gleicher Weise wirklich sind, eine Anschauung, die der Realität offenkundig widerspricht.

→ Thomismus → Neuthomismus.

aktuale Unendlichkeit → Unendlichkeit.

Akzidens [lat; *Plur*: Akzidenzien] – das Zufällige, das Wechselnde, das Veränderliche; der Zufall.

akzidentiell [lat] – *eigtl*: anfallend; zufällig, unwesentlich. *Ggs*: essentiell.

Alchemie [arab] – aus dem Arabischen hergeleitete Bezeichnung für Chemie, mit der heute jedoch nur noch die im 2. Jahrhundert in *Ägypten* entstandene und durch die *Araber* im 12. und 14. Jahrhundert nach Europa gebrachte *Vorstufe der wissenschaftlichen Chemie* verstanden wird. Bekannte westeuropäische Vertreter der Alchemie waren ALBERTUS MAGNUS, Roger BACON, Raymundus LULLUS.

Die Alchemie verfolgte das Ziel, mit Hilfe eines aufzufindenden und sich durch übernatürliche Kräfte auszeichnenden «Steins der Weisen» unedle Metalle in Gold und Silber zu verwandeln. Auch das Suchen nach einer Universalmedizin, einem Lebenselixier, das ewige Jugend verleiht, war für die Alchemie charakteristisch.

Als *philosophisch-theoretische Grundlage* alchemistischen Experimentierens ist die Lehre des ARISTOTELES von den Urelementen (Erde, Wasser, Luft, Feuer) und den Grundeigenschaften aller Dinge (kalt, feucht, warm, trocken) anzusehen, die in verschiedener Kombination alle bekannten Stoffe bilden sollen. Die Alchemie ging davon aus, daß es genügt, die äußeren Eigenschaften der Stoffe zu verändern, um qualitativ neue Stoffe herzustellen. Die von ihr angenommenen drei Grundeigenschaften aller Dinge (metallisch, brennbar, lösbar), deren Verkörperung sie im Quecksilber, im Schwefel und im Salz sah, sollten die Grundbausteine aller Stoffe bilden.

Die Gründe für die starke Verbreitung der Alchemie im Mittelalter liegen im damals weitverbreiteten Glauben an übernatürliche Kräfte, der in den Dogmen der katholischen Kirche eine starke Unterstützung erfuhr. Andererseits hängt das große Interesse der Fürsten- und Königshöfe an der Alchemie zur Zeit der beginnenden kapitalistischen Entwicklung mit dem steigenden Geldbedarf, der Verschwendungs- und Prunksucht der absolutistischen Herrscher zusammen, die sich von der Goldmacherkunst einen Ausweg aus allen finanziellen Schwierigkeiten erhofften.

Wesentliche Antriebe für die Entwicklung der Alchemie zur wissenschaftlichen Chemie ergaben sich aus den praktischen Bedürfnissen der Medizin und der Metallurgie. PARACELSUS verwirft die mystische Zielsetzung der Alchemie und erklärt als ihren wahren Zweck die Herstellung von Arzneien. Er bezeichnet deshalb die Alchemie als *Iatrochemie* (Arztchemie). Die eigentliche Überwindung der Alchemie, insbesondere ihrer theoretischen Vorstellungen, erfolgte im wesentlichen erst mit der Lehre von den chemischen Elementen durch BOYLE.

Die Alchemie verhält sich zur Chemie ähnlich wie die Astrologie zur Astronomie. Auch hier wird eine mystische Pseudowissenschaft, die aus dem geringen Entwicklungsstand der Naturwissenschaften der Zeit resultiert, mit fortschreitender Entwicklung immer mehr mit wirklichen wissenschaftlichen Erkenntnissen angereichert, die auf einer bestimmten historischen Entwicklungsstufe zum Umschlag in die neue, wissenschaftliche Chemie führen.

Philosophisch gesehen war die Methode der Alchemie im wesentlichen metaphysisch ausgerichtet, da sie die Quantität gegenüber einer angenommenen magischen Qualität, das Wesen gegenüber der Erscheinung, die inneren Widersprüche der Dinge gegenüber ihren äußeren Gegensätzen vernachlässigte: sie kannte keine quantitative Analyse der Stoffe, vielmehr setzten ihre mystischen Konstruktionen die Existenz magischer «verborgener Qualitäten» voraus; das Wesen der Stoffe sollte durch eine bloße Veränderung ihrer äußeren Erscheinungsformen gewandelt werden können; die einzelnen Stoffe sollten durch Vereinigung von Grundelementen mit äußerlich entgegengesetzten Eigenschaften entstehen. Trotz ihrer mystisch-pseudowissenschaftlichen Grundlage und ihres im ganzen gesehen metaphysischen Charakters enthielt die Alchemie doch auch Keime einer dialektischen Naturauffassung, die vor allem in der Bedeutung, die sie den widersprüchlichen, «antagonistischen» Eigenschaften der Grundelemente beimaß, sowie in ihrer Annahme von einem natürlichen Zusammenhang der Stoffe und ihrer Umwandelbarkeit zum Ausdruck kamen.

Die praktischen Versuche der Alchemie sind als Beitrag zur Entwicklung der wissenschaftlichen Chemie zu betrachten, denn viele führten zu (zufälligen, nicht beabsichtigten) wertvollen Ergebnissen (am bekanntesten ist die Nacherfindung des Porzellans). Als dogmatische Theorie wurde die Alchemie jedoch immer mehr zu einer entwicklungshemmenden Irrlehre.

Alexandriner – Name für die Vertreter der philosophischen Strömungen und Schulen in Alexandria in den ersten Jahrhunderten nach der Zeitenwende sowie für eine Strömung innerhalb des Aristotelismus der Renaissance.

1. PHILON AUS ALEXANDRIA (25 v. u. Z. bis 50 u. Z.) war ein hellenistisch-jüdischer Philosoph, der danach strebte, die jüdische Religion mit der griechischen Philosophie (*Pythagoreismus, Platonismus, Stoizismus*) zu verschmelzen. Der *Philonismus* wurde zu einer umfassenden geistigen Bewegung des jüdischen Volkes und verlieh dem jüdischen Erlöserglauben (Messianismus) ideellen Ausdruck. PHILONS Auffassung, daß die Menschen in einer allgemeinen Familie unter einem Gott leben, war die ideelle Grundlage für die mittelalterliche katholische Konzeption des Universalismus.

2. Die *christliche Katechetenschule in Alexandria* entstand in der Fortsetzung und Fortbildung der christlichen Apologie um das Jahr 200. Die Hauptvertreter der Alexandrinischen Katechetenschule waren CLEMENS VON ALEXANDRIA (um 150 bis um 215) und ORIGINES (185–245). Das Hauptproblem der Alexandrinischen Katechetenschule bestand in der Abwehr sog. heidnischen Gedankengutes sowie in dem Versuch, die christlichen Glaubensgrundsätze (Dogmen) philosophisch zu begründen. Bediente man sich bisher im christlichen Denken nur gelegentlich und gezwungenermaßen der antiken Philosophie im Kampf gegen Andersdenkende, so sollte die Philosophie jetzt die hauptsächliche Waffe zum Kampf gegen das «Heidentum» sein und den aus ihm kommenden Christen die christlichen Glaubensgrundsätze mit rationalen Mitteln nahebringen. Großen Einfluß übten auf die Lehren der Alexandrinischen Katechetenschule PLATON und die *Stoa* sowie durch die Vermittlung des PHILON AUS ALEXANDRIA auch ARISTOTELES aus. Wesentlich diente ihnen der platonisch-stoische Begriffsapparat zur Interpretation der kirchlichen Lehren von Gott, dem Menschen und der Welt. Historisch und sozial bedingt war die Aufgabe der Alexandrinischen Katechetenschule durch die allgemeine Verbreitung des Christentums. Dies verlangte eine mehr oder weniger exakte Festlegung der Glaubensgrundsätze (Dogmen) zum Zwecke einer einheitlichen Leitung der nun allgemein gewordenen christlichen Kirche. Die Institutionalisierung und Hierarchisierung der katholischen Kirche erforderte aus politischen und ideellen Gründen ebenfalls ein solches verbindliches Dogmensystem.

3. Innerhalb des *Aristotelismus der Renaissance* bildeten Petrus POMPONATIUS (1462–1525), Jacob ZABARELLA (1532–1589) und Lucilio VANINI (1589–1619) die Schule der Alexandriner, die zum Unterschied von der Gruppe der Averroisten in ihrer Auffassung und Interpretation des ARISTOTELES von ALEXANDER VON APHRODISIAS (2./3. Jahrhundert) ausgingen. Die Alexandriner wollten die aristotelische Philosophie weiterentwickeln, indem sie sie von den scholastischen Verfälschungen zu reinigen versuchten. Mit

aristotelischen Methoden und dem Begriffssystem der aristotelischen Philosophie waren sie bestrebt, die vor ihnen stehenden praktischen Aufgaben und theoretischen Probleme zu lösen. So leugneten sie z. B. die Unsterblichkeit der Seele und waren konsequente Anhänger des Determinismus, allerdings in einer so extremen Form, daß sie die Freiheit des Menschen glaubten ablehnen zu müssen. Sie verwahrten sich schärfstens gegen die Behauptung der Existenz übernatürlicher Erscheinungen und wiesen auf deren natürliche Erklärungsmöglichkeiten hin. Ihre materialistischen Auffassungen sowie ihre antischolastische und antireligiöse Einstellung führten zu Verfolgungen seitens der katholischen Kirche.

Algebra der Logik → Boolesche Algebra.

Algorithmentheorie [arab → griech → lat] – Zweig der Mathematik, der sich mit der Konstruktion, der Analyse und Synthese der sog. Bewertung und der technischen Realisierung von Algorithmen beschäftigt.

Die Algorithmentheorie befaßt sich – philosophisch gesehen – nicht mit der Erkenntnis, sondern mit Anweisungen zum Handeln, zur Umgestaltung der Welt. Jede Tätigkeit, die algorithmisch beschrieben werden kann, hört auf, schöpferische geistige Tätigkeit zu sein und wird zur schematischen Arbeit. Die Algorithmentheorie vermag insofern als wichtiges Hilfsmittel die philosophisch und soziologisch außerordentlich wichtige Frage nach dem Unterschied zwischen schöpferischer und schematischer Arbeit klären zu helfen.

Der wichtigste Anwendungsbereich der Algorithmentheorie ist die Technik. Die Automatisierung von Produktionsvorgängen setzt eine algorithmische Beschreibung des betreffenden Prozesses voraus. Sind mehrere algorithmische Beschreibungen möglich, so kann die Theorie auf Grund der von ihr entwickelten Bewertungskriterien von Algorithmen einen optimalen Algorithmus ausfindig machen. Der Anwendungsbereich dieser Theorie beschränkt sich jedoch nicht auf die Technik. Neurokybernetik und viele Bereiche der Verwaltung usw. lassen die Anwendung von Algorithmen zu. Die angestrebte durchgängige und komplexe Rationalisierung der Produktion und der Verwaltung werden der Algorithmentheorie neue Aufgaben stellen und ihren Anwendungsbereich außerordentlich erweitern.
→ Algorithmus.

Algorithmus [arab → lat] – *eigtl*: Rechenschema; schematisches Verfahren zur Lösung bestimmter Klassen von Aufgaben, wobei jeder einzelne Schritt dieses Verfahrens genau definiert ist. Sofern nicht auf letzte mathematische Strenge Wert gelegt wird, kann ein Algorithmus als ein System von Grundoperationen (→ Operation → Operator) aufgefaßt werden, wobei es sich bei diesen Grundoperationen um Operationen handelt, die leicht begreiflich und übersehbar sind und die im Rahmen der betreffenden Klasse von Aufgaben nicht mehr weiter in noch einfachere Operationen zerlegt werden können bzw. sollen.

Ein Algorithmus kann dann heuristisch als eindeutig bestimmte Folge solcher Grundoperationen aufgefaßt werden. Dabei sind zwei Fälle möglich:

1. Die Reihenfolge der Operation ist ein für allemal festgelegt.
2. Die Reihenfolge hängt zum Teil von den Ergebnissen bestimmter vorangegangener Operationen ab. Es müssen dann jeweils bestimmte logische Bedingungen auf ihr Gegebensein oder Nichtgegebensein hin überprüft werden, damit der nächste Operationsschritt festzustellen ist. Die oben gegebene heuristische Definition des Algorithmus bedarf also noch einer Erweiterung: Ein Algorithmus ist die Gesamtheit von Grundoperationen und Prüfungen von Bedingungen der genannten Art, die in einer bestimmten Reihenfolge angeordnet sind.

Üblicherweise bezeichnet man die Grundoperation durch große lateinische Buchstaben, die Bedingungen durch kleine lateinische Buchstaben. Solche Bedingungen können etwa folgende Gestalt haben:

$$p \equiv (x > y) \qquad q = (x \subset y)$$

Die logische Bedingung p wäre also erfüllt, wenn x größer ist als y.

Unter den genannten Voraussetzungen wäre ein möglicher Algorithmus der folgende:

$$\underset{2}{\downarrow} A p \overset{1}{\uparrow} B q \overset{3}{\uparrow} \underset{1}{\downarrow} C \underset{3}{\downarrow} p \overset{2}{\uparrow} B$$

Er hat folgende Bedeutung:

Führe zunächst Operation A aus. Prüfe dann, ob die Bedingung p gegeben. Ist sie gegeben, so führe die Operation B aus usw. Ist die Bedingung p jedoch nicht erfüllt, so folge dem Pfeil mit der Ziffer 1, er beginnt nach p und endet vor C, d. h. fahre mit C weiter. Bezeichnet man das Gegebensein der Bedingungen durch 1, das Nichtgegebensein durch 0, so ergeben sich je nach dem Erfülltsein oder Nichterfülltsein der Bedingungen folgende Befehlsfolgen:

p	q	Befehlsfolge
1	1	$A\ B\ C\ B$
1	0	$A\ B\ B$
0	1	$A\ C\ A\ C\ A$
0	0	$A\ C\ A\ C\ \ldots$

In der dritten und vierten Zeile unserer Tabelle bricht der Algorithmus nie ab, während in der ersten und zweiten Zeile der Algorithmus nach einer endlichen Zahl von Schritten abbricht. Gelingt es, materielle oder geistige Prozesse zu algorithmisieren, so ist dies in vieler Hinsicht bedeutungsvoll. Die Algorithmisierung geistiger Prozesse (mathematischer Operationen, logischer Ableitungen usw.) ist die Voraussetzung dafür, daß diese Operationen von elektronischen Rechenautomaten übernommen werden. Aber selbst dann, wenn eine solche Maschine nicht zur Verfügung steht, ist es nach erfolgter Algorithmisierung möglich, die Arbeiten präziser und genauer durchzuführen. Wichtig ist vor allem, daß jemand, der sich genau an die Vorschriften des Algorithmus hält, nicht dessen eidetischen Sinn, sondern nur seinen operativen Sinn zu kennen braucht. Für den Versuch, schöpferische und schematische Arbeit einigermaßen präzis gegeneinander abzugrenzen, ist der Begriff des Algorithmus besonders wertvoll. Ferner spielt der Algorithmus – insofern er nicht Theorem, sondern Anweisung zum Handeln ist – eine zwischen Theorie und Praxis vermittelnde Rolle, was ihm einen wichtigen Platz in der Erkenntnistheorie und in der Methodologie der Wissenschaften zuweist.

Wenn auch der hier benutzte Algorithmenbegriff zunächst nur heuristischen Charakter besitzt und gewissermaßen für den Hausgebrauch ausreicht, so ist es der mathematischen Grundlagenforschung jedoch gelungen, eine Definition zu geben, die diesen neuen Begriff sehr eng mit einem bereits geläufigen bzw. bekannten Begriff verbindet. Dies geschieht dadurch, daß jeder Algorithmus mit dem Programm einer Turing-Maschine identifiziert wird. Da sich ein sehr weiter Bereich der Produktion, der Verwaltung, der Lenkung und Leitung des Staates algorithmisieren läßt, ist damit im Prinzip die Möglichkeit gegeben, diese Prozesse auf Maschinen zu übertragen. Damit werden die Menschen frei für das nichtalgorithmische bzw. nichtschematische Denken, das in diesem Zusammenhang in erster Linie das Auffinden und Ausarbeiten neuer Algorithmen zum Inhalt hat. Es ist allerdings zu beachten, daß nichtschematisches Denken nicht automatisch schöpferisches Denken bedeutet. Auch chaotisches, ungeordnetes, verwaschenes Denken hat nichtalgorithmischen Charakter. Das schöpferische Denken ist nur ein besonderer Spezialfall des nichtalgorithmischen Denkens.

Besondere Bedeutung hat der Begriff Algorithmus schließlich für die Kybernetik, die sich mit Algorithmen der Steuerung, der Informationsverarbeitung usw. befaßt. Gelingt es im Falle der Steuerung eines natürlichen oder künstlichen Systems durch ein anderes, den Steuerungsalgorithmus aufzustellen (für praktische Zwecke würde es häufig schon ausreichen, wenn eine angenäherte algorithmische Beschreibung des Prozesses erreicht werden kann), so läßt sich dieser durch eine entsprechende elektronische Rechenmaschine realisieren.

Allaussage – Aussage über alle Individuen, Eigenschaften, Beziehungen oder Sachverhalte eines bestimmten Individuenbereichs. Die in den verschiedenen Wissenschaften geltenden Gesetzesaussagen haben im allgemeinen die Form von Allaussagen, z. B.:
«Für jede Gesellschaftsordnung gilt, daß ihre Basis ihren Überbau bestimmt» oder «Jede algebraische Gleichung hat Wurzeln».
Abstrahiert man von allen außerlogischen Momenten einer Allaussage, so läßt sie häufig eine symbolisierte Schreibweise der folgenden Art zu:

$$\forall(x)\,[G(x) \rightarrow H(x)]$$

Diese Formel wird gelesen: «Für jedes x gilt: wenn x die Eigenschaft G hat, so hat x die Eigenschaft H.» Dabei ist $\forall(x)$ der Alloperator und G, H sind Abkürzungen für Prädikate. Bedeutet G beispielsweise das Prädikat Säugetier, H das Prädikat Warmblüter, so symbolisiert unsere Formel die (freilich sehr einfache) zoologische Gesetzesaussage: «Für jedes x gilt: wenn x ein Säugetier ist, so ist x auch ein Warmblüter.»
Die Problematik der Allaussage durchzieht die ganze Geschichte der Philosophie. Vor jeder Einzelwissenschaft – ausgenommen die Mathematik und die Logik, die es, soweit sie über die Gegenstände ihres eigenen Bereichs (also Zahlen, logische Zusammenhänge usw.) arbeiten, mit Allaussagen einer besonderen Art zu tun haben – stand und steht die Frage: Wie gelangt man von endlich vielen Erfahrungen bzw. endlich vielen praktischen Bewährungen zu Gesetzesaussagen, die sich nicht nur auf die bekannten, schon durchforschten Fälle, sondern auf *alle* Fälle eines bestimmten Gebietes beziehen? Ein relativ trivialer Fall liegt vor, wenn der Gegenstandsbereich, von dem die Allaussage handelt, nur aus endlich vielen Dingen, Sachverhalten usw. besteht. Die Allaussage, die etwa die Form hat: «An allen Tagen dieser Woche hat es geregnet», ist tatsächlich nur eine Konjunktion der Aussagen: «Am Montag hat es geregnet», «Am Dienstag hat es geregnet» usw., also nur eine Zusammenfassung von Einzelaussagen ohne besondere philosophische Problematik.

Der gegenwärtige → *Positivismus*, der, seinen weltanschaulichen Grundprinzipien entsprechend, nur das gelten lassen will, was sich auf unmittelbare sinnliche Wahrnehmung zurückführen läßt, hat versucht, Allaussagen (allgemeine Sätze) nur insoweit zuzulassen, als sie Konjunktionen von singulären Erfahrungssätzen sind. Als Begründung führt er an, daß eine Aussage über unendlich viele Dinge niemals Resultat der doch stets nur endlichen Erfahrung sein könne, also auch niemals durch irgendwelche Erfahrungen nach-

prüfbar ist. Mit Hilfe von Allaussagen, die nichts anderes sind als eine Zusammenfassung von Einzelaussagen, die endlich vielen Erfahrungen entstammen, kann man jedoch keine wissenschaftlichen Voraussagen machen.
Der Behauptung des Positivismus widerspricht die ganze Praxis der Wissenschaft und der Menschheit. Die Problematik der Allaussage läßt sich lösen auf der Grundlage der *dialektisch-materialistischen* Lehre vom Verhältnis von Theorie und Praxis und vom Verhältnis von relativer und absoluter Wahrheit.
→ Existentialaussage → Praxis → Wahrheit.

Alleinheit – zentraler Begriff der pantheistischen Lehren, daß die Einheit der Welt in Gott bestehe, wobei Gott nicht als außerhalb oder über der Welt stehend, sondern als in der Welt sich realisierend gedacht wird.
→ Pantheismus.

Alles-oder-Nichts-Gesetz – besagt, daß jedes Neuron auf adäquate Reize entweder überhaupt nicht antwortet (wenn die Stärke des betreffenden Reizes unterhalb der Reizschwelle liegt) oder mit der vollen Erregung, deren dieses Neuron fähig ist.
Der Erregungszustand des Neurons bewirkt das Aussenden eines Impulses. Überschwellige Reize unterschiedlicher Stärke erzeugen nicht unterschiedliche Erregungen in ein und demselben Neuron, sondern bei Zunahme der Reizstärke vermehrt sich die Zahl der pro Zeiteinheit ausgesandten Impulse. Die Größe des Reizes wird also im Nervennetz nach dem sog. Impulsfrequenzmodulationsprinzip codiert.
Die biochemischen und bioelektrischen Vorgänge, die dem Alles-oder-Nichts-Gesetz zugrunde liegen, sind heute weitgehend bekannt. Die durch den Reiz, der den elektrischen Impuls auslöst, zugeführte Energie erhöht die Durchlässigkeit der Membran, die im Innern des Neurons zwei Zonen unterschiedlicher Konzentration von Kalium- bzw. Natriumionen voneinander trennt. Außerhalb dieser Membran ist die Konzentration von Natriumionen, innerhalb der Membran die von Kaliumionen größer. Erfolgt nun durch den Reiz, der auf das Neuron ausgeübt wird, eine Erhöhung der Durchlässigkeit der Membran für Natriumionen, so strömen diese in größeren Mengen ins Innere des von der Membran umschlossenen Raumes. Dadurch ändern sich die elektrischen Spannungsverhältnisse völlig. Die so erzeugte elektrische Strömung pflanzt sich nun in Form eines Impulses längs des sog. Axons fort. Ist der Impuls vom Neuron abgegeben, so wird der ursprüngliche Zustand wiederhergestellt. Das ins Innere des von der Membran umschlossenen Raumes gelangte Natrium wird durch die Membran heraus-, das aus der Membran herausgetretene Kalium wird ins Innere dieses Raumes wieder hineingepumpt («Natrium-Kalium-Pumpe»). Während des Ablaufs dieser Vorgänge ist das Neuron nicht in der Lage, weitere Reize aufzunehmen bzw. Impulse abzugeben (Refraktärzeit).
Das Alles-oder-Nichts-Gesetz ist von großer Bedeutung für die *Simulation von Denkvorgängen* auf digital arbeitenden elektronischen Rechenmaschinen. Von dieser Sicht her erweist sich auch die binäre Codierung von Informationen gewissermaßen als die natürliche. Die Reaktion der Neuronen geht nach dem Alles-oder-Nichts-Gesetz vor sich (also diskret, diskontinuierlich).
Das Alles-oder-Nichts-Gesetz hat seine gedankliche Entsprechung in der zweiwertigen Logik. Die Aussagenlogik schreibt den Aussagen nur die Werte wahr oder falsch zu, es gibt also keine Übergänge zwischen beiden. Die klassische zweiwertige Logik erweist sich so als Mittel zur Darstellung bestimmter gesetzmäßiger Zusammenhänge des Funktionierens der Neuronennetze.
Die Gültigkeit des Alles-oder-Nichts-Gesetzes ist keine Einschränkung der Gesetze der Dialektik. Dieses Gesetz gilt entweder nur im Idealfall (so liegt eine Idealisierung vor, wenn beispielsweise in der Schaltalgebra nur zwei Stellungen der elektrischen Kontakte berücksichtigt werden, nämlich die Schließung und die Öffnung des Kontaktes) oder die Wirkung des Gesetzes wird ergänzt durch Vorgänge, die das dialektische Gegenteil desselben sind. So gilt für die Neurophysiologie, daß die Codierung physikalischer Größen, wie sie in Form von Reizen gegeben sind, kontinuierlich erfolgt, so daß auch für die Nervenerregung die Einheit von kontinuierlichen und diskontinuierlichen Prozessen behauptet werden muß.

Allgemeinbegriff – Begriff, der eine Klasse widerspiegelt und damit auf alle Elemente dieser Klasse zutrifft. Alle Art- und Gattungsbegriffe z. B. sind Allgemeinbegriffe. *Ggs*: Individualbegriff.

Allgemeines – das objektiv existierende Gemeinsame einer Klasse von einzelnen Dingen, Eigenschaften, Relationen, Prozessen usw. der objektiven Realität bzw. deren Abbilder.
Beispielsweise besteht das Gemeinsame aller einzelnen Proletarier darin, daß sie keine Produktionsmittel besitzen und deshalb gezwungen sind, ihre Arbeitskraft an die Kapitalisten zu verkaufen. Dieses allen Proletariern Gemeinsame ist das Allgemeine, das die einzelnen Individuen zu Proletariern macht. Das Allgemeine ist also durch eine Klasse von Dingen, Eigenschaften usw. gegeben, die zugleich die objektive Grundlage für die Bildung des entsprechenden Begriffs ist. Diese Feststellung gilt nicht nur für materielle Gegebenheiten. So ist z. B. der euklidischen, der hyperbolischen und der sphärischen Geometrie

gemeinsam, daß sie Geometrien konstanten Krümmungsmaßes sind. Dies ist ihr Allgemeines, wodurch eine bestimmte Klasse von Geometrien charakterisiert wird. Mathematisch gesprochen ist das Allgemeine eine Invariante: es ist das, was invariant bleibt, wenn man von einem Bezugssystem zu einem anderen, von einem Individuum zu einem anderen übergeht.

Die Frage nach der Existenz des Allgemeinen und seinem Verhältnis zum Einzelnen und Besonderen ist in der Geschichte der Philosophie immer wieder aufgeworfen worden. Sie tauchte in dem Moment auf, als die Menschen begannen, sich über die Welt als Ganzes Gedanken zu machen, als sie versuchten, die Entstehung und Existenz der einzelnen konkreten sinnlichen Gegenstände aus allgemeinen Prinzipien zu erklären, d. h., sie ist so alt wie die Philosophie selbst.

Der *antiken griechischen Naturphilosophie* stellt sich diese Frage noch vorwiegend als die nach einem objektiv existierenden materiellen Urstoff, nach einem allgemeinen Prinzip dar, dem alle sinnlich wahrnehmbaren Einzeldinge ihre Entstehung und Existenz verdanken und in das alle zurückkehren sollen. Bei THALES ist diese gemeinsame Grundlage alles Existierenden das Wasser, bei ANAXIMENES die Luft, bei HERAKLIT das Feuer. Als Allgemeines tritt hier somit ein Sinnlich-Konkretes, ein Einzelnes auf, das sowohl als einzelne, bestimmte Qualität als auch als das allgemeine Wesen aller Dinge existiert. Indes hatte ANAXIMANDER bereits den ersten Versuch unternommen, sich vom Sinnlich-Konkreten zu lösen, und das Apeiron, eine unbestimmte, unbegrenzte und qualitätslose Materie, als das allgemeine Prinzip aller Dinge erklärt. Obwohl das Allgemeine in der Vorstellung der ionischen Naturphilosophen noch als selbständige Wesenheit erscheint, verdient der Gedanke der wechselseitigen Verwandlung des Allgemeinen in das Einzelne und des Einzelnen in das Allgemeine Beachtung. Während die *materialistische Philosophie* des Altertums das Allgemeine in einem materiellen Urstoff zu finden glaubte, existierte für den *Idealismus* das Allgemeine nur als Ideelles. Ist es bei den ionischen Naturphilosophen ein sinnlich-konkretes Einzelnes, das als Allgemeines angesehen wird und als solches selbständige Existenz haben soll, so existiert bei den *Pythagoreern* das Allgemeine in abstrakter, ideeller Form, und zwar als Zahl, als mathematische Relation. Die Zahl macht das Wesen aller Dinge aus; sie bestimmt und beherrscht die einzelnen Dinge. Das Allgemeine existiert hier ebenfalls als selbständige Wesenheit, aber losgelöst vom Sinnlich-Konkreten. Wird das – materielle oder ideelle – Allgemeine bisher als selbständig neben dem Einzelnen Existierendes verstanden, so ist für die *Eleaten* das Allgemeine das reine unveränderliche Sein; es ist das einzig Reale, während alles veränderliche Einzelne bloßer Schein sein soll. Auch bei PLATON ist die Welt der vergänglichen Einzeldinge eine Schein- und Schattenwelt, während die einzig reale Welt die der allgemeinen Ideen sein soll. Das Einzelne entsteht aus der ungeformten, unbestimmten und unbegrenzten Materie, indem es durch mathematische Relationen begrenzt und ihm durch die allgemeinen Ideen eine Zwecksetzung verliehen wird. Das Allgemeine in der Form der ewigen und unveränderlichen Ideen ist somit gegenüber dem Einzelnen bestimmend; es ist das Wesen des Einzelnen; das Einzelne soll nur vermöge seiner «Teilhabe» am Allgemeinen existieren. ARISTOTELES betont in seiner Kritik der Platonischen Ideenlehre, daß die das Wesen der Einzeldinge ausmachenden allgemeinen Ideen nicht losgelöst vom Einzelnen existieren, sondern durch verstandesmäßige Handlungen erst vom Einzelnen abstrahiert werden. Andererseits soll aber das Allgemeine nur im Erkenntnisprozeß sekundär gegenüber dem Einzelnen sein, ansonsten aber als Wesen des Einzelnen dieses erst ermöglichen. Diese «Verwirrung in der *Dialektik* des Allgemeinen und des Einzelnen – des Begriffs und der sinnlich wahrnehmbaren Realität des einzelnen Gegenstandes, des Dinges, der Erscheinung», wie LENIN (38, 348) den Aristotelischen Lösungsversuch einschätzt, birgt in sich den Ausgangspunkt für den im Mittelalter entbrennenden → Universalienstreit zwischen den Vertretern des Realismus und des Nominalismus.

Der platonisch geprägte *Realismus* überträgt die Trennung des Allgemeinen vom Einzelnen im Denken auf die objektive Realität und behauptet die Existenz der Allgemeinbegriffe (*Universalien*), d. h. eines ideellen Allgemeinen, vor der Existenz der Einzeldinge. Nur das Allgemeine existiere real; es bringe die Einzeldinge, denen ein niedrigerer Realitätsgrad zukommen soll, letztlich hervor. Trennt der extreme Realismus das Allgemeine vom Einzelnen und verwandelt es in eine selbständige ideelle Wesenheit vor und unabhängig vom Einzelnen, so trennt der extreme *Nominalismus* in ebenso einseitiger Weise das Einzelne vom Allgemeinen, leugnet die reale Existenz des Allgemeinen und sieht in den Allgemeinbegriffen nur Namen zur Bezeichnung verschiedener Einzeldinge. In problemgeschichtlicher Sicht sind beide entgegengesetzten Richtungen somit gleichermaßen mit allen Mängeln eines einseitigen Lösungsversuchs behaftet. Im Gegensatz zum objektiv-idealistischen Realismus mit seiner Praxisfeindlichkeit und Wirklichkeitsabgewandtheit spielte der Nominalismus jedoch infolge seiner materialistischen Grundhaltung und Aufgeschlossenheit gegenüber der

Naturforschung und dem Experiment zu jener Zeit eine progressive Rolle.
In bewußtem Affront gegen die scholastisch-theologische Verabsolutierung des Allgemeinen durch den Realismus betont die materialistische Philosophie des aufsteigenden Bürgertums, daß in der Natur nur materielle Einzeldinge existieren. Läßt BACON das Allgemeine – die als Gesetz der Einzeldinge verstandenen Formen – noch im Einzelnen existieren, so existiert HOBBES zufolge das Allgemeine weder in der Natur noch im Denken, sondern erfüllt als Allgemeinbegriff nur die Funktion eines gemeinsamen Namens für mehrere Einzeldinge. Beide Auffassungen tendieren mithin zum Nominalismus, wenngleich bei BACON diese Tendenz auf empirischem Boden erwächst und sich bei HOBBES mit einem offenkundigen rationalistischen Akzent verbindet. In der Regel führte der Nominalismus in der Erkenntnistheorie der materialistischen Philosophie der Neuzeit jedoch zum → *Empirismus* und → *Sensualismus*. Diese betonen die Bedeutung der Sinne als Quelle der Erkenntnis, die Bedeutung der sinnlichen Erkenntnis der Einzeldinge, unterschätzen jedoch gleichzeitig die rationale Erkenntnis, das theoretische Denken überhaupt. Die Allgemeinbegriffe sind für sie nur Hilfskonstruktionen des Verstandes. So gehören nach LOCKE die Allgemeinheit und Universalität nicht zur realen Existenz der Dinge; sie seien vielmehr Erfindungen des Verstandes, die dieser für seinen eigenen Gebrauch geschaffen hat; allerdings sollen die Allgemeinbegriffe auch nicht bloße Namen zur Bezeichnung mehrerer Einzeldinge sein, wie bei HOBBES, sondern sollen gemeinsame Eigenschaften derselben widerspiegeln. Bei BERKELEY schließlich verbindet sich die nominalistische Tendenz mit einem subjektiv-idealistischen Sensualismus, der die Existenz von Allgemeinbegriffen rundweg leugnet und nur die Einzeldinge – verstanden als Komplexe von Einzelempfindungen – gelten läßt. Zum Unterschied vom Empirismus und Sensualismus sieht der erkenntnistheoretische → *Rationalismus* das Allgemeine als das Bestimmende an, aus dem alles Einzelne abzuleiten sei. Er betont die Bedeutung der Vernunft, d.h. des theoretischen Denkens, für die Erkenntnis des Allgemeinen, leugnet jedoch die Bedeutung der Sinne als Quelle der Erkenntnis des Allgemeinen durch das Einzelne. So erkennen z.B. die LEIBNIZschen ideellen Monaden die Welt nicht mit Hilfe ihrer Wahrnehmungen, sondern im Prozeß ihrer eigenständigen Selbstbewegung und -entwicklung.
Hatte SPINOZA noch das Einzelne dem Allgemeinen beziehungslos gegenübergestellt – Einzelnes soll nur aus Einzelnem entstehen, und Allgemeines soll nur Allgemeines hervorbringen –, so ist KANT bestrebt, zwischen dem Allgemeinen und dem Einzelnen eine Beziehung herzustellen: die Anschauung (das Einzelne) ist ohne Begriffe (das Allgemeine) blind, und die Begriffe sind ohne Anschauung leer (→ *Kritizismus*). Ungeachtet dieses dialektischen Ansatzes bleibt KANTS Lösung des Problems jedoch wesentlich undialektisch. Er unterscheidet das empirische Allgemeine als die Abstraktion aus dem in der Erfahrung gegebenen Einzelnen vom eigentlichen Allgemeinen. Dieses soll nicht in der sinnlich wahrnehmbaren Welt der Erscheinungen, der Einzeldinge existieren, sondern in Form von Verstandesbegriffen (Kategorien) a priori, d.h. vor aller Erfahrung, gegeben sein und die Voraussetzung aller möglichen Erfahrung (Erkenntnis) bilden. Einzelnes und Allgemeines existieren mithin letztlich doch losgelöst voneinander; das eine in der objektiven Welt der sinnlich wahrnehmbaren Einzeldinge, das andere in der subjektiven Welt des Verstandes.
HEGEL überwindet die subjektiv-idealistische und im wesentlichen undialektische Haltung KANTS, indem er das Allgemeine objektiv-idealistisch verabsolutiert und die Dialektik des Allgemeinen, Besonderen und Einzelnen in den Bereich der Begriffe verlegt. Das Allgemeine als die Erscheinung der «absoluten Idee» gehe allem Einzelnen voraus, sei der Grund und die Substanz des Einzelnen. Als Substanz ist das Allgemeine nicht nur ein abstrakt Allgemeines, sondern ein den Reichtum des Einzelnen und Besonderen in sich fassendes und aus sich erzeugendes Allgemeines. Der Begriff ist die Einheit der drei Momente des Allgemeinen, Besonderen und Einzelnen, die hier in dialektischer Wechselbeziehung ineinander übergehen. FEUERBACH lehnt die objektiv-idealistische Verabsolutierung des Allgemeinen bei HEGEL entschieden ab, betont die objektive Existenz des Einzelnen, verfällt aber dabei in den Fehler, das Einzelne für das Wesen der materiellen Gegenstände zu halten, und sieht im Allgemeinen nur ein Prädikat, eine äußere Eigenschaft des Einzelnen. Das Allgemeine ist so für ihn wiederum nur das abstrakt Allgemeine, das zum Einzelnen in keinerlei dialektischer Wechselbeziehung steht. Erst in der marxistischen Philosophie konnten die bedeutsamen dialektischen Gedanken HEGELS über den Zusammenhang von Allgemeinem, Besonderem und Einzelnem auf materialistischer Grundlage negiert und positiv fruchtbar gemacht werden.
In der *bürgerlichen Gegenwartsphilosophie* erfolgt eine Rezeption sowohl des Realismus als auch des Nominalismus, die in ihren Resultaten zum Teil noch hinter ARISTOTELES zurückgeht, die Erkenntnisse der vormarxistischen und besonders der marxistischen Philosophie hinsichtlich des Verhältnisses von Allgemeinem und Einzelnem ignoriert und somit philosophiehistorisch reak-

tionär ist. Neurealistische Tendenzen sind insbesondere in der frühen Schaffensperiode Bertrand RUSSELS zu erkennen, dem zufolge die Gewißheit der menschlichen Erkenntnis nicht aus der Erfahrung gewonnen werden kann, sondern nur aus allgemeinem Wissen, aus der Erkenntnis von Universalien, zu deren Begründung es keines Beweises bedürfe. Die Universalien in Gestalt von Qualitäten und Relationen sollen vor und neben den Einzeldingen unabhängige Existenz außerhalb von Raum und Zeit haben. In späteren Jahren gibt RUSSELL jedoch die Theorie der selbständigen Existenz der Universalien auf, hält aber dafür jede menschliche Erkenntnis für ungewiß, zweifelhaft und problematisch. Ein offener, an PLATON orientierter Neurealismus wird auch von WHITEHEAD und dem Amerikaner SANTAYANA vertreten. Nominalistische Tendenzen hingegen finden sich vor allem im Bereich des → *Neupositivismus* und insbesondere der bürgerlichen philosophischen Semantik. Der Neupositivismus sieht im Allgemeinen nur Satzfunktionen, d. h. Aussagen, die freie Variable enthalten. Nach dieser Auffassung gibt es kein Allgemeines, wie z. B. das Rot, sondern nur eine Satzfunktion der Form «*x* ist rot». Auf diese Weise kann das Allgemeine jedoch nicht eliminiert werden, weil eine solche Satzfunktion bereits den Begriff «rot» voraussetzt. Die bürgerliche philosophische Semantik leugnet die Bedeutung abstrakter Allgemeinbegriffe wie «Kapital», «Kapitalismus», «Arbeitslosigkeit», «Wert», «Nation», «Demokratie», «Kommunismus» u. a. In der objektiven Wirklichkeit existieren ihr zufolge nur Einzeldinge; den abstrakten Allgemeinbegriffen entspricht aber kein einzelnes Ding, sie sind daher für sich genommen nichts als leere Worte, die keinerlei Bedeutung haben, und sollten deshalb aus der Sprache ausgemerzt werden (St. CHASE u. a.). Die reaktionäre politische Konsequenz dieser Haltung ist unverkennbar. In der Ethik führt der nominalistische Standpunkt zur Leugnung allgemeiner moralischer Normen und dient der Begründung eines ethischen Relativismus.

Nach Auffassung des *dialektischen Materialismus* existiert das Allgemeine objektiv real, jedoch nicht an sich, losgelöst und unabhängig vom Einzelnen, sondern «nur im Einzelnen, durch das Einzelne». Das Allgemeine erschöpft das Einzelne nicht, da es nicht die gesamte Vielfalt und Mannigfaltigkeit des Einzelnen umfaßt, sondern nur dessen gemeinsame Eigenschaften und Relationen. «Jedes Allgemeine ist (ein Teilchen oder eine Seite oder das Wesen) des Einzelnen. Jedes Allgemeine umfaßt nur annähernd alle einzelnen Gegenstände. Jedes Einzelne geht unvollständig in das Allgemeine ein» (LENIN 38, 340).

Das Allgemeine steht in dialektisch widersprüchlichen Beziehungen zum Einzelnen und Besonderen. Das Allgemeine existiert nur im Einzelnen, aber das Einzelne ist stets auch Allgemeines. «Jedes Einzelne ist (auf die eine oder andere Art) Allgemeines» (LENIN 38, 340). Das Besondere ist die dialektische Vermittlung zwischen Einzelnem und Allgemeinem. Es ist Einzelnes gegenüber dem Allgemeinen und Allgemeines gegenüber dem Einzelnen.

Zur Dialektik des Allgemeinen gehört die Existenz von Abstufungen. Was in bezug auf einen Zusammenhang, einen Individuenbereich Allgemeines ist, kann in bezug auf andere Zusammenhänge, andere Individuenbereiche Einzelnes sein. Das Leben ist ein Allgemeines gegenüber Pflanze und Tier, es ist ein Einzelnes gegenüber der Materie.

Die Auffassung des dialektischen Materialismus vom Verhältnis zwischen Allgemeinem und Einzelnem baut wesentlich auf einem materialistischen Monismus auf. Die Welt ist die Gesamtheit der unendlichen vielfältigen einzelnen Struktur-, Bewegungs- und Entwicklungsformen der Materie. Als Einzelnes weisen diese Materieformen jedoch verschiedene gemeinsame Merkmale und Eigenschaften auf, die ihre Zugehörigkeit zu gewissen Klassen von Objekten bestimmen und ihr Allgemeines ausmachen. Das Allgemeine einer Klasse von Objekten besteht aber nicht nur in gemeinsamen Merkmalen und Eigenschaften, sondern ist auch durch neue Relationen zwischen den Einzelobjekten gekennzeichnet. So ist z. B. eine biologische Art das Allgemeine gegenüber den Einzelindividuen; die Art ist aber keine bloße Summe von Individuen oder der gemeinsamen Merkmale der Individuen, sondern wird zugleich durch neue Beziehungen zwischen den Einzelindividuen und zu anderen Arten gekennzeichnet. In analoger Weise besteht das Allgemeine aller Menschen nicht nur darin, Bewußtsein, Sprache usw. zu besitzen, sondern vor allem darin, ein bestimmtes Ensemble gesellschaftlicher Verhältnisse zu sein. Klassen von Objekten, die durch gemeinsame Eigenschaften und Relationen gekennzeichnet sind, können nun ihrerseits unter noch allgemeineren Gesichtspunkten zusammengefaßt werden. Treibt man diesen Progreß des Allgemeinen immer weiter, so gelangt man schließlich zu der allgemeinsten Charakteristik alles Existierenden, nämlich, Existenzform der sich nach objektiven Gesetzen bewegenden und entwickelnden Materie zu sein. Die Anerkennung der materiellen Einheit der Welt und des universellen Zusammenhangs aller Dinge und Erscheinungen in der Form objektiver Gesetzmäßigkeiten bildet mithin sowohl die weltanschauliche Grundlage als auch die Konsequenz aus dem dialektischen Verhältnis zwischen Allgemeinem und Einzelnem.

Die Kategorie des Allgemeinen steht in Beziehung zu anderen Kategorien, vor allem zu den Kategorien des → Wesens, der → Notwendigkeit und des → Gesetzes. Während das Einzelne durch zufällige und unwesentliche Merkmale charakterisiert ist, bedeutet die Erkenntnis des Allgemeinen einen Schritt in Richtung der Erkenntnis des Wesens des Einzelnen. Allerdings müssen hier zwei Arten des Allgemeinen unterschieden werden. Ein Allgemeines, das nur durch Vergleich der gemeinsamen Eigenschaften vieler Einzelner gewonnen wird, das also selbst nur ein *abstraktes* oder ein *numerisches Allgemeines* ist, braucht noch nicht Ausdruck des Wesens des Einzelnen zu sein. So ist zwar allen Proletariern gemeinsam, daß sie Sprache und Bewußtsein besitzen, doch machen diese Eigenschaften nicht das Wesen eines Proletariers aus. Das abstrakt Allgemeine ist nur «ein Teilchen oder eine Seite» des Einzelnen. Erst wenn das Einzelne nicht nur hinsichtlich seiner gemeinsamen Seiten (Eigenschaften) betrachtet wird, sondern in ein System von Relationen zu anderen Einzelnen gestellt wird, wenn das Gemeinsame seiner Beziehungen zu anderen Einzelnen aufgedeckt wird, gelangen wir zum *konkret* oder *spezifisch Allgemeinen*. Das konkret Allgemeine erfaßt die gemeinsamen, invarianten Beziehungen zwischen allen Einzelnen einer bestimmten Klasse und ist so Ausdruck des Wesentlichen und Gesetzmäßigen im Einzelnen. Die gemeinsame Eigenschaft aller Proletarier, keine Produktionsmittel zu besitzen, bewirkt, daß sie in bestimmten Relationen zur Klasse der Kapitalisten stehen, denen sie ihre Arbeitskraft verkaufen müssen. Dieses konkret Allgemeine ist das Wesentliche aller Proletarier und zugleich Ausdruck des Grundwiderspruchs und der Grundgesetzmäßigkeit der kapitalistischen Gesellschaft, die im Proletariat gesetzmäßig ihren eigenen Totengräber erzeugt.

Der Übergang vom Einzelnen zum abstrakt Allgemeinen und von diesem zum konkret Allgemeinen wirft eine Reihe komplizierter *erkenntnistheoretischer* und *methodologischer* Probleme auf, z. B. das Induktionsproblem, das Problem der Verifikation allgemeiner Gesetzesaussagen u. a., die der bürgerlichen Gegenwartsphilosophie immer wieder als Grund für agnostizistische Konsequenzen dienen. Indes können diese Probleme nur dann der Lösung zugeführt werden, wenn – wie in der marxistischen Philosophie – die *Rolle der Praxis* als der entscheidenden Grundlage und des Kriteriums der Erkenntnis anerkannt wird.

Da das Allgemeine nicht an sich, sondern nur im Einzelnen existiert, kann seine Erkenntnis nur über die Erkenntnis des Einzelnen erfolgen. *Historisch* gesehen beginnt die menschliche Erkenntnis mit der Erkenntnis des Einzelnen und schreitet von hier durch Vergleich der gemeinsamen Eigenschaften und Relationen der Objekte zu Begriffen mit immer größerem Allgemeinheitsgrad fort. Der Übergang in der Erkenntnis vom Einzelnen zum Allgemeinen wird dabei wesentlich durch die aktive praktische Tätigkeit vermittelt. Die Menschen «fangen, wie jedes Tier, damit an, *zu essen, zu trinken* etc., also nicht in einem Verhältnis zu ‚stehen', sondern *sich aktiv zu verhalten*, sich gewisser Dinge der Außenwelt zu bemächtigen durch die Tat, und so ihr Bedürfnis zu befriedigen. (Sie beginnen also mit der Produktion.) Durch die Wiederholung dieses Prozesses prägt sich die Eigenschaft dieser Dinge, ihre ‚Bedürfnisse zu befriedigen', ihrem Hirn ein, die Menschen wie Tiere lernen auch ‚theoretisch' die äußern Dinge, die zur Befriedigung ihrer Bedürfnisse dienen, vor allen andern unterscheiden. Auf gewissem Grad der Fortentwicklung, nachdem unterdes auch ihre Bedürfnisse und die Tätigkeiten, wodurch sie befriedigt werden, sich vermehrt und weiterentwickelt haben, werden sie auch bei der ganzen Klasse diese erfahrungsmäßig von der übrigen Außenwelt unterschiednen Dinge sprachlich taufen ... Aber diese sprachliche Bezeichnung drückt durchaus nur aus als Vorstellung, was wiederholte Bestätigung zur Erfahrung gemacht hat ...» (MARX/ENGELS 19, 362).

Die auf diese Weise gebildeten Allgemeinbegriffe sind nicht Abbilder von allgemeinen Gegenständen, die außerhalb und unabhängig vom Einzelnen existieren, sondern sie sind das Resultat der Abstraktion aus dem in der Erfahrung, in der Praxis gegebenen Einzelnen. Der Allgemeinbegriff ist nicht auf das Einzelne reduzierbar, weil letzteres zwar Grundlage und Ausgangspunkt der Abstraktion des im Einzelnen und durch das Einzelne existierenden Allgemeinen ist, während das Allgemeine – genauer: das konkret Allgemeine – über das Einzelne hinausgreift und sich nicht nur auf tatsächlich existierendes Einzelnes, sondern auch auf mögliches Einzelnes bezieht.

Logisch gesehen geht das Allgemeine aus dem Einzelnen durch Generalisierung hervor, d. h. dadurch, daß bestimmte konstante konkrete Glieder in Relationen variabel gemacht werden. Das Einzelne geht aus dem Allgemeinen durch sog. Spezifizierung hervor, d. h. dadurch, daß für Variable, die im Allgemeinen auftreten, bestimmte konkrete Werte eingesetzt werden.

Die menschliche Erkenntnis vollzieht sich nicht nur als Übergang vom Einzelnen zum Allgemeinen, sondern auch auf umgekehrtem Wege. Einmal gebildete Allgemeinbegriffe können im weiteren Erkenntnisprozeß als relatives Apriori auftreten und als Prämissen für die Deduktion und die Erklärung des Einzelnen aus dem Allgemeinen dienen. Der Einheit beider Wege der Erkenntnis – vom Einzelnen zum Allgemeinen und vom Allgemeinen zum Einzelnen – entspricht methodologisch die Einheit von → *Erklärung* und → *Prognose*. Während eine Erklärung Aussagen über Einzelereignisse auf allgemeine Aussagen zurückführt, werden in einer Prognose aus allgemeinen Aussagen (und Aussagen über Anfangs- und Randbedingungen) solche über bis dahin nicht bekannte Einzelereignisse gewonnen.

Das begrifflich widergespiegelte Allgemeine erfüllt eine wichtige erkenntnistheoretische Funktion. Die Mannigfaltigkeit der Wirklichkeit, die sich in der Vielfalt des Einzelnen äußert, kann im Denken nur durch das Allgemeine erkannt werden. «Jedes Wort (Rede) *verallgemeinert* schon ... Die Sinne zeigen die Realität; Denken und Wort das Allgemeine» (Lenin 38, 261). Das Denken kann das Einzelne nur durch das Allgemeine erfassen. Dabei stellt das Allgemeine den Zusammenhang dar, auf den sich das Einzelne bezieht. «Die Bedeutung des *Allgemeinen* ist widersprechend: es ist tot, es ist nicht rein, nicht vollständig etc. etc., aber es ist auch nur eine *Stufe* zur Erkenntnis des *Konkreten*, denn wir erkennen das Konkrete nie vollständig. Die *unendliche* Summe der allgemeinen Begriffe, Gesetze etc. ergibt das *Konkrete* in seiner Vollständigkeit» (Lenin 38, 267).

Die richtige Erkenntnis des dialektischen Wechselverhältnisses zwischen Einzelnem und Allgemeinem ist von großer Bedeutung für die Wissenschaft. Jede Wissenschaft ist bestrebt, von der Erkenntnis einzelner Erscheinungen, Ereignisse, Eigenschaften usw. zur Formulierung der allgemeinen Gesetze zu gelangen, die diesen Erscheinungen, Prozessen usw. zugrunde liegen. Auch für die *politische Praxis* ist die Beachtung des Wechselverhältnisses zwischen Einzelnem und Allgemeinem außerordentlich wichtig. So ist die Denkhaltung des *Dogmatismus* durch die Verabsolutierung des Allgemeinen gekennzeichnet. Die Vernachlässigung bzw. Leugnung der Bedeutung des Einzelnen und Besonderen führt dazu, daß konkrete Situationen nicht in ihrer Spezifik erfaßt werden. So versuchten und versuchen manche Dogmatiker in den Reihen des Marxismus-Leninismus, das Problem des Übergangs vom Kapitalismus zum Sozialismus in den verschiedenen Ländern mit ihren verschiedenen spezifischen nationalen Besonderheiten, unterschiedlichen geschichtlichen Traditionen usw. nach demselben allgemeinen Schema zu lösen. Dies führt zu schweren politischen Fehlern, zur Isolierung der Arbeiterklasse von anderen werktätigen Klassen und Schichten. Umgekehrt leugnet bzw. vernachlässigt der *Opportunismus* die Rolle des Allgemeinen. Er will nur von den konkreten einzelnen Fakten der Politik und Ökonomie ausgehen. Das führt zu Prinzipienlosigkeit und macht die Durchführung einer wissenschaftlich begründeten Politik unmöglich. In ähnlicher Weise leugnet der *Revisionismus* die Existenz allgemeiner Gesetzmäßigkeiten der gesellschaftlichen Entwicklung, insbesondere des Übergangs vom Kapitalismus zum Sozialismus, und verabsolutiert die Bedeutung der nationalen Besonderheiten.

Ein besonders wichtiger Spezialfall des Verhältnisses zwischen Allgemeinem und Einzelnem ist die *Beziehung zwischen Philosophie und Einzelwissenschaften*. Die Philosophie ist das Allgemeine gegenüber den Einzelwissenschaften. Ihre Erkenntnisse existieren nicht neben und über den Einzelwissenschaften, sondern werden durch Abstraktion aus diesen gewonnen. Umgekehrt sind in jeder Einzelwissenschaft Elemente des Allgemeinen – der Philosophie – enthalten. Eine von Philosophiefeindlichkeit getragene Einzelwissenschaft entrinnt keinesfalls der Philosophie, sondern verfällt in dieser oder jener Form dem Positivismus und von dort aus – in letzter Instanz – dem Mystizismus und Aberglauben (Marx/Engels 20, 346).

→ Besonderes → Einzelnes.

allgemeingültig – ein logischer Ausdruck ist allgemeingültig, wenn er bei jeder beliebigen Einsetzung für seine aussagenlogischen Variablen, bei jeder beliebigen Interpretation seiner Prädikate und für beliebige Individuenbereiche eine *wahre* Aussage ergibt.

Allgemeingültig ist beispielsweise der *aussagenlogische Ausdruck* $(p \wedge q) \rightarrow p$; denn welche *wahren* oder *falschen* Aussagen auch für p bzw. q eingesetzt werden, der Gesamtausdruck ergibt immer eine *wahre* Aussage.

Oder, um ein *Beispiel* aus dem Bereich der *Prädikatenlogik* zu nehmen: Der Ausdruck

$$\forall (x)\,[G(x) \rightarrow (H(x) \vee \sim H(x))]$$

ergibt für jede beliebige Interpretation der Prädikate G, H eine *wahre* Aussage.

In der *Prädikatenlogik* wird auch noch zwischen verschiedenen Arten der Allgemeingültigkeit unterschieden; besonders wichtig ist die Unterscheidung zwischen der Allgemeingültigkeit in jedem Bereich und der Allgemeingültigkeit in jedem nicht leeren Bereich (→ Nullklasse). Der oben als Beispiel gebrauchte Ausdruck gilt in jedem Bereich, der Ausdruck $\forall (x)\, F(x) \rightarrow F(y)$ gilt demgegenüber nur in nicht leeren Bereichen.

Es ist eine der wichtigsten Aufgaben der formalen Logik, die allgemeingültigen Ausdrücke (logischen Gesetze) aufzufinden und zu systematisieren, Verfahren auszuarbeiten (Entscheidungsverfahren), mit deren Hilfe man bei vorgelegten logischen Ausdrücken entscheiden kann, ob sie allgemeingültig sind oder nicht.

Für Anwendungen der formalen Logik ist die Kenntnis der allgemeingültigen Ausdrücke insofern wichtig, als 1. jede Aussage mit der Struktur eines allgemeingültigen Ausdrucks ohne weiteren Beweis als *wahr* angesehen werden kann und man 2. durch entsprechende Einsetzungen in allgemeingültige Ausdrücke immer *wahre* Aussagen erhält.
→ entscheidbar → erfüllbar.

Allklasse (Universalklasse) – Klasse aller Individuen, die tatsächlich oder möglicherweise existieren.

Zwischen Individuen und der Allklasse bzw. zwischen beliebigen Klassen und der Allklasse bestehen folgende Beziehungen:

$$\forall x\,[x \in \mathsf{V}] \quad (\mathsf{V} = \text{Allklasse})$$
$$\forall K\,[K \subset \mathsf{V}]$$
$$\forall x\,[x \in K] \rightarrow [K = \mathsf{V}]$$
$$K \cup K' = \mathsf{V}$$

Ist ein bestimmtes universe of discours vorgegeben, so ist die Allklasse identisch mit der Klasse aller Individuen dieses Bereichs (diese spezielle Form der Allklasse könnte man als relative Allklasse bezeichnen).
→ Komplementärklasse → Elementbeziehung → Enthaltenseinsbeziehung.

Alloperator → Allaussage.

Allrelation [lat] – eine zweistellige Relation ist eine zweistellige Allrelation genau dann, wenn sie zwischen je zwei beliebigen Individuen besteht. Entsprechendes gilt für mehr als zweistellige Relationen.
Beispiel: «*x* ist verschieden von oder gleich *y*» ist eine zweistellige Allrelation.

alogisch [griech] – unlogisch, nicht logisch.
→ logisch.

Alogismus [griech] – Vernunftfeindlichkeit, wissenschaftsfeindliche Ablehnung des logischen Denkens als Erkenntnismittel.

Alternative [lat → franz] – Wahl, Entscheidung zwischen zwei Möglichkeiten; in der *modernen Logik* Aussagenverbindung, die *wahr* ist, wenn mindestens eine der beiden verbundenen Aussagen *wahr* ist, und die *falsch* ist, wenn beide verbundenen Aussagen *falsch* sind. Diese Aussagenverbindung wird auch *Disjunktion* genannt. (Die Verwendung der Termini «Alternative» und «Disjunktion» ist in der modernen Logikliteratur nicht einheitlich.)

Sind *p*, *q* derartige Aussagen, so wird die logische Alternative in formaler Schreibweise wie folgt dargestellt: $p \vee q$, sprich: «*p* oder *q*». Diese Aussagenverbindung ist nur dann *falsch*, wenn beide Aussagen *p*, *q falsch* sind, in allen anderen Fällen ist sie *wahr*. Sind *w*, *f* symbolische Abkürzungen für *wahr* bzw. *falsch*, so läßt sich diese Tatsache wie folgt in einer sog. Wahrheitsmatrix zusammenfassen:

p	q	$p \vee q$
w	*w*	*w*
w	*f*	*w*
f	*w*	*w*
f	*f*	*f*

Damit eine Alternative *wahr* ist, muß sie Widerspiegelung zweier oder mehrerer Möglichkeiten sein, von denen mindestens eine Wirklichkeit ist. Handelt es sich um Möglichkeiten, die einander ausschließen, die nicht zusammen existieren können, werden sie durch andere Aussagenverbindungen widergespiegelt, und zwar durch die → Exklusion oder durch die → Kontravalenz.

Althegelianer – unmittelbare Schüler und Anhänger HEGELS, die unter Vernachlässigung der dialektischen Methode das *System* seiner Philosophie betonen, insbesondere die in ihm vollzogene *spekulative Versöhnung* der Philosophie mit der christlichen Religion und dem Staat auf die *Kirche* als die Organisationsform der Religion ausdehnen und die Versöhnung mit der «Wirklichkeit» als das eigentliche Anliegen der HEGELschen Philosophie nehmen. Die Althegelianer knüpften in jedem Falle an die *spekulativen Momente* der HEGELschen Philosophie an, bauten sie weiter aus, so daß die «bodenlose Spekulation» zum Grundzug ihrer Bestrebungen wurde. Gleichzeitig ignorierten sie die gesellschaftliche und politische Praxis soweit als möglich. Obwohl zur Romantik im Gegensatz stehend, traten sie doch für das Recht des «historisch Gewordenen» in religiöser und politischer Hinsicht ein, dies aus der Absolutheit des «absoluten Geistes» HEGELS ableitend, in dem die historisch gewordenen Etappen zur Vollendung gekommen schienen. RUGE nannte sie deshalb «Hegelianer mit romantischem Zopf».

Da eine solche Einstellung zur HEGELschen Philosophie und zur gesellschaftlichen und politischen Praxis unter den Bedingungen des deutschen Vormärz konservative, ja reaktionäre politische Konsequenzen nach sich zog, wurden die Althegelianer von ihren Zeitgenossen auch als *Rechtshegelianer*, *rechte Hegelianer* oder *Hegelsche Rechte* bezeichnet. In der Tat entsprach ihr politisches Verhalten dieser Kennzeichnung.

Zu den Althegelianern gehören u. a. GÖSCHEL, GABLER, HINRICHS, DAUB, LEO, HENNING, HOTHO, FÖRSTER, mit Einschränkung auch K. ROSENKRANZ, MICHELET, MARHEINEKE, VATKE. Eine Gruppe der Althegelianer war bestrebt, die HEGELsche Philosophie als Schema in die Einzelwissenschaften zu übernehmen. Sie wollte mit Hilfe des HEGELschen Systemgedankens die Einzel-

wissenschaften spekulativ durchdringen, philosophisch begründen und ausgestalten. Zu ihr gehören mehr oder weniger und aus späterer Sicht gesehen: J. E. ERDMANN, ZELLER, SCHASLER, SCHWEGLER, K. FISCHER (Geschichte der Philosophie), F. Th. VISCHER (Ästhetik), PRANTL (Geschichte der Logik) u. a. Alle diese können nur mit Einschränkung als Althegelianer (im weiteren Sinne) genannt werden: ihre Untersuchungen gingen zwar auf die «Bewahrung» der HEGELschen Philosophie aus, nicht aber auf ihre mehr oder weniger totale Übernahme in einer veränderten wissenschaftsgeschichtlichen und historisch-gesellschaftlichen Situation. Ihre Hauptwirkung lag erst in der zweiten Hälfte des 19. Jahrhunderts. Die genannten Philosophen können etwa als Parallelerscheinung zu den ursprünglichen Althegelianern genommen werden.
→ Hegelianismus → Junghegelianer.

Altruismus [lat → franz] – von COMTE eingeführter Name zur Bezeichnung derjenigen *moralischen Grundhaltung*, die Selbstlosigkeit und Uneigennützigkeit im Fühlen, Denken und Handeln involviert und auf das Wohl anderer, in letzter Instanz der «Menschheit überhaupt» gerichtet ist. Als *ethische Lehre* ist Altruismus die Zusammenfassung und Systematisierung jener moralischen Normen, die diese Grundhaltung ausmachen.

Ethische Lehren mit mehr oder weniger starkem altruistischem Einschlag entwickelten vornehmlich bürgerliche Philosophen, wie LOCKE, HUME, SMITH, SHAFTESBURY, BENTHAM, SPENCER, FEUERBACH, COMTE, der im Altruismus die Moral der Zukunft erblickte. Der Altruismus wurde von diesen Denkern als Alternative zum *Egoismus* (*Ggs*) des Menschen in der bürgerlichen Gesellschaft entworfen. Dabei übersahen sie, daß jede Moral (als System moralischer Normen und als individuelle moralische Haltung) gesellschaftlich bedingt ist, daß also der Egoismus des Menschen in der bürgerlichen Gesellschaft nur dann verschwindet, wenn die Basis dieses Egoismus, die bürgerliche Gesellschaft selber, beseitigt wird. Beim Altruismus als Theorie handelt es sich so um eine abstrakt-idealistische und unhistorische ethische Lehre, die darüber hinaus als moralische Grundhaltung um ihre Verwirklichung gebracht wird, solange eine Gesellschaft in Klassen gespalten ist.

In Ablehnung jedweder abstrakt-idealistischer Hypostasierung sowohl altruistischer als egoistischer Prinzipien in der bürgerlichen Ethik, worin sich der mit der Existenz des Privateigentums an den Produktionsmitteln gesetzte Gegensatz von persönlichen und gesellschaftlichen Interessen ideologisch reflektiert, fußt die *marxistische Ethik* auf der Tatsache und dem daraus abgeleiteten Prinzip der Verbindung von persönlichen Interessen mit denen der sozialistischen Gesellschaft, die als Einheit unter den gesellschaftlichen Bedingungen des Sozialismus und Kommunismus voll verwirklicht wird.
→ Moral.

Amoralismus – Gleichgültigkeit moralischen Grundsätzen gegenüber. Geringschätzung der → Moral.

amor intellectualis dei [lat] – *eigtl*: geistige Liebe zu Gott.

Von SPINOZA verwendeter Begriff, der die ethische Version seines *intellectus infinitus* darstellt, mit dem der durchgängige Zusammenhang der einzelnen Bewußtseins- und Willensvorgänge (Denken als eines der Attribute der unendlichen Substanz) erfaßt werden soll. Während dieser die Form ist, unter der die Natur, Gott, Substanz sich erkennt, ist der *amor intellectualis dei* Ausdruck der aus diesem Erkennen resultierenden Bejahung – mithin Liebe zu sich selbst – dieser erkannten Existenz. Bei Beachtung der spinozistischen Darstellung des Verhältnisses von Notwendigkeit und Freiheit (frei ist, was nur kraft der Notwendigkeit seiner Natur existiert) ist damit für den Menschen die Einheit von Erkennen und Handeln impliziert: die Notwendigkeit einer Sache erkennen heiße zugleich die Sache erwirken zu wollen.
→ Spinozismus → Pantheismus.

analog [griech] – übereinstimmend, gleichartig, entsprechend, ähnlich.

analogia entis [griech + lat] → Analogie des Seins.

Analogie [griech] – *eigtl*: das richtige Verhältnis; Entsprechung, Gleichwertigkeit; häufig mit dem Begriff der Ähnlichkeit gleichgesetzt. Übereinstimmung zweier oder mehrerer Objekte hinsichtlich bestimmter Merkmale, so z. B. in der Struktur, in der Funktion usw. Es gibt Analogien verschiedenen Grades, die im Grenzfall in Identität übergehen können. Das Auffinden von Analogien war und ist eine erste Stufe zur Erkenntnis von Gesetzen in Natur und Gesellschaft.

Deshalb ist bereits in der frühen griechischen Philosophie und Wissenschaft das bewußte Aufsuchen von Analogien, wie es beispielsweise von EMPEDOKLES gehandhabt wird, ein wichtiges Verfahren, unbekannte aus bereits erkannten Zusammenhängen zu erschließen. Ferner gelangt ARISTOTELES – in Verbindung mit der Schöpfung der wissenschaftlichen Biologie – zur Klassifikation der Tiere, indem er Analoges, beispielsweise die Ähnlichkeit der Zeugungsorgane, zu ihrem Ausgangspunkt nimmt. Dennoch bleibt in der vorrangig auf die Untersuchung des Allgemeinen und der Deduktion orientierten Antike die Beschäftigung mit der Analogie als Tatbestand und der Analogiebildung als Methode im Keim stecken.

Großen Raum nimmt die Analogie in der Methodendiskussion im Mittelalter ein. Es werden vor allem zwei Hauptformen der Analogie untersucht, und zwar die sog. Attributionsanalogie und die Proportionalitätsanalogie. Bei der Attributionsanalogie liegt keine Relation der Form «x ist analog y» vor, da diese Analogie nicht symmetrisch ist. Es wird nämlich das, was die Analogie zwischen x und y ausmacht, von der Ganzheit x der Ganzheit y mitgeteilt. Diese Mitteilung oder Verleihung analoger Eigenschaften durch x an y läßt aber keine symmetrische Analogierelation zu. Die Scholastik unterscheidet nun innerhalb der Attributionsanalogie zwei spezielle Formen, und zwar die sog. äußere und innere Attributionsanalogie, je nachdem, ob das x dem y nur einen analogen Namen oder auch das, was durch diesen Namen bezeichnet wird, mitteilt. Als Beispiel für die innere Attributionsanalogie sei das für jede Theologie grundlegende Verhältnis von Gott und Mensch genannt. Gott ist an sich gut, der Mensch (d. h. x) nur in Abhängigkeit von Gott. Als Beispiel für die äußere Attributionsanalogie möge die Eigenschaft «häßlich» dienen. Sie ist an sich eine Eigenschaft, die objektiv-realen Dingen zukommt. Wir sprechen jedoch auch von häßlichen Gedanken bzw. Gefühlen, die wegen ihrer Beziehung zu bestimmten häßlichen Dingen ebenfalls den Namen «häßlich» erhalten haben. x (d. h. das häßliche Ding) überträgt zwar seinen Namen auf das, was wir einen häßlichen Gedanken nennen, ist aber der Inhalt des Häßlichseins selbst. Im Falle der Proportionalitätsanalogie stehen die analogen Gebilde x und y in dialektischen Beziehungen. Es findet zwischen ihnen zugleich Übereinstimmung und Verschiedenheit statt. Es handelt sich also bei der Proportionalitätsanalogie um das Verhältnis der Analogie zweier Relationen, weshalb in Anlehnung an bestimmte geometrische Beziehungen die Bezeichnung «Proportionalität» gewählt wurde. Die Scholastik hat mit der Proportionalitätsanalogie – wie in anderen logischen und erkenntnistheoretischen Bereichen auch – in dem Bestreben, die Widersprüche innerhalb der Theologie, zwischen Theologie und Philosophie usw. zu beseitigen, die theoretische Analyse der Analogie weiterentwickelt.

Eine eigentliche Klärung des Begriffs der Analogie erfolgte erst in der Kybernetik, für die diese Beziehung grundlegend ist. Zugleich mit dem Begriff der Analogie wurde der – der Analogie subordinierte – Begriff der Ähnlichkeit exakter gefaßt. Der Terminus «Analogie» wird von der Kybernetik zur Bezeichnung verschiedener begrifflich streng unterschiedener Sachverhalte benützt.

Unter struktureller Analogie versteht man völlige oder teilweise Übereinstimmung der Struktur zweier Systeme, wobei von der konkreten stofflichen Realisierung der jeweiligen Systeme abstrahiert wird. Eine berühmte strukturelle Analogie ist die Analogie zwischen dem BOHRschen Atommodell und dem Sonnensystem. Die einfachste strukturelle Analogie besteht dann, wenn zwischen zwei Gebilden die Beziehung der geometrischen Ähnlichkeit vorliegt. Die Relation «x ähnlich y» ist reflexiv, symmetrisch und transitiv. Sie konstituiert den Begriff der Gestalt. Der Begriff der Ähnlichkeit wird in der Mathematik, ausgehend von der Geometrie, in verschiedenartigster Weise erweitert. Unterscheiden sich zwei Systeme nur im Hinblick auf die Art ihrer Elemente, nicht aber in der Anzahl der Elemente und in der Art und Weise der Verknüpfung, so nennen wir diese sehr weitgehende Ähnlichkeit *Isomorphie.*

Wesentlich wichtiger als die Strukturanalogie ist die Funktionsanalogie. Sie liegt dann vor, wenn zwei Systeme, die sich sowohl nach der Art ihrer Elemente als auch in ihrem strukturellen Aufbau voneinander unterscheiden, im Hinblick auf die Funktionen, die sie erfüllen können, übereinstimmen. Sind zwei kybernetische Systeme einander im Hinblick auf ihre Funktion analog, so lassen sie sich durcheinander ersetzen bzw. das eine stellt jeweils ein kybernetisches Modell des anderen dar. Es lassen sich also auch Verhaltensanalysen, Experimente usw. in einem System durch solche am anderen ersetzen. Wie bei der Strukturanalogie gibt es auch bei der Funktionsanalogie nicht eine Analogie schlechthin, sondern immer nur eine solche, die sich auf bestimmte Funktionen bezieht. Damit wird ebenso wie bei der Strukturanalogie (d. h. der Ähnlichkeit) die Frage nach den wesentlichen und den unwesentlichen analogen Eigenschaften aufgeworfen. Diese Frage spielt eine große Rolle vor allem im Hinblick auf die Anwendung der Analogie im Bereich der reduktiven Schlüsse (→ Reduktion), vor allem beim Analogieschluß.

Im Prinzip ist es möglich, zu einem Maß der Analogie bzw. der Ähnlichkeit zu kommen. Die beiden Systeme S_1 und S_2, die analog sein sollen, müssen dies auf Grund der Übereinstimmung bestimmter struktureller oder funktioneller Eigenschaften P_i sein. Ob eine Eigenschaft wesentlich oder unwesentlich ist, mag dadurch gekennzeichnet sein, daß man ihr ein «Gewicht» w_j zuspricht. Dann gilt zunächst:

$$P_i = \Sigma\, w_j \cdot p_j; \quad \Sigma\, w_j = 1,$$

wobei durch p_j die Elementareigenschaften des Systems gekennzeichnet sind, d. h. diejenigen Eigenschaften, die innerhalb des Systems nicht auf einfachere reduziert werden können. Damit die beiden Systeme einander analog bzw. ähnlich sein können, müssen die Mengen $\mathfrak{M}_1$ bzw. $\mathfrak{M}_2$ ihrer auf diese Weise gewogenen Eigenschaften disjunkt sein. Es wird ferner vorausgesetzt, daß diese beiden Mengen meßbar sind. Das Maß einer solchen Menge sei durch $\mu\,\mathfrak{M}$ bezeichnet. Unter diesen Voraussetzungen gilt für das Maß der Analogie:

$$\mu(\mathfrak{M}_1, \mathfrak{M}_2) = \frac{\mu(\mathfrak{M}_1 \cap \mathfrak{M}_2)}{\mu(\mathfrak{M}_1 \cup \mathfrak{M}_2)}; \quad 0 \leqq \mu \leqq 1.$$

Die systematische Verwendung des Begriffs der Analogie durch die Kybernetik und die Möglichkeit der Durchführung von Analogieschlüssen im Bereich der angewandten Logik bzw. der allgemeinen Methodologie der Wissenschaften beruht auf der Tatsache, daß zwischen den Gegenständen der objektiven Realität Analogien existieren, was im Bereich der Naturwissenschaften schon seit langer Zeit bekannt ist. Jedoch setzt sich diese Einsicht gegenwärtig auch in den Gesellschaftswissenschaften immer mehr durch. Das Auffinden analoger Strukturen bzw. Funktionen in den verschiedensten Bereichen der gesellschaftlichen Realität wird durch die adäquate Verwertung kybernetischer Begriffsbildungen wesentlich erleichtert und dürfte in absehbarer Zeit zu einer wesentlichen Bereicherung der Methoden der Darstellung und Forschung führen. Als Beispiel sei die systematische Verwendung von → Modellen, die Simulation gesellschaftlicher Situationen auf elektronischen Rechenmaschinen usw. genannt.

Mit Hilfe der kybernetischen Begriffsbildungen im Umkreis der Analogie können durch philosophische Verallgemeinerung tiefere Einsichten in das Wesen der Analogie gewonnen werden, Einsichten, die die Erkenntnis der materialistischen Dialektik, die in der Analogie eine dialektisch-widersprüchliche Einheit von Identitäten sieht, präzisieren und erweitern.

Analogie des Seins (analogia entis) – zentraler Begriff der thomistischen und neuthomistischen Ontologie und Metaphysik.

Die Lehre von der Analogie des Seins besagt, daß der Begriff des Seins nicht eindeutig, sondern nur analog ist, d. h., daß das Wort «Sein», wenn es auf verschiedene Gegenstände bezogen wird, einen verschiedenen, aber proportional identischen Sinn besitzt. Danach hat alles, was ist, das Sein und ist durch das Sein, aber es hat das Sein in verschiedener Weise. Für die thomistische Philosophie ist diese Auffassung fundamental, und sie wird von neuthomistischer Seite auch direkt als die Voraussetzung richtigen Philosophierens aufgefaßt: «Der Philosoph muß wissen, daß das Sein der Dinge nicht in allen Dingen ein und dasselbe ist, sondern unterschiedlich in jedem, obwohl es doch in derselben Seinsidee erfaßt und durch dasselbe Wort ausgedrückt wird» (J. MARITAIN, Wege zur Gotteserkenntnis 1955, 25).

Zur Analogie des Seins gelangt die thomistische Philosophie auf Grund einer Analyse des Begriffs des Seins. Da der Begriff des Seins als der allgemeinste Begriff nicht mehr definierbar ist, kann er nicht als univok gelten. Auch würde es zu Ungereimtheiten führen, wollte man ihn so auffassen. Würde man ihn in der Weise deuten, daß er jegliches konkrete Objekt adäquat wiedergibt, dann wäre man unter Voraussetzung der Univozität dazu gedrängt, die Verschiedenheit der Objekte zu verneinen. Wollte man anders den Seinsbegriff nur als die teilweise Vergegenwärtigung der Objekte ansehen, so müßte man wieder annehmen, daß die verschiedenen Objekte sich untereinander abgrenzen durch Unterschiede, die außerhalb des Seins liegen. Daher kommt man dem wahren Sachverhalt nur bei, «wenn man anerkennt, daß der Seinsbegriff in seinem Bedeutungsgehalt nicht von starrer Einheit ist. Seine Bedeutung hat nicht identische Selbigkeit, sie ist vielmehr den verschiedenen Objekten angepaßt, ‚proportional‘. Er ist kein univoker, bedeutungsgleicher Begriff, sondern ein ‚analoger‘, ein Ähnlichkeitsbegriff. Daß er dennoch Einheit und Allgemeinheit besitzt, ist dem Umstand zu verdanken, daß er eine *undeutliche*, nicht vollkommen bestimmte Repräsentation ist. Eben diese unumgängliche Unbestimmtheit schmiegt sich sowohl der Einheit wie der Verschiedenheit der Objekte an und kommt für *beide zugleich* auf; sie enthält *untrennbar* Einheit und Verschiedenheit zugleich, die Einheit ist selbst von Verschiedenheit durchschnitten. Mit einem Wort, die Einheit der Seinsidee ist eine unvollkommene, proportionale oder analoge» (F. VON STEENBERGHEN, Ontologie, Philosophia Lovaniensis IV, 78).

Die Folgen dieser Auffassung sind dergestalt: Das Sein ist in verschiedenen Dingen verschieden. «Sein» bedeutet nicht bloß «existieren», der Wirklichkeit angehören, es bedeutet, daß es den Gegenständen in unterschiedlicher Weise, in einem Sinne von mehr oder weniger zukommt. Das Wesen der Analogie des Seins besteht daher darin, Sein als der Steigerung fähig anzusehen.

Für das System der thomistischen und neuthomistischen Philosophie ist die Analogie des Seins in dreifacher Hinsicht von grundlegender Bedeutung:

1. Die Analogie des Seins soll den theoretischen Grundgedanken des thomistischen Systems begründen: Gott ist das Sein, alle anderen Gegenstände haben nur teil (→ Teilhabe) an diesem Sein, und zwar nach Maßgabe ihres Wesens. Die Realität ist eine «Hierarchie des Seins», die in geschlossener Stufenfolge zunehmender Realität von der materia prima als der reinen Potenz bis zum ens realissimum führt.
2. Die Analogie des Seins ist bestimmend für die thomistische Auffassung des Verhältnisses von

Gott und Welt. Die Analogie des Seins verhindert, daß Gott und Welt zusammenfallen und die Gefahr des Pantheismus entsteht. Andererseits läßt aber die analoge Übereinkunft im Sein auch ein völliges Auseinanderfallen nicht zu, was wiederum die Gefahr des Dualismus abwendet.

3. Die Analogie des Seins ist bestimmend für das Wesen der thomistischen Gotteserkenntnis. Die Analogie des Seins gewährleistet eine Erkenntnis Gottes, wenn auch keine vollkommene. Da auf Grund der Analogie des Seins Gott und Welt im Sein in bestimmter Weise übereinkommen, ist eine Erkenntnis möglich, wenn auch alle Aussagen über Gott, die immer dem endlich Seienden entstammen, auf das unendliche Sein übertragen, nur Analogien sein können. Mit dieser Auffassung versucht die thomistische Philosophie ebenfalls zwischen zwei Extremen die Mitte zu halten. Sie wendet sich damit sowohl gegen diejenigen, die eine völlige rationale Durchdringung Gottes vertreten, als auch gegen die Anhänger einer negativen oder symbolischen Theologie (→ negative Theologie), nach denen das Göttliche einfach das «ganz Andere» und «Unbekannte» sei, das mit rationalen Mitteln überhaupt nicht erfaßt oder von dem allenfalls nur in Symbolen oder Metaphern gesprochen werden könne.

Mit dieser Bedeutung ist die Analogie des Seins das Kernstück der thomistischen Philosophie, die jedoch gerade mit diesem Denkansatz ihre Unhaltbarkeit beweist. Die Vorstellung einer Gradabstufung des Seins, als wäre Sein komparierbar, der Same nicht in gleicher Weise wirklich wie die Pflanze, ist nämlich durch keinerlei Argumentation zu rechtfertigen. Der zugrunde liegende Fehler ist leicht zu durchschauen. Das Falsche dieser Vorstellung beruht darauf, daß man die unterschiedliche inhaltliche Bestimmtheit der Gegenstände mit ihrer Seinsweise verwechselt. Was sich in der Realität zwischen den verschiedenen Gegenständen abstuft, das ist die innere Struktur, der Grad der Kompliziertheit, die inhaltliche Bestimmtheit, keineswegs aber der Grad der Realität, die Seins- oder Existenzweise. In diesem Sinne ist es unstreitig, daß ein tierischer Organismus ein höheres Gebilde ist als eine Pflanze, eine Pflanze ein höheres als ein anorganischer Körper. Die Abstufung bezieht sich jedoch hierbei allein auf die inhaltliche Bestimmtheit, nicht aber auf die Existenzweise, an der schlechterdings kein Unterschied angebbar ist.

Geschichtlich geht die Lehre von der Analogie des Seins auf PLATONS Lehre von der Teilhabe und auf ARISTOTELES zurück, der in der *Metaphysik* (5, 2) davon spricht, daß das Sein von den Dingen verschieden ausgesagt wird, und der bereits ein Stufenreich des Seienden lehrte, wo die Formungs- und Bestimmungsunterschiede mehr oder weniger deutlich als Seinsgrade verstanden wurden. Von ihnen aus gehen dann die Entwicklungslinien über die *Neuplatoniker* und AUGUSTIN hin zu den Philosophen der *Scholastik* (vor allem zu THOMAS VON AQUIN), die die Lehre von der Analogie des Seins allseitig ausarbeiteten.

→ Thomismus → Neuthomismus.

Analogiemodell [griech → lat] – Modell, das zu dem Bereich, den es modelliert, in Analogierelation steht. Mathematisch strenge Analogiemodelle sind solche, bei denen die Beziehungen zwischen dem Bereich, der modelliert werden soll, und dem Modell durch Homomorphie oder sogar durch eine Isomorphierelation gegeben sind. Beispiel für ein *Analogiemodell* ist etwa das Wassertröpfchenmodell des Atomkerns. Beispiel für ein *isomorphes Modell* der Aussagenlogik wäre etwa die Theorie der Relais- und Schaltkontaktschemata. Das Abbild der Wirklichkeit in unserem Bewußtsein kann als ein gedankliches Analogiemodell der Wirklichkeit angesehen werden. Analogiemodelle gewinnen steigende Bedeutung für die allgemeine Methodologie der Wissenschaften, was wesentlich durch die Entwicklung der Kybernetik beeinflußt worden ist.

→ Analogie.

Analogieschluß *auch*: Analogismus, Analogieargument oder Analogiebeweis – logisches Schlußverfahren, bei dem von der Ähnlichkeit oder Übereinstimmung zweier oder mehrerer Erscheinungen in bestimmten Eigenschaften, Relationen, Strukturen oder Funktionen auf ihre Ähnlichkeit oder Übereinstimmung auch in anderen Eigenschaften, Relationen, Strukturen oder Funktionen geschlossen wird. Zwei grundlegende Arten von Analogieschlüssen ergeben sich aus der Unterscheidung zwischen struktureller und funktioneller Analogie.

Der Analogieschluß war bereits ARISTOTELES bekannt. In den logischen Lehren der *Scholastik* erlangte er aus theologischen Bedürfnissen heraus einen besonderen Rang, vor allem im Hinblick auf die Möglichkeit positiver Aussagen über Gott nach der sog. Analogie des Seins. Ansätze zu einem Einbau des Analogieschlusses in die allgemeine Methodologie der Naturwissenschaften finden sich erst bei BACON und in entwickelter Form bei MILL. Der Analogieschluß ist eine wichtige Form der *reduktiven Schlüsse* und stellt ein vielfach bedeutsam gewordenes Erkenntnismittel zur Gewinnung wissenschaftlicher Hypothesen dar. Ein wissenschaftsgeschichtliches Beispiel hierfür ist die Aufstellung der ersten Atommodelle zu Beginn des 20. Jahrhunderts, die von der Annahme getragen waren, daß sich die negativ geladenen Elektronen in Kreis- oder elliptischen Bahnen um den positiv geladenen

Atomkern bewegen – jedes Atom also gleichsam als ein Sonnensystem im kleinen betrachtet werden kann. Diese Annahme beruhte auf Analogieschlüssen aus der Tatsache, daß das Coulombsche Gesetz, das die Kraft angibt, die zwei elektrische Ladungen aufeinander ausüben, strukturell mit dem Newtonschen Gravitationsgesetz, aus dem wiederum die Keplerschen Gesetze der Planetenbahnen folgen, übereinstimmt. Analogieschlüsse dieser Art haben sich als wissenschaftlich außerordentlich fruchtbar erwiesen und wichtige Teilerkenntnisse zutage gefördert, bis die Erkenntnis der Quantisierung der Energie und der Bahnen im Falle der atomaren Strukturen den wesentlichen Unterschied zwischen Sonnensystemen und Atomstruktur erfaßbar machte. Dieses Beispiel zeigt zugleich die Problematik des Analogieschlusses: er ist ein *Schluß der Wahrscheinlichkeit*. Im Grenzfalle geht die Analogie in *Isomorphie* über, läßt sich die Analogie, die zunächst partiell ist, d.h. von der Übereinstimmung in einigen wesentlichen Eigenschaften, Strukturen usw. ausgeht, durch Zuordnung entsprechender Elemente *totalisieren*; andererseits erweisen sich Analogieschlüsse als *falsch*, wenn neben aller Ähnlichkeit oder Übereinstimmung ein wesentlicher Unterschied zwischen den in Analogie gesetzten Erscheinungen nachweisbar ist.

Die Möglichkeit von Analogieschlüssen beruht darauf, daß die objektive Realität ein zusammenhängendes organisches Ganzes ist und ihre verschiedenen Bereiche übereinstimmende Züge, gleiche oder ähnliche Strukturen oder Funktionen aufweisen, die über Analogie und Modell aus einem Bereich für einen anderen veranschaulicht oder erschlossen werden können. Derartige Schlüsse müssen dabei von der Ähnlichkeit oder Übereinstimmung in *wesentlichen Merkmalen* ausgehen und bedürfen einer ständigen Überprüfung durch die Praxis. *Naturwissenschaftliche Analogien* bieten dabei in der Regel eine größere Sicherheit als *gesellschaftswissenschaftliche*, da in der Gesellschaft (neben dem Faktor der Individualität) die durch das Handeln der Menschen hervorgerufenen Modifizierungen allgemeiner Gesetzmäßigkeiten eine besondere Berücksichtigung finden müssen. Einen groben Mißbrauch des Analogiegedankens stellen die verschiedenen Kulturkreislehren (SPENGLER, TOYNBEE) dar, die Strukturen und Relationsgefüge der kapitalistischen Gesellschaft schematisch auf frühere historische Epochen und Ordnungen (etwa in ihren Aussagen über ein «römisches Proletariat» oder einen «antiken Sozialismus») übertragen. Demgegenüber können aus der *marxistischen Forschung* viele Beispiele wissenschaftlich einwandfreier Analogieschlüsse angeführt werden. Die Pariser Kommune 1871 unterscheidet sich in vieler Hinsicht von der sozialistischen Oktoberrevolution 1917 in Rußland. Schlußfolgerungen aus den Ereignissen von 1871 für ein richtiges Verhalten des Proletariats in der Oktoberrevolution hatten infolge dieser Unterschiede den Charakter von Analogieschlüssen. Aus den Erfahrungen der Pariser Kommune wurde etwa der richtige Analogieschluß gezogen, daß das Proletariat den bei der Machtübernahme vorgefundenen bürgerlichen Staatsapparat nicht übernehmen kann, sondern zerbrechen muß, um die Revolution siegreich zu gestalten.

Eine exakte und ins einzelne gehende Ausarbeitung der Formen des Analogieschlusses und seiner Anwendung, vergleichbar etwa mit dem Stand der Ausarbeitung der deduktiven Schlüsse, liegt bis heute noch nicht vor. Sie kann nur unter Berücksichtigung der *dialektisch-materialistischen Theorie* des Verhältnisses von Wesen und Erscheinung, von Identität und Unterschied und der Wahrscheinlichkeit sowie mittels der Einbeziehung entsprechender Erkenntnisse und Begriffsbildungen der *Kybernetik* gegeben werden.

→ Analogie → Isomorphie.

Analyse [griech] – *eigtl*: Zerlegung, Zergliederung. Verfahren zur Untersuchung und Erkenntnis materieller oder ideeller Gegebenheiten, dessen Wesen in der praktischen oder gedanklichen Zerlegung eines Ganzen in seine Teile, eines Zusammengesetzten in seine Elemente besteht. Das Ziel der Analyse besteht darin, wesentliche Eigenschaften und Relationen von unwesentlichen, notwendige von zufälligen, allgemeine von individuellen zu unterscheiden und auf diesem Wege von der undifferenzierten Betrachtung der Gesamterscheinung zur Erkenntnis ihres Wesens und der sie bestimmenden Gesetzmäßigkeiten vorzudringen. Dies wiederum ist nur möglich, wenn die analysierten Eigenschaften und Relationen nicht losgelöst voneinander betrachtet, sondern ihre Zusammenhänge aufgezeigt werden, d.h., wenn die Analyse mit der Synthese verbunden wird. Analyse und Synthese bilden als entgegengesetzte Erkenntnisverfahren eine dialektische Einheit. Als Bestandteile einer allgemeinen Methodologie der Wissenschaften erlangen beide ihre volle Fruchtbarkeit nur auf der Grundlage der dialektisch-materialistischen Theorie des Verhältnisses von Teil und Ganzem.

Die dialektische Einheit von Analyse und Synthese findet ihren Ausdruck sowohl im Gesamtprozeß der Entwicklung der menschlichen Erkenntnis als auch in seinen einzelnen Hauptetappen. Im Gesamtentwicklungsprozeß der menschlichen Erkenntnis wird die ursprüngliche, in der Wissenschaft des Altertums vorherrschende synthetische Betrachtung der objektiven Realität von der durch eine ausgeprägte analytische Tätigkeit gekennzeichneten Wissenschaft der Neuzeit abgelöst, während für die gegenwärtige

Wissenschaftsentwicklung die Einheit beider Tendenzen charakteristisch ist, die ihren Ausdruck u. a. in den sich gleichzeitig vollziehenden Prozessen der Differenzierung und Integration der Wissenschaften findet.

In der *griechischen Wissenschaft und Philosophie* des Altertums überwiegt ein naiv-ursprüngliches synthetisches Herangehen an die Naturerscheinungen. «Bei den Griechen – eben weil sie noch nicht zur Zergliederung, zur Analyse der Natur fortgeschritten waren – wird die Natur noch als Ganzes, im ganzen und großen angeschaut. Der Gesamtzusammenhang der Naturerscheinungen wird nicht im einzelnen nachgewiesen, er ist den Griechen Resultat der unmittelbaren Anschauung» (Marx/Engels 20, 333). Neben dieser vorwiegend synthetischen Gesamtanschauung der Natur finden sich jedoch bei einzelnen Denkern, vor allem bei Aristoteles, auch schon Hinweise über die Rolle von Analyse und Synthese und deren Einheit in der wissenschaftlichen Forschung. Besonders in den mathematischen Disziplinen wird neben der synthetischen auch die analytische Methode entwickelt. In den *Elementen* Euklids wird der Begriff «Analyse» zur Kennzeichnung einer geometrischen Beweismethode verwendet. Analyse und Synthese treten hier als zwei entgegengesetzte Beweisverfahren auf. Die analytische Methode geht vom Unbekannten, Unbewiesenen aus und leitet aus ihm deduktiv Sätze ab, die bereits als wahr erkannt sind, während bei der Synthese die zu beweisenden Sätze aus bereits bewiesenen abgeleitet werden.

Für die Wissenschaft des *Mittelalters* ist zunächst noch die einseitig synthetische Betrachtungsweise charakteristisch. Doch ist sie hier bereits nicht mehr – wie bei den Griechen – Ausdruck einer naiv-dialektischen Gesamthaltung, sondern resultiert aus dem prinzipiellen Dogmatismus der Scholastik, die die allgemeinen Glaubensprinzipien höher stellt als die empirische Forschung und deshalb das Experiment und die konkrete, allseitige Analyse der Naturerscheinungen als Mittel zu ihrer Erkenntnis verwirft.

In dem Maße, wie die gesellschaftlichen Produktivkräfte seit dem 15./16. Jahrhundert eine rasche Entwicklung erfahren und sich die kapitalistische Produktionsweise herausbildet, nehmen auch die Naturwissenschaften, vor allem die Mechanik, einen raschen Aufschwung. Die sich entwickelnde Spezialisierung und Differenzierung der Wissenschaften bewirkt, daß die einheitliche Natur von verschiedenen Gesichtspunkten her untersucht wird, d. h. als Erkenntnisobjekt nach seinen verschiedenen Aspekten hin gleichsam unter die einzelnen Wissenschaften aufgeteilt wird. Dieser im ganzen gesehen analytischen Tendenz der Wissenschaftsentwicklung jener Zeit entspricht in den einzelnen Bereichen das Streben nach konkreter empirischer und experimenteller Forschung, welche die Natur gewissenhaft in ihre einzelnen Bestandteile zerlegt, auf experimentellem Wege deren einzelne Eigenschaften feststellt, die wesentlichen Relationen zwischen ihnen aufdeckt und die Objekte systematisiert und klassifiziert. «Die Zerlegung der Natur in ihre einzelnen Teile, die Sonderung der verschiednen Naturvorgänge und Naturgegenstände in bestimmte Klassen, die Untersuchung des Innern der organischen Körper nach ihren mannigfachen anatomischen Gestaltungen war die Grundbedingung der Riesenfortschritte, die die letzten 400 Jahre uns in der Erkenntnis der Natur gebracht» (Marx/Engels 20, 20). Diese durch gesellschaftliche Bedürfnisse bedingte Notwendigkeit des analytischen Vorgehens widerspiegelt sich in der Philosophie jener Zeit in einer einseitigen Verabsolutierung der analytischen Methode seitens des → Empirismus.

Hatte Aristoteles die Analyse noch ausschließlich als logische Operation verstanden und war sie für Euklid nur ein mathematisches Beweisverfahren, so wurde sie jetzt – im bewußten Gegensatz zur mittelalterlichen Scholastik – in einem allgemeineren Sinne als wissenschaftliche Erkenntnismethode schlechthin, und zwar als die hauptsächliche, aufgefaßt. So sehen Bacon und Locke in der empirisch-analytischen Methode den einzigen Weg zur Erkenntnis und verabsolutieren sie in einseitiger Weise. Die von hier ausgehende Gewohnheit, die Naturerscheinungen in ihrer Vereinzelung, außerhalb des großen Gesamtzusammenhangs aufzufassen, sie nicht in ihrer Bewegung und Wechselwirkung, sondern in ihrem Stillstand zu betrachten, führte zur Herausbildung der metaphysischen Denkweise (→ Metaphysik), jener «spezifischen Borniertheit der letzten Jahrhunderte», wie Engels sie nennt (20, 20).

Nicht weniger metaphysisch war allerdings auch die einseitige Verabsolutierung der synthetischen Methode durch den → Rationalismus. Vor allem Descartes und Spinoza sahen in der synthetisch-deduktiven Methode der euklidischen Geometrie das Vorbild, das für alle Wissenschaften ausschlaggebend sein soll. Während «Locke und die Empiriker ... auf dem Standpunkt der Analyse» stehen (Lenin 38, 227), die Rationalisten hingegen auf dem der Synthese, versucht Hobbes bereits, beide in einer einheitlichen Methode zu vereinen. Ihm zufolge besteht die wissenschaftliche Erkenntnis «in der Scheidung und Trennung in die Elemente und in ihrer Zusammenfassung ... Daher ist alle Methode, durch welche wir die Ursachen der Dinge erforschen, entweder kompositiv oder resolutiv oder teils kompositiv, teils resolutiv. Gewöhnlich wird die resolutive die analytische und die kompositive die synthetische

Methode genannt» (HOBBES, Grundzüge der Philosophie I, 6, 1). Aber auch bei HOBBES stehen beide Methoden im Grunde genommen noch unvermittelt nebeneinander, bedient sich die wissenschaftliche Forschung *entweder* der einen *oder* der anderen bzw. *teils* der einen, *teils* der anderen; er verabsolutiert zwar keine der beiden, doch bleiben analytische und synthetische Methode auch hier noch voneinander metaphysisch getrennt und werden nicht zur dialektischen Einheit geführt. Ähnliches gilt für NEWTON, der die analytische bzw. synthetische Methode unmittelbar in Verbindung mit der induktiven (→ Induktion) bzw. der deduktiven (→ Deduktion) bringt. Während bei der Analyse mit Hilfe von Beobachtung und Experiment von den Wirkungen auf die Ursachen, vom Zusammengesetzten auf das Einfache geschlossen werde, bestehe die Synthese in der Erklärung der Erscheinungen mit Hilfe allgemeiner Prinzipien. Die synthetische Methode begründe die neuen Erkenntnisse, die die analytische zutage fördert. Die Analyse gehe der Synthese zeitlich voraus.

Die metaphysische Trennung und Gegenüberstellung von Analyse und Synthese bleibt auch bei KANT erhalten und findet hier ihren Ausdruck in der Gegenüberstellung von allgemeiner und transzendentaler Logik, von denen die eine der analytischen, die andere hingegen der synthetischen Verstandestätigkeit entspricht: «Analytisch werden verschiedene Vorstellungen *unter* einen Begriff gebracht, (ein Geschäfte, wovon die allgemeine Logik handelt). Aber nicht die Vorstellungen, sondern die *reine Synthesis* der Vorstellungen *auf* Begriffe zu bringen, lehrt die transzendente Logik» (B 104). Nach KANT kann die Analyse kein neues Wissen vermitteln, weil sie nur das schon Gegebene zergliedere. Jedes Wissen ist nach KANT nur als Synthese möglich, wobei die Synthese ihren Grund nicht im Objekt selbst, sondern im erkennenden Subjekt finde. Aus diesem Grunde habe die Synthese, obwohl sie die einzige Form des Wissens ist, auch nicht die Bedeutung einer objektiven Wahrheit, eines Wissens von den Dingen an sich.

Der *dialektische Zusammenhang* von Analyse und Synthese wurde erstmals von HEGEL dargestellt, der sie in ihrer widersprüchlichen Einheit als zwei Methoden zur Aufdeckung der Wahrheit auffaßt. Der Empirismus verabsolutiert, HEGEL zufolge, die Analyse, indem er den einheitlichen Gegenstand auf voneinander isolierte Bestimmungen reduziert. Indes besteht die analytische Methode darin, «das gegebene Konkrete aufzulösen, dessen Unterschiede zu vereinzeln und ihnen die Form abstrakter Allgemeinheit zu geben; oder das Konkrete als Grund zu lassen und durch Abstraktion von den unwesentlich scheinenden Besonderheiten ein konkretes Allgemeines, die Gattung oder die Kraft und das Gesetz, herauszuheben" (Enz § 227). Desgleichen ist die Synthese nicht als eine einfache Summe der Resultate der Analyse aufzufassen; vielmehr muß sie, ausgehend vom Allgemeinen, zur Erkenntnis des Einzelnen in seiner Notwendigkeit und Allgemeinheit kommen. Als Einheit und dialektische Negation von These und Antithese bedeutet die Synthese eine höhere Stufe des Wissens.

Eine *subjektiv-idealistische* Verabsolutierung der analytischen Tätigkeit nimmt der Neupositivismus vor. Er erklärt als einzig legitime Form der Analyse die logisch-semantische Analyse der Sätze der Wissenschaft. Die Philosophie ist ihm zufolge keine wissenschaftliche Theorie mit einem eigenen Forschungsgegenstand, sondern erschöpft sich in einer so verstandenen Tätigkeit. Obwohl der Positivismus der letzten Jahrzehnte viel zum Ausbau der logischen Analyse beigetragen hat, muß die Behauptung mancher seiner Vertreter zurückgewiesen werden, daß sich alle philosophischen Probleme durch logische Analyse lösen ließen und daß Probleme, bei denen dies nicht möglich ist, Scheinprobleme seien. Eine Reihe von entscheidenden Grundfragen der philosophischen Weltanschauung, wie z. B. die Frage nach dem Verhältnis von Materie und Bewußtsein u. a., lassen sich nicht allein durch logische Analyse klären und entscheiden.

Der *dialektische Materialismus* betrachtet als Ziel der Analyse nicht die einfache Zergliederung eines Ganzen in isolierte Teile. Dies entspräche der metaphysischen Auffassung der Analyse. Nach der dialektischen Auffassung muß die Analyse vielmehr darauf ausgehen, das einheitliche Ganze nicht in beliebige, sondern in *gegensätzliche* Bestandteile aufzuspalten, das Wesen dieser Bestandteile und ihre Wechselbeziehungen aufzudecken und über die Erkenntnis des Einzelnen zur Erkenntnis des Allgemeinen zu gelangen. Insofern unterscheidet sich die Analyse von der Induktion, die es zwar auch mit Einzelerscheinungen und -fakten zu tun hat und diese verallgemeinert, dabei aber nicht zur Erkenntnis des Wesens der Erscheinungen vordringt. Die Analyse kann deshalb, zum Unterschied von der Induktion, als Grundlage exakter wissenschaftlicher Voraussagen dienen.

Die Analyse ist sowohl auf der sinnlichen als auch auf der rationalen Stufe der Erkenntnis von Bedeutung. In elementarer Form ist sie bereits den Tieren eigen. Die physiologische Grundlage der analytischen Sinnestätigkeit bilden die Analysatoren, mit deren Hilfe die Reize der komplexen Umwelt zergliedert und in einzelne Empfindungen umgesetzt werden. Bei höheren Tierarten und dem Menschen ist die Großhirnrinde das Zentrum der analytischen Sinnestätigkeit.

Die *logische Analyse* hat es dagegen mit gedanklichen (rationalen) Gegebenheiten, wie Begriffen, Aussagen, Theorien usw., zu tun. Sie gibt die Möglichkeit, von allen zufälligen, äußeren Eigenschaften und Relationen der Objekte, die in den betreffenden Begriffen, Aussagen usw. widergespiegelt werden, abzusehen und ihre wesentlichen, inneren, notwendigen Eigenschaften und Relationen aufzudecken. Die logische Analyse ist somit notwendige Voraussetzung für die Prozesse der → Abstraktion und → Verallgemeinerung.

In einem engeren Sinne versteht man unter logischer Analyse die logisch-semiotische Untersuchung des Aufbaus, des Gebrauchs, des Zusammenhangs usw. der Begriffe, der Struktur einer wissenschaftlichen Theorie usw. Mit ihrer Hilfe lassen sich auch bestimmte philosophische Fragen entscheiden. Ein spezieller Fall der Anwendung der logischen Analyse ist die Untersuchung der Struktur elektrischer, elektronischer usw. Schaltsysteme mit Hilfsmitteln der modernen Logik (→ Schaltalgebra).

Die Anwendung der analytischen Methode (im allgemeinen Sinne) bei der Erkenntnis einer Erscheinung muß folgenden Bedingungen genügen:

1. Die Analyse muß allseitig sein, d. h., sie darf nicht nur eine Seite der Erscheinung herausgreifen, sondern muß diese nach allen Seiten hin analysieren. MARX analysiert z. B. im *Kapital* die Ware als ein soziales Verhältnis und nimmt dabei eine sowohl deduktive als auch induktive, eine sowohl logische als auch historische Analyse vor (LENIN 38, 319). Auch LENINS Hinweis, «daß der Marxismus zur Rechtfertigung jeder Losung die genaue Analyse sowohl der *ökonomischen* Wirklichkeit als auch der *politischen* Situation und der *politischen* Bedeutung dieser Losung fordert» (23, 59), enthält diese Bedingung.

2. «Die Vereinigung von Analyse und Synthese» (LENIN 38, 212). Diese Bedingung wird von LENIN als ein Element der Dialektik gefordert.

3. Die Überprüfung der Resultate der Analyse in der praktischen Tätigkeit. LENIN (38, 319) hebt als charakteristisches Merkmal der MARXschen Analyse der Ware hervor, daß «die Überprüfung durch die Tatsachen resp. durch die Praxis ... hier bei *jedem* Schritt der Analyse» stattfindet.

Die objektive Grundlage für die analytische Erkenntnistätigkeit des Menschen ist die Mannigfaltigkeit der Bewegungs- und Strukturformen der einheitlichen Materie, die Existenz des Einzelnen im Allgemeinen, des Unterschieds in der Identität. Die dialektische Einheit von Einzelnem und Allgemeinem, Mannigfaltigkeit und Einheit, Unterschied und Identität bildet zugleich die objektive Grundlage für die Einheit von Analyse und Synthese. So wie Einzelnes und Allgemeines nicht losgelöst voneinander existieren, so sind auch Analyse und Synthese nicht voneinander zu trennen. Im Erkenntnisprozeß widerspiegelt das menschliche Bewußtsein mittels der Synthese das Einzelne im Allgemeinen wie mittels der Analyse das Allgemeine im Einzelnen. Das Denken besteht daher «ebensosehr in der Zerlegung von Bewußtseinsgegenständen in ihre Elemente, wie in der Vereinigung zusammengehöriger Elemente zu einer Einheit. Ohne Analyse keine Synthese» (MARX/ENGELS 20, 39).

Ein Musterbeispiel für die Anwendung der dialektischen analytisch-synthetischen Methode gibt MARX im *Kapital*. «MARX analysiert im ‚Kapital' zunächst das einfachste, gewöhnlichste, grundlegendste, massenhafteste, alltäglichste, milliardenfach zu beobachtende *Verhältnis* der bürgerlichen (Waren-) Gesellschaft: den Warenaustausch. Die Analyse deckt in dieser einfachsten Erscheinung (in dieser ‚Zelle' der bürgerlichen Gesellschaft) *alle* Widersprüche (resp. die Keime *aller* Widersprüche) der modernen Gesellschaft auf. Die weitere Darstellung zeigt uns die Entwicklung (*sowohl* das Wachstum *als auch* die Bewegung) dieser Widersprüche und dieser Gesellschaft im Σ [Σ = Summe] ihrer einzelnen Teile, von ihrem Anfang bis zu ihrem Ende» (LENIN 38, 340).

→ Synthese → Teil → Ganzes.

Analyse, logische → logische Analyse.

analytisch [griech] – zergliedernd, zerlegend, auf → Analyse beruhend. *Ggs*: synthetisch.

analytische Definition → Definition.

analytische Methode → Analyse.

analytische Urteile (a priori) – nach KANT Erläuterungsurteile, d. h. Urteile, die die gewonnenen Erkenntnisse nur erläutern, verdeutlichen. In einem analytischen Urteil ist das Prädikat schon im Subjekt vorhanden, «das Prädikat *B* gehört zum Subjekt *A* als etwas, was in diesem Begriffe *A* (versteckterweise) enthalten ist» (B 10). Für KANT sind alle analytischen Urteile → a priori, weil ihr Vollzug ohne Rückgriff auf Erfahrungswissen möglich ist.

→ synthetische Urteile.

Anamnese [griech] – Erinnerung, Wiedererinnerung. Grundbegriff der *Platonischen Philosophie* (Ideenlehre): Erkenntnis ist Wiedererinnerung an Ideen, die die Seele im Zustand der Präexistenz geschaut hat (Men 81 Af, Phae 249 C). Als Problem jeder *objektiv-idealistischen Philosophie* immanent, z. B. HEGEL: «Die Logik ist ... als das System der reinen Vernunft, als das Reich des reinen Gedankens zu fassen. Dieses Reich ist die Wahrheit, wie sie ohne Hülle an und für sich selbst ist. Man kann sich deswegen ausdrücken, daß dieser Inhalt die Darstellung Gottes ist, wie er in seinem ewigen Wesen vor der Erschaffung der Natur und seines endlichen Geistes ist» (Logik, Einl.).

Ananke [griech] – Notwendigkeit, Schicksal.

Grundbegriff der *Platonischen Philosophie* (Symp 195 C, 197 E) und des → *Neuplatonismus*.

Anarchie [griech] – *eigtl*: Herrschaftslosigkeit; Fehlen der Staatsgewalt, Gesetzlosigkeit; *auch*: Planlosigkeit, Chaos, Unordnung.

Anarchismus [griech] – utopisch-kleinbürgerliche, pseudorevolutionäre Ideologie und Bewegung, die im Gegensatz zum wissenschaftlichen Sozialismus den organisierten politischen Klassenkampf wie überhaupt jede politische Organisation, Disziplin und Autorität ablehnt und die Realisierung der «absoluten Freiheit», der Gerechtigkeit, Gleichheit und Brüderlichkeit in der Gesellschaft von der Abschaffung aller staatlichen Machtorgane und Zwangsmittel erwartet.

Der Anarchismus hatte in der zweiten Hälfte des 19. und in den ersten Jahrzehnten des 20. Jahrhunderts besonders in romanischen Ländern (Italien, Spanien, Frankreich, Schweiz) einen verhältnismäßig starken Einfluß auf die Arbeiterbewegung. Aber auch in der deutschen und russischen Arbeiterbewegung machte er zeitweilig, besonders in der Form des Anarchosyndikalismus, seinen Einfluß mehr oder weniger stark geltend. Als eine spezifische Form bürgerlicher Ideologie steht der Anarchismus in unversöhnlichem Gegensatz zum wissenschaftlichen Sozialismus. Er negiert den politischen Befreiungskampf der Arbeiterklasse, die führende Rolle der marxistisch-leninistischen Partei, die Notwendigkeit der sozialistischen Revolution und der Diktatur des Proletariats. Statt dessen fordert und propagiert er den «unmittelbaren sozialen Kampf», den allgemeinen «Generalstreik» im nationalen und internationalen Maßstab, um durch einen spontanen, einmaligen Gewaltakt aller oppositionellen gesellschaftliehen Kräfte die kapitalistische Gesellschafts- und Staatsordnung zu beseitigen und den Sozialismus ohne jede staatliche Organisation und Gewalt «einzuführen». Durch die Propagierung radikalistischer, pseudorevolutionärer Phrasen und terroristischer Methoden desorientiert und desorganisiert er die Arbeiterbewegung und unterwirft sie damit praktisch und objektiv demselben kapitalistischen Herrschaftssystem, das er in der Phrase negiert.

Wie Lenin in seinen Thesen über *Anarchismus und Sozialismus* ausführt, hat der Anarchismus in der Zeit seines Bestehens nichts gegeben außer allgemeinen Phrasen gegen die *Ausbeutung*. Dabei begriff er weder die *Ursachen* der kapitalistischen Ausbeutung noch die gesellschaftliche *Entwicklung*, die gesetzmäßig vom Kapitalismus zum Sozialismus führt, noch die Rolle des organisierten proletarischen *Klassenkampfes* als der schöpferischen Kraft zur Verwirklichung des Sozialismus. «Der Anarchismus ist ein Produkt der *Verzweiflung*. Die Mentalität des aus dem Geleise geworfenen Intellektuellen oder des Lumpenproletariers, aber nicht des Proletariers» (5, 334ff).

Der soziale Nährboden des Anarchismus ist ursprünglich die zersplitterte, individuell betriebene kleine Warenproduktion, die widersprüchliche sozialökonomische Lage des Kleineigentümers, der unter kapitalistischen Bedingungen in seiner Existenz als Kleinproduzent ständig bedroht und allen Schwankungen der kapitalistischen Produktionsweise, besonders den Gesetzen der Konkurrenz und des Profitmachens, ohnmächtig unterworfen ist. Er ist darum ein Gegner des großen kapitalistischen Eigentums und erstrebt dessen Vernichtung; insofern zieht es ihn hin zur Arbeiterklasse und zum Sozialismus. Andererseits ist er zugleich bestrebt, sein eigenes, individuelles Eigentum zu erhalten und zu mehren; insofern treibt es ihn auch immer wieder von der Arbeiterklasse weg und zur Bourgeoisie hin. Er ist gegen den *bürgerlichen* Staat, weil dieser das große kapitalistische Privateigentum an den Produktionsmitteln verteidigt und schützt; doch zugleich fürchtet er den *proletarischen* Staat, weil er sich von diesem in seinem individuellen Eigentum bedroht glaubt.

Der Kleineigentümer lebt in ständiger Angst vor dem eigenen sozialen Ruin; er verteidigt seine kleinlichen Privatinteressen gegen Rechts und gegen Links, fürchtet den politischen Klassenkampf und die politische Revolution, empört sich gegen das Bestehende nicht mit dem Ziel, es umzuwerfen, sondern sich besser darin einzurichten. Das Ideal des Kleinbürgers ist ein Gesellschaftszustand ohne staatliche Macht, in dem er unabhängig von gesellschaftlichen und politischen Bindungen, selbständig und nur sich selbst verantwortlich arbeiten und wirtschaften möchte. Der Anarchismus entstand und entwickelte sich dergestalt nicht zufällig mit dem Aufkommen des industriellen Kapitalismus, wie er auch nicht zufällig besonders in solchen Ländern größeren Einfluß gewann, in denen während des 19. Jahrhunderts die kleine Warenproduktion zwar noch vorherrschend, aber doch auch schon in ihrer Existenz durch die rasche Entwicklung der großen Industrie bedroht war. Er hat also historisch das Aufbrechen der Klassenwidersprüche der kapitalistischen Gesellschaft zu seiner Voraussetzung und bringt ideologisch die widersprüchliche sozialökonomische Lage, die permanente Krisensituation des Kleinbürgertums im Kapitalismus zum Ausdruck.

Die theoretischen Begründer und Wegbereiter des Anarchismus waren die Engländer William Godwin (1756–1836), der Franzose Pierre Joseph Proudhon (1809–1865), der zuerst den Namen «Anarchismus» prägte, und der Deutsche Max Stirner (1806–1856).

Godwin war einer der radikalsten sozialkritischen

Denker Englands in der Zeit des aufkommenden Industriekapitalismus. Begeistert von den egalitären, freiheitlichen, humanistischen Ideen der Aufklärung und der Französischen Revolution, entwickelte er in seinem zweibändigen Werk *Enquiry concerning Political Justice* (1793) unter Berufung auf die «Vernunft» als die einzig rechtmäßige Herrscherin über den Menschen und als seine Befreierin von politischer und religiöser Knechtung ein System anarchistisch-kommunistischer Ideen, das auf den Umsturz der bestehenden Gesellschaftsordnung und eine grundlegende Neuordnung des gesellschaftlichen Zusammenlebens abzielte. Er sah die hauptsächlichen Ursachen für die zahlreichen Übel der bestehenden Gesellschaft, für soziale Ungerechtigkeit und Ungleichheit, für ungerechte Verteilung und Entlohnung, für Willkür und Unfreiheit, für Unwissenheit, Kriege und Völkerhaß in der Herrschaft des Privateigentums und in der Staatsgewalt.

Um die Übel zu beseitigen, müssen ihre Ursachen, Privateigentum und Staatsgewalt, beseitigt werden. Dies dürfe jedoch nicht durch Anwendung von Gewalt und Zwang erfolgen, sondern nur durch Aufklärung, Erziehung und Bildung der Menschen. Seien diese einmal zur Überzeugung gebracht, daß eine Gesellschaft ohne Privateigentum und Zwangsregierung sehr wohl existieren könne, so könne auch die Vernunft ihre Ansprüche ungehindert in allen Lebensbereichen geltend machen und die Menschen zur höchsten Erkenntnis, zur sozialen Gerechtigkeit und zu sittlichem Handeln und damit auch zur Freiheit und Glückseligkeit, zu geistigem und körperlichem Wohl hinführen.

Zur Begründung seines utopischen Entwurfs eines anarchisch-kommunistisch geordneten Gesellschaftszustandes stützte sich GODWIN ebensowohl auf die materialistisch-sensualistischen und atheistischen wie auch naturrechtlichen und moralphilosophischen Lehren der englischen und französischen Aufklärungsphilosophie des 17. und 18. Jahrhunderts. Im Geiste dieser Philosophie vertraute er auf die Fähigkeit des Menschen zu immer höherer Wahrheitskenntnis und sittlicher Vervollkommnung. Es komme alles darauf an, die Ursachen zu beseitigen, die den Menschen daran hindern, zur Erkenntnis der Wahrheit und Gerechtigkeit zu gelangen, und die Vernunft zur bestimmenden Triebkraft seines Verhaltens zu machen. Da die Vernunft ihre Erkenntnisse aus den Eindrücken der Außenwelt schöpfe, könne sie aus ihr nur dann gute Eindrücke empfangen, wenn sie selbst und vor allem das gesellschaftliche Zusammenleben der Menschen nach den Forderungen der Vernunft und der Gerechtigkeit geordnet werden.

Dergestalt brachte GODWIN die damalige Lage und Stimmung des englischen Kleinbürgertums, das unter den sozialen Auswirkungen der industriellen Revolution sehr schwer zu leiden hatte, zum Ausdruck. Seine Ideen übten aber auch auf die junge englische Arbeiterklasse, die aus dieser Revolution hervorging, einen starken Einfluß aus (MARX/ENGELS 2, 455). Von GODWIN beeinflußt war auch der englische Dichter SHELLEY, der jedoch den betont aufklärerischen Standpunkt weitgehend preisgab und das Irrationale und Mystische im Anarchiebegriff stärker zur Geltung brachte.

PROUDHON, den MARX als das «Sprachrohr der französischen Kleinbourgeoisie» charakterisierte, versuchte durch seine Schriften *Was ist das Eigentum?* (1840), *System der ökonomischen Widersprüche oder Philosophie des Elends* (1846) u. a. nicht nur theoretisch, sondern auch praktisch wirksam zu werden. Er glaubte mit Hilfe seiner Ideen von der «Gerechtigkeit» und «Gegenseitigkeit» (Mutualismus), vom «zinslosen Kredit» und von der «Volksbank», von der gleichen Verteilung der Produktionsmittel usw. alle Arbeiter in kleine Warenproduzenten und Kleineigentümer verwandeln zu können, den Austausch ihrer Arbeitsprodukte in gerechter Weise regulieren, den Kapitalismus auf friedlichem Wege «reformieren», die Staatsgewalt verdrängen und die Ausbeutung des Menschen durch den Menschen abschaffen zu können. PROUDHON verkannte die Klassenrolle des bürgerlichen Staates und propagierte die «politische Abstention», d.h., er negierte die Notwendigkeit des *politischen* Kampfes der Arbeiterklasse um demokratische Rechte (z. B. allgemeines Wahlrecht) und zur Eroberung der Staatsmacht. Auch den organisierten ökonomischen Kampf der Gewerkschaften lehnte er ab; er glaubte an die moralische und ökonomische Emanzipation des arbeitenden Menschen, wenn dieser sich nur vom Prinzip des Mutualismus, der gegenseitigen Hilfeleistung, leiten lasse.

In seinen späteren Werken (z. B. *Du principe fédératif* 1863) äußerte PROUDHON jedoch Zweifel an einer vollständigen Eliminierbarkeit der Staatsgewalt aus dem gesellschaftlichen Leben und glaubte die «beste Gesellschaftsform», die Anarchie seiner Frühwerke, durch die «zweitbeste» in Gestalt des Föderalismus ersetzen zu müssen, da sich die Anarchie als «beste», allein auf «Transaktionen und Austausch» beruhende Sozialordnung doch nicht verwirklichen ließe. Die föderalistische Dezentralisation, die PROUDHON nunmehr als Nahziel vorschwebte, sollte die Repressivgewalt des Staates wenigstens mildern.

Die Anschauungen PROUDHONS erlangten als Proudhonismus zeitweilig einen großen Einfluß auf die Arbeiterbewegung Frankreichs und anderer westeuropäischer Länder (Belgien, Schweiz, Italien, Spanien).

MARX unterzog die philosophischen und ökonomischen Lehren PROUDHONS erstmals in *Das Elend der Philosophie* (1847) einer vernichtenden Kritik und enthüllte ihren idealistischen und kleinbürgerlichen Charakter. In den folgenden Jahrzehnten setzten sich MARX und ENGELS wiederholt mit dem Proudhonismus auseinander, da er in den genannten Ländern eines der hauptsächlichen ideologischen Hindernisse für die Durchsetzung des wissenschaftlichen Sozialismus in der Arbeiterbewegung bildete. Auf dem Lausanner Kongreß der *I. Internationale* (1867) erlitten die Proudhonisten eine empfindliche Niederlage. Entgegen ihrer Forderung nach «politischer Abstention» stellte der Kongreß fest, «daß die soziale Emanzipation der Arbeiterklasse untrennbar ist von ihrer politischen Emanzipation» (Die I. Internationale in Deutschland 1964, 170). Die *Pariser Kommune*, die nach den Worten von MARX «wesentlich eine Regierung der Arbeiterklasse» war, die «endlich entdeckte politische Form» zur ökonomischen und sozialen Emanzipation des werktätigen Volkes, bestätigte die Richtigkeit der MARXschen Klassenkampf-, Revolutions- und Staatstheorie und widerlegte den Proudhonismus in der Praxis. «Und daher war auch», wie ENGELS 1891 erklärte, «die Kommune das Grab der Proudhonschen Schule des Sozialismus. Diese Schule ist heute aus französischen Arbeiterkreisen verschwunden; hier herrscht jetzt unbestritten ... die Marxsche Theorie. Nur unter der ‚radikalen' Bourgeoisie gibt es noch Proudhonisten» (MARX/ENGELS 17, 623).

STIRNER (Pseudonym für Kaspar SCHMIDT) imitierte den Anarchismus in Deutschland. Er ging aus der junghegelschen Schule hervor und gehörte zu Beginn der vierziger Jahre, wie damals auch der junge ENGELS, zum Kreis der Berliner «Freien». Der von STIRNER in *Der Einzige und sein Eigentum* (1845) vertretene extreme Subjektivismus und Individualismus ist philosophiegeschichtlich die letzte logische Konsequenz der junghegelschen Schule, ein Produkt ihrer Auflösung und ihres schließlichen Verfalls. STIRNER reflektierte und interpretierte mit seiner Philosophie die Welt und den Menschen, den Klassen- und Konkurrenzkampf in der bürgerlichen Gesellschaft aus der Sicht des «kleinen Mannes», entsprechend den egoistischen Wünschen und Vorstellungen des deutschen Kleinbürgers und Intellektuellen. Völlig unhistorisch und losgelöst von aller Wirklichkeit, faßte STIRNER in extrem subjektivistischer Weise die Welt als sein «Eigentum» und begriff er sich selbst, sein eigenes «Ich», als das einzig Reale, das keine andere Realität, keine staatliche Macht und Autorität über sich anerkennt. Das «Ich», der «Egoist» müsse sich gegen alles zur Wehr setzen bzw. alles negieren, was seine «Freiheit» irgendwie einschränken könnte.

STIRNER spricht dem Kleinbürger aus der Seele, wenn er seinen Individualismus und Egoismus zum eigentlichen Prinzip seiner Philosophie des Selbstbewußtseins und der Tat macht. Er verwandelt auf diese Weise die infolge ihrer Isoliertheit politisch und ökonomisch ohnmächtigen Kleinbürger in lauter «Einzige», von denen sich nun ein jeder, wenigstens in seiner Einbildung, zum «Eigentümer» oder «Eigner» der Welt, gleichsam zum allumfassenden «Weltgeist» erheben kann. In seinem übertriebenen Individualismus negiert STIRNER die gesamte humanistische Tradition der Aufklärung und der klassischen deutschen Philosophie und Literatur und lehnt alle moralischen Ideen und Verpflichtungen gegen andere Menschen, gegen Staat, Gesellschaft und gesellschaftliche Ordnungen als bloße «Chimären» ab, weil sie die Entfaltung der freien Persönlichkeit behindern. Als höchstes Gesetz des Handelns gilt ihm das eigene Ich. «Mir geht nichts über mich» – das ist der Leitsatz seines individualistischen, antiautoritären Anarchismus, der dadurch realisiert werden soll, daß Staat und Gesellschaft mit ihren «fiktiven Gemeinwohlzwecken» durch einen «Verein der Egoisten» ersetzt werden. «In den Verein bringst Du deine ganze Macht, dein Vermögen, und *machst Dich geltend*, in der Gesellschaft wirst Du mit deiner Arbeitskraft *verwendet*», lautet STIRNERS simplifizierende Antithese.

MARX und ENGELS haben in der *Deutschen Ideologie* die Ideen STIRNERS einer vernichtenden Kritik unterzogen und ihren unwissenschaftlichen Charakter ausführlich nachgewiesen.

Die unrühmlichste Rolle unter den Vertretern des Anarchismus im 19. Jahrhundert spielte BAKUNIN. Theoretisch auf STIRNER und PROUDHON gestützt, war BAKUNIN einer der heftigsten Feinde des Marxismus und der revolutionären Arbeiterbewegung. Er lehnte die Bildung proletarischer Parteien ab, sah die Hauptkraft der Revolution in den Bauern und im Lumpenproletariat, war Gegner des Staates und der Diktatur des Proletariats. BAKUNIN und seine Anhänger gründeten in den sechziger Jahren verschiedene geheime Organisationen (z. B. den *Geheimen Bund der internationalen Brüder* und die *Allianz der Sozialistischen Demokratie*), schlichen sich in die *Internationale Arbeiterassoziation* ein und versuchten mit allen Mitteln, deren Leitung an sich zu reißen, um von dieser Position aus ihre zersetzenden anarchistischen Ideen um so leichter in die internationale Arbeiterbewegung tragen und diese desorganisieren zu können. MARX und ENGELS führten einen leidenschaftlichen und unversöhnlichen Kampf gegen die Zersetzungsarbeit BAKUNINS und seiner Anhänger, entlarvten sie als Verräter an der Sache der Arbeiterklasse und setzten auf dem Haager

Kongreß der Internationalen Arbeiterassoziation (1872) durch, daß sie aus der Internationale ausgeschlossen wurden. Zur Erreichung ihrer Ziele war BAKUNIN und seinen Anhängern jedes Mittel recht: Intrige, Denunziation, Spitzeldienste, Terror. Ihre Ziele und Methoden wurden von MARX und ENGELS in ihrem ausführlichen Bericht, den sie im Auftrage des Haager Kongresses verfaßten, schonungslos aufgedeckt.

Als eine besondere Form des Anarchismus muß der *Anarchokommunismus* KROPOTKINS angesehen werden. Er entwarf eine anarchistische Gesellschaftslehre, die er vor allem in moralischen und soziologischen Anschauungen ausdrückt, die durch den Begriff der «gegenseitigen Hilfe» gekennzeichnet werden können. Er erhoffte sich die staatenlose kommunistische Gesellschaft in idealistischer Weise durch bloße moralische Einwirkungen auf die Ausbeuterklassen, wobei er besonders forderte, die (kollektiven) Interessen der Gesellschaft über die egoistischen Interessen der Einzelpersönlichkeit zu stellen.

Gegen Ende des 19. Jahrhunderts wirkte der Anarchismus vor allem in Form des *Anarchosyndikalismus*. Der Anarchosyndikalismus ist eine kleinbürgerliche, halbanarchistische Strömung innerhalb der Arbeiterbewegung, die von Frankreich ausging und in den Gewerkschaften hauptsächlich der romanischen Länder und Südamerikas Einfluß erlangte. Auch in Deutschland gewann er zeitweilig in einzelnen gewerkschaftlichen Lokalorganisationen, besonders in Berlin durch R. FRIEDEBERG, Einfluß. Er trat hier hauptsächlich als Reaktion gegen den Opportunismus und Reformismus der deutschen Gewerkschaftsbürokratie in Erscheinung.

Wie der Anarchismus verneinte auch der Anarchosyndikalismus die Notwendigkeit des politischen Kampfes der Arbeiterklasse, die führende Rolle der Partei und die Diktatur des Proletariats. Er forderte die völlige Autonomie der Berufsorganisationen der Arbeiterklasse gegenüber deren politischer Partei und hielt die Gewerkschaften für die entscheidende Kraft im Kampf gegen den Kapitalismus. Er vertrat die Auffassung, daß die Gewerkschaften (Syndikate) durch einen Generalstreik der Arbeiter, ohne politische Revolution, den Kapitalismus stürzen, die Produktionsmittel vergesellschaften und die Verwaltung und Organisation der Produktion in ihre eigenen Hände nehmen könnten. Zu den Theoretikern des Anarchosyndikalismus gehörten nach PROUDHON vor allem LAGARDELLE, SOREL, FRIEDEBERG.

Der Anarchismus ist durch den Siegeszug des wissenschaftlichen Sozialismus, besonders seit der Großen Sozialistischen Oktoberrevolution, durch den siegreichen Aufbau des Sozialismus in der Sowjetunion und in den anderen Ländern des sozialistischen Weltsystems als Ideologie und als Strömung innerhalb der Arbeiterbewegung weitgehend zerschlagen worden. Einzelne seiner Ideen leben in verschiedenen Anschauungen des gegenwärtigen Revisionismus und Dogmatismus fort. Auch bei den modernen «Antiautoritäten» und manchen Linksradikalen der oppositionellen Bewegungen in den kapitalistischen Ländern sind anarchistische Ideen und Tendenzen wirksam, die ihrem Ursprung nach auf STIRNER, BAKUNIN u. a. zurückweisen.

Anarchokommunismus – von KROPOTKIN begründete Spielart des → Anarchismus.

Anarchosyndikalismus – gegen Ende des 19. Jahrhunderts besonders in den romanischen Ländern aufgetretene Spielart des → Anarchismus.

anfangslose Schöpfung – nach Auffassung des AVERROES (1126–1198) und des *lateinischen Averroismus* gibt es in der Welt zwei ständig wirkende Ursachen: Gott und die Materie. Gott, der die Welt nicht erschaffen hat, ist die erste Ursache aller in ihr stattfindenden Veränderungen. Die Welt entwickelt sich nach den ihr innewohnenden Regeln. Grundlage und Quelle dieser Regeln ist die unerschaffene und ewige Materie (→ Averroismus). Diese materialistische Auffassung wurde von THOMAS VON AQUIN im Sinne der katholischen Theologie bekämpft (→ Thomismus).

Anführungsname – Name eines Ausdrucks, d. h. eines Wortes, Satzes usw., der dadurch entsteht, daß man den Ausdruck selbst in Anführungszeichen setzt.

«Anführungsname» ist z. B. der Anführungsname des ersten Wortes in diesem Artikel.

Anführungsnamen dienen in einer → Metasprache zur Bezeichnung von Ausdrücken einer Sprache, über die in der Metasprache gesprochen wird.

→ Name.

Anführungszeichen → Anführungsname → Metasprache.

Animismus [lat] – Annahme immaterieller Wesenheiten: Personifizierung, Beseelung, phantastische Belebung von Erscheinungen der Natur und Gesellschaft.

Ausgehend von den Forschungen TYLORS (*Primitive Culture* 1871), der den Namen «Animismus» zuerst zur Bezeichnung bestimmter Geister- und Seelenvorstellungen von Völkern früher gesellschaftlicher Entwicklungsstufen einführte, formierte sich in der *bürgerlichen Religionsgeschichtsschreibung* die Anschauung, der Animismus sei das erste und ursprüngliche Stadium der Religion: die sog. primitive Religion überhaupt. Animistische Vorstellungen in späteren Religionen seien lediglich Überreste dieser frühen Stufe der Religionsentwicklung.

Die Erscheinungen des Animismus sind jedoch zu vielgestaltig und leiten sich aus zu vielen, auch historisch unterschiedlichen Ursprüngen her, als daß man einen bestimmten klassifizierbaren Religionstyp hieraus ableiten könnte. Sie treten z. B. auf als Personifizierung von Krankheiten (Schamanengeister), als Vorstellung mysteriös wirksamer Geistergestalten bei rituellen Geheimbünden, als Glaube an Naturgeister (Wasser-, Wald-, Berggeister) mit den mannigfaltigsten Bedeutungen für den Menschen, schließlich aber auch als Engels-, Teufels- und Dämonenvorstellungen und – nicht zuletzt – als Idee einer immateriellen menschlichen Seele. Letztgenannte animistische Vorstellungen sind namentlich den entwickelten Religionen, den sog. Weltreligionen, vor allem dem *Christentum* und dem *Buddhismus*, eigen. Mehr oder weniger ausgeprägt finden sich in allen Religionen animistische Vorstellungen.

Der Animismus erwächst aus demselben sozialökonomischen Nährboden der Klassengesellschaften, aus dem sich die Gesamtheit der religiösen Anschauungen überhaupt herleitet.

Beim Zustandekommen animistischer Vorstellungen spielt neben den allgemeinen Quellen religiös-phantastischer Verkehrungen der Wirklichkeit (Furcht vor den Naturgewalten und in den Klassengesellschaften vor den blindwirkenden Mächten des gesellschaftlichen Geschehens) das Traumerleben (besonders «Visionen», Ekstasen, Trancezustände, das «Erscheinen» Toter, Lebender, der eigenen Person im Traum, Traumbilder als «Offenbarungen» usw.) und die Betrachtung des menschlichen Leichnams (die bei zahlreichen «primitiven» Völkern verbreitete Vorstellung vom «lebenden Leichnam») eine Rolle. Animistische Vorstellungen sind sämtlich Ausfluß reflektierender Phantasie und konstituieren, insoweit sie sich nicht in rein mythischen Aussagen erschöpfen, stets ein religiöses Beziehungsverhältnis: phantastische Gedankenschöpfungen werden als eine dem Menschen gegenüberstehende Macht objektiviert bzw. objektive Natur- und Gesellschaftsgegebenheiten, die vom Menschen auf bestimmten gesellschaftlichen Entwicklungsstufen als «fremde Macht» empfunden werden, werden in Geister- und Seelenvorstellungen phantastisch verzerrt.

Das *Wesen des Animismus* besteht danach in der phantastischen Aneignung und Begreiflichmachung der den Menschen auf verschiedene Weise beeindruckenden, jedoch von ihm unbegriffenen Zusammenhänge der Natur und Gesellschaft, und zwar in der spezifischen Form von Personifizierungen und Introjektionen verselbständigter menschlicher Eigenschaften, insbesondere solcher des menschlichen Bewußtseins. Sie werden als vom menschlichen Körper unabhängige, lösbare, für sich selbst und in anderen materiellen Erscheinungen existierende Wesenheiten vorgestellt, die dem Menschen ein bestimmtes Verhalten zu ihnen abfordern.

Der Name «Animismus» hat auch in die philosophische Literatur Eingang gefunden, vor allem durch W. WUNDT, der damit die idealistische Ansicht, daß die «Seele» das Prinzip des Lebens sei, bezeichnet (Grundzüge der physiolog Psych, III; System der Phil).

→ Religion.

Annahme → Hypothese.

Annihilation [lat] – *eigtl*: Vernichtung; Zerstrahlung, spontaner Prozeß, bei dem beim Zusammentreffen eines Teilchen-Antiteilchen-Paares (→ Elementarteilchen) diese in andere Teilchen umgewandelt werden. Das bekannteste Beispiel ist die Annihilation eines Elektrons und eines Positrons, bei deren Zusammentreffen beide Teilchen entsprechend dem Prinzip der Masse-Energie-Äquivalenz in Photonen umgewandelt werden. Bei der Annihilation wird nicht, wie in idealistischer Interpretation behauptet wird, Materie annulliert, sondern bestimmte Formen der Materie (Teilchen und Antiteilchen) werden in andere Materieformen (Photonen, K-Mesonen usw.) umgewandelt. Dabei bleiben sowohl die gemeinsame Masse und Energie des Teilchensystems als auch sein Impuls und andere Charakteristika erhalten. Der Prozeß der Annihilation widerlegt die metaphysische Vorstellung von kleinsten, unveränderlichen Bausteinen der Materie und demonstriert die dialektische Natur und Umwandelbarkeit der Elementarteilchen.

Der zur Annihilation entgegengesetzte Prozeß ist die Bildung eines Teilchen-Antiteilchen-Paares aus anderen Elementarteilchen, z. B. die Umwandlung eines Photons in ein Elektron und ein Positron. Die Paarbildung wird mit einem unpräzisen, philosophisch leicht zu Irrtümern führenden Terminus bisweilen auch als «Materialisation» bezeichnet. Doch handelt es sich hierbei ebensowenig um Entstehung von Materie wie bei der Annihilation um ein Verschwinden von Materie.

anschaulich → Anschaulichkeit.

Anschaulichkeit – kommt einer gedanklichen Darstellung von Dingen, Systemen, Prozessen usw. zu, wenn sie die Form sinnlicher Abbilder hat oder nur von Begriffen der Alltagserfahrung Gebrauch macht. Eine wissenschaftliche Theorie heißt demzufolge *anschaulich*, wenn für ihre Formulierung nur Begriffe, die unmittelbar aus der Alltagserfahrung gewonnen wurden, benötigt werden. Dem entspricht in semiotischer Hinsicht, daß die semiotischen Zeichenreihen, in denen die Theorie formuliert wird, einen eidetischen Sinn haben müssen, wenn die Theorie anschaulich sein soll. Anschaulichkeit kommt gedanklichen Darstellungen nicht absolut zu; sie ist vielmehr durch den Grad der gesellschaftlichen, der wissenschaftshistorischen, aber auch der individuellen Erfahrung und Praxis bedingt.

Das Problem der Anschaulichkeit ist, obwohl es vornehmlich in der Entwicklung der modernen

Physik eine Rolle spielt, seinem Inhalt nach ein philosophisches Problem. Es weist enge Beziehungen zur Grundfrage der Philosophie auf, der Frage nach dem Wesen der objektiven Realität und der Art und Weise, wie der Mensch diese erkennt. Schon in der *griechischen Philosophie* des Altertums zeichnen sich in dieser Frage deutlich zwei entgegengesetzte Auffassungen ab. Der objektive Idealismus PLATONS erklärt die Existenz und die Eigenschaften der materiellen Gegenstände, Prozesse usw. damit, daß die entsprechende Idee, z. B. des Wassers, des Tisches, der Wärme usw., Eingang in die Materie findet, an ihr teilhat. Da das Reich der Ideen aber der unmittelbaren Anschauung nicht zugänglich ist, gibt PLATON somit eine prinzipiell unanschauliche Erklärung der Welt. Im Gegensatz hierzu erklärt die antike materialistische Atomistik (DEMOKRIT, EPIKUR, LUKREZ) die Existenz und die Eigenschaften der materiellen Gegenstände, Prozesse usw. aus den Eigenschaften, der Bewegung und Wechselwirkung kleinster materieller Teilchen, der Atome, und liefert somit eine überaus anschauliche Beschreibung und Erklärung derselben.

Die objektiv-idealistische Linie wird im Mittelalter in der *scholastischen Philosophie* weitergeführt. Diese erklärt die Spezifik der sinnlich wahrnehmbaren, materiellen Objekte, Prozesse usw. aus sog. «verborgenen Qualitäten» (qualitas occulta), die in den Gegenständen eingeschlossen sein sollen. So soll ein Stein zur Erde fallen, weil in ihm die Eigenschaft, zur Erde zu fallen, verborgen ist. Strenggenommen liefert diese Auffassung aber überhaupt keine Erklärung, da jede der angenommenen «verborgenen Qualitäten» eine Hypothese ad hoc ist, aus der nichts anderes als eben die zu erklärende Erscheinung gefolgert werden kann. Durch den Rückgriff auf «verborgene Qualitäten» soll das Anschauliche aus Unanschaulichem erklärt werden. Dieser Methode bedienen sich im Grunde alle idealistischen und religiösen Weltanschauungen, wenn sie auf der Existenz Gottes, absoluter Ideen usw. beharren und einerseits die Mannigfaltigkeit der materiellen Welt aus ihnen erklären, andererseits aber die Beschreibung dieser angenommenen übersinnlichen Wesenheiten mit Hilfe aus der Erfahrung gewonnener Begriffe prinzipiell ablehnen.

Die *materialistische Philosophie der Neuzeit* erklärt die materiellen Objekte, Prozesse usw. weder aus unanschaulichen verborgenen Qualitäten noch aus ebenso unanschaulichen übernatürlichen Wesenheiten, sondern legt ihrer Erklärung der Welt in der Regel anschauliche Modellvorstellungen zugrunde. Von dieser Art ist beispielsweise die Ätherhypothese DESCARTES', aber auch das stoffliche Modell der materiellen Welt, das der *französische Materialismus des 18. Jahrhunderts* entwarf und das wesentlich auf den anschaulichen mechanischen Eigenschaften der Objekte aufbaute.

Die Erfolge der klassischen Mechanik und der theoretischen Physik des 18. und 19. Jahrhunderts führten zur Herausbildung des naturwissenschaftlichen Weltbildes des 19. Jahrhunderts, das in seinen Grundzügen mechanisch-materialistisch war und implizit die methodologische Forderung enthielt, alle Erscheinungen der materiellen Welt mit Hilfe von anschaulichen Begriffen, Hypothesen oder Theorien zu erklären. Dieses im 19. Jahrhundert in der Physik noch allgemein anerkannte *Prinzip der Anschaulichkeit* wurde indes im Verlaufe der weiteren Entwicklung der Physik zutiefst erschüttert.

Die klassische Mechanik, die es mit der Bewegung und der mechanischen Wechselwirkung von Körpern im dreidimensionalen euklidischen Raum und in der absoluten Zeit zu tun hatte und die Gesetze dieser Bewegung und Wechselwirkung erforschte, war das Musterbeispiel einer anschaulichen Theorie. Auch andere klassische physikalische Theorien, wie die Thermodynamik, die physikalische Statistik und die Elektrodynamik, sind ungeachtet ihrer Kompliziertheit im Prinzip anschauliche Theorien. Mit der Entstehung der *Quantentheorie* und der *Relativitätstheorie* ergab sich zu Beginn des 20. Jahrhunderts insofern eine neue Situation in der modernen Physik, als sich die Quanten- und relativistischen Objekte bzw. Erscheinungen nicht mehr anschaulich darstellen ließen. PLANCK konnte 1900 zeigen, daß elektromagnetische Strahlung nicht kontinuierlich – wie dies der anschaulichen Vorstellung entspricht –, sondern in Form kleinster «Portionen» – Quanten – emittiert wird, EINSTEIN 1905 dasselbe für die Absorption von Strahlung. 1913 wies BORN nach, daß nicht nur die Energie der Strahlung, sondern auch die der Atome gequantelt ist. DE BROGLIE gelangte 1924 zu dem Schluß, daß nicht nur das Licht sowohl Wellen- als auch Korpuskeleigenschaften aufweist, sondern daß diese Doppelnatur auch für Teilchen gilt. Dabei sind die «Materiewellen» DE BROGLIES nicht im klassisch anschaulichen Sinne als mechanische oder elektromagnetische Wellen aufzufassen, sondern stellen ihrer physikalischen Natur nach Wahrscheinlichkeitswellen dar. Als HEISENBERG schließlich 1927 zur Formulierung der → Unbestimmtheitsrelation gelangte, erwies sich auch der korpuskulare Aspekt der Materie als nicht mehr anschaulich im Sinne der klassischen Physik.

Hatte die Quantentheorie die anschaulichen Vorstellungen der klassischen Physik im Bereich der *Bewegung* zerstört, so führte die Relativitätstheorie zu analogen Ergebnissen hinsichtlich der

Vorstellungen von *Raum und Zeit*. Daß die Lichtgeschwindigkeit nicht von der Bewegung der Lichtquelle abhängt, die Gleichzeitigkeit von Ereignissen nur relativ zu bestimmten Bezugssystemen existiert, die Zeit in verschieden bewegten Inertialsystemen verschieden abläuft und auch räumliche Intervalle von der Geschwindigkeit, mit der sich die Inertialsysteme bewegen, abhängen, daß der Raum in der Umgebung großer Massen gekrümmt ist und die Struktur des Gravitationsfeldes bestimmt usw., all das widersprach den anschaulichen Vorstellungen der Newtonschen Physik von der absoluten Zeit, dem absoluten Raum und der Gravitation.

Die Entwicklung der Quantentheorie – und später der Quantenfeldtheorie – und der Relativitätstheorie ersetzte somit das anschauliche naturwissenschaftliche Weltbild des 19. Jahrhunderts durch ein in seinen wesentlichen Teilen unanschauliches Weltbild, das nicht mehr in Termini und Begriffen der Alltagserfahrung darstellbar ist. Auf Grund dieser Entwicklung gelangten HEISENBERG und andere Physiker zu der Auffassung, die moderne Physik unterscheide sich von der klassischen durch ihre prinzipielle Unanschaulichkeit, und erhoben diese Auffassung zu einem methodologischen Prinzip der theoretischen Physik und darüber hinaus zu einem erkenntnistheoretischen Prinzip schlechthin.

Das *Prinzip der Unanschaulichkeit* besagt in seiner allgemeinen Form, daß es Erscheinungen gibt, die prinzipiell nicht anschaulich darstellbar sind, daß der objektive Grund für diese Unmöglichkeit in der besonderen Natur der betreffenden Quanten- bzw. relativistischen Objekte liegt und daß der weitere Fortschritt der Physik davon abhängt, wie schnell und wie gründlich sie sich von allen anschaulichen Vorstellungen frei macht. Da sich nun aber die klassische Theorie als der anschauliche Grenzfall der unanschaulichen modernen Theorie erweist, folgt aus dem Prinzip der Unanschaulichkeit nicht nur, daß es Unanschauliches gibt, das nicht auf Anschauliches zurückgeführt werden kann, sondern darüber hinaus, daß das an sich Anschauliche als Grenzfall des Unanschaulichen zu betrachten und auf dieses zurückzuführen ist.

Der *dialektische Materialismus* vermeidet eine einseitige Verabsolutierung sowohl des Prinzips der Anschaulichkeit als auch des der Unanschaulichkeit. Im dialektischen Prozeß der Erkenntnis der objektiven Realität bilden Anschauliches und Unanschauliches eine Einheit, wechseln einander ab und gehen ineinander über. Die Wechselbeziehungen zwischen Anschaulichem und Unanschaulichem können unter gewissen Bedingungen sogar die Form eines dialektischen Widerspruchs annehmen, der die Entwicklung der betreffenden Disziplin vorantreibt.

Eine Wissenschaft geht in ihrer historischen Entwicklung im allgemeinen von ikonischen Abbildern zu abstrakten semantischen Abbildern über. Dieser Übergang von der ikonischen zur abstrakten semantischen und damit von einer auf Anschaulichkeit ausgehenden zu einer auf Unanschaulichkeit beruhenden Denkweise ist ein sich ständig vollziehender Prozeß. Wir erleben ihn gegenwärtig am Beispiel des Eindringens mathematischer Methoden in viele Wissenschaften, insbesondere in solche Gesellschaftswissenschaften, die bis dahin keine mathematische Behandlung erfahren haben. Der Gewinn an mathematischer Klarheit, den diese Wissenschaften verbuchen können, ist aber immer mit einem gewissen Verzicht auf Anschaulichkeit verbunden. Die ikonischen Abbilder, die aus anschaulichen Bildern und Vorstellungen entstehen, welche uns die unmittelbare Sinneserfahrung vermittelt, sind letztlich die Träger des eidetischen Sinns unserer Begriffe und Aussagen über die objektive Realität. Auf sie kann keine Wissenschaft völlig verzichten, da auch eine noch so abstrakte Theorie sich in letzter Instanz auf sinnliche Wahrnehmungen stützt, die für die Vermittlung zwischen der objektiven Realität und dem Denken unerläßlich sind. Mit ikonischen Abbildern läßt sich jedoch nur unzulänglich operieren; mit ihnen läßt sich in vielen Fällen zwar die äußere Erscheinung, aber nicht das Wesen der Objekte, Prozesse usw. der objektiven Realität charakterisieren. Semantische Abbilder hingegen sind in der Regel abstrakt und damit besser überblickbar und kontrollierbar. Mit abstrakten Symbolen, die nur einen operativen Sinn haben, läßt sich leichter operieren. Darüber hinaus gestattet eine exakte Symbolik, den Begriffsapparat der deduktiven Methoden voll auszunutzen.

Die Entwicklung abstrakter unanschaulicher Theorien kann also durchaus als ein echter wissenschaftlicher Fortschritt gewertet werden, wenn sie nicht zum Anlaß genommen wird, die Unanschaulichkeit so zu interpretieren, als sei das wirkliche Geschehen, da es nur in abstrakten Symbolen darstellbar ist, mit den Symbolen selbst identisch. In dieser Interpretation läuft das Prinzip der Unanschaulichkeit auf die idealistische These: «Die Materie ist verschwunden, es bleiben nur die Symbole» hinaus. Die dialektisch-materialistische Abbildtheorie hingegen sieht in dem Übergang von ikonischen zu semantischen Abbildern, von anschaulichen zu unanschaulichen Theorien einen Übergang von der Beschreibung der Erscheinung materieller Objekte, Prozesse usw. zur Aufdeckung ihres Wesens bzw. des Wesens einer bestimmten Ordnung zum Wesen höherer Ordnung.

Andererseits werden in der Entwicklung der Wissenschaften aber auch oft unanschauliche

Denkweisen von anschaulichen abgelöst. Dem entspricht, daß sich abstrakte Symbole, die nur operativen Sinn besitzen, in solche verwandeln können, die auch eidetischen Sinn haben. Dieser Übergang von unanschaulichen Abbildern zu anschaulichen kann aus zweierlei Gründen erfolgen. Der ständige Umgang mit abstrakten Symbolen kann diese zu einer so vertrauten Angelegenheit werden lassen, daß sie uns schließlich als eidetisch bzw. anschaulich gegenwärtig sind. Zum anderen können im Laufe der Entwicklung einer Wissenschaft für Symbole, die zunächst nur operativen Sinn haben, sinnlich wahrnehmbare Entsprechungen gefunden bzw. Modelle konstruiert werden, die ihnen einen eidetischen Sinn verleihen. So war die nichteuklidische Geometrie zunächst eine abstrakte mathematische Theorie mit rein operativem Sinn, eine unanschauliche Denkmöglichkeit, für die in der objektiven Realität keine anschauliche Entsprechung angegeben werden konnte. Das änderte sich, als es in der zweiten Hälfte des 19. Jahrhunderts gelang, gewisse anschauliche Modelle der nichteuklidischen Geometrie zu konstruieren, von denen insbesondere das KLEINsche Modell der nichteuklidischen Geometrie im Innern des Einheitskreises eine wichtige Rolle spielte; jetzt konnte den abstrakten Symbolen eine einigermaßen anschauliche Vorstellung und ein eidetischer Sinn zugeordnet werden.

Die Frage nach der Anschaulichkeit oder Unanschaulichkeit einer Theorie kann daher im Grunde genommen nur historisch entschieden werden. Eine Theorie, die für ihre Zeitgenossen unanschaulich ist, braucht es für spätere Generationen durchaus nicht mehr zu sein. Ob eine Theorie anschaulich oder unanschaulich ist, kann also nicht absolut entschieden werden, sondern nur relativ, in bezug auf die jeweilige historische Entwicklungsetappe. Die Anschaulichkeit bzw. Unanschaulichkeit einer wissenschaftlichen Theorie ist auch noch insofern relativ, als jede Theorie im Grunde sowohl anschauliche als auch unanschauliche Elemente enthält. So ist die klassische Mechanik zwar eine durchaus anschauliche Theorie, doch muß sie wie jede wissenschaftliche Disziplin Abstraktionen vornehmen (z. B. die des ausdehnungslosen Massenpunktes, des Fernwirkungsprinzips u. a.), die nicht unmittelbar anschaulich vorstellbar sind. Andererseits ist die Quantenphysik als Ganzes zwar eine unanschauliche Theorie, die aber doch eine Veranschaulichung einzelner Aspekte des Verhaltens der Quantenobjekte zuläßt, z. B. im Schalenmodell des Atomkerns, und außerdem über Experimente, Meßgeräte usw. bestrebt ist, die Folgerungen aus der Theorie zu überprüfen und sinnlich wahrnehmbar zu machen.

→ Abbild → Anschauung → Beobachtbarkeit.

Anschauung – Prozeß sowie Produkt der Sinneserkenntnis. Die menschliche Erkenntnis hebt an mit der sinnlichen Anschauung und steigt zum abstrakten Denken auf, wobei das anschauliche Material der Sinneserfahrung verarbeitet wird. «Vom lebendigen Anschauen zum abstrakten Denken *und von diesem zur Praxis* – das ist der dialektische Weg der Erkenntnis der *Wahrheit*, der Erkenntnis der objektiven Realität» (LENIN 38, 160). Anschauung und Denken sind nicht als zwei getrennte Etappen des Erkenntnisprozesses aufzufassen, sondern als zwei Momente, die sich wechselseitig durchdringen. In der Anschauung ist die objektive Realität in Form der Wahrnehmung oder der reproduzierten Form der Vorstellung als einheitliche Erscheinung gegeben, in der das Einzelne und Allgemeine, das Wesentliche und Unwesentliche, das Notwendige und Zufällige noch nicht voneinander unterschieden sind. Das erfolgt erst im Verlaufe der rationalen Verarbeitung des Anschauungsmaterials durch das Denken. Die Auffassung, daß die Anschauung lediglich das Einzelne, Unwesentliche, Zufällige und erst das Denken das Allgemeine, Wesentliche, Notwendige erfasse, trennt in undialektischer Weise das Einzelne vom Allgemeinen usw. In der Konsequenz führt eine solche Auffassung zu der subjektiv-idealistischen Behauptung, das Denken erzeuge das Allgemeine, Wesentliche, Notwendige selbst.

Die *neurodynamische Grundlage* der Anschauung ist das erste Signalsystem der menschlichen Nerventätigkeit.

→ Empfindung → Denken → Erkenntnis.

Antagonismus [griech] – *eigtl*: das Kämpfen gegeneinander; Widerstreit, Gegensatz.

In der *marxistischen Philosophie* bedeutet der Begriff «Antagonismus» eine besondere Art des dialektischen Widerspruchs im gesellschaftlichen Bereich, der an die Existenz der Klassengesellschaft gebunden ist und auf dem unversöhnlichen Gegensatz zwischen den Interessen verschiedener gesellschaftlicher Klassen oder sozialer Gruppen beruht.

→ Einheit und «Kampf» der Gegensätze → Widerspruch.

antagonistische Widersprüche → Antagonismus → Einheit und «Kampf» der Gegensätze → Widerspruch.

Antezedens [lat] – *eigtl*: das Vorhergehende; Ursache, Bedingung, Grund, Prämisse. *Ggs*: Konsequenz.

Anthropogenese [griech] – Prozeß der Herausbildung des Menschen aus dem Tierreich, der mit der ständigen Verwendung und mit der Produktion von Werkzeugen (Arbeitsmitteln) beginnt und mit dem Auftreten des homo sapiens – der in biologischer Hinsicht dem heutigen Menschen entspricht und dessen Leben nach den gegenwärtigen Erkenntnissen als menschlich charakterisiert werden kann – endet. Der Prozeß der Anthropogenese hat möglicherweise einen Zeitraum von einer Million Jahren in Anspruch genommen, vielleicht auch noch länger gedauert. Viele Details dieses Prozesses liegen verständlicherweise noch im Dunkeln. Jedoch haben natur- und gesellschaftswissenschaftliche Forschungen eine Reihe von Erkenntnissen gesammelt und weitgehend gesicherte Vorstellungen erarbeitet, die in philosophischer Hinsicht von grundsätzlicher Bedeutung sind. Vor allem sind zu erwähnen:

1. In biologisch-genetischer Hinsicht entstammt der Mensch dem Tierreich, dem Reich der hochentwickelten Säugetiere. Sowohl naturwissenschaftliche als auch gesellschaftswissenschaftliche und philosophische Untersuchungen und Erwägungen haben diese These als vollauf gesichert erwiesen; sie kann heute nicht mehr ernsthaft bezweifelt werden.
2. Ausgangspunkt der Anthropogenese war eine bestimmte Stufe der rein natürlich-biologischen Entwicklung der tertiären subhumanen Hominiden, die wie folgt gekennzeichnet werden kann: aufrechter Gang; Freisetzung der vorderen Gliedmaßen von Funktionen der Fortbewegung; Entwicklung der Hände zu unspezialisierten Organen mit opponierbarem Daumen und damit zu vielseitigen Organen der Nahrungsgewinnung und der Verwendung von natürlichen Arbeitsmitteln, quantitative Zunahme und Differenzierung des Gehirns; hohe Fähigkeit zum Lernen; wahrscheinlich stark entwickeltes Herdenleben.
3. Von dieser biologischen Entwicklungsstufe ausgehend beginnt die Anthropogenese mit der Anwendung produzierter Arbeitsmittel, vor allem des Faustkeils. Die Anthropogenese selbst muß man sich als lange biologisch-gesellschaftliche Übergangsphase vorstellen, in der sowohl biologische als auch gesellschaftliche Regelmechanismen wirksam waren. Am Anfang werden biologische Beziehungen zwischen den Lebewesen und ihrer Umwelt und zwischen den Lebewesen selbst dominierend gewesen sein. Zugleich aber entwickelte sich die Herstellung und der ständige Gebrauch von Arbeitsmitteln. Damit bildete sich allmählich ein völlig neuer Stoffwechselprozeß heraus: die *gesellschaftliche Arbeit*. Es entwickelte sich ein spezifisch menschliches Verhältnis zur Umwelt, das Verhältnis der produktiven Aneignung der Natur durch deren Umgestaltung zum Zwecke der Befriedigung menschlicher Bedürfnisse. Dies bedingte auch neuartige Verhältnisse zwischen den Lebewesen selbst, die Entwicklung sozialer Verhältnisse zunächst innerhalb eines sozial-familiären Verbandes. Die soziale Tätigkeit ihrerseits bedingte die Entwicklung von Sprache und Denken. Diese gesellschaftlichen Faktoren und Beziehungen dürften erst in einer langen Entwicklung zu den herrschenden Erscheinungen des Lebens geworden sein. In diesem Prozeß löst sich der Mensch aus dem Tierreich und beginnt seine eigene, spezifisch gesellschaftliche Entwicklung, seine Geschichte.

Die Erforschung der Anthropogenese hat den von vielen Vertretern des Idealismus und vor allem der Religion verketzerten Gedanken vom natürlichen Ursprung des Menschen vollauf bestätigt. Dieser Gedanke erhielt wissenschaftliche Gestalt. Hierfür bedurfte es zweier wesentlicher Voraussetzungen: *erstens* der naturwissenschaftlich-anthropologischen, vergleichend anatomischen Erforschung des stets wachsenden fossilen Materials, *zweitens* – und das ist noch wesentlicher zum Verständnis der Anthropogenese – der Ausarbeitung der materialistischen Gesellschafts- und Geschichtstheorie, welche die Rolle der Produktivkräfte, das Wesen gesellschaftlicher Strukturen und die Triebkräfte ihrer Entwicklung sowie die Bedeutung von Sprache und Denken im gesellschaftlichen Produktions- und Lebensprozeß klarstellte und von da aus auch begründete Rückschlüsse auf Wesen und Triebkräfte der Genesis des Menschen möglich machte. Bereits im Jahre 1845 – mehr als 10 Jahre vor der Ausgrabung der berühmten Skeletteile im Neandertal bei Düsseldorf – haben MARX und ENGELS (3, 21), von ihrer historisch-materialistischen Theorie ausgehend, betont: «Man kann die Menschen durch das Bewußtsein, durch ihre Religion, durch was man sonst will, von den Tieren unterscheiden. Sie selbst fangen an, sich von den Tieren zu unterscheiden, sobald sie anfangen, ihre Lebensmittel zu *produzieren*, ein Schritt, der durch ihre körperliche Organisation bedingt ist. Indem die Menschen ihre Lebensmittel produzieren, produzieren sie indirekt ihr materielles Leben selbst.»

Auf der Grundlage dieser historisch-materialistischen Theorie ist es auch möglich, Relikte wie Faustkeile, Feuerstellen usw. einer theoretischen Erklärung zuzuführen, die zugleich ein geschlossenes theoretisches Bild der Hauptprozesse und Triebkräfte der Anthropogenese liefert. Andererseits liefert die Erforschung der Anthropogenese in steigendem Maße die unmittelbaren naturhistorischen Grundlagen der materialistischen Gesellschafts- und Geschichtstheorie des historischen Materialismus.

Ob das gegenwärtig vorliegende fossile Material der Menschwerdung in anthropologisch-biologischer Hinsicht als Abfolge von aufeinanderfolgenden Stufen der Entwicklung zum heutigen Menschen (Stufenhypothese) zu ordnen und zu deuten ist oder als Entfaltung in verschiedenen Zweigen, wo sich schließlich derjenige Zweig durchsetzte, der von der biologischen Konstitution her die besten Voraussetzungen für die spezifisch menschliche Entwicklung (durch gesellschaftliche

Arbeit, Sprache und Denken) bot (Entfaltungshypothese), kann heute noch nicht mit Sicherheit entschieden werden. Viele Fakten und Erwägungen deuten lediglich darauf hin, daß die Entfaltungshypothese der Stufenhypothese vorzuziehen ist.

Anthropologie [griech] – *eigtl*: Lehre vom Menschen.

Es ist zu unterscheiden die *naturwissenschaftlich (-medizinische)* von der sog. *philosophischen Anthropologie*.

1. Die *naturwissenschaftlich (-medizinische) (auch: einzelwissenschaftliche) Anthropologie* ist die Wissenschaft von den physischen Eigenarten des Menschen, ihrer Entstehung, Veränderung und Entwicklung, sowie die Lehre von der Herausbildung und Geschichte der Menschenrassen. ENGELS (20, 457) bestimmte die sich zu seiner Zeit herausbildende naturwissenschaftlich-medizinische Anthropologie, ausgehend von der damaligen Wissenschaftsentwicklung, als «Vermittlung des Übergangs von Morphologie und Physiologie des Menschen und seiner Rassen zur Geschichte».

In den *USA*, in *England* und *Frankreich* wird «Anthropologie» im wesentlichen identisch mit «Ethnologie» verwendet. In diesem Sinne ist «Anthropologie» ein Sammelname für archäologische, sozialpsychologische, religionssoziologische, linguistische u. a. Forschungen, besonders bei Bevölkerungsgruppen, deren gesellschaftliche Verhältnisse vergangenen ökonomischen Gesellschaftsformationen angehören (z. B. Indianerstämme).

2. Die *philosophische Anthropologie* ist allgemein eine Disziplin der *gegenwärtigen bürgerlichen Philosophie*. Als solche entstand und entwickelte sie sich mit Beginn der allgemeinen Krise des Kapitalismus. Sie hat nichts zu tun mit den in der Geschichte der Philosophie unternommenen mannigfachen Versuchen, das Wesen des Menschen philosophisch zu erfassen, ein philosophisches Menschenbild zu entwerfen. Während die Menschenbilder der klassischen Perioden der philosophischen Entwicklung ihren Ort jeweils nur in umfassenden Weltanschauungen hatten, zu deren untrennbaren Bestandteilen Reflexionen über die Natur und die Gesellschaft ebenso gehörten wie über den Menschen, erhebt die philosophische Anthropologie den Anspruch, mit ihren vom Menschen ausgehenden und auf ihn hinzielenden Fragen das philosophische Denken überhaupt zu erschöpfen und auszumessen. Dabei faßt sie den Menschen in jeder Beziehung als *unhistorische*, ihrem Wesen nach *ewig gleichbleibende Erscheinung* auf.

Als Frage- und Problemstellung ist die philosophische Anthropologie der Mehrzahl der Richtungen der gegenwärtigen bürgerlichen Philosophie immanent. Die weite Verbreitung der philosophischen Anthropologie in den kapitalistischen Ländern resultiert aus ihrer *gesellschaftlichen Funktion*:

Die philosophische Anthropologie reflektiert auf *den* Menschen schlechthin, auf das vorgegebene Ewige in und an ihm. Sie sieht vom *konkreten* Menschen ab, nimmt ihn als *bloße* Abstraktion, als Menschen *an sich*. Auf diese Weise erhöht sie den konkreten Menschen gleichsam zu einem göttlichen Wesen, dem nichts Menschliches mehr eigen ist. Und in der Tat betrachtet die philosophische Anthropologie den Menschen mehr *theologisch* (metaphysisch) als philosophisch-wissenschaftlich. Sie ignoriert bewußt alle Probleme, die sich aus der Tatsache ergeben, daß der Mensch ein *gesellschaftliches Wesen* ist und seit eh und je nur in der Gesellschaft existiert hat und existiert. Sie sieht von der Basis der gegebenen Gesellschaft, ihrer ökonomischen Struktur, ab bzw. will durch ihre Betrachtungen bis zu ihr gar nicht vordringen.

Ihren *weltanschaulichen Prämissen und Schlußfolgerungen* nach ist die philosophische Anthropologie *subjektiv-idealistisch*, ihrer *erkenntnistheoretischen Grundhaltung* nach *agnostizistisch*. Darüber hinaus sind die meisten ihrer Vertreter *theologisch* orientiert. Innerhalb der Versuche zur Theologisierung der gegenwärtigen bürgerlichen Philosophie steht sie an hervorragender Stelle.

Allein dieses Vorgehen der philosophischen Anthropologie macht deutlich, daß von ihr eine Antwort auf die Frage nach dem Wesen des Menschen nicht zu erwarten ist. Eine solche Antwort zu geben ist nur eine Philosophie in der Lage, die den Menschen als gesellschaftliche Erscheinung nimmt, die philosophische, historische, biologische, soziale und ökonomische Problematik der Frage nach dem Wesen des Menschen als Einheit in ihre Untersuchungen einbezieht und darüber hinaus bewußt von dem grundlegenden Inhalt der gesellschaftlichen Entwicklung der Gegenwart, dem Prozeß des Übergangs vom Kapitalismus zum Sozialismus, ausgeht. Diese Anforderungen erfüllt nur *eine* Philosophie, der *dialektische und historische Materialismus*.

Dergestalt wird das Entstehen der philosophischen Anthropologie (oder die sog. anthropologische Wendung oder die sog. anthropologische Fragestellung der Mehrzahl der Richtungen der gegenwärtigen bürgerlichen Philosophie) von der Absicht getragen, von der Problematik der gegebenen, d. i. kapitalistischen Gesellschaft in ihrem imperialistischen Stadium, und damit von der Problematik des konkreten Menschen in dieser Gesellschaft abzulenken. Das geschieht in eindeutiger Frontstellung zur Theorie und Praxis des Sozialismus und Kommunismus – auch dann, wenn das von den anthropologisierenden

Ideologen der imperialistischen Bourgeoisie nicht in jedem Fall ausgesprochen wird. Insbesondere soll die marxistische Lehre von den Klassen und dem Klassenkampf als für die kapitalistische Gesellschaft der Gegenwart nicht mehr gültig dargestellt und als veraltet, aus den Gegebenheiten des 19. Jahrhunderts resultierend, abgetan werden. Die wissenschaftliche Analyse des Daseins des Menschen in der bürgerlichen Gesellschaft durch den Marxismus-Leninismus wird von der philosophischen Anthropologie durch metaphysische Spekulationen über das Wesen des Menschen, seine Überzeitlichkeit und idealistische Überhöhungen von ihm zwar zukommenden, aber ihn nicht ausmachenden, weil sekundären Merkmalen ersetzt.

Die Bestrebungen der philosophischen Anthropologie tragen so *apologetischen Charakter*. Sie kompensieren die *menschenunwürdige Praxis* der imperialistischen Gesellschaft durch die Erfindung einer metaphysischen Theorie vom «Ewigen im Menschen» und geben das *wirkliche Dasein* des Menschen in dieser Gesellschaft als *bloße Erscheinung* aus.

Als *unmittelbare Vorläufer* der philosophischen Anthropologie werden in erster Linie KIERKEGAARD und NIETZSCHE angesehen. Die *Vorstufe* ihrer Entwicklung erreicht sie in der *Lebensphilosophie* vor dem ersten Weltkrieg, aus deren Problemkreisen sie als selbständige philosophische Disziplin zwischen den beiden Weltkriegen hervorwächst, um nach dem zweiten Weltkrieg allgemeinen Eingang in die bürgerliche Philosophie zu finden. Der *eigentliche Einsatz* der philosophischen Anthropologie wird auf M. SCHELER zurückgeführt: *Zur Idee des Menschen* (1915), *Vom Ewigen im Menschen* (1923), *Die Stellung des Menschen im Kosmos* (1928).

SCHELER entwickelte bereits während des ersten Weltkrieges programmatisch die Grundzüge der philosophischen Anthropologie, die ihre späteren Ausgestaltungen in der einen oder anderen Form übernehmen. Sie beinhalten in der Hauptsache folgende Thesen. Die von ARISTOTELES überlieferte und von der *klassischen bürgerlichen Philosophie* vertretene *humanistische Auffassung* des Menschen als eines *vernünftigen Lebewesens*, als eines *animal rationale* ist abzulehnen. Mit der Tradition des → Humanismus, vor allem mit seinem *diesseitigen Menschenbild*, ist zu brechen. Die Entwicklungslehre, jeder Entwicklungsgedanke überhaupt ist im Hinblick auf den Menschen zu verwerfen. Die Lehre DARWINS ist ein Irrtum, bestenfalls eine durch nichts bewiesene Hypothese. Es führt «kein noch so enger Steg und Weg vom ‚homo naturalis' und seiner hypothetisch konstruierten Vorgeschichte zum ‚Menschen' der Geschichte» (SCHELER, Umsturz I, 275). Dergestalt gibt es in bezug auf das eigentliche Wesen des Menschen weder eine biologische noch eine soziale Problematik. Der Mensch ist kein Produkt einer natürlichen Entwicklung, schon gar nicht das höchste Entwicklungsprodukt der Tierreihe. Als biologische Erscheinung, als Lebewesen ist der Mensch ein «erblich krankes Tier», das sich «in einer Sackgasse verlaufen» hat, ein «Übergang», ein «faux pas», im Grunde eine bloße Verlegenheit der Natur. Insofern kann der Mensch von der Natur her überhaupt nicht angegangen werden. Der Versuch einer *natürlichen Erklärung* des Menschen führt immer nur zur Wiederholung des großen Irrtums der europäischen Geistesgeschichte: zum Humanismus. Das *wahre Wesen* des Menschen liegt jenseits seiner biologischen und sozialen, auch vernünftigen Funktionen: der Verstand ist biologisch gesehen eine Krankheit. Das wahre Wesen des Menschen ist seine *geistige Personalität*, ist, geistige Person zu sein, die darin gründet, daß der Mensch «transzendiert», ja selbst eine Gestalt der Transzendenz ist. Als geistige Person ist der Mensch nicht «Teil der Welt», der objektiven Realität, sondern einer idealen Wirklichkeit. Um sich als geistige Person zu konstituieren, muß er die Wirklichkeit «entwirklichen», von dem, was «ist», abstrahieren, es als nichtexistierend denken.

Mit anderen Worten: Der Mensch ist ein Wesen, «das Gott sucht», ein «Gottsucher» und als solcher «das lebendige *x*». Insofern ist Gott, so dekretiert SCHELER gegen die wissenschaftliche, auf FEUERBACH zurückgehende Religionskritik, keine anthropomorphe Erfindung, sondern umgekehrt: der Mensch *ist theomorph*.

Der Mensch als «das lebendige *x*, das Gott sucht», der Mensch als «Gottsucher» – in dieser armseligen Auslassung besteht die Antwort SCHELERS auf die Frage nach dem Wesen des Menschen.

Das von SCHELER entwickelte Menschenbild wird zum Menschenbild der philosophischen Anthropologie. Mögen die Unterschiede zwischen den einzelnen Ausgestaltungen noch so groß sein, in ihren wesentlichen Thesen gehen sie mit ihm konform. So bestimmt GEHLEN den Menschen als «Mängelwesen», und JASPERS gesteht, daß die Existenzphilosophie verloren wäre, «wenn sie wieder zu wissen glaubte, was der Mensch ist». Die Schlußfolgerungen der anderen Vertreter der philosophischen Anthropologie sind kaum andere. Zu nennen sind u. a.: BINSWANGER, O. F. BOLLNOW, GROETHUYSEN, GUARDINI, HENGSTENBERG, LANDMANN, LANDSHUT, MARCEL, PLESSNER, ROTHACKER, auch HEIDEGGER und SARTRE. Da die philosophische Anthropologie als Problem- und Fragestellung der Mehrzahl der Richtungen der gegenwärtigen bürgerlichen Philosophie immanent ist, würde eine Aufzählung aller ihrer Vertreter gleichsam mit einer Aufzählung der repräsentativen Vertreter dieser Philosophie identisch werden. Besonders gepflegt wird die philosophische Anthropologie innerhalb des *Existentialismus* und zum Teil im *Neuthomismus*.

Der gesamten philosophischen Anthropologie ist als Grundzug die Abkehr von der *humanistischen Menschenauffassung* der *klassischen bürgerlichen Philosophie* eigen. Eine *ahumane* und als Folge *politisch-reaktionäre* und *apologetische Tendenz* durchzieht die philosophische Anthropologie von ihren Anfängen bis zu ihren gegenwärtigen Ausgestaltungen. SCHELER schrieb dereinst: «Wer sehe nicht, daß sich hinter der scheinbar so harmlosen Gleichheitsforderung stets und immer, um welche Gleichheit es sich auch handle – nur der Wunsch auf die Erniedrigung der Höherstehenden, Mehrwertbesitzenden auf das Niveau der Niedrigstehenden verbirgt» (Umsturz 193). Und ein gegenwärtiger Ideologe des Imperialismus, CARREL, fragt in einem Buch, das den bezeichnenden Titel *Der Mensch, das unbekannte Wesen* trägt, zynisch, «ob die starke Abnahme der Sterblichkeit im kindlichen und jugendlichen Alter nicht ihre unerwünschten Seiten hat ... Mit all ihrer großzügigen Arbeit zum Besten des Menschengeschlechts erreichen die Ärzte und Erzieher doch niemals ihr Ziel, denn sie haben schematische Vorstellungen, die nur einen Teil der Wirklichkeit umfassen» (51).

Wie wenig haben solche Auslassungen mit der Auffassung vom Menschen in den klassischen Perioden der Philosophie zu tun! ARISTOTELES bestimmte den Menschen als *zoon politikon*. Wie weit die *altgriechische Philosophie* überhaupt zu einer wissenschaftlichen Bestimmung des Menschen vorgestoßen war, unterstreicht der Streit zwischen ANAXAGORAS und ARISTOTELES darüber, ob der Mensch Hände habe, weil er ein vernünftiges Wesen sei, oder ob er ein vernünftiges Wesen sei, weil er Hände habe. Die Auffassung vom Menschen der altgriechischen Philosophie als eines vernünftigen Lebewesens wird zum *humanistischen Gemeingut* der *klassischen bürgerlichen Philosophie* von der Renaissance über die Aufklärung bis zur klassischen deutschen Philosophie und ihrem Ausgang in FEUERBACH. Sie findet u.a. Ausdruck in den Fragen KANTS: Was kann ich wissen? Was soll ich tun? Was darf ich hoffen? (A 805), die nur dazu angetan sind beizutragen, «die Rechte der Menschheit herzustellen» (XX 44). Sie ist Voraussetzung der Warnung HEGELS, das Individuum als ein Einzelnes ohne Beziehung auf das Ganze, d.i. die Gesellschaft, zu nehmen. Denn das Einzelne «bedarf ... noch anderer Wirklichkeiten, die gleichfalls als besonders für sich bestehende erscheinen; in ihnen zusammen und in ihrer Beziehung ist allein der Begriff realisiert. Das Einzelne für sich entspricht seinem Begriffe nicht; diese Beschränktheit seines Daseins macht seine *Endlichkeit* und seinen Untergang aus» (Enz § 213). Sie findet nicht zuletzt ihren Niederschlag in der Anschauung des *französischen Materialismus im 18. Jahrhundert*, daß das soziale Milieu wesentlich das Dasein des Menschen bestimmt.

Die humanistische Menschenauffassung der klassischen bürgerlichen Philosophie erreicht in der Philosophie FEUERBACHS einen Höhepunkt.

Unter der Voraussetzung eines Bündnisses der Philosophie mit der Naturwissenschaft fordert FEUERBACH, den Menschen als ein *diesseitiges* Wesen zum höchsten Gegenstand der Philosophie zu erklären. «Die neue Philosophie macht den Menschen mit *Einschluß der Natur*, als der Basis des Menschen, zum *alleinigen*, *universalen* und *höchsten* Gegenstand der Philosophie – die *Anthropologie* also, mit Einschluß der *Physiologie*, *zur Universalwissenschaft*» (Werke 2, 343). Unter «*Anthropologie*» versteht FEUERBACH dabei nichts anderes als ein konsequentes Bündnis der Philosophie mit der Naturwissenschaft, die gleichzeitige Absage der Philosophie an jedwede Theologie und eine natürliche und diesseitige, im Einklang mit der naturwissenschaftlich-einzelwissenschaftlichen Forschung stehende Erklärung des Menschen als höchsten Gegenstand der Philosophie.

Die humanistische Tradition in der Auffassung vom Menschen heben MARX und ENGELS (3, 6) auf eine qualitativ höhere Stufe. «*Der Mensch*, das ist kein abstraktes, außer der Welt hockendes Wesen. Der Mensch, das ist *die Welt des Menschen*, Staat, Sozietät.» Und weiter: «... das menschliche Wesen ist kein dem einzelnen Individuum innewohnendes Abstraktum. In seiner Wirklichkeit ist es das ensemble der gesellschaftlichen Verhältnisse.» Dabei ist der Schlüssel zum Wesen des Menschen die *Arbeit*, die «zunächst ein Prozeß zwischen Mensch und Natur, ein Prozeß, worin der Mensch seinen Stoffwechsel mit der Natur durch seine eigne Tat vermittelt, regelt und kontrolliert. Er tritt dem Naturstoff selbst als eine Naturmacht gegenüber. Die seiner Leiblichkeit angehörigen Naturkräfte, Arme und Beine, Kopf und Hand, setzt er in Bewegung, um sich den Naturstoff in einer für sein eigenes Leben brauchbaren Form anzueignen. Indem er durch diese Bewegung auf die Natur außer ihm wirkt und sie verändert, verändert er zugleich seine eigne Natur» (23, 192). Der Mensch entwickelt sich auf diese Weise im Verlauf der Geschichte als Produkt seiner eigenen Arbeit, Tätigkeit. Die von der philosophischen Tradition herausgearbeiteten Wesenszüge des Menschen (Sozialität, Denken, Sprache, Wille, Kunstfertigkeit) sind so nichts anderes als Resultate seines Tuns.

Es ist Unlauterkeit, wenn sich Vertreter der philosophischen Anthropologie auf MARX berufen, ihn zum Vorläufer ihrer eigenen wissenschaftlich unhaltbaren Thesen machen wollen – besser: umfälschen. Andererseits widerspricht es zutiefst dem Geist des Marxismus-Leninismus, die wissenschaftliche Philosophie der Arbeiterklasse durch eine besondere Anthropologie ergänzen zu wollen. Menschenwürdige gesellschaftliche Zustände werden nicht dadurch hergestellt, daß man sich an Modeströmungen der bürgerlichen Philosophie, wie der philosophischen Anthropologie in der Epoche des Imperialismus, orientiert und über das Wesen des Menschen spekuliert, sondern dadurch, daß man in Übereinstimmung mit dem historischen Prozeß für die Herstellung menschenwürdiger gesellschaftlicher Zustände, in denen der Mensch seine Möglichkeiten voll entfalten kann, kämpft und arbeitet, für den *Sozialismus und Kommunismus*. Denn «erst Sozialismus und Kommunismus vermögen die uralte Sehnsucht des Menschen nach Freiheit, Gleichheit und Brüderlichkeit, nach Frieden, Menschlichkeit und Gerechtigkeit, nach einem kulturvollen Leben in sozialer Sicherheit, erfüllt von sinnvoller Arbeit und Lebensfreude, zu befriedigen» (Programm der SED, Einl).

Das aber ist der Schlüssel zur Beantwortung der Frage nach dem Wesen des Menschen. Sie kann sinnvoll nur im Zusammenhang mit der gesellschaftlich-praktischen Tätigkeit des Menschen (einschließlich des Problems der Naturbeherrschung) gestellt werden: «Das Zusammenfallen des Änderns der Umstände und der menschlichen Tätigkeit oder Selbstveränderung kann nur als *revolutionäre* Praxis und rationell verstanden werden» (MARX).

Es gibt kaum eine ideologische Erscheinung der gegenwärtigen bürgerlichen Gesellschaft, die so deutlich, so unmittelbar die Ausweglosigkeit und den Verfall des kapitalistischen Systems zum Ausdruck bringt wie die philosophische Anthropologie. Ihre Spekulationen über das Wesen des Menschen sind nichts anderes als der ideologische Reflex der unsicheren, vom Untergang bedrohten bürgerlichen Existenz. Ihre Unwissenschaftlichkeit wird schon dadurch augenscheinlich, daß es *den* Menschen oder *das* Wesen des Menschen als geschichtliche Tatsache überhaupt nicht gibt noch je gegeben hat, es sei denn als Fiktion. Es gab und gibt immer nur den *konkreten* Menschen in seiner *natürlichen* und *gesellschaftlichen* Bezogenheit. Sowenig es historisch *den* Menschen oder *das* Wesen des Menschen gibt, sowenig kann es deshalb rechtmäßig eine philosophische Disziplin von *dem* Menschen oder *dem* Wesen des Menschen geben.

Innerhalb der *gegenwärtigen bürgerlichen Marx-Kritik* spielt die Forderung einer *anthropologischen Ergänzung* des Marxismus eine ausnehmende Rolle. Einer der Hauptvertreter dieser Art Marx-Kritik ist SARTRE. Nachdem SARTRE z. B. festgestellt hat, daß der Marxismus «längst noch nicht erschöpft», «noch ganz jung» und die «Philosophie unserer Epoche» sei, überrascht er mit der Forderung nach einer «Reform und Regeneration der marxistischen Grundidee», die durch Hineinnahme des Existentialismus, des SARTREschen Existentialismus, in das System des Marxismus erfolgen soll: «Die Selbständigkeit der existentiellen Untersuchungen (folgt) mit Notwendigkeit aus der Negativität der marxistischen Untersuchungen ... Solange die Doktrin sich ihrer Anämie nicht bewußt wird, solange sie ihr Wissen auf eine dogmatische Metaphysik (Dialektik der Natur) gründet statt auf das Verständnis des lebendigen Menschen, solange sie – wie Marx es getan hat – alle Ideologien, die das Sein vom Wissen trennen und im Rahmen der Anthropologie die Erkenntnis des Menschen auf die menschliche Existenz zu gründen suchen, unter der Bezeichnung Irrationalismus einfach abtut, solange wird der Existentialismus seine Untersuchungen fortführen. Das heißt, er wird versuchen, die Gegebenheiten des marxistischen Wissens durch indirekte Erkenntnisse ... zu erhellen und im Rahmen des Marxismus eine verstehende Erkenntnis hervorzubringen, die den Menschen in der sozialen Welt wiederfinden und ihn bis in seine Praxis bzw. den Entwurf, der den Menschen auf Grund einer bestimmten Situation mit dem gesellschaftlich Möglichen konfrontiert, verfolgen wird ... Von dem Tage an, da der Marxismus sich der Untersuchung der menschlichen Dimension (d. h. der Untersuchung des existentiellen Entwurfs) zuwendet und die Grundlegung des anthropologischen Wissens aufnehmen wird, hat der Existentialismus keine Existenzberechtigung mehr.»

Für SARTRE folgt aus der ablehnenden Haltung des Marxismus-Leninismus seiner Forderung gegenüber, daß «innerhalb des zeitgenössischen Marxismus ein tiefer *Mangel*» vorhanden ist. «Und dieser Mangel ist nicht» – so fährt er erklärend fort – «eine begrenzte Lücke, ein Loch im Aufbau des Wissens: er ist ungreifbar und überall zugegen, er ist eine allgemeine Blutarmut.» Zuvor gibt SARTRE jedoch an, warum der Marxismus-Leninismus seiner Forderung nicht nachkommt: «Der Marxismus», so stellt er fest, «mußte, insofern er aus dem Klassenkampf hervorgegangen ist, zunächst völlig seine Funktion einer praktischen Philosophie, d. h. einer Theorie, die die gesellschaftliche und politische Praxis erhellt, erfüllen.»

SARTRE sieht zunächst durchaus richtig. In der Tat ist der Marxismus-Leninismus aus dem Klassenkampf hervorgegangen. Aber nicht nur das: Er ist selbst Moment des Klassenkampfes,

Teil der gesellschaftlichen und politischen Praxis, und in ihr und durch sie hat er sich seit über hundert Jahren bewährt, hat er seinen Wahrheitsgehalt stets von neuem – allen Verbesserungs- und Ergänzungsforderungen von bürgerlicher und revisionistischer Seite zum Trotz – bewiesen. Es ist gerade wegen der Bewährung des Marxismus-Leninismus in der gesellschaftlichen sozialistischen Praxis nicht einzusehen, warum nach so viel fehlgeschlagenen Versuchen von seinesgleichen ausgerechnet SARTRE den Stein des Weisen gefunden und – wie er es nennt – den «tiefen Mangel», die «allgemeine Blutarmut» des Marxismus-Leninismus entdeckt haben soll. Der Mensch, dessen Ignorierung nach der Ansicht SARTRES den «tiefen Mangel» des Marxismus-Leninismus darstellt, ist Gegenstand, vorzüglicher Gegenstand des Marxismus-Leninismus. Die Forderung nach einer besonderen, d.h. neben dem historischen Materialismus stehenden Anthropologie ist deshalb nicht nur überflüssig, sondern wissenschaftlich auch völlig abwegig.

Eine solche Forderung ist zunächst wissenschaftsgeschichtlich verfehlt. Was SARTRE mit Anthropologie meint, ist nichts anderes als eine Wissenschaft vom Menschen als Persönlichkeit, die Individuum ist und bleibt, also Psychologie, und zwar genau in dem Sinne, wie sie der Philosophie der Aufklärung des 18. Jahrhunderts vorschwebte. SARTRES Forderung läuft wissenschaftsgeschichtlich auf eine Zurücknahme des Entwicklungsstandes der modernen Wissenschaft hinaus: Die Psychologie ist in der zweiten Hälfte des 20. Jahrhunderts kein Anhängsel der Philosophie mehr.

Betrachtet man die SARTREsche Forderung unter systematischen Gesichtspunkten, so läuft sie auf das Verlangen an die marxistische Philosophie hinaus, sie möge ihren Gegenstand um die Problematik der Psychologie erweitern, gleichsam nebenher das Forschungsprogramm der Psychologie mit erfüllen. Daß es eine *marxistische* Psychologie gibt, bleibt davon unberührt und hat mit der Forderung SARTRES auch nichts gemein. Im Gegenteil: Werden aus der SARTREschen Forderung letzte Konsequenzen gezogen, so müßte man eigentlich auch verlangen, daß die marxistische Philosophie die Astronomie, die Physik oder die Chemie, eigentlich auch die Medizin usw. in sich aufnimmt.

Daß es sich hier, wie übrigens oft bei SARTRE, um ein wissenschaftsgeschichtliches Vorurteil und einen Mangel an wissenschaftlicher Systematik handelt, ist leicht einzusehen. Darüber hinaus ist jedoch weiter zu beachten, daß sich hinter der Forderung nach einer Anthropologie des Marxismus auch eine gesellschaftliche Stellungnahme verbirgt, die die gesellschaftlichen und ideologischen Gegensätze der modernen Epoche zu vermitteln sucht und sie dadurch objektiv verschleiert. Gerade das aber ist der Punkt, wo die Forderung SARTRES den Bereich bloßer wissenschaftlicher Diskussion verläßt und zu einem Moment des ideologischen Klassenkampfes wird. Diese Seite des Zusammenhangs wird von den Verehrern SARTRES übersehen, obwohl sie das A und O der Beurteilung des Philosophierens SARTRES und von seinesgleichen darstellt. Das ist um so verwunderlicher, als es sich in dieser Beziehung einmal um eine Grundeinsicht des Marxismus-Leninismus handelt, zum anderen aber hierüber bei SARTRE selber – nicht ohne den Einfluß des Marxismus – Klarheit herrscht. SARTRE bekennt: «Wir sind in der Bourgeoisie geboren, und diese Klasse hat uns den Wert ihrer Errungenschaften – politische Freiheiten, *habeas corpus* usw. – gelehrt: wir bleiben Bürger durch unsere Kultur, unsere Lebensweise und unser derzeitiges Publikum. Gleichzeitig drängt uns jedoch die historische Situation, uns dem Proletariat anzuschließen, um eine klassenlose Gesellschaft aufzubauen ... Trotzdem befinden wir uns ... in der Situation von Vermittlern, die zwischen einer Klasse und einer anderen hin- und hergerissen werden, und sind folglich dazu verurteilt, diese doppelte Forderung als eine Passion zu ertragen. Sie ist sowohl unser persönliches Problem wie auch das Drama unserer Epoche.»

In der Tat: Die «Situation von Vermittlern» ist SARTRES «persönliches Problem», das «Drama unserer Epoche» ist sie jedoch nicht – sie ist das Drama (man sollte vielleicht besser Tragödie sagen) von SARTRE und seinesgleichen, die aus einem «totalen Unvermögen», das soziale Kräfteverhältnis unserer Epoche real und perspektivisch einzuschätzen, resultiert. Was die Folgen dieses Unvermögens, nicht die Gründe des Unvermögens selber, angeht, so hat SARTRE auch hier, im Unterschied zu seinen Verehrern, die bessere Einsicht. Auf die Frage: «Würden Sie behaupten, daß gewisse Dinge sich auf Grund dessen, was Sie geschrieben haben, geändert haben?» antwortet er: «Kein einziges! Im Gegenteil, ich habe von meiner Jugend an bis heute nur die Erfahrung des totalen Unvermögens gemacht.»

Hinzu kommt ein Weiteres. Wenn einerseits SARTRES Forderung nach einer Anthropologie des Marxismus eine wissenschaftsgeschichtliche und systematisch-philosophische Fehlleistung ist, so ist andererseits seine damit zusammenhängende Kritik am Marxismus, der historische Materialismus berücksichtige nicht den Menschen, eine Kompensation eigenen Unvermögens in Gestalt eines aggressiven geistigen Aktes. Einmal entwickelt der dialektische und historische Materialismus als umfassende wissenschaftliche Weltanschauung bewußt keine Anthropologie im Sinne SARTRES. Würde er das tun, dann würde er zu einer Weltanschauung, in der der Mensch keine Rolle spielte. SARTRE hätte dann mit seiner Kritik recht. Zum anderen aber – und eben deshalb ist SARTRES Kritik ein aggressiver geistiger Akt – ist der Mensch des historischen Materialismus nicht der Mensch des SARTREschen Existentialismus. Wilhelm R. BEYER: «Was aber ist dieser Sartresche Existentialismus, der (in den Marxismus-Leninismus) eingebracht werden soll? Es ist der ‚Mensch', der einzelne, der sich auslebende, in Sexualität, Trieb, Entwurf, Vermittlung usw. austobende Mensch ... Der literarisch ausgedeutete Mensch ist das Exemplar, das Sartre dem Marxismus einimpfen will. Keiner der Romanhelden Sartres, keine der Theaterfiguren Sartres, keiner der Filmhelden Sartres (auch nicht der durch geschickte Regie oft zentral beleuchtete Kommunist) reicht aber an den ‚sozialistischen Menschen' heran. Er bleibt: einzelner, oft einziger. Der von Sartre so ‚bereicherte' Marxismus wird die Aufgaben der politischen Gegenwart kaum erfüllen können. Danach fragt diese Sicht auch nicht. Sie sieht den Marxismus, den sie allenthalben lobt, den sie als Krone, als Zukunft, als Ziel hinzustellen beliebt, als ein ‚Objekt' eigener dialektischer Fabrikation an, das im Weitergang der fabrizierten Dialektik die Stufe einer Anthropologie erreichen soll. Als ob der Marxismus das, was an und in der Anthropologie, der Lehre vom Menschen, recht und richtig ist, nicht in sich selbst hätte, so daß er keiner Anreicherung bedarf, sondern allein der Konkretisierung historischer Situationen. Im *Vollzug* dieser leistet er seine Aufgabe.»

Der Mensch SARTRES, den er dem Marxismus-Leninismus aufschwatzen will, ist die Fiktion eines sozial bindungslosen Individuums. SARTRE läuft einer phantasielosen Einbildung des 18. Jahrhunderts nach, über die schon MARX (13, 615f) Klarheit geschaffen hat – allerdings nicht in den *ökonomisch-philosophischen Manuskripten* und nicht unter dem Titel «Entfremdung», sondern in der *Einleitung zur Kritik der politischen Ökonomie* unter dem Titel «*Robinsonade*». MARX: «In Gesellschaft produzierende Individuen – daher gesellschaftlich bestimmte Produktion der Individuen ist natürlich der Ausgangspunkt. Der einzelne und vereinzelte Jäger und Fischer ... gehört zu den phantasielosen Einbildungen der 18.-Jahrhundert-Robinsonaden, die keineswegs, wie Kulturhistoriker sich einbilden, bloß einen Rückschlag gegen Überverfeinerung und Rückkehr zu einem mißverstandnen Naturleben ausdrücken ... Dies Schein und nur der ästhetische Schein der kleinen und großen Robinsonaden. Es ist vielmehr die Vorwegnahme der ‚bürgerlichen Gesellschaft' ... In dieser Gesellschaft der freien Konkurrenz erscheint der Einzelne losgelöst von den Naturbanden usw., die ihn in frühren Geschichtsepochen zum Zubehör eines bestimmten, begrenzten menschlichen Konglomerats machen. Den Propheten des 18. Jahrhunderts ... schwebt dieses Individuum des 18. Jahrhunderts – das Produkt einerseits der Auflösung der feudalen Gesellschaftsformen, andrerseits der seit dem 16. Jahrhundert neu entwickelten Produktivkräfte – als Ideal vor, dessen Existenz eine vergangne sei. Nicht als ein historisches Resultat, sondern als Ausgangspunkt der Geschichte. Weil als das naturgemäße Individuum, angemessen ihrer Vorstellung von der menschlichen Natur, nicht als ein geschichtlich entstehendes, sondern von der Natur gesetztes. Diese Täuschung ist jeder neuen Epoche bisher eigen gewesen ... Die Produktion des vereinzelten Einzelnen außerhalb der Gesellschaft ... ist ein ebensolches Unding als Sprachentwicklung ohne *zusammen* lebende und zusammen sprechende Individuen.» Und MARX fügt hinzu: «Es ist sich dabei nicht länger aufzuhalten.»

Zweifellos geht SARTRE mit seiner Forderung nach einer Anthropologie des Marxismus einer Illusion nach, weil er «im Literarischen wie im Philosophischen, ... den Sonderling, den Abseitsstehenden, den ‚Einzigen' und einzelnen (sieht), denjenigen, dessen Seelenleben und Familienstand man bis in alle Tiefen analysieren kann. Der normale Durchschnittsmensch, der arbeitende Mensch und – der zufriedene Mensch kommen bei SARTRE selten zum Aufschein» (Wilhelm R. BEYER). SARTRE verbessert seine Lage nicht, wenn er diese Forderung immer wieder von neuem erhebt und mit einer massiven Kritik am Marxismus-Leninismus verbindet. Er verwandelt sie dadurch eher in die dogmatische Grundlage seines Philosophierens: «Der Marxismus degeneriert zwangsläufig zu einer unmenschlichen Anthropologie, wenn er den Menschen nicht wieder einbezieht, ihn nicht zur Grundlage seiner Theorie macht.» SARTRE, der ausgezogen ist, den Dogmatismus zu bekämpfen, hat hier in der Tat seinen eigenen Dogmatismus entwickelt, und es ergeht ihm wie allen, die von einer abseits stehenden (um nicht zu sagen: abseitigen) Position aus den Dogmatismus im und am Marxismus bekämpfen wollen. Henri LEFÈBVRE, der es wissen muß, sah sich zu dem auch auf SARTRE zutreffenden Eingeständnis gezwungen, daß «der Kampf gegen den Dogmatismus allzuleicht selber dogmatischen Charakter annimmt».

Und noch eins: SARTRES Forderung nach einer Anthropologie des Marxismus-Leninismus ist nur ein Sonderfall der sog. anthropologischen Wendung der gegenwärtigen bürgerlichen Philosophie insgesamt, worüber oben schon gesprochen wurde. Anthropologische Wendung der bürgerlichen Philosophie heißt: Reduzierung der Philosophie auf das Problem des menschlichen Daseins (des Menschen als Individuum, des In-Frage-Stellens des Menschen), das von ihr unhistorisch und abstrakt als Problem des menschlichen Daseins überhaupt gefaßt wird. Daß dies so ist, wird von den bürgerlichen Philosophen indirekt zugegeben. Otto Friedrich BOLLNOW, einer der Hauptvertreter der anthropologischen Wendung innerhalb des Existentialismus, schreibt z. B.: «Die Situation des heutigen Menschen wird von den verschiedenen Beobachtern übereinstimmend durch das Bewußtsein einer totalen Ungeborgenheit inmitten einer feindlich auf ihn eindringenden Welt gekennzeichnet. Der Mensch ist in einem umfassenden Sinn heimatlos geworden, und er fühlt, mit Rilke zu sprechen, daß er ‚nicht sehr verläßlich zu Haus ist‘ inmitten seiner ‚gedeuteten Welt‘. Das Gefühl einer hoffnungslosen Verlorenheit und geistigen Unorientiertheit hat ihn ergriffen. Man hat darum unsere Zeit geradezu als das Zeitalter der Angst bezeichnet und damit ohne Zweifel ihren am stärksten hervortretenden Zug getroffen.» Was BOLLNOW hier beschreibt, ist nicht das Wesen des Menschen überhaupt und auch nicht der Grundzug des Menschen der Gegenwart, sondern des bürgerlichen Menschen in der Periode der allgemeinen Krise des Kapitalismus. Und die anthropologische Wendung der imperialistischen Philosophie ist so Ausdruck und Reaktion auf die «totale Ungeborgenheit» des dem Mechanismus des kapitalistischen Systems ausgelieferten Menschen, der sich gar nicht anders als «inmitten einer feindlich auf ihn eindringenden Welt» sehen kann.

Dem anthropologischen Denken der gegenwärtigen bürgerlichen Philosophie ist es darum zu tun, das «Wissen des Menschen von sich selbst» zu erschließen, wobei es dann vom Menschen selbst nichts weiter zu sagen weiß, als daß er auf diese oder jene Weise ein Problem ist. Wenn DEMOKRIT den Satz formulieren konnte, der seither Programm jeder großen Philosophie ist: «Mensch ist, was wir alle kennen», so stellt die philosophische Anthropologie der Gegenwart resignierend fest: «Wir besitzen heute keine tragfähige Konzeption vom Menschen mehr» (M. LANDMANN).

Sie kann sie auch nicht besitzen, weil ein anthropologisches Denken, das sich isolierend vorantreiben will, indem es auf den Menschen schlechthin reflektiert, eben nicht zu einer tragfähigen Konzeption vom Menschen kommen kann, sondern bestenfalls zu anthropologischen Trugbildern, denen es verfällt. SARTRES Sonderling, den er zur Grundlage seiner Anthropologie macht, ist ein solches anthropologisches Trugbild. Die Aufgabe, die sich die philosophische Anthropologie gestellt hat, aufzuweisen, wie aus einer «Grundstruktur des Menschseins ... alle spezifischen Monopole, Leistungen und Werke des Menschen hervorgehen: so Sprache, Gewissen, Werkzeug, Waffe, Ideen von Recht und Unrecht, Staat, Führung, die darstellenden Funktionen der Künste, Mythos, Religion, Wissenschaft, Geschichtlichkeit und Gesellschaftlichkeit» (M. SCHELER) – eine solche Aufgabe ist undurchführbar. Diese Aufgabenstellung verkehrt die wirklichen Zusammenhänge. Sie ist vor allem deshalb undurchführbar, weil schon der methodische Ansatz der philosophischen Anthropologie unzureichend ist. Denn vom Wesen des Menschen, von seiner Grundstruktur zu reden, ohne die Gesellschaft als Ausgangspunkt der Reflexionen über den Menschen zu nehmen, führt schlechterdings zu Plattheiten. Für die philosophische Anthropologie kommt dann erschwerend hinzu, daß sie die für die Ideologie des aufstrebenden Bürgertums so charakteristische und für ihre Forschungen so fruchtbare innige Verbindung von Philosophie, Gesellschaftslehre und politischer Ökonomie aufgegeben hat. Soweit sie Bindungen an andere Wissenszweige sucht, verfällt sie der Psychologie, wie etwa SARTRE, der die politische Ökonomie durch die Psychoanalyse ersetzt.

Dergestalt steht die Forderung der gegenwärtigen bürgerlichen Marx-Kritik nach einer anthropologischen Ergänzung der marxistischen Philosophie im Zusammenhang mit der sog. anthropologischen Wendung der bürgerlichen Philosophie in der Epoche des Imperialismus. Dadurch teilt sie zwangsläufig deren Schicksal.

Anthropologismus [griech] – die im Anschluß an SCHELER von einigen Vertretern der *imperialistischen Ideologie* unternommenen Versuche, die gesamte Philosophie auf *Anthropologie* zu reduzieren, d. h. auf die Frage nach dem sog. Wesen des Menschen, der unhistorisch, gesellschaftlich nicht bezogen und seiner Natur nach als ein für allemal gegeben genommen wird.

anthropomorph [griech] – *eigtl*: menschenförmig; vermenschlicht, menschlich gestaltet.

Anthropomorphismus [griech] – Vermenschlichung der Natur; das Übertragen von nur dem Menschen zukommenden Eigenschaften auf Naturerscheinungen.

anthropozentrisch [griech] – auf den Menschen (als Mittelpunkt) bezogen. Anthropozentrisch ist jede Weltanschauung, in der der Mensch als Mittelpunkt, Zweck und Ziel des Weltgeschehens gesetzt wird. Das anthropozentrische Denken tritt historisch mit dem *geozentrischen Weltbild* auf (SOKRATES, *Patristik*, *Scholastik*).

Antikognitivismus → Meta-Ethik.

Antikommunismus – Grundtendenz und charakteristischer Wesenszug der gesamten imperialistischen Ideologie und Politik, gerichtet gegen die revolutionäre Arbeiterbewegung und den Marxismus-Leninismus, gegen die Staaten des sozia-

listischen Weltsystems und alle progressiven Bewegungen unserer Epoche überhaupt.
Der Antikommunismus, besonders scharf ausgeprägt seit der Großen Sozialistischen Oktoberrevolution und der Bildung des sozialistischen Weltsystems, ist ein Ausdruck der allgemeinen Krise des Imperialismus, ein Zeichen seines Niedergangs und seiner Perspektivlosigkeit, aber auch ein Zeichen seiner Aggressivität, seiner Feindseligkeit und seines Hasses gegen alles, was gesellschaftlich fortschrittlich und was menschlich ist. Er ist die wichtigste ideologische Waffe der imperialistischen Globalstrategie und der psychologischen Kriegführung des Imperialismus und dient diesem als Rechtfertigung seiner ideologischen Diversionstätigkeit und aggressiven Politik gegen die sozialistischen Staaten und die jungen Nationalstaaten. Er dient ihm darüber hinaus zur Rechtfertigung der Unterdrückung und Verfolgung der Kommunisten und aller für Frieden und sozialen Fortschritt kämpfenden Menschen in den imperialistischen Staaten.
In seinen geschichtlichen Anfängen reicht der Antikommunismus bis in die vierziger Jahre des 19. Jahrhunderts zurück, d.h. bis zur Entstehung der modernen Arbeiterbewegung und des wissenschaftlichen Sozialismus. Er fand seinen Niederschlag sowohl in päpstlichen Enzykliken, z. B. *Qui pluribus* (1846), als auch in zahlreichen Verleumdungs- und Schmähschriften klerikaler, feudaler und bürgerlicher Ideologen gegen den Sozialismus. Er äußerte sich praktisch in der polizeilichen Verfolgung kommunistischer Organisationen und Persönlichkeiten, im Verbot von Arbeitervereinen und sozialistischen Versammlungen, in der Vertreibung sozialistischer Theoretiker außer Landes u. ä.
Der erste öffentliche, mit Polizei- und Staatsgewalt durchgeführte Versuch der deutschen Reaktion, die junge Arbeiterbewegung in ihrer Entwicklung aufzuhalten, indem man sie ihrer revolutionären Partei beraubt, war der Kölner Kommunistenprozeß (1852) gegen führende Persönlichkeiten des von MARX und ENGELS gegründeten «Bundes der Kommunisten». Obwohl die Verteidigung und insbesondere MARX selbst die von der preußischen Polizei besorgten und dem Gerichtshof vorgelegten Protokolle und Berichte als üble Fälschungen enthüllten und die Haltlosigkeit der Anklage nachwiesen (MARX, Enthüllungen über den Kommunisten-Prozeß zu Köln), wurde die Mehrzahl der Angeklagten zu hohen Festungsstrafen verurteilt und wurden antikommunistische Gesetze erlassen, die die gewaltsame Unterdrückung kommunistischer und demokratischer Ideen und Strebungen sanktionieren und vor allem das weitere Wachstum der Arbeiterbewegung verhindern sollten. So erweist und betätigt sich der Antikommunismus schon von seinen ersten geschichtlichen Anfängen an als Feind des gesellschaftlichen und geistigen Fortschritts. Und zu seinem Waffenarsenal gehören, ebenfalls von seinem Anfang an, die Methoden der Verleumdung und Verfälschung der Lehren und Ziele der revolutionären Arbeiterbewegung, die Methoden der Beschlagnahme sozialistischer Schriften, des Verbots und der Unterdrückung kommunistischer und linksgerichteter Organisationen, der polizeilichen Verfolgung, Verhaftung und Ausweisung führender revolutionärer Persönlichkeiten.
Je mehr sich in den folgenden Jahrzehnten der Klassenkampf verschärfte, desto gehässiger und brutaler wurde auch der Antikommunismus. Als sich die Bourgeoisie und ihre reaktionären Machthaber durch das Wirken der I. Internationale, durch das Entstehen nationaler revolutionärer Arbeiterparteien und besonders durch den Sieg der Pariser Kommune (1871) in ihrer Klassenexistenz und Klassenherrschaft erstmals unmittelbar bedroht sahen, ergänzten sie sogleich ihre bis dahin im Kampf gegen die Arbeiterbewegung und den Sozialismus angewandten Methoden durch die Mittel der militärischen Gewalt, des politischen Massenmordes und der Deportation zur Zwangsarbeit. So hat die französische Großbourgeoisie und Konterrevolution mit Unterstützung der preußisch-deutschen Okkupanten die Pariser Kommune mit brutaler militärischer Gewalt niedergeschlagen, allein in der «blutigen Maiwoche» 30000 Kommunarden bestialisch ermordet, rund 60000 Kommunarden hinter Kerkermauern gebracht oder zur Zwangsarbeit deportiert. Auch diese Methoden haben die reaktionären Kräfte der Großbourgeoisie und des Junkertums in ihr antikommunistisches Waffenarsenal eingefügt und sie in der Folgezeit, wo und wann immer sie es in ihrem Interesse für notwendig hielten, bedenkenlos gegen die Arbeiterbewegung und den Sozialismus eingesetzt.
Nach der Pariser Kommune verstärkte die preußisch-deutsche Reaktion ihren politischen und ideologischen Kampf gegen die Arbeiterbewegung und den wissenschaftlichen Sozialismus. In diesem Zusammenhang ist vor allem das Bismarcksche Sozialistengesetz (1878–1890) zu nennen, mit dessen Hilfe die weitere Entwicklung der seit dem Gothaer Parteitag (1875) vereinigten deutschen Arbeiterbewegung unterbunden, die Arbeiterklasse als Hauptkraft im politischen Kampf gegen Militarismus und Reaktion ausgeschaltet und darüber hinaus jede demokratische und liberale Opposition zerschlagen werden sollten. Nach dem Sozialistengesetz konnten die Polizeibehörden der Länder sozialistische und gewerkschaftliche Organisationen, Versammlungen und Druckschriften verbieten, für Verstöße gegen seine Bestimmungen Geld- und

Gefängnisstrafen verhängen und «berufsmäßige Agitatoren» aus ihren Wohnorten ausweisen. Das Gesetz gestattete der Reaktion sogar, über bestimmte Gebiete den «kleinen Belagerungszustand» zu verhängen, sozialistische und gewerkschaftliche Funktionäre unter Ausnahmerecht zu stellen, d. h., für diesen Personenkreis die ohnehin schon sehr begrenzten, durch Verfassung garantierten demokratischen Rechte und Freiheiten außer Kraft zu setzen. In der Zeit des Sozialistengesetzes hat die deutsche Reaktion u. a. rund 1000 Jahre Freiheitsstrafen über sozialdemokratische Funktionäre und Arbeiter verhängt, 1355 Druckschriften, darunter auch Arbeiten von MARX und ENGELS, verboten und rund 900 Sozialdemokraten, unter ihnen 500 Familienväter, ausgewiesen.
Zugleich mit ihrem verstärkten polizeilichen und gerichtlichen Vorgehen gegen die Arbeiterbewegung intensivierten die herrschenden Klassen in Deutschland auch ihre ideologischen Angriffe auf den wissenschaftlichen Sozialismus. Neben so extrem reaktionären Ideologen der junkerlich-großbourgeoisen Reaktion wie TREITSCHKE und NIETZSCHE taten sich in der Bekämpfung des Marxismus und des progressiven, humanistischen Ideengutes besonders die Ideologen des katholischen Klerikalismus hervor. Der Erlaß des Sozialistengesetzes im Jahre 1878 machte dem Kulturkampf in Preußen faktisch ein Ende und führte zu einer Annäherung zwischen katholischem Klerus, Zentrumspartei und der herrschenden Reaktion. Noch im gleichen Jahre erließ LEO XIII. die antikommunistische Enzyklika *Quod apostolici muneris*, die eine direkte ideologische Unterstützung und Rechtfertigung des Sozialistengesetzes bedeutete. Sie richtet sich nämlich, trotz einiger scheinheiliger Vorbehalte dem bürgerlichen Staat gegenüber, mit aller Schärfe gegen den Sozialismus, der in ungeheuerlicher Weise entstellt und verleumdet und als eine «verheerende Seuche, die das Mark der menschlichen Gesellschaft auffrißt und sie völlig zersetzt», verurteilt wird. Der Papst forderte die Bischöfe auf, darüber zu wachen, daß sich kein Katholik der sozialistischen Arbeiterbewegung anschließt. Damit begaben sich die Papstkirche und in der Folgezeit auch immer mehr die offizielle katholische Soziallehre in den Dienst der Reaktion und des Antikommunismus.
Eine besondere Rolle im Rahmen der sich damals (nach der Pariser Kommune) formierenden bürgerlichen Marx-Kritik spielten die Vertreter des sog. Kathedersozialismus (WAGNER, SCHMOLLER, BRENTANO u. a.), die ihren wissenschaftlichen und organisatorischen Mittelpunkt im 1872 gegründeten «Verein für Sozialpolitik» hatten, und der verschiedenen Schulen des Neukantianismus. Während sich dieser vornehmlich die Bekämpfung der philosophisch-weltanschaulichen Grundlagen des Marxismus als eine seiner Hauptaufgaben stellte, versuchten sich jene in der «Widerlegung» seiner ökonomischen und sozialpolitischen Lehren. Beide Richtungen lehnten den revolutionären Klassenkampf des Proletariats entschieden ab. Da sie aber ihren ideologischen Kampf gegen den Marxismus zugleich mit einer gewissen Kritik am Kapitalismus und seinem reaktionären Herrschaftssystem verbanden und außerdem noch liberaldemokratische und sozialreformerische Forderungen erhoben, erlangten sie besonders bei kleinbürgerlichen und opportunistischen Kräften der Arbeiterbewegung ideologischen Einfluß und wurden so, vor allem der Neukantianismus, zu unmittelbaren geistigen Quellen des seit dem Ausgang des 19. Jahrhunderts, d. h. mit dem Übergang zum Imperialismus, aufkommenden → Revisionismus.
In der Epoche des Imperialismus, vor allem aber seit der Großen Sozialistischen Oktoberrevolution, die geschichtlich den Übergang vom Kapitalismus zum Sozialismus einleitet, nimmt der Antikommunismus, wie die imperialistische Ideologie und Politik überhaupt, immer brutalere, direkt menschenfeindliche und verbrecherische Züge an. Er vermischt sich von nun an mit den reaktionärsten Äußerungen bürgerlicher Ideologie, mit Chauvinismus, Nationalismus und Kosmopolitismus, mit Elitetheorie, Rassismus und Geopolitik, mit Mystik und Irrationalismus, durchdringt dergestalt immer stärker alle Formen und Richtungen der imperialistischen Ideologie und wird zu einem allgemeinen, charakteristischen, Inhalt, Ziel und Methoden der gesamten Innen- und Außenpolitik des Imperialismus weitgehend bestimmenden Wesenszug. Er dringt über die imperialistische Ideologie und Politik, unter Ausnutzung der imperialistischen Massenmedien und der Gewaltmittel des Staates, in fast alle Gebiete des gesellschaftlichen Lebens ein; er bedient sich des Revisionismus und anderer Abarten des Opportunismus, um auch auf die Arbeiterbewegung Einfluß zu gewinnen, sie von innen her ideologisch zu zersetzen und politisch ohnmächtig zu machen. Er richtet sich jetzt nicht mehr bloß gegen die revolutionäre Arbeiterbewegung, gegen die Theorie und Praxis des wissenschaftlichen Sozialismus, sondern gegen *alle* progressiven demokratischen und humanistischen Ideen und Strebungen, einschließlich der nationalen, antifeudalen und antiimperialistischen Befreiungsbewegungen.
Seit der Oktoberrevolution besteht das strategische Hauptziel der antikommunistischen Politik des Imperialismus darin, die durch eben diese Revolution eingeleitete sozialistische Entwicklung der Menschheitsgeschichte wieder rückgängig zu machen. Zur Erreichung dieses Zieles setzt der

Imperialismus alle ihm zu Gebote stehenden Mittel ein – ideologische, ökonomische, politische und militärische Mittel. Schon kurze Zeit nach dem Sieg der Oktoberrevolution überfielen vierzehn imperialistische Staaten, darunter auch das imperialistische Deutschland, den jungen, eben erst entstandenen Sowjetstaat, um ihn mit militärischer Gewalt zu liquidieren und die sozialistische Entwicklung in der Welt zu verhindern. Gleichzeitig mit der militärischen Intervention der imperialistischen Staaten entfesselten mit deren Hilfe die gestürzten Ausbeuterklassen im Innern des Landes den Bürgerkrieg gegen die Sowjetmacht. Somit hatten sich zwei konterrevolutionäre Kräfte, die ausländischen Interventen und die innere weißgardistische Konterrevolution, zum gemeinsamen Krieg gegen die Sowjetrepublik vereinigt. Und die Ideologen des Antikommunismus unterstützten diesen Krieg durch eine massierte Antisowjethetze. An ihr beteiligten sich nicht nur imperialistische Ideologen, sondern auch Revisionisten und Opportunisten von der Art eines Bernstein und eines Kautsky. Die Verleumdungs- und Schmähschriften gegen den Bolschewismus und Leninismus häuften sich damals wie die Scharen der imperialistischen und weißgardistischen Soldateska gegen die junge Sowjetmacht.

Seit jener Zeit gehören Antikommunismus und Militarismus in einer unlöslichen Einheit zusammen, sind als diese Einheit unentbehrliche Waffen des Imperialismus, Waffen, die nicht nur nach außen, gegen die Sowjetunion gekehrt sind, sondern auch nach innen, gegen die revolutionäre Arbeiterbewegung wie gegen die Kräfte der Demokratie und des Fortschritts überhaupt eingesetzt werden. Auch hierbei erhält der deutsche Imperialismus wieder aktive ideologische und politische Unterstützung durch Ideologen des Revisionismus und die rechten Führer der SPD und der Gewerkschaften. Mit deren Hilfe haben die deutschen Imperialisten und Militaristen die Arbeiterklasse in der Novemberrevolution blutig niedergeschlagen und nicht nur revolutionäre Arbeiterführer wie Liebknecht und Luxemburg, sondern auch demokratische bürgerliche Politiker wie Erzberger und Rathenau meuchlings hingemordet. Seit der Oktoberrevolution verwandeln sich Revisionismus und Opportunismus immer mehr in eine direkte, hinter scheinmarxistischer Phraseologie nur noch notdürftig getarnte Agentur des Antikommunismus und Antibolschewismus. «Mit Hilfe des Antibolschewismus versuchten die herrschende Klasse und die rechten Führer der SPD, der USPD und der Gewerkschaften die deutsche Arbeiterklasse daran zu hindern, in der Sowjetmacht ihren besten Verbündeten zu erkennen und nach ihrem Beispiel Frieden, Demokratie und Sozialismus auch in Deutschland zu erkämpfen» (Geschichte der deutschen Arbeiterbewegung 3, 141).

Seit dieser Zeit identifiziert sich der Revisionismus, zumindest was seine antikommunistische, antibolschewistische Grundhaltung und Zielstellung betrifft, immer stärker mit der antikommunistischen Ideologie und Politik des Imperialismus. Darüber können auch bestimmte Unterschiede in den angewandten Methoden, die scheinmarxistische Phraseologie des Revisionismus und seine «theoretischen» Versuche, einen Gegensatz zwischen Marxismus und Leninismus, demokratischem Sozialismus und bolschewistischer Diktatur oder auch zwischen «westlichem» und «östlichem» Marxismus zu konstruieren, nicht hinwegtäuschen. Das gemeinsame ideologische und politische, wenn in der Art der Begründung und in den angewandten Methoden auch unterschiedliche Vorgehen von Imperialismus, Revisionismus und Opportunismus gegen den Marxismus-Leninismus, gegen die Sowjetunion und die kommunistische, marxistisch-leninistische Partei verfolgte das Ziel, die unversöhnlichen Widersprüche zwischen den Interessen des Imperialismus und denen der Arbeiterklasse und des werktätigen Volkes zu vertuschen und eine einheitliche, von den Revisionisten bis zu den Imperialisten und Militaristen reichende, einseitig gegen den Sozialismus gerichtete ideologische Front zu schaffen, auf deren Grundlage zum Kriege und zur gewaltsamen Vernichtung des Sozialismus gerüstet werden kann. Diese Gemeinsamkeit von Imperialismus und Revisionismus im Kampf gegen den Kommunismus war eine wesentliche Voraussetzung für den Sieg des Hitlerfaschismus in Deutschland, das mit diesem Sieg zur Hochburg des Antikommunismus in der Welt wurde.

Unter der Herrschaft des Faschismus zeigt sich der Antikommunismus, verbunden mit dem Antisemitismus und der ganzen antihumanen faschistischen Ideologie, in unverhüllter Gestalt. Erst jetzt wird ganz klar, bis zu welchen Konsequenzen und Auswüchsen, zu welcher Unmenschlichkeit und zu welcher Barbarei der Antikommunismus sich zu steigern fähig ist, wenn es das Interesse des sich in seiner Existenz bedroht fühlenden und zugleich nach Weltherrschaft strebenden Imperialismus erforderlich macht. Wesen und Erscheinung des Antikommunismus werden nunmehr geradezu identisch. Die reaktionärsten, antihumansten Ideologien und Methoden, die der Antikommunismus zu den verschiedenen Zeiten seiner geschichtlichen Entwicklung hervorgebracht und angewandt hat, werden jetzt von den faschistischen Ideologen und Machthabern systematisch zusammengefaßt, weiter perfektioniert und gegen alles, was fortschrittlich ist, rücksichtslos eingesetzt. Als ideologisches

Hauptinstrument des Faschismus erweist und betätigt sich der Antikommunismus als vollständige Negation nicht nur des Kommunismus und Sozialismus, sondern des Fortschritts und der Menschlichkeit überhaupt. Richtet sich der Vernichtungsfeldzug der faschistischen Diktatur auch primär gegen die Kommunisten und Sozialisten, so gehört es doch zum Wesen und zur Methode des faschistischen Systems, alle demokratischen und humanistischen Ideen und Strebungen als kommunistisch, bolschewistisch oder jüdisch zu verdächtigen und zu unterdrücken. In der Wahl der Mittel und Methoden zur Ausrottung der kommunistischen und antifaschistischen Kräfte im Innern des Landes kennt der Faschismus keinerlei gesetzliche oder moralische Rücksichten mehr. Um den Kommunismus zu vernichten, ist ihm jedes Mittel recht: Bespitzelung und Denunziation, Verhaftung und Folter, Zwangsarbeit und massenhafte physische Vernichtung von Kommunisten und Juden in den Gaskammern und Verbrennungsöfen der Konzentrationslager.

Mit dem faschistischen Terror gegen Kommunismus, Demokratie und Fortschritt im Innern des Landes waren unmittelbar verbunden die forcierte Aufrüstung der faschistischen Wehrmacht und die Vorbereitung des Krieges gegen andere Länder, vor allem gegen die Sowjetunion. Um diesen Krieg gegen die erste sozialistische Staats- und Gesellschaftsordnung der Geschichte und damit gegen die kommunistische internationale Bewegung überhaupt mit größerer Aussicht auf Erfolg zu führen, als er jenen vierzehn imperialistischen Staaten beschieden war, die schon unmittelbar nach der Oktoberrevolution in Sowjetrußland einfielen, schloß Hitlerdeutschland mit Japan den Antikominternpakt (1936), dem in der Folgezeit auch Italien, Horthy-Ungarn, Franco-Spanien und andere faschistische Regierungen beitraten. Obwohl der Antikominternpakt nicht ausschließlich gegen die Sowjetunion, sondern auch gegen andere demokratische Staaten, gegen die Freiheit und Unabhängigkeit der Völker überhaupt gerichtet war und die Eroberung der Weltherrschaft durch die faschistischen Achsenmächte anstrebte, wurde er von den sog. westlichen Demokratien ohne Widerstand hingenommen, ja sogar unterstützt. Diese Demokratien, besonders die USA und England, spekulierten nämlich darauf – und hierin zeigt sich ihre Sympathie und Übereinstimmung selbst mit dem barbarischen faschistischen Antikommunismus –, daß ein kriegerischer Zusammenstoß zwischen den Antikominternstaaten und der Sowjetunion diese als Gesellschaftssystem vernichten und jene so schwächen werde, daß sie sich selbst als Herren der Welt würden aufspielen können. Der Antikommunismus erscheint dergestalt als das heimtückische Streben jeder imperialistischen Großmacht nach Weltherrschaft, nach Vernichtung des Sozialismus, nach Unterwerfung der Völker. Der Antikommunismus ist darum auch nicht bloß die Grundtorheit des 20. Jahrhunderts (Thomas MANN), sondern, solange es noch Imperialismus gibt, eine ständig drohende Gefahr für den Frieden, die Freiheit und Unabhängigkeit der Völker, ein Verbrechen an der Menschheit und Menschlichkeit schlechthin.

Der Ausgang und die Ergebnisse des zweiten Weltkriegs haben den geschichtlichen Beweis erbracht, daß die Sowjetunion, gegen die sich seit ihrer Existenz der Antikommunismus vor allem richtet, durch ihren Sieg über den Faschismus nicht nur ihre eigene Freiheit und Unabhängigkeit gerettet, sondern auch andere Völker, auch das deutsche Volk, von faschistischer Barbarei befreit und ihnen so die Möglichkeit und Voraussetzung zu echtem Neubeginn in Frieden und Freiheit erkämpft hat. Auch hieran wird deutlich, daß nur der Sozialismus wirklichen Frieden, wirkliche Demokratie und Freiheit gewährleistet. Durch seine heroischen Anstrengungen und Leistungen, durch sein millionenfaches Opfer im antifaschistischen Befreiungskampf hat sich das Sowjetvolk überall in der Welt das Ansehen und die Achtung der Völker verdient. Das führte aber auch zu einem starken Autoritätszuwachs für den Marxismus-Leninismus und für die Kommunistische Partei der Sowjetunion, die dem Kampf des Sowjetvolkes Richtung und Ziel wies.

Dieser Sachverhalt machte es den imperialistischen Mächten unmöglich, zumindest während der ersten Zeit nach dem zweiten Weltkrieg, die antikommunistische und antisowjetische Hetze in alter Weise fortzuführen. Sie mußten zu einer neuen Taktik, zu neuen Formen und Methoden des Antikommunismus übergehen. Dieser Vorgang läßt sich besonders gut an der ideologischen Entwicklung in Westdeutschland nachprüfen, wo der deutsche Imperialismus zunächst geschlagen am Boden lag und sich nur mit Hilfe der imperialistischen Besatzungsmächte wieder aufrichten, erholen und festigen konnte.

Die schändliche Niederlage des deutschen Imperialismus im zweiten Weltkrieg und die vollständige Zerschlagung des barbarischen faschistischen Herrschaftssystems durch die Siegermächte bedeuteten zugleich eine schwere Niederlage des Antikommunismus, der imperialistischen und faschistischen Ideologie überhaupt. Da diese Ideologie aber außerdem durch das Potsdamer Abkommen vor aller Welt als antidemokratisch und verbrecherisch gebrandmarkt und verurteilt wurde, konnte sich der Antikommunismus vorerst nicht mehr offen und direkt hervorwagen.

Andererseits war jedoch mit der Zerschlagung des deutschen Faschismus keineswegs auch schon die Vernichtung des Imperialismus überhaupt verbunden. Das heißt, daß der grundlegende Widerspruch der Epoche, der Gegensatz zwischen Imperialismus und Sozialismus, auch nach dem zweiten Weltkrieg, und zwar auf höherer Entwicklungsstufe, weiterwirkte und somit auch die materielle Grundlage erhalten blieb, über der aufs neue Antikommunismus und antiimperialistische Ideologie gesetzmäßig sich erheben und wirksam werden mußten.
Unter den spezifischen Entwicklungsbedingungen in Westdeutschland meldete sich der Antikommunismus zunächst nur getarnt, indirekt zu Wort, indem er sich solcher Formen der bürgerlichen Ideologie bediente, die den Faschismus nicht direkt unterstützt haben, die von den imperialistischen Besatzungsmächten toleriert, gefördert oder auch von diesen selbst importiert worden sind. So bediente er sich ebensowohl der kosmopolitischen Ideen, die aus den USA mitgebracht wurden, wie auch der verschiedenen revisionistischen Ideen von einem «demokratischen», «freiheitlichen», «menschlichen» oder gar auch «christlichen» Sozialismus. Die bürgerliche Ideologie gab sich in den ersten Jahren nach dem Kriege, bis etwa 1949, als demokratisch und antitotalitär, als humanistisch, christlich und sogar sozialistisch. Dabei abstrahierte sie von jedem konkreten Klasseninhalt der verschiedenen Formen der bürgerlichen Ideologie, idealisierte die bürgerliche Ordnung und Demokratie der sog. freien westlichen Welt und stellte diese vollständig undifferenziert und unhistorisch sowohl dem Faschismus wie auch dem Kommunismus als unversöhnlichen Gegensatz gegenüber. Der Antikommunismus dieser sich derart demokratisch, humanistisch und christlich gebärdenden bürgerlichen Ideologie tritt hier dergestalt zutage, daß der Kommunismus, die sozialistische Ordnung in der Sowjetunion und die jungen Volksdemokratien mit dem Faschismus identifiziert und damit als antidemokratisch, antihumanistisch, totalitär, faschistisch verleumdet werden. Die bürgerliche Ideologie und damit auch die sich wieder etablierende bürgerliche Ordnung erscheinen so gleichsam als «dritter Weg» zwischen zwei «Totalitarismen», zwischen Faschismus und Kommunismus.
Die Auseinandersetzung mit dem Marxismus wurde in jener Periode vor allem von rechtssozialdemokratischen Theoretikern wie K. P. Schulz, W. Theimer, P. Tillich, W. Eichler, G. Weisser, E. Böse u. a. geführt, die sich um die Zeitschriften «Das Sozialistische Jahrhundert» und «Geist und Tat» gruppierten. Sie zielten darauf ab, die marxistische Philosophie als mechanischen Materialismus zu verleumden und ihn neukantianisch – im Sinne des alten Revisionismus – umzufälschen, ihn seines revolutionären Geistes zu berauben und in eine völlig abstrakte, allgemein menschliche Weltanschauung zu verwandeln, in der auch Religion und andere idealistische Richtungen Platz finden können. Sie wurden in diesem Bemühen unterstützt sowohl von Linkskatholiken, die wie W. Dirks, Knappstein u. a. in den «Frankfurter Heften» den «jungen» gegen den «alten» Marx auszuspielen suchten, als auch von christlich-konservativen Kreisen, die unter dem Motto «Über Marx hinaus» (von der Gablentz) einen «christlichen Sozialismus» entwerfen wollten, als auch von liberal-kleinbürgerlichen Kreisen, die wie etwa A. Weber und Mitscherlich einem «freien Sozialismus» das Wort redeten.
Alle diese Versuche, wie immer sie auch im einzelnen begründet wurden – ob existentialistisch, anthropologisch oder theologisch –, zielten darauf ab, eine «dritte», über Imperialismus und Sozialismus als dem Grundwiderspruch der Epoche schwebende Ideologie zu begründen. Eine derartige Ideologie entsprach damals den Bedürfnissen breiter Bevölkerungsschichten Westdeutschlands; sie kam aber auch den reaktionären Bestrebungen des wiedererstehenden deutschen Imperialismus entgegen. Brachte sie einerseits den Protest und die Opposition kleinbürgerlicher Schichten gegen den Imperialismus zum Ausdruck, so diente sie andererseits eben diesem Imperialismus, weil sie in viel stärkerem Maße als gegen ihn gegen den Marxismus-Leninismus, gegen die Sowjetunion und das eben erst entstehende sozialistische Weltsystem gerichtet war. Jede «dritte» Ideologie dient objektiv letztlich immer nur der Reaktion und Konterrevolution.
Mit der staatlichen Spaltung Deutschlands 1949 begann in Westdeutschland eine neue Phase der Entwicklung des Antikommunismus. Der deutsche Imperialismus verfügte wieder über einen eigenen Machtapparat, den er in der Folgezeit mit Unterstützung des anglo-amerikanischen Imperialismus umfassend ausbaute. In Verbindung damit trat er auch im Kampf gegen den Kommunismus wieder offener hervor und bediente sich militanter Ideologien und Methoden. Die Ideologie des «dritten Weges» verlor unter diesen Bedingungen an Einfluß; sie wurde mit Beginn der fünfziger Jahre zurückgedrängt durch die militante, in breiter Front aufkommende, systematisch betriebene Marxismus-Kritik. Ihre Träger waren vor allem reaktionäre katholische und protestantische Ideologen des politischen Klerikalismus. Unter Mißbrauch der christlichen Religion und der religiösen Bindungen der Gläubigen, theoretisch gestützt vorwiegend auf die Philosophie des Neuthomismus, des christlichen Existentialismus und des (protestantischen) Per-

sonalismus, wurde der Klerikalismus in den fünfziger Jahren zur wichtigsten ideologischen Grundlage des Antikommunismus.

Die Ideologen und Führer des Klerikalismus stellten sich vorbehaltlos in den Dienst der antikommunistischen und revanchistischen Politik des wiedererstehenden und sein staatsmonopolistisches Herrschaftssystem immer weiter ausbauenden deutschen Imperialismus. Sie rechtfertigten bedenkenlos die Wiederaufrüstung in der Bundesrepublik, deren Eingliederung in die NATO, die Einführung der allgemeinen Wehrpflicht, die Militarisierung des gesellschaftlichen Lebens, das Verbot der Kommunistischen Partei Deutschlands, die Verfolgung von Friedenskämpfern, das Streben der ADENAUER-Regierung nach Revision der Grenzen und nach Atomwaffen, ja sogar die Vorbereitung eines atomaren Krieges gegen die Länder des sozialistischen Weltsystems. Sie identifizierten sich vollständig mit der vom damaligen Kriegsminister STRAUSS initiierten und in der westdeutschen NATO-Wehrmacht auch institutionell verankerten «psychologischen Kriegführung», verwandelten die Kirche entgegen dem Friedenswillen breiter Volksschichten durch den Abschluß des sog. Militärseelsorgevertrags in eine NATO-Kirche, in ein Instrument des Imperialismus und Militarismus. Die Koalition zwischen Militarismus und Klerikalismus diente den herrschenden Kreisen dazu, «selbst die atomare Aufrüstung, die Vorbereitung eines Atomkrieges und den Kreuzzug gegen den Sozialismus als ‚gottgewollt' zu begründen ..., die Bewegung der Massen gegen die atomare Aufrüstung, für die Erhaltung des Friedens und für den Fortschritt aufzuhalten» (Beschluß des V. Parteitages der Sozialistischen Einheitspartei Deutschlands).

Die militaristisch-klerikale Entwicklung in Westdeutschland machte den deutschen Imperialismus zum Hauptverbündeten des USA-Imperialismus in Europa und die Bundesrepublik zur Hauptbasis des Nordatlantikkriegspaktes. Die unverhüllte ideologische und politische Unterstützung, die katholischer und protestantischer Klerikalismus so großzügig und reichlich dem deutschen Imperialismus gewährte, machte es diesem möglich, eine zügellose Antisowjethetze zu entfalten, den *sozialen* Gegensatz zwischen Imperialismus und Sozialismus in einen *weltanschaulichen* Gegensatz zwischen der «abendländisch-christlichen Kultur» und dem «gottlosen» Bolschewismus umzufälschen und die Vorbereitung eines neuen Krieges gegen den Sozialismus als «heiligen Kreuzzug» zu rechtfertigen. Die ADENAUER-Regierung stellte als einzige Regierung in Europa offen revanchistische Forderungen und unterstützte vorbehaltlos die vom USA-Imperialismus ausgehende «Politik des kalten Krieges», die Politik des «Frontalangriffs» gegen die sozialistischen Länder und nationalen Befreiungsbewegungen. Durch Integration ihrer eigenen revanchistischen Politik in die Roll-back-Konzeption der EISENHOWER-DULLES-Regierung und den Outlineplan der NATO, nicht zuletzt auch durch die HALLSTEIN-Doktrin, hofften die Bonner Machthaber, den verlorenen zweiten Weltkrieg «zurückzugewinnen» und den Herrschaftsbereich der NATO unter Führung des deutschen Imperialismus und Militarismus bis zum Ural auszudehnen.

Die Ideologen des Klerikalismus, die christlichen Marxismus-Kritiker, rechtfertigten diese aggressive Politik als einen «ethisch legitimen Verteidigungskrieg» gegen die vom Osten her drohende «bolschewistische Gefahr» (THIELICKE). In einem solchen Kriege sei selbst der Einsatz atomarer Waffen, wie katholische Theologen öffentlich erklärten, nicht als unsittlich und unchristlich zu verurteilen (HIRSCHMANN, WELTY, GUNDLACH u. a.). Dergestalt umgeben vom Heiligenschein der christlichen Religion, wurde der Antikommunismus von der kriegslüsternen ADENAUER-Regierung – es sei hier nur an die berüchtigte Lechfeld-Rede BRENTANOS erinnert – bedenkenlos mit dem Revanchismus des deutschen Imperialismus verbunden und zur offiziellen Staatsdoktrin der Bundesrepublik erhoben. Jedoch war diese Doktrin, wie sehr sie auch von klerikalen Ideologen und Marxismus-Kritikern, von «Ost-Instituten» und «Landsmannschaften», von katholischen und evangelischen Akademien, nicht zuletzt auch von ehemaligen, wieder nach vorn drängenden faschistischen Ideologen, Generalen und Politikern unterstützt wurde, zum Scheitern verurteilt. Sie scheiterte am Widerstand der Volksmassen, an der wachsenden Macht der Sowjetunion und des sozialistischen Weltsystems. Die Errichtung des antifaschistischen Schutzwalls im August 1961 machte vor aller Welt endgültig klar, daß die Politik des kalten Krieges, des Frontalangriffs und des Kreuzzugs, d. h. die Politik des offenen, brutalen, intransigenten Antikommunismus, bankrott gemacht hatte.

Die grundlegende Veränderung des Kräfteverhältnisses zwischen den beiden Weltsystemen zugunsten des Sozialismus zwang die imperialistischen Mächte dazu, von der Politik des «Roll-back» abzurücken, der Politik der friedlichen Koexistenz bis zu einem gewissen Grade Rechnung zu tragen und in ihrem Kampf gegen den Kommunismus zur Anwendung neuer Theorien und Methoden überzugehen. Die Niederlage der offen revanchistischen Politik stürzte den Bonner Staat in eine verhältnismäßig lang andauernde innen- und außenpolitische Krise. Es kam zu heftigen Fraktionskämpfen innerhalb der CDU/CSU, die bei den Bundestagswahlen 1961 ihre absolute Mehrheit im Parlament verlor. Die

Hauptexponenten der gescheiterten Politik mußten gehen: 1962 Außenminister von Brentano und Kriegsminister Strauss, im Oktober 1963 nach zähem Widerstand auch Konrad Adenauer, der als Regierungschef fast 15 Jahre die Politik des kalten Krieges betrieben hatte. Die Impulse für eine flexiblere, elastischere Außenpolitik gingen zunächst (seit 1962/1963) vom damaligen Außenminister Schröder aus. Er verfolgte das Ziel, mit differenzierten Methoden die sozialistischen Länder gegeneinander, besonders aber gegen die Sowjetunion, auszuspielen und das sozialistische Bündnissystem zu sprengen, um ökonomische Abhängigkeiten zu schaffen und die sozialistischen Länder einzeln ideologisch zu unterwandern. Nach diesem Plan sollte die Deutsche Demokratische Republik von den anderen sozialistischen Ländern isoliert, dadurch in Schwierigkeiten gebracht, politisch und ökonomisch geschwächt und auf diese Weise für die «Wiedervereinigung» im Sinne der Imperialisten reif gemacht werden.

Die außenpolitische Konzeption Schröders diente der Erhardt-Regierung als eine Art Richtlinie ihrer Außenpolitik, und sie erhielt auch die Unterstützung rechter sozialdemokratischer Führer, wenn diese auch gewisse Modifikationen vornahmen. Übereinstimmend in der Zielstellung mit Schröder, suchten Brandt und seine Anhänger einen «Wandel» in der Deutschen Demokratischen Republik «durch Annäherung», durch Aufnahme «menschlicher Kontakte» unterhalb der Schwelle juristischer Anerkennung zu erreichen. Zur «Aufweichung» der Deutschen Demokratischen Republik wollten sich die sozialdemokratischen Führer nicht des offenen, brutalen Antikommunismus bedienen, sondern des Sozialdemokratismus und Revisionismus, vor allem in Gestalt des «modernen» oder auch «differenzierten» Marxismus. Ein «undifferenzierter Antikommunismus», so meinte man in der Sozialdemokratischen Partei, werde der Entwicklung nicht mehr gerecht, weil er sich wesentlich an «bürgerlichen bzw. konservativen Kräften orientiert, die ihre politische Tragfähigkeit in der DDR eingebüßt haben», hingegen die sozialdemokratischen, revisionistischen, nach einem «dritten Weg» suchenden Kräfte «aus seinem politischen Kalkül ausklammert» (M. Jänicke, Der dritte Weg, 221).

Wie die Deutsche Demokratische Republik sollen nach der Brandtschen Konzeption auch die anderen Länder des Sozialismus mit Hilfe des Revisionismus ideologisch unterwandert, aus dem sozialistischen Weltsystem herausgebrochen und schließlich auf den Weg des Kapitalismus zurückgeführt werden. Nur sollte es erlaubt sein, *diesen* Ländern gegenüber die Hallstein-Doktrin zu durchbrechen und mit ihnen außer ökonomischen und kulturellen Beziehungen auch politische und diplomatische aufzunehmen, ohne jedoch die Alleinvertretungsanmaßung und die Forderung nach Grenzrevision preiszugeben.

Die Brandtsche Konzeption, die als Grundlage einer «neuen» Ostpolitik dienen sollte, erhielt Zustimmung auch in Kreisen der Christlich-Demokratischen Union, wurde aber, um für die Ostpolitik des deutschen Imperialismus brauchbar zu sein, von Strauss «weiterentwickelt» und «konkretisiert». Strauss spricht die wirklichen Ziele der Bonner Regierung offener aus, als dies Brandt getan hat. Wie er in seinem Buch «Entwurf für Europa» ausführt, sollen die Bonner Hegemoniepläne zunächst in der Form einer Aktionsgemeinschaft und schließlich durch eine politische Union der Länder *Westeuropas*, das eine «Atommacht» sein müsse, verwirklicht werden. Nur im Rahmen einer solchen politischen Union könne der deutsche Imperialismus wirkungsvoll eine «europäische» Vorwärtspolitik durchführen, die die Annexion der Deutschen Demokratischen Republik und die Zersetzung des sozialistischen Bündnissystems als Vorstufe zur Restauration des Kapitalismus in Osteuropa zum Ziel hat. Strauss strebt ein vereinigtes kapitalistisches Europa an, das sich vom Atlantik bis zum Schwarzen Meer erstreckt. «Ein geeintes Westeuropa soll die Vorstufe zu den Vereinigten Staaten von Europa sein, zu denen ich auch alle Völker Mittel- und Osteuropas rechnen möchte» (F. J. Strauss, Entwurf für Europa 36).

Man muß die Konzeption Brandts mit der von Strauss vereinigen, um das antikommunistische Wesen und Ziel der «neuen» Bonner Ostpolitik richtig zu begreifen. Gibt Strauss mehr das Ziel der Politik an, so zeigt Brandt mehr den Weg zu diesem Ziel. Diese «neue» Ostpolitik ist ein integrierender Bestandteil der imperialistischen Globalstrategie überhaupt. Die Hauptkomponente der imperialistischen Ostpolitik ist die *ideologische Diversion*. Ihr wird in der umfangreichen antikommunistischen Literatur der Gegenwart besondere Bedeutung beigemessen. Zur ideologischen Unterwerfung und Aufweichung der sozialistischen Länder, zur «Erosion des Ostblocks», wie es nach imperialistischer Sprachregelung heißt, verfügt die antikommunistische Propaganda über eine Vielzahl von Ideen und Theorien, die je nach der konkreten Situation in diesem oder jenem Lande und unter Berücksichtigung der nationalen Besonderheiten, der Interessenunterschiede zwischen den verschiedenen sozialen Schichten usw. differenziert und zielgerichtet angewandt werden. Hierbei wird vor allem an nationalistische Tendenzen, an Kreise der Intelligenz und der Jugend appelliert. «Das Sprengmittel, das die Einheit des kommunistischen Blocks gefährdet, ist der Nationalismus ... Die notwendige Lösung erscheint mir ... nur über den Weg des Ansprechens des nationalen Egoismus denkbar zu sein» (E. MAJONICA, Deutsche Außenpolitik. Probleme und Entscheidungen. 1965, 130, 177). Nach dem gleichen Autor ist das Ansprechen der Intelligenz, «der Eliten», wichtiger als das der Masse. Er folgt damit den Anweisungen des amerikanischen «Ostexperten» BRZEZINSKI, der erklärt hatte: «Tolerierbare Alternativvorstellungen können allmählich in die herrschende Elite eindringen und dann die gesamte Gesellschaft beeinflussen» (The Development of USSR. An exchange of views, 1964, 20).

Neben den vielfältigen Theorien von der modernen Industriegesellschaft und der «Konvergenz» von Kapitalismus und Sozialismus bedient sich heute die antikommunistische Propaganda mit besonderer Vorliebe sozialdemokratischer und revisionistischer Theorien, deren Thesen vom «demokratischen», «freiheitlichen», «menschlichen», «christlichen» Sozialismus, von der «Entfremdung» des Menschen, vom «dritten» Weg, von den «Wandlungen» im «modernen» Marxismus oder auch von der «führenden» Rolle der Intelligenz gerade bei Angehörigen der Intelligenz leichter Eingang finden als direkt bürgerliche Theorien. Die in letzter Zeit außerordentlich verstärkte ideologische Offensive gegen die sozialistischen Länder zielt darauf, die im Zusammenhang mit dem sozialistischen Aufbau und der wissenschaftlich-technischen Revolution vor sich gehenden ideologischen Prozesse in eine den Imperialisten nützliche Richtung zu lenken, in die Richtung der «Entideologisierung», der «Konsumorientierung», des Skeptizismus, des «Unbehagens» am Sozialismus usw., um auf diese Weise fünfte Kolonnen und «Revolutionslagen» zu schaffen, d. h. die Konterrevolution vorzubereiten. Das ist der eigentliche Sinn der «neuen» Ostpolitik, der Politik des «Brückenschlags», d. h. des modernen Antikommunismus.

Wie die ganze Geschichte des Antikommunismus lehrt, ist dieser kein einheitliches, in sich geschlossenes theoretisches System. Er bedient sich vielmehr, abhängig jeweils von Raum und Zeit, in rein pragmatischer Weise aller reaktionären Elemente der verschiedensten philosophischen, ethischen, ökonomischen, politischen, theologischen Lehren der bürgerlichen Ideologie und benutzt alle Mittel und Methoden, gewaltsame, direkte und raffiniert getarnte, je nachdem, wie es die Interessen und Ziele der Imperialisten in einem gegebenen Zeitabschnitt erfordern. In der gegenwärtigen Situation bevorzugt der Antikommunismus eine flexible, elastische Taktik; sie kann sich morgen schon ändern, an seinen Zielen aber ändert sich nichts Wesentliches. Mit seiner Politik des «Brückenschlags» sucht er folgende Ziele zu erreichen: *erstens* das Aufbrechen der sozialistischen Länder, die Trennung der sozialistischen Staaten Mittel-, West- und Südosteuropas von der Sowjetunion; *zweitens* die Isolierung der Deutschen Demokratischen Republik von der Sowjetunion und ihren anderen sozialistischen Bundesgenossen; *drittens* die Beseitigung der Arbeiter-und-Bauern-Macht in der Deutschen Demokratischen Republik und ihre Ausplünderung sowie die Ausdehnung der Macht des deutschen Imperialismus bis zur Oder-Neiße-Grenze; *viertens* die Beseitigung der sozialistischen Ordnung in den mittel- und westeuropäischen sozialistischen Staaten und deren Einbeziehung in den Herrschaftsbereich der Imperialisten (W. ULBRICHT).

Angesichts der Größe der Gefahr, die der Antikommunismus für die Menschheit darstellt, ist seine Entlarvung und Zerschlagung eine vorrangige politische und ideologische Aufgabe aller Sozialisten und Kommunisten und auch aller humanistisch gesinnten, friedliebenden Menschen.
→ Revisionismus.

Antilogie – *svw* → Kontradiktion.

Antilogismus [griech] – Vernunftfeindlichkeit zugunsten des Glaubens.

Antinomie [griech] – im *ursprünglichen Sinne* des Wortes ein logischer Widerspruch zwischen Aussagen, die, jede für sich, aus irgendwelchen Gründen für *wahr* gehalten werden müssen.

Eine Antinomie kann z. B. dadurch entstehen, daß von zwei Aussagen, die einander widersprechen, eine *wahr* ist, während die andere auf Grund eines fehlerhaften Beweises nur für *wahr* gehalten wird, ohne es tatsächlich zu sein. Eine solche Antinomie kann auch dadurch zustande kommen, daß der Widerspruch zwischen den beiden bewiesenen bzw. für *wahr* gehaltenen Aussagen nur ein scheinbarer ist. Sie entsteht etwa, wenn naiv an die Probleme der Mengentheorie herangegangen wird. Einerseits ist es offensichtlich eine *wahre* Behauptung, wenn festgestellt wird, daß es «mehr» natürliche Zahlen gibt als gerade natürliche Zahlen. Andererseits läßt sich die Menge der geraden natürlichen Zahlen der Menge der natürlichen Zahlen insgesamt umkehrbar eindeutig zuordnen, womit «bewiesen» wäre, daß es ebensoviele natürliche Zahlen wie gerade natürliche Zahlen gibt. Diese Antinomie entsteht dadurch, daß die mengentheoretischen Gesetzmäßigkeiten, die für endliche Mengen gelten, unbesehen auf unendliche Mengen übertragen werden. Die Mengentheorie hat gezeigt, daß diese Antinomie nur eine scheinbare ist. Die beiden Aussagen, richtig formuliert, widersprechen einander keinesfalls.

Philosophiehistorisch bedeutungsvoll sind die vier Antinomien, die KANT in der *Kritik der reinen Vernunft* formuliert hat:

«*Thesis*: Die Welt hat einen Anfang in der Zeit,

und ist dem Raum nach auch in Grenzen eingeschlossen.
Antithesis: Die Welt hat keinen Anfang, und keine Grenzen im Raume, sondern ist, sowohl in Ansehung der Zeit, als des Raumes, unendlich.
Thesis: Eine jede zusammengesetzte Substanz in der Welt besteht aus einfachen Teilen, und es existiert überall nichts als das Einfache, oder das, was aus diesem zusammengesetzt ist.
Antithesis: Kein zusammengesetztes Ding in der Welt besteht aus einfachen Teilen, und es existiert überall nichts Einfaches in derselben.
Thesis: Die Kausalität nach Gesetzen der Natur ist nicht die einzige, aus welcher die Erscheinungen der Welt insgesamt abgeleitet werden können. Es ist noch eine Kausalität durch Freiheit zur Erklärung derselben anzunehmen notwendig.
Antithesis: Es ist keine Freiheit, sondern alles geschieht lediglich nach Gesetzen der Natur.
Thesis: Zu der Welt gehört etwas, das entweder als ihr Teil, oder ihre Ursache, ein schlechthin notwendiges Wesen ist.
Antithesis: Es existiert überall kein schlechthin notwendiges Wesen, weder in der Welt, noch außer der Welt, als ihre Ursache.»
Die erste der von KANT formulierten Antinomien erweist sich, gemessen an den inzwischen vor allem durch die Relativitätstheorie gewonnenen Einsichten über das Wesen von Raum und Zeit, als gegenstandslos. Bei der zweiten, dritten und vierten Antinomie KANTS handelt es sich der Sache nach, wie schon HEGEL erkannt hat, um unzulänglich analysierte dialektische Widersprüche.
Von einer Antinomie im *engeren Sinne* spricht man im Bereich der *formalen Logik*, wenn sich Aussagen zugleich mit ihrer logischen Negation in bestimmten logischen Systemen ergeben. Es wird zwischen *syntaktischen* und *semantischen Antinomien* unterschieden.
Syntaktische Antinomien sind solche, die sich im Rahmen eines Logikkalküls deduktiv ableiten lassen. Es mag dies an einem einfachen wissenschaftsgeschichtlich bedeutsam gewordenen Beispiel erläutert werden – am Beispiel der sog. *Russellschen Antinomie*. RUSSELL geht aus von der Klasse aller Klassen, die sich nicht selbst als Element enthalten. Klassen, die sich nicht selbst als Element enthalten, gibt es offensichtlich. Die Klasse der natürlichen Zahlen beispielsweise enthält sich nicht selbst als Element, denn die Elemente dieser Klassen sind Zahlen, aber die Klasse der natürlichen Zahlen ist nicht selbst eine Zahl. Diese Klasse würde also ein Element unserer Klasse M sein. Es fragt sich nun, ob die Klasse M sich selbst als Element enthält. Wäre das so, dann müßte M sich entgegen der Annahme doch selbst als Element enthalten. Das ist laut Voraussetzung nicht zulässig. M enthält sich also nicht selbst als Element. Wenn M sich aber nicht selbst als Element enthält, dann fällt es unter die Definition unserer Klasse M und enthält sich doch selbst als Element. Definitorisch kann man die RUSSELLsche Klasse wie folgt einführen. Es seien X die Elemente unserer Klasse M, dann gilt laut RUSSELLscher Definition:

$$X \in M \equiv \sim(X \in X).$$

Um nun zu prüfen, wie es sich mit der Klasse M selbst verhält, setzen wir für die Klassenvariable X unsere Klasse M selbst ein. Das ergibt:

$$M \in M \equiv \sim(M \in M).$$

Damit haben wir eine logische Beziehung gewonnen, die aussagt, daß eine Aussage ihrer logischen Negation äquivalent ist. Es zeigt sich, daß es nicht zulässig ist, die Bildung von Klassen aus beliebigen Elementen zu gestatten. Die moderne mathematische Grundlagenforschung und formale Logik haben Hilfsmittel ausgearbeitet, um derartige syntaktische Antinomien zu vermeiden, z. B. die sog. Typentheorie.
Einen anderen Charakter haben die *semantischen Antinomien*. Sie hängen mit semantischen Begriffen wie «Wahrheit», «Allgemeingültigkeit» usw. zusammen. Die berühmteste semantische Antinomie, die bereits den Griechen bekannt war, ist die sog. Antinomie des Lügners (auch kretische Antinomie genannt, da die Bewohner der Insel Kreta angeblich im Altertum große Lügner gewesen sein sollen). Wenn der Kreter sagt «Das, was ich jetzt sage, ist falsch» und dann weiter nichts sagt – womit also klar ist, daß mit dem, was er sagt, eben diese Aussage selbst gemeint ist –, so entsteht die Antinomie des Lügners. Diese Aussage kann nur unter der Voraussetzung *wahr* sein, daß sie tatsächlich *falsch* ist. Das ist jedoch ein logischer Widerspruch. Nimmt man an, daß diese Aussage *falsch* sei, so wäre sie, da der Kreter dann die Wahrheit gesagt hätte, eben doch *wahr* (er sagt ja gerade, daß das, was er sagt, *falsch* ist).
Diese semantische Antinomie löst sich wie eine Reihe anderer Antinomien dadurch auf, daß man den Unterschied zwischen → Objekt- und → Metasprache beachtet. *Eine Aussage kann über ihren eigenen Wahrheitswert nichts aussagen.* Eine Aussage über die Wahrheit einer Aussage gehört der Metasprache derjenigen Objektsprache an, in der die Aussage selbst formuliert ist. In diesem Sinne ist die Aussage des Kreters, logisch gesehen, überhaupt keine Aussage.
In den letzten hundert Jahren sind eine ganze Reihe syntaktischer und semantischer Antinomien entdeckt worden. Mit solchen Hilfsmitteln wie der Typenunterscheidung, der Unterscheidung von Objekt- und Metasprache usw. war es möglich, sie aufzulösen und damit unauf-

lösbare Widersprüche im Grundgefüge der formalen Logik und der Mathematik zu vermeiden.
→ Paradoxie.

Antiteilchen → Elementarteilchen.

Antithese [griech] – *eigtl*: Entgegensetzung; Gegenthese, Gegensatz. Der der These entgegengesetzte (widersprechende) Satz. In der *Hegelschen Dialektik* ist die Antithese die zweite Stufe der *dialektischen Triade* (These–Antithese–Synthese), die *dialektische Negation* der These.
→ Synthese → Negation der Negation.

Antivalenz – *svw* → Kontravalenz.
→ Alternative → Disjunktion → Exklusion.

Antizipation [lat] – auf Grund gemachter Erfahrungen, erkannter Gesetzmäßigkeiten gedankliche Vorwegnahme zukünftigen Geschehens; *auch*: wissenschaftliche Voraussage (→ Prognose).
Bei den *Stoikern* und *Epikureern* gleichbedeutend mit angeborenen Ideen. Für KANT das apriorische Moment der Erkenntnis (B 207ff).

Apagoge [griech] – 1. *svw* → Abduktion; 2. *svw* apagogischer, d. h. indirekter → Beweis.

Apathie [griech] – Gemütsruhe, psychische Unempfindlichkeit, auch Stumpfheit. Grundbegriff der *Stoa*: Affektlosigkeit; von SPINOZA und KANT aus ihr übernommen (geläuterte Apathie).

Apeiron [griech] – das Unendliche, das Unbegrenzte. In der *griechischen Naturphilosophie*, besonders bei ANAXIMANDER (DIELS 2, 9) der ungeformte Urstoff, aus dem alle Dinge hervorgehen und in den sie wieder eingehen. Historisch erster Ausdruck des Problems der Unendlichkeit der Materie.

apodiktisch [griech] – *eigtl*: unumstößlich geltend, bestimmt; *allgemein*: nicht widerlegbar, unbedingt richtig, unmittelbar gewiß, logisch notwendig. Eigenschaft einer logischen Aussage, in der der Prädikatsbegriff seinem Subjektsbegriff notwendig zukommt oder nicht zukommt. *Beispiel*: «Der deutsche Faschismus mußte im Krieg gegen die Sowjetunion *notwendigerweise* unterliegen.» Untersuchungen über Aussagen dieser Art fallen in den Bereich der → Modalitätenlogik.
→ assertorisch → problematisch.

Apollinarismus – nach APOLLINARIOS (auch: APOLLINARIS) [310 bis um 390], Bischof von Laodicea in Syrien, benannte Richtung von Anhängern des Konzils von Nicäa im Streit gegen den → Arianismus um das Wesen Christi. APOLLINARIOS leugnete, daß Christus ein Mensch gewesen sei. Nach seiner Christologie hat der göttliche Logos in Christus die Stelle der menschlichen Seele eingenommen. Christus sei deshalb nur scheinbar Mensch gewesen. Hiermit führte APOLLINARIOS zwar den Monotheismus konsequent durch, stellte aber gleichzeitig den sog. Erlösungsakt Christi und die kirchliche Erlösungslehre völlig in Frage. Damit griff er radikal eines der grundlegenden Dogmen der christlichen Religion an, obwohl er selbst von seiner Rechtgläubigkeit fest überzeugt war. APOLLINARIOS verteidigte in seinen Schriften das Christentum gegen den neuplatonischen Philosophen PORPHYRIOS und gegen Kaiser JUSTINIAN, der vom Christentum abgefallen war. In diesen Schriften bewies er seine umfassende philosophische Bildung. Nach seiner mehrfachen Verurteilung durch Synoden und Konzilien der Kirche (377 in Rom, 379 in Antiochia, 381 in Konstantinopel) wurden seine rechtgläubigen Schriften unter fremdem Namen veröffentlicht. Eine politische Konsequenz dieses Streites um das Wesen Christi war die Auflösung der Staatskirche im Oströmischen Reich.

Aporem [griech; *Plur*: Aporemata] – logische Schwierigkeit, Streitfrage.

aporematisch [griech] – zweifelhaft, strittig.

Aporetik [griech] – in der *griechischen Philosophie* die Kunst, schwierige philosophische Probleme zu durchdenken und zu bewältigen; die Darstellung von Aporien.

Aporie [griech; *Plur*: Aporien] – Denkschwierigkeit, Ausweglosigkeit.

a posteriori [lat] – *eigtl*: vom Späteren her. In der Philosophie vor KANT allgemein *svw* aus der Erfahrung stammend, was durch sie bedingt ist und bestimmt wird; der Erfahrungsinhalt einer Erkenntnis im Unterschied zu ihrer Form. *Ggs*: a priori.
Der Sache nach handelt es sich um die Frage nach dem Ursprung, der Herkunft der menschlichen Erkenntnis im Sinne des Zurückschreitens von einem Späteren (die in einer Aussage formulierte Erkenntnis) zu einem Früheren (das der Erkenntnis Zugrundeliegende), das dem Späteren zeitlich oder logisch vorhergeht und es bestimmt; *auch*: die aus Wirkungen oder Folgen resultierende Erkenntnis.
KANT nennt jede Erkenntnis a posteriori, die in der Erfahrung gründet, d. h. empirisch-psychologischen Ursprungs ist und insofern der Notwendigkeit und Allgemeingültigkeit entbehrt: die durch die Sinne gegebene, empirische, ohne Hilfe der Kategorien zustande gekommene und deshalb zufällige Erkenntnis.

Apperzeption [lat] – derjenige Teil der Wahrnehmung, in dem aus dem Angebot an Informationen seitens der Projektionszentren (und der zugehörigen sekundären Felder) die Auswahl der bewußtzumachenden Information erfolgt. Die Apperzeption hat die Perzeption, in der dieser Unterschied noch nicht gesetzt ist, zur Voraussetzung. Es werden immer ungleich weniger Informationen apperzipiert, d. h. über die Schwelle des Bewußtseins (Apperzeptionsschwelle) gehoben, als perzipiert. Man hat in jüngster Zeit ermittelt, daß sich die Kanalkapazität der Apperzeption zu der der Perzeption höchstens wie $1:10^6$ verhält. In der Apperzeption kommt die Abhängigkeit der aktuellen Wahrnehmung von früheren Wahrnehmungen und Erfahrungen, vom gesamten Wissensstand des Subjekts, seinen theoretischen Kenntnissen, seiner weltanschaulichen Haltung, seinem psychischen Zustand usw. zum Ausdruck. Die Apperzeption bewirkt, daß zwei Menschen ein und dasselbe Objekt, ein und denselben Prozeß usw. verschieden wahrnehmen können.

Der Terminus «Apperzeption» wurde von LEIBNIZ eingeführt. Er unterscheidet die Apperzeption von der Perzeption, indem er behauptet, daß nicht die Gesamtheit der Wahrnehmungen (perceptions), sondern nur derjenige Teil auf die Stufe des Bewußtseins gehoben wird, auf den sich die Aufmerksamkeit richtet. Diese wird erzwungen, wenn sich unterschwellige Perzeptionen (petites perceptions) soweit summieren, daß sie die Bewußtseinsschwelle überschreiten. Der gleiche Effekt tritt aber auch ein, wenn eine einzelne Wahrnehmung von unserem bewußten und gewohnten Vorstellungsinhalt soweit abweicht, daß die Differenz von Gewohntem und Ungewohntem Aufmerksamkeit und damit Apperzeption bewirkt. Apperzeption ist für LEIBNIZ also Aneignung der Perzeptionen durch das Bewußtsein. Mit dem Begriff der Apperzeption, die als Resultante von unbewußten, passiv aufgenommenen Wahrnehmungen und der aktiven Tätigkeit des Subjekts verstanden wird (da keine Apperzeption ohne Aufmerksamkeit erfolgt), betont LEIBNIZ das aktive Moment der psychischen Tätigkeit. Gemäß dem Grundsatz, daß die Natur keine Sprünge mache, überbrückt er die Kluft zwischen der objektiven Realität und dem Bewußtsein durch etwas, was weder Bewußtsein im eigentlichen Sinne ist noch der Welt der Materie angehört: durch die unbewußten Wahrnehmungen. LEIBNIZ nimmt darüber hinaus mit diesen Auffassungen in gewisser Weise das → Alles-oder-Nichts-Gesetz vorweg.

Eine zentrale Stellung nimmt der Begriff «Apperzeption» in der Philosophie KANTS ein. Apperzeption wird zwar wie bei LEIBNIZ mit Bewußtsein und Selbstbewußtsein verbunden, aber der Akzent liegt nicht auf der Unterscheidung des Bewußten vom Unbewußten, sondern des transzendentalen vom empirischen Teil des Bewußtseins. Die transzendentale Apperzeption (auch ursprüngliche oder reine genannt) ist die a priori gegebene Identität und Einheit des Selbstbewußtseins, die sich den wechselnden Bewußtseinsinhalten gegenüber als Konstantes, Durchgängiges, Sich-selbst-Gleichbleibendes erhält. Wäre die Einheit des Selbstbewußtseins nicht a priori, vor aller Erfahrung gegeben, käme sie erst als Produkt der Erfahrung und Erkenntnis zustande, so gäbe es nicht jene Konstanz des «Ich denke», sondern so viele wechselnde und verschiedene Selbst, als es unterschiedliche und wechselnde Erfahrungen und Erkenntnisse gibt. Die mit allen Subjekten gegebene transzendentale Apperzeption bewirkt, daß aus der Mannigfaltigkeit der Vorstellungen eine Einheit wird: sie ist die Ursache, daß dem Erkenntnisvermögen Objekte gegeben sind, sie schafft aus einem Chaos Objekte und wird daher von KANT als intersubjektiv, notwendig und *objektiv* bestimmt. «Verbindung liegt aber nicht in den Gegenständen, und kann von ihnen nicht etwa durch Wahrnehmung entlehnt und in den Verstand dadurch allererst aufgenommen werden, sondern ist allein eine Verrichtung des Verstandes, der selbst nichts weiter ist, als das Vermögen, a priori zu verbinden, und das Mannigfaltige gegebener Vorstellungen unter Einheit der Apperzeption zu bringen, welcher Grundsatz der oberste im ganzen menschlichen Erkenntnis ist» (B 134, 135). Die transzendentale Apperzeption ist der letzte Grund, in dem die Kategorien des reinen Verstandes und die Form der Urteile ihre Wurzel und Einheit finden. Die Aussage z. B., die aus Subjektsbegriff, Prädikatsbegriff und Kopula besteht, ist in ihrer logischen Form und Funktion nichts anderes als Tätigkeit des Subjekts, die darauf abzielt, vermöge der transzendentalen Apperzeption eine Einheit der Erkenntnisse zustande zu bringen. Da wir Individuen und somit durch Zufälle determiniert sind, tritt bei KANT neben die intersubjektive transzendentale Apperzeption die *empirische* oder *psychologische Apperzeption*, die nur subjektive Gültigkeit hat und die Tatsache erfassen soll, daß wir mit den allgemeingültigen Begriffen unterschiedliche sinnliche Vorstellungen verbinden. Enthält der KANTsche Begriff der transzendentalen Apperzeption auch die richtige Einsicht, daß Erkenntnis nicht unabhängig von relativ apriorischen subjektiven Gegebenheiten erfolgen kann (Gehirnstrukturen, historisch gewordene, relativ konstante Weltbilder und Denkschemata usw.) und daß das Denken nicht nur analytische, sondern auch synthetische Funktion besitzt, so führt die Verabsolutierung der ordnenden, Ganzheiten herstellenden Tätigkeit des denkenden Subjekts zur Eliminierung der Ordnung und des Systemcharakters der Realität, ja letztlich zur Leugnung der objektiven Realität, was in der KANTschen Gleichsetzung von Intersubjektivität und Objektivität zum Ausdruck kommt.

Die subjektiv-idealistische Interpretation der Apperzeption und ihrer Funktion im Erkenntnisprozeß wurde bereits von HEGEL der Kritik unterzogen. Die Verabsolutierung der Verstandestätigkeit durch den subjektiven Idealismus berücksichtige nicht die Wechselwirkung zwischen Objekt und Subjekt im Erkenntnisprozeß, sondern betone einseitig die Einheit der Apperzeption, der gegenüber das objektive Ding an sich ein fremder Anstoß bleibe (HEGEL 2, 182 bis 190). Indem der transzendentale Idealismus «alle Bestimmtheit der Dinge sowohl der Form als dem Inhalte nach in das Bewußtsein verlegt, so fällt es nach diesem Standpunkt in *mich*, in das Subjekt, daß ich die Baumblätter nicht als schwarz, sondern als grün, die Sonne rund und nicht viereckig sehe, den Zucker süß und nicht bitter schmecke; daß ich den ersten und zweiten Schlag einer Uhr als sukzedierend, und nicht nebeneinander, noch den ersten als Ursache, auch nicht als Wirkung des zweiten bestimme usf.» (HEGEL 4, 609).

HERBART knüpft bei dem Versuch, eine wissenschaftliche Psychologie zu schaffen, positiv an die Erkenntnisse LEIBNIZ' und polemisch an KANT und FICHTE an. Das Ich ist für HERBART die Gesamtheit des Bewußten, das Apperzipierende im Gegensatz zum Apperzipierten. Jedoch ist Apperzeption weder eine a priori gegebene subjektive und transzendente Einheit noch das formale FICHTEsche Ich, sondern nichts anderes als die Summe der bewußten empirisch gegebenen Vorstellungen. Das Ich wird durch Apperzeptionsmassen gebildet (durch frühere Vorstellungen). Neu auftretende Vorstellungen werden verarbeitet und assimiliert, wobei durch den Apperzeptionsprozeß ältere, unter die Bewußtseinsschwelle gerückte Vorstellungen reaktiviert werden. Auf diese Weise bereichert sich das Ich kontinuierlich, so daß es für HERBART im Gegensatz zu KANT (und formal in Übereinstimmung mit FICHTE) eine Weiterentwicklung der Apperzeption und damit des Ich gibt.

Als primär psychologischer Begriff wird «Apperzeption» bei WUNDT, KÜLPE und anderen verwendet. WUNDT knüpft wie LEIBNIZ Apperzeption an die Aufmerksamkeit und bekämpft die Assoziationspsychologie mit dem Argument, daß es neben passiven psychischen Verbindungen eine Aktivität des Bewußtseins, eine schöpferische Synthese, nämlich die Apperzeption gibt, die in der Rinde des Stirnhirns ein eigenes Zentrum besitze.

AVENARIUS verbindet Apperzeption mit dem Prinzip der Denkökonomie, indem er annimmt, daß die zum Zwecke einer Apperzeption auszuführenden Reproduktionen von Vorstellungen auf das relativ geringste Maß beschränkt seien.

Durch die Anwendung der *Informationstheorie* auf die Psychologie konnte experimentell und mit Hilfe mathematischer Methoden festgestellt werden, daß die Information, die das Bewußtsein pro Sekunde erfassen kann, etwa 16 bit beträgt. Der Wahrnehmungsprozeß weist zwei deutlich unterschiedene Stufen auf, «die Perzeption, die vom Sinnesorgan geleistet, und deren Informationsausbeute den Projektionszentren zugeleitet wird, und die Apperzeption, die in der Auswahl der bewußtzumachenden Information aus dem Angebot der Projektionszentren besteht» (H. FRANCK, *Kybernetische Grundlagen der Pädagogik* 1962, 99).

Die *marxistische Philosophie* sieht in dem Sachverhalt der Apperzeption ein Zeugnis für den aktiven Charakter der Erkenntnistätigkeit. Die Wahrnehmung, wie die Erkenntnis überhaupt, ist keine passive Widerspiegelung objektiver Gegebenheiten, sondern ein komplexer Prozeß der aktiven Aneignung der objektiven Realität durch das erkennende Subjekt, in dem schon vorhandene Bewußtseinsinhalte, Denkstrukturen, Erfahrungen usw. eine nicht minder wichtige und aktive Rolle spielen als die informationelle Einwirkung des zu erkennenden Objekts auf das Subjekt. Die Apperzeption ist damit zugleich Ausdruck der dialektischen Einheit von → Empirischem und Theoretischem, von → Sinnlichem und Rationalem im Erkenntnisprozeß.

→ Apriorismus → Perzeption → Wahrnehmung.

Appraisor [engl] – nach Charles William MORRIS (Signs, Language, and Behavior 1946) ein → Zeichen, das Gebrauchseigenschaften, den Wert o. ä. eines Objekts oder einer Situation bedeutet. *Beispiel*: «gut».

Appraisoren herrschen in der Gebrauchs- (Verbrauchs-) Phase des Handelns vor und spielen in wertenden Wissenschaften (Kunstwissenschaft, Ethik) eine besondere Rolle.

Sie rufen beim Zeichenempfänger die Disposition hervor, gewisse Objekte zu bevorzugen und zu handeln, als ob das Objekt befriedigend oder unbefriedigend wäre.

Appraisoren werden im allgemeinen *wertend* gebraucht. Ein Zeichen wird nach MORRIS wertend gebraucht, wenn es dazu dienen soll, daß der Zeichenempfänger sich eine gewisse Bewertung von Dingen, Zuständen, Verhaltensweisen usw. zu eigen macht. MORRIS schreibt einem Zeichen Bewertungsadäquatheit zu, wenn der Zeichenempfänger auf Grund dieses Zeichens das vom Zeichenproduzenten beabsichtigte Verhalten hinsichtlich der Bevorzugung gewisser Dinge usw. tatsächlich an den Tag legt.

Appraisoren können z. B. dazu dienen, daß der Zeichenempfänger sich bestimmte Bewertungsmaßstäbe gegenüber politischen oder moralischen Zuständen oder Verhaltensweisen aneignet oder einen bestimmten künstlerischen Geschmack erwirbt. Sie können auch in Form von (Reklame-) Slogans dazu eingesetzt werden, daß der Zeichenempfänger gewisse Waren anderen gegenüber bevorzugt.

Durch geschickt gewählte Appraisoren können

zeitweilig Bewertungsmaßstäbe verbreitet werden, die den objektiven Werten nicht entsprechen – dafür gibt es in der kapitalistischen Geschäftspraxis und in der imperialistischen Propaganda genügend Beispiele; letztlich aber setzen sich die objektiven Werte doch den raffiniertesten Formulierungen gegenüber durch.
Die Untersuchung der Gesetzmäßigkeiten, denen Appraisoren unterliegen, gewinnt u. a. für die sozialistische Moral in dem Maße an Bedeutung, in dem diese an Einfluß auf die gesellschaftliche Entwicklung zunimmt. Erst die Kenntnis dieser Gesetzmäßigkeiten erlaubt es, auf wissenschaftliche Weise unter den verschiedenen möglichen sprachlichen Formulierungen moralischer Ideale, Werturteile usw. die wirksamste auszuwählen und so die Wirksamkeit dieser Ideale usw. selbst positiv zu beeinflussen.
→ Askriptor.

a priori [lat] – *eigtl*: von dem Früheren her. In der Philosophie vor KANT *svw* unabhängig von aller Erfahrung, aus der Vernunft, durch logisches Schließen ermittelte Erkenntnis; *auch*: die aus bereits vorliegenden Erkenntnissen gewonnene neue Erkenntnis, ohne daß bei ihrem Zustandekommen die Erfahrung eine Rolle gespielt hätte. *Ggs*: a posteriori.
Für KANT ist jede *eigentliche Erkenntnis* a priori, d. h. rein, ausschließlich aus den Formen der Anschauung (Raum und Zeit) und des Verstandes (Kategorien) und der Vernunftbegriffe gewonnen. Sie stammt nicht aus der Erfahrung, ermöglicht aber erst Erfahrungserkenntnis, indem sie ihr notwendigen und allgemeingültigen Charakter verleiht. Sie geht sachlich-logisch jeder Erfahrung voraus (liegt vor aller Erfahrung, ermöglicht erst eigentliche, d. h. wissenschaftliche Erfahrung), zeitlich-psychologisch gesehen folgt sie ihr jedoch nach (B 1). Apriorische Erkenntnis findet bei KANT ihr Kriterium nicht in oder an der Erfahrung, sondern im Begriff einer Sache oder – und vor allem – im Wesen des menschlichen Erkenntnisvermögens, dessen Formen die reinen Anschauungsformen (Raum und Zeit) und die reinen Verstandesbegriffe (Kategorien) sind. KANT bestreitet damit nicht, daß alle Erkenntnis mit der Erfahrung anhebt und durch die Sinne vermittelt wird, entwickelt jedoch die These, daß zu jeder Erkenntnis ein logisches oder transzendentales, eben apriorisches Moment hinzukommen muß: das Formale in Gestalt der reinen Anschauungsformen und reinen Verstandesbegriffe, die die durch die Erfahrung gegebene Materie der Erkenntnis erst zu eigentlicher, wissenschaftlicher, d. h. allgemeingültiger und notwendiger (nicht nur für den Einzelfall geltender) Erkenntnis gestalten. Apriorische Erkenntnis führt «durch und durch apodiktische Gewißheit, d. i. absolute Notwendigkeit, bei sich», beruht «also auf keinen Erfahrungsgründen», ist «mithin ein reines Produkt der Vernunft, überdem aber durch und durch synthetisch» (Prol § 6).

Apriorismus [lat] – Name für erkenntnistheoretische Richtungen, welche die Existenz von Erkenntnisprinzipien vor jeder Erfahrung bzw. eine erfahrungsunabhängige Erkenntnis selbst annehmen. Das Wesen der *aprioristischen Methode* besteht darin, «die Eigenschaften eines Gegenstandes nicht aus dem Gegenstand selbst zu erkennen, sondern sie aus dem Begriff des Gegenstandes beweisend abzuleiten» (MARX/ENGELS 20, 89). *Ggs*: Aposteriorismus.
Der Apriorismus tritt in der Geschichte der Philosophie in verschiedenen Varianten auf, die sich darin voneinander unterscheiden, welcher Aspekt der Erkenntnis bzw. des Erkenntnisprozesses von ihnen als vor und unabhängig von der Erfahrung gegeben betrachtet wird.
So ist in der Philosophie PLATONS die Erkenntnis insofern apriorisch, als sie in der Wiedererinnerung (→ Anamnese) der Seele an von ihr früher und vor aller Erfahrung geschaute Ideen bestehen soll. Eine andere Form des Apriorismus ist der *Thomismus*. Er vertritt die spekulative These, daß es insofern apriorische Erkenntnisse gebe, als der menschliche Geist in gewisser Weise am göttlichen Geist teilhabe und deshalb zu Einsichten in die Ordnung der Welt gelangen könne, die die Erfahrung übersteigen. Auch die Lehre von den *eingeborenen Ideen*, wie sie vor allem von DESCARTES, MALEBRANCHE, LEIBNIZ vertreten wurde, ist eine Variante des Apriorismus. DESCARTES zufolge verfügt der Mensch über bestimmte Begriffe (z. B. Sein, Ausdehnung, Dauer, Bewegung u. a.) und evidente Prinzipien, die ihm vor aller Erfahrung – gewissermaßen als Gesamtheit der Erkenntnisanlagen – gegeben sind und gemäß den jeweiligen äußeren Bedingungen der Erkenntnis angewendet werden und sich auswirken. Im englischen Deismus, bei H. VON CHERBURY, werden die apriorischen Erkenntnisanlagen als Ausdruck unwandelbarer göttlicher Wahrheiten gedeutet und sollen zwischen letzteren und der konkreten menschlichen Erkenntnis eine ursprüngliche Beziehung herstellen. MALEBRANCHE legt die Lehre von den eingeborenen Ideen im Sinne des Platonismus aus, wenn er die Erkenntnis materieller Körper an die entsprechenden eingeborenen Ideen und die von jeder sinnlichen Erfahrung getrennte rationale Verstandestätigkeit knüpft. LEIBNIZ verteidigt die Lehre von den eingeborenen Ideen gegenüber der Auffassung LOCKES, daß der Verstand eines Neugeborenen eine tabula rasa sei, und korrigiert das sensualistische Credo LOCKES: «Nihil est in intellectu, quod non fuerit in sensu» im Geiste des Apriorismus durch die Ergänzung: «nisi

ipse intellectus». Die in der Geschichte der Philosophie ausgeprägteste Erscheinungsform des Apriorismus hat KANT entwickelt. Während die Lehre von den eingeborenen Ideen einen erfahrungsunabhängigen Erkenntnis*inhalt* behauptet, nimmt KANT apriorische *Formen* der Anschauung (Raum und Zeit) und des Verstandes (Kategorien) an, die ihm als Voraussetzung jeglicher Erfahrung gelten.

Der Apriorismus ist konsequenter Rationalismus und der Gegensatz von Apriorismus und Aposteriorismus eine Erscheinungsform des Gegensatzes von Rationalismus und Empirismus. So wie ein absoluter Rationalismus unmöglich ist, so ist auch der erkenntnistheoretische Apriorismus, absolut genommen, wissenschaftlich unhaltbar. Er abstrahiert vom tatsächlichen geschichtlichen Gang der menschlichen Erkenntnis, deren erste Voraussetzung und letztes Kriterium die Praxis ist. Der Apriorismus wird durch den tatsächlichen Gang der Geschichte der Wissenschaft widerlegt. Während z. B. KANT zu den apriorischen Voraussetzungen unserer Erkenntnis Raum und Zeit als Formen der Anschauung und die Kategorien zählt, hat die Relativitätstheorie aufgedeckt, daß es keine vor jeder Erfahrung gegebenen Anschauungsformen von Raum und Zeit geben kann, und die Quantenphysik hat das, was KANT unter Substanz und Kausalität verstand, auf den Rang einer nur relativen Wahrheit, die lediglich im Bereich der klassischen Physik absolute Geltung hat, verwiesen.

Der Apriorismus ist nur möglich als *relativer Apriorismus*, der rationalistische wie empiristische Einseitigkeit gleichermaßen vermeidet. In dieser Form wird er von der *marxistischen Philosophie* akzeptiert. Der relative Apriorismus beharrt grundsätzlich auf dem Grundprinzip jeder materialistischen Erkenntnistheorie, daß «anders als durch Empfindungen ... wir weder über irgendwelche Formen des Stoffes noch über irgendwelche Formen der Bewegung etwas erfahren» können, und daß «die Empfindungen ... durch die Wirkung der sich bewegenden Materie auf unsere Sinnesorgane hervorgerufen» werden (LENIN 14, 304). Er erkennt aber gleichzeitig an, daß sich das menschliche Individuum im Erkenntnisprozeß auf gewisse Voraussetzungen stützen kann, die ihm unabhängig von seiner individuellen, aktuellen Erfahrung, *in diesem Sinne* also relativ a priori gegeben sind.

Insbesondere sind es drei Arten des relativen Apriori, die im wissenschaftlichen Erkenntnisprozeß eine Rolle spielen:

1. Der menschliche Erkenntnisapparat hat sich in einem langen historischen Prozeß herausgebildet; er ist nicht unabhängig von der objektiven Realität, sondern ist das Produkt der biologischen Vorgeschichte und der sozialen Geschichte des Menschen. Der individuellen Erfahrung, deren Material er im konkreten Falle verarbeitet, tritt er jedoch als etwas bereits Fertiges entgegen. In diesem Sinne kann er als ein relatives Apriori der Erkenntnis verstanden werden, da er seiner Struktur und Funktion nach unabhängig von der aktuellen Erfahrung ist.

2. Erkenntnisse, die durch die Praxis als wahr bestätigt wurden, können ihrerseits als Kriterien für die Wahrheit neu zu erwerbender Kenntnisse auftreten und in diesem relativen Sinne als Erkenntnisse a priori gelten. So steht z. B. a priori fest, daß jeder Versuch, ein Perpetuum mobile zu konstruieren, fehlschlagen muß, weil er dem wissenschaftlich gesicherten Gesetz von der Erhaltung der Energie entgegensteht. Nicht jede neue Erkenntnis muß unmittelbar aus der Erfahrung gewonnen werden. Sie kann von früheren Erkenntnissen ausgehen, diese gleichsam als von der unmittelbaren Erfahrung unabhängige Wahrheiten voraussetzen und sie unter Verwendung neuer praktischer, experimenteller usw. Befunde verallgemeinern. In diesem Sinne ist z. B. die klassische Mechanik eine apriorische Voraussetzung der Quantenphysik.

3. Die Eigengesetzlichkeit der Entwicklung wissenschaftlicher Theorien, die durch Verallgemeinerung der Alltagserfahrung gewonnen wurden, kann zur Konstruktion abstrakter Gedankengebilde führen, die auf dem jeweiligen historischen Stand der wissenschaftlichen und sozialen Praxis keine Entsprechung in der objektiven Realität zu haben scheinen, die also keinen eidetischen Sinn, sondern nur einen rein operativen Sinn haben. Im Verlaufe der weiteren Entwicklung der Wissenschaft können jedoch Anwendungsmöglichkeiten dieser abstrakten Theorien erschlossen werden, so daß sie gewissermaßen als auf Vorrat konstruierte und in diesem Sinne apriorische, vor der Erfahrung, die durch sie beschrieben wird, gegebene Theorien erscheinen. So existierte z. B. die zur Matrizendarstellung der Quantenphysik benötigte nichtkommutative Algebra als theoretisches, abstraktes System, lange bevor sie zur Beschreibung quantenphysikalischer Prozesse angewendet wurde.

In allen drei Fällen besteht das relative Apriori jedoch nicht vor und unabhängig von *aller und jeder* menschlichen Erfahrung.

→ a priori → a posteriori → Erkenntnis → Erkenntnistheorie.

aprioristische Methode → Apriorismus.

Apriorität [lat] – die (angebliche) Eigenschaft gewisser Erkenntnisse, vor und unabhängig von der Erfahrung gegeben zu sein.

→ a priori → Apriorismus.

Äquilibrismus [lat] – eine innerhalb der → Scholastik vertretene Auffassung, nach welcher der menschliche Wille nur dann frei sei, wenn sich alle Motive seiner Wahl in einem «Gleichgewicht» befinden. Dieser These wurde die Behauptung entgegengestellt, daß unter den genannten Bedingungen der menschliche Wille unfrei sei, weil er sich wegen der gleichen Stärke aller Motive gar nicht entscheiden könne. In diesem Zusammenhang wurde das irrtümlicherweise Johannes BURIDAN (um 1300–1358) zugeschriebene Beispiel von dem Esel vorgebracht, der zwischen zwei gleich großen und gleich weit entfernten Heuhaufen verhungern müsse, weil er sich nicht entscheiden könne, von welchem er fressen solle.

Äquipollenz [lat] – *eigtl*: Gleichgeltung. In der *traditionellen Logik* gelten zwei Begriffe als äquipollent, wenn sie dieselbe Extension, aber verschiedene Intensionen besitzen. *Beispiel*: «gleichseitiges Dreieck» und «gleichwinkliges Dreieck». Zwei Aussagen gelten als äquipollent, wenn sie in verschiedener Form denselben Sachverhalt widerspiegeln. *Beispiel*: «Jeder Mensch besitzt ein Bewußtsein» und «Kein Mensch besitzt kein Bewußtsein».

Ein unmittelbarer Schluß durch Äquipollenz ist dasselbe wie ein Schluß durch → Opposition oder Obversion.

Äquiprobabilismus → Probabilismus.

äquivalent → Äquivalenz.

Äquivalenz [lat] – *eigtl*: Gleichwertigkeit; Beziehung zwischen Dingen, Sachverhalten usw. der objektiven Realität bzw. von Bewußtseinsinhalten, die auf einer dreistelligen Relation der Form «x äquivalent y in bezug auf z» aufbaut. Für ein konkretes Sachgebiet ist z im allgemeinen eine Konstante, und die Relation ist damit zweistellig. Wird z. B. z dadurch festgelegt, daß sich die Gleichwertigkeit auf den Wahrheitswert beziehen soll, so können für x bzw. y nur Aussagen p, q eingesetzt werden, und es ergibt sich die Aussagenverbindung $p \leftrightarrow q$, wo $\leftrightarrow$ das Zeichen für Äquivalenz ist.

Diese Aussagenverbindung ist dann und nur dann *wahr*, wenn beide Aussagen *wahr* oder beide Aussagen *falsch* sind. Die Wahrheitsmatrix dieser Aussagenverbindung hat also folgende Gestalt:

p	q	$p \leftrightarrow q$
w	w	w
w	f	f
f	w	f
f	f	w

Es läßt sich auch eine Äquivalenz für Prädikate angeben, die dann und nur dann vorliegt, wenn die betreffenden Prädikate auf ein und dieselbe Klasse von Individuen zutreffen. (*Beispiel*: Das Prädikat «gleichwinkliges Dreieck» und das Prädikat «gleichseitiges Dreieck» treffen auf ein und dieselbe Klasse von Individuen, nämlich auf bestimmte ebene geometrische Figuren zu.) Beim logischen Schließen können äquivalente Aussagen und äquivalente Prädikate füreinander eingesetzt werden, ohne daß sich dadurch der logische Schluß ändert.

Diese Form der Äquivalenz ist eine → extensionale. Bedeutend schwieriger ist die → intensionale Äquivalenz von Aussagen, Prädikaten usw. festzulegen. Dazu bedarf es jeweils konkreter semantischer und pragmatischer Analysen.

Die aussagenlogische Äquivalenz läßt sich durch elektrotechnische, elektronische usw. Schaltungen realisieren (→ Schaltalgebra). Jeder Black-box mit zwei Eingängen und einem Ausgang, der so beschaffen ist, daß gleiche Eingangsstufen, also Eingangsinformationen (z. B. in beiden Fällen 1 oder 0) zur Ausgangsinformation 1 führen, leistet z. B. das Verlangte. Die Schaltung dieses Black-box ist mit Hilfe der aussagenlogischen Negation und Alternative bzw. der Negation und der Konjunktion sowie mit den dazugehörigen elementaren Schaltungen leicht aufzubauen.

Sprechen wir von der Äquivalenz von Relais- und Kontaktschemata, so bezieht sich die Äquivalenz nicht auf das Material der Schaltung (Kupfer, Aluminium usw.) und auch nicht auf die spezielle Anordnung in einem technischen Gerät, sondern darauf, daß die beiden Schaltungen dieselbe Aussagenverbindung oder zwei aussagenlogisch äquivalente Aussagenverbindungen technisch realisieren.

Im Rahmen der Kybernetik sind die Äquivalenz der → Struktur und der → Funktion von Bedeutung. Eine Strukturäquivalenz zweier Systeme ist dann vorhanden, wenn diese Systeme bei möglicherweise völlig unterschiedlichem Baumaterial und völlig andersgearteten Strukturelementen die gleiche Struktur aufweisen, während unter Funktionsäquivalenz die Realisierung der gleichen Funktion ohne Rücksicht auf Baumaterial und Struktur verstanden wird. Die Auffindung solcher Äquivalenzen ist eine der wichtigsten Aufgaben der Wissenschaft.

Von besonderer Bedeutung sind die sog. → Äquivalenzrelationen. Durch eine solche Relation wird jeweils ein neues ideales Objekt konstruiert, d. h., es wird eine besondere Art und Weise der Abstraktion vorgenommen. Bekannte Äquivalenzrelationen sind die Relationen der → Ähnlichkeit, der → Isomorphie und der Gleichmächtigkeit von → Mengen.

Man kann in dieser Weise auch die Äquivalenz von Signalmengen konstituieren. Diese Äquivalenzrelation würde als neues ideales Objekt den Begriff der → Information ergeben.

Hier ist allerdings die Dreistelligkeit der Äquivalenzrelation zu beachten, da es sich immer um Äquivalenz von Signalmengen $\mathfrak{M}_1$, $\mathfrak{M}_2$, bezogen auf ein System S, das die Signale empfängt, verarbeitet usw., handelt. Die Relation «$\mathfrak{M}_1$ äquivalent $\mathfrak{M}_2$ bezüglich S_1» ist im allgemeinen von «$\mathfrak{M}_1$ äquivalent $\mathfrak{M}_2$ bezüglich S_2» verschieden.

In ähnlicher Weise lassen sich alle kybernetischen Abstraktionen ausgehend von Äquivalenzrelationen konstituieren. So ließe sich beispielsweise der weiter oben angegebene Black-box mit zwei Eingängen und einem Ausgang als ein ideales Objekt darstellen, das mit Hilfe einer Äquivalenzrelation konstituiert ist, und zwar ausgehend von einer bestimmten Klasse von Schaltungen aus biologischen, technischen, ökonomischen usw. Bereichen. Die Äquivalenz solcher Funktionseinheiten bedeutet, daß sie sich durcheinander ersetzen lassen, ohne daß sich am Funktionieren des Gesamtsystems, innerhalb dessen sie auftreten, etwas ändert.

Äquivalenzrelation [lat] – eine zweistellige Relation, die in einer Menge $\mathfrak{M}$ definiert ist und folgende Eigenschaften hat:

(1) $\forall(x \in \mathfrak{M})\, R(x, x)$ (Reflexivität),

(2) $\forall(x, y \in \mathfrak{M})\, [R(x, y) \rightarrow R(y, x)]$ (Symmetrie),

(3) $\forall(x, y, z \in \mathfrak{M})\, \{[R(x, y) \wedge R(y, z)] \rightarrow$ $\rightarrow R(x, z)\}$ (Transitivität).

Die Menge aller y mit $R(x, y)$ für vorgegebenes x heißt die durch x bestimmte Äquivalenzklasse. $\mathfrak{M}$ zerfällt disjunkt und erschöpfend bezüglich irgendeiner Äquivalenzrelation in $\mathfrak{M}$ vollständig und disjunkt in Äquivalenzklassen (Hauptsatz über Äquivalenzrelationen). Das Verfahren, diese Äquivalenzklassen als neue Objekte für die weitere Überlegung zu betrachten, heißt Abstraktionsprozeß oder Definition durch Abstraktion (insofern, als die neuen Objekte neue Namen erhalten). Der Abstraktionsprozeß ist das wichtigste Konstruktionsprinzip der klassischen Mathematik.

Beispiele für Äquivalenzrelationen sind die Isomorphie von Algebraen gleichen Typs, die Gleichmächtigkeit von Mengen und die Ordnungsisomorphie (auch Ähnlichkeit genannt) geordneter Mengen.

Es läßt sich im übrigen zeigen, daß fast überall dort, wo exakte Begriffsbildungen zustande kommen, Äquivalenzrelationen der genannten Art zugrunde liegen.

→ Äquivalenz.

Äquivokation [lat] – *eigtl*: Wortgleichheit; Verwendung des gleichen Wortes für verschiedene Begriffe.

In zahlreichen Physiklehrbüchern ist beispielsweise von «Materie» dort die Rede, wo es sich in Wirklichkeit um Stoff handelt. Der Begriff «Materie» ist eine philosophische Kategorie. Wenn ein Philosoph feststellt, «Materie kann sich niemals in etwas verwandeln, was nicht Materie ist», und ein Physiker erklärt, «Materie kann sich entmaterialisieren», so scheint ein logischer Widerspruch vorzuliegen. Tatsächlich handelt es sich aber um eine Äquivokation. Denn der Physiker will sagen: «Die stoffliche Form der Materie verwandelt sich in eine andere Form der Materie (Strahlung).»

Neben diesen einfachen Äquivokationen (worauf in der Regel die *Trugschlüsse* der Äquivokation aufbauen) gibt es auch subtilere, bei denen ein und derselbe Ausdruck für zwei Begriffe, die sich anscheinend durch nichts unterscheiden, benützt wird. *Beispiel:* «Wer andere schädigt, wird nach dem Gesetz bestraft.» «Wer am Steuer eines Kraftfahrzeugs einen Herzschlag erleidet und infolgedessen einen anderen überfährt, schädigt den anderen.» Folglich: «Wer am Steuer eines Kraftfahrzeugs einen Herzschlag erleidet und infolgedessen einen anderen überfährt, muß bestraft werden.» In diesem Beispiel ist die Äquivokation darin begründet, daß der Ausdruck «wer einen anderen schädigt» in einer nicht übereinstimmenden Weise verwendet wird. Einmal umfaßt er den Begriff der Schädigung im Sinne der vom Gesetz beschriebenen und erfaßten Tatsachen. Im anderen Falle aber wird er in seiner allgemeinsten Form benützt und umfaßt auch solche Fälle der Schädigung, die vom Gesetz nicht geahndet werden oder nicht geahndet werden können.

→ homonym.

arabische Philosophie (*auch*: islamische Philosophie) – die im 9. bis zum 12. Jahrhundert von den arabischen Denkern Alkindi, Al Farabi, Avicenna, Averroes, Al Gazali entwickelten philosophischen Lehren. Bedeutsam geworden ist die arabische Philosophie vor allem durch das Wirken von Avicenna und Averroes, die die Philosophie des Aristoteles *materialistisch-pantheistisch* weiterentwickelten (kommentierten) und sie umfassend im Okzident bekanntmachten.

→ Averroismus.

Arbeit – zweckmäßige, bewußte Tätigkeit des Menschen, «ein Prozeß zwischen Mensch und Natur, ... worin der Mensch seine eigene Tat vermittelt, regelt und kontrolliert» (Marx/Engels 23, 192).

Arbeit wird als körperliche und geistige geleistet. Mit dem Privateigentum an den Produktionsmitteln bildete sich die Trennung von körperlicher und geistiger Arbeit heraus, es entwickelte sich der Gegensatz zwischen ihnen. In allen antagonistischen Klassengesellschaften war die körperliche Arbeit Attribut der ausgebeuteten und beherrschten Volksmassen und wurde weniger geachtet als die geistige. In der Sklaverei war sie sichtbares Zeichen der Unfreiheit des Sklaven. Der geistigen Arbeit wurde alles Verdienst an der raschen fortschreitenden Zivili-

sation zugeschrieben. Sie war Vorrecht der besitzenden Klassen.
Mit der kapitalistischen Entwicklung wurde die Arbeit, ihr Charakter und ihr Wert, ihre Möglichkeiten, Folgen und Perspektiven zunehmend Gegenstand philosophischer Reflexionen. Bei F. BACON, LOCKE, DIDEROT u.a. finden wir bedeutende Aussagen über die Arbeit. ROUSSEAU hat die historische Rolle und den widersprüchlichen Charakter der Arbeit bei der Überwindung des Urzustandes der Gleichheit und der Entfaltung der Ungleichheit hervorgehoben. Aus den Naturrechtslehren der *französischen Aufklärer*, nach denen das Gemeineigentum das natürliche Eigentum war und Arbeit der alleinige Rechtstitel auf Besitz, zogen die utopischen Sozialisten SAINT-SIMON, FOURIER und OWEN den Schluß, daß das Privateigentum an Produktionsmitteln abzuschaffen oder weitgehend zu beschneiden sei, daß der Mensch das Recht auf den vollen Ertrag seiner Arbeit habe und alle Abzüge davon durch Nicht-Arbeiter das Naturrecht verletzen würden.
Die *bürgerliche politische Ökonomie* hat in ihrer Entwicklung vom Monetarsystem bis zur Arbeitswertlehre die Arbeit immer stärker als Quelle des Reichtums hervorgehoben.
In der *klassischen bürgerlichen deutschen Philosophie* wird von HERDER auf die geschichtsbildende Rolle der Arbeit verwiesen. Durch die Arbeit – bei HERDER ein Moment des Klimas – nimmt der Mensch Einfluß auf seine Umweltbedingungen, die ihrerseits den Menschen bestimmen. Nach FICHTE ist die Arbeit Pflicht der sittlichen und Existenzbedingung der physischen Persönlichkeit. Er fordert, die Arbeitsmöglichkeit staatlich zu garantieren. Die Regelung der Arbeitsverhältnisse dürfe nicht dem natürlichen Getriebe von Angebot und Nachfrage (wie bei SMITH) und der Ertrag der Arbeit dürfe nicht dem Mechanismus des gesellschaftlichen Interessenkampfes überlassen werden.
HEGEL dringt innerhalb seiner idealistischen Grenzen zum Wesen der Arbeit vor. Wenn der Weltgeist nur durch Entäußerung, durch Tätigkeit zum Selbstbewußtsein kommt, so ist von HEGEL damit in mystifizierter Form erfaßt, daß der Mensch durch seine Arbeit sich selbst, seine Produktivkräfte, seine Gesellschaft, also seine Geschichte erzeugt. Damit wird, im Gegensatz zur klassischen bürgerlichen politischen Ökonomie, die die Arbeit nur als Quelle des materiellen Reichtums faßt, ihre persönlichkeits- und geschichtsbildende Rolle hervorgehoben. HEGEL kommt auch an die Erkenntnis heran, daß in den Klassengesellschaften, in denen der arbeitende Mensch von den Produktionsmitteln durch Eigentumsschranken getrennt ist, er also nur mit Erlaubnis der Besitzenden arbeiten, d.h. leben kann, die Arbeit entfremdeten Charakter annimmt, diese Form aber historisch vergänglich ist.
Auf der Grundlage des *historischen Materialismus* waren MARX und ENGELS imstande, die Arbeit als spezifisch menschliche Tätigkeit, als entscheidende Bedingung für die Aussonderung des Menschen aus dem Tierreich und für die Beschaffenheit aller übrigen gesellschaftlichen Erscheinungen und Verhältnisse zu bestimmen.
Im Arbeitsprozeß tritt der Mensch «dem Naturstoff selbst als eine Naturmacht gegenüber ..., um sich den Naturstoff in einer für sein eignes Leben brauchbaren Form anzueignen. Indem er (dadurch) auf die Natur außer ihm wirkt und sie verändert, verändert er zugleich seine eigne Natur. Er entwickelt die in ihr schlummernden Potenzen und unterwirft das Spiel ihrer Kräfte seiner eignen Botmäßigkeit ... Der *Arbeitsprozeß* ... ist zweckmäßige Tätigkeit zur Herstellung von Gebrauchswerten, Aneignung des Natürlichen für menschliche Bedürfnisse, allgemeine Bedingung des Stoffwechsels zwischen Mensch und Natur, ewige Naturbedingung des menschlichen Lebens und daher unabhängig von jeder Form dieses Lebens, vielmehr allen seinen Gesellschaftsformen gleich gemeinsam» (MARX/ENGELS 23, 192). Die Arbeit «ist die erste Grundbedingung alles menschlichen Lebens, und zwar in einem solchen Grade, daß wir in gewissem Sinne sagen müssen: Sie hat den Menschen selbst geschaffen» (MARX/ENGELS 20, 444). «Als Bildnerin von Gebrauchswerten, als *nützliche Arbeit*, ist die Arbeit ... eine von allen Gesellschaftsformen unabhängige Existenzbedingung des Menschen, ewige Naturnotwendigkeit, um den Stoffwechsel zwischen Mensch und Natur, also das menschliche Leben zu vermitteln» (MARX/ENGELS 23, 57).
Die Arbeit gehört dergestalt zum Wesen des Menschen und ist diesem unverlierbar, seit er sich aus dem Tierreich aussonderte. Sie vollzieht sich nur innerhalb der Gesellschaft, aber in jeder Gesellschaftsformation auf andere Weise. Die Arbeit ist deshalb immer *gesellschaftliche Tätigkeit*, die sich innerhalb bestimmter, historisch bedingter Formen der Arbeitsteilung und Eigentumsverhältnisse bewegt.
Die Arbeit ist kein gleichbleibender, sich auf gleicher Ebene wiederholender Prozeß, sondern ein Entwicklungsprozeß zu immer höheren Formen. Dieser Entwicklungsprozeß der Arbeit wird vor allem dadurch bestimmt, daß die Arbeit *zweckmäßige Tätigkeit* ist. Durch die ideelle Vorwegnahme des Arbeitsergebnisses, durch eine jeweilige Zwecksetzung innerhalb des Arbeitsprozesses, ist der Mensch in der Lage, neue Gesetzmäßigkeiten, die in der Natur wirken, aufzudecken und in seinen Dienst zu stellen. Durch die Arbeit lernt der Mensch die Natur zu beherr-

schen, d.h. seinen Zwecken dienstbar zu machen.
Die Zwecksetzung innerhalb des Arbeitsprozesses ist durch materielle Ursachen bedingt. «Die Gesetze der Außenwelt ... sind die Grundlagen der *zweckmäßigen* Tätigkeit des Menschen ... Die Zwecke (werden) durch die objektive Welt erzeugt und setzen diese voraus» (LENIN 38, 117f). Die Realisierung der gesetzten Zwecke erfolgt mit Hilfe der Arbeitsmittel. «Der Gebrauch und die Schöpfung von Arbeitsmitteln, obgleich im Keim schon gewissen Tierarten eigen, charakterisieren den *spezifisch menschlichen Arbeitsprozeß*» (MARX/ENGELS 23, 194). Der Zweck bestimmt die Art und Weise der Tätigkeit des Menschen, der seinen Willen dem Zweck unterordnen muß: «Wir unterstellen die Arbeit in einer Form, worin sie *dem Menschen* ausschließlich angehört. Eine Spinne verrichtet Operationen, die denen des Webers ähneln, und eine Biene beschämt durch den Bau ihrer Wachszellen manchen menschlichen Baumeister. Was aber von vornherein den schlechtesten Baumeister vor der besten Biene auszeichnet, ist, daß er die Zelle in seinem Kopf gebaut hat, bevor er sie in Wachs baut. Am Ende des Arbeitsprozesses kommt ein Resultat heraus, das beim Beginn desselben schon in der *Vorstellung des Arbeiters*, also schon *ideell* vorhanden war. Nicht daß er nur eine Formveränderung des Natürlichen bewirkt; er *verwirklicht* im Natürlichen zugleich *seinen Zweck*, den er *weiß*, der die Art und Weise seines Tuns als Gesetz bestimmt und dem er seinen Willen unterordnen muß. Und diese Unterordnung ist kein vereinzelter Akt. Außer der Anstrengung der Organe, die arbeiten, ist der *zweckmäßige* Wille, der sich als *Aufmerksamkeit* äußert, für die ganze Dauer der Arbeit erheischt, und um so mehr, je weniger sie durch den eignen Inhalt und die Art und Weise ihrer Ausführung den Arbeiter mit sich fortreißt, je weniger er sie daher als Spiel seiner eignen körperlichen und geistigen Kräfte genießt» (MARX/ENGELS 23, 193).
Die Arbeit entwickelt sich zu *freier Tätigkeit*, indem die äußeren Zwecke den Schein bloß äußerer Naturnotwendigkeiten abstreifen «und als Zwecke, die das Individuum selbst erst setzt, gesetzt werden» (MARX, Grundrisse, 505). Auf diese Weise wird die Arbeit Selbstverwirklichung des Menschen, Aktion wirklicher Freiheit. «Nicht in der geträumten Unabhängigkeit von den Naturgesetzen liegt die Freiheit, sondern in der Erkenntnis dieser Gesetze, und in der damit gegebnen Möglichkeit, sie planmäßig zu bestimmten Zwekken wirken zu lassen» (MARX/ENGELS 20, 106).
In der Klassengesellschaft bestehen jedoch nicht die Bedingungen dafür, daß die Arbeit zur Selbstverwirklichung des Menschen, also freie Arbeit werden kann. In den auf Privateigentum an den Produktionsmitteln beruhenden Gesellschaftsformationen ist der arbeitende Mensch von den Produktionsmitteln – der wichtigsten Bedingung der Arbeit – getrennt, wird der Produzent ausgebeutet: die Arbeit ist unfrei. Die Vereinigung des Produzenten mit den sachlichen Bedingungen der Produktion wird entweder durch außerökonomischen Zwang, wie in der Sklaverei und im Feudalismus, oder durch den ökonomischen Zwang (Verkauf der Arbeitskraft an den Eigentümer der Produktionsmittel), wie im Kapitalismus, hergestellt. Unter den Bedingungen der Klassengesellschaft erscheint die Arbeit als äußerer Zwang «und ihr gegenüber die Nichtarbeit als ‚Freiheit und Glück'» (MARX).
Mit der Beseitigung des Privateigentums und der Herstellung des gesellschaftlichen Eigentums an den Produktionsmitteln in der Übergangsperiode vom Kapitalismus zum Sozialismus wird die Einheit des Arbeiters mit den Produktionsmitteln hergestellt und die Ausbeutung beseitigt. Im Sozialismus und Kommunismus ist die Arbeit unmittelbar gesellschaftlich und nimmt in zunehmendem Maße wissenschaftlichen Charakter an, d.h., sie wandelt sich grundlegend, sie wird zur freien Arbeit freier Produzenten. «Die Arbeit der materiellen Produktion kann diesen Charakter nur erhalten dadurch, daß 1. ihr gesellschaftlicher Charakter gesetzt ist, 2. daß sie wissenschaftlichen Charakters, zugleich allgemeine Arbeit ist, nicht Anstrengung des Menschen als bestimmte dressierte Naturkraft, sondern als Subjekt, das in dem Produktionsprozeß nicht in bloß natürlicher, naturwüchsiger Form, sondern als alle Naturkräfte regelnde Tätigkeit erscheint» (MARX, Grundrisse, 505).
Im *Sozialismus* und *Kommunismus* bleibt die Arbeit zweckmäßige Tätigkeit, und die Zwecke des Arbeitsprozesses bleiben materiell bedingt, aber sie sind nicht mehr «bloß äußere Naturnotwendigkeit». Die Arbeit ist im Sozialismus und Kommunismus nicht nur Mittel zur Erlangung lebensnotwendiger Güter. Die Bedürfnisse, die im Sozialismus und Kommunismus vermittels der Arbeit befriedigt werden, sind nicht mehr die bloß naturnotwendigen Bedürfnisse des Menschen: sie werden historisch-gesellschaftlich verändert. Die der Arbeit in der Klassengesellschaft anhaftende Naturnotwendigkeit verschwindet in ihrer unmittelbaren Form, und historisch-gesellschaftlich erzeugte Bedürfnisse treten an ihre Stelle, vor allem, Arbeit über das Notwendige hinaus zu leisten, damit der Mensch seine Kräfte, Talente und Fähigkeiten weiter- und höherentwickelt zu dem Zweck, die Herrschaft der Gesellschaft über die äußere Natur und über sich selbst auszudehnen. Die schöpferische Tätigkeit der Menschen in der Arbeit wird zum individuellen Bedürfnis. Die Arbeit wird im Sozialismus und

Kommunismus zur Selbstbetätigung und Selbstbestätigung des Menschen.
Das neue Verhältnis, die neue Einstellung des Menschen zur Arbeit im Sozialismus und Kommunismus äußert sich u. a. in der freien, bewußten Arbeitsdisziplin und einer hohen Arbeitsmoral. Auf der Grundlage der veränderten Produktionsverhältnisse entwickeln sich vielfältige Formen kollektiver Arbeit. Die wissenschaftlich-technische Revolution beschleunigt die Veränderungen des Charakters der Arbeit im Sozialismus und Kommunismus. Durch die Automatisierung tritt der arbeitende Mensch aus dem unmittelbaren Produktionsprozeß – genauer: aus dem fertigungstechnischen Teil des Gesamtproduktionsprozesses – heraus. Er tritt neben ihn, verhält sich zu ihm als sein Einrichter und Wärter. Arbeit verlagert sich immer mehr auf wissenschaftliche Forschung, Entwicklung, Konstruktion, Programmierung, Einrichtung, Organisation und Leitung der Produktion und auf die Reparatur. Schwere körperliche Arbeit wird zunehmend durch Maschinensysteme und Apparate übernommen, der Anteil der geistigen Arbeit und ihre Bedeutung wachsen, körperliche und geistige Arbeit werden mehr und mehr verschmelzen. Damit erhält der Begriff der Arbeit in der Einheit von sozialistischer und wissenschaftlich-technischer Revolution neue inhaltliche Aspekte. Die schöpferische Arbeit der sozial gleichen und hochgebildeten Arbeiter kennzeichnet die zum ersten Lebensbedürfnis gewordene Arbeit im Kommunismus. [1]
Die wissenschaftlich-technische Revolution unseres Jahrhunderts bietet durch die Möglichkeiten, die die Kybernetik und die Automatisierung für die Industrie, Landwirtschaft, Verwaltung usw. geben, eine reale technische Grundlage für einen grundlegenden Wandel im Charakter der Arbeit.
Diese Möglichkeit ist in umfassendem Ausmaße nur unter sozialistischen und kommunistischen Gesellschaftsverhältnissen zu realisieren, da nur unter den Bedingungen des gesellschaftlichen Eigentums an den Produktionsmitteln die dafür vor allem erforderliche gesamtgesellschaftliche Planung und Organisation im Interesse aller erreicht werden kann. Die Entwicklung der Produktivkräfte ermöglicht es dem Menschen, eine neue Stellung im Produktionsprozeß einzunehmen. Die Produktionstechnik führt dazu, die Tätigkeit des Menschen in zunehmendem Maße in Bereiche zu verlagern, die von der unmittelbaren Bearbeitung des Arbeitsgegenstandes entfernt liegen. Die früheren Aufgaben des Arbeiters und des Verwaltungsangestellten werden eine nach der anderen von (elektronischen) Steuerzentralen übernommen. Diese stufenweise erfolgende Verlagerung der Arbeit des Menschen auf die Fertigungsvorbereitung im weitesten Sinne, die allgemeine Kontrolle sowie Leitung und Planung der Produktion wird in einem mehrere Jahrzehnte in Anspruch nehmenden Prozeß dahin führen, daß die Menschen weitgehend neben den eigentlichen Fertigungsprozeß treten.
Das Ergebnis dieser Entwicklung wird darin bestehen, alle schwere körperliche Arbeit, die den menschlichen Organismus einer ständigen Überbelastung aussetzt, zu beseitigen, die schematische geistige Arbeit an Maschinen und Automaten zu übergeben und damit zugleich den unter antagonistischen gesellschaftlichen Bedingungen entstandenen und extrem verschärften Gegensatz zwischen vorwiegend körperlich und vorwiegend geistig arbeitenden Menschen zu überwinden. Die Tendenz der Entwicklung weist auf eine Verschmelzung von gesunder körperlicher Arbeit und vorwiegend schöpferischer geistiger Arbeit hin.
Die sich im Verlauf der wissenschaftlich-technischen Revolution vollziehenden Veränderungen der menschlichen Arbeitstätigkeit bzw. die neue Stellung des Menschen im gesellschaftlichen Produktions- und Reproduktionsprozeß werden vor allem durch folgende Tendenzen gekennzeichnet: Je mehr der Produzent aufhört, Bestandteil technischer Aggregate zu sein, je mehr er schöpferischer Planer und Lenker der Produktionsprozesse wird, desto höhere Bildung braucht er. Entsprechend der veränderten Tätigkeit ist eine stärkere Disponibilität der Arbeiter notwendig, verändern sich auch die Berufe, die Berufsstruktur und die Arbeitsteilung. Und nicht nur eine höhere Spezial- und Allgemeinbildung ist erforderlich, sondern – angesichts der Komplexität der Prozesse, in denen der Mensch sich auskennen muß, um sie erfolgreich ausführen, planen und leiten zu können – auch größere Disziplin, neue moralische Qualitäten, die Fähigkeit, schöpferisches Glied bzw. Leiter eines bewußt organisierten Arbeitskollektivs zu sein, müssen entwickelt werden. [2]
→ Charakter der Arbeit → Automatisierung → Produktion → Produktionsverhältnisse.

Arbeiterbewegung – Inbegriff des Kampfes der internationalen Arbeiterklasse für ihre ökonomische, politische und ideologische Befreiung aus den Fesseln der kapitalistischen Gesellschaftsordnung. Die Arbeiterbewegung entwickelte sich aus und mit dem Widerspruch von Kapital und Arbeit im Kapitalismus in Gewerkschaften, Bünden und Parteien.
Die Anfänge der Arbeiterbewegung kennzeichnen lokale, spontane Kämpfe gegen einzelne oder Gruppen von Kapitalisten um Verbesserung der unmittelbaren ökonomischen Lebensbedingungen. Durch die Verbindung von Arbeiterbewegung und wissenschaftlichem Sozialismus durch die Partei der Arbeiterklasse, die höchste Form ihrer Klassenorganisation, entwickelte die Arbeiter-

bewegung selbständige, auf den Sturz der kapitalistischen und die Errichtung der sozialistischen Gesellschaftsordnung gerichtete politische Programme. Ihre lokalen und zeitweiligen Vereinigungen zur Leitung lokaler Kämpfe gehen über in internationalistisch orientierte politische Klassenorganisationen, die die nationalen Abteilungen der Arbeiterbewegung bewußt im gemeinsamen Kampf gegen das Kapital für Frieden, Demokratie und Sozialismus führen.

Der 1848 von MARX und ENGELS gegründete *Bund der Kommunisten* und das *Manifest der Kommunistischen Partei* vereinigen die spontanen Vorläufer der Arbeiterbewegung mit dem wissenschaftlichen Sozialismus, der Theorie von der weltgeschichtlichen Mission der Arbeiterklasse, die Menschheit von Ausbeutung, Unterdrückung und Krieg zu befreien, die kapitalistische Gesellschaft zu beseitigen, die kommunistische Gesellschaft zu errichten. Der Bund der Kommunisten und die 1864 gegründete *Internationale Arbeiterassoziation* lösen die Arbeiterbewegung ideologisch, politisch und organisatorisch vom Einfluß der Bourgeoisie und bereiten die Gründung revolutionärer Arbeiterparteien in den einzelnen kapitalistischen Ländern vor: in *Deutschland* 1869 Gründung der *Sozialdemokratischen Arbeiterpartei* in Eisenach. Höhepunkt dieser Periode des organisierten Klassenkampfes der Arbeiterbewegung ist die *Pariser Kommune*, der erste heroische Versuch der proletarischen Revolution und der Errichtung der Diktatur des Proletariats.

Im letzten Drittel des 19. Jahrhunderts geht der Kapitalismus der freien Konkurrenz allmählich in das monopolistische Stadium, in den Imperialismus über; sein Grundwiderspruch verschärft sich in allen fortgeschrittenen Ländern. Die Arbeiterbewegung wächst in die Breite. In dieser Zeit wird die deutsche Sozialdemokratie unter der Anleitung von MARX und ENGELS und unter der Führung von BEBEL und W. LIEBKNECHT im Kampf gegen das Sozialistengesetz (1878–1890) zur einflußreichsten und angesehensten Massenpartei der internationalen Arbeiterbewegung. Doch versäumt es die deutsche Sozialdemokratie, die Lehren aus der *Pariser Kommune* und der Kritik von MARX am *Gothaer Programm* (angenommen 1875 bei der Vereinigung mit dem von LASSALLE gegründeten Allgemeinen Deutschen Arbeiterverein) zu ziehen. Die 1889 aus dem Bedürfnis des raschen Wachstums der internationalen Arbeiterbewegung in Paris gegründete *II. Internationale* fördert in vielen europäischen Ländern die Entstehung eigener Arbeiterparteien, die Ausbreitung und Durchsetzung des Marxismus und die Vorbereitung des Proletariats auf die entscheidenden Klassenschlachten zur Beseitigung der kapitalistischen Gesellschaft.

Mit Beginn der imperialistischen Entwicklung des Kapitalismus um die Jahrhundertwende verschärft sich insbesondere der Widerspruch zwischen der militaristischen Monopolbourgeoisie und den Volksmassen. Der soziale Befreiungskampf der Arbeiterklasse und ihrer Verbündeten nimmt in den einzelnen Ländern gesamtnationale Formen an.

In der *Partei der Bolschewiki* erwächst der Arbeiterbewegung unter Führung LENINS die politisch einheitliche, theoretisch zielklare revolutionäre Kampfpartei von neuem Typus, die allein imstande ist, die Massen unter den neuen Bedingungen zur Revolution zu führen. Sie wird zur Avantgarde der internationalen Arbeiterbewegung; unter ihrer Führung erobert die russische Arbeiterklasse in der *Großen Sozialistischen Oktoberrevolution* die Staatsmacht. Diese Revolution ruft eine mächtige Welle revolutionärer und nationaler Befreiungsbewegungen in der ganzen Welt hervor und leitet die *Epoche des Übergangs vom Kapitalismus zum Sozialismus* im Weltmaßstab ein.

In den übrigen Ländern gewinnt der → Opportunismus und → Revisionismus Einfluß auf die Arbeiterbewegung. Hier gelingt es der imperialistischen Bourgeoisie, durch die von ihr korrumpierten Schichten der Arbeiterklasse und der Partei- und Gewerkschaftsbürokratie die ideologische, politische und organisatorische Einheit der Arbeiterbewegung zu zersetzen.

Andererseits sammeln sich mehr oder weniger in allen Parteien der II. Internationale Kräfte, die auf dem Boden des Marxismus stehen und die Ziele und Interessen der Arbeiterklasse konsequent vertreten. In Deutschland orientiert die *Spartakusgruppe* unter Führung von K. LIEBKNECHT und R. LUXEMBURG die Arbeiter auf den revolutionären Kampf gegen Krieg und Imperialismus, nähert sich dem Leninismus, versäumt jedoch den rechtzeitigen organisatorischen Bruch mit den revisionistischen und opportunistischen Kräften.

Nach dem Sieg der Großen Sozialistischen Oktoberrevolution erwachsen der Arbeiterbewegung des ersten sozialistischen Landes neue Aufgaben: den Staat zu leiten, die Wirtschaft zu organisieren, die Kulturrevolution durchzuführen, die Massen auf den Weg des Sozialismus zu führen und der internationalen Arbeiterbewegung Vortrupp und Kraftquell zu sein. Im internationalen Maßstab entsteht die kommunistische Weltbewegung (1919 Gründung der *III. Internationale* in Moskau). In den einzelnen Ländern bilden sich kommunistische Parteien; der Marxismus-Leninismus setzt sich in der revolutionären Arbeiterbewegung durch. In Deutschland wird im Dezember 1918 im Verlauf der Novemberrevolution die *Kommunistische Partei Deutschlands* gegründet und der Grundstein für die marxistisch-leninistische Partei ge-

legt. Sie wird unter der Führung von E. Thälmann zur revolutionären Massenpartei, zur Vorkämpferin der sozialen und nationalen Befreiung des deutschen Volkes.
Dagegen dienen die rechtssozialdemokratischen Führer der Monopolbourgeoisie nicht mehr nur zur Spaltung der Arbeiterklasse, sondern als Repräsentanten des monopolkapitalistischen Staatsapparates zur Unterdrückung der revolutionären Arbeiterbewegung. Da sie die Einheitsfront mit den Kommunisten ablehnen, schwächen sie die Arbeiterklasse, so daß diese nicht in der Lage ist, den Faschismus zu verhindern, gegen den die Kommunistische Partei kompromißlos und unter größten Opfern kämpft, und mißachten das Streben der antifaschistischen Kräfte – auch aus den Reihen der Sozialdemokratie – zur einheitlichen Aktion gegen den Hitlerfaschismus. Die KPD dagegen wies den Antifaschisten, unserem Volk durch ihr Programm (Brüssel 1935, Bern 1939) und ihren Kampf den Weg zur Beseitigung des Faschismus und zur Errichtung der antifaschistischen demokratischen Republik.
Der Sieg der Sowjetunion über den Faschismus führte zum kraftvollen Anwachsen der revolutionären Arbeiterbewegung in allen Ländern. Er ermöglichte, daß die Arbeiterklasse – nachdem die Spaltung der Arbeiterbewegung überwunden worden war – in verschiedenen Ländern die volksdemokratische Revolution durchführen konnte.
Im Osten Deutschlands vereinigten sich KPD und SPD 1946 zur *Sozialistischen Einheitspartei Deutschlands*. In der *Deutschen Demokratischen Republik* vollzieht sich die größte Revolution der deutschen Geschichte. Die SED und die DDR, an deren Gründung und Entwicklung W. Pieck, O. Grotewohl und insbesondere W. Ulbricht hervorragenden Anteil haben, weisen der ganzen deutschen Nation den Weg in eine glückliche sozialistische Zukunft.
Im Januar 1963 trat der *VI. Parteitag* der Sozialistischen Einheitspartei Deutschlands zusammen. Er beschloß das Programm der SED. «Den durchgehenden Grundgedanken des Programms bildet die marxistisch-leninistische Lehre von der historischen Mission der Arbeiterklasse, die als Schöpfer der sozialistischen Gesellschaftsordnung die Interessen des ganzen Volkes, der Nation vertritt» (Geschichte der deutschen Arbeiterbewegung 8, 406).
In *Westdeutschland* und *Westberlin* verhindern die großkapitalistischen und junkerlichen Reaktionäre im Bund mit den USA-Imperialisten vermittels der rechten sozialdemokratischen Führer die Einheit der Arbeiterbewegung.
Die rechten sozialdemokratischen Führer ermöglichen damit die Restauration des Monopolkapitals und die Spaltung Deutschlands. Nach dem widerrechtlichen Verbot der KPD (1956) vertreten die rechten Führer der westdeutschen Sozialdemokratie offen die imperialistische Politik und kapitulieren vor der Partei der Monopole, der CDU/CSU.
In der *Sowjetunion* beginnt die Kommunistische Partei der Sowjetunion 1961 die neue große Aufgabe: den entfalteten Aufbau des Kommunismus. «Der XXII. Parteitag der KPdSU leitete einen neuen Abschnitt in der Geschichte der internationalen Arbeiterbewegung und der gesamten Menschheit ein. ... Das neue Programm der KPdSU, das auf der Theorie des Marxismus-Leninismus beruht», enthielt «zum ersten Mal in der Geschichte der Menschheit einen wissenschaftlich begründeten Plan zum Aufbau der kommunistischen Gesellschaft ...» (Geschichte der deutschen Arbeiterbewegung 8, 305ff).
Die Einmütigkeit der auf dem Boden des Marxismus-Leninismus stehenden internationalen kommunistischen und Arbeiterparteien im Kampf für Frieden, Demokratie und Sozialismus macht sie zum Kraftzentrum der mächtig anschwellenden nationalen Befreiungsbewegungen, der Weltgewerkschaftsbewegung, der demokratischen Bewegungen der Frauen und der Jugend und der Weltfriedensbewegung. Durch sie wird das sozialistische Weltsystem zur ausschlaggebenden Kraft, und die vereinte Front aller Friedenskämpfer gewinnt zum erstenmal in der Geschichte die Möglichkeit, Kriege aus dem Leben der Völker zu verbannen. Während die rechtssozialdemokratischen Führer dazu übergehen, die antisozialistische, antidemokratische und imperialistische Politik der Monopolbourgeoisie direkt zu unterstützen, die nationalen Interessen preiszugeben und die Werktätigen den Militaristen auszuliefern, verteidigt die revolutionäre kommunistische und Arbeiterbewegung erfolgreich die nationalen und internationalen Interessen der Völker.
Der *dialektische und historische Materialismus* ist die Weltanschauung der kommunistischen und Arbeiterparteien, der revolutionären Arbeiterbewegung. Aus ihr erhalten diese Parteien das tiefe Verständnis für die Notwendigkeit des Übergangs vom Kapitalismus zum Sozialismus, für die historische Rolle der Arbeiterklasse. Sie ist auch das Unterpfand für die Einheit und Geschlossenheit jeder einzelnen Partei, der Arbeiterbewegung und des sozialistischen Weltsystems. Durch die Tätigkeit der kommunistischen und Arbeiterparteien wird die marxistisch-leninistische Philosophie mit der Arbeiterbewegung verbunden. Der weltweite Einfluß des dialektischen und historischen Materialismus ist in dem Maße gewachsen wie die internationale Arbeiterbewegung.
→ Arbeiterklasse → Klassenkampf → Partei, marxistisch-leninistische.

Arbeiterklasse – 1. eine Grundklasse der kapitalistischen Gesellschaft und Antipode der Bourgeoisie. Die Angehörigen der Arbeiterklasse, die Arbeiter, sind Nichteigentümer von Produktionsmitteln. Sie besitzen nur ihre Arbeitskraft, die sie den kapitalistischen Eigentümern an den Produktionsmitteln zu verkaufen gezwungen sind. Dergestalt befinden sie sich trotz formalrechtlicher Freiheit in Unfreiheit gegenüber der Klasse der Kapitalisten. Die Arbeiter sind die unmittelbaren Produzenten der kapitalistischen Produktion. Sie leisten die körperliche Arbeit im Produktionsprozeß und erzeugen den hauptsächlichen Teil des gesellschaftlichen Reichtums. Die Arbeiterklasse wird im Kapitalismus von der herrschenden Klasse der Bourgeoisie sozial ausgebeutet, politisch unterdrückt und ideologisch niedergehalten. Der Name «Proletariat» umschreibt die soziale Ausbeutung, politische Unterdrückung und ideologische Niederhaltung der Arbeiterklasse in der kapitalistischen Gesellschaft.

Durch die Entwicklung der marxistisch-leninistischen Theorie und die Herausbildung der revolutionären proletarischen Partei wurde die Arbeiterklasse aus einer «Klasse an sich» zu einer «Klasse für sich», die sich ihrer welthistorischen Aufgabe, Totengräber der kapitalistischen Gesellschaft und Schöpfer der sozialistischen Gesellschaft zu sein, bewußt ist. Das Ziel ihres Kampfes ist eine Welt ohne Ausbeutung und Krieg, eine wahrhaft menschliche Gesellschaft, der Sozialismus und Kommunismus.

2. Die Arbeiterklasse ist die erste Klasse in der Geschichte, die sich nur befreien kann, wenn ihre Lebensinteressen wissenschaftlich formuliert sind. Ihr praktischer Kampf fällt mit der Lösung der philosophischen Probleme ihrer Zeit zusammen. «Wie die Philosophie im Proletariat ihre *materiellen*, so findet das Proletariat in der Philosophie seine *geistigen* Waffen ... Die Philosophie kann sich nicht verwirklichen ohne die Aufhebung des Proletariats, das Proletariat kann sich nicht aufheben ohne die Verwirklichung der Philosophie» (MARX/ENGELS 1, 391). Marxistisch-leninistische Philosophie und Arbeiterklasse sind zwei Seiten einer Sache: der Einheit von Theorie und Praxis.

3. Der Charakter der Arbeiterklasse ändert sich mit dem Übergang vom Kapitalismus zum Sozialismus. Sie besitzt die politische Macht, ist die führende Kraft der Gesellschaft und hört auf, eine ausgebeutete Klasse zu sein. Sie ist nicht mehr Proletariat, sondern mit dem gesamten Volk Eigentümer der Produktionsmittel, leitet Staat, Wirtschaft und Kultur und errichtet mit den Genossenschaftsbauern und der Intelligenz den Sozialismus und Kommunismus. In diesem Prozeß hebt die Arbeiterklasse die objektiven und subjektiven Bedingungen ihrer Existenz als Klasse auf. Mit der wissenschaftlich-technischen Revolution verändert sich auch die Struktur der Arbeiterklasse. Die Tätigkeit der Arbeiter und die der Intelligenz nähern sich einander an, einmal in dem Sinne, daß große Teile der Intelligenz aus der Arbeiterklasse hervorgehen, und zum anderen, weil die Trennung von körperlicher und geistiger Arbeit durch die automatischen Systeme auf der Grundlage sozialistischer Produktionsverhältnisse zunehmend aufgehoben wird. Die Entwicklung der Sowjetunion und der anderen Länder des sozialistischen Weltsystems zeugt von der unerschöpflichen Kraft der von der Ausbeutung und Unterdrückung befreiten Arbeiterklasse, die in der → Epoche des Übergangs vom Kapitalismus zum Sozialismus zur Hauptkraft der Entwicklung der menschlichen Gesellschaft wurde.

→ Arbeiterbewegung → Partei, marxistisch-leninistische.

Arbeiter-und-Bauern-Staat → Diktatur des Proletariats → Staat.

Arbeit mit dem Menschen → sozialistische Menschenführung.

Arbeitsproduktivität – Nutzeffekt der gesellschaftlichen Arbeit im Produktionsprozeß.

Die Höhe der Arbeitsproduktivität hängt in jeder Gesellschaftsformation von wissenschaftlichen, materiell-technischen und sozialökonomischen Faktoren sowie von moralischen Triebkräften ab.

Der ökonomische Inhalt der Höhe und Steigerung der Arbeitsproduktivität besteht in der Verringerung des Arbeitszeitaufwandes für die Produktion irgendeines Erzeugnisses. Durch Arbeitszeit einsparende Veränderungen im Produktionsprozeß wird die Erhöhung der Arbeitsproduktivität möglich. Zu diesen Veränderungen gehören: die Entwicklung von Wissenschaft und Technik und die Anwendung neuer Erkenntnisse im Produktionsprozeß, die Vervollkommnung der Produktionsmittel, Erhöhung der Qualifikation des tätigen Menschen, Anwendung neuer Arbeitsmethoden, rationelle Standortverteilung, Spezialisierung und Kooperation, wissenschaftliche Organisation des Produktionsprozesses sowie die Einführung neuer technologischer Verfahren usw. Steigerung der Arbeitsproduktivität bedeutet heute vor allem Meisterung der wissenschaftlich-technischen Revolution.

Die ständige Erhöhung der Arbeitsproduktivität ist eine grundlegende Voraussetzung für den erfolgreichen Aufbau des Sozialismus und Kommunismus. «Die Arbeitsproduktivität ist in letzter Instanz das Allerwichtigste, das Ausschlaggebende für den Sieg der neuen Gesellschaftsordnung» (LENIN 29, 416).

→ Arbeit.

Arbeitsprozeß – Prozeß der bewußten, zweckmäßigen Veränderung von natürlichen oder bereits bearbeiteten materiellen Gegenständen durch

Arbeit, d. h. mit natürlichen und technischen Arbeitsmitteln zu Produkten, die der Befriedigung menschlicher Bedürfnisse dienen, einen Gebrauchswert haben. «Die einfachen Momente des Arbeitsprozesses sind die zweckmäßige Tätigkeit oder die Arbeit selbst, ihr Gegenstand und ihr Mittel ... Im Arbeitsprozeß bewirkt ... die Tätigkeit des Menschen durch das Arbeitsmittel eine von vornherein bezweckte Veränderung des Arbeitsgegenstandes. Sein Produkt ist ein durch Formveränderung menschlichen Bedürfnissen angeeigneter Naturstoff» (MARX/ENGELS 23, 193ff).

Notwendige, zusammenhängende Merkmale jedes Arbeitsprozesses sind:

– Einsatz der natürlichen Organe des Menschen, und zwar physischer, der Sinnesorgane und des Gehirns (Nervensystem) zur Arbeit des Menschen als Subjekt des Arbeitsprozesses.

– Der Gebrauch und die Schöpfung von technischen Arbeitsmitteln.

– Das Vorhandensein einer ideellen Vorstellung vom Resultat des Arbeitsprozesses vor Beginn desselben, d. h. bewußte Verfolgung eines Zweckes im Gesamtablauf.

– Vorhandensein und Einsatz von Arbeitsmaterial und weiteren gegenständlichen Produktionsbedingungen, die nicht im engeren Sinne Arbeitsmittel sind, wie Gebäude, Verkehrswege usw.

Im Verlaufe der gesellschaftlichen Entwicklung entsteht eine → Arbeitsteilung, ein gesellschaftlicher, differenzierter Arbeitsprozeß, der zugleich ein spezifisch gesellschaftliches Verhältnis zwischen den Menschen herstellt und im Rahmen einer bestimmten Gesellschaftsformation stattfindet. «Soweit der Arbeitsprozeß ein rein individueller, vereinigt derselbe Arbeiter alle Funktionen, die sich später trennen ... Das Produkt verwandelt sich überhaupt aus dem unmittelbaren Produkt des individuellen Produzenten in ein gesellschaftliches, in das gemeinsame Produkt eines Gesamtarbeiters» (MARX/ENGELS 23, 531f). Die Grundlage ist jedoch in jedem Fall der Arbeitsprozeß in seiner zunächst vorliegenden individuellen Form als gleichbleibender, systematischer Grundprozeß. «Der Arbeitsprozeß ... in seinen einfachen und abstrakten Momenten ... ist allgemeine Bedingung des Stoffwechsels zwischen Mensch und Natur, ewige Naturbedingung des menschlichen Lebens und daher unabhängig von jeder Form dieses Lebens, vielmehr allen seinen Gesellschaftsformen gleich gemeinsam» (MARX/ENGELS 23, 198).

→ Arbeit → Charakter der Arbeit → Arbeitsteilung.

Arbeitsteilung – Differenzierung (Unterteilung) eines ganzheitlichen Arbeitsprozesses in qualitativ verschiedene Teilprozesse und Verteilung derselben an verschiedene Gruppen arbeitender Menschen; Entwicklung eines in technologischer, territorialer und sozialer Hinsicht strukturierten Arbeitsprozesses.

Die Arbeitsteilung und ihre geschichtliche Entwicklung stellen objektiv-gesetzmäßige Prozesse dar, die untrennbar mit der Entwicklung der materiellen Produktivkräfte verbunden sind, durch diese hervorgerufen werden und sie ihrerseits maßgeblich vorantreiben. Dabei hat die Geschichte vielfältige Arten von Arbeitsteilungen hervorgebracht, die nicht nur durch die Entwicklung der Produktivkräfte bedingt sind, sondern auch wesentlich durch die jeweiligen Produktions- und Klassenverhältnisse geprägt werden. Letzteres hat in der antagonistischen Klassengesellschaft dazu geführt, daß arbeitsteilige Verhältnisse den Charakter sozialer Gegensätze annahmen bzw. sich mit sozialen Gegensätzen verbunden haben. Ein Beispiel dafür ist der Gegensatz zwischen körperlicher und geistiger Arbeit, insbesondere der Gegensatz zwischen den unmittelbar ausführenden und den leitenden Funktionen im Arbeitsprozeß.

Im Ergebnis der historischen Entwicklung findet der Begriff der Arbeitsteilung für sehr verschiedenartige Verhältnisse Verwendung. Es ist daher wichtig, die jeweilige Bedeutung, in der der Begriff benutzt wird, konkret und präzis festzulegen.

Grundsätzlich ist zwischen *natürlicher* und *gesellschaftlicher Arbeitsteilung* zu unterscheiden. Die *natürliche Arbeitsteilung* ist eine spontane Teilung der Arbeit nach Alter und Geschlecht, die in den frühen Phasen der Entwicklung der menschlichen Gesellschaft, insbesondere in der Urgesellschaft, eine bedeutende Rolle bei der Entwicklung der Produktivkräfte gespielt hat. Formen der Arbeitsteilung in diesem Sinne existieren auch heute noch, haben jedoch ihre ursprüngliche eigenständige Bedeutung weitgehend verloren; sie entwickeln sich auf der Grundlage der gesellschaftlichen Arbeitsteilung und verflechten sich mit ihr.

Die *gesellschaftliche Arbeitsteilung* tritt in verschiedenen Formen und auf verschiedenen Ebenen auf. In der modernen Produktion sind nach MARX zunächst zu unterscheiden:

1. Die Arbeitsteilung im *allgemeinen* als Verteilung der gesellschaftlich notwendigen Arbeit auf bestimmte Zweige der Volkswirtschaft (Industrie, Landwirtschaft, Verkehr, Handel usw.);

2. die Arbeitsteilung im *besonderen* als Differenzierungsprozeß innerhalb der Wirtschaftszweige (z. B. Bergbau, Metallurgie, Maschinenbau, Textilindustrie innerhalb des Volkswirtschaftszweiges Industrie);

3. die Arbeitsteilung im *einzelnen* als zwischen den Arbeitskräften einer bestimmten Produktionseinheit bestehende innerbetriebliche Teilung der Arbeit bei der Herstellung, beim Transport und beim Vertrieb der Erzeugnisse.

Weitere Formen der gesellschaftlichen Arbeitsteilung, die sich teilweise mit den eben genannten überschneiden, sind die *berufliche* und die *territoriale Arbeitsteilung*. Die gegenwärtig höchste Form der gesellschaftlichen Arbeitsteilung ist die *internationale Arbeitsteilung* innerhalb des sozialistischen bzw. kapitalistischen Wirtschaftssystems und zwischen diesen gegensätzlichen Systemen. Im Zusammenhang mit diesen Formen der gesellschaftlichen Arbeitsteilung und durch den jeweiligen Entwicklungsstand der Produktivkräfte bedingt ergibt sich schließlich noch eine besondere Form der gesellschaftlichen Arbeitsteilung, die in der Aufteilung der gesellschaftlich notwendigen Arbeit auf große Menschengruppen besteht, die vorwiegend mit *körperlicher* oder *geistiger* bzw. mit *industrieller* oder *landwirtschaftlicher* Arbeit beschäftigt sind.

Historisch erfolgte *zuerst* die gesellschaftliche Arbeitsteilung zwischen den viehzüchtenden und ackerbautreibenden Stämmen in der Urgesellschaft. Sie führte einerseits zu einer Erhöhung der Arbeitsproduktivität mit einer allmählichen Vergrößerung des Mehrprodukts und andererseits zu ersten Formen des Austauschs. Die damit verbundene Zersetzung des Gemeineigentums schuf entscheidende materielle Voraussetzungen für die Entstehung des Privateigentums, die Spaltung der Gesellschaft in Klassen und die Herausbildung des Staates. Mit dem Übergang zur Sklaverei vollzog sich durch die Absonderung des Handwerks als speziellem Produktionszweig von der Landwirtschaft eine *zweite* große gesellschaftliche Arbeitsteilung. Diese führte zur Trennung von Stadt und Land und zur Produktion für den Markt, zur Warenproduktion. Die Entwicklung einer ständigen Ware-Geld-Beziehung zog ihrerseits eine *dritte* große gesellschaftliche Arbeitsteilung nach sich, die Spezialisierung auf die Vermittlung des Warenaustauschs, auf den Handel. Im Zusammenhang mit der Herausbildung dieser Formen der gesellschaftlichen Arbeitsteilung vollzog sich zugleich eine Aufteilung der Arbeit in vorwiegend körperliche und vorwiegend geistige Arbeit, und es entstanden die für die gesamte antagonistische Klassengesellschaft charakteristischen Gegensätze zwischen Stadt und Land und zwischen körperlicher und geistiger Arbeit.

Der *Gegensatz zwischen Stadt und Land* erfaßt alle Bereiche des gesellschaftlichen Lebens. Er äußert sich besonders in Ausbeutungs- und Herrschaftsverhältnissen. Entweder beherrschte die städtische Ausbeuterklasse das Land (Sklaverei, Kapitalismus) oder die ländliche Ausbeuterklasse die Stadt (Feudalismus). Seinen Höhepunkt erreicht der Gegensatz von Stadt und Land im Kapitalismus, insbesondere im Imperialismus, durch den rücksichtslosen Raubbau im Bereich der natürlichen Bedingungen der Landwirtschaft, durch die mangelhafte und ungleichmäßige Entwicklung der materiellen Produktivkräfte auf dem Lande, durch die systematische Ausplünderung der werktätigen Bauernschaft (im Imperialismus auch von Teilen der ländlichen Bourgeoisie) sowie durch die Verwandlung des Dorfes in ein Reservoir der industriellen Reservearmee und durch die Konservierung der Rückständigkeit des Dorfes.

Der *Gegensatz von körperlicher und geistiger Arbeit* beruht darauf, daß in den vorsozialistischen Gesellschaftsformationen die Produktivkräfte noch nicht soweit entwickelt sind, daß sie allen Mitgliedern der Gesellschaft eine allseitige Entwicklung ihrer körperlichen und geistigen Fähigkeiten ermöglichen können. Die Folge ist die Monopolisierung der geistigen Arbeit durch die herrschende Klasse. Der Gegensatz zwischen körperlicher und geistiger Arbeit führt dazu, daß die Volksmassen, obwohl sie die entscheidende Produktivkraft der Gesellschaft sind und bedeutenden Einfluß auf die Entwicklung des geistigen Lebens der Gesellschaft nehmen, nicht nur physisch, sondern auch geistig von der herrschenden Klasse unterdrückt werden und diese sich die geistigen Potenzen der Volksmassen aneignet. Mit dem Kapitalismus erreicht die gesellschaftliche Produktion jedoch einen Grad, «auf dem Aneignung der Produktionsmittel und Produkte, und damit der politischen Herrschaft, des Monopols der Bildung und der geistigen Leitung durch eine besondere Gesellschaftsklasse nicht nur überflüssig, sondern auch ökonomisch, politisch und intellektuell ein Hindernis der Entwicklung geworden ist» (MARX/ENGELS 20, 263).

In den *vorsozialistischen Gesellschaftsformationen* entstand die gesellschaftliche Arbeitsteilung naturwüchsig und entzog sich in ihrer Bewegung und in ihren Folgen der Kontrolle der Menschen. Sie wurde zu einer Grundlage der Spontaneität der gesellschaftlichen Entwicklung und zur Quelle körperlicher und geistiger Deformierung der menschlichen Persönlichkeit. Besonders widerspruchsvoll vollzieht sich die Entwicklung der gesellschaftlichen Arbeitsteilung im *Kapitalismus*. Die vollständige Unterordnung der Entwicklung der verschiedenen Formen der Arbeitsteilung unter die Interessen des Kapitals, insbesondere des Monopolkapitals, führte zu einem unüberbrückbaren Gegensatz zwischen der planmäßigen Organisation der Arbeitsteilung innerhalb der Betriebe, Konzerne und Monopole und der durch die Gesetze des Profits und der Konkurrenz beherrschten Arbeitsteilung im gesamtgesellschaftlichen Rahmen. Obwohl die Produktion in immer umfassenderer Weise gesellschaftlichen Charakter annimmt und durch den wissenschaftlich-technischen Fortschritt, vor allem durch die Automatisierung der Produktionsprozesse, die Möglichkeit zur allmählichen Überwindung der Antagonismen im Charakter der Arbeit entsteht, erreicht die Knechtung des Menschen unter die Teilung der Arbeit im Imperialismus ihren Höhepunkt. Da die große Masse der Werktätigen von der Planung und Leitung der Wirtschaft und des Staates ausgeschlossen ist und ihre Qualifizierungs- und Bildungsmöglichkeiten sehr begrenzt und unzulänglich sind, führt die mit der technischen Revolution untrennbar verbundene Vertiefung und Erweiterung der Arbeitsteilung zu einer weiteren Verstärkung der einseitigen und bornierten Spezialisierung der Produzenten in körperlicher und geistiger Hinsicht. Die Ergebnisse der Wissenschaft, die als Eigenschaft des Kapitals erscheinen, dienen der verstärkten Ausbeutung und Unterdrückung der Werktätigen sowie auch der Degradierung der geistig Arbeitenden. Daraus ergeben sich eine Reihe weiterer schwerwiegender gesellschaftlicher Folgen: Die Unterordnung des Volkes unter die Allmacht und Willkür des Kapitals, der Verfall der Kultur im Kapitalismus und die damit verbundene Ersetzung der kulturellen Betätigung durch den Vergnügungsbetrieb. Durch die Vereinseitigung des Menschen wird die Arbeit im Kapitalismus immer mehr zum bloßen äußeren Zwang, und die Bedürfnisse großer Menschengruppen werden auf eine primitive und bornierte Ebene gelenkt.

Im *Sozialismus* ergeben sich unter den Bedingungen der wissenschaftlich-technischen Revolution qualitativ andersgeartete Tendenzen der weiteren Entwicklung der gesellschaftlichen Arbeitsteilung.

Erstens beseitigt der Sozialismus mit der Ausbeutung des Menschen durch den Menschen auch die Verwandlung arbeitsteiliger Beziehungen in antagonistische Beziehungen, in Klassengegensätze oder durch Klassengegensätze geprägte Verhältnisse. Auf diese Weise beseitigt er den Gegensatz zwischen körperlicher und geistiger Arbeit, d. h. den Gegensatz zwischen den Gruppen der vorwiegend körperlich und der vorwiegend geistig Arbeitenden, wie auch den Gegensatz zwischen Stadt und Land. Dieser antagonistische Charakter der Arbeitsteilung wird aufgehoben.

Zweitens vollzieht sich auf der Grundlage der sozialistischen Produktionsverhältnisse, des Bündnisses zwischen Arbeiterklasse und Intelligenz und der Entwicklung der modernen Produktivkräfte eine Annäherung von körperlicher und geistiger Arbeit. Während die Automatisierung eine Annäherung und direkte Verbindung auf der Grundlage des Heraustretens der Produzenten aus dem unmittelbaren Produktionsprozeß, des Anwachsens der geistigen Elemente im Produktionsprozeß und des Zusammenwachsens körperlicher und geistiger Tätigkeiten an bestimmten Punkten der Produktion bedingt, fördert die Entwicklung der sozialistischen Demokratie diesen Prozeß durch die immer stärkere Einbeziehung der Massen und der Intelligenz in die Planung und Leitung der gesellschaftlichen Prozesse. Weitere Hauptlinien der Annäherung von körperlicher und geistiger Arbeit sind die Entwicklung der sozialistischen Gemeinschaftsarbeit, die Werktätige mit verschiedenartigster Ausbildung zu kollektiver Zusammenarbeit führt, und die Durchsetzung eines dem modernen Stand der Entwicklung entsprechenden sozialistischen Bildungssystems.

Drittens werden im Sozialismus die wesentlichen Unterschiede zwischen Stadt und Land allmählich beseitigt. Dies geschieht hauptsächlich auf dem Wege der Entwicklung industriemäßiger Produktions- und Organisationsmethoden in der Landwirtschaft bei wachsendem wissenschaftlich-technischem Niveau der genossenschaftlichen Produktion und durch das allmähliche Zusammenwachsen von sozialistischer Industrieproduktion und landwirtschaftlicher Produktion zu einem System der Nahrungs- und Gebrauchsgüterwirtschaft. Damit ist die Entwicklung des kulturell-technischen Niveaus und die umfassende Verbreitung von Bildung und Kultur auf dem Lande verbunden.

Viertens vollzieht sich schrittweise die Aufhebung der «knechtenden Unterordnung der Individuen unter die Teilung der Arbeit» (MARX) zugunsten einer immer vielseitiger werdenden Entwicklung der Individuen. Die entscheidenden Prozesse, die sich in diesem Zusammenhang vollziehen, sind a) die Entwicklung der Arbeit als Betätigung vielseitiger körperlicher und geistiger Fähigkeiten der Menschen und dabei vor allem Verbindung der Arbeit mit der Teilnahme an der Planung und Leitung der Produktion und der Gesellschaft; b) die Entwicklung eines sozialistischen Bildungssystems, das Vielseitigkeit (Breitenprofil) ermöglicht und auf die Entwicklung individueller Fähigkeiten abzielt, sowie Einsatz der Kader entsprechend ihren Fähigkeiten und Leistungen; c) bewußte, planmäßige Gestaltung der Ausbildung und des Einsatzes der Kräfte gemäß den gesamtgesellschaftlichen Erfordernissen.

Fünftens nimmt die Arbeitsteilung im Sozialismus immer mehr wissenschaftlichen Charakter an. Das kommt zum Ausdruck in der Beherrschung der technologischen Arbeitsteilung entsprechend den Phasen des Reproduktionsprozesses, der volkswirtschaftlich-strukturellen, der innerbetrieblichen und der territorialen Arbeitsteilung durch prognostisch fundierte, planmäßige volkswirtschaftliche Strukturpolitik, durch konsequente Realisierung des demokratischen Zentralismus, der die zentrale Planung der grundsätzlichen

Entwicklungslinien und der grundsätzlichen Strukturmaßnahmen mit der eigenverantwortlichen Leitung der Warenproduzenten und Territorien und mit der schöpferischen Initiative der Werktätigen verbindet, sowie durch eine langfristige Planung des Bildungswesens.
Sechstens ist die weitere Entwicklung der Arbeitsteilung im Sozialismus durch die Vertiefung der internationalen sozialistischen Arbeitsteilung auf der Grundlage von zwei- und mehrseitigen Abkommen und deren Realisierung charakterisiert. Eine prognostisch fundierte, langfristig angelegte Kooperationspolitik, die auf die Entwicklung der effektivsten Arbeitsteilung der sozialistischen Länder bei gleichzeitiger Entwicklung der einzelnen Länder zielt, ist eine historische Notwendigkeit, die sich aus den Erfordernissen der wissenschaftlich-technischen Revolution und der planmäßigen Leitung der modernen Produktionsprozesse ergibt. Eine solche internationalistische Wirtschaftspolitik ist die Voraussetzung für die zielstrebige Mehrung der Kräfte des Weltsozialismus. Bei der Entwicklung von Wirtschaftsbeziehungen mit den imperialistischen Ländern kommt es vor allem darauf an, die ökonomische Stärkung des sozialistischen Systems sicherzustellen.
→ Arbeit → Charakter der Arbeit.

Argument [lat] – 1. *allgemein*: Beweismittel, Beweisgrund für eine Behauptung; 2. in der *traditionellen Logik* daneben auch der Beweis selbst für eine Behauptung; 3. in der *modernen Logik, Mengenlehre* usw. bezeichnet man diejenigen Elemente einer bestimmten Menge $\mathfrak{M}$, denen durch eine Funktion gewisse Elemente oder Werte aus einer Menge $\mathfrak{M}'$ zugeordnet werden, als Argumente dieser Funktion.

Argumentum ... – in der *traditionellen Logik* besondere Art des Beweises. Man unterschied: *Argumentum a fortiori* – Beweis, daß die in Frage stehende Behauptung noch sicherer ist als eine bereits mit hinlänglicher Sicherheit bewiesene; *Argumentum a posteriori* – auf die Erfahrung gestützter Beweis; *Argumentum a priori* – Beweis mittels rein logischer, von aller Erfahrung unabhängiger Gründe; *Argumentum a tuto* – Beweis, daß die Annahme der Behauptung, wenn sie schon nicht nützt, so doch jedenfalls nicht schadet; *Argumentum ad baculum* – Beweis, der sich auf irgendwelche Befürchtungen stützt; *Argumentum ad hominem* – auf das Verständnis des Lesers bzw. Hörers zugeschnittener Beweis; *auch*: Beweis, der sich nicht auf die Behauptung, sondern auf den Menschen richtet, der sie aufstellt oder den sie betrifft; *Argumentum ad ignorantiam* – sich auf die Unkenntnis des Gegners stützender Beweis; *Argumentum ad judicium* – Beweis durch Berufung auf den gesunden Menschenverstand; *Argumentum ad misericordiam* – Beweis, der sich auf das Mitleid o. ä. Gefühle stützt; *Argumentum ad populum* – Beweis durch Argumente, welche die Gefühle einer Volksmenge erregen und sie hindern, sich ein leidenschaftsloses Urteil zu bilden; *Argumentum ad rem* – Beweis, der sich nicht auf Gefühle, Meinungen usw., sondern auf die Sache selbst stützt; *Argumentum ad verecundiam* – Beweis unter Berufung auf eine Autorität; *Argumentum ad veritatem* – auf objektiven Gründen beruhender Beweis; *Argumentum e consensu gentium* – Beweis unter Berufung darauf, daß die Behauptung allgemein als wahr anerkannt sei; *Argumentum e contrario* – Beweis durch den Nachweis der Falschheit des Gegenteils; *Argumentum ex concesso* – auf einer bereits als wahr zugestandenen Aussage beruhender Beweis.
Eine Analyse dieser verschiedenen Arten von Beweisen (oder scheinbaren Beweisen) vom Standpunkt der → Semiotik ergibt, daß die meisten von ihnen in den Bereich der → Pragmatik gehören. Bei der Mehrzahl von ihnen wiederum handelt es sich nicht um Beweise im eigentlichen Sinne, sondern – wie z. B. beim Argumentum ad baculum oder beim Argumentum ad populum – um rhetorische Kunstgriffe, die zum Teil in betrügerischer Absicht angewendet werden (→ Fangschluß). In den Bereich der → Syntaktik gehört eindeutig das Argumentum a priori, in den Bereich der → Semantik bzw. → Sigmatik gehören das Argumentum a posteriori, das Argumentum ad rem, das Argumentum ad veritatem und das Argumentum e contrario.

Arianismus – eine der bedeutendsten Strömungen in der antiken Ketzerbewegung und theologische Lehre, die von dem Presbyter Arius (256–336) um 318 in Alexandria vorgetragen wurde und sich zu einem grundlegenden dogmatischen Streit über das Wesen Christi und seine Stellung zu Gott-Vater ausweitete. Arius lehrte, ausgehend von der platonischen Grundlage der damaligen christlichen Theologie, daß Christus als Sohn Gott-Vater nicht «wesensgleich» (homoousios), sondern nur «ähnlich» (homoiousios) sei. Sein mit Hilfe der aristotelischen Logik geführter Beweis ging davon aus, daß der Logos Christi nicht mit dem Wesen Gottes identisch sei. Gott sei ewig und unerschaffen. Der Logos sei das erste Geschöpf Gottes, aus dem Nichts erschaffen. Damit ordnete Arius Christus eindeutig Gott-Vater unter. In Christus sei der Logos Mensch geworden und habe in ihm die Stelle der menschlichen Seele eingenommen. Christus werde zwar für Gott gehalten, sei es aber in Wirklichkeit nicht gewesen.
Der Arianismus bildete für die sich konstituierende christliche Staatskirche eine große ideelle Gefahr: 1. durch die konsequente Aufrechterhaltung des Monotheismus leugnete Arius das göttliche Wesen Christi und des Heiligen Geistes; 2. Arius'

Lehre ging von einer konsequenten Auffassung der rationalen Theologie aus, die die kirchlichen Mysterien letztlich ihres geheimnisvollen Charakters entkleidete; 3. der Arianismus wurde zur Ideologie der unterdrückten Massen besonders in den Städten der östlichen Hälfte des römischen Imperiums; 4. eine Reihe germanischer Stämme (Goten, Vandalen, Langobarden, Burgunder, Sueven) nahmen das Christentum in arianischer Form an, wodurch sie auch zu einer ideologischen Gefahr für das zerfallende römische Imperium wurden.

Der Arianismus wurde auf dem Ersten Ökumenischen Konzil von Nicäa (325) verurteilt und die Wesensgleichheit Christi mit Gott-Vater zum christlichen Dogma erhoben. Da der Kaiser aus politischen Gründen nach dem Konzil auf die Seite des Arianismus umschwenkte, wurde der Streit trotz bindendem Konzilbeschluß nicht beendet. In der Folgezeit nutzten die oströmischen Kaiser den Arianismus für ihre Kirchenpolitik aus. Erst auf dem Zweiten Ökumenischen Konzil von Konstantinopel (381) wurden der Arianismus und andere mit ihm zusammenhängende Lehren endgültig verurteilt. Dieses Konzil bedeutete den Anfang der rechtgläubigen katholischen Staatskirche.

Im 16. Jahrhundert entstand der Arianismus in verwandelter Form in Polen wieder, wo er hauptsächlich von Fausto SOZZINI (1539–1604) gelehrt wurde. Der *Sozinianismus* hat einen großen Einfluß auf die Theologie und vor allem auf die religionskritische Literatur der → Aufklärung im 18. Jahrhundert ausgeübt.

aristotelischer Realismus → Realismus.

Aristotelismus – die Philosophie des ARISTOTELES und ihre Fortentwicklung, Weiterbildung, Umbildung und Wiederbelebung von der peripatetischen Schule bis zu den Aristotelesrezeptionen der bürgerlichen Philosophie des 19. Jahrhunderts. Die nachhaltige und weitverzweigte Fortwirkung der Aristotelischen Philosophie ist so zwiespältig wie diese selbst.

Sie beginnt im unmittelbaren Anschluß an ARISTOTELES mit der mehr oder weniger epigonenhaften Pflege seines Werkes durch die *ältere peripatetische Schule* (ARISTOXENOS, DEMETRIOS VON PHALERON, DIKAIARCHOS, EUDEMOS, THEOPHRAST) und setzt sich fort in den *Aristoteleskommentaren der jüngeren peripatetischen Schule* (vor allem ALEXANDER VON APHRODISIAS und STRATON VON LAMPSAKOS). In ihren Kommentaren gab die *jüngere peripatetische Schule* eine im wesentlichen *materialistisch-pantheistische* Ausdeutung des Aristotelischen Werkes. Insgesamt gesehen reinigte sie die Lehre des ARISTOTELES von ihren *platonischen Elementen*: der transzendente unbewegte Beweger wird bestritten, das teleologische Wesen der Form abgelehnt und der göttliche *nous* zur allgemeinen Menschenvernunft uminterpretiert.

Von der jüngeren peripatetischen Schule, vor allem von ALEXANDER VON APHRODISIAS, nimmt die *materialistische Auslegung* der aristotelischen Lehre im Mittelalter in Gestalt des *Averroismus* ihren Ausgang.

Die *Scholastik* (in erster Linie ALBERTUS MAGNUS und THOMAS VON AQUIN) entwickelt sich weitgehend ein Rückgriff auf die *idealistischen Elemente* der Aristotelischen Philosophie (theologische Aristotelesauslegung).

In der *Renaissancephilosophie* erfolgt, vor allem durch die *Alexandristen* und *Averroisten*, wiederum ein Rückgriff auf die *materialistischen Elemente* des Aristotelischen Werkes.

Weitgehend durch Momente der aristotelischen Lehre geprägt ist die *protestantische Schulphilosophie* (MELANCHTHON) und die *spanische Scholastik* (SUÁREZ) im 16. und 17. Jahrhundert.

Im Kampf gegen die *Hegelsche Dialektik* greift im 19. Jahrhundert TRENDELENBURG bewußt auf ARISTOTELES zurück und wird so zum Vorläufer der gegen Ende des Jahrhunderts verstärkt einsetzenden Aristotelesrezeption innerhalb der *katholischen Philosophie*, die bis zur Gegenwart anhält (→ Neuscholastik → Neuthomismus).

Ars combinatoria [lat] – *eigtl*: Kunst des Zusammensetzens, Kombinierens; von dem spanischen Scholastiker RAYMUNDUS LULLUS (1235–1315) begründetes Verfahren, dem zufolge durch verschiedenartige Kombinationen von Begriffen neue Erkenntnisse gewonnen werden sollen; auch *Ars magna* (große Kunst) oder *Lullische Kunst* genannt.

LEIBNIZ schwebte ebenfalls eine *Ars combinatoria* als Mittel der Wahrheitsfindung vor. Einerseits unter dem Einfluß der von SPINOZA in seiner *Ethik* angewandten geometrischen Methode, die allgemein eine Belebung des deduktiven Schließens im Gefolge hatte, andererseits in Kenntnis des von HOBBES vorgetragenen, bei diesem freilich nominalistisch begründeten Standpunkts, daß unser Denken eine Art Rechnen mit Wortzeichen sei, wollte LEIBNIZ in Form einer *characteristica universalis* den gesamten Begriffsapparat in eine einheitliche Zeichen- oder Zahlensprache übersetzen und ähnlich dem mathematischen einen logischen Kalkül aufstellen. Jedem Begriff könnte z. B. eine charakteristische Zahl entsprechen, die ihrerseits aus den Zahlen der besonderen inhaltlichen Merkmale zusammengesetzt ist. Diese Denkweise auf die Wirklichkeit insgesamt angewandt, bedeutet nach LEIBNIZ, daß mit ihr alle möglichen Verbindungen vorhandener Elemente angegeben und damit alle Fragen, vor denen wir im Verlauf des Erkenntnisprozesses stehen, gelöst werden können.

Die Wissenschaftsentwicklung nach LEIBNIZ hat

dessen Vorhaben nicht bestätigt. Insbesondere durch die mathematische Logik wurde gezeigt, daß jener Gedanke in der von LEIBNIZ gewünschten Allgemeinheit nicht durchführbar ist. Andererseits aber wird neuerdings, vor allem unter informationstheoretischen und semiotischen Gesichtspunkten, die Bedeutung der LEIBNIZschen Idee hervorgehoben.

Artbegriff – Begriff, der einem anderen, dem Gattungsbegriff, untergeordnet ist. Eine Art von Individuen ist eine Klasse, die man als Teil einer umfassenderen Klasse auffassen kann. Ein Begriff kann nur dann ein Artbegriff sein, wenn es zu ihm einen anderen Begriff, einen Gattungsbegriff, gibt, dem außer dem genannten Artbegriff mindestens ein zweiter Artbegriff untergeordnet ist. So ist etwa der Begriff «Fichte» ein Artbegriff, der dem Gattungsbegriff «Nadelbaum» untergeordnet ist.

Ein Gattungsbegriff kann einem anderen Begriff gegenüber selbst wieder ein Artbegriff sein. Gattungs- und Artbegriff sind zueinander korrelativ.

In der *modernen Logik* wird die Problematik des Verhältnisses von Gattungs- und Artbegriff im Zusammenhang mit der logischen Relation der → Enthaltenseinsbeziehung abgehandelt. Wir sagen, die einem bestimmten Begriff zugeordnete Klasse A sei in der Klasse B *enthalten*, wenn für jedes Element x, das der Klasse A angehört, gilt, daß es auch der Klasse B angehört:

$$A \subset B =_{\mathrm{Def}} \forall(x)\,[A(x) \rightarrow B(x)].$$

Wir nennen A dann und nur dann eine Art von B, wenn A eine echte Teilklasse von B ist, d. h., wenn es mindestens ein Element x der Klasse B gibt, das nicht zugleich auch Element der Klasse A ist.

→ Gattungsbegriff.

Artes liberales [lat] – im Mittelalter Bezeichnung für die sog. Sieben Freien Künste, das heißt für Lehrfächer bzw. Wissenschaften, deren Aneignung im allgemeinen nicht dem Lebensunterhalt diente. Die Artes liberales umfaßten einige Bestandteile der einst sehr hoch entwickelten und hochstehenden antiken Bildung und Wissenschaft und stellten das gesamte Bildungs- und Wissensgut der niedergehenden Antike und fast des gesamten Mittelalters dar.

Ihren Ursprung haben die Artes liberales bei den *altgriechischen Sophisten*. Der römische Philosoph SENECA (4 v. u. Z. bis 65 u. Z.) erwähnte als erster den Ausdruck «artes liberales». Zusammenfassende Abhandlungen über die Sieben Freien Künste schrieben der Neuplatoniker MARTIANUS CAPELLA (um 470), dann bereits auf der Grundlage der christlichen Weltanschauung BOETHIUS (um 480 bis um 525), CASSIODOR (um 490 bis um 593), ISIDOR VON SEVILLA (gest. 636).

Die Artes liberales wurden eingeteilt in das *Trivium*, bestehend aus *Grammatik*, *Rhetorik* und *Dialektik* (*Logik*), und das *Quadrivium*, das sich aus *Arithmetik*, *Geometrie*, *Astronomie* und *Musik* zusammensetzte.

Im *Frühmittelalter* wurden die Artes liberales als notwendige Vorstufe zu den theologischen Studien angesehen. Nach der Entstehung und Herausbildung der Universitäten im 12. und 13. Jahrhundert wurden sie auf der sog. Artistenfakultät als Propädeutik zur Philosophie gelehrt und galten als die obligatorische Vorbildung für das Studium der Jurisprudenz, der Medizin und der Theologie. Aus den Artistenfakultäten sind die späteren philosophischen Fakultäten der Universitäten hervorgegangen.

Bis zur Mitte des 13. Jahrhunderts bildeten die Artes liberales die eigentliche Wissenschaft, waren sie die Summe des mittelalterlichen Bildungsgutes. Erst das Eindringen des antiken und arabischen Wissensgutes in die westeuropäische feudale Welt beendete die ausschließliche Vorherrschaft der Sieben Freien Künste als alleiniger Wissenschaft.

Für die allgemeine Bildung der herrschenden Klasse und die mönchische Ausbildung wurden die Artes liberales unter KARL DEM GROSSEN als verbindlich eingeführt. Vom Leiter der karolingischen Hofakademie ALKUIN (um 730–804) wurden sie zur unbedingten Voraussetzung für die geistliche Bildung erklärt. HRABANUS MAURUS (um 776 oder 784–856) fügt sie durch seine Schrift *De clericorum institutione* (Über Klerikerbildung) für Jahrhunderte fest in das geistliche Bildungsprogramm ein. Diese ausschließlich geistliche Okkupation der in den Sieben Freien Künsten erhalten gebliebenen antiken Wissensreste war der Grund dafür, daß sich das im 12. Jahrhundert entstehende weltliche Bildungsstreben nicht in erster Linie an die Artes liberales anlehnte, sondern sich auf das Studium des römischen Rechts bzw. der Kommentare zu ihm stützte, das die geistige Basis für die Begründung der ersten europäischen Universität in Bologna bildete.

Sowohl von den weltlichen als auch den geistlichen Vertretern der Feudalklasse wurden die Artes liberales benutzt, um einerseits die religiöse Weltanschauung durchzusetzen und andererseits diese in den Stand zu versetzen, ihren gesellschaftlichen Funktionen nachzukommen. HUGO VON BLANKENBURG (1096–1141) fügte die Sieben Freien Künste in sein mystisches System auf eine solche Weise ein, daß sie zu Vorstufen der mystischen Erkenntnis Gottes wurden. Damit nahm er den Artes liberales jegliche weltliche Bedeutung. Von streng orthodoxen feudalen Ideologen im 11. und 12. Jahrhundert wurden die Sieben Freien Künste sogar für völlig überflüssig gehalten, so z. B. von GERHARD VON CZANÁD (gest. 1046), PETRUS

DAMIANI (1007–1072), OTLOH VON ST. EMMERAM (1010–1070) und MANEGOLD VON LAUTENBACH (gest. um 1103). In den *Sentenzen* des PETRUS LOMBARDUS (gest. um 1164) spielten die Artes liberales bereits keine Rolle mehr. Diese Situation änderte sich jedoch grundlegend mit dem Eindringen der *Aristotelischen* und *arabischen Philosophie* in die westeuropäische feudale Weltanschauung seit dem letzten Drittel des 12. Jahrhunderts und während des 13. Jahrhunderts.

Die Sieben Freien Künste wurden, da sie notwendiges Wissen von der objektiven Außenwelt enthielten, trotzdem an den Dom-, Stifts- und Klosterschulen sowie an den Artistenfakultäten der Universitäten bis ins ausgehende Mittelalter hinein gelehrt, an letzteren als notwendige Vorstufe zu jeder höheren Bildung. Für die sich seit dem 13. Jahrhundert allmählich immer mehr ausbreitende weltliche Bildung wurden die artes liberales zum Hauptinhalt des zu vermittelnden Wissens.

Überwunden wurden die Artes liberales durch die Entstehung und Entwicklung der Wissenschaften, durch das Bekanntwerden neuer Kenntnisse und neuer Tatsachen sowie durch die sozialen Umstrukturierungen innerhalb der Feudalgesellschaft, die durch das Aufkommen der Ware-Geld-Beziehungen bedingt waren. Die Artes liberales verloren dadurch zunehmend ihre kirchlich-ideologische Bedeutung für die Feudalgesellschaft und starben im wesentlichen ab, sofern sie nicht elementarer Bestandteil der sich neu herausbildenden Wissenschaft wurden.

asiatische Produktionsweise – ökonomische Gesellschaftsformation, die sich direkt aus der Urgesellschaft als historisch erste Klassengesellschaft entwickelt hat.

MARX und ENGELS kennzeichneten die alten Klassengesellschaften des Vorderen Orients und Indiens als asiatische Produktionsweisen. Die ökonomische Grundlage dieser Formation ist die Dorfgemeinde mit ihrem Gemeineigentum am Boden. Über der Vielzahl der relativ autarken Dorfgemeinden erhebt sich eine zentrale Gewalt, deren gesellschaftliche Funktion in der Zusammenfassung der vielen zersplitterten Gemeinden für die Durchführung zentraler Aufgaben – Flußregulierung, Melioration, Kriegführung usw. – besteht. Diese zentrale Gewalt verselbständigt sich, entwickelt sich zur Despotie, und ihre Repräsentanten – die Beamtenhierarchie – werden zu einer ausbeutenden Klasse. Kennzeichnend für diese Gesellschaftsformation ist, daß in ihr neben dem Gemeineigentum der Dorfgemeinden am Boden auch die Sklaverei, die jedoch überwiegend den Charakter der Haussklaverei hat und nur in geringem Ausmaß in der Produktion angewandt wird, und feudale Verhältnisse auftreten. Diese Verhältnisse sind jedoch für diese Gesellschaftsformation nicht bestimmend. Sie werden zu bestimmenden Verhältnissen erst in den antiken Sklavenhaltergesellschaften und in den Feudalgesellschaften.

Die geschichtswissenschaftlichen Forschungen haben ergeben, daß Gesellschaften vom Typus der asiatischen Produktionsweise auch in Amerika und Afrika existiert haben. Es ist deshalb üblich geworden, Gesellschaften dieser Formation mit dem allgemeineren Begriff der *frühen Klassengesellschaft* zu bezeichnen. In der marxistischen Geschichtswissenschaft wird seit einigen Jahren die Frage diskutiert, ob diese frühe Klassengesellschaft – die asiatische Produktionsweise – als selbständige Formation anzusehen ist. Die Tendenz der Diskussion geht dahin, im Anschluß an MARX und ENGELS den selbständigen Charakter dieser Formation anzuerkennen.

Askriptor [lat] – nach Charles William MORRIS (Signs, Language, and Behavior 1946) ein Komplex von → Zeichen, der einerseits in identifizierender und andererseits in designativer, appraisiver, preskriptiver oder formativer Weise etwas bedeutet. Die zuerst genannte Weise des Bedeutens wird durch einen Identifikator hervorgerufen, d. h. durch ein Zeichen, das ein Objekt in Raum oder Zeit bedeutet – z. B. durch einen Namen oder eine Kennzeichnung; die zuletzt genannte Bedeutung wird durch einen → Designator, einen → Appraisor, einen → Preskriptor oder einen → Formator hervorgerufen.

Sofern der Askriptor ausschließlich Zeichen einer natürlichen Sprache enthält, entspricht der designative Askriptor etwa dem Aussagesatz, der appraisive der sprachlichen Existenzform des Werturteils, der preskriptive dem Aufforderungssatz und der formative einem Satz, der z. B. logische Konstante enthält.

Ein Askriptor, der nicht nur bedeutet, sondern auch bezeichnet, ist nach MORRIS ein T-Askriptor («T» steht hier für «true», d. h. für «wahr»), ein Askriptor, der nicht bezeichnet, ein F-Askriptor («F» steht hier für «false», d. h. für «falsch»). Die Zuverlässigkeit eines Askriptors, die nach MORRIS in Prozent angegeben werden kann, richtet sich danach, in wieviel Prozent der Fälle das, was der Askriptor bezeichnen soll, tatsächlich vorliegt. Wahrheit und Zuverlässigkeit sind dabei vom Glauben des Zeichenempfängers an diese Eigenschaften von Askriptoren gänzlich unabhängig.

Obwohl MORRIS selbst den Begriff der Wahrheit nur mit gewissen Vorbehalten auf Askriptoren anwendet, ist kritisch zu bemerken, daß Wahrheit im üblichen Sinne ohnedies nur gedanklichen Gebilden zukommt und unter diesen wiederum nur Aussagen, also keinen Zeichen oder Zeichenfolgen. Selbst wenn man eine relativ großzügige Interpretation der Terminologie von MORRIS

vornimmt, kann man allenfalls den designativen Askriptoren Wahrheit zubilligen in dem Sinne, daß sie Askriptoren sind, deren Bedeutung wahre Aussagen sind.
Die von MORRIS vorgenommene Unterteilung der Zeichen nach der Weise, in der sie bedeuten, in Designatoren, Appraisoren, Preskriptoren und Formatoren, und die sich daraus ergebende Unterteilung der Askriptoren dient ihm zu einem ersten Versuch der Unterscheidung verschiedener Redeweisen je nach dem prozentualen Anteil an Askriptoren der verschiedenen Arten. Dieser Versuch ist jedoch insofern nicht haltbar, als z. B. ein Text, der vorwiegend designative oder (auch) appraisive und nur wenige preskriptive Askriptoren enthält, insgesamt doch den Charakter eines Aufrufs zu einem bestimmten Handeln und damit preskriptiven Charakter haben kann.
Es kommt hinzu, daß, wie MORRIS selbst bemerkt, die Weise des Bedeutens von Zeichen nicht der Weise ihres Gebrauchs entsprechen muß, so daß zwischen ihnen streng zu unterscheiden ist. Im allgemeinen wird zwar ein Designator informativ, ein Appraisor wertend, ein Preskriptor inzitiv und ein Formator systematisch gebraucht, doch kommt es nicht selten vor, daß ein designativer Askriptor – z. B. ein Aussagesatz – inzitiv, d. h. im Sinne eines Aufforderungssatzes, gebraucht wird.
Aber auch die von MORRIS aus dieser Erkenntnis heraus entwickelte Klassifikation der Redeweisen, die durch Kombination der Arten des Bedeutens mit den Arten des Gebrauchs von Zeichen entsteht, kann in der Mehrzahl der Fälle nicht als geglückt angesehen werden.
Nichtsdestoweniger kann man erwarten, daß sowohl die Einsichten als auch die Irrtümer MORRIS' für den Ausbau einer Semiotik auf der Grundlage der marxistischen Erkenntnistheorie nutzbringend verwertet werden können.

assertorisch [lat] – *eigtl*: bestimmt behauptend; Eigenschaft einer *logischen Aussage*, in der der Prädikatsbegriff dem Subjektsbegriff *tatsächlich, wirklich* zukommt oder nicht zukommt. Untersuchungen über Aussagen dieser Art fallen in den Bereich der → Modalitätenlogik.
→ apodiktisch → problematisch.

Assoziation [lat] – *eigtl*: Vereinigung, Verbindung, Verknüpfung.
In *Psychologie* und *Philosophie* bedeutet «Assoziation» die gesetzmäßige Verknüpfung von Bewußtseinsinhalten (Vorstellungen, Begriffen usw.) in der Weise, daß das Auftreten einer Vorstellung, eines Begriffs usw. im Bewußtsein das Auftreten der mit ihnen assoziierten Vorstellungen, Begriffe usw. hervorruft bzw. daß sie sich wechselseitig ins Bewußtsein rufen. Assoziationen zwischen Bewußtseinsinhalten sind Widerspiegelungen objektiv existierender Zusammenhänge zwischen den Dingen, Systemen, Prozessen usw. der materiellen Welt.
Die Fähigkeit zur Assoziation spielt vor allem beim Lernen (Gedächtnis) eine wesentliche Rolle und wurde in eben diesem Zusammenhang zuerst von ARISTOTELES untersucht, der auch bereits die Frage nach den physiologischen Voraussetzungen stellt (*Über die Seele*). Ausgehend von dem im Gedächtnis vor sich gehenden Prozeß der Erinnerung, unterscheidet ARISTOTELES drei Arten von Assoziationen: nach der Ähnlichkeit, nach dem Gegensatz und nach der räumlichen oder zeitlichen Nähe («Gedächtnis und Erinnerung»). Jedoch erst in der materialistischen Psychologie und Philosophie der Neuzeit wurde dieser Ansatz zu einem methodologischen Prinzip bei der Erforschung der psychischen Tätigkeit ausgebaut (DESCARTES, SPINOZA, HOBBES, LOCKE). HOBBES zufolge entspricht die bestimmte Ordnung, in der unsere Vorstellungen aufeinanderfolgen, der Folge der Empfindungen, die wiederum durch die physiologischen Veränderungen im Organismus, die während der Einwirkung der Körper der Außenwelt auf ihn entstehen, bestimmt sind. LOCKE hingegen will den Terminus «Assoziation» nur auf zufällige oder durch Gewohnheit bedingte Verknüpfungen von Ideen angewendet wissen. Die mechanizistischen Vorstellungen, die sich mit der Anwendung des Assoziationsprinzips in der *materialistischen Assoziationspsychologie* (D. HARTLEY, J. PRIESTLEY u. a.) verbanden, dienten dem Idealismus als Argument gegen deren deterministische Grundhaltung. Die auf idealistischer Grundlage betriebene Assoziationspsychologie (T. M. BROWN, J. F. HERBART u. a.) verwarf den Gedanken der Abhängigkeit bzw. Determiniertheit der Assoziation psychischer Erscheinungen von bzw. durch materielle Ursachen und faßte die Assoziation subjektiver Vorstellungen und ihre Komponenten als elementare, primäre psychische Phänomene auf, aus denen sich nicht nur die gesamte psychische Tätigkeit, sondern auch die objektive Realität selbst aufbauen soll.
Die *klassische Assoziationspsychologie* gelangte im 19. Jahrhundert zu wertvollen experimentellen Erkenntnissen vor allem auf dem Gebiet der Psychologie der Wahrnehmung und des Gedächtnisses (F. GALTON, H. EBBINGHAUS, W. WUNDT). Zugleich traten in diesen experimentellen Arbeiten ihre prinzipiellen Beschränktheiten zutage, z. B. ihre Ignorierung des Systemcharakters der psychischen Tätigkeit, die sie zum Gegenstand der Kritik seitens der *Gestaltpsychologie* werden ließ. In der *Lehre* I. P. PAWLOWS *von der höheren Nerventätigkeit* wurde die Assoziationspsychologie auf der Grundlage der Reflextheorie und unter Beibehaltung ihres rationellen materialistischen und deterministischen Kerns dialektisch aufgehoben.

Diese Linie weiterführend, betrachtet die *gegenwärtige sowjetische Psychologie* (RUBINSTEIN, ANANJEW, SCHEWARJOW u.a.) die Assoziation nicht als mechanische Verknüpfung vereinzelter psychischer Zustände, sondern als durch einen Komplex von Faktoren bedingt, in dem die Bedürfnisse, Interessen usw. der Persönlichkeit eine Einheit bilden, und betont so den Systemcharakter und die materielle Determiniertheit der Assoziationen.

In der *Logik* und *Erkenntnistheorie* führte die auf HUME zurückgehende und im 19. Jahrhundert vorherrschende Assoziationstheorie zur psychologistischen Auffassung des Erkenntnisprozesses. Die Vertreter des *Psychologismus* (SIGWART, WUNDT, LIPPS, B. ERDMANN u.a.) betrachteten die Erkenntnistätigkeit als einen subjektiven Prozeß und die Erkenntnis selbst als das Resultat der Assoziation der unmittelbaren Wahrnehmungen des Subjekts. Hieraus leiteten sie die Aufgabe einer psychologischen Begründung der Logik bzw. einer psychologischen Interpretation der logischen Begriffe ab und sahen in der Logik einen Teil der Psychologie. Die Unhaltbarkeit dieser Konzeption zeigte sich besonders im Hinblick auf mathematische Begriffe, die nicht auf dem Wege einer induktiven Generalisierung, einer Assoziation individueller Wahrnehmungen oder Erfahrungen gebildet werden. Die Entwicklung der *mathematischen Logik* machte denn auch eine neue Auffassung des Wesens der Logik notwendig, die in den dreißiger Jahren des 20. Jahrhunderts vom *Neupositivismus*, insbesondere von den Mitgliedern des *Wiener Kreises*, gegeben wurde. Im Gegensatz zum Psychologismus lehnte es der Neupositivismus jedoch überhaupt ab, die Art und Weise der Entstehung neuer Kenntnisse, der Entdeckung neuer Gesetze, des Übergangs von Empirischem zu Theoretischem als eine Aufgabe logisch-philosophischer Forschung zu betrachten, die sich seiner Auffassung gemäß nur auf die logische Analyse schon vorhandener Kenntnisse zu beschränken habe (→ *Empirisches und Theoretisches*).

In einer anderen Bedeutung wird der Terminus «Assoziation» in der *Soziologie* gebraucht. Hier versteht man unter Assoziation eine Gesamtheit von Menschen, die durch bestimmte Ziele bzw. zur Realisierung festgelegter Zwecke untereinander verbunden sind. So ist beispielsweise die menschliche Gesellschaft eine Assoziation, insofern die ihr angehörenden Individuen durch die Produktion aufeinander bezogen sind. Da jedoch die von einer Gesellschaft angestrebten Zwecke zahlreich sind, sind Gesellschaften in sich wiederum in eine Menge von Assoziationen gegliedert (z. B. in Klassen, Parteien). Assoziationen weisen immer einen (größeren oder geringeren) Grad an Organisation und bestimmte Normen für das Verhalten ihrer Mitglieder auf. Assoziation muß von Institution unterschieden werden, da Assoziation den Zielaspekt der Gruppenbildung erfaßt, Institution jedoch mehr auf die Methoden und Mittel geht, mit deren Hilfe Gruppenzwecke realisiert werden. Dennoch hängen Assoziation und Institution auch miteinander zusammen, da alle Assoziationen von gesellschaftlicher Bedeutung Institutionen entwickeln.

Assoziationsgesetze [lat] – nach HUME die Art und Weise, wie sich unsere Bewußtseinsinhalte verknüpfen, ohne Rücksicht darauf, ob diese Verknüpfungen Tatbeständen außerhalb des Bewußtseins entsprechen oder nicht. Die Tatsache, daß sich Vorstellungen überhaupt miteinander verbinden lassen, gilt ihm quasi als psychisches Grundgesetz, an dem er drei Erscheinungsformen unterscheidet: das Gesetz der Ähnlichkeit, das der Berührung in Raum und Zeit und das der Verursachung.

Bereits HEGEL (Enz § 455) hat erkannt, daß es sich hierbei nicht um Gesetze im wissenschaftlichen Sinne handelt: «Die sogenannten Gesetze der *Ideen-Association* haben besonders mit ... [der] Blüte der empirischen Psychologie ein großes Interesse gehabt. Fürs erste sind es keine *Ideen*, welche associiert werden. Fürs andere sind diese Beziehungsweisen keine *Gesetze*, eben darum schon, weil so *viele* Gesetze über dieselbe Sache sind, wodurch Willkür und Zufälligkeit, das Gegenteil eines Gesetzes, vielmehr Statt hat; es ist zufällig, ob das Verknüpfende ein Bildliches oder eine Verstandeskategorie, Gleichheit und Ungleichheit, Grund und Folge usf. ist. Das Fortgehen an Bildern und Vorstellungen nach der associierenden Einbildung ist überhaupt das Spiel eines gedankenlosen Vorstellens, in welchem die Bestimmung der Intelligenz noch formelle Allgemeinheit überhaupt, der Inhalt aber der in den Bildern gegebene ist.»

Assoziationspsychologie [lat + griech] – Lehre, nach der alle Resultate des menschlichen Denkens nur durch psychische Gesetzmäßigkeiten bedingte Umbildungen der ursprünglichen Sinnesempfindungen sind.

Der theoretische Ausgangspunkt ist mit HOBBES' Auffassung gegeben, daß Erkenntnistätigkeit und physiologische Vorgänge einen einheitlichen mechanischen Zusammenhang bilden. Als eigentlicher Begründer gilt David HARTLEY (1704–1757). Neben HOBBES ist es vor allem LOCKE, aber auch Peter BROWN, von denen er ausgeht.

Für alle sich im psychischen Bereich abspielenden Vorgänge, bei denen neue Vorstellungsgebilde entstehen, führt er den schon von LOCKE verwendeten Begriff der Assoziation ein. Die psychologischen und physiologischen Abläufe befinden sich infolge eines vollkommenen *Parallelismus* in einem stetigen, nicht aufhebbaren Zusammenhang. Die den geistigen Vorgängen zugrunde liegende Form der physiologischen Bewegung sah er, dem damaligen Kenntnisstande gemäß – in Anlehnung an NEWTON – in den *Vibrationen* von Gehirn und Nerven. HARTLEY hat damit, subjektiv ungewollt (er war streng religiös), die geistigen auf materielle Vorgänge zurückgeführt und sie damit dem – freilich mechanischen – Kausalnexus unterworfen. Sein Schüler, Joseph PRIESTLEY (1733–1804), sieht im Sinne einer mechanisch-materialistisch betriebenen Psychologie die Vorstellungsassoziationen ebenfalls in Abhängigkeit von den Gehirnschwingungen. Er spricht jedoch – klarer als sein Lehrer – von einer Materialität der «seelischen» Vorgänge, will eine Physik des Nervensystems schaffen und betrachtet die Psychologie als einen Teil der Physiologie. In der Richtung eines vulgären Materialismus ergibt sich für Erasmus DARWIN (1731–1802), der ebenfalls von HARTLEY ausgeht, die Materialität des Psychischen aus der Tatsache gemeinsamer körperlicher Eigenschaften.

In direkter Anknüpfung an HARTLEY und PRIESTLEY bildet sich in Deutschland im 18. Jahrhundert und zu Beginn des 19. Jahrhunderts eine mechanisch-materialistisch begründete Psychologie aus: Melchior Adam WEIKARD (1742–1803; *Der philosophische Arzt* 1775–1777), Johann Christian LOSSIUS (1743–1813; *Die physischen Ursachen des Wahren* 1775), Michael HISSMANN (1752–1784; *Psychologische Versuche, ein Beitrag zur esoterischen Logik* 1777; *Briefe über Gegenstände der Philosophie* 1778).

Im gleichen Sinne ist auch die 1713 anonym erschienene Schrift *Zweier guten Freunde vertrauter Briefwechsel vom Wesen der Seele* zu verstehen.

Unter dem Einfluß der englischen Assoziationspsychologie steht auch HERBART (Psychologie als Wissenschaft, neu gegründet auf Erfahrung, Metaphysik und Mathematik 1824/25).

In der späten bürgerlichen Philosophie wenden sich gegen die Assoziationspsychologie, insbesondere wegen ihrer materialistischen Grundlage und der Annahme gesetzmäßiger Zusammenhänge zwischen Psychischem und Physischem, besonders DILTHEY und BERGSON.

assoziativ [lat] (verknüpfend) – eine zweistellige logische Verknüpfung o ist assoziativ genau dann, wenn der Ausdruck $H_1 o (H_2 o H_3)$ dem Ausdruck $(H_1 o H_2) o H_3$ werteverlaufsgleich ist. Die Tatsache, daß eine bestimmte Verknüpfung assoziativ ist, wird durch ein assoziatives Gesetz zum Ausdruck gebracht.

In einer Booleschen Algebra, in der zwei Verknüpfungen definiert sind, die kommutativ und distributiv sind und von denen jede über ein Einheitselement verfügt, läßt sich die Assoziativität dieser Verknüpfungen ableiten.

Bei einer Interpretation dieser Algebra in der Aussagenlogik entspricht der einen Verknüpfung die Konjunktion, der anderen die Alternative. Da sich die Assoziativität bei der Interpretation auf das betreffende Gebiet (in diesem Falle die Aussagenlogik) überträgt, sind also auch Konjunktion und Alternative assoziativ. Dies gilt nicht für alle aussagenlogischen Verbindungen. Die Implikation besitzt die Eigenschaft der Assoziativität nicht.

$$(p \to q) \to p$$
$$p \to (q \to p)$$

Wäre die Implikation assoziativ, so müßten diese beiden Ausdrücke äquivalent sein; das sind sie aber nicht. Der zweite Ausdruck ist allgemeingültig, der erste dagegen bildet eine Neutralität.

Die Assoziativität von Verknüpfungen besitzt sehr allgemeinen Charakter und spielt eine große Rolle in der Theorie der Halbgruppen. Unter einer Halbgruppe versteht man in einer Algebra eine Menge von Elementen, über denen eine zweistellige assoziative Operation definiert ist. Ein erkenntnistheoretisch wichtiger Spezialfall der Theorie der Halbgruppen liegt in der allgemeinen Theorie der Zeichen (→ Semiotik) vor. Die Menge von Elementen ist hier eine Menge von Zeichen bzw. von Zeichenreihen, genauer gesagt, von Zeichengestalten. Die zweistellige assoziative Operation besteht in der sog. Verkettung zweier Zeichen z_1 und z_2. Diese Verkettung ist nichts anderes als die Hintereinanderreihung von z_1 und z_2. Durch Anwendung der zweistelligen Verkettungsoperation entsteht also aus den Zeichen z_1 bzw. z_2 ein neues Zeichen z_3. Die Theorie der Halbgruppen und ihre Anwendungen in der Semiotik führen zu Abstraktionen von sehr großer Allgemeinheit.

→ logischer Ausdruck.

Ästhetik [griech] – Sammelbegriff für Wissenschaft und Theorie von der ästhetischen Aktivität des Menschen. Wesentlicher Inhalt der ästhetischen Aktivität ist die Formierung der Welt nach den Gesetzen der Schönheit. Das setzt die Erkenntnis bzw. die Ahnung dieser Gesetze sowie die Bildung und Verwirklichung bestimmter Wertvorstellungen voraus, die für die Steigerung des individuellen und gesellschaftlichen Lebensprozesses richtungweisende Bedeutung besitzen. Wertung und Gestaltung der objektiven Realität (Natur und Gesellschaft) nach ästhetischen Maßstäben bilden ein integrales Element der Vergegenständlichung menschlicher Wesenskräfte und werden mehr oder weniger in allen Formen und Bereichen produktiver Tätigkeit manifest, teils spontan, teils bewußt – mit wachsendem Zivilisationsgrad immer bewußter. Die Herausbildung und Verwirklichung ästhetischer Wertmaßstäbe erfolgt auf gesellschaftlicher Stufenleiter. Sie ist unmittelbarer Ausdruck des aktiven Verhaltens

des Menschen zur Realität und vermittelndes Element der Verwirklichung seines Gattungswesens.
Die Ästhetik als Wissenschaft hat die Gesetze dieser ästhetischen Aktivität, ihrer unterschiedlichen Formen, ihrer Entwicklungsbedingungen, ihrer Verwirklichung und ihrer Entwicklungsperspektiven zu ermitteln. Die *allgemeine Ästhetik* untersucht die ästhetische Aktivität als ein generelles schöpferisches Vermögen des Menschen, das in der Beziehung zu jedem Phänomen wirksam wird (Natur und Gesellschaft). Zu unterscheiden davon ist der Teil der Ästhetik, der sich mit den *speziellen Formen ästhetischer Aktivität* befaßt, die in ikonischer Gestalt bei der Entwicklung des gesellschaftlichen Lebensprozesses wirksam werden: Tanz, Dichtung, Musik, Bildende Kunst, Theater, Film usw. Die Einschränkung der Ästhetik auf die Theorie der Künste widerspricht der Auffassung, der zufolge unsere Sinnlichkeit wesentlich praktische menschlich-sinnliche Tätigkeit ist (MARX, These 5, 9 über FEUERBACH). Ästhetische Aktivität (Produktion und Rezeption) in ikonischer Form bildet einen wesentlichen Teil der ästhetischen Aktivität der Gesellschaft. Für die ästhetische Theorie ergibt sich daraus die Frage: Welche spezielle Rolle spielen die Künste bei der Veränderung der Welt und der Steigerung des individuellen und gesellschaftlichen Lebensprozesses? Die wichtigste Frage für den *marxistischen Ästhetiker* lautet: Welche Bedeutung hat die ästhetische Beziehung und die ästhetische Wertbestimmung für die Gestaltung und Entwicklung des gesellschaftlichen Lebensprozesses und der Persönlichkeit im Sozialismus und Kommunismus?
Die ästhetische Bewertung der Phänomene vollzieht sich zwischen den zwei entgegengesetzten Wertpolen «schön» und «häßlich». «Schön» stellt darin die positive, ihr Gegenteil «häßlich» die ablehnende Bewertungschiffre dar. Diese Bewertungspolarität spiegelt sich in allen Sprachen in nahezu gleichartiger Bedeutungsbestimmung wider. Das spricht dafür, daß es sich bei der ästhetischen Wertrelation nicht um einen zufälligen, lokal oder zeitlich bedingten Sachverhalt handelt, sondern um eine Relation von weitreichender gesellschaftlicher Allgemeingültigkeit. Außerordentlich verschieden dagegen nach Zeit, Ort und Persönlichkeit ist die konkrete Anwendung der ästhetischen Wertrelation.
Künstler und Philosophen haben sich daher seit jeher um die Ergründung der ästhetischen Wertaxiomatik, ihrer Funktion, ihres Bedeutungsgehalts und ihrer Kriterien bemüht. (Gibt es objektive Kriterien für den ästhetischen Wert? usf.) Die Eigenart des Gegenstandes bringt es mit sich, daß Künstler, Dichter und Baumeister oft tiefere Einsichten in das Wesen der ästhetischen Aktivität gewonnen haben als Philosophen, oft aber auch extrem subjektive Meinungen aussprechen.
In der *Geschichte der europäischen Ästhetik* – die nur einen begrenzten Ausschnitt darstellt – sind nach greifbarer Überlieferung die Griechen die ersten, die sich systematisch mit dem Problem befaßt haben. XENOPHON (580–480) setzte das ästhetische Wertkriterium mit dem Nützlichen und Sittlichen gleich. Bei ihm begegnen wir den ersten Ansätzen einer funktionalen Theorie des Ästhetischen: Schön sei, was in optimaler Weise seinen Zweck erfüllt. «Das Brauchbare ist schön, wozu es brauchbar ist» (Apomnemoneumata IV 68). Die bloße äußere sinnliche Erscheinungsweise sei kein ausreichendes Kriterium für Schönheit, die Zweckbestimmung des Menschen erfülle sich in seiner Sittlichkeit. Daher sei der sittliche Mensch der schöne. Aus XENOPHONS Vorstellungen erwächst eine rein didaktisch moralisierende Theorie der Künste. PLATONS (427–347) Vorstellungen über das Wesen der ästhetischen Wertrelation bleiben vage (Phaidros, Hippias, Symposion). Im *Hippias* lehnt er die Gleichsetzung des Schönen mit dem Angenehmen, Angemessenen (Funktionalen) und Nützlichen ab. Im *Symposion* definiert er Schönheit unter Hinweis auf HOMER, HESIOD und das *Handwerk* durch ihre Wirkung: Das Schöne sei das, was die schöpferischen Kräfte entbinde. Schönheit sei die «Geburtsgöttin». Das Schöne finde sich in allem: Universum, Gesellschaft, Körper–Seele, Staat–Sitte, vorzüglich jedoch im Schauen der Wahrheit. Im *Symposion* identifiziert PLATON die Schönheit mit der absoluten Wahrheit: «Das an und für sich in sich selbst ewig Seiende», weder qualitativ noch quantitativ wandelbar, nicht im einzelnen partikularen Phänomen sich darstellend, sei «das göttliche Schöne in seiner Einzigartigkeit». Seinen ästhetischen Wertbestimmungen liegt demzufolge seine idealistische Erkenntnistheorie und Seinslehre zugrunde. Bemerkenswert ist, daß PLATON kein Phänomen aus der ästhetischen Beziehung des Menschen ausschließt und daß ihm bereits die Dialektik zwischen «schön sein» und «schön erscheinen», zwischen objektiven und subjektiven ästhetischen Kriterien als Problem bewußt war.
ARISTOTELES (384–322) hat sich seiner stark empirisch orientierten Denkweise gemäß mehr mit konkreten Fragen der künstlerischen Praxis als mit der allgemeinen ästhetischen Werttheorie befaßt. In Kapitel 7 der *Poetik* bezeichnet ARISTOTELES Quantität und gesetzmäßigen Zusammenhang (Größe und Ordnung – megethos und taxis), und zwar in ihrem Verhältnis zum Menschen, als Grundkomponenten ästhetischer Wertbestimmung (Schönheit), in der *Metaphysik* (1078a 31/36) Ordnung, Symmetrie, Begrenzung. Diese Elemente bestimmen auch seine Poetik der

Tragödie: Einheit und Abgeschlossenheit der Handlung, deren Symmetrieachse in Gestalt der Peripetie zwischen Schürzung und Lösung des Konflikts liegt. Seine Poetik ist angewandte ästhetische Werttheorie. Bemerkenswert ist, daß ARISTOTELES die ästhetische Wertrelation klar von der ethischen unterscheidet: dem ästhetischen Urteil seien auch anorganische Dinge (akinetoi) zugänglich, ja auch Vorstellungen und Sätze der Mathematik.

Die *römische Philosophie* hat keine eigenständige ästhetische Theorie zustande gebracht. CICERO hat die griechische lediglich für den praktischen römischen Verstand mundgerecht gemacht und trivialisiert.

Trotz zahlreicher Widersprüche kennzeichnet ein wesentliches Moment die gesamte antike Ästhetik in ihrer besten Form: Das griechische Wort «Kosmos» ist dafür sinngebend. Es bedeutet Ordnung, Schönheit, Weltall zugleich (Kosmetik enthält noch diese Komponente). Die Ordnung der Welt zu diesem Zeitpunkt als «schön» empfinden konnte allerdings nur eine Klasse, die mit sich selbst und ihrer Existenzform zufrieden war.

PLOTIN (205–270) markiert den Übergang aus dieser Phase der gesellschaftlichen Entwicklung in eine Ästhetik des Jenseitsbedürftigen, Mystischen, Immateriellen. Maßgebend ist für ihn der unauflösbare Antagonismus zwischen sinnlichem Schein und Idee, von durch Fleisch und Körper «befleckter» Materialität und immaterieller Geistigkeit. Je höher der Grad der Entmaterialisierung, desto mehr nähere man sich der absoluten Schönheit. Die Form sei das schlechthin Schlakkenlose, Reine, daher «wahrhaft Seiende» (Enneaden I 6; 14–19), das Schöne identisch mit dem Sittlichen und Göttlichen. «Der schöne Körper entsteht durch Gemeinschaft mit der von den Göttern stammenden Formkraft.» Nur eine begnadete Seele vermag das Schöne zu erkennen. All das ist ein Zurück hinter die empirisch-logische Klarheit des ARISTOTELES. PLOTINS asketisch-mystische Elite-Ästhetik hat in der Folge wiederholt verhängnisvollen Einfluß ausgeübt.

Die *ästhetischen Theorien des Mittelalters* sind sehr widerspruchsvoll und in theologische Kontroversen verstrickt. Als Ganzes jedoch bildet die ästhetische Theorie des Mittelalters allem theologischen Gezänk zum Trotz einen Bestandteil der christlichen Theodizee. Das Schöne offenbart sich im Entzücken unserer Sinne, es ist also eine Eigenschaft der Materie, aber das Sinnliche ist das Unreine, Sündhafte, von Gott Abgewandte, das Schöne jedoch der Glanz des Göttlichen im Materiellen. Daher ergibt sich die Schlußfolgerung, daß die Schönheit der Kunst nur symbolische Bedeutung habe, indem sie dem Göttlichen ähnele (THOMAS VON AQUIN 1225–1274), auf das Göttliche weist. Da aber Gott das schlechthin Unsinnliche ist, so ist die ganze mittelalterliche Ästhetik auf der Suche nach Elementen innerhalb der Materie, die das abstrakt Göttliche am sinnfälligsten symbolisch offenbaren: Für AUGUSTIN ist das die Ordnung des Seins, die Einheitlichkeit des Universums in seinen Unterschieden; auch das Übel gehöre zu dieser Ordnung und sei daher schön. So entstehe aus den Antithesen, d. h. den Gegensätzen aller Dinge, zugleich die Schönheit (Ex contrariis omnium simul rerum pulchritudo figuratur, De Ordine I 7). In diesen Thesen, die auch die Grundlage der Ästhetik des PSEUDO-DIONYSIUS bilden, wird deutlich, daß diese Ästhetik ein Teil der Apologetik der bestehenden irdischen Übel ist. Neben der «Ordnung» nennen PSEUDO-DIONYSIUS und andere Autoren (z. B. VENANTIUS FORTUNATUS) den Glanz des Lichts als Kriterium des Schönen.

In allen diesen Bemühungen, die bei THOMAS VON AQUIN in der Aufzählung ganzer Serien von «schönen» Gegenständen kulminieren, wird der dingfetischistische Charakter der *scholastischen Ästhetik* deutlich. SCOTUS ERIUGENA (810–877), an PSEUDO-DIONYSIUS anknüpfend, bezeichnet die Schönheit als das Licht, das die Dinge in der Seele entzünden: «Lapis iste vel hoc lignum mihi lumen est.» (Dieser Stein oder jenes Stück Holz sind mir ein Licht; Super ierarchiam coelestam Sancti Dionysii I 1).

THOMAS VON AQUIN hat versucht, alle diese widerspruchsvollen Erwägungen in ein großes geschlossenes System zu bringen, indem er das Kriterium der Schönheit unter möglichst umfassende abstrakte Dingeigenschaften subsumierte: integritas sive perfectio, claritas, debita proportio sive consonantia (Vollkommenheit, Klarheit, angemessene Maßverhältnisse, alles das sei vereint in Gott, schön daher das, was Gott ähnlich ist; Summa theologiae I 39, 8).

An der theoretischen und praktischen Unmöglichkeit, das abstrakt unsinnliche Gottesdogma mit der unumgehbaren Bejahung des Sinnlichen in der ästhetischen Wertrelation zu vereinen, ist die ästhetische Spekulation der Scholastik letztlich philosophisch gescheitert.

Der erste, der den kühnen Schritt in ästhetisches Neuland wagt, dürfte DANTE gewesen sein. Er entdeckt die Gattungsnatur des Menschen als die eigentliche Quelle ästhetischer Aktivität: Cioè la natura umana, che tanta bellezza produce in sua materia (Die Natur des Menschen bringt so viel Schönheit in ihrem eigenen Stoff hervor; Convivio II 4). Die Sprache, als ein Gattungsmerkmal des Menschen, verherrlicht er als Einheit von Vernunft und Sinnlichkeit (Wohlklang, Harmonie), die in der «erlauchten Volkssprache» den Gipfel der Schönheit erreiche. Hier setzt eine mächtig anschwellende Entwicklungslinie ein, die – oft unterbrochen oder gehemmt – über Pico della Mirandola, Leonardo da Vinci, Michelangelo, Ronsard, Rabelais, Dürer, Shakespeare, Vico, Rousseau, Winckelmann, Herder bis in die Gegenwart wirkt: Die ästhetische Aktivität ist ein Teil des Prozesses, in dem der Mensch sich in Wechselwirkung mit der objektiven Welt als Subjekt entfaltet. Seine Schönheitsvorstellungen gelten als Ideale, die seine Lebensrichtung ausdrücken und bestimmen (z. B. Hobbes). Das Problem der ästhetischen Beziehung zur Realität wird mehr und mehr Gegenstand heftiger Auseinandersetzung zwischen Strömungen, die entweder zum Materialismus oder zum Idealismus neigen. Das Vordringen materialistischer Theorien wird immer deutlicher. So groß indessen die Leistungen dieser Epoche (*Renaissance*, *Aufklärung*) im einzelnen, besonders auch in der Theorie der Künste, sind (z. B. Bacon, Hobbes, Diderot, Lessing, Herder) – in der philosophischen Untersuchung der ästhetischen Wertaxiomatik bleiben sie oft unbefriedigend und gelangen über die materialistischen Ansätze der Antike kaum hinaus, ja wirken nicht selten trivial, so, wenn z. B. Burke (1729–1797) das Schöne als eine Summe von Dingeigenschaften höchst willkürlicher Art definiert (Glätte, Feinheit, Zartheit, Allmählichkeit der Veränderung (!), Kleinheit, Farbenzartheit). Im großen ganzen bewegt sich die Auseinandersetzung zwischen einem extremen Subjektivismus und dem Versuch, die Gesetze der Bewegung nach dem damaligen Stand der Naturwissenschaften auf die ästhetische Aktivität der Gesellschaft zu übertragen. Für die subjektivistische Theorie ist Hume (1711–1776) kennzeichnend: «Das Schöne ist keine Eigenschaft der Dinge selbst: es existiert nur im Bewußtsein des Betrachters, und jedes Bewußtsein nimmt eine besondere Schönheit wahr» (Essays and Treatises on Several Subjects I). Hume kennt also nicht die dialektische Gesetzmäßigkeit der Beziehung zwischen Subjekt und objektiver Realität. Für die materialistischen Theoretiker bestand die Schwierigkeit darin, ihre prinzipiell materialistischen Einsichten auf eine besonders komplizierte gesellschaftliche Erscheinung anzuwenden, ohne über eine materialistische Theorie der historisch-gesellschaftlichen Phänomene und deren Bewegungsgesetze zu verfügen. Der Widerspruch zwischen der Einsicht, daß die ästhetischen Wertkategorien historischem Wandel unterliegen und gesellschaftlichen Systemcharakter besitzen und der Unmöglichkeit, zu diesem historischen Zeitpunkt die Ursachen dieser Entwicklung zu entziffern, führte zur Konstruktion von Systemen, die natürlich-biologische Ursachen an die Stelle der gesellschaftlichen Produktionsweise und der daraus entspringenden Klassenbeziehungen setzten und allgemeingültige Grundnormen des Schönen aufstellten: Natur des Menschen, Egoismus, subjektive Sinnlichkeit (Hobbes, Locke), Klima, Boden (Montesquieu).

Rousseau und Diderot betrachteten das Natürliche und Naturgemäße als das Schöne, die Natur daher auch als das Modell für alle produktive ästhetische Tätigkeit. Hier wird ein Gedanke, der in neuerer Zeit zum ersten Mal sporadisch von Dante geäußert wurde, zu einem System ausgebaut. Diese Stellungnahme hat nicht nur eine kämpferische Spitze gegen die ästhetische «Unnatur» des Spätfeudalismus, sie ist vielmehr ein Generalangriff auf die Reste der mittelalterlich-theologischen Konzeptionen der ästhetischen Wertaxiomatik. Ohne diese Zerstörung der mittelalterlichen Dogmen ist die klassische deutsche Ästhetik undenkbar. Doch liegt auch dieser Theorie des ästhetischen Wertes eine unhistorische Auffassung und eine Verkennung des Wesens der Subjekt–Objekt-Dynamik zugrunde, nur im entgegengesetzten Sinne im Vergleich zu Hume, der das Subjekt zum Fetisch macht. Bei Diderot dagegen heißt es: «Die Natur macht nichts Inkorrektes. Jede Gestalt, gleich ob schön oder häßlich, hat ihre Ursache, es gibt kein Wesen, das nicht wäre, wie es sein soll.» Die Anwendung dieses Satzes auf die menschliche Gesellschaft wäre verhängnisvoll, gerade auch im Sinne Diderots. Aus diesem Widerspruch fand sich jedoch vor Marx kein Ausweg. Aufschlußreich für die gesellschaftlichen Beweggründe ästhetischer Wertbestimmung sind bestimmte Gedanken Hobbes. Er baut bereits die abstrakten Anfänge einer Entwicklungstheorie des Ästhetischen und Ethischen auf: schön (und gut) sei ein Werturteil, das nur in Beziehung auf Person, Ort und Zeit gelte. «Schönheit» interpretierte er als «Qualität eines Objekts, die ein Gut von ihm erwarten läßt ... Die Schönheit ist ein Anzeichen eines künftigen Gutes ... sie gefällt durch die bloße Vorstellung, bevor das Gut, für das sie ein Anzeichen ist, erlangt wird» (Grundzüge der Philosophie Teil 2/3). Höchst bemerkenswert an diesem Versuch einer ästhetischen Wertbestimmung ist einmal das Hinausweisen auf die Zukunft als wertbestimmendes Element, dann aber die Erkenntnis, daß die ästhetische Wertaxiomatik ein Element der Verwirklichung des Menschen als Subjekt bildet. Dieses Subjektsein faßt Hobbes jedoch höchst naiv ganz im Sinne des gewöhnlichen Bourgeois als Erstreben und Erlangen von Besitz auf. Hier werden die Klassenschranken dieser Gedankenführung überdeutlich.

Diderots Schönheitskriterium «Natur» und «natürlich» wirft die Frage nach der «Natur» des Menschen auf. Die *Aufklärung* antwortet, der Mensch sei ein «vernunftbegabtes» Wesen, vernünftig aber sei die Erkenntnis und Herstellung sinnvoller Zusammenhänge. In Abgrenzung vom wissenschaftlich-philosophischen Denken bestimmt DIDEROT das «Schöne» als *wahrgenommene* Zusammenhänge. Diese Trennung zwischen Denken und Wahrnehmung – bis hin zu HEGEL und LUKÁCS nachwirkend – ist unhaltbar. DIDEROTS Materialismus bleibt in der philosophischen Analyse des ästhetischen Wertsystems in den Anschauungen befangen, die den Gegenstand, die Wirklichkeit, die Sinnlichkeit nur unter der Form des Objekts oder der Anschauung fassen, nicht aber als sinnlich menschliche Tätigkeit, Praxis, nicht subjektiv (MARX, These 1, 5, 9 über FEUERBACH).

BAUMGARTEN (1714–1762), der als der Schöpfer des Begriffs «Ästhetik» gilt, erhebt die Trennung zwischen sinnlicher und rationaler Erkenntnis zum Prinzip und bestimmt Schönheit als «perfectio cognitionis sensitivae» (Vollkommenheit der sinnlichen Erkenntnis). Hier beginnt die Abwertung der ästhetischen Aktivität gegenüber der wissenschaftlich-philosophischen, ein Prozeß, der bei HEGEL seinen Höhepunkt erreicht und ihn zu der fragwürdigen Prophezeiung vom Ende der Kunst durch die Philosophie verleitet. Einen entscheidenden Schritt tat KANT durch die Frage, inwiefern dem ästhetischen Werturteil objektiver Charakter zukomme (Kritik der Urteilskraft 1790). Die Frage war von erstrangiger Bedeutung, KANTS Antwort dagegen ist völlig unbefriedigend: Um zu unterscheiden, ob etwas schön sei oder nicht, so beginnt seine Analytik des Schönen, bezögen wir die Vorstellung nicht durch den Verstand auf das Objekt der Erkenntnis, sondern durch die Einbildungskraft auf das Subjekt und das Gefühl der Lust oder Unlust. Daraus zieht KANT den Schluß, das ästhetische Urteil sei also kein Erkenntnisurteil, mithin nicht logisch, sondern ästhetisch, sein Bestimmungsgrund nicht anders als subjektiv. KANT folgt in seiner Ästhetik also weitgehend HUMES Skeptizismus. Die Trennung zwischen Objekt und Subjekt stellt bei ihm eine metaphysische Antinomie dar (§ 32); infolgedessen schließt er das ästhetische Werturteil aus dem Kreis der objektiven Erkenntnis aus (§ 34), ihm ist nicht bewußt, daß die Beziehung zwischen Subjekt und objektiver Realität selbst objektiver, gesetzmäßiger Natur ist. Sein Subjektbegriff ist überdies platt bürgerlich, das «Interesse», das ein Element des Subjektseins darstellt, beschränkt sich auf rein utilitäre, gustative und moralische Werte. Subjektsein selbst wird nicht als elementare Wertkategorie angesehen. Sein «Interesse»-Begriff ist beschränkt. Daher seine berüchtigte Definition des Schönen: Das, was «ohne alles Interesse gefalle». Es ist eine rein kontemplativ moralisierende Theorie des Ästhetischen, und so definiert KANT denn auch den Geschmack als «Beurteilungsvermögen der Versinnlichung sittlicher Ideen vermittels einer gewissen Analogie der Reflexion über beide» (§ 60). In der Interpretation der empirisch konstatierbaren relativen Allgemeingültigkeit kommt KANT dem Grundproblem ästhetischer Wertaxiomatik erstaunlich nahe (§ 41): «Empirisch interessiert das Schöne nur in der Gesellschaft.» Aber er schiebt diesen Gedanken beiseite: «Dieses indirekt dem Schönen durch Neigung zur Gesellschaft angehängte, mithin empirische Interesse ist aber für uns hier von keiner Wichtigkeit, die wir nur darauf zu sehen haben, was auf das Geschmacksurteil a priori ..., Beziehung haben mag.» Idealistische Erkenntnistheorie und undialektische, beschränkte Subjekt-Konzeption hinderten ihn, die ästhetische Wertaxiomatik schöpferisch zu entwickeln. Er wurde zum modernen Prototyp des ästhetischen Subjektivismus. Revisionistische Strömungen in der sozialistischen Arbeiterbewegung haben sich wiederholt in Vergangenheit und Gegenwart auf KANT orientiert. HEGEL suchte nach den dialektischen Widersprüchen innerhalb der ästhetischen Wertaxiomatik, um objektive Prinzipien zu ermitteln, die die Entwicklung «des Schönen» und seine Realisierung im Bereich der Künste bedingen. HEGEL bestimmte das Schöne als das «sinnliche Scheinen der Idee». Die Kunstformen sind «nichts als verschiedene Verhältnisse der Idee und Gestalt, Verhältnisse, welche aus der Idee selbst hervorgehen, und dadurch den wahren Einteilungsgrad dieser Sphäre geben». Aus der Dialektik zwischen «sinnlichem Scheinen» und «Idee» leitete HEGEL die Periodisierung der Kunstepochen ab. Das Überwiegen der Idee gegenüber dem sinnlichen Scheinen bestimmt die «symbolische» Epoche der Kunst, die Übereinstimmung zwischen diesen beiden Elementen die «klassische» (Hellas), die Sehnsucht nach der Idee und die Dominanz des Sinnlichen die «romantische». Dieses Periodisierungsschema entsprach den damals weithin geläufigen Vorstellungen, bedeutet in Wirklichkeit jedoch eine Vergewaltigung der gesamten Kunstgeschichte. Wegen des sinnlichen Charakters der ästhetischen Sphäre betrachtete HEGEL sie als eine niedere Form der Erkenntnis, die eines Tages durch die Philosophie aufgehoben werde. Außerdem faßte HEGEL das ästhetische Verhältnis des Menschen wesentlich als ein Verhältnis zu sich selbst auf. De facto schloß er die Natur aus der ästhetischen Beziehung aus.

In einem merklichen Gegensatz zu HEGEL steht GOETHE, der innerhalb der bürgerlichen Welt die höchste Stufe ästhetischer Erkenntnis erreichte. GOETHES ästhetische Auffassungen zeichnen sich durch die starke Betonung des aktiven Elements aus. Die ästhetische Aktivität richte sich auf alles; Natur und Gesellschaft, Denken und Tun, Recht und Sitte; sie sei ein wesentliches Element der menschlichen Einwirkung auf die Realität. Kunst

bezeichnete er deshalb als «Wissenschaft zur Tat verwendet» (1829). Die Natur sei immer schön, «weil sie sich ewig in sich bewegt, ewig neu erschafft». Das Schöne sei «eine Manifestation geheimer Naturgesetze, die uns ohne dessen Erscheinung ewig wären verborgen geblieben» (Maximen und Reflexionen). GOETHE vertritt ganz eindeutig eine objektive, dialektische Ästhetik, die er aus der Subjekt–Objekt-Dynamik entwickelt. Es sei etwas «unbekanntes Gesetzliches im Objekt, welches dem unbekannten Gesetzlichen im Subjekt entspricht. Zum Schönen wird erfordert ein Gesetz, das in die Erscheinung tritt. Das Gesetz, das in die Erscheinung tritt, in der größten Freiheit, nach seinen eigensten Bedingungen, bringt das Objektiv-Schöne hervor, welches freilich würdige Subjekte finden muß, von denen es aufgefaßt wird» (Maximen und Reflexionen). Das Schöne sei, «wenn wir das gesetzmäßig Lebendige in seiner größten Tätigkeit und Vollkommenheit schauen, wodurch wir uns gleichfalls lebendig und in höchste Tätigkeit versetzt fühlen» (Kampagne in Frankreich 1792). Das Häßliche dagegen entstehe aus der Stockung und mache selbst stocken. GOETHES Schönheitskriterium entspringt also unzweideutig seiner Vorstellung vom Kosmos als einem ewigen Entwicklungsprozeß. Der Mensch ist schön, sofern er sich ständig entwickelt. Dieses Ideal hat GOETHE im *Faust*, in seiner Dichtung und in seinem Roman *Wilhelm Meister* gestaltet. Die Rezeption der antiken Schönheitsnormen seit der Renaissance bildet auch den Gegenstand des Helena-Aktes im *Faust*. GOETHES ästhetische Wertaxiomatik und seine Definition des «Schönen» bilden einen Teil seiner Bestimmung der menschlichen Gattungsnatur, deren Hauptmerkmal er darin sah, «produktiv zu werden» (Über den Dilettantismus).
Verwandt mit GOETHES Auffassungen über das Wesen der ästhetischen Wertrelationen sind die TSCHERNYSCHEWSKIS; sie nähern sich indessen bereits dem Marxismus, da sie den gesellschaftlichen Ursprung aller ästhetischen Bestimmungen unterstreichen. Das Schöne ist nach TSCHERNYSCHEWSKI «das Leben; schön ist das Wesen, in dem wir das Leben so sehen, wie es nach unserer Auffassung sein sollte; schön ist der Gegenstand, der das Leben in sich zur Schau trägt, oder uns an das Leben gemahnt». Der Begriff «Leben» ist bei TSCHERNYSCHEWSKI so weit gefaßt, daß er auch Anorganisches in sich schließt (Mineralien, Gestirne usw.) oder aber die anorganische Welt aus der ästhetischen Relation ausschließt.
In der Folgezeit hat die ästhetische Wertaxiomatik von bürgerlicher Seite keine neuen Elemente zutage gefördert. Die bürgerliche Ästhetik des 20. Jahrhunderts schwankt zwischen extremem Subjektivismus (EMERSON, psychologische Schule) oder mechanischem Materialismus (Max BENSE, Informationsästhetik). Sie geht völlig unhistorisch an das Problem des ästhetischen Wertes heran, leugnet entweder überhaupt die Möglichkeit, zu objektiven Wertbestimmungen zu gelangen, oder sieht sie in absoluten Dingeigenschaften, deren Herkunft in letzter Instanz rätselhaft bleibt. Die sog. «Informations»-Ästhetik (BIRKHOFF, BENSE) ist rein dingfetischistisch. Sie leugnet die Möglichkeit ästhetischer Beziehungen zu den opera naturalia, den Naturerscheinungen, und gesteht sie nur bewußten ästhetischen Schöpfungen zu. Sie faßt «ästhetische Zustände» als der physikalischen Materie «aufgelagerte» Zustände auf, die sich von physikalischen Zuständen nur durch ein «geringeres Maß von Determiniertheit» unterscheiden. Die «ästhetische Realität» wird «wie die physikalische als ein mehr oder weniger gegliedertes oder geordnetes System materialer Elemente aufgefaßt», und es sei gleichgültig, ob man ein System körperlicher Partikel (Gas), ein System verbaler Zeichen (Text) oder farbiger Flecken (Bild) vor sich habe (Mathematik und Dichtung 322). In dieser mechanistischen Theorie ist im Prinzip das Subjekt als ästhetisches Aktionszentrum völlig eliminiert. Es wird daraus eine Kunsttheorie rein mechanisch-formalistischen Charakters abgeleitet. Gleichzeitig droht auf dieser Grundlage wieder die Herrschaft einer Ästhetik absoluter Normen. Der mechanistische Charakter dieses «Strukturalismus» liegt auf der Hand.
Die Ästhetik von Georg LUKÁCS (1964) verneint eine spezifisch ästhetische Wertaxiomatik (Schönheit) und identifiziert Ästhetik – ganz im Sinne von HEGEL – mit Theorie der Kunst. Er faßt das ästhetische Verhältnis nicht als sinnliche Praxis des menschlichen Subjekts, sondern ausschließlich als Bewußtseinsphänomen (Widerspiegelung). Seine Theorie widerspricht MARX' Thesen über FEUERBACH.
Die Hauptmängel aller *vormarxistischen Ästhetik* bestehen in folgendem: Sie betrachtet die ästhetische Aktivität nicht als ein integrales Glied der Beziehungen des Menschen zur objektiven Realität, sondern überwiegend als Produktion und Rezeption eines Teilbereichs der Gesellschaft, der Künste, deren Schöpfung und Genuß im wesentlichen einer besonders prädestinierten und vorgebildeten Elite vorbehalten ist. Sie betrachtet die ästhetische Wertrelation nicht als ein notwendiges gesellschaftlich-historisches Verhältnis, das mit dem Gesamtsystem der gesellschaftlichen Entwicklung gesetzmäßig verbunden ist und sich mit diesem ständig ändert. Sie ist außerstande, das ästhetische Interesse und die gesellschaftlichen Interessen in ihrem gesetzmäßigen Zusammenhang zu erkennen und den parteilichen Charakter aller ästhetischen Aktivität objektiv darzulegen. Sie gelangt nicht dazu, die ästhetische Wertaxiomatik als notwendigen Bestandteil historisch

gegebener Ideologien zu entziffern, deren Existenz gesetzmäßigen Charakter hat und geistiger Ausdruck des Klassenkampfes ist, der der Geschichte ihr Bewegungsgesetz gibt.
Demgegenüber ergibt sich aus der allgemeinen Theorie des *Marxismus-Leninismus* und aus den speziellen Darlegungen von MARX, ENGELS, LENIN, MEHRING u. a. sowie den Beschlüssen der *Kommunistischen Parteien* ein geschlossenes wissenschaftliches System von Anschauungen über das Wesen der ästhetischen Aktivität der Gesellschaft, das im einzelnen noch sehr viele Probleme enthält, die weiterer Klärung bedürfen.
MARX und ENGELS faßten die ästhetische Aktivität des Menschen als ein universelles Verhältnis zur Realität auf, das sich nicht auf die ikonischen Künste beschränkt, sondern auf alle Bereiche der Wirklichkeit wirkt und an dem alle Sinne und Vermögen des Menschen aktiven Anteil haben. Sie faßten die ästhetische Beziehung des Menschen als Element seines Gattungswesens und notwendigen Teil seines Lebensprozesses auf. «Die Universalität des Menschen erscheint praktisch eben in der Universalität, die die ganze Natur zu seinem unorganischen Körper macht ... die Natur ist sein Leib, mit dem er in beständigem Prozeß bleiben muß, um nicht zu sterben. Daß das physische und geistige Leben des Menschen mit der Natur zusammenhängt, hat keinen anderen Sinn, als daß die Natur mit sich selbst zusammenhängt, denn der Mensch ist ein Teil der Natur. Daher sind Pflanzen, Tiere, Steine, Luft theoretisch Teile des menschlichen Bewußtseins, z. B. auch als Gegenstände der Kunst.» Der Mensch hat also nicht nur zu seinen eigenen Schöpfungen ein ästhetisches Verhältnis, sondern auch zu der Natur. Nach MARX ist das produktive Leben das Gattungsleben des Menschen, das Leben erzeugende Leben. Das heißt, daß auch in dem produktiven Leben die ästhetische Aktivität wirksam wird; denn das praktische Erzeugen einer gegenständlichen Welt, die Bearbeitung der unorganischen Natur ist die Bewährung des Menschen als eines bewußten Gattungswesens. «Das Tier formiert nur nach dem Maß und dem Bedürfnis der species, der es angehört, während der Mensch nach dem Maß jeder species zu produzieren weiß und überall das inhärente Maß dem Gegenstand anzulegen weiß; der Mensch formiert daher auch nach den Gesetzen der Schönheit» (Erg 1). Die ästhetische Aktivität des Menschen besteht also aus einer Wechselwirkung zwischen Bewußtseinsakten und praktischer Verwirklichung und wird nicht nur oder vornehmlich, wie viele Theoretiker glauben, in den ikonischen Künsten manifest (Tanz, Musik, Theater, Dichtung usf.), sondern in allen produktiven Sphären menschlichen Tuns: Formung der Natur (Landschaft, Garten), der Städte und Dörfer, Wohn- und Arbeitsstätte, von Verkehrsanlagen und Fahrzeugen, Kleidung und Gerät, Lebensform und Lebensziel, Körper und Bewegung, Festlichkeit und Alltag. Die Geschichte bis zu den Uranfängen der menschlichen Kultur beweist, daß ästhetische Formprinzipien der Arbeit inhärent sind. Die These PLECHANOWS, «daß der Mensch die Gegenstände und Erscheinungen zuerst vom utilitaristischen Standpunkt aus betrachtet und sich erst in der Folge, in seinem Verhältnis zu ihm auf den ästhetischen Standpunkt stellt», ist daher unter Marxisten nicht unumstritten. In der kapitalistischen Gesellschaft setzt sich das ästhetische Gestaltungsbedürfnis nur sporadisch durch und bevorzugtermaßen im Interesse der herrschenden Klasse; es dominieren reine Nützlichkeitserwägungen, damit Maximalprofit erzielt wird. Daher die Zerstörung der ästhetischen Gestalt der Städte (Manhattan, Manchester usw.) und Herstellung von Massenschund für die werktätige Bevölkerung. Zum Wesen des Sozialismus gehört auch die planmäßige Gestaltung aller Lebenssphären nach «den Gesetzen der Schönheit» (Beschluß des Staatsrates der DDR vom 30. 11. 1967). Der Marxismus-Leninismus geht davon aus, daß die ästhetische Wertaxiomatik nur durch ihre Funktion im gesellschaftlichen Lebensprozeß definiert und gegen andere Wertsphären (Ethik, Nützlichkeit, Wahrheit) abgegrenzt bzw. mit ihnen verknüpft werden kann; daß ferner die ästhetische Wertaxiomatik nicht absoluter Natur ist und absolute Maßstäbe liefert, sondern an den geschichtlichen Entwicklungsgrad der Subjekt–Objekt-Beziehung geknüpft ist, so daß der Begriff der «objektiven Schönheit» für jede geschichtliche Entwicklungsepoche jeweils spezifische Kriterien beansprucht.
Der wichtigste «Gegenstand» der ästhetischen Aktivität des Menschen ist der Mensch selbst, seine Psyche, sein Intellekt, seine Sittlichkeit, die Gesamtheit seiner Lebensäußerungen und Lebensbeziehungen. Nach marxistischer Auffassung gilt gerade für ihn der Satz, daß der Mensch dem Gegenstand das «inhärente Maß» anzulegen weiß, so daß er auch sich selbst nach den Gesetzen der Schönheit formiert. Das inhärente Maß des Menschen ist sein Gattungswesen, das ihn von allen anderen Lebewesen unterscheidet. Sein Gattungswesen entwickeln heißt, alle schöpferischen Potenzen der Gesellschaft und des Individuums frei zu entfalten, zum Subjekt zu werden. Das ist das Maß seiner «Schönheit». In der sozialistischen Gesellschaft wird diese Erkenntnis oberstes Prinzip des Handelns, weil die Arbeiterklasse als herrschende und bestimmende soziale Macht selbst eine produktive Klasse ist und ein objektives Interesse an der Entbindung aller produktiven Potenzen hat. In den ikonischen Künsten macht der gesellschaftliche Mensch sein eigenes Gattungs-

leben zum Gegenstand seiner Vorstellungen, um im freien Spiel der Einbildungskraft die Möglichkeiten seiner Selbstverwirklichung als Gattungswesen zu modellieren und theoretisch-anschaulich zu durchdenken, und zwar in der Form, in der sich die Realität der subjektiven praktischen Sinnlichkeit des Menschen darbietet. Sowohl bei der ästhetischen Gestaltung der Welt selbst wie bei der ikonischen Abbildung der menschlichen Beziehungen zu ihr spielt die Beurteilung der Entwicklungsperspektiven, der weltanschauliche Standort, von dem aus das gesamte Geschehen und die Stellung des menschlichen Subjekts gesehen wird, die entscheidende Rolle. Das ästhetische Verhältnis zur Welt ist daher stets historisch bestimmt und durch die Interessen der jeweiligen sozialen Gruppen und Klassen bedingt. Das ästhetische Werturteil, ob etwas «schön» oder «häßlich» ist, stellt eine Form der Parteinahme dar, in der Individuen und Klassen ihre bejahende oder ablehnende Haltung zu bestimmten Erscheinungen der objektiven Realität zum Ausdruck bringen. Die Künste als ikonische Form der ästhetischen Aktivität sind in keinem Punkt von dieser objektiven Gesetzmäßigkeit ausgenommen, ganz gleich, ob sie Natur, Gesellschaft, Politik, Liebe usw. zum Gegenstand haben.

→ Kunsttheorie.

Astrologie [griech] – *urspr*: von PLATON geprägte Bezeichnung für die Lehre von den Sternen. Im heutigen Sprachgebrauch *pseudowissenschaftliche Lehre* vom magischen Einfluß der Gestirne auf das Schicksal des Menschen und der menschlichen Gesellschaft und seiner Voraussagbarkeit auf Grund der Stellung der Gestirne. Diese Vorhersage erfolgt in Gestalt von Horoskopen.

In den frühen Zeiten der Menschheitsgeschichte waren astrologische Vorstellungen ein Ausdruck des Strebens der Menschen nach Erkenntnis der sie umgebenden Naturerscheinungen, ihres Wesens und ihres Zusammenhangs. Aus der beobachteten, tatsächlichen Gleichzeitigkeit von Veränderungen in der Natur mit der Stellung von Sonne, Mond und Sternen im Wandel der Jahreszeiten leitete der den Naturgewalten noch hilflos gegenüberstehende Mensch einen ursächlichen Zusammenhang zwischen seinem eigenen Schicksal und der Stellung der Gestirne ab, denen er übernatürliche Kräfte zuschrieb und die er als Gottheiten verehrte. Entstanden aus der Ahnung eines universellen Zusammenhangs zwischen Mensch, Erde und Weltall, aus dem Streben nach kausaler Erklärung der Naturerscheinungen – und damit eines gewissen rationellen Kerns nicht entbehrend –, bezog die Astrologie jedoch in mystischer und zugleich naiv-anthropozentrischer Weise das kosmische Geschehen auf den Menschen als den angeblich eigentlichen Zweck der Schöpfung. Daraus ergibt sich ihr enger Zusammenhang mit der Religion, mit der sie neben ihrer mystisch-phantastischen Grundlage auch die erkenntnistheoretischen und sozialen Wurzeln gemeinsam hat. Dessenungeachtet befand sich die Astrologie zugleich in einem gewissen Gegensatz zur Religion, besonders zur christlichen, da der von ihr angenommene Fatalismus den kirchlichen Dogmen von der Allmacht Gottes und der menschlichen Willensfreiheit widersprach.

Die Astrologie war bis in die Neuzeit hinein offiziell allgemein verbreitet (die meisten Herrscher hatten Hofastrologen in ihren Diensten; ihr Einfluß ging so weit, daß sie bisweilen die eigentlichen Machthaber waren). Selbst die Begründer des neuen astronomischen Weltbildes waren nicht frei von astrologischen Vorstellungen. So befreite sich KOPERNIKUS erst während seines Aufenthaltes in Italien unter dem Einfluß PICO DELLA MIRANDOLAS von seinen astrologischen Vorstellungen, und KEPLER hielt zeit seines Lebens an astrologischen Anschauungen fest. In dem Maße jedoch, wie die Astrologie ihre infolge Anreicherung des Weltbildes mit wissenschaftlichen Erkenntnissen objektiv immer bedeutungsloser werdende Funktion als primitiver Welterklärungsversuch auf bestimmter historischer Stufe aufrechtzuerhalten bestrebt war, wurde ihr Charakter immer wissenschaftshemmender, reaktionärer und schließlich wissenschaftsfeindlich.

Da die Astrologie wesentlich auf der Vorstellung von der Erde als Mittelpunkt des Weltalls aufbaut, wurde sie wissenschaftsgeschichtlich bereits mit der Schaffung des wissenschaftlichen astronomischen Weltbildes durch KOPERNIKUS und KEPLER überwunden. Durch die modernen astrophysikalischen Forschungsergebnisse wurde der unwissenschaftliche Charakter der Astrologie endgültig bewiesen. Die Haltlosigkeit der Astrologie zeigt sich bereits bei einer einfachen Konfrontierung mit der Wirklichkeit. So müßten z. B. alle unter gleicher «Konstellation» geborenen Menschen das gleiche Schicksal haben. Ein Unterschied zwischen ein- und zweieiigen Zwillingen dürfte nicht vorhanden sein, da sie ja zur gleichen Stunde geboren sind, während in Wirklichkeit nur die eineiigen Zwillinge Übereinstimmung in Gestalt und Charakteranlagen zeigen; andererseits müßten eineiige Zwillinge völlig gleiche Lebensschicksale aufweisen. Noch primitiver sind die astrologischen Vorstellungen vom Einfluß der Mondphasen auf das Wetter: innerhalb einer Mondphase müßte dann in gegebenen Breiten auf der ganzen Erde dasselbe Wetter zu verzeichnen sein. Die «Treffer» in Horoskopen liegen völlig im Bereich der statistischen Wahrscheinlichkeit, zumal die Aussagen sehr allgemein gehalten sind. Die völlige Wertlosigkeit der astro-

logischen Prophezeiungen wird offenbar durch ihre spätere Nachprüfung. So hat HENSELING an Hand der Analyse berühmter Horoskope die völlige Unhaltbarkeit der Astrologie nachgewiesen.
Politische Abenteurer haben sich oft astrologischer Prophezeiungen bedient, um im Volke den Glauben zu verbreiten, ihre Ziele stünden «in den Sternen geschrieben».
Ungeachtet ihres erwiesenen unwissenschaftlichen Charakters ist die Astrologie noch in vielen kapitalistischen Ländern weit verbreitet und erfährt Unterstützung durch die herrschenden Kreise des Imperialismus. Diese Tatsache, die zugleich ein Gradmesser für die Existenzunsicherheit breiter Schichten im Kapitalismus ist, erklärt sich aus der weltanschaulichen Wirkung der Astrologie. Die allgemeine weltanschauliche Wirkung der Astrologie liegt darin, daß die Neigung zu einem mystischen, völlig unwissenschaftlichen Weltbild gefördert und von der wissenschaftlichen Weltanschauung abgelenkt wird. In der Ideologie des Imperialismus spielt die Astrologie eine auf politische Massenwirksamkeit ausgehende Rolle: tendenziöse «Vorhersage» von geschichtlichen Ereignissen, Verbreitung von Massenfurcht. Der ein Fatum voraussetzende astrologische Glaube soll die politische Aktivität der Volksmassen hemmen.
→ Astronomie.

Astronomie [griech] – *eigtl*: Sterngesetzlichkeit; *auch*: Himmelskunde. Wissenschaft von der Bewegung, den Eigenschaften und der Struktur der kosmischen Gebilde (Planeten, Monde, Kometen, Fixsterne, Sternsysteme, Galaxien, interstellare Materie usw.). In ihren Anfängen war die Astronomie nicht unerheblich mit der → Astrologie verbunden, von der sie sich erst mit Beginn der Neuzeit befreite. Die moderne Astronomie hat sich zu einer sehr differenzierten Wissenschaft entwickelt, zu deren Hauptdisziplinen die *Positionsastronomie* (*Astrometrie*), die *Himmelsmechanik*, die *Stellarastronomie*, die *Astrophysik* und die *Radioastronomie* sowie die *Kosmologie* und die *Kosmogonie* gehören.
Auf die Entwicklung der Astronomie als einer Wissenschaft, deren Gegenstände die außerirdischen, kosmischen Objekte bilden, die nur bis zu einem gewissen Grade der unmittelbaren Beobachtung und Messung zugänglich sind, haben seit jeher philosophisch-weltanschauliche Ideen über die Entstehung, die Entwicklung und die Struktur der kosmischen Objekte und des Weltalls einen entscheidenden Einfluß ausgeübt, der je nach der Wissenschaftlichkeit dieser Ideen die Entwicklung der Astronomie hemmte oder förderte. Andererseits sind die Ergebnisse astronomischer Forschung von unmittelbarer Bedeutung für die Entwicklung eines wissenschaftlichen Weltbildes. Sie waren deshalb seit frühester Zeit Gegenstand von Auseinandersetzungen zwischen materialistischen und idealistischen Weltanschauungen.
Die Astronomie ist eine der ältesten Naturwissenschaften. Sie entstand aus praktischen Bedürfnissen: Kalenderproblem (wichtig für Aussaattermine, periodische Überschwemmungen usw.) und Orientierung auf hoher See (Navigation). In allen Kulturländern des Altertums war sie relativ weit entwickelt. Die antike Astronomie beschäftigte sich im wesentlichen mit der Beobachtung der scheinbaren Sternörter und der scheinbaren Bewegungen der Sterne. Die ersten Versuche, die beobachteten Bewegungen der Sterne in ein theoretisches System zu bringen, wurden von der altgriechischen Philosophie unternommen. Es sind dies das auf die *Pythagoreer* zurückgehende und auf spekulativer Grundlage aufbauende *heliozentrische System* des ARISTARCH VON SAMOS, nach dem die Sonne, das «Zentralfeuer», im Mittelpunkt des Weltalls steht, und das von HIPPARCH begründete und von PTOLEMÄUS mathematisch ausgeführte *geozentrische* System, dem zufolge die Erde den Mittelpunkt des Weltalls bildet und sich alle anderen Himmelskörper in gleichförmiger Bewegung und in Kreisbahnen um sie bewegen. Bereits im Altertum wie auch später im Mittelalter tritt die unmittelbare weltanschauliche Bedeutung der astronomischen Lehren und der enge Zusammenhang zwischen Astronomie und Philosophie zutage. So setzte sich das ptolemäische System gegenüber dem heliozentrischen in letzter Instanz aus weltanschaulichen (religiösen) Gründen durch: es entsprach den Forderungen der *platonischen Philosophie* nach «wahren» Figuren und Bewegungen und befand sich auch in Übereinstimmung mit der Philosophie des ARISTOTELES, die zu seiner Begründung herangezogen wurde. Während ARISTARCH seinerzeit als Verkünder eines heliozentrischen Weltsystems wegen Gotteslästerung vor ein Gericht gestellt werden sollte, ging später das *ptolemäische geozentrische System* mit den Grundsätzen der katholisch-theologischen Philosophie des Mittelalters konform und wurde von dieser offiziell sanktioniert.
Im 15. und 16. Jahrhundert setzte, bedingt durch die praktischen Bedürfnisse der frühkapitalistischen Entwicklung (Entfaltung der Produktion und des Handels, Übergang zur Hochseeschiffahrt, dadurch Notwendigkeit einer exakten Orientierung nach den Sternen und Schaffung neuer Sternörtertabellen mit hohem Genauigkeitsgrad), ein bedeutender Aufschwung der astronomischen Forschung ein. Diese Forschungen, zu deren Durchführung nun auch verbesserte Beobachtungsinstrumente zur Verfügung standen, ließen die Unzulänglichkeiten des ptolemäischen Systems immer deutlicher werden: es stellten sich

immer größere Abweichungen zwischen den berechneten und den beobachteten Sternörtern heraus.
Das von KOPERNIKUS geschaffene heliozentrische Weltsystem ist nicht nur wegen seiner einfacheren Interpretation der Bewegungen der Sterne und der Beseitigung einiger aus dem ptolemäischen System resultierender Unstimmigkeiten (die Sternörtertabellen hatten infolge des Festhaltens des KOPERNIKUS an den Kreisbahnen in einigen Fällen nicht einmal die Genauigkeit der ständig durch neue Hilfskreise präzisierten Tabellen des ptolemäischen Systems) bedeutungsvoll, sondern vor allem wegen seiner weltanschaulichen Konsequenzen. Der weltanschauliche Kern der kopernikanischen Lehre ist die Emanzipation der Astronomie von der Theologie, die den Beginn einer neuen Ära des naturwissenschaftlichen Denkens darstellt. KOPERNIKUS leitete nicht nur eine neue Etappe der Entwicklung der Astronomie ein, sondern sein Werk bedeutete einen Umsturz wesentlicher Teile des feudalen Weltbildes. Mit KOPERNIKUS beginnt die Kluft zwischen Wissen und Glauben, zwischen naturwissenschaftlicher Erkenntnis und biblischer Lehre von der Schöpfung immer offener zutage zu treten. Das Hauptwerk des KOPERNIKUS wurde von der katholischen Kirche nicht zufällig von 1616 bis zum Beginn des 19. Jahrhunderts auf den Index gesetzt.
Die nachkopernikanischen Fortschritte der Astronomie, die im engsten Zusammenhang mit der Entfaltung der Beobachtungstechnik und der Entwicklung der Physik erfolgten, lieferten immer neue Beweise für die Richtigkeit der kopernikanischen Lehre und vertieften den Widerspruch zwischen wissenschaftlicher Astronomie und religiösem Weltbild. Etappen dieser Entwicklung sind vor allem die von GALILEI mit Hilfe des von ihm erstmalig konstruierten Fernrohrs gemachten Entdeckungen gewesen (Venusphasen usw.). Wesentlich vervollkommnet wurde das kopernikanische System durch die Entdeckung der Bewegungsgesetze der Planeten durch KEPLER (1609, 1619). Während KEPLER jedoch noch an der überkommenen Anschauung von den Kugelschalen der Fixsterne wie von der Sonne als Mittelpunkt des Universums festhielt, vertrat bereits BRUNO in seiner materialistisch-pantheistischen Philosophie die Lehre von der Unendlichkeit des Weltalls, in dem es überhaupt keinen Mittelpunkt gibt, und die Ansicht, daß die Fixsterne Sonnen seien, die im ganzen Weltall verstreut sind. Die theoretische Begründung des um die Keplerschen Planetengesetze erweiterten kopernikanischen Systems gab NEWTON (1687) mit seiner Lehre von der allgemeinen Gravitation.
Mit dem raschen Aufschwung der Mechanik im 17. und 18. Jahrhundert machte auch die Astronomie als theoretische Wissenschaft («Himmelsmechanik») weitere Fortschritte. Ihren größten Triumph feierte sie 1846 mit der Entdeckung des Planeten Neptun, der auf Grund theoretischer Berechnungen (LEVERRIER, GALLE) gefunden wurde. Mit dieser Entdeckung war die Richtigkeit des kopernikanischen Systems endgültig bewiesen.
Die großen Erfolge der Mechanik im 17. und 18. Jahrhundert führten in der Astronomie zu der metaphysischen (undialektischen, unhistorischen) Anschauung einer in Ewigkeit unveränderlichen Bewegung der Planeten und Fixsterne, die eine Entwicklung der kosmischen Gebilde ausschließt. In diese metaphysische Anschauung schlug KANT eine Bresche, indem er in seiner kosmogonischen Theorie (1755) den Entwicklungsgedanken auf die Entstehung des Planetensystems anwendete und so dem dialektischen Denken in der Astronomie zum Durchbruch verhalf.
Im 19. und 20. Jahrhundert eröffneten sich der Astronomie durch die entscheidenden Fortschritte der Physik (→ Quantentheorie → Relativitätstheorie) sowie durch die ständige Verbesserung der Beobachtungsinstrumente (Fernrohr, Spiegelteleskop) und die Anwendung neuer Methoden (Fotografie, Spektralanalyse, Radioastronomie) neue große Möglichkeiten zur Erforschung des Weltalls. Hierbei ist von besonderer Bedeutung, daß mit der Schaffung künstlicher Himmelskörper die Astronomie aus einer rein beobachtenden zu einer nun auch experimentellen Wissenschaft geworden ist. In dieser jüngsten Etappe ihrer Entwicklung wird die für die gesamte Entwicklung der Astronomie so entscheidende Einheit von Theorie und Praxis besonders augenscheinlich.
Die Resultate astronomischen Forschens betreffen nicht nur schlechthin unsere Kenntnisse über die Gesetzmäßigkeiten der Bewegung, Entwicklung und Struktur kosmischer Objekte, also ein der unmittelbaren menschlichen Praxis relativ unzugängliches Gebiet, sondern sind für andere Wissenschaften nicht selten von direktem praktischen Nutzen. So wurde z. B. mit spektralanalytischen Methoden das Vorhandensein solcher chemischen Elemente auf anderen Sternen nachgewiesen, die bis dahin auf der Erde nicht aufgefunden waren (das Helium wurde zuerst auf der Sonne entdeckt). Die Kernphysik macht sich besonders die Resultate der Astrophysik zunutze, indem sie die Sterne als Riesenlaboratorien betrachtet, in denen sich der Ablauf von Kernreaktionen unter Bedingungen (höchste Temperaturen, Drucke usw.) studieren läßt, die auf der Erde nicht vorhanden sind.
Die Geschichte der Astronomie wie auch die Erkenntnisse der modernen Astronomie zeugen von deren großer Bedeutung für die Herausbildung

der dialektisch-materialistischen Weltanschauung. Die Erkenntnis, daß die von der Erde her bekannten Gesetze auch für die Materieformen im Kosmos Gültigkeit besitzen, die Erkenntnis von der natürlichen Entstehung und Entwicklung des Sonnensystems, der Sterne und Sternsysteme haben den religiös-idealistischen Vorstellungen vom Aufbau und der Entwicklung des Weltalls den Boden entzogen. Sie deuten ausnahmslos in die Richtung einer dialektisch-materialistischen Naturauffassung und zeugen von der materiellen Einheit der Welt. Indem die Astronomie mit den verschiedensten Methoden immer tiefer in die unendlichen Weiten des Weltalls eindringt, liefert sie gewichtige Argumente gegen die agnostizistische Behauptung prinzipieller Erkenntnisschranken. Die Entwicklung des astronomischen Weltbildes vom kopernikanisch-newtonschen zum relativistischen ist im Lichte des dialektischen Gesetzes der → Negation der Negation zu sehen: das kopernikanische System wird von der modernen Theorie negiert, d. h., es wird von dieser sowohl aufgehoben als auch aufbewahrt; es ist in ihr enthalten und folgt aus ihr für bestimmte Bedingungen.

Die moderne Astronomie liefert wichtige naturwissenschaftliche Beiträge zur wissenschaftlichen Weltanschauung, deren Grundlage der dialektische Materialismus ist. Ihre Entwicklung wie ihre Ergebnisse finden andererseits in der Lehre des dialektischen Materialismus eine folgerichtige philosophische Verallgemeinerung.

→ Kosmogonie → Kosmologie.

Asymmetrie [griech] – Gegensatz von → Symmetrie. Der Begriff der Asymmetrie dient zur Kennzeichnung der verschiedenen Grade der Abweichung (Disymmetrie, Asymmetrie im engeren Sinne, Antisymmetrie) von vollständiger Symmetrie. *Disymmetrie* ist der Verlust einiger Symmetrieelemente (oder auch nur eines), *Asymmetrie* der Verlust vieler Symmetrieelemente und *Antisymmetrie* die vollständige Umkehrung aller Eigenschaften und Relationen der betreffenden materiellen oder gedanklichen Systeme.

Die Asymmetrie hängt mit der Inhomogenität der betreffenden Systeme und mit der Anisotropie bestimmter ihrer Eigenschaften zusammen. In methodologischer Hinsicht gestattet es der Aspekt der Asymmetrie, die Besonderheiten der verschiedenen Modifikationen chemischer Elemente (Allotropie) und Verbindungen (Polymorphie) zu erklären.

In allgemeinster, philosophischer Hinsicht ist die Asymmetrie, im Gegensatz zur Symmetrie, die das Gleichgewicht und die Unveränderlichkeit eines Systems verkörpert, das Prinzip der Veränderung. Dies hat Pierre CURIE bereits um die Jahrhundertwende erkannt, als er die kausalen Zusammenhänge unter dem Gesichtspunkt von Symmetrie und Asymmetrie untersuchte. POINCARÉ hat diesen Gedanken weiterentwickelt und als eine Grundlage für physikalische Theorien bezeichnet.

So, wie es keine absolute Symmetrie gibt, so gibt es auch keine absolute Asymmetrie. Beide treten in dialektischer Einheit auf. So sind z. B. Kristalle nicht absolut und ideal symmetrisch. Die Symmetrie setzt sich hier als das Wesentliche und Notwendige im Zufälligen asymmetrischer Abweichungen durch.

Eine besondere Rolle spielt das Verhältnis von Symmetrie und Asymmetrie in der *Physik der Elementarteilchen*. Dies für eine Strukturtheorie der Materie äußerst wichtige Problem ist hier gegenwärtig noch heftig umstritten und Gegenstand intensiver und ausgedehnter physikalischer Forschungen. Der Satz von der Symmetrie besagt in diesem Zusammenhang, daß bei einer Spiegelung von Elementarteilchen nicht alle Gesetzmäßigkeiten unverändert erhalten bleiben, daß z. B. bei räumlicher Spiegelung (Rechts–Links-Spiegelung) ein Schraubensinn der Teilchen (Spin) ausgezeichnet sei. Bis zum Jahre 1956 galt die Symmetriebeziehung der Elementarteilchen für allgemein. Durch die Experimente von YANG und LEE wurde jedoch die Existenz eines bevorzugten Schraubensinns nachgewiesen (Nichterhaltung der Parität). Das beim β-Zerfall beteiligte Neutrino hat einen bestimmten Schraubensinn. Diese Entdeckung gilt als die bedeutendste physikalische Erkenntnis der letzten Jahre.

Die Existenz von Asymmetrien ist seit langem aus dem Bereich der *Chemie* und der *Biologie* bekannt. In der organischen Chemie gibt es z. B. Stoffe, die in allen Eigenschaften mit Ausnahme der Drehung der Polarisationsebene des Lichts übereinstimmen, z. B. die rechts- und die linksdrehende Milchsäure. In den Lebewesen haben solche asymmetrischen Stoffe spezifische Funktionen. So sind z. B. alle natürlichen Aminosäuren der Eiweißkörper linksdrehend. Allgemein nimmt der Grad der Asymmetrie mit größer werdender Kompliziertheit eines Systems und stärkerer Differenzierung der Teile eines Ganzen zu.

Im Zusammenhang mit den Problemen der *Kosmologie* scheint die Vermutung naheliegend, daß die kosmischen Strukturen und ihre Entwicklungswege ebenfalls eine Einheit von Symmetrie und Asymmetrie darstellen.

asymmetrisch → symmetrisch.

Ataraxie [griech] – Unerschütterlichkeit, Gleichmut, Seelenruhe. Von der → *Stoa* als Ideal menschlicher Haltung festgelegt.

Atheismus [griech] – *eigtl*: Gottlosigkeit, Leugnung der Existenz Gottes, eines göttlichen Prinzips. Wesenszug einer Klasse von Weltanschauungen, die die Welt aus sich selbst erklären und daher bewußt jede Art von Gottesvorstellung ablehnen,

was die Absage an alle Glaubensgehalte bestimmter bzw. jeglicher Religion einschließt.
Der Begriff «Atheismus» unterlag in der geschichtlichen Entwicklung unterschiedlichen Deutungen und Anwendungen. In den schriftlichen Zeugnissen der *Religionsgeschichte* mangelt es nicht an Hinweisen, daß er in *polemischer* und *diskriminierender Absicht* zur Kennzeichnung von Menschen, Stämmen, Völkerschaften verwendet wurde, die den Glauben an einen Gott überhaupt bzw. an den Gott (oder die Götter) einer bestimmten Religion ablehnten. In der *altgriechischen philosophischen Tradition,* aus der sich das Wort «Atheismus» herleitet, fand der Begriff «Atheismus» Anwendung auf die Nichtanerkennung der Götter des Staatskultus (PLATON, Gesetze X). In der *christlichen Tradition des Mittelalters* und der Neuzeit wird er – dem Ausschließlichkeitsanspruch zufolge, den das Christentum mit nahezu jeder Religion teilt – sowohl auf fremdreligiösen Glauben, auf Häresien wie auf die bewußte Leugnung und Bestreitung jeglicher Gottesvorstellung bezogen. Im Sinne der Leugnung einer *personalen* Gottesvorstellung wird in der *bürgerlich-christlichen Religionsgeschichtsschreibung* neuerer Zeit vielfach der *Buddhismus* und der *chinesische Taoismus* als atheistisch bezeichnet.
Gegenüber allen Erscheinungsformen eines spontanen, theoretisch nicht näher begründeten Atheismus (im weitesten Sinne) finden wir in der indischen *Sâmkhya-Philosophie* eine der frühesten theoretischen Absagen an die Vorstellung von der Existenz eines göttlichen, höchsten Wesens.
Den Anfängen atheistischen Denkens in der *altgriechischen Philosophie* begegnen wir in der *ionischen Naturphilosophie.* XENOPHANES begründet dann eine atheistische Lehre, die, indem sie anthropomorphistische und anthropopathische Göttervorstellungen bekämpfte, dem Gedanken, daß die Götter nach menschlichem Bilde geschaffen wurden, Eingang in die *Religionskritik* verschaffte. In der Geschichte des *antiken Materialismus* ragt EPIKUR als bedeutendster atheistischer Denker des klassischen Altertums hervor, dessen These vom Ursprung der Gottesvorstellungen aus *Furcht* und *Ohnmacht* des Menschen eine unveräußerliche Grundlage der *wissenschaftlichen Religionskritik* und damit eines *bewußten Atheismus* wurde.
Während EPIKURS Atheismus und philosophische Argumentation gegen den Götterglauben – die auf einem Boden erwuchsen, wo mit dem Verfall der antiken Polis auch der griechische Götterglaube in Auflösung gekommen war – keine unmittelbar sozialkritische Tendenz aufwiesen, stellte LUKREZ den epikureischen Atheismus in seinem Lehrgedicht *De rerum natura* in den Dienst progressiver gesellschaftlicher Bestrebungen zur Untergrabung der Autorität der Staatsreligion der im Niedergang begriffenen *römischen Sklavenhaltergesellschaft.*
Seither nimmt der Atheismus, soweit er mit den Befreiungskämpfen der jeweils fortgeschrittenen Gesellschaftsklassen, dem Fortschritt der Wissenschaften, vor allem der Naturwissenschaften, und dem philosophischen Materialismus verbunden ist, einen offen *streitbaren Charakter* an. [1]
Die der *europäischen Aufklärung* vorangehende und von einfacher Indevotion bis zu atheistischen Bekundungen reichende Freigeisterei bestimmter Kreise der *französischen* und nach der Wiederkehr der Stuartdynastie auch der *englischen Aristokratie* des 17. Jahrhunderts hat kein eigenes philosophisches Gedankengebäude hervorgebracht. Der Zweck dieses Atheismus war die Beseitigung aller moralischen Schranken. Ihm hatte sich der seiner feudalen Funktionen beraubte Hofadel verschrieben, eine Gesellschaftsschicht, die mit der Zersetzung des Feudalismus entstanden war und deren Tätigkeit sich auf einen ungezügelten Lebensgenuß beschränkte. Die von ihr geübte Freigeisterei war nicht mehr als eine provokatorische Verhöhnung der Denkart der am religiösen Glauben festhaltenden unteren Volksschichten.
Dagegen stellt der *Atheismus des 18. Jahrhunderts* als radikale und konsequente philosophische Richtung innerhalb der → *Aufklärung* ein wichtiges Moment des Kampfes des aufstrebenden Bürgertums gegen die überlebte feudal-absolutistische Gesellschaftsordnung dar. An seiner Vorbereitung sind verschiedene vom Bürgertum getragene geistige Strömungen beteiligt, die in der einen oder anderen Form die Fessel der feudalklerikalen Ideologie zu sprengen suchten.
Der Glaube an den Gott der Offenbarungsreligion wurde im 17. Jahrhundert sowohl durch die von MONTAIGNE über LA MOTHE LE VAYER bis zu BAYLE führende Skepsis erschüttert, die in der Endkonsequenz auf historische wie auf religiöse Überlieferungen zur Anwendung kam, als auch durch die religiösen Kontroversen besonders im Gefolge der Aufhebung des Edikts von Nantes (1685) und der Vertreibung der Hugenotten aus Frankreich. In der zweiten Hälfte des 17. Jahrhunderts setzte die philologisch-historische Bibelkritik ein, mit der SPINOZA (Tractatus theologico-politicus 1670) den philosophischen Atheismus begründete. Sie hatte auf katholischer wie auf protestantischer Seite bedeutende Vertreter. Auch die vergleichende Religionsbetrachtung mit ihrem Motiv von den «drei Betrügern» (JESUS, MOHAMMED, MOSES), das in seinen frühesten Ursprüngen auf den freisinnigen Umkreis des Staufers *Friedrich II.* zurückgeht, erhielt neue Impulse. Nach seiner literarischen Gestaltung in BOCCACCIOS *Decamerone* (1348/53) findet es erneut seinen Niederschlag in LESSINGS berühmter Ringparabel des *Nathan.* Mit der Verbreitung des

vom *Sozinianismus* inspirierten englischen → *Deismus* und *Freidenkertums* (H. von Cherbury, Toland, Collins, Shaftesbury) wurde die offizielle Lehre der christlichen Kirche im Namen der Vernunftreligion systematisch unterhöhlt. Zu weitreichenden Konsequenzen bezüglich einer natürlichen Erklärung der Welt sollte ferner die Wiederbelebung der Atomlehre durch Gassendi und die von ihm unternommene moralische Rehabilitierung des als Schreckbild atheistischer Lasterhaftigkeit geltenden Epikur und seiner Schule Anlaß geben. Diese vielfältigen geistigen Auseinandersetzungen spielten sich vor dem Hintergrund der sich rasch entwickelnden Naturwissenschaften ab, die mit den Leistungen der Kopernikus, Kepler, Bruno, Galilei, Bacon und Newton das mittelalterliche Weltbild zum Einsturz gebracht hatten.

Als unmittelbarer Ausgangspunkt für die atheistischen Diskussionen im Verlauf des 18. Jahrhunderts aber tritt uns Pierre Bayle entgegen (*Pensées diverses sur la comète* 1681; *Dictionnaire historique et critique* 1697). Er hatte durch seine Methode, bei der Prüfung des Wahrheitsgehalts der Überlieferung einander widersprechende Autoritäten zu zitieren und damit letztlich jede Autorität zu untergraben, nicht nur die religiösen Dogmen in Frage gestellt, sondern darüber hinaus mit der Trennung von Moral und Religion der letzteren jeden Einfluß auf das Verhalten der Menschen abgesprochen. Neben seine Forderung nach unbedingter religiöser Toleranz trat seine mit vielen Beispielen belegte Feststellung, daß Atheisten nicht selten eine hohe Moral bewiesen hätten und daß ein Staat von Atheisten, der in bezug auf die moralischen Handlungen seiner Bürger allen anderen menschlichen Gemeinschaften keinesfalls nachstehen würde, durchaus denkbar sei. Bereits in der ersten Hälfte des 18. Jahrhunderts waren in Frankreich atheistische Überzeugungen weit verbreitet, wie zahlreiche Manuskripte bezeugen, die sich heimlich in Umlauf befanden. Zu den bekanntesten Beispielen zählen die Fréret zugeschriebenen *Lettres de Thrasibule à Leucippe* und *Mesliers Testament*, die beide erst nach 1750 gedruckt erschienen.

Auf diesen Grundlagen sowie auf der nunmehr zum Durchbruch gelangten sensualistischen Philosophie Lockes und den neuesten Erkenntnissen der Naturwissenschaft baute der bürgerliche *Atheismus der französischen Materialisten des 18. Jahrhunderts* auf, deren Wirken in ganzer Schärfe um die Jahrhundertmitte einsetzte. La Mettrie, Helvétius, Holbach und Diderot bildeten den Gipfelpunkt dieser Entwicklung. Ihre Zeit war gekennzeichnet durch die ideologische Vorbereitung der französischen bürgerlichen Revolution von 1789. Unter diesem Aspekt gewinnt ihr Kampf gegen die religiöse Weltanschauung und den Klerikalismus eine eminent politische Bedeutung. Mit ihrer Religionskritik suchten sie nicht nur die christlichen Dogmen ad absurdum zu führen, sondern sie deckten auch den Zusammenhang zwischen kirchlicher und weltlicher Herrschaft, zwischen Religion und Despotismus auf und entlarvten Kirche und Religion als die hauptsächlichsten ideologischen Stützen des Despotismus. So charakterisierten die französischen Materialisten, die führend an dem großen Kollektivvorhaben der *Encyclopédie* beteiligt waren, das feudalabsolutistische Regime als Verschwörung von Thron und Altar zur Unterdrückung des Volkes, da die Religion die Menschen in Unwissenheit lasse, sie einschläfere und zu sklavischer Unterwürfigkeit erziehe, die der Quell aller sozialen Übel sei. Der auf falschen Voraussetzungen basierenden religiösen Moral mit ihrem Widerspruch zwischen Wort und Tat stellten sie eine auf die Natur des Menschen und eine vernünftige Erziehung gegründete natürliche Moral gegenüber und betonten damit die Unabhängigkeit des Menschen von überirdischen Mächten und die Notwendigkeit, sich auf seine eigenen Kräfte zu besinnen. Mit ihrer fundierten und geistvoll vorgetragenen Kritik leisteten sie neben den Vertretern der anderen progressiven Strömungen der Aufklärung, wie dem von Voltaire repräsentierten antiklerikalen Deismus und der um Rousseau gruppierten plebejisch-demokratischen Bewegung, einen wichtigen Beitrag dazu, die in den unteren Gesellschaftsschichten herrschenden feindseligen Stimmungen gegen Kirche, Klerus und Aristokratie bewußt zu machen und ihnen eine einheitliche Stoßrichtung zu geben. Sie beförderten damit die Sammlung der in Bewegung befindlichen antifeudalen Kräfte. Ihre Kritik erschütterte die Autorität der herrschenden feudal-klerikalen Ideologie und bereitete den Boden für das Eindringen materialistischer und bürgerlich-demokratischer Anschauungen in das Bewußtsein der unterdrückten Klassen. «Die schlagfertige, lebendige, talentvolle, geistreich und offen die herrschende Pfafferei attackierende Publizistik der alten Atheisten des 18. Jahrhunderts» (Lenin) zählt zu den wichtigsten ideologischen Erscheinungen in der Vorbereitungszeit der Französischen Revolution. [2]

Die atheistischen Ideen des französischen Materialismus blieben nicht ohne Einfluß auf das *deutsche Geistesleben zu Anfang des 18. und zu Beginn des 19. Jahrhunderts*; sie wirkten weithin nach, obwohl sich die zur Macht gelangte französische Bourgeoisie sehr bald von den materialistischen und atheistischen Traditionen ihres antifeudalen Kampfes lossagte.

Inzwischen hatten Kant und Laplace mit der Nebularhypothese von seiten der Naturphilosophie und Naturwissenschaft theoretisch den

Nachweis der völligen Unhaltbarkeit des Schöpfungsglaubens erbracht und den lebendigen materialistisch-atheistischen Traditionen in der Naturwissenschaft weiteren Boden bereitet. So bekannte sich der Astronom LALANDE offen zum Atheismus mit dem berühmt gewordenen Satz, daß man «Gott nicht beweisen», doch «alles ohne ihn erklären» könne.

Angesichts der Verbreitung demokratischer, materialistischer und atheistischer Gedankengänge in Deutschland (es sei nur auf den «Prediger des Atheismus» SCHULZ, auf den Materialisten und Atheisten EINSIEDEL, der in der engsten Umgebung HERDERS und GOETHES wirkte, hingewiesen) bedeutete der sog. *Atheismusstreit* um 1798, der durch zwei Aufsätze FORBERGS in FICHTES und NIETHAMMERS *Philosophischem Journal* ausgelöst wurde, eine deutliche Reaktion. FICHTE, der sich wegen seiner jakobinisch-demokratischen Haltung bei der kursächsischen Reaktion verhaßt gemacht hatte, wurde des Atheismus bezichtigt – ein ausreichender Vorwand für dessen Entlassung aus den Diensten der Jenenser Universität.

Prinzipielle Schärfe gewann der Kampf gegen die bestehende Religion in *Deutschland zu Beginn der dreißiger Jahre des 19. Jahrhunderts*, als sich die Kräfte der bürgerlichen Revolution von 1848 zu formieren begannen. Hier bereitete die Theorie der Mythenbildung der Evangelien, die STRAUSS entwickelte, und die von B. BAUER und DAUMER geführte Richtung der historischen Bibelkritik das Terrain für die offen materialistisch-atheistische Religionskritik FEUERBACHS.

Die Religionskritik FEUERBACHS war ein Ausdruck der bürgerlich-demokratischen Oppositionsbewegung des Vormärz und folgerichtige Konsequenz seiner philosophisch-materialistischen Grundanschauungen. FEUERBACH griff die Leistungen des Atheismus des 18. Jahrhunderts auf und gelangte mit seiner anthropologischen, erkenntnistheoretisch-psychologischen Religionskritik, die mit einer prinzipiellen Kritik der den Glauben stützenden idealistischen Philosophie der Zeit (SCHELLING, HEGEL) einherging, über die Positionen des früheren Atheismus hinaus. War der Grundzug des Atheismus im 18. Jahrhundert vor allem die Erklärung der Religion aus Unwissenheit, Ohnmacht, Furcht und priesterlichem Betrug, so erklärte FEUERBACH (an Hand des gesamten dogmatischen Grundbestands der christlichen Religion) die phantastische Produktion der Religions- und Gottesvorstellungen aus dem auf Erden unerfüllten Bedürfnis der Selbstverwirklichung des menschlichen Wesens. Danach erschafft sich die religiöse Phantasie durch Gemütsaffekte der Furcht, des Wunsches, des Leidens, der Entbehrung, der Abhängigkeit, des Glückseligkeitstriebs und des Unsterblichkeitsverlangens (der Todesfurcht) eine phantastische Welt «nach menschlichem Bilde». Neben der Zurückdrängung theologischer Anschauungen in der Sphäre der Naturbetrachtung hat FEUERBACH damit Hervorragendes zur substantiellen Kritik der Religion und zur Aufdeckung der erkenntnistheoretischen Wurzeln der Religion geleistet (→ Entfremdung).

Der Materialismus der russischen revolutionären Demokraten (BELINSKI, DOBROLJUBOW, HERZEN, OGARJOW, TSCHERNYSCHEWSKI), der von FEUERBACH beeinflußt war, trug radikalen atheistischen Charakter. Die russischen revolutionären Demokraten stellten die Religionskritik bewußt in den Dienst der bäuerlich-demokratischen antizaristischen Bewegung, wobei sie sich auf die bisherigen Ergebnisse des Atheismus der vorangegangenen Zeit in bezug auf die Rolle und die Herkunft der Religion stützten. Sie gelangten jedoch ebensowenig wie FEUERBACH über die prinzipiellen Schranken des *bürgerlichen Atheismus* hinaus. Diese bestanden vor allem darin, daß die Religion lediglich als *Bewußtseinsphänomen* betrachtet wurde. Deshalb erblickten diese Materialisten ausschließlich in der *weltanschaulichen Aufklärung* die Hauptmethode des Kampfes zur Überwindung von Religion und abergläubischer Befangenheit. Sie vermochten nicht – und das war eine unvermeidliche Konsequenz ihres Verharrens auf idealistischen Positionen in der Gesellschaftsbetrachtung – die objektiven *sozialökonomischen Wurzeln*, deren Beseitigung revolutionäre Aktivität erfordert, d.h. die Klassenbedingtheit aller Religion aufzudecken; das hätte die Aufhellung des Ausbeutungscharakters der kapitalistischen wie jeder Klassengesellschaft erfordert, war jedoch vom Standpunkt der bürgerlichen Klasse, deren fortgeschrittene ideologische Vertreter sie waren, nicht vollziehbar.

Der Atheismus des sog. *Vulgärmaterialismus* der fünfziger Jahre des 19. Jahrhunderts (BÜCHNER, MOLESCHOTT, VOGT), der eine weite Verbreitung fand, sowie später der Atheismus HAECKELS stützten sich wohl auf zahlreiche neue Erkenntnisse der Naturwissenschaften, schritten aber in ihrem philosophischen Fundament und in dessen Durcharbeitung nicht wesentlich über die von FEUERBACH erzielten Ergebnisse hinaus, ja blieben in philosophischer Tiefe hinter diesem zurück. Um die Mitte des 19. Jahrhunderts wird der *bürgerliche Atheismus* durch den von MARX und ENGELS begründeten *proletarischen Atheismus* überwunden.

Der *proletarische Atheismus* beruht auf dem gesicherten *wissenschaftlichen Fundament* der marxistisch-leninistischen Philosophie, dem *dialektischen und historischen Materialismus*, dessen Konsequenz und untrennbarer Bestandteil er ist. Der proletarische, wissenschaftliche Atheismus deckt zum ersten Male in der Geschichte der Auseinandersetzung mit der Religion konsequent deren *sozialökonomische* und *erkenntnistheoretische Wurzeln* auf. Er sieht die Religion als Folge des primitiven Entwicklungsstandes der Produktivkräfte in der Urgesellschaft und der widerspruchsvollen Entwicklung in den Klassengesellschaften und widerlegte durch historische und erkenntnistheoretische Untersuchungen (in die die positiven Resultate des bürgerlichen Atheismus und der bürgerlichen Religionskritik Aufnahme fanden) die theologischen Behauptungen vom göttlichen Ursprung, von der Ewigkeit und dem allgemeinmenschlichen Charakter der Religion.

Als *Grundzug der revolutionären wissenschaftlichen Weltanschauung der Arbeiterklasse* erblickt der proletarische Atheismus jedoch primär in den *sozialökonomischen Bedingungen* der Ausbeutergesellschaft die Wurzeln der Religion und des religiösen Aberglaubens: «Die soziale Unterdrückung der werktätigen Massen, ihre scheinbar völlige Ohnmacht gegenüber den blind waltenden Kräften des Kapitalismus, der den einfachen arbeitenden Menschen täglich und stündlich tausendmal mehr entsetzlichste Leiden und unmenschlichste Qualen bereitet als irgendwelche außergewöhnlichen Ereignisse wie Kriege, Erdbeben usw. – darin liegt heute die tiefste Wurzel der Religion» (LENIN 15, 408). Was für den Kapitalismus in besonderem Maße, gilt entsprechend für die gesamte geschichtliche Periode der auf Ausbeutung und Unterdrückung der Volksmassen beruhenden Klassengesellschaft. Die Charakterisierung der Religion als des «illusorischen Glücks» (MARX) entschleiert sowohl in der sozialen Unterdrückung und Niederhaltung der Mehrheit der Gesellschaft die Hauptursache der Religion, wie sie zugleich eine konsequent revolutionäre Orientierung auf die Beseitigung aller gesellschaftlichen Verhältnisse gibt, «in denen der Mensch ein erniedrigtes, ein geknechtetes, ein verlassenes, ein verächtliches Wesen» ist (MARX).

Der *proletarische Atheismus* zeigt mit der Orientierung auf den revolutionären Kampf zur Beseitigung der Ausbeuterordnung – bei dem die führende Kraft die revolutionäre Arbeiterklasse unter Führung ihrer marxistisch-leninistischen Partei ist – die Perspektive völlig neuer Beziehungen der freien, gleichberechtigten Menschheit der entwickelten sozialistischen Gesellschaftsordnung: Die Religion wird mehr und mehr aus dem Leben der Gesellschaft schwinden, «wenn die Gesellschaft durch Besitzergreifung und planvolle Handhabung der gesamten Produktionsmittel sich selbst und alle ihre Mitglieder aus der Knechtung befreit hat» (MARX/ENGELS 20, 295). Hierdurch gewinnt auch die weltanschauliche Aufklärung, die wissenschaftlich-atheistische Propaganda des Marxismus-Leninismus, den ihr zukommenden Platz als ein organischer Bestandteil des revolutionären Klassenkampfes der Arbeiterklasse und der mit ihr verbündeten Klassen und Schichten. Die *atheistische Propaganda*, die sich in vielfältigen Formen und eng mit dem Prozeß der Arbeit verbunden auf die Formierung eines wissenschaftlich gesicherten Weltbildes unter den Volksmassen richtet, ist ein objektiv notwendiger Bestandteil des Kampfes gegen den politischen Klerikalismus und den Mißbrauch der Religion durch die Ausbeuterklassen wie für die Freimachung aller schöpferischen Talente und Energien des Volkes im Kampf um die neue, menschliche Gesellschaft: den Sozialismus und Kommunismus. Sie berührt nicht die Frage der vollen Glaubensfreiheit und der ungehinderten Religionsausübung, die in allen sozialistischen Ländern verfassungsmäßig garantiert und geschützt ist. [1]

→ Aufklärung → Aberglaube → Religion.

Äther [griech] – in der *antiken Naturphilosophie* neben Feuer, Erde, Luft, Wasser ein Grundelement der Materie, das sich durch Schwerelosigkeit, Widerstandslosigkeit, Unwägbarkeit und Feinheit auszeichnet (HESIOD, *orphische Dichtung*, EMPEDOKLES, ARISTOTELES, später: CICERO, PROKLOS).

Besondere Bedeutung erhielt der Ätherbegriff in der *mathematisch-mechanistischen Naturwissenschaft* des 17. und 18. Jahrhunderts. In ihr bedeutete er die hypothetisch angenommenen Materieteilchen von unmeßbarer Feinheit und praktischer Gewichts- und Trägheitslosigkeit mit rein mechanischen Eigenschaften (Druck und Stoß). Dieser Ätherbegriff spielte eine große Rolle bei Versuchen zur Erklärung der Schwerkraft und der Ausbreitung des Lichts. So schuf DESCARTES ein auf dem Begriff des Äthers (des zweiten der drei von ihm angenommenen Grundelemente der Materie) und der Bewegung seiner Teilchen unter dem Einfluß zentrifugaler Kräfte aufbauendes kinetisches Modell zur Erklärung der Schwerkraft, und HUYGENS bediente sich des Ätherbegriffs bei der Aufstellung seiner Wellentheorie des Lichts. Während die Theorie der Schwerkraft DESCARTES' im Folgenden durch die Theorie der Schwerkraft NEWTONS verdrängt wurde, erhielt sich die Theorie der Wellennatur des Lichts von HUYGENS und mit ihr die Hypothese von der Existenz eines Äthers auch über die folgenden Jahrhunderte hinweg.

Besonderen Auftrieb bekam die Ätherhypothese im 19. Jahrhundert im Zusammenhang mit den mechanischen Deutungsversuchen der elektromagnetischen Wellen, die von MAXWELL 1865 (Vorläufer FARADAY) theoretisch vorausgesagt, von HERTZ 1888 experimentell nachgewiesen wurden. Der Äther fungiert in ihnen als Übertragungsmedium für die Ausbreitung der elektromagnetischen Wellen (ähnlich der Luft beim Schall). Der negative Ausgang des 1881 zu seinem

Nachweis von MICHELSON unternommenen Versuchs (in der Folgezeit mit größerer Präzision und ebenso negativem Ergebnis mehrfach wiederholt) brachte den Beweis, daß es einen Äther im Sinne eines mechanistischen Substrats nicht gibt (→ Relativitätstheorie). Es stellte sich heraus, daß, um den beobachteten Erscheinungen gerecht zu werden, dem Äther logisch widersprüchliche Eigenschaften zugeschrieben werden mußten: er ist weder in Ruhe noch in Bewegung; er wird weder durch bewegte Körper mitgeführt noch fließen diese durch ihn hindurch; er muß einerseits als harte elastische Substanz, andererseits als Medium von äußerst geringer Dichte gedacht werden.

Die Bedeutung der Ätherhypothese für den *mechanischen Materialismus* bestand darin, daß mit ihrer Hilfe die (mechanische) Einheit der Welt logisch vertreten werden konnte. Der Nachweis ihrer Unhaltbarkeit ließ die prinzipielle Unzulänglichkeit nicht nur der klassischen (mechanischen) Physik, sondern auch des mechanischen Materialismus offenbar werden. Dieser Umstand war für die Vertreter des Idealismus Anlaß die gegen den Materialismus schlechthin gerichtete Schlußfolgerung von einer Bewegung ohne Materie zu ziehen: wenn der Äther nicht existiert, so gibt es nichts, was sich im Falle der elektromagnetischen Wellen in Schwingung befindet. Die Widerlegung der Ätherhypothese ist jedoch keinesfalls eine Widerlegung des Materialismus überhaupt. Sie weist vielmehr über den mechanischen Materialismus hinaus zum dialektischen Materialismus, nach dem es prinzipiell unmöglich ist, alle physikalischen Bewegungsformen der Materie auf mechanische zu reduzieren, und der das Feld als eine spezifische (nichtmechanische) Qualität betrachtet.

Der in der Physik auch später noch (z. B. von EINSTEIN) benutzte Ätherbegriff ist nicht identisch mit dem mechanischen Ätherbegriff. Er fungiert lediglich zur Veranschaulichung von Feldeigenschaften.

→ Feld.

Atom [griech] – *eigtl*: das Unteilbare; das kleinste Teilchen eines chemischen Elements, dem noch sämtliche für ein chemisches Element charakteristischen Eigenschaften zukommen.

Die spekulative Annahme der Existenz von Atomen spielte bereits in der antiken materialistischen Naturphilosophie eine wesentliche Rolle (LEUKIPP, DEMOKRIT, EPIKUR, LUKREZ). Im Unterschied zum späteren Atombegriff der Chemie bedeutete dieser spekulative Atombegriff jedoch lediglich allgemeine letzte, unteilbare Einheiten der Matérie. Diese brauchen nicht mit den chemischen Atomen identisch zu sein, sondern könnten z. B. auch die gegenwärtig bekannten Elementarteilchen darstellen.

Im 17. Jahrhundert wurde die Atomtheorie der antiken materialistischen Naturphilosophie durch GASSENDI erneuert, ohne jedoch eine wesentliche Entwicklung zu erfahren. Erst BOYLE verband den antiken Atombegriff mit der experimentellen Naturwissenschaft des 17. Jahrhunderts und gelangte zur Vorstellung von aus gleichartigen Atomen bestehenden chemischen Elementen. LOMONOSSOW konkretisierte den Begriff des chemischen Elements und hob als die wichtigsten Eigenschaften der Atome ihre Ausdehnung, Undurchdringlichkeit, Härte und Trägheit hervor; die Wechselwirkung der Atome untereinander soll durch mechanischen Stoß erfolgen und dem Gesetz von der Erhaltung der (mechanischen) Bewegung (→ Erhaltungssätze) unterliegen. DALTON verlieh den atomistischen Vorstellungen in der Chemie mit dem von ihm entdeckten Gesetz der multiplen Proportionen einen exakten, auf experimentellen Untersuchungen fußenden quantitativen Ausdruck (Atomgewicht).

Die Anfänge des wissenschaftlichen Atombegriffs reichen ins 18. Jahrhundert zurück. Zu einer wissenschaftlich begründeten Theorie wurde der Atombegriff vor allem mit und nach der Entdeckung des periodischen Systems der Elemente (MENDELEJEW, MEYER) ausgebaut (→ Periodensystem der Elemente).

Durch die Entdeckung des radioaktiven Zerfalls (BECQUEREL 1896) und die Entdeckung des Elektrons (J. J. THOMSON 1897) wurde der überkommene Atombegriff negiert. Er wurde a) aufbewahrt als relative Wahrheit in der Chemie (das Atom ist mit chemischen Mitteln nicht teilbar); b) aufgehoben insofern, als das Atom nicht schlechthin unteilbar ist, sondern mit physikalischen Mitteln gespalten werden kann.

Es zeigte sich, daß jedes Atom aus einem positiv geladenen Kern, bestehend aus Protonen und Neutronen, und einer negativen Elektronenhülle besteht, wobei sich im nichtionisierten Zustand beide Ladungen ausgleichen, das Atom also elektrisch neutral ist. Somit ist jedes Atom eine Einheit von Gegensätzen. Die Stabilität eines Atoms wird bestimmt durch den dialektischen Widerspruch im Atomkern. Dieser tritt konkret auf als Widerspruch zwischen den Kernbindungskräften und den (abstoßenden) Coulombkräften der Protonen. Mit wachsender Anzahl der Protonen (= Kernladungszahl) ist eine Lockerung des Kernverbandes festzustellen, d. h., die Neigung zum Zerfall nimmt zu. Aus diesem Grunde ist auch die Anzahl der chemischen Elemente begrenzt.

Neuere Vorstellungen vom Bau der Atome (Atommodelle) gingen davon aus, daß die Elektronen den Atomkern umkreisen wie die Planeten die Sonne (RUTHERFORD 1911, verbessert durch BOHR und SOMMERFELD), wobei die Abstände der Elektronenschalen vom Kern wie auch die Anzahl

der Elektronen auf jeder Schale gesetzmäßig determiniert sind. Die moderne Quantenphysik zeigte jedoch die Begrenztheit dieses anschaulichen Modells der Elektronenbahnen, da die Elektronen außer ihren Teilcheneigenschaften auch Welleneigenschaften besitzen (→ Korpuskel-Welle-Dualismus), so daß die gebundenen Elektronen in anderer Hinsicht (nach SCHRÖDINGER) als stehende Wellen aufgefaßt werden müssen (Schrödingersches Atommodell, nur für das Wasserstoffatom anschaulich darstellbar). Die Synthese dieser beiden Auffassungen in der von BORN, HEISENBERG, SCHRÖDINGER u. a. begründeten Quanten- oder Wellenmechanik führte zum Begriff der «Wahrscheinlichkeitswolken», die an die Stelle der anschaulichen Elektronenbahnen treten.
Die theoretischen und praktischen Erfolge der Atomphysik widerlegen eindeutig die positivistische Auffassung MACHS, der zufolge das Atom nur eine Fiktion sei, da es mit den Sinnesorganen nicht unmittelbar wahrgenommen werden kann. Die praktische Nutzung der Atomenergie im Dienste des Menschen ist ein Prüfstein für die Richtigkeit unserer theoretischen Vorstellungen vom Atom. Die menschliche Praxis beweist deren Richtigkeit auch durch die künstliche Schaffung von Atomen, die in der Natur infolge zu hoher Instabilität nicht vorkommen (z. B. Atome mit einer Ordnungszahl im periodischen System der Elemente, die größer ist als 93).
Die Entwicklung der Theorie der Atome und die praktischen Erfolge der Atomphysik widerlegen nicht nur alle idealistischen und positivistischen Auffassungen über die Atome, sondern demonstrieren zugleich, wie die Entwicklung der naturwissenschaftlichen Theorie und Praxis den Übergang vom mechanisch-materialistischen zum dialektisch-materialistischen Naturbild fordert, das allein die dialektischen Gesetzmäßigkeiten der Struktur und der Wechselwirkung der Atome und der Elementarteilchen zu erfassen in der Lage ist. Insbesondere ist hervorzuheben, daß die von LENIN in *Materialismus und Empiriokritizismus* gemachte Voraussage von der qualitativen Unerschöpflichkeit des Atoms und des Elektrons durch die Entwicklung der modernen Physik in der ersten Hälfte des 20. Jahrhunderts vollauf bestätigt wurde und daß sie auch allen weiteren Forschungen – vor allem im Bereich der Theorie der Elementarteilchen – als methodischer Grundsatz gelten muß.
→ Atomistik.

atomarer Ausdruck → Ausdruck, atomarer.

atomare Tatsache (atomic fact) – nach der Erkenntnislehre des *logischen Positivismus* ursprüngliches, diskretes und isoliertes Sinnesdatum, einfachstes Element des «Erlebnisstroms». Atomare Tatsachen werden in atomaren Aussagesätzen fixiert und sollen die Basis der gesamten Wissenschaft darstellen.
WITTGENSTEIN definiert eine atomare Tatsache als eine «Verbindung von Gegenständen (Sachen, Dingen)», wobei er unter «Verbindung» gewisse elementare Relationen versteht. Die Relationen gehören zum Bestand der Tatsache, ohne selbst Tatsachen zu sein. Atomare Tatsachen sind voneinander unabhängig, so daß aus der Existenz oder Nichtexistenz der einen Tatsache die Existenz oder Nichtexistenz einer anderen Tatsache nicht folgt. RUSSELL verwendet anstelle des Begriffs «atomare Tatsache» den Begriff «*Ereignis*». Ein Ereignis ist eine in sich abgeschlossene Gesamtheit sinnlicher Qualitäten mit folgenden Eigenschaften: 1. sämtliche Qualitäten der Gesamtheit koexistieren; 2. nichts außerhalb der Gesamtheit koexistiert mit jedem Glied der Gesamtheit. Wie bei WITTGENSTEIN das sinnliche Erkenntnismaterial aus isolierten, diskreten Tatsachen, besteht bei RUSSELL das sinnliche Erkenntnismaterial aus gesonderten, diskreten Mengen sinnlicher Qualitäten. Die Frage, ob den Ereignissen etwas objektiv Reales entspreche, beantwortet RUSSELL im Sinne des subjektiven Idealismus: «Wir nehmen Ereignisse und nicht Substanzen wahr.» Auch CARNAP hält an der These vom atomaren Charakter des sinnlichen Erkenntnismaterials fest, betont jedoch stärker, daß die Wissenschaft es nicht mit diesem Material selbst, sondern mit atomaren Aussagen (→ Protokollaussage) zu tun habe, und begründet damit die sog. verbale Variante des logischen Positivismus.
Die neupositivistische Konzeption vom atomaren Charakter des Erkenntnismaterials ist ein Versuch, der Dialektik des Erkenntnisprozesses zu entgehen, und beruht in methodischer Hinsicht auf einer schematischen Übertragung gewisser Gegebenheiten der formalen Logik auf die Erkenntnistheorie. Im zweiwertigen Aussagenkalkül werden z. B. sog. Molekularaussagen aus atomaren (elementaren) Aussagen gebildet. Die Regel zur Bildung logischer Moleküle ist mit entsprechenden Abwandlungen auch in allen übrigen logisch-mathematischen Kalkülen anwendbar. In der extensionalen Logik wird der Wahrheitswert molekularer (zusammengesetzter) Aussagen als Funktion des Wahrheitswertes der entsprechenden atomaren Aussagen betrachtet, d. h., es wird eine gewisse «Atomisierung» des Wahrheitswertes durchgeführt usw. Der logische Positivismus verabsolutiert die diskrete Struktur der Aussagen und überträgt sie auf die Struktur der Empfindungen und Wahrnehmungen. Die menschlichen Empfindungen sind (wie das Weber-Fechnersche psychophysische Gesetz von der sensitiven Erregungsschwelle bestätigt) zwar relativ diskreter Natur, jedoch nicht «ursprünglich», «atomar» und voneinander isoliert. Sinnliche

und rationale Stufe der Erkenntnis bilden stets eine Einheit. Mit jeder Sinneswahrnehmung auf der neurodynamischen Grundlage der unbedingten und bedingten Reflexe des ersten Signalsystems sind beim Menschen Überlegungen auf der Grundlage der bedingt-reflektorischen Tätigkeit des zweiten Signalsystems verbunden, d. h., die einzelne Sinnesempfindung liegt nicht in «reiner», «ursprünglicher» Form vor, sondern wird stets durch das Bewußtsein, durch bestimmte Erfahrungen usw. beeinflußt. Auf der sprachlichen Ebene kommt dieser Sachverhalt darin zum Ausdruck, daß *jede* sinnvolle Aussage bereits gewisse theoretische Begriffsbildungen enthält. Eine atomare Aussage im Sinne des logischen Positivismus erweist sich als Fiktion. Die einzelnen, objektive Eigenschaften abbildenden Empfindungen sind auch nicht *voneinander* isoliert, existieren nicht beziehungslos nebeneinander, sondern sind durch bestimmte Relationen miteinander verbunden, auf deren Grundlage die ganzheitliche und strukturierte Wahrnehmung entsteht.

→ Atomismus, logischer → Physikalismus.

Atomismus → Atomistik.

Atomismus, logischer – neupositivistische Lehre, nach der die «Welt» aus atomaren, d. h. ursprünglichen, unteilbaren, diskreten und voneinander isolierten Einzeltatsachen besteht, wobei unter «Welt» meist das unmittelbar Gegebene, die Gesamtheit der menschlichen Sinnesempfindungen, verstanden wird.

Philosophiehistorischer Ausgangspunkt des logischen Atomismus ist der subjektive Idealismus HUMES. Nach HUME bilden einfache, unteilbare und aus diesen zusammengesetzte Sinnes-*Eindrücke* die notwendige und hinreichende Grundlage der menschlichen Vorstellungen, Erinnerungen und Gedanken (ideas), d. h. der gesamten Denktätigkeit; eine gewisse Beständigkeit und Wiederkehr bestimmter Eindrücke erwecke die Illusion real, d. h. außerhalb des Menschen existierender Dinge. Die Welt, wie sie in unseren Perzeptionen existiert, besteht aus atomartigen Ereignissen, die zusammengesetzt erscheinen, aber nie kausal verknüpft sind. Im Anschluß an HUME zerlegt MACH die Welt in unteilbare «Elemente» (Farben, Töne, Räume, Zeiten usw.) *neutralen* (weder materiellen noch geistigen) Charakters, die sich, in dieser oder jener Weise geordnet, zu gewissen Komplexen verbinden können.

RUSSELL und WITTGENSTEIN kommen im Rückgriff auf HUME und in Anlehnung an MACH sowie über die logische Analyse der Sprache zur Auffassung vom atomaren Charakter der «Welt». RUSSELL unterscheidet zunächst drei grundlegende Satzformen: 1. Elementarsätze, 2. Wahrheitsfunktionen von Elementarsätzen, 3. Generalisationen. 2. und 3. sind durch einfache logische Operationen aus 1. ableitbar. Der Elementarsatz kann dagegen nicht in andere *Sätze* zerlegt werden; er ist ursprünglich, atomar, setzt sich jedoch aus *Ausdrücken* (Worten) zusammen. Dem Ausdruck entspricht ein Gegenstand (eine Sache) der «Welt»; der Ordnung zwischen den Ausdrücken im Satz entspricht ein gewisser Zusammenhang zwischen den Gegenständen (Sachen); dem ganzen Elementarsatz ein Ereignis bzw. eine Einzeltatsache. Elementarsätze sind Bilder von Tatsachen. «Daß sich die Elemente des Bildes in bestimmter Art und Weise zueinander verhalten, stellt vor, daß sich die Sachen so zueinander verhalten» (WITTGENSTEIN, Tractatus logico-philosophicus 2.15).

Der logische Atomismus RUSSELLS und WITTGENSTEINS beruht auf apriorischen Grundlagen. Die diskrete Struktur der Sätze wird verabsolutiert und auf die Struktur der «Welt» übertragen. Ebenso wie der Elementarsatz eine Kombination von Ausdrücken ist, ist die Tatsache eine Kombination von Gegenständen. Ebenso wie (nach WITTGENSTEIN) der Ausdruck nur Bedeutung innerhalb eines Satzgefüges hat, hat der Gegenstand nur «Bestand» innerhalb einer Tatsache. Der Ausdruck (das Wort) ist der einfachste Baustein des Satzes – die Gegenstände «bilden die Substanz der Welt. Darum können sie nicht zusammengesetzt sein» (Tractatus 2.0211). RUSSELS und WITTGENSTEINS Analyse der «Welt» bedeutet nur scheinbar eine Hinwendung des Neupositivismus zu sog. ontologischen Fragestellungen. RUSSELL betrachtet die These vom substantiell-attributiven Charakter der objektiven Realität als eine Ontologisierung der Subjekt-Prädikat-Struktur von grammatischen Sätzen und leugnet, daß den menschlichen Empfindungen etwas objektiv Reales entspreche. Nach WITTGENSTEIN sind Gegenstände letztlich nur Namen für logisch nicht weiter zerlegbare Atome der Erkenntnis. Der logische Atomismus steht und fällt mit dem Begriff der atomaren Tatsache bzw. des Elementarsatzes (→ Protokollaussage). Es läßt sich zeigen, daß weder ursprüngliche und voneinander isolierte «Tatsachen» noch atomare Sätze im Sinne des logischen Positivismus existieren können.

→ atomare Tatsache.

Atomistik [griech] – von LEUKIPP, DEMOKRIT, EPIKUR und seinen Anhängern begründete *materialistisch-philosophische Lehre* (und *naturwissenschaftliche Hypothese*), daß die Materie aus kleinsten, unteilbaren Teilchen, den Atomen, bestehe, und ihre Fortwirkung und Weiterbildung bis ins 19. Jahrhundert.

Die Geschichte der Atomistik ist eine Erscheinungsform der Geschichte des Materialismus und des materialistisch-philosophischen naturwissenschaftlichen Denkens. Die Auseinandersetzung um die Atomistik, die seit ihrer Begründung geführt wurde, ist ein Ausdruck des Kampfes zwischen

Materialismus und Idealismus in der Geschichte der Philosophie.

In der Geschichte der *griechischen Philosophie* stellt die Atomistik den Höhepunkt der Entwicklung des antiken Materialismus dar.

Nach LEUKIPP und DEMOKRIT besteht die Materie aus letzten, nicht weiter zerlegbaren, qualitativ gleichartigen, nur ihrer Gestalt und Größe nach voneinander unterschiedenen Teilchen, den Atomen. Diese sind ewig, unzerstörbar, undurchdringlich und ihrer Zahl nach unendlich. Sie setzen einen leeren Raum als Bedingung ihrer Bewegung voraus. Die Mannigfaltigkeit der Welt resultiert aus der verschiedenartigen Bewegung der Atome, ihrer Vermischung. Durch das Aufeinanderprallen der Atome entstehen Wirbel, die als Anfang der Weltbildung anzusehen sind. Auf diese Weise entstehen und vergehen unendlich viele Welten, die nebeneinander und nacheinander existieren. Analoges gilt für die einzelnen Dinge. Das Denken ist ein Spezialfall der Atombewegung. Die das Denken hervorrufenden Atome sind lediglich runder und glatter und daher beweglicher als die übrigen.

Das gesamte Geschehen führt DEMOKRIT so auf die Bewegung der Atome zurück, die er aus sich selbst, d. h. materialistisch erklärt.

Die Bedeutung der Atomistik DEMOKRITS liegt darin, daß sie auf spekulative Weise die Erkenntnis von der Ewigkeit und Unzerstörbarkeit der Materie, der Unendlichkeit der Welt und der Einheit von Materie und Bewegung vorwegnimmt.

Eine Weiterentwicklung der Lehren DEMOKRITS stellt die Atomistik EPIKURS dar. ARISTOTELES hatte auf einen wesentlichen Mangel der Atomistik DEMOKRITS hingewiesen: in einem *leeren Raum* bewegen sich die Atome bei nur ungleicher Gestalt und Größe alle gleich schnell. EPIKUR behebt diesen Mangel, indem er neben Gestalt und Größe die Schwere zu einer Grundeigenschaft der Atome erklärt. Damit antizipiert EPIKUR die Entdeckung des Atomgewichts auf seine Weise (MARX/ENGELS 20, 331).

Eine weitere Korrektur der Atomistik DEMOKRITS nimmt LUKREZ im Anschluß an EPIKUR vor. Er erklärt die Wirbelbewegung der Atome durch Deklination, d. h. geringfügige Abweichungen der Atome von ihren Bahnen. Dabei schließt LUKREZ von der willkürlichen Bewegung der Menschen und Tiere auf eine ebenso willkürliche der Atome, wodurch er der Atomistik den ihr bei DEMOKRIT und EPIKUR eigenen fatalistischen Charakter nimmt, ohne das von ihnen errichtete streng materialistische Weltbild dadurch anzutasten.

Durch LUKREZ erhält darüber hinaus die Atomistik eine unmittelbar *kritische* Tendenz, indem er sie bewußt in den Dienst der progressiven gesellschaftlichen und ideologischen Bestrebungen der Zeit stellt.

Die der Atomistik durch LEUKIPP, DEMOKRIT, EPIKUR und LUKREZ gegebene Gestalt ist der Ausgangspunkt und die Grundlage aller weiteren atomistischen Theorien.

Während des Mittelalters geriet die Atomistik in Vergessenheit. Sie wurde am Beginn der *bürgerlichen Neuzeit* vor allem durch GASSENDI im Rückgriff auf EPIKUR erneuert. Weitere Vertreter der Atomistik im 17. und 18. Jahrhundert waren mehr oder weniger: DESCARTES, GALILEI, BRUNO, SENNERT, BOYLE, auch HUYGENS und NEWTON, später vor allem DIDEROT, ROBINET, auch MAUPERTUIS.

Die Erneuerung der Atomistik erfolgte im engsten Zusammenhang mit dem Entstehen der neuen Naturwissenschaft und unter weitgehend mechanischen Aspekten. Die Bewegung der Atome wird – und das ist das Neue, was die Atomistik des 17. und 18. Jahrhunderts gegenüber der antiken Atomistik bringt – auf der Grundlage der jetzt entdeckten allgemeinen Gesetze der Mechanik erklärt. Dergestalt werden den Atomen ausschließlich *mechanische Eigenschaften* (Haltevorrichtungen in Gestalt von Häkchen, Spitzen, Unebenheiten als Ursache der Atomverbindungen: Kontaktmechanik) und ausschließlich *quantitative* Bestimmungen (alle Atombewegung wird auf Druck und Stoß zurückgeführt) zugeschrieben. Anhänger NEWTONS ersetzen dann die Kontaktmechanik durch die Mechanik der Kräfte, indem sie die Lehre von der allgemeinen Gravitation auf den Bereich der Atome anwenden.

LEIBNIZ versucht die Atomistik idealistisch umzuinterpretieren. Er stellt den materiellen Atomen die immateriellen Monaden als letzte Bausteine der Welt entgegen.

Der erste, der die Atomistik aus ihrer mechanischen Beschränkung herausführt, indem er den Atomen nicht nur quantitative, sondern auch qualitative Eigenschaften zuschreibt, ist LOMONOSSOW. Bei ihm findet sich der Gedanke, daß es qualitativ verschiedene Stufen der Zusammenballung von diskreten Materieteilchen (Atomen) gibt.

Die wissenschaftliche Entdeckung des Atomgewichts durch DALTON sowie die Entdeckung des periodischen Systems der Elemente durch MENDELEJEW bedeuten gleichsam den Abschluß der Atomistik und ihren Übergang zur Atomphysik.

Die durch den jeweiligen Entwicklungsstand der Wissenschaft, insbesondere der Naturwissenschaft, bedingte Beschränkung der Atomistik beeinträchtigt nicht ihre relative Richtigkeit.

Ihr Festhalten an der Auffassung von der diskreten Struktur der Materie macht sie zu einer der Hauptstützen des philosophischen Materialismus

im Kampf gegen Idealismus und Religion und – nicht zuletzt – zum Vorläufer der Atomphysik.
→ Atom.

Attraktion und Repulsion [lat] – Anziehung und Abstoßung. Von ENGELS nach HEGEL als Grundformen der Bewegung und als Wesen der Materie bezeichnet (MARX/ENGELS 20, 510).
Attraktion und Repulsion sind Erscheinungsformen des dialektisch widersprüchlichen Wesens der Materie. Neben der elektrischen und magnetischen Anziehung und Abstoßung interessiert vor allem die allgemeine Massenanziehung (Gravitation). Ausgehend vom Stand der exakten naturwissenschaftlichen Erkenntnis seiner Zeit hatte ENGELS richtig eine Interpretation von Attraktion und Repulsion als (metaphysisch isolierte) «Kräfte» abgelehnt, aber hinzugefügt, daß es sich seinerzeit zeigen werde, was es mit den «Kräften» auf sich habe. Der Zeitpunkt für den Ansatz einer solchen Interpretation ist inzwischen gekommen. Die Einsteinsche Gravitationstheorie (allgemeine → Relativitätstheorie) war der Wendepunkt für ein Verständnis der allgemeinen Massenanziehung: Das Newtonsche Gravitationsgesetz folgt aus den Formeln der allgemeinen Relativitätstheorie. Die von der allgemeinen Relativitätstheorie ausgehenden Bemühungen, eine einheitliche Theorie für das elektromagnetische Feld und das Gravitationsfeld zu finden, sind ein weiterer Schritt zum Verständnis der Gravitation, deren Wesen letztlich noch ungeklärt ist. Die durch die Entwicklung der modernen Naturwissenschaft glänzend bestätigte dialektische These von der Widersprüchlichkeit der Materie legt die Vermutung nahe, daß als polare Kraft zur Gravitation eine Antigravitation existiert. Prinzipiell scheint es für deren Existenz drei Möglichkeiten zu geben: 1. Sie könnte in einer gegenüber der Relativitätstheorie allgemeineren künftigen Theorie (vielleicht schon in den Erweiterungen der Einsteinschen Gravitationstheorie) auftreten. 2. Es könnten in der Physik der Elementarteilchen negative Massen auftreten. 3. Es wären dafür gänzlich andersgeartete Materiezustände als die unseres «jetzigen» Kosmos notwendig, etwa der Zustand vor der Bildung unserer heutigen Elemente.
Voraussetzung und materieller Träger einer Antigravitation wäre die Existenz von negativen Massen. Diese Existenz nun liegt durchaus im Bereich des physikalisch Möglichen, d. h., ihre Annahme steht nicht im Widerspruch zu den fundamentalen Prinzipien der Physik; z. B. verstößt sie nicht gegen die Äquivalenz von schwerer und träger Masse. Die negative Masse läßt sich der Gravitationstheorie ohne inneren Widerspruch einfügen. Bemerkenswert ist jedoch der Umstand, daß der Unterschied zwischen dem elektromagnetischen Feld und dem Gravitationsfeld dadurch noch vertieft wird: Beim Gravitationsfeld besteht im Gegensatz zum elektromagnetischen keine Symmetrie, d. h., bei Vertauschung von positiver und negativer Masse ist die eine Masse vor der anderen ausgezeichnet (die Naturgesetze sind nicht invariant). Die Wechselwirkung einer positiven Masse mit einer negativen sähe so aus, daß auf die erstere Abstoßung, auf die letztere jedoch Anziehung wirken würde.
In der Physik der Elementarteilchen gibt es Erscheinungen, die mit der Existenz negativer Massen in Verbindung gebracht werden könnten: Der oszillatorische Anteil der Zitterbewegung der Elementarteilchen (die bereits 1930 von SCHRÖDINGER entdeckt wurde) tritt immer dann auf, wenn Zustände negativer Energie vorhanden sind; die negative Energie weist auf negative Masse hin. Versucht man weiter den Spin im Sinne des Korrespondenzprinzips durch den Übergang zum klassischen Modell darzustellen, so ergibt sich eine Erweiterung der gewöhnlichen Mechanik der Massenpunkte, die auf einen Massendipol hinausläuft. Ein solcher läßt sich aber nur als Anordnung von positiver und negativer Masse vorstellen.

Attribut [lat] – wird in der *vormarxistischen Philosophie* in der Bedeutung einer der Substanz notwendig zukommenden Eigenschaft verwendet.
ARISTOTELES unterscheidet die Attribute von den Akzidenzien, unter denen er einem Gegenstand zufällig zukommende, unwesentliche Eigenschaften versteht. Die mittelalterliche *Scholastik* versteht unter Attributen vor allem die Merkmale Gottes.
DESCARTES und SPINOZA betrachten die Attribute zum Unterschied von den Modi als die das Wesen der Substanz ausmachenden Eigenschaften. Nach DESCARTES ist das Attribut der materiellen Substanz die Ausdehnung und das Attribut der geistigen Substanz das Denken. SPINOZA sieht in Ausdehnung und Denken die Attribute der einheitlichen materiellen Substanz. TOLAND und der *französische Materialismus* des 18. Jahrhunderts betrachten Ausdehnung und Bewegung als Attribute der Materie.
Der Begriff «Attribut» gehört – ebenso wie der Begriff «Substanz» – nicht zum eigentlichen Kategorienbestand der *marxistischen Philosophie*. Wenn im dialektischen Materialismus im Anschluß an ENGELS die Bewegung «als inhärentes Attribut der Materie» (MARX/ENGELS 20, 354) bezeichnet wird, so ist dies nicht im Sinne der vormarxistischen Philosophie aufzufassen, wenn sie ihre Attribute der qualitätslosen Substanz zuschrieb. Dieser Ausdruck besagt vielmehr, daß die Materie nur in Gestalt ihrer unendlich mannigfaltigen Bewegungs- und Entwicklungsformen

existiert, daß die Bewegung eine von der Materie nicht zu trennende Eigenschaft ist: «der Versuch, Bewegung ohne Materie zu *denken*, ... ist philosophischer Idealismus» (LENIN 14, 268). Die Bewegung ist aber nicht nur eine unter vielen anderen Eigenschaften der materiellen Objekte, sie «ist *die Daseinsweise* der Materie, also mehr als ihre bloße Eigenschaft. Es gibt nicht und kann nie Materie ohne Bewegung gegeben haben» (MARX/ ENGELS 20, 575).
→ Bewegung → Substanz.

Aufklärung – Bezeichnung für die geistige Bewegung, die ihre Impulse aus den ökonomischen, sozialen und politischen Bestrebungen des dritten Standes – in der Periode der Emanzipation der Bourgeoisie von den Fesseln der feudalabsolutistischen Ordnung – empfing und die in allen Wissensbereichen grundlegenden und richtungweisenden neuen Erkenntnissen zum Durchbruch verhalf.

Die Aufklärung war «der vorletzte Schritt zur Selbsterkenntnis und Selbstbefreiung der Menschheit, der aber als der vorletzte darum auch noch einseitig im Widerspruch steckenblieb» (MARX/ ENGELS 1, 550). Innerhalb der Aufklärungsbewegung gab es verschiedene Strömungen mit unterschiedlichen Tendenzen, und in ihrer Gesamtheit durchlief sie mehrere Entwicklungsetappen. Ihrem Wesen nach war sie Oppositionsliteratur. «Religion, Naturanschauung, Gesellschaft, Staatsordnung, alles wurde der schonungslosesten Kritik unterworfen; alles sollte seine Existenz vor dem Richterstuhl der Vernunft rechtfertigen oder auf die Existenz verzichten» (MARX/ENGELS 20, 16). Im Laufe des 18. Jahrhunderts hat sich die Aufklärung in fast allen europäischen Ländern – wenn auch in unterschiedlicher Weise – durchgesetzt.

Ideengeschichtlich gingen der Aufklärung der *Humanismus der Renaissance*, die *Reformation* und die *rationalistischen philosophischen Systeme* des 17. Jahrhunderts voraus (→ Rationalismus → Cartesianismus → Spinozismus).

Die Aufklärer entwickelten die progressiven Erkenntnisse ihrer Vorgänger weiter und bekämpften zugleich die ihnen eigenen konservativen Auffassungen, die zu einer Stütze der katholischen Religion und anderer Apologien der bestehenden Gesellschafts- und Staatsordnung geworden waren. Die Aufklärung – besonders die französische Aufklärung – war daher «nicht nur ein Kampf gegen die bestehenden politischen Institutionen, wie gegen die bestehende Religion und Theologie, sondern ebensosehr ein *offener*, ein *ausgesprochener* Kampf gegen die *Metaphysik des siebzehnten Jahrhunderts* und gegen *alle Metaphysik*, namentlich gegen die des *Descartes, Malebranche, Spinoza und Leibniz*» (MARX/ ENGELS 2, 132).

Wortbedeutung: «Aufklärung», «aufklären» bedeutet Licht in die Dunkelheit der Unwissenheit, der Vorurteile und des Aberglaubens bringen. KANT hat die Aufklärung 1784 als den «Ausgang des Menschen aus seiner selbstverschuldeten Unmündigkeit» definiert. Aufklärer sein heißt nach KANT, den Mut haben, sich seines eigenen Verstandes ohne Leitung eines anderen zu bedienen (*Was ist Aufklärung?*). Das Jahrhundert der Aufklärung hat sich seinen Namen selbst gegeben. Im Englischen bezeichnet man die Aufklärung in Ableitung von «light» (Licht) als «enlightenment». In Frankreich spricht man im 18. Jahrhundert vom «siècle philosophique» (philosophischen Jahrhundert), das durch «lumière» (Licht) verwirklicht wird. Die Bedeutungskreise von «siècle philosophique», «siècle des lumières» und «siècle éclairé» (aufgeklärtes Jahrhundert) sind ineinander verschlungen. «Illuminismo» heißt die Aufklärung im Italienischen und «Ilustración» im Spanischen. Das deutsche Wort «Aufklärung» ist seit 1750 im Umlauf. Auch die russischen Worte «prosveščenie» (Aufklärung), «prosvetit'» (aufklären) und «prosvetitel'» (Aufklärer) sind von «svet» (Licht) abgeleitet. In der Philosophie- und Literaturgeschichtsschreibung wird im allgemeinen das Wort «Aufklärung» zur Bezeichnung der progressiven Geistesbewegung in dem Jahrhundert verwandt, das der bürgerlichen Revolution vorausging. Völlige Übereinstimmung in bezug auf den Anwendungsbereich des Wortes «Aufklärung» besteht allerdings noch nicht.

Die Entwicklung der Aufklärung vollzog sich entsprechend den jeweiligen historischen Gegebenheiten in den einzelnen europäischen Ländern in verschiedener Weise und erlangte eine unterschiedliche allgemeine Bedeutung.

1. *englische Aufklärung*: In der englischen Aufklärung findet der bereits am Ende des 16. Jahrhunderts einsetzende Prozeß der Emanzipation der Bourgeoisie seinen Niederschlag, der, durch die Verbürgerlichung des Adels begünstigt, mit der «glorreichen Revolution» und der Thronerhebung WILHELM VON ORANIENS 1689 seinen Abschluß gefunden hat. Um die Wende vom 17. zum 18. Jahrhundert erreichte die englische Aufklärung den Höhepunkt ihrer Entwicklung. Der von ihr ausgehende Einfluß auf die französische und die deutsche Aufklärung ist nicht zu übersehen.

Eingeleitet wurde die englische Aufklärung von Francis BACON (1561–1626), dem wahren «Stammvater des *englischen Materialismus* und aller *modernen experimentierenden* Wissenschaften» (MARX/ ENGELS 2, 135 f). BACON ist von dem Bewußtsein der Bedeutung, welche die Wissenschaft für den Menschen gewinnen kann, erfüllt. Er ist der Herold einer neuen Zeit und erhofft von dem Programm einer Reform der Wissenschaft, welches er vor allem in seinem *Novum Organum scientiarum* (1620) entwickelt hat, eine grundlegende Umgestaltung aller menschlichen Verhältnisse. Trotz seines Bemühens, die Wissenschaft von der Bevormundung durch die Religion zu befreien, wimmelt seine «aphoristische Doktrin» noch von «theologischen Inkonsequenzen» (MARX/ENGELS 2, 135, 136). Wie die *Essays* (1597–1625) und die als Fragment hinterlassene Schrift *Nova Atlantis* bezeugen, ging es BACON in erster Linie um die Entwicklung der Produktion durch die Anwendung neuer wissenschaftlicher Erkenntnisse. Das von ihm skizzierte Programm einer gesellschaftlichen Umgestaltung spiegelt den Kampf wider, der in der damaligen Zeit in den herrschenden Klassen vor sich ging, als der Absolutismus bereits zu einem Hemmnis für die aufstrebende englische Bourgeoisie geworden war. Zugleich ist in ihm die Forderung nach einem humanen aufgeklärten Monarchen erhoben, der zusammen mit dem Parlament die Macht ausüben soll.

Thomas HOBBES (1588–1679) entwickelte während der englischen Revolution die Lehre BACONS weiter. Er hat «den Baco systematisiert, aber sein Grundprinzip, den Ursprung der Kenntnisse und Ideen aus der Sinnenwelt, nicht näher begründet». Zugleich hat «Hobbes die theistischen Vorurteile des baconischen Materialismus vernichtet» (MARX/ENGELS 22, 294). Er verwarf BACONS Unterscheidung zwischen einer sterblichen fühlenden und einer unsterblichen rationalen Seele, die ihren Ursprung Gott verdankt, und fordert die vollständige Verbannung der Theologie aus der Philosophie. Gegenstand der Philosophie ist für ihn jeder Körper, dessen Erzeugung begreifbar ist und der sich rational konstruieren läßt. Aus diesem Grunde nennt HOBBES die Philosophie auch Körperlehre. Dabei unterscheidet er zwischen natürlichen und künstlichen Körpern. Ein künstlicher Körper ist für ihn der Staat, der durch menschliche Konventionen und Verträge geschaffen wurde. Dementsprechend gliedert er die Philosophie auch in *philosophia naturalis* und *philosophia civilis*. Als der wesentlichste Grundzug seiner Philosophie ist der universale Materialismus in der Körperlehre, die naturalistische Anthropologie und das Staatsideal der absoluten Souveränität anzusehen. Mit seinen den Problemen der Gesellschaft und des Staates gewidmeten Werken *The Elements of Law, natural and politic* (Die Anfangsgründe des Natur- und Staatsrechts 1640), *De cive* (Vom Bürger 1642) und *Leviathan* (1651) leitete HOBBES eine neue Etappe in der Entwicklung der Naturrechtstheorie ein. Charakteristisch für HOBBES' Staatstheorie ist es, daß in ihr die Ansicht vertreten wird, der Selbsterhaltungstrieb jedes einzelnen bedinge im Naturzustand den Krieg aller gegen alle (bellum omnium contra omnes), und nur durch die Schaffung einer Gesellschaftsordnung, in der der Staat den Willen aller repräsentiere und die Macht über alle besitzt, könne ein Zustand des Rechts und des Friedens hergestellt werden. Durch die von HOBBES ausgearbeitete Gesellschafts- und Staatstheorie wurde nicht nur der Bürger als der Begründer der Gesellschaft und des Staates herausgestellt und die Funktion des Staates rational bestimmt, sondern zugleich die theologische Staatstheorie verworfen.

Den entscheidenden Beitrag zu einer naturwissenschaftlichen Fundierung der Aufklärungsphilosophie leistete Isaac NEWTON (1642–1727), vor allem mit seinem Werk *Philosophiae naturalis principia mathematica* (Mathematische Prinzipien der Naturlehre 1687). NEWTON hat auf der Grundlage der Gravitationstheorie die mathematische Naturwissenschaft zu einem die gesamte irdische und himmlische Mechanik umfassenden System ausgebaut. Sein oberstes Ziel war es, nachzuweisen, wie die allgemeine Gravitation das System der Welt in Gang halten kann. Seine Naturauffassung wurde zur methodischen Grundlage des mechanischen Materialismus und des Deismus. Sie war eine Kampfansage an die Metaphysik des 17. Jahrhunderts und die Scholastik.

Der bedeutendste Philosoph des englischen Bürgertums am Ende des 17. Jahrhunderts war John LOCKE (1632–1704). In seinem Hauptwerk *An essay concerning human understanding* (Über den menschlichen Verstand), in den Jahren 1671 bis 1690 verfaßt, begründet LOCKE «das Prinzip des Baco und Hobbes in seinem Versuch über den Ursprung der Kenntnisse und Ideen aus der Sinnenwelt» (MARX/ENGELS 22, 294). Seine sensualistische Erkenntnistheorie (→ Sensualismus → Erkenntnistheorie) wurde zu einem Grundpfeiler der Aufklärungsphilosophie. LOCKE ging von der empirischen Tatsache aus, daß die Menschen Ideen (Vorstellungen) in ihrem Bewußtsein vorfinden, und stellt sich die Frage, wie der Verstand zu seinen Begriffen vom Objekt gelangt und welcher Grad der Gewißheit unseren Erkenntnissen zukommt. Indem LOCKE zu der Ansicht gelangte, daß die Sinnesempfindungen durch die objektiv-real existierenden Körper hervorgerufen werden und sie die Vorstellungen von den wahrgenommenen Körpern erzeugen, brach er nicht nur mit der Annahme DESCARTES', es gebe angeborene Ideen, sondern bereitete auch dem sensualistischen Materialismus den Weg, der die erkenntnistheoretische Grundlage des französischen Materialismus des 18. Jahrhunderts war.

LOCKE selbst hat diesen Standpunkt jedoch noch nicht konsequent herausgearbeitet. Sein Festhalten an der Auffassung von den «inneren Erfahrungen», die wir der Tätigkeit unseres Verstandes verdanken, sowie seine Behauptung, es gebe zwei Wahrheiten, die Wahrheit, welche die normale Vernunft erfassen kann, und die Wahrheit der göttlichen Offenbarung, zeigt seine Konzession an den Idealismus. LENIN betont daher, daß der Sensualismus noch kein Materialismus sei: «Von den Empfindungen ausgehend, kann man die Linie des Subjektivismus einschlagen, die zum Solipsismus führt (‚die Körper sind Komplexe oder Verbindungen von Empfindungen'), man kann aber auch die Linie des Objektivismus einschlagen, die zum Materialismus führt (die Empfindungen sind Abbilder der Körper, der Außenwelt). Für den ersten Standpunkt – für den Agnostizismus oder, wenn man etwas weiter geht, für den subjektiven Idealismus – kann es keine objektive Wahrheit geben. Für den zweiten Standpunkt, d. h. für den Materialismus, ist die Anerkennung der objektiven Wahrheit wesentlich» (LENIN 14, 121). Sowohl die *französischen Materialisten* als auch BERKELEY und HUME sind von LOCKE ausgegangen.

Nicht weniger bedeutungsvoll war LOCKES soziologische und politische Theorie, die er 1690 in *Two treatises of government* (Zwei Abhandlungen über Regierung) darlegt. LOCKE entwickelt in diesem Werk die Naturrechtstheorie im Sinne der Bestrebungen der liberalen englischen Bourgeoisie weiter. Für ihn gibt es, im Gegensatz zu HOBBES, keinen grundlegenden Unterschied zwischen dem Naturrecht im Naturzustand und dem Naturgesetz im Vernunftstaat. Seiner Ansicht nach wurde der Staat nur geschaffen, um die Naturrechte des Naturzustandes, zu denen für ihn vor allem das Recht auf Eigentum gehört, zu sichern. Den Ursprung des Staates führte er auf einen Vertrag zwischen dem Volk und dem Herrscher zurück. Bezeichnend dabei ist es, daß LOCKE glaubt, die Menschen seien erst durch Erfahrungen belehrt worden, welche Form der Regierung ihren Bedürfnissen am besten gerecht werde. Anfangs übertrugen sie die Regierungsgewalt einer Person, ohne durch ausdrückliche Bedingungen die Macht des Herrschers zu beschränken. Erst nachdem sie die Gefahr der Entartung der Monarchie in eine Tyrannei erkannt hatten, unterzogen sie die Grundlagen und Rechte der Regierung einer sorgfältigen Prüfung und schufen eine Ordnung, in der die gesetzgebende Gewalt von der ausübenden getrennt war und der König lediglich an der Spitze der ausübenden Gewalt stand. Der Zusammenhang zwischen LOCKES sensualistischer Erkenntnistheorie und seiner Vorstellung vom historischen Fortschritt wird hier deutlich.

Die weitere Entwicklung der englischen Aufklärung im 18. Jahrhundert ist einerseits durch die industrielle Revolution geprägt, andererseits durch die Festigung der aus der «glorreichen Revolution» von 1688 hervorgegangenen konstitutionellen Monarchie und der damit verbundenen schrittweisen Abwendung der englischen Bourgeoisie von ihrer revolutionären Vergangenheit (MARX/ENGELS 21, 305; 22, 301ff).

Die Hauptvertreter des von der sensualistischen Erkenntnistheorie LOCKES ausgehenden *englischen Materialismus* waren der Arzt David HARTLEY (1705–1757), Joseph PRIESTLEY (1733–1805) und John TOLAND (1670–1720). An PRIESTLEYS Schriften schloß sich in England ein langer Streit über den Materialismus an. TOLANDS *Letters to Serena* (Briefe an Serena 1704) wurden in Frankreich 1768 von HOLBACH herausgegeben. In Deutschland war es HERDER, der TOLANDS Wirken erstmals objektiv würdigte.

Auch von den sog. *Freidenkern* und *Deisten*, Anthony COLLINS (1676–1729), Matthews TINDAL (1656–1733), Thomas CHUBB (1679–1747), Lord BOLINGBROKE (1678–1751), William COWARD (1656–1725), Henry DODWELL (1641–1711) und Andrew BAXTER (1686–1750) wurden die progressiven Traditionen der englischen Aufklärung fortgeführt. «Wie Hobbes die theistischen Vorurteile des baconischen Materialismus vernichtete, so Collins, Dodwell, Coward, Hartley, Priestley etc. die letzte theologische Schranke des Lockeschen Sensualismus. Mehr als eine bequeme und nachlässige Weise, die Religion loszuwerden, ist der Deismus, wenigstens für den Materialisten nicht» (MARX/ENGELS 22, 294, 303).

Die *englische Moralphilosophie* in der Zeit nach LOCKE war gegen die Moral der Offenbarungsreligion gerichtet. Ihre hervorragendsten Vertreter waren der Arzt Bernard DE MANDEVILLE (1670–1733) und der Graf VON SHAFTESBURY (1671–1713).

MANDEVILLE hatte in *The Fable of the Bees: or Private Vices, Public Benefits* (Die Bienenfabel, oder Private Laster als öffentliche Vorteile 1714), an HOBBES anknüpfend, die Ansicht vertreten, nicht die allgemein anerkannten Tugenden, sondern Eigennutz, Habgier, Betrug und Streben nach Luxus seien die Triebkräfte des Fortschritts. Nicht nur diejenigen, die als lasterhaft bezeichnet werden, sind für ihn Egoisten, sondern auch die, die als tugendhaft gelten. Sehr scharfsinnig weist er nach, daß die Reichen, die Priester und die Staatsmänner nicht nur aus dem Egoismus derer, die sie als lasterhaft verurteilen, Nutzen ziehen und diesen Egoismus fördern, sondern daß sie selbst Egoisten sind, die nur heuchlerisch ihren Egoismus unter dem Mantel der Tugend verbergen. Folgerichtig gelangt MANDEVILLE zu der Auffassung, der Egoismus wird durch die christliche Moral nicht eingeschränkt, sondern begünstigt. Er begnügt sich aber nicht mit dieser Feststellung. Er fordert, den Egoismus sich frei entfalten zu lassen und seine Entartung nicht durch eine Morallehre, sondern durch die Macht des Staates und die Gesetze zu verhindern. Wenn

die Menschen aus Egoismus nicht lasterhaft werden und gegen die Gesetze verstoßen, dann entsprechen die Gesetze dem Allgemeininteresse. MANDEVILLES Lehre weist materialistische Tendenzen auf, obwohl er selbst dagegen protestierte, ein Gottesleugner oder Kirchenfeind zu sein. Mit seinem Werk nahm er vor allem gegen SHAFTESBURY Stellung, in dessen Philosophie er eine Verfälschung der Wirklichkeit und eine Philosophie der Reichen sah. Ein entschiedener Gegner MANDEVILLES war BERKELEY. Sowohl auf Adam SMITH als auch auf die *französischen Aufklärer* hat MANDEVILLE gewirkt. MARX schreibt über ihn: «Bezeichnend für die sozialistische Tendenz des Materialismus ist *Mandevilles*, eines älteren englischen Schülers von Locke, *Apologie der Laster*. Er beweist, daß die Laster in der *heutigen* Gesellschaft *unentbehrlich* und *nützlich* sind. Es war dies keine Apologie der heutigen Gesellschaft» (MARX/ENGELS 2, 138f; 26^1, 364).
Die vom Grafen VON SHAFTESBURY vertretene Moralphilosophie war gegen den Materialismus, aber zugleich auch gegen die Moral der Offenbarungsreligion gerichtet. SHAFTESBURY gehörte zu den gemäßigten Deisten. Seiner Ansicht nach ist das Sittliche im inneren Wesen des Menschen angelegt. Im Gegensatz zu LOCKE nimmt er einen angeborenen moralischen Sinn an. Tugendhaft wird für ihn ein Wesen dadurch, daß es den Begriff von einem allgemeinen Besten und das Vermögen der vernünftigen Reflexion über eigene und fremde Handlungen besitzt. SHAFTESBURYS Ideal ist die freie, bewußte und sittliche Persönlichkeit und die Herstellung einer humanisierten bürgerlichen Gesellschaft. Mit SHAFTESBURY haben sich sowohl die *französischen* als auch die *deutschen Aufklärer* auseinandergesetzt. Seine Anhänger in England waren Joseph BUTLER (1692–1752) und Francis HUTCHESON (1694–1746).
Zu den weiteren namhaften englischen Moralisten gehört Adam FERGUSON (1723–1816), der in seinem *Essay on the history of civil Society* (Abhandlung über die Geschichte der bürgerlichen Gesellschaft 1767) die Entwicklung der Tugend im Zusammenhang mit der fortschreitenden geistigen Vervollkommnung des Menschen betrachtet und die Ethik auf die Geschichte der Gesellschaft angewandt hat. MARX würdigt FERGUSON als Lehrer von Adam SMITH (MARX/ENGELS 4, 146).
Den eindeutigen Bruch mit den progressiven Traditionen der englischen Aufklärung stellt die von dem Bischof George BERKELEY (1685 bis 1753) entwickelte subjektiv-idealistische Philosophie dar. In seinem Hauptwerk *Treatise concerning the principles of human knowledge* (Abhandlung über die Prinzipien der menschlichen Erkenntnis 1710) reduziert er die Erfahrung, die bei LOCKE noch zwei Seiten hatte, auf die innere Erfahrung und bestreitet die Existenz einer objektiv-realen Außenwelt. Die Außenwelt hält er für eine Verbindung von Empfindungen, die durch Gott in unserem Geist hervorgerufen wird. Der Terminus «Idealismus» wurde anfänglich nur zur Bezeichnung der Erkenntnistheorie BERKELEYS verwandt und später erst in einem umfassenderen Sinn gebraucht (LENIN 14, 104, 142). LENIN hat sich mit den philosophischen Auffassungen BERKELEYS in seinem Werk *Materialismus und Empiriokritizismus* auseinandergesetzt.
Ihren adäquatesten philosophischen Ausdruck finden die Bestrebungen der nachrevolutionären englischen Bourgeoisie des 18. Jahrhunderts in der Philosophie David HUMES (1711–1776). HUME ist sowohl mit philosophischen Arbeiten wie auch mit moralisch-politischen Essays, mit religionswissenschaftlichen Forschungen und mit Geschichtswerken hervorgetreten. ENGELS und nach ihm LENIN haben gezeigt, daß HUME und die *Agnostiker* ideengeschichtlich eine Position zwischen den *Materialisten* und den *subjektiven Idealisten* einnehmen (MARX/ENGELS 21, 274ff; LENIN 14, 92ff, 104f). ENGELS charakterisiert daher den *Humeschen Skeptizismus* auch als eine Flucht in die Empirie, die ein Ausdruck der Unfähigkeit ist, den Widerspruch zwischen Materialismus und Idealismus zu lösen. «Kurz, die Praxis dieses Skeptizismus ist genau der französische Materialismus; aber in der metaphysischen Theorie bleibt er in der Unfähigkeit der definitiven Entscheidung stecken» (MARX/ENGELS 1, 553, auch: 21, 276; 22, 295f). Der Einfluß, den HUME ausgeübt hat, war groß. An HUMES Philosophie knüpft Adam SMITH (1723–1790) an, dessen Hauptwerk *Inquiry into the nature and causes of the wealth of nations* (Untersuchung über die Natur und die Ursache des Reichtums der Nationen) im Jahre 1776 erschien. Später berufen sich die *Positivisten* auf HUME. Zu den Gegnern HUMES gehörten die schottischen Philosophen: Thomas REID (1710–1796), James BEATTIE (1735–1803) und Thomas BROWN (1778–1820), die HUMES Philosophie wegen ihrer skeptischen Konsequenzen, namentlich hinsichtlich der Religion, ablehnten.
Die drei bedeutendsten englischen Historiker des 18. Jahrhunderts waren David HUME (1711 bis 1776), Edward GIBBON (1737–1794) und William ROBERTSON (1721–1793). HUMES *History of England from the invasion of Julius Caesar to the revolution of 1688* (Geschichte Englands von der Invasion des Julius Caesar bis zur Revolution von 1688), die in den Jahren 1754–1761 erschien, veranschaulicht die großen sozialen Veränderungen in England, den Aufstieg der Mittelklasse und die Vernichtung des Feudaladels sowie die damit verbundene Herausbildung einer liberalen Staatsordnung. Es ist die erste Auseinandersetzung mit der englischen Geschichte und ins-

besondere mit der englischen Revolution vom Standpunkt der nachrevolutionären Bourgeoisie. Auch GIBBONS Geschichte Roms *The decline and the fall of the Rome empire* (1776–1787) und ROBERTSONS Geschichtswerke: *History of Scotland* (1759), *History of the Reign of the Emperor Charles the Fifth* (1769) und die *History of America* (1777) weisen trotz ihrer spezifischen Thematik eine ähnliche Tendenz auf. Die französischen liberalen Historiker des beginnenden 19. Jahrhunderts THIERRY, MIGNET, GUIZOT, THIERS u. a. gingen auf dem von den englischen Historikern des 18. Jh. beschrittenen Weg weiter.

2. *französische Aufklärung*: Die französische Aufklärung empfing ihre Impulse von dem das 18. Jahrhundert in Frankreich bestimmenden Kampf des dritten Standes gegen die feudalabsolutistische Monarchie. Sie nimmt ihren Ausgang um die Wende vom 17. zum 18. Jahrhundert mit der Krise des Regimes LUDWIG XIV., die den Beginn der Krise des Ancien Régime darstellt, und findet ihren Abschluß mit der bürgerlich-demokratischen Revolution am Ende des 18. Jahrhunderts und der Konstituierung der politischen Vormachtstellung der Bourgeoisie. In Frankreich entwickelt sich die Aufklärung in ihrer radikalsten und ausgeprägtesten Form. Es ist gewissermaßen das klassische Land der Aufklärung.

Für die *erste Etappe* der französischen Aufklärung, die sog. *Vor- und Frühaufklärung*, ist die Entwicklung eines an LOCKES sensualistische Erkenntnistheorie anschließenden diesseitigen, zum Materialismus tendierenden Weltbildes und der Bruch mit dem Rationalismus DESCARTES' charakteristisch. Das französische Leben «war auf die unmittelbare Gegenwart, auf den weltlichen Genuß und die weltlichen Interessen, auf die *irdische* Welt gerichtet. Seiner antitheologischen, antimetaphysischen, seiner materialistischen Praxis mußten antitheologische, antimetaphysische, materialistische Theorien entsprechen. Die Metaphysik hatte *praktisch* allen Kredit verloren» (MARX/ENGELS 2, 134). Da mit der Rezeption des LOCKEschen Sensualismus die Ausgangsstellung für die spezifische Geistesrichtung nicht nur der französischen Aufklärung bezogen wurde, ist die Gleichsetzung von Rationalismus und Aufklärung nicht gerechtfertigt (→ Rationalismus).

Den ersten entscheidenden Schritt auf diesem Wege der französischen Aufklärung vollzog Pierre BAYLE (1647–1706), dessen *Dictionnaire historique et critique* 1697 in Rotterdam erschien. «Pierre Bayle bereitete nicht nur dem Materialismus und der Philosophie des gesunden Menschenverstandes ihre Aufnahme in Frankreich durch die skeptische Auflösung der Metaphysik vor. Er kündete die *atheistische Gesellschaft*, welche bald zu existieren beginnen sollte, durch den *Beweis* an, daß eine Gesellschaft von lauter Atheisten existieren, daß ein Atheist ein ehrbarer Mensch sein *könne*, daß sich der Mensch nicht durch den Atheismus, sondern durch den Aberglauben und den Götzendienst herabwürdige» (MARX/ENGELS 2, 134f).

Von nicht weniger weittragender Bedeutung für die Entwicklung der französischen Aufklärung war das Schaffen Bernard LE BOVIER DE FONTENELLES (1657–1757), der in seinen Werken *Digression sur les Anciens et les Modernes* (Betrachtungen über die Alten und die Modernen 1688), der *Histoire des oracles* (Geschichte der Orakel 1687) und der Abhandlung *De l'origine des fables* (Vom Ursprung der Mythen 1724) eine Skizze des fortschreitenden Verlaufs der geistigen Entwicklung gab, deren Bedeutung für die Herausbildung des historischen Denkens kaum überschätzt werden kann, da mit der Fortschrittstheorie ein Grundgesetz der Geschichte der Menschheit aufgedeckt wurde (Werner KRAUSS).

Zur Schule FONTENELLES gehören CARTAUD DE LA VILLATE, HELVÉTIUS und vor allem DU MARSAIS, der mit seinem von HOLBACH 1769 herausgegebenen *Essai sur les préjugés* (Essay über die Vorurteile) das Geschichtsbild der französischen Aufklärung mit radikaler philosophischer und politischer Konsequenz ausführte.

Während der Revolution sollte die These der französischen Aufklärung vom progressiven Fortschreiten der Menschheit zu immer größerer Vollkommenheit in CONDORCETS *Esquisse d'un tableau historique des progrès de l'esprit humain* (Entwurf einer historischen Darstellung der Fortschritte des menschlichen Geistes 1794) noch einmal eine geschichtsphilosophische Begründung erfahren.

Die große Wendung auf dem Gebiet der Ästhetik und Kunstkritik brachte 1719 das Werk des Abbé DU BOS (1670–1742): *Réflexion critique sur la poésie et la peinture* (Kritische Betrachtungen über die Dichtung und die Malerei). Es wurde zum Katechismus der sensualistischen Ästhetik. Erst durch die Verknüpfung des Geschmacks mit der sinnlichen Natur des Menschen war es möglich, die künstlerischen Urteile aus den Fesseln der Verstandesbegriffe zu befreien. Über Gefallen und Mißfallen konnte nunmehr jeder Mensch auf Grund seiner sinnlichen Veranlagung entscheiden. Das Entstehen einer eigenen Wissenschaft der Ästhetik ist eng mit dieser Wandlung verbunden. Wenn die literarische Kunst vor allem an die Empfindungen appelliert und «gefallen» muß, um Beifall zu finden, so war die Literaturgeschichte und die Literaturkritik zuallererst gezwungen, die von ihr selbst entdeckten Gesetze in ihrer eigenen Arbeit zu erfüllen. In Frankreich haben vor allem DIDEROT und Louis-Sébastien MERCIER die sen-

sualistische Ästhetik weiter ausgebaut. In Deutschland waren es Ulrich KÖNIG, BODMER, BREITINGER, BAUMGARTEN und schließlich LESSING, die sich der Lehre DU BOS' anschlossen und sie weiterentwickelten.
Zu den hervorragendsten Exponenten der französischen Aufklärung in der ersten Hälfte des 18. Jahrhunderts gehörte François-Marie VOLTAIRE (AROUET) (1694–1778). Durch seinen Englandaufenthalt in den Jahren 1726–1729 erschloß sich ihm auf der Grundlage der neuen Naturwissenschaft NEWTONS und der sensualistischen Erkenntnistheorie LOCKES das Verständnis für die große geistige Bewegung der Zeit, in deren Dienst er sich und seine Fähigkeiten von nun an stellte. Er eignet sich alle literarischen Ausdrucksformen an, um in Werken aller Art, auf dem Gebiet der Philosophie, der Geschichtsschreibung, der Literatur und in einer über ganz Europa sich erstreckenden Korrespondenz zu den Problemen seiner Zeit Stellung zu nehmen und um bestimmend auf die gesellschaftliche und geistige Entwicklung einwirken zu können.
Das Schaffen VOLTAIRES macht deutlich, wie die im 16. und 17. Jahrhundert in neuer Form entwickelte naturrechtliche Konzeption sich mehr und mehr mit der Erkenntnis von der sich ständig vervollkommnenden menschlichen Erfahrung, dem Fortschritt der Vernunft verbindet und die theoretische Rechtfertigung für die Schaffung einer den Bestrebungen der Bourgeoisie gerecht werdenden Gesellschafts- und Staatsordnung ermöglicht. Zum Unterschied von den utopischen Kommunisten des 18. Jahrhunderts (→ Sozialismus und Kommunismus, utopischer) vertraten die bürgerlichen Ideologen der Aufklärung die Auffassung, daß sich eine den «natürlichen Eigenschaften» der Menschen entsprechende Ordnung erst im Verlauf der historischen Entwicklung, mit dem Sieg der Vernunft über die ursprüngliche Unwissenheit und den Aberglauben durchsetzt. VOLTAIRE gelangte nicht bis zu einer theoretischen Verneinung der Klassenherrschaft. Bis an sein Lebensende sah er die Existenz von arm und reich für unvermeidlich an, hielt er letztlich an dem Ideal eines aufgeklärten Monarchen fest, obwohl bei ihm die Idee vom aufgeklärten Despotismus neben der der konstitutionellen Monarchie einhergeht und sich die unversöhnlichen Gegensätze von Monarchie und Republik zusammenfinden. Auch in seinen religiösen Ansichten gelangt VOLTAIRE nicht über den Deismus hinaus, da er die Religion zur Beherrschung und Lenkung des Volkes durch eine aufgeklärte Elite für notwendig erachtete. Dies hindert ihn jedoch nicht daran, gleichzeitig die orthodoxe Religion als Quelle des Aberglaubens, des Fanatismus und der geistigen Unterdrückung entschieden zu bekämpfen. VOLTAIRE war nicht nur Philosoph und Dichter, er war zugleich ein unermüdlicher Agitator und Kämpfer, und in seinem Gesamtschaffen tritt sein begrenzter Klassenstandpunkt hinter seinem geistvollen und bewundernswerten Kampf für die Befreiung der Menschheit von feudaler Knechtschaft und Standesprivilegien, von administrativer Willkür und einem unmenschlichen Gerichtswesen, von Zensur und Verfolgung, von kirchlicher Intoleranz und Aberglauben zurück. Von allen Aufklärern wurde er als der Patriarch der französischen Aufklärung anerkannt.
Auch das Hauptwerk des Parlamentspräsidenten Charles DE SECONDAT DE MONTESQUIEU (1689 bis 1755), *De l'esprit des lois* (Vom Geist der Gesetze 1748), gehört noch der ersten Etappe der französischen Aufklärung an. MONTESQUIEU sah in der Festigung der Position der französischen Gerichtshöfe, der Parlamente, die in der Régence zu neuer Geltung gelangt waren, einen Ausweg aus der gesellschaftlichen Krise. Ihm ging es darum, das Bündnis zwischen der Magistratur und der Krone, das mit dem Aufstieg der Monarchie zur absolutistischen Staatsmacht zerbrochen war, zu restaurieren. Diese Ausgangsposition war für MONTESQUIEUS gesamtes Schaffen und Wirken richtungweisend. Einerseits wandte er sich gegen die weitreichenden Ansprüche des dritten Standes, andererseits gegen die zentralistischen Bestrebungen des monarchistischen Despotismus. Es ist bezeichnend, daß MONTESQUIEUS theoretischer Konzeption das überlieferte humanistische Weltbild zugrunde lag (Werner KRAUSS). VOLTAIRE nahm entschieden gegen MONTESQUIEU Stellung, da die von MONTESQUIEU angestrebte Staatsreform nicht die ständisch privilegierte Gesellschaftsordnung in Frage stellte. Im 19. und 20. Jahrhundert wurde MONTESQUIEUS Theorie von der Gewaltenteilung zum klassischen Vorbild der bürgerlich liberalen Staatstheorie umgewertet.
In ihrer *ersten Etappe* trat die französische Aufklärung erst nach und nach aus der Vereinzelung heraus und begann allmählich ihre gesellschaftliche Position zu festigen. In den dreißiger Jahren ging die Phase der sporadischen Arbeit in vereinzelten Zirkeln und die Propagierung des aufklärerischen Gedankenguts durch handgefertigte Kopien ihrem Ende entgegen. Eine besondere Bedeutung für die Verbreitung der Aufklärungsideologie in Frankreich kam dem Wirken der nach Holland und England emigrierten Aufklärer zu, deren Schriften illegal in Frankreich verbreitet wurden. Wie ein Gürtel umgaben die Länder, in denen Aufklärungsschriften gedruckt wurden, ihr Absatzgebiet Frankreich.
Die *zweite Etappe* der französischen Aufklärung begann um 1750. Mit MORELLYS *Code de la nature* (Gesetzbuch der natürlichen Gesellschaft 1755) und dem Auftreten Jean-Jacques ROUSSEAUS,

dessen bedeutende Schriften ab 1750 erschienen, traten jetzt die bisher nicht unmittelbar an der Formung der Aufklärungsphilosophie beteiligten unteren Schichten des dritten Standes mit ihren Bestrebungen an die Öffentlichkeit und nahmen von nun an einen bestimmenden Platz in der Entwicklung der französischen Aufklärung ein.
Jean-Jacques ROUSSEAU (1712–1778), der mit seinem *Discours sur les sciences et les arts* (Abhandlung über die Wissenschaften und Künste 1750), dem *Discours sur l'origine et les fondements de l'inégalité parmi les hommes* (Abhandlung über den Ursprung und die Grundlagen der Ungleichheit unter den Menschen 1754), mit der *Nouvelle Héloise* (Die Neue Heloise, geschr. 1756–1758), dem *Emile* (1762), mit seinem politischen Traktat *Du contrat social* (Der Gesellschaftsvertrag 1762) und anderen Schriften den Bestrebungen der volksnahen kleinbürgerlichen Schichten in ihrer heroischen revolutionären Periode Ausdruck verlieh, deren Existenz sowohl durch den Aufstieg der Bourgeoisie als auch durch die sich verschärfende Ausbeutung durch die herrschenden feudalen Kräfte bedroht war, trug nicht nur dazu bei, die Grenzen der Ideologie der aufstrebenden Bourgeoisie sichtbar zu machen, sondern verlieh zugleich dem konsequenten Kampf der unteren Schichten des dritten Standes gegen die bestehende feudalabsolutistische Ordnung eine theoretische Rechtfertigung. ROUSSEAU vertrat die Auffassung, die Entwicklung der Menschheit vom Naturzustand bis zum gegenwärtigen Gesellschaftszustand bezeuge, daß nur ein Gesellschaftszustand, in dem es weder Arme noch Reiche, weder Beherrschte noch Herrschende gebe und in dem der Allgemeinwille die Grundlage der politischen Macht sei, allen Menschen Wohlstand und Glück garantiere. Der seiner Theorie eigene ökonomische und soziale Konservativismus – ROUSSEAUS Ideal ist ein «Sozialismus» der Kleinbesitzer und nicht der Sozialismus der vergesellschafteten Großproduktion –, der besonders in seinen asketischen Gleichheitsforderungen sowie in seiner teilweise negierenden Kritik der Fortschrittskonzeption der Ideologen der aufstrebenden Bourgeoisie zum Ausdruck kommt und perspektivelose, pessimistische Schlußfolgerungen bedingt, sind nicht zu übersehen. Primär sind aber die in ROUSSEAUS Lehre enthaltenen revolutionären optimistischen Tendenzen. Dies zeigt sich bereits darin, daß ROUSSEAU bis zu einem gewissen Grade den Verfall der Gesellschaft für eine historisch notwendige Etappe hielt, für eine Voraussetzung zur Errichtung der von ihm angestrebten Gesellschafts- und Staatsordnung. «Nach Rousseau ‚*konnte sich*' (die Fähigkeit der Menschheit zum Fortschritt) ‚*niemals von selbst entwickeln*'. Sie bedurfte zu ihrer Entwicklung ständiger Impulse von außen. Das ist eine der wichtigsten Eigenarten der *dialektischen* Ansicht vom geistigen *Fortschritt* im Vergleich zur *metaphysischen*» (PLECHANOW, Geschichtsauffassung 111).
Während die der aufstrebenden Bourgeoisie nahestehenden französischen Aufklärer, wie HOLBACH und VOLTAIRE, ROUSSEAUS Lehre auf Grund des ihr eigenen ökonomischen Konservativismus und ihrer sozialen Zielsetzung verwarfen, waren es in Deutschland KANT, FICHTE und HEGEL, die die zukunftsträchtigen dialektischen Tendenzen seines Werkes herausstellten. Indem die *Sansculotten* und die *Jakobiner* sich in ihrem revolutionären Kampf auf ROUSSEAU beriefen, wurde die große progressive Bedeutung seines Schaffens – zugleich allerdings auch seine Begrenzung – deutlich sichtbar. ENGELS hat später gezeigt, daß ROUSSEAU einen wichtigen Beitrag zur Aufdeckung des Gesetzes der Negation der Negation geleistet hat: «Sogar die Rousseausche Vorstellungsweise von der Geschichte: ursprüngliche Gleichheit – Verderben durch Ungleichheit – Herstellung der Gleichheit auf einer höhern Stufe – ist Negation der Negation ... Wir haben hier also schon bei Rousseau nicht nur einen Gedankengang, der dem in Marx' ‚Kapital' verfolgten auf ein Haar gleicht, sondern auch im einzelnen eine ganze Reihe derselben dialektischen Wendungen, deren Marx sich bedient» (MARX/ENGELS 20, 584, 130f).
In der gleichen Zeit vollzog sich in der französischen Aufklärung mit Julien DE LA METTRIE (1709–1751) auf naturwissenschaftlichem Gebiet und mit Denis DIDEROT (1713–1784), Claude Adrien HELVÉTIUS (1715–1771) und Paul Thiry D'HOLBACH (1723–1789) in der Philosophie der Durchbruch zum *mechanischen Materialismus*. DIDEROT, der zum linken Flügel der französischen Materialisten gehörte, nahm auf Grund seiner unerschöpflichen Schaffenskraft und Vielseitigkeit, die nur mit der VOLTAIRES verglichen werden kann, einen besonderen Platz unter den französischen Materialisten ein. Die Materialisten bildeten seit den sechziger Jahren eine eigene, die sog. *philosophische Fraktion* innerhalb der französischen Aufklärung, der Jean LE ROND D'ALEMBERT (1717–1783) nahestand, und gingen mit ihren Bestrebungen über die der *Fraktion um* VOLTAIRE hinaus.
Die philosophisch-theoretischen Hauptquellen der französischen Materialisten sind die *cartesianische Physik*, die naturwissenschaftlichen Werke NEWTONS und der materialistische Sensualismus LOCKES.
Während LA METTRIE an die Physik DESCARTES' anknüpft und sie von seiner Metaphysik trennt, eine Vereinigung zwischen ihr und dem englischen Materialismus vollzieht – «sein ‚*L'homme machine*' (Der Mensch – eine Maschine 1747) ist eine Ausführung nach dem Muster der Tier-

Maschine des Descartes» –, gibt es eine zweite Richtung des französischen Materialismus, die von der sensualistischen Erkenntnistheorie LOCKES ausgeht und deren Vertreter DIDEROT, HELVÉTIUS und HOLBACH sind. «Der *unmittelbare* Schüler und *französische* Dolmetscher Lockes, *Condillac* (1715–1780), richtete den Lockeschen Sensualismus sogleich gegen die *Metaphysik* des 17. Jahrhunderts. Er bewies, daß die Franzosen dieselbe mit Recht als ein bloßes Machwerk der Einbildungskraft und theologischer Vorurteile verworfen hätten. Er publizierte eine Widerlegung der Systeme von *Descartes*, *Spinoza*, *Leibniz* und *Malebranche*. In seiner Schrift ‚*L'essai sur l'origine des connaissances humaines*' (Versuche über den Ursprung der menschlichen Erkenntnis 1746) führte er Lockes Gedanken aus und bewies, daß nicht nur die Seele, sondern auch die Sinne, nicht nur die Kunst, Ideen zu machen, sondern auch die Kunst der sinnlichen Empfindung Sache der *Erfahrung* und *Gewohnheit* sei. Von der *Erziehung* und den *äußeren Umständen* hängt daher die ganze Entwicklung des Menschen ab ... In *Helvétius*, der ebenfalls von Locke ausgeht, empfängt der Materialismus den eigentlich französischen Charakter. Er faßt ihn sogleich in bezug auf das gesellschaftliche Leben (Helvétius, *De l'homme* – Vom Menschen 1773). Die sinnlichen Eigenschaften und die Selbstliebe, der Genuß und das wohlverstandne persönliche Interesse sind die Grundlage aller Moral. Die natürliche Gleichheit der menschlichen Intelligenzen, die Einheit zwischen dem Fortschritt der Vernunft und dem Fortschritt der Industrie, die natürliche Güte des Menschen, die Allmacht der Erziehung sind Hauptmomente seines Systems ... In dem *Système de la nature* (System der Natur 1770) von Holbach besteht der physische Teil ebenfalls aus der Verbindung des französischen und englischen Materialismus, wie der moralische Teil wesentlich auf der Moral des Helvétius beruht» (MARX/ENGELS 2, 137).

Auf die große gesellschaftliche Bedeutung, die dem französischen Materialismus des 18. Jahrhunderts zukommt, hat ENGELS mit folgenden Worten hingewiesen: «Auch in Frankreich blieb (der Materialismus) anfangs eine ausschließlich aristokratische Doktrin. Bald aber trat sein revolutionärer Charakter an den Tag. Die französischen Materialisten beschränkten ihre Kritik nicht auf bloß religiöse Dinge; sie kritisierten jede wissenschaftliche Überlieferung, jede politische Institution ihrer Zeit; um die allgemeine Anwendbarkeit ihrer Theorie nachzuweisen, nahmen sie den kürzesten Weg: Sie wandten sie kühnlich an auf alle Gegenstände des Wissens in dem Riesenwerk, nach dem sie bekannt wurden, in der ‚Encyclopédie'. So wurde denn der Materialismus in dieser oder jener Form – als erklärter Materialismus oder als Deismus – die Weltanschauung der gesamten gebildeten Jugend Frankreichs; und zwar in solchem Maß, daß während der großen Revolution die von englischen Royalisten in die Welt gesetzte Lehre den französischen Republikanern und Terroristen die theoretische Fahne lieferte und den Text für die ‚Erklärung der Menschenrechte' abgab» (MARX/ENGELS 22, 303).

Die zukunftsträchtige, über das 18. Jahrhundert hinausweisende, ideengeschichtliche Bedeutung des französischen Materialismus hat MARX hervorgehoben: «Es bedarf keines großen Scharfsinns, um aus den Lehren des Materialismus von der ursprünglichen Güte und gleichen intelligenten Begabung der Menschen, der Allmacht der Erfahrung, Gewohnheit, Erziehung, dem Einflusse der äußern Umstände auf den Menschen, der hohen Bedeutung der Industrie, der Berechtigung des Genusses etc. seinen notwendigen Zusammenhang mit dem Kommunismus und Sozialismus einzusehen» (MARX/ENGELS 2, 138).

Nicht weniger bezeichnend für die zweite Etappe der französischen Aufklärung waren die von den *Physiokraten* (QUESNAY, DUPONT DE NEMOURS, MERCIER DE LA RIVIÈRE, TURGOT und GOURNAY) in den Jahren von 1756 bis 1776 unternommenen Versuche, eine den französischen Verhältnissen gerecht werdende Wirtschaftstheorie auszuarbeiten, die zugleich die Grundlage für eine Staatsreform bilden sollte (→ Physiokratie). Wie die Philosophen der Aufklärung mit der Metaphysik des 17. Jahrhunderts brachen, so verwarfen die Physiokraten die merkantilistische Wirtschaftstheorie des 17. Jahrhunderts, die die wirtschaftliche Tätigkeit dem kommerziellen Kapital unterordnete. Wie MARX schreibt, haben die *Physiokraten* «die Untersuchung über den Ursprung des Mehrwerts aus der Sphäre der Zirkulation in die Sphäre der unmittelbaren Produktion selbst verlegt und damit die Grundlage zur Analyse der kapitalistischen Produktion gelegt» (MARX/ENGELS 26[1], 14). Allerdings erscheint bei den Physiokraten noch «die Agrikultur als der Produktionszweig, worin sich die kapitalistische Produktion – d. h. die Produktion des Mehrwerts – ausschließlich darstellt. Indem so der Feudalismus verbürgerlicht wird, erhält die bürgerliche Gesellschaft einen feudalen Schein. ... Es entspricht dies ... der bürgerlichen Gesellschaft in der Epoche, worin sie aus dem Feudalwesen herausbricht» (MARX/ENGELS 26[1], 20).

In welchem Maß die Aufklärung in der zweiten Hälfte des 18. Jahrhunderts zu einem gesellschaftsbestimmenden Faktor in Frankreich geworden war, bezeugen sowohl die große kollektive Arbeit aller Philosophen an der von DIDEROT – anfangs zusammen mit D'ALEMBERT – in den Jahren von 1751 bis 1772 herausgegebenen *Encyclopédie ou*

Dictionnaire raisonné des sciences des arts et des métiers (Enzyklopädie oder erklärendes Wörterbuch der Wissenschaften, Künste und Gewerbe) als auch die ständige Zunahme von periodischen Publikationen, in denen – wie im *Journal encyclopédique* (1756–1793) – die Ideen der Aufklärung mehr oder weniger entschieden propagiert wurden. Nicht weniger bezeichnend ist es, daß sich in den im 18. Jahrhundert in fast allen größeren Städten Frankreichs gegründeten Akademien und in der Académie française (1635 gegründet) die Ideen der Aufklärung mehr und mehr durchsetzten.

Die *dritte Etappe* der Entwicklung der französischen Aufklärung, deren Beginn man mit dem Scheitern der Reformversuche TURGOTS ansetzen kann und die unter dem stärksten Eindruck des amerikanischen Unabhängigkeitskrieges (1775–1783) und der neu entstandenen republikanischen Ordnung in Amerika stand, mündet unmittelbar in die Revolution ein. Die jetzt erscheinenden Werke von Jean-Paul MARAT (1743 bis 1793), Jacques Pierre BRISSOT (1754–1793), Antoine Nicolas DE CONDORCET (1743–1794) und dem Abbé Emmanuel Joseph SIEYÈS (1748–1836) bezeugen, daß nunmehr – analog zum Ideengut des utopischen Kommunismus aus der vorrevolutionären Periode – gegenüber den philosophischen Problemen die Frage der praktischen Umgestaltung der bestehenden feudalabsolutistischen Ordnung eine immer größere Bedeutung gewann.

Die bereits in der zweiten Hälfte des 18. Jahrhunderts offen in Erscheinung tretenden Gegensätze innerhalb der französischen Aufklärung finden in der Revolution in den Gegensätzen und Kämpfen zwischen *Feuillants*, *Girondisten* und *Jakobinern* ihren Niederschlag. Als sich als Ergebnis der Revolution das von den Aufklärern proklamierte Reich der Vernunft als das idealisierte Reich der Bourgeoisie erwies, die ewige Gerechtigkeit ihre Verwirklichung fand in der Bourgeoisiejustiz, die Gleichheit hinauslief auf die bürgerliche Gleichheit vor dem Gesetz, der Vernunftstaat ins Leben trat und nur ins Leben treten konnte als bürgerliche, demokratische Republik, setzte von den verschiedenen sozialen Positionen die kritische Auseinandersetzung mit der Aufklärungsideologie ein (MARX/ENGELS 20, 17). Ideengeschichtlich hat die Aufklärung daher bis in die Gegenwart hinein nicht an Bedeutung verloren. [1]

3. *spanische Aufklärung*: In Spanien bestand zu Beginn des 18. Jahrhunderts eine völlige Zerrüttung des wirtschaftlichen Lebens. Diese sog. «spanische Dekadenz» besaß in der aus der Gegenreformation hervorgegangenen Ideologie (Jesuitismus) ihre genaue Entsprechung. Das politische und wirtschaftliche Siechtum des spanischen Ancien Régime im 16. und vor allem im 17. Jahrhundert wurde durch die Gegensätze der konkurrierenden feudalen Mächte am Leben erhalten. In Spanien versank «die Aristokratie in die tiefste Erniedrigung, ohne ihre schlimmsten Privilegien zu verlieren, während die Städte ihre mittelalterliche Macht einbüßten, ohne moderne Bedeutung zu gewinnen» (MARX/ENGELS 10, 440). Entwicklung und Spezifik der spanischen Aufklärung (Ilustración) werden daher bestimmt durch die große ökonomische und politische Schwäche des dritten Standes, die das Ergebnis einer Jahrhunderte währenden Totalagonie des spanischen Feudalismus war. Anders als in Frankreich und in England hatte sich der spanische Absolutismus aufs engste mit den Feudalgewalten verbündet, so daß Spanien an der Schwelle der Neuzeit die Eroberung der Neuen Welt mit dem Status einer «Kolonie» der fortgeschritteneren Mächte bezahlen mußte. Es stellte (mit Portugal) die «Ritter der ursprünglichen Akkumulation des Kapitals» (MARX) und verlor die geschichtliche Perspektive einer bürgerlich-kapitalistischen Entwicklung.

Nach dem Spanischen Erbfolgekrieg besteigt 1712 mit PHILIPP V. ein französischer Bourbone den spanischen Thron. Spanien hört endgültig auf, das Schwert der Habsburger Monarchie zu bilden, und wird dem französischen Einfluß auf allen Gebieten geöffnet. Es wird im Verlauf des 18. Jahrhunderts zu einem Versuchsfeld des aufgeklärten Absolutismus, in dem sich die spanische Aufklärung verkörpert sieht. In dieser geschichtlichen Konstellation entfaltet sich die spanische Aufklärung als eine geistige Bewegung, die ihre geschichtliche Aufgabe in der Schaffung der Voraussetzungen für eine ökonomische und soziale Emanzipation des dritten Standes im Schutze des aufgeklärten Absolutismus erkennt. Sie ist dementsprechend nicht wie die französische und die deutsche Aufklärung das Werk des dritten Standes selbst, sondern der verschiedenen Parteien des reformwilligen Adels und religiöser Orden (Benediktiner). Ihre philosophischen, ökonomischen und politischen Zielsetzungen werden nicht in so radikaler Weise zu Ende geführt wie in Frankreich. Sie münden in den Liberalismus der verfassunggebenden Nationalversammlung von Cádix (Cortes de Cádix 1812), wo sich die Aufklärung mit dem nationalpolitischen Prinzip des antinapoleonischen Unabhängigkeitskrieges verknüpft. Im Liberalismus tritt die spanische Bourgeoisie zum ersten Mal als Vertreterin eines nationalen Gesamtinteresses auf. Die liberale Konstitution von 1812 trägt jedoch den Charakter «eines Kompromisses zwischen den liberalen Ideen des 18. Jahrhunderts und den finsteren Traditionen der Pfaffenherrschaft» (MARX/ENGELS 10, 472). Die liberalen Erben der Aufklärung können ihren politischen

Herrschaftsanspruch nur aufrechterhalten, wenn sie ihn in eine nationalspanische Tradition stellen. Die Gesellschaftslehre des spanischen frühen Liberalismus ist daher grundsätzlich nationalgeschichtlich an den Traditionen der mittelalterlichen Demokratie (Städtefreiheit und demokratisches Königtum) orientiert: MARTINEZ MARINA, TEORÍA DE LAS CORTES (Theorie der spanischen Nationalversammlung 1813); JUAN SEMPERE Y GUARINOS, *Historia del derecho español* (Geschichte des spanischen Rechts 1823).

Ideologiegeschichtlich geht der Aufklärung in Spanien eine von Vertretern des Kleinadels, Ärzten und Juristen ausgearbeitete rationalistische Kritik der *aristotelischen Scholastik* vorauf. Die Vertreter dieser sog. «Neuen Philosophie» bekämpfen die aristotelische Scholastik im Namen der naturwissenschaftlichen Erfahrung und machen GALILEI, NEWTON, DESCARTES und GASSENDI in Spanien bekannt. Ihre von DESCARTES herkommende rationalistische Erkenntnistheorie wird vor allem auf dem Gebiet der Medizin ausgearbeitet und angewandt. Diese Vorläufer der spanischen Aufklärung vermitteln vor allem auch die späthumanistische (erasmistische) Tradition des 16. und 17. Jahrhunderts. Das die spanische Dekadenz reflektierende kritische Denken des Siglo de Oro (Goldenes Zeitalter) etwa eines GRACIÁN (1584–1658), des jesuitischen Historikers und Theoretikers des jus regicidii (Tyrannenmord) MARIANA (1537–1624), des erasmistischen Philosophen Juan Luis VIVES (1492–1540) oder des 1752 von LESSING ins Deutsche übersetzten Arztes HUARTE DE SAN JUAN (gest. 1591), der eine anthropologische Charakterkunde zur Grundlage einer Kritik an der Überschätzung der Philologie machte (*Examen de ingenios* 1566; Prüfung der Köpfe 1752), und des Bibliographen NICOLÁS ANTONIO (1617–1684), der die ersten Versuche einer spanischen Geschichtskritik unternahm, wirkten entscheidend auf die Herausbildung einer aufklärerischen nationalen Selbstkritik. Zu den Vorläufern eines aufklärerischen Denkens in der genannten Richtung gehört Isaac CARDOSO mit seiner 1673 erschienenen *Philosophia libera*, einem naturwissenschaftlichen Traktat. Alexandro DE AVENDAÑO bekämpft den Aristotelismus als einer der ersten in spanischer Sprache (bis dahin erschien alle philosophische Literatur in lateinischer Sprache) in seinen *Diálogos philosophicos en defensa del atomismo* (Philosophische Dialoge zur Verteidigung des Atomismus 1716), die eine mechanisch-materialistische Darstellung der physikalischen Wissenschaften enthalten. Den Zusammenbruch und die Unhaltbarkeit der aristotelischen Formenlehre verkündet dann Diego Matheo ZAPATA mit seinem 1745 postum erschienenen *Ocaso de las formas aristotélicas* (Zerfall der aristotelischen Formen). Von Bedeutung für die Ausbildung einer antimetaphysischen Naturphilosophie sind die Werke von Juan BANTISTA BERNI (*Filosofía racional, natural, metafísica i moral* 1736) und Martín MARTÍNEZ (*Philosophia scéptica* 1730).

Die spanische Frühaufklärung steht im Zeichen einer rationalistischen philosophischen Kritik aller Bereiche des gesellschaftlichen Lebens und der spanischen Geschichte. Sie wird bestimmt von dem eigentlichen Haupt der spanischen Frühaufklärung, dem Benediktinerpater Benito Gerónimo FEIJÓO Y MONTENÉGRO (1676–1764). In seinen Hauptwerken, dem neunbändigen *Teatro Crítico Universal* (Kritisches Welttheater 1726–1741) und den fünf Bänden der *Cartas Erdutias* (Gelehrte Briefe, 1742–1760), verarbeitet er die Lehre FONTENELLES von den Vorurteilen zu einer glänzenden Kritik der opiniones comunes aller Stände und aller Zeiten der spanischen Gesellschaft. Mit seiner im Lichte der Vernunft und der Erfahrung vorgenommenen Bekämpfung traditioneller und abergläubischer Volksmeinungen (voz del pueblo) hat FEIJÓO, der nach Umfang und Art seiner Bildung und mit seinem Darstellungsstil den klassischen Typ des aufgeklärten Geistes repräsentiert, den institutionellen und traditionellen Rückhalt des Ancien Régime von innen her ausgehöhlt und den Weg für eine Reform des Denkens und des gesellschaftlichen Lebens freigelegt, die weitgehend den objektiven Interessen des dritten Standes entsprach. FEIJÓO bekämpfte in den Vorurteilen vor allem ihre Erstarrung zu Sitten, Gewohnheiten, Lebens- und Denkweisen in allen spanischen Ständen. Die Einflüsse BAYLES, LOCKES, DESCARTES', GASSENDIS und NEWTONS fließen bei ihm zu einer unsystematischen aufklärerischen Kritik zusammen, deren wesentlichste Merkmale Praxisbezogenheit und Vorurteilslosigkeit sind. Die durch FEIJÓO ausgelöste und weitgehend in Zeitschriften ausgetragene Polemik war entscheidend an der Herausbildung einer öffentlichen Meinung in Spanien beteiligt, diesem wesentlichen Kriterium aller aufklärerischen Bewegung, hinter dem die neue gesellschaftliche Autorität des Publikums steht. Seit den dreißiger Jahren nimmt das Zeitschriftenwesen einen großen Aufschwung, und die spanische Aufklärung beginnt, sich im nationalen Raum zu verbreiten. Zu den von FEIJÓO beeinflußten aufklärerischen Kreisen gehört u.a. der Benediktinerpater Martín SARMIENTO (1695–1772), der den Grundstein für eine kritische nationale Literaturgeschichte legte (*Memorias para la historia de la poesía y poetas españoles*; Denkschrift über die Geschichte der spanischen Dichtkunst und der spanischen Dichter 1745). Eine dem neuen Publikumsgeschmack und der öffentlichen Meinung angepaßte Verbreitung des naturwissenschaftlichen Weltbildes sowie eine essayistische Zeitkritik leistete der Salmantiner Mathematiker Diego DE TORRES Y VILLARROEL (1693–1770), der in seinen Almanachen die wissenschaftlich-kritische Bildung des Publikums betrieb.

Ein hervorstechendes Merkmal der gesamten spanischen Aufklärung ist die Ausarbeitung eines kritischen nationalen Geschichtsbildes. Die Kritik der Dekadenz und die Aufdeckung ihrer geschichtlichen Ursachen bilden ein aufklärerisches Grundmotiv in Spanien. Die Kritik der Dekadenz verbindet sich in ihrer ersten Phase mit der Kritik an der Politik KARLS V. und PHILIPPS II. Auf dem Gebiet der Ästhetik verknüpfte sich diese Geschichtskritik mit einer radikalen Negation der Tradition des Goldenen Zeitalters, die sich – vor allem auf dem Gebiet des Theaters – auch im 18. Jahrhundert einer ungebrochenen Lebendigkeit erfreute. Ignacio DE LUZÁN (1702 bis 1754) legte in seiner *Poetik* (1737) den Grundstein einer spanischen neoklassizistischen Ästhetik und löste damit eine Polemik über die spanische Nationalliteratur aus, die das ganze Jahrhundert durchzieht.

Die Herausbildung eines aufklärerischen Geschichtsbewußtseins ist in Spanien untrennbar mit der teils kritischen, teils apologetischen Sondierung der nationalen Vergangenheit verbunden. Im Verlauf dieser Auseinandersetzung wurde Spanien das erste Land, das es zu einer wissenschaftlichen Grundlegung seiner Nationalliteratur brachte, die unter dem Einfluß der französischen Kritik an der spanischen Kultur in der zweiten Hälfte des Jahrhunderts (ein antispanischer Affekt kennzeichnet die französische Aufklärung seit MONTESQUIEU) immer mehr die nationalen Eigenheiten der spanischen Geschichte und Kultur betonte und überbetonte. Angesichts der mit der Französischen Revolution offenbar gewordenen Konsequenzen der philosophischen Aufklärung in Frankreich und angesichts ihres schwachen ökonomischen und sozialen Rückhalts in Spanien verpflichtet sich die spanische Aufklärung in ihrer Hauptrichtung auf die Überzeugung, daß Spanien nicht wie Frankreich eine Regeneration seiner gesellschaftlichen Verhältnisse brauche, sondern lediglich eine Erneuerung (renovación) und Modernisierung seiner im Mittelalter wurzelnden demokratischen Institutionen. Sie wendet sich jetzt auch verstärkt den Höhepunkten der nationalen Geschichte und Kultur (Siglo de Oro) zu und versucht, diese für ihre eigenen Bestrebungen fruchtbar zu machen.

Die verspätete Entwicklung bürgerlich-kapitalistischer Verhältnisse hat zur Folge, daß eine frühbürgerliche Tradition heraufbeschworen wird, wodurch die spanische Aufklärung ihr unverwechselbares nationales Gesicht erhält. Die aufklärerische Geschichts- und Kulturgeschichtsschreibung bestimmt daher das ganze spanische 18. Jahrhundert. Sie besaß einen offiziellen Rückhalt in der 1714 gegründeten *Real Academia de la lengua* und in der 1738 gegründeten *Real Academia de la historia*, die zum Ausgangs- und Sammelpunkt aller geschichtlichen Studien wurden. Das wichtigste Ergebnis war eine geschichtliche Grundlegung des spanischen Nationalbewußtseins, die den Interessen des dritten Standes entsprach. Darin drückte sich sowohl das Selbstbewußtsein der aufklärerischen Parteien als auch ihre fehlende soziale Basis und ihr mangelnder politischer Einfluß aus. An der Ausarbeitung eines spanischen Nationalbewußtseins auf den verschiedensten Wissensgebieten waren u. a. beteiligt: auf dem Gebiet der Sprachgeschichte der Polygraph Gregorio MAYÁNS I SISCAR (1699–1781) und José VARGAS PONCE (1760–1821), auf dem Gebiet der Literaturgeschichte Tomás Antonio SANCHÉZ (1725–1802), Francisco CERDÁ Y RICO (1730–1792), Antonio DE CAPMANY Y MONTPALAU (1742–1813), Juan MELÉNDEZ VALDÉS (1754–1817) und Gaspar Melchor DE JOVELLANOS (1744–1811), auf dem Gebiet der Kirchengeschichte Enrique FLÓREZ (1702–1773) sowie die Jesuiten, die im italienischen Exil mit den französischen *Enzyklopädisten* bekannt wurden und deren Gedanken an die spanischen Verhältnisse anpaßten. Hierzu gehören vor allem Juan ANDRÉS (1740–1817), Javier LLAMPILLAS (1731–1819) u. a.

In der Frühaufklärung hatte die Kritik an der Dekadenz zu einem Aufschwung der ökonomischen Literatur geführt, die sich um die Ausarbeitung der Prinzipien für die Entwicklung kapitalistischer Produktivkräfte bemühte. Zugrunde lag vor allem der *Colbertsche Merkantilismus*, der in Spanien unter anderem von Gerónimo DE UZTÁRIZ (Theórica y práctica de comercio y marina; Theorie und Praxis des Handels und der Seefahrt 1724), Antonio DE ULLOA (1716–1795) und José DEL CAMPILLO Y COSSÍO rezipiert wird. In der zweiten Hälfte des 18. Jahrhunderts bildet sich eine grundsätzlich physiokratische Theorie heraus, die die jetzt einsetzenden wirtschaftspraktischen Veränderungen vorbereitet und orientiert. Sie steht unter dem Einfluß von HUME, CONDILLAC, MIRABEAU und Adam SMITH. Zur Schule der spanischen Physiokraten gehören u. a. Francisco CABARRÚS (1752–1810), Vicente ALCALÁ GALIANO, Martín Fernández DE NAVARRETE (1765–1844), Valentín DE FORONDA und der große aufklärerische Staatsmann und Haupt der Spätaufklärung JOVELLANOS, dessen 1795 im Auftrage der Regierung verfaßter *Informe sobre la ley agraria* (Bericht über die Agrarreform) das philosophische und politische Programm der spanischen Spätaufklärung enthält.

Die eigentliche spanische Aufklärung fällt ungefähr mit der Regierungszeit KARLS III. zusammen (1759–1788). Die Aufklärung konstituiert sich in diesem Zeitraum als die führende geistige Bewegung und arbeitet ein praxisbezogenes philosophisches Weltbild aus, das dem Sensualismus auf allen Wissensgebieten zum Durchbruch verhilft. 1760 erscheint in einer Übersetzung aus dem Portugiesischen Luiz Antonio VERNEYS (*El Barbadiño*) vierbändiges Werk *Verdadero método de estudiar* (Wahrhaftige Methode des Studierens), das eine philosophische Exposition des Sensualismus enthält. Die durch die Aufklärung ausgelösten Kämpfe und Widersprüche spiegeln sich wie in Frankreich auch in den Kämpfen innerhalb der spanischen Kirche und zwischen den verschiedenen religiösen Orden. Jansenistische Kräfte gewinnen die Oberhand über die Jesuiten. Durch die 1767 unter dem Ministerium des aufgeklärten Staatsmanns ARANDA (1718–1799), eines Freundes DIDEROTS, erfolgte Ausweisung des Jesuitenordens hatte die Aufklärungspartei einen entscheidenden Sieg errungen. Unter KARL III. wurden zum Teil erfolgreiche Versuche zur Begründung einer spanischen Staatskirche unternommen. Die Macht der Inquisition wird wesentlich eingeschränkt, aber erst 1810 wird sie abgeschafft. Die Aufklärung bezieht in dieser Epoche mit ARANDA, CAMPOMANES (1723–1802), FLORIDABLANCA (1728–1808) und JOVELLANOS die Schlüsselstellungen in den Ministerien und wirkt in immer stärkerem Maße aus der Mitte eigener Institute und Akademien. Das bedeutendste Ereignis dieser Etappe war zweifellos die Gründung der *Sociedades Económicas de Amigos del País* (Ökonomische Gesellschaften der Freunde des Landes), die nach dem Vorbild der 1764 gegründeten baskischen Gesellschaft in den siebziger und achtziger Jahren wie Pilze aus dem Boden schossen. Diese Gesellschaften, in denen die aufgeklärten Kreise der Nation wirkten, wurden zu Zentren des aufklärerischen Geistes. Von ihnen gingen die wirtschaftlichen und pädagogischen Reformprogramme aus, die sich das Ziel stellten, die Aufklärung durch Erziehung zu verwirklichen und damit den gesellschaftlichen Rückstand der Nation zu überwinden. Die Entwicklung der Produktivkräfte im Interesse der Nation sollte in erster Linie durch die Einbeziehung der unproduktiven Schichten des spanischen Adels und der großen Masse der Landbevölkerung sowie der über der ganzen Nation lastenden Bettlerarmeen erfolgen. Auch in dieser Etappe schwor die Aufklärung in der politischen Theorie dem Ideal des aufgeklärten Absolutismus nicht ab.

In der folgenden Etappe ihrer Entwicklung steht die spanische Aufklärung ganz unter dem Eindruck der Französischen Revolution. Es kommt zu einer starken Differenzierung der bis dahin im wesentlichen einheitlichen Bewegung. Das Fehlen einer breiten tragenden Schicht im dritten Stand macht sich jetzt nachdrücklich bemerkbar und läßt die Klassengrenzen in der Zurückweisung der atheistischen und materialistischen Konsequenzen der Partei der französischen «philosophes» in der führenden Partei immer stärker hervortreten. Charakteristisch für diese Richtung ist das Spätwerk von JOVELLANOS (*Diarios*, Tagebücher). Gleichzeitig bildet sich eine Gruppe der sog. *afrancesados* (der Franzosenfreunde) heraus. Die *afrancesados* waren die konsequentesten Vertreter der Interessen des spanischen dritten Standes. Sie wichen zwar vor der Französischen Revolution zurück, begrüßten dann aber in NAPOLEON begeistert den Repräsentanten eines allgemeinen gesellschaftlichen Fortschritts. Damit gerieten sie in den Widerspruch, mit dem Kampf gegen den Eroberer gleichzeitig die Verwirklichung ihrer eigenen Ideale bekämpfen zu müssen. Aus diesem Widerspruch wird die spanische Romantik geboren, die die Ideen der Aufklärung in ihre nationalgeschichtliche Orientierung einbezieht. Da die Bourgeoisie sich nicht siegreich zur herrschenden Klasse konstituierte, kam es zu keinem radikalen Bruch mit der Aufklärung. Zur Partei der *afrancesados* gehören vor allem der Oberst José CADALSO (1741–1782) mit seinen *Cartas Marruecas* (Marokkanische Briefe 1798 postum), Pablo OLAVIDE (1725–1803), der Kolonisator der Sierra Morena mit deutschen Einwanderern, der in seinem Spätwerk *Evangelio en triunfo* (Triumph des Evangeliums 1796) eine von VOLTAIRE beeinflußte Religionskritik vornimmt, die neoklassizistischen Literaten und Philosophen Juan MELÉNDEZ VALDÉS (1754–1817), Vicente García DE LA HUERTA (1734–1787), Francisco CABARRÚS, Tomás DE IRIARTE (1750–1791) u. a. Wenn jetzt zum ersten Mal das Prinzip der Monarchie in Frage gestellt wird, so doch auch nur im Namen einer Erneuerung der demokratischen Institutionen des spanischen Mittelalters, wie sie in der liberalen Konstitution von 1812 durch einen Kompromiß fixiert wird.

Ein linker Flügel von ROUSSEAU-Anhängern entsteht in der spanischen Aufklärung nach der Französischen Revolution. Seine Repräsentanten verteidigen das Prinzip der Volkssouveränität und machen sich zum Sprecher einer revolutionären Perspektive der unteren Klassen. Er wird während und nach der Französischen Revolution von Aufklärern ausgebildet, die in Frankreich selbst direkt an der Revolution teilnahmen und von hier aus nach Spanien zu wirken versuchten. Hierzu gehören vor allem José MARCHENA (1768–1821), ein Freund und Mitarbeiter BRISSOTS und MARATS, der ROUSSEAUS *Emile* und die *Nouvelle Héloise* ins Spanische übersetzte, Vicente María SANTIVAÑEZ (1759–1794), der mutmaßliche Übersetzer des *Contrat Social*, und Andrés María DE GUZMÁN. Dieser radikale Flügel der spanischen Auf-

klärung wurzelt jedoch in einer anderen geschichtlichen Erfahrung. Er repräsentiert ihren utopischen Überschuß und besaß keine ausreichende soziale Basis in der spanischen Gesellschaft der Zeit.
Für die Ausstrahlung der europäischen Aufklärung auf Lateinamerika kommt der spanischen Aufklärung die entscheidende Vermittlerrolle zu. [2]
4. *deutsche Aufklärung*: Die Entwicklung und der Charakter der deutschen Aufklärung wurde einerseits dadurch bestimmt, daß sich in Deutschland der ökonomische und politische Aufstieg des Bürgertums nur sehr langsam vollzog und daß er nicht wie in England und in Frankreich in einem einheitlichen Nationalstaat, sondern in einer Vielzahl von kleinen absolutistischen Territorialstaaten erfolgte. Andererseits war es für die deutsche Aufklärung von entscheidender Bedeutung, daß sie an die Erkenntnisse der englischen und vor allem der französischen Aufklärung anknüpfen und sie verarbeiten konnte (MARX/ENGELS 37, 493). Um die Spezifik der deutschen Aufklärung zu verstehen, ist die Berücksichtigung dieser beiden Faktoren eine unabdingbare Notwendigkeit.
Die Anfänge der deutschen Aufklärung gingen von den beiden Handelsmetropolen *Leipzig* und *Hamburg* aus. Im Verlauf des 18. Jahrhunderts gewann dann die Aufklärung in der *Schweiz*, in den *freien Reichsstädten*, im Kurfürstentum *Mainz* sowie in *Bayern*, *Preußen* und *Österreich* mehr und mehr an Boden. Darüber hinaus ist es für die Entwicklung der deutschen Aufklärung symptomatisch, daß in Deutschland die rationalistische Philosophie bis in die Mitte des 18. Jahrhunderts ihre Vormachtstellung behaupten konnte. Erst in der zweiten Hälfte des 18. Jahrhunderts erreichte die deutsche Aufklärung den Anschluß an die englische und französische Aufklärung und entwickelte in gewissen Bereichen deren Erkenntnisse weiter. Aber auch jetzt gelang es der deutschen Aufklärung nicht, einen bestimmenden Einfluß auf die gesellschaftliche und politische Entwicklung in Deutschland auszuüben. Die von ENGELS gegebene Einschätzung der Haltung GOETHES zu den gesellschaftlichen Verhältnissen in Deutschland kann als eine Charakteristik der widersprüchlichen Tendenzen der deutschen Aufklärung angesehen werden. ENGELS schreibt: «Goethe verhält sich in seinen Werken auf eine zweifache Weise zur deutschen Gesellschaft seiner Zeit. Bald ist er ihr feindselig; er sucht der ihm widerwärtigen zu entfliehen, wie in der ‚Iphigenie' und überhaupt während der italienischen Reise, er rebelliert gegen sie als Götz, Prometheus und Faust, er schüttet als Mephistopheles seinen bittersten Spott über sie aus. Bald dagegen ist er ihr befreundet, ‚schickt' sich in sie, wie in der Mehrzahl der ‚Zahmen Xenien' und vielen prosaischen Schriften, feiert sie, wie in den ‚Maskenzügen', ja verteidigt sie gegen die andrängende geschichtliche Bewegung, wie namentlich in allen Schriften, wo er auf die französische Revolution zu sprechen kommt . . . So ist Goethe bald kolossal, bald kleinlich; bald trotziges, spottendes, weltverachtendes Genie, bald rücksichtsvoller, genügsamer, enger Philister» (MARX/ENGELS 4, 232). Den Höhepunkt erreichte die deutsche Aufklärung um die Wende zum 19. Jahrhundert in der klassischen bürgerlichen deutschen Philosophie von KANT bis zu HEGEL und FEUERBACH.
Die rationalistische Kritik der feudalen Wirklichkeit und der von dieser Ebene aus geführte Kampf gegen die feudale Unvernunft und die Dogmen der orthodoxen Glaubenslehre ging auch in Deutschland der Aufklärung voraus. In den deutschen Spinozisten: Mathias KNUTZEN, Gabriel WAGNER (1665–1712), Friedrich Wilhelm STOSCH (1648–1704), Theodor Ludwig LAU (1670–1740) sowie in dem Naturrechtslehrer Samuel PUFENDORF (1632–1694) und in den bedeutenden Philosophen Gottfried Wilhelm LEIBNIZ (1646–1716) und Christian THOMASIUS (1655 bis 1728) hatte der Rationalismus im 17. Jahrhundert in Deutschland seine führenden Repräsentanten gefunden.
Im weiteren Verlauf der Entwicklung nahm der ideologische Protest neue Formen an. Das wachsende soziale Selbstbewußtsein führte zu einer neuen Auffassung vom Wert der menschlichen Persönlichkeit, von ihrer Fähigkeit, die Welt zu erkennen und ihren Bedürfnissen entsprechend zu gestalten. Die Vorstellung von der Natur des Menschen und einer ihr entsprechenden vernünftigen Gesellschafts- und Staatsordnung gewann an Bedeutung. Die Kritik richtet sich jetzt gegen die autoritäre Vormundschaft des Absolutismus in allen seinen philosophischen, literarischen und politischen Erscheinungsformen.
Seinen ersten Niederschlag fand das anwachsende bürgerliche Selbstbewußtsein in Deutschland in der zu Beginn des 18. Jahrhunderts sich vollziehenden Spaltung innerhalb der protestantischen Kirche. Wie in Frankreich durch die *Jansenisten*, so wurde auch in Deutschland durch die *Pietisten* und ihren Kampf gegen die lutherische Orthodoxie, die zu einer wesentlichen Stütze der feudalabsolutistischen Ordnung geworden war, der Boden für die Entwicklung der Aufklärung vorbereitet. Die Bewegung des *Pietismus* ging von der 1694 gegründeten Universität Halle aus (SPENER, FRANCKE) und hatte vor allem in der norddeutschen Geistlichkeit ihre Anhänger. Das bedeutendste Werk des deutschen Pietismus ist Gottfried ARNOLDS (1666–1717) *Unparteiische Kirchen- und Ketzerhistorie* (1699). In ihm wird die Kirche aller Jahrhunderte angeklagt, und die freien und verfolgten Geister erscheinen als Kläger. Man kann in ARNOLDS Werk eine deutsche Parallele

zu BAYLES *Dictionnaire* sehen. Da das deutsche Bürgertum dem pietistischen Drang nach praktischer, gesellschaftlich nützlicher Tätigkeit keine gesellschaftlichen und politischen Ziele zu weisen vermochte, verlor der *Pietismus* im Gegensatz zum *Calvinismus*, zum *Puritanismus* und zum *Jansenismus* schnell seinen ursprünglich progressiven Charakter und wurde zu einer antiaufklärerischen Bewegung, die sich in ihrer Unterwürfigkeit unter den Feudalabsolutismus nicht mehr von der lutherischen Orthodoxie unterschied (Werner KRAUSS).

Unvergleichlich klarer tritt der Prozeß der Herausbildung der neuen bürgerlichen Weltanschauung in der Philosophie in Erscheinung. Dies ist natürlich, da die bürgerliche Weltanschauung ieuer philosophischen Begründung bedurfte, die frei von der religiösen Ideologie war. Allerdings vollzog sich auch dieser Prozeß in Deutschland bedeutend langsamer als in England oder in Frankreich. Offensichtlich entsprach die von Christian WOLFF (1679–1754) im Anschluß an LEIBNIZ entwickelte rationalistische Philosophie, die die Sittenlehre aus ihrer Abhängigkeit von der Theologie befreite und die Vernunftreligion in Übereinstimmung mit der geoffenbarten Religion zu bringen versuchte, am weitesten den Bedürfnissen des deutschen Bürgertums der ersten Hälfte des 18. Jahrhunderts. Wie in allen rationalistischen Systemen kann auch für WOLFF nur die metaphysische Methode Gewißheit bringen. WOLFFS Staatslehre ist der Typus des aufgeklärten Despotismus, mit welchem FRIEDRICH II. von Preußen das viel kopierte Vorbild für die deutschen Fürsten wurde. Ein besonderes Verdienst WOLFFS ist es, die Durchdringung der deutschen Universitäten mit dem wissenschaftlichen Geist der neuen Zeit und ihre Lösung von der Vorherrschaft der Theologie eingeleitet zu haben. In den zwanziger Jahren des 18. Jahrhunderts eroberte der *Wolffianismus* die wichtigsten deutschen Bildungsstätten und hielt auch Einzug in der Preußischen Akademie der Wissenschaften zu Berlin. Zu den bedeutendsten Schülern WOLFFS gehören Georg Bernhard BILFINGER (1693–1750), Professor der Theologie in Tübingen, Ludwig Philipp THÜMMIG (1697–1728), Professor in Halle, und Alexander Gottlieb BAUMGARTEN (1714–1762), Professor in Frankfurt (Oder). Als Oberströmung der deutschen Aufklärung hielt sich die rationalistische Philosophie WOLFFS bis über die Jahrhundertmitte. Dies erklärt sich nicht zuletzt aus ihrer Riegelstellung gegenüber dem Materialismus und ihrer Kritik an der Scholastik.

Zu den Denkern, die in dieser Zeit gegen die WOLFFsche Philosophie Stellung nahmen, gehört Johann Christian EDELMANN (1698–1767), der vom Pietismus ausgegangen war und später dem spinozistischen Pantheismus zuneigte. Die ersten Schritte auf dem Wege zu einer sensualistischen Erkenntnistheorie vollzogen der Arzt und Professor der Philosophie Andreas RÜDIGER (1673 bis 1731), sein Schüler August Friedrich MÜLLER (1684–1761), Adolf Friedrich HOFFMANN (1707 bis 1741) und vor allem Christian August CRUSIUS (1715–1775).

Um 1750 hatten sich unter den Schülern und Nachfolgern WOLFFS bereits drei Gruppen herausgebildet. Immer stärker setzten sich nach 1740 die Lehren der englischen Freidenker und der französischen Aufklärer in Deutschland durch. An der Spitze der *ersten Gruppe* stand Hermann Samuel REIMARUS (1694–1768), Professor der orientalischen Sprachen in Hamburg, der sich offen zum Deismus bekannte und die geoffenbarte Religion verwarf. Sein Hauptwerk, die *Apologie oder Schutzschrift für die vernünftigen Verehrer Gottes*, das er kurz vor seinem Tode fertigstellte, wurde von LESSING als *Wolfenbütteler Fragment* veröffentlicht. Zur *zweiten Gruppe* gehörten die eigentlichen Rationalisten, die den Standpunkt der sog. Natur- und Vernunftreligion vertraten, aber noch an dem Glauben der Offenbarung festhielten. Was an der Kirchenlehre nicht mit den Forderungen und Einsichten der Vernunftreligion übereinstimmt, ist ihrer Ansicht nach als willkürliche und betrügerische Entstellung späterer Zeiten anzusehen und zu verwerfen. Zu dieser Gruppe gehörten: August Friedrich Wilhelm SACK (1703–1786), Johann Joachim SPALDING (1714–1804) und Johann Friedrich Wilhelm JERUSALEM (1709–1789). Zur *dritten Gruppe*, die noch weitgehend der lutherischen Kirchenlehre verpflichtet blieb, sind zu rechnen: Siegmund Jakob BAUMGARTEN (1706 bis 1757), Johann Augustus ERNESTI (1707–1781) und Johann David MICHAELIS (1717–1791).

Der Bedeutung, die WOLFF für die deutsche Philosophie hatte, entspricht die, die sein Schüler Johann Christoph GOTTSCHED (1700–1766) für die deutsche Poesie erlangte. GOTTSCHED knüpfte an den französischen Klassizismus und an BOILEAU an. Sein *Versuch einer Critischen Dichtkunst vor die Deutschen* erschien erstmals 1730. Von Alexander Gottlieb BAUMGARTEN (1714–1762), dessen Hauptwerk *Aesthetica* in den Jahren 1750–1758 herauskam, wurde die Ästhetik zu einer selbständigen Wissenschaft im Rahmen der WOLFFschen Enzyklopädie der Wissenschaften erhoben. BAUMGARTENS Schüler Georg Friedrich MEIER (1718–1777) war bereits dem LOCKEschen Sensualismus verpflichtet und suchte die Fesseln der WOLFFschen Schule zu sprengen.

Die *zweite Etappe* in der Entwicklung der deutschen Aufklärung wurde von der Generation getragen, die in den Jahren des Siebenjährigen Krieges (1756–1763) – durch den offenbar wurde, daß Preußen nicht ein «aufgeklärter», sondern ein militaristischer Staat war und aus Eroberungsgründen den Krieg gegen Österreich, Frankreich und Rußland entfacht hatte – an die Spitze der deutschen Aufklärung trat. Gotthold Ephraim LESSING (1729–1781), Friedrich Gottlieb KLOPSTOCK (1724–1803), Christoph Martin WIELAND (1733–1813) sind die führenden Denker dieser Zeit. «Gleich dem Luther wirkte Lessing nicht nur, indem er etwas Bestimmtes tat, sondern indem er das deutsche Volk bis in seine Tiefen aufregte, und indem er eine heilsame Geisterbewegung hervorbrachte, durch seine Kritik, durch seine Polemik. Er war die lebendige Kritik seiner Zeit, und sein ganzes Leben war Polemik. Diese Kritik machte sich geltend im weitesten Bereiche des Gedankens und des Gefühls, in der Religion, in der Wissenschaft, in der Kunst. Diese Polemik überwand jeden Gegner und erstarkte nach jedem Sieg» (HEINE, *Zur Geschichte der Religion und Philosophie in Deutschland*). Die spezifische Stellung LESSINGS unter seinen Zeitgenossen zeigt sich anschaulich in seiner anerkennenden, aber letztlich verständnislosen Beurteilung der Werke ROUSSEAUS, in seiner weitgehenden Übereinstimmung mit den ästhetischen Anschauungen DIDEROTS, in seiner Kritik an den konservativen Tendenzen im Schaffen VOLTAIRES und in seinem Bekenntnis zum Pantheismus SPINOZAS. Die große Bedeutung, die dem Wirken LESSINGS zukommt, findet ihren Niederschlag darin, daß man auch von der *Lessingperiode* der deutschen Aufklärung spricht.

In der gleichen Zeit setzte sich mit der sog. *Popularphilosophie* eine kritische Richtung in der Philosophie durch, die sich mehr oder weniger dem *Lockeschen Sensualismus* und dem *Deismus der englischen Freidenker* anschloß und sie mit dem *Leibniz-Wolffschen Rationalismus* zu verschmelzen suchte. Man bezeichnet daher die Popularphilosophen auch als Eklektiker. Als echte Aufklärer bekämpften die Vertreter der Popularphilosophie die kirchliche Orthodoxie, die Glaubensdogmen des katholischen und vor allem des lutherischen Christentums. Zu den Popularphilosophen gehörten: Johann Georg SULZER (1720–1779), Moses MENDELSSOHN (1729 bis 1786), Friedrich NICOLAI (1733–1811), Johann Erich BIESTER (1749–1816), Thomas ABBT (1738 bis 1766), Johann Jakob ENGEL (1741–1802), Johann Georg Heinrich FEDER (1740–1825) und Christoph MEINERS (1747–1810).

Auch in der Geschichts- und Staatswissenschaft vollzog sich jetzt der Prozeß der Abwendung vom aufgeklärten Absolutismus und der Hinwendung zum Republikanismus und zum Konstitutionalismus. Ein besonderer Anstoß zu dieser Entwicklung ging von der republikanischen Schweiz aus. Hier erschien im Jahre 1758 von FRANZ URS VON BALTHASAR: *Patriotische Träume eines Eidgenossen, von einem Mittel, die veraltete Eidgenossenschaft wieder zu verjüngen,* und von ISELIN im Jahre 1755 *Philosophische und patriotische Träume eines Menschenfreundes,* in den Jahren 1764 bis 1770 die *Geschichte der Menschheit.* Ihnen folgten in Deutschland J. G. ZIMMERMANN 1758 mit *Von dem Nationalstolze,* F. K. MOSER 1759 mit *Der Herr und der Diener geschildert mit patriotischer Freiheit* und 1765 mit *Von dem deutschen Nationalgeist,* Th. ABBT 1761 mit *Vom Tod fürs Vaterland* und 1765 mit *Vom Verdienst* und J. VON SONNENFELS 1771 mit *Über die Liebe des Vaterlandes.*

Ein nicht zu übersehender Einschnitt in der Entwicklung der deutschen Aufklärung erfolgt um 1770 mit der Literaturbewegung des *Sturm und Drang.* Das Streben nach einem Bündnis zwischen bürgerlichen Intellektuellen und Bauern und Plebejern und das Streben nach handelnder Aktivität ist es, was dem *Sturm und Drang* seinen spezifischen Charakter verleiht. Aus dieser Haltung erwächst HERDERS Forderung «Du Philosoph und du Plebejer! macht einen Bund um nützlich zu werden». Erscheinungen dieser neuen Etappe der deutschen Aufklärung sind zunächst GOETHES *Götz von Berlichingen* (1771/73), LENZ' *Anmerkungen über das Theater* (1774) und der *Hofmeister* (1774), KLINGERS *Sturm und Drang* (1776) und SCHILLERS *Räuber* (1781). Das *Wort* von der «deutschen Republik», von SCHILLER betont in die Diskussion geworfen, rückt jetzt in den Mittelpunkt der politischen Auseinandersetzung. Obwohl die Bestrebungen des *Sturm und Drang* ihre Impulse aus den realen Ansätzen zu einer neuen, bürgerlich werdenden Wirklichkeit empfingen, waren diese Ansätze zu schwach, um anders als ideologisch wirksam zu werden (Werner KRAUSS).

In den achtziger Jahren kommt es auch innerhalb der deutschen Aufklärung zu einem Durchbruch *materialistischen* und *atheistischen Denkens*: SPAZIERS *Antiphädon* erscheint 1785, J. H. SCHULZ' *Philosophische Betrachtungen* 1786, ein anonymer französischer Text unter dem Titel *Spinoza der Zweite* wurde 1787 in deutscher Sprache herausgegeben und als Buch von den drei Betrügern (*De Tribus Impostoribus*) in Umlauf gesetzt. KNOBLAUCHS *Anleitung zur Kenntnis der auserlesenen Literatur in allen Teilen der Philosophie* und *Briefe über Gegenstände der Philosophie* lagen im Jahre 1778 vor. Seine Schrift *Die Nachtwache des Einsiedlers zu Athos* erschien 1790 und seine *Politisch-Philosophischen Gespräche* 1792. EINSIEDELS philosophische Ideen, die er um 1777 entwickelte, wurden von HERDER überliefert. Daß das deutsche materialistische und atheistische Denken nicht die gleiche Konsequenz erlangte wie der französische Materialismus der Jahre

1760 bis 1770, ist im Hinblick auf die spezifische Entwicklung der deutschen Aufklärung erklärlich.

In diesem Zusammenhang muß auch die vom späten LESSING ausgehende Hinwendung Johann Gottfried HERDERS (1744–1803) und Johann Wolfgang GOETHES (1749–1832) zum Pantheismus SPINOZAS gesehen werden, die in der Spinozadebatte der achtziger Jahre ihren Niederschlag fand. Durch HERDER, dessen Hauptwerk, die *Ideen zur Philosophie der Geschichte der Menschheit*, 1782 bis 1791 entstanden war, gelangte die für die Aufklärung typische geschichtsphilosophische Entwicklungskonzeption auch in Deutschland zur Geltung. HERDERS Werk stellt ein Bindeglied dar zwischen den geschichtsphilosophischen Werken der Aufklärung des 18. Jahrhunderts und der historischen Dialektik HEGELS.

Auch Friedrich Heinrich JACOBIS (1743–1819) Glaubensphilosophie gehört zu den Versuchen, über die Popularphilosophie hinauszugelangen.

Immanuel KANT (1724–1804), der sich in der ersten Periode seines Schaffens (1746–1770) vornehmlich mit Problemen beschäftigt hatte, welche die Naturwissenschaft seiner Zeit der Philosophie aufgab, veröffentlichte 1781 die *Kritik der reinen Vernunft*, ein Werk, das, wie LENIN gezeigt hat, den Kampf zwischen Materialismus und Idealismus zur Voraussetzung hatte und auf einen Versuch, die Gegensätze zu versöhnen, hinauslief. Wenige Jahre nach dieser bedeutenden erkenntnistheoretischen Arbeit erschienen KANTS moralphilosophische und ästhetische Hauptwerke: *Grundlegung zur Metaphysik der Sitten* (1785), die *Kritik der praktischen Vernunft* (1788) und die *Kritik der Urteilskraft* (1790). Mit diesen Werken wurde KANT zum Begründer der *klassischen bürgerlichen deutschen Philosophie*, die in Deutschland den endgültigen Bruch mit der rationalistischen Philosophie von DESCARTES, LEIBNIZ und WOLFF bedeutete (MARX/ENGELS 3, 176ff). «Der Grundzug der Kantschen Philosophie ist die Aussöhnung des Materialismus mit dem Idealismus, ein Kompromiß zwischen beiden, eine Verknüpfung verschiedenartiger, einander widersprechender philosophischer Richtungen zu einem System. Wenn Kant zugibt, daß unseren Vorstellungen etwas außer uns, irgendein Ding an sich, entspreche, so ist er hierin Materialist. Wenn er dieses Ding an sich für unerkennbar, transzendent, jenseitig erklärt, tritt er als Idealist auf. Indem Kant die Erfahrung, die Empfindung als die alleinige Quelle unserer Kenntnisse anerkennt, gibt er seiner Philosophie die Richtung zum Sensualismus und über den Sensualismus unter bestimmten Bedingungen auch zum Materialismus. Indem Kant sich für die Apriorität von Raum, Zeit, Kausalität usw. ausspricht, lenkt er seine Philosophie auf die Seite des Idealismus. Wegen dieser Halbheit Kants führten sowohl die konsequenten Materialisten als auch die konsequenten Idealisten (und ebenso die ‚reinen' Agnostiker, die Humeisten) einen schonungslosen Kampf gegen ihn» (LENIN 14, 195).

In der gleichen Zeit erreichte die deutsche Aufklärung mit GOETHE (1749–1832) und SCHILLER (1759–1805) auf dem Gebiet der Literatur in der sog. *Weimarer Klassik* ihren Höhepunkt.

In welchem Maß die deutsche Aufklärung in der zweiten Hälfte des 18. Jahrhunderts an Bedeutung und Einfluß gewann, zeigt sich in der Entfaltung der → *Freimaurerei* in den Jahren 1760 bis 1780 und in dem von WEISHAUPT 1766 gegründeten *Illuminatenorden*. Vom Illuminatenorden, der sich ursprünglich *Perfektibilistenorden* nannte, wurden die Ideen ROUSSEAUS und der französischen Materialisten propagiert und in politischer Hinsicht ein Kampf gegen die absolute Monarchie geführt. Der Orden wurde 1784 von der kurbayrischen Regierung verboten.

In Österreich fand der Einfluß der Aufklärungsbewegung seinen Niederschlag in den Reformen JOSEPH II. (deutscher Kaiser für die österreichischen Länder von 1765–1790, bis 1780 Mitregent seiner Mutter Maria Theresia). Diese Reformen waren darauf gerichtet, die Macht der privilegierten Stände zu brechen und die Trennung von Kirche und Staat zu verwirklichen. Man bezeichnet sie mit dem Namen *Josephinismus*.

Zum Unterschied von der englischen und französischen Aufklärung gelang es der deutschen Aufklärung nicht, die revolutionäre Umgestaltung der Gesellschaft zu bewirken. Versuchen dieser Art, wie sie sich in dem Kampf der *deutschen Jakobiner* und in der *Mainzer Republik*, der ersten demokratischen Republik auf deutschem Boden, die vom 18. März bis zum 23. Juli 1793 bestand, abzeichnen, war kein durchschlagender Erfolg beschieden. Dennoch kann nicht übersehen werden, daß die deutschen Aufklärer nicht nur an den Ereignissen der Französischen Revolution lebhaften Anteil nahmen, sondern in ihrer Entwicklung auch durch sie befruchtet wurden. ENGELS hat dies treffend skizziert: «Die politische Revolution Frankreichs wurde von einer philosophischen Revolution in Deutschland begleitet. Kant begann sie, indem er das alte System der Metaphysik von Leibniz stürzte, das Ende des vorigen Jahrhunderts an allen Universitäten des Festlandes eingeführt wurde. Fichte und Schelling begannen mit dem Neuaufbau, und Hegel vollendete das neue System» (MARX/ENGELS 1, 492).

Das Verdienst von Johann Gottlieb FICHTE (1762–1814) ist es, den Versuch unternommen zu haben, die von der klassischen bürgerlichen Revolution aufgeworfenen historisch-politischen Fragen philosophisch zu beantworten und ihre Probleme in philosophische Kategorien umzusetzen. FICH-

TES Bemühungen laufen in letzter Instanz darauf hinaus, von der Spekulation über das absolute Ich einen Übergang zum *handelnden* Ich, das sich in der Welt der Erscheinungen entfalten und bewähren soll, zu finden (Manfred BUHR).
FICHTES erstes öffentliches Eintreten für die Französische Revolution erfolgte Anfang 1793 mit der Schrift *Zurückforderung der Denkfreiheit von den Fürsten Europas, die sie bisher unterdrückten* und vor allem mit dem *Beitrag zur Berichtigung der Urteile des Publikums über die Französische Revolution* (1793). Mit der Klarstellung der Frage, was die Philosophie als Wissenschaft sei, oder im umfassenderen Sinne, was die Wissenschaft zur Wissenschaft mache, beschäftigt er sich in seinem Hauptwerk *Grundlage der gesamten Wissenschaftslehre* (1794). Das Projekt eines Nationalstaates, in dem der Widerspruch zwischen dem Naturrecht und den Einrichtungen des alten Regimes aufgehoben ist, wird von FICHTE in seinem Werk *Der geschlossene Handelsstaat* (1800) entworfen. FICHTES Nichtverstehen der französischen Entwicklung nach dem Thermidor offenbart die Grenzen seiner historischen und philosophischen Konzeption.
Der Beitrag, den Friedrich Wilhelm Joseph SCHELLING (1775–1854) zur Entwicklung der klassischen bürgerlichen deutschen Philosophie geleistet hat, besteht vor allem darin, daß er die Grundprobleme des wissenschaftlichen Fortschritts nach der Französischen Revolution im Zeitalter der Umwälzung der Naturwissenschaften gedanklich zu bewältigen suchte. Er rückte die Natur in den Mittelpunkt des Philosophierens und tat einen Schritt in Richtung auf eine bewußt dialektische Naturauffassung. In dieser Hinsicht bemerkenswert sind seine Werke: *Ideen zu einer Philosophie der Natur* (1797), *Von der Weltseele, eine Hypothese der höheren Physik zur Erklärung des allgemeinen Organismus* (1798/99) und *Erster Entwurf eines Systems der Naturphilosophie* (1799). Diese Schriften enthalten das, was MARX später SCHELLINGS «aufrichtigen Jugendgedanken» nennt und womit er die philosophische Formulierung der Dialektik im Entwicklungsprozeß der Natur durch SCHELLING meint (MARX/ENGELS 27, 420). Nach 1810 verlor das Schaffen SCHELLINGS seinen progressiven Charakter.
Ihren Höhepunkt erreichte die deutsche Aufklärungsphilosophie mit Georg Wilhelm Friedrich HEGEL (1770–1831). In HEGELS Philosophie wurde zum ersten Mal – und darin liegt ihre große Bedeutung – «die ganze natürliche, geschichtliche und geistige Welt als ein Prozeß, d. h. als in steter Bewegung, Veränderung, Umbildung und Entwicklung begriffen, dargestellt und der Versuch gemacht, den innern Zusammenhang in dieser Bewegung und Entwicklung nachzuweisen» (MARX/ENGELS 19, 206). Das Problem HEGELS bestand darin, Antworten auf die Fragen zu finden, die ihm seine Zeit, die Zeit der Französischen Revolution und des Napoleonischen Kaiserreichs, der Machtergreifung und des Aufstiegs der Bourgeoisie stellte. Weil HEGEL die widerspruchsvolle Entwicklung der bürgerlichen Gesellschaft seiner Zeit, den Prozeß des Übergangs vom Feudalismus zum Kapitalismus gedanklich erfaßte und theoretisch verarbeitete, konnte er zu der seine Philosophie bestimmenden historisch-dialektischen Entwicklungslehre kommen. HEGELS Bejahung der im Entstehen begriffenen bürgerlichen Ordnung, seine positive Bewertung der nachthermidorianischen Entwicklung als historisch notwendiges Moment der Französischen Revolution selbst erklärt aber auch zugleich die Begrenzung seiner philosophischen Konzeption, sein Rechtfertigungsstreben, das sich in seinen reiferen Jahren vor allem in seinem gesellschaftspolitischen Denken negativ auswirkte und ihm sehr bald den Vorwurf eines konservativen Denkers eintrug. Daraus erklärt sich auch, warum die *Hegelsche Dialektik* eine idealistische Dialektik der Rechtfertigung und nicht wie bei MARX und ENGELS eine historisch-materialistische Dialektik der Überwindung ist. Das System HEGELS ist in folgende Hauptteile gegliedert: in die *Logik*, die *Philosophie der Natur* und die *Philosophie des Geistes*, wobei an die letztere unmittelbar die *Rechtsphilosophie*, die *Philosophie der Geschichte*, die *Ästhetik*, die *Religionsphilosophie* und die *Geschichte der Philosophie* anschließen. HEGELS Hauptwerke sind: die *Phänomenologie des Geistes* (1807), die *Wissenschaft der Logik* (1812–1816), die *Enzyklopädie der philosophischen Wissenschaften* (1817) und die *Philosophie des Rechts* (1821). Seine *Vorlesungen über Ästhetik* (1818–1827), über die *Philosophie der Religion* (1821–1831), über die *Philosophie der Geschichte* (1822–1831) und über die *Geschichte der Philosophie* (1823–1826) wurden erst nach seinem Tode veröffentlicht. Die Unterscheidung zwischen HEGELS dialektischer *Methode* und seinem *System*, d. h. seiner Lehre von der Natur und der Gesellschaft als Existenzformen der «absoluten Idee», besagt nicht, daß zwischen HEGELS Methode und seinem System kein organischer Zusammenhang bestünde, sondern lediglich, daß ihre historische Tragweite unterschiedlich ist. Entgegen der Dialektik setzt das System HEGELS der Entwicklung der Gesellschaft, der Erkenntnis ein Ende und führt damit zu einer Verzerrung der dialektischen Auffassung von der Natur, der Gesellschaft und vom Denken. Auf die Bedeutung, die dem *Hegelschen System* dennoch zukommt, hat ENGELS hingewiesen: «Alles dies hinderte jedoch das Hegelsche System nicht, ein unvergleichlich größeres Gebiet zu umfassen als irgendein früheres System und auf diesem Gebiet einen Reichtum des Gedankens zu ent-

wickeln, der noch heute in Erstaunen setzt» (MARX/ENGELS 21, 269).
Ludwig FEUERBACH (1804–1872) gehört zu den Schülern HEGELS, die in den dreißiger Jahren des 19. Jahrhunderts die kritische Auseinandersetzung mit der Philosophie HEGELS einleiteten. Er begann seinen philosophischen Kampf 1830 mit dem Werk *Gedanken über Tod und Unsterblichkeit*. Im Jahr 1833 erschien sein philosophiehistorisches Werk *Geschichte der neuern Philosophie von Bacon von Verulam bis Benedict Spinoza*. Den zweiten Band der *Geschichte der neuern Philosophie*, der der *Darstellung, Entwicklung und Kritik der Leibnizschen Philosophie* gewidmet war, schloß er 1836 ab. Gegen Ende des Jahres 1837 begann seine Zusammenarbeit mit den Junghegelianern, die in den von Arnold RUGE herausgegebenen *Halleschen Jahrbüchern* ihr Sprachrohr hatten. Als den Beginn der Kritik der Philosophie HEGELS ist FEUERBACHS Buch *Pierre Bayle* (1838) anzusehen. Die folgenden Arbeiten bis zum Erscheinen des *Wesen des Christentums* (1841) dokumentieren die Loslösung vom Hegelianismus. Bereits 1839, in: *Zur Kritik der Hegelschen Philosophie*, bezieht FEUERBACH einen materialistischen Standpunkt und nimmt gegen Grundpositionen des HEGELschen Idealismus Stellung. Als eine materialistische Streitschrift von epochemachender Wirkung erscheint dann 1841 *Das Wesen des Christentums*. Es folgten 1842 die *Vorläufigen Thesen zur Reform der Philosophie*, 1843 *Grundsätze zur Philosophie der Zukunft* sowie weitere Schriften zur Religionskritik. «Der Entwicklungsgang Feuerbachs ist der eines – freilich nie ganz orthodoxen – Hegelianers zum Materialismus hin, eine Entwicklung, die auf einer bestimmten Stufe einen totalen Bruch mit dem idealistischen System seines Vorgängers bedingt» (MARX/ENGELS 21, 277).
Die Bedeutung der materialistischen Philosophie FEUERBACHS kann nicht hoch genug eingeschätzt werden. Zu übersehen ist jedoch dabei nicht, daß FEUERBACH nicht nur dem englischen und französischen Materialismus des 17. und 18. Jahrhunderts verpflichtet war, sondern auch im Bereich der Geschichte die idealistischen Positionen nicht zu überwinden vermochte. «Der wirkliche Idealismus Feuerbachs tritt zutage, sobald wir auf seine Religionsphilosophie und Ethik kommen. Er will die Religion keineswegs abschaffen, er will sie vollenden. Die Philosophie selbst soll aufgehn in Religion» (MARX/ENGELS 21, 283).
Welche große ideengeschichtliche Bedeutung der Entwicklung der deutschen Philosophie von KANT bis zu HEGEL zukommt und damit zugleich der Gipfelstellung, die die *Hegelsche Philosophie* im Rahmen der europäischen Aufklärungsbewegung einnimmt, hat ENGELS erhellt, indem er 1843 schrieb: «Der Fortschritt der deutschen Philosophie von Kant bis zu Hegel war so konsequent, so logisch und, wenn ich das sagen darf, so notwendig, daß neben den von mir genannten Systemen [d. h. denen von Kant, Fichte, Schelling und Hegel] kein anderes bestehen konnte. Es gibt zwei oder drei, aber sie fanden keine Beachtung; sie wurden für so unbedeutend gehalten, daß ihnen nicht einmal jemand die Ehre erwies, sie zu stürzen. Hegel war trotz seiner gewaltigen Gelehrsamkeit und der Tiefe seiner Gedanken so stark mit abstrakten Fragen beschäftigt, daß er es versäumte, sich von den Vorurteilen seiner Zeit frei zu machen – einer Zeit der Restauration alter Regierungs- und Religionssysteme. Aber seine Schüler hatten ganz andere Ansichten über diese Dinge. Hegel starb 1831, und schon 1835 erschien das *Leben Jesu* von *Strauß*, das erste Werk, das einen Fortschritt über die Grenzen des orthodoxen Hegelianismus hinaus zeigte ... Aber die Entwicklung ging weiter. Die Junghegelianer von 1842 waren erklärte Atheisten und Republikaner ... Bereits im August 1842 verfochten einige wenige in der Partei die Ansicht, daß politische Veränderungen unzureichend seien, und erklärten, daß ihrer Meinung nach eine *soziale* Revolution auf der Grundlage des Gemeineigentums der einzige gesellschaftliche Zustand sei, der sich mit ihren abstrakten Grundsätzen vertrüge ... die Deutschen sind eine philosophische Nation und wollen und können den Kommunismus nicht aufgeben, sobald er sich auf gesunde philosophische Prinzipien gründet, ganz besonders, wenn er sich als unvermeidliche Schlußfolgerung aus ihrer *eigenen* Philosophie ergibt. Und das ist die Aufgabe, die jetzt vor uns steht. Unsere Partei muß nachweisen, daß entweder alle philosophischen Anstrengungen der deutschen Nation von Kant bis Hegel nutzlos gewesen sind – schlimmer als nutzlos – oder daß sie im Kommunismus enden müssen; daß die Deutschen entweder ihre großen Philosophen verwerfen müssen, deren Namen sie als den Ruhm ihrer Nation hochhalten, oder daß sie den Kommunismus annehmen müssen. Und das *wird* bewiesen werden; die Deutschen *werden* zwangsläufig in dieses Dilemma hineingeraten, und es kann kaum einen Zweifel geben, für welche Seite der Frage das Volk sich entscheiden wird» (MARX/ENGELS 1, 492ff).
5. *russische Aufklärung*: Die russische Aufklärung, die im 18. Jahrhundert in LOMONOSSOW (1711–1765), NOWIKOW (1744–1818), RADISTSCHEW (1749–1802) und KARAMSIN (1766–1826) ihre hervorragenden Sprecher hatte, erreichte im 19. Jahrhundert mit den → *russischen revolutionären Demokraten*, mit BELINSKI (1811–1848), HERZEN (1812–1870), DOBROLJUBOW (1836–1861) und TSCHERNYSCHEWSKI (1828-1889) ihren Höhepunkt.
Der spezifische Charakter der russischen Auf-

klärung im 19. Jahrhundert wird einerseits durch die sozialen und politischen Gegensätze – vor allem durch die anwachsende revolutionäre Bauernbewegung – im zaristischen Rußland, dem «Hort der europäischen Reaktion» (MARX/ENGELS 18, 525) bestimmt, andererseits aber dadurch, daß die russischen Aufklärer dieser Zeit die Ergebnisse der bürgerlichen Revolution in Westeuropa bereits vor Augen hatten und an die Lehren der englischen und französischen Aufklärer, an den utopischen Sozialismus und die klassische deutsche Philosophie (HEGEL und FEUERBACH) anknüpfen konnten. Außerdem ist nicht zu übersehen, daß sie bereits Zeitgenossen von MARX und ENGELS waren. So verarbeitet Wissarion BELINSKI die Ideen HEGELS, FEUERBACHS und der utopischen Sozialisten und gelangt an die Spitze der europäischen Avantgarde. Auch Alexander HERZEN, der «zu der Generation der aus den Kreisen des Adels und der Gutsbesitzer stammenden Revolutionäre der ersten Hälfte des 19. Jahrhunderts» gehörte, erhob sich «auf das Niveau der größten Denker seiner Zeit» (LENIN 18, 9f). Er «kam ganz dicht an den dialektischen Materialismus heran und machte halt vor dem – historischen Materialismus» (LENIN 18, 10). LENIN nannte ihn den «Begründer des russischen Sozialismus, der Volkstümlerrichtung» und betont, «daß bei allen Schwankungen Herzens zwischen Demokratismus und Liberalismus dennoch der Demokrat in ihm die Oberhand behielt» (LENIN 18, 11, 13).

In der weiteren Entwicklung der russischen Aufklärung erfolgte dann mit dem neuen revolutionären Aufschwung um die Mitte des 19. Jahrhunderts die Spaltung zwischen dem demokratischen und dem liberalen Flügel der Aufklärung. Auf höherer Ebene wiederholte sich damit in Rußland ein Prozeß, der bereits in der zweiten Hälfte des 18. Jahrhunderts in Frankreich zu beobachten ist. Mit Nikolai DOBROLJUBOW und Nikolai TSCHERNYSCHEWSKI übernehmen jetzt die «Rasnotschinzen-Revolutionäre» (LENIN 18, 15) die Führung in der Aufklärungsbewegung. Sie versuchten die Idee der Bauernrevolution mit den Lehren der utopischen Sozialisten zu verbinden. Als die letzten großen revolutionären Denker der Aufklärungsbewegung nehmen sie einen besonderen Platz in der Ideengeschichte des 19. Jahrhunderts ein. Bereits ENGELS hebt dies hervor, indem er DOBROLJUBOW und TSCHERNYSCHEWSKI «zwei sozialistische Lessings» nannte (MARX/ENGELS 18, 540). Neben den *revolutionären Demokraten* haben auch die *russischen liberalen* Aufklärer – wenn auch nur bedingt – progressiv gewirkt (LENIN 2, 517). LENIN schreibt: «Die Liberalen der sechziger Jahre und Tschernyschewski sind Vertreter zweier historischer Tendenzen, zweier historischer Kräfte, die seit damals bis in unsere Tage hinein den Ausgang des Kampfes um das neue Rußland bestimmen.» «Tschernyschewski war utopischer Sozialist, der davon träumte, über die alte, halbfeudale, bäuerliche Dorfgemeinde zum Sozialismus zu kommen ... Aber Tschernyschewski war nicht nur utopischer Sozialist. Er war auch revolutionärer Demokrat, er verstand, auf alle politischen Ereignisse seiner Epoche in revolutionärem Geist einzuwirken.» «Die Liberalen waren und bleiben Ideologen der Bourgeoisie, die sich mit der Leibeigenschaft nicht abfinden kann, die aber die Revolution fürchtet, die die Bewegung der Massen fürchtet, welche die Monarchie zu stürzen und die Macht der Gutsbesitzer zu beseitigen vermag» (LENIN 17, 106f).

Als besonders beachtenswert an der russischen Aufklärung des 19. Jahrhunderts erweist sich, daß sie nicht nur den Entwicklungsprozeß von der Aufklärung zum wissenschaftlichen Sozialismus, sondern auch den von der bürgerlich-demokratischen Revolution zur proletarischen sozialistischen Revolution in unübertroffener Weise veranschaulicht. Nicht ohne Grund spricht LENIN von den drei Generationen, den drei Klassen, die in der russischen Revolution wirksam waren: von den revolutionären Adligen und Gutsbesitzern, den Rasnotschinzen-Revolutionären und dem revolutionären Proletariat (LENIN 18, 15f).

Bedeutung: Als Ergebnis der Aufklärung ist ein gewaltiger Aufschwung der Naturwissenschaft, der Wissenschaft vom Menschen, von der Gesellschaft und vom Staat zu verzeichnen und damit die Befreiung der Wissenschaft von den Fesseln des religiösen Glaubens. Durch die Aufklärung sind erstmals die Widersprüche der modernen Menschheit ins allgemeine Bewußtsein geraten: Der Widerspruch zwischen Wissen und Glauben, aus dem die moderne Wissenschaft als ein Mittel der Naturbeherrschung und der Verwandlung der menschlichen Lebenspraxis hervorgehen sollte; der Widerspruch des Naturrechts zu allen geschichtlich geheiligten Einrichtungen, deren gewaltsamer Zusammenbruch erst die Bedingungen für das Entstehen einer bürgerlichen Gesellschaft und einer kapitalistischen Gesellschaftsordnung ergeben sollte; der Widerspruch zwischen dem Egoismus der individuellen Interessen und dem Interesse der Gemeinschaft an einer gerechten Gesellschaftsordnung bildet den wesentlichen Inhalt des sozialen Denkens der Geistesbewegung des 18. Jahrhunderts. Dieser Widerspruch war in der Tat auf dem geschichtlichen Stand des sich emanzipierenden Bürgertums unlösbar. Erst die sozialistische Erkenntnis des natürlichen Angewiesenseins aller Menschen auf solidarische Arbeit hat diese unlösbare Fragestellung beseitigt und damit die Möglichkeit einer klassenlosen

Gesellschaft vorbereitet. Aber das Verdienst der Aufklärung ist es, die Voraussetzungen zu dieser Erkenntnis geschaffen zu haben. Die Aufklärung, die über den mittelalterlichen Rückstand der feudalabsolutistischen Ordnung und die katholische Glaubenslehre unbeirrbar hinausgreift, bedeutet daher nicht nur für das Ancien Régime den Anfang vom Ende: mit ihr beginnt der Tag unserer eigenen Geschichtserfahrung (Werner KRAUSS). Die Auseinandersetzung um die Interpretation und Bewertung der Aufklärungsphilosophie ist aus diesem Grunde bis in die Gegenwart hinein ein immanenter Bestandteil aller Bestrebungen gewesen, die darauf gerichtet waren, neuen Erkenntnissen zum Durchbruch zu verhelfen. Dies zeigt sich nicht nur in dem großen Interesse, welches die Begründer des wissenschaftlichen Sozialismus der Aufklärung entgegengebracht haben. Auch die Ideologen, die in dieser oder jener Weise den Zielen der nachrevolutionären Bourgeoisie verpflichtet waren, konnten nicht umhin, ihre eigene Position zur Aufklärung zu bestimmen, selbst dann, wenn sie der Aufklärung keine zukunftsträchtige Bedeutung mehr zuerkannten und bestrebt waren, die Aufklärung umzufunktionieren oder umzuwerten, um ihre eigene perspektivelose Position historisch zu legitimieren – ein Prozeß, der bereits mit dem *Positivismus* im 19. Jahrhundert einsetzt und über die *Lebensphilosophie*, den *Historismus*, den *Neukantianismus*, den *Neuhegelianismus* u. a. bis in die Gegenwart hinein zu beobachten ist.

Die *Bedeutung des Studiums der Aufklärung* besteht daher nicht nur darin, daß es zum besseren Verständnis einer entscheidenden Etappe der ideologischen und gesellschaftlichen Entwicklung der Menschheit und zum besseren Verständnis des wissenschaftlichen Sozialismus verhilft, sondern auch darin, daß es dazu beiträgt, den Bruch der nachrevolutionären Ideologen der Bourgeoisie mit ihrer revolutionären Vergangenheit sowie die historischen Ursachen dieses Bruchs zu erkennen. [1]

→ Naturrecht → Sozialismus und Kommunismus, utopischer → Deismus → geschichtliches Denken.

Ausbeutung – gesellschaftliches Verhältnis zwischen Gruppen von Menschen, die sich in entgegengesetzter Stellung zu den Produktionsmitteln befinden. Ausbeutung ist immer Ausbeutung des Menschen durch Menschen.

Die Ausbeutung ist allgemein durch die Tatsache gegeben, daß sich die Eigentümer der Produktionsmittel unentgeltlich fremde Arbeit (das Mehrprodukt und in bestimmten historischen Situationen auch Teile des notwendigen Produkts) aneignen. Die Ausbeutung entstand, als die gesellschaftlichen Produktivkräfte ein Mehrprodukt ermöglichten, das durch die jeweiligen Eigentümer der Produktionsmittel angeeignet wurde. MARX' Mehrwerttheorie hat das Wesen der kapitalistischen Ausbeutung aufgedeckt. Entsprechend der Stellung, die die verschiedenen Gruppen von Menschen im Ausbeutungsverhältnis einnehmen, bilden sie die bestimmten Klassen der jeweiligen Gesellschaft. Ausbeutungsverhältnisse bedingen den Klassenantagonismus und den daraus folgenden Klassenkampf. Die Geschichte der Ausbeutung ist identisch mit der Geschichte der Klassengesellschaft und des Klassenkampfes.

Die Geschichte kennt ebenso viele Formen der Ausbeutung, wie es in ihr auf dem Privateigentum und der Klassenspaltung beruhende ökonomische Gesellschaftsformationen gibt: Sklavenarbeit auf der Grundlage des Eigentums an den Produktionsmitteln und den unmittelbaren Produzenten in der Sklavenhaltergesellschaft; Frondienste und Fronleistungen auf der Grundlage des beschränkten Eigentums an den unmittelbaren Produzenten, die eigene Produktionsmittel besitzen, und dem Eigentum an Boden in der Feudalgesellschaft; Lohnarbeit in der kapitalistischen Gesellschaft: der Arbeiter verkauft seine Arbeitskraft an den Eigentümer der Produktionsmittel, den Kapitalisten. Die kapitalistische Ausbeutung ist die historisch letzte Form der Ausbeutung.

Es ist die historische Mission der Arbeiterklasse, durch die sozialistische Revolution und den Aufbau des Sozialismus und Kommunismus jede Ausbeutung des Menschen durch den Menschen zu beseitigen.

→ Klassenkampf → Sozialismus und Kommunismus.

Ausdruck, atomarer – Ausdruck einer Sprache, der keinen Bestandteil enthält, der selbst ein Ausdruck dieser Sprache ist. *Beispiele*: Das Wort «Bild» ist ein atomarer Ausdruck der deutschen Sprache, die Aussagenvariablen «p», «q», «r», ... sind atomare Ausdrücke der Aussagenlogik, die Ausdrücke «$P(x)$», «$R(x, y)$», ... sind atomare Ausdrücke der Prädikatenlogik. Dagegen ist «$\sim p$» kein atomarer, sondern ein molekularer Ausdruck, da «p» als einer seiner Bestandteile selbst bereits ein Ausdruck ist. Das Wort «Weltbild» ist ebenfalls ein molekularer Ausdruck; er ist aus den atomaren Ausdrücken «Welt» und «Bild» aufgebaut.

→ Ausdruck, molekularer → logischer Ausdruck.

Ausdruck, logischer → logischer Ausdruck.

Ausdruck, molekularer – Ausdruck, der Teilausdrücke umfaßt, die selbst wieder Ausdrücke sind.

Molekularer Ausdruck $(p \wedge q) \rightarrow r$
Atomarer Ausdruck p, q, r

In unserem Beispiel enthält der molekulare Ausdruck sogar einen Teilausdruck, der selbst wieder molekularer Ausdruck ist, nämlich $p \wedge q$. Ob eine Zeichenreihe ein molekularer Ausdruck ist oder nicht, läßt sich dann entscheiden, wenn präzise Formregeln für die Konstruktion von Ausdrücken angegeben sind. In der *Aussagenlogik* lassen sich beispielsweise die Ausdrücke durch eine induktive Definition aus der Menge beliebiger Zeichenreihen herausheben.

Jeder molekulare Ausdruck läßt sich vermöge einer solchen Definition aus den sog. logischen Grundzeichen (im Falle der Aussagenlogik sind dies $p, q, r \ldots \sim, \wedge, \rightarrow$ usw.) aufbauen. Jeder molekulare Ausdruck enthält atomare Ausdrücke, d. h. Ausdrücke, die nicht selbst wieder andere Ausdrücke als Teil enthalten.

→ Ausdruck, atomarer → logischer Ausdruck.

Aussage – logisches Gebilde, das einen Sachverhalt widerspiegelt.

Im Gegensatz zu den Begriffen, die die Dinge, Eigenschaften, Beziehungen widerspiegeln, widerspiegeln die Aussagen, daß gewissen Dingen gewisse Eigenschaften zukommen bzw. daß zwischen ihnen eine bestimmte Beziehung besteht. Leistet eine Aussage eine richtige Widerspiegelung, beinhaltet sie etwa, daß einem Ding eine bestimmte Eigenschaft zukommt, und ist es objektiv so, daß diesem Ding diese bestimmte Eigenschaft zukommt, dann sagen wir, diese Aussage ist *wahr*, im anderen Falle aber, daß sie *falsch* ist. Analysiert man die Beziehung zwischen Ding, Eigenschaft, Beziehung und Begriff einerseits, zwischen Sachverhalt und Aussage andererseits, so ist offensichtlich, daß nur der Aussage Wahrheit oder Falschheit zugesprochen werden kann, nicht aber dem Begriff, wie dies gelegentlich behauptet wird. Zwar ist auch der Begriff eine Widerspiegelung, aber Widerspiegelungsrelation und Wahrheitsrelation sind nicht identisch.

Es muß beachtet werden, daß jede Aussage in einen grammatikalischen Satz eingekleidet ist, der ihre sprachliche Existenzform darstellt. Ein und dieselbe Aussage kann dabei durch verschiedene Sätze ausgedrückt werden. Es ist Aufgabe der logischen Analyse, festzustellen, welchen Aussagegehalt bestimmte Sätze in der Umgangssprache, der Wissenschaftssprache usw. haben.

Am klarsten kommt der logische Gehalt irgendwelcher umgangssprachlicher Sätze zum Vorschein, wenn diese Sätze symbolisiert werden, z. B.: Es sei $M(x)$ die Eigenschaft, Mensch, $St(x)$ die Eigenschaft, sterblich zu sein. Danach lassen sich die Sätze «Sterben ist menschlich», «Jeder Mensch muß sterben», «Der Mensch ist sterblich» usw. alle durch die logische Aussage

$$\forall(x)\,[M(x) \rightarrow St(x)]$$

ausdrücken. Für exakte logische Beweise, für das Ausscheiden stillschweigender zusätzlicher Voraussetzungen beim logischen Schließen usw. ist eine solche Symbolisierung mit den Mitteln der modernen Logik unerläßlich.

Die logische Aussage darf dergestalt nicht mit dem grammatikalischen Satz verwechselt werden. Sie darf darüber hinaus auch nicht mit dem Urteil verwechselt werden. Das Urteil ist die Behauptung oder Verneinung einer Aussage. Als solches ist es weniger ein logisches als vielmehr ein psychologisches Phänomen.

→ Urteil.

Aussagefunktion (*auch*: Aussageform, Satzfunktion) – logisches Gebilde, das sprachlich die Form eines Aussagesatzes hat, in dem aber mindestens eine freie Variable enthalten ist, so daß es de facto nichts aussagt.

Beispiel: x ist hübsch. Da über x, die Variable, nicht verfügt ist, entspricht diesem Gebilde keine Aussage. Es wird nichts behauptet oder verneint.

Einen Ausdruck der Form «x ist hübsch» pflegt man symbolisch darzustellen etwa durch $H(x)$. Damit wird bewußt eine Schreibweise angewandt, wie sie für mathematische Funktionen üblich ist.

Aus einer Aussagefunktion dieser Art kann auf zweierlei Art und Weise eine Aussage entstehen.

Wir können für die freie Variable x einen bestimmten Namen einsetzen. Nehmen wir etwa für x den Namen «Helena», so verwandelt sich unsere Aussagefunktion in eine wahre Aussage.

Wir können die Aussagefunktion aber auch durch logische Quantifikation in eine Aussage verwandeln. Setzen wir vor unsere Aussagefunktion den sog. Existentialoperator $\exists\,(x)$, so entsteht die Aussage $\exists\,(x)\,H(x)$ (es gibt mindestens ein x derart, daß x die Eigenschaft H hat, d. h., es gibt solche x, die die Eigenschaft haben, hübsch zu sein). Wir können schließlich den sog. Alloperator $\forall(x)$ vor unsere Aussagefunktion setzen und erhalten dann die Aussage $\forall(x)\,H(x)$ (für jedes x gilt, daß es hübsch ist), was natürlich eine falsche Aussage wäre.

Je nach der Anzahl der in ihnen auftretenden Variablen unterscheidet man zwischen einstelligen, zweistelligen, ..., n-stelligen Aussagefunktionen oder einfach zwischen einstelligen und mehrstelligen Aussagefunktionen. Aus einer mehrstelligen Aussagefunktion erhält man erst dann eine Aussage, wenn jede der in ihr vorkommenden freien Variablen durch einen Namen ersetzt oder durch einen vor die Aussagefunktion gesetzten Existential- oder Alloperator gebunden worden ist.

Die Aussagefunktion erweist sich so als Begriffsbildung, von der aus nicht nur die in der traditionellen Logik behandelte Problematik der allgemeinen Urteile, der partikulären Urteile und der Einzelurteile unter gemeinsamen Gesichtspunkten ausgeführt, sondern auch eine wesent-

lich darüber hinausgehende Problematik erfaßt werden kann.
→ Prädikat → Relation.

Aussage, hypothetische – in der *traditionellen Logik* eine Aussagenverbindung, in der zwei Aussagen durch die aussagenlogische Konstante «wenn – so» miteinander verbunden sind. Eine solche Aussage wird deshalb hypothetisch genannt, weil ihr zweiter Teil durch den ersten bedingt ist bzw. nur unter Annahme (Hypothese) der Gültigkeit des ersten Teils richtig ist. Ein großer Teil der Naturgesetze hat diese Form. Sie wird in der Prädikatenlogik unter Verwendung des Alloperators, von Aussagefunktionen und der Implikation geschrieben:

$$\forall(x)\,[G(x) \rightarrow H(x)].$$

Beispiel: Für alle x gilt: Wenn x ein Metall ist, so folgt daraus, daß x elektrisch leitend ist.
Der Terminus «hypothetische Aussage» ist im Hinblick auf das, was man unter Hypothese versteht, vielfach irreführend und wird daher in der *modernen Logik* nicht mehr benützt. Unter «hypothetischer Aussage» versteht man in der *allgemeinen Methodologie* der Wissenschaften heute vielmehr eine Aussage, die eine → Hypothese ausdrückt, etwa: «Es gibt auf dem Planeten Mars primitive Lebensformen.»

Aussagenkalkül → Aussagenlogik → Logikkalkül.

Aussagenlogik – Bezeichnung für den elementaren Teil der formalen Logik, in dem die extensionalen Beziehungen zwischen Aussagen und Aussagenverbindungen (einschließlich ihrer logischen Bindeglieder, der sog. logischen Konstanten) untersucht werden. Sie erforscht, mit Hilfe welcher logischen Bindeglieder («und», «oder», «wenn – so» usw.) zwei oder mehrere miteinander verknüpfte Aussagen *wahre* oder *falsche* Aussagenverbindungen ergeben. Dabei befaßt sich die Aussagenlogik nur mit solchen Verknüpfungen von Aussagen, die als zusammengesetzte ihrerseits wiederum die Eigenschaft haben, *wahr* oder *falsch* zu sein. Sie setzt voraus, daß der Wahrheitswert einer Aussagenverbindung nichts von außen Hinzukommendes ist, sondern eine logische Funktion der Wahrheit oder Falschheit jener Aussagen, aus denen sie sich zusammensetzt.
Lassen sich hinsichtlich des Wahrheitswertes zweier miteinander zu verknüpfender Aussagen vier Kombinationsmöglichkeiten angeben, nämlich die Verknüpfung

1. einer *wahren* Aussage mit einer *wahren*, symbolisch: $w\,w$;
2. einer *wahren* mit einer *falschen* $= w\,f$;
3. einer *falschen* mit einer *wahren* $= f\,w$ und
4. einer *falschen* mit einer *falschen* $= f\,f$,

so ergeben sich, nach einfachen kombinatorischen Überlegungen, genau 16 verschiedene Möglichkeiten einer Verknüpfung zweier Aussagen p, q, von denen die wichtigsten sind: *Konjunktion* – «p und q», symbolisch: $p \wedge q$, *Alternative* – «p oder q» $= p \vee q$, *Implikation* – «wenn p — so q» $= p \rightarrow q$, *Äquivalenz* – «p ist äquivalent q» $= p \leftrightarrow q$. Untersucht wird ferner die *logische Negation* des Wahrheitswertes einer Aussage – «Nicht-p, Nicht-q» $= \sim p, \sim q$, die in verschiedenen Aussagenverbindungen auftritt, z. B.: $p \vee \sim p$ (→ Satz vom ausgeschlossenen Dritten), $\sim(p \wedge \sim p)$ (→ Satz vom ausgeschlossenen Widerspruch) usw.
Die Aussagenlogik läßt sich als strenge mathematische Theorie aufbauen. Sie wird in dieser Form auch als *Aussagenkalkül* bezeichnet. Sie hat das Besondere an sich, daß für jede in ihr auftretende Formel entschieden werden kann, ob sie allgemeingültig, erfüllbar oder eine Kontradiktion ist, d. h., in der Aussagenlogik ist das sog. Entscheidungsproblem (→ entscheidbar) gelöst.
Die moderne Entwicklung der Logik begann um die Mitte des 19. Jahrhunderts mit dem Aufbau der Aussagenlogik. Es ist jedoch keinesfalls so, als hätte es vorher keine aussagenlogischen Erkenntnisse gegeben. Bereits bei Aristoteles traten einzelne Ansätze auf. Bei den *Stoikern* wurden die Grundelemente der Aussagenlogik bewußt entwickelt. In der *Scholastik* traten aussagenlogische Untersuchungen gleichberechtigt neben die Pflege des von Aristoteles übernommenen logischen Erbes. Aus der Periode zwischen dem scholastischen Logikbetrieb und der modernen Entwicklung der Aussagenlogik sind vor allem Leibniz und Lambert zu nennen, die Bedeutendes zur Aussagenlogik beigetragen haben. In ihrer modernen Gestalt wurde die Aussagenlogik vor allem durch Boole, de Morgan, Frege, Russell, Łukasiewicz u. a. entwickelt.
Die Aussagenlogik ist heute eine vielseitige ausgebaute logische Theorie, die in einer Reihe mathematischer Disziplinen bedeutsame Anwendungen gefunden hat und ein wichtiges Instrument der mathematischen Grundlagenforschung darstellt. Es gibt auch Anwendungen der Aussagenlogik auf nichtmathematische Gebiete, z. B. auf die Technik. Mit ihrer Hilfe kann man etwa die logische Analyse von Schaltsystemen (→ Schaltalgebra) durchführen.

aussagenlogische Konstante – *svw* aussagenlogischer → Funktor.
→ Konstante, logische.

Aussagenvariable – Variable, deren Wertebereich der Bereich der Aussagen ist. Sie kennzeichnet also in einem logischen Ausdruck eine Leerstelle für einen Aussagesatz bzw. dessen Bedeutung, d. h. eine Aussage; sie bedeutet eine beliebige *wahre* oder *falsche* Aussage. Da im Rahmen der formalen Logik nicht inhaltliche Zusammenhänge zwischen konkreten Aussagen, sondern die

zwischen deren Wahrheitswerten bestehenden Beziehungen untersucht werden, bezeichnet man die Aussagenvariablen auch als *Wahrheitswertvariable*. Als Aussagenvariable werden meist kleine oder große lateinische Buchstaben verwendet, z.B.: $p, q, r \cdots$, auch $p_0, p_1, p_2, \cdots$ sowie $P, Q, R, \cdots$ Innerhalb der Prädikatenlogik werden die Aussagenvariablen, falls man sie dort auch verwenden möchte, manchmal als nullstellige *Prädikatenvariable* bestimmt.
→ Variable.

Aussagenverbindung – logisches Gebilde, das den Sachverhalt des Bestehens einer bestimmten Beziehung zwischen bestimmten Sachverhalten widerspiegelt. Eine Aussagenverbindung ist, da sie einen Sachverhalt widerspiegelt, eine (zusammengesetzte) *Aussage* und hat demnach einen Wahrheitswert. Ihre sprachliche Existenzform ist in den natürlichen Sprachen häufig ein zusammengesetzter Satz, der aus zwei oder mehr durch Bindewörter verknüpften Aussagesätzen besteht. In der *formalen Logik* werden Aussagenverbindungen durch molekulare Ausdrücke – z.B. durch die Konjunktion $p \wedge q$ – dargestellt. Die formale Logik untersucht *extensionale* Aussagenverbindungen auf die Abhängigkeit ihrer Wahrheitswerte von den Wahrheitswerten derjenigen Aussagen, aus denen sie aufgebaut sind. Die *intensionalen* Aussagenverbindungen, deren Wahrheitswerte zum Unterschied von denen der extensionalen nicht nur von den Wahrheitswerten der Aussagen abhängen, aus denen sie aufgebaut sind, sondern auch von inhaltlichen Beziehungen zwischen ihnen, gehören zum Gegenstandsbereich der *dialektischen Logik*.
→ extensional → intensional.

Außenwelt – Gesamtheit der außerhalb des Bewußtseins und unabhängig von ihm objektiv in Raum und Zeit existierenden Struktur-, Bewegungs- und Entwicklungsformen der Materie zum Unterschied von der psychischen Welt der Wahrnehmungen, Vorstellungen usw., die auch Innenwelt des Menschen genannt wird. Die Außenwelt wird im Prozeß der Erkenntnis in den Empfindungen, Wahrnehmungen, Vorstellungen, Begriffen, Urteilen, Theorien usw. abgebildet, widergespiegelt. Sie ist sowohl Gegenstand als auch Quelle der Erkenntnis.
Für den Idealismus ist die Außenwelt eine Schöpfung (das Produkt) entweder des menschlichen Bewußtseins, des Subjekts (*subjektiver Idealismus*), oder eines geistigen (überirdischen) Wesens: Gott, absolute Idee, Weltgeist usw. (*objektiver Idealismus*).
→ objektive Realität.

Äußeres – Gesamtheit der Elemente, Relationen, Strukturen usw., die nicht zur Menge der Elemente, Relationen, Strukturen eines gegebenen, in sich abgeschlossenen Systems gehören. In der Systemtheorie entspricht dieser Bedeutung des Begriffs des Äußeren die Umwelt bzw. Umgebung eines Systems. In diesem Sinne spricht man z.B. im Hinblick auf die psychische Tätigkeit des Menschen von der Außenwelt, worunter man alles das versteht, was nicht zur psychischen Tätigkeit gehört bzw. alles das, worauf diese gerichtet ist.
In einer anderen Bedeutung wird der Begriff des Äußeren gebraucht, wenn die äußere Erscheinungsform eines Dinges, Prozesses, Systems usw. von dessen innerem Wesen, dessen innerer Struktur unterschieden werden soll. Systemtheoretisch entspricht dieser Bedeutung des Begriffs des Äußeren die Verhaltensweise eines Elements oder Systems. Die → Black-box-Methode hat es gerade mit solchen äußeren Verhaltensweisen von Systemen zu tun, die sie untersucht, ohne die innere Struktur dieser als Black-box auftretenden Systeme zu kennen.
In der zweiten Bedeutung spielt der Begriff des Äußeren vor allem in der Erkenntnistheorie eine Rolle. Das Äußere ist hier das, was den Sinnesorganen unmittelbar zugänglich ist. Über die Erkenntnis der äußeren Eigenschaften eines Dinges, der äußeren Verhaltensweise eines Systems gelangt der Mensch zur Erkenntnis des inneren Wesens dieses Dinges bzw. der inneren Struktur dieses Systems.
Der zum Begriff «Äußeres» gegensätzliche, korrelative Begriff ist «Inneres». Äußeres und Inneres stehen zueinander im Verhältnis eines dialektischen Widerspruchs.
→ Inneres → Inneres und Äußeres.

Austromarxismus – zentristische Strömung innerhalb der österreichischen Sozialdemokratie, Spielart des → Revisionismus. Die bekanntesten Theoretiker und Führer des Austromarxismus waren: V. Adler, R. Hilferding, M. Adler, F. Adler, K. Renner, O. Bauer und J. Deutsch.
Der Austromarxismus hatte seine spezifischen historischen Wurzeln im multinationalen Völkerstaat der österreichisch-ungarischen Monarchie. Sein ideologischer Ausgangspunkt war die bornierte, spießbürgerliche Auffassung und Haltung der Führer der Sozialdemokratischen Partei Österreichs in der nationalen Frage. Kaum ein Jahrzehnt nach dem Hainfelder Parteitag der Sozialdemokratischen Partei Österreichs (31. 12. 1888 und 1. 1. 1889), auf dem unter Führung V. Adlers ein im wesentlichen marxistisches Programm für eine einheitliche und revolutionäre österreichische Arbeiterbewegung angenommen wurde, entbrannten in der österreichischen Sozialdemokratie heftige Auseinandersetzungen über die Wege und Formen zur Lösung des in der österreichisch-ungarischen Monarchie bestehenden und mit der Entwicklung des vormonopolistischen Kapitalismus zum Imperialismus besonders akut

gewordenen Nationalitätenproblems. Der Lebensstandard der österreichischen Arbeiter war weit höher als jener der Arbeiter nichtösterreichischer Nationalität (Tschechen, Slowaken, Rumänen, Polen, Ungarn, Italiener u. a.). Die allgemeine Vorherrschaft der österreichischen Bourgeoisie in der Monarchie brachte für die österreichischen Arbeiter eine gewisse «Vorzugsstellung» gegenüber den nichtösterreichischen. Die österreichischen Arbeiter stellten im Gesamtrahmen der Monarchie gleichsam eine Art Arbeiteraristokratie dar.
Diese Stellung der österreichischen Arbeiter als Arbeiteraristokratie blieb nicht ohne Einfluß auf die Nationalitätenpolitik der Führer der Sozialdemokratischen Partei Österreichs. Sie verfolgten – besonders unter dem Einfluß K. RENNERS, dem die Erhaltung der Monarchie ein «Herzensbedürfnis» war – eine Politik der «Rettung der Monarchie» und der passiven Einstellung gegenüber der Unterdrückung der nichtösterreichischen Nationalitäten im österreichisch-ungarischen Staatsverband. Die Anpassung der Opportunisten an die nationalistischen Interessen «ihrer» Bourgeoisie forderte das Mißtrauen und den Widerstand besonders der nichtösterreichischen Sozialdemokraten heraus und hatte schließlich zur Folge, daß sich die Sozialdemokratische Partei Österreichs auf ihrem Wiener (Wimberger) Parteitag (1897) faktisch in sechs nationale Gruppen bzw. Parteien aufteilte (eine österreichische, eine polnische, eine tschechische, eine ukrainische, eine serbische und eine italienische), die nur durch einen Gesamtparteitag und eine Gesamtexekutive zusammengehalten, sonst aber als selbständige Parteien voneinander getrennt sein sollten.
Der Parteitag von Brünn (1899) nahm mit Zustimmung der Vertreter aller nationalen Gruppen das sog. «Nationalitätenprogramm» an, in dem zwar das nationale Vorrecht (der Österreicher gegenüber den nichtösterreichischen Nationalitäten) abgelehnt und auch die Forderung nach einer einzigen (deutschen) Staatssprache verworfen wurde; doch die entscheidende Frage, die Frage des «Selbstbestimmungsrechts der Nationen», einschließlich des Rechts auf staatliche Lostrennung vom österreichisch-ungarischen Staatsverband, wurde umgangen. Das Programm betrachtete das Nationalitätenproblem vorwiegend als Kultur- und Sprachenfrage und sah seine Lösung in der Schaffung abgegrenzter Selbstverwaltungskörper der einzelnen Nationen, die an die Stelle der Kronländer treten, aber der Monarchie integriert bleiben sollten. Das einzige Recht, das die Führer der österreichischen Sozialdemokratie allen Nationalitäten der Monarchie zugestanden und das sie dann auch zu Beginn des 20. Jahrhunderts ausführlich zu «begründen» suchten, war das Recht auf «national-kulturelle Autonomie». Das heißt, jede Nationalität sollte nur das Recht haben, ihre kulturellen Angelegenheiten (Schule, Sprachenfrage, Literatur, kulturelle Einrichtungen usw.) selbst zu regeln, politisch und wirtschaftlich aber sollten die nichtösterreichischen Nationalitäten der Vorherrschaft der Österreicher – auch in einer künftigen sozialistischen Gesellschaft – unterworfen bleiben.
Die Theoretiker der den Interessen der österreichischen Bourgeoisie angepaßten «national-kulturellen Autonomie» waren vor allem RENNER (*Der Kampf der Nation um den Staat*, *Der deutsche Arbeiter und der Nationalismus*) und BAUER (*Das arbeitende Volk und die Nationalitätenfrage*). Die Theorie der «national-kulturellen Autonomie» war ein charakteristischer Ausdruck jener Richtung des Revisionismus, die vom Beginn des 20. Jahrhunderts an in der österreichischen Sozialdemokratie immer stärkeren Einfluß gewann.
Die opportunistische Politik in der nationalen Frage zeigte bald ihre Folgen auf politischem und philosophischem Gebiet. Auf dem zweiten Gesamtparteitag in Wien (1901) wurde das marxistische Hainfelder Programm außer Kraft gesetzt und ein neues, wesentlich reformistisches Programm angenommen.
In diesem Programm wurde die marxistische Theorie und Politik des revolutionären Klassenkampfes und der sozialistischen Revolution ersetzt durch die opportunistische Theorie und Politik bloßer sozialer Reformen, die nur mit legalen, parlamentarischen Mitteln, ohne das kapitalistische Gesellschaftssystem und das System der Monarchie in Frage zu stellen, erreicht werden sollten.
V. ADLER lehnte zwar den BERNSTEINschen Revisionismus ab und hielt jede Kritik an den Grundthesen des Marxismus für praktisch schädlich und der Einheit der Partei abträglich. Gleichwohl vertrat er in der Diskussion über das Parteiprogramm den Standpunkt, daß man die These des ersten Programms über die Verelendung des Proletariats fallenlassen könne; zwar sei die Tendenz der Verelendung nicht aufgehoben, aber sie sei faktisch wirkungslos, weil das organisierte Proletariat dieser Tendenz politischen Widerstand entgegensetze. Auch die marxistische These des ersten Programms über den Parlamentarismus als «Form der modernen Klassenherrschaft» wurde fallengelassen, da sie angeblich mit dem Kampf der Arbeiterklasse um das allgemeine und gleiche Wahlrecht in Widerspruch stehe. Die meisten Austromarxisten vertraten die Ansicht, daß auf der Grundlage des Parlamentarismus, sobald nur einmal der Arbeiterklasse das allgemeine und gleiche Wahlrecht gewährt worden sei, eine Zusammenarbeit zwischen den österreichischen Sozialisten und der Krone durchaus möglich sei, weil zwischen beiden, wie V. ADLER meinte, eine

«Interessengemeinschaft» bestünde. V. ADLER empfahl damit der Sozialdemokratischen Partei Österreichs im Grunde dieselbe Politik, die schon LASSALLE der deutschen Sozialdemokratie empfohlen hatte. Auf Grund dieser Politik der «Interessengemeinschaft» mit der Krone entstand das Wort von den «Kaisersozialisten», die der Krone beweisen wollten, sie seien zuverlässiger und ihr treuer ergeben als die Anhänger der bürgerlichen Parteien.

Der Revisionismus, der Verzicht auf die sozialistische Revolution, die Auffassung, man könne durch «friedliche Reformen» oder, wie BAUER es später formulierte, durch «schrittweise Sozialisierung gegen Entschädigung der Kapitalisten» in den Sozialismus «hineinwachsen» und allein durch Parlamentswahlen die Macht erobern, ohne den alten Staatsapparat zu zerschlagen, wurde seit Beginn des 20. Jahrhunderts wie in der deutschen Sozialdemokratie so auch in der Sozialdemokratischen Partei Österreichs zur vorherrschenden Theorie. Es war danach nur folgerichtig, daß sich die opportunistische Führung der Sozialdemokratischen Partei Österreichs im August 1914 mit der Monarchie der Habsburger solidarisch erklärte und den imperialistischen Krieg sowie die Eroberungs- und Unterdrückungspolitik «ihrer» Regierung aktiv unterstützte.

Auf *philosophischem Gebiet* bewegte sich der Austromarxismus wie der Revisionismus um die Jahrhundertwende überhaupt vor allem im Schlepptau des Neukantianismus (M. ADLER) und des Positivismus (F. ADLER). Diese Theoretiker des Austromarxismus bekämpften die dialektisch-materialistischen Grundlagen der marxistischen Philosophie, wobei sie bestrebt waren, die revolutionäre marxistische Dialektik durch einen bloßen Evolutionismus zu ersetzen und den Materialismus der marxistischen Weltanschauung und Geschichtsauffassung in einen subjektiven Idealismus umzuprägen.

Die revisionistischen Angriffe der Austromarxisten auf die philosophischen Grundlagen des Marxismus hatten zum Ziel, die marxistische Philosophie vor allem ihrer revolutionären Seite, der Dialektik, zu berauben, der marxistischen Lehre von der Gesellschaft, besonders vom Klassenkampf und der sozialistischen Revolution, die wissenschaftlichen Grundlagen zu entziehen und mit Hilfe dieses revidierten Marxismus die opportunistische Politik des Austromarxismus zu rechtfertigen.

LENIN hat in seinen Werken gegen den Austromarxismus wie gegen den Revisionismus überhaupt einen unversöhnlichen Kampf geführt und die dem Marxismus und der revolutionären Arbeiterbewegung feindliche Theorie und Politik des Revisionismus schonungslos aufgedeckt.

Nach dem Sieg der Großen Sozialistischen Oktoberrevolution reihten sich die Austromarxisten in die sich nunmehr bildende konterrevolutionäre Front des Antikommunismus ein. Unter der revisionistischen Losung: «In jedem Land ein eigener Marxismus» kämpfte der Austromarxismus gegen den Leninismus, leugnete dessen allgemeine Gültigkeit und versuchte im Interesse der imperialistischen Bourgeoisie die Verbreitung der Ideen des Leninismus und der Erfahrungen des ersten sozialistischen Staates, des Sowjetstaates, in der österreichischen und westeuropäischen Arbeiterbewegung zu verhindern. Besonders aktiv hat sich in dieser Hinsicht BAUER hervorgetan, der die Zusammenarbeit der Sozialdemokratischen Partei Österreichs mit der Bourgeoisie in den ersten Nachkriegsjahren mit dem «Gleichgewicht der Klassenkräfte» begründete und in den zwanziger Jahren auf Grund seiner antikommunistischen Schriften zu einem anerkannten Theoretiker der II. Internationale wurde.

BAUER war auch der Verfasser des Linzer Programms der österreichischen Sozialdemokratie, das die Arbeiterklasse auf die Zusammenarbeit mit der Bourgeoisie orientierte, nur den legalen, parlamentarischen Kampf anerkannte, den revolutionären Klassenkampf hingegen bedingungslos ablehnte. Auf der Grundlage des Linzer Programms haben die Austromarxisten ihren Kampf gegen die Kommunistische Partei Österreichs gerichtet statt gegen die erstarkende österreichische Reaktion. Es bildete sich zwar in der Sozialdemokratischen Partei Österreichs in den zwanziger Jahren eine linke Opposition, die den Klassenkampf gegen die imperialistische Bourgeoisie bejahte und auch gemeinsam mit den Kommunisten revolutionäre Aktionen gegen die Reaktion durchführte. Der führende Theoretiker dieser linken Opposition war M. ADLER, der die reformistische Politik, die Koalition eines RENNER, BAUER und HILFERDING mit der Bourgeoisie entschieden ablehnte und als das Haupthindernis der Einheit der Arbeiterbewegung verurteilte. In seiner Auseinandersetzung mit Reformisten und Opportunisten verteidigt ADLER die MARXsche Lehre vom Klassenkampf, vom Staat, der Revolution und der Diktatur des Proletariats. Auch durch seine in vieler Hinsicht positive Haltung zur Oktoberrevolution, zum Leninismus und zur kommunistischen Weltbewegung unterscheidet sich ADLER wesentlich von den opportunistischen Führern, die in ihrem Kampf und Haß gegen den Bolschewismus keine Grenzen kannten. Da aber auch ADLER – und hier traf er sich mit O. BAUER u. a. – den Bolschewismus *nur* für die russischen Verhältnisse gelten lassen wollte und die Diktatur des Proletariats, deren Notwendigkeit er theoretisch zwar anerkannte, aber in ihrem praktischen Wirken nicht begriff und darum ablehnte, war es ihm unmöglich, seinen linkssozialistischen Kampf bis

zur Konsequenz zu führen, bis zur Trennung von Austromarxismus und zum Übergang zum Kommunismus. Daran hinderte ihn nicht zuletzt auch seine neukantianische, idealistische Auffassung vom Geschichtsprozeß.
Die Politik der Sozialdemokratischen Partei Österreichs bestimmten nicht die linken Kräfte, sondern die opportunistischen Führer, die jede Zusammenarbeit mit den Kommunisten ablehnten, den Klassenkampf desorganisierten und sich damit selbst zur Ohnmacht verurteilten. Als die Reaktion zum entscheidenden Schlag gegen die revolutionäre Arbeiterbewegung ausholte, wurde zunächst die Kommunistische Partei Österreichs verboten und schließlich auch die Sozialdemokratische Partei Österreichs aufgelöst (1934). Nach dem zweiten Weltkrieg bildete sich aus den alten Kadern der österreichischen Sozialdemokratie die neue Sozialistische Partei Österreichs. Eine Prüfung des Entwurfs ihres Programms vom November 1957 zeugt von dem noch weitgehend bestehenden Einfluß des Austromarxismus. Der Entwurf verzichtet bewußt auf die grundlegenden Leitsätze des Marxismus, auf den revolutionären Klassenkampf und die Diktatur des Proletariats.

Autarkie [griech] – *eigtl*: Selbstgenügsamkeit; Unabhängigkeit von allen äußeren Dingen (der Welt und anderen Menschen). Lebensideal der *Stoiker* (der Mensch als Weiser ist «sich selbst genug»). Bei den *Kynikern svw* Bedürfnislosigkeit.

Autogenese [griech] – Urzeugung, *auch*: Autogonie (HAECKEL), *generatio aequivoca*. Die Entstehung von Organismen aus anorganischen Stoffen, entweder spontan, in einem Schritt (Urzeugung im engeren Sinne) oder über mehrere Stufen (Urzeugung im weiteren Sinne). Im zweiten Falle spricht man besser von Entstehung des Lebens aus anorganischer Materie.
Eine eigentliche Urzeugungslehre existiert seit ARISTOTELES, der den Satz aufstellte, daß im Prinzip jeder Organismus nur seine artgemäße Form realisieren könne, daß immer nur Gleiches aus Gleichem entstehe. «Denn es wird ja nicht jedes beliebige aus jeglichem Samen, sondern aus einem bestimmten Samen nur ein bestimmtes Ding» (Über die Teile der Tiere I 1, 642a). Jedoch soll es auf niederen Organisationsstufen, auf denen der Stoff noch relativ wenig geformt ist, spontane Autogenese geben, insofern der Stoff die Potenz besitzt, Tiere und Pflanzen durch Zusammenrinnen des Urstoffs hervorzubringen. Würmer, Insekten, auch Aale sind nach ARISTOTELES durch Urzeugung entstanden. Weder die mythologischen Vorstellungen noch die Ansichten der voraristotelischen Philosophen über die Entstehung von Lebewesen sind Urzeugungslehren im eigentlichen Sinne. Gilt für erstere der Grundsatz der prinzipiellen Verwandlungsfähigkeit jedes Dinges in jedes andere (des Belebten ins Unbelebte und umgekehrt), so für letztere die Entstehung *aller* Dinge (nicht speziell des Lebens) aus einem oder einigen gemeinsamen Urstoffen.
Erst auf der Grundlage der prinzipiellen Negation der Entstehung von Organismen aus Nichtbelebtem (der Entdeckung der Eigengesetzlichkeit und Eigenständigkeit des Biologischen) wird Urzeugung zum wissenschaftlichen Problem, das jedoch vor der Konzeption des Entwicklungsgedankens nicht geklärt werden konnte. Wenn Gleiches nur immer aus Gleichem entsteht, können Neubildungen – wenn überhaupt – nur spontan erfolgen.
Von den Kirchenvätern (BASILIUS, AUGUSTINUS) aufgenommen und christlich interpretiert (Gott kann Lebewesen auch aus unorganischem Stoff entstehen lassen), wird die Urzeugungslehre an das christliche Mittelalter überliefert und treibt phantastische Auswüchse. Da die Spekulation weitgehend die Empirie verdrängt, hält man sogar beispielsweise die Entstehung von Enten aus Seemuscheln oder Eicheln für möglich. Die Erkenntnis, daß im Biologischen Gleiches nur durch Gleiches entsteht, wird durch Annahme einer allgemeinen Transformierbarkeit weitestgehend überwuchert. Bis ins 17. Jahrhundert wird von bedeutenden Gelehrten die Urzeugung höherer Lebewesen behauptet. Gibt VAN HELMONT ein Rezept, wie man aus Weizenkörnern und einem schmutzigen Hemd Mäuse erzeugen könne, so glaubt PARACELSUS zu wissen, wie der Homunkulus hergestellt wird: Man vermische Blut mit menschlichem Sperma und bewahre das Ganze 40 Tage in einem Pferdemagen auf, so erhält man ein Männlein, «wohlgestaltet, wenn auch klein». Jedoch zeichnet sich bei aller Phantastik in den letztgenannten Vorstellungen eine Abwendung von Urzeugung durch Schöpfung deutlich ab. Sowohl VAN HELMONT als auch PARACELSUS halten die Urzeugung für einen primär chemischen Vorgang. In ähnlicher Weise argumentiert DESCARTES, der zwar Urzeugung annimmt, sie aber als natürlichen Vorgang gedeutet wissen will.
Der experimentellen Widerlegung der spontanen Urzeugung geht die Wiederentdeckung des Fundamentalsatzes voraus, daß Organismen nur von ihresgleichen gezeugt werden können, der durch HARVEY ausgesprochen wird: «Omne vivum ex ovo» (Alles Lebendige kommt aus dem Ei). Auf dieser Grundlage bewies Francesco REDI auf experimentellem Wege, daß Fliegenmaden nicht durch Urzeugung entstehen, sondern von Fliegen gezeugte Fliegenlarven sind.
Nach LEEUWENHOEKS Entdeckung der Mikroorganismen wollten viele Wissenschaftler die urgezeugten Lebewesen in diesen sehen. LEEUWENHOEK selbst, JOBLOT, SPALLANZANI und auch LEIBNIZ lehnten diese Deutung ab. Letzterer be-

hauptete die Ewigkeit der Mikroorganismen, die er als Lebenskeime deutete.
Im Zusammenhang mit der entstehenden Evolutionstheorie treten erstmalig Urzeugungslehren auf, die einen schrittweisen Übergang von der unbelebten zu höheren Organisationsformen der Materie behaupten. So deduziert OKEN als Ausgangspunkt für die Entstehung des Lebens (generatio originaria) einen aus oxydiertem, gewässertem Kohlenstoff bestehenden Urschleim, der in Bläschenform an seichten, warmen Meeresstellen entsteht, in unendlicher Menge vorhanden ist und zu Organismen zusammentritt.
Eine genauere Kenntnis der Welt der Mikroorganismen (Kompliziertheit ihrer Organisation) und die glänzenden Experimente PASTEURS, der den schlüssigen Beweis erbrachte, daß die angeblichen spontanen Urzeugungen nichts anderes sind als Verunreinigungen durch Kleinstlebewesen, taten ein übriges, die Lehre von der spontanen Urzeugung zu widerlegen.
Auf dem Boden der Evolutionstheorie und seit der Entdeckung der Viren (die auf der Grenze von bloßen unbelebten Eiweißmolekülen zu Lebewesen stehen) stellt sich die Frage nach der Urzeugung erneut. Man kann heute im wesentlichen folgende Positionen unterscheiden: Einige Wissenschaftler weisen die Frage nach der Entstehung des Lebens als unwissenschaftlich und spekulativ zurück (J. VON WIESNER, W. TROLL). Jedoch wird im Widerspruch dazu von TROLL die idealistische Meinung verfochten, die ersten Organismen seien transzendenten Ursprungs.
Eine dem LEIBNIZschen Standpunkt verwandte Vorstellung vertritt MEYER-ABICH, der die Ewigkeit des Lebens behauptet und die kosmischen Nebel als organismische Substanzen deutet.
Die Theorie von der spontanen Urzeugung wird in unserer Zeit kaum noch ernsthaft vertreten, zumal sich jeder nach PASTEUR behauptete Fall von spontaner Urzeugung als Irrtum erwies. Die von LEPESCHINSKAJA vertretene Spontanentstehung von lebendem Eiweiß aus unstrukturierter Materie erwies sich als nicht haltbar.
Die meisten Wissenschaftler sind sich heute darin einig, daß unter «Urzeugung» sinnvollerweise die Entstehung des Lebens in einem langwierigen Prozeß der Umbildung unorganischer in belebte Materie verstanden werden muß, der unter ganz bestimmten geologischen und klimatischen Verhältnissen ohne Einwirkung außernatürlicher Ursachen erfolgte. In bezug auf die Frage, wie man sich diesen Umbildungsprozeß im einzelnen vorzustellen habe, gibt es unterschiedliche Hypothesen. So konnten sowohl PFLÜGER (über Zyan) als auch OPARIN (über Karbide und Metalloxide) am Modell nachweisen, auf welchem Wege die Kohlenstoffketten, die Ausgangsstufe für die Kolloidbildung sind, entstehen. Die großmolekularen Probionten (Eiweißmoleküle), die als nächste Stufe anzusetzen sind, stehen den Viren bereits sehr nahe, die als Grenzfälle zwischen unbelebten und belebten Gebilden betrachtet werden können. Rein chemischer Natur ist ihre Kristallisierbarkeit, biologisch aber ihre Fähigkeit zur Autokatalyse und Mutation.
Daß unter den heutigen Bedingungen noch «Urzeugung» erfolgt, gilt für unwahrscheinlich. Sollte sie dennoch erfolgen, dürften durch die vorhandenen Lebewesen die sich bildenden Vorstufen sofort aufgezehrt werden (OPARIN).

Autokorrelation [griech → lat] – quantitative Beziehung zwischen den zeitlich aufeinanderfolgenden Werten ein und derselben Zufallsvariablen. Die Autokorrelation ist gewissermaßen mathematischer Ausdruck des geschichtlichen Werdegangs, den die Werte dieser Variablen im Laufe der Zeit annehmen.
→ Zufall → Variable → Korrelation.

Automat [griech] – dynamisches System, das sein Verhalten relativ unabhängig von der Umgebung zu lenken vermag.
Dieser Begriff des Automaten, der sich im Rahmen der Kybernetik herausgebildet hat, ist Produkt eines langen Weges wissenschaftlicher Abstraktion. Er schließt alle anderen historischen Entwicklungsstufen des Begriffs ein.
Im Sinne der (klassischen und modernen) Technik ist ein Automat jede Maschine, Vorrichtung, Gerät usw., das in der Lage ist, ohne unmittelbaren Eingriff des Menschen zu arbeiten. Die relative Unabhängigkeit von der Umgebung wird hier also auf die relative Unabhängigkeit vom Menschen beschränkt. Automaten in diesem Sinne gab es bereits im Altertum (China, Ägypten, Griechenland). Zum wichtigsten Produktionsinstrument wird der Automat jedoch erst im Verlaufe der sich in unserem Jahrhundert vollziehenden wissenschaftlich-technischen Revolution (Automatisierung).
Für die Lenkung eines dynamischen Systems ist in jedem Falle eine – wenn auch je nach dem Typ des Automaten unterschiedliche – Form von Informationsverarbeitung notwendig. Dementsprechend versteht man in der Kybernetik unter einem Automaten ein System, das Informationen aus der Umgebung aufnimmt, speichert, verarbeitet und Informationen an die Umgebung abgibt. In der kybernetischen Theorie der Automaten werden mathematische Modelle von Automaten in diesem Sinne gebildet, die «abstrakte Automaten» genannt werden. Um einen solchen Automaten zu charakterisieren, muß angegeben werden, welche (die jeweiligen Informationen tragenden) Signale er aufnehmen kann, in welchen stabilen Zuständen er sich befindet und welche Ausgabesignale er aussenden kann, welche Rolle die Zeit bei seiner Funktionsweise spielt und

welches Verhalten er zeigt. Automaten in diesem Sinne sind auch organische und abstrakte Nervensysteme. Der große Vorteil dieser abstrakten und verallgemeinerten Betrachtungsweise besteht u. a. darin, daß gleichartige Eigenschaften, Verhaltensweisen usw. verschiedener Bewegungsformen der Materie (wie Regelung, Erfahrungsspeicherung, Adaptation, Lernen usw.) innerhalb *einer* Theorie erfaßt und adäquat beschrieben werden. In dieser Sicht kann die moderne Theorie der Automaten auch als eine Form oder ein Bestandteil einer allgemeinen Theorie dynamischer Systeme verstanden werden (→ Systemtheorie).

In diesem Zusammenhang ergibt sich ein viel diskutiertes philosophisches Problem: Wenn hochentwickelte Verhaltensformen von Automaten bzw. dynamischen Systemen, wie z. B. Regulation, Adaptation, Lernen usw., in verschiedenen Bewegungsformen auftreten, die im Rahmen einer allgemeinen Theorie erfaßt werden können, wie verhält es sich dann mit den höchsten uns bekannten Merkmalen, Fähigkeiten «materieller dynamischer Systeme», wie wir sie heute nur vom Menschen kennen? Dieses Problem wird gewöhnlich in zugespitzter Form in der Frage formuliert: Können Automaten (Maschinen) denken und Bewußtsein haben? Die Antwort hierauf ist schwierig und mit zahlreichen anderen philosophischen und wissenschaftstheoretischen Problemen verknüpft. Abgesehen davon, daß mit dieser Frage in konkreten Zusammenhängen häufig etwas ganz anderes gemeint ist und daher eine präzise Antwort auch eine Analyse der Fragestellung selbst einschließt, scheint es gegenwärtig sicher zu sein, daß es für die Leistungsfähigkeit von Automaten, die auf irgendeiner materiellen Basis konstruiert und gebaut sind, keine prinzipiellen Grenzen der Leistungsfähigkeit gibt. Dies steht auch im Einklang mit der materialistischen Grundthese von der natürlichen Entwicklung und Beschaffenheit auch der menschlichen Denk- und Bewußtseinsprozesse. Allerdings gibt es gegenwärtig zahlreiche technische Grenzen, die es für die Gegenwart und die nahe Zukunft vor allem unmöglich machen, entsprechend organisierte Systeme der erforderlichen hohen Komplexität künstlich zu erzeugen. Dennoch ist es wichtig, in der ideologischen Auseinandersetzung um die Probleme der modernen Technik eine klare Position auch in dieser schwierigen Frage zu erlangen.

→ Automatisierung.

Automatisierung (Automation, Automatisation) [griech] – modernste und bis jetzt höchste Form der maschinellen Großproduktion, die dadurch gekennzeichnet ist, daß die menschliche Tätigkeit im Produktionsprozeß, vor allem soweit sie schematischen und routinemäßigen Charakter besitzt, immer mehr durch künstliche kybernetische Systeme (Automaten) ersetzt wird. Die Durchsetzung der Automation in den wichtigsten Bereichen der Volkswirtschaft ist zugleich der Hauptweg des wissenschaftlich-technischen Fortschritts im Sozialismus und Kommunismus. Marx hat diese Entwicklung erstaunlich genau vorausgesehen, wenn er schreibt: «Er ist nicht mehr der Arbeiter, der modifizierten Naturgegenstand als Mittelglied zwischen das Objekt und sich einschiebt; sondern den Naturprozeß, den er in einen industriellen umwandelt ... Er tritt neben den Produktionsprozeß, statt sein Hauptagent zu sein.» (Marx Grundrisse 592, 593).

Der Prozeß der Automatisierung führt zu einer unerhörten Steigerung der Arbeitsproduktivität, manchmal um das Hundert-, ja um das Tausendfache; er ist wesentlicher Bestandteil der wissenschaftlich-technischen Revolution, die sich heute in allen industriell hochentwickelten Ländern sowohl des sozialistischen als auch des kapitalistischen Lagers vollzieht. Wenn auch die kapitalistischen Staaten aus historischen Gründen zunächst einen Vorsprung hatten, so wurde und wird dieser in raschem Tempo aufgeholt. In bestimmten Teilbereichen der Industrie ist die Führung bereits an die sozialistischen Länder übergegangen.

Der Automatisierungsprozeß im Kapitalismus unterscheidet sich in seinem Charakter und in seinen Auswirkungen jedoch wesentlich von dem im Sozialismus und Kommunismus. Im Kapitalismus wird die Automatisierung letztlich im Profitinteresse der Monopolbourgeoisie betrieben, was verhindert, daß sie umfassend, folgerichtig und im Interesse der gesamten Gesellschaft erfolgt. Einführung, Entwicklung und Auswirkungen der Automation werden wesentlich vom Antagonismus zwischen Kapital und Arbeit geprägt. So werden die Arbeiter beispielsweise dequalifiziert, von gut bezahlten Arbeitsplätzen verdrängt oder arbeitslos gemacht.

Im Sozialismus besteht der Zweck der Automatisierung in der Verbesserung der Lebensbedingungen aller Menschen. Das setzt voraus, daß die Automatisierung als umfassender Prozeß planmäßig erfolgt, daß sie sich Schritt für Schritt auf die Leitung und die Planung der Volkswirtschaft ausdehnt, und nicht zuletzt, daß sich die Qualifikationsstruktur der gesamten Volksbildung entsprechend dem erreichten Niveau der wissenschaftlichen und technischen Entwicklung verändert und in der Folge zur fortschreitenden Befreiung des Menschen von körperlich schwerer sowie von geistig eintöniger Arbeit führt.

Entwurf, Bau und Einsatz automatischer Systeme verlangen Grundlagenforschungen in den verschiedenen naturwissenschaftlichen und technischen Bereichen. Unter anderem ist die Entwicklung neuartiger Baustoffe und Bauelemente

notwendig. Darüber hinaus sind technologisch-ökonomische Untersuchungen, soziologische Forschungen und Grundlagenuntersuchungen für die Entwicklung einer exakten Planungs- und Leitungswissenschaft erforderlich.
Die Automatisierung stellt eine neue Qualität im Entwicklungsprozeß der Produktivkräfte dar und ist als historischer Prozeß zu verstehen, der sich schrittweise verwirklicht. Das gilt für alle Bereiche des gesellschaftlichen Lebens. Die Automatisierung beginnt unter sozialistischen Bedingungen dort, wo sie entsprechend dem gegebenen Niveau der technischen Entwicklung den größten volkswirtschaftlichen Nutzen bringt. Entsprechend der gegebenen Wirtschaftsstruktur und den ökonomischen Bedingungen ist dies in der Deutschen Demokratischen Republik vor allem in der chemischen Industrie mit ihrer großen Massenproduktion und in einigen Bereichen des Maschinenbaus der Fall. Jedoch hat die Automation in den genannten Produktionsbereichen Auswirkungen auf die anderen Zweige der Volkswirtschaft, in denen ebenfalls in bestimmtem Umfange Automatisierungsmittel eingesetzt werden. Schließlich revolutioniert sie auf diese oder jene Weise alle Bereiche der Volkswirtschaft und alle menschlichen Lebenssphären, von den körperlich anstrengenden Tätigkeiten bis zur geistigen Routinearbeit.
Eine der notwendigen Bedingungen für die schrittweise Automatisierung ist die komplexe sozialistische Rationalisierung. Diese trägt durch die optimale Ausnutzung der Technik, durch die Verbesserung der Produktionsorganisation und der Technologie usw. dazu bei, die für die Automation notwendigen Mittel zu beschaffen. Auch der Einsatz der modernen elektronischen Datenverarbeitungstechnik, die die Planung und Leitung des gesellschaftlichen Arbeitsprozesses wissenschaftlicher und effektiver zu gestalten hilft, ist ein Beitrag zur Rationalisierung und damit zur Automatisierung der Produktion.
Der Grad der Automatisierung und deren Vollkommenheit hängen entscheidend von der Ausnutzung und Anwendung der in den natur- und gesellschaftswissenschaftlichen Bereichen gewonnenen Erkenntnisse ab.
Zu den grundlegenden wissenschaftlichen Voraussetzungen der höheren Formen der Automatisierung gehört die Kybernetik. Doch ebensowenig, wie die Automatisierung als rein technische Aufgabenstellung zu verstehen ist, kann die Ausnutzung der Ergebnisse der Kybernetik für die Automatisierung nur in der Anwendung der Kybernetik in der Technik gesehen werden. Die Lösung zahlreicher Aufgaben der Automatisierung verlangt vielmehr, die kybernetischen Aspekte einer Reihe von Disziplinen zu berücksichtigen, die nach verbreiteten Vorstellungen keine Beziehungen zu solchen Aufgaben haben. Das betrifft z. B. die Psychologie, die Pädagogik und die Biologie. Da Automatisierung stets bedeutet, bestimmte menschliche körperliche oder geistige Tätigkeiten technisch nachzuahmen, ist die Beziehung zur Psychologie und zur Pädagogik leicht einzusehen. Biologische Fragen können insofern eine wichtige Rolle spielen, als z. B. das Studium mancher Regelungsprozesse in lebenden Organismen wichtige Anregungen und Erkenntnisse für die Konstruktion technischer Regler geben kann.
Die Anwendung der «klassischen» Regelungsprinzipien (Festwertregelung, Programmregelung und Nachlaufregelung) auf technische und technologische Probleme ist nur die erste Stufe des Versuchs, kybernetisches Denken für die Automatisierung fruchtbar zu machen. Eine viel effektivere Anwendung wird die Kybernetik auf einer Ebene erfahren, die wir in der modernen Automatisierung eben erst zu betreten beginnen. Die sog. kybernetische Form der Automatisierung bringt eine qualitativ höhere Entwicklungsstufe der Automatisierungsmittel mit sich. Ihr Hauptkennzeichen besteht darin, daß die zum Einsatz gelangenden Mittel und Aggregate eine beträchtliche Anpassungsfähigkeit aufweisen. Das eröffnet die Möglichkeit, auch in solchen Fällen zu automatisieren, in denen zusammengesetzte Geräte oder einzelne Werkstücke in kleineren Stückzahlen herzustellen sind. Ist es unter Ausnutzung der klassischen Regelungsprinzipien und der klassischen Technologie nur wirtschaftlich, Großserien und Artikel der Massenproduktion automatisch zu fertigen – etwa mittels der heute bekannten Taktstraßen –, so wird dies beim Einsatz kybernetischer Methoden und Mittel auch für die Kleinserie und für die Einzelfertigung möglich.
Ansätze zur kybernetischen Form der Automatisierung existieren bereits heute, und zwar in Gestalt solcher Maschinen wie etwa der Allzweckdrehmaschinen, der Universalfräsmaschinen oder – auf einer höheren Stufe – der programmgesteuerten Werkzeugmaschinen. Es besteht die Möglichkeit, derartige Maschinen zusammenzufassen und durch eine (elektronische) Zentrale automatisch zu steuern.
In einem technischen System von der Komplexität etwa eines ganzen Betriebes sind nicht nur Regelungsvorgänge in Gestalt der Festwert-, Programm- und Nachlaufregelung zu beherrschen. Komplizierte technologische Prozesse verlangen vielmehr Instanzen, von denen logische Entscheidungen getroffen werden und von denen entsprechende Handlungen ausgehen müssen, die nicht allein durch die drei genannten Arten der Regelung ausgeführt werden können. Gegenwärtig sind es beispielsweise die Dispatcher der Betriebe, die die einzelnen automatisierten Abschnitte einander anpassen, optimale Einstellungen von Regelsystemen vornehmen und auf der

Grundlage meist langjähriger Arbeitserfahrung die notwendigen Entscheidungen treffen. Die moderne Technik und die Anwendung der Kybernetik ermöglichen jedoch, Schaltsysteme zu konstruieren, die komplizierteste logische Operationen ausführen und logische Verknüpfungen der vielfältigsten Art realisieren. Sie sind bei Einsatz von lernenden Systemen in der Lage, Entscheidungen zu treffen, die die eines erfahrenen menschlichen Dispatchers hinsichtlich Genauigkeit, Schnelligkeit und Zuverlässigkeit noch übertreffen können. Auf diese Weise ist die reale Möglichkeit einer Komplexautomatisierung modernster Form gegeben.

Der Prozeß der Automatisierung bringt eine Vielzahl von philosophischen und soziologischen Problemstellungen mit sich, von denen keineswegs gesagt werden kann, daß sie alle bereits gelöst seien oder daß ihre Lösung bereits unmittelbar bevorstände. Mit Sicherheit kann jedoch gesagt werden, daß wirkliche wissenschaftliche Lösungswege nur auf der Ebene des Marxismus-Leninismus möglich sind. Die Erfahrungen der letzten 15 Jahre haben gezeigt, daß die Philosophen und Ideologen des Kapitalismus bei der geistigen Bewältigung dieser Problematik versagen. An die Stelle wissenschaftlicher Lösungen treten häufig Spekulationen beispielsweise über eine künftige Herrschaft der Roboter, über ein Elektronengehirn, das oberster und unumstrittener Diktator der Gesellschaft sein wird, und was dergleichen pessimistische Zukunftsvisionen mehr sind. Gemeinsam ist derartigen Visionen die romantisch-reaktionäre Haltung, in der weiteren Entwicklung der Produktivkräfte primär eine Gefahr für die Entwicklung der Gesellschaft zu sehen. In dieser Ansicht findet jedoch andererseits die Tatsache, daß die Automation in der kapitalistischen Gesellschaft unter Ausschluß der Werktätigen von der Planung, Leitung und Lenkung des Staates und der Wirtschaft vor sich geht, ihren verzerrten Ausdruck. Insofern die Automation eine enorme Steigerung der Rüstungsproduktion und der technischen Ausrüstung der modernen Heere mit sich bringt, birgt sie unter kapitalistischen Verhältnissen auch echte Gefahren. Mit dem Beginn der Automation spitzt sich der in den kapitalistischen Staaten vorhandene Widerspruch zwischen gesellschaftlicher Produktion und privater Aneignung weiter zu und wird zum Hemmnis für die volle Durchsetzung der Automation, so daß er im Interesse der ungehinderten Entwicklung der Produktivkräfte gelöst werden muß. An die Stelle des privaten wird das gesellschaftliche Eigentum an den Produktionsmitteln treten.

→ wissenschaftlich-technische Revolution.

autonom [griech] – selbständig, unabhängig, nach eigenen Gesetzen. *Ggs*: heteronom.

Autonomie [griech] – *eigtl*: Eigengesetzlichkeit, Selbst-Gesetzgebung. *Ggs*: Heteronomie.

1. Seit KANT in der *bürgerlichen Ethik* die Bestimmung des sittlichen Willens allein durch die Vernunft. «Die *Autonomie* des Willens ist das alleinige Prinzip aller moralischen Gesetze und der ihnen gemäßen Pflichten ... Also drückt das moralische Gesetz nichts anders aus, als die *Autonomie* der reinen praktischen Vernunft, d. i. der Freiheit, und diese ist selbst die formale Bedingung aller Maximen, unter der sie allein mit dem obersten praktischen Gesetze zusammenstimmen können» (KdpV I § 8). «Autonomie des Willens ist die Beschaffenheit des Willens, dadurch derselbe ihm selbst (unabhängig von aller Beschaffenheit der Gegenstände des Wollens) ein Gesetz ist. Das Prinzip der Autonomie ist also: nicht anders zu wählen, als so, daß die Maximen seiner Wahl in demselben Wollen zugleich als allgemeines Gesetz mit begriffen sein» (Grundlegung zur Metaphysik der Sitten II: Die Autonomie des Willens als oberstes Prinzip der Sittlichkeit). Die ethische Autonomie-Lehre KANTS richtet sich gegen den Eudämonismus, vor allem aber gegen die katholische Morallehre, die den sittlichen Willen einer Fremdgesetzlichkeit (Heteronomie) unterwirft, nämlich den Dogmen der katholischen Kirche. Sie ist aus der *Ethik des Protestantismus* übernommen, die entgegen der katholischen Morallehre lehrt, daß der «gute Christ» nicht auf Befehl der Kirche, aus Furcht vor Strafe oder im Hinblick auf Belohnung sittlich handelt, sondern auf Grund seines Glaubens an Gott (an die Stelle des «Glaubens» im Protestantismus tritt bei KANT die «Vernunft»).

Jede mit Absolutheitsanspruch vorgetragene ethische Autonomie-Lehre ist eine Fiktion, da sie an der Tatsache vorbeigeht, daß das sittliche Handeln des Menschen durch die Gesellschaft bestimmt ist (→ Moral). [1]

2. Das Recht einer jeden Nation auf Selbstbestimmung, d. h. das Recht, selbständig über die Form der staatlichen Existenz und den Charakter der Gesellschaftsordnung zu entscheiden, sowie das Recht auf Loslösung nationaler, auf geschlossenem Gebiet wohnender Bevölkerungsgruppen von einem sie beherrschenden National- oder Nationalitätenstaat. Die Forderung nach nationaler Selbstbestimmung wurde erstmalig erhoben, als die europäischen Völker unter der Führung der Bourgeoisie gegen die feudale Zersplitterung und für die Bildung zentralisierter Nationalitätenstaaten kämpften. In der Epoche des Imperialismus, in der sich die nationale Unterdrückung in den Kolonien und den bürgerlichen Nationalitätenstaaten verstärkte, wurde das Selbstbestimmungsrecht zu einer der Forderungen der nationalen Befreiungsbewegungen. Besondere Bedeutung erlangt das Recht auf Selbstbestimmung

unter den Bedingungen der allgemeinen Krise des Kapitalismus, in der die aggressivsten imperialistischen Staaten den Zerfall des imperialistischen Kolonialsystems mit allen Mitteln einschließlich der Gewalt aufzuhalten und sogar schwächeren selbständigen kapitalistischen Staaten – gegenwärtig unter dem verlogenen Vorwand, daß die Abwendung einer angeblichen «kommunistischen Bedrohung» die Unterordnung unter die Interessen der größten imperialistischen Mächte erfordere – das Selbstbestimmungsrecht zu rauben, zumindest jedoch zu beschneiden versuchen, um ihre europäischen bzw. globalen Hegemoniebestrebungen zu realisieren. Für die unter kapitalistischer Ausbeutung und imperialistischer Unterdrückung lebenden Völker bedeutet das Selbstbestimmungsrecht das Recht auf Beseitigung der Ausbeutung des Menschen durch den Menschen und auf Befreiung von imperialistischer Herrschaft.

Die Arbeiterklasse verteidigt als konsequent demokratische und revolutionäre Klasse und als Gegner jeglicher Art von Unterdrückung der Volksmassen auch die nationalen Interessen der Völker. Sie vertritt daher bedingungslos das Recht der Nationen auf Selbstbestimmung. Nach dem zweiten Weltkrieg, in dem der deutsche Imperialismus der Mehrzahl der europäischen Nationen das Recht auf Selbstbestimmung geraubt hatte, wurde das Recht auf Selbstbestimmung in der Charta der UNO verankert. In der Praxis wird dieses Recht jedoch von imperialistischen Staaten ständig verletzt (z. B. durch den Kampf gegen die nationale Befreiungsbewegung in den Kolonien und durch die neokolonialistische Politik gegenüber den Staaten, die ihre Selbständigkeit erlangten). Die gröbste Verletzung des Selbstbestimmungsrechts stellt gegenwärtig die Aggression der USA gegen das vietnamesische Volk dar. Eine Mißachtung des Selbstbestimmungsrechts des Staatsvolks der Deutschen Demokratischen Republik ist auch die Alleinvertretungsanmaßung der westdeutschen Bundesregierung. [2]

→ Nation.

Autorität [lat] – *eigtl*: Macht, Einfluß; allgemein anerkannter Einfluß irgendeiner Person oder Organisation auf bestimmten Gebieten des gesellschaftlichen Lebens. Als gesellschaftliches Verhältnis stellt die Autorität die historisch wandelbare Form der Unterordnung menschlicher Handlungen unter gesellschaftliche Normen, ein Mittel zur Aufrechterhaltung der gesellschaftlichen Disziplin dar. Die Anwendungsbereiche der Autorität, ihre Grundlage und ihre Träger verändern sich in Abhängigkeit von den ökonomischen und politischen Verhältnissen der Gesellschaft. In der *Urgesellschaft* wurde die gesellschaftliche Disziplin, die Arbeitsordnung, ohne staatlichen Zwang, durch die «Macht der Gewohnheit, der Traditionen, durch die Autorität oder Achtung, die die Ältesten der Geschlechtsverbände oder die Frauen genossen» (Lenin 29, 465), aufrechterhalten. In den auf sie folgenden *antagonistischen Klassengesellschaften* – Sklaverei, Feudalismus, Kapitalismus – gründet sich die Autorität der Ausbeuterklassen in erster Linie auf die Machtmittel des von ihnen beherrschten Staates. Außerdem versuchen diese Klassen, die ausgebeutete Mehrheit des Volkes durch Mißbrauch der Religion, durch Betrug, Demagogie usw. moralisch zur Unterordnung unter die gesellschaftlichen Normen zu nötigen, die die Aufrechterhaltung der Ausbeuterordnung gewährleisten.

Im Kampf der Arbeiterklasse um ihre Befreiung und um den Aufbau des Sozialismus entwickelt sich die moralisch-politische Autorität der marxistisch-leninistischen Partei und ihrer Führer. Ihre Autorität gründet sich einerseits darauf, daß sie fest mit dem Volk verbunden sind, sich selbstlos für die Interessen des Volkes einsetzen, eine richtige, diesen Interessen dienende Politik verfolgen, und andererseits darauf, daß die Werktätigen die Politik der Partei verstehen, daß sie ihre gesellschaftlichen Pflichten begreifen und eine bewußte, freiwillige Disziplin üben.

In der *sozialistischen Gesellschaft* gründet sich die Autorität der Arbeiterklasse, ihrer marxistisch-leninistischen Partei und ihres Staates auf die Tatsache, daß sie die Interessen des gesamten Volkes vertreten und die gesellschaftlichen Normen, die der Aufrechterhaltung und Weiterentwicklung der sozialistischen Gesellschaft dienen, gemeinsam und in Übereinstimmung mit dem ganzen Volk ausarbeiten und in Kraft setzen. Dient der Staat der Arbeiterklasse nach ihrer Machtergreifung anfangs noch als ein Mittel, die Autorität der Arbeiterklasse gegenüber den gestürzten Ausbeuterklassen gewaltsam aufrechtzuerhalten, so wird diese Funktion in dem Maße überflüssig, wie die Klassenantagonismen eliminiert, das Bündnis aller Schichten des Volkes mit der Arbeiterklasse gefestigt und diese Schichten in den sozialistischen Aufbau einbezogen werden.

Die gesellschaftliche Disziplin aber nimmt mit der zunehmenden Festigung der politisch-moralischen Einheit des Volkes immer mehr den Charakter einer bewußten und freiwilligen Disziplin an, da sie sich auf die Einsicht in die Notwendigkeit gründet, die unter Mitwirkung aller Bürger ausgearbeiteten Normen des gesellschaftlichen Verhaltens auf den verschiedensten Gebieten des gesellschaftlichen Lebens strikt einzuhalten.

Was die Autorität von Einzelpersönlichkeiten betrifft, so ist unter sozialistischen Verhältnissen jeder Bürger objektiv in der Lage, Autorität zu erwerben. Der Erwerb von Autorität setzt die Entwicklung des einzelnen zu einer sozialistischen

Persönlichkeit voraus. Über das Maß der Autorität entscheiden die Arbeitsleistungen, die Kenntnisse sowie die Fähigkeiten zur Leitung von Arbeitskollektiven. Die einem sozialistischen Leitungskollektiv eigene Autorität hebt die Autorität einzelner Persönlichkeiten, Mitglieder dieser Kollektive, nicht auf, sondern setzt sie voraus und stärkt sie.

autosemantisch [griech] – Eigenschaft einer Klasse von Wörtern, die darin besteht, daß diese für sich selbst eine Bedeutung besitzen, ihre Bedeutung also nicht erst im Zusammenhang mit anderen Wörtern erhalten. *Ggs*: → synsemantisch.

In diesem Sinne wäre etwa «Mensch» ein autosemantisches Wort, das Satzbindewort «oder» dagegen ein synsemantisches. Die Unterscheidung von autosemantischen und synsemantischen Wörtern reicht von ARISTOTELES über die *Scholastik* bis in die neueste Zeit. Eine genauere Analyse zeigt, daß diese Unterscheidung jedoch nicht exakt ist. Es gibt strenggenommen keine autosemantischen Wörter, da die Wörter stets Bestandteile einer Sprache oder eines Sprachsystems sind. Es gibt aber umgekehrt strenggenommen auch keine synsemantischen Wörter, d. h. Wörter, die für sich genommen keine Bedeutung hätten. Das Wort «oder» wird auch verstanden, wenn es nicht im Zusammenhang mit anderen Wörtern auftritt. Niemand kann ernsthaft behaupten, daß dieses Wort für sich genommen keine Bedeutung hätte. Man weiß, daß das Wort benutzt wird, wenn wir eine Situation beschreiben, bei der zwischen zwei Möglichkeiten ausgewählt werden soll usw. Wörter ohne Bedeutung sind überhaupt keine Wörter.

→ Wort → Bedeutung.

Averroismus – die im 12. Jahrhundert von dem *arabischen Denker* AVERROES (IBN ROSCHD) entwickelte *materialistisch-pantheistische antitheologische Philosophie* und ihre Wirkung im europäischen Mittelalter, vor allem im 13. und 14. Jahrhundert.

Der Averroismus entstand in Fortführung der Lehren AVICENNAS und im Anschluß an und in der Auseinandersetzung mit dem *Aristotelismus*, der materialistisch-pantheistisch weiterentwickelt (kommentiert) wurde.

Hauptpunkte des Averroismus sind: die Überwindung des *aristotelischen* Dualismus von Materie und Form, die Lehre vom «aktiven Intellekt» (Gattungsvernunft), an dem alle Menschen teilhaben, und die strikte Trennung von Wissen und Glauben.

Der Averroismus war ein Angelpunkt *materialistischen, antitheologischen* (und *religionskritischen*) Denkens im Mittelalter und stellt ein wesentliches Moment der Ideologie der *frühbürgerlichen antifeudalen Opposition* dar. Er wurde in erster Linie von *heterodoxen* und *häretischen, antikirchlichen* und *antipäpstlichen* Denkern in *Frankreich* (Schule von *Chartres*, SIGER VON BRABANT), *Deutschland* (MEISTER ECKHART, JOHANNES VON STERNGASSE, DIETRICH VON FREIBERG, MARSILIUS VON PADUA, JOHANNES VON JANDUN) und *Italien* angenommen und vertreten.

→ arabische Philosophie.

Axiom [griech] – *eigtl*: Geltung, Forderung; Grundsatz, grundlegender Satz.

Eigenschaft einer logischen Aussage in folgenden (historischen) Begriffsfestlegungen:

1. Axiom als Aussage, deren Wahrheit durch die Erfahrung so oft bestätigt, durch die Praxis so oft bewiesen ist, daß sie als absolut gewiß betrachtet werden kann. Ein Axiom in diesem Sinn ist etwa der Satz von der Erhaltung der Energie.
2. Axiom als Aussage, die eines Beweises nicht fähig ist (weil es keine Aussagen gibt, die noch prinzipieller und umfassender sind als eben diese Aussage), die aber andererseits als so evident erscheint, daß sie eines Beweises gar nicht bedarf. In diesem Sinne wurde der Begriff «Axiom» das erstemal von ARISTOTELES in seinen logischen und metaphysischen Schriften und von EUKLID in seinen *Elementen* gebraucht.
3. Axiom als Aussage, die Bestandteil eines Axiomensystems ist. In dieser, der modernen Bedeutung des Begriffs ist es nicht mehr so, als hätten bestimmte Aussagen gleichsam ihrer Natur nach den Charakter von Axiomen, während andere Aussagen ihrer Natur nach den Charakter von Theoremen, d. h. abgeleiteten Sätzen haben. Welche Aussagen als Axiome und welche als Theoreme fungieren, hängt vielmehr von der Gesamtstruktur des jeweiligen wissenschaftlichen Systems, der jeweiligen wissenschaftlichen Theorie ab. Ein und dasselbe Sachgebiet, etwa Geometrie oder Mengentheorie, kann in verschiedener Weise als axiomatische Theorie aufgebaut werden. Eine Aussage, die in einer Theorie über ein bestimmtes Gebiet als Axiom fungiert, aus dem dann zusammen mit anderen Axiomen Theoreme abgeleitet werden, kann in einer anderen Theorie über dieses gleiche Gebiet als Theorem fungieren, das als solches dann aus anderen Axiomen abgeleitet wird. Schon allein aus diesem Grunde ist die Behauptung, ein Axiom sei eines Beweises weder fähig noch bedürftig, entsprechend dem heutigen Stand der Wissenschaftsentwicklung überholt und falsch.

Diese mögliche Doppelfunktion ein und derselben Aussage innerhalb verschiedener Systeme über das gleiche Sachgebiet, nämlich als Axiom oder Theorem, ist ein schlagendes Argument gegen den von KANT inaugurierten und in der gegenwärtigen bürgerlichen Philosophie noch weit verbreiteten → Apriorismus.

4. Axiom als Aussage, über deren Wahrheit oder

Falschheit zunächst nichts bekannt oder auszumachen ist, die aber zusammen mit anderen Aussagen dieser Art an die Spitze einer aufzubauenden Theorie gestellt wird, um zu prüfen, welche Schlußfolgerungen sich dabei, der Möglichkeit nach, ergeben.
In diesen vier Bedeutungen fand und findet der Begriff «Axiom» im wesentlichen Verwendung.
→ Axiomensystem → Theorem.
Axiomatik → Axiomensystem.
axiomatische Methode [griech] – strengste und präziseste Methode der Wissenschaft überhaupt und strengster Fall der deduktiven Methode. Die axiomatische Methode, zu der es heute eine umfangreiche Literatur gibt, läßt sich im wesentlichen wie folgt charakterisieren:
Gegeben seien eine Menge von *wahren* Aussagen über ein bestimmtes Sachgebiet und Regeln, mit deren Hilfe solche Aussagen in andere auf dieses Sachgebiet bezügliche umgeformt werden können. Diese Aussagenmenge wird nun in zwei Teilmengen derart aufgespalten, daß es möglich ist, mit Hilfe von genau definierten Regeln aus der einen Teilmenge, deren Elemente *Axiome* genannt werden, durch Umformung alle wahren Aussagen der zweiten Teilmenge, deren Elemente *Theoreme* genannt werden, zu gewinnen. In einer solchen Ableitung von Theoremen aus Axiomen muß bei jedem Schritt der Ableitung genau angegeben werden, welche Axiome bzw. welche aus diesen bereits abgeleiteten Theoreme und welche Regeln benutzt werden. Die Axiome selbst werden als gegeben vorausgesetzt (der Beweis ihrer Wahrheit muß also auf andere Weise erbracht werden, z. B. durch Experiment, Beobachtung und sonstige Formen der Praxis). Zu den Prinzipien der axiomatischen Methode gehört es ferner, daß genau unterschieden wird zwischen Schlußregeln oder Umformungsregeln, Definitionsregeln und Formregeln des axiomatischen Systems.
Ihre eigentliche Fruchtbarkeit gewinnt die axiomatische Methode erst, wenn sie Hand in Hand mit einer Formalisierung des Systems geht. In einem formalisierten Axiomensystem (auch Kalkül genannt) sind alle Aussagen, Ausdrücke usw., Axiome, Theoreme durch Zeichen dargestellt, von deren Bedeutung abstrahiert wird. Die Ableitung von Theoremen aus Axiomen, die Umformung von Ausdrücken usw. verwandelt sich jetzt in ein Operieren mit Zeichen und Zeichenreihen nach bestimmten Umformungsregeln. Einer Problemstellung der Art: «Läßt sich unter Benutzung der logischen Schlußregeln usw. eine Aussage *q* aus einer Aussage *p* beweisen?» entspricht jetzt eine Problemstellung der Art: «Läßt sich die Zeichenreihe, die der Aussage *q* entspricht, aus der Zeichenreihe, die der Aussage *p* entspricht, durch zugelassene Substitution usw. herstellen?»
Erst auf dieser Stufe der Abstraktion ist es im allgemeinen möglich, die Idealforderungen, die an ein Axiomensystem gestellt werden, ganz oder zum Teil zu realisieren (Widerspruchsfreiheit, Unabhängigkeit, Vollständigkeit) und es nachzuprüfen.
→ Axiom → Theorem.
Axiomenmodell – für die mathematische Logik spezifischer Modellbegriff, der bei der Untersuchung von → Axiomensystemen angewandt wird. Das Axiomenmodell ist eine für ein vorliegendes Axiomensystem oder für eine andere Menge von Ausdrücken mögliche konkrete Interpretation, d. h. inhaltliche Belegung, Deutung seiner abstrakten Zeichen, durch die alle Ausdrücke dieser Menge allgemeingültig bzw. zu wahren Aussagen werden. So ist z. B. die Schaltungslogik technisch-realer, digitaler Relaisnetze in diesem Sinne ein Modell der abstrakten Booleschen Algebra. Ein und dasselbe Axiomensystem kann mehrere Axiomenmodelle haben, die im allgemeinen untereinander isomorph sind. Die Axiomenmodelle dienen z. B. dazu, durch ihre Analyse die Widerspruchsfreiheit, Vollständigkeit und andere Eigenschaften des Axiomensystems nachzuweisen und haben für die mathematisch-logische Grundlagenforschung eine erhebliche Bedeutung.
Das Verhältnis des Axiomenmodells zum Axiomensystem ist keine Analogie und kann nicht mit den im Rahmen der → Modellmethode verwendeten Begriffen «Modell» und «Original» erfaßt werden; das Axiomenmodell ist keine konkrete Interpretation des Axiomensystems, nicht ein ihm äußerer Partner in einer Zuordnungsrelation.
→ Axiom.
Axiomensystem – die einer Gesamtheit von Aussagen eines Wissenschaftsbereichs zugrunde liegende systematisierte Teilmenge von Aussagen (Axiomen), aus der sich alle übrigen Aussagen deduktiv ableiten lassen.
Ein Axiomensystem muß die Anforderungen der → *Widerspruchsfreiheit* erfüllen, soll nach Möglichkeit die Eigenschaft der *Unabhängigkeit* besitzen, d. h., es soll keines seiner Axiome aus den übrigen ableitbar sein, und soll schließlich *Vollständigkeit* erstreben, d. h. zu gewährleisten versuchen, daß alle wahren Aussagen des betreffenden Gebiets tatsächlich aus den vorgegebenen Axiomen ableitbar sind. Die zweite und vor allem die dritte der Anforderungen sind im allgemeinen sehr schwer realisierbar. Von einer axiomatisierten Theorie verlangt man weiter, daß alle Ableitungen ausschließlich Ergebnis der logischen Deduktion sind, daß keinerlei Appell an die Erfahrung, an die Anschauung usw. vorgenommen wird. Es darf auch nichts benutzt werden als das, was in den Axiomen explizit ausgesprochen ist. Für ein

und dasselbe Wissenschaftsgebiet lassen sich manchmal mehrere Axiomensysteme angeben. Für die Aussagenlogik z. B. besitzen wir heute eine ganze Fülle solcher Systeme.
Die ältesten Axiomensysteme stammen von Aristoteles und stellen eine Axiomatisierung der Syllogistik dar. Große wissenschaftliche Bedeutung als Modellfall für die Wissenschaftstheorie hat das *Euklidische Axiomensystem* der Geometrie erlangt.
In seinem Werk *Grundlagen der Geometrie*, das von großer philosophischer und methodologischer Bedeutung ist, stellte Hilbert ein Axiomensystem der Geometrie auf und gab den ersten Grundriß der modernen Axiomatik (Lehre von der Aufstellung von Axiomensystemen). Seither ist eine ganze Reihe mathematischer, aber auch außermathematischer Gebiete axiomatisiert worden.
Die Axiomatisierung einer wissenschaftlichen Theorie kann erst vorgenommen werden, wenn schon sehr umfangreiche Kenntnisse über ein bestimmtes Gebiet vorliegen. Sie ist ein wichtiges erkenntnistheoretisches und methodologisches Instrument, mit dessen Hilfe Fragen des Gesamtaufbaus von Theorien, der inneren Struktur von Theorien, des Vergleichs von verschiedenen Theorien über dasselbe Wissenschaftsgebiet usw. durchgeführt werden können. Es wäre jedoch völlig verfehlt, die Axiomatisierung als *die* wissenschaftliche Methode anzusehen. Die historische Entwicklungslinie der Wissenschaften wird nicht dadurch gekennzeichnet, daß aus vorgegebenen Axiomen Lehrsätze deduktiv abgeleitet werden, sondern es sind gesellschaftliche Bedürfnisse der verschiedenartigsten Ebenen, die der Wissenschaft die Aufgaben stellen. Die Möglichkeit, eines Tages ein umfangreiches Axiomensystem aufzustellen, das alle Wissensgebiete umfaßt, ist eine Illusion. Es läßt sich nachweisen, daß ein solches umfassendes Axiomensystem nicht einmal für die Logik möglich ist.
Als Beispiel eines elementaren Axiomensystems geben wir das Hilbert-Ackermannsche Axiomensystem der Aussagenlogik (Grundzüge, I, § 10). Es seien p, q, r Aussagenvariable und es sei $p \rightarrow q$ wie folgt definiert:

$$p \rightarrow q =_{\mathrm{Def}} \sim p \vee q.$$

Dann gelten für die Aussagenlogik folgende Axiome:

$$(A_1)\ p \vee p \rightarrow p$$
$$(A_2)\ p \rightarrow p \vee q$$
$$(A_3)\ p \vee q \rightarrow q \vee p$$
$$(A_4)\ (p \vee q) \rightarrow (r \vee p \rightarrow r \vee q).$$

Zum Axiomensystem werden noch Regeln angegeben, nach denen das logische Schließen erfolgt. Es sind dies die Regel R_1: Wenn p gegeben ist und $p \rightarrow q$, dann darf man q als gültig annehmen (Abtrennungsregel), die Regel R_2: Für jede der Aussagenvariablen in obigen Formeln darf jeder beliebige logische Ausdruck eingesetzt werden, vorausgesetzt, daß dies jeweils an allen Stellen des betreffenden Axioms, an denen diese Variable auftritt, geschieht (Einsetzungsregel).
→ Axiom.

B

Babouvismus [franz] – Gesamtheit der politischen und gesellschaftlichen Theorien des französischen Revolutionspolitikers François Noël Babeuf, genannt Gracchus Babeuf (1760–1797), und seiner Anhänger, insbesondere Buonarrotis, der Babeufs Ideen nach 1830 in Frankreich fortsetzte. Die unter Babeufs Führung 1796 gebildete *Verschwörung der Gleichen* gilt als erste bereits auf kommunistische Ziele ausgerichtete Bewegung.
Ausgehend von einer naturrechtlichen Konzeption der sozialen Verhältnisse, wie sie sich insbesondere bei Rousseau findet, und einem an Helvétius orientierten Materialismus, überwindet Babeuf als Fürsprecher der Dorfarmut bei seiner Kritik an den sozialen Mißständen am Vorabend der Französischen Revolution von 1789 den egalitaristischen Standpunkt seiner Lehrer.
Seiner Ansicht nach hat jeder Mensch von Natur aus das gleiche Recht, seine Bedürfnisse zu befriedigen und Nutznießer aller Güter der Gesellschaft zu sein. Das durch eine naturrechtliche Begründung nicht zu rechtfertigende

Privateigentum, die über das zur Bedürfnisbefriedigung Notwendige hinausgehende Anhäufung materieller Güter zum Zwecke einer luxuriösen Lebensführung auf Kosten der breiten Masse der arbeitenden Bevölkerung, wird von Babeuf wie von allen Anhängern Rousseaus bekämpft. Die Gesellschaft hat die Aufgabe, die Gleichheit ihrer Bürger zu sichern. Jeder hat die Pflicht, zu arbeiten, und demzufolge auch das Recht, Nutznießer der Früchte seiner Arbeit zu sein. Im Gegensatz zu Rousseau begnügt sich Babeuf jedoch nicht mit Maßnahmen zur Schaffung eines Ausgleichs in den Besitzverhältnissen, sondern verlangt, sowohl den Grund und Boden als auch die im Prozeß der Produktion erarbeiteten Güter in Gemeineigentum zu überführen und die Verteilung der Produkte nach dem Leistungsprinzip zu regeln. Dieses hochgesteckte Ziel ist laut Babeuf nur auf dem Wege einer Revolution unter aktiver Mitwirkung einer organisierten, nach theoretischem Programm geleiteten Volksbewegung zu erreichen. Eine revolutionäre Diktatur muß die Ergebnisse einer solchen Revolution sichern und deren konsequente Weiterführung durch systematische Bildungs- und Erziehungsarbeit unter dem Volke garantieren.

In der revolutionären Praxis mußte Babeuf jedoch oft hinter seiner kommunistischen Lehre zurückbleiben, da diese, aus genauer Kenntnis der sozialen Verhältnisse, insbesondere auf dem Lande, entstanden, in konsequent logischer Weiterführung des aufklärerischen Ideengutes zu Schlußfolgerungen führte, die über die Zielsetzung einer bürgerlichen Revolution weit hinausgingen und einen kommunistischen Weltzustand begründeten, für den die realen historischen Voraussetzungen in jener Epoche noch fehlten. Die unentwickelte Gestalt des Proletariats und das Fehlen der materiellen Bedingungen seiner Befreiung, die erst von einer kapitalistischen Gesellschaft erzeugt werden, verurteilten die ersten Versuche, das Klasseninteresse des Proletariats durchzusetzen, zum Scheitern. So mußte Babeuf, um sich der Unterstützung der bürgerlich-demokratischen Bewegung in der Revolution zu versichern, Zugeständnisse machen und auf deren egalitaristische Forderungen eingehen. Hierbei war er einer der ersten, der das «Agrargesetz» forderte, um die Ungleichheit des Besitzes auf dem Lande auszugleichen. In dieser Maßnahme sah er jedoch nur die Vorstufe zu einer weiteren, aus taktischen und propagandistischen Erwägungen heraus nicht offen proklamierten Etappe der Überführung von Grund und Boden sowie der industriellen Produktionsmittel in Gemeineigentum. Auch die politische Forderung nach Einführung der Verfassung von 1793, in der das Privateigentum unangetastet blieb, ist unter diesem Gesichtspunkt zu verstehen.

Nach dem Scheitern der *Verschwörung der Gleichen* und der Hinrichtung ihrer Führer Babeuf und Darthé erfuhr die kommunistische Bewegung eine Unterbrechung bis etwa 1830, wo sie von Babeufs Freund und Mitstreiter Buonarroti, nunmehr unter den neuen konsolidierten bürgerlich-kapitalistischen Gesellschaftsverhältnissen, erneut bewußt gemacht und propagiert wurde als theoretischer Wegweiser für den Kampf der Arbeiterklasse. Somit schließt mit dem Babouvismus, aus dem heraus Marx seine Lehre von der Diktatur des Proletariats entwickelte, die Vorgeschichte des kommunistischen Denkens und der kommunistischen Bewegung ab.
→ Sozialismus und Kommunismus, utopischer.

Ballung – vom Wiener Kreis eingeführter Begriff, der zwar *prinzipiell*, aber auf dem gegebenen Entwicklungsstand der entsprechenden Wissenschaft noch nicht *aktuell* auf Begriffe der physikalischen Sprache (→ Physikalismus) reduziert werden kann und deshalb vorwiegend heuristischen Wert besitzt. Von Ballungen streng zu unterscheiden sind nach Neurath die prinzipiell nicht reduzierbaren metaphysischen oder Scheinbegriffe (wie «Engel», «Seele» usw.).
→ Positivismus.

Bamalip – künstlich geschaffenes Merkwort der *traditionellen Logik* für einen gültigen Modus der 4. Schlußfigur, und zwar für:
Aus PaM und MaS folgt SiP. Die in der traditionellen Logik stillschweigend geltende Voraussetzung, wonach dem Prädikatsbegriff P nicht die Nullklasse entsprechen darf, muß in der *modernen Logik* ausdrücklich hinzugefügt werden. Der Modus Bamalip lautet in *moderner Schreibweise* folglich:
Aus $\forall(x)\,[P(x) \rightarrow M(x)]$, $\forall(x)\,[M(x) \rightarrow S(x)]$ und $\exists(x)\,P(x)$ folgt $\exists(x)\,[S(x) \wedge P(x)]$.

Báñezianismus – die philosophisch-theologischen Lehren des spanischen Dominikaners Dominikus Báñez (1528–1604) über das Verhältnis von göttlicher Allmacht (göttlichem Vorherwissen, göttlicher Allursächlichkeit) und menschlicher Freiheit.

Die Lehren Bañez' entstanden als Reaktion auf das System des Jesuiten Luis de Molina (→ Molinismus), wobei Bañez sich auf Thomas von Aquin berief und dessen Lehren mit besonderer Strenge verteidigte. Während Molina den in diesem Verhältnis eingeschlossenen Widerspruch dadurch zu beseitigen trachtete, daß er die Freiheit des Willens in den Vordergrund schob und Gottes Wirksamkeit auf eine bloße Form der Mitwirkung einschränkte, betonte Bañez umgekehrt die absolute Oberherrlichkeit Gottes und ließ von der Willensfreiheit faktisch nur noch das Wort, indem er eine strikte göttliche Prädetermination des menschlichen Willens lehrte. Nach Bañez muß eine solche Prädetermination angenommen werden, weil a) nur diese gewährleistet, daß Gott nicht in die Abhängigkeit vom Geschöpf gerät, und b) weil der Wille von sich aus niemals aus dem Zustand der Möglichkeit in den der Wirklichkeit übergehen kann (die gegenteilige molinistische Auffassung wäre eine Durchbrechung des Kausalgesetzes). Um unter diesen Umständen dennoch von Willensfreiheit sprechen zu können, lehrten BAÑEZ und seine Anhänger, daß Gott jedes Geschöpf eben seiner Natur gemäß bewegt, ein mit freiem Willen ausgestattetes Wesen also so, daß seine Freiheit auch unter göttlicher Vorherbestimmung erhalten bleibt.

Die Angriffe BAÑEZ' und seiner Anhänger auf MOLINA führten von 1588 an zu einer fast zwei Jahrzehnte währenden erbitterten Auseinandersetzung zwischen *Dominikanern* und *Jesuiten.* 1607 unterband PAUL V. diese Auseinandersetzungen, indem er die gegenseitige Verketzerung als *Calvinismus* und *Pelagianismus* zurückwies und den Streit verbot bis zu einem päpstlichen Entscheid, der jedoch bis heute aussteht. Infolgedessen haben sich beide Lehren bis in die Gegenwart erhalten, wo sie innerhalb der → *Neuscholastik* ein wichtiges Moment der Unterscheidung zwischen der Lehrmeinung der *Dominikaner* und der der *Jesuiten* bilden.

Barbara – künstlich geschaffenes Merkwort der *traditionellen Logik* für einen gültigen Modus der 1. Schlußfigur, und zwar für:

Aus MaP und SaM folgt SaP – in *moderner Schreibweise*: Aus $\forall(x)\ [M(x) \rightarrow P(x)]$ und $\forall(x)\ [S(x) \rightarrow M(x)]$ folgt $\forall(x)\ [S(x) \rightarrow P(x)]$.

Barbari – künstlich geschaffenes Merkwort der *traditionellen Logik* für einen gültigen Modus der 1. Schlußfigur, und zwar für:

Aus MaP und SaM folgt SiP. Dieser Modus zählt zu den subalternen Modi; er hat bei gleichen Prämissen eine schwächere Conclusio als Barbara, d. h., sie ist der von Barbara subordiniert.

Die in der traditionellen Logik stillschweigend geltende Voraussetzung, wonach dem Subjektsbegriff S nicht die Nullklasse entsprechen darf, muß in der *modernen Logik* ausdrücklich hinzugefügt werden; der Modus Barbari lautet in *moderner Schreibweise* folglich:

Aus $\forall(x)\ [M(x) \rightarrow P(x)]$, $\forall(x)\ [S(x) \rightarrow M(x)]$ und $\exists(x)\ S(x)$ folgt $\exists(x)\ [S(x) \wedge P(x)]$.

Baroco – künstlich geschaffenes Merkwort der *traditionellen Logik* für einen gültigen Modus der 2. Schlußfigur, und zwar für:

Aus PaM und SoM folgt SoP – in *moderner Schreibweise*:

Aus $\forall(x)\ [P(x) \rightarrow M(x)]$ und $\exists(x)\ [S(x) \wedge \sim M(x)]$ folgt $\exists(x)\ [S(x) \wedge \sim P(x)]$.

Basis und Überbau – Begriffe des historischen Materialismus, die bei der materialistischen Beantwortung der Grundfrage der Philosophie in bezug auf das gesellschaftliche Leben und innerhalb der historisch-materialistischen Lehre von der → Gesellschaft, der → ökonomischen Gesellschaftsformation einen wichtigen Platz einnehmen. Die Gesellschaft stellt auf jeder Entwicklungsstufe eine Gesamtheit gesellschaftlicher Verhältnisse zwischen den Menschen dar, die in materielle und ideologische eingeteilt werden können. Die ersteren bilden die Grundlage, die reale *Basis* einer Gesellschaft, die letzteren stellen einen *Überbau* über dieser Basis dar.

Die (ökonomische) *Basis* ist demnach die ökonomische Struktur der Gesellschaft, die Gesamtheit der materiellen ökonomischen Verhältnisse, das System der jeweiligen Produktions- und Klassenverhältnisse, die einer bestimmten Entwicklungsstufe der materiellen Produktivkräfte entsprechen. Der *Überbau* ist das System der dieser Basis entsprechenden politischen, juristischen, moralischen, weltanschaulichen Anschauungen sowie der dieser Basis entsprechenden politischen, juristischen und sonstigen Institutionen (Staat, politische Parteien, gesellschaftliche Organisationen, kulturelle Einrichtungen, Bildungswesen usw.). In jeder Gesellschaftsformation bringt eine gegebene Basis den ihr entsprechenden Überbau hervor, der seinerseits auf die Basis zurückwirkt. Es ist zu berücksichtigen, daß sowohl die Basis als auch der Überbau sich in der praktischen Tätigkeit der Menschen herausbilden, in der sich auch die Beziehungen zwischen Basis und Überbau realisieren. Da ein jeweiliges System materieller Produktionsverhältnisse der Menschen zugleich deren soziale Gliederung in antagonistische Klassen oder in miteinander verbündete Klassen darstellt, reflektieren sich diese Klassenbeziehungen auch im ideologischen und institutionellen Überbau, wo sie in Gestalt von Auseinandersetzungen verschiedener Ideologien, in Gestalt des Kampfes oder der Zusammenarbeit politischer und anderer Institutionen wirksam werden. Von Bedeutung sind die sich hieraus ergebenden Einsichten in den Prozeß notwendiger revolutionärer Umgestaltungen von gesellschaftlichen Formationen. MARX sagt dazu: «Mit der Veränderung der ökonomischen Grundlage wälzt sich der ganze ungeheure Überbau langsamer oder rascher um. In der Betrachtung solcher Umwälzungen muß man stets unterscheiden zwischen der materiellen, naturwissenschaftlich treu zu konstatierenden Umwälzung in den ökonomischen Produktionsbedingungen und den juristischen, politischen, religiösen, künstlerischen oder philosophischen, kurz, ideologischen Formen, worin sich die Menschen dieses Konflikts bewußt werden und ihn ausfechten. Sowenig man das, was ein Individuum ist, nach dem beurteilt, was es sich selbst dünkt, ebensowenig kann man eine solche Umwälzungsepoche aus ihrem Bewußtsein beurteilen, sondern muß vielmehr dies Bewußtsein aus den Widersprüchen des materiellen Lebens, aus dem vorhandenen Konflikt zwischen gesellschaftlichen Produktivkräften und Produktionsverhältnissen erklären» (13, 9).

Die Begriffe «Basis» und «Überbau» stellen Abstraktionen dar. Sie heben grundlegende Beziehungen und Prozesse hervor, die sich im wirklichen gesellschaftlichen Leben in einer unendlich vielgestaltigen Mannigfaltigkeit von individuellen und kollektiven Aktionen, Auseinandersetzungen und in Widersprüchen vollziehen. Sie bringen diese grundlegenden Beziehungen und Prozesse in einen theoretisch leicht überblickbaren und zugleich praktikablen strukturellen und funktionellen Zusammenhang. Hieraus ergibt sich, daß diese Begriffe den prinzipiellen theoretischen und methodischen Ansatz zur Lösung konkreter wissenschaftlicher Probleme der Theorie und Praxis darstellen, daß sie aber in ihrer Abstraktheit diese Lösung ebensowenig erbringen wie etwa ein mathematisches Modell, daß sie vielmehr auf die konkrete Situation konkret angewandt werden müssen.

Eine gegebene Gesellschaftsordnung kann in ihrem geschichtlichen Platz und in ihrem Charakter nur erkannt werden, wenn die ökonomische Basis dieser Gesellschaft in ihrer Wechselwirkung mit der Entwicklung der Produktivkräfte analysiert und erklärt wird, wenn die Ideen und Institutionen dieser Gesellschaft als historisch bestimmtes System verstanden werden und wenn dieses System als Überbau der ökonomischen und Klassenstruktur sichtbar gemacht, aus der gegebenen ökonomischen Basis erklärt wird. Dies ist die notwendige, wenn auch keineswegs hinreichende Bedingung für die Erkenntnis des Wesens und des Charakters konkreter gesellschaftlicher Zusammenhänge.

Die besondere Bedeutung der Begriffe «Basis» und «Überbau» ist darin zu sehen, daß sie theoretische Instrumente zur Erfassung des Systemcharakters der Gesellschaft darstellen und daß sie gerade unter diesem Aspekt für die Bewältigung der wissenschaftlichen Probleme wichtig sind, die bei der praktisch-revolutionären Umgestaltung der Gesellschaft und bei der planmäßigen Entwicklung der sozialistischen Gesellschaftsformation auftreten. Die theoretische und methodische Bedeutung der Lehre von Basis und Überbau bestätigt sich vor allem bei der Prognose und bei der planmäßigen Entwicklung des Sozialismus als umfassendes Gesellschaftssystem, bei der Regelung von Systemzusammenhängen der sozialistischen Gesellschaft. Wenn beispielsweise die Aufgabe gestellt ist, die Entwicklung der künstlerischen Kultur prognostisch zu erfassen und weit vorausschauend zu gestalten, dann weisen die Begriffe «Basis» und «Überbau» darauf hin, daß primär nicht von den inneren Entwicklungstendenzen und -problemen der künstlerischen Kultur, etwa von Stilfragen, auszugehen ist, sondern von der notwendigen Entwicklung eines der sozialistischen ökonomischen Basis entsprechenden Überbaus, mithin einer künstlerischen Kultur, die sich ihrem politisch-ideologischen Inhalt und ihrer politisch-ideologischen Zielsetzung nach als Teilsystem des sozialistischen gesellschaftlichen Gesamtsystems bewähren muß, welches auf der Basis des ökonomischen Systems gestaltet wird. Alle Detailprobleme der Entwicklung der künstlerischen Kultur sind diesem gesellschaftlichen Systemzusammenhang, der u. a. durch die Begriffe «Basis» und «Überbau» erfaßt wird, untergeordnet und müssen in ihn eingebettet werden.

→ Überbau.

Bedeutung – eines Wortes ist der → Begriff, der durch dieses Wort ausgedrückt wird, Bedeutung eines Aussagesatzes ist die → Aussage, deren sprachliche Existenzform dieser Aussagesatz ist.

G. Frege hat den Terminus «Bedeutung» noch in einem anderen Sinne benutzt. Die Bedeutung einer Aussage bzw. eines Prädikats ist nach Frege die Extension dieser Aussage bzw. dieses Prädikats, im Gegensatz zum Sinn der Aussage bzw. des Prädikats, der in deren Intension liegt. Die Bedeutung eines Wortes ist für ihn dasjenige, was durch dieses Wort bezeichnet wird, also – in anderer Terminologie – das Designat des Wortes.

Diese Auffassung des Terminus «Bedeutung» hat sich außerhalb der Logik nicht durchgesetzt. Es gibt mehr als 20 verschiedene Interpretationen dieses Terminus, und die Meinungen der Vertreter der hier einschlägigen Disziplinen (Logik, allgemeine Sprachwissenschaft usw.) gehen weit auseinander.

→ Wort → Bedeutungserkennung.

Bedeutungserkennung – Verfahren zur Erkennung der Bedeutung von Wörtern, Sätzen oder – im allgemeinsten Falle – der Bedeutung von Signalen bzw. Signalfolgen. Die Bedeutung von Wörtern kann durch logische Analyse des betreffenden Sprachzusammenhangs erkannt werden. Letztlich muß jede Bedeutung von Wörtern, Sätzen usw. auf die Beziehung zwischen diesen sprachlichen Gebilden und dem, was sie bezeichnen, zurückgeführt werden. Diese Möglichkeit ist zugleich grundlegende Voraussetzung für die heute immer mehr in den Vordergrund tretende automatische Bedeutungserkennung. Ausgegangen wird dabei z. B. von einer sog. *Steinbuchschen Lernmatrix*. Sie ist eine wesentlich erweiterte und weiterentwickelte technische Modellierung des Pawlowschen bedingten Reflexes. In einem Lernvorgang, der der Bedeutungserkennung vorangehen muß, werden der Matrix unterschiedliche

Merkmalskomplexe von Dingen, Beziehungen zwischen Dingen usw. angeboten (d. h., es werden gewissermaßen Begriffe gebildet). Jeder derartige Komplex macht eine Bedeutung aus. Ist auf diese Weise durch ein solches technisches Verfahren eine Menge von Bedeutungen erarbeitet, so kann die Matrix als Bedeutungserkennungsmatrix dienen. Wird in die Bedeutungsmatrix eine Kombination von Signalen eingegeben, so ist sie in der Lage, die zugehörige Bedeutung anzugeben. Durch übereinandergeschichtete Matrizen dieser Art ist es auch möglich, Bedeutungen von hohem Abstraktionsgrad zu erkennen.

bedingte Anlaßafferenz – Reizkomplex, der durch Einwirkungen aus der Umwelt mobilisiert, zum Zentralnervensystem weitergeleitet wird und in der Regel zur Auslösung einer der Situation angepaßten Reaktion führt. Das Besondere der bedingten Anlaßafferenz besteht darin, daß sie nicht nur von den gerade einwirkenden Reizen abhängt, sondern sowohl durch die vorher als auch durch die gleichzeitig einwirkenden Reize aus der Umwelt mitbedingt ist (Situationsafferenz).

Daraus folgt, daß ein und dieselbe Anlaßafferenz bei Vorliegen unterschiedlicher Situationsafferenzen zu unterschiedlichen Reaktionen führt. Der Organismus wählt aus der Klasse der Situationsafferenzen, die mit ein und derselben Anlaßafferenz in Verbindung treten können, in der Regel diejenige Reaktion, die optimalen Nutzen bringt.

In der klassischen Theorie des Reflexbogens wurde nur die bedingte Anlaßafferenz berücksichtigt. Das hatte seine Ursache darin, daß der spezifisch mechanisch-materialistischen Denkweise die komplizierte Dialektik von äußerer Einwirkung und relativer Eigengesetzlichkeit organischer Systeme verborgen blieb. Jedoch beruht die jeweilige Erkenntnis nicht nur auf den gerade einwirkenden Sinnesempfindungen, sondern der Erkennende fügt der Erkenntnis immer auch etwas hinzu, was in der Gedächtnis- und Denkstruktur bereits vorhanden ist (relatives Apriori).

→ Reafferenzprinzip → Situationsafferenz.

bedingter Reflex – individuell erworbene, zeitweilig existierende, größtenteils in der Hirnrinde lokalisierte Nervenschaltung, die im Konnex mit variierbaren unbedingten Reflexen maßgeblich an der Anpassungsleistung des Organismus an zeitweilig gegebene Umweltsituationen beteiligt ist.

Erste Vorstellungen vom reflektorischen Verhalten entwickelte DESCARTES (*Traité de l'homme*). Im Sinne des von ihm vertretenen Dualismus behauptete er, daß alles, was nicht Denken (Selbstbewußtsein) sei, der Welt der körperlichen (mechanischen) Bewegung angehöre. Unwillkürliche Handlungen und Bewegungen der Tiere und Menschen seien rein reflektorischer Natur; d. h., aus der Umwelt kommende mechanische Stöße pflanzen sich von den Sinnesorganen zum Sinneszentrum fort und werden «wie durch einen Spiegel» in das motorische System reflektiert.

Entwickelten auch A. VON HALLER, G. PROCHASKA, J. MÜLLER und andere die Reflextheorie weiter, so bekam sie wirkliche wissenschaftliche Bedeutung erst mit der Krise der vorwiegend introspektiven Psychologie um die Jahrhundertwende und der entstehenden Verhaltensforschung. Als kleinste Einheit menschlichen und tierischen Verhaltens wurde der *Reflexbogen* entdeckt. Man betrachtete das Nervensystem als eine Art → Black-box und versuchte, seinen Struktur- und Funktionsmechanismus durch Vergleich der Inputs und Outputs zu erkennen.

I. P. PAWLOWS Theorie der bedingten Reflexe gingen F. BIDDER und C. SCHMIDT voraus, die beobachtet hatten, daß Hunde auf den bloßen Anblick von Nahrung mit Sekretion von Speichel reagieren. W. B. CARPENTER brachte diese Beobachtung auf die Formel: die Vorstellung einer Bewegung löst diese in stark verkleinertem Ausmaß bereits aus.

Von entscheidender Bedeutung für die Schöpfung der Reflextheorie PAWLOWS waren vor allem die Arbeiten SETSCHENOWS (*Die Reflexe des Gehirns* 1866), der darum kämpfte, die idealistische Isolierung des Psychischen vom Physischen zu überwinden. Das Bewußtsein war für SETSCHENOW Mittelglied eines reflektorischen Vorgangs, das den äußeren Impuls mit der motorischen Reaktion verbindet.

Diese Ansätze entwickelte PAWLOW weiter und leitete eine neue Etappe in der Reflextheorie ein. Bis auf Reste überwand er den Mechanizismus der alten Reflexlehre, die nach dem Vorbild von DESCARTES unter Reflex nur die unwillkürliche Reaktion auf *Einzelreize* (Einfluß der → Atomistik auf die Psychologie) durch bloß mechanisch funktionierende Schaltmechanismen verstanden hatte, wodurch Bewußtseinsvorgänge durch eine starre Wand vom reflektorischen Geschehen getrennt waren.

Ein großer Fortschritt war PAWLOWS Unterscheidung von *bedingten* und *unbedingten Reflexen*. Während unbedingte Reflexe angeboren und artspezifisch sind, Reaktionen auf die biologisch am meisten bedeutsamen und konstanten Reize darstellen, werden die bedingten Reflexe im Verlaufe des Individuallebens erworben bzw. teilweise wieder gelöscht. Sie basieren auf zeitweiligen Nervenverbindungen in der Großhirnrinde (nach neueren Forschungen unter bestimmten Bedingungen auch im subkortikalen Gebiet). Sie ermöglichen den Organismen eine größere Variabilität in der Anpassung an die sich wandelnden Umweltreize und gewährleisten somit

ein differenzierteres Verhalten. Bedingte Reflexe sind in gewisser Hinsicht Grundlage der Lernfähigkeit der Organismen.
Bedingte Reflexe kommen nur auf der Grundlage unbedingter zustande. Der klassisch gewordene Hundeversuch PAWLOWS macht das deutlich. Die Fütterung mit Fleisch setzt beim Hund die auf einem unbedingten Reflex basierende Speichelsekretion in Gang. Koppelt man genügend oft mit dem Signal «Fleisch» ein neutrales Signal, z. B. einen Glockenton (ein indifferenter Reiz), so erfolgt Speichelsekretion, ohne daß der den unbedingten Reflex auslösende Reiz (Fleisch) vorhanden ist. Der ausgebildete bedingte Reflex erlischt jedoch wieder, wenn ihm der den unbedingten Reflex auslösende Reiz hinreichend oft nicht nachfolgt.
Die bedingten Reflexe, die bereits auf sehr früher tierischer Stufe auftreten, ermöglichen den Organismen, sich auf Grund von Einzelsignalen, die zu einem Kausalkomplex von Signalen gehören, auf kausale und gesetzmäßige Geschehenskomplexe einzustellen. Verschwinden bestimmte Umweltkonstellationen, so löst sich die adäquate zeitweilige Verbindung wieder auf. Bedingte Reflexe sind also auch bedeutsam für die Ökonomie der Anpassungsprozesse, da Speicherkapazitäten von überflüssig gewordenen Reflexen entlastet und damit frei für neue Anpassungsleistungen werden.
Gewisse zeitbedingte mechanizistische Vereinfachungen der PAWLOWschen Lehre wurden durch ANOCHIN (1935) und durch VON HOLST und MITTELSTAEDT (1950) überwunden. An die Stelle der Ansicht, daß der Nachrichtenweg vom → Rezeptor (afferenter Teil) zum → Effektor (efferenter Teil) einsinnig gerichtet ist, trat die Erkenntnis, daß der Reflexbogen einen geschlossenen Regelkreis bildet. Das Resultat der Steuerung des Effektors durch die Zentrale wird an diese zurückgemeldet (*Reafferenzprinzip*).
Auch vom *Behaviorismus*, der sich mit dem Verhalten der Tiere beschäftigt, wurde die PAWLOWsche Reflexlehre aufgegriffen, bestätigt und fortentwickelt.
Darüber hinaus hat die Lehre von den bedingten Reflexen auch in der Erforschung von Lernprozessen fruchtbare Anwendung gefunden. Mit Hilfe experimenteller und mathematischer Methoden (z. B. der Algorithmentheorie) konnte von der Untersuchung des isolierten, einzelnen bedingten Reflexes zur Erforschung von Reflexketten und Reflexnetzen übergegangen werden. Es steht für die Zukunft zu erwarten, daß mittels der weiterentwickelten Theorie der bedingten Reflexe nicht nur einfache, sondern auch höchst komplizierte Lernprozesse erklärt werden können.
→ indifferenter Reiz → Kettenreflex → unbedingter Reflex → Reafferenzprinzip.

Bedingtheit – Form des Zusammenhangs zwischen Objekten der materiellen Welt bzw. deren Abbildern im Bewußtsein, bei der die Existenz oder Veränderung der einen Objekte die Existenz oder Veränderung anderer Objekte voraussetzt (→ Abhängigkeit) oder die Existenz oder Veränderung anderer Objekte bestimmt.
Der Begriff der Bedingtheit widerspiegelt den objektiven Sachverhalt, daß die Entstehung, Existenz und Veränderung jeder Erscheinung in untrennbarem Zusammenhang mit den anderen sie umgebenden Erscheinungen steht. Der Begriff des Zusammenhangs ist jedoch weiter als der Begriff der Bedingtheit, d. h., nicht jeder Zusammenhang ist zugleich ein Bedingungszusammenhang. Der Zusammenhang zwischen zwei Erscheinungen kann z. B. ein zufälliger sein, ohne daß die eine Erscheinung die andere notwendig bedingt.
Der Bedingungszusammenhang kann in drei Grundformen auftreten: 1. *A* kann von *B* abhängen (*B* ist eine *notwendige Bedingung* für *A*); 2. *B* kann *A* bedingen (*B* ist eine *hinreichende Bedingung* für *A*); zwischen *A* und *B* besteht eine wechselseitige Abhängigkeit (*B* ist eine *notwendige und hinreichende Bedingung* für *A*).
Die Bedingtheit ist ein Moment des universellen Zusammenhangs und der Wechselwirkung zwischen den Erscheinungen der objektiven Realität. Was im Hinblick auf bestimmte Erscheinungen Bedingtes ist, ist im Hinblick auf andere Erscheinungen selbst Bedingendes. In Wechselwirkungssystemen ist eine Erscheinung nicht nur von einer Gesamtheit anderer bedingt, sondern wirkt auch selbst auf diese zurück (→ Rückkopplung).
Es ist zwischen *variabler* und *relativ konstanter Bedingtheit* zu unterscheiden. Die existenzmäßige Bedingtheit ist variabel, temporär wechselnd. Sie gibt den Dingen ihr gegenwärtiges Gepräge, macht sie zu einem Teil des momentanen Wechselwirkungsgefüges, des Milieus. In diesem Sinne ist ein Atom in einem Eiweißmolekül anders bedingt (und anderes bedingend) als ein Atom in einer anorganischen Verbindung. Im Verhalten des Menschen erlangt die variable Bedingtheit den maximalen Wirkungsgrad. Eine Wechselwirkung ist bei der variablen Bedingtheit immer vorhanden.
Die relativ konstante Bedingtheit hingegen bestimmt die Struktur, die sich im dynamischen Gleichgewicht der prozeßhaften Existenz erhält, z. B. die Erbbedingtheit der Lebewesen. Allgemein gilt, daß die Bedingtheit einer Erscheinung um so umfassender und komplizierter ist, je höher die Bewegungsform ist, der sie angehört, und je differenzierter sie ist.
Die objektive Grundlage der allgemeinen Bedingtheit aller Erscheinungen ist die → materielle Einheit der Welt, die Tatsache, daß die einheitliche Materie in einer unendlichen Mannig-

faltigkeit von Entwicklungsformen existiert. Der wissenschaftliche Begriff der Bedingtheit ist deshalb ein wesentlicher Ausdruck des *materialistischen Monismus*. Im Gegensatz dazu stehen die (im weitesten Sinne) fideistischen Auffassungen über eine göttliche Bedingtheit (Schöpfung) aller Erscheinungen. Alle Versuche, einen geistigen Ursprung und eine geistige Bedingtheit der Erscheinungen zu postulieren, scheitern an der Konfrontierung mit den Ergebnissen der Wissenschaft, die die materielle Einheit der Welt einschließlich ihrer materiellen Bedingtheit immer präziser und detaillierter beweisen.

→ Bedingtsein → Bedingung → Determinismus → Relation.

Bedingtsein – universelle Eigenschaft aller Erscheinungen der objektiven Realität, für ihre Entstehung, Existenz und Veränderung andere Erscheinungen zur Voraussetzung zu haben, von ihnen abhängig zu sein, durch sie bedingt zu sein.

→ Bedingtheit → Bedingung.

Bedingung – objektiver Sachverhalt bzw. gedankliche Widerspiegelung eines Sachverhalts in Form einer Aussage, von dessen Existenz bzw. von deren Gültigkeit die Existenz eines anderen Sachverhalts bzw. die Gültigkeit einer anderen Aussage abhängt oder dessen Existenz bzw. deren Gültigkeit die Existenz eines anderen Sachverhalts bzw. die Gültigkeit einer anderen Aussage nach sich zieht. Das von der Bedingung Abhängige oder Bestimmte heißt das Bedingte.

In der objektiven Realität gibt es keine Erscheinungen, die nicht durch andere bedingt wären und nicht selbst als Bedingungen für andere aufträten. Die allgemeine Bedingtheit der Erscheinungen ist eine Folge des universellen Zusammenhangs der materiellen Welt und der Bewegung als der Daseinsweise der Materie.

Der Begriff der Bedingung ist nicht identisch mit dem der Ursache. In der Geschichte der Philosophie wurden im wesentlichen zwei entgegengesetzte Ansichten über das Verhältnis von Bedingung und Ursache vertreten. Die eine trennt die Bedingung von der Ursache absolut. Eine Bedingung könne nicht Ursache sein, und eine Ursache sei keine Bedingung. Eine solche absolute Abgrenzung von Bedingung und Ursache finden wir z. B. bei PLATON: Ursachen können nur die Ideen, die Seele und die Vernunft sein, während Bedingungen stets materielle Dinge seien.

In der anderen Auffassung werden Bedingung und Ursache oft einander gleichgesetzt. So reduziert etwa der *mechanische Materialismus* des 17. und 18. Jahrhunderts Bedingungen auf Ursachen (→ Determinismus) und sieht in der Natur «nichts als eine unermeßliche Kette von Ursachen und Wirkungen» (HOLBACH). In umgekehrter Weise werden Bedingung und Ursache vom → *Konditionalismus* identifiziert. Dieser leugnet die objektive Existenz von Ursachen und anerkennt nur Gesamtheiten von gleichwertigen Bedingungen. Der *dialektische Materialismus* negiert beide extreme Auffassungen über das Verhältnis von Bedingung und Ursache – ihre absolute Trennung wie auch ihre Identifizierung – durch seine Lehre von der Kausalität als eines Moments der universellen Wechselwirkung.

Der Umfang des Begriffs der Bedingung ist weiter als der des Begriffs der Ursache. Die Ursache ist eine bestimmte Art von Bedingung, während nicht jede Bedingung als Ursache auftritt. Das ist auch *logisch* ersichtlich. Der Bedingungszusammenhang wird durch die Wenn-so-Beziehung ausgedrückt, aber nicht jede Wenn-so-Beziehung bringt einen kausalen Zusammenhang zum Ausdruck. In der Aussage z. B. «Wenn ein Dreieck gleichwinklig ist, so ist es gleichseitig» wird eine Bedingung, jedoch nicht die Ursache der Gleichseitigkeit eines Dreiecks angegeben.

Nach der Art des Zusammenhangs zwischen Bedingung und Bedingtem können folgende Arten von Bedingungen unterschieden werden.

1. Die *notwendige Bedingung*. Eine objektive Bedingung A heißt notwendig, wenn ohne ihre Realisierung die Existenz der durch sie bedingten Erscheinung B unmöglich ist. Ist also die notwendige Bedingung A nicht erfüllt, so existiert auch B nicht. Umgekehrt bedeutet die Realisierung von A noch nicht die Existenz von B. A bestimmt nicht die wirkliche Existenz von B, sondern seine → Möglichkeit. Zur Verwandlung der Möglichkeit in → Wirklichkeit sind in diesem Fall noch andere Bedingungen notwendig.

In *logischer Beziehung* bedeutet die notwendige Bedingung, daß von der Aussage B auf die Aussage A geschlossen werden kann: B impliziert A ($B \rightarrow A$). Aus der Falschheit von A, was der Nichtrealisierung der notwendigen Bedingung entspricht, folgt die Falschheit von B, was dem Nicht-Eintreten des durch B symbolisierten Ereignisses entspricht. Aus der Wahrheit von A folgt hingegen noch keineswegs die Wahrheit von B.

So sind z. B. stabile sich entwickelnde sozialistische Produktionsverhältnisse die notwendige Bedingung dafür, daß das entwickelte gesellschaftliche System des Sozialismus errichtet werden kann. Sind sie nicht gegeben, so kann das entwickelte gesellschaftliche System des Sozialismus unmöglich errichtet werden; in diesem Falle wäre noch nicht einmal sein Kernstück – das *ökonomische* System des Sozialismus – *möglich*. Die Existenz sozialistischer Produktionsverhältnisse allein ergibt aber ebenfalls noch nicht das entwickelte gesellschaftliche System des Sozialismus. Dieses wird außer durch sozialistische Produktionsverhältnisse noch charakterisiert durch ein hohes Niveau und ein rasches Wachstumstempo der gesellschaftlichen Produktivkräfte, durch eine starke sozialistische Staatsmacht, durch eine dem neuesten Stand der Wissenschaft und Technik entsprechende und mit den fortgeschrittensten Methoden geleitete Landesverteidigung, durch die allseitige Entwicklung der sozialistischen Demokratie, durch einen hohen Bildungsstand der Werktätigen und die ständige Verbesserung ihrer Arbeits- und Lebensbedingungen und schließlich dadurch, daß die sozialistische Ideologie und Kultur alle Bereiche des gesellschaftlichen Lebens durchdringen. Erst die Realisierung aller dieser Bedingungen, von denen jede einzelne notwendig ist, läßt das entwickelte gesellschaftliche System des Sozialismus zur Wirklichkeit werden.

2. Die *hinreichende Bedingung.* Eine objektive Bedingung A heißt hinreichend, wenn ihre Realisierung die Existenz der durch sie bedingten Erscheinung B mit Notwendigkeit nach sich zieht. Dagegen sagt die Existenz von B noch nichts über die Realisierung der für B hinreichenden Bedingung A aus. B kann nicht nur von A, sondern je nach dem konkreten Fall auch von A_1, A_2 usw. hervorgerufen werden. Fällt z. B. Licht von der Wellenlänge 670 $m\mu$ auf die Netzhaut eines normalsichtigen Menschen, so entsteht bei ihm die Empfindung «rot». Das Vorhandensein dieses Lichts ist eine hinreichende Bedingung für die Entstehung dieser Empfindung. Nun kann die Empfindung «rot» aber auch auf andere Weise entstehen, z. B. durch bestimmte mechanische Reizungen der Netzhaut.

In *logischer Beziehung* bedeutet die hinreichende Bedingung, daß von der sie symbolisierenden Aussage A auf die Aussage B geschlossen werden kann: A impliziert B ($A \rightarrow B$). Aus der Wahrheit der Aussage A folgt hier die Wahrheit von B, aus der Falschheit von A hingegen noch nicht die Falschheit von B.

3. Die *notwendige und hinreichende Bedingung.* Das Auffinden von notwendigen bzw. hinreichenden Bedingungen allein ist nur ein erster Schritt in der Erkenntnis gesetzmäßiger Zusammenhänge. Kennt man lediglich eine hinreichende Bedingung, so weiß man nicht, ob nicht vielleicht noch andere Bedingungen existieren, die ebenfalls hinreichend sind. Sind dagegen nur notwendige Bedingungen bekannt, dann weiß man einzig und allein, wann das betreffende Ereignis *nicht* eintritt. Der nächste Schritt in der Erkenntnis ist das Aufsuchen von Bedingungen, die sowohl hinreichend als auch notwendig sind. Eine Bedingung A heißt dann notwendig und hinreichend für die von ihr bedingte Erscheinung B, wenn ohne ihre Realisierung die Existenz von B unmöglich ist und ihre Realisierung die Existenz von B mit Notwendigkeit nach sich zieht. Im Falle der notwendigen und hinreichenden Bedingung besteht ein symmetrisches notwendiges Abhängigkeitsverhältnis zwischen A und B.

In *logischer Beziehung* bedeutet die notwendige und hinreichende Bedingung, daß von der Aussage A auf die Aussage B und von der Aussage B auf die Aussage A geschlossen werden kann: A impliziert B und B impliziert A.

$$[(A \rightarrow B) \wedge (B \rightarrow A)].$$

Nach den Gesetzen der → Aussagenlogik gewinnt man daraus die → Äquivalenz $A \leftrightarrow B$.

Beispiel: Die notwendige und hinreichende Bedingung dafür, daß die Zahl a eine ganze Zahl ist, besteht darin, daß $a^2 = n^2$ ist, wobei n eine natürliche Zahl ist. Denn: wenn a eine ganze Zahl ist, so ist ihr Quadrat dem einer natürlichen Zahl gleich ($a^2 = n^2$) und umgekehrt: wenn das Quadrat einer Zahl a dem einer natürlichen Zahl gleich ist ($a^2 = n^2$), dann handelt es sich um eine ganze Zahl.

4. *Begleitbedingungen.* Darunter sind Bedingungen zu verstehen, von denen eine Erscheinung zufällig, unwesentlich abhängt. Die Begleitbedingungen haben keinen Einfluß auf den Inhalt, das Wesen der gegebenen Erscheinung oder des gegebenen Prozesses, sondern sie bestimmen deren konkrete Erscheinungs- bzw. Existenzformen. Der Aufbau des Sozialismus z. B. vollzieht sich in den verschiedenen Ländern des sozialistischen Weltsystems unter ungleichen Bedingungen, die im Begriff der nationalen Besonderheiten zusammengefaßt werden. Die nationalen Besonderheiten bestimmen jeweils die konkrete Form, in welcher der Übergang vom Kapitalismus zum Sozialismus in einem Land erfolgt, haben aber keinen Einfluß auf den Inhalt und das Wesen der allgemeinen Gesetzmäßigkeiten der Übergangsperiode, die für alle Länder gleich sind.

→ Bedingtheit → Bedingtsein → Gesetz → Kausalität → Ursache → Zusammenhang, objektiver.

Bedingungen des materiellen Lebens der Gesellschaft – als einheitliches System Grundlage alles gesellschaftlichen Lebens. Sie ermöglichen und bestimmen die gesellschaftliche Entwicklung, die Geschichte der Menschheit. Diese Bedingungen sind:

a) *Die Existenz des Menschen.* «Die erste Voraussetzung aller Menschengeschichte ist natürlich die Existenz lebendiger menschlicher Individuen. Der erste zu konstatierende Tatbestand ist also die körperliche Organisation dieser Individuen und ihr dadurch gegebenes Verhältnis zur übrigen Natur» (MARX/ENGELS 3, 20/21). Der Mensch tritt der äußeren Natur als ein natürliches Wesen gegenüber, ausgerüstet mit Naturkräften. Muskeln, Arme, Beine, Hände betätigt er unter Kontrolle seines Bewußtseins. Der genetische

Zusammenhang des Menschen, des Homo sapiens, mit tierischen Vorfahren gilt heute als erwiesen.

b) *Die äußere Natur*. Zusammenfassend «geographisches Milieu» genannt; umfaßt Klima, Bodengestalt, Fruchtbarkeit des Bodens, Bodenschätze, Gewässer, natürliche Energien, Fauna, Flora.

MARX teilte die äußeren Naturbedingungen des gesellschaftlichen Lebens ökonomisch in zwei Gruppen; den natürlichen Reichtum an Lebensmitteln und den natürlichen Reichtum an Arbeitsmitteln. Zur ersten Gruppe gehören Bodenfruchtbarkeit, Wild, fischreiche Gewässer, Früchte und andere in der Natur vorkommende Lebensmittel. Zur zweiten Gruppe gehören Steine, Stöcke, schiffbare Flüsse, Wasserfälle, Wind, vor allem natürliche Ausgangsstoffe für die Herstellung von Arbeitsmitteln, wie Holz, Erze, Kohle, Erdöl u. a. Es handelt sich bei den natürlichen Lebensbedingungen der Gesellschaft *anfänglich* um vorgefundene und nicht durch den Menschen geschaffene.

Je weiter wir geschichtlich zurückgehen, um so größer ist die Abhängigkeit des Menschen von der äußeren Natur und dem natürlichen Reichtum an Lebensmitteln. Mit der Entwicklung der Produktivkräfte löste sich der Mensch immer mehr von der Herrschaft der Naturbedingungen, gab die zweite Gruppe den Ausschlag, entwickelte sich seine Herrschaft über die Natur, ohne daß er sich von der Natur lösen kann. Er muß immer mit den Naturgegebenheiten rechnen, von ihren Gesetzen ausgehen. Die Einheit des Menschen mit der Natur ist eine ständige Bedingung des materiellen Lebens der Gesellschaft, die sich selbst mit den Produktivkräften entwickelt und neu gestaltet.

c) *Die Bevölkerungsdichte und das Wachstum der Bevölkerung*. «In Gesellschaft produzierende Individuen – daher gesellschaftlich bestimmte Produktion der Individuen ist natürlich der Ausgangspunkt. Der einzelne und vereinzelte Jäger und Fischer, womit Smith und Ricardo beginnen, gehört zu den phantasielosen Einbildungen des 18. Jahrhunderts» (MARX/ENGELS 13, 615). Immer lebten die Menschen in einer bestimmten Anzahl in Horden, Gesellschaftsverbänden, Stämmen, Völkerschaften, Nationen. Ihre Anzahl ist jedoch nicht gleichbleibend, unterliegt einem bestimmten Wachstum. Zur Produktion und Reproduktion des menschlichen und gesellschaftlichen Lebens gehört neben der Produktion von Lebens- und Produktionsmitteln auch die Erzeugung von Menschen, die Fortpflanzung des Menschen. Das Wachstum der Bevölkerung ist insofern bedeutungsvoll, als «die Vermehrung der Population die Produktivkraft der Arbeit vermehrt, indem sie größere Teilung und größere Kombination der Arbeit etc. möglich macht» (MARX, Grundrisse 304). Inwieweit größere Bevölkerungszahl und größeres Wachstum der Bevölkerung die Arbeitsproduktivität real vermehrt, hängt immer von den Produktivkräften und Produktionsverhältnissen einer gegebenen Gesellschaft ab. «Indes ist die Dichtigkeit etwas Relatives. Ein relativ spärlich bevölkertes Land mit entwickelten Kommunikationsmitteln besitzt eine dichtere Bevölkerung als ein mehr bevölkertes Land mit unentwickelten Kommunikationsmitteln, und in dieser Art sind z. B. die nördlichen Staaten der amerikanischen Union dichter bevölkert als Indien» (MARX/ENGELS 23, 373).

Obwohl keine Theorie der Gesellschaft und des Menschen von den genannten natürlichen Bedingungen des gesellschaftlichen Lebens absehen kann, ist aus ihnen allein Mensch, Gesellschaft und Geschichte nicht erklärbar. In der Geschichtsphilosophie und Soziologie wurde oftmals aus natürlichen Bedingungen das Wesen des Menschen und der Gesellschaft zu erklären versucht. So in der *philosophischen Anthropologie*, die die Eigenschaften und Bedürfnisse des Menschen als natürliche und nicht als historisch gewordene betrachtet, oder im *Sozialdarwinismus*, der einseitig interpretierte biologische Erscheinungen des Tierreichs auf Mensch und Gesellschaft überträgt. Die *Rassentheorie* hat sich als der reaktionärste Versuch erwiesen, Mensch und Gesellschaft aus angeblichen natürlich-biologischen Eigenschaften des Menschen zu deuten.

Die *geographische Schule* erhob Bedingungen der äußeren Natur zu den bestimmenden der gesellschaftlichen Entwicklung. In der *Geopolitik* wurden geographische Faktoren sogar für die imperialistische Expansionspolitik verantwortlich gemacht.

Ferner sind die *Bevölkerungstheorien* zu nennen, die Mensch und Gesellschaft aus der Dichte und dem Wachstum der Bevölkerung erklären.

Alle diese Versuche haben sich als haltlos erwiesen. Der *historische Materialismus* hat den Platz und die Rolle der natürlichen Lebensbedingungen der Gesellschaft geklärt und nachgewiesen, daß das Spezifische des gesellschaftlichen Lebens nicht in Naturbedingungen gesucht werden kann. «Man kann die Menschen durch das Bewußtsein, durch die Religion, durch was man sonst will, von den Tieren unterscheiden. Sie selbst fangen an, sich von den Tieren zu unterscheiden, sobald sie anfangen, ihre Lebensmittel zu *produzieren*, ein Schritt, der durch ihre körperliche Organisation bedingt ist. Indem die Menschen ihre Lebensmittel produzieren, produzieren sie indirekt ihr materielles Leben selbst» (MARX/ENGELS 3, 21).

d) *Die Produktionsweise materieller Güter*. Sie ist die entscheidende Bedingung des materiellen

Lebens der Gesellschaft, die alle anderen zu einem einheitlichen System gestaltet und deren Bedeutung jeweils bestimmt. Der Mensch wirkt nicht wie das Tier unmittelbar, direkt mit seinen natürlichen Organen auf seine Umwelt ein und nimmt von dieser nicht einfach, was sie bietet. «Er benutzt die mechanischen, physikalischen, chemischen Eigenschaften der Dinge, um sie als Machtmittel auf andre Dinge, seinem Zweck gemäß, wirken zu lassen. Der Gegenstand, dessen sich der Arbeiter unmittelbar bemächtigt ..., ist nicht der Arbeitsgegenstand, sondern das Arbeitsmittel» (MARX/ENGELS 23, 194). Mit der Herstellung und dem Gebrauch der Arbeitsmittel entwickelten die Menschen ihre Produktivität und in Übereinstimmung mit ihnen und abhängig von ihnen ihre Produktionsverhältnisse. Die Produktionsweise materieller Güter als Einheit von Produktivkräften und Produktionsverhältnissen ist das in letzter Instanz bestimmende Moment des sozialen, politischen und geistigen Lebensprozesses der Menschen und somit entscheidende Bedingung des materiellen Lebens der Gesellschaft, aus der diese schließlich auch nur erklärt und verstanden werden kann.
→ Materialismus, dialektischer und historischer → Produktionsweise → gesellschaftliches Sein.

Bedingungslehre → Konditionalismus.

Bedürfnis – dem Menschen wesenseigener, innerlich treibender Grund der Produktion. Mit dem Erfordernis eine dialektische Einheit bildend, stellt das Bedürfnis als innere Notwendigkeit für das menschliche Handeln eine ständige Wirkungsbedingung objektiver gesellschaftlicher Entwicklungsgesetze dar.

Das Bedürfnis ist ein allgemeines, wesentliches, notwendiges, relativ beständiges Verhältnis des Menschen zu seiner natürlichen und sozialen Umwelt. Es ist auf die Aneignung dieser Umwelt durch aktive Auseinandersetzung mit ihr gerichtet und findet in der dadurch erzielten Bestätigung des Menschen als Subjekt dieses Prozesses seine mehr oder minder vollständige Befriedigung. Die Aktion zur Befriedigung des Bedürfnisses reproduziert zugleich auch objektiv das Bedürfnis selbst in entwickelter Gestalt.

Als Kategorie des historischen Materialismus widerspiegelt es den in zweifacher Hinsicht objektiv gegebenen Doppelcharakter dieses Verhältnisses:

a) Es ist Ausdruck der Dialektik von Objektivem und Subjektivem im Verhalten des Menschen: objektiv im Sinne der Unausweichlichkeit und Unvermeidlichkeit seines Wirkens, der lebensnotwendigen Unumgänglichkeit seiner Befriedigung und der Gesetzmäßigkeit seiner Entwicklung; subjektiv (zum Unterschied vom Erfordernis) als vorwiegend vom Menschen ausgehendes Bestreben, durch Aneignung des Bedürfnisobjektes Befriedigung in der Bestätigung und Selbstbestätigung als Subjekt zu erlangen.

b) Zugleich bildet das Bedürfnis eine dialektische Einheit von Aktivem und Passivem, da es die Abhängigkeit des Menschen vom Gegenstand seines Bedürfnisses und dessen Befriedigung mit zweckmäßiger, auf Bedürfnisbefriedigung durch Umweltgestaltung gerichteter produktiver Tätigkeit in sich vereint.

Das Bedürfnis ist in sich differenziert und bildet ein komplexes dynamisches System von naturbedingten (Bedürfnissen der physischen Existenz) und sozialen Bedürfnissen (insbesondere nach Befriedigung in schöpferischer Arbeit, nach Erkenntnis und Selbsterkenntnis, nach Gemeinschaft und Persönlichkeitsentwicklung).

Auf der letztlich entscheidenden Grundlage jeglicher Bedürfnisentwicklung, der materiellen Produktion beruhend, tragen die Bedürfnisse stets historisch konkreten Charakter. In Abhängigkeit von und in Wechselwirkung mit der Entwicklung der ökonomischen Struktur der jeweiligen Gesellschaftsformation vollzieht sich die gesetzmäßige Entwicklung des Systems der Bedürfnisse in allen Sphären des gesellschaftlichen Lebens der Menschen, und zwar mit der Tendenz zu wachsender Komplexität und Universalität.

In seiner Einwirkung auf das Handeln wird das Bedürfnis auf vielfältige Weise vermittelt. Dabei kommt der relativ selbständigen Rolle der Interessen, insbesondere den jeweils herrschenden Klasseninteressen, besondere Bedeutung zu. Entsprechend der historischen Stellung der Klasse, durch deren Interesse die Befriedigung (und damit auch die Weiterentwicklung) der Bedürfnisse vermittelt wird, besteht die Möglichkeit, den Systemcharakter der Bedürfnisse und eine entsprechend optimale Befriedigung aktiv anzustreben, aber auch die Möglichkeit, einzelne Elemente dieses Systems auf Kosten aller anderen zu befriedigen und zu entwickeln.

Unter den Bedingungen der antagonistischen Klassengesellschaft, vor allem des staatsmonopolistischen Herrschaftssystems, ist die einseitige, lediglich partielle Befriedigung grundlegender Bedürfnisse nicht nur eine ständige Quelle für das Auftreten illusionärer Scheinbefriedigung, sondern zugleich Ansatzpunkt und Ergebnis einer organisiert betriebenen Manipulierung des Menschen.

In der sozialistischen Gesellschaftsformation, in der die immer bessere Befriedigung wachsender Bedürfnisse aller Werktätigen in Wechselwirkung mit der Gestaltung des entwickelten gesellschaftlichen Systems des Sozialismus Ziel, Voraussetzung und Bedingung der Produktion ist, kann die Tendenz zu wachsender Komplexität und Universalität nur als organisierter, planmäßig betriebener Prozeß verwirklicht werden.

Dies betrifft sowohl die Elemente (Teilsysteme) wie auch das Gesamtsystem der Bedürfnisse, von der Durchsetzung einer sozialistischen Verbrauchskonzeption bis zur Entwicklung der Arbeit zum ersten Lebensbedürfnis der allseitig entwickelten, d.h. aber auch bedürfnisreichen, sozialistischen Persönlichkeit.

Begriff – gedankliche Widerspiegelung einer Klasse von Individuen oder von Klassen auf der Grundlage ihrer invarianten Merkmale, d.h. Eigenschaften oder Beziehungen. Der Begriff stellt neben der → Aussage das Grundelement jeglichen rationalen Denkens dar. Während die Aussage Widerspiegelung eines Sachverhalts ist, bilden die Begriffe die einzelnen Strukturelemente der Sachverhalte (Individuen, Eigenschaften, Beziehungen usw.) ab. So wie die Aussage ihre sprachliche Existenzform im Aussagesatz findet, hat der Begriff die seine im Wort. Es kann sich dabei um ein einzelnes Wort – z.B. «Widerspruch» – oder um eine Folge von Wörtern handeln, die keinen selbständigen Satz bildet – z.B. «dialektischer Widerspruch», «Widerspruch, der den Charakter und die Entwicklung einer gegebenen Erscheinung bestimmt».

Aus *semiotischer Sicht* (→ Semiotik) kann der Begriff als *Abstraktionsklasse* gleichbedeutender Wörter definiert werden.

Die Beziehung zwischen Begriff und Wort ist nicht eindeutig. Verschiedene Wörter können Existenzform des gleichen Begriffs sein (Synonymie). Ein und dasselbe Wort kann aber auch verschiedene Begriffe bedeuten (Homonymie). In einer exakten wissenschaftlichen Terminologie muß die umkehrbar eindeutige Zuordnung von Begriff und Wort gefordert werden.

Begriffe haben einen *Inhalt* (Intension → intensional) und einen *Umfang* (Extension → extensional). Der *Begriffsumfang* widerspiegelt die Klasse von Individuen usw., auf die der Begriff zutrifft. Der *Begriffsinhalt* hingegen widerspiegelt den Komplex der Merkmale, der allen im entsprechenden Begriffsumfang widergespiegelten Dingen gemeinsam ist.

Die *moderne formale Logik*, die sich auf die Untersuchung der extensionalen Beziehungen beschränkt, betrachtet den Begriff in erster Linie von der Seite seines Umfangs her. Die Beziehung des Begriffs zur Aussage ergibt sich in dieser Sicht als Aussagefunktion (Satzfunktion usw.). Der Gedanke, die Begriffe als eine spezielle Klasse von Funktionen zu behandeln, stammt von FREGE. Dieser Auffassung entsprechen die nachstehenden Schreibweisen:

$$x \in B$$
$$B(x).$$

Sie drücken in abstrakter Weise die Dialektik des Allgemeinen und Einzelnen aus. Die Klasse B bzw. das Prädikat B existieren nicht an und für sich, sondern nur vermöge der Individuen x, die Elemente der Klasse bzw. der Individuen x, die die Eigenschaft B haben, sind. Das Allgemeine existiert also nur im Einzelnen. Das Auftreten von Variablen repräsentiert die Allgemeinheit des Begriffs.

Unter diesem Aspekt läßt sich sowohl die Auffassung des *objektiven Idealismus* als auch die *nominalistische These* über das Wesen des Begriffs zurückweisen. Der *objektive Idealismus* sieht im Begriff abstrakte geistige Wesenheiten (Ideen), die an und für sich existieren und deren Verhältnis zu den konkreten einzelnen Dingen darin besteht, daß diese Dinge an den durch den Begriff repräsentierten geistigen Wesenheiten teilhaben. Der *Nominalismus* hingegen betrachtet den Begriff im wesentlichen als Wort. Er streitet ihm die Allgemeinheit und Eigenständigkeit ab. Für ihn sind Wörter, die er mit Begriffen gleichsetzt, im wesentlichen nur Zusammenfassungen von individuellen Dingen (denn nur solche existieren nach der These des Nominalismus wirklich). In obiger Sicht ist die Auffassung des objektiven Idealismus eine zusätzliche überflüssige Hypothese, die des Nominalismus hingegen läßt sich widerspruchsfrei nicht durchführen. Auch jedes Wort ist ja letztlich zunächst ein individuelles Wort. Man kann nicht ein und dasselbe Wort zur Bezeichnung verschiedener Dinge benützen, da es jedes Wort eben nur einmal gibt. Der Nominalismus muß zur Durchführung seiner These – entgegen seinen Grundvoraussetzungen – ein Allgemeines auf der Ebene der Sprache annehmen.

Häufig wird die These vertreten, daß der Begriff das Wesen der Dinge erfasse. Man kann nun aber auch Klassen von Dingen mit Hilfe eines Begriffs konstituieren, bei denen sich die Elemente der betreffenden Klasse nur in unwesentlichen Merkmalen gleichen. Allgemeiner und exakter ist deshalb die Definition des Begriffs als ideeller Fixierung von Invarianzen. Der Begriff erfaßt in einer Klasse von Individuen oder Klassen das, was beim Übergang von einem Element der Klasse zu einem anderen Element invariant bleibt und in diesem Sinne wesentlich ist. Diese Auffassung entspricht auch der in der Mathematik üblichen, die das exakteste Begriffssystem aufzuweisen hat. Begriffe bilden heißt dergestalt Invarianzen aufsuchen.

Zwischen den Begriffen können mannigfache Beziehungen bestehen. Die formallogische Seite dieser Beziehungen wird im Rahmen der modernen Logik von der Prädikatenlogik untersucht. Die Entstehung, Entwicklung, Veränderung der Begriffe, die in den Begriffen verankerten dialektischen Widersprüche bilden ein Gebiet der dialektischen Logik.

Begriffe können zueinander in der Beziehung der

→ Enthaltenseinsbeziehung stehen. In diesem Falle spricht man auch vom Verhältnis der Subordination oder Subalternation. In der *traditionellen Logik* nennt man den subordinierten Begriff auch den *Artbegriff*, den subordinierenden Begriff den *Gattungsbegriff*.

Formallogisch identisch sind zwei Begriffe dann, wenn ihre Extensionen übereinstimmen. Von der formalen Identität von Begriffen ist die dialektische Identität zu unterscheiden (→ Identität).

Haben die Klassen, die Extensionen zweier verschiedener Begriffe sind, kein gemeinsames Element, so nennen wir die Begriffe disjunkt (→ Begriffe, disjunkte). Schließlich kann noch die Relation der Überschneidung zweier Begriffe angeführt werden. Sie liegt dann vor, wenn es Dinge gibt, auf die beide Begriffe zutreffen, aber auch Dinge, auf die nur jeweils einer der beiden Begriffe zutrifft (→ Begriffe, interferierende).

Die Relation des Enthaltenseins, der Identität, der Überschneidung und das Disjunktsein zweier Begriffe *A* bzw. *B* pflegt üblicherweise wie folgt topologisch dargestellt zu werden:

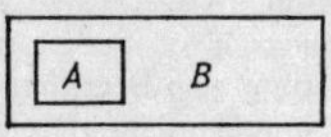

Enthaltensein

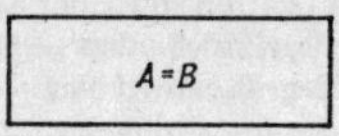

Identität

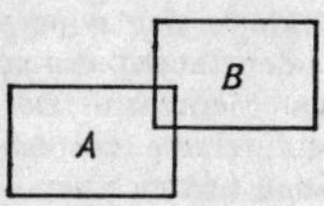

Überschneidung

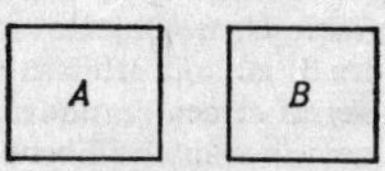

Disjunktsein

Die symbolische Darstellung dieser Verhältnisse wird in der Prädikatenlogik vorgenommen.

Ergänzend sei erwähnt, daß man in der *traditionellen Logik* noch von der Koordination von Begriffen spricht und darunter Begriffe versteht, die einen gemeinsamen Gattungsbegriff haben.

Die *formale Logik* untersucht nur die Extensionen der Begriffe und die Beziehungen zwischen diesen Extensionen. Die wichtigsten derartigen Relationen wurden aufgeführt.

Die *dialektische Logik* muß die Intensionen der Begriffe in die Betrachtung mit einbeziehen. Das bedeutet u. a. folgendes: Die den Dingen innewohnenden dialektischen Widersprüche werden auf dialektisch widersprüchliche Begriffe abgebildet. Die dialektische Widersprüchlichkeit der Begriffe kann nur in den Intensionen der Begriffe zutage treten. Aus der Definition des dialektischen Widerspruchs folgt, daß die beiden Seiten des Widerspruchs untrennbar miteinander verknüpft sind, daß keine von ihnen ohne die andere existieren kann. Dies wiederum bedeutet, daß beide Begriffskomponenten eines dialektisch widersprüchlichen Begriffs die gleiche Extension besitzen müssen. Es sind beispielsweise die Elementarteilchen, die in der modernen Quantenphysik untersucht werden, mit dem dialektischen Widerspruch von Welle und Korpuskel behaftet. Dies wird auf Begriffe abgebildet, die zueinander komplementär sind (dies im Sinne der modernen Quantenphysik gemeint). Die Widerspruchsdialektik des Welle-Korpuskel-Aspekts der Elementarteilchen bildet eines der schwierigsten theoretischen Probleme der modernen Physik. Die Unmöglichkeit, diese Verhältnisse ausschließlich mit den Hilfsmitteln der formalen Logik darzustellen, hat bei vielen Theoretikern, die versuchen wollten, ohne den dialektischen Materialismus auszukommen, zu der Forderung geführt, daß eine spezielle (nichtklassische) Logik der Komplementarität ausgearbeitet werden sollte.

Auch in einem anderen Bereich der Lehre vom Begriff zeigt sich die Unerläßlichkeit der Einbeziehung der dialektischen Logik in die Betrachtung. Der → Satz vom ausgeschlossenen Widerspruch und der → Satz vom ausgeschlossenen Dritten gelten für Begriffe nur dann uneingeschränkt, wenn die Wirklichkeit, die durch diese Begriffe abgebildet werden soll, streng in Klassen und Komplementärklassen eingeteilt ist bzw. eingeteilt werden kann. Sowohl die Realität selbst als auch die gedankliche Abbildung in den verschiedenartigsten wissenschaftlichen Theorien lassen aber eine derartige Darstellung nur im Idealfall zu. Im allgemeinen liegt zwischen einer wirklich existierenden Klasse und ihrer Komplementärklasse eine Zwischenzone, die den strukturellen oder genetischen Übergang von der einen Klasse zur anderen darstellt. Die Klasse von Dingen, um die es hier gehen soll, sei etwa die Klasse der Lebewesen. Ihre Komplementärklasse wäre dann die Klasse der nichtbelebten Dinge. Würden diese beiden Klassen absolut streng voneinander geschieden sein, so könnte es niemals einen Übergang von unbelebter Materie zu belebter geben, d. h., das Leben hätte niemals entstehen können.

In der *traditionellen Logik* wurde eine Vielzahl von begrifflichen Differenzierungen vorgenommen, die in der *modernen Logik* und *Methodologie* der Wissenschaften weitgehend ihre Bedeutung eingebüßt haben. So verstand man etwa unter einem *Kollektivbegriff* einen Begriff, der eine Gesamtheit gleichgearteter Gegenstände abbildet. Es wurde ferner zwischen *konkreten* und *abstrakten Begriffen* unterschieden, wobei der konkrete Begriff der anschaulichere, der abstrakte Begriff der unanschaulichere, bzw. der konkrete Begriff der speziellere, der abstrakte der allgemeinere sein sollte usw. Schließlich sollen *korrelative Begriffe* solche Begriffe sein, die sich gegenseitig voraussetzen. So setzt etwa der Begriff des Kindes den Begriff der Eltern und umgekehrt voraus. Es ist überflüssig, diese zum großen Teil veralteten Untergliederungen im einzelnen aufzuführen.

Begriffe, disjunkte – Begriffe B_1, B_2, bei denen die in ihnen widergespiegelten Klassen K_1, K_2 kein gemeinsames Element enthalten.

Symbolisch:

$$\sim \exists(x)\,[x \in K_1 \wedge x \in K_2]$$

Anschaulich:

Beispiel: Die Begriffe «Materialist» und «Idealist» sind disjunkt; denn es gibt niemanden, der (gleichzeitig und in derselben Hinsicht) Materialist und Idealist ist.

Ein Begriff und sein Negat sind immer disjunkt, da es kein Individuum gibt, das ein bestimmtes Merkmal zugleich und in derselben Hinsicht hat und nicht hat.

Falls zwei Klassen K_1, K_2, die in Begriffen B_1, B_2 widergespiegelt werden, wenigstens ein gemeinsames Element enthalten, besteht zwischen den Begriffen Interferenz (→ Begriffe, interferierende), → Subalternation oder → Identität.

Begriffe, interferierende – Begriffe B_1 bzw. B_2, bei denen die als Klassen interpretierten Begriffsumfänge K_1 bzw. K_2 folgenden Bedingungen genügen:

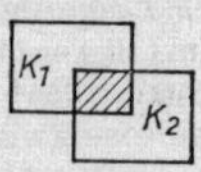

1. $\exists(x)\,[x \in K_1 \wedge x \in K_2]$
2. $\exists(x)\,[x \in K_1 \wedge x \sim\in K_2]$
3. $\exists(x)\,[x \sim\in K_1 \wedge x \in K_2]$

Wäre die Bedingung 1. nicht erfüllt, so lägen überhaupt keine interferierenden Begriffe vor, sondern disjunkte. Bei Nichterfüllung von 2. bzw. 3. entartet die Beziehung der Interferenz von Begriffen in einfache Subalternation.

Beispiel: B_1 sei der Begriff «Quadratwurzel aus einer natürlichen Zahl B_2», der zweite Begriff «natürliche Zahl». Hier sind die drei Bedingungen erfüllt. Es gibt Zahlen, die sowohl natürliche Zahlen sind als auch als Quadratwurzeln aus natürlichen Zahlen dargestellt werden können. Es gibt aber auch natürliche Zahlen, die sich nicht als Quadratwurzeln aus einer natürlichen Zahl darstellen lassen, ebenso wie es Quadratwurzeln aus natürlichen Zahlen gibt, die selbst nicht wieder natürliche Zahlen sind.

→ Begriff → Klasse (logische).

begrifflich – in Begriffen, zum → Begriff gehörig; gedanklich, rational (in Gegenüberstellung zum Sinnlichen oder zum Emotionalen).

Begriffsbestimmung – Feststellung oder Festsetzung der Intension oder der Extension eines → Begriffs, seiner Struktur und seiner Bestandteile. Eine Begriffsbestimmung hat etwa die Form: «Der Begriff ‚B' widerspiegelt ...» Die wichtigste und exakteste Begriffsbestimmung ist die → Definition des Begriffs; in manchen Fällen kann, in anderen muß man sich wenigstens zeitweilig mit einer definitionsähnlichen Begriffsbestimmung begnügen (z. B. in Form einer Beschreibung, eines Vergleichs oder einer Unterscheidung).

Begriffsbildung – Prozeß des Aufbaus, der Formung von Begriffen; manchmal werden auch die Ergebnisse dieses Prozesses, d. h. die Begriffe selbst – besonders wenn es sich um die Begriffe einer bestimmten Wissenschaft handelt –, als Begriffsbildungen bezeichnet. – Die Begriffsbildung als Prozeß geht hauptsächlich mittels der vielfältigen, verschiedenartigen Formen der → Abstraktion vor sich, darunter der → Explikation sowie der → Definition.

Begriffsdefinition → Definition.

Begriffsentwicklung – Veränderung von Begriffen, die im allgemeinen zu einer immer adäquateren Widerspiegelung der ihnen entsprechenden Objekte führt. Bedingt wird eine Begriffsentwicklung vor allem durch die Entwicklung der widergespiegelten Objekte selbst oder (auch) durch den Erkenntnisfortschritt des Menschen. Der Begriff «Demokratie» z. B. hat durch die Existenz und die Entwicklung der sozialistischen Demokratie eine Bereicherung erfahren, wie sie vor dem Entstehen sozialistischer Staaten im einzelnen nicht vorherzusehen war. Ein Beispiel für eine Begriffsentwicklung, die vor allem durch den Erkenntnisfortschritt des Menschen bedingt ist, bietet der Atombegriff (→ Atom).

Begriffsschrift – künstlich geschaffenes System sprachlicher Zeichen, das Aussagen, Begriffe usw. und ihre logischen Zusammenhänge eindeutig sowie möglichst einfach, kurz und übersichtlich darstellt und das Operieren mit Zeichen anstelle des Operierens mit Gedanken ermöglicht, d. h. *symbolisierte* und *formalisierte Sprache*.

Ansätze zu einer Begriffsschrift für das logische Denken finden sich bereits bei ARISTOTELES in seiner Verwendung von Variablen. Konsequent wurde die Forderung nach einer Begriffsschrift in Gestalt der → *Characteristica universalis* von LEIBNIZ erhoben.

Gottlob FREGE, einer der Begründer der *modernen formalen Logik*, entwickelte zugleich deren erste Begriffsschrift in seinem Werk *Begriffsschrift, eine der arithmetischen nachgebildete Formelsprache des reinen Denkens* (1879). Eine Aussage *A* wird dort in der Aussagenlogik durch |—— *A*, ihr Negat durch ├┬── A symbolisiert. ├┬── B / └── A bedeutet soviel wie die Implikation $A \rightarrow B$. Alle übrigen aussagenlogischen Konstanten werden auf Negation und Implikation reduziert. ├┬── B / └┬── A bedeutet z. B. $\sim A \rightarrow B$, d. h. umgeformt die Alternative $A \vee B$. Von den prädikatenlogischen Konstanten verwendet FREGE nur den Alloperator. Er schreibt ├─𝔞─ $\Phi(\mathfrak{a})$ für $\forall(\mathfrak{a})\ \Phi(\mathfrak{a})$, ├┬─𝔞─ $\Phi(\mathfrak{a})$ für $\sim\forall(\mathfrak{a})\ \Phi(\mathfrak{a})$ und ├┬─𝔞─┬ $\Phi(\mathfrak{a})$ für $\exists(\mathfrak{a})\ \Phi(\mathfrak{a})$. Die Formel ├─𝔞─┬ $\Psi(\mathfrak{a})$ / └ $\Phi(\mathfrak{a})$ bedeutet dann $\forall(\mathfrak{a})\ [\Phi(\mathfrak{a}) \rightarrow \Psi(\mathfrak{a})]$.

FREGES zweidimensionale, von unten nach oben zu lesende Begriffsschrift erwies sich in der Folgezeit als zu umständlich. Von FREGES Gedanken ausgehend, schuf G. PEANO eine eindimensionale Begriffsschrift für die formale Logik, wie sie mit geringfügigen Abweichungen heute allgemein üblich ist.

→ Sprache, formalisierte → Sprache, symbolisierte.

Behauptung – Aussage, die als *wahr*, oder logischer Ausdruck, der als *allgemeingültig* hingestellt wird, deren Wahrheit oder dessen Allgemeingültigkeit aber noch nicht bewiesen ist.

In der *mathematischen* und *logischen Literatur* werden Behauptungen häufig durch ein vorangestelltes Behauptungszeichen – z. B. «Beh.» oder «⊢» – gekennzeichnet.

In der *modernen Logik* wird häufig auch jeder Ausdruck, der in einer Implikation unmittelbar hinter dem Implikationszeichen steht, «Behauptung» genannt.

Behaviorismus [engl] – in den ersten Jahrzehnten des 20. Jahrhunderts in den USA entstandene Richtung der bürgerlichen Psychologie, die vornehmlich das Verhalten (die Reaktionen) der Menschen und Tiere auf Einflüsse (Reize) der Umwelt untersucht (*Verhaltenspsychologie*).

Der Behaviorismus ist philosophisch stark abhängig vom *Positivismus*. Der positivistische Einfluß kommt beim Behaviorismus vor allem dadurch zum Ausdruck, daß er jede Aussage, die über die Beschreibung des Verhaltens bzw. der Verhaltensweisen der Menschen und Tiere hinausgeht, als unwissenschaftlich (metaphysisch) ablehnt. Insbesondere bestreitet der Behaviorismus die wissenschaftliche Gültigkeit von Aussagen über solche Tatbestände wie Bewußtsein, Denken, Empfinden, Fühlen. Begriffe, die auf solche Tatbestände gehen, also auch innere psychische Bewegungen widerspiegeln, sind für ihn religiöse Seelenvorstellungen.

Als Begründer des Behaviorismus gilt WATSON, als seine Hauptvertreter sind zu nennen HERRICK, HULL, LASHLEY, MEAD, THORNDIKE, TOLMAN, WEISS.

Der Behaviorismus lehnt im Einklang mit den Ergebnissen der Neurophysiologie und der Psychologie der höheren Nerventätigkeit richtig die *idealistische Seelenvorstellung* ab, nach der die Psyche ein von der Materie unabhängiges Gebilde und deshalb objektiven Untersuchungsmethoden nicht zugänglich ist. Im weiteren zieht er jedoch den falschen Schluß, daß es – objektiv – überhaupt kein Bewußtsein gebe (radikaler Behaviorismus), oder bestreitet zumindest die Möglichkeit, das Bewußtsein zum Gegenstand wissenschaftlicher Forschung machen zu können. An die Stelle des Bewußtseins hat in der psychologischen Forschung das Verhalten zu treten. Dabei ist das Verhalten für den Behaviorismus nicht die Einheit von psychischer und physischer Tätigkeit, sondern lediglich die Reaktion des menschlichen oder tierischen Organismus auf die Umwelt. Das Auffinden eindeutiger Beziehungen zwischen den Reaktionen des Organismus auf die Umwelt ist für den Behaviorismus der eigentliche Gegenstand der psychologischen Forschung. Alles, was darüber hinausgeht, ist für ihn – in echt positivistischer Manier – unwissenschaftlich (metaphysisch).

An diesem Punkt tritt eine Differenzierung innerhalb des Behaviorismus ein, die philosophisch relevant ist, vor allem unter dem Gesichtspunkt der *Grundfrage der Philosophie*. Auf die Frage, ob aus den Beziehungen zwischen Reiz (Umwelt) und Reaktion (Verhalten) auf die Existenz eines Bewußtseins beim Menschen geschlossen werden dürfe, antwortet der Behaviorismus auf zweierlei Art: a) aus dem Verhalten des Menschen kann nicht auf die Existenz eines Bewußtseins geschlossen werden, und es ist deshalb unwissenschaftlich, zur Erklärung des Verhaltens den Begriff des Bewußtseins einzuführen (vor allem LASHLEY); b) die Existenz des Bewußtseins kann nicht bestritten werden, jedoch ist es unmöglich, über dieses wissenschaftliche Aussagen zu formulieren (vor allem WATSON).

Beide Strömungen des Behaviorismus beantworten die Grundfrage der Philosophie prinzipiell falsch und gelangen dadurch in *erkenntnistheoretischer Hinsicht* zum *Agnostizismus*. Wird die Existenz des Bewußtseins bestritten, ist die Grundfrage der Philosophie gegenstandslos, und der Bereich des Bewußtseins wird zugleich als unerkennbar erklärt. Wird die Existenz des Bewußtseins nicht bestritten, die Wissenschaft jedoch zugleich für unfähig erklärt, gültige Aussagen über dieses zu formulieren, so ist die Grundfrage der Philosophie zwar nicht gegenstandslos, wohl aber in Richtung des Agnostizismus beantwortet. [1]

Verschiedene Vertreter des Behaviorismus haben die Methoden, Theorien und Ergebnisse dieser Denkrichtung schematisch auf die Gesellschaft übertragen. Dadurch wird der Mensch, dessen bewußtseinsmäßige Eigenständigkeit sie leugnen, zu einem manipulierbaren Input-Output-System, d. h. zu einem gesellschaftlichen Wesen, das den Wünschen und Absichten der herrschenden Klasse entspricht. Viele Thesen und Methoden der Gruppensoziologie, der Werbepsychologie usw. in den kapitalistischen Ländern beruhen direkt oder indirekt auf der Denkweise des Behaviorismus.

Das schließt nicht aus, daß der Behaviorismus wissenschaftsmethodologische Elemente von großer Fruchtbarkeit enthält. Dadurch, daß er sich ausschließlich auf objektiv beobachtbare und meßbare Verhaltensweisen der Organismen stützen will, wird er zum prinzipiellen Gegner jeder mystischen Spekulation über Zielstrebigkeit der Organismen, geheimnisvolle Lebenskräfte usw. Der Behaviorismus untersucht die Verhaltensweise von Tieren auf der Grundlage des sog. Reiz-Reaktions-Modells oder, kybernetisch ausgedrückt. er benutzt die Input-Output-Methode (→ Black-box-Methode). Dadurch wurde er zum Vorläufer kybernetischer Denkweisen.

Verschiedene Methoden des Behaviorismus eignen sich sehr gut als experimentelle Anweisungen für die Untersuchung komplexer, insbesondere organischer kybernetischer Systeme. Es ist deshalb kein Zufall, daß einige Vertreter des Behaviorismus Teilergebnisse der Kybernetik vorweggenommen haben. Dies darf nicht dazu führen, den Behaviorismus mit der kybernetischen Theorie des Verhaltens zu identifizieren und in der Kybernetik eine Bestätigung des Behaviorismus zu sehen. Da der Behaviorismus das, was über das Verhalten hinausgeht, also z. B. inneres, seelisches Eigenleben des Menschen usw., als nicht existent bzw. der wissenschaftlichen Betrachtung Unzugängliches ansieht, wird er kybernetische Systeme mit der gleichen Verhaltensweise identifizieren. Im Bereich des Denkens betrachtet er nur die Inputs der entsprechenden Systeme und die Resultate des Denkens, d. h. die Outputs. Behavioristische Betrachtungsweise führt eben dann zu solchen Begriffen wie dem des Denkens von Rechenautomaten. Tatsächlich gibt es zwischen dem menschlichen Denkapparat und den Rechenautomaten nur die Beziehung der Analogie, nicht aber die der Identität. Die behavioristische Verabsolutierung des Verhaltensbegriffs abstrahiert zu Unrecht von der unterschiedlichen Geschichte eines denkenden menschlichen Wesens und eines Rechenautomaten. Sie verwischt auch den qualitativen Unterschied zwischen den verschiedenen Entwicklungsstufen der Materie. [2]

bellum omnium contra omnes [lat] – *eigtl*: Krieg aller gegen alle; von Thomas HOBBES (1588–1679) gebrauchte *Formulierung* zur *Umschreibung* eines angenommenen vorgesellschaftlichen Naturzustands der Menschen, in dem aus Selbsterhaltungstrieb – der als Urtrieb des Menschen angesehen wird – jeder jeden bekämpft (*homo homini lupus*).

In dieser Auffassung spiegeln sich in gewissem Maße bestimmte Erscheinungen der bürgerlichen Gesellschaft, wie Konkurrenzkampf, Anarchie, politischer Mord, Ausbeutung und Unterdrückung, wider.

Die Beendigung jenes Zustands werde dadurch herbeigeführt, daß jeder einzelne sich seiner Selbständigkeit und Macht zugunsten einer unumschränkten Staatsgewalt durch Vertrag entäußere (→ Gesellschaftsvertrag). Während in der sonstigen Naturrechtslehre der Aufklärung dem einzelnen bestimmte Rechte vorbehalten blieben, erkennt HOBBES, ähnlich wie MACHIAVELLI, dem Staate die absolute Gewalt über das Individuum zu.

→ Naturzustand.

Beobachtbarkeit (Prinzip der) – erkenntnistheoretischer Grundsatz des Positivismus, wonach das nicht Beobachtbare nicht existent sei.

Dieses Prinzip hatte gegenüber den oft unbegründeten Spekulationen in der Naturforschung des 19. Jahrhunderts eine gewisse progressive Bedeutung, da es die unumgängliche empirische Grundlage für alle Naturerklärung betonte; es wurde aber erkenntnistheoretisch im Sinne des subjektiven Idealismus fehlinterpretiert. Dieser subjektivistischen Deutung lag letztlich das BERKELEYsche «esse est percipi» (Sein ist Wahrgenommen-Werden) zugrunde, das LENIN in seiner Kritik an der Erkenntnistheorie des subjektiven Idealismus in *Materialismus und Empiriokritizismus* als die historische Wurzel des Subjektivismus der modernen Erkenntnistheorie charakterisiert.

Die Positivisten führten zugunsten dieses Prinzips vor allem den Erfolg EINSTEINS bei der Begründung der speziellen Relativitätstheorie an, da er den Äther als nicht existent angenommen hatte, weil er im Michelson-Morley-Experiment nicht beobachtet werden konnte. Das Prinzip der Beobachtbarkeit enthält einen materialistischen Kern, nämlich in der umgekehrten Formulierung, die zwar trivial ist, aber das Wesentliche zum Ausdruck bringt: Alles nicht Existierende ist nicht beobachtbar. Der Äther konnte nicht beobachtet werden, weil er nicht existiert. In solchen Fällen muß die umgekehrte, positivistische Fassung dieses Sachverhalts natürlich zum Erfolg führen; die Nichtbeobachtbarkeit kann jedoch historisch bedingt sein, und dann führt sie zu falschen Schlußfolgerungen, wird zu einem Hemm-

nis der Forschung. Die Nichtbeobachtbarkeit garantiert nicht die Nichtexistenz.
Erkenntnistheoretisch steht das Prinzip der Beobachtbarkeit im Widerspruch zur Annahme einer bewußtseinsunabhängigen Realität. Der prinzipielle Mangel des Prinzips der Beobachtbarkeit liegt in der Vernachlässigung der → Theorie und in der Verabsolutierung des → Experiments.
Die Entwicklung der modernen Physik zeigt im Gegensatz zum Prinzip der Beobachtbarkeit, daß abstraktes Denken, mathematische Schlußfolgerungen (Eigengesetzlichkeit der Mathematik) usw. sichere Erkenntnisse liefern können. Dieser Tatsache versuchen die Vertreter des Prinzips der Beobachtbarkeit dadurch Rechnung zu tragen, daß sie experimentelle Beobachtbarkeit durch «prinzipielle Beobachtbarkeit» ersetzen. Dadurch soll auch vermieden werden, in Widerspruch zu der längst bewährten Methode des Gedankenexperiments zu geraten.
Der Begriff des Beobachtbaren hängt eng mit dem Begriff der Erfahrung zusammen. Beide Begriffe haben einen historischen Charakter; deshalb kann das Beobachtbare nicht außerhalb der jeweiligen Erfahrung, d.h. nicht allgemeingültig definiert werden. Das dichotomische Gegenstück, das prinzipiell Nicht-Beobachtbare, kann nur in einer begrenzten Anzahl von Fällen bestimmt werden. Daraus ergibt sich, daß vieles gegenwärtig noch nicht Beobachtete in Zukunft in den Begriffsumfang des Beobachteten integriert werden wird, wobei das Prinzip der Beobachtbarkeit keinerlei heuristische Bedeutung zum Zwecke der Ausschließung hat.
Die Vertreter des Prinzips der Beobachtbarkeit mißdeuten die Rolle des Beobachters im Experiment in subjektivistischer Weise. Schon Reichenbach hat darauf hingewiesen, daß man den Beobachter, auch erkenntnistheoretisch gesehen, durch entsprechende Meß- und Registriergeräte ersetzen kann, womit das subjektive Moment völlig aus dem Beobachtungsprozeß ausgeschlossen wird.
Aus den auf Grund des *Korpuskel-Welle-Dualismus* komplizierten Sachverhalten in der Quantenphysik versuchen die Anhänger des Prinzips der Beobachtbarkeit eine schlagende Bestätigung ihrer subjektivistischen Interpretation herzuleiten. Vor allem stützen sie sich darauf, daß das unterschiedliche Verhalten von Teilchen im Experiment (Korpuskel- oder Wellenbild) vom Beobachter erzeugt werde. Richtig ist, daß – vereinfacht ausgedrückt – je nach den Bedingungen des Experiments einer der beiden objektiven Aspekte der Teilchen (Korpuskel oder Welle) hervortritt. Die Wechselwirkung zwischen Elektronen und Lichtstrahlen erfolgt durchaus auf Grund objektiver statistischer Gesetzmäßigkeiten, nur sind diese nicht mit metaphysischen Begriffen erfaßbar, denn sie sind ein Ausdruck der Existenz des objektiven Zufalls und der dialektisch widersprüchlichen Eigenschaften der Mikroteilchen.
Die Tatsache, daß das Prinzip der Beobachtbarkeit keine heuristische Bedeutung besitzt, wird an einem höchst aktuellen Problem der *Physik der Elementarteilchen* sehr deutlich: am Problem der Existenz der Quarks. Die quantitative Formulierung der Quark-Hypothese zeigt, daß sie – wenn sie existieren – in allen gegenwärtig bekannten Teilchen so fest miteinander gekoppelt sind, daß sie beim gegenwärtigen Entwicklungsstand der Teilchenbeschleuniger mit Sicherheit nicht beobachtet werden können. Die um den Nachweis der Existenz der Quarks bemühten Physiker denken indes nicht daran, sich vom Prinzip der Beobachtbarkeit leiten zu lassen und die Quarks auf Grund ihrer Nichtbeobachtbarkeit für nicht existent zu halten.

Beobachtung – Art der praktischen Tätigkeit, des praktischen Verhältnisses des Menschen zu der ihn umgebenden objektiven Welt oder zu sich selbst (Selbstbeobachtung) und zugleich Methode der Erkenntnis, die in der zielgerichteten sinnlichen (unmittelbaren oder vermittelten, direkten oder indirekten) Wahrnehmung des gewählten Objekts der Beobachtung besteht.
In elementarer Form tritt die Beobachtung bereits bei Tieren auf. Sie ergibt sich hier aus dem instinktbedingten Verhalten der Tiere gegenüber ihrer Umwelt und hat die Form eines neurophysiologischen Aktes, der in seiner Spezifik durch die Besonderheiten der jeweiligen Spezies bestimmt und durch die von der jeweiligen Umweltsituation ausgehenden Reize ausgelöst wird. In entwickelter Form ist die Beobachtung jedoch an die Arbeitstätigkeit gebunden und somit eine spezifisch menschliche Form des praktischen Verhältnisses zur objektiven Realität. Schon der einfachste Arbeitsprozeß geht von Beobachtungen aus. Der primitive Mensch, der sich Werkzeuge aus bestimmtem Material und von bestimmter Form herstellt, hat zuvor die Wirkungen von Gegenständen aus diesem Material und von dieser Form in seiner praktischen Tätigkeit beobachtet. Zugleich macht er im Arbeitsprozeß neue Beobachtungen, lernt er neue Eigenschaften der ihn umgebenden Gegenstände kennen und macht sie sich zunutze.
Die Beobachtung ist Ausdruck des *aktiven Verhältnisses* des Menschen zu seiner Umwelt. Sie besteht durchaus nicht nur in passiver Wahrnehmung. Vielmehr setzt sie voraus, daß das erkennende und tätige Subjekt bewußt dem zu erkennenden Objekt gegenübertritt. Das aktive Moment der Beobachtung zeigt sich bereits darin, daß das Objekt der Beobachtung in der Regel bewußt ausgewählt und mit der Beobachtung

ein bestimmtes Ziel verfolgt wird, daß sie also in beiderlei Hinsicht zweckbestimmt ist. Selbst in dem Falle, wenn die Beobachtung zufällig erfolgt, d. h. weder das Beobachtungsobjekt bewußt ausgewählt wird noch die Beobachtung von vornherein ein bestimmtes Ziel verfolgt, ist sie nur dann von praktischem Wert und besitzt Bedeutung für die Erkenntnis, wenn sie mit anderen Beobachtungen verglichen wird, neue Beobachtungen oder Fragestellungen inspiriert, in den Rahmen eines schon vorhandenen theoretischen Systems eingegliedert wird usw., d. h., wenn die aktive praktische oder theoretische Tätigkeit des Menschen die zufällig gemachte Beobachtung in bereits gegebene Erkenntniszusammenhänge einzuordnen vermag. Jede Beobachtung ist somit nicht nur Ausdruck des praktischen Verhältnisses des Menschen zu seiner Umwelt, sondern enthält auch zugleich schon Elemente seines *theoretischen Verhältnisses* zur Welt.

Diese *Einheit von praktischem und theoretischem Verhältnis* zur Welt tritt besonders deutlich in der *wissenschaftlichen Beobachtung* zutage. Die Beobachtung als Methode der wissenschaftlichen Erkenntnis setzt nicht nur theoretische Überlegungen voraus, die die Auswahl des Beobachtungsobjekts und der Beobachtungsmittel, die Festlegung des Zieles der Beobachtung usw. bestimmen, sondern bildet ihrerseits die Grundlage bzw. liefert in Form der Beobachtungsdaten das empirische Material für theoretische → Verallgemeinerungen, für die Aufstellung von → Hypothesen, die Durchführung von → Experimenten usw. Im Rahmen der experimentellen Methode bilden Beobachtung, Hypothese, Experiment und Theorie eine untrennbare Einheit, setzen einander voraus und ergänzen einander.

Obwohl Beobachtung und Experiment als Arten des praktischen und aktiven Verhältnisses des Menschen zu seiner Umwelt und als Erkenntnismethoden gemeinsame Merkmale aufweisen, bestehen zwischen ihnen doch auch wichtige Unterschiede. Diese betreffen vor allem die *unmittelbare Beobachtung* in ihrem Verhältnis zum Experiment. Während im Experiment das zu untersuchende Objekt zielgerichtet verändert und verschiedenartigen Einwirkungen ausgesetzt wird, die Versuchsbedingungen variiert werden usw., setzt die unmittelbare Beobachtung nicht eine solche aktive Einwirkung voraus. Die bloße, unmittelbare Beobachtung nimmt ihr Objekt vielmehr in seiner äußeren Erscheinung und unverändert wahr. Diese Besonderheit der unmittelbaren Beobachtung wird mitunter dahingehend interpretiert, als sei die Beobachtung nur ein passives, das Experiment hingegen ein aktives Moment der Erkenntnis. Diese Auffassung läßt jedoch außer acht, daß auch die unmittelbare Beobachtung eine aktive *Einstellung* des Menschen gegenüber dem Beobachtungsobjekt, wenn auch keine aktive und unmittelbare *Einwirkung* auf dasselbe, voraussetzt. Während das Experiment die Ursachen, das Wesen der Erscheinungen und die ihnen zugrunde liegenden Gesetzmäßigkeiten zu erkennen gestattet, kann die bloße Beobachtung lediglich die Existenz, die Koexistenz oder die zeitliche Aufeinanderfolge der Erscheinungen feststellen. Sie liefert keine → Erklärung, sondern lediglich eine → Beschreibung ihres Objekts.

Bei der *unmittelbaren Beobachtung* werden die Eigenschaften des Beobachtungsobjekts unmittelbar durch die Sinnesorgane, ohne Zuhilfenahme anderer materieller Systeme, technischer Hilfsmittel, wie Mikroskop, Teleskop usw., wahrgenommen. Die *vermittelte Beobachtung* hingegen erfolgt mit Hilfe von Geräten, die zwischen den Beobachter und das Beobachtungsobjekt geschaltet werden und die Rolle von Verstärkern der natürlichen Sinnesorgane spielen. Jedes der hierbei angewendeten Geräte setzt ein ganzes System von theoretischen Überlegungen voraus. Die vermittelte Beobachtung ist deshalb in noch stärkerem Maße als die unmittelbare Beobachtung eine *Einheit des sinnlichen und des rationalen Moments der Erkenntnis*.

Außer der unmittelbaren und der durch Geräte vermittelten Beobachtung werden die *direkte* und die *indirekte* Beobachtung unterschieden. Von direkter Beobachtung spricht man dann, wenn die interessierenden Eigenschaften des Beobachtungsobjekts direkt wahrgenommen werden können; dabei kann die direkte Beobachtung sowohl eine unmittelbare als auch eine durch Geräte vermittelte sein. Die indirekte Beobachtung hingegen erfolgt stets durch Zwischenschaltung anderer materieller Systeme, Geräte usw.; sie wird dann angewandt, wenn die interessierenden Eigenschaften des Beobachtungsobjekts den Sinnesorganen weder unmittelbar noch durch Geräte vermittelt direkt zugänglich sind. Die indirekte Beobachtung baut auf der Kenntnis der gesetzmäßigen Zusammenhänge zwischen den Eigenschaften des Beobachtungsobjekts und den Veränderungen des jeweiligen materiellen Systems, Geräts usw., welches der direkten Beobachtung zugänglich ist, auf. Aus den Besonderheiten des direkt beobachtbaren Systems wird auf die Eigenschaften des zu beobachtenden Objekts geschlossen. So kann z. B. aus dem Auftreten bestimmter Linien im Spektrum des Sonnenlichtes auf das Vorhandensein bestimmter chemischer Elemente auf der Sonne geschlossen werden.

Mit der Entwicklung der Wissenschaft und dem Eindringen der Erkenntnis in Bereiche (kosmischen und subatomaren Maßstabs), die den menschlichen Sinnesorganen nicht direkt zugänglich sind, erhöht sich die Bedeutung der indirekten Beobachtung. Bereits der Prozeß der direkten, durch Geräte vermittelten, aber auch der unmittelbaren Beobachtung ist an eine mehrmalige Umkodierung der mit Hilfe der Sinnesorgane bzw. der Geräte gewonnenen Informationen gebunden. Bei der indirekten Beobachtung spielt die Verarbeitung der mit Hilfe der Geräte gewonnenen Informationen eine unvergleichlich größere Rolle. Überdies taucht hier das *Problem der Interpretation* der Informationen auf. Eine richtige Interpretation der Beobachtungsdaten, z. B. des Zeigerausschlags eines Meßinstruments, der Kurve auf einem Oszillographen usw., ist hier nur möglich, wenn der Beobachter über die nötigen theoretischen Kenntnisse und praktischen Erfahrungen verfügt. Ein Laie wird zwar dieselbe Beobachtung machen, sie jedoch nicht in jedem Falle zu interpretieren verstehen. Der Wert und die Aussagekraft indirekter Beobachtungen hängen deshalb von der Beobachtungsfähigkeit des Subjekts ab, die wiederum ein Produkt seiner historisch-gesellschaftlichen und individuellen Entwicklung, d. h. durch den gesamtgesellschaftlichen und den individuellen Entwicklungsstand der Kenntnisse und Erfahrungen des Beobachters bedingt ist.

Während bei der unmittelbaren Beobachtung das Beobachtungsobjekt keiner Einwirkung durch den Beobachter unterliegt, kann die direkte, durch Geräte vermittelte, sowie die indirekte Beobachtung an eine Veränderung des Beobachtungsobjekts gebunden sein, z. B., wenn die zur Wahrnehmung des Objekts notwendige Energie von der Größenordnung der Energie des Objekts selbst ist. Dieser Umstand wird mitunter in der modernen Physik zum Anlaß genommen, von einer prinzipiellen Unkontrollierbarkeit zu sprechen, die sich aus der Störung des Beobachtungsobjekts durch das Gerät ergeben soll. In Verkennung des dialektischen Verhältnisses von Objekt und Subjekt wird von hier auf die Nichtobjektivität des Geschehens im quantenphysikalischen Bereich und auf eine prinzipielle Nichtbeobachtbarkeit dieses Geschehens geschlossen (→ Beobachtbarkeit, Prinzip der).

Die verschiedenen Arten von Beobachtungen werden nicht nur danach unterschieden, *was* und *wie*, sondern auch *mit welchem Ziel* etwas beobachtet wird. So kann die Beobachtung das Ziel haben, bestimmte Erscheinungen zu registrieren, um auf der Grundlage des so gewonnenen Beobachtungsmaterials induktive Verallgemeinerungen, Klassifizierungen usw. vorzunehmen. Diese Methode der *registrierenden Beobachtung* findet z. B. in den empirischen Sozialwissenschaften breite Anwendung. Von großer Bedeutung für die praktische und wissenschaftliche Tätigkeit des Menschen ist in diesem Zusammenhang die *kontrollierende* Beobachtung. Sie besteht in der Beobachtung natürlicher oder künstlicher (z. B. technischer, technologischer u. a.) Prozesse mit dem Ziel, den normalen bzw. gewünschten Ablauf dieser Prozesse zu garantieren. In dem Maße, wie im Zuge der wissenschaftlich-technischen Revolution informationsverarbeitende Systeme immer größere Bedeutung erlangen und der in der Produktion tätige Mensch in immer größerem Umfang Steuer- und Regelfunktionen ausübt, wächst auch die Rolle der kontrollierenden Beobachtung. In einer automatisierten Produktion wird die körperliche Arbeit weitgehend durch die Beobachtung der von den entsprechenden Kontrollgeräten gelieferten Information abgelöst, auf deren Grundlage entsprechende Entscheidungen über die jeweilige Regelung des betreffenden Prozesses zu treffen sind. Die Beobachtung, die von jeher ein Bestandteil des Produktionsprozesses ist, wird unter diesen Bedingungen immer mehr zu einer auf wissenschaftliche Einsichten gegründeten Beobachtung, die nicht nur die Einheit des sinnlichen und des rationalen Moments der Erkenntnis und der praktischen Tätigkeit des Menschen demonstriert, sondern auch von der sich immer stärker herausbildenden Einheit von körperlicher und geistiger Arbeit zeugt.

→ Beobachtbarkeit → Erkenntnis.

Bereich → Feld (einer Relation).

Beschreibung (Deskription) – systematische, geordnete Darstellung von materiellen oder ideellen Sachverhalten mit gedanklich-sprachlichen Mitteln.

Die Beschreibung eines Sachverhalts bzw. von Daten der sinnlichen Wahrnehmung, des Experiments, der Beobachtung usw. bildet in der Regel den Ausgangspunkt der wissenschaftlichen Erkenntnistätigkeit. Sie bedient sich stets bestimmter Systeme sprachlicher Symbole, wie der natürlichen Sprache, spezieller Zeichensysteme, Ziffern, Grafiken usw. Als wissenschaftliches Erkenntnisverfahren vermag sie – zur Perfektion gebracht – ein relativ genaues Abbild des betreffenden Sachverhalts zu zeichnen, kann jedoch stets nur angeben, *wie* der Sachverhalt beschaffen ist, und nicht, *warum* er so und nicht anders beschaffen ist.

Die Beschreibung bezieht sich also im wesentlichen nur auf die Erscheinung des beschriebenen Sachverhalts und dringt nicht zu seinem Wesen, zu den Ursachen, Gründen seines Bestehens vor. Insofern ist sie als eine erste, elementare Stufe der wissenschaftlichen Erkenntnis anzusehen, die zur Erkenntnis des Wesens, zur → Erklärung und zur Theorie fortgeführt werden muß. Während die Naturwissenschaften zu einem großen Teil schon früher den Weg von der Beschreibung zur Erklärung gefunden haben, ist dieser Übergang für die Gesellschaftswissenschaften erst durch die Entdeckung des historischen Materialismus ermöglicht worden.

Die vom Positivismus zur einzigen Aufgabe der Wissenschaft erklärte bloße Beschreibung von Fakten faßt das Anliegen der Wissenschaft im Sinne des oben Gesagten zu eng. Zudem ist die von ihm geforderte *vollständige* Beschreibung einer Erscheinung nicht nur unmöglich, sondern auch unnötig. Unmöglich ist sie, weil die Erscheinung in der unendlichen Vielfalt ihrer Eigenschaften und Relationen zu anderen Erscheinungen eine unendliche Zahl von Beschreibungen erfordern würde, und unnötig ist sie, weil es für die wissenschaftliche Erkenntnis und die praktische Tätigkeit der Menschen nicht auf eine gleichermaßen detaillierte Beschreibung der wesentlichen und unwesentlichen, der notwendigen und zufälligen, der allgemeinen und individuellen Eigenschaften und Relationen der Erscheinung ankommt, sondern auf die Erkenntnis des Wesens, des Allgemeinen im Einzelnen, des Notwendigen und Gesetzmäßigen im Zufälligen. Die Beschreibung kann daher ihrer Funktion in der Erkenntnis nur gerecht werden, wenn sie nicht verabsolutiert und von den anderen wissenschaftlichen Erkenntnisverfahren und -mitteln, wie Erklärung, Hypothese, Prognose usw., losgelöst, sondern in Einheit mit ihnen gesehen und praktiziert wird.

In der *modernen formalen Logik* ist eine Beschreibung (Deskription, Kennzeichnung) ein symbolischer Ausdruck, der ein Individuum eindeutig durch die Angabe eines Merkmals, das nur diesem Individuum zukommt, kennzeichnet, ohne dessen Individuennamen im eigentlichen Sinne zu nennen.

Statt des Individuennamens «Karl Marx» z. B. kann man die Beschreibung «der Verfasser des ‚Kapitals'» statt des Individuennamens «Moskau» die Beschreibung «die Hauptstadt der UdSSR» gebrauchen.

Eine Beschreibung hat in symbolischer Schreibweise die Form

$$(\iota x)\, F(x) \quad \text{oder} \quad (\text{ɿ}\, x)\, F(x)$$

und wird gesprochen: «dasjenige x, das die Eigenschaft F hat.» «(ιx)» bzw. «$(\text{ɿ}\, x)$» heißt nach dem in ihm vorkommenden normalen bzw. umgekehrten griechischen Jota «Jota-Operator». Eine mit Hilfe des Jota-Operators aufgebaute Beschreibung kann dazu verwendet werden, aus einer Aussagefunktion eine singuläre Aussage herzustellen. Aus der Aussagefunktion «x ist Mitbegründer des Marxismus» ($M(x)$) und der Beschreibung «der Verfasser des ‚Kapitals'» ($(\iota x)\, V(x)$) gewinnt man die Aussage «Der Verfasser des ‚Kapitals' ist Mitbegründer des Marxismus» ($M((\iota x)\, V(x))$). Eine Beschreibung in diesem Sinne ist nur dann zulässig, wenn die Einzigkeitsbedingung erfüllt ist, d. h., wenn es *genau ein* Individuum mit dem in der Beschreibung genannten Merkmal gibt.

Die *Theorie der Beschreibung* oder – wie sie auch genannt wird – *Theorie des bestimmten Artikels* trat zuerst bei FREGE und PEANO auf; sie wurde im wesentlichen von RUSSELL ausgearbeitet und von CARNAP und QUINE weiterentwickelt. Sie ist ein Teil der *modernen Logik*, der noch eine Reihe von logischen und erkenntnistheoretischen Problemen enthält, der aber schon jetzt auch der Lösung philosophischer Probleme dienstbar gemacht werden kann.

→ Erklärung.

Besonderes – Allgemeines, sofern ihm die Eigenschaft zukommt, Einzelnes gegenüber einem noch Allgemeineren zu sein, bzw. Einzelnes, sofern es gegenüber anderem Einzelnen als Allgemeines auftritt. Das Besondere ist die Vermittlung zwischen dem Allgemeinen und dem Einzelnen. Es ist gegenüber bestimmten konkreten einzelnen Dingen, Prozessen, Eigenschaften, Relationen usw. allgemein, stellt aber zugleich gegenüber einem noch Allgemeineren ein Einzelnes dar. So ist etwa die ganze Zahl ein Allgemeines gegenüber der natürlichen Zahl, zugleich aber ein Einzelnes gegenüber der reellen Zahl; gegenüber der natürlichen Zahl als Einzelnem und der reellen Zahl als Allgemeinem ist sie das Besondere.

Unter *logischen Gesichtspunkten* gesehen ist das Besondere eine Klasse, ein Prädikat, eine Relation, zu der andere Klassen, Prädikate und Relationen in der Beziehung des *Enthaltenseins* stehen, die aber ihrerseits zu anderen derartigen Gegebenheiten ebenfalls in dieser Beziehung steht. Die philosophische Relation des Einzelnen, Besonderen und Allgemeinen hat zwei voneinander verschiedene logische Varianten. Sie lassen sich unter Verwendung der Symbole für die *Element-* und die *Enthaltenseinsbeziehung* wie folgt darstellen:

$$1.\ a \in B \qquad 2.\ E \subset B$$
$$B \in \mathfrak{A} \qquad B \subset A$$

Es sei z. B. a das Symbol für die einzelnen Proletarier, B das Symbol für das Proletariat, also die (logische) Klasse des Proletariats, und $\mathfrak{A}$ das Symbol für die (logische) Klasse der Gesellschaftsklassen, dann gelten die unter 1. angegebenen Beziehungen. Die unter 2. angegebenen Beziehungen wären etwa erfüllt, wenn E für die Klasse der Nadelbäume, B für die Klasse der Bäume und A für die Klasse der Pflanzen steht.

Im *umgangssprachlichen Gebrauch* wird zwischen Einzelnem und Besonderem häufig nicht klar unterschieden. Besonderes liegt jedoch nur vor, wenn es mindestens *eine* Beziehung, in der es als Einzelnes, und mindestens *eine* andere Beziehung, in der es als Allgemeines auftritt, gibt. Nicht jedes Einzelne ist deshalb ein Besonderes. Einzelnes, dem Anderes nicht subsumiert ist, kann in keiner Beziehung als Besonderes auftreten. Beispielsweise handelt es sich bei der vom Revisionismus vertretenen These eines besonderen Weges zum Sozialismus in Wirklichkeit um eine philosophisch, logisch und wissenschaftlich überhaupt unzulässige Benützung des Wortes «besonders». Gemeint ist tatsächlich ein *individueller*, *einzelner* Weg zum Sozialismus, der angeblich nicht durch allgemeine Gesetzmäßigkeiten des Übergangs vom Kapitalismus zum Sozialismus bestimmt wird.

→ Allgemeines → Einzelnes.

Bestätigung – einer Hypothese durch Beobachtungsresultate, Experimente, sonstige Formen der Praxis, die in Form von Aussagen vorliegen, ist dann gegeben, wenn dadurch die Wahrscheinlichkeit der Wahrheit der Hypothese wächst. Man unterscheidet im Anschluß an CARNAP drei Formen des Begriffs der Bestätigung, und zwar den *klassifikatorischen*, den *komparativen* und den *quantitativen* (oder *metrischen*) Begriff der Bestätigung; der letztere ist der Begriff des Bestätigungsgrades.

Der *klassifikatorische Begriff* der Bestätigung tritt in Aussagen der Gestalt «*h* wird durch *e* bestätigt», «*h* wird durch *e* gestützt», «*e* bildet eine positive Erfahrungsinstanz für *h*» o. ä. auf. Dabei ist *h* eine singuläre Voraussage, eine Aussage über ein Naturgesetz oder irgendeine andere Hypothese, während *e* eine Aussage über eine Beobachtungstatsache, aber auch eine noch nicht vollkommen gesicherte Gesetzesaussage o. ä. sein kann.

Der *komparative Begriff* der Bestätigung tritt in Aussagen der folgenden Form auf: «*h* wird durch *e* in höherem Grade bestätigt als *h'* durch *e'*.» Ob ein Vergleich in dieser allgemeinen Form möglich ist, ist zweifelhaft; immerhin sind die beiden folgenden Fälle möglich:

a) $h = h'$ und $e \neq e'$ (gleiche Hypothese, aber verschiedene Erfahrungstatsachen).

Beispiel: EINSTEIN hat 1905 die Hypothese aufgestellt, daß die Masse *m* eines mit der Geschwindigkeit *v* bewegten Körpers gegenüber seiner Ruhmasse m_0 nach folgender Formel zunimmt:

$$m = \frac{m_0}{\sqrt{1 - \frac{v^2}{c^2}}}$$

Die damals bekannten Tatsachen waren in ihrer Gesamtheit eine viel geringere Bestätigung der Hypothese als die Vielzahl der heute bekannten Tatsachen.

b) $h \neq h'$, aber $e = e'$ (verschiedene Hypothesen, gleiche Erfahrungstatsachen).

Beispiel: *e* sei die Gesamtheit der Aussagen, die durch Experimente, Beobachtung usw. bestätigt sind und sich auf die Struktur unseres Sonnensystems (Abstände der Planeten von der Sonne, Verteilung der Massen der Planeten um die Sonne usw.) beziehen. *h* sei die Laplacesche Hypothese der Entstehung des Sonnensystems, *h'* die Weizsäckersche Hypothese. Dann kann davon gesprochen werden, daß ein und dieselben Tatsachen durch die Weizsäckersche Hypothese besser erklärt werden (z. B. die Planetenabstände), d. h., daß sie ihrerseits die Weizsäckersche Hypothese in höherem Grade bestätigen als die Laplacesche.

Die präziseste Form des Begriffs der Bestätigung ist der Begriff des → Bestätigungsgrades. Hier wird versucht, ein quantitatives Maß der Bestätigung begrifflich zu fassen.

In der bisherigen Theorie der Induktion haben vor allem der klassifikatorische und der komparative Begriff der Bestätigung von Hypothesen eine Rolle gespielt. Der Begriff des Bestätigungsgrades ist zusammen mit einer exakteren Fassung der beiden anderen genannten Begriffe ein Versuch, die Theorie der Induktion weiterzuentwickeln. Vor diesen Versuch stellen sich jedoch außerordentliche theoretische Schwierigkeiten. Bestätigung von Hypothesen kann kybernetisch interpretiert werden als Rückkopplungsprozeß, bei dem ein kybernetisches System mit einem inneren Modell der Außenwelt in ständiger Wechselwirkung mit der Außenwelt die Hypothese allmählich verbessert.

→ Induktion.

Bestätigungsgrad (auch Bewährungsgrad) – einer Hypothese ist die quantitative Festlegung ihrer Bestätigung. Nach CARNAP tritt der Begriff des Bestätigungsgrades in Aussagen der folgenden Art auf: «Der Bestätigungsgrad der Hypothese *h* durch *e* ist *q*.» Dabei ist *e* eine Konjunktion aller bekannten Beobachtungsaussagen, die für die Hypothese *h* relevant sind, und *q* ist eine reelle Zahl mit

$$0 \leq q \leq 1,$$

symbolisch ausgedrückt:

$$c(h, e) = q.$$

Unter sehr einschränkenden Voraussetzungen und für sehr einfache Fälle ist es möglich, eine solche quantitative Fassung des Begriffs der Bestätigung tatsächlich anzugeben. Der praktische Wert des Begriffs des Bestätigungsgrades für die Theorie der → Induktion ist höchst umstritten.

Bestimmung – 1. Sinn, Zweck des menschlichen Daseins oder eines Objekts bzw. seiner Existenz. 2. Abgrenzung eines Objekts (auch eines Begriffs) von anderen. Die Bestimmung (auch: Determination) in diesem Sinne erfolgt durch die Angabe von Merkmalen, die dem zu bestimmenden

Objekt zukommen, durch die Angabe von Objekten, die dem zu bestimmenden ähneln, o. ä. Sie ist, wenn die entsprechenden Anforderungen erfüllt sind, eine → Definition, andernfalls eine definitionsähnliche Festlegung.
In der *traditionellen Logik* wurde die Bestimmung (Determination) als Übergang von einem allgemeineren Begriff (Gattungsbegriff) zu einem weniger allgemeinen (Artbegriff) betrachtet. Diese Auffassung ist jedoch zu eng, da sie von den möglichen Arten der Bestimmung von Begriffen nur die sog. klassische Begriffsdefinition erfaßt.

Bevölkerungslehre – im 17. und 18. Jahrhundert als Teil der sich herausbildenden politischen Ökonomie mit dem Ziel entstanden, die sozialen Bedingungen und wirtschaftlichen Folgen einer Bevölkerungsvermehrung festzustellen (vor allem PETTY, STEUART). Die Bevölkerungsvermehrung wird hier als natürlicher (biologischer) Prozeß genommen, der Stand der gesellschaftlichen Entwicklung als von der Bevölkerungszahl abhängig gesehen: je größer die Bevölkerungszahl, um so höher der Stand der gesellschaftlichen Entwicklung, und umgekehrt.
Mit Beginn der verstärkten Unterdrückung, Unterjochung und Versklavung fremder Völker durch die kapitalistischen Staaten nehmen verschiedene Bevölkerungslehren apologetischen Charakter an und werden zu einem Mittel der theoretischen Rechtfertigung der kapitalistischen (später imperialistischen) Eroberungspolitik (→ Malthusianismus).
Eine allgemeine, von den konkreten gesellschaftlichen Bedingungen abstrahierende Bevölkerungslehre ist bis in die Gegenwart oft versucht worden (MACKENROTH u. a.); es kann sie jedoch nicht geben, weil jede Gesellschaftsformation ihre eigenen Bevölkerungsgesetze hat. Der *historische Materialismus* betrachtet deshalb die Bevölkerungsgesetze jeweils auf dem Boden der jeweiligen Gesellschaftsformation als sozialökonomische Gesetze.
MARX charakterisiert diesen Tatbestand im Hinblick auf die kapitalistische Gesellschaft durch die Feststellung: «Mit der durch sie selbst produzierten Akkumulation des Kapitals produziert die Arbeiterbevölkerung ... in wachsendem Umfang *die Mittel ihrer eignen relativen Überzähligmachung*. Es ist dies ein der *kapitalistischen Produktionsweise* eigentümliches *Populationsgesetz*», um daran die allgemeine Aussage zu knüpfen, daß «jede besondre historische Produktionsweise ihre besondren historisch gültigen Populationsgesetze hat. Ein abstraktes Populationsgesetz existiert nur für Pflanze und Tier, soweit der Mensch nicht geschichtlich eingreift» (23, 660).
→ Bedingungen des materiellen Lebens der Gesellschaft.

Bewährungsgrad → Bestätigungsgrad.

Bewegung – Daseinsweise und inhärentes Attribut der Materie. Es gibt weder Materie ohne Bewegung noch Bewegung ohne Materie. Im allgemeinsten philosophischen Sinne bedeutet «Bewegung» Veränderung schlechthin.
Den Gedanken einer ständigen Bewegung und Veränderung der Welt finden wir bereits in der Philosophie des *alten Orients*, *Indiens* und *Chinas*. Im *antiken Griechenland* des 6. bis 3. Jahrhunderts bildete sich die klassische naiv-dialektische und -materialistische Auffassung von der Bewegung heraus. Ihr zufolge entsteht die Welt aus einem materiellen Urstoff – dem Wasser (THALES), der Luft (ANAXIMENES), dem Apeiron (ANAXIMANDER) oder dem Feuer (HERAKLIT) – und kehrt in allen ihren Erscheinungen durch ständige Veränderung und Verwandlung in diesen Urstoff zurück. HERAKLIT erhebt die Bewegung, den unaufhörlichen Fluß und Wechsel aller Dinge, erstmalig zum philosophischen Prinzip und sieht die Ursache der Bewegung im Widerstreit der Gegensätze. Die reale dialektische Widersprüchlichkeit der Bewegung wurde von den Eleaten, insbesondere von ZENON, jedoch als logische Widersprüchlichkeit gedeutet, die zu Aporien (Denkunmöglichkeiten) führe, auf Grund deren er die Realität der Bewegung leugnete. Hatte schon die am Mathematischen orientierte pythagoreische Philosophie zum Unterschied von der ionischen Naturphilosophie das unveränderliche Sein anstelle des Werdens in den Mittelpunkt des philosophischen Denkens gerückt, so sieht der Begründer der eleatischen Schule, PARMENIDES, das reine, unveränderliche, zeit- und bewegungslose Sein als das einzig Reale an. Die Leugnung der Realität der Bewegung stand jedoch ihrerseits im Widerspruch zu der offenkundigen ständigen Bewegung und Veränderung in der Natur und im Leben des Menschen. Die spätere griechische Naturphilosophie schließt sich deshalb wieder im wesentlichen der Auffassung HERAKLITS von der Bewegung an und entwickelt diese in der atomistischen Bewegungslehre (→ Atomistik) weiter. Danach entstehen die unterschiedlichen Qualitäten durch Mischung und Trennung, durch Zusammenstoß («Wirbel») der als Urelemente gedachten Atome, denen die Bewegung immanent sei. LEUKIPP und DEMOKRIT nehmen gegen ZENON an, daß dem Seienden (den für unteilbar gehaltenen Atomen) der leere Raum gegenüberstehe, der das Volle (das Seiende) aufnehme. Nur durch leere Zwischenräume zwischen den Atomen und durch das Eintreten der Atome in sie sei Verdünnung, Verdichtung und Wachstum, d. h. Bewegung, möglich. ARISTOTELES hingegen betont gegen ZENONS Argumente für die Nichtwirklichkeit der Bewegung die Kontinuität von Raum und Zeit, wobei ihm als reale Be-

wegung nicht nur die Ortsveränderung (Bewegung im leeren Raum), sondern auch qualitative und quantitative Veränderungen gelten. Um dem Haupteinwand des ZENON zu entgehen, daß ein in Bewegung befindlicher Körper doch zugleich in einem und demselben Zeitmoment an einem und demselben Ort sein müsse und nicht sein könne, weist er der Bewegung (als Veränderung im weitesten Sinne) die Sphäre des Übergangs von der *Potentialität* (Möglichkeit) zur *Aktualität* (Wirklichkeit) zu, innerhalb derer allein eine derartig gegensätzliche Erscheinungsweise (im Sinne des Seins und Nichtseins an einem Orte usw.) als Entscheidungsmöglichkeit bestehe, ohne daß die logischen Alternativen des *Satzes vom ausgeschlossenen Widerspruch* gelten. Von hier aus gelangt ARISTOTELES – ähnlich PLATON, der im Gegensatz zur materialistisch-atomistischen Theorie als Ursache der Bewegung eine selbstbewegte Weltseele ansah – zu der idealistischen Hypothese von einer der unbewegten und ungeformten Materie gegenüberstehenden, hierarchisch aufgebauten Sphäre der Formen, die, mit Gott als unbewegtem erstem Beweger an der Spitze, als teleologisch bestimmendes, von außen hinzutretendes und damit eigentlich bewegendes Prinzip erscheinen. ARISTOTELES nimmt so eine metaphysische Trennung von Materie und Bewegung vor. Erst EPIKUR greift, unter Zurückweisung eines außerweltlichen, göttlichen Ursprungs und jeder teleologischen Erklärung der Bewegung, die atomistische materialistische Theorie wieder auf, deutet jedoch, zum Unterschied von DEMOKRITS Theorie der «Wirbel» der Atome, deren ersten Zusammenstoß (als materielle Erstursache der Bewegung) als freie Abweichung (Deklination) vom freien Fall und räumt der Bewegung der Atome im Gegensatz zu jedem Zweckgedanken ein Moment objektiver Zufälligkeit ein.

Die Ansichten der antiken griechischen Philosophie über die Natur der Bewegung trugen insgesamt noch weitgehend spekulativen Charakter, sie entbehrten in ihrer materialistischen Fassung einer festen naturwissenschaftlichen Fundierung. Infolge der unzureichenden naturwissenschaftlichen Aufhellung des Wesens der Bewegungsformen im einzelnen sowie aus apologetisch-theologischen Beweggründen vermochte auch die *mittelalterliche scholastische Philosophie*, die in ihrer Auffassung von der Bewegung weitgehend ARISTOTELES verpflichtet ist, keine qualitative Weiterentwicklung der Bewegungslehre hervorzubringen. In der *Spätscholastik*, innerhalb des jüngeren *Nominalismus*, entwickelte sich auf dem Hintergrund des erwachenden naturwissenschaftlichen Interesses die Vorstellung, daß die irdische und kosmische Bewegung Ergebnis des Widerstreits zwischen Impetus (Anstoß, Schwung) und (Luft-) Widerstand sei (BURIDAN).

In der Philosophie des CUSANUS und in der italienischen Naturphilosophie (CARDANUS, TELESIUS, BRUNO) am Beginn der Neuzeit werden Bewegung und Ruhe, Werden und Vergehen als reale Gegensätze angesehen und das Dasein aller Naturdinge als widerspruchsvoll betrachtet. Die Bewegung wird als die treibende Kraft des Universums verstanden, das im Verhältnis zu Gott (in dem als Absolutem alle Gegensätze zusammenfallen) stehe wie die Entfaltung zum Inbegriff.

Während sich die neue Naturwissenschaft herausbildete, rückte das Problem des Zusammenhangs von Materie und Bewegung erneut in den Vordergrund philosophischer Untersuchung. Bedingt durch die Entwicklung und die raschen Fortschritte der Mechanik, die ihrerseits durch die Bedürfnisse der Technik der Manufakturperiode und der entstehenden kapitalistischen Produktionsweise stimuliert wurden, bildete sich die *mechanisch-materialistische Auffassung* von der Bewegung heraus. Ihr zufolge ist die mechanische Bewegung, die bloße Ortsveränderung, die einzige Form der Bewegung, auf die alle anderen Arten der Veränderung zurückgeführt werden können.

So versteht HOBBES die Bewegung als bloßen stetigen Ortswechsel der Körper, DESCARTES als lediglich Übertragung eines Körpers aus der Nachbarschaft der ihn berührenden, ruhenden Körper in die Nachbarschaft anderer. Die Reduzierung aller Bewegung auf mechanische Ortsveränderung, die für den gesamten bürgerlichen Materialismus des 17. und 18. Jahrhunderts charakteristisch ist, vermochte indessen die teleologisch-theologische Konsequenz eines ersten Anstoßes, eines äußeren Bewegungsimpulses nicht auszuschließen. So vertrat NEWTON die Ansicht, daß alle Bewegung in der Welt, z. B. die Bewegung der Planeten um die Sonne, gemäß mechanischen Gesetzen erfolge, daß aber das ganze Weltgetriebe durch einen ersten göttlichen Anstoß in Bewegung versetzt worden sei. Dieser theologischen Konsequenz der mechanistischen Bewegungslehre versuchten die englischen und französischen Materialisten des 18. Jahrhunderts zu entgehen, indem sie die innere Aktivität der Materie, den untrennbaren Zusammenhang von Materie und Bewegung betonten. So nennt TOLAND die Bewegung eine «wesentliche Eigenschaft der Materie» und unterstreicht, «daß die Aktivität der Materie mit Notwendigkeit zukommt», daß «die Materie ... ohne Berücksichtigung der Selbstbewegung ... nicht zu verstehen» sei (Briefe an Serena V); HOLBACH hält die Bewegung für «eine Seinsweise ..., die sich notwendig aus dem Wesen der Materie herleitet» (System der Natur 25).

In analoger Weise sprechen sich auch DIDEROT, La METTRIE, HELVÉTIUS u. a. Materialisten jener

Zeit aus, die das Postulat vom göttlichen ersten Anstoß, aber auch das des absolut leeren Raumes als etwas der Materie Gegenüberstehendes und sich lediglich mit ihr Erfüllendes der Kritik unterziehen. Die mechanistische Bewegungsauffassung wurde durch diese dialektischen Ansätze zwar wesentlich modifiziert, konnte aber – im ganzen gesehen – auf dem Boden des mechanischen Materialismus nicht überwunden werden. Ihr Hauptmangel bestand in der metaphysischen Extrapolation der Gesetze der klassischen Mechanik auf alle, qualitativ von der mechanischen Bewegung unterschiedenen Bewegungsformen und in der damit gegebenen Verwischung des grundlegenden Unterschiedes von Natur und Gesellschaft.

Wesentliche Beiträge zur Aufdeckung des dialektischen Charakters der Bewegung, vor allem zu ihrem Verständnis als Selbstbewegung, wurden von LEIBNIZ und insbesondere von HEGEL geleistet. LEIBNIZ entwickelte den gegen DESCARTES gerichteten Gedanken des untrennbaren und universellen Zusammenhangs von Materie und Bewegung von einer objektiv-idealistischen Position her. Zum Unterschied von DESCARTES und SPINOZA fügt LEIBNIZ dem Begriff der Substanz den der tätigen Kraft, das Prinzip der Selbsttätigkeit hinzu. Die einfachen Substanzen (*Monaden*) unterliegen einer immerwährenden Veränderung, die einem inneren Prinzip entspringt, das von LEIBNIZ Begehrungstrieb genannt wird und den als Entelechien verstandenen Monaden als Quelle ihrer inneren Handlungen dient (Monadologie 10, 11, 15, 18). LENIN (38, 69) sieht in diesem Ansatz «eine Dialektik eigener Art, und eine sehr tiefe, *trotz* Idealismus». Dasselbe gilt für HEGEL, der die gesamte Wirklichkeit als Prozeß, d.h. in ständiger Bewegung und Veränderung begriffen, versteht. Dabei ist Bewegung für ihn nicht nur mechanische Bewegung, sondern in erster Linie Selbstbewegung, Lebendigkeit, Trieb. LENIN (38, 131) bezeichnet die dialektische Bewegungsauffassung HEGELS als den Kern seiner Philosophie und charakterisiert sie folgendermaßen: «Bewegung und ‚*Selbstbewegung*' (...) selbsttätige (selbständige), spontane, *innerlich-notwendige* Bewegung), ‚Veränderung', ‚Bewegung und Lebendigkeit', ‚Prinzip jeder Selbstbewegung', ‚Trieb' zur ‚Bewegung' und zur ‚Tätigkeit' – Gegensatz zum ‚toten *Sein*'.» Als Prinzip und innere Quelle der Selbstbewegung gilt HEGEL der dialektische Widerspruch; dieser ist «die Wurzel aller Bewegung und Lebendigkeit; nur insofern etwas in sich selbst einen Widerspruch hat, bewegt es sich, hat Trieb und Tätigkeit» (4, 546). Die Bewegung steht in unmittelbarem Zusammenhang mit der Materie, da sie das «*Vergehen* und *Sichwiedererzeugen* des Raums in Zeit und der Zeit in Raum» ist, während die Realität, in die Raum und Zeit übergehen, «die *unmittelbar identische daseiende* Einheit beider», als Materie erscheint (Enz § 261). Als Einheit von Kontinuität und Diskontinuität der Zeit und des Raumes ist die Bewegung selbst widersprüchlich. Derartige bedeutende dialektische Ideen über die Natur der Bewegung nahmen jedoch in den idealistischen Systemen LEIBNIZ' und HEGELS eine verzerrte und mystische Form an, die sie für die Entwicklung der Wissenschaften unfruchtbar bleiben ließen. Denn wenn man – wie HEGEL – die Welt als die Verkörperung der absoluten Idee betrachtet, so kann auch die Bewegung der Welt nicht mehr als die Bewegung und Selbstentwicklung dieser Idee und mithin ein rein ideeller Prozeß sein. Oder wenn man – wie BERKELEY – in den realen Dingen nur subjektive Empfindungskomplexe sieht, so muß die Quelle ihrer Bewegung zwangsläufig im Subjekt liegen; im *Machismus* fand diese subjektiv-idealistische Position ihren prägnanten Ausdruck in der Formel: «Alle Dinge bewegen sich, aber nur im Begriff» (PEARSON, Grammar of Science).

Die *dialektisch-materialistische Lehre* von der Bewegung ist frei sowohl von mechanistischen Beschränktheiten wie von idealistischen Entstellungen. Sie entstand im Zusammenhang mit den großen gesellschaftlichen Veränderungen des 19. Jahrhunderts, welche die Entdeckung der allgemeinen Bewegungsgesetze des gesellschaftlichen Lebens ermöglichten, und mit den naturwissenschaftlichen Entdeckungen seit der Mitte des 19. Jahrhunderts und zu Beginn des 20. Jahrhunderts – jenen Fortschritten der Wissenschaft, die insgesamt die qualitative Besonderheit verschiedener Bewegungsformen der Materie und deren inneren Zusammenhang mehr und mehr offenbarten. Sie ist heute die einzige philosophische Lehre von der Bewegung, die mit der ständig fortschreitenden Erkenntnis der modernen Natur- und Gesellschaftswissenschaften konform geht.

Der dialektische Materialismus versteht unter Bewegung im allgemeinsten Sinne, als Daseinsweise und inhärentes Attribut der Materie, alle im Universum vorgehenden Veränderungen und Prozesse, von der bloßen Ortsveränderung bis zum Denken (MARX/ENGELS 20, 354). Eine besondere Form der Bewegung materieller Systeme ist die Entwicklung, in deren Verlauf es zur Herausbildung qualitativ neuer Objekte, Eigenschaften, Zusammenhänge usw. kommt.

Der philosophische Begriff der Bewegung ist, ebenso wie der Materiebegriff, eine Abstraktion. Sinnlich wahrnehmbar existieren nur konkrete Formen der Bewegung (→ Bewegungsformen der Materie). So, wie der Materiebegriff nicht mit dem Begriff von dieser oder jener konkreten Materieform, z. B. Stoff oder Feld, gleichgesetzt werden darf, so darf der philosophische Begriff der Bewegung nicht mit dem Begriff von dieser oder jener konkreten Form der Bewegung, z. B. der mechanischen, gleichgesetzt werden. Er umfaßt vielmehr das Allgemeine, das der Gesamtheit aller sinnlich wahrnehmbaren Formen der Bewegung gemeinsam ist, nämlich Veränderung überhaupt zu sein: «Bewegung, auf die Materie anwendbar, ist *Veränderung überhaupt*» (MARX/ENGELS 20, 513).

Die Quelle der Bewegung und Veränderung der konkreten Formen der Materie sind die ihnen innewohnenden Widersprüche, der «Kampf» gegensätzlicher Prozesse und Tendenzen (→ Einheit und «Kampf» der Gegensätze). Die Bewegung der Materie bedarf demnach keines ersten (göttlichen) Anstoßes, sondern ist als *Selbstbewegung* ihre eigene Endursache. Schon HEGEL bemerkte im Hinblick auf die Aporien der Eleaten: «Man muß den alten Dialektikern die Widersprüche zugeben, die sie in der Bewegung aufzeigen; aber daraus folgt nicht, daß darum die Bewegung nicht ist, sondern vielmehr, daß die Bewegung der *daseiende* Widerspruch selbst ist» (4, 547). Die Bewegung, um die es in den ZENONschen Aporien geht, ist die mechanische Ortsveränderung. Der widersprüchliche Charakter, der für sie gilt, gilt in noch stärkerem Maße für die höheren Bewegungsformen der Materie. «Wenn schon die einfache mechanische Ortsbewegung einen Widerspruch in sich enthält, so noch mehr die höhern Bewegungsformen der Materie» (MARX/ENGELS 20, 112). So ist z. B. der Widerspruch, welcher der *Existenz* aller Lebewesen zugrunde liegt, der zwischen Assimilation und Dissimilation, während der Widerspruch zwischen Vererbung und Anpassung die *Entwicklung* der Organismen bestimmt: «Das Leben ist also ... ein in den Dingen und Vorgängen selbst vorhandner, sich stets setzender und lösender Widerspruch; und sobald der Widerspruch aufhört, hört auch das Leben auf, der Tod tritt ein» (MARX/ENGELS 20, 113).

Materie ist demzufolge nicht starre, tote Substanz, sondern sie ist nur möglich als Mannigfaltigkeit ihrer konkreten Bewegungs- und Entwicklungsformen. Andererseits gibt es keine Bewegung an sich, losgelöst von der Materie, sondern nur die Bewegung der Materie in der Vielfalt ihrer konkreten Formen. Die Ausdrücke «die Welt ist die sich bewegende Materie» und «die Welt ist die materielle Bewegung» sind deshalb gleichbedeutend (LENIN 14, 270). Der dialektische Materialismus, der die dialektische Auffassung der Bewegung als Selbstbewegung mit einem strengen materialistischen Monismus verbindet, macht damit deutlich, daß jeder Versuch, die Bewegung getrennt von der Materie zu denken, zwangsläufig zum philosophischen Idealismus führt. Die Anerkennung der Bewegung bei gleichzeitiger Leugnung der Materie führt zur Auffassung, daß es nur eine Bewegung unserer Empfindungen, Vorstellungen, Begriffe usw. gibt, d. h. zum *subjektiven* Idealismus. Umgekehrt führt die Annahme der Existenz der Materie ohne Bewegung in der Konsequenz zum *objektiven* Idealismus, denn sie geht davon aus, daß die Bewegung etwas der Materie Äußerliches ist und die Materie eines ersten Anstoßes zu ihrer Bewegung bedarf.

Der dialektische Materialismus weiß sich mit seiner Betonung des untrennbaren Zusammenhangs von Materie und Bewegung in Übereinstimmung mit der modernen Naturwissenschaft. Der speziellen Relativitätstheorie zufolge treten Energie und Masse stets nach der Beziehung $E = m \cdot c^2$ (c = Lichtgeschwindigkeit) miteinander gekoppelt auf. Da jede physikalische Bewegung an Energie gebunden ist und Masse eine spezielle Form der Materie ist, bestätigt diese Beziehung physikalischerseits die philosophische These vom untrennbaren Zusammenhang zwischen Materie und Bewegung. LENIN konnte nachweisen, daß alle Versuche, die Energie und damit die Bewegung von der Materie zu trennen, physikalisch unhaltbar sind und philosophisch zum Idealismus führen (→ Energetik → Energie). Materie und Bewegung voneinander trennen heißt demnach heute nicht nur, den Boden des Materialismus verlassen, sondern auch, den Erkenntnissen der modernen Naturwissenschaft widersprechen.

Aus dem untrennbaren Zusammenhang von Materie und Bewegung folgt, daß die Bewegung ebenso unerschaffbar und unzerstörbar ist wie die Materie selbst (MARX/ENGELS 20, 55). Der physikalische, quantitative Ausdruck dieser philosophischen These ist der Satz von der Erhaltung der Energie, ihr qualitativer die Möglichkeit der Verwandlung einer Form der Bewegung in qualitativ andere Bewegungsformen. Ein Außerachtlassen gerade dieses qualitativen Aspekts führt zu schwerwiegenden weltanschaulichen Konsequenzen und leistet insbesondere den Spekulationen über einen angeblich zu erwartenden → Wärmetod des Weltalls Vorschub. Wenn die Bewegung zwar quantitativ erhalten bliebe, unerschaffbar und unzerstörbar wäre, ihre einzelnen qualitativ unterschiedlichen Formen aber nicht ineinander umwandelbar wären, wenn die Materie nicht die Kraft besäße, aus sich selbst heraus ihre qualitativ verschiedenen Bewegungsformen hervorzubringen, so bedürfte es, um jede von ihnen hervorzubringen, jedesmal eines neuen Schöpfungsaktes. Lehnt man die wiederholte Schöpfung ab und nimmt man an, daß die Materie sich nur einmal während ihrer zeitlos unbegrenzten Existenz in der Möglichkeit befunden hat, ihre Bewegung zu differenzieren und den ganzen

Reichtum ihrer Bewegungsformen hervorzubringen, und daß sie zu allen übrigen Zeiten auf bloße Ortsveränderung beschränkt bleibt, so heißt das, «daß die Materie sterblich und die Bewegung vergänglich ist» (MARX/ENGELS 20, 325). Beide Alternativen laufen auf den philosophischen Idealismus hinaus und sind mit einem konsequenten Materialismus unvereinbar. Die Unzerstörbarkeit der Bewegung muß deshalb sowohl quantitativ als auch qualitativ verstanden werden.

Als *Attribut der Materie* besitzt die Bewegung absoluten Charakter; dies ist nicht so zu verstehen, als gäbe es eine im Hinblick auf ein im absoluten Raum vorgezeichnetes Bezugssystem absolute Bewegung, sondern bedeutet, daß es keine Materie ohne Bewegung gibt. Die absolute Natur der Bewegung realisiert sich in der Umwandelbarkeit der qualitativ spezifischen Bewegungsformen der Materie ineinander, deren Existenz und gegenseitiges Verhältnis zueinander relativ ist. Bewegung ist also eine Einheit der Gegensätze des Absoluten und Relativen.

Der absolute Charakter der Bewegung ist auch im Gegensatz zum relativen Charakter der Ruhe zu fassen. «Alle Ruhe, alles Gleichgewicht ist nur relativ, hat nur Sinn in Beziehung auf diese oder jene bestimmte Bewegungsform» (MARX/ENGELS 20, 55). Die Auffassung, daß Bewegung und Veränderung nur der Übergang von einem Gleichgewichtszustand zu einem anderen, also nur relativ, vorübergehend, ein Sonderfall der Ruhe ist, und daß demgegenüber das Gleichgewicht, die Ruhe absolut sei, wird durch die Gesamtheit aller Erfahrungen der Wissenschaft, der Produktion und des gesellschaftlichen Lebens widerlegt. Die Falschheit dieser Auffassung ergibt sich bereits aus einfachen systemtheoretischen Überlegungen. Es läßt sich zeigen, daß für ein materielles System bestimmte Bedingungen gegeben sein müssen, damit es sich im Gleichgewichtszustand befindet. Diese Gleichgewichtsbedingungen ergeben sich daraus, daß sich das Verhältnis von Input und Output des Systems zeitlich nicht verändern darf. Der Gleichgewichtszustand ist somit nur für bestimmte Bedingungen gegeben, d. h. relativ. Für jedes materielle System gibt es aber mindestens eine Verhaltensweise, die das System schließlich und endlich aus der Menge derjenigen Systemzustände herausführt, die es als System charakterisieren und seine qualitative Bestimmtheit ausmachen. Jedes System ist deshalb nur zeitweilig und nur unter bestimmten Bedingungen in der Lage, seine Stabilität gegenüber inneren und äußeren Störungen aufrechtzuerhalten. Gewinnen diese Störungen die Oberhand, geht das System in einen neuen qualitativen Zustand über. Darüber hinaus gibt es auch materielle Systeme, die überhaupt keine Gleichgewichtszustände aufweisen. In der Regel sind die materiellen Systeme der objektiven Realität jedoch so beschaffen, daß sie zumindest zeitweilig ihre Stabilität aufrechterhalten können; wäre dies nicht der Fall, so wäre die Welt bestenfalls ein statistisches Chaos ohne relative Ruhezustände. Gleichgewichtszustände materieller Systeme sind schließlich selbst nicht absolut starr und unbewegt. Das Gleichgewicht dynamischer materieller Systeme – und um solche handelt es sich in der objektiven Realität, z. B. Atome, Planetensystem, Organismen, Gesellschaftssysteme – ist ein *dynamisches* Gleichgewicht, ein relativer Ruhezustand des Gesamtsystems, dessen einzelne Elemente untereinander in ständiger Wechselwirkung stehen und das von seiner Umgebung ständige Einwirkungen erleidet und selbst solche ausübt. Alles Gleichgewicht ist deshalb «entweder nur relative Ruhe oder selbst Bewegung im Gleichgewicht, wie die der Planeten» (MARX/ENGELS 20, 576).

Die Bewegung ist nicht nur eine Einheit der Gegensätze des Absoluten und der Ruhe, sondern auch des Stetigen und Diskreten (→ Kontinuität und Diskontinuität), worin sich der Zusammenhang der Bewegung mit den widersprüchlichen Eigenschaften der Raum-Zeit-Beziehung ausdrückt.

Die Lehre des dialektischen Materialismus von der Bewegung und den Bewegungsformen bildet einen wissenschaftlich objektiven Ausgangspunkt für die *Klassifikation der Wissenschaften*, die von den Grundformen der Bewegung und ihrem objektiv realen Zusammenhang ausgehen muß.

Für das gesellschaftliche Leben und Handeln der Menschen ist sie nicht minder von Bedeutung: indem sie die menschliche Gesellschaft als Teil des Gesamtzusammenhangs der materiellen Welt begreift, für den ebenso wie für die Natur objektive, jedoch qualitativ spezifische Bewegungs- und Entwicklungsgesetze gelten, indem sie nachweist, daß die Gesellschaft wie die Natur der unaufhörlichen Bewegung und Entwicklung unterworfen ist, orientiert sie auf das bewußte Erkennen und Ausnutzen der Gesetzmäßigkeiten der gesellschaftlichen Entwicklung, auf den bewußten Vollzug sozialer Umwandlungen im Interesse des gesellschaftlichen Fortschritts.

→ Entwicklung → Veränderung → Materie → Ruhe.

Bewegungsformen der Materie – die Grundtypen der Bewegung und Wechselwirkung materieller Systeme, Objekte, Prozesse usw. Die Bewegung existiert nicht an sich, losgelöst von der Materie, sondern nur in Gestalt der unendlich vielfältigen konkreten Bewegungen einzelner materieller Systeme, Objekte usw.

Entsprechend dem Entwicklungsstand der Wissenschaft des 19. Jahrhunderts unterschied ENGELS

(20, 354f) fünf Grundformen der Bewegung: 1. die mechanische (Ortsveränderung), 2. die physikalische (Bewegung der Moleküle), 3. die chemische (Bewegung der Atome), 4. die biologische (Leben), 5. die soziale (gesellschaftliche Entwicklung).

Im Laufe der weiteren Entwicklung der Wissenschaft, insbesondere um die Mitte des 20. Jahrhunderts, haben sich unsere Kenntnisse über die Bewegungsformen der Materie jedoch außerordentlich erweitert (nukleare Prozesse, Elementarteilchenumwandlungen usw.). Diese Entwicklung zeigt, daß die Bewegung ebenso unerschöpflich ist wie die Materie selbst. Das Problem der Klassifizierung der Bewegungsformen stößt deshalb heute auf bedeutend größere Schwierigkeiten als zu ENGELS Zeiten. Will man die ENGELSsche Klassifizierung heute beibehalten, so muß man sich darüber im klaren sein, daß es sich dabei nur um *Grundformen* der Bewegung handeln kann, von denen jede wiederum aus einer Vielzahl qualitativ verschiedener Bewegungsformen besteht. So kann z. B. die mechanische Bewegung geradlinig oder nichtgeradlinig, Rotation oder Schwingung, konstant oder beschleunigt usw. sein; zur physikalischen Bewegung wären sowohl die molekulare Wärmebewegung als auch elektromagnetische Schwingungen, atomare und nukleare Prozesse, Bewegung und wechselseitige Umwandlung der Elementarteilchen, Gravitation u. a. zu zählen; die gesellschaftliche Bewegungsform würde solche verschiedenen Formen der Bewegung wie Entwicklung der Produktivkräfte, Klassenkampf, Fortschritt von Kultur und Wissenschaft, Denken, Bewußtsein u. a. umfassen. Dies zeigt, daß zur Bestimmung der qualitativen Spezifik einer konkreten Bewegungsform nicht nur ein einziges Merkmal herangezogen werden kann.

Entsprechend dem heutigen Wissensstand wird die qualitative Spezifik einer konkreten Bewegungsform der Materie durch eine Reihe von Kriterien bestimmt, die jeweils im Zusammenhang gesehen werden müssen. Dazu gehören:

1. Der Typ der materiellen Objekte. Jede Bewegungsform ist durch spezifische materielle Strukturen gekennzeichnet, hat ihren spezifischen materiellen Träger. Diese können sein: a) materielle Systeme, die zum gleichen Strukturniveau der Materie gehören, aus gleichartigen Elementen bestehen und jeweils die gleiche Verhaltensweise aufweisen (z. B. Elementarteilchen, Atome, Moleküle usw.); b) materielle Systeme mit Elementen verschiedenartiger Natur, aber gleicher Struktur und demzufolge gleichem funktionalem Verhalten (z. B. Steuer- und Regelsysteme der verschiedensten Art).

2. Der Typ der Wechselwirkung zwischen den Objekten. Er hängt unmittelbar mit dem jeweiligen Typ der Objekte bzw. Systeme zusammen (z. B. die verschiedenen Arten der Wechselwirkung zwischen den Elementarteilchen, elektromagnetische Wechselwirkung, Gravitationswechselwirkung, Wechselwirkung zwischen Organismus und Umwelt, zwischen einzelnen Individuen oder Klassen, zwischen Individuum und Gesellschaft usw.).

3. Aus dem Typ der jeweiligen Objekte und dem der Wechselwirkung zwischen ihnen ergibt sich ein entsprechender Typ von Gesetzmäßigkeiten, der für die jeweilige Bewegungsform spezifisch ist und nicht auf die anderer Bewegungsformen reduziert werden kann.

Um schließlich die einzelnen Bewegungsformen der Materie in einer genetischen Reihenfolge anordnen zu können, muß das Prinzip der historischen Entwicklung der einen aus der anderen beachtet werden. Eine Bewegungsform ist um so höher nicht nur, je komplexer die zu ihr gehörigen materiellen Systeme sind, sondern auch, je mehr sie andere Bewegungsformen einschließt und auf ihnen aufbaut. So ist die organische Bewegungsform eine höhere als die chemische oder physikalische, da organische Systeme einen höheren Grad der Komplexität aufweisen als chemische oder physikalische und da sich die Existenz, Veränderung und Entwicklung organischer Systeme auf der Grundlage physikalischer, chemischer und anderer Prozesse vollzieht; die gesellschaftliche Bewegungsform wiederum ist höher als die organische, da die menschlichen Individuen – als biologische Organismen betrachtet – nur als Teilsysteme gesellschaftlicher Systeme auftreten.

Die einzelnen Bewegungsformen der Materie existieren demzufolge nicht isoliert voneinander, sondern stehen im engen Zusammenhang miteinander, sind miteinander verflochten, ineinander enthalten. Von besonderer weltanschaulicher Bedeutung ist die Tatsache, daß verschiedene Bewegungsformen auch ineinander übergehen können, z. B. mechanische in Wärmebewegung usw. Dies zeugt sowohl von der quantitativen als auch von der qualitativen Unzerstörbarkeit der Bewegung. Die Einheit der verschiedenartigen Bewegungsformen kommt auch darin zum Ausdruck, daß jede von ihnen eine Form der sich bewegenden Materie ist und sie alle somit den allgemeinsten Gesetzen der sich bewegenden Materie, wie sie vom dialektischen Materialismus formuliert werden, unterliegen.

In ihrer Einheit weisen die einzelnen Bewegungsformen jedoch auf Grund der angeführten Kriterien eine qualitative Spezifik auf, die sie voneinander unterscheidet und die es unmöglich macht, sie aufeinander zu reduzieren. So enthalten die höheren Bewegungsformen die niederen zwar in sich, vollziehen sich auf deren Grundlage, können jedoch nicht auf sie reduziert werden, da sie durch einen qualitativ neuen Typ materieller Systeme, Wechselwirkungen und damit durch grundsätzlich andere spezifische Gesetze bestimmt werden. Niedere Bewegungsformen sind wohl in höheren enthalten, machen aber nicht das Wesen der in diesen sich vollziehenden Prozesse aus. Sie sind zwar notwendige, jedoch nicht spezifische Wirkungsbedingungen für die Gesetze höherer Bewegungsformen und bestimmen nicht das Wesen dieser Gesetze. Physikalische, chemische und biologische Prozesse vollziehen sich auch im Menschen und unterliegen den entsprechenden Gesetzen; sie bestimmen jedoch nicht das Wesen des Menschen, ein Ensemble gesellschaftlicher Verhältnisse zu sein. Die einfachste, niederste Bewegungsform – die mechanische Ortsveränderung – ist in allen höheren zwar enthalten, erschöpft jedoch keinesfalls deren Wesen. Je höher die betreffende Bewegungsform, desto geringer ist in ihr der Anteil der mechanischen Ortsveränderung an der Bewegung ihrer Objekte (Marx/Engels 20, 355). In den nichtmechanischen Bereichen der Wirklichkeit ist Bewegung vor allem Qualitätsänderung (Marx/Engels 20, 517).

Indem die marxistische Philosophie die Einheit und den Zusammenhang der einzelnen Bewegungsformen der Materie, ihre Übergänge und ihre natürliche Entwicklung auseinander betont, wendet sie sich gegen jede Art pluralistischer Weltanschauungen, die eine Vielzahl unabhängig voneinander geschaffener Formen annehmen oder – wie der Vitalismus – behaupten, die höheren Bewegungsformen, z. B. das Leben, seien aus niederen durch Hinzutreten eines immateriellen Plus entstanden. Mit der Betonung der qualitativen Spezifik der einzelnen Bewegungsformen wendet sich die marxistische Philosophie andererseits gegen den Mechanizismus und die ihm eigene Tendenz, die höheren Bewegungsformen auf niedere und letztlich auf die mechanische zu reduzieren.

Die Lehre von den Bewegungsformen der Materie ist von großer wissenschaftstheoretischer (→ Klassifikation der Wissenschaften) und methodologischer Bedeutung. Insbesondere ergibt sich aus der Tatsache, daß die einzelnen Wissenschaften jeweils konkrete Bewegungsformen der Materie zu ihrem Gegenstand haben, zwischen diesen aber Zusammenhänge bestehen, sie ineinander übergehen können und ineinander enthalten sind, die Möglichkeit, die Methoden einer Wissenschaft unter bestimmten Bedingungen auch in anderen Wissenschaften anzuwenden. Von besonderer Bedeutung sind in diesem Zusammenhang die sog. Grenzwissenschaften, wie Biophysik, Biochemie u. a.

→ Bewegung → Entwicklung → Veränderung.

Beweis – im allgemeinsten Sinne jedes Verfahren, mit dessen Hilfe die Wahrheit einer Aussage begründet wird.

Der *direkte* und *unmittelbare Beweis* erfolgt durch das praktische Handeln der Menschen und das Experiment. Über dieser in letzter Instanz tragenden Schicht erhebt sich eine Hierarchie von *Beweismethoden*. Ein *strenger theoretischer Beweis*, d. h. der *logische Beweis* einer Aussage, liegt vor, wenn ausgehend von solchen Aussagen, deren Wahrheit bereits bekannt ist, mit Hilfe logischer Schlußregeln eine endliche Kette von wahren Aussagen aufgebaut wird, die mit dem zu beweisenden Satz endet. Wesentlich ist dabei, daß jedes Glied dieser Kette aus dem vorhergehenden Glied mit Hilfe dieser Regeln gewonnen wird. In Ansätzen ist dieser Begriff des Beweises schon von Aristoteles entwickelt worden, allerdings eingeschränkt auf solche Beweise, die mit Hilfe von Syllogismen geführt werden können. Jeder Fortschritt der formalen Logik über die ersten aussagen- und prädikatenlogischen Ansätze bei Aristoteles, der *Stoa* und den *Scholastikern* hinaus hat auch neue, umfassendere Formen dieser insgesamt auf *Deduktion* beruhenden Beweisführung gebracht. Neben sie tritt als weitere Form des theoretischen Beweises die *reduktive Beweisführung*. Ein vereinfachtes *Beispiel* soll den Unterschied beider Hauptformen verdeutlichen:

Es sei p die Aussage «es regnet», q sei die Aussage «das Pflaster wird naß», es sei ferner $p \rightarrow q$ die Abkürzung der wahren Aussage «wenn es regnet, dann wird das Pflaster naß». Vom *deduktiven Beweis* sprechen wir dann, wenn p und $p \rightarrow q$ gegeben sind und von diesen beiden Prämissen auf q geschlossen wird. Von *reduktiver Beweisführung* hingegen sprechen wir, wenn q und $p \rightarrow q$ gegeben sind und von diesen beiden Prämissen auf p geschlossen werden soll. Es ist offensichtlich, daß die zweite Form der Beweisführung nicht völlig schlüssig ist und einer besonderen zusätzlichen Begründung bedarf. Wenn das Straßenpflaster naß ist, so kommt dies in den meisten Fällen daher, daß es geregnet hat; es muß aber nicht so sein, auch andere Ursachen können zum Naßwerden der Straße führen.

Mit dem Beweis darf die → Ableitung nicht verwechselt werden.

→ Deduktion → Reduktion.

Bewußtheit – Begriff der marxistisch-leninistischen Gesellschaftstheorie (*Ggs* → Spontaneität), in dem eine grundlegende gesamtgesellschaftliche Qualität des Handelns von Individuen, sozialen Gruppen und Klassen bzw. des daraus hervorgehenden gesellschaftlichen Prozesses zum Ausdruck gebracht wird. Das individuelle oder kollektive Handeln (bzw. ein gesellschaftlicher Prozeß) besitzt die qualitative Bestimmtheit der Bewußt-

heit, wenn es mit dem Bewußtsein seiner wesentlichen gesellschaftlichen und historischen Fernwirkungen vor sich geht, in seiner Zwecksetzung und Organisation auf die Hervorbringung dieser Wirkungen gerichtet ist und diese im großen und ganzen auch erreicht.
Obwohl die Klassenbewegungen früherer Jahrhunderte in ihren revolutionären Phasen Elemente der Bewußtheit hervorbrachten, bleibt die gesellschaftliche Entwicklung in ihren wesentlichen Zügen spontan. Für die Arbeiterklasse jedoch und für ihren Kampf um die Erfüllung ihrer weltgeschichtlichen Mission ist die Bewußtheit eine unabdingbare geschichtliche Notwendigkeit. Sie ist die entscheidende Triebkraft dieses Kampfes. LENIN (33, 48) bezeichnete die «Masse der Arbeiter und Bauern, ihre Bewußtheit, ihre Organisiertheit» als den «letzten Kraftquell» vor allem des Kampfes für den Aufbau der sozialistischen Gesellschaft. Zentrum dieses Kraftquells ist die Führung der Arbeiterklasse durch die marxistisch-leninistische Partei.
Das Wesen dieser Bewußtheit besteht vor allem
– im Klassenbewußtsein, in der Überzeugtheit der Arbeiterklasse von ihrer welthistorischen Mission, die ihr nur von einer Partei vermittelt werden kann, die den Marxismus-Leninismus beherrscht und die einen unermüdlichen Kampf um die Durchsetzung der sozialistischen Ideologie unter den werktätigen Massen führt;
– in der Ausnutzung der marxistisch-leninistischen Theorie als Anleitung zum Handeln, was die Ausarbeitung einer prognostisch fundierten, revolutionären und internationalistischen Programmatik sowie einer prinzipienfesten und zugleich elastischen Taktik des Klassenkampfes durch die marxistisch-leninistische Partei einschließt;
– in der Entwicklung und Festigung der Kampforganisationen der Arbeiterklasse, an deren Spitze die marxistisch-leninistische Partei steht und die auch das sozialistische Staatswesen einschließt, in der Entwicklung der diesen Organisationen entsprechenden sozialistischen Disziplin, Standhaftigkeit, Zielstrebigkeit der Arbeit, in der Entwicklung einer den Grundsätzen des Marxismus-Leninismus entsprechenden wissenschaftlichen Führungstätigkeit der politischen und staatlichen Organisationen der Arbeiterklasse und der mit ihr verbündeten werktätigen und demokratischen Massen.
Sozialistische Bewußtheit bedeutet Entwicklung der geschichtlichen Schöpferkräfte des werktätigen Volkes. Sie ist das entscheidende Instrument und die entscheidende Triebkraft zur Erringung und Gestaltung der bewußten Herrschaft der Werktätigen über ihr gesellschaftliches Leben, die sich nur nach wissenschaftlichen Grundsätzen und auf der Grundlage bewußter, kollektiver Organisation realisieren kann. Bewußte Herrschaft aber ist identisch mit Freiheit, der gesellschaftlichen wie der individuellen, denn individuelle Freiheit kann nur in der Entwicklung vielseitiger individueller Fähigkeiten und in ihrem bewußten Einsatz in der sozialistischen Menschengemeinschaft bestehen. Der Übergang von der Spontaneität, die die bisherige geschichtliche Entwicklung beherrschte, zur Bewußtheit, die die gesellschaftliche Entwicklung im Sozialismus immer mehr kennzeichnet, ist ein wesentlicher Bestandteil des Übergangs der Menschheit aus dem Reich der Notwendigkeit in das Reich der Freiheit (ENGELS).
Die ständige Erhöhung der Bewußtheit der Massen gehört zu den entscheidenden Aufgaben der Partei der Arbeiterklasse sowie der gesamten theoretischen und praktischen Arbeit im Sinne des Marxismus. Heute besteht die Möglichkeit wie auch die Notwendigkeit, die sozialistische Bewußtheit auf eine höhere Stufe zu heben. *Erstens* verschärft der Imperialismus seine Angriffe auf die sozialistische Bewußtheit, auf die führende Rolle der marxistisch-leninistischen Partei und ihrer Ideologie, auf die Einheit von Partei – Klasse – Masse. *Zweitens* verlangt die Gestaltung der entwickelten sozialistischen Gesellschaft, daß die staatliche Planungstätigkeit auf der Grundlage einer wissenschaftlichen Prognosearbeit bei gleichzeitiger Entfaltung der Initiative der Werktätigen voll entwickelt wird. *Drittens* steht die kommunistische Bewegung überhaupt vor der Aufgabe, unter den neuen Bedingungen der gegenwärtigen Epoche eine Strategie des Kampfes der Kommunisten in den sozialistischen, kapitalistischen und in den vom Kolonialismus befreiten Ländern auszuarbeiten, welche sich auf eine Prognose der hauptsächlichen weltrevolutionären Prozesse stützt. *Viertens* liefert die Entwicklung der modernen Wissenschaften vielfältige wissenschaftliche Instrumente (Kybernetik, Operationsforschung, elektronische Datenverarbeitung), die geeignet sind, die Führungstätigkeit auf der Grundlage der sozialistischen Demokratie und damit die sozialistische Bewußtheit zu erhöhen.

Bewußtsein – spezifisch menschliche ideelle Widerspiegelung der objektiven Realität vermittels des Zentralnervensystems. Das Bewußtsein umfaßt die Gesamtheit der sinnlichen und rationalen Widerspiegelungsformen sowie den Bereich der menschlichen Emotionen und des Willens, d. h. die gesamte psychische Tätigkeit des Menschen.
Über die *Natur des Bewußtseins* wurde in der *Geschichte der Philosophie* ein Kampf zwischen Materialismus und Idealismus geführt, in dessen Verlauf der Begriff des Bewußtseins wesentliche Veränderungen erfahren hat. Die grundlegende Frage, um die es bei der Auseinandersetzung über die Natur des Bewußtseins zwischen Materialis-

mus und Idealismus zunächst geht, ist, ob das Bewußtsein eine *natürliche Tätigkeit* des materiellen menschlichen Körpers, seines Gehirns, sei oder aber aus einer *immateriellen Seele* oder anderen *übernatürlichen Quellen* abzuleiten sei.

Die *idealistischen Philosophen* entwickeln stets in irgendeiner Form die Annahme, das Bewußtsein, insbesondere das Denken, sei eine von der Materie völlig unabhängige selbständige Erscheinung. Sie erklären sie entweder zu einer geistigen Substanz, zu einer selbständigen Ideenwelt oder absoluten Idee oder gar zur alleinigen Realität.

So ist für PLATON die psychische Tätigkeit ein Werk der immateriellen und unsterblichen Seele, die nur zeitweilig in das Gefängnis des menschlichen Körpers eingeschlossen ist (Phaedon 10, 11).

Auch ARISTOTELES betrachtet die ewige Seele, die Form des menschlichen Körpers, als das Organ der psychischen Tätigkeiten, wobei er dem Körper eine Mitwirkung beim Wahrnehmen zugesteht, das Denken jedoch für ein Werk des Geistes oder der Denkseele erklärt, das völlig unabhängig vom Körper ist (Über die Seele III, 4).

Die Ansicht des ARISTOTELES wurde weitgehend von THOMAS VON AQUIN übernommen und hat noch heute im *Neuthomismus* Geltung.

Im Gegensatz zum Idealismus wurde von *materialistischen Philosophen* die Auffassung entwickelt, daß die psychischen Prozesse natürliche Vorgänge im menschlichen Körper sind. DEMOKRIT hielt Wahrnehmung und Denken für Bewegungen der materiellen Seelenatome. Den Sitz des Denkens sah er im menschlichen Gehirn.

Wesentlichen Einfluß auf die Entwicklung des Bewußtseinsbegriffs in der Philosophie der Neuzeit hatte DESCARTES. Er sah in der Seele eine vom Körper völlig verschiedene geistige Substanz (substantia cogitans), die von keinem materiellen Ding abhängt (Abhandlung über die Methode IV, 4; Regeln zur Leitung des Geistes XII, 10). Während der Körper wie eine mechanische Maschine funktioniert, ist alle bewußte Tätigkeit in der Seele konzentriert. Für DESCARTES ist allein die Existenz des Bewußtseins unbezweifelbar (cogito, ergo sum), die Existenz der materiellen Welt hingegen wird von ihm auf dem Umweg über die Wahrhaftigkeit Gottes bewiesen. Die Vorzugsstellung, die DESCARTES dem Bewußtsein einräumte, wurde in der folgenden Entwicklung zu einem Wesenszug der erkenntnistheoretisch rationalistisch orientierten idealistischen Philosophie.

Die Bewußtseinslehre des DESCARTES wurde von den zeitgenössischen materialistischen Philosophen GASSENDI und HOBBES entschieden bekämpft. HOBBES verwarf die Annahme einer geistigen Substanz als unbewiesen und erklärte, daß das denkende Ding etwas Körperliches sei und das Denken nicht von einer denkenden Materie getrennt werden könne (Zweiter Einwand gegen die Meditationen des Descartes). Der englische Materialist TOLAND erklärte das Denken für eine Bewegungsform der Materie, für eine eigentümliche Bewegung des Gehirns (Briefe an Serena IV).

Die materialistische Auffassung des Bewußtseins als Produkt der Materie wurde vor allem vom *französischen Materialismus des 18. Jahrhunderts* ausgestaltet, der sich dabei auf die Errungenschaften der Physiologie und Medizin der Zeit stützte. DIDEROT unterstrich, daß Empfindung, Wahrnehmung, Denken, Gedächtnis, Einbildungskraft, kurz alle psychische Tätigkeit ein Ergebnis des Gehirns in Zusammenarbeit mit den Sinnesorganen ist (Elemente der Physiologie IV, XVI, XVII, XXXII). Er bemerkte den engen Zusammenhang von Denken und Sprache und äußerte die fruchtbare Idee, daß das Gehirn das Organ ist, welches über die Stimme verfügt (Elemente der Physiologie VII). DIDEROT vermutete weiter, daß die Empfindsamkeit, die Elementarstufe des Bewußtseins, eine allgemeine Eigenschaft der Materie sei (Gespräche mit d'Alembert I; Elemente der Psychologie III). Unter ausdrücklicher Berufung auf HOBBES forderte DIDEROT von der Naturwissenschaft, das Empfindungsvermögen der Materie und das Organ des Denkens, das Gehirn, experimentell zu untersuchen (Fortlaufende Widerlegung von Helvétius' Werk «Vom Menschen» II). Gleich DIDEROT entwickelte HOLBACH eine ausführliche Kritik der idealistischen Auffassung vom Bewußtsein und begründete den materialistischen Standpunkt, daß die Seele keine selbständige Substanz, sondern lediglich der menschliche Körper im Hinblick auf einige seiner Funktionen, auf die Fähigkeit sei, vermittels des Gehirns zu empfinden, zu denken und zu wirken, wie es seiner eigentümlichen Natur entspreche (System der Natur I, 7). Im Bewußtsein sah HOLBACH eine Modifikation, eine Erscheinungsweise der Materie (System der Natur I, 8).

FEUERBACH kritisierte im Hinblick auf HEGEL insbesondere die idealistische Verabsolutierung des menschlichen Bewußtseins zu einem Geist, der die Natur hervorbringe. Der Idealismus mache sich von der Natur eine zu despektierliche, vom Geist jedoch eine zu hohe, vornehme Vorstellung. Wenn man den Geist nicht zu einem abstrakten, vom Menschen abgesonderten Wesen erhebe, dann sei seine Entstehung aus der Natur nicht unbegreiflich. Der Geist entwickelt sich mit dem menschlichen Körper, ist gebunden an die Sinne und den Kopf, er ist ebenso wie das Hirn ein Produkt der Natur. Die geistige Tätigkeit ist die Arbeit des Kopfes, des menschlichen Gehirns. (Das Wesen der Religion 10, 17.)

Die *subjektiv-idealistische Auffassung* des Bewußtseins, wie sie von Berkeley und Hume begründet wurde, erklärt das Bewußtsein zur alleinigen Realität, indem alle Gegenstände und Beziehungen der materiellen Welt für Wahrnehmungen, für bloße Bewußtseinsinhalte, ausgegeben werden. Alles, was existiert, ist nur im Geiste: esse est percipi (Berkeley, Über die Prinzipien der menschlichen Erkenntnis XXXIV). Während Berkeley noch an der Auffassung des Bewußtseins als Substanz festhielt (Über die Prinzipien der menschlichen Erkenntnis VII, CXXXV) und nur ihren materiellen Charakter bestritt, verwarf Hume folgerichtig auch die geistige Substanz und begründete damit die aktualistische Auffassung des Bewußtseins. Das Bewußtsein ist nichts anderes als der Strom der menschlichen Wahrnehmungen und ihre Verknüpfung nach den Prinzipien der Ähnlichkeit, Berührung und Verursachung (Eine Untersuchung über den menschlichen Verstand III). Die Anschauungen Berkeleys und vor allem Humes wurden zu einer wichtigen theoretischen Quelle des subjektiven Idealismus innerhalb der *bürgerlichen Philosophie Ende des 19. und im 20. Jahrhundert* (→ *Empiriokritizismus* → *Positivismus* und verwandte Richtungen).

Die Auffassung, daß allein dem menschlichen Bewußtsein Existenz zukomme, führt in der Konsequenz zum → Solipsismus. Um ihr zu entgehen, war schon Berkeley gezwungen, ein überindividuelles Bewußtsein, den göttlichen Geist, anzunehmen und mit seiner Hilfe die Entstehung der Wahrnehmungen im menschlichen Bewußtsein zu erklären. In der Folgezeit finden sich in der idealistischen Philosophie häufig Versuche, ein überindividuelles Bewußtsein, ein «Bewußtsein überhaupt» zu postulieren. Von dieser Art ist das «transzendentale Bewußtsein» Kants, das im Unterschied zum empirischen Bewußtsein ein rein logisches ist und als reine oder ursprüngliche Apperzeption die Voraussetzung aller möglichen Erkenntnis bildet (KdrV § 16–18). Die meisten Vertreter des *Neukantianismus* haben im Anschluß an Kant verschiedene Formen eines «Bewußtseins überhaupt» angenommen. So spricht Windelband etwa von Normbewußtsein oder Normalbewußtsein, und Rickert betrachtet das abstrakte Bewußtsein überhaupt als erkenntnistheoretisches Subjekt. Unter Bewußtsein wurde in der Geschichte der Philosophie lange Zeit auch lediglich eine besondere *Bewußtseinstätigkeit* verstanden, nämlich das Erfassen der bewußten Tätigkeit selbst. In diesem Sinne schreibt Aristoteles davon, daß wir mit unseren Sinnen wahrnehmen, wie wir sehen, hören usw. (Über die Seele III, 2). Später wird Bewußtsein meist mit innerer Wahrnehmung gleichgesetzt. Nach Locke ist Bewußtsein die Wahrnehmung dessen, was im eigenen Geist des Menschen vor sich geht (Über den menschlichen Verstand I, 2, 1). Für Descartes ist das Bewußtsein die Eigenschaft des Geistes, sich selbst zu wissen, während das Denken Bewußtsein von Gegenständen ist (Die Prinzipien der Philosophie I, 9; VII, 8).

Bei Christian Wolff, der den deutschen Ausdruck «Bewußtsein» prägte, sind beide Bestimmungen bereits vereinigt, denn das Bewußtsein ist ein Wissen um das, was wir denken, und wir sind uns der Dinge bewußt, wenn wir sie voneinander unterscheiden (Vernünftige Gedanken von den Kräften des menschlichen Verstandes und ihrem richtigen Gebrauche in Erkenntnis der Wahrheit I § 194). Jedoch wird bis in die Gegenwart in Philosophie und Psychologie auch weiter an dem einschränkenden Gebrauch des Begriffs festgehalten, und es sind daher sehr verschiedenartige Definitionen des Bewußtseinsbegriffs in Umlauf.

Der *dialektische Materialismus* sieht im Bewußtsein die *Gesamtheit der psychischen Tätigkeiten*, d. h., das Bewußtsein ist Bewußtsein von der objektiven Welt, der Natur und der Gesellschaft, es ist Bewußtsein des Menschen von sich, also Selbstbewußtsein und damit auch Bewußtsein vom Handeln und von der eigenen psychischen Tätigkeit, wobei die Grundlage des gesamten Bewußtseins das Bewußtsein von der objektiven Welt bildet.

Die dialektisch-materialistische Auffassung des Bewußtseins beruht auf der Verallgemeinerung der entsprechenden naturwissenschaftlichen Erkenntnisse, der praktischen Erfahrungen der Menschen und der kritischen Verarbeitung der Geschichte des philosophischen Denkens. Das Bewußtsein ist das höchste Entwicklungsprodukt der Materie. «Die Materie ist das Primäre. Die Empfindung, der Gedanke, das Bewußtsein ist das höchste Produkt der in besonderer Weise organisierten Materie. Dies ist die Auffassung des Materialismus überhaupt und die Auffassung von Marx und Engels im besonderen» (Lenin 14, 47).

Das Bewußtsein entstand als Ergebnis einer langen biologischen Vorgeschichte als Funktion des menschlichen Gehirns, welches vor allem unter dem Einfluß der gesellschaftlichen Arbeitstätigkeit seine Entwicklung erfahren hat. «Das Psychische, das Bewußtsein usw., ist das höchste Produkt der Materie (d. h. des Physischen), es ist eine Funktion jenes besonders komplizierten Stückes Materie, das als Gehirn des Menschen bezeichnet wird» (Lenin 14, 226).

Seiner *physiologischen Grundlage* nach ist das Bewußtsein ein bedingt-reflektorischer Prozeß (→ Reflex), d. h., die psychischen Vorgänge voll-

ziehen sich nach den Gesetzen der höheren Nerventätigkeit. Die morphologische Basis aller Bewußtseinsprozesse ist das menschliche Zentralnervensystem, insbesondere sind es die neurodynamischen Strukturen des ersten und zweiten *Signalsystems* in der Großhirnrinde. Das Gehirn ist jedoch nicht die Quelle des Bewußtseins, sondern lediglich sein Organ. Das Bewußtsein wird durch die materielle Welt determiniert.
Wenn das Bewußtsein auch ein Entwicklungsprodukt der Materie ist und nur in untrennbarem Zusammenhang mit seiner materiellen Grundlage existieren kann, so ist es doch selbst keine Materie. Das Bewußtsein ist kein materielles Produkt, etwa im Sinne einer organischen Absonderung, sondern eine komplizierte Tätigkeit, deren spezifisches Merkmal in der Fähigkeit besteht, die objektive Realität in ideellen Formen widerzuspiegeln, abzubilden, Materielles in Ideelles zu übersetzen. Das Bewußtsein ist eine ideelle Widerspiegelung der materiellen Welt, daher kann es keinen selbständigen Inhalt besitzen. «Das Bewußtsein kann nie etwas Andres sein als das bewußte Sein» (MARX/ENGELS 3, 26).
Das Bewußtsein ist kein ungeordneter, zufälliger Strom von Wahrnehmungen und Gedanken, kein amorphes Konglomerat von Inhalten, sondern es besitzt eine bestimmte Struktur und organisiert sich nach bestimmten Gesetzmäßigkeiten. Die konkreten Inhalte des Bewußtseins, die eine Widerspiegelung der materiellen Welt sind, treten im Bewußtsein stets in bestimmten Formen auf. Diese Abbildformen (Empfindung, Wahrnehmung, Begriff, Urteil) und ebenso die Gesetze der Sinneserfahrung und des Denkens sind dem Bewußtsein nicht a priori gegeben. Sie sind – phylogenetisch betrachtet – ebenfalls Widerspiegelungen der materiellen Welt.
Das Bewußtsein ist keine Begleiterscheinung gewisser neurophysiologischer Prozesse, sondern übt notwendige Funktionen im Leben der Menschheit aus. Vermöge seiner Fähigkeit der ideellen Widerspiegelung ist das Bewußtsein das universelle Erkenntnisinstrument, mit dessen Hilfe die Menschen in das Wesen der materiellen Welt eindringen und ihre objektiven Eigenschaften und Gesetzmäßigkeiten erfassen können. Das Bewußtsein ermöglicht es dem Menschen, seine Handlungen, seine praktische Tätigkeit gedanklich vorwegzunehmen, sie zielstrebig zu planen und ihre Resultate vorauszusehen. Es gestattet den Menschen, ihre Wechselbeziehungen mit der natürlichen und der sozialen Umwelt zu regulieren und planmäßig zu lenken. Ohne Bewußtsein wäre das spezifisch menschliche Leben nicht möglich. Das menschliche Bewußtsein ist ein *aktiver Prozeß* der ständigen geistigen Aneignung der Umwelt durch den Menschen. Es besitzt eine *relative Selbständigkeit*, die sich vor allem in seiner vielfältigen Rückwirkung auf die materielle Welt und seiner relativen Eigengesetzlichkeit äußert.
Während sich die psychische Tätigkeit in verschiedenen Formen auch schon bei Tieren mit entwickeltem Zentralnervensystem findet, entsteht das Bewußtsein als die höchste Entwicklungsstufe dieser psychischen Tätigkeit erst unter dem Antrieb der gesellschaftlichen Arbeitstätigkeit zusammen mit der Sprache, weshalb es von Anbeginn *gesellschaftlichen Charakter* hat. «Das Bewußtsein ist also von vornherein schon ein gesellschaftliches Produkt und bleibt es, solange überhaupt Menschen existieren» (MARX/ENGELS 3, 30f). Das Bewußtsein hängt untrennbar mit der Sprache zusammen. «Die Sprache ist so alt wie das Bewußtsein – die Sprache ist das praktische, auch für andre Menschen existierende wirkliche Bewußtsein, und die Sprache entsteht, wie das Bewußtsein, erst aus dem Bedürfnis, der Notdurft des Verkehrs mit andern Menschen» (MARX/ENGELS 3, 30).
→ Denken → Erkenntnis → Sprache.

Bewußtsein, gesellschaftliches → gesellschaftliches Bewußtsein.

Bewußtseinsformen → gesellschaftliches Bewußtsein.

Bezeichnung – 1. Funktion von Zeichen einer natürlichen oder künstlichen Sprache, die darin besteht, ein bestimmtes Individuum von anderen zu unterscheiden (Individuenname) oder bestimmte Objekte einer Klasse zuzuordnen (Klassenname). 2. Ein Zeichen, das diese Funktion erfüllt, selbst. Der Individuenname «Karl Marx» bezeichnet einen der beiden Schöpfer des Marxismus; mit dem Klassennamen «Mensch» kann jedes mit Bewußtsein begabte Lebewesen bezeichnet werden.
Die Beziehungen zwischen der Bezeichnung und dem durch sie Bezeichneten, ihrem Designat, sind Gegenstand der → Sigmatik bzw. der → Semantik im weiteren Sinne. Bezeichnungen sind danach zu unterscheiden, welcher semantischen Stufe sie angehören, d. h., ob ihre Designate nicht-sprachliche Objekte oder selbst sprachliche Zeichen sind. Im letzteren Falle sind die Bezeichnungen Bestandteile einer → Metasprache.
→ Bedeutung → Designat(um).

Bezeichnungsregel – Regel, nach der eine Zuordnung zwischen Bezeichnungen und ihren Designaten hergestellt wird.
Für Regeln dieser Art findet sich in der Literatur auch der Terminus «Sinnregel». Bezeichnungsregeln sind notwendig für die Interpretation abstrakter Kalküle (→ Logikkalkül), d. h. für den Übergang von einem abstrakten Kalkül zu einem gedeuteten Kalkül, einer formalisierten Sprache. Durch die Bezeichnungsregeln werden den Grundzeichen des Kalküls in umkehrbar ein-

deutiger Weise Individuen, Eigenschaften, Beziehungen bzw. Sachverhalte aus einem bestimmten Individuenbereich zugeordnet, so daß aus den Kalkülaussagen (Kalkülsätzen) wahre Aussagen bzw. allgemeingültige Ausdrücke über den zugrunde gelegten Individuenbereich entstehen. *Beispiel*: Aus einer → Booleschen Algebra entsteht eine → Schaltalgebra, indem man mit Hilfe von Bezeichnungsregeln folgende Zuordnungen herstellt:

1. kleine Buchstaben	– Kontakte
1.1. *a*, *b*, *c*, ...	– Arbeitskontakt
1.2. *a′*, *b′*, *c′*, ...	– Ruhekontakt
2. Zahlzeichen	– Stromtätigkeit
2.1. 0	– Stromfluß
2.2. 1	– Stromunterbrechung

$a + b$ entspricht dann eine Reihenschaltung, $a \cdot b$ eine Parallelschaltung, einer Verknüpfung, die den Wert 0 hat – z. B. $a \cdot a'$ –, eine immer durchlässige Schaltung.

Beziehung → Relation.

Bildungsregel – *svw* → Formregel.

Biologismus [griech → lat] – soziologische und geschichtsphilosophische Strömung innerhalb der bürgerlichen Ideologie. Der Biologismus betrachtet Staat und Gesellschaft analog dem menschlichen Organismus und behauptet, daß Staat und Gesellschaft in ihrer Entwicklung vornehmlich biologischen Gesetzen folgten. Er überträgt mechanisch Begriffsbildungen der Biologie in die Gesellschaftswissenschaften, was «nichts als *Phrasendrescherei* ist. Tatsächlich ist es *unmöglich*, mit Hilfe dieser Begriffe eine *Untersuchung* der gesellschaftlichen Erscheinungen, eine Klärung der *Methode* der Sozialwissenschaften zu bewerkstelligen» (Lenin 14, 331 f). Das ist vor allem unmöglich, weil im Prozeß der Menschwerdung hochentwickelter Primaten (Affen) durch die Arbeit *qualitativ* neue, *soziale Gesetzmäßigkeiten* entstanden, denen die biologischen Gesetzmäßigkeiten des menschlichen Lebens untergeordnet sind. Die Gesellschaft gehorcht qualitativ anderen Gesetzen als der menschliche Organismus. Die biologische Existenz des Menschen ist zwar Voraussetzung seines gesellschaftlichen Daseins, erschöpft dieses jedoch nicht.

Seit der Begründung des historischen Materialismus durch Marx und Engels und der damit verbundenen Entdeckung der gesellschaftlichen Entwicklungsgesetze war und ist der Biologismus Bestandteil reaktionärer Ideologien und reaktionärer praktischer Politik. Seine gesellschaftliche Funktion besteht darin, die Struktur der Klassengesellschaft als «natürlich», als dem Wesen des Menschen entsprechend nachzuweisen. [1]

Das bedeutet jedoch nicht, daß es nicht allgemeine Gesetzmäßigkeiten gäbe, die allen gesellschaftlichen Systemen, der menschlichen Gesellschaft als Ganzes gemeinsam wären. So ist etwa in den Organismen, die sich im Laufe von zwei Milliarden Jahren maximal angepaßt haben, dann, wenn sie eine gewisse Entwicklungshöhe erreicht haben, ein kompliziertes Verhältnis von Autonomie und Hierarchie realisiert. Ein optimal funktionierendes gesellschaftliches System (und ein solches ist letztlich nur der Sozialismus) verwirklicht dieses Prinzip im demokratischen Zentralismus. Da die Dialektik von Autonomie und Hierarchie, von Steuerung durch die höheren Zentren einerseits, von relativer Selbständigkeit der niederen Zentren (Selbstregulierung) andererseits vor der Entdeckung der Kybernetik in der Wissenschaft von den Organismen am deutlichsten hervortrat, wurden diese allgemeinen Prinzipien zu Unrecht als spezifisch biologische Prinzipien betrachtet. Tatsächlich handelt es sich aber um allgemein kybernetische Prinzipien, deren Anwendung in der Gesellschaft nichts mit einer Übertragung spezifisch biologischer Gesetzmäßigkeiten auf die Gesellschaft zu tun hat. Der Biologismus hat die menschliche Gesellschaft biologisieren wollen. Den deutlichsten Ausdruck findet dieses Bestreben im sog. *Sozialdarwinismus*. Hier werden biologische Prinzipien, wie der Kampf ums Dasein, das Prinzip der Durchsetzung der Stärkeren und der Unterwerfung und Ausrottung der Schwachen, das Ausleseprinzip auf die Gesellschaft mit dem Ziel übertragen, die Ausbeutungs- und Unterdrückungspolitik der kapitalistischen Gesellschaftsklasse zu rechtfertigen. Die Auffassung der menschlichen Gesellschaft als primitives biologisches System enthält die Möglichkeit, dieses System im Sinne des *Behaviorismus* und unter Zugrundelegung des Reiz-Antwort-Mechanismus zu steuern und zu manipulieren. Für all das gibt die Kybernetik keinerlei Rechtfertigung, und jeder Versuch, den Biologismus heute mit Ergebnissen und Methoden der Kybernetik aufzuwerten, ist wissenschaftlich unhaltbar. [2]
→ Rassentheorie → Bedingungen des materiellen Lebens der Gesellschaft.

Black-box [engl] – *eigtl*: schwarzer Kasten; dynamisches System, bei dem nur die Einwirkung auf das System (Input) sowie die Rückwirkung des Systems auf die Umgebung (Output) bekannt sind. Für die Untersuchung bestimmter Zusammenhänge genügen diese Bestimmungsgrößen. So muß die Struktur eines Systems nicht bekannt sein, wenn es nur darum geht, die Verhaltensweise des Systems zu erforschen und praktisch nutzbar zu machen bzw. zu bestimmten Aussagen über dessen künftiges Verhalten zu kommen. Wenn auch der Output eines Systems weitgehend durch dessen Struktur bestimmt wird, so kann aus dem Verhalten des Systems dennoch nicht ohne weiteres dessen Struktur ermittelt werden, da ein und dasselbe Verhalten durch ver-

schiedene Systemstrukturen realisiert werden kann.
Der Sachverhalt des Black-box ist auch dann gegeben, wenn die Struktur eines Systems zwar bekannt ist, aber aus Gründen der wissenschaftlichen Zweckmäßigkeit von ihr abstrahiert wird. Die Reduktion eines dynamischen Systems auf seine Input-Output-Relation ist ein typisches kybernetisches Abstraktionsverfahren.
Von Black-box spricht man auch dann, wenn Systeme höherer Ordnung in bezug auf ihre Funktionsweise untersucht werden. Das Verhalten des Black-box wird in diesem Falle bestimmt von den Inputs und Outputs der Elemente bzw. Teilsysteme sowie durch die zwischen ihnen bestehenden Kopplungen. Die Untersuchung von Systemen unter dem Aspekt der Inputs und Outputs und der Kopplungen der Elemente bzw. Teilsysteme bilden den Gegenstand der → Black-box-Methode.
Eine aus Black-boxes aufgebaute Funktionseinheit kann graphisch bzw. topologisch durch ein → Blockschaltbild dargestellt werden.
Der Begriff des Black-box wird von einigen Vertretern des → Agnostizismus dazu verwendet, die These von der Unerkennbarkeit des Wesens der Dinge mit modernem wissenschaftlichem Rüstzeug zu stützen. Danach können wir die Objekte nur soweit erkennen, als sie Black-boxes sind, d. h., insofern sie ein Verhalten gegenüber der Umgebung aufweisen, während die im Innern der Black-boxes vor sich gehenden Prozesse dem menschlichen Erkenntnisvermögen verschlossen bleiben. Wie jeder Agnostizismus basiert auch diese Haltung auf der undialektischen Trennung und Entgegensetzung von Wesen und Erscheinung.

Black-box-Methode (Black-box-Analyse) – Erkenntnisverfahren zur Erforschung der Struktur von Systemen und der in Systemen zwischen Struktur und → Funktion bestehenden Beziehungen. Die Black-box-Methode hat einen analytischen und einen synthetischen Aspekt.
Sind die Input-Output-Relationen eines komplexen Systems gegeben, so soll durch dessen allmähliche Aufgliederung die Struktur ermittelt werden (analytischer Aspekt). Zunächst wird das gesamte System als Black-box behandelt (Black-box erster Ordnung). Dann wird versucht, mittels einer Hypothese über die Grobstruktur im Innern des Systems Klarheit zu gewinnen. Die dabei zutage tretenden Teilsysteme werden als Black-box zweiter Ordnung behandelt. Mit Hilfe der Input-Output-Relationen des Black-box zweiter Ordnung kann das Verhalten des Systems genauer erklärt werden. In Systemen höherer Ordnung kann in einem nächsten Schritt der Black-box zweiter Ordnung weiter untergliedert werden (Black-box dritter Ordnung usw.), wobei sich durch immer feinere Analyse das Wissen von Struktur und Funktionsweise des Systems fortschreitend erweitert und vertieft.
Auch die synthetische Konstruktion von Systemen aus vorgegebenen Elementen kann auf dem Wege der Black-box-Methode erfolgen. Das ist dann der Fall, wenn das Verhalten der Teilsysteme bzw. die Kopplungen zwischen ihnen zur Konstruktionsbasis des Systems gewählt werden, die stofflich-energetische Beschaffenheit der Elemente, die sich verhalten oder miteinander gekoppelt sind, hingegen vernachlässigt werden kann. Ein einfaches Beispiel mag das verdeutlichen: Im Rahmen der → Schaltalgebra seien als Black-box die Schaltungen gegeben, die die Negation und die Konjunktion technisch realisieren. Es soll daraus ein System konstruiert werden, das die Schaltung der Implikation realisiert. Die Konstruktion erfolgt auf der Grundlage der nachstehenden Formel:

$$p \to q = \sim(p \wedge \sim q)$$

In diesem Zusammenhang muß nur beachtet werden, daß der Konjunktion die Parallelschaltung, der Negation die Vertauschung von Arbeits- und Ruhekontakten entspricht.
Die Anwendung der Black-box-Methode geht folgendermaßen vor sich:
a) In einem ersten Schritt werden die Variationen der Werte der Eingangsgrößen $I_1, I_2, \ldots$ beobachtet, d. h., es werden deren zufällige (→ Trial-and-error-Methode) oder gesetzmäßige Veränderungen registriert. Ferner werden die Werte der Ausgangsgrößen $O_1, O_2, \ldots$ erfaßt und die sich zwischen den Eingangs- und den Ausgangsgrößen ergebenden Relationen festgestellt (Input-Output-Relationen), tabellarisch erfaßt oder als mathematische funktionale Zusammenhänge beschrieben.
b) Auf dieser Grundlage und in der Regel auch unter zusätzlicher Zuhilfenahme früherer, in ähnlichen Zusammenhängen gewonnener wissenschaftlicher Erfahrungen, können Hypothesen über die innere Struktur des Black-box aufgestellt werden.
In vielen Fällen besteht die Anwendung der Black-box-Methode lediglich in der Ausführung von Schritt a). Dies hängt damit zusammen, daß es mitunter aus diesem oder jenem Grunde nicht (bzw. noch nicht) möglich ist, eine hinreichend große Zahl von Input-Output-Relationen zu ermitteln, die es gestatten, begründete Hypothesen über die innere Struktur des Systems aufzustellen. Oft genügt es für die Untersuchung oder die praktische Beherrschung der Funktionsweise mancher Systeme, allein bestimmte Input-Output-Relationen zu berücksichtigen. Die Kenntnis einiger weniger Input-Output-Relationen kann

sogar genügen, um selbst komplexe Systeme hinsichtlich bestimmter Parameter sicher beherrschen zu können. Ein einfaches, aber historisch bedeutungsvolles Beispiel hierfür ist die Zähmung wilder Tiere und die Ausnutzung ihrer physischen Leistungsfähigkeit zum Ersatz gewisser menschlicher Arbeitsleistungen. Mit einigen wenigen (meist akustischen) Signalen gelingt es, bereits dressierte Tiere dazu zu bewegen, bestimmte nützliche Verrichtungen auszuführen, ohne daß man die sehr komplexen Black-boxes der Neuronenschaltung kennen muß, die den erforderlichen bedingten Reflexen zugrunde liegen.
Heute sind praktisch bedeutungsvoller ähnliche Situationen, die in bezug auf künstliche (technische) Systeme bestehen. Die Gerätschaften der modernen Technik haben mehr und mehr den Charakter hochkomplexer Systeme (z. B. elektronische Rechenmaschine, Flugzeug, Rakete, Steuerzentralen der verschiedensten Art usw.), die der Mensch wegen seiner begrenzten physischen und psychischen Leistungsfähigkeit nur beherrschen kann, wenn die von ihm gleichzeitig zu beobachtenden und zu variierenden (bzw. zu regelnden) Parameter eine bestimmte Zahl nicht überschreiten. Alle weiteren Systemparameter müssen automatisch geregelt werden; sie müssen zwar vom Konstrukteur des Systems auf diese oder jene Weise berücksichtigt werden, können aber demjenigen, der es «bedient», durchaus unbekannt bleiben.
Manche Autoren sprechen nur dann von einer Anwendung der Black-box-Methode, wenn auch Schritt b) ausgeführt wird und die eigentliche Analyse des Black-box erfolgt. Dieser Vorgang läßt sich – an Hand eines einfachen Schemas – wie folgt beschreiben. Es sei angenommen, daß der betreffende Black-box B nur einen Input und einen Output besitzt. Die Inputgröße variiere zunächst zwischen den Werten x_1 und x_2, wobei die Outputgröße zwischen y_1 und y_2 schwanken möge; die ermittelten Input-Output-Relationen seien in der Form $y = f_1(x)$ darstellbar. In unserem Beispiel wird angenommen, daß diese Funktion analytischer Ausdruck einer Geraden ist. In einem konkreten Fall kann es sich bei den veränderlichen Größen um einen Parameter handeln, der z. B. Veränderungen physikalischer oder anderer objektiv-realer Prozesse repräsentiert (wie Durchflußmengen, Stromstärken, Signalflüsse). Entsprechend den für den jeweiligen Erfahrungs- bzw. Wissenschaftsbereich geltenden und bis zum Untersuchungszeitpunkt bekannten Gesetzmäßigkeiten (etwa physikalische, biologische, gesellschaftliche usw. Gesetzmäßigkeiten) kann es dann möglich sein, den funktionellen Zusammenhang $y = f_1(x)$ durch die Funktionsweise zweier Teilsysteme B_1' und B_1'' von B zu «erklären». Wir hätten dann eine erste Hypothese über die Struktur des Black-box gewonnen. Entsprechend den von uns angenommenen Umständen kann sie jedoch nur für das Intervall $x_1 \leqq x \leqq x_2$ der Inputgröße als gesichert angesehen werden. Es kann daher z. B. sein, daß diese Hypothese sich als unhaltbar erweist, sobald die Grenzen des Intervalls überschritten werden bzw. ein anderes Intervall gewählt wird.
Was wir an einem sehr einfachen Beispielfall erläutert haben, gilt ganz allgemein für die Black-box-Analyse: Eine bestimmte gegebene bzw. gewonnene Menge von Input-Output-Relationen gestattet es, stets nur solche Hypothesen über die Struktur des Black-box aufzustellen, die bei einer Vergrößerung der Menge jener Relationen widerlegt werden können und dann durch neue Hypothesen ersetzt werden müssen.
In philosophischer Ausdrucksweise bedeutet ein derartiger Übergang von einer Hypothese über die innere Struktur eines Systems zu einer neuen auf der Grundlage zusätzlich gewonnener Input-Output-Relationen ein Aufsteigen von einer relativen Wahrheit niederer Stufe zu einer relativen Wahrheit höherer Stufe. Dieser Prozeß des Fortschreitens von relativen Wahrheiten niederer Stufe zu relativen Wahrheiten immer höherer Stufe, wobei die relativen Wahrheiten der niederen Stufen in denen der höheren als Moment enthalten sind, ist für unsere gesamte Erkenntnis von Natur und Gesellschaft charakteristisch. In bezug auf die Analyse komplexer Systeme wird diese These des dialektischen Materialismus von der kybernetischen Methode der Black-box-Analyse nicht nur in eindrucksvoller Weise bestätigt, sondern zugleich wesentlich präzisiert.
Die Black-box-Methode ist dem Wesen der Sache nach nicht von der Kybernetik als neues Erkenntnisverfahren eingeführt worden. Die einzelnen Wissenschaften haben es auf die vielfältigste Art und Weise mit Black-box zu tun und wenden die Black-box-Analyse dem Prinzip nach an. Es ist aber das Verdienst der Kybernetik, die Black-box-Methode systematisch ausgebaut zu haben, wobei diese Methode zugleich eine mathematische Fundierung erfahren hat.
Die Black-box-Methode bezieht sich nicht nur auf konkrete materielle Systeme, sondern auch auf abstrakte logische bzw. mathematische Systeme. Wird beispielsweise eine komplizierte mathematische Operation als Operator aufgefaßt und werden Beziehungen zwischen solchen Operatoren untersucht (dies geschieht z. B. in der sog. Operatorenrechnung), so brauchen die Einzelheiten der Operation, die die Anwendung des Operators ermöglichen, unter Umständen überhaupt nicht beachtet zu werden. Die innere Struktur der Operation hat den Charakter eines

Black-box. Überlegungen dieser Art spielen eine Rolle bei der Aufstellung von Programmen von elektronischen Rechenmaschinen. Bei sog. Analogierechenmaschinen treten beispielsweise bestimmte Funktionseinheiten auf, die die Operation des Differenzierens, Integrierens, des Potenzierens usw. ausführen und die als Elemente fertig vorliegen. Das Programm zur Lösung komplizierter mathematischer Aufgaben durch einen Analogierechner wird dann so aufgestellt, daß die betreffenden Funktionseinheiten (die Black-box) entsprechend den Bedingungen der Aufgabe zusammengeschaltet werden, und zwar zu einem komplexen System. Aus diesen und einer Reihe von anderen Gründen muß die Black-box-Methode heute als wichtiger Bestandteil der allgemeinen Methodologie der Wissenschaften betrachtet werden.

Blockschaltbild (*auch*: Funktionsdiagramm, Blockschema, Strukturbild) – topologisch-geometrische Darstellung der Struktur von Systemen. Jedes Element eines solchen Schaltbildes ist in der Regel ein → Black-box, d. h. ein nicht weiter untergliedertes Teilsystem des dargestellten Gesamtsystems, und wird durch einfache geometrische Figuren (Quadrate, Dreiecke, Kreise usw.) versinnbildlicht.

Die Art und Weise der Zusammenfügung solcher Elemente zu einem komplexen System wird durch entsprechende Pfeile dargestellt, die die Richtung der Einwirkung der entsprechenden Elemente aufeinander, des Informationsflusses von einem Element zum anderen usw. angeben.

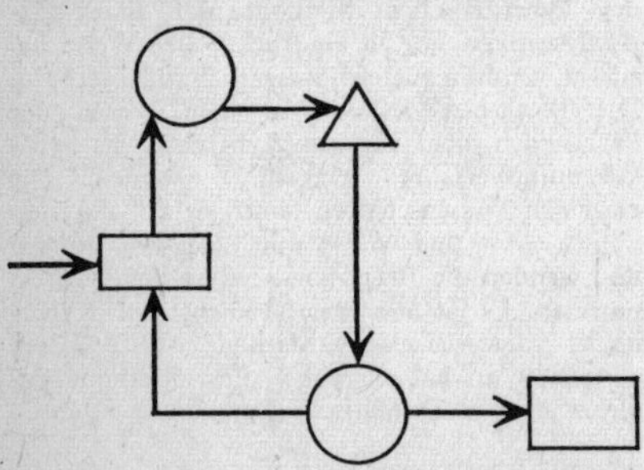

Die geometrischen Grundelemente (Kreise, Quadrate usw.) können beispielsweise verschiedene Typen von Metallbearbeitungsmaschinen sein, die zu einem komplexen Bearbeitungssystem zusammengeschlossen sind, wobei die Pfeile den Bearbeitungsweg bestimmter Werkstücke symbolisieren.

Mit der Black-box-Methode können Strukturen der verschiedensten Art dargestellt werden (technische, ökonomische, verwaltungsmäßige, chemische, biologische usw.). Sie dient dazu, gewissermaßen «ohne Mathematik» bestimmte kybernetische Zusammenhänge aufzuklären und für praktische Zwecke der verschiedensten Art nutzbar zu machen. So zeigt sich, daß sich fast immer dann, wenn die Elemente eines Systems eindeutig als Black-box charakterisiert sind (d. h. ihre Input-Output-Relationen genau bekannt sind) und die Art und Weise der Verknüpfung der Elemente in einem Blockschaltbild darstellbar ist, auch ein technisches Modell der betreffenden Struktur konstruiert werden kann. Das Innere, der Black-box des Systems, von dem ausgegangen wird, kann von dem Innern des Black-box des technischen Systems, mit dem das erste simuliert wird, grundlegend verschieden sein. Unter den angegebenen Voraussetzungen wird das technische Modell auf jeden Fall wesentliche Einsichten über das Verhalten und das Funktionieren des ursprünglichen Systems vermitteln (→ Modell).

Die Verwendung von Blockschaltbildern ist heute ein fester Bestandteil in der *allgemeinen Methodologie der Wissenschaften* geworden und gehört damit zu den von der Philosophie untersuchten Objekten bzw. Prozessen.

Bocardo – künstlich geschaffenes Merkwort der *traditionellen Logik* für einen gültigen Modus der 3. Schlußfigur, und zwar für: Aus MoP und MaS folgt SoP – in *moderner Schreibweise*: Aus $\exists(x)\,[M(x) \wedge \sim P(x)]$ und $\forall(x)\,[M(x) \to S(x)]$ folgt $\exists(x)\,[S(x) \wedge \sim P(x)]$.

bon sens [franz] – *eigtl*: guter Sinn; gesunder Menschenverstand.

Boolesche Algebra – abstraktes formales System, das aus einer Menge von Elementen $a, b, c \ldots$ besteht, über der zwei binäre Verknüpfungen (hier symbolisiert durch $+$ und $\cdot$) definiert sind, die folgenden Bedingungen genügen:

1. $a + b = b + a \quad ab = ba$
2. $a + 0 = a \quad a \cdot 1 = a$
3. $a \cdot (b + c) = (a \cdot b) + (a \cdot c)$
4. $a + (b \cdot c) = (a + b) \cdot (a + c)$
5. $\forall a \exists a' \quad [(a + a') = 1]$
   $\forall a \exists a' \quad [a \cdot a' = 0]$

Die Bedingungen 2 sagen aus, daß jede dieser beiden Verknüpfungen ein Einheitselement besitzt. Die Bedingungen 5 ordnen jedem Element a ein komplementäres Element a' zu. Diese Algebra ist nicht die gewöhnliche Schulalgebra und unterscheidet sich von dieser beispielsweise dadurch, daß es zwei distributive Gesetze (3 bzw. 4) gibt. Die Bedeutung dieser Algebra liegt u. a. darin, daß sie Interpretationen in verschiedenen Bereichen der Wissenschaft hat (Mengentheorie, Aussagenlogik, Schaltalgebra, Theorie der Neuronennetze usw.).

Für eine dieser Interpretationen sei das Gesagte näher erläutert:

	Boolesche Algebra	Aussagenlogik
Elemente	$a, b, c, \ldots$	$p, q, r, \ldots$
1. Relation	$a+b$	$p \wedge q$
2. Relation	$a \cdot b$	$p \vee q$
Beispiele von	$a \cdot b = b \cdot a$	$p \vee q$ äqu $q \vee p$
Gesetzen	$a+b=b+a$	$p \wedge q$ äqu $q \wedge p$

Die Aussagenlogik ist die älteste Interpretation der Booleschen Algebra. Eine technische Interpretation in der Schaltalgebra ergibt sich, wenn die Elemente des Systems als elektrische Kontakte aufgefaßt werden, das «+» als Hintereinanderschalten von Elementen, das «·» als Parallelschaltung von Elementen usw.

Die Tatsache, daß die Boolesche Algebra Interpretationen nicht nur in der Mathematik, sondern in den verschiedensten Bereichen der Wirklichkeit hat, ist ein eindrucksvoller Beweis für die Kraft und Macht allgemeiner abstrakter Ideen.

Brief-Wechsel vom Wesen der Seelen – 1713 in Den Haag anonym erschienene Schrift mit dem vollständigen Titel *Zweier guten Freunde vertrauter Brief-Wechsel vom Wesen der Seelen*, die wahrscheinlich von Urban Gottfried Bucher, Leibarzt des Fürsten zu Fürstenberg in Sachsen, verfaßt wurde.

Der Brief-Wechsel, im Rahmen der deutschen Frühaufklärung entstanden, ist eines der ersten Dokumente materialistischen Denkens in Deutschland. Unter dem Einfluß Newtons, insbesondere aber Lockes, entwickelt der Verfasser eine materialistisch-psychologische Lehre, der zufolge die Seele kein autonomes, immaterielles, geistiges Wesen sei, sondern sich im Intellekt und im Willen manifestiere, die ihrerseits die Sinne zur Grundlage hätten. Die Denktätigkeit des Menschen sei im wesentlichen zweifach determiniert: erstens durch das Funktionieren der Sinnesorgane, die «Bewegung der Hirnfibern», zweitens durch die Einwirkung der Außenwelt auf die Sinnesorgane sowie durch Übung und Gewohnheit. Ähnlich gelte für den Willen ein notwendiger Zusammenhang mit körperlichen Funktionen, Beeinflussung durch die Außenwelt und darüber hinaus die Abhängigkeit des Willens vom Intellekt. Aus alledem wird, ganz im Geiste der Aufklärung, die Erziehung des Menschen als Voraussetzung zur Besserung der Gesellschaft angesehen.

Die Schrift wirkte in Deutschland das gesamte 18. Jahrhundert hindurch fort. Insbesondere ist das bei Denkern nachweisbar, die sich, dann auch unter dem Einfluß der *englischen Assoziationspsychologie*, um die Ausarbeitung einer materialistischen Psychologie und Erkenntnistheorie bemühen; so J. H. Schulz, der Prediger des Atheismus; K. v. Knoblauch, besonders aber Weikard, Lossius und Hissmann.

bürgerliche Gesellschaft – der Terminus bildet sich zunächst in der bürgerlichen Gesellschaftstheorie vor Marx heraus. Vom Beginn des 18. Jahrhunderts an entwickelt sich zum Unterschied von der bürgerlichen Vertragstheorie die Auffassung, daß der Mensch schon immer in bestimmten Formen der Gesellschaft (z. B. der Familie) lebte, daß Gesellschaft und Staat nicht identisch sind, daß der Staat als politische Einrichtung erst mit der Entwicklung von primitiven Gesellschaften zur bürgerlichen Gesellschaft aus letzterer – aus der Entwicklung der Wirtschaft, der wirtschaftlichen Unterschiede von arm und reich und aus der Entstehung des Privateigentums – hervorwächst. Zu dieser Auffassung haben vor allem A. Smith und A. Ferguson (bei dem der Begriff der bürgerlichen Gesellschaft, *civil society*, zum ersten Mal auftritt) beigetragen.

Hegel hat die Idee der bürgerlichen Gesellschaft zu einer entwickelten, in ihrem Wesen idealistischen, jedoch viele realistische Einsichten zeitigenden Theorie ausgebaut. In seiner logisch-spekulativen Geschichtskonstruktion tritt die bürgerliche Gesellschaft innerhalb des sittlichen Geistes als Antithese zur Familie auf, und der Staat erscheint als Synthese, als Vereinigung des Prinzips der Familie und der bürgerlichen Gesellschaft. In der bürgerlichen Gesellschaft treten die Individuen als Privatpersonen mit ihren selbstsüchtigen Zwecken auf. Die bürgerliche Gesellschaft bietet «das Schauspiel ebenso der Ausschweifung, des Elends und des beiden gemeinschaftlichen physischen und sittlichen Verderbens dar» (Philosophie des Rechts § 185). Sie ist gekennzeichnet durch die Entwicklung des Systems der Bedürfnisse, durch Arbeit, Arbeitsteilung, durch Anwendung der Maschine, durch fortschreitende Bevölkerung und Industrie, durch Anhäufung von Reichtümern und zugleich ein Übermaß an Armut. Das Ganze in seinem durch die Bewegung der Gegensätze äußerlich vermittelten Zusammenhang ist nach Hegel der Staat als bürgerliche Gesellschaft oder äußerer Staat.

Im Anschluß an Hegel wurden von L. von Stein und von R. von Mohl theoretische Konzeptionen der bürgerlichen Gesellschaft entworfen, die allerdings keine echte Kenntnisgewinnung darstellen und insbesondere keine progressive Kritik und Praxis ermöglichen. Bestimmte Elemente des vor Marx entwickelten Begriffs der bürgerlichen Gesellschaft werden später in der Theorie von «Gesellschaft und Gemeinschaft» bei F. Tönnies übernommen. Eine Renaissance ohne jeden Erkenntnisgehalt und mit militant reaktionärer Zielsetzung erfährt der alte Begriff der bürgerlichen Gesellschaft in gegenwärtigen imperialistischen Gesellschaftstheorien, wo die bürgerliche Klassengesellschaft als erste Stufe der Industriegesellschaft bezeichnet wird, deren höhere Stufen zunächst die pluralistische Verbandsgesellschaft und sodann die klassenlose formierte Gesellschaft sein sollen.

Bei MARX (1843/44) tritt der Begriff der bürgerlichen Gesellschaft zunächst in formeller Verwendung des HEGELschen Terminus, jedoch mit völlig neuem philosophischem und politisch-ideologischem Inhalt und mit revolutionär-proletarischer Zielsetzung auf. MARX charakterisiert die durch die bürgerliche Revolution entstandene Gesellschaft als Spaltung zwischen der bürgerlichen Gesellschaft und dem politischen Staat, zwischen dem realen individuellen Menschen und seinem politisch-illusorischen Gattungsleben. Die bürgerliche Gesellschaft ist die Gesellschaft des wirklich tätigen Menschen, wo er als Privateigentümer und mit seinen Privatinteressen auftritt. Sie ist die Sphäre der Klassenspaltung, des Gegensatzes zwischen Mensch und Mensch, des Krieges aller gegen alle, des Gegensatzes zwischen Mensch und Gesellschaft. Der Staat der bürgerlichen Demokratie ist das notwendige Produkt dieser Sphäre. In ihm erscheinen die Gegensätze der Klassen und Interessen als ausgelöscht; er ist das illusorische Gemeinwesen, in dem der Mensch als Staatsbürger imaginäres Glied einer unwirklichen Allgemeinheit ist. Der geschichtliche Ausweg besteht in der Entwicklung des Proletariats als einer Klasse der bürgerlichen Gesellschaft, die sich nicht befreien kann, ohne die bürgerliche Gesellschaft zu beseitigen, in der praktischen kommunistischen Revolutionierung der Gesellschaft durch diese Klasse, in der Bildung einer Gesellschaft, in der der Mensch in seinem wirklichen Lebensprozeß, in seiner Arbeit, seine Kräfte als gesellschaftliche erkennt und organisiert und in der auf diesem Wege erst die wirkliche menschliche Emanzipation vollbracht wird. Die theoretische Erklärung der bürgerlichen Gesellschaft und des Prozesses ihrer Auflösung muß sich nach MARX selbst als theoretisches Instrument der praktischen revolutionären Bewegung der Arbeiterklasse entwickeln.

Der Begriff der bürgerlichen Gesellschaft ist in den Anfängen bei MARX also verbunden mit einer in den Tendenzen materialistischen und proletarisch-revolutionären Kritik der kapitalistischen Gesellschaft und des bürgerlich-demokratischen Staates und mit dem Ausblick auf die proletarische Revolution. Der Begriff kennzeichnet bei MARX den Übergang zur materialistischen Gesellschaftstheorie, die den Staat als Überbau über den ökonomischen Verhältnissen, als Machtinstrument in den Händen der Bourgeoisie als ökonomisch herrschender Klasse erkennt, den Übergang zur Analyse der Klassenantagonismen in der kapitalistischen Gesellschaft, zur Entdeckung der weltgeschichtlichen Rolle der Arbeiterklasse und zur marxistischen Theorie und Taktik der sozialistischen Revolution. Damit aber verliert der zunächst in Anknüpfung an vorliegendes Gedankenmaterial verwandte Begriff der bürgerlichen Gesellschaft seine Bedeutung und tritt im Marxismus fortan als Synonym für den exakteren Begriff der kapitalistischen Gesellschafts- und Staatsordnung auf, die durch die sozialistische Revolution der Arbeiterklasse überwunden und durch die sozialistische Gesellschaftsordnung ersetzt wird.

→ Kapitalismus.

Bürokratie [franz + griech] – *urspr*: Bezeichnung für den sich im Kampf des dritten Standes gegen die politischen Privilegien des Klerus und Adels und gegen den feudalen Ständestaat herausbildenden Staatsapparat der absoluten Monarchie. «Die eigentliche Verwandlung der *politischen Stände* in *bürgerliche* ging vor sich in der *absoluten Monarchie*. Die Bürokratie machte die Idee der Einheit gegen die verschiedenen Staaten im Staat geltend. Indessen blieb selbst neben der Bürokratie der absoluten Regierungsgewalt der *soziale Unterschied* der Stände ein politischer, ein *politischer innerhalb* und neben der Bürokratie der absoluten Regierungsgewalt» (MARX/ENGELS 1, 283f). Im Jahre 1895 beschreibt LENIN (1, 435) den Prozeß der Herausbildung der Bürokratie wie folgt: «Die Bürokratie war das erste politische Werkzeug der Bourgeoisie gegen die Feudalen, überhaupt gegen die Repräsentanten der ‚altadligen' Ordnung; mit ihr betraten zum erstenmal nicht blaublütige Grundbesitzer die Arena der politischen Herrschaft, sondern Angehörige nichtprivilegierter Stände, das ‚Kleinbürgertum'.» Da der dritte Stand in der ersten Etappe des Kampfes gegen die politisch privilegierten Stände und den feudalen Ständestaat zwar das Entstehen eines zentralisierten Staatswesens, die feudalabsolutistische Monarchie durchsetzen konnte, nicht aber die völlige Beseitigung der politischen Privilegien von Adel und Klerus, vertrat die Bürokratie als eines der Exekutivorgane der feudalabsolutistischen Monarchie nur bis zu einem gewissen Grade die Interessen der aufstrebenden Bourgeoisie. Zugleich war sie aber noch bestrebt, eine völlige Entmachtung der privilegierten Stände zu verhindern. Mit der Verschärfung der Widersprüche zwischen dem dritten Stand und den privilegierten Ständen in der vorrevolutionären Periode wurde daher die Bürokratie mehr und mehr zum Verbündeten der Gegner des gesellschaftlichen Fortschritts.

Durch die bürgerliche Revolution, bei der es sich nicht um eine soziale, sondern um eine politische Revolution handelte, nämlich nur um

die Beseitigung der politischen Gegensätze zwischen dem dritten Stand und den privilegierten Ständen, wurde die Bürokratie zum wirklichen politischen Repräsentanten der Interessen der Bourgeoisie.
«Erst die Französische Revolution vollendete die Verwandlung der *politischen* Stände in *soziale* oder machte den Ständeunterschied der bürgerlichen Gesellschaft zu nur sozialen Unterschieden, zu Unterschieden des Privatlebens, welche in dem politischen Leben ohne Bedeutung sind ... Stand im mittelaltrigen Sinn blieb nur mehr innerhalb der Bürokratie selbst, wo die bürgerliche und die politische Stellung unmittelbar identisch sind» (MARX/ENGELS 1, 283f). «Die besondere Schicht, die in der modernen Gesellschaft die Macht in den Händen hat, ist die Bürokratie. Der unmittelbare und äußerst enge Zusammenhang dieses Organs mit der in der modernen Gesellschaft herrschenden Klasse der Bourgeoisie folgt sowohl aus der Geschichte ... als auch aus den Bedingungen, unter denen sich diese Klasse herausbildete und ergänzte; der Zugang zu diesem Organ steht nur ‚aus dem Volke emporgestiegenen' Bürgerlichen offen, es ist mit dieser Bourgeoisie durch Tausende stärkster Fäden verknüpft» (LENIN 1, 435).
Die Beziehungen zwischen der Bourgeoisie und der Bürokratie regeln sich im Prinzip auf folgende Weise: Da in der klassengespaltenen bürgerlichen Gesellschaft die Bourgeoisie zur Sicherung ihrer ökonomischen Vormachtstellung einer politischen Legitimation bedarf, Proletariat und Bourgeoisie aber – allerdings nur im günstigsten Fall – formal die gleichen politischen Rechte genießen, nutzt die Bourgeoisie ihre ökonomische Vormachtstellung aus, um sich die Bürokratie dienstbar zu machen, und die Bürokratie erfüllt ihre Funktion als politischer Repräsentant der Bourgeoisie, indem sie die ökonomische Vormachtstellung der Bourgeoisie politisch sichert und verteidigt. Wenn das Proletariat in der bürgerlichen Gesellschaft die gleichen politischen Rechte genießt wie die Bourgeoisie, ist es zwar in der Lage, die Macht der Bürokratie zu beschränken, aber erst die Entmachtung der Klasse der Bourgeoisie ermöglicht auch eine Beseitigung der Bürokratie. «Angefangen vom absolutistischen, halbasiatischen Rußland, bis zum kulturell entwickelten freien und zivilisierten England», schrieb LENIN im Jahre 1902, «überall finden wir diese Einrichtung [d.h. die Einrichtung des Beamtentums, der Bürokratie als einer besonderen Schicht von Menschen], die ein notwendiges Organ der bürgerlichen Gesellschaft bildet. Der Rückständigkeit Rußlands und seinem Absolutismus entspricht die *völlige* Rechtlosigkeit des Volkes gegenüber der Beamtenschaft, die *völlige* Unkontrollierbarkeit der privilegierten Bürokratie. In England besteht eine machtvolle Kontrolle des Volkes über die Verwaltung, aber auch dort ist diese Kontrolle *bei weitem nicht vollständig*, auch dort behält die Bürokratie nicht wenige Privilegien, ist sie nicht selten der Herr, nicht aber der Diener des Volkes. Auch in England sehen wir, daß starke gesellschaftliche Gruppen die privilegierte Stellung der Bürokratie stützen, die einer vollständigen Demokratisierung dieser Institution Hindernisse in den Weg legen. Woher kommt das? Das kommt daher, daß ihre *völlige* Demokratisierung allein im Interesse des Proletariats liegt: selbst die fortgeschrittensten Schichten der Bourgeoisie verteidigen bestimmte Vorrechte des Beamtentums ... denn diese Schichten fühlen, daß eine derartige endgültige Demokratisierung vom Proletariat *gegen* die Bourgeoisie ausgenutzt werden wird» (2, 339f; auch 18, 119).
Die extremste Ausbildung der Bürokratie findet man in den bürgerlichen Staaten mit faschistischen Diktaturen.
Auch in den Gewerkschaften und den Arbeiterparteien sind unter den Bedingungen des Kapitalismus Tendenzen zur Bürokratisierung zu beobachten, d.h. eine Abwendung von den revolutionären Zielen des Proletariats und ein Sichbescheiden mit sozialen Reformen innerhalb der bürgerlichen Ordnung. Man spricht in solchen Fällen von Arbeiterbürokratie. «Unter dem Kapitalismus ist die Demokratie durch die ganzen Verhältnisse der Lohnsklaverei, der Not und des Elends der Massen eingeengt, eingeschnürt, gestützt, verstümmelt. Aus diesem Grund, und nur aus diesem, werden die beamteten Personen in unseren politischen und gewerkschaftlichen Organisationen durch die Verhältnisse des Kapitalismus demoralisiert (oder, genauer gesagt, besteht die Tendenz, daß sie demoralisiert werden), neigen sie dazu, sich in Bürokraten, d.h. in den Massen entfremdete, *über* den Massen stehende, privilegierte Personen zu verwandeln. Darin besteht das *Wesen* des Bürokratismus, und solange die Kapitalisten nicht expropriiert sind, solange die Bourgeoisie nicht gestürzt ist – solange ist eine gewisse ‚Bürokratisierung' *sogar* der proletarischen beamteten Personen unvermeidlich» (LENIN 25, 502). LENIN unterscheidet daher auch zwischen dem *Volkstribun*, «der es versteht, auf alle Erscheinungen der Willkür und Unterdrückung zu reagieren ... der es versteht, jede Kleinigkeit zu benutzen, um *vor aller Welt* seine sozialistische Überzeugung und seine demokratischen Forderungen darzulegen, um *allen* und jedermann die welthistorische Bedeutung des Befreiungskampfes des Proletariats klarzulegen», und dem *Sekretär einer Trade-Union*, der sich damit begnügt, «den ökonomischen Kampf gegen die Unternehmer und gegen die Regierung» zu führen, der aber die bürgerliche

Gesellschaftsordnung als solche nicht beseitigt wissen will (5, 437).
Die von bürgerlichen Soziologen vertretene unhistorische Theorie, daß die Bürokratie eine von der Gesellschaft unabhängige und über ihr stehende Macht darstelle, wird weder der gesellschaftlichen Stellung noch der Funktion der Bürokratie gerecht. Als nicht weniger unbegründet hat sich die daraus abgeleitete und weit verbreitete Auffassung erwiesen, durch eine konstitutionelle Regierungsform (s. Artikel «Bureaukratie» in: Meyers Konversations-Lexikon, Leipzig 1893) oder durch eine politische Demokratisierung des bürgerlichen Staates könnten Bürokratie und Bürokratismus überwunden werden. Diese auf falschen Prämissen beruhende und daher illusionäre Auffassung hat eine Gegenposition in der von Franz Kafka beispielhaft literarisch gestalteten pessimistisch-perspektivelosen Einstellung zur Bürokratie gefunden. Beide Auffassungen ergänzen einander und haben sich im Zusammenhang mit der zyklischen Entwicklung des Kapitalismus immer wieder abgelöst.
Nur durch die sozialistische Revolution kann die Bürokratie beseitigt werden, da durch sie die soziale Quelle der Bürokratie, nämlich die Klasse der Bourgeoisie, ökonomisch entmachtet und zugleich der bürokratische Staatsapparat gestürzt wird. Nur sie bedeutet eine «radikale Umgestaltung des ganzen alten Staatsapparats, dieses Bürokratenapparats, der alles Demokratische hemmt» (Lenin 25, 380; auch 439, 496f). Dies besagt jedoch nicht, daß mit der Errichtung des sozialistischen Staates, mit der Diktatur des Proletariats auch der Bürokratismus automatisch restlos überwunden wird. Lenin (29, 168f) machte im März 1919 auf folgendes aufmerksam: «Den Bürokratismus restlos, bis zum vollen Sieg zu bekämpfen ist erst dann möglich, wenn die ganze Bevölkerung an der Verwaltung teilnehmen wird. In bürgerlichen Republiken war das nicht nur unmöglich; *das Gesetz selbst stand dem im Wege*. In den besten bürgerlichen Republiken, wie demokratisch sie auch sein mögen, gibt es Tausende vom Gesetz errichtete Schranken, die die Teilnahme der Werktätigen an der Verwaltung behindern. Wir haben diese Schranken hinweggeräumt, aber wir haben bisher nicht erreicht, daß die werktätigen Massen an der Verwaltung mitwirken können, denn außer den Gesetzen gibt es noch das Kulturniveau, das sich keinem Gesetz unterwerfen läßt. Dieses niedrige Kulturniveau bewirkt, daß die Sowjets, die nach ihrem Programm Organe der Verwaltung *durch die Werktätigen* sein sollen, in Wirklichkeit Organe der Verwaltung *für die Werktätigen* sind, eine Verwaltung durch die fortgeschrittene Schicht des Proletariats, nicht aber durch die werktätigen Massen selbst. Hier stehen wir vor einer Aufgabe, die nicht anders als durch langwierige Erziehungsarbeit gelöst werden kann.» Langwierig ist diese Erziehungsarbeit besonders deshalb, weil zur Überwindung des niedrigen Kulturniveaus auch die Überwindung kleinbürgerlicher Lebensgewohnheiten und der bürgerlichen Weltanschauung gehören und weil diese Erziehungsarbeit unter historischen Bedingungen geleistet werden muß, die einen entschiedenen Kampf gegen die verschiedensten Formen konterrevolutionärer Bestrebungen – von der Aktivierung der bürgerlichen Ideologie bis zum direkten politischen Kampf gegen die sozialistische Gesellschaftsordnung – notwendig machen. Wie diese von Lenin geforderten Maßnahmen zur restlosen Beseitigung des Bürokratismus verwirklicht werden, zeigt u. a. die sozialistische Kulturrevolution und auch der Artikel 21 der sozialistischen Verfassung der Deutschen Demokratischen Republik. Er lautet: «Jeder Bürger der Deutschen Demokratischen Republik hat das Recht, das politische, wirtschaftliche, soziale und kulturelle Leben der sozialistischen Gemeinschaft und des sozialistischen Staates umfassend mitzugestalten. Es gilt der Grundsatz: ‚Arbeite mit, plane mit, regiere mit!'»
Auf Grund der spezifischen Stellung und Funktion der Bürokratie und entsprechend der jeweiligen Auffassung von ihr bezeichnet man gegenwärtig mit dem Wort «Bürokratie» die Beamten eines Verwaltungs- oder des bürgerlichen Staatsapparates. Darüber hinaus hat der Begriff aber auch eine eindeutig pejorative Bedeutung im Sinne von Unfähigkeit, auf den gesellschaftlichen Fortschritt zu reagieren, Verletzung der legitimen Interessen des Volkes, Konservativismus, er bedeutet das Fehlen von Eigeninitiative, leere Betriebsamkeit, Unterwürfigkeit, Kanzleigeist, Reglementieren, Administrieren, objektivistisches Verhalten, unkritische Einstellung, Schönfärberei, Heuchelei, Dogmatismus und dergleichen mehr.

Mancher, der ein Buch liest, murrt …

... wenn er Werbung findet, wo er Literatur suchte. Reklame in Büchern!!!? Warum nicht auch zwischen den Akten in Bayreuth oder neben den Gemälden in der Pinakothek?

«Rowohlts Idee mit der Zigarettenreklame im Buch (finde ich) gar nicht anfechtbar, vielmehr sehr modern. Hauptsache, es hat Erfolg und nützt dem Buch, was die deutsche Innerlichkeit dazu sagt, ist allmählich völlig gleichgültig, die will ihren Schlafrock und ihre Ruh und will ihre Kinder dußlig halten und verkriecht sich hinter Salbadern und Gepflegtheit und möchte das Geistige in den Formen eines Bridgeclubs halten – dagegen muß man angehen . . .»

Das schrieb Ende 1950 – Gottfried Benn.

An Stelle der «Zigarettenreklame» findet man nun in diesen Taschenbüchern Werbung für Pfandbriefe und Kommunalobligationen. «Hauptsache, es hat Erfolg und nützt dem Buch.» Und es nützt auch dem Leser. (Für die Jahreszinsen eines einzigen 100-Mark-Pfandbriefs kann man sich beispielsweise drei Taschenbücher kaufen.)

C

Camenes – künstlich geschaffenes Merkwort der *traditionellen Logik* für einen gültigen Modus der 4. Schlußfigur, und zwar für: Aus *PaM* und *MeS* folgt *SeP* – in *moderner Schreibweise*:
Aus $\forall(x)\,[P(x) \rightarrow M(x)]$ und $\forall(x)\,[M(x) \rightarrow \rightarrow \sim S(x)]$ folgt $\forall(x)\,[S(x) \rightarrow \sim P(x)]$.

Camenop – künstlich geschaffenes Merkwort der *traditionellen Logik* für einen gültigen Modus der 4. Schlußfigur, und zwar für: Aus *PaM* und *MeS* folgt *SoP*.
Dieser Modus zählt zu den subalternen Modi; er hat bei gleichen Prämissen eine schwächere Conclusio als *Camenes*, d. h., sie ist der von Camenes subordiniert (→ Subalternation).
Die in der traditionellen Logik stillschweigend geltende Voraussetzung, wonach dem Subjektsbegriff *S* nicht die Nullklasse entsprechen darf, muß in der *modernen Logik* ausdrücklich hinzugefügt werden; der Modus Camenop lautet in *moderner Schreibweise* folglich:
Aus $\forall(x)\,[P(x) \rightarrow M(x)]$, $\forall(x)\,[M(x) \rightarrow \sim S(x)]$ und $\exists(x)\,S(x)$ folgt $\exists(x)\,[S(x) \wedge \sim P(x)]$.

Camestres – künstlich geschaffenes Merkwort der *traditionellen Logik* für einen gültigen Modus der 2. Schlußfigur, und zwar für: Aus *PaM* und *SeM* folgt *SeP* – in *moderner Schreibweise*:
Aus $\forall(x)\,[P(x) \rightarrow M(x)]$ und $\forall(x)\,[S(x) \rightarrow \rightarrow \sim M(x)]$ folgt $\forall(x)\,[S(x) \rightarrow \sim P(x)]$.

Camestro(p) – künstlich geschaffenes Merkwort der *traditionellen Logik* für einen gültigen Modus der 2. Schlußfigur, und zwar für: Aus *P a M* und *S e M* folgt *S o P*.
Dieser Modus zählt zu den subalternen Modi; er hat bei gleichen Prämissen eine schwächere Conclusio als *Camestres*, d. h., sie ist der von Camestres subordiniert.
Die in der traditionellen Logik stillschweigend geltende Voraussetzung, wonach dem Subjektsbegriff *S* nicht die Nullklasse entsprechen darf, muß in der *modernen Logik* ausdrücklich hinzugefügt werden; der Modus Camestro lautet in *moderner Schreibweise* folglich:
Aus $\forall(x)\,[P(x) \rightarrow M(x)]$, $\forall(x)\,[S(x) \rightarrow \sim M(x)]$ und $\exists(x)\,S(x)$ folgt $\exists(x)\,[S(x) \wedge \sim P(x)]$.

Cartesianismus – die Lehre DESCARTES' (1596 bis 1650) und ihre Fortsetzung im 17. und 18. Jahrhundert.
Das Weltbild DESCARTES' fußt auf der Überzeugung von der Vernünftigkeit der Wirklichkeit. Dieser Glaube drückt sich in der Ansicht MALEBRANCHES, SPINOZAS, LEIBNIZ' aus, daß Gottes Willen einer ewigen, souveränen Vernunft gehorcht, nicht auf irrationale Weise frei ist. (Den entgegengesetzten Standpunkt vertritt in der Diskussion mit LEIBNIZ der newtonianische Empirist CLARKE.) Der Cartesianismus lebt in dieser Hinsicht in der Überlieferung der antiken (teilweise christlichen) Logos-Lehre.
Vor allem aber gewinnt DESCARTES seinen Glauben an die Vernünftigkeit der Wirklichkeit aus der in der Renaissance herausgebildeten mathematischen Weltansicht. Diese zeigt sich ihm ursprünglich unter einem ästhetischen Aspekt: als Harmonie der sinnlichen und geistigen Sphären, als Kunst: «Es gibt nur eine lebendige Kraft in den Dingen, das ist die Liebe, das Mitgefühl und die Harmonie. Vortrefflich eignen sich die sinnlichen Dinge zur Erkenntnis der übersinnlichen: die Luft kennzeichnet den Geist, die dauernde Bewegung das Leben, das Licht die Erkenntnis, die Wärme die Liebe, die sichtbare Tätigkeit die Schöpfung. Alle körperlichen Formen stehen in harmonischer Wechselwirkung miteinander. Es gibt mehr Kaltes als Trockenes, mehr Feuchtes als Warmes. Wäre es anders, so hätten die aktiven Elemente zu schnell die Oberhand gewonnen und die Welt würde keinen langen Bestand gehabt haben.»
Dieser naturphilosophischen Stimmung entsprechend erscheint DESCARTES anfangs die Dichtung gedankenreicher als die Philosophie. «Der Grund ist, weil die Dichter schreiben erregt durch das Feuer der Begeisterung und der Einbildungskraft. In unserem Innern sind die Keime der Wissenschaft enthalten, gleichsam wie die Funken im Feuerstein. Die Philosophen ziehen sie heraus durch ihr Räsonnement, dagegen die Dichter bringen sie zum Leuchten durch ihre Phantasie, und da erstrahlen sie in einem weit helleren Glanze.» Mit KEPLER, GALILEI und LEIBNIZ stimmt er in dem Grundgedanken überein, daß den elementarsten Wirkungen des Schönen einfache mathematische Relationen zugrunde liegen. Zuerst erkennt er die Bedeutung einer mathematischen Grundlage für die wissenschaftliche Fundierung der Musiktheorie (1618).
Das volle Bewußtsein über die umfassende Bedeutung einer mathematischen Grundlage für die gesamte Naturwissenschaft, ja für die Wissenschaft überhaupt, erlangt DESCARTES im Jahre 1619. Seine Absicht ist nicht, die Wissenschaften auf die Mathematik zu reduzieren, sondern sie auf das Niveau der Mathematik zu erheben. Diese dient ihm nur als Mittel, eine Methode für die «vernünftige» (rationale), absolut gewisse, zweifelsfreie Erkenntnis zu gewinnen. Infolge dieser methodischen Eignung gilt sie ihm als Musterwissenschaft, deren einfachsten Strukturelementen Allgemeingültigkeit zukommen soll. So wie sie von einfachen, jedermann einleuchten-

den (evidenten) Tatsachen ausgeht, um dann durch Schlußfolgerungen immer tiefer in das Wesen der Raum- und Zahlbeziehungen einzudringen, so soll auch die Methode verfahren, die sich auf die Wissenschaften in ihrer Gesamtheit bezieht. Die einfachsten Elemente, mit denen sie operiert, sind unmittelbare Einsicht (Intuition) und Deduktion.

Unter Intuition versteht DESCARTES nicht die ungeklärte Sinneswahrnehmung oder das täuschende Erzeugnis der Einbildungskraft, sondern die absolut unbezweifelbare, klare und deutliche Vernunfterkenntnis. So könne ein jeder intuitiv erkennen, daß er existiert, daß er denkt, daß ein Dreieck von drei Linien begrenzt wird usw. Sie gibt uns die ursprünglichen, elementaren Wahrheiten. Mit Hilfe der Deduktion können wir von den Grundtatsachen zu immer höheren aufsteigen. Die elementaren Axiome der Mathematik, wie z. B. die Voraussetzung, daß sich parallele Linien niemals schneiden können, bieten uns noch kein eigentliches belangreiches Wissen dar; von dergleichen Prinzipien können wir aber durch Schlußfolgerungen aufsteigen zu Wahrheiten, die durchaus nicht von vornherein selbstverständlich erscheinen, wie zu dem Satze, daß im Dreieck die Winkel 180° betragen, daß die Kugeloberfläche viermal so groß ist wie der größte Grundkreis der Kugel usw.

Mittels der intuitiv-deduktiven Methode will DESCARTES ein ganzes System der Wissenschaften auf der Grundlage gänzlich unbestreitbarer, d. h. «vernünftiger» Prinzipien konstruieren. Sein rationalistischer Glaube erweist sich dabei als sehr zwiespältig: einerseits als wissenschaftsfreundlich, andererseits als wissenschaftsfeindlich, als fortschrittsoffen und als dogmatisch. Als fruchtbar zeigt er sich, insofern er die Wissenschaften zwingt, dem Verstehen den Vorrang vor der Tatsache zu geben, nichts als wahr anzunehmen, bevor es nicht klar und deutlich, intuitiv oder in deduktiver Verkettung erkannt wurde. Als unfruchtbar, weil er um seines dogmatisch zweifelsfeindlichen, feststehenden (metaphysischen) Inhalts willen die Wissenschaften zur Vergewaltigung der Tatsachen veranlaßt. Dieser zwiespältige Charakter kennzeichnet die ganze cartesianische Philosophie und ist mehr oder weniger die Grundlage ihres Dualismus.

Infolge des dualistischen Charakters seiner Philosophie bestimmt DESCARTES die Seele im Gegensatz zum Körper als unausgedehnt und unvergänglich. Da er sie nur als Bewußtsein versteht, ergibt sich als Konsequenz, daß sie stets bewußt sein muß, wenn wir nicht annehmen wollen, daß sie bei Ohnmachtsanfällen und traumlosem Schlaf völlig verschwindet. Obwohl sie unräumlich ist, schreibt er ihr einen Aufenthaltsort in der Mitte des Gehirns, in der Zirbeldrüse, zu, von wo aus sie dank der in den Nervenröhren befindlichen «Lebensgeister» (spiritus animales) Impulse vom Körper empfängt und an ihn erteilt.

Die *Geschichte des Cartesianismus* läßt sich vor allem auf den Gebieten der Philosophie (auch Theologie) und Naturwissenschaft verfolgen. Die neue Lehre beginnt ihren Siegeszug in *Holland* (etwa ab 1640). Hier sind zu nennen: REGIUS, der die über LA METTRIE zu CABANIS führende Reihe materialistischer cartesianischer Physiologen eröffnet, CLAUBERG und Balthasar BEKKER, der in seinem Hauptwerk «De betoverde weereld» (Die bezauberte Welt) gegen Dämonenglauben und Hexenwahn kämpft und sich vom cartesianischen Standpunkt aus mit der natürlichen Bibelauslegung befaßt. In *Frankreich* wird von ROHAULT, dem Verfasser einer noch für das 18. Jahrhundert als Lehrbuch der cartesianischen Mechanik geltenden «Physik» (1671), zu propagandistischen Zwecken eine Art Descartes-Gesellschaft mit Vorträgen und physikalischen Darbietungen gegründet. Sein Schüler, Pierre Sylvain RÉGIS, wirbt seit der Mitte der sechziger Jahre mit sehr großem Erfolg in Südfrankreich für die cartesianischen Ideen. In den siebziger Jahren wird der Cartesianismus in Frankreich auf Betreiben der Jesuiten verboten. Aber die Naturwissenschaft ist um 1700 von ihm allgemein durchdrungen. Eine gewaltige Popularisierung erfährt er durch FONTENELLES *Gespräche über die Vielzahl der Welten* (1686); dieser Patriarch der französischen Aufklärung macht die Pariser Akademie der Wissenschaften zu einer Hochburg der cartesianischen Naturwissenschaft.

Einen gewaltigen Nachhall findet die Lehre DESCARTES' bei den jansenistischen Theologen des Klosters Port-Royal: ihre berühmtesten Vertreter, Antoine ARNAULD (1612–1694) und Pierre NICOLE (1625–1695), geben 1662 eine *Logik oder Denkkunst* heraus, in der die methodische Seite des Cartesianismus ihre beste Darstellung findet. Auch unter den Mitgliedern des Oratoriums, dessen Gründer, der Kardinal BÉRULLE, mit DESCARTES befreundet ist, gewinnt die neue Lehre viele Anhänger (GIBIEUF, MALEBRANCHE 1638–1715). Gemeinsame augustinische Voraussetzungen haben bei der Aufnahme in Port-Royal und im Oratorium eine gewisse Rolle gespielt.

Die rationalistischen Systeme des 17. Jahrhunderts (RÉGIS, HOBBES, SPINOZA, MALEBRANCHE, LEIBNIZ) gehen sämtlich von DESCARTES aus, ohne bei ihm stehenzubleiben. Vor allem die dualistische Antwort auf die Wechselwirkung von Körper und Geist ist in ihnen stärker, mehr in materialistische oder idealistische Richtung gehend, behandelt. Vom → Okkasionalismus (GEULINCX 1625–1669) wird versucht, den Dualismus durch die Behauptung aufrechtzuerhalten, nicht das

Materielle, sondern Gott setze das Denken in Bewegung, wobei die materielle Bewegung lediglich Anlaß, nicht Ursache sei. MALEBRANCHE kommt auf Grund der dualistischen These auf den Einfall, die Tätigkeit des Denkens als Wirken Gottes zu erklären, wodurch er Gott und Denken pantheistisch annähert und sich dem Vorwurf des Spinozismus àussetzt. LEIBNIZ will das Wunder einer Parallelität von körperlichem und geistigem Tun aus einer von Gottes Vorsehung für alle Zeiten festgelegten «prästabilierten Harmonie» ableiten. Er bedient sich daher des bereits von GEULINCX angewandten Gleichnisses der zwei Uhren, die nicht auf Grund einer gegenseitigen kausalen Abhängigkeit, sondern nur dank der Kunst ihres Schöpfers den gleichen Gang haben, zur gleichen Zeit schlagen und die Stunde angeben.

Die *französische Aufklärung*, deren philosophisch-erkenntnistheoretische Grundlage mehr oder weniger sensualistisch ist, widerspricht im wesentlichen dem Cartesianismus. Sie läßt als höchste Instanz nur die Erfahrung und den Wandel der Erfahrung gelten, erkennt keine ewig gültigen Wahrheiten, kein nur aus dem Denken (rationalistisch) gewonnenes, systematisches, dogmatisches, metaphysisches Wissen an. Was sie von DESCARTES annimmt, sind daher nur bestimmte Teile seiner Lehre, die sie außerdem in ihrem Sinne umdeutet: die Methode, d.h. die Lehre vom Zweifel und vom klaren und deutlichen Erkennen, und gewisse naturwissenschaftliche, nämlich mechanistische Impulse. Der Zweifel wird von ihr nicht als propädeutisches Mittel für die Gewinnung zweifelsfreier, unerschütterlicher Gewißheit angesehen, sondern als Instrument der Kritik und wesentliche Bedingung des Erfahrungswissens; unter klarem und deutlichem Erkennen versteht sie nicht die rationale Wesenserkenntnis, sondern die empirische Einsicht in die Erfahrungswelt. Die mechanistischen Anstöße DESCARTES' auf naturwissenschaftlichem Gebiet wirken sich in der Aufklärung vorwiegend im Sinne der deistischen oder materialistischen Erklärung organischer Erscheinungen aus Materie und Bewegung aus – wobei *Cartesianismus* mit *Epikureismus* oder *Atomismus* zusammenfällt. Die Darstellung der Lebewesen als Mechanismen («Maschinen») bedeutet hier vor allem einen Protest gegen *aristotelische* (vegetative, animalische, rationale Seele) und *epikureische, stoische, platonische* (Geistmaterie, Weltseele) *Erklärungsprinzipien*. Angesichts der nahezu allgemeinen Ablehnung des Automatismus, der Lehre von der Unbeseeltheit der lebendigen Körper, behalten die *epikureischen* (Gassendismus), *platonischen* (CUDWORTH' Wendung zum Vitalismus) und *aristotelischen* (LEIBNIZ' Monadenlehre) *Hypothesen* jedoch noch eine gewisse Geltung, vermögen aber nicht, die französischen Aufklärer von ihrem grundsätzlichen Erfahrungsstandpunkt abzubringen. In den Naturwissenschaften setzt sich unter starkem englischem Einfluß (BOYLE, NEWTON) die empiristische Betrachtungsweise durch (seit dem zweiten Jahrzehnt in den Niederlanden, seit dem vierten Jahrzehnt in Frankreich).

Während die katholische Kirche im 17. Jahrhundert den Cartesianismus bekämpft, nimmt sie ihn im 18. Jahrhundert in sich auf. Die Ursache dafür dürfte sowohl darin liegen, daß die Naturwissenschaft aus der bisherigen Philosophie der Kirche, dem Aristotelismus, herausgefallen, selbständig geworden ist und die Kirche sich nunmehr einer wirklichkeitsfremderen, spiritualistischeren Philosophie bedienen muß, als auch darin, daß auch die Theologie sich allmählich von der aristotelischen Scholastik abkehrt und anderen Richtungen zuwendet (protestantischer Einfluß). Dabei wird natürlich vorwiegend auf den metaphysischen Teil des Cartesianismus Wert gelegt: auf die Lehre von der geistigen, unsterblichen Substanz des Menschen, auf die Lehre von den eingeborenen Ideen und auf die Gottesbeweise. Auf diesem Weg wird der Cartesianismus in den Zusammenhang der älteren und neueren Metaphysik übergeführt: man ist bestrebt, ihn mit antikem, augustinischem und thomistischem Ideengut in Verbindung zu bringen.

DESCARTES erhält eine zentrale Bedeutung bei der Bekämpfung des englischen und französischen Empirismus in der zweiten Hälfte des 18. Jahrhunderts durch die schottische Schule (Thomas REID) und durch die spiritualistische Schule in Frankreich am Anfang des 19. Jahrhunderts (Victor COUSIN). Er wird hier zum Helden einer eklektischen Philosophie des «gesunden Menschenverstandes» (common sense) gemacht, in der aller mögliche Idealismus auf seine Kosten kommen kann. Seit COUSIN gibt es einen Descartes-Mythos des französischen Bürgertums, das Gerede vom «ewigen Cartesianismus», dessen Wesensmerkmale der Klarheit, Vernünftigkeit und Mäßigkeit Ausdruck französischen Wesens seien.

Aber nicht nur der nachrevolutionäre französische, sondern allgemein der ganze neuzeitliche Idealismus leitet sich von DESCARTES her. Die Ursache dafür liegt in der Zurückführung des menschlichen Wesens auf ein radikaler als im Aristotelismus aus der Wesensverwandtschaft mit dem Materiellen gelöstes reines Denken. In diesem Sinne wird DESCARTES von HEGEL als Beginn der neueren Philosophie gefeiert.

Celarent – künstlich geschaffenes Merkwort der *traditionellen Logik* für einen gültigen Modus der 1. Schlußfigur, und zwar für: Aus MeP und SaM folgt SeP – in *moderner Schreibweise*:
Aus $\forall(x)\,[M(x) \rightarrow \sim P(x)]$ und $\forall(x)\,[S(x) \rightarrow M(x)]$ folgt $\forall(x)\,[S(x) \rightarrow \sim P(x)]$.

Celaront – künstlich geschaffenes Merkwort der *traditionellen Logik* für einen gültigen Modus der 1. Schlußfigur, und zwar für: Aus MeP und SaM folgt SoP.

Dieser Modus zählt zu den subalternen Modi; er hat bei gleichen Prämissen eine schwächere Conclusio als *Celarent*, d. h., sie ist der von Celarent subordiniert.

Die in der traditionellen Logik stillschweigend geltende Voraussetzung, wonach dem Subjektsbegriff S nicht die Nullklasse entsprechen darf, muß in der *modernen Logik* ausdrücklich hinzugefügt werden; der Modus Celaront lautet in *moderner Schreibweise* folglich:

Aus $\forall(x)\,[M(x) \rightarrow \sim P(x)]$, $\forall(x)\,[S(x) \rightarrow M(x)]$ und $\exists(x)\,S(x)$ folgt $\exists(x)\,[S(x) \wedge \sim P(x)]$.

Cesare – künstlich geschaffenes Merkwort der *traditionellen Logik* für einen gültigen Modus der 2. Schlußfigur, und zwar für: Aus PeM und SaM folgt SeP – in *moderner Schreibweise*:

Aus $\forall(x)\,[P(x) \rightarrow \sim M(x)]$ und $\forall(x)\,[S(x) \rightarrow M(x)]$ folgt $\forall(x)\,[S(x) \rightarrow \sim P(x)]$.

Cesaro – künstlich geschaffenes Merkwort der *traditionellen Logik* für einen gültigen Modus der 2. Schlußfigur, und zwar für: Aus PeM und SaM folgt SoP.

Dieser Modus zählt zu den subalternen Modi; er hat bei gleichen Prämissen eine schwächere Conclusio als *Cesare*, d. h., sie ist der von Cesare subordiniert.

Die in der traditionellen Logik stillschweigend geltende Voraussetzung, wonach dem Subjektsbegriff S nicht die Nullklasse entsprechen darf, muß in der *modernen Logik* ausdrücklich hinzugefügt werden; der Modus Cesaro lautet in *moderner Schreibweise* folglich:

Aus $\forall(x)\,[P(x) \rightarrow \sim M(x)]$, $\forall(x)\,[S(x) \rightarrow M(x)]$ und $\exists(x)\,S(x)$ folgt $\exists(x)\,[S(x) \wedge \sim P(x)]$.

characteristica universalis [lat] – *eigtl*: allgemeine Charakteristik, Bezeichnungskunst; von LEIBNIZ eingeführter Ausdruck für die von ihm angestrebte Begriffsschrift. LEIBNIZ stellte sich als characteristica universalis eine neu zu schaffende Sprache vor, die geschrieben und gesprochen werden kann. Sie sollte so beschaffen sein, daß zwischen ihren Charakteren (Zeichen) und den Gedanken eine umkehrbar eindeutige Zuordnung besteht. Ausgehend von gewissen als Grundlage für das vernünftige Denken immer notwendigen Erfahrungen, sollte man mit Hilfe dieser Sprache alles leisten können, was man durch vernünftiges Denken leisten kann, und zwar mit weitaus geringerem Aufwand. Insbesondere erwartete LEIBNIZ, daß man durch bloße Umformung der Charaktere und eine Art Berechnung aus gegebenen Voraussetzungen alle möglichen Folgerungen – mit Einschluß von Aussagen über noch zu machende Erfahrungen – gewinnen und vorgelegte Beweise, ähnlich wie Beweise in der Arithmetik, auf einfache Weise prüfen könnte. Falls keine genügenden Voraussetzungen vorhanden sein sollten, um mit Gewißheit urteilen zu können, würde man mittels der characteristica universalis immer noch das Wahrscheinlichste ex datis bestimmen können. Davon versprach LEIBNIZ sich ausdrücklich bewundernswerte Hilfe sogar für Politik und Medizin.

Das von LEIBNIZ so aufgestellte Ideal einer allumfassenden formalisierten Sprache ist inzwischen für Teilbereiche des menschlichen Wissens – z. B. für den Aussagenkalkül – erreicht. Andererseits haben die von GÖDEL, CHURCH und anderen zeitgenössischen Logikern durchgeführten Untersuchungen gezeigt, daß die Idee von LEIBNIZ als Ganzes nicht realisierbar ist, da die Forderungen bereits für den Prädikatenkalkül nicht gänzlich erfüllbar sind.

Charakter der Arbeit – konkret-historische Qualität der gesellschaftlichen Arbeit, die sich aus einem jeweiligen Entwicklungsstand und aus jeweiligen Entwicklungstendenzen der Produktivkräfte sowie aus dem jeweils herrschenden System der Produktions- und Klassenverhältnisse ergibt und vor allem als historisch-konkrete gesellschaftliche Bestimmtheit der Arbeitstätigkeit der Werktätigen und insofern auch als Bestimmtheit ihrer grundlegenden Lebensweise, ihres sozialen Daseins verstanden werden muß. An dieser Qualität sind als Momente des Charakters der Arbeit besonders wichtig:

– die Art der durch die jeweils herrschenden Eigentums- und Produktionsverhältnisse objektiv gegebenen Zweckbestimmung (Zielfunktion) der Arbeit;

– die Art und der Umfang der Befriedigung und Entwicklung der Bedürfnisse der Werktätigen;

– das Vorhandensein oder Nichtvorhandensein der Bedingungen und die Art der Beherrschung der gesellschaftlichen Zusammenhänge und Gesetzmäßigkeiten der Arbeit durch die Werktätigen selbst;

– die Art der Beziehungen zwischen den verschiedenen Klassen, Gruppen und Schichten und ihren Interessen;

– die Beziehungen zwischen den gesellschaftlichen, kollektiven und persönlichen Interessen;

– die Entwicklung der Tätigkeitsarten und die Möglichkeit der Betätigung und Ausbildung der produktiven Fähigkeiten und Kräfte der Werktätigen;

– der Platz und die Rolle der konkreten Tätigkeit des einzelnen und einzelner Gruppen im arbeitsteiligen Gesamtprozeß der gesellschaftlichen Produktion;

– die Möglichkeiten und der Umfang des Austauschs der materiellen und ideellen Tätigkeiten und Erfahrungen;

– der Umfang und der Inhalt der freien Zeit, die durch den materiellen Produktionsprozeß ermöglicht wird.
Die Kategorie des Charakters der Arbeit ist eine wichtige Konkretisierung der Kategorie der Arbeit. Die Einsicht der marxistischen Philosophie und Soziologie, daß die menschliche Arbeit primär gegenständlich bestimmt ist, daß sie gegenständliche Tätigkeit subjektiver Wesenskräfte darstellt und daß sie sich im Prozeß einer objektiv gesetzmäßigen, komplizierten und widerspruchsvollen Höherentwicklung befindet, führt notwendig auf die Kategorie des Charakters der Arbeit. Diese Kategorie ist von grundsätzlicher Bedeutung für die marxistisch-leninistische Philosophie, darunter für die Beantwortung einer Reihe philosophisch-weltanschaulicher Fragen. So können Fragen nach dem Wesen des Menschen, nach seinen individuellen und kollektiven Existenz- und Entwicklungsmöglichkeiten, nach dem Sinn seines Lebens u. a. nur von der konkreten Analyse des Charakters der Arbeit, von einer Analyse der Widersprüche und Entwicklungstendenzen des Charakters der Arbeit ausgehend, objektiviert, wissenschaftlich gestellt und beantwortet werden. Theoreme über derartige weltanschauliche Fragen, die vom Charakter der Arbeit abstrahieren, müssen in Phrasen, idealistische Spekulationen und Subjektivismen ausarten.
Die Frage nach dem Charakter der Arbeit ist auch entscheidend für die Beurteilung beliebiger gesellschaftlicher Verhältnisse, die nicht von Oberflächenerscheinungen und bürgerlichen Vorurteilen ausgeht, sondern von einer konkreten Erfassung der Lebensbedingungen und -möglichkeiten der werktätigen Menschen. Diese aber sind in ihren Grundzügen im konkreten Charakter der Arbeit erfaßbar.
Vor allem besteht die Bedeutung der Kategorie des Charakters der Arbeit in folgendem. *Erstens* widerspiegelt diese Kategorie eine Wirklichkeit des Menschen, einen wirklichen gesellschaftlichen Lebensprozeß, der nicht nur diagnostiziert, sondern auch prognostiziert werden kann. Eine Prognose des menschlichen Lebens, der Lebensinhalte, der zwischenmenschlichen Beziehungen in den nächsten Jahrzehnten muß in erster Linie eine Prognose des Charakters der Arbeit sein, die von den Gegebenheiten, Widersprüchen und von den Veränderungs- und Entwicklungstendenzen der Produktivkräfte und der Produktionsverhältnisse ausgeht. *Zweitens* ist die Kategorie des Charakters der Arbeit von grundsätzlicher Bedeutung für die praktische Umgestaltung der gesellschaftlichen Verhältnisse und für die Erziehung und Selbsterziehung des sozialistischen Menschen. Die praktische sozialistische Veränderung des menschlichen Lebens, die zukunftsgewisse praktische Gestaltung des sozialen Lebens und Daseins der Individuen, kann sich in erster Linie nur als planmäßige Veränderung des Charakters der Arbeit von Massen werktätiger Menschen vollziehen, die auf der Grundlage der Entwicklungsgesetzmäßigkeiten und -möglichkeiten der Produktivkräfte und Produktionsverhältnisse erfolgt und sich nur in der praktischen Tätigkeit der Massen des werktätigen Volkes selbst realisieren kann. Der Charakter der Arbeit und seine bewußte Gestaltung umfassen in der Hauptsache das, was MARX (3, 534) «Zusammenfallen des Änderns der Umstände und der menschlichen Tätigkeit» oder «Selbstveränderung» genannt hat und was «nur als *umwälzende Praxis* gefaßt und rationell verstanden werden» kann.
Die sozialistische Veränderung im Charakter der Arbeit und die auf dieser Grundlage erfolgende Entwicklung eines neuen, sozialistischen Menschen und der sozialistischen Menschengemeinschaft sind die Haupterrungenschaft der bisherigen sozialistischen Umgestaltung in der Deutschen Demokratischen Republik. Mit dem Sieg des sozialistischen Eigentums an den entscheidenden Produktionsmitteln und mit der Schaffung der sozialistischen Produktionsverhältnisse wurde die Arbeit der Werktätigen von Ausbeutung befreit. Sie dient in allen Sphären des Reproduktionsprozesses in wachsendem Maße der ständig besseren Befriedigung der materiellen und kulturellen Bedürfnisse der Werktätigen, der Festigung der sozialistischen Gemeinschaft und der vielseitigen Entwicklung der Individuen. Sie wird im Rahmen der ganzen Gesellschaft planmäßig organisiert, und ihre Entwicklung vollzieht sich auf der Grundlage der vollständigen Übereinstimmung zwischen den gesellschaftlichen Erfordernissen und den entscheidenden Interessen der Individuen, Gruppen und Kollektive.
Im Zusammenhang mit der Gestaltung des ökonomischen Systems des Sozialismus und des entwickelten gesellschaftlichen Systems des Sozialismus überhaupt und im Zusammenhang mit der konsequenten Verwirklichung der wissenschaftlich-technischen Revolution vollziehen sich weitere Veränderungen im Charakter der Arbeit, die von immer größerem Einfluß auf die geschichtliche Entwicklung und auf die Entfaltung der schöpferischen Kräfte der Werktätigen sind. Die Haupttendenzen dieser Veränderung im Charakter der Arbeit können wie folgt angegeben werden:
– zunehmende Organisation der Arbeit der einzelnen und der sozialistischen Kollektive als Teil der gesamtgesellschaftlichen Arbeit im Sinne der Realisierung der grundsätzlichen Zielfunktion der sozialistischen Produktionsweise;
– wachsende bewußte Herrschaft der assoziierten Produzenten über den Produktions- und Re-

produktionsprozeß auf der Grundlage der marxistischen Gesellschaftsprognostik und der ständigen Vervollkommnung des sozialistischen Systems der Planung, Leitung und Stimulierung;
- zunehmende Produktivität der sozialistischen Arbeit und Befriedigung der materiellen und kulturellen Bedürfnisse der Werktätigen auf stets sich erweiterndem sozialistischem Niveau, Entstehung und bewußte Bildung neuer gesellschaftlicher Bedürfnisse;
- zunehmende Verwandlung der Arbeit in technologische und gesellschaftlich-organisatorische Anwendung der modernen Wissenschaften von Natur und Gesellschaft sowie wachsende Anwendung industriemäßiger Produktions- und Organisationsmethoden in der Landwirtschaft;
- allmähliches Verschwinden der wesentlichen Unterschiede zwischen körperlicher und geistiger Arbeit, Reduzierung der schweren körperlichen Arbeit, Zunahme des Anteils der geistig-schöpferischen Tätigkeit, wachsende Disponibilität der Produzenten und wachsende Bedeutung des ständigen Lernens;
- Entwicklung neuer Formen der kollektiven Zusammenarbeit und zugleich wachsende gesellschaftliche Bedeutung des einzelnen, seiner Fähigkeiten, seiner Initiative, seiner Verantwortung;
- wachsende freie Zeit und zunehmende Bedeutung der richtigen Nutzung dieser freien Zeit im Sinne der Kultur aller schöpferischen Potenzen der Werktätigen;
- weitere Umgestaltung der Motive des Arbeitens, Entwicklung der Arbeit zum Lebensbedürfnis.

Diese Entwicklung des Charakters der sozialistischen Arbeit vollzieht sich in Widersprüchen; z. B. nimmt im Zusammenhang mit der sozialistischen Mechanisierung und Rationalisierung in vielen Bereichen vorerst die monotone Arbeit zu, und in vielen Bereichen wird auch die schwere körperliche Arbeit nur langsam abnehmen.
→ Arbeit.

Chauvinismus [franz] – reaktionäre bürgerliche Ideologie und Politik, die auf die offene, direkte und brutale Unterjochung anderer Völker, auf die Entfachung nationaler Feindschaft und nationalen Hasses sowie auf die Unterdrückung der eigenen Nation gerichtet ist. Als extremer reaktionärer bürgerlicher Nationalismus vertritt der Chauvinismus der Form nach die Höherwertigkeit der einen oder anderen Nation gegenüber anderen Nationen, seinem Inhalt nach ist er jedoch Verherrlichung der Macht der jeweiligen imperialistischen Bourgeoisie eines Landes über die eigene und über fremde Nationen. Der Chauvinismus ist in der Regel stark von rassistischen und revanchistischen Anschauungen durchdrungen. Im deutschen Faschismus fand der Chauvinismus seinen bisher brutalsten Ausdruck.

Mit dem Übergang zur formierten Herrschaft der Monopole tritt in Westdeutschland der Chauvinismus in Gestalt der Alleinvertretungsanmaßung und des «Rechts auf die Grenzen von 1937» zusammen mit Antikommunismus und Antisemitismus wieder stark hervor.

Die marxistisch-leninistischen Parteien sind, getreu dem internationalen Charakter der Arbeiterklasse, konsequente Gegner jeglichen Chauvinismus und bekämpfen ihn kompromißlos.

Die Kehrseite des Chauvinismus ist der Kosmopolitismus.
→ Nation → sozialistischer Internationalismus.

Chiffre [arab] – *eigtl*: leer, als Zahl «Null» (daher: «Ziffer»).

Etwa seit dem 18. Jahrhundert bekommt «Chiffre» auch die Bedeutung von *Geheimzeichen*: in geheimen Schriftstücken wurden Ziffern anstelle von Buchstaben verwendet; daher dann *entziffern*.

Im allgemeineren philosophischen Sinne etwa: die Natur spricht zum Menschen oder offenbart sich ihm durch Zeichen, wie es in der Signaturenlehre des PARACELSUS und Jakob BÖHMES heißt.

In der neueren bürgerlichen Philosophie spielt der Begriff «Chiffre» als «Sprache der Transzendenz» bei Karl JASPERS eine Rolle: «Chiffern sind gleichsam eine Sprache der Transzendenz, die als von uns hervorgebrachte Sprache doch von dort zu uns dringt. Die Chiffern sind objektiv: in ihnen wird etwas gehört, was dem Menschen entgegenkommt. Die Chiffern sind subjektiv: der Mensch schafft sie nach seiner Vorstellungsweise, Denkungsart, Auffassungskraft ... In der Klarheit der Chiffern haben wir die Chance, unseren Weg als den uns möglichen Höhenweg zu finden. Das Wissen von den unendlich vielen Mythen lehrt ihn nicht. Die psychologischen Deutungen verderben. Nur existentielle Erfahrung schließt den Sinn der Chiffern auf» (Schule des philosophischen Denkens, 132ff).

Mit dem Begriff der Chiffre will JASPERS eine «philosophische Theologie» begründen, in der Philosophie und Religion (Wissen und Glauben) aufgehoben sind und die dem Menschen in der «modernen» Welt (= gesellschaftliche Verhältnisse des Imperialismus) entspricht sowie ihn anspricht.

christliche Apologie [griech] – weltanschauliche und theologische Entwicklungsperiode im frühen Christentum des 2. und 3. Jahrhunderts. In dieser Zeit war das Christentum gezwungen, sich gegen die Angriffe der antiken Philosophie und ihrer rationalen Argumente zu verteidigen. Die ideologischen Vertreter des Christentums dieser Periode, die sich den Aufgaben der Verteidigung der christlichen Religion unterzogen haben, nennt man *Apologeten*. Oft wandten sich die Apologeten mit ihren Verteidigungsschriften direkt an die römischen Kaiser, um die Loyalität des Christentums gegenüber dem römischen Staat zu bezeugen. Das Christentum wurde von ihnen in der Regel als eine neue Philosophie dargestellt, um es vor Verfolgungen als staatsfeindliche Religion zu schützen. Mit den Schriften der Apologeten begann das christliche philosophische und theologische Denken. Nachdem das Christentum zur Staatsreligion erhoben worden war, erlosch die wesentliche Funktion der christlichen Apologie in der antiken Sklavenhaltergesellschaft.

Die wichtigsten Vertreter der christlichen Apologie in der Antike waren JUSTINUS MARTYR (um 100–165), TATIAN (geb. um 120), ATHENAGORAS VON ATHEN (zweite Hälfte des 2. Jahrhunderts), THEOPHILUS VON ANTIOCHIEN (gest. um 186), IRENÄUS (um 126–202), HIPPOLYT (gest. um 186), TERTULLIAN (um 150 oder 160–220 oder 240), MINUCIUS FELIX (Ende des 2. bis Anfang des 3. Jahrhunderts), ARNOBIUS (um 260–327) und LACTANTIUS (um 250–325).

Obwohl die Vertreter der christlichen Apologie zum Teil eine gute philosophische und literarische Bildung besaßen, lehnten sie die antike Philosophie und Literatur als für das Christentum wertlos ab. Allerdings benutzten sie zum Zwecke der Verteidigung der christlichen Religion ihre philosophischen und literarischen Kenntnisse. Von Ausnahmen abgesehen (z. B. TERTULLIAN), entwickelten sie in der Regel keine originellen Gedanken. Durch die Verwendung der philosophischen Terminologie ihrer Gegner wollten die christlichen Apologeten den Anschein erwecken, daß die christliche Religion nichts anderes lehre, als von der antiken Philosophie und Literatur bisher gelehrt worden sei. Diese Behauptung suchten sie mit ihrer *Lehre vom Logos* zu stützen. Nach dieser sei der göttliche Logos im Keime überall vorhanden. Aus diesem Grunde sei es möglich gewesen, daß die antiken Denker und Schriftsteller an der Wahrheit teilhaben konnten, ohne jedoch wegen des fehlenden christlichen Glaubens die volle Wahrheit besitzen zu können. Nur das Christentum befinde sich durch den göttlichen Logos im Besitz der vollen Wahrheit. Die Benutzung der philosophischen Terminologie sollte in der Polemik mit Andersdenkenden bezwecken, allen Nichtchristen die christliche Religion als eine rationale Lehre und als höchste Philosophie erscheinen zu lassen. Den herrschenden Klassen und den Gebildeten sollte auf diese Weise der ideelle Übergang zum Christentum erleichtert werden.

Trotz Ablehnung der antiken Philosophie wurde von den Apologeten der antike philosophische Begriffsapparat in die christliche Religion eingeführt. Damit wurden von ihnen die ideellen Voraussetzungen für das Dogmensystem der christlichen Religion und für das Entstehen und die Entwicklung der christlichen Philosophie geschaffen.

christlicher Existentialismus → katholischer Existentialismus.

circulus in definiendo → circulus vitiosus.

circulus in probando → circulus vitiosus.

circulus vitiosus [lat] – *eigtl*: fehlerhafter Kreislauf; in der *traditionellen Logik*: 1. Zirkelschluß, fehlerhafter Schluß (circulus in probando); 2. Zirkeldefinition (circulus in definiendo).

Ein *Zirkelschluß* liegt vor, wenn unter den Aussagen, die zum Beweis einer Behauptung dienen, eine Aussage vorkommt, zu deren Beweis die Behauptung selbst wieder gebraucht wird. Der Zirkelschluß ist ein Sonderfall der → Petitio principii.

Das Schema eines Zirkelschlusses kann man sich an folgendem Syllogismus vergegenwärtigen:

$$\frac{\begin{array}{c}A \text{ ist } B\\ B \text{ ist } C\end{array}}{A \text{ ist } C}$$

Wenn eine dieser beiden Prämissen, z. B. *A* ist *B*, dadurch zustande gekommen ist, daß sie selbst als Resultat eines Syllogismus gewonnen wurde, nämlich des Syllogismus

$$\frac{\begin{array}{c}A \text{ ist } C\\ C \text{ ist } B\end{array}}{A \text{ ist } B}$$

dann liegt ein Zirkelschluß vor.

Eine *Zirkeldefinition* liegt vor, wenn ein Begriff B_1 durch einen Begriff B_2, dieser durch B_3 usw. definiert wird, der letzte Begriff in dieser Reihe B_n aber wiederum durch B_1 definiert wird. Im einfachsten Falle einer Zirkeldefinition kommt der zu definierende Begriff – evtl. in anderer sprachlicher Form – bereits im Definiens seiner eigenen Definition vor. *Beispiel*: Betriebswirtschaft ist die Lehre von den betriebswirtschaftlichen Beziehungen.

Eine bedeutend schwierigere logische Problematik enthalten → Trugschlüsse, die dadurch entstehen, daß bestimmte Gesamtheiten Glieder enthalten, die durch Termini definiert werden, die ihnen selbst angehören. Diese Problematik tritt bei gewissen Grundlagenfragen der Mathematik auf und war der Ausgangspunkt für die Aufstellung der logischen Typentheorie durch RUSSELL.

cogito, ergo sum [lat] – ich denke, also bin ich; idealistischer Ausgangspunkt der Philosophie DESCARTES': das Bewußtsein erfährt sich im Denken als Selbstbewußtsein, d. h. als einzig sicherer Punkt im Erkenntnisprozeß, an dem zu zweifeln nicht möglich ist: «Aber es gibt einen, ich weiß nicht welchen, höchst mächtigen und verschlagenen Betrüger, der mich geflissentlich stets täuscht. – Nun, wenn er mich täuscht, so ist es also unzweifelhaft, daß *ich* bin. Er täusche mich, soviel er kann, niemals wird er es doch fertigbringen, daß ich nichts bin, solange ich denke, daß ich etwas sei. Und so komme ich ... schließlich zu dem Beschluß, daß dieser Satz: ‚*Ich* bin, *ich* existiere', so oft ich ihn ausspreche oder in Gedanken fasse, notwendig wahr ist» (Meditation II 3).

coincidentia oppositorum [lat] – *eigtl*: Zusammenfall der Entgegensetzungen. Grundsatz der Philosophie CUSANUS' (De coniecturis II 1, 2): das der Welt durchgängig immanente Widersprechende (Gegensätzliche) wird im Unendlichen (Gott) aufgelöst. Weiterwirkend in den Philosophien BRUNOS, HAMANNS und SCHELLINGS. Dialektisches Moment dieser Lehren, das von HEGEL positiv gewendet (Gegensätze finden nicht erst im Unendlichen ihre Auflösung, sondern stufenweise im Weltgeschehen als einem dialektischen Prozeß) und aufgehoben wurde.

Colbertismus → Merkantilismus.

common sense [engl] – *eigtl*: der allgemeine Sinn; gesunder Menschenverstand.

Um dem Skeptizismus zu begegnen, sah die sog. *schottische Schule* in Analogie zu HUMES moralischem Gefühl den common sense als feststehendes (gewisses) Vermögen der Beurteilung von Erkenntnis (der Wahrheit) an: Thomas REID (1710–1796); später J. BEATTIE, D. STEWART, Th. BROWN u. a.

Conclusio [lat] – *eigtl*: Schlußfolgerung, Schluß. In der *traditionellen Logik* eine Aussage, die durch logisches Schließen aus einer Prämisse (oder mehreren) gewonnen wird.

In der *modernen Logik* ist es außerdem üblich, eine solche Aussage oder Aussagenverbindung als Conclusio zu bezeichnen, die in einer Implikation unmittelbar hinter dem Implikationszeichen steht. So ist in der Implikation $p \to q$ das q die Conclusio. In der Implikation

$$p \to (q \to (r \to s))$$

fungieren als Conclusio:

$$q \to (r \to s);\; r \to s;\; s.$$

→ Implikation.

concursus dei [lat] – Umschreibung für die *theologisch-idealistische Behauptung* des ständigen Wirkens im oder des unmittelbaren Eingreifens Gottes in das Weltgeschehen, besonders im Hinblick auf das Verhältnis und die Wechselwirkung von physischen und psychischen Vorgängen. Die *vorwissenschaftliche Theorie* vom concursus dei wurde vor allem vom *Okkasionalismus* entwickelt, der Sache nach spielt sie jedoch in jeder theistischen Religion (→ *Theismus*), in erster Linie in der *monotheistischen christlichen Religion* und allen mit ihr verbundenen oder von ihr abhängigen *idealistischen Weltanschauungen*, eine Rolle.

→ Religion.

conditio sine qua non [lat] – *eigtl*: die Bedingung, ohne welche (ein Ereignis) nicht (eintreten könnte); unbedingte Voraussetzung, Vorbedingung; notwendige → Bedingung.

Consequens – *svw* Schlußfolgerung → Conclusio eines Schlusses.

contradictio [lat] – Widerspruch. – *in adjecto* – (logischer oder konträrer) Widerspruch in der Beifügung (hölzernes Eisen).

Corollar → Korollar.

credo quia absurdum [lat] – ich glaube es, weil es widervernünftig ist.

Im 17. Jahrhundert entstandene Formulierung, die indirekt zum Ausdruck bringt, daß Glauben, religiöse Überzeugung einerseits und Wissen (im Sinne von Erkenntnis) andererseits nicht miteinander vereinbar sind.

Die Entwicklung der Wissenschaften und die mit ihr sich ausbreitende Gesetzeserkenntnis zeigten immer deutlicher die Vernunftwidrigkeit religiöser Aussagen. Aber gerade dort, wo die Wissenschaft «versage», beim Paradoxen, Übersinnlichen, setze der Glaube ein.

credo ut intelligam [lat] – ich glaube, um zu wissen. Formulierung des ANSELM VON CANTERBURY (1033–1109), der hierbei seinerseits auf AUGUSTIN (354–430) zurückgreift. In diesem Satz ist kurz und klar die im Mittelalter dominierende Rolle des religiösen Glaubens gegenüber dem Wissen ausgesprochen.

D

Darapti – künstlich geschaffenes Merkwort der *traditionellen Logik* für einen gültigen Modus der 3. Schlußfigur, und zwar für: Aus *MaP* und *MaS* folgt *SiP*.
Die in der traditionellen Logik stillschweigend geltende Voraussetzung, wonach dem → Mittelbegriff *M* nicht die → Nullklasse entsprechen darf, muß in der *modernen Logik* ausdrücklich hinzugefügt werden; der Modus Darapti lautet in moderner Schreibweise folglich:
Aus $\forall(x)\,[M(x) \rightarrow P(x)]$, $\forall(x)\,[M(x) \rightarrow S(x)]$ und $(\exists x)\,M(x)$ folgt $\exists(x)\,[S(x) \wedge P(x)]$.

Darii – künstlich geschaffenes Merkwort der *traditionellen Logik* für einen gültigen Modus der 1. Schlußfigur, und zwar für: Aus *MaP* und *SiM* folgt *SiP* – in *moderner Schreibweise*:
Aus $\forall(x)[\,M(x) \rightarrow P(x)]$ und $\exists(x)\,[S(x) \wedge M(x)]$ folgt $\exists(x)\,[S(x) \wedge P(x)]$.

Dasein – allgemeine Bestimmung eines jeden Gegenstandes, Dinges, Prozesses usw., durch das diese «da» sind, d. h. existieren. Der Begriff des Daseins bedeutet, daß die Gegenstände, Dinge, Prozesse usw. nicht deshalb existieren, weil sie vom Menschen gedacht oder vorgestellt werden, sondern *daß* sie objektiv-real, d. h. außerhalb des Bewußtseins und unabhängig von ihm existieren. Mit anderen Worten: Gegenstände, Dinge, Prozesse werden vom Menschen nicht erfunden, sondern *vor*gefunden. Eben diesen Sachverhalt widerspiegelt der Begriff des Daseins.
Das Dasein ist ein Moment der objektiven Gesetzlichkeit der bewußtseinsunabhängigen objektiven Realität. Während der Begriff des Seins nur eine abstrakte Bestimmung ausdrückt, widerspiegelt der Begriff des Daseins ein *konkretes Sein*, dessen konkrete (objektiv-reale) Existenz (LENIN 38, 97).
Dem Begriff des Daseins steht der des → Wesens gegenüber. Der Begriff des Wesens widerspiegelt, *was* ein Gegenstand, Ding, Prozeß *ist*, d. h. als *was* diese existieren.
Der Begriff «Dasein» wurde von Ch. WOLFF geprägt, und zwar als Übersetzung des lateinischen «existentia», das im älteren Deutsch mit «Hiersein» umschrieben wurde. Jedoch verwendet WOLFF «Dasein» seltener, dafür aber «Existenz» oder «Wirklichkeit». Ebenso verfährt KANT. Mit HEGEL nimmt der Begriff des Daseins einen festen Platz in der philosophischen Terminologie ein. Für HEGEL ist das Dasein die dialektische Einheit des Seins und des Nichts: «Das Dasein ist das einfache Einssein des Seins und des Nichts ... Seine Vermittlung, das Werden, liegt hinter ihm; sie hat sich aufgehoben, und das Dasein erscheint daher als ein erstes, von dem ausgegangen werde. Es ist zunächst in der einseitigen Bestimmung des Seins; die andere, die es enthält, das Nichts, wird sich gleichfalls an ihm hervortun, gegen jene» (Logik I). HEGEL will damit aussagen – und dieser Gedanke wurde vom *dialektischen und historischen Materialismus* übernommen –, daß «Dasein» nur in seiner Entwicklung begriffen werden kann. Das Dasein trägt die Momente des Seins und des Nichts in sich, die die Grundbestimmungen seiner dialektischen Gegensätzlichkeit ausmachen.
Eine andere Bedeutung hat der Begriff des Daseins im *Existentialismus*. «Dasein» (Existenz) schreibt der Existentialismus nur dem Menschen zu. Alles Vormenschliche und Außermenschliche gilt ihm als ein bloß Vorhandenes. Mit dieser Unterscheidung soll darauf hingewiesen werden, daß unter allen Lebewesen nur der Mensch sich seines Seins bewußt werden kann und die Möglichkeit der Einsicht in die Notwendigkeiten des Seins habe, durch die er zur Freiheit gelange. Dies darf jedoch nicht so verstanden werden, als übernehme der Existentialismus inhaltlich den HEGELschen Satz von der Freiheit als Einsicht in die Notwendigkeit. Der Existentialismus stellt den Menschen *über* das Sein, um behaupten zu können, daß der Mensch seine Entscheidungen in subjektiver Willkür treffen könne: «Wissenschaften haben als Verhaltungen die Seinsart dieses Seienden (Mensch). Dieses Seiende fassen wir terminologisch als *Dasein* ... Dasein versteht sich in irgendeiner Weise und Ausdrücklichkeit in seinem Sein. Diesem Seienden eignet, daß mit und durch sein Sein dieses ihm selbst erschlossen ist. *Seinsverständnis* ist selbst eine *Seinsbestimmtheit des Daseins* ... Das Dasein versteht sich selbst immer aus seiner Existenz, einer Möglichkeit seiner selbst, es selbst oder nicht es selbst zu sein. Diese Möglichkeiten hat das Dasein entweder selbst gewählt oder es ist in sie hineingetragen oder je schon darin aufgewachsen» (HEIDEGGER, Sein und Zeit, 11f). Oder: «Weil Dasein Bewußtsein ist und ich als Bewußtsein da bin, sind für mich die Dinge nur als Gegenstände des Bewußtseins.» Und: «Im Dasein ist nur die Wahl zwischen *spannungslosem* Versinken der Existenz und *spannungsreicher, nie endgültiger Verwirklichung* der Existenz in Subjektivität und Objektivität» (JASPERS, Philosophie I, 7, 349).
Die subjektiv-idealistische Fassung des Daseins durch den Existentialismus widerspricht den Erkenntnissen aus Natur und Geschichte und ist wissenschaftlich wie philosophisch unhaltbar.
→ Existenz → Sein.

Datisi – künstlich geschaffenes Merkwort der

traditionellen Logik für einen gültigen Modus der 3. Schlußfigur, und zwar für:
Aus *MaP* und *MiS* folgt *SiP* – in *moderner Schreibweise*:
Aus $\forall(x)\ [M(x) \rightarrow P(x)]$ und $\exists(x)\ [M(x) \wedge S(x)]$ folgt $\exists(x)\ [S(x) \wedge P(x)]$.

Declinatio [lat] – *eigtl*: Abschweifung, Ausweichen; innerhalb der *antiken Atomistik* von LUKREZ, im Anschluß an EPIKUR, verwendeter Begriff für die Abweichung der Atome von ihrer – bei DEMOKRIT angenommenen – geraden Falllinie. Durch deren hieraus resultierende Wirbelbewegung entstünden die Dinge. Bei seiner Annahme schließt LUKREZ von der zufälligen, willkürlichen Bewegung der Menschen und Tiere auf eine ebenso zufällige und willkürliche Bewegung der Atome. Damit wird der Atomistik – ohne Aufgabe des Materialismus – ihr streng deterministischer und fatalistischer Charakter genommen.
→ Atomistik.

Dedifferenzierung [lat] – der Differenzierung entgegengesetzter Prozeß, in dem die innerhalb eines Systems gesetzten Unterschiede der Teilsysteme und Elemente in bezug auf ihre Beschaffenheit und Funktion aufgehoben werden. Dedifferenzierung ist Voraussetzung neuer Differenzierungen, so daß der Prozeß Dedifferenzierung – Differenzierung auch als Umdifferenzierung bezeichnet werden kann.
→ Differenzierung.

Deduktion [lat] – Ableitung von Aussagen aus anderen (entweder *wahren* oder als *wahr* vorausgesetzten) Aussagen mit Hilfe bereits bewiesener bzw. bereits abgeleiteter Aussagen und entsprechender logischer Schlußregeln.
Die landläufige Bestimmung der Deduktion als einer Schlußweise, die vom Allgemeinen zum Besonderen führt, ist zu eng, da sie z. B. die deduktiven Schlüsse der Aussagenlogik nicht erfaßt.
Der Begriff der Deduktion deckt sich im wesentlichen mit dem der Ableitung. Die logische Beweisführung ist eine spezielle Form der Deduktion. Das dialektische Komplement der Deduktion ist die Reduktion (nicht die Induktion, die nur einen Spezialfall der Reduktion darstellt). Deduktion und Reduktion bilden eine dialektische Einheit: sie sind einander entgegengesetzt, setzen sich aber zugleich voraus.
Jede Deduktion muß mit irgendwelchen Ausgangsaussagen beginnen. Sie kann diese Aussagen nicht wieder aus anderen Aussagen deduktiv ableiten, diese anderen Aussagen ihrerseits wieder aus weiteren anderen Aussagen usf. – das wäre eine Kette ohne Ende. Irgendwo muß jede Deduktion ihren Anfang nehmen; mit irgendwelchen Aussagen, die nicht durch Deduktion gewonnen werden können, muß sie beginnen. Solche Aussagen beruhen aber nicht, wie idealistische Philosophen immer wieder behauptet haben, auf Evidenz, unmittelbarer Einsicht, sondern werden durch Redukt on gewonnen, d. h. durch eine Denkmethode, deren Hauptaufgabe es ist, die Ergebnisse der Praxis (im weitesten Sinne des Wortes) zu verallgemeinern, wobei die reduktive Methode der Gesetze der formalen Logik bedarf.
Die der formalen Logik entsprechende Methode wird oft allgemein als deduktive Methode bezeichnet.
→ Ableitung → Beweis → Induktion → Reduktion.

deduktive Methode [lat] – Gesamtheit der Regeln und Verfahren, mit deren Hilfe es möglich ist, aus gegebenen Prämissen auf rein logischem Wege, d. h. auf *extensionaler* Grundlage, Schlußfolgerungen abzuleiten. Der elementarste Fall der Anwendung der deduktiven Methode ist die Verwendung der Abtrennungsregel. Die logische Struktur dieser Regel ist die folgende:

$$\left.\begin{array}{r} p \\ p \rightarrow q \end{array}\right\} \text{Prämissen}$$
$$q \quad \} \text{ Conclusio}$$

Sind p und $p \rightarrow q$ *wahre* Aussagen, so ist auch q eine *wahre* Aussage. *Beispiel*: Die Prämissen mögen die Gestalt haben: «Es regnet» und «Wenn es regnet, so wird das Pflaster naß». Daraus folgt, daß das Pflaster naß wird. Es gibt zahlreiche Schlußregeln bzw. Formeln des logischen Schließens, und es ist eine der Forschungsaufgaben der Logik, neue Schlußregeln zu gewinnen. Bei der höchsten Form der deduktiven Methode, der → axiomatischen Methode, sind die Axiome die grundsätzlichen Prämissen für jeden Beweis, und die explizit angegebenen Schlußregeln sind Ausgangspunkt für alle übrigen (abgeleiteten) Schlußregeln.
Die deduktive Methode ist nicht die einzige Methode der Gewinnung neuer wissenschaftlicher Erkenntnisse. Sie muß stets von Prämissen ausgehen, die ihrerseits als *wahr* zu erweisen sind oder hypothetisch als *wahr* vorausgesetzt werden. Selbst wenn sich solche Prämissen wiederum aus anderen Prämissen deduktiv ableiten lassen, so muß diese Kette an irgendeiner Stelle enden. Die Wissenschaft muß zu Beweisverfahren greifen, die nicht deduktiver Natur sind, denen *intensionale* Beziehungen zugrunde liegen (Beweis durch Beobachtung, Experiment usw.). Die logische Verarbeitung der Ergebnisse der Praxis zu wissenschaftlichen Aussagen, Gesetzen usw. geschieht mit Hilfe der → reduktiven Methode.
→ Deduktion.

Definiendum → Definition.

Definiens → Definition.

Definition [lat] – *eigtl*: (genau) bestimmte Angabe,

Begrenzung. Die Bestimmung des Wesens von Dingen, Eigenschaften, Beziehungen usw., des Inhalts oder der Bedeutung von Begriffen, Worten, Zeichen bzw. die Festlegung von Begriffs-, Wort- und Zeichenbedeutungen unter Befolgung logischer Verfahrensregeln.

Jede Definition ist eine *logische Gleichung*, die sich aus dem zu Definierenden (Definiendum) und dem Definierenden (Definiens) zusammensetzt: Def.m = Def.ns, so daß das Definiendum durch das Definiens und umgekehrt in jedem Zusammenhang ersetzt werden kann.

Im einzelnen sind folgende wesentliche *Definitionsarten* zu unterscheiden:

1. Die *Realdefinition* oder *Sachdefinition*, die sich auf Gegenstände, Eigenschaften, Klassen von Gegenständen oder Eigenschaften richtet und deren Wesen erfaßt. Für ihre Aufstellung wurde in der *traditionellen Logik* die Regel gegeben:

Begriff (des betreffenden Dinges usw.)
= Gattungsbegriff (genus proximum)
+ artbildender Unterschied (differentia specifica)

Als *Beispiel* einer solchen Realdefinition, die auch als *klassische Definition* bezeichnet wird, sei die des Parallelogramms angeführt:

Ein Parallelogramm (Definiendum)	ist (=)	ein Viereck (Gattungsbegriff)	mit zwei Paar parallelen Gegenseiten (artbildender Unterschied)
		(Definiens)	

Die *Gattung* der Dinge, von denen beim Parallelogramm die Rede ist, ist die Klasse der Vierecke; der *artbildende Unterschied*, der aus dieser Gattung eine bestimmte Art aussondert, ist die Parallelität der gegenüberliegenden Seiten.

Logisch betrachtet ist diese Form der Realdefinition immer die Bildung des Durchschnitts zweier Klassen (d. h. die Herstellung der Klasse von Dingen, die diejenigen Elemente enthält, die zwei anderen Klassen gemeinsam sind): $D = G \cap A$. Neben sie tritt als weitere Form der Realdefin tion eine solche, der die Vereinigung zweier Klassen zu einer neuen Klasse zugrunde liegt: $D = G \cup H$. Werden nicht die Klassen, sondern die ihnen entsprechenden Begriffe (Prädikate) zugrunde gelegt, so lassen sich die beiden wichtigsten Formen der Realdefinition dergestalt gegenüberstellen:

a) $Q(x) \longleftrightarrow G(x) \wedge A(x)$,
b) $Q(x) \longleftrightarrow G(x) \vee H(x)$.

Die Realdefinition ist die gebräuchlichste Definitionsart. Die traditionelle Logik, die davon ausging, daß jegliche Definitionen nach der Art der Realdefinition aufgebaut sein müßten, hat zahlreiche Regeln für ihren richtigen Aufbau festgelegt (die beiden Grundbestandteile der Definition müssen umfangsgleich sein, der zu bestimmende Begriff ist dem nächsthöheren Gattungsbegriff unterzuordnen und darf nicht als Bestandteil des zu bestimmenden Begriffs erscheinen, eine Definition darf keine negativen Bestimmungen enthalten, sie muß klar, eindeutig und übersichtlich sein und nur wesentliche Merkmale erfassen), die im Grunde genommen alle darauf abzielen, daß die Gesetze der formalen Logik beachtet und keine außerlogischen Momente in die Definition hineingenommen werden.

Eine Realdefinition sagt in der Regel aus, was ein Ding usw. ist, indem sie z. B. feststellt, in welcher Beziehung es zu anderen Dingen steht und welche besonderen Eigenschaften es aufweist, die es von anderen abgrenzen.

Eine spezielle Form der Realdefinition ist die *genetische Definition*. Sie sagt aus, wie ein Ding usw. entstanden ist bzw. wie man es herstellen kann. So läßt sich z. B. «Mensch» genetisch definieren, indem angegeben wird, wie sich der Mensch durch die Arbeit zu einem bewußten gesellschaftlichen Wesen entwickelt hat. Eine genetische Definition des Kreises liegt in der Formulierung vor: «Ein Kreis entsteht, wenn man einen Punkt in einer Ebene in gleichbleibendem Abstand um einen festen Punkt bewegt.» Die genetische Definition ist in vielen Fällen eine notwendige Ergänzung der Realdefinition im engeren Sinne, denn der Prozeß des Entstehens und der Entwicklung gehört zum Wesen der Sache.

2. Die *Nominaldefinition*. Diese bezieht sich nicht auf Dinge und ihre Eigenschaften, auf Prozesse usw., sondern auf die Bezeichnungen dieser Dinge usw. In diese Gruppe fallen alle Definitionen, die etwas über sprachliche Zeichen (Symbole einer symbolisierten Sprache, Wörter, Sätze usw.) oder über die in Form dieser Zeichen existierenden gedanklichen Abbilder (Begriffe, Aussagen usw.) aussagen. Die moderne Logik pflegt die Nominaldefinitionen in *syntaktische* und *semantische* zu unterteilen.

Bei der *syntaktischen Definition* wird ein Zeichen (oder eine Gruppe von Zeichen) durch ein anderes Zeichen ersetzt. Nehmen wir beispielsweise an, die Aussagenlogik sei in die Form eines abstrakten Kalküls gebracht, so daß also nicht mehr die Rede von Aussagen, Aussagenverbindungen, von Regeln über die Herstellung neuer Aussagenverbindungen usw. ist, sondern nur noch von Zeichen und Regeln über die Verknüpfung dieser Zeichen. Ferner soll angenommen werden, es seien bereits die Zeichen für die Alternative und für die Negation gegeben. Soll nun die Implikation eingeführt werden, so könnte dies durch folgende syntaktische Definition geschehen:

$$p \rightarrow q =_{\text{Def}} \sim p \vee q.$$

In der *semantischen Definition* wird im Unterschied zur syntaktischen die Bedeutung, der Sinn eines Wortes, Zeichens usw. erläutert. Unser obiges Beispiel einer syntaktischen Definition der Implikation läßt sich benutzen – wenn wir vom abstrakten Kalkül der Aussagenlogik zu einer inhaltlichen Deutung übergehen –, um von einer syntaktischen Definition her eine semantische zu geben. Danach kann gesagt werden, daß die Gleichung

$$p \rightarrow q =_{\text{Def}} \sim p \vee q$$

aussagt, daß die in der Aussagenlogik benutzte Implikation dieselbe Bedeutung hat wie die aus der Negation des Vordersatzes und dem Nachsatz der Implikation gebildete einschließende Alternative.

Die semantische Definition umfaßt im wesentlichen das, was man in der traditionellen Logik im Unterschied zur Realdefinition als *Begriffsdefinition* bezeichnet.

Ein besonderer Aspekt dieser Definition ist die *Feststellungsdefinition*, durch die die Bedeutung eines Wortes in einer bestimmten Wissenschaft festgestellt wird bzw., wie ein bestimmtes Zeichen, ein bestimmtes Wort üblicherweise in einem bestimmten Bereich benutzt wird; sie ist das Resultat einer semantischen Analyse. Im praktischen Gebrauch lautet eine solche Feststellungsdefinition etwa: «Unter einem Haus versteht man im Feuerversicherungswesen das und das ...»

Die semantischen Definitionen werden in *analytische* und *synthetische Definitionen* unterteilt.

In einer *analytischen Definition* wird der Sinn, der implizit in einem Wort enthalten ist, explizit ausgedrückt. Wenn wir z. B. definieren: «Der Marxismus ist die revolutionäre Lehre von Karl Marx und Friedrich Engels», so handelt es sich um eine analytische Definition, weil im Begriff des Marxismus der Begriff des Revolutionären bereits enthalten ist (neben dem revolutionären Marxismus gibt es nicht irgendeinen nichtrevolutionären).

In einer *synthetischen Definition* wird entweder aus schon bekannten Begriffen ein neuer Begriff gebildet (z. B. aus dem Begriff «Bauer, der keine fremden Arbeitskräfte ausbeutet», und dem Begriff des LPG-Bauern der neue Begriff des werktätigen Bauern), oder es wird, ausgehend von einem etwa in der Umgangssprache schon mehr oder weniger scharf umgrenzten Begriff, für die Zwecke einer bestimmten Wissenschaft ein scharf abgegrenzter Begriff gebildet, der mit dem ursprünglichen Begriff nur noch in losem Zusammenhang steht. Es hat etwa jeder Mensch eine ungefähre Vorstellung davon, was Wert einer Ware ist, aber diese Vorstellung kann im konkreten Fall zu total verkehrten Einschätzungen führen. Den wissenschaftlichen Begriff des Wertes der Ware hat erst MARX ermittelt und in einer synthetischen Definition festgehalten. Es ist nun nicht so, als hätte diese Definition von MARX mit der landläufigen, nicht auf wissenschaftlicher Einsicht beruhenden Vorstellung vom Wert einer Ware gar keine Beziehungen mehr; trotzdem ist ihr gegenüber die wissenschaftliche Definition eine Neuschöpfung.

3. Die *Zuordnungsdefinition*, in der durch Festsetzungen bestimmte Relationen zwischen verschiedenen Zusammenhängen hergestellt werden, so z. B. in Gestalt der Festsetzung, daß die Temperatur, bei der Wasser gefriert, 0 °C und die Temperatur, bei der Wasser siedet, 100 °C beträgt, wodurch die Temperaturskala festgelegt wird. Die Aussage «Wasser siedet unter Normalbedingungen bei 100 °C» ist danach keine wissenschaftliche Erkenntnis, sondern lediglich eine Zuordnung, die auf einer Festsetzung beruht, wohingegen etwa die Aussage, daß 18 °C die für den Menschen bekömmlichste Zimmertemperatur ist, eine – wenn auch sehr elementare – wissenschaftliche Erkenntnis enthält. Auch die Definition der Gleichheit von Strecken, die räumlich voneinander getrennt sind, ist eine Zuordnungsdefinition, die auf einer Festsetzung beruht. Dasselbe gilt für die Gleichzeitigkeit von Ereignissen, die räumlich voneinander getrennt sind.

Unter den Formen der Definition muß 4. die *induktive Definition* hervorgehoben werden. Wir erläutern sie mit einem Beispiel aus der Aussagenlogik. In allen Bereichen der modernen Logik muß im Hinblick darauf, daß sie formalisiert ist, genau festgestellt werden, wann eine Zusammenstellung von Zeichen sinnlos und wann eine solche sinnvoll ist. Nachstehend geben wir zwei Zeichenreihen, von denen die erste zwar aus Zeichen aufgebaut ist, die in der Aussagenlogik verwendet werden, die aber, zum Unterschied von der zweiten, in der gegebenen Zusammenstellung sinnlos ist:

$$\rightarrow p \wedge \sim q \vee \rightarrow \sim p,$$
$$(p \wedge (\sim q \vee r)).$$

Ein logischer Ausdruck der Aussagenlogik (im Gegensatz zu einer sinnlosen Reihe von Zeichen) wird durch induktive Definition wie folgt festgelegt:

a) $p_1, p_2, \dots p_n$ sind Ausdrücke
b) mit H ist auch $\sim H$ ein Ausdruck

c) mit H_1, H_2 sind auch $H_1 \wedge H_2$, $H_1 \vee H_2$, $H_1 \rightarrow H_2$, $H_1 \longleftrightarrow H_2$ Ausdrücke
d) nichts ist ein Ausdruck, es sei denn vermöge a) bis c).

In der allgemeinen Wissenschaftstheorie spielt 5. die *Definition durch Axiome* eine besondere Rolle. Von einer Definition des Sinnes eines Zeichens sprechen wir dann, wenn dieses Zeichen lediglich dadurch definiert ist, daß es in einem Axiomensystem in einer bestimmten Weise auftritt. Nehmen wir als Beispiel das aussagenlogische Axiomensystem von HILBERT und ACKERMANN. Man könnte sagen, daß die Bedeutung der Implikation durch die Art und Weise des Auftretens des Implikationszeichens im aussagenlogischen System von HILBERT und ACKERMANN axiomatisch definiert sei. Es muß dabei beachtet werden, daß man den Sinn eines Zeichens, das in einem bestimmten Axiomensystem auftritt, nicht etwa definitorisch beliebig ändern kann. In dem genannten Axiomensystem könnte man beispielsweise nicht plötzlich den Sinn des Implikationszeichens dadurch ändern, daß man definitorisch festlegt, dieses Zeichen soll die Bedeutung des Satzbindewortes «weder–noch» haben. Das wird sehr oft nicht beachtet und führt zu unnötigen philosophischen Schwierigkeiten. Diese Schwierigkeiten treten vor allem auf, wenn man ein System von Axiomen bzw. von Gesetzen, die den Charakter von Axiomen haben sollen, in einzelnen Punkten ändert, ohne zu beachten, daß dadurch der Sinn aller Zeichen bzw. Begriffe, die in diesem System vorkommen, geändert wird. Wir nennen dazu ein philosophisch viel diskutiertes *Beispiel*.

Bei der philosophischen Interpretation der Heisenbergschen *Unschärferelation* wird oft ein Streit zwischen zwei Meinungen ausgefochten, die scheinbar im Verhältnis des ausgeschlossenen Dritten zueinander stehen. Die eine Auffassung behauptet, daß man den Ort und den Impuls eines Elementarteilchens nicht zu gleicher Zeit messen könne (was eben gerade der Inhalt der Heisenbergschen Unschärferelation sei) und deshalb hier eine prinzipielle Erkenntnisschranke gegeben sei. Diese Behauptung beinhaltet, daß die Elementarteilchen zwar im Prinzip einen bestimmten Ort und einen bestimmten Impuls besitzen, daß diese aber für uns nicht gleichzeitig exakt erfaßbar seien. Die entgegengesetzte Meinung lautet: Elementarteilchen besitzen im eigentlichen Sinn des Wortes gar keinen Ort und gar keinen Impuls, sondern wir schaffen den Ort bzw. den Impuls durch den jeweiligen Meßvorgang (subjektiv-idealistische Auffassung). Es muß aber sehr wohl beachtet werden, daß noch eine dritte Auffassung möglich ist: Ort und Impuls der Elementarteilchen dürfen gar nicht mit den Begriffen der klassischen Mechanik beschrieben werden. Wenn wir zur Quantentheorie übergehen, müssen wir uns ausschließlich an die Gesetzmäßigkeiten (Axiome) dieser Theorie halten. Solche Gesetzmäßigkeiten sind z. B. durch die Schrödinger-Gleichung beschrieben. Diese Gesetzmäßigkeiten stellen also gewissermaßen ein Axiomensystem dar, durch das alle Begriffe, Zeichen usw. dieser Theorie festgelegt sind. Man darf nichts weiter in sie hineinlegen als das, was in diesen Gesetzen enthalten ist. Von einem Ort der Elementarteilchen oder von einem Impuls der Elementarteilchen kann nur insofern gesprochen werden, als dies der Art und Weise des Auftretens solcher Begriffe in den genannten Relationen entspricht. Wenn man also von Geschwindigkeit eines Elektrons spricht, so hat der Begriff der Geschwindigkeit nicht den gleichen Sinn wie der Begriff der Geschwindigkeit in der klassischen Mechanik. Es ist deshalb auch nicht zulässig zu behaupten, die Quantentheorie widerspreche logisch der klassischen Mechanik in dieser oder jener Hinsicht. Zwei Aussagen können nur dann einander logisch widersprechen, wenn die in ihnen auftretenden Begriffe demselben Sprachsystem bzw. Axiomensystem entnommen sind.

Aus Erwägungen dieser Art heraus ist es auch problematisch, ob es zulässig ist zu sagen, das hyperbolische Parallelenaxiom sei eine logische Negation des euklidischen. Das euklidische Parallelenaxiom behauptet: Man kann zu einer Geraden durch einen außerhalb von ihr liegenden Punkt genau eine Parallele ziehen. Das hyperbolische Parallelenaxiom hingegen sagt: Es ist nicht wahr, daß man zu einer Geraden durch einen außerhalb von ihr liegenden Punkt nur eine Parallele ziehen kann. Strenggenommen würde der erste Satz dem zweiten nur dann logisch widersprechen, wenn in beiden Sätzen die gleichen Begriffe vorkämen. Tatsächlich ist aber der Begriff der Geraden durch das Axiomensystem der euklidischen Geometrie anders festgelegt als der Begriff der Geraden durch das hyperbolische Axiomensystem.

Unter den Formen der Definition sind unter einem bestimmten Aspekt noch zu unterscheiden 6. die *explizite* und die *implizite Definition*. In der *expliziten Definition* ist der zu definierende Begriff auf der linken Seite der Definitionsgleichung isoliert (z. B.: Ein werktätiger Bauer ist ein Bauer, der keine fremden Arbeitskräfte ausbeutet), während er bei der *impliziten Definition* auf der linken Seite zusammen mit anderen Begriffen auftritt. Um eine implizite Definition zu erläutern, nehmen wir die Verwendung des Additionszeichens als bekannt an, und es soll, hiervon ausgehend, die Subtraktion durch eine implizite Definition eingeführt werden. Dies kann dadurch geschehen, daß definiert wird: $(c - b = a)$ dann und nur dann, wenn $(a + b = c)$.

Definitionen, die auf diese Weise vorgenommen werden, haben jedoch ihre Problematik, wie aus folgendem Beispiel zu ersehen ist: Es sei bereits der Begriff der Multiplikation bekannt, und es soll, ausgehend von ihm, durch implizite Definition die Division eingeführt werden. Es könnte dann definiert werden:

$c/b = a$ dann und nur dann, wenn $(a \cdot b = c)$.

Diese Definition wäre jedoch falsch. Von einer impliziten Definition müssen wir verlangen, daß alle variablen Einsetzungen der rechten Seite der Definitionsgleichung übereinstimmen mit den Werten ihrer linken Seite. Das ist im vorliegenden Beispiel nicht der Fall. Setzen wir nämlich in die rechte Seite für a und für c «0» ein, so bleibt diese Gleichung für beliebige Werte von b richtig. Nicht so die linke Seite, die für $b = 0$ zu einem unbestimmten Ausdruck wird. Durch Übergang zur Metasprache kann die implizite Definition unter bestimmten Voraussetzungen in eine explizite Definition verwandelt werden. In unserem Falle ergäbe sich: Subtraktion – das ist die inverse Operation zur Addition.

Definition, deskriptive – eine Form der Definition, die insbesondere von C. I. LEWIS untersucht wurde und bei der es darum geht, ein Objekt usw. durch eine unwesentliche Eigenschaft, die aber allen Objekten einer bestimmten Klasse zukommt und keinem anderen Objekt einer anderen Klasse, zu kennzeichnen. Häufig wird als Beispiel angeführt: «Der Mensch ist das Tier, das lacht.» Nun haben zweifellos alle normalen Menschen die Fähigkeit, zu lachen, und es besitzt kein Lebewesen außer dem Menschen eine derartige Fähigkeit. Andererseits ist die Eigenschaft, lachen zu können, natürlich eine unwesentliche Eigenschaft. Die Anwesenheit solcher unwesentlichen Eigenschaften, wie sie nach LEWIS zur Definition dienen, hilft sicherlich beim Klassifizieren von Objekten, ist aber für die Wissenschaft, die das Wesen der Dinge erforschen will, im Ganzen gesehen belanglos.

Es wird geltend gemacht, die Definition durch Deskription habe den Vorteil, daß man nicht über die Dinge, die durch das definierende Wort bezeichnet werden, hinausgehen muß, während beispielsweise bei einer synthetischen Definition stets auch eine Beziehung zu anderen Dingen hergestellt wird. Eine Analyse der von LEWIS angegebenen Beispiele zeigt, daß dieser angebliche Vorteil gar nicht existiert. So sollen etwa bestimmte Töne durch die ihnen zugrunde liegende harmonische Schwingung definiert werden. Damit ist aber stillschweigend doch eine Beziehung zu anderen in die Definition mit eingegangen, nämlich die Relation zwischen Tönen und eben diesen Schwingungen. Es scheint, daß sich eine prinzipielle Grenze zwischen der Definition durch Deskription und der synthetischen Definition nicht ziehen läßt.

→ Definition.

Definition durch Abstraktion – Definition von Teilklassen einer gegebenen Klasse bzw. Definition invarianter Merkmale mittels einer Äquivalenzrelation.

Gegeben sei eine Klasse K von Individuen und eine Äquivalenzrelation R über dieser Klasse. Man greift nun eins dieser Individuen – z. B. x – heraus; dann bilden alle anderen Elemente von K, die in der Relation R zu x stehen, gemeinsam mit x eine Klasse $K(x)$. Diese Klasse $K(x)$ ist eine Abstraktionsklasse, die eindeutig durch das Element x in bezug auf die Relation R bestimmt wird. In gleicher Weise bestimmt jedes Element von K eindeutig eine Abstraktionsklasse, die eine Teilklasse von K ist. Zwei Elemente von K, die in der Relation R zueinander stehen, bestimmen ein und dieselbe Abstraktionsklasse; zwei Elemente von K, die nicht in der Relation R zueinander stehen, bestimmen verschiedene, disjunkte Abstraktionsklassen. Von den Unterschieden zwischen den Elementen ein und derselben Abstraktionsklasse wird abstrahiert; jedes von ihnen gilt als Repräsentant der Abstraktionsklasse, der es angehört. Auf diese Weise werden alle im Hinblick auf die zugrunde gelegte Äquivalenzrelation R möglichen Abstraktionsklassen, die in K enthalten sind, und mit ihnen die innerhalb dieser Abstraktionsklassen invarianten Merkmale eindeutig definiert.

Beispiel: Gegeben sei die Klasse der Waren und die Relation der Wertäquivalenz; Wertäquivalenz besteht zwischen Waren, wenn zu ihrer Herstellung die gleiche Menge gesellschaftlich notwendiger Arbeitszeit erforderlich ist. Die Relation der Wertäquivalenz – *symbolisch*: $W(x, y)$ – ist eine Äquivalenzrelation; denn es gilt:

1. $\forall(x)\, W(x, x)$ – d. h., jede Ware ist sich selbst wertäquivalent;
2. $\forall(x)\, \forall(y)\, [W(x, y) \rightarrow W(y, x)]$ – d. h., wenn eine Ware x einer Ware y wertäquivalent ist, gilt auch die Umkehrung;
3. $\forall(x)\, \forall(y)\, \forall(z)\, \{[W(x, y) \wedge W(y, z)] \rightarrow W(x, z)\}$ – d. h., wenn eine Ware x einer Ware y und diese einer Ware z wertäquivalent ist, so ist x auch z wertäquivalent.

Auf dieser Grundlage sind folgende Definitionen möglich:

1. Die Klasse $K(a)$ von Waren ist die Klasse aller Waren, deren Elemente der Ware a wertäquivalent sind.
2. Der Wert der Waren einer Klasse $K(a)$ ist die invariante Eigenschaft in der Klasse der Waren, deren Elemente der Ware a wertäquivalent sind.
3. Der Wert einer Ware ist die invariante Eigen-

schaft aller Klassen von Waren, zwischen deren Elementen Wertäquivalenz besteht.
Durch die erste Definition wird eine Abstraktionsklasse und durch die zweite eine Eigenschaft bestimmt, die in dieser Abstraktionsklasse invariant ist. Die dritte Definition gehört einer höheren Abstraktionsstufe an; sie bestimmt den Wert als Eigenschaft einer Ware ganz allgemein, unabhängig von einer bestimmten Abstraktionsklasse. In ähnlicher Weise wie im angeführten Beispiel kann durch eine Definition durch Abstraktion u. a. die Anzahl mittels der Relation der Gleichmächtigkeit, die Gestalt mittels der Relation der Ähnlichkeit und der Wahrheitswert mittels der Relation der Wahrheitswertegleichheit bestimmt werden.
Definitionen durch Abstraktion genügen der Forderung nach Eliminierbarkeit des Definiendums. Sie enthalten auch keinen Zirkel, da die herangezogene Äquivalenzrelation immer ohne Rückgriff auf das jeweilige Definiendum definiert werden kann. Ob bzw. in welchem Sinne durch Definitionen durch Abstraktion auch Eindeutigkeit erzielt werden kann, ist noch umstritten. Nichtsdestoweniger ist die Definition durch Abstraktion, wenn sie auch bisher vorwiegend in der Mathematik verwendet wird, eine Art der Definition, die auch in anderen Wissenschaften zunehmend an Bedeutung gewinnt und die prinzipiell in jeder Wissenschaft anwendbar ist.
→ Abstraktion → Äquivalenzrelation → Definition.

Definitionsregel – Regel, nach der für gegebene Ausdrücke einer Sprache neue Zeichen eingeführt werden dürfen. In Kalkülen (→ Logikkalkül) dienen Definitionsregeln im allgemeinen dazu, zusammengesetzte Ausdrücke des Kalküls durch einfachere, kürzere – u. U. durch atomare – Ausdrücke zu ersetzen.
Beispiel: Unter der Voraussetzung, daß «p», «q», «$\sim$», «$\vee$» Grundzeichen bzw. bereits definierte Zeichen der Aussagenlogik sind, darf das Zeichen «$\rightarrow$» zur Abkürzung durch folgende Definition eingeführt werden:

$$p \rightarrow q =_{\mathrm{Def}} \sim p \vee q.$$

Definitor [lat] – Zeichen, das in der Formulierung einer Definition deren Definiendum und Definiens miteinander verknüpft.
In symbolsprachlichen Definitionen verwendet man häufig besondere Zeichen – z. B. «$=_{\mathrm{Def}}$» – als Definitor; in nichtsymbolisierten Sprachen wird oft das Wort «ist» gebraucht oder – je nach der Art der Definition – Wendungen wie «genau dann, wenn» oder «ist gleichbedeutend mit».
Beispiele: «$p \rightarrow q =_{\mathrm{Def}} \sim p \vee q$» – «Eine Aussage *ist* die gedankliche Widerspiegelung eines Sachverhalts ...» – «$c - b = a$ *genau dann, wenn* $a + b = c$» – «Das Wort ,Violine' ist *gleichbedeutend mit* dem Wort ,Geige'».

Deismus [lat] – religionsphilosophische Strömung der englischen, französischen und deutschen → Aufklärung, die als Antwort auf die unter religiösen Vorzeichen ausgetragenen Klassenauseinandersetzungen des 16. und 17. Jahrhunderts die Idee einer vernunftgemäßen, allen positiven Religionen zugrunde liegenden *natürlichen Religion* oder *Naturreligion* entwickelt und dabei Lehre und Geschichte des Christentums einer systematischen Kritik unterzieht.
Aus dem unbewußten Widerspruch zwischen naturrechtlicher Ausgangsposition und Ansätzen geschichtlicher Anschauung, die aus der Aufgabe erwächst, das historische Verhältnis von Naturreligion und Christentum darzustellen, resultiert die innere Spannung deistischen Denkens. Die Wirkung des Deismus auf das 18. Jahrhundert ist außerordentlich gewesen, die meisten Aufklärer waren Deisten.
Der Name Deist: Im 16. Jahrhundert wahrscheinlich für die Sozinianer oder Antitrinitarier gebraucht (die nur Gottvater als Gott anerkennen); im modernen Wortsinn zum erstenmal bei Charles BLOUNT (1659–1693), der es auf sich selbst anwendet; andere zeitgenössische Bezeichnungen sind *freethinker* (die gegen die Autorität der Kirche frei zu denken wagen), *Naturalisten* (im Gegensatz zu Supranaturalisten oder Offenbarungsgläubigen) und *Natural-Religion-Men*.
Die historische Herkunft des Deismus von der christlichen Sekte bezeugen die ihm trotz aller Religionskritik anhaftenden Merkmale echter Religiosität und die wiederholten Versuche, eine deistische Kultgemeinschaft zu begründen (TOLAND, VOLTAIRE, ROBESPIERRE), die freilich alle scheitern. Sein geistiges Erbe fällt an die von HEGEL befruchtete deutsche Religionswissenschaft des 19. Jahrhunderts, die überall von den Fragen ausgeht, welche die Deisten aufgeworfen haben. Ihre wichtigsten Vertreter sind die Junghegelianer David Friedrich STRAUSS und Bruno BAUER und der Begründer der Tübinger Schule, Ferdinand Christian BAUR. Vornehmlich in der Auseinandersetzung mit ihren Forschungen hat der historische Materialismus, wie Franz MEHRING bemerkt, die Entstehung des Christentums in den Griff bekommen. Das wissenschaftliche Interesse für den Deismus hat seit dem Ende des 19. Jahrhunderts in dem Maße nachgelassen, wie der Einfluß des europazentrischen Denkens zurückging und der des Materialismus wuchs, dessen Domäne die Entstehung des religiösen Denkens immer gewesen ist. (Die zusammenfassende Darstellung des jungen TROELTSCH über den Deismus, 1892, ist bis heute grundlegend geblieben.)
Grundzüge des Deismus:
1. *Begriff der Naturreligion*. 2. *Mechanistisches*

Weltbild und Sensualismus. 3. *Idee des Urchristentums und geschichtliche Erkenntnis.*
1. Mit dem zentralen Begriff der *Naturreligion* knüpft der Deismus an die kirchliche Lehre an, in der Vernunft und Naturreligion dem Wunder der Offenbarung radikal untergeordnet waren. Für die dogmengeschichtliche Tradition ist die mit dem Urstand gegebene natürliche Religion durch Sündenfall und Erbsünde verloren. Durch Neuoffenbarung des göttlichen Naturgesetzes im Mosaischen Gesetz des Alten Testaments wird die Trübung der menschlichen Vernunft jedoch nicht völlig aufgehoben. Erst die Offenbarung des Neuen Testaments vermittelt das christliche Sittengesetz, das in der absoluten Gottesliebe den Weg zum Heil weist. Nur diese Vorgeschichte läßt begreifen, weshalb die Idee der Naturreligion zunächst von der kirchlichen Apologetik aufgegriffen werden und diese ihr eine den alten scholastisch-aristotelischen Waffen überlegene Kampfausrüstung geben konnte. Der Gedanke einer ursprünglichen Offenbarung versprach am ehesten, die Schwierigkeiten der biblischen Chronologie und ihren Kontrast zu dem durch die Entdeckung der asiatischen Hochkulturen unabsehbar gewordenen historischen Horizont in den Hintergrund zu drängen.
In dem Maße, in dem das sich entwickelnde Bürgertum das feudale Weltbild erschüttert und aus dem christlichen Naturrecht unter Loslösung der stoischen Elemente das moderne Naturrecht der Aufklärung hervortreibt, vollzieht sich auch ein Bedeutungswandel des Begriffs «Naturreligion». Die christliche Verschalung wird zerbrochen und die menschliche Vernunft in ihre Rechte eingesetzt. Nur was sich dieser Vernunft durch innere Wahrheit empfiehlt und durch seinen sittlichen Gehalt der Gesellschaft nützt, heißt nunmehr «Naturreligion». Gerechtigkeit und Vernünftigkeit, Forderungen, die sich aus dem universalen Naturgesetz ergeben, lassen sich weder mit der Verdammnis der heidnischen Antike noch mit christlichen Mysterien wie Erbsünde und Erlösung vereinbaren. Der gesellschaftliche Antrieb dieses ideologischen Prozesses ist unverkennbar: Mit der Negation der vom Christentum behaupteten Korrumpiertheit der menschlichen Natur soll der Gegensatz von Instinkt und Vernunft aufgehoben, der Mensch wieder mit sich selbst versöhnt werden.
Voraussetzung für einen so verallgemeinernden Religionsbegriff war erstens, daß statt der dogmatischen die psychologische Betrachtung der Religion zu allgemeiner Geltung kam, wodurch der Glaube als eine seelische Verhaltensweise, die Religion als Religiosität begreifbar wurde, zum andern, daß die humanistischen Ansätze einer vergleichenden Mythologie, die vor allem auf Grund der Erweiterung des historischen Gesichtsfeldes durch den Kolonialismus und die Missionare entstanden, zur vergleichenden Religionsgeschichte entwickelt waren. Erst die Verbindung dieser psychologischen und historischen Forschungsmethode ermöglichte die Auffassung einer natürlichen Religion als Begriff des allgemeinen Wesens der Religion. Mit diesem gemeinsamen Begriff, der nur noch den Glauben an Gott, Tugend und Unsterblichkeit beinhaltet, war der Maßstab gefunden, an Hand dessen die positiven Religionen beurteilt werden konnten.
2. Für die Entwicklung des Deismus ist entscheidend, daß die zugrunde gelegte Erkenntnistheorie der LOCKEsche Sensualismus wird und die darauf aufgebaute Metaphysik unter den stärksten Einfluß des NEWTONschen mechanistischen Weltbildes gerät. Der mit der Entdeckung des Attraktionsgesetzes geglückte Nachweis einer das gesamte Universum durchwaltenden strengen Gesetzlichkeit hat die schon vom → *Cartesianismus* behauptete Durchschaubarkeit der Welt befestigt und den traditionellen Gottesbegriff von Grund auf umgestaltet. Die Gottesidee wird einem radikalen Abstraktionsprozeß unterzogen und weitgehend von allen anthropomorphischen Vorstellungen gereinigt. Übrigbleibt ein in äußerste räumliche und zeitliche Ferne gerücktes unpersönliches Urprinzip, der Weltbaumeister, dessen Schöpfung, die Welt, nach den ihr einmal verliehenen Gesetzen ihre Bahn zieht. Der Übergang von dieser Position zum Materialismus scheint naheliegend, zumal durch das Attraktionsgesetz die Bewegung der Materie ohne einen ersten Anstoß erklärt werden kann, ist aber in Wirklichkeit nur vereinzelt vollzogen worden (TOLAND, DIDEROT). Die größere Reinheit der Gottesvorstellung, ihre Verankerung in der neuen Welterkenntnis verlieh der Gottesidee Würde und Sicherheit und wurde von Deisten nicht als religiöser Verlust, sondern Gewinn empfunden, wenn auch faktisch damit die Entkirchlichung entscheidend vorangetrieben wurde. Die Harmonie und Finalität der «wunderbaren Maschine» der Natur bedeutet für den Deismus den sichersten Gottesbeweis. In der Idee der vollkommenen Welt, die Gott auf das Altenteil verbannt, erkennen wir die Zuversicht einer aufsteigenden Klasse. Die Theodizeen sind der Versuch, diesen Optimismus in der Form einer säkularisierten Heilslehre gegen den Widerspruch der Wirklichkeit zu behaupten.
Den *Schwerpunkt deistischen Denkens* bildet indessen nicht das Verhältnis von Gott zur Welt, sondern die kritische Untersuchung der *Beziehung von Vernunft und Offenbarung.* Dies war eine Konsequenz der Fragestellung des Sensualismus, von dem erstmals die Prüfung der menschlichen Erkenntnisfähigkeit überhaupt zur Hauptaufgabe der Philosophie erhoben worden

ist. Wenn alle Erkenntnis primär durch die Sinne erlangt wird, ist das günstigste, was sich über die Offenbarung sagen läßt, daß sie Erfahrungen der Menschheitsgeschichte vorweggenommen hat. Von diesem LOCKEschen Kompromiß aus, in dem Offenbarung und Vernunft zur Deckungsgleichheit gebracht werden sollen, hat der Deismus den entscheidenden methodologischen Impuls bekommen, der schon in England bei Peter ANNET zur Negation der Offenbarung und zum Atheismus führt.

3. Sowenig der Sensualismus und die Idee einer universalen Naturreligion für eine gemeinsame Wirkung bestimmt sind, sowenig scheinen *geschichtliche Erkenntnis* und ahistorische Naturreligion füreinander berufen. Dennoch finden sie sich im Deismus vereinigt, der sich gerade durch diesen zwiespältigen Grundzug von dem Vorläufer Herbert VON CHERBURY wie von den späteren (HUME, HERDER) wesentlich unterscheidet und dem mit der Identifizierung von Naturreligion und Urchristentum eine Entdeckung glückt, auf der die gesamte weitere Forschung aufbauen wird.

Das Christentum ließ sich als natürliche Religion nur behaupten, wenn es von seiner historisch-kirchlichen Gestalt gelöst wurde, und dies hatte zur Voraussetzung, daß Kirche und Urchristentum als Gegensätze erkannt waren. Diese von der Kritik der Reformation am Katholizismus und von der der Dissenter, Sozinianer und Arminianer am Protestantismus vorbereitete Erkenntnis wird von den Deisten, wenn auch oft genug mit unzulänglichen Mitteln, systematisch ausgebaut. Die Trennung von Urgemeinde und Kirche erweist den Entwicklungsbegriff auch für das Christentum als gültig und veranlaßt die intensive Erforschung der Geschichte des frühen Christentums. Gleichzeitig ist mit dem Begriff des Urchristentums die Möglichkeit gegeben, eine naturrechtlich bestimmte Idee vom Wesen des Christentums gegen dessen konkrete Gestalt in Geschichte und Gegenwart zu wenden und so die kirchliche Lehre von innen zu zersetzen. Der Deismus verdankt vor allem dieser Waffe seine Wirkung im 18. Jahrhundert.

Zur Geschichte des Deismus

England: Die Vertreter des Deismus in England haben mit beachtlicher Folgerichtigkeit die Stützpfeiler der christlichen Lehre zertrümmert, angefangen von den Mysterien über die Weissagungen und Wunder bis zur Auferstehung, dem Nerv des Offenbarungsglaubens.

Hauptwerke: LOCKE, *The reasonableness of Christendom as delivred in the scriptures* 1695; TOLAND, *Christianity not mysterious* 1696, *Nazarenus, or Jewish, Gentile and Mahometan Christianity* 1718; COLLINS, *Discourse of freethinking* 1713, *A Discourse of the grounds and reasons of the christian religion* 1724; WOOLSTON, *Six discourses on the miracles of our saviour* 1727–1729; TINDAL, *Christianity as old as creation* 1730; ANNET, *The resurrection of Jesus considered* 1744, *Supernaturals examined* c. 1747, *History and character of St. Paul examined* 1749.

HUMES *Natural history of religion* (1757) bedeutet das Ende des englischen Deismus. Die Brücke zwischen Religion und Wissenschaft wird abgebrochen: Religion ist nur als Glaube, nicht als Wissen möglich. Der rationale Gottesbegriff und die deistische Idee einer Naturreligion ist damit aufgehoben. HUMES historischer Tiefblick erkennt, daß die religiöse Entwicklung von der gesellschaftlichen bestimmt ist. Nicht Abfall von der ursprünglichen Normalreligion, sondern Animismus, Polytheismus und Monotheismus bezeichnen die wirklichen Etappen der Religionsgeschichte.

Frankreich: Erst hier wird der Deismus, vor allem durch VOLTAIRE und ROUSSEAU, zu einer geistigen Großmacht. Dabei kann die deistische Kritik direkt an die innerkirchliche Auseinandersetzung und eine beträchtliche Vorarbeit der Jesuiten anknüpfen. Der französische Deismus ist in der Frühaufklärung gezwungen, sich in der Form der Utopien zu maskieren oder in den unterirdischen Strom der *Geheimmanuskripte* hinabzutauchen, die außer von BAYLE besonders von der divinatorischen Bibelkritik SPINOZAS beeinflußt sind. Eine echte Entwicklung deistischen Denkens war unter solchen Bedingungen unmöglich. Den Sensualismus hatten schon die Jesuiten mit der Idee der Naturreligion zu verbinden gewußt; auch VOLTAIRES Weltbild ist seit seinem Feldzug für NEWTON typisch für den französischen Deismus.

VOLTAIRE besaß schon zu Lebzeiten den Ruf eines verkappten Atheisten; in Wahrheit ist es sein passionierter Deismus, der seine ätzende Religionskritik, seine zahlreichen historischen Deutungsversuche des Christentums und seine Wirkung auf das Jahrhundert erklärt. Das letztere gilt in verstärktem Maße für ROUSSEAUS übermächtigen Einfluß besonders auf Deutschland. Sein ganz anders gearteter, gefühlvoller Gottesglaube entsprach dem religiösen Empfinden breiter Schichten, weshalb die Orthodoxie ROUSSEAU als den gefährlicheren Gegner besonders erbittert verfolgte.

Wenn ein so überzeugter Atheist wie HOLBACH in den sechziger Jahren mehr als zwei Dutzend deistischer Traktate der englischen und französischen Frühaufklärung wieder abdruckt, übersetzt oder zum erstenmal in gedruckter Form zugänglich macht, setzt das die Einsicht voraus, daß die historische Stunde des Deismus noch nicht vorüber war und gerade seine Inkonsequenz die größere Wirksamkeit verhieß.

Die einschlägigen Werke
von VOLTAIRE: *Epitre à Uranie*, seit 1722 handschriftlich verbreitet, 1732 gedruckt; *Lettres philosophiques* 1734; *La loi naturelle, poème* 1752; *Essai sur les moeurs* 1753–1756; *Dictionnaire philosophique* 1764; *Dieu et les hommes* 1769 –
von ROUSSEAU: *Profession de foi d'un Vicaire savoyard* 1762 (ein Kapitel des Romans *Emile*); *Lettre à Christophe de Beaumont* 1763; *Lettres écrites de la montagne* 1764 –
von HOLBACH: *Le christianisme dévoilé*, 1766 (deutsche Bearbeitung durch Bruno BAUER, von der Zensur unterdrückt); *Histoire critique de Jésus-Christ*, 1770 (von HOLBACH redigiertes Manuskript der Frühaufklärung); *Examen critique de la vie et des écrits de Saint-Paul* 1770 (BOULANGER zugeschrieben); *Système de la nature*, 1770.

Deutschland: Die Besonderheit des deutschen Deismus gegenüber dem französischen ist die frühe und konstante Einwirkung der englischen Deisten und die völlige Abhängigkeit vom WOLFFschen Rationalismus, in dem Naturreligion und Metaphysik unlöslich verbunden sind. WOLFFS Anliegen, die christlichen Glaubenswahrheiten mathematisch zu beweisen, und die dazu aufgebotenen deduktiven Gedankenketten hätten einem angriffslustigen Atheismus vielfältige Angriffspunkte dargeboten. Dennoch sind es weniger direkte Folgerungen aus seinem System als die Erweckung und Schulung des Denkens, wodurch WOLFF die deutschen Deisten entscheidend geprägt hat. Die größte Breitenwirkung unter seinen Schülern hat BAUMGARTEN in Halle mit seinen von Hunderten rastlos nachgeschriebenen Vorlesungen und seiner die englischen und französischen Aufklärer bekanntmachenden Rezensionstätigkeit. Durch LESSING ist REIMARUS zum Repräsentanten des deutschen Deismus geworden, dessen Hauptwerk jedoch noch immer nur durch einige *Fragmente* und die Darstellung von STRAUSS bekannt ist, so daß die Geschichte des deutschen Deismus in seinem Zentrum dunkel ist. LESSING selbst weist mit seiner historischen Auffassung der Offenbarung als progressiver Erziehung der Menschheit, d.h. als Entwicklungsgeschichte des sittlichen Bewußtseins, schon über den Deismus hinaus, obwohl erst durch sein Eingreifen die deistischen Fragestellungen in den Grundstock unserer nationalen Bildung aufgenommen worden sind. Seit KANTS endgültiger Liquidation der Gottesbeweise ist «der Deismus … im Reiche der spekulativen Vernunft erblichen» (HEINE).

Hauptwerke: GOTTSCHED, *Erste Gründe der gesamten Weltweisheit* 1734 (wirksame Popularisierung der WOLFFschen Ideen); BAUMGARTEN, *Nachrichten von einer Halleschen Bibliothek* 1748–1751, *Nachrichten von merkwürdigen Büchern* 1752–1758; REIMARUS, *Apologie oder Schutzschrift für die vernünftigen Verehrer Gottes* (1744–1768 entstanden, von LESSING in ausgesuchten Teilen 1774–1778 mitgeteilt, von denen das größte *Vom Zwecke Jesu und seiner Jünger*); LESSING, *Die Erziehung des Menschengeschlechts* 1780.

Demiurg [griech] – Weltbaumeister, Weltschöpfer; in den *idealistischen Philosophien* oft anstelle von Gott gebraucht.

Demokratie [griech] – *eigtl*: Volksherrschaft. Staatsform, deren Inhalt vom Charakter des jeweiligen Staates bestimmt wird. «Die Demokratie ist eine Staatsform, eine der Spielarten des Staates» (LENIN 25, 486).

Der Inhalt der Demokratie ist in allen vorsozialistischen Gesellschaftsformationen sowie in der Übergangsperiode vom Kapitalismus zum Sozialismus bis zum vollständigen Sieg des Sozialismus durch die vermittels des Staates ausgeübte Klassenherrschaft gegeben. Bis zu diesem Zeitpunkt ist die Demokratie untrennbar mit der Diktatur der jeweils herrschenden Klasse verbunden: Demokratie und Diktatur stellen nur zwei Seiten ein und derselben Sache dar. «Demokratie ist *nicht* identisch mit Unterordnung der Minderheit unter die Mehrheit. Demokratie ist ein die Unterordnung der Minderheit unter die Mehrheit anerkennender *Staat*, d.h. eine Organisation zur systematischen *Gewaltanwendung* einer Klasse gegen die andere, eines Teils der Bevölkerung gegen den anderen» (LENIN 25, 469).

Die *bürgerliche Demokratie*, die gegenüber den feudalabsolutistischen Herrschaftsformen einen historischen Fortschritt bedeutet, entsprach zur Zeit ihrer Herausbildung dem Stand der Produktivkräfte und den sie fördernden Produktionsverhältnissen und diente der weiteren gesellschaftlichen Entwicklung. Die Werktätigen hatten sich eine Reihe demokratischer Rechte und Freiheiten erkämpft, wie das Recht des politischen Zusammenschlusses, das Recht zu wählen und gewählt zu werden, Presse- und Versammlungsfreiheit usw., die auch in mehr oder weniger klarer Form in die Verfassungen der bürgerlichen Staaten Eingang fanden.

Die bürgerliche Demokratie beruht auf dem kapitalistischen Eigentum an den Produktionsmitteln. Sie kann in der Sphäre der Politik, auf die sie ohnehin von vornherein beschränkt ist, nicht voll wirksam werden, weil die Grundlage der politischen Macht die ökonomische ist. Dergestalt kann es dort, wo das Volk nicht Eigentümer der Produktionsmittel ist, auch keine Volksherrschaft geben. Jede bürgerliche Demokratie, und sei sie noch so entwickelt, findet letztlich ihre Grenze am Profitstreben der Bourgeoisie. «Im Kapitalismus haben wir den Staat im eigentlichen Sinne des Wortes, eine besondere Maschine zur Unterdrückung einer Klasse durch eine andere, und zwar der Mehrheit durch eine Minderheit. Damit eine solche Sache wie die systematische Unterdrückung der Mehrheit der Ausgebeuteten durch die Minderheit der Ausbeuter erfolgreich ist, bedarf es natürlich der größten Grausamkeit und bestialischer Unterdrückung, sind Meere von Blut nötig, durch die denn auch die Menschheit im Zustand der Sklaverei, der Leibeigenschaft und der Lohnarbeit ihren Weg geht» (LENIN 25, 477).

Ungeachtet dieser Beschränkungen der bürgerlichen Demokratie ist der Kampf der Arbeiterklasse und aller Werktätigen in den kapitalistischen Staaten für ein hohes Maß demokratischer Rechte und Freiheiten bedeutsam. Er ist der Boden, auf dem sich die Volksmassen unter Führung der Arbeiterklasse zur Vertretung ihrer Interessen sammeln und in der Folge die demokratischen Einrichtungen in wirkliche Institutionen des Volkes verwandeln und den Übergang zum Sozialismus vollziehen können.

Der mehr oder weniger fiktive Charakter der bürgerlichen Demokratie tritt mit dem Übergang des Kapitalismus in das Stadium des Imperialismus deutlich in Erscheinung. Die Diktatur der Monopolbourgeoisie (also die Diktatur einer kleinen Minderheit über die Mehrheit des Volkes) wird jetzt durch die demokratischen Institutionen (Parlamente) nur noch notdürftig verhüllt. Mit der Entwicklung des staatsmonopolistischen Kapitalismus ist der Abbau der demokratischen Rechte und Freiheiten der Werktätigen einerseits, die wachsende Tendenz zum Faschismus andererseits verbunden.

Von den Ideologen des Imperialismus wird der Gedanke der Demokratie verfälscht. Wesentliche Bestimmungen der Demokratie, wie Volkssouveränität, Freiheit und Gleichheit, werden von einer Reihe formaler Prinzipien, wie dem Vorhandensein mehrerer politischer Parteien, dem Recht zur «Opposition», der Gewaltenteilung, dem Mehrheitsprinzip, der Verfassungsgerichtsbarkeit, den Wahlen usw., abhängig gemacht, um zu vermeiden, daß die ökonomischen Wurzeln der Demokratie, daß der untrennbare Zusammenhang zwischen den kapitalistischen Eigentumsverhältnissen und dem Wesen der Demokratie bloßgelegt werden. Die Grundfrage jeder Demokratie ist die Frage der politischen Macht.

Im staatsmonopolistischen Kapitalismus erhält der Kampf um die Demokratie einen neuen Inhalt. Infolge der Vertiefung des Widerspruchs zwischen den Monopolen und dem Volk, der Differenzierungsprozesse in der Klasse der Bourgeoisie und im bürgerlichen Bewußtsein entspricht der Kampf für demokratische Umwälzungen und für die Beseitigung der uneingeschränkten Herrschaft der Großbourgeoisie den Interessen der übergroßen Mehrheit des Volkes. Der Kampf um antiimperialistisch-demokratische Verhältnisse in den Ländern des staatsmonopolistischen Kapitalismus ist in der gegenwärtigen Epoche eine relativ selbständige Etappe im Kampf um den Sozialismus.

Die *sozialistische Demokratie* entsteht und entwickelt sich mit der Eroberung der politischen Macht durch die Arbeiterklasse und der sozialistischen Umgestaltung der gesamten Gesellschaft in der Periode der Diktatur des Proletariats. «Der erste Schritt in der Arbeiterrevolution (ist) die Erhebung des Proletariats zur herrschenden Klasse, die Erkämpfung der Demokratie» (MARX/ENGELS 4, 481). Die Diktatur des Proletariats ist ein qualitativ neuer Typ der Demokratie. Mit der Übernahme der Produktionsmittel durch das Volk wird dieses Eigentümer aller materiellen und kulturellen Güter der Gesellschaft. Damit ist die objektive Grundlage für eine wirkliche Volksherrschaft gegeben. Die neue Qualität der sozialistischen Demokratie gegenüber jeder bürgerlichen besteht darin, daß sie auf der Grundlage der durch die neuen Produktionsverhältnisse möglichen bewußten Entfaltung der Produktivkräfte durch die planende und leitende Tätigkeit des sozialistischen Staates alle Bereiche des Lebens und vor allem die Produktion selbst erfaßt und die dort wirkenden Gesetzmäßigkeiten bewußt ausnutzt.

Das demokratische Wesen der Herrschaft der Arbeiterklasse und ihrer Verbündeten schließt nicht aus, sondern erfordert vielmehr, daß dieselbe Herrschaft der Arbeiterklasse gegenüber den Feinden des Sozialismus Diktatur (der Mehrheit des Volkes über eine kleine Minderheit) ist und ihnen gegenüber gegebenenfalls diktatorische Maßnahmen anwendet. «Beim *Übergang* vom Kapitalismus zum Kommunismus ist die Unterdrückung *noch* notwendig, aber es ist das bereits eine Unterdrückung der Minderheit der Ausbeuter durch die Mehrheit der Ausgebeuteten. Ein besonderer Apparat, eine besondere Maschine zur Unterdrückung, ein ‚Staat' ist *noch* notwendig, aber es ist das bereits ein Übergangsstaat, kein Staat im eigentlichen Sinne mehr, denn die Niederhaltung der Minderheit der Ausbeuter durch die Mehrheit der Lohnsklaven *von gestern* ist eine so verhältnismäßig leichte, einfache und natürliche Sache, daß sie viel weniger Blut kosten wird als die Unterdrückung von Aufständen der Sklaven, Leibeigenen und Lohnarbeiter, daß sie der Menschheit weit billiger zu stehen kommen wird. Und sie ist vereinbar mit der Ausdehnung der Demokratie auf eine so überwältigende Mehrheit der Bevölkerung, daß die Notwendigkeit einer *besonderen Maschine* zur Unterdrückung zu schwinden beginnt. Die Ausbeuter sind natürlich nicht imstande, das Volk niederzuhalten ohne eine sehr komplizierte Maschine zur Erfüllung dieser Aufgabe, das Volk aber vermag die Ausbeuter mit einer sehr einfachen ‚Maschine', ja nahezu ohne ‚Maschine', ohne einen besonderen Apparat niederzuhalten, durch die einfache *Organisation der bewaffneten Massen*» (LENIN 25, 477).

In der Übergangsperiode vom Kapitalismus zum Sozialismus sind sozialistische Demokratie und Diktatur des Proletariats identisch und beschränken sich nicht nur auf die staatliche Sphäre. Die sozialistische Demokratie umfaßt vielmehr das ganze System staatlicher und gesellschaftlicher Institutionen und Organisationen, durch die die Werktätigen die Macht ausüben und die sozialistische Gesellschaft errichten. Dazu gehören die staatlichen Organe, Vereinigungen der nationalen Kräfte, gesellschaftliche Räte, Produktionskomitees, Konfliktkommissionen, die Gewerkschaften mit ihrem weitverzweigten Netz von Kommissionen und sonstigen Organisationsformen, alle Massenorganisationen sowie alle Formen des bewußten Tätigwerdens der Massen zur Verwirklichung der gesellschaftlichen Interessen unter der Führung der marxistisch-leninistischen Partei.

Im Gesamtsystem der sozialistischen Demokratie nehmen die Volksvertretungen als staatliche Machtorgane der Werktätigen eine besondere Stellung ein. Ihre Bedeutung wächst im Prozeß der Vollendung des sozialistischen Aufbaus ständig. Die Volksvertretungen sind zum Unterschied von den bürgerlichen Parlamenten, in denen der Volkswille in letzter Instanz eine Fiktion bleibt, eng mit dem Volk verbundene, ihren Wählern stets rechenschaftspflichtige Körperschaften, die die notwendigen Maßnahmen des ihrer Verantwortung obliegenden wirtschaftlichen, sozialen, politischen und kulturellen Bereichs selbst vorbereiten, beschließen und ihre Durchführung organisieren. In dieser bewußten Gestaltung des gesellschaftlichen Lebens durch die arbeitenden Menschen selber liegt das Wesen der sozialistischen Demokratie. Durch die Einbeziehung einer ständig wachsenden Zahl und schließlich aller Menschen in die Lenkung der gesellschaftlichen Prozesse werden die Menschen befähigt, die objektiven Gesetze der Gesellschaft immer besser zu erkennen und sie bewußt im Interesse der Weiterentwicklung der Gesellschaft auszunutzen. Nicht zuletzt darin offenbart sich der Humanismus der sozialistischen Demokratie.

Die Entwicklung der sozialistischen Demokratie, die Heranführung der Volksmassen an die Leitung von Staat, Wirtschaft und Kultur erfordert eine straffe, zentrale Leitung auf der Grundlage eines einheitlichen Planes, ohne die die Initiative und Aktivität der Werktätigen nicht voll zur Entfaltung gebracht und auf die Schwerpunkte orientiert werden kann. Oberstes Prinzip der Leitung der sozialistischen Gesellschaft und Voraussetzung für die Entwicklung der sozialistischen Demokratie ist deshalb die ständige Vervollkommnung des demokratischen Zentralismus.

Die Entfaltung der sozialistischen Demokratie hat mit dem Sieg des Sozialismus noch nicht ihre höchste Vollendung erreicht. Sie bleibt die Hauptrichtung der Entwicklung der sozialistischen Staatlichkeit auch beim Übergang zum Kommunismus, wo der Staat der Diktatur des Proletariats der Staat des ganzen Volkes wird. Im Prozeß des Übergangs vom Sozialismus zum Kommunismus wird die Einheit von Demokratie und Diktatur aufgehoben, weil es keine Kräfte im Volk mehr gibt, gegen die diktatorische Maßnahmen erforderlich wären. Die sozialistische Demokratie gelangt mit der Vollendung des Aufbaus der kommunistischen Gesellschaft und dem allmählichen Hinüberwachsen der sozialistischen Staatlichkeit in die kommunistische Selbstverwaltung der Gesellschaft zur vollen Blüte. «Die Diktatur des Proletariats, die Periode des Übergangs zum Kommunismus, wird zum erstenmal Demokratie für das Volk, für die Mehrheit bringen, aber zugleich wird sie notwendigerweise eine Minderheit, die Ausbeuter, niederhalten. Einzig und allein der Kommunismus ist imstande, eine wahrhaft vollständige Demokratie zu bieten, und je vollständiger diese sein wird, um so schneller wird sie entbehrlich werden, wird sie von selbst absterben» (LENIN 25, 476).

→ Diktatur des Proletariats → Sozialismus und Kommunismus → Staat.

Demonstration [lat] – 1. Kundgebung, Massenprotest; 2. Vorführung – z. B. eines Experiments, einer Operation; 3. ausführliche Darstellung; 4. in der *traditionellen Logik* Beweis, vollständige Folge aller beim Beweis einer Behauptung benutzten Aussagen bzw. Ausdrücke.

Denken – höchste Form der psychischen Tätigkeit des Menschen, deren Wesen in einer begrifflichen Widerspiegelung des Allgemeinen, Wesentlichen, Gesetzmäßigen in den Gegenständen und Prozessen der objektiven Realität besteht. Das Denken verarbeitet die Materialien der Sinneserfahrung, in denen Allgemeines und Einzelnes, Wesentliches und Unwesentliches, Notwendiges und Zufälliges in bunter Mannigfaltigkeit vereinigt sind, hebt aus dieser undifferenzierten Einheit das Allgemeine, Wesentliche, Gesetzmäßige durch eine Reihe analytisch-synthetischer Operationen, vor allem durch → Abstraktion und → Verallgemeinerung, heraus und fixiert sie in abstrakten Begriffen. Das Denken erzeugt dergestalt vor allem auf dem Wege der Abstraktion und Verallgemeinerung ideelle Abbilder der objektiven Realität im Bewußtsein des Menschen.

Denken ist rationale, vermittelte Erkenntnis in Form von Begriffen, Urteilen, Theorien usw. Da nur das Denken in der Lage ist, aus der Mannigfaltigkeit der Sinnesdaten das Allgemeine, Wesentliche, Gesetzmäßige herauszuheben, ist es das entscheidende Erkenntnisinstrument. Es befähigt die Menschen, in wachsendem Maße die Naturkräfte in ihren Dienst zu stellen und die gesellschaftliche Entwicklung bewußt und planmäßig zu lenken.

Die Frage nach den Grundlagen, nach der Natur und der Funktion des Denkens hängt eng mit der Beantwortung der → Grundfrage der Philosophie und der jeweiligen Auffassung vom Bewußtsein zusammen. Während der *Materialismus* überhaupt und der *dialektische Materialismus* speziell im Denken einen Naturprozeß (Marx), eine Funktion des menschlichen Gehirns erblickt, betrachtet der *Idealismus* in seinen verschiedenen Ausprägungen das Denken in der Regel als Tätigkeit einer immateriellen Seele (→ Bewußtsein).

Über die Rolle des Denkens im Erkenntnisprozeß haben sich in der Geschichte der Philosophie zwei unterschiedliche einseitige erkenntnistheoretische Lehren herausgebildet, der *Empirismus* und der *Rationalismus*.

Der *Empirismus*, der eine *materialistische* und eine *idealistische* Ausprägung erfuhr, geht richtig davon aus, daß alle Erkenntnis letzten Endes aus der Sinneserfahrung, der unmittelbaren Anschauung der objektiven Realität entspringt, sieht aber nicht die besondere Qualität des Denkens, die erst die Erkenntnis des Allgemeinen, Wesentlichen, Gesetzmäßigen ermöglicht. Er reduziert das Denken meist auf die Assoziation von Vorstellungen, auf ihre Verbindung, Trennung und Vergleichung, und ist daher nicht in der Lage, die Entstehung des theoretischen Wissens, die Erkenntnis des Allgemeinen, zu erklären. Daher ist die empiristische Auffassung der Erkenntnis in der Regel auch mit der Leugnung der Existenz des Allgemeinen in der objektiven Realität verbunden. Vertreter eines *materialistischen Empirismus* waren vor allem F. Bacon, Locke, Toland, Holbach, Helvétius, Diderot, Feuerbach, eines *idealistischen Empirismus* Berkeley, Hume und ihre *empiriokritizistischen* (Mach, Avenarius u. a.) sowie *neupositivistischen* Nachfahren (Carnap, Schlick u. a.), die ihn in Gestalt des sog. logischen Empirismus allerdings mit einem mathematisch-logischen Rationalismus gekoppelt haben (→ Positivismus).

Der *Rationalismus*, der ebenfalls eine *materialistische* und eine *idealistische* Ausprägung erfuhr, unterstreicht richtig die große Rolle des Denkens im Erkenntnisprozeß, trennt das Denken aber von der Sinneserfahrung, von der Anschauung und sieht im Denken selbst die Quelle aller Erkenntnis. Damit trennt er das Denken auch von der objektiven Realität, die uns unmittelbar nur in der sinnlichen Anschauung gegeben ist. Das hat zur Folge, daß der Rationalismus das Allgemeine, das den Gegenstand des Denkens bildet, von der objektiven Realität löst und verselbständigt. Einen *materialistischen Rationalismus* entwickelte Spinoza. Im allgemeinen tritt der Rationalismus jedoch in *idealistischer Form* auf, wie bei Descartes, Leibniz, Hegel.

Eine vermittelnde Stellung nahm Kant ein. Nach seiner Auffassung müssen sich Anschauung und Denken in der Erkenntnis vereinigen, denn: «Ohne Sinnlichkeit würde uns kein Gegenstand gegeben, und ohne Verstand keiner gedacht werden. Gedanken ohne Inhalt sind leer, Anschauungen ohne Begriffe sind blind ... Der Verstand vermag nichts anzuschauen, und die Sinne nichts zu denken. Nur daraus, daß sie sich vereinigen, kann Erkenntnis entspringen» (B 76). Aber Kant betrachtete Sinnlichkeit und Denken als zwei getrennte Vermögen, die zwar zusammenwirken müssen, aber organisch nicht miteinander verbunden sind. Die Annahme apriorischer Anschauungsformen und Kategorien (→ Apriorismus) gab dem rationalistischen Element in seiner Erkenntnistheorie ein starkes Übergewicht (→ Kritizismus).

Erst der *dialektische und historische Materialismus* konnte das Verhältnis von Sinneserfahrung und Denken und die qualitativ besondere Rolle des Denkens im Erkenntnisprozeß richtig bestimmen und damit die Einseitigkeit des Empirismus und des Rationalismus überwinden (→ Erkenntnistheorie).

Das Denken ist die höchste Stufe der *bedingt-reflektorischen Widerspiegelungstätigkeit* und hat eine lange biologische Vorgeschichte. Bei den höheren Tieren, insbesondere den Primaten, hat die bedingt-reflektorische Widerspiegelung auf der neurophysiologischen Grundlage des *ersten Signalsystems* bereits die Höhe eines elementaren, bildhaft-anschaulichen Denkens. Der Übergang zum abstrakten, begrifflichen Denken erfolgt jedoch erst auf der Grundlage der sich allmählich entwickelnden gesellschaftlichen Arbeitstätigkeit der werdenden menschlichen Gesellschaft in Wechselwirkung mit der gleichzeitig entstehenden → Sprache. «Arbeit zuerst, nach und nach dann mit ihr die Sprache – das sind die beiden wesentlichsten Antriebe, unter deren Einfluß das Gehirn eines Affen in das bei aller Ähnlichkeit weit größere und vollkommenere eines Menschen allmählich übergegangen ist. Mit der Fortbildung des Gehirns aber ging Hand in Hand die Fortbildung seiner nächsten Werkzeuge, der Sinnesorgane ... Die Rückwirkung der Entwicklung des Gehirns und seiner dienstbaren Sinne, des sich mehr und mehr klärenden

Bewußtseins, Abstraktions- und Schlußvermögens auf Arbeit und Sprache gab beiden immer neuen Anstoß zur Weiterbildung» (MARX/ENGELS 20, 447f). Unter dem Antrieb der Arbeit, insbesondere der immer differenzierter werdenden Bewegungen und Verrichtungen der Hände, bildete sich im menschlichen Gehirn allmählich das *zweite Signalsystem* heraus, die neurophysiologische Grundlage des Denkens und Sprechens. Das Denken ist schon seiner Entstehung nach sozial bedingt, es geht aus der praktischen Aneignung der Umwelt durch die Menschen hervor (→ Signalsystem).

Denken und Sprache bilden eine untrennbare Einheit. «Die unmittelbare Wirklichkeit des Gedankens ist die *Sprache*» (MARX/ENGELS 3, 432). Denken ist Operieren mit Begriffen; die Begriffe aber benötigen einen sprachlichen Ausdruck im Wort. Das zweite Signalsystem kann nur durch die Mitwirkung der Sprache funktionieren, denn die Worte sind die spezifischen Signale dieses Systems.

Das Denken ist keine bloß passive Widerspiegelung der objektiven Realität. Es entstand und vollzieht sich ständig im Prozeß der aktiven Auseinandersetzung des Menschen mit seiner natürlichen und gesellschaftlichen Umwelt. Es trägt *aktiven Charakter* und besitzt eine *relative Selbständigkeit*. Das Denken ist in der Lage, durch reines Operieren mit Begriffen bei Beachtung der logischen Gesetze zu neuen, wahren Erkenntnissen zu gelangen. «Wenn wir die Voraussetzungen richtig haben und die Denkgesetze richtig auf sie anwenden, so muß das Resultat mit der Wirklichkeit stimmen» (MARX/ENGELS 20, 573).

Diese Fähigkeit des Denkens, zu Erkenntnissen zu gelangen, die der sinnlichen Erfahrung nicht oder nicht unmittelbar zugänglich sind, eröffnet die Möglichkeit der wissenschaftlichen Voraussicht und der Aufstellung wissenschaftlicher Hypothesen und Theorien, die uns die objektive Realität um vieles tiefer und getreuer erkennen lassen, als dies auf der alleinigen Basis der sinnlichen Erkenntnis möglich wäre. Die Selbständigkeit des Denkens ist jedoch nur relativ, weil alles Denken in letzter Instanz auf der sinnlichen Erfahrung aufbaut und sich im Prozeß der gesellschaftlichen Praxis entwickelt, die auch das letzte Kriterium seiner Richtigkeit ist.

Die soziale Bedingtheit des Denkens in seinen verschiedenen Aspekten macht es zu einer ausschließlichen Eigenschaft des gesellschaftlichen Menschen.

Im Zusammenhang mit der Entwicklung der Kybernetik und ihrer praktisch-technischen Anwendung – der Schaffung technischer Anlagen (elektronischer Rechenmaschinen usw.), deren Funktionsweise eine Strukturähnlichkeit (→ Isomorphie) mit den vom menschlichen Gehirn ausgeführten logischen Operationen und Denkprozessen aufweist – wurde verschiedentlich die Schlußfolgerung gezogen, daß diese Art von Maschinen «denken» könnte. Diesem Schluß liegt eine mechanisch-materialistische Interpretation des Denkens zugrunde. Das Denken erzeugt ideelle Abbilder der Realität und operiert mit ihnen. Die Maschine hingegen hat es mit sinnlichen Zeichen und deren materiellem Inhalt zu tun, sie erzeugt keine ideellen Abbilder, sondern wiederum nur Zeichen, deren Sinn durch das menschliche Denken erfaßt wird. Allein die Tatsache, daß das Denken ein gesellschaftliches Produkt ist, schließt aus, daß es ein wie immer geartetes «maschinelles Denken» geben kann. Die kybernetischen Maschinen schaffen jedoch die Möglichkeit, eine Reihe schematischer Operationen, die bislang dem menschlichen Denken auszuführen oblag, maschinell, auch schneller und präziser zu erledigen. Die kybernetische Maschine als materielles Hilfsmittel des menschlichen Denkens trägt zu seiner Entwicklung und zur Erweiterung seiner Fähigkeit bei, die objektive Realität immer tiefer und wahrheitsgetreuer abzubilden.

→ Bewußtsein → Erkenntnis.

Denkgesetze – nach allgemeiner Auffassung Gesetze der formalen Logik und der Dialektik. Um Irrtümer zu vermeiden, muß sorgfältig unterschieden werden zwischen der Art und Weise, in der das Denken tatsächlich vor sich geht (das ist von Individuum zu Individuum verschieden, es ändert sich im Laufe der Geschichte der Gesellschaft ganz erheblich usw.), und den Gesetzen, nach denen das Denken vor sich gehen *sollte*. Im praktischen Denken lassen sich die Menschen ständig größere oder kleinere, offensichtliche oder verborgene Verstöße gegen die Gesetze der formalen und der dialektischen Logik zuschulden kommen. Denkgesetze sind also keine Beschreibung der Art und Weise, in der das Denken tatsächlich vor sich geht. Mit diesem Denken hat es strenggenommen die Psychologie zu tun. Sie muß durch Experiment, Beobachtung, Statistik usw. feststellen, wie die Denkprozesse tatsächlich ablaufen, d. h. die Verfahren anwenden, die jede empirische Wissenschaft anwenden muß.

Die Gesetze der formalen Logik und der Dialektik sind objektive Gesetze, deren sich jedes kybernetische System mit sog. innerem Modell der Außenwelt bedient, wenn es sich dieser Außenwelt (Umgebung) optimal anpassen will. Es kann umgekehrt festgestellt werden: Jedes kybernetische System mit innerem Modell der Außenwelt, das ein gewisses Optimum der Anpassung erreicht hat, muß diese Gesetze zwangsläufig in seine Modellstruktur integrieren. Das hat zunächst nichts mit der Existenz eines Bewußtseins

zu tun. Da die Integration dieser Gesetze in die Modellstruktur hochentwickelter kybernetischer Systeme die Voraussetzung für die weitere Informationsverarbeitung ist (z. B. die Art und Weise, wie Sinnesempfindungen analysiert, registriert, verknüpft usw. werden), hat es für den Beobachter, dem nicht bekannt ist, wie diese Gesetze der Logik und Dialektik in die Modellstruktur Eingang gefunden haben, den Anschein, als seien diese Gesetze a priori gegeben. Hat ein solches System eine gewisse Höhe der Organisation seiner Modellstruktur erreicht, dann sind diese Gesetze allerdings gewissermaßen vor jeder (weiteren) Erfahrung gegeben und sind Voraussetzung für diese.
→ Denken.

Denkökonomie – von MACH und AVENARIUS als angebliches Prinzip der wissenschaftlichen Erkenntnis formulierte subjektiv-idealistische These, daß das menschliche Denken (ähnlich, wie in der Physik das Prinzip des kleinsten Kraftmaßes gilt) bestrebt sei, bei der Darstellung der Ergebnisse der Wissenschaft den sparsamsten begrifflichen Ausdruck anzuwenden. Dabei könnten Begriffe wie «Kausalität», «Materie», «Kraft» u. a. außer acht gelassen werden. Das Ziel der Erkenntnis soll nicht die adäquate Widerspiegelung objektiv real bestehender Zusammenhänge und Sachverhalte sein, sondern die für das jeweilige Subjekt bequemste Beschreibung der Sinnesempfindungen.

Der philosophische Hauptgedanke für die Begründung der Lehre von der Denkökonomie besteht darin, daß es «unökonomisch» sei, nach einer Lösung des komplizierten Subjekt-Objekt-Problems zu suchen; man solle vielmehr die Spaltung der Empfindungen in äußere Quellen (objektiv reale Eigenschaften) und in die subjektive Wahrnehmung (Widerspiegelung dieser Eigenschaften) aufgeben und beide Glieder der Spaltung als zwei Interpretationen eines dritten Prinzips betrachten (AVENARIUS), das weder ideell noch materiell sein soll. Nach MACH entsteht dieses Dritte (die «Elemente») beim Zusammentreffen des Materiellen mit dem Ideellen. Aufgabe der Wissenschaft sei es, die «Elemente» (die Sinnesempfindungen: Farben, Töne, Drücke, Räume, Zeiten) nach dem Prinzip der Denkökonomie zu ordnen und zu beschreiben. So sei z. B. die Materie «ein Gedankensymbol für einen relativ stabilen Komplex sinnlicher Elemente» (Analyse der Empfindungen 296), die Atome und Moleküle seien eine «ökonomische Symbolisierung der physikalisch-chemischen Erfahrung» (254) usw.

Als Fazit aus der Lehre von der Denkökonomie ergibt sich vor allem die Leugnung des objektiven Charakters der Gesetze der Wissenschaft und der Kausalität. So waren für MACH z. B. die Erhaltungssätze der Physik nur ein Ergebnis der Denkökonomie und keine objektiv wahren Widerspiegelungen realer gesetzmäßiger Zusammenhänge. Die methodologische Unfruchtbarkeit des im MACHschen Sinne aufgefaßten Prinzips der Denkökonomie zeigt sich auch darin, daß sein Autor selbst die Phlogistonlehre und die Gleichwertigkeit des ptolemäischen und des kopernikanischen Weltbildes mit seiner Hilfe begründen zu können glaubte.

Auf die Philosophie angewandt, sahen die Vertreter der Lehre von der Denkökonomie in ihr eine Methode zur psychologischen Synthese der «Weltelemente», d. h. zur Ordnung der Empfindungen. Die philosophische Konsequenz dieser Lehre ist der *Solipsismus* als die «ökonomischste» Philosophie. MACH und AVENARIUS versuchten, dieser Konsequenz dadurch zu entgehen, daß sie leere Begriffe, wie «Prinzipialkoordination», «Element», «Gesetz der Vitalreihe» u. a. einführten, um damit den Anschein einer objektiven Philosophie zu wahren.

Historisch gehört die Lehre von der Denkökonomie in die Reihe der gegen Ende des 19. Jahrhunderts unternommenen Versuche, die subjektivistische Erkenntnistheorie (BERKELEY, HUME) unter Berücksichtigung der neueren naturwissenschaftlichen Erkenntnisse neu zu begründen; dazu gehören weiter der *Konventionalismus*, der *Fiktionalismus* und der *Symbolismus*.

Die Wurzeln der Lehre von der Denkökonomie lagen vor allem in der einseitigen subjektivistischen Verabsolutierung der in der zweiten Hälfte des 19. Jahrhunderts rasch anwachsenden Erkenntnisse der Sinnesphysiologie und in der falschen Analogie zum Prinzip des kleinsten Kraftmaßes in der Physik; weiter beriefen sich ihre Autoren zuweilen darauf, daß sie der ästhetischen Harmonie und dem subjektiven Wunsch des Wissenschaftlers nach dem Gefühl des «Angenehmen» entspreche.

Die rationellen Momente in der Lehre von der Denkökonomie – die Forderung nach möglichst einfacher Darlegung von Erkenntnissen und dem Auffinden des kürzesten Weges zum Beweis von Hypothesen – gehören seit eh und je zum Bestand einer wissenschaftlichen Methodologie und bedürfen keiner halbmystischen Untermauerung. Somit besitzt das «Prinzip der Denkökonomie» auch keinen neu entdeckten heuristischen Wert.

In seiner umfassenden Kritik am Prinzip der Denkökonomie hat LENIN dessen subjektivistisches Wesen bloßgelegt. MACH habe an die Stelle des Wortes «Richtigkeit» das plumpe und geschraubte Wort «Ökonomie des Denkens» gesetzt. «Das menschliche Denken ist dann ‚ökonomisch', wenn es die objektive Wahrheit *richtig* widerspiegelt» (14, 166).

Denkprozeß – dynamische Aufeinanderfolge von

Gedanken, Prozeß der Veränderung von Gedanken, Übergang von einem Gedanken zum anderen. Denkprozesse spielen eine entscheidende Rolle sowohl in Erkenntnisprozessen als auch bei der Umsetzung von Erkenntnissen in Regeln, Pläne, Anweisungen usw. zur Veränderung der Wirklichkeit.

Denkprozesse werden – vor allem in der wissenschaftlichen Arbeit – mehr oder weniger von Regeln geleitet, die sich aus der dialektischen und aus der formalen Logik ergeben oder aus der Erfahrung gewonnen worden sind.

Eine → Ableitung bzw. ein → Beweis im strengen logischen Sinne ist das idealisierte Modell eines wirklichen Denkprozesses, das überflüssige Bestandteile (z. B. Umwege) des wirklichen Denkprozesses nicht mehr enthält, das aber andererseits alle notwendigen Bestandteile, nämlich die einzelnen Gedanken und die Regeln für den Übergang von einem Gedanken zum anderen, genau verzeichnet.

Denotat(um) → Designat(um).

Deontik [griech] – *eigtl*: das Erforderliche, die Pflicht; eine bestimmte Art wissenschaftlicher Beschäftigung mit Fragen der Pflicht, der (insbesondere moralischen) Normen, Imperative, Gebote usw. Bei J. BENTHAM tritt der Begriff «Deontologie» als Bezeichnung für eine (utilitaristisch gefärbte) philosophische Pflichtenlehre auf, hat aber keine große Verbreitung erfahren. «Deontik» hat eine viel engere Bedeutung. Dieser Begriff hat sich in den letzten Jahrzehnten als *Ausdruck für die Behandlung logischer und überhaupt struktureller Probleme normativer und imperativer* (*insbesondere moralisch-normativer und -imperativer*) *Denkformen und Systeme* entwickelt. Es handelt sich um einen Forschungszweig, der noch in der Entwicklung begriffen ist und den man gegenwärtig noch nicht als ausgebildete wissenschaftliche Disziplin mit relativ klar bestimmtem Forschungsgegenstand und mit einem relativ geschlossenen System von Theoremen und Methoden ansehen und bestimmen kann. In bezug auf Wesen, Zweck und Möglichkeiten der Deontik weichen die Auffassungen ihrer Vertreter vorerst noch (teilweise sehr stark) voneinander ab. Noch ist keinem der zahlreichen Ansätze für eine systematische Begründung der Deontik ein überzeugender und allgemein anerkannter Erfolg beschieden gewesen. Bezeichnend für diese Lage ist, daß die vor dreißig Jahren von JÖRGENSEN aufgeworfene Frage, ob es überhaupt eine besondere Normen- oder Imperativlogik geben könne und müsse oder ob man nicht mit einer spezifischen Deutung der gewöhnlichen modernen Logik auskommen könne, noch nicht schlüssig entschieden werden konnte. Dennoch haben deontische Überlegungen zu einer Reihe wichtiger Einsichten in die logische Struktur normativer Systeme geführt und Licht auf einige Fragen, die das Wesen moralischer Normen und ihre Beziehungen zu anderen Bewußtseinsphänomenen betreffen, geworfen.

Wie die Dinge liegen, kann eine über die obenstehende Bestimmung hinausgehende Charakteristik der Deontik am besten durch Angabe der hauptsächlichsten Fragen umrissen werden, mit deren Beantwortung sich deontische Arbeiten befassen. Solche Fragen sind: Worin bestehen, logisch gesehen, die spezifischen Eigenschaften von Normen und Imperativen als besonderen Denkformen (die sich beispielsweise von Aussagen unterscheiden)? In welchen logischen Beziehungen stehen Normen zur wirklichen Welt und zu menschlichen Handlungen, und wie sind diese Beziehungen (etwa analog zur Wahrheitswertigkeit von Aussagen) zu fassen? Wie verhalten sich in logischer Hinsicht Aussagen und Normen oder Imperative zueinander? Wie verhalten sich Normen und Imperative als Bedeutungsinhalte zu ihren möglichen sprachlichen Ausdrucksmitteln, gibt es eindeutige Zuordnungen von Bedeutung und Zeichen? Wie kann man prüfen, ob die einzelnen Normen eines Normensystems (etwa die Normen der sozialistischen Moral) untereinander konsistent (widerspruchsfrei) sind oder nicht? Welche vorhandenen logischen Verfahren können eingesetzt oder müssen modifiziert oder überhaupt erst entwickelt werden, um die logische Struktur von Normen und normativen Systemen erfassen zu können?

Beispiel eines möglichen (in logischer Hinsicht jedoch nicht unproblematischen) deontischen Ansatzes liefern WRIGHT (1951) und O. BECKER (1951, 1952): Man kann versuchen, normative Festlegungen durch Umdeutung modalitätenlogischer Relationen zu erfassen. Wenn z. B. H den Vollzug einer bestimmten Handlungsweise, $\sim H$ deren Unterlassung, G die normative Modalität des Gebotenseins (Pflicht), E die Modalität des Erlaubtseins bezeichnen, dann kann festgelegt werden:

$$EH =_{\mathrm{Def}} \sim G \sim H.$$

Das Erlaubtsein einer Handlung H (des Vollzugs dieser Handlung) ist damit gleichbedeutend, daß ihre Unterlassung nicht geboten oder gefordert ist. (Das Gebotensein wird in diesem Falle als undefinierter Grundbegriff vorausgesetzt.) Ferner würde dann gelten:

$$\sim EH = G \sim H,$$

d. h., die Unerlaubtheit (das Verbot) von H ist gleichbedeutend mit dem Gebotensein der Unterlassung von H.

Im weiteren lassen sich bei diesem Ansatz Ausdrücke etwa der folgenden Art gewinnen: (H_1 und H_2 bezeichnen verschiedene Handlungsweisen)

$$G(H_1 \rightarrow H_2) = G(\sim H_1 \vee H_2) \\ = \sim E(H_1 \wedge \sim H_2).$$

Dies kann wie folgt wiedergegeben werden: Das Gebot, daß, wenn H_1 vollzogen wird, auch H_2 vollzogen werde, ist gleichbedeutend mit dem Gebot, H_1 zu unterlassen oder H_2 zu vollziehen (mindestens eines von beidem), und gleichbedeutend mit dem Verbot, H_1 zu vollziehen und zugleich H_2 zu unterlassen. Ein Beispiel hierfür ist das ursprünglich der Bibel entstammende Gebot, daß, wer nicht arbeitet, auch nicht essen soll. Wenn H_A = Arbeiten und H_E = Essen, dann gilt: $G(\sim H_A \rightarrow \sim H_E)$ oder: $G(H_E \rightarrow H_A)$, gleichbedeutend: $\sim E(H_E \wedge \sim H_A)$.
Nun findet sich in der Bibel jedoch auch das Gebot, daß man sich nicht um das Essen sorgen soll, da die Vögel nicht arbeiten und doch essen (Bergpredigt). Das kann wie folgt geschrieben werden: $G(H_E \rightarrow \sim H_A)$. Würden beide Gebote zusammen gelten, so würde sich der merkwürdige Ausdruck ableiten lassen: $G[H_E \rightarrow (H_A \wedge \sim H_A)]$, was gleichbedeutend ist mit $G[(H_A \vee \sim H_A) \rightarrow \sim H_E]$. Man würde erhalten, daß Essen dazu verpflichtet, zu arbeiten und zugleich nicht zu arbeiten oder daß es, ob man arbeitet oder nicht arbeitet, verboten ist, zu essen. Das Normensystem, das auf solche einander widersprechende Gebote führt oder diese impliziert, ist in sich inkonsistent; es muß, wie leicht zu zeigen ist, beliebige Handlungen als erlaubt zulassen und so sinnlos werden.
Die Deontik entwickelte und entwickelt sich aus der Berührung und Überschneidung verschiedener wissenschaftlicher Disziplinen, wie der Rechtstheorie, der Ethik, der Ethnologie, der Semiotik u. a.; insbesondere sind hierbei die Impulse zu nennen, die von der modernen Logik, ihren Erfolgen und Problemen ausgegangen sind und weiter ausgehen. Mit Problemen der Deontik haben sich – von einzelnen Bemerkungen beispielsweise bei H. Poincaré abgesehen – besonders beschäftigt: in den dreißiger Jahren K. Menger, A. Hofstädter und J. C. C. McKinsey, J. Jörgensen; in den fünfziger und sechziger Jahren G. H. Wright, O. Becker, N. Rescher, R. M. Hare, P. H. Nowell-Smith, H. N. Castañeda, in den sozialistischen Ländern A. A. Sinowjew, I. Kalinowski, Z. Zienbinski, O. Weinberger, G. Klaus, F. Loeser.
Vom Standpunkt der marxistisch-leninistischen Philosophie dürfte deontischen Untersuchungen bei der zielstrebigen Entwicklung des sozialistischen Bewußtseins und bei der Festigung der Normen des sozialistischen Zusammenlebens der Menschen wachsende Bedeutung zukommen. Übrigens hat die marxistisch-leninistische Bewegung selbst geschichtlich einmalige Beispiele für die Entwicklung historisch sehr wirkungsvoller, logisch in sich geschlossener, konsistenter Normensysteme (vor allem in Gestalt der im Parteistatut verankerten *Leninschen Normen* des Parteilebens) geliefert. Deontische Untersuchungen müssen zu einem Teil des methodischen Instrumentariums und des theoretischen Apparats der marxistisch-leninistischen Ethik werden. Sie können die Ethik nicht ersetzen; sie können keine der Grundfragen der Ethik lösen, sie können jedoch ihre Lösung in starkem Maße befruchten, teilweise überhaupt erst möglich machen. Andererseits muß eine Deontik, die ihre Fundierung nicht durch die marxistisch-leninistische Theorie erfährt und die nicht in eine klare gesellschaftliche Aufgabenstellung integriert wird, sterile Züge annehmen. Wahrscheinlich werden deontische Untersuchungen ferner in viel stärkerem Maße als bisher einzubetten sein in die weit allgemeinere Problematik normativer Systeme überhaupt, in die logische und erkenntnistheoretische Problematik von Aufforderungen, Direktiven im allgemeinen, im besonderen in die Problematik gesellschaftlicher Planung und Entscheidung.

Designator [lat] – nach Charles William Morris (Sign, Language, and Behavior 1946) ein → Zeichen, das (beobachtbare) Eigenschaften einer Situation oder eines Handelnden bedeutet. *Beispiel*: «schwarz».
Designatoren herrschen in der erkennenden Phase des Handelns vor und spielen nach Morris in den empirischen Wissenschaften eine besondere Rolle.
Sie rufen beim Zeichenempfänger die Disposition hervor, die dem Objekt zugesprochenen Eigenschaften wahrzunehmen und so zu handeln, als ob das Objekt diese Eigenschaften habe.
Designatoren werden im allgemeinen *informativ* gebraucht. Ein Zeichen wird nach Morris informativ gebraucht, wenn es dazu dienen soll, daß sich der Zeichenempfänger so verhält, als ob eine gewisse Situation gewisse Merkmale habe. Informative Adäquatheit schreibt Morris einem Designator zu, wenn der Zeichenempfänger zu der Auffassung gebracht wird, daß die gemeinte Situation die ihr zugeschriebenen Merkmale tatsächlich hat. Die informative Adäquatheit hängt nicht davon ab, ob die dem Designator entsprechende Situation überhaupt existiert oder nicht und ob sie die ihr zugeschriebenen Merkmale wirklich besitzt oder nicht.
Die von Morris richtig erkannte Tatsache, daß die Wirksamkeit, die Überzeugungskraft eines Designators in gewissem Maße vom Wahrheitswert der ihm entsprechenden Aussage unabhängig ist, wird durch die imperialistische Propaganda nicht selten mißbraucht. Reaktionäre westdeutsche Publizisten charakterisieren z. B.

das Verhältnis zwischen Ausbeutern und Ausgebeuteten in Westdeutschland mit dem Wort «Sozialpartnerschaft». Soweit es ihnen gelingt, mit entsprechenden Formulierungen die westdeutschen Arbeiter von ihrem Kampf um Arbeitsplätze, um gerechte Entlohnung und schließlich um die Befreiung von der Ausbeutung abzuhalten, haben sie informative Adäquatheit erreicht, obwohl die entsprechenden Aussagen falsch sind. Die marxistische Propaganda ist demgegenüber an der Verbreitung der Wahrheit interessiert; für sie kommt es darauf an, unter den verschiedenen möglichen Formulierungen wahrer Aussagen diejenigen herauszufinden, die zugleich am wirksamsten, am überzeugendsten sind.
→ Askriptor.

Designat(um) [lat] – das durch eine Bezeichnung Bezeichnete. Die Beziehung zwischen Wörtern natürlicher Sprachen und ihren Designaten ist im Gegensatz zur Meinung idealistischer – vor allem neupositivistischer – Philosophen nicht willkürlich festgelegt oder festlegbar, sondern ist historisch entstanden und verändert sich im Prozeß der gesellschaftlichen Erkenntnis und Veränderung der Wirklichkeit sowie der Verständigung der Menschen in diesem Prozeß. In *Wissenschaftssprachen* wird die Zuordnung zwischen Fachtermini und ihren Designaten vielfach durch Festsetzungsdefinitionen hergestellt. Die Interpretation von Kalkülen setzt ausdrücklich formulierte Bezeichnungsregeln voraus.
Manchmal wird zwischen *Designat* und *Denotat* in der Weise unterschieden, daß als Designat eines Wortes (z. B. «Philosoph») die entsprechende gesamte Klasse (hier: die Klasse der Philosophen) betrachtet wird und als Denotate die einzelnen Elemente dieser Klasse (z. B. Aristoteles, Hegel, Marx usw.) angesehen werden.
→ Bezeichnung.

Desintegration [lat] – der Integration entgegengesetzter Prozeß, in dem sich im Verlaufe von Integrationen entstandene Systeme (Ganzheiten) in ihre Teilsysteme bzw. Elemente auflösen. Desintegration ist gekennzeichnet durch den Verlust der wechselseitigen Abhängigkeit der Elemente, der bestehenden Organisation, Zentralisation usw., ist Rückfall von einem höheren auf einen niedrigeren Grad der Integration.
→ Integration.

Deskription → Beschreibung.

deskriptive Definition → Definition, deskriptive.

deskriptives Zeichen → Zeichen, deskriptives.

Desoxyribonukleinsäure (DNS) – spezifische Nukleinsäure, die nach neuesten Erkenntnissen der hauptsächliche Träger der Erbinformation ist. Die Erbfaktoren, die den Aufbau jedes Lebewesens bestimmen, bestehen aus DNS.
Avery, Mac Leod und McCarthy wurden 1944 durch ihre Transformationsexperimente (Übertragung von DNS und damit von erblichen Eigenschaften von einem Bakterienstamm auf einen anderen) als erste auf die Schlüsselstellung der DNS in Erbgeschehen aufmerksam. Hershey bewies 1952 durch entsprechende Markierung von Bakteriophagen, daß die genetische Information in der DNS lokalisiert ist.
Die DNS ist als Träger der Erbinformation gut geeignet, weil sie reaktionsträge und relativ beständig ist. Die Speicherung der Erbinformation in der DNS ist nicht etwa so vorzustellen, daß die nahezu unendlich verkleinerte Gesamtstruktur des Organismus in ihnen enthalten ist, sondern gespeichert sind Anweisungen zur identischen Reproduktion der gegebenen Strukturen. Informationstheoretisch kann davon gesprochen werden, daß das Alphabet der DNS aus 4 Buchstaben besteht, aus Adenin (A), Guanin (G), Cytosin (C) und Thymin (T), aus Basen, die an die Molekülketten der DNS angelagert sind.
Die DNS besteht in der Regel aus zwei Kettenmolekülen, die zu einer Doppelspirale umeinandergewickelt sind. Im Prozeß der Erbinformation treten sie auseinander. Jeder der beiden Stränge bildet den ihm nun fehlenden neu, wobei der Ausgangsstrang als Druckstock (Matrix) für den komplementären Strang dient. Im allgemeinen erfolgt die Abbildung mit großer Genauigkeit; jedoch sind auch Abweichungen von der vorgegebenen Matrix (Mutationen) möglich.

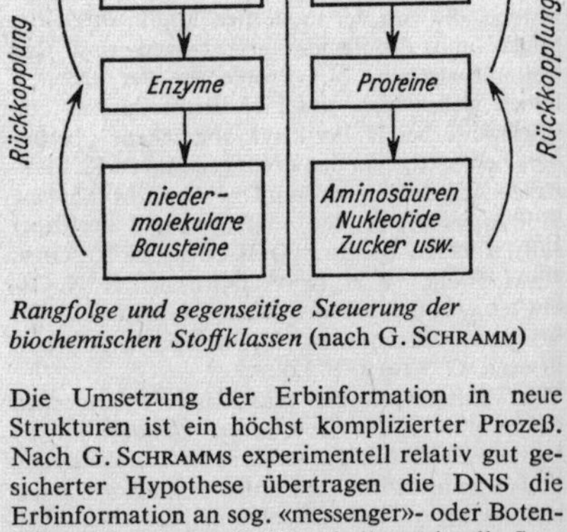

Rangfolge und gegenseitige Steuerung der biochemischen Stoffklassen (nach G. Schramm)

Die Umsetzung der Erbinformation in neue Strukturen ist ein höchst komplizierter Prozeß. Nach G. Schramms experimentell relativ gut gesicherter Hypothese übertragen die DNS die Erbinformation an sog. «messenger»- oder Boten-Ribonukleinsäuren (RNS), die ihrerseits die Synthese der Proteine steuern, aber auch auf die

Bildung von DNS zurückwirken (Rückkopplung).
In der lebenden Zelle herrscht also eine Art Hierarchie, wobei die Nukleinsäuren an der Spitze des molekularen Systems der Zelle stehen.
Weitere Aufschlüsse über diese Zusammenhänge werden sich vor allem bei der Untersuchung von Viren und Bakteriophagen ergeben, die in gewisser Hinsicht als «isolierte Gene» betrachtet werden können.
Die Erkenntnisse über Wesen und Funktion der DNS präzisieren die Vorstellungen von der Entstehung des Lebens. Ein aus Nukleinsäuren gebildetes vermehrungsfähiges System dürfte vielleicht als Wurzel der Lebensvorgänge überhaupt angesehen werden, da es die wesentlichen Voraussetzungen der Entwicklung der Organismen (identische Reproduktion, Mutation usw.) erfüllt. Unter diesem Aspekt kann Entwicklung als Vermehrung und Bereicherung der genetischen → Information betrachtet werden. Ferner deutet vieles darauf hin, daß bei Speicherung von Information im Lernprozeß Nukleinsäuren eine entscheidende Rolle spielen.
→ Genetik.

Determination → Bestimmung.

Determinismus [lat] – philosophische Lehre vom objektiven Zusammenhang und von der wechselseitigen Bedingtheit aller Objekte, Prozesse usw. der Natur, der Gesellschaft und des Denkens auf der Grundlage objektiver Gesetze. Im engeren Sinne: Lehre vom allgemeinen kausalen Zusammenhang aller Dinge und Erscheinungen. Indem der philosophische Determinismus auf die Erforschung objektiver kausaler bzw. gesetzmäßiger Zusammenhänge realer Gegebenheiten orientiert und deren Erklärung aus übernatürlichen Ursachen, immateriellen Prinzipien usw. ablehnt, entspricht er dem methodologischen Grundanliegen jeder wissenschaftlichen Forschung und Erkenntnis. Als konsequente, auf alle Bereiche der objektiven Realität ausgedehnte und angewandte Denkhaltung ist er nur auf materialistischer Grundlage möglich.
Die Vorstellungen über die Art und Weise, wie jedes Geschehen in der objektiven Realität determiniert sei, haben im Laufe der Geschichte der Einzelwissenschaften und der Philosophie eine ständige Entwicklung und Vervollkommnung erfahren. In dieser Entwicklung hatte sich der materialistische Determinismus sowohl mit idealistischen Auffassungen von der Determiniertheit der Welt als auch mit dem Indeterminismus auseinanderzusetzen. Dabei war der materialistische Determinismus stets mit der fortgeschrittenen Wissenschaft seiner Zeit verbunden, baute auf ihr auf und führte ihre Erkenntnisse zur philosophischen Verallgemeinerung. Entsprechend den Hauptentwicklungsetappen der Wissenschaft lassen sich deshalb auch in der Entwicklung der Determinismusauffassungen verschiedene Etappen unterscheiden.
Den ersten Anfängen wissenschaftlichen und philosophischen Denkens entspricht die urwüchsige dialektische und zugleich materialistische Auffassung von der Determiniertheit der Welt bei den *antiken griechischen Naturphilosophen* (THALES, HERAKLIT, ANAXIMANDER, ANAXIMENES). Sie betrachteten die Welt als aus einem materiellen Urstoff (Wasser, Feuer, Apeiron, Luft) hervorgegangen und bestehend, dessen gesetzmäßige Verwandlungen die Mannigfaltigkeit und Vielgestaltigkeit der materiellen Formen hervorbringe. Im Gegensatz zu dieser materialistischen Grundhaltung vertraten die *Pythagoreer* eine objektiv-idealistische Auffassung des Determinismus. Angeregt durch die ersten großen Erfolge mathematischen Denkens verabsolutierten sie die Bedeutung mathematischer Relationen in der objektiven Realität, sahen in der Zahl das Urprinzip und in der als göttliche Harmonie verstandenen mathematischen Struktur der Welt die Ursache alles Seins. Während in der griechischen Naturphilosophie die Idee des dynamischen Werdens und dessen materieller Determiniertheit im Mittelpunkt stand, war für die Pythagoreer die ewige und unveränderliche, statische Ordnung des Seins das Ausschlaggebende. Der mathematische Determinismus der Pythagoreer offenbart so nicht nur seine Abhängigkeit von der religiösen Weltanschauung, sondern läßt zugleich deutlich werden, welche Beschränkungen sich eine konkrete Form des Determinismus notwendig auferlegen muß, wenn sie ausschließlich von den Errungenschaften einer einzigen Wissenschaft ausgeht und diese einseitig verabsolutiert.
Die idealistische Determinismusauffassung wird in der Ideenlehre PLATONS weitergeführt; ihr zufolge ist jeder materielle Gegenstand und jedes materielle Geschehen dadurch determiniert, daß die entsprechenden Ideen in die Materie eingehen. In seiner materialistischen Fassung dagegen wird der Gedanke einer durchgängigen materiellen Determiniertheit der Natur in der griechischen → *Atomistik* wieder aufgegriffen. In der Lehre DEMOKRITS von den geradlinig («unfrei») fallenden Atomen ist alles Geschehen einer strengen Notwendigkeit untergeordnet und jeder Zufall ausgeschlossen. Die hierdurch bedingte fatalistische (→ Fatalismus) Tendenz wird jedoch bereits bei EPIKUR wieder aufgehoben, der die objektive Existenz auch des Zufalls anerkennt: die Atome können bei ihrem freien Fall von der Geraden abweichen. Die Determinismusauffassung der Atomistik ist die historische Frühform eines mechanischen Determinismus. Alles Geschehen ergibt sich hier aus den mechanischen Eigenschaften der Atome, die durch Druck und Stoß

aufeinander wirken. Ungeachtet seiner durch den Entwicklungsstand der Wissenschaft seiner Zeit bedingten Enge war der antike atomistische Determinismus von großer Bedeutung für die rationelle Naturerkenntnis, da er auf die Aufdeckung der materiellen Ursachen jedes Geschehens orientierte und eine Entstehung von Etwas aus Nichts ebenso ablehnte wie jede teleologische Erklärung der Welt.

Aristoteles' Haltung in der Determinismusproblematik ist durch die Kritik sowohl der Ideenlehre Platons als auch des atomistischen Determinismus Demokrits geprägt. Er schließt sich der materialistischen Auffassung an, daß nichts aus Nichts entstehen kann; in seiner Lehre von den verschiedenen Arten von Ursachen ordnet er jedoch letztlich die materiellen und Wirkursachen den als → Entelechie verstandenen Zweck- und Formursachen unter, deren höchste Gott als der erste Beweger und als Erstursache alles Seins und Werdens sein soll.

Im Anschluß an Aristoteles und unter Hervorhebung seiner idealistischen Inkonsequenzen in der Determinismusauffassung leugnet die *mittelalterliche Scholastik* den kausalen Determinismus zugunsten einer religiös bestimmten → *Teleologie*, während die Philosophie des *Übergangs vom Mittelalter zur Neuzeit* (Cusanus, Bruno) sowohl objektive Kausalzusammenhänge als auch die Realisierung von Zwecken, von präexistierenden Zielen göttlicher Setzung in der Natur gelten läßt.

Mit dem beginnenden Aufschwung der Naturwissenschaften im 16. und 17. Jahrhundert wird das teleologische Denken immer mehr zurückgedrängt. An seine Stelle tritt in vielen Wissensbereichen immer häufiger und nachdrücklicher die Forderung, die Naturerscheinungen durch natürliche Ursachen zu erklären und die objektiven Gesetze aufzudecken, die das Naturgeschehen beherrschen. In diese Zeit fallen u. a. die großen Entdeckungen Galileis, die Wendung von alchemistischen Spekulationen zu den Anfängen einer wissenschaftlichen Chemie, der Kampf Paracelsus' gegen die kirchliche These von der Krankheit als Gottesstrafe und für eine auf natürlicher Erfahrung und der Untersuchung konkreter Zusammenhänge gegründete Medizin. In der Philosophie erheben Bacon und Hobbes, Descartes und Spinoza die Forderung, zur Erklärung der Naturerscheinungen nicht Zwecke, sondern natürliche Ursachen heranzuziehen. Das wahre Wissen soll in der Kenntnis der materiellen Ursachen der Erscheinungen bestehen.

Die größten Erfolge in dieser Periode, wie auch im nachfolgenden 18. Jahrhundert, hatte die Mechanik aufzuweisen. In den Arbeiten Keplers, Galileis und vor allem Newtons wurde ein theoretisches System geschaffen, das es gestattete, nicht nur die mechanische Bewegung und Wechselwirkung der den Menschen unmittelbar umgebenden Körper richtig zu beschreiben, sondern sogar die Bahnen der Himmelskörper zu berechnen und ihre Bewegung mit Sicherheit vorauszusagen, ohne sich irgendwelcher übernatürlicher Ursachen oder immaterieller Prinzipien bedienen zu müssen. Die klassische Mechanik wurde so zum Prototyp der exakten Wissenschaft überhaupt, und ihre Grundsätze wurden der gesamten Naturauffassung zugrunde gelegt. Für die Determinismusproblematik bedeutet dies, daß die Forderung nach Erklärungen durch natürliche Ursachen und Gesetze auf die nach Erklärungen durch mechanische Ursachen und Gesetze reduziert wurde. Bereits Descartes faßte nicht nur physikalische Erscheinungen, sondern auch biologische als mechanisch-kausal determiniert auf. Allein der Seele, dem Bewußtsein erkannte er die Fähigkeit zu willkürlichen Handlungen zu. Im Prinzip war die Physik des Descartes deterministisch und seine Metaphysik indeterministisch.

Von Descartes ausgehend brechen die *französischen Materialisten des 18. Jahrhunderts* kompromißlos mit jedweden indeterministischen Vorstellungen und erklären auch das psychische Geschehen mit Hilfe mechanischer Prinzipien.

Der Mensch erscheint aus dieser Sicht als ein komplizierter Mechanismus, eine Maschine, die mechanischen Prinzipien gehorcht (La Mettrie). Die in vielem noch spekulative Anschauung der französischen Materialisten, die ihrem materialistischen Grundgedanken nach richtig, aber einseitig und, vom heutigen Stand der Wissenschaft gesehen, simplifizierend ist, wird in der Folgezeit zu einem universellen *mechanischen Determinismus* entwickelt, der seinen prägnanten Ausdruck in dem aus der Mechanik entlehnten Begriff des *Laplaceschen Dämons* erhält. Laplace nimmt ein intelligentes Wesen an, das als fähig gedacht wird, alle in der Natur wirkenden Kräfte und die Koordinaten aller Körper zu einem bestimmten Zeitpunkt zu kennen und sie der Analyse zu unterziehen. Ein solcher Dämon könnte alsdann in einer einzigen Formel die Bewegung der größten Weltkörper wie des leichtesten Atoms erfassen; aus dem augenblicklichen Zustand des Weltalls könnte er auf Grund der Gesetze der Mechanik prinzipiell jeden vergangenen und jeden zukünftigen Zustand berechnen. Der Vorstellung vom Laplaceschen Dämon liegt wesentlich der mechanische Determinismus zugrunde, dem zufolge die Natur eine einzige ununterbrochene Kette von Ursachen und Wirkungen ist, die notwendig miteinander verknüpft sind (Holbach).

Die historisch progressive Rolle des mechanischen Determinismus besteht darin, daß er im Bunde mit der Wissenschaft seiner Zeit allen theologischteleologischen Erklärungsversuchen der Natur den prinzipiellen Kampf ansagte, ihnen gegenüber die Rolle des erkennenden menschlichen Verstandes, des auf Erfahrung gegründeten Wissens und die Macht der Wissenschaft betonte und dadurch zur weltanschaulichen und methodologischen Grundlage vieler weiterer Erfolge der Naturwissenschaften wurde. Nach ENGELS' Einschätzung gereichte es «der damaligen Philosophie zur höchsten Ehre, daß sie sich durch den beschränkten Stand der gleichzeitigen Naturerkenntnisse nicht beirren ließ, daß sie – von Spinoza bis zu den großen französischen Materialisten – darauf beharrte, die Welt aus sich selbst zu erklären, und der Naturwissenschaft der Zukunft die Rechtfertigung im Detail überließ» (MARX/ENGELS 20, 315).

Zugleich wies der mechanische Determinismus aber auch eine Reihe historisch bedingter Beschränktheiten auf, die es ihm unmöglich machten, den materialistisch-deterministischen Standpunkt für alle Bereiche der objektiven Realität als gültig zu erweisen. Indem er alle Wirkungen auf mechanische Ursachen, alle Bewegung auf mechanische Bewegung und alle Gesetzmäßigkeit auf die Gesetze der Mechanik zurückführen wollte, versperrte er sich den Weg zur Erklärung der Prozesse in den höheren Bewegungsformen der Materie, die sich in ihrer Spezifik qualitativ von denen der mechanischen Bewegungsform unterscheiden. Insbesondere war es dem mechanischen Determinismus nicht möglich, die objektiven, bestimmenden Ursachen des gesellschaftlichen Entwicklungsprozesses aufzudecken: als die menschliche Geschichte bestimmende Faktoren sieht er entweder in abstrakter Verfolgung seiner Grundthese die besondere Lage und Geschwindigkeit von Atomen und Molekülen im menschlichen Körper an (z. B. kann zu viel Schärfe in der Galle eines Fanatikers oder zu heißes Blut im Herzen eines Eroberers nach HOLBACH einen Krieg hervorrufen) oder aber ideelle Motive, ohne diese auf ihre materielle gesellschaftliche Grundlage zurückzuführen. Aus diesem Grunde blieb er noch wesentlich in einer idealistischen Geschichtsauffassung befangen und vermochte nicht, die Spezifik der gesellschaftlichen Entwicklungsgesetzmäßigkeiten zu erkennen. Indem er weiter die im mechanischen Sinne verstandene Notwendigkeit verabsolutierte und die objektive Existenz des Zufalls leugnete, zeitigte er unverkennbar fatalistische Konsequenzen; die dergestalt verabsolutierte Notwendigkeit wurde faktisch in den Rang eines unabwendbaren Schicksals oder des unverrückbaren Ratschlusses Gottes erhoben (MARX/ENGELS 20, 488).

Die Unzulänglichkeiten des mechanischen Determinismus boten dem Idealismus und dem Indeterminismus ständig neue Angriffsflächen. Die Tatsache, daß die Kausalität nicht auf ein mechanisches Ursache–Wirkung-Verhältnis reduziert werden kann, führte KANT zu einer subjektiv-idealistischen Kausalitätsauffassung, die in der Kausalität eine a priori gegebene Verstandesform sieht, mit deren Hilfe die Aufeinanderfolge der Naturerscheinungen geordnet werden kann. Seine gegen den mechanischen Determinismus gerichtete Feststellung, daß es einen Newton des Grashalmes nicht geben wird, daß der Mechanizismus also bei der Erklärung komplizierter biologischer Prozesse, insbesondere im Hinblick auf den Organismus, nichts ausrichten kann, wurde in der Folgezeit unter Ausnützung der Lücken in der einzelwissenschaftlichen Forschung, die eine konkrete Durchführung des Determinismus in den Detailfragen der Biologie erschwerten, und unter Zuhilfenahme aller teleologischen Argumente und des → Vitalismus immer wieder dazu benutzt, den Determinismus in der Biologie zu bekämpfen.

Das metaphysische Wesen des mechanischen Determinismus erfuhr erstmalig eine umfassende und prinzipielle Kritik in der Philosophie HEGELS. Indem er den dialektischen Charakter des Zusammenhangs zwischen Ursache und Wirkung, Notwendigkeit und Zufall, Notwendigkeit und Freiheit betonte, lieferte er erste Ansätze zu einer Überwindung der mechanisch-metaphysischen Determinismusauffassung. HEGEL hob besonders die untrennbare Einheit von Ursache und Wirkung hervor; er zeigte, daß die Betrachtung unendlicher linearer Kausalketten, wie sie der mechanische Determinismus letztlich impliziert, zur Untersuchung dialektischer Wechselwirkungszusammenhänge weitergeführt und die Kenntnis von Kausalzusammenhängen durch die Erforschung weiterer Formen des Zusammenhangs vervollständigt werden muß.

Neben dieser philosophischen Kritik ließ das neue naturwissenschaftliche Tatsachenmaterial der zweiten Hälfte des 19. Jahrhunderts die Unzulänglichkeit des mechanischen Determinismus in Anwendung auf die höheren Bewegungsformen der Materie immer offenkundiger werden. Besonders die Evolutionstheorie DARWINS machte deutlich, daß in der Entwicklung der organischen Natur determinierende Faktoren wirksam sind, die keinesfalls auf mechanische reduziert werden können und deren Anerkennung die biblische Schöpfungsgeschichte wirksamer widerlegen, als dies der mechanische Determinismus zu tun vermochte.

Der entscheidende Schritt zur Überwindung des mechanischen Determinismus konnte jedoch erst getan werden, nachdem auch für den gesellschaftlichen Bereich gezeigt worden war, welches die wahren materiellen Ursachen der hier auftretenden Prozesse und Strukturen sind und worin die

Spezifik der sie beherrschenden Gesetze besteht. Diese Aufgabe wurde mit der Ausarbeitung der materialistischen Geschichtsauffassung durch Marx und Engels bewältigt. Sie wiesen nach, daß die Ursachen bestimmter gesellschaftlicher Erscheinungen in bestimmten gesellschaftlichen Verhältnissen bestehen, daß die «jedesmalige ökonomische Struktur der Gesellschaft die reale Grundlage bildet, aus der der gesamte Überbau der rechtlichen und politischen Einrichtungen sowie der religiösen, philosophischen und sonstigen Vorstellungsweise eines jeden geschichtlichen Zeitabschnitts in letzter Instanz zu erklären sind» (Marx/Engels 19, 208), und daß auch die ökonomischen Verhältnisse einer jeden Epoche gesetzmäßig entstehen und vergehen.

Mit der Entstehung des dialektischen und historischen Materialismus waren so erstmalig alle Voraussetzungen gegeben, den mechanischen Determinismus durch eine neue Determinismusauffassung zu ersetzen, die dessen deterministisches Grundanliegen nicht nur bewahrte, sondern überhaupt erst gestattete, es in allen Bereichen der Natur, der Gesellschaft und des Denkens konsequent zu realisieren, die die Resultate der vorangegangenen philosophischen Kritik des mechanischen Determinismus berücksichtigte und zugleich auf der Höhe der fortgeschrittenen Wissenschaft ihrer Zeit stand. Diese durch die marxistische Philosophie begründete Determinismusauffassung ist der *dialektische Determinismus*.

Den dialektischen Determinismus vereint mit dem mechanischen Determinismus seine prinzipiell materialistische Grundhaltung. Beide gehen davon aus, daß die Determiniertheit der Welt objektiv existiert, durch objektive Gesetze und materielle Ursachen bedingt ist und daß diese objektiven Determinationszusammenhänge prinzipiell erkennbar sind. Des weiteren unterscheidet sich jedoch die Determinismusauffassung des dialektischen Materialismus in wesentlichen Punkten von der des mechanischen Materialismus. Während der mechanische Determinismus die Bewegung nur als mechanische Bewegung versteht, ist für den dialektischen Determinismus Bewegung Veränderung schlechthin, die in den höheren Bewegungsformen der Materie vor allem qualitativer Natur ist. Während der mechanische Determinismus alles Geschehen aus mechanischen Prinzipien zu erklären versucht, betont der dialektische Materialismus, daß in jeder Bewegungsform der Materie spezifische Gesetzmäßigkeiten wirken, die nicht auf mechanische Gesetze reduziert werden können. Insbesondere vermag der dialektische Materialismus den deterministischen Standpunkt auf der Grundlage der materialistischen Geschichtsauffassung auch im gesellschaftlichen Bereich konsequent durchzuführen.

Ersetzt der mechanische Materialismus den Determinismus faktisch durch einen mechanischen Kausalismus, der nur mechanische Ursachen und lineare Kausalketten kennt, so betrachtet der dialektische Materialismus die Kausalität nur als eine Seite des universellen wechselseitigen Zusammenhangs aller Erscheinungen, nur als eine Form des Zusammenhangs unter vielen anderen. Die Aufgabe, die der mechanische Determinismus der Wissenschaft stellt, ist, alle Naturerscheinungen auf die bekannten mechanistischen Zusammenhänge zurückzuführen; der dialektische Determinismus hingegen orientiert die Wissenschaft darauf, die Vielfalt der objektiven Zusammenhänge aufzudecken und die Erkenntnis von der Aufdeckung des «Nebeneinander zur Kausalität und von der einen Form des Zusammenhangs und der wechselseitigen Abhängigkeit zu einer anderen, tieferen, allgemeineren» fortzuführen (Lenin 38, 213).

Während der mechanische Determinismus die Notwendigkeit verabsolutiert und die objektive Existenz des Zufalls leugnet, indem er ihn auf Lücken in der Erkenntnis reduziert, schließt der dialektische Determinismus die Anerkennung der objektiven Existenz des Zufalls und des dialektischen Zusammenhangs von Notwendigkeit und Zufall sowie von Notwendigkeit und Freiheit ein; hierdurch, wie auch durch seine dialektische Auffassung des Verhältnisses zwischen Ursache und Bedingung, Gesetz und Bedingung, Möglichkeit und Wirklichkeit, entgeht er allen fatalistischen Konsequenzen.

Der mechanische Determinismus kannte nur einen Systemtyp, den des Systems von Massepunkten, dessen Verhalten eindeutig-linear durch seinen Anfangszustand und die Gesetze der Mechanik determiniert ist. Der dialektische Determinismus hingegen vermag auch Systeme zu berücksichtigen, die auf Grund ihrer komplexen Struktur in der Lage sind, zufällige Störungen der Umgebung so zu verarbeiten, daß das System sich seiner Umgebung anpaßt, sich zweckmäßig verändert, die also in einem höheren, dialektischen Sinne determiniert sind. Der kybernetische Charakter solcher Systeme ist nur auf der Grundlage des dialektischen Wechselverhältnisses von inneren und äußeren Widersprüchen, von Ursache und Wirkung, Notwendigkeit und Zufall, Möglichkeit und Wirklichkeit erfaßbar. Analoges gilt für die Beschreibung stochastischer Systeme, in denen die Dialektik von Möglichkeit, Wahrscheinlichkeit, Notwendigkeit und Wirklichkeit ihren Ausdruck findet und die dem mechanischen Determinismus notgedrungen als indeterminiert erscheinen müssen. Die Determiniertheit der Erscheinungen ist für den mechanischen Determinismus identisch mit ihrer Voraussagbarkeit. Der dialektische Determinismus hin-

gegen berücksichtigt, daß auch das Verhalten stochastischer Systeme determiniert ist, obgleich es nur in der Form von Wahrscheinlichkeitsaussagen voraussagbar ist.
Beachtet man diese wesentlichen Unterschiede zwischen dem mechanischen und dem dialektischen Determinismus nicht, so gelangt man auf Grund der neuesten Erkenntnisse der Naturwissenschaften, insbesondere der Physik des 20. Jahrhunderts, die ausgeprägte dialektische Züge trägt, leicht zu der Auffassung, der Determinismus sei überholt. Diese Situation trat mit dem Übergang von der klassischen zur modernen Physik um die Jahrhundertwende tatsächlich ein. Der → Korpuskel-Welle-Dualismus, der durch die von HEISENBERG entdeckte → Unbestimmtheitsrelation quantitativ charakterisiert wird, erwies den mechanischen Determinismus als für den subatomaren Bereich *nicht gültig*. Aus dieser Tatsache zogen bürgerliche Philosophen und unter ihrem Einfluß stehende Naturwissenschaftler die Schlußfolgerung, der Determinismus sei überhaupt zu verwerfen und zumindest im subatomaren Bereich durch den Indeterminismus zu ersetzen. Diese Auffassung ging mitunter so weit, selbst der klassischen Mechanik die Determiniertheit abzusprechen (BORN). Die indeterministischen Interpretationsversuche der modernen Physik erwuchsen jedoch aus einer Identifizierung von mechanischem Determinismus mit Determinismus überhaupt und insbesondere aus einer Gleichsetzung von Determiniertheit und Voraussagbarkeit.
Der *dialektische Materialismus* ist in der Lage, die neuen physikalischen Erkenntnisse widerspruchslos in seine Determinismusauffassung einzufügen. Er hatte den mechanischen Determinismus philosophisch bereits dialektisch negiert, noch bevor die umwälzenden Entdeckungen der modernen Physik die klassische Physik negierten und eine Revision der mechanischen Determinismusauffassung unumgänglich machten.
Der *gegenwärtige Indeterminismus* betrachtet die Voraussagbarkeit von Ereignissen als das wichtigste Kriterium ihrer Determiniertheit und schlußfolgert, daß dort, wo es prinzipiell unmöglich ist, eindeutige Voraussagen zu treffen, wie z. B. in der Quantenphysik, indeterminiertes Geschehen vorliege. Nun ist die Voraussagbarkeit zwar eine Bestätigung, keinesfalls aber das Kriterium der Determiniertheit: wo keine eindeutigen Voraussagen gemacht werden können, darf nicht auf Indeterminismus geschlossen werden. So gibt z. B. ein statistisches Gesetz nicht die Möglichkeit von eindeutigen Voraussagen im Sinne des mechanischen Determinismus, setzt aber durchaus ein determiniertes Geschehen voraus, in dem Notwendigkeit und Zufall eine dialektische Einheit bilden. Auch in den höheren Bewegungsformen der Materie, insbesondere im gesellschaftlichen Bereich, sind exakte, detaillierte Voraussagen auf Grund der enormen Kompliziertheit der meisten Vorgänge nicht immer möglich. Dennoch ist auch das gesellschaftliche Geschehen gesetzmäßig determiniert, und die von MARX und ENGELS entdeckten Bewegungsgesetze der menschlichen Gesellschaft gestatten es, deren Entwicklung zumindest in großen Zügen vorauszusagen. Der historische Materialismus hat die wissenschaftliche Basis und die Grundzüge einer wissenschaftlichen kausalgesetzmäßigen Erklärung der Geschichte und des gesellschaftlichen Lebens überhaupt geschaffen.
So gibt allein die marxistische Philosophie, der dialektische und historische Materialismus, die Möglichkeit, den Determinismus in allen Bereichen der Realität widerspruchslos durchzuführen.
→ Indeterminismus → Kausalität → Bedingung → Bedingtheit → Gesetz → Zusammenhang.

De tribus impostoribus [lat] – Von den drei Betrügern – ist in zweierlei Hinsicht zu verstehen: *erstens* als Schlagwort für die sog. Betrugshypothese, nach der MOSES, JESUS und MOHAMMED mit ihren Religionsstiftungen nicht im göttlichen Auftrag, sondern aus selbstsüchtigen betrügerischen Motiven heraus gehandelt hätten; *zweitens* als Titel eines Buches, das eben diesen Betrug aufgedeckt haben soll.
Die Betrugshypothese entstand im 10. Jahrhundert im Bereich des Islams und drang von hier, wahrscheinlich im Gefolge der Kreuzzüge, nach Europa vor. Auf ihr basiert als Gleichnis für die drei Religionen jene Erzählung von den drei einander zum Verwechseln ähnlichen Ringen, welche über BOCCACCIO Jahrhunderte später in LESSINGS Drama *Nathan der Weise* eingegangen ist.
Ein besonders günstiger Nährboden für diese Hypothese war am Sizilianischen Hof des Stauferkaisers FRIEDRICH II. (1194–1250) gegeben, an dem orientalische und europäische Kultur einander durchdrangen und befruchteten. Seit dieser Zeit spielte sie von den mittelalterlichen Freidenkern über die Humanisten bis zu den Aufklärern des 18. Jahrhunderts eine Rolle in der Auseinandersetzung mit der Religion.
Es waren eben dieser FRIEDRICH II. und sein Kanzler PETRUS VON VINEA, die als erste vom Papst (damals GREGOR IX.) der Autorschaft des blasphemischen Buches beschuldigt wurden. Damit begann eine fast einzigartige, Jahrhunderte dauernde Suche nach einem Buche, das nie existiert hat. Als Autoren wurden fast alle berühmten Freidenker, Humanisten und Materialisten des 16. und 17. Jahrhunderts genannt. Als dann 1719 und 1753 in Deutschland doch zwei Bücher unter diesem Titel auftauchten (das zweite mit dem Zusatz «Anno MDIIC»), wurden sie rasch

als geistige Produkte des frühen 18. Jahrhunderts erkannt.

Letztere Schrift geht auf ein Manuskript *De imposturis religionum breve compendium* (Kleines Handbuch religiöser Betrügereien) zurück, das von einem Hamburger Juristen namens Johannes Joachim MÜLLER (1661–1733) in Anlehnung an die Betrugshypothese verfaßt wurde (sein Großvater war der bekannte «Atheistenfresser» Johannes MÜLLER, Verfasser des Buches *Atheismus devictus*).

Das «Kompendium» gehört in die Linie der Herausbildung atheistischer Religionskritik in Deutschland. Wenn es selbst auch keinen klar formulierten Atheismus aufweist, so muß doch bereits der Versuch, den Ursprung der Religion zu subjektivieren, indem er in persönlichen, egoistischen Motiven des jeweiligen Gründers gesucht wird, als historische Entwicklungsstufe zum Atheismus hin angesehen werden. ENGELS (19, 297): «Die seit den Freigeistern des Mittelalters bis auf die Aufklärer des 18. Jahrhunderts, diese eingeschlossen, herrschende Ansicht, daß alle Religionen, und somit auch das Christentum, das Werk von Betrügern seien, war nicht mehr genügend, seitdem Hegel der Philosophie die Aufgabe gestellt hatte, eine rationelle Entwicklung in der Weltgeschichte nachzuweisen.»

deus absconditus [lat] – *eigtl*: der verborgene Gott; Ausdruck des *Alten Testaments* für den Gott Israels; dann von CUSANUS, CALVIN und LUTHER als Bezeichnung für das Unoffenbarsein Gottes gebraucht.

deus sive natura [lat] – *eigtl*: Gott bzw. Natur. Formel SPINOZAS und des → *Pantheismus* für das Ineins von Gott und Natur.

deutsche Aufklärung → Aufklärung.

Deutung – *svw* → Interpretation.

devotio antiqua und **devotio moderna** [lat] – Mit dem Begriff «*devotio antiqua*» wurde im ausgehenden Mittelalter (14. bis 15. Jahrhundert) die alte Frömmigkeit bezeichnet, die ausschließlich vom Mönchtum und seinen verschiedenen Orden gepflegt wurde. Dem Laien war sie nicht zugänglich. Ihre Ausübung wurde durch die jeweiligen Ordensregeln festgelegt. Darin äußerte sich ihr feudaler und exklusiver Charakter. Sie war eine Form der Ideologie der herrschenden Feudalklasse, insbesondere ihrer kirchlichen Fraktion.

Die «*devotio moderna*» dagegen war eine Frömmigkeitsbewegung der Laien am Ende des 14. und im 15. Jahrhundert. Diese neue Frömmigkeitsbewegung brachte in religiöser Form und dadurch auch auf inkonsequente Weise ökonomische, ideologische und im gewissen Sinne auch politische Interessen der unteren und mittleren Schichten des sich herausbildenden Bürgertums in den Städten der *Niederlande*, *Nordfrankreichs* und am *Niederrhein* zum Ausdruck. Sie begründete eine religiöse Laienkultur und war eng mit dem Bildungsstreben des aufkommenden Bürgertums verbunden.

Ausgangspunkte und Zentren der devotio moderna waren die Städte Deventer und Zwolle in den Niederlanden. Der Begründer der devotio moderna war der Niederländer Gert GROOTE (1340–1384), verbreitet wurde sie von seinen Schülern Johann CEELE (um 1345–1417), Florentius RADEWIJN (1350–1400), Johann BRINCKENRING (1359–1419), Gerhardt ZERBOLDT (1367 bis 1398) und anderen. Das Hauptwerk der devotio moderna, die *Imitatio Christi* (Die Nachfolge Christi), verfaßte THOMAS VON KEMPEN (1380 bis 1471) im Auftrage von Johann Vos (1363–1424) auf der Grundlage der Tagebücher von Gert GROOTE.

Die devotio moderna löste den einzelnen aus der kirchlichen Gemeinschaft heraus. Nach ihrer Lehre stand der einzelne Mensch Gott allein gegenüber. Deshalb wurde von ihr die individuelle Frömmigkeit gefordert. Vom Nominalismus beeinflußt, trat sie für eine Trennung von Glauben und Wissen ein. Nach ihrer Auffassung konnte der Glauben nur ein Akt der Intuition und ein ethisches Postulat sein.

Ausgeübt wurde die neue Frömmigkeit von den Gemeinschaften der *Brüder und Schwestern vom gemeinsamen Leben*. Den Gemeinschaften lagen nicht Ordensregeln, sondern nur Statuten zugrunde. Jeder einzelne behielt beim Eintritt in die Gemeinschaft sein Eigentum, war zur regelmäßigen Arbeit für den gemeinsamen Unterhalt sowie zu einem schlichten bürgerlichen Leben verpflichtet. Der durch die Arbeit erzielte Überschuß wurde für gemeinnützige Zwecke verwendet, wie für Krankenhäuser, die Einrichtung von Bibliotheken sowie für die Errichtung öffentlicher Schulen. Die Schulen der Gemeinschaften vom gemeinsamen Leben galten im ausgehenden Mittelalter als vorbildliche Bildungsstätten. Die devotio moderna übte auf diese Weise einen großen Einfluß auf das entstehende bürgerliche Schulwesen aus.

Die devotio moderna war ein Ausdruck des bürgerlichen Strebens nach Emanzipation von den kirchlich-feudalen Verhältnissen. Trotz der vorhandenen antiklerikalen Tendenzen wich sie einer grundsätzlichen Auseinandersetzung mit der katholischen Kirche aus und war bestrebt, sich von den Volksketzereien (*Beghinen* und *Begharden* einerseits und der *Mystik* andererseits) abzugrenzen, deren Bekämpfung sie sich zur Aufgabe machte. Durch ihre Inkonsequenzen trug sie bei zur Entstehung der Formen der Anpassung der katholischen Kirche an die sozialen und politischen Verhältnisse des sich herausbildenden Frühkapitalismus. Ideellen Einfluß übte die devotio moderna auf die Ideologie der katholischen Gegenreformation im 17. Jahrhundert sowie auf den *Jansenismus* und den *Pietismus* aus.

Dialektik [griech] – *eigtl*: Kunst der Unterredung. Wissenschaft von den allgemeinsten Bewegungs- und Entwicklungsgesetzen der Natur, der Gesellschaft und des Denkens.

Im *Altertum* verstand man unter Dialektik die Methode, durch das Aufeinandertreffen einander widersprechender Meinungen und die Überwindung der Widersprüche im Gespräch zur Wahrheit zu gelangen. In diesem Sinne finden wir die Dialektik bereits bei den *Eleaten* als indirektes Beweisverfahren. Als ihr eigentlicher Begründer gilt ZENON. Klassisch ausgeprägt ist diese Auffassung der Dialektik bei SOKRATES und in den Dialogen PLATONS, in denen in Rede und Gegenrede zum Begriff einer Sache, zur Wahrheit vorgestoßen werden soll. Ähnlich ist auch die Methode der mittelalterlichen *Scholastik*. Die Disputationen hatten die Form eines Zwiegesprächs, in welchem durch das Gegeneinander von *pro et contra* (Für und Wider) und *sic et non* (Ja und Nein) zu neuen Erkenntnissen fortgeschritten werden sollte.

Im Laufe der Geschichte des philosophischen Denkens hat die Dialektik noch andere Bestimmungen erfahren. So wird sie von PLATON auch als Lehre von den logischen Operationen aufgefaßt, durch welche die «Ideen» und ihre Beziehungen untereinander festgestellt werden. Die *Sophisten* verstehen unter Dialektik die Kunst, Falsches als Wahres auszugeben (durch Sophismen den Schein der Wahrheit zu erzeugen). ARISTOTELES betrachtet die Dialektik gelegentlich einfach als Kunst des Widerlegens oder auch als induktives Aufsuchen von Sätzen, die als erste Voraussetzungen für das apodiktische Schließen gelten.

Bei KANT gilt die Dialektik als Logik des Scheins, weil sie durch das In-Beziehung-Setzen bereits bekannter Begriffe, ohne Berücksichtigung der Erfahrung zu Erkenntnissen gelangen wolle. Unter «transzendentaler Dialektik» versteht KANT die Kritik des dialektischen Scheins, das Aufdecken des Scheins der Wahrheit solcher Urteile, der daraus entspringt, daß von Dingen an sich ausgesagt wird, was nur für Erscheinungen gilt.

Erst bei FICHTE und vor allem bei HEGEL erhält der Begriff der Dialektik einen Sinn, der bedeutungsvoll wurde für ihre Bestimmung im dialektischen und historischen Materialismus. Bei HEGEL ist die Dialektik die der → Metaphysik entgegengesetzte Methode der Erkenntnis, zugleich die innere Gesetzmäßigkeit der Selbstbewegung des Denkens und der Selbstbewegung der Wirklichkeit (Identität von Denken und Sein). Die Dialektik als Methode der Erkenntnis ist das Vermögen der Vernunft, den Gegenstand als Einheit gegensätzlicher Bestimmungen zu fassen. Der metaphysisch vorgehende Verstand erkennt dagegen nur eine der gegensätzlichen Bestimmungen an, er bestimmt den Gegenstand nur einseitig. Die HEGELsche Dialektik ist idealistische Dialektik, «Selbstentwicklung des Begriffs» (ENGELS).

Den rationellen Kern der HEGELschen Dialektik verwertend, haben MARX und ENGELS mit ihrer revolutionären Umwälzung in der Philosophie auch die Dialektik von den Mystifikationen befreit, die sie in der objektiv-idealistischen Philosophie HEGELS erleiden mußte, und ihr eine völlig neue Bestimmung gegeben. MARX stellt fest: «Meine dialektische Methode ist der Grundlage nach von der Hegelschen nicht nur verschieden, sondern ihr direktes Gegenteil. Für Hegel ist der Denkprozeß, den er sogar unter dem Namen Idee in ein selbständiges Subjekt verwandelt, der Demiurg des Wirklichen, das nur seine äußere Erscheinung bildet. Bei mir ist umgekehrt das Ideelle nichts andres als das im Menschenkopf umgesetzte und übersetzte Materielle» (MARX/ENGELS 23, 27). Nachdem MARX und ENGELS die Dialektik mit dem Materialismus verbunden hatten, «die Begriffe unsres Kopfes wieder materialistisch als die Abbilder der wirklichen Dinge (faßten), statt die wirklichen Dinge als Abbilder dieser oder jener Stufe des absoluten Begriffs ..., reduzierte sich die Dialektik auf die Wissenschaft von den allgemeinen Gesetzen der Bewegung, sowohl der äußern Welt wie des menschlichen Denkens» (MARX/ENGELS 21, 292f).

Die Dialektik in ihrer *marxistisch-materialistischen Gestalt* hat eine sehr lange Geschichte, sie ist ein historisches Produkt der Entwicklung des philosophischen Denkens und als solches eine theoretische Verallgemeinerung wesentlicher Errungenschaften der Natur- und Gesellschaftswissenschaften sowie grundlegender historischer Erfahrungen der menschlichen Gesellschaft. Sie ist das Ergebnis eines jahrhundertelangen Kampfes zwischen dialektischem und metaphysischem Denken.

In der Geschichte der *vormarxistischen Philosophie* können in großen Zügen zwei Grundformen der Dialektik unterschieden werden: die spontane, *naturwüchsig-naive Dialektik* und die *idealistische Dialektik in der klassischen bürgerlichen deutschen Philosophie von* KANT *bis* HEGEL. Auch außerhalb dieser historischen Grundformen gibt es bei vielen Denkern wesentliche Elemente der Dialektik. Eine spontane, *naturwüchsig-naive Dialektik* findet sich – in unterschiedlicher Ausprägung – in den Weltanschauungen aller alten Kulturvölker. Im frühen *Buddhismus*, der die Welt als ein ununterbrochenes Werden auffaßt, tritt uns diese elementare dialektische Anschauungsweise ebenso entgegen wie in den Auffassungen der alten *chinesischen Philosophie*, insbesondere des *Taois-*

mus. Ihren Höhepunkt und ihre entwickeltste Gestalt erhielt diese Form der Dialektik in der *antiken griechischen Philosophie*. Nach ENGELS sind die alten griechischen Philosophen alle geborene, naturwüchsige Dialektiker (MARX/ENGELS 20, 19). Den milesischen Naturphilosophen (THALES, ANAXIMENES, ANAXIMANDER) war die Welt ein einheitliches Ganzes, in dem beständiges Werden herrscht. Am ausgeprägtesten bringt HERAKLIT diese Dialektik zum Ausdruck. Die Welt ist ihm ein ewiger gesetzmäßiger Prozeß: «Diese Weltordnung, dieselbige für alle Wesen, schuf weder einer der Götter noch der Menschen, sondern sie war immerdar und ist und wird sein ein ewig lebendiges Feuer, erglimmend nach Maßen und verlöschend nach Maßen» (DIELS Fragment 30). LENIN nannte diesen Ausspruch HERAKLITS eine sehr gute Darlegung der Prinzipien der materialistischen Dialektik. Im Kampf der Gegensätze sah HERAKLIT die treibende Kraft aller Entwicklung.

Als entschiedene Verfechter einer metaphysischen (antidialektischen) Anschauung traten die *Eleaten*, insbesondere ZENON, gegen HERAKLIT auf. Sie hielten die Welt für das eine, ewige, unbewegliche Sein, in dem es kein Werden und Vergehen, keine Mannigfaltigkeit gebe. Was die Sinne uns an Bewegung und Vielheit zeigen, sei trügerischer Schein.

In der griechischen Philosophie wurde nicht nur eine allgemeine Vorstellung vom ewigen Werden und Vergehen herausgebildet, sondern es wurden auch schon weitergehende Ansätze zu einer Entwicklungstheorie konzipiert. Schon ANAXIMANDER hatte den Gedanken einer Entwicklung im Tierreich geäußert, und später wurde von EMPEDOKLES, ANAXAGORAS, DEMOKRIT und ARISTOTELES die Auffassung vertreten, daß die Lebewesen aus dem Schlamm entstanden, also Entwicklungsprodukte der Natur seien.

PLATON beschäftigte sich im Rahmen seiner Ideenlehre und Erkenntnistheorie als erster mit dem dialektischen Wechselverhältnis des Allgemeinen und des Einzelnen, gelangte allerdings zu einer Trennung des Allgemeinen vom Einzelnen, indem er es zu einer selbständigen Ideenwelt hypostasierte. Doch seine Problemstellung wurde für die ganze Geschichte der Dialektik bedeutungsvoll. Auch ARISTOTELES ringt mit diesem Problem, ohne es indes völlig bewältigen zu können. Er suchte das Allgemeine in den Einzeldingen, erklärte es aber für die ewige Form. Von großer Bedeutung für die Entwicklung der Dialektik war die Untersuchung der wichtigsten dialektischen Denkformen durch ARISTOTELES im Rahmen seiner logischen Betrachtungen.

Das Charakteristische und zugleich der Hauptmangel der naturwüchsigen griechischen Dialektik ist, daß sie nicht Ergebnis detaillierter wissenschaftlicher Untersuchung der dialektischen Zusammenhänge und Gesetze ist, sondern aus der unmittelbaren Anschauung und Vorstellung des Weltganzen hervorgeht. «Bei den Griechen – eben weil sie noch nicht zur Zergliederung, zur Analyse der Natur fortgeschritten waren – wird die Natur noch als Ganzes, im ganzen und großen angeschaut. Der Gesamtzusammenhang der Naturerscheinungen wird nicht im einzelnen nachgewiesen, er ist den Griechen Resultat der unmittelbaren Anschauung. Darin liegt die Unzulänglichkeit der griechischen Philosophie, derentwegen sie später andren Anschauungsweisen hat weichen müssen. Darin liegt aber auch ihre Überlegenheit gegenüber allen ihren späteren metaphysischen Gegnern. Wenn die Metaphysik den Griechen gegenüber im einzelnen recht behielt, so behielten die Griechen gegenüber der Metaphysik recht im ganzen und großen» (MARX/ENGELS 20, 333).

Obwohl die *mittelalterliche Philosophie* unter der Vorherrschaft der Theologie stark metaphysische Züge trug, wurden von einzelnen Denkern bestimmte Elemente der Dialektik entwickelt. Das trat besonders in dem sich über Jahrhunderte hinziehenden → Universalienstreit in Erscheinung, bei dem es um das Verhältnis des Allgemeinen zum Einzelnen ging.

Während die im Mittelalter verbreitete metaphysische Denkweise mehr das Ergebnis des theologischen Dogmatismus war, hat die sich in der Neuzeit entwickelnde *metaphysische Denkweise* ihre Grundlage in der nun aufkommenden einzelwissenschaftlichen Forschung. Diese mußte zunächst zur systematischen Sammlung der Tatsachen und zu ihrer Analyse schreiten: «Die Zerlegung der Natur in ihre einzelnen Teile, die Sonderung der verschiedenen Naturvorgänge und Naturgegenstände in bestimmte Klassen, die Untersuchung des Innern der organischen Körper nach ihren mannigfachen anatomischen Gestaltungen war die Grundbedingung der Riesenfortschritte, die die letzten 400 Jahre uns in der Erkenntnis der Natur gebracht. Aber sie hat uns ebenfalls die Gewohnheit hinterlassen, die Naturdinge und Naturvorgänge in ihrer Vereinzelung, außerhalb des großen Gesamtzusammenhangs aufzufassen; daher nicht in ihrer Bewegung, sondern in ihrem Stillstand, nicht als wesentlich veränderliche, sondern als feste Bestände, nicht in ihrem Leben, sondern in ihrem Tod. Und indem, wie dies durch Bacon und Locke geschah, diese Anschauungsweise aus der Naturwissenschaft sich in die Philosophie übertrug, schuf sie die spezifische Borniertheit der letzten Jahrhunderte, die metaphysische Denkweise» (MARX/ENGELS 20, 20).

Am Beginn dieser sammelnden und analysierenden Periode der modernen Naturwissenschaft standen

KOPERNIKUS, der das heliozentrische Weltbild entwickelte, KEPLER, der die Gesetze der Planetenbewegung entdeckte, HARVEY, der den Blutkreislauf entdeckte, und GALILEI, der die moderne Physik begründete. NEWTON vollendete die klassische Physik mit seiner Gravitationstheorie und gab der neuen mechanisch-metaphysischen Anschauungsweise, die alles auf quantitative Bestimmungen zurückführte, ihre klassische Ausprägung. LINNÉ ergänzte dieses metaphysische Weltbild durch sein System der Arten, dem zufolge alle Tier- und Pflanzenarten nach ihrer Erschaffung durch Gott unveränderlich existieren.
Die Herausbildung und Festigung der metaphysischen Denkweise und Gesamtanschauung, in deren Mittelpunkt die Ansicht von der absoluten Unveränderlichkeit der Natur stand, konnte jedoch nicht verhindern, daß gewisse Elemente der Dialektik entwickelt wurden. In dieser Beziehung sind vor allem CUSANUS und BRUNO zu erwähnen, die auf SPINOZA, SCHELLING und HEGEL großen Einfluß ausübten. CUSANUS betrachtete die Erkenntnis als einen Prozeß. «Nichts ist in der Welt so genau, daß es nicht noch genauer gefaßt werden könnte ... nichts so wahr, daß es nicht noch wahrer sein könnte» (Der Laie über die Weisheit 32). Von besonderer Bedeutung für die Geschichte der Dialektik ist seine Lehre von der → coincidentia oppositorum, dem Zusammenfallen der Gegensätze. Auch BRUNO, der die Welt als großen materiellen Zusammenhang betrachtete, der sich in ständiger Bewegung befindet, erkannte, daß überall in der Natur eine Einheit von Gegensätzen wirkt. Deshalb kam er zu dem Schluß: «Wer die tiefsten Geheimnisse der Natur ergründen will, der betrachte und beobachte die Minima und Maxima am Entgegengesetzten und Widersprechenden» (Von der Ursache, dem Prinzip und dem Einen V). Auch DESCARTES und SPINOZA entwickelten wichtige dialektische Gedankengänge. DESCARTES führte die variable Größe in die Mathematik ein, womit – wie ENGELS (20, 522) sagt – «die Bewegung und damit die Dialektik in die Mathematik» kommt. Die Philosophie SPINOZAS bildet einen Höhepunkt der Dialektik bis zur klassischen deutschen Philosophie. Sein ganzes System ist durchdrungen von der Dialektik von Einheit und Vielheit. Außerdem hat er dialektische Auffassungen bei der Behandlung vieler Einzelprobleme entwickelt. Verdienste um die Entwicklung der Dialektik hat sich auch LEIBNIZ erworben. In diesem Zusammenhang muß die von ihm entdeckte Infinitesimalrechnung erwähnt werden, die es ermöglicht, Prozesse, nicht nur Zustände mathematisch darzustellen (MARX/ENGELS 20, 534). Der Entwicklungsgedanke wurde von LEIBNIZ durch sein Kontinuitätsprinzip bereichert, wenn er durch die Leugnung der Diskontinuität zugleich auch den Grund legte zu der späteren metaphysisch beschränkten Auffassung der Entwicklung als bloßer Evolution (→ Evolutionismus).
Die metaphysische Denkweise, die ein direktes Ergebnis der sammelnden, analysierenden Periode der Naturwissenschaft bildete, war in der Philosophie jener Zeit vorherrschend. Da der Materialismus mit der Naturwissenschaft eng verbunden war, mußte das metaphysische, undialektische Denken in diesem besonders stark in Erscheinung treten. Darüber darf jedoch nicht übersehen werden, daß auch bei einzelnen materialistischen Philosophen hervorragende Beispiele dialektischen Denkens zu finden sind. ENGELS (20, 19) erinnert an *Rameaus Neffen* von DIDEROT; aber auch die reifen philosophischen Werke DIDEROTS, insbesondere die *Gedanken über die Interpretation der Natur*, sind von dialektischen Gedankengängen durchdrungen.
Indessen wuchsen durch die Fortschritte der Naturwissenschaften die Bedingungen für die Überwindung der metaphysischen Denkweise. Waren bis zu dieser Zeit eigentlich nur die physikalischen Wissenschaften, vor allem die Mechanik, entwickelt, so nahmen nun seit der Mitte des 18. Jahrhunderts auch andere Wissenschaften (Chemie, Geologie, Biologie u. a.) einen gewaltigen Aufschwung. Durch die Forschung auf dem Gebiet der Geologie wurden in einzelnen Erdschichten Fossilien verschiedener Pflanzen- und Tierorganismen entdeckt – ein Zeugnis für die geschichtliche Entwicklung der Erde. Von LYELL wurden diese Erkenntnisse bald zu einer Evolutionstheorie über die Entwicklung der Erde verarbeitet. 1784 entdeckte GOETHE den Zwischenkieferknochen. Vor allem aber wurde diese Entwicklung charakterisiert durch die *drei großen Entdeckungen* des 19. Jahrhunderts. 1839 entdeckten SCHWANN und SCHLEIDEN die organische Zelle als die Einheit, aus deren Vervielfältigung und Differenzierung alle Organismen entstehen. 1842 entdeckte R. MAYER das Gesetz von der Erhaltung und Umwandlung der Energie, das große Bedeutung für die Überwindung der metaphysischen Denkweise hat. 1859 schließlich gab DARWIN seine Entwicklungslehre bekannt. Sie war ein schwerer Schlag gegen die überkommene metaphysische Naturauffassung. Weitere naturwissenschaftliche Entdeckungen (WÖHLER, LOBATSCHEWSKY) trugen dazu bei, daß dieser Prozeß schließlich zu einer Umwälzung in der ganzen Naturwissenschaft führte und eine Situation entstand, die ENGELS (20, 320) folgendermaßen charakterisierte: «Die neue Naturanschauung war in ihren Grundzügen fertig: Alles Starre war aufgelöst, alles Fixierte verflüchtigt, alles für ewig gehaltene Besondere vergänglich geworden, die ganze Natur als in ewigem Fluß und Kreislauf sich bewegend nachgewiesen.»

Gleichzeitig mit dieser Umwälzung in der Naturwissenschaft gingen in diesem Zeitraum bedeutende Veränderungen im gesellschaftlichen Leben vor sich. Der Kapitalismus entwickelte sich stürmisch, und der schnelle Wechsel der historischen Ereignisse, die in der englischen und französischen Revolution ihre Höhepunkte fanden, ließ den Gedanken an eine dialektisch fortschreitende soziale Entwicklung immer stärker aufkommen. Die inneren Widersprüche des Kapitalismus und die daraus hervorgehenden Klassengegensätze traten in den Arbeiteraufständen von Lyon (1831 und 1834) und auch im schlesischen Weberaufstand (1844) offen zutage. Der Kapitalismus hatte die Klassengegensätze in anschaulicher Weise vereinfacht. Die Dialektik der geschichtlichen Entwicklung drängte sich unwiderstehlich auf, und es ist bezeichnend, daß schon vor Marx und Engels bürgerliche Gelehrte (Thiers, Thierry, Guizot) den Klassenkampf als Triebkraft der Entwicklung und als Schlüssel zum Verständnis besonders der Französischen Revolution erkannten. Somit waren sowohl auf dem Gebiet der Naturwissenschaft als auch dem der Geschichte alle Voraussetzungen vorhanden, die zur Ablösung der metaphysischen durch die dialektische Betrachtungsweise drängten. Die Dialektik begann sich allmählich durchzusetzen.

Schon um die Mitte des 18. Jahrhunderts hatte der deutsche Naturforscher C. F. Wolff den Gedanken geäußert, daß sich Pflanzen- und Tierreich aus einfachen Organismen entwickelt hätten. Dieselbe Auffassung wurde etwas später von dem französischen Naturforscher Buffon vertreten, der den Entwicklungsgedanken auch auf die Erde anwandte. Eine weitere Bresche in die versteinerte Naturauffassung schlug Kant mit seiner 1755 erschienenen *Allgemeinen Naturgeschichte und Theorie des Himmels*. Er gab darin die erste exakte Theorie der Entstehung und Entwicklung unseres Sonnensystems. Die Triebkraft der Bewegung und Entwicklung sah er in den gegensätzlichen Kräften der Attraktion und Repulsion.

Obwohl die Anerkennung einer durchgehenden Entwicklung in der ganzen Natur anfangs auf den heftigsten Widerstand traf, war sie nicht mehr aufzuhalten. Der Entwicklungsgedanke wurde folgerichtig auf die Gesellschaft übertragen. Lessing wandte ihn in der *Erziehung des Menschengeschlechts* bereits auf die Entstehung der Religion und Herder in den *Ideen zur Philosophie der Geschichte der Menschheit* auf die ganze Geschichte an. Auch Kant überträgt den Entwicklungsgedanken auf die menschliche Gesellschaft und sieht im Antagonismus, in der «ungeselligen Geselligkeit der Menschen» die Triebkraft ihres Fortschritts (*Idee zu einer allgemeinen Geschichte in weltbürgerlicher Absicht*).

In der *klassischen deutschen Philosophie* von Kant bis Hegel fanden die bisher herausgearbeiteten Elemente der dialektischen Denkweise und Methode eine systematische Zusammenfassung. Kant leistete seinen Beitrag hierzu vor allem in den frühen Werken. Von bahnbrechender Bedeutung für die Durchsetzung der Entwicklungskonzeption war seine *Allgemeine Naturgeschichte und Theorie des Himmels*, wichtig für die Ausarbeitung der dialektischen Entwicklung in der Gesellschaft die *Idee zu einer allgemeinen Geschichte in weltbürgerlicher Absicht*. Aber auch in der *Kritik der reinen Vernunft* finden sich wichtige dialektische Problemstellungen. Fichte machte bereits einen bedeutenden Schritt zur Entwicklung der idealistischen Begriffsdialektik. In seiner subjektiv-idealistischen Philosophie bringt das Subjekt die objektive Welt in einem dialektischen Prozeß der Begriffsentwicklung hervor. Schelling bereicherte die dialektische Entwicklungsauffassung in verschiedener Hinsicht und trug wesentlich zur Ausarbeitung zahlreicher Einzelprobleme der Dialektik bei. In der Philosophie Hegels erreichte die klassische deutsche Philosophie und die idealistische Dialektik ihren Höhepunkt. «Ihren Abschluß fand diese neuere deutsche Philosophie im Hegelschen System, worin zum erstenmal – und das ist sein großes Verdienst – die ganze natürliche, geschichtliche und geistige Welt als ein Prozeß, d. h. als in steter Bewegung, Veränderung, Umbildung und Entwicklung begriffen dargestellt und der Versuch gemacht wurde, den inneren Zusammenhang in dieser Bewegung und Entwicklung nachzuweisen» (Marx/Engels 20, 22f). In Hegels objektiv-idealistischer Philosophie ist es der Geist, der sich in einem dialektischen Prozeß von Stufe zu Stufe entwickelt, immer neue Gestaltungen gesetzmäßig hervorbringt und sich zugleich selbst erkennt. Dieser Geist, dessen Entwicklung in Form von Begriffen Hegel darstellt, ist nichts anderes als der vom Subjekt getrennte, verselbständigte und zum Weltprozeß verabsolutierte Denkprozeß. Aber in dieser verkehrten Form hat Hegel mit enzyklopädischer Gelehrsamkeit das Wissen seiner Zeit verarbeitet, um überall in Natur, Geschichte und Denken die inneren Zusammenhänge, die Entwicklung, die Widersprüche nachzuweisen. So hat seine idealistische Dialektik einen sehr realen Inhalt, denn in der mystifizierten Entwicklung des Denkprozesses ist die wirkliche Entwicklung der materiellen Welt in ihrer dialektischen Gesetzmäßigkeit teils bewußt erfaßt, teils genial erraten. Hegels System ist daher im Grunde ein «nach Methode und Inhalt idealistisch auf den Kopf gestellter Materialismus» (Marx/Engels 21, 277; Lenin 38, 226). Hegel hat als erster in der Geschichte des philosophischen Denkens die allgemeinen Gesetze der Dialektik formuliert, indem er die Bewegung und Entwicklung als Übergang quantitativer Veränderungen in neue qualitative Zustände, als Entstehung und Überwindung von Widersprüchen und als Negation der Negation faßte. Im Widerspruch erkannte er die Quelle und Triebkraft aller Entwicklung, der Widerspruch «ist die Wurzel aller Bewegung und Lebendigkeit; nur insofern etwas in sich selbst einen Widerspruch hat, bewegt es sich, hat Trieb und Tätigkeit» (Logik II 1, 2).

HEGEL arbeitete seine dialektische Denkmethode in einer ständigen, tiefgreifenden kritischen Auseinandersetzung mit der metaphysischen Denkweise aus, die mit isolierten, erstarrten Begriffen und einseitigen Bestimmungen operiert, ohne die Bewegung der Begriffe, ihre wechselseitigen Übergänge und die Relativität jeder Bestimmung zu sehen. Aber die Dialektik ist für HEGEL keine «äußere Kunst» und kein «subjektives Schaukelspiel von hin- und herübergehendem Räsonnement», sondern sie ist «vielmehr die eigene, wahrhafte Natur der Verstandesbestimmungen, der Dinge und des Endlichen überhaupt». «Das Dialektische macht daher die bewegende Seele des wissenschaftlichen Fortgehens aus und ist das Prinzip, wodurch allein immanenter Zusammenhang und Notwendigkeit in den Inhalt der Wissenschaft kommt, so wie in ihm überhaupt die wahrhafte, nichtäußerliche Erhebung über das Endliche liegt» (Enz § 81). Die Dialektik ist HEGEL objektiv bestimmt, «denn die Methode ist das Bewußtsein über die Form der inneren Selbstbewegung ihres Inhalts» (Logik, Einl). Die dialektische Methode ist «der sich selbst wissende, sich als das Absolute, sowohl Subjektive als Objektive, zum Gegenstand habende Begriff», sie ist «die Bewegung des Begriffs selbst», und daher ist sie die allgemeine, schlechthin unendliche Kraft, welcher kein Objekt Widerstand leisten kann. «Sie ist darum die höchste Kraft oder vielmehr die einzige und absolute Kraft der Vernunft nicht nur, sondern auch ihr höchster und einziger Trieb, durch sich selbst in allem sich selbst zu finden und zu erkennen» (Logik II 3, 3).

HEGEL hat auch die wichtigsten Kategorien der Dialektik untersucht. Seine Bestimmungen über solche dialektischen Kategorien wie Notwendigkeit und Zufall, Kausalität und Wechselwirkung, Möglichkeit und Wirklichkeit, Wesen und Erscheinung, Gesetz, Freiheit und Notwendigkeit, Kontinuität und Diskontinuität und viele andere sind ungeachtet der idealistischen Mystifizierung im wesentlichen treffend.

HEGELS Dialektik ist die größte Errungenschaft der klassischen deutschen Philosophie; sie ist eine der wichtigsten theoretischen Quellen des dialektischen Materialismus geworden. MARX nannte sie die «Grundform aller Dialektik, aber nur *nach* Abstreifung ihrer mystischen Form» (Brief an Kugelmann, 6. 3. 1868). Die mystische Form besteht in ihrem idealistischen Charakter, der zur Folge hat, daß sie «in ihrer vorliegenden Form absolut unbrauchbar ist» (MARX/ENGELS 21, 276). Die Tatsache, daß HEGELS Dialektik untrennbar mit seinem idealistischen System verquickt war, implizierte eine Reihe von Inkonsequenzen und Mängeln. Die Forderungen des Systems führten oft zu einem gekünstelten Schematismus, wie er vor allem in der Triade von These, Antithese und Synthese sichtbar wird; der Natur wurde als einer bloßen Entäußerung des Geistes die Entwicklung in der Zeit abgesprochen, und schließlich fand – ganz im Gegensatz zum kritischen Geist der Dialektik – die philosophische Erkenntnis ihren Abschluß in HEGELS System.

Um die Dialektik zu einer konsequent wissenschaftlichen und kritisch-revolutionären Methode, zu einem brauchbaren Werkzeug der wissenschaftlichen Forschung und des praktischen politischen Kampfes zu machen, mußte sie vom Kopf auf die Füße gestellt, ihre idealistische Form kritisch überwunden und sie auf materialistischer Grundlage neu ausgearbeitet werden. Diese große Aufgabe lösten MARX und ENGELS, indem sie von HEGELS idealistischer Dialektik ausgehend und sie kritisch überwindend die *materialistische Dialektik* schufen. Dies war ein entscheidender Bestandteil des von MARX und ENGELS am Vorabend der bürgerlichen Revolution in Deutschland vollzogenen revolutionären Umwälzungsprozesses im modernen Denken.

Schon in den Arbeiten von MARX *Zur Judenfrage*, *Zur Kritik der Hegelschen Rechtsphilosophie, Einleitung*, und den *Umrissen zu einer Kritik der Nationalökonomie* von ENGELS zeigt sich, wie MARX und ENGELS die Dialektik der gesellschaftlichen Entwicklung, des Klassenkampfes erfassen und die dialektischen Kategorien und Bewegungsformen mehr und mehr mit materialistischem Inhalt erfüllen. Sie analysieren die widersprüchliche Entwicklung des Kapitalismus, die unvermeidbar zur proletarischen Revolution drängt. In der *Heiligen Familie* enthüllen sie das Geheimnis der HEGELschen spekulativen Konstruktion und unterziehen die idealistische Dialektik einer konsequent materialistischen Kritik (MARX/ENGELS 2, 59). Von wesentlicher Bedeutung für die Begründung der materialistischen Dialektik sind MARX' Ausführungen im *Elend der Philosophie* (Abschnitt: Die Methode). Im *Manifest der Kommunistischen Partei* gaben MARX und ENGELS eine zusammenfassende Darstellung der dialektischen Entwicklung der menschlichen Gesellschaft und wiesen nach, daß die kapitalistische Gesellschaftsordnung kraft ihrer immanenten Gesetzmäßigkeit von der Arbeiterklasse beseitigt und durch die sozialistische Gesellschaftsordnung ersetzt werden wird. Sie wandten die materialistische Dialektik auf die Probleme des politischen Kampfes an und bestimmten mit ihrer Hilfe die Strategie und Taktik der Arbeiterbewegung in der Revolution von 1848.

Stand vor der Revolution die historische Dialektik im Mittelpunkt des theoretischen Interesses von MARX und ENGELS, so begann vor allem ENGELS in den folgenden Jahren, die dialektischen Zusammenhänge und Gesetzmäßigkeiten der Natur intensiv zu erforschen. Als Ergebnis dieser langjährigen Arbeit entstand das unvollendet gebliebene Werk *Dialektik der Natur*, in dem ENGELS eine dialektisch-materialistische Verallgemeinerung der wichtigsten Resultate des damaligen Entwicklungsstandes der Naturwissenschaften gab und mit Hilfe ihres Tatsachenmaterials unterstrich, «daß in der Natur dieselben dialektischen Bewegungsgesetze im Gewirr der zahllosen Veränderungen sich durchsetzen, die auch in der Geschichte die scheinbare Zufälligkeit der Ereignisse beherrschen» (MARX/ENGELS 20, 11).

Von grundlegender Bedeutung für die Entwicklung der materialistischen Dialektik ist das Werk von ENGELS *Herrn Eugen Dührings Umwälzung der Wissenschaft* («Anti-Dühring»). Hierin bestimmte ENGELS die Dialektik als die *Wissenschaft von den allgemeinen Bewegungs- und Entwicklungsgesetzen der Natur, der Gesellschaft und des Denkens*, formulierte und erläuterte die Grundgesetze der Dialektik und wies an umfangreichem naturwissenschaftlichem und historischem Material die allgemeine Gültigkeit der dialektischen Gesetze nach.

Die ausführlichste Anwendung der materialistischen Dialektik findet sich im Hauptwerk von MARX *Das Kapital*. Die dialektische Methode war das entscheidende wissenschaftliche Instrument, mit dessen Hilfe MARX die Gesetzmäßigkeiten der kapitalistischen Gesellschaft detailliert analysierte. Daher ist das ganze *Kapital* nicht nur von der materialistischen Dialektik durchdrungen, sondern es sind in ihm auch zahlreiche Kategorien und Elemente der Dialektik ausführlich entwickelt und präzisiert.

Auch der gesamte *Briefwechsel* von MARX und ENGELS ist von unschätzbarem Wert für das Studium der materialistischen Dialektik, denn neben vielen theoretischen Erörterungen über Fragen der Dialektik findet sich in den Briefen eine konkrete Anwendung der dialektischen Methoden auf alle Bereiche des Wissens und der praktischen Politik. LENIN schrieb über den Briefwechsel zwischen MARX und ENGELS: «Versucht man mit einem Wort auszudrücken, was sozusagen den Brennpunkt des ganzen Briefwechsels ausmacht, jenen zentralen Punkt, in dem alle Fäden des Netzes der geäußerten und erörterten Ideen zusammenlaufen, so wird dies das Wort *Dialektik* sein. Die Anwendung der materialistischen Dialektik bei der radikalen Umarbeitung der gesamten politischen Ökonomie, ihre Anwendung auf die Geschichte, auf die Naturwissenschaft, die Philosophie, die Politik und die Taktik der Arbeiterklasse – das ist es, was Marx und Engels vor allem interessiert, hierzu haben sie das Wesentlichste und Neueste beigetragen, das ist der geniale Schritt, den sie in der Geschichte des revolutionären Denkens vorwärts getan haben» (19, 550).

Nach dem Tode von MARX und ENGELS hat LENIN die materialistische Dialektik schöpferisch weiterentwickelt. Seine Arbeiten, in denen er die Besonderheiten des Imperialismus und die Strategie und Taktik des revolutionären Kampfes der Arbeiterklasse gegen den Imperialismus und für die proletarische Revolution untersucht, sind Meisterwerke der Dialektik. In der Auseinandersetzung mit dem Opportunismus und Revisionismus verteidigte LENIN die dialektische Methode, bereicherte sie insbesondere als Instrument zur Bestimmung der politischen Strategie und Taktik und grenzte sie präzise gegen alle Versuche ab, sie durch Sophistik oder Eklektizismus zu ersetzen.

In seinem Werk *Materialismus und Empiriokritizismus* wandte LENIN die Dialektik auf die Erkenntnistheorie an und entwickelte die grundlegenden Probleme der Dialektik des Erkenntnisprozesses. Von besonderer Bedeutung sind LENINS Untersuchungen zur materialistischen Dialektik, die er unmittelbar vor dem ersten Weltkrieg und während des Krieges durchführte, als die Arbeiterbewegung sich vor die kompliziertesten Probleme gestellt sah. Die in dieser Zeit entstandenen *Philosophischen Hefte* gehören mit zum Wertvollsten, das die materialistische Dialektik besitzt. In den 16 Elementen der Dialektik gibt LENIN in knappen Zügen eine allseitige Darstellung der Prinzipien der materialistischen Dialektik. In dem Fragment *Zur Frage der Dialektik* entwickelt LENIN einige außerordentlich wichtige Probleme der materialistischen Dialektik. Er präzisiert hier das Gesetz von der Einheit und dem «Kampf» der Gegensätze, grenzt die materialistisch-dialektische Entwicklungstheorie vom Evolutionismus ab und klärt das dialektische Wechselverhältnis des Allgemeinen und Einzelnen. Weiter entwickelt er die These von der Einheit von Dialektik und Erkenntnistheorie.

In seinen letzten Schriften nach dem Sieg der Großen Sozialistischen Oktoberrevolution (*Die nächsten Aufgaben der Sowjetmacht*, *Über das Genossenschaftswesen*, *Über die Naturalsteuer*, *Lieber weniger, aber besser*) arbeitete LENIN die komplizierte Dialektik der Übergangsperiode vom Kapitalismus zum Sozialismus heraus.

Im Verlauf der Jahrzehnte nach LENINS Tod wurden die großen Erfahrungen des Klassenkampfes, der proletarischen Revolution und des sozialistischen Aufbaus von den kommunistischen Parteien vieler Länder verallgemeinert und dadurch die Dialektik weiterentwickelt. Auch die Sozialistische Einheitspartei Deutschlands hat durch die Lösung der theoretischen und praktischen Probleme des sozialistischen Aufbaus unter den komplizierten Bedingungen der nationalen Spaltung ihren Beitrag zur Bereicherung der marxistischen Dialektik geleistet.

Die *marxistisch-leninistische Philosophie* unterscheidet zwischen *objektiver* und *subjektiver Dialektik*. Als allgemeine Gesetzlichkeit der Bewegung und Entwicklung der vom Bewußtsein unabhängigen Außenwelt ist die Dialektik *objektive Dialektik*, als Widerspiegelung der objektiven Dialektik im Bewußtsein und Denken des Menschen ist sie *subjektive Dialektik*.

Als *Theorie der objektiven Dialektik* ist sie die Wissenschaft von den allgemeinsten Entwicklungsgesetzen der objektiven Welt. Sie geht von der Tatsache aus, daß die Welt einen universellen Zusammenhang bildet, in dem alle Dinge und Erscheinungen miteinander verbunden sind und sich gegenseitig bedingen, daß die Wirklichkeit in allen ihren Erscheinungsformen (Natur, Gesellschaft, Denken) in steter, unaufhörlicher Bewegung und Entwicklung begriffen ist.

Das Wesen der dialektischen Entwicklungskonzeption kommt in den drei *Grundgesetzen der Dialektik* zum Ausdruck: 1. dem *Gesetz von der Einheit und dem «Kampf» der Gegensätze*, dem zufolge die Triebkraft jeder Bewegung und Entwicklung die den Dingen innewohnenden dialektischen Widersprüche sind, die Bewegung also als Selbstbewegung gefaßt wird; 2. dem *Gesetz vom Umschlagen quantitativer in qualitative Veränderungen* und umgekehrt, das die Entwicklung nicht als einfache quantitative Veränderung, als Evolution faßt, sondern die Einheit von Quantität und Qualität, von Evolution und Revolution, Kontinuität und Diskontinuität in der Entwicklung betont; 3. dem *Gesetz der Negation der Negation*, nach dem die Entwicklung eine Höherentwicklung ist, keine einfache Vernichtung des Alten, sondern ein Prozeß dialektischer Negationen, in denen frühere Stadien überwunden, aber gleichzeitig ihre positiven und entwicklungsfähigen Seiten erhalten bleiben. Die dialektische Konzeption der Entwicklung steht im Gegensatz zur metaphysischen Auffassung der Entwicklung, bei der die Selbstbewegung im Schatten bleibt bzw. die Triebkraft der Entwicklung nach außen verlegt wird (Gott), die Entwicklung als quantitative Verkleinerung und Vergrößerung, als einfache Wiederholung bereits durchlaufener Stadien betrachtet wird.

Die drei Grundgesetze der Dialektik werden durch eine Reihe anderer dialektischer Gesetzmäßigkeiten ergänzt, den Gesetzen des dialektischen Zusammenhangs von Wesen und Erscheinung, Inhalt und Form, Wirklichkeit und Möglichkeit, Notwendigkeit und Zufall, Ursache und Wirkung, Allgemeinem und Einzelnem usw.

Als *Theorie der subjektiven Dialektik* ist die Dialektik vornehmlich → Erkenntnistheorie (einschließlich dialektischer Logik). Die Dialektik als Erkenntnistheorie untersucht die dialektischen Zusammenhänge von Theorie und Praxis, absoluter und relativer Wahrheit, Abstraktem und Konkretem, Logischem und Historischem u. a. und formuliert die dialektischen Prinzipien der Einheit des Logischen und Historischen, des Abstrakten und Konkreten, der Praxis als Ausgangspunkt und Kriterium der Wahrheit, des konkreten Charakters der Wahrheit u. a.

Die Dialektik ist nicht nur Theorie (der objektiven und subjektiven Dialektik), sondern auch *Methode*. Methode ist sie als die *systematische und bewußte Anwendung der Gesetze und Prinzipien der Dialektik zur praktischen und theoretischen Aneignung der materiellen Welt*. Für die Dialektik als Methode ergeben sich aus den Gesetzen und Prinzipien der Dialektik als Theorie grundsätzliche Forderungen: die Dinge und Erscheinungen der materiellen Welt, aber auch die Begriffe als Abbilder der wirklichen Dinge, in ihrer Bewegung und Veränderung zu betrachten, die allseitige Analyse der Erscheinungen, die ihre mannigfaltigen gegenseitigen Zusammenhänge beachtet, die Erkenntnis des Einheitlichen in seinen gegensätzlichen Bestandteilen usw.

Die *dialektische Methode* steht mit ihren Forderungen in direktem Gegensatz zur metaphysischen Methode, die die Dinge isoliert voneinander betrachtet, sie aus ihrem gegenseitigen Zusammenhang herausreißt, sie nicht historisch, als in Bewegung und Veränderung begriffen betrachtet, nicht ihre innere Widersprüchlichkeit beachtet. Mit der Forderung der allseitigen Analyse ist die materialistische Dialektik ein Feind der metaphysischen Sophistik, die willkürlich bestimmte Seiten der Dinge herausgreift, sie als ihr Wesen ausgibt und dadurch die Wahrheit entstellt, die stets die Gesamtheit der Zusammenhänge, Seiten usw. verlangt.

Wenn die Dialektik Allseitigkeit der Analyse fordert, übersieht sie keineswegs, daß es innerhalb der mannigfaltigen Beziehungen und Zusammenhänge zwischen den Erscheinungen wesentliche, weniger wesentliche und schließlich für die praktischen Belange ganz unwesentliche Beziehungen und Zusammenhänge gibt. Wird dieser Sachverhalt nicht berücksichtigt, führt dies zum metaphysischen Eklektizismus. Das Wesen dieser undialektischen Art des Vorgehens hat LENIN (32,

81–92) in der Diskussion über die Rolle der Gewerkschaften aufgedeckt. So führt das richtige Verständnis des Gegensatzes von Metaphysik und Dialektik auch zur Erkenntnis, daß es notwendig ist, in jedem komplizierten System von Zusammenhängen stets das entscheidende Kettenglied herauszufinden.

Die marxistische materialistische Dialektik ist eine der größten Errungenschaften des menschlichen Denkens. Trotzdem halten die Ideologen der Bourgeoisie aus Klasseninteresse im wesentlichen auch heute noch an der metaphysischen Denkweise fest und konservieren sie. «In ihrer mystifizierten Form ward die Dialektik deutsche Mode, weil sie das Bestehende zu verklären schien. In ihrer rationellen Gestalt ist sie dem Bürgertum und seinen doktrinären Wortführern ein Ärgernis und ein Greuel, weil sie in dem positiven Verständnis des Bestehenden zugleich auch das Verständnis seiner Negation, seines notwendigen Untergangs einschließt, jede gewordne Form im Flusse der Bewegung, also auch nach ihrer vergänglichen Seite auffaßt, sich durch nichts imponieren läßt, ihrem Wesen nach kritisch und revolutionär ist» (MARX/ENGELS 23, 27f). Die bürgerlichen Ideologen führen seit hundert Jahren einen erbitterten Kampf gegen die materialistische Dialektik. Das Verhältnis der modernen bürgerlichen Philosophie zur materialistischen Dialektik ist ausschließlich feindlich. Schon als MARX und ENGELS die materialistische Dialektik ausarbeiteten, führte TRENDELENBURG (*Logische Untersuchungen*) einen heftigen Kampf gegen sie. Der im letzten Drittel des 19. Jahrhunderts sich ausbreitende *Neukantianismus* hatte den Kampf gegen die Dialektik auf seine Fahne geschrieben. Zu den erklärten Gegnern der Dialektik gehören auch die Revisionisten. BERNSTEIN begann seinen Angriff auf die Grundlagen des Marxismus mit einem Angriff auf die Dialektik als den «Fallstrick», von dem man sich befreien müsse. In seinem Kampf gegen den Revisionismus hat LENIN immer wieder darauf hingewiesen, daß der Verrat an der Dialektik eine der theoretischen Quellen des Revisionismus ist. Die Front der Gegner der Dialektik reicht von DÜHRING, mit dem ENGELS sich noch auseinandersetzte, über die verschiedensten Schattierungen der bürgerlichen Philosophie im 20. Jahrhundert bis zum *Neuthomismus*, der in unseren Tagen geradezu eine Verkörperung des metaphysischen Denkens darstellt. Die Angriffe gegen die Dialektik konzentrieren sich dabei vor allem auf das Prinzip des dialektischen Widerspruchs.

Allen diesen Anfeindungen zum Trotz hat sich die marxistische materialistische Dialektik als die grundlegende Methode zur Erkenntnis der Welt und ihrer revolutionären Umgestaltung bewährt. Durch ein laufend anwachsendes, umfangreiches Material aller Wissenschaften in ihrer Richtigkeit bestätigt, übt sie eine immer größere Anziehungskraft aus. Ohne einzelwissenschaftliche Forschung und entsprechende spezielle Methoden zu ersetzen, ist sie für jede Forschung eine unschätzbare Hilfe. Sie erfüllt die Forschung mit echt wissenschaftlichem Geist, da sie unvereinbar ist mit jeder Art von Dogmatismus, Vorurteilen, «ewigen Wahrheiten», die den Fortschritt der Wissenschaft hemmen. Sie verleiht der Forschung einen schöpferischen Charakter, indem sie alles auch nach seiner vergänglichen Seite auffaßt, stets auf das Neue, sich Entwickelnde orientiert, in jeder Erkenntnis auch das Moment der Relativität aufdeckt, daher nach steter Vertiefung und Allseitigkeit drängt und vor allem die Forschung auf die Praxis als ihre unerschöpfliche Quelle lenkt. Die marxistische materialistische Dialektik erweist nicht nur dem Wissenschaftler oder Politiker einen großen Dienst, sondern ist für jeden Menschen eine notwendige Voraussetzung für ein tieferes gedankliches Erfassen seiner Umwelt, das allein ein bewußteres und aktiveres Teilnehmen am gesellschaftlichen Leben ermöglicht. Die marxistische materialistische Dialektik ist daher ein unentbehrliches Instrument im Kampf um den Sieg des Sozialismus und Kommunismus.

→ Widerspruch, dialektischer → Einheit und «Kampf» der Gegensätze → Quantität und Qualität → Negation der Negation → Methode.

dialektische Grundgesetze → Dialektik → Einheit und «Kampf» der Gegensätze → Qualität und Quantität → Negation der Negation.

dialektische Identität → Identität.

dialektische Logik → Logik, dialektische.

dialektischer Determinismus → Determinismus.

dialektischer Sprung – dasjenige Stadium in der Veränderung bzw. Entwicklung eines Objekts, in dem der Umschlag in eine neue Qualität erfolgt. Im Gegensatz zu den ihn vorbereitenden kontinuierlichen und allmählichen quantitativen Veränderungen realisiert sich im Sprung das diskontinuierliche Moment des Entwicklungsprozesses. Der Sprung ist Unterbrechung der Kontinuität und Allmählichkeit und stellt einen neuen diskreten Zustand, eine neue Qualität des Objekts her. Durch den dialektischen Sprung erfolgt die Lösung der im Rahmen der gegebenen Qualität herangereiften Widersprüche, und gleichzeitig werden die Widersprüche der neuen Qualität gesetzt.

Der Gegensatz von Sprung und evolutionärer Entwicklungsphase ist jedoch nicht absolut. Was jeweils als Sprung und was als Evolution definiert werden muß, hängt vom Charakter des Bezugssystems ab, bei dessen Wechsel Sprünge zu evolutionären Prozessen werden können und umgekehrt. So sind z. B. die Veränderungen, die den vormonopolistischen Kapitalismus in den Imperialismus und diesen in den staatsmonopolistischen Kapitalismus verwandeln, vom Standpunkt der inneren Differenziertheit des Systems Sprünge; in bezug auf die Grundqualität, auf den durchgängigen Grundwiderspruch, durch den sich das System von anderen sozialökonomischen Systemen unterscheidet, handelt es sich jedoch lediglich um evolutionäre Veränderungen ein und derselben sozialökonomischen Formation.

Allgemein gilt: Die für Teilsysteme bzw. Entwicklungsstadien eines Gesamtsystems sprunghaften qualitativen Veränderungen sind in bezug auf die Entwicklung des Gesamtsystems evolutionäre Veränderungen. Die Qualitätssprünge des Gesamtsystems sind, sofern dieses wiederum als Teilsystem bzw. Entwicklungsstadium in ein umfassenderes System eingebettet ist, ebensoviele evolutionäre Veränderungen dieses Systems höherer Ordnung usw. Die Relativität von dialektischem Sprung und evolutionärer Veränderung besteht ferner darin, daß auch der Sprung als Prozeß abläuft, und zwar als ein Prozeß des Übergangs einer Qualität in die andere. Der Sprung trennt damit die alte Qualität nicht nur von der neuen, sondern verbindet sie auch mit dieser, hat also ein Moment des Kontinuierlichen, Evolutionären an sich. Da umgekehrt im Rahmen einer gegebenen Grundqualität nicht nur rein quantitative Veränderungen vor sich gehen, sondern deren aufeinanderfolgende Entwicklungsstufen durch – gemessen an der Grundqualität – kleinere Sprünge realisiert werden, kann davon gesprochen werden, daß derjenige Sprung, der schließlich zur Überschreitung des Maßes der Grundqualität führt, letztlich durch eine Kette von Sprüngen herbeigeführt wird.

Die komplizierte Dialektik von Evolution und Sprung wurde von den metaphysischen Entwicklungskonzeptionen nicht bewältigt. Sah die eine Richtung vom Standpunkt des Endergebnisses eines Entwicklungsprozesses in diesem nur kontinuierliches, quantitatives Wachstum (→ Evolutionismus), so nahm die andere Seite vom Standpunkt des Entstehens und der Veränderung nur die Tatsache wahr, daß der Entwicklungsprozeß eine Kette von Sprüngen ist (z. B. CUVIER).

Unter dem Gesichtspunkt der Relativität von Evolution und Sprung muß auch das Verhalten ultrastabiler Systeme gedeutet werden. Der sprunghafte Wechsel ihres Systemzustandes wird vollzogen, um die grundlegende Systemstruktur zu erhalten, ist also in bezug auf das Gesamtsystem kein qualitativer Sprung. Das Maß des Systems wird mit Hilfe der Sprungfunktion nicht überschritten, sondern das Feld möglicher Verhaltensweisen des Systems wird im Gegenteil ausgenutzt, um die Stabilität des Systems zu erhalten. Dennoch ist die sprunghafte Veränderung eines ultrastabilen Systems ein echter Qualitätssprung, da auf der Ebene der Verhaltensweisen jede der möglichen Verhaltensweisen des Systems von jeder anderen qualitativ unterschieden ist. Am Verhalten ultrastabiler Systeme wird deutlich, daß es Sprünge *systemerhaltender* und Sprünge *systemzerstörender* Natur gibt. Ein dialektischer Sprung heißt systemerhaltend, wenn die durch ihn bewirkte Qualitätsveränderung des Systems zu dessen Stabilisierung und Anpassung an veränderte Umweltbedingungen führt. Umgekehrt nennt man einen Sprung systemzerstörend, wenn die durch ihn bewirkte Qualitätsveränderung das bestehende System vernichtet und an dessen Stelle ein an die Umwelt besser angepaßtes System tritt. Jedoch ist auch der Unterschied von systemerhaltenden und systemzerstörenden Sprüngen nicht absolut, sondern abhängig vom Bezugssystem. Außerhalb jedes Zusammenhangs betrachtet ist der Sprung letztlich immer beides: er zerstört einerseits immer etwas, sei es ein Verhalten, einen Zustand oder ein System, und es bleibt im Sprung andererseits auch immer etwas erhalten, sei es das Verhalten, der Zustand oder das System.

Das Verhältnis von systemerhaltenden und systemzerstörenden Sprüngen kann am Modell multistabiler Systeme verdeutlicht werden. Ihre Beschaffenheit, aus gekoppelten ultrastabilen Teilsystemen zu bestehen, die sich relativ unabhängig voneinander verändern, sichert ihnen eine enorme Anpassungsbreite, um ihre Systemstruktur gegenüber variierenden Umweltbedingungen aufrechtzuerhalten. Sie realisieren ihre Systemstabilität durch sprunghafte Veränderung von Teilsystemen. Jedoch wird auf dem gleichen Wege ihre Stabilität auch zerstört, und zwar in dem Falle, wenn die Qualitätsveränderung erstens in der Hierarchie des Systems besonders wichtige Teilsysteme betrifft oder (und) zweitens eine genügende Menge von Teilsystemen erfaßt. Die relative Abhängigkeit der Teilsysteme (die durch ihre relative Unabhängigkeit gegeben ist) bewirkt dann, daß unter bestimmten Bedingungen die qualitative Veränderung eines Teilsystems die qualitative Veränderung anderer Teilsysteme induziert. So beginnt z. B. die Gestaltung des entwickelten gesellschaftlichen Systems des Sozialismus mit der Konstitution des ökonomischen Systems, beschränkt sich aber nicht auf dieses, sondern erfordert und bewirkt, daß sich die anderen Teilsysteme der Gesellschaft in adäquater Weise qualitativ verwandeln.

Die Erkenntnis der dialektischen Einheit von evolutionärem und sprunghaftem Moment in der Entwicklung war und ist für den politischen Kampf der Arbeiterklasse von großer Bedeutung. Sie garantiert, daß revolutionäre Aktionen sorgfältig vorbereitet werden und in die revolutionäre

Umgestaltung der Gesellschaft münden. Während Revisionismus und Reformismus das evolutionäre Moment der Entwicklung verabsolutieren und die Notwendigkeit des revolutionären Kampfes leugnen, verabsolutieren die anarchistischen Strömungen (Sektierertum, Abenteurertum) die revolutionären Formen des Klassenkampfes.
Quantitative und qualitative Veränderungen sind stets Veränderungen bestimmter Qualitäten. Die unendliche qualitative Mannigfaltigkeit der Erscheinungen der materiellen Welt bedingt daher eine unendliche Vielzahl der Formen dialektischer Sprünge. Die Umwandlung verschiedener Elementarteilchen ineinander, eine beliebige chemische Reaktion, die Verwandlung der Raupe in den Schmetterling, das Heraustreten des Menschen aus dem Tierreich, der mit dem Übergang vom Kapitalismus zum Sozialismus und Kommunismus erfolgende «Sprung der Menschheit aus dem Reich der Notwendigkeit in das Reich der Freiheit» (ENGELS) sind Beispiele für dialektische Sprünge, deren offenkundig unterschiedlicher Charakter durch die qualitativen Besonderheiten der Erscheinungen in verschiedenen Bewegungsformen der Materie bedingt ist. Jeder einzelne Sprung ist jedoch, sowohl was seine Dauer als auch was seine Richtung betrifft, bestimmt: primär durch die gegebene Qualität des Objekts, sekundär durch die jeweiligen Bedingungen, unter denen er erfolgt. Dennoch lassen sich über Dauer und Richtung der Sprünge einige allgemeine Aussagen machen. Da die Grundqualität eines Systems diesem das Maß setzt, kann der evolutionäre Prozeß nicht ins Endlose fortschreiten, sondern hat eine Grenze, an der er durch den Sprung abgelöst wird. Ebenso findet der Sprung sein Maß in der Zeit, und zwar in der Zeitspanne, die erforderlich ist, den neuen Systemzustand bzw. die neue Systemstruktur herzustellen. Da die zwischen zwei stabilen Systemzuständen liegende instabile Übergangsstufe nicht existenzfähig ist, wird sie – gemessen an der Dauer der stabilen Systemzustände – in der Regel relativ rasch durchlaufen. In diesem Sinne wird der Sprung plötzlich genannt. Jedoch muß der Qualitätssprung nicht in jedem Falle relativ rasch erfolgen. Es können Bedingungen auftreten, durch die der Übergang in eine neue Qualität verlangsamt wird, was beispielsweise der Fall ist, wenn er in Sukzession aufeinanderfolgender Schritte vonstatten geht. So wurde z. B. in der Großen Sozialistischen Oktoberrevolution in Rußland zu annähernd dem gleichen Zeitpunkt das ökonomische, das staatliche, das juristische Teilsystem der Gesellschaft verwandelt, während nach den Vorstellungen einer Reihe westeuropäischer kommunistischer Parteien die revolutionäre Veränderung der Gesellschaft in ihren Ländern und unter den gegebenen Umständen möglicherweise in eine Vielzahl kleinerer Qualitätssprünge zerlegt, also allmählich vonstatten gehen wird. Oder: ein und dieselbe chemische Reaktion kann je nach den Versuchsbedingungen langsam oder schnell verlaufen. Der natürliche radioaktive Zerfall des Radiums, der zweifellos eine qualitative Veränderung, also ein dialektischer Sprung ist, hat eine Halbwertszeit von 1600 Jahren. Jedoch können Bedingungen geschaffen werden, unter denen radioaktive Substanzen, wie beispielsweise das Uran 235, in einem plötzlichen, explosiv erfolgenden Sprung ihre Qualität verändern. Allmählichkeit und Plötzlichkeit eines Sprunges sind also relative Größen, die durch das Verhältnis der Zeitdauer des Sprunges selbst zur Zeitdauer seiner quantitativen Vorbereitung bestimmt sind. Ein plötzlicher Sprung kann unter Umständen eine bedeutend längere Zeit in Anspruch nehmen als ein allmählicher. So ist das Verdunsten eines Wassertropfens innerhalb weniger Stunden ein allmählicher Sprung in einen neuen Aggregatzustand, der Prozeß der Menschwerdung und der Entstehung der menschlichen Gesellschaft jedoch – gemessen an der Zeitdauer der Existenz von Lebewesen auf der Erde – ein plötzlicher Sprung.
Eine besonders wichtige Form des dialektischen Sprunges in der gesellschaftlichen Entwicklung ist die *soziale Revolution*, d. h., die Ablösung einer Gesellschaftsformation mit den in ihr herrschenden Produktionsverhältnissen durch eine neue, deren Produktionsverhältnisse einem höheren Stand der Produktivkräfte entsprechen.
In Abhängigkeit von der Beschaffenheit der jeweiligen Systeme können ferner *linear-kausal bedingte* von *nichtlinear-kausal bedingten* Sprüngen unterschieden werden. Diese Differenzierung erfaßt die Tatsache, daß Systeme mit wenig ausgeprägter Selbstregulierung in bezug auf ihre quantitative und qualitative Veränderung in hohem Maße von den Veränderungen ihrer Umgebung abhängen. In Systemen mit ausgeprägter Selbstregulation (Selbstorganisation) hingegen erfolgen auf Grund der höheren Störungsresistenz (des großen Stabilitätsbereichs und der Fähigkeit, durch Verhaltensänderung das Gleichgewicht zu erhalten) die Qualitätssprünge aus primär systemimmanenten Ursachen. Ihr Zusammenhang mit den quantitativen und qualitativen Veränderungen der Umwelt ist ein vermittelter.
Auch die *Richtung* des Sprungs wird von der Qualität bestimmt. Das hat seine Ursache darin, daß die sich konstituierende neue Qualität als untergeordnetes Teilsystem in der alten Qualität herausgebildet wird. Im Qualitätssprung wird daher nicht Beliebiges zu Beliebigem. Jedoch wäre es andererseits auch verfehlt, eine absolute Determiniertheit der Richtung des Sprungs von Seiten der alten Qualität anzunehmen, da die konkreten Bedingungen, unter denen er sich voll-

zieht, modifizierend auf die Sprungrichtung einwirken.
→ Qualität → Qualität und Quantität → Maß → Evolution.
dialektischer Widerspruch → Widerspruch.
Diallele [griech] – Zirkeldefinition oder Zirkelschluß.
→ circulus vitiosus.
Diätetik [griech] – Lehre von der zweckmäßigen Ernährung (HIPPOKRATES), von der vernunftgemäßen Lebensweise auch in psychischer Hinsicht (KANT).
Dichotomie [griech] – *eigtl*: Zerschneidung in zwei Teile; Zweiteilung, Einteilung in zwei Glieder; in der *traditionellen Logik* Gliederung eines Gattungsbegriffs in einen seiner Artbegriffe und dessen Negat.
Dictum de omni et de nullo [lat] – *eigtl*: Aussage über alles und über nichts. Scholastische Bezeichnung einer auf ARISTOTELES zurückgehenden Schlußregel, die besagt: Was von der Gattung gilt, gilt auch von der Art und vom Einzelnen; was von keinem Einzelnen gilt, gilt auch nicht von der Art und der Gattung.
Dem ersten Teil des *Dictums* entspricht in der *modernen Logik* die Schlußregel: Aus $\forall(x)\,F(x)$ folgt $F(y)$; d. h., aus der Aussage, daß eine Eigenschaft F auf jedes Individuum zutrifft, folgt die Aussage, daß diese Eigenschaft auf ein beliebiges Individuum y zutrifft. Dem zweiten Teil des *Dictums* entspricht: Aus $\sim\exists(x)\,F(x)$ folgt $\sim F(y)$; d. h., aus der Aussage, daß eine Eigenschaft F auf kein Individuum zutrifft, folgt die Aussage, daß diese Eigenschaft auf ein beliebiges Individuum y nicht zutrifft.
differentia specifica → Definition.
Differenzierung [lat] – Unterscheidung, Ausbildung einer Mannigfaltigkeit von Teilen, Elementen, Teilsystemen in bzw. aus einer Ganzheit, einem System, wobei die Ganzheitsstruktur des Systems den Platz, die Beschaffenheit und Funktion der Teilsysteme und Elemente bestimmt. Da die sich differenzierende Ganzheit aus einer ihr vorhergehenden Ganzheit entstanden ist, setzt die Differenzierung des neuen die Dedifferenzierung des alten Systems voraus. Differenzierungen sind so in der Regel Umdifferenzierungen. Die Differenzierung eines Systems hängt mit dessen Integration zusammen, da Differenzierungsebene und Differenzierungsrichtung durch das sich integrierende System bestimmt werden.
Differenzierung ist ein wesentliches Merkmal sowohl ontogenetischer als auch phylogenetischer Entwicklungsprozesse. Besonders eindringlich tritt sie im Bereich der Organismen, der psychischen Tätigkeit und der gesellschaftlichen Entwicklung zutage. Ein sich entwickelndes Lebewesen ist im Stadium des Eies (Keims) oder (und) der ersten Zellteilung ein in bezug auf seine Leistungen ungegliedertes Ganzes, ein harmonisch-äquipotentielles System. Die Zelle bzw. Zellen sind noch omnipotent (totipotent), noch nicht auf eine bestimmte qualitative Entwicklung festgelegt, noch fähig, alle Strukturen eines Organismus zu bilden. Nächste Stufe der Ontogenese ist die Differenzierung. Durch komplizierte Rückkopplungen der Keimteile untereinander und der Keimteile mit dem Milieu, wobei Nukleinsäuren als Organisatoren eine entscheidende Rolle spielen, entstehen untergeordnete Teilsysteme, die sich ihrerseits weiter differenzieren. Wesentliches Merkmal des ontogenetischen Differenzierungsprozesses ist die Spezialisierung der Teilsysteme auf den Aufbau bestimmter Strukturen, die zunehmende Determiniertheit und damit der Verlust der Omnipotenz. Im Zusammenhang mit diesbezüglichen neueren Forschungen wurde der Präformation-Epigenese-Streit wieder aktuell. Während A. WEISMANN im Anschluß an W. ROUX' Begründung der Entwicklungsmechanik eine total mechanische Präformation (Präformationstheorie) der Ontogenese annahm, begründete H. DRIESCH den Vitalismus auf der Ansicht, daß die Differenzierung des Eies mit Hilfe immaterieller Lebensfaktoren (Entelechien) auf epigenetischem Wege erfolge. Moderne Forschungen haben sowohl die mechanistische als auch die vitalistische Deutung der Differenzierung widerlegt, die sich als kompliziertes Regelungsgeschehen «präformierter» und «epigenetischer» Komponenten erwies.
Für die Phylogenese der Organismen gilt, daß phylogenetische Endformen durchschnittlich stärker differenziert sind als ihre Ahnen (ROSAsches Differenzierungsgesetz). Es konnte beispielsweise für die Pflanzenwelt nachgewiesen werden, daß sich aus einem Einheitsorgan, das mehrere Funktionen erfüllte, durch Differenzierung sowohl die Blätter (für die Assimilation) als auch die entsprechenden Blütenteile (für die Fortpflanzung) gebildet haben. Ferner ist der Entwicklungsprozeß vom Einzeller über die Zellkolonie zum Vielzeller durch den Übergang zur qualitativen Differenzierung in Zellgruppen gekennzeichnet. Ein ähnlicher Prozeß der Differenzierung läßt sich für die Entwicklung des Nervensystems vom diffusen über das Strickleiternervensystem zum hierarchisch gegliederten Nervensystem des Menschen verfolgen. Da Differenzierung die Entstehung von qualitativ unterschiedenen Teilsystemen bedeutet, die, je differenzierter das System ist, um so genauer koordiniert und subordiniert sein müssen (Hierarchie), wächst mit der Differenzierung auch die Zentralisation der biologischen Systeme, so daß sich Differenzierung und Zentralisation direkt proportional verhalten. Allgemein kann geschlossen

werden, daß phylogenetische (Höher-) Entwicklung stets mit Differenzierung verbunden ist, jedoch nicht derart, daß ein Maximum an Differenzierung (völlig ausdifferenzierte Systeme) Ausgangspunkt für weitere Entwicklungen wäre. Vielmehr scheint eine relative Mitte zwischen Differenziertheit und noch undifferenzierten Systemreserven die beste Ausgangslage für neue Anpassungsleistungen (die Entwicklung neuer Arten) zu sein.

Differenzierung ist ferner eines der Merkmale des Erkenntnis- und Lernvorgangs. Pawlow stellte im Hundeexperiment fest, daß durch Verstärkung eines positiven bedingten Reflexes (wenn beispielsweise auf einen bestimmten Glockenton immer der Reiz «Fleisch» folgt) bei gleichzeitiger Verstärkung eines negativen Reflexes (wenn der benachbarte Ton mit einem elektrischen Schlag verbunden wird) der Hund erstaunlich rasch die an sich sehr ähnlichen Töne zu differenzieren lernt. Das der Differenzierung entgegengesetzte Vermögen ist hier die Generalisierung, die identische Reaktion auf – innerhalb eines gewissen Spielraums – ähnliche Reize gestattet.

Der Differenzierungs- und Generalisierungsfähigkeit entsprechen auf der Stufe des Bewußtseins analytische und synthetische Denkverfahren. Diese entwickeln sich schrittweise in der psychischen Ontogenese des Kindes, die mit einem diffus-ganzheitlichen Verhalten beginnt (noch fehlende Gliederung von sensorischen und motorischen Leistungen, von Denken und Handeln usw.). Indem eine Differenzierung des psychischen Leistungsvermögens einsetzt, wird ein differenziertes, einzelheitliches Erfassen der Gegenstände (analytische Wahrnehmungshaltung) und damit die Sammlung von Erfahrungswissen möglich, das auf höherer Stufe durch die Fähigkeit zur Generalisierung (Zentralisierung, kategorial organisierte Wahrnehmung) ergänzt wird.

Schließlich werden in gesellschaftlichen Systemen vornehmlich jene Vorgänge als Differenzierungen bezeichnet, durch die sich ursprüngliche ungegliederte Ganzheiten in qualitativ gegliederte Systeme verwandeln. So spricht man z. B. von der Differenzierung der ursprünglich klassenlosen Gesellschaft in Klassen. Beim Übergang von einer Stufe der Klassengesellschaft in die andere vollzieht sich Hand in Hand mit der Dedifferenzierung der alten Klassenstruktur eine neue Klassendifferenzierung, so daß man hier von einer Umdifferenzierung sprechen muß.

Eine große Rolle spielt der Begriff «Differenzierung» in der gegenwärtigen Wissenschaftsentwicklung. Hier bedeutet er den Sachverhalt, daß die traditionelle Struktur der Wissenschaften teilweise dedifferenziert wird und mit der Integration der Wissenschaften in zunehmender Zahl neue Wissenschaften entstehen (z. B. Grenzwissenschaften wie Molekularbiologie, Querschnittswissenschaften wie Systemtheorie, Informationstheorie usw.).

→ Dedifferenzierung → Integration → Desintegration.

Diktatur [lat] – Herrschaft einer Klasse über eine andere mit Hilfe des Staates. Die Formen, in denen die Diktatur politisch wirksam wird, sind von den konkreten historisch-gesellschaftlichen Bedingungen abhängig und äußerst mannigfaltig.

In der Klassengesellschaft wird die Diktatur von einer Minderheit der herrschenden Klasse über die Volksmassen und möglicherweise auch, wie im Imperialismus, zugleich über Teile der eigenen Klasse ausgeübt.

Die Formen der Diktatur reichen von der Herrschaft einzelner Personen oder Personengruppen und der konstitutionellen Monarchie bis zur bürgerlich-demokratischen (parlamentarischen) Republik. Letztere ist eine verhüllte Form der Diktatur der Bourgeoisie.

Werden die Interessen der Ausbeuterklasse durch Aktionen der Volksmassen bedroht, so greift die ausbeutende Minderheit zur offenen und brutalen Diktatur, zum → Faschismus. Die Geschichte lehrt, daß die Ausbeuterklassen dann versuchen, mittels einzelner Personen (Regime der persönlichen Macht) oder Personengruppen (Oligarchie), die die Macht in ihren Händen konzentrieren, ihre Klassenherrschaft aufrechtzuerhalten.

Der Diktatur der Ausbeuterklassen ist die Diktatur des Proletariats entgegengesetzt.

→ Diktatur des Proletariats → Demokratie → Staat.

Diktatur des Proletariats – Ausdruck des Klasseninhalts und der staatlichen Natur der Macht der Arbeiterklasse. Die Diktatur des Proletariats wird als Ergebnis der sozialistischen Revolution errichtet. Sie ist Voraussetzung für den Aufbau des Sozialismus und des Kommunismus. «Die Lehre vom Klassenkampf ... führt notwendig zur Anerkennung der *politischen Herrschaft* des Proletariats, seiner Diktatur, d. h. einer mit niemand geteilten und sich unmittelbar auf die bewaffnete Gewalt der Massen stützenden Macht. Der Sturz der Bourgeoisie ist nur zu verwirklichen durch die Erhebung des Proletariats zur *herrschenden Klasse*, die fähig ist, den unvermeidlichen, verzweifelten Widerstand der Bourgeoisie niederzuhalten und für die Neuordnung der Wirtschaft *alle* werktätigen und ausgebeuteten Massen zu organisieren» (Lenin 25, 416).

Die Diktatur des Proletariats umfaßt die Übergangsperiode vom → Kapitalismus zum Kommunismus. «Zwischen der kapitalistischen und der kommunistischen Gesellschaft liegt die Periode der revolutionären Umwandlung der einen in die

andre. Der entspricht auch eine politische Übergangsperiode, deren Staat nichts andres sein kann als die *revolutionäre Diktatur des Proletariats*» (MARX/ENGELS 19, 28).
Die führende Stellung in der Gesellschaft und im Staat in der Periode der Diktatur des Proletariats hat die Arbeiterklasse unter Führung der marxistisch-leninistischen Partei. Die Arbeiterklasse verwirklicht ihre Macht im Bündnis mit der Bauernschaft und mit anderen werktätigen und demokratischen Schichten der Gesellschaft. Die Diktatur des Proletariats ist Demokratie für die Werktätigen, Instrument der Klassenherrschaft des Proletariats über die Bourgeoisie zur Unterdrückung ihres Widerstandes. Sie ist für die Arbeiterklasse, für das Volk auf neue Art demokratisch und gegen die gestürzten Ausbeuter und ihre Helfer, die nichts unversucht lassen, die neuen gesellschaftlichen Verhältnisse wieder zu beseitigen, auf neue Art diktatorisch. Die Errichtung der Diktatur des Proletariats bedeutet die Entstehung eines neuen Typs der Demokratie, der sozialistischen Demokratie. Sie ist eine der allgemeinen Gesetzmäßigkeiten der sozialistischen Revolution.
Die Anerkennung der Diktatur des Proletariats ist das entscheidende Kriterium für den revolutionären Charakter und die Wissenschaftlichkeit der Ideologie und der Politik der Arbeiterparteien. Sowohl für den → Revisionismus als auch für den → Anarchismus ist die Ablehnung der Diktatur des Proletariats charakteristisch. Die Auseinandersetzung um die Diktatur des Proletariats ist einer der Hauptinhalte des ideologischen Kampfes zwischen den marxistisch-leninistischen Parteien und den verschiedenen revisionistischen und dogmatischen Strömungen und Richtungen innerhalb der modernen Arbeiterbewegung.
Die Notwendigkeit der Diktatur des Proletariats ist historisch bedingt und entspricht nicht dem Wesen der Arbeiterklasse schlechthin. Das Proletariat ist die am meisten demokratische Klasse. Infolge seiner Klassenlage stellt es sich nicht das Ziel, andere Klassen auszubeuten. Aber gerade auf die Ausbeutung richtet sich das Streben der Ausbeuterklassen bei Errichtung ihrer politischen Herrschaft. Der Kampf der Arbeiterklasse dagegen hat die Errichtung einer Gesellschaft zum Ziel, in der die Ausbeutung des Menschen durch den Menschen völlig beseitigt ist und in der auch der Staat mit seinem Zwangsapparat verschwindet. «Wenn das Proletariat im Kampfe gegen die Bourgeoisie sich notwendig zur Klasse vereint, durch eine Revolution sich zur herrschenden Klasse macht und als herrschende Klasse die alten Produktionsverhältnisse aufhebt, so hebt es mit diesen Produktionsverhältnissen die Existenzbedingungen des Klassengegensatzes, der Klassen überhaupt, und damit seine eigne Herrschaft als Klasse auf» (MARX/ENGELS 4, 482).
Der Sozialismus entsteht als Ergebnis des revolutionären Kampfes der Arbeiterklasse. Die Eroberung der Macht durch die Arbeiterklasse führt nicht automatisch zur Beseitigung der Ausbeuterklassen und des Klassenkampfes. Die Diktatur des Proletariats ist die Fortsetzung des Klassenkampfes des siegreichen Proletariats gegen die zwar besiegte, aber noch existierende Bourgeoisie, die versucht, ihre Macht erneut zu errichten. Die Notwendigkeit der Diktatur des Proletariats resultiert aus den Bedingungen des Klassenkampfes, die Anwendung von Gewalt hängt vom jeweiligen Widerstand der gestürzten Ausbeuterklassen ab.
Die Diktatur des Proletariats beschränkt sich nicht auf Gewalt. Gewalt macht nicht ihr Wesen aus. Darin besteht ihr prinzipieller Unterschied zur Diktatur der Ausbeuterklassen. Die Diktatur des Proletariats schafft die Bedingungen für das Wirken der Gesetze der sozialistischen Entwicklung, setzt die schöpferische Initiative der Volksmassen frei, durch deren Tätigkeit diese Gesetze nur wirksam werden. Vermittels des sozialistischen Staates, des Hauptinstruments beim Aufbau des Sozialismus und Kommunismus, leistet die Arbeiterklasse im Bündnis mit den werktätigen Bauern und den anderen werktätigen Schichten eine gigantische wirtschaftlich-organisatorische und kulturell-erzieherische Arbeit, um die neue Gesellschaft zu schaffen.
Die Rolle der Diktatur des Proletariats im Kampf für den Sozialismus besteht in der *Herrschaft* über die reaktionäre Bourgeoisie und in der *Leitung* der werktätigen Massen, in ihrer Organisierung für den Aufbau der sozialistischen Gesellschaft. Die Diktatur des Proletariats ist ein einheitliches System, zu dem der sozialistische Staat sowie die gesellschaftlichen Massenorganisationen der Werktätigen gehören und dessen Kern die marxistisch-leninistische Partei der Arbeiterklasse ist. Dieses System in seiner Gesamtheit bildet die politische Organisation der sozialistischen Gesellschaft.
Auf Grund der unterschiedlichen Bedingungen und der historischen Besonderheiten der jeweiligen Länder nimmt die Diktatur des Proletariats unterschiedliche Formen an. Ihr Wesen ist aber in allen Fällen die Herrschaft der von der marxistisch-leninistischen Partei geführten Arbeiterklasse im Bündnis mit der Bauernschaft und den anderen werktätigen Schichten, die auf die revolutionäre Umgestaltung der gesamten Gesellschaft, den Sieg des Sozialismus und den Übergang zum Kommunismus gerichtet ist.
Der erste Versuch zur Errichtung der Diktatur des Proletariats war die *Pariser Kommune* (1871). Die Sowjetmacht, die als Ergebnis der Großen

Sozialistischen Oktoberrevolution (1917) in Rußland entstand, war die erste siegreiche historische Form der Diktatur des Proletariats. Die revolutionären Umwälzungen in einer Reihe von Ländern Europas und Asiens als Folgeerscheinungen des zweiten Weltkrieges führten zur Herausbildung einer neuen Form der Diktatur des Proletariats, zur Volksdemokratie.
Unter den Bedingungen der Existenz des sozialistischen Weltsystems unter Führung der Sowjetunion sind Voraussetzungen für ein immer breiter werdendes Bündnis der Arbeiterklasse mit allen demokratischen und patriotischen Kräften des Volkes, für die Durchführung der sozialistischen Revolution und die Errichtung der Diktatur des Proletariats in dieser oder jener Form, entsprechend den konkreten historischen Bedingungen des gegebenen Landes, entstanden.
Die Diktatur des Proletariats entwickelt sich nach ihrer Errichtung auf der Grundlage der Stärkung ihrer sozialökonomischen Grundlagen ständig weiter und ist historischen Veränderungen unterworfen. Ihre Unterdrückungsfunktion wird nach der endgültigen Liquidierung der Ausbeuterklasse überflüssig und stirbt ab, während ihre Hauptfunktionen, die wirtschaftlich-organisatorische und kulturell-erzieherische, sich vervollkommnen und an Bedeutung gewinnen. Das trifft auch auf die Funktion des Schutzes des sozialistischen Eigentums und der Entwicklung der Verteidigungsbereitschaft gegen mögliche imperialistische Überfälle zu.
Nach dem völligen und endgültigen Sieg des Sozialismus und dem Übergang zum Kommunismus hört die Diktatur des Proletariats vom Standpunkt der inneren gesellschaftlichen Bedingungen auf, notwendig zu sein. Sie hat ihre historische Mission erfüllt. Der Staat, der als Folge der Revolution als Staat der Diktatur des Proletariats entstand, verwandelt sich in einen Staat des gesamten Volkes, der die Interessen und den Willen des ganzen Volkes zum Ausdruck bringt und ihnen dient.
In der *Deutschen Demokratischen Republik* wurde durch die antifaschistisch-demokratische Umwälzung im Osten Deutschlands die Voraussetzung für den friedlichen Übergang zur sozialistischen Revolution, für die Herausbildung der Diktatur des Proletariats in Gestalt des *Arbeiter-und-Bauern-Staates* geschaffen. Mit der Entwicklung der Deutschen Demokratischen Republik bildete sich der neue Charakter der Staatsmacht als Hauptinstrument für den Aufbau des Sozialismus heraus. Es entfaltete und entfaltet sich die sozialistische Demokratie und die wirtschaftlich-organisatorische und kulturell-erzieherische Tätigkeit des Staates. Zugleich entstanden die sozialistischen Schutzfunktionen, denen angesichts der Lage in Deutschland besondere Bedeutung zukommt. Die staatliche Leitung der gesellschaftlichen Entwicklung entspricht den objektiven Entwicklungsgesetzen der sozialistischen Gesellschaft und ist Hebel ihrer Durchsetzung. «Unsere staatliche Praxis ist die exakte Ausarbeitung der Wege und Maßnahmen der sozialistischen Entwicklung, der Organisierung der neuen ökonomischen und kulturellen Verhältnisse und der Aktivierung der Menschen und ihrer Erziehung zu bewußten Erbauern der neuen gesellschaftlichen Ordnung» (Walter ULBRICHT).
→ Staat → Demokratie → Sozialismus und Kommunismus.

Dilemma [griech] – *eigtl:* Wahl (zwischen zwei Möglichkeiten), Zwangslage; in der *traditionellen Logik* bedingter Syllogismus mit hypothetischem Obersatz und disjunktivem Untersatz:

Wenn S_1 ist P_1, so S_2 ist P_2, und wenn S_3 ist P_3, so S_4 ist P_4. S_1 ist P_1 oder S_3 ist P_3.

Also: S_2 ist P_2 oder S_4 ist P_4.

oder:

Wenn S_1 ist P_2, so S_2 ist P_2, und wenn S_3 ist P_3, so S_4 ist P_4. S_2 ist nicht P_2 oder S_4 ist nicht P_4.

Also: S_1 ist nicht P_1 oder S_3 ist nicht P_3.

Enthält der Untersatz *drei* alternativ verbundene Aussagen, spricht man von einem *Trilemma*, enthält er mehrere, spricht man von einem *Polylemma*.
Dilemma, Trilemma und Polylemma gehören wie alle bedingten Syllogismen nicht in die Syllogistik (d. h. in die Prädikatenlogik), sondern in die Aussagenlogik, da die Beziehungen zwischen den in ihnen auftretenden Begriffen für die Gültigkeit des Schlusses keine Rolle spielen.
Verwendet man Aussagenvariable und die Symbole für Negation, Konjunktion, Alternative und Implikation, erhält man statt der oben angeführten Ausdrücke die aussagenlogisch gültigen Schlußregeln:

$$\frac{\begin{array}{c}(p \rightarrow r) \wedge (q \rightarrow s)\\ p \vee q\end{array}}{r \vee s}$$

und:

$$\frac{\begin{array}{c}(p \rightarrow r) \wedge (q \rightarrow s)\\ \sim r \vee \sim s\end{array}}{\sim p \vee \sim q}$$

Dimaris – künstlich geschaffenes Merkwort der *traditionellen Logik* für einen gültigen Modus der 4. Schlußfigur, und zwar für:
Aus *PiM* und *MaS* folgt *SiP* – in *moderner Schreibweise*:
Aus $\exists(x)\,[P(x) \wedge M(x)]$ und $\forall(x)\,[M(x) \rightarrow S(x)]$ folgt $\exists(x)\,[S(x) \wedge P(x)]$.

Ding – relativ stabiles, materielles oder ideelles System von Qualitäten. Das Wort «Ding» wird im allgemeinen Sprachgebrauch auch synonym zu «Gegenstand» und «Objekt» gebraucht. Mittels der ihm zukommenden Eigenschaften steht ein Ding in bestimmten Relationen zu anderen Dingen.

Der Begriff «Ding» hat im Verlauf der Geschichte der Philosophie und der Einzelwissenschaften einen Bedeutungswandel erfahren. Der *mechanische Materialismus* verwendet den Begriff «Ding» in der Bedeutung von «Körper». Ein Körper aber wird als materieller Gegenstand verstanden, dem die Merkmale der Einzelheit und der Individualität zukommen, der eine bestimmte geometrische Gestalt hat und innerhalb gewisser räumlicher Grenzen existiert. Zwei Dinge sind demnach identisch, wenn sie die gleichen räumlichen Grenzen bzw. Abmessungen haben, und umgekehrt: sie sind verschieden, wenn sie sich in ihren räumlichen Grenzen bzw. Abmessungen voneinander unterscheiden.

Diese – auch als *traditionelle Dingkonzeption* bekannte – Auffassung birgt jedoch eine Reihe von Schwierigkeiten und Widersprüchen in sich, die sie als zu begrenzt ausweisen, um den Bedürfnissen der modernen Wissenschaft gerecht werden zu können. Insbesondere vermag die mechanisch-materialistische Dingkonzeption nicht mit dem Problem der Identität der Dinge fertig zu werden. Sie gerät unweigerlich in Widersprüche, sobald sie eine Antwort auf die Frage sucht, wann ein Ding, dessen Eigenschaften sich allmählich ändern, aufhört, dasselbe Ding zu sein. Auf diese Schwierigkeit machte bereits HOBBES (Grundzüge der Philosophie, Leipzig 114) mit seinem Beispiel vom Schiff des Theseus aufmerksam: «Werden in diesem Schiff nach und nach alle Planken durch neue ersetzt, dann ist es numerisch dasselbe Schiff geblieben; hätte aber jemand die herausgenommenen alten Planken aufbewahrt und sie schließlich sämtlich in gleicher Richtung wieder zusammengefügt und aus ihnen ein Schiff aufgebaut, so wäre ohne Zweifel auch dieses Schiff numerisch dasselbe wie das ursprüngliche. Wir hätten dann zwei numerisch identische Schiffe, was absurd ist.»

Die mechanisch-materialistische Dingkonzeption erwies sich jedoch besonders angesichts der Entwicklung der modernen Wissenschaft – und hier speziell der Physik – als unhaltbar. Die Klasse der materiellen Dinge hat sich als viel umfassender erwiesen, als es die Klasse der Körper ist. So ist z. B. ein elektromagnetisches Feld im Sinne der eingangs gegebenen Definition durchaus ein materielles Ding. Doch kommt ihm keine geometrische Individualität im Sinne des Körperbegriffs zu. Elektromagnetische Felder der verschiedensten Art können sich überlagern, zu derselben Zeit an demselben Ort existieren usw. Darüber hinaus kennt die Quantenmechanik das Prinzip der Ununterscheidbarkeit von Elementarteilchen (Teilchenidentität), dem zufolge die unterschiedliche Lage von Teilchen im Raum nicht als Grundlage für ihre Unterscheidung dienen kann. Das Problem der Einzelheit und Individualität der Dinge ist also erheblich komplizierter als das der Individualität von Körpern im klassischen Sinne. Der Dingbegriff ist schließlich auch deshalb weiter als der des Körpers, weil es zwar nur materielle Körper, aber sowohl materielle als auch ideelle Dinge gibt. So sind z. B. Individuenvariable, wie sie in der formalen Logik vorkommen, ideelle Dinge.

Die *marxistische Philosophie* betrachtet im Einklang mit der modernen Wissenschaft die Klasse der Körper als Teilklasse der Klasse der Dinge. Es ist zwar jeder Körper ein Ding, aber bei weitem nicht jedes Ding ein Körper. Im Unterschied zur traditionellen Dingkonzeption, die «Ding» wesentlich quantitativ (durch geometrische Gestalt, Masse usw.) bestimmt, ist der dialektisch-materialistische Dingbegriff vor allem qualitativ bestimmt. Bei einer rein quantitativen Festlegung des Dingbegriffs müßte jede quantitative Änderung seiner Bestimmungsstücke von diesem Ding zu einem anderen führen, womit der Dingbegriff für die wissenschaftliche und praktische Tätigkeit unbrauchbar würde. Als System von Qualitäten aufgefaßt wird ein Ding jedoch nur dann ein anderes, wenn die quantitativen Änderungen seiner Bestimmungsstücke die Qualitäten des Dinges ändern (→ Qualität und Quantität).

Ein Ding wird vermöge der ihm zukommenden Eigenschaften und der zwischen ihm und anderen Dingen bestehenden Relationen erkannt. Da ein materielles Ding im Prinzip unendlich viele Eigenschaften hat und in unendlich vielen Relationen zu anderen Dingen steht, ist es Aufgabe der wissenschaftlichen Forschung, die wesentlichen Eigenschaften (Qualitäten) bzw. die wesentlichen Relationen herauszufinden und so von der äußeren Erscheinung des Dinges zu seinem Wesen vorzudringen.

→ Gegenstand → Objekt.

Ding an sich – Grundbegriff der Philosophie KANTS, mit dem allgemein das Ding als Gegenstand der Erkenntnis in seiner Unabhängigkeit von dieser und im Unterschied zur Art und Weise, wie es in ihr (durch Wahrnehmung und Denken) gegeben ist, umschrieben wird.

Nach dem Vorgang von LAMBERT, der an jeder Sache (jedem Ding) unterscheidet, «wie sie an sich ist» und «wie wir sie empfinden, vorstellen» (Org I § 20, 52), entwickelt KANT die Lehre, daß alles, was im Erkenntnisprozeß wahrgenommen und gedacht wird, bloße Erscheinung ist, die zwar in der Wirklichkeit eine Entsprechung hat und deren Existenz gewiß, deren Erkenntnis aber unmöglich ist: das Ding an sich. «... es sind uns

Dinge als außer uns befindliche Gegenstände unserer Sinne gegeben, allein von dem, was sie an sich selbst sein mögen, wissen wir nichts, sondern kennen nur ihre Erscheinungen» (B 58f, Prol § 13 II).

Der Gebrauch des Ding-an-sich-Begriffs ist bei KANT nicht eindeutig. Einmal wird das Ding an sich im Sinne eines außerhalb des Bewußtseins existierenden unerkennbaren, zum anderen als notwendiger Gedanke eines nur vorgestellten Seins (Ding an sich als Gedankending) gefaßt (B 594, Prol § 57). Letzteren Gedanken erweiternd, setzt KANT das Ding an sich auch mit dem *noumenon* PLATONS gleich (B 294f, Prol § 32–35). Im anderen Zusammenhang wird das Ding an sich negativ als leerer Gedanke (eine Auffassung, die vor allem im *Neukantianismus* Schule gemacht hat), dann aber wieder positiv als Gegenbegriff zur Erscheinung (eine Auffassung, die als Problem in der *klassischen deutschen Philosophie* eine Rolle spielte) bestimmt (B 565). Schließlich wird das Ding an sich von KANT als Grenzbegriff vorgestellt, der die Erkenntnis auf die Erfahrung festlegen und Grenzüberschreitungen ihrerseits ins Übersinnliche verhindern soll (B 310, Prol § 57–60). An anderen Stellen des KANTschen Werkes klingt eine Auffassung durch, die das Ding an sich als «ewige Aufgabe» hinstellt, deren Lösung der menschlichen Vernunft im fortschreitenden Prozeß der Erkenntnis obliegt, deren Verwirklichung jedoch außerhalb des Vermögens der Vernunft liegt. Daneben verwendet KANT den Begriff in der Einzahl (Ding an sich) und Mehrzahl (Dinge an sich), ohne hierfür Gründe geltend zu machen.

Die Ding-an-sich-Lehre bringt, geht man auf ihr Wesen ein und sieht von den Inkonsequenzen der Verwendung des Ding-an-sich-Begriffs innerhalb der KANTschen Philosophie ab, deutlich das Schwanken KANTS zwischen Idealismus und Materialismus zum Ausdruck. Indem KANT das Ding an sich als außerhalb des Bewußtseins existierend anerkennt, gibt er seiner Philosophie eine Wendung zum Materialismus. Indem KANT jedoch im weiteren das Ding an sich für unerkennbar erklärt und den Bereich möglicher Erkenntnis auf die Erscheinung einschränkt, gibt er seiner Erkenntnislehre eine Wendung zum Agnostizismus und seiner Philosophie insgesamt in letzter Instanz einen subjektiv-idealistischen Charakter (LENIN 14, II).

Die Ding-an-sich-Lehre und ihre Problematik resultiert zunächst aus der Tatsache der Nichtbewältigung des Erkenntnisproblems durch KANT. KANT legt seiner Erkenntnislehre den Erkenntnisbegriff der *mathematischen Naturwissenschaft* des 17. und 18. Jahrhunderts zugrunde und verabsolutiert ihn. Insofern erscheint ihm alles das als unerkennbar, was nicht mit den methodischen Mitteln der mathematisch-mechanistischen Naturerkenntnis erkannt werden kann (z. B. die Entwicklung der Organismen). Diese Verabsolutierung des Erkenntnisideals der Zeit verführt KANT sowohl zu der undialektischen Gegenüberstellung von Ding an sich und Erscheinung als auch dazu, den Wissensstand seiner Zeit in methodischer Hinsicht unhistorisch für etwas Fertiges, Unveränderliches, Abgeschlossenes zu halten.

Die Ding-an-sich-Lehre ist so untrennbar mit einem bestimmten Entwicklungsstand der Wissenschaften, dem der zweiten Hälfte des 18. Jahrhunderts, verbunden und von diesem aus historisch zu verstehen und zu erklären. Wenn daher seit dem *Neukantianismus* in der bürgerlichen Philosophie der jüngsten Vergangenheit und Gegenwart immer wieder Versuche zur Neubelebung der KANTschen Lehre vom Ding an sich unternommen werden, so ist das schon infolge des weiteren Fortschreitens unserer Erkenntnis seit dem 18. Jahrhundert theoretisch ein Rückschritt, weltanschaulich aber ein reaktionäres Unterfangen (MARX/ENGELS 21, 274f).

Darüber hinaus hat die KANTsche Ding-an-sich-Lehre ihre sozialökonomischen und gesellschaftlich-historischen Wurzeln. Dem bürgerlichen Denken erscheinen als Folge der warenwirtschaftlichen Durchdringung der *ganzen Gesellschaft* im Kapitalismus (MARX/ENGELS 13, 613ff) die natürlichen, vor allem aber die gesellschaftlichen Beziehungen auf der einen Seite als vom Menschen beherrscht und durchschaubar, auf der anderen Seite als vom Menschen nicht beherrscht und undurchschaubar. Sie müssen so erscheinen, weil in der Wirklichkeit der kapitalistischen Welt beides der Fall ist. Die kapitalistische Produktionsweise ist als durchgängige Warenproduktion weitgehend rationalisiert und als solche durchschaubar, in ihrer Gesamtheit, als Totalität, ist sie jedoch das gerade Gegenteil, ist sie undurchschaubar, was seinen sichtbaren Ausdruck in den dem kapitalistischen System innewohnenden Krisenerscheinungen (Wirtschaftskrisen, Kriege) findet.

Diesem Tatbestand hat die bürgerliche Philosophie von einer bestimmten Stufe ihrer Entwicklung an Rechnung getragen. In der KANTschen Philosophie findet er seinen Ausdruck in der Lehre vom unerkennbaren Ding an sich. Wenn nämlich das kapitalistische Dasein als Ganzes nicht zu durchschauen ist, dann ist die Vernunft (genauer: die *bürgerliche* Vernunft), in deren Namen die Bourgeoisie in ihrer klassischen Zeit aufgetreten ist, als Richterin alles Bestehenden um ihre Verwirklichung gebracht (MARX/ENGELS 20, 16f), d. h , sie muß sich bescheiden – erkenntniskritisch gewendet: die Welt ist letztlich, als Ding an sich, unerkennbar.

→ Agnostizismus.

Disamis – künstlich geschaffenes Merkwort der *traditionellen Logik* für einen gültigen Modus der 3. Schlußfigur, und zwar für:
Aus MiP und MaS folgt SiP – in *moderner Schreibweise*:
Aus $\exists(x)\ [M(x) \wedge P(x)]$ und $\forall(x)\ [M(x) \rightarrow S(x)]$ folgt $\exists(x)\ [S(x) \wedge P(x)]$.

disjunkte Begriffe → Begriffe, disjunkte.

Disjunktion [lat] – *eigtl*: Trennung; in der *modernen Logik* wird der Terminus «Disjunktion» teils zur Bezeichnung der → Alternative, teils zur Bezeichnung der → Kontravalenz gebraucht.

disjunktives Urteil → Urteil, disjunktives.

Diskontinuität [lat] – *eigtl*: Unstetigkeit, Punktualität, unterbrochener Zusammenhang. *Ggs*: → Kontinuität.
Diskontinuität kommt sowohl der Struktur als auch der Bewegung und Entwicklung der Materie zu. Sie findet ihren Ausdruck in der relativ selbständigen Existenz der einzelnen Materieformen, in der raumzeitlichen Begrenztheit der Teile, Elemente oder Zustände eines Ganzen, eines Systems oder eines Prozesses. Die Diskontinuität ist die objektive Grundlage für die Teilbarkeit eines Objekts oder Systems in endliche und relativ selbständige Teile oder Elemente und damit für die komplexe Struktur von Systemen und die Auswechselbarkeit einzelner Elemente dieser Systeme. In Entwicklungsprozessen zeigt sich die Diskontinuität in dem sprunghaften Übergang eines Systems oder Teilsystems aus einem Zustand in einen anderen, von einer Verhaltensweise zu einer anderen. Dialektische Qualitätsumschläge bzw. dialektische Negationen sind stets Ausdruck des diskontinuierlichen Moments der Entwicklung, da sie die Sprungstellen ausmachen, welche die verschiedenen Qualitäten bzw. Entwicklungsstadien voneinander abgrenzen. Diskontinuität ist somit eine notwendige Bedingung sowohl für die relativ selbständige Existenz als auch für die Bewegung und Entwicklung aller Materieformen.
→ Kontinuität und Diskontinuität.

Diskontinuum [lat] – Unstetiges, Unterbrochenes. *Ggs*: Kontinuum.
→ Diskontinuität → Kontinuität und Diskontinuität.

diskret [lat] – *eigtl*: geschieden, unstetig, diskontinuierlich, *auch*: abgesondert, getrennt. *Ggs*: kontinuierlich.
→ Diskontinuität → Kontinuität und Diskontinuität.

Diskretheit → Diskontinuität.

diskursiv [lat] – begriffliches Denken; das von Urteil zu Urteil, von Begriff zu Begriff fortschreitende logische Denken. Jedes wissenschaftliche Denken trägt diskursiven Charakter. Nach KANT ist das menschliche Denken *diskursiv*, nicht *intuitiv* (KdrV, Einl; Prol § 46). *Ggs*: intuitiv.

disparat [lat] – ungleichartig, unvereinbar, unvergleichbar.

Dispositionsbegriffe [lat] – nach CARNAP eine bestimmte Klasse von Begriffen, die sich nicht auf Erlebnisse zurückführen lassen und also auch nicht durch Beschreibung von Erlebnissen definiert werden können. Die Annahme solcher Dispositionsbegriffe durch den logischen Empirismus ist durch die Tatsachen der Wissenschaft erzwungen und stellt in gewisser Weise eine Inkonsequenz gegenüber den Grundprinzipien des Positivismus dar. Die Dispositionsbegriffe verlangen in letzter Konsequenz die Anerkennung der Existenz einer objektiv-realen Außenwelt. Fast alle wichtigen Abstraktionen der Einzelwissenschaften haben den Charakter solcher Dispositionsbegriffe (Gesellschaftsklasse, elektrische Feldstärke, Entwicklung usw.). Dispositionsbegriffe sind weder durch die relativ elementare Abstraktionstheorie des *mechanischen Materialismus* noch durch die des *Positivismus* wissenschaftlich zu begründen. Nach der Abstraktionstheorie des *dialektischen Materialismus* geht der Mensch von Erlebnissen, Erfahrungen usw. aus, verarbeitet diese erkenntnismäßig (→ Erkenntnis → Abstraktion) und konfrontiert die so gewonnenen Abbilder unter ständiger Verbesserung in der Praxis mit der Außenwelt.

Distanzrezeptor [lat] – Rezeptor, der ohne direkten Berührungskontakt mit den Gegenständen der Außenwelt Reize aufnimmt. Zu den Distanzrezeptoren gehören die Rezeptoren des Gesichts-, Gehör- und Geruchssinns. Die Rezeptoren des Geschmacks- und Tastsinns hingegen zählen zu den Kontaktrezeptoren.
Die Distanzrezeptoren sind phylogenetisch wesentlich jünger als die Kontaktrezeptoren, was aus ihrer Lokalisation in den später entstandenen Abschnitten des Nervensystems geschlossen werden kann (SHERRINGTON). Sie haben sich vermutlich aus den Kontaktrezeptoren entwickelt (der Geruchs- aus dem Geschmackssinn, das Gehör über den Vibrationssinn aus dem Tastsinn), wobei überall dort, wo diese Entwicklung zu verzeichnen ist, herabgesetzte Empfindlichkeitsschwellen der Kontaktrezeptoren anzutreffen sind. Durch die Distanzrezeptoren wurden die Möglichkeiten der Organismen zur Widerspiegelung der Außenwelt erheblich erweitert und differenziertere Verhaltensweisen ermöglicht.
→ Rezeptor.

distinkt [lat] – unterschieden, deutlich begrenzt.

Distinktion [lat] – Unterscheidung; Auszeichnung.

distributiv [lat] – *eigtl*: verteilend. 1. Für jedes Objekt geltend, das unter einen bestimmten Begriff fällt. 2. Eine zweistellige logische Verknüpfung o_1 ist hinsichtlich einer anderen o_2 distributiv genau dann, wenn der Ausdruck $H_1\,o_1\,(H_2\,o_2\,H_3)$ dem Ausdruck $(H_1\,o_1\,H_2)\,o_2\,(H_1\,o_1\,H_3)$ werte-

verlaufsgleich ist. Die Tatsache, daß diese Beziehung zwischen bestimmten Verknüpfungen besteht, wird durch ein distributives Gesetz zum Ausdruck gebracht.
In der Booleschen Algebra sind zwei Verknüpfungen definiert, dabei ist jede in bezug auf die andere distributiv. Die Aussagenlogik, die als eine Interpretation der Booleschen Algebra im Bereich der Logik aufgefaßt werden kann, wobei etwa der einen Verknüpfung die logische Konjunktion, der anderen die Alternative entspricht, enthält für diese logischen Verknüpfungen infolgedessen zwei distributive Gesetze.
Für die *Konjunktion* und die *Alternative* gelten nämlich die Gesetze:

$$[p \wedge (q \vee r)] \longleftrightarrow [(p \wedge q) \vee (p \wedge r)]$$

und

$$[p \vee (q \wedge r) \longleftrightarrow (p \vee q) \wedge (p \vee r)].$$

Die *elementare Arithmetik* ist keine Interpretation der Booleschen Algebra, da ihre beiden Verknüpfungen, die Multiplikation und die Addition, nur durch *ein* distributives Gesetz gekoppelt sind, nämlich:

$$a\,(b + c) = a\,b + a\,c;$$

dagegen gilt nicht:

$$a + (b \cdot c) = (a + b) \cdot (a + c),$$

Division [lat] – Teilung, Einteilung; in der *traditionellen Logik* (gedankliche) Zerlegung einer Gattung (eines Gattungsbegriffs) in ihre Arten (seine Artbegriffe), Gliederung eines Begriffs in ihm subordinierte Begriffe. Das Ergebnis einer solchen Division wurde häufig in Gestalt einer Begriffspyramide dargestellt, z. B.:

Philosophie
- materialistische Philosophie
- idealistische Philosophie
  - objektiv-idealistische Philosophie
  - subjektiv-idealistische Philosophie

→ Begriffsgliederung → Klassifikation.

docta ignorantia [lat] – *eigtl*: gelehrte Unwissenheit; bei CUSANUS Bezeichnung für die durch die Wissenschaft gewonnene Einsicht von der Unbegreiflichkeit Gottes.

Dogmatismus [griech] – völlig unkritische, unhistorische, metaphysische Denkweise, die von überlieferten «Dogmen», d. h. Meinungen, Lehr- oder Glaubenssätzen ausgeht, an ihnen als gleichsam ewig und überall gültigen Wahrheiten festhält, ohne sie an der konkret gegebenen historischen Situation, an neuen Erkenntnissen und praktischen Erfahrungen auf ihren Wahrheitsgehalt und Erkenntniswert hin zu überprüfen. Der Dogmatismus ist ein charakteristischer Grundzug jeder Religion und religiösen Anschauung, philosophisch ein Ausdruck undialektischen, metaphysischen Denkens, das an einmal gewonnenen Erkenntnissen unkritisch festhält, sie schematisch auf neue Verhältnisse überträgt, ohne diese selbst zu analysieren, theoretisch zu verallgemeinern und so zu einem echten Erkenntnisfortschritt beizutragen.
Unter Dogmatismus wird innerhalb der *revolutionären Arbeiterbewegung* eine spezifische Form der Abweichung vom Marxismus-Leninismus verstanden, die zwar äußerlich im Gegensatz zum → Revisionismus steht, in Wirklichkeit jedoch diesem in die Hände spielt. Diese Art des Dogmatismus ist dadurch gekennzeichnet, daß sich seine Vertreter in völlig unhistorischer und eklektischer Weise auf einzelne, aus dem Zusammenhang gerissene Thesen des Marxismus-Leninismus berufen, ohne seinen revolutionären Geist und schöpferischen Charakter zu erfassen. Diese Dogmatiker oder Buchstabengelehrten halten sich gern für besonders konsequente Marxisten, tatsächlich aber sind sie nicht willens oder unfähig zur sachgemäßen Anwendung und schöpferischen Weiterentwicklung des Marxismus-Leninismus auf Grund wissenschaftlicher Analyse der konkreten gesellschaftlichen Verhältnisse. Der Dogmatismus schadet der Arbeiterbewegung durch seine starre, einseitige und unschöpferische Art der Anwendung der marxistisch-leninistischen Theorie auf die gesellschaftliche Wirklichkeit und die neuen Erfahrungen des Klassenkampfes, denn er verhindert dadurch die Weiterentwicklung dieser Theorie und die schöpferische Ausnutzung der gesellschaftlichen Entwicklungsgesetze. Er trennt durch sein schematisches, undialektisches Verfahren die marxistisch-leninistische Theorie nicht nur von der Praxis des Klassenkampfes, sondern auch von der Entwicklung der Natur- und Gesellschaftswissenschaften.
Politisch führt der Dogmatismus zum *Sektierertum* und birgt die Gefahr ultralinker, pseudorevolutionärer Aktionen im Klassenkampf in sich. Dogmatische und sektiererische Politik führt nicht nur in dem betreffenden Land zu schweren subjektivistischen Fehlern, sondern schwächt auch die Einheit und Geschlossenheit der internationalen Arbeiterbewegung und des sozialistischen Weltsystems. Deshalb widmen die marxistisch-leninistischen Parteien dem Kampf gegen Dogmatismus und Sektierertum eine ebenso große Aufmerksamkeit wie dem Kampf gegen den Revisionismus. «Dogmatismus und Sektierertum in Theorie und Praxis können, wenn man sie nicht konsequent bekämpft, ebenfalls in dieser oder jener Entwicklungsphase einzelner Parteien zur Hauptgefahr werden. Sie berauben die revolutionären Parteien der Fähigkeit, den Marxismus-

Leninismus auf Grund einer wissenschaftlichen Analyse zu entwickeln und ihn schöpferisch entsprechend den konkreten Verhältnissen anzuwenden; sie isolieren die Kommunisten von den breiten Schichten der Werktätigen, verurteilen sie zu passivem Abwarten oder zu ultralinken, abenteuerlichen Aktionen im revolutionären Kampf; erlauben es nicht, die sich ändernde Situation und die neuen Erfahrungen rechtzeitig und richtig zu beurteilen, alle Möglichkeiten im Interesse des Sieges der Arbeiterklasse und aller demokratischen Kräfte im Kampf gegen Imperialismus, Reaktion und Kriegsgefahr auszunutzen, und hindern dadurch die Völker, den Sieg in ihrem gerechten Kampf zu erringen» (Erklärung 1960).

doppelte Wahrheit → Lehre von der ...

doxa [griech] – *eigtl*: Meinung; nach PARMENIDES nicht Resultat der Verstandes-, sondern der Sinneserkenntnis, die uns nur Trugbilder einbringt.
PLATON läßt die *doxa* ebenfalls aus der Sinneserkenntnis hervorgehen und unterscheidet sie von der wahren Einsicht oder Erkenntnis. Für ihn liegt sie zwischen Wissen und Nichtwissen.
Für ABAELARD gehören in den Bereich des Meinens die Allgemeinbegriffe (→ Universalienstreit). Sie seien *imagines confusae*, unscharfe, verschwommene Vorstellungen, die nicht das Wissen um das Wesen der Dinge ausmachen.

Dualismus [lat] – *eigtl*: Zweiheitslehre. Name für eine Klasse *idealistischer Weltanschauungen*, die die Einheit der Welt leugnen und statt dessen eine Zweiheit zu einer grundlegenden Bestimmung der Wirklichkeit machen. Diese Zweiheit besteht für den Dualismus aus *entgegengesetzten* oder *einander gleichgestellten Seinsbereichen* oder *Prinzipien* (Materie und Bewußtsein, Stoff und Form, Körper und Geist, Objekt und Subjekt, Ding an sich und Erscheinung, Leib und Seele, Notwendigkeit und Freiheit, Gut und Böse).
Der Name «Dualismus» taucht das erstemal bei WOLFF (Psych rat § 34) zur Bezeichnung derjenigen Philosophien auf, die zur Erklärung der Welt die Existenz sowohl materieller wie immaterieller Substanzen annehmen.
Seinem Wesen nach ist der philosophische eine *säkularisierte Form* des religiösen Dualismus, insbesondere der Zweiteilung der Welt in eine diesseitige und eine jenseitige durch die christliche Religion.
In der *Geschichte der Philosophie* ist der Dualismus, mehr oder weniger ausgeprägt, mannigfach in Erscheinung getreten: ANAXAGORAS (passiver Stoff und ordnender, gestaltender Nous), PLATON und der *Platonismus* (Materie und göttlicher Demiurg, vergängliche Erscheinungswelt und Urbild der ewigen Ideenwelt), ARISTOTELES (Stoff, Materie als das bloß der Möglichkeit nach Seiende und Form, Prinzip als das Gestaltende, Verwirklichende); in der neueren Zeit vor allem: DESCARTES (denkende Substanz: res cogitans und ausgedehnte Substanz: res extensa) und KANT (Ding an sich und Erscheinung); schließlich in letzter Instanz die gesamte *Scholastik* und *Neuscholastik* (Gott und Welt).
In der Regel tragen alle mit dualistischen Momenten durchzogenen Philosophien, besonders die der neueren Zeit, *Kompromißcharakter* und sind in sich *widersprüchlich*, weil sie eine eindeutige Beantwortung der *Grundfrage der Philosophie* umgehen. Daraus erklären sich die in der Geschichte der Philosophie im Anschluß an jeden Dualismus unternommenen Versuche, diesen in Richtung des *Monismus* zu überwinden, wobei entsprechend den beiden Grundrichtungen der Philosophie eine *materialistisch*-monistische oder *idealistisch*-monistische Überwindung angestrebt wurde. «Die materialistische Beseitigung des ‚Dualismus von Geist und Körper' (d. h. der materialistische Monismus) besteht darin, daß der Geist nicht unabhängig vom Körper existiert, daß der Geist das Sekundäre, eine Funktion des Gehirns, die Widerspiegelung der Außenwelt ist. Die idealistische Beseitigung des ‚Dualismus von Geist und Körper' (d. h. der idealistische Monismus) besteht darin, daß der Geist *keine* Funktion des Körpers *ist*, daß der Geist folglich das Primäre ist ... Außer diesen beiden einander direkt entgegengesetzten Arten der Beseitigung des ‚Dualismus von Geist und Körper' kann es keine dritte Art geben, wenn man von dem Eklektizismus, d. h. der widersinnigen Vermengung von Materialismus und Idealismus, absieht» (LENIN 14, 83).

Dunkelmännerbriefe (Epistolae obscurorum virorum) – 1516 und 1517 erschienen, stellen ein bleibendes Dokument des Kampfes der deutschen Humanisten gegen die römisch-katholische Kirche dar. Die Verfasser sind: der zum Erfurter Humanistenkreis um Mutianus RUFUS gehörende CROTUS RUBEANUS (Johannes JÄGER, 1480 bis etwa 1539), ein Freund Ulrich VON HUTTENS, dieser selbst und HERMANN VON DEM BUSCHE.
Die Dunkelmännerbriefe wurden zur Verteidigung REUCHLINS gegen die Angriffe des Dominikanerordens verfaßt, bei der auch Franz VON SICKINGEN eine Rolle spielte.
Dem äußeren Anschein nach wird nur das schlechte Mönchslatein der Dominikaner in Köln lächerlich gemacht (Köln war die Hochburg des Dominikanerordens im damaligen Deutschland). Dem Inhalt nach geht es jedoch um ernstere Dinge. Es ist eine Auseinandersetzung deutscher Humanisten mit den Versuchen des Klerus, die dahinsiechende Scholastik neu zu beleben, die ja nur eine Seite der Bemühungen um die Wiederherstellung der ungebrochenen Macht der Kirche ausmachten. Hierbei werden die Geistlichen in ihrer Unwissenheit, Intoleranz

und Mordlust vorgestellt, als Gottesstreiter, die jeden Humanisten und Freidenker auf den Scheiterhaufen bringen möchten. Wie real diese Gefahr für solche Männer wie ERASMUS, REUCHLIN, HUTTEN war, zeigen die Jahre, ja Jahrzehnte später erfolgten Verbrennungen von SERVET und Giordano BRUNO.

Durchschnitt – 1. logische Operation, durch die aus zwei oder mehr Klassen eine weitere, die *Durchschnittsklasse* oder der *Durchschnitt* jener Klassen, gebildet wird;
2. Ergebnis dieser Operation. Ein Individuum x ist Element der Durchschnittsklasse $A \cap B$ (lies: «A geschnitten mit B») genau dann, wenn x Element der Klasse A und Element der Klasse B ist; ein Individuenpaar $[x, y]$ ist Element der Durchschnittsklasse $A \cap B$ genau dann, wenn $[x, y]$ Element der Klasse A und Element der Klasse B ist, usw.
Symbolisch:

$$x \in (A \cap B) =_{\text{Def}} x \in A \wedge x \in B;$$
$$[x, y] \in [A \cap B) =_{\text{Def}} [x, y] \in A \wedge [x, y] \in B \text{ usw.}$$

Anschaulich:

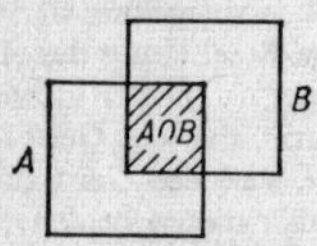

Beispiele: Die Klasse der gleichseitigen Dreiecke ist Durchschnittsklasse der Klasse der gleichseitigen Figuren und der Klasse der Dreiecke; Elemente dieser Durchschnittsklasse sind alle Figuren, die Elemente der Klasse der gleichseitigen Figuren und Elemente der Klasse der Dreiecke sind, und nur sie.
x ist Ursache von y genau dann, wenn gilt: x geht y zeitlich voran und x bringt y notwendigerweise hervor.
Falls es kein Individuum, kein Individuenpaar usw. gibt, das Element von A und Element von B ist, d. h., falls A und B kein gemeinsames Element besitzen, ist $A \cap B$ leer, ist $A \cap B$ die Nullklasse.
Beispiel: Es gibt kein Individuenpaar $[x, y]$ aus dem Bereich der natürlichen Zahlen, für das gilt: $x < y$ und $x > y$; d. h., die entsprechende Durchschnittsklasse ist leer.
Die Durchschnittsklasse einer Klasse A und ihrer Komplementärklasse A' ist immer die Nullklasse.
→ Vereinigung.

dynamis [griech] – *eigtl*: Kraft, Vermögen; bei ARISTOTELES die Möglichkeit zum Unterschied von der Wirklichkeit (→ energeia).
Der Übergang von der Möglichkeit zur Wirklichkeit macht nach ARISTOTELES das – hier freilich teleologische – Prinzip jeder Entwicklung (→ Entelechie) aus.

E

E – in der *traditionellen Logik* Symbol für eine verneinende Allaussage der Form «Alle S sind nicht P» oder «Kein S ist P», auch abgekürzt durch «$S\,e\,P$»; von «nego» [lat] – «ich verneine». Eine solche Aussage wird in der modernen *Prädikatenlogik* durch $\forall(x)\ [S(x) \rightarrow \sim P(x)]$ wiedergegeben.
→ A → I → O.

effektiv [lat] – *eigtl*: tatsächlich, wirklich, wirksam. Ein Verfahren ist *effektiv*, wenn es durch Regeln Schritt für Schritt in eindeutiger Weise festgelegt ist und in jedem Falle seiner Durchführung nach einer endlichen Anzahl von Schritten eine Lösung ergibt.
Beispiele für effektive Verfahren sind die → Entscheidungsverfahren der formalen Logik, mit deren Hilfe festgestellt wird, ob ein gegebener Ausdruck allgemeingültig, erfüllbar usw. ist.

Effektor [lat] – spezialisierter Teil des Nervensystems, der die Reaktion des Organismus auf die von den → Rezeptoren aufgenommenen, vom Zentrum verarbeiteten und an die Ausführungsorgane übermittelten (efferente oder zentrifugale Transmission) Informationen bewirkt. In ihrer Rolle als Transmissionsorgane verwandeln die Effektoren die elektrochemisch bzw. humoral verschlüsselten Impulse in für die Erfolgsorgane (Muskeln, Drüsen usw.) spezifische Reize.
So produzieren etwa die in den Muskeln lokalisierten motorischen Endplatten als Reizantwort auf vom Zentrum kommende Befehle – sofern der Reiz einen bestimmten Schwellenwert erreicht –

Azetylcholin, das eine Kontraktion des Muskels hervorruft.

Auf der phylogenetischen Stufe des Einzellers sind effektorische und rezeptorische Funktion noch nicht getrennt. Mit zunehmender Differenzierung kommt es zunächst zur Scheidung in Rezeptoren und Effektoren und mit der Ausbildung eines Zentralnervensystems schließlich zur Vermittlung von Effektor und Rezeptor durch afferente und efferente Leitungsbahnen.

Die Effektoren sind insofern für den *Erkenntnisprozeß* von Bedeutung, als nur mit ihrer Hilfe die durch das Bewußtsein aufgestellten Ziele und Verhaltensprogramme in reale Tätigkeiten umgesetzt werden können. Die durch die Effektoren veranlaßte Handlung wirkt aber auch auf die Rezeptoren ein, so daß der Erfolg zurückgemeldet wird und ständig verbessert werden kann (→ Reafferenzprinzip).

Im verallgemeinerten Sinne wird in der *Kybernetik* unter Effektor dasjenige Teilsystem eines Regelsystems verstanden, mit dessen Hilfe der Regler stofflich, energetisch oder informationell auf die Regelgröße einwirkt.

Efferenzkopie – wesentlicher Bestandteil der von E. von Holst und H. Mittelstaedt entwickelten Variante des → Reafferenzprinzips, wonach auf dem Wege der Impulse zur Peripherie in den niederen Zentren eine Kopie der Efferenz entsteht. Im Falle der Übereinstimmung von beabsichtigtem und erreichtem Effekt wird die Efferenzkopie durch die vom Effektor kommende Reafferenz gelöscht. Im Falle ihrer Nichtübereinstimmung bleibt ein Restreiz bestehen, der an das befehlsgebende Zentrum übermittelt und von diesem verarbeitet wird.

eidetische Reduktion – Methode der Husserlschen → Phänomenologie (Wesensschau).

eidetischer Sinn → Sinn, eidetischer.

eidos [griech] – Urbild; Gestalt, Begriff, Idee. Von Husserl (→ Phänomenologie) gleichbedeutend mit Wesen verwendet.

Eigenschaft – Bestimmung eines Dinges, durch die es sich als zu einer Klasse von Dingen zugehörig erweist.

In der *formalen Logik* wird eine Eigenschaft durch ein einstelliges Prädikat dargestellt: $P(x)$ bedeutet «x hat die Eigenschaft P». Die Eigenschaften eines Dinges sind die Grundlage dafür, daß die Dinge in bestimmten Relationen zueinander stehen und miteinander in Wechselwirkung treten können.

Der *objektive Idealismus* trennt die Eigenschaften von den Dingen und betrachtet sie als ideelle, selbständige Wesenheiten, die als Allgemeines unabhängig und vor jedem Einzelnen existieren (→ Universalienstreit). Der *subjektive Idealismus* hingegen identifiziert die Eigenschaften mit den menschlichen Empfindungen, hält sie für subjektiv und nur für soweit existierend, als sie vom Menschen wahrgenommen werden. Philosophiegeschichtlich wurde diese Auffassung in aller Konsequenz zuerst von Berkeley vertreten. Ausgehend von Locke und dessen Unterscheidung der Eigenschaften in primäre (objektive) und sekundäre (subjektive) Qualitäten, erklärte Berkeley *alle* Eigenschaften für sekundär. Die Dinge der objektiven Welt mit ihren Eigenschaften existieren demzufolge nur insofern, als sie wahrgenommen werden. Die subjektiv-idealistische Auffassung der Eigenschaften wurde vom → *Empiriokritizismus* und den ihm verwandten Strömungen der zeitgenössischen bürgerlichen Philosophie bis in das 20. Jahrhundert übernommen. Ihre umfassende Kritik fand diese Richtung in Lenins *Materialismus und Empiriokritizismus*.

In der *marxistischen Philosophie* werden die Eigenschaften als unabhängig vom menschlichen Bewußtsein und davon, ob der Mensch sie wahrnimmt oder nicht, betrachtet; sie kommen in diesem Sinne den Dingen objektiv zu. Zugleich aber existieren sie nicht losgelöst von den Dingen, als selbständige Wesenheiten, sondern können nur gedanklich von den Dingen getrennt werden.

Die Eigenschaften eines Dinges treten in seiner Wechselwirkung mit anderen Dingen in Erscheinung. Eine bestimmte Eigenschaft kommt einem Ding demnach nicht absolut, sondern nur in Relation zu anderen Dingen zu. Welche Eigenschaften ein Ding aufweist und auf welche Weise diese in Erscheinung treten, hängt sowohl von der eigenen spezifischen Beschaffenheit des Dinges als auch von der Art der Wechselwirkung mit anderen Dingen und von der Beschaffenheit dieser anderen Dinge ab. Eigenschaften eines Dinges, die sich bei einem Wechsel des Bezugssystems, d. h. im Rahmen der Wechselwirkungen mit verschiedenen anderen Dingen, nicht ändern, also invariant sind, werden *wesentliche Eigenschaften* oder auch Qualitäten genannt. Der Begriff der Eigenschaft ist mithin nicht identisch mit dem der Qualität; sein Umfang ist weiter, da es neben wesentlichen auch unwesentliche Eigenschaften gibt.

Die Unterscheidung zwischen wesentlichen und unwesentlichen Eigenschaften ist von unmittelbarer erkenntnistheoretischer Bedeutung. Das Wesen eines Dinges ist der unmittelbaren Wahrnehmung nicht zugängig. Was wir an einem Ding unmittelbar erkennen können, sind stets nur seine äußeren Eigenschaften. Die Prüfung auf Invarianz dieser Eigenschaften gestattet, die wesentlichen von den unwesentlichen zu unterscheiden. Die Qualität als wesentliche Eigenschaft ist aber die Erscheinung des Wesens des betreffenden Dinges. Die Erkenntnis verläuft somit von der Wahrnehmung der äußeren Eigenschaften eines Dinges

zur Erkenntnis seiner wesentlichen Eigenschaften und von hier zum inneren Wesen des Dinges.
Unter der *Extension* einer Eigenschaft versteht man den Umfang der Klasse von Dingen, denen diese Eigenschaft zukommt. Nach ihrer Extension unterscheidet man allgemeine und spezifische Eigenschaften, wobei diese Einteilung infolge des dialektischen Verhältnisses zwischen Allgemeinem, Besonderem und Einzelnem selbstverständlich relativ ist.
Von der *Intensität* einer Eigenschaft spricht man dann, wenn diese einem Ding in verschiedenem Grade zukommen kann, also quantitativ meßbar ist (z. B. Temperatur, Geschwindigkeit usw.). Mit dem Begriff der Intensität steht der Begriff der *Dimension* einer Eigenschaft in engem Zusammenhang. So spricht man von einer nulldimensionalen oder punktualen Eigenschaft, wenn dieser Eigenschaft keine Intensität zukommt, sie sich also in keiner Hinsicht quantitativ ändern kann (z. B. materiell, Vaterschaft usw.). Eine eindimensionale oder lineare Eigenschaft hat eine Intensität, die sich nur in Richtung einer Vergrößerung oder Verkleinerung ändern kann (z. B. Länge, Masse, Gewicht usw.). Zwei-, drei- oder allgemein *n*-dimensionale Eigenschaften sind solche, deren Intensitäten sich in zwei-, drei- oder *n*-facher Hinsicht ändern können. So ist z. B. die Geschwindigkeit eines Körpers eine zweidimensionale Eigenschaft, da sie sich nach Absolutwert und Richtung ändern kann; eine Farbe hingegen ist eine mehrdimensionale Eigenschaft, da ihre Intensität sich hinsichtlich Helligkeit, Lage im Spektrum, Deutlichkeit usw. ändern kann.
In der *Mathematik* werden lineare Eigenschaften durch Skalare, mehrdimensionale durch Vektoren und Tensoren dargestellt.
→ Qualität.

Eigentum → Eigentumsverhältnisse.

Eigentumsverhältnisse – im philosophisch-soziologischen und -ökonomischen Sinn: ein historisch bestimmtes, aus einem jeweiligen Entwicklungsniveau materieller Produktivkräfte sich ergebendes System (eine Gesamtheit) materieller → Produktionsverhältnisse, gefaßt unter dem Aspekt, daß diese Gesamtheit zugleich eine historisch bestimmte, sich ständig reproduzierende gesellschaftliche Art und Weise der Aneignung der Welt durch den Menschen ist. In gewisser Hinsicht ist der Begriff «Eigentumsverhältnisse» daher inhaltlich identisch mit dem der «Produktionsverhältnisse», hebt jedoch einen bestimmten, in gesellschaftlicher und geschichtlicher Hinsicht grundlegenden Aspekt hervor. Er bringt die Tatsache zum Ausdruck, daß die Aneignung der Welt durch den Menschen nur mittels eines Gesamtsystems ökonomischer Beziehungen zwischen den Menschen, die auch bestimmte, antagonistische oder nichtantagonistische Verhältnisse zwischen Klassen und sozialen Schichten einschließen, möglich ist. Die Eigentumsverhältnisse, als Verhältnisse der Aneignung, bilden also keine selbständigen, von der sich im jeweiligen Produktions- und Reproduktionsprozeß herausbildenden Gesamtheit zwischenmenschlicher Beziehungen getrennten Verhältnisse. Sie entstehen, realisieren und reproduzieren sich vielmehr nur in deren Bewegung. Karl Marx (4, 551) bemerkte gegen Proudhon, das kapitalistische Eigentum sei außerhalb der Gesamtheit der gesellschaftlich-ökonomischen Beziehungen «nichts als eine metaphysische und juristische Illusion».
Wenn man vom lebendigen Gesamtprozeß der Aneignung abstrahiert und von ihr gewissermaßen eine Momentaufnahme macht, dann stellen sich die Eigentumsverhältnisse als (meist rechtlich fixierter) Besitz von Individuen oder Klassen an Mitteln und Ergebnissen der Produktion, als Verfügungs- und Entscheidungsmacht jener über diese dar. Diese Abstraktion ist höchst sinnvoll zur Erfassung des Wesens jeweiliger Produktions- und Klassenverhältnisse. Im Rahmen dieser Abstraktion kann auch gesagt werden, daß die Eigentumsverhältnisse ein Teil des Gesamtsystems der Produktionsverhältnisse sind, daß sie die grundlegenden und bestimmenden Produktionsverhältnisse darstellen, die den Charakter der übrigen Verhältnisse bedingen. Zugleich aber darf dabei nicht vergessen werden, daß sich die Eigentumsverhältnisse nur als prozessierende Art und Weise der Vereinigung der Produzenten mit den Produktionsmitteln, des Austauschs der Tätigkeiten, der Kooperation, der Verteilung der Produktionsmittel und der Konsumtionsmittel realisieren und reproduzieren, daß sie nur in dieser lebendigen Gesamtheit von Produktionsverhältnissen ihr Dasein haben.
Das ist besonders wichtig für das Verständnis des Wesens und der geschichtlichen Bedeutung der sozialistischen Eigentumsverhältnisse. Der Akt der Enteignung der kapitalistischen Monopole und der Übergabe der entscheidenden Produktionsmittel in die Hände des Volkes (bzw. der als Staat organisierten Werktätigen) ist zwar die Voraussetzung, die durch einen revolutionären Akt geschaffene Möglichkeit für die Entwicklung sozialistischer Eigentumsverhältnisse, nicht aber diese selbst. Erst durch die sozialistische Umgestaltung der gesamten Produktionsverhältnisse, durch die Entwicklung und Entfaltung des Systems der sozialistischen Produktionsweise in all seinen wesentlichen Zügen und Gesetzmäßigkeiten realisiert sich die sozialistische Aneignungsweise, treten die sozialistischen Eigentumsverhältnisse in Aktion. Das schließt ein: die Ingangsetzung der Produktion und ihre rasche Entwicklung im gesellschaftlichen Interesse der werktätigen Massen, also die schrittweise Realisierung

der Zielfunktion der sozialistischen Produktionsweise, die prognostisch fundierte, planmäßige Lenkung und Leitung des Gesamtprozesses der sozialistischen Produktion und Reproduktion in allen Teilsystemen der sozialistischen Volkswirtschaft, die Organisation des sozialistischen Systems der Planung und Leitung entsprechend den Prinzipien des demokratischen Zentralismus, die ständige Erhöhung der führenden Rolle der Arbeiterklasse und den immer engeren Zusammenschluß der anderen werktätigen Klassen und Schichten um die Arbeiterklasse, die Entwicklung der sozialistischen Gemeinschaftsarbeit, den effektivsten Einsatz der ökonomischen Hebel, die Entfaltung der sozialistischen Masseninitiative, des sozialistischen Wettbewerbs und die Entwicklung des sozialistischen Bewußtseins.

Bereits im Mai 1918 betonte LENIN (27, 326): «Darin besteht ja das Mißgeschick der ‚Linken', daß sie das eigentliche Wesen der ‚gegenwärtigen Lage', den Übergang von den Konfiskationen (bei deren Durchführung die Haupteigenschaft des Politikers Entschlossenheit ist) zur Vergesellschaftung (bei deren Durchführung von einem Revolutionär eine *andere* Eigenschaft gefordert wird) nicht bemerkt haben. Gestern war es der Angelpunkt der gegenwärtigen Lage, möglichst entschieden zu nationalisieren, zu konfiszieren, die Bourgeoisie zu schlagen und zu vernichten, die Sabotage zu brechen. Heute sehen nur Blinde nicht, daß wir mehr nationalisiert, konfisziert, zerschlagen und zerbrochen haben, *als wir zu erfassen vermochten.* Die Vergesellschaftung aber unterscheidet sich gerade dadurch von einfacher Konfiskation, daß zum Konfiszieren bloße ‚Entschlossenheit', ohne die Fähigkeit, richtig zu registrieren und zu verteilen, genügt, *während man ohne eine solche Fähigkeit nicht vergesellschaften kann.*»

Die allseitige philosophisch-soziologische und -ökonomische Fassung der Eigentumsverhältnisse macht erst die gewaltige geschichtliche Bedeutung der sozialistischen Eigentumsverhältnisse als Grundlage einer neuen, höheren, dem Kapitalismus entgegengesetzten Gesellschaftsformation, als Grundlage einer höheren gesellschaftlichen Organisation des werktätigen Volkes, als Bestandteil der praktischen Lebensweise des sozialistischen Menschen und der sozialistischen Gemeinschaft deutlich; erst sie ermöglicht es, die konkreten ökonomischen und politisch-ideologischen Aufgaben zu erkennen und zu bestimmen, die mit den sozialistischen Eigentumsverhältnissen gegeben sind.

→ Produktionsverhältnisse.

Einbildungskraft – die Fähigkeit des Menschen, die sinnlichen Abbilder der Dinge und ihrer Eigenschaften in der Vorstellung auf beliebige Weise miteinander zu verbinden. Hieraus erklärt HOLBACH das Zustandekommen solcher Phantasiegebilde wie Kentauren, Hippogryphen, Götter und Dämonen (System der Natur, 90).

Eine wichtige Rolle spielt die Einbildungskraft in der Erkenntnislehre bei LEIBNIZ und KANT. Für LEIBNIZ liegt sie als Gemeinsinn zwischen der Sinnes- und der reinen Verstandeserkenntnis und trage insofern sowohl sinnlichen als auch intelligiblen Charakter. Sie sei ein notwendiger Bestandteil des Erkennens, weil sie gewissermaßen eine Mittlerrolle zwischen den Sinnen, die uns nur «verworrene Vorstellungen» vermitteln, und dem «wahrhaften Vernunftgebrauch», aus dem «deutliches Wissen» resultiert, spielt. Während die «Vorstellungsbilder von sinnlichen Qualitäten» «in ihren einzelnen Teilen verworren sind», sind sie «alle in ihrem Zusammensein klar» und gestatten die Anwendung von Begriffen.

Diese Mittelstellung nimmt die Einbildungskraft auch bei KANT ein. Durch sie als *produktive Einbildungskraft* «bringen wir das Mannigfaltige der Anschauung einerseits, und mit der Bedingung der notwendigen Einheit der reinen Apperzeption andererseits in Verbindung. Beide äußerste Enden, nämlich Sinnlichkeit und Verstand, müssen vermittelst dieser transzendentalen Funktion der Einbildungskraft notwendig zusammenhängen; weil jene sonst zwar Erscheinungen, aber keine Gegenstände eines empirischen Erkenntnisses, mithin keine Erfahrung geben würden» (A 124).

Die *reproduktive Einbildungskraft* hingegen sei den empirischen Gesetzen der Assoziation unterworfen und trage «daher zur Erklärung der Möglichkeit des Erkennens a priori» nichts bei und gehöre folglich in die Psychologie (B 152).

Im Anschluß an KANT übt für FICHTE, SCHELLING und HEGEL die produktive Einbildungskraft ebenfalls die erwähnte Mittlerfunktion aus und macht damit zugleich die erste Stufe des schöpferischen Erkennens aus.

Die der Einbildungskraft zugesprochene Stellung zwischen sinnlicher und rationaler Erkenntnis sowie das auf Grund dieser Stellung ihr zuerkannte Vermögen, ideelle Abbilder ohne Gegenwärtigkeit des abzubildenden Gegenstandes zu schaffen, werden in der *marxistischen Erkenntnistheorie* als Merkmale der Vorstellung definiert.

Einfachheit → Prinzip der Einfachheit.

eingeborene Ideen → Lehre von den ...

Einheit – nähere Bestimmung des universellen Zusammenhangs der Dinge, Systeme, Prozesse usw. der objektiven Realität. «Einheit» bedeutet im *dialektischen Materialismus* allgemein den Zusammenhang, das Zusammengehen und wechselseitige Bedingtsein des Vielen und Mannigfaltigen der objektiven Realität, dessen letzter Grund in der Materialität der Welt liegt. Die *materielle Einheit der Welt* bedeutet, daß alles, was existiert, Struktur-, Bewegungs- oder Entwicklungsform der Materie ist. Mit dieser Auffassung vertritt der dialektische Materialismus einen konsequenten *materialistischen Monismus.*

Die Einheit der objektiven Realität ist keine unterschiedslose, unbewegliche Sichselbstgleichheit, sondern eine immer widersprüchliche Einheit, die zugleich Vielheit und Mannigfaltigkeit voraussetzt und einschließt. Jedes Ding, System usw. ist eine Einheit unterschiedlicher und entgegengesetzter Momente, Tendenzen mit einer qualitativen Bestimmtheit gegenüber anderen Dingen, Systemen usw. Die Einheit existiert in der Vielheit, wie umgekehrt die Vielheit in der Einheit: «Einheit und Vielheit (sind) untrennbare, einander durchdringende Begriffe ..., die Vielheit (ist) nicht minder in der Einheit enthalten ... als die Einheit in der Vielheit» (Marx/Engels 20, 524).

Im Verhältnis von *Einheit und Vielheit* liegt der Akzent auf der quantitativen Bestimmung der Einheit als einer Einheit Vieler. Im Verhältnis von *Einheit und Mannigfaltigkeit* dagegen liegt die Betonung auf dem qualitativen Aspekt, darauf, daß es sich bei der Einheit der Welt um eine Einheit qualitativ verschiedener Struktur-, Bewegungs- und Entwicklungsformen der Materie handelt.

Einheit ist nicht schlechthin dasselbe wie Identität. Als Einheit des Verschiedenen und Gegensätzlichen unterscheidet sie sich prinzipiell von der *abstrakten Identität* und ist nur als *konkrete* Identität möglich.

→ Einheit und «Kampf» der Gegensätze → materielle Einheit der Welt → Mannigfaltigkeit → Vielheit.

Einheit der Welt → materielle Einheit der Welt.

Einheitssprache – nach der Erkenntnislehre des logischen Positivismus eine Sprache intersubjektiven und universellen Charakters, in die jede einzelwissenschaftliche Aussage übersetzt werden kann und auf deren Grundlage das Programm einer enzyklopädischen Einheitswissenschaft verwirklicht werden sollte.

Die Funktion einer wissenschaftlichen Einheitssprache erfüllt nach Carnap und Neurath die Sprache der Physik («physikalistische Sprache»), deren einzelne Sätze «die Beschaffenheit einer bestimmten Raum-Zeit-Stelle zu einer bestimmten Zeit quantitativ» angeben (Carnap, *Die physikalische Sprache als Universalsprache der Wissenschaft* 441). Ursprünglich glaubten Carnap und seine Anhänger – wobei sie philosophiehistorisch an gewisse Ideen von Leibniz (→ Ar- combinatoria → Characteristica universalis), Frege u. a. anknüpfen –, alle einzelwissenschaftlichen Begriffe (nach Carnap: «Zeichen») seien durch Definition auf der Basis bestimmter (physikalischer) Grundbegriffe einführbar und deshalb umgekehrt auch auf diese zurückführbar: «Ist ein Zeichen auf Grund gewisser anderer definiert, so kann es ... überall, wo es vorkommt, eliminiert werden, d. h., jeder Satz, der dieses Zeichen enthält, kann übersetzt werden in einen Satz, der nicht mehr dieses Zeichen, sondern nur noch die vorher schon vorhandenen Zeichen enthält» (Carnap, Über die Einheitssprache der Wissenschaft).

Diese Ansicht erwies sich jedoch als falsch. So gelingt es, wie Carnap zugeben mußte, beispielsweise nicht, schon einen relativ einfachen Begriff wie «Gravitationsfeld» aus den physikalischen «Grundbegriffen»: «Masse», «Raum», «Zeit» usw. herzuleiten bzw. ihn definitorisch auf diese zurückzuführen. Carnap schlug deshalb vor, die Zurückführung mittels Definition durch eine «Zurückführung» mittels «Reduktion» zu ersetzen, wobei unter «Reduktion» folgendes zu verstehen sei: Ein Begriff heißt auf einen oder mehrere andere Begriffe reduzierbar, wenn seine *Bedeutung* durch diese anderen Begriffe angegeben werden kann. Die Bedeutung eines Begriffs aber sei bestimmt, «wenn wir wissen, was wir zu tun haben, um im einzelnen Fall empirisch festzustellen, ob der neue Begriff einem gegebenen Ding ... zukommt oder nicht» (Über die Einheitssprache der Wissenschaft). Durch stufenweise Reduktion sei es möglich, von den kompliziertesten Begriffsbildungen letztlich auf einfache physikalische Begriffe (Begriffe, die quantitative Eigenschaften, Relationen usw. zum Ausdruck bringen) zu kommen. Im Gegensatz zu definitorisch eingeführten Begriffen sind reduktiv eingeführte nicht eliminierbar, sie gehen vielmehr als neue Begriffe in die «erweiterte physikalische», d. h. in die *physikalistische* Sprache («Sprache der Physik») ein. Die physikalistische Sprache enthält also neben den eigentlichen «physikalischen Grundbegriffen» alle Begriffe, deren Bedeutung sich letztlich mit Hilfe dieser Grundbegriffe angeben läßt, d. h. aber, nach Carnap, alle sinnvollen Begriffe. Mit anderen Worten: Jeder einzelwissenschaftliche Satz läßt sich in die physikalistische Sprache übersetzen, die physikalistische Sprache ist die *Universal- oder Einheitssprache der Wissenschaft.* Diese These erwies sich bereits bei dem Versuch, Aussagen über psychische Sachverhalte eindeutig in Aussagen über physikalische Sachverhalte zu übersetzen, als falsch. Logisch begründete Einwände gegen die Möglichkeit einer Universalsprache machten Mitte der dreißiger Jahre Tarski und Kokoszynska geltend (→ Einheitswissenschaft).

In der Folgezeit rückten Carnap und seine Anhänger von der Konzeption der physikalistischen Universalsprache ab und ersetzten das Programm einer Einheitswissenschaft durch ein Programm zur «Vereinheitlichung» der Wissenschaft, die

sich nach FEIGL nicht auf der Grundlage einer Einheitssprache, sondern auf dem Wege der Bildung allgemeiner Theorien vollziehen soll. Einer der grundlegenden Fehler in den ursprünglichen Auffassungen CARNAPS und NEURATHS besteht darin, daß sie den Begriff nicht als gedankliche Widerspiegelung bestimmter Invarianzen zwischen den Individuen derselben Klasse auffaßten, sondern lediglich als Wort, das eine Gesamtheit von individuellen Dingen, Sachverhalten oder Vorgängen bezeichne (→ Physikalismus).
→ Positivismus.

Einheitswissenschaft – als Programm und Ziel der Arbeit des Wiener Kreises (→ Positivismus) in den dreißiger Jahren verstandenes Gesamtsystem der in einer physikalistischen → Einheitssprache formulierten einzelwissenschaftlichen Aussagen, Hypothesen, Theorien usw.

Während die *Einheit der Wissenschaft* als bereits bestehend behauptet wurde – sie beruht nach SCHLICK auf der Einheit der Wirklichkeit und der Einheit der Erkenntnis –, forderte der Wiener Kreis die *Einheitswissenschaft* als ein universales theoretisches System von Sätzen, in dem die Trennlinien und Unterschiede zwischen den Einzelwissenschaften aufgehoben sind und in dem nur *eine* Sprache, die physikalistische Einheitssprache, benutzt wird. Diese Konzeption geht von der Voraussetzung aus, daß nur quantitative, aber keine qualitativen Unterschiede zwischen den Erkenntnisobjekten der Einzelwissenschaften existieren (CARNAP betrachtete Qualitäten als etwas rein Subjektives) bzw. daß sich alle Aussagen über qualitative Bestimmungen in Aussagen über quantitative (physikalische) Bestimmungen umformen lassen (→ Physikalismus).

Das Programm des Wiener Kreises erwies sich allerdings bereits bei dem Versuch, die Psychologie in die Einheitswissenschaft zu integrieren, d. h. Aussagen über psychische Sachverhalte in Aussagen über physikalische Sachverhalte zu übersetzen, als undurchführbar. Gegen die angenommene Universalität der Einheitssprache machte auch TARSKI Einwände geltend. Nach TARSKI können Begriffe wie «wahr», «bezeichnen» usw. nicht der Sprache angehören, in bezug auf die sie definiert sind. Wird diese Tatsache nicht beachtet, so entstehen Antinomien, die nur durch eine Unterscheidung zwischen Objekt- und Metasprache beseitigt werden können. KOKOSZYNSKA wies nach, daß die Einheitssprache entweder logische Widersprüche enthalten muß oder nicht universal sein kann. In der Folgezeit wurde das Programm der Einheitswissenschaft durch ein Programm der «Vereinheitlichung» der Wissenschaft abgelöst. Diese Vereinheitlichung vollzieht sich nach FEIGL weniger auf der Grundlage einer Einheitssprache, sondern vielmehr auf dem Wege der Bildung allgemeiner Theorien.

Aus *marxistischer Sicht* ist das ursprüngliche Programm einer Einheitswissenschaft auf physikalischer Grundlage schon aus dem Grunde nicht durchführbar, weil sich die Prozesse und Gesetzmäßigkeiten höherer Bewegungsformen der Materie nicht vollständig auf solche niederer Bewegungsformen reduzieren lassen.
→ Wissenschaft → Klassifikation der Wissenschaften → Bewegungsformen der Materie.

Einheit und «Kampf» der Gegensätze – objektiv wirkendes allgemeines *Grundgesetz der materialistischen Dialektik*, dem zufolge die qualitative Spezifik, die Struktur, Bewegung und Entwicklung aller materiellen und ideellen Dinge, Prozesse, Systeme usw. durch die ihnen innewohnenden dialektischen Widersprüche bedingt sind. Unter den Grundgesetzen der materialistischen Dialektik nimmt das Gesetz der Einheit und des «Kampfes» der Gegensätze den zentralen Platz ein, weil es die Ursache, die Quelle und Triebkraft aller Bewegung und Entwicklung aufzeigt.

Einheit und «Kampf» der Gegensätze machen zusammen das Wesen des *dialektischen Widerspruchs* aus. Das Gesetz der Einheit und des «Kampfes» der Gegensätze wird deshalb auch mitunter als Gesetz oder Prinzip des dialektischen Widerspruchs bezeichnet.

Unter der *Einheit der Gegensätze* versteht man, daß die den Dingen, Prozessen, Systemen usw. innewohnenden gegensätzlichen Tendenzen nicht losgelöst und unabhängig voneinander existieren, sondern einander voraussetzen, sich gegenseitig bedingen und durchdringen, voneinander abhängen, eine nicht ohne die andere bestehen kann. *«Kampf» der Gegensätze* hingegen bedeutet, daß diese einander ausschließen, miteinander im Widerstreit sind, gegeneinander wirken. Die Einheit der Gegensätze ist die Grundlage für die relative Stabilität, das relative Gleichgewicht, die relativ beständige Existenz der Dinge, Systeme usw., die selbst eine wesentliche Bedingung der Entwicklung und Differenzierung der Materie darstellt (→ Ruhe). Diese Einheit ist jedoch nicht starr, unbeweglich und absolut, sondern vergänglich und relativ. Sie existiert in der Form nicht eines statischen, sondern eines dynamischen Gleichgewichts. Solange die gegebene Einheit besteht und keine der gegensätzlichen Tendenzen die Oberhand gewinnt, solange behält ein Ding, System usw. seine Grundqualität bei. Der «Kampf» der Gegensätze läßt den dialektischen Widerspruch aber nie zur absoluten Ruhe, zum absoluten Gleichgewicht kommen. Früher oder später führt er zur Zerstörung der Einheit der Gegensätze, zur Auflösung der gegebenen Einheit und zur Setzung einer neuen Einheit usw. Der «Kampf» der Gegensätze ist das treibende Moment aller Bewegung und Entwicklung, der Veränderung der Qualitäten. «Entwicklung ist ‚Kampf' der

Gegensätze.» So wie Ruhe und Stabilität der Dinge, Systeme usw. relativ sind, ihre Bewegung und Veränderung dagegen absolut, so ist auch die Einheit der Gegensätze relativ, ihr «Kampf» aber absolut. «Die Einheit (Kongruenz, Identität, Wirkungsgleichheit) der Gegensätze ist bedingt, zeitweilig, vergänglich, relativ. Der Kampf der einander ausschließenden Gegensätze ist absolut, wie die Entwicklung, die Bewegung absolut ist» (Lenin 38, 339).

Das Gesetz von der Einheit und dem «Kampf» der Gegensätze hat universelle Gültigkeit. Seine Wirkungssphäre umfaßt alle Existenz-, Struktur-, Bewegungs- und Entwicklungsformen der Materie, von den Elementarteilchen, Atomen und Molekülen bis zu den kosmischen Gebilden, vom einfachsten Lebewesen bis zum Menschen, dem menschlichen Denken und der Gesellschaft. Die Wirkungsweise des Gesetzes der Einheit und des «Kampfes» der Gegensätze ist in den einzelnen Bewegungsformen der Materie jedoch von ganz unterschiedlicher Art. Jede Bewegungsform weist ihre spezifischen dialektischen Widersprüche auf, von denen die Spezifik dieser Bewegungsform in entscheidendem Maße abhängt.

Dialektisch widersprüchlich ist bereits die einfachste Bewegungsform, die mechanische Bewegung: «... die einfache mechanische Ortsbewegung kann sich nur dadurch vollziehen, daß ein Körper in einem und demselben Zeitmoment an einem Ort und zugleich an einem andern Ort, an einem und demselben Ort und nicht an ihm ist. Und die fortwährende Setzung und gleichzeitige Lösung dieses Widerspruchs ist eben die Bewegung» (Marx/Engels 20, 112). Die Bewegung ist insbesondere eine Einheit der Gegensätze von Kontinuität und Diskontinuität.

In der *Mikrowelt* wird die Existenz und Bewegung der *Elementarteilchen* durch den Korpuskel-Welle-Dualismus bestimmt; jedes Elementarteilchen ist eine Einheit gegensätzlicher Korpuskel- und Welleneigenschaften, die sich in einem durch die Heisenbergsche Unschärferelation bestimmten Verhältnis gegenseitig bedingen. Jedes Elementarteilchen existiert darüber hinaus nur als Gegenpol zu seinem Antiteilchen, das sich durch entgegengesetzte Ladung, entgegengesetztes magnetisches Moment usw. auszeichnet. Das Atom baut sich aus dem positiv elektrisch geladenen Kern und der negativ geladenen Elektronenhülle auf. Im Kern selbst besteht der Widerspruch zwischen den auf einen Kernzerfall hinwirkenden Coulombkräften und den Kernbindekräften, durch die Protonen und Neutronen im Kern aneinander gebunden werden. Die jeweilige besondere Spezifik dieser beiden Widersprüche im Atom bzw. im Atomkern bestimmt den qualitativen Unterschied zwischen den einzelnen chemischen Elementen. Auch chemische Reaktionen gehen als Entwicklung eines dialektischen Widerspruchs – als Einheit der gegensätzlichen Prozesse von Dissoziation und Assoziation der Atome – vor sich.

Einheit und «Kampf» der Gegensätze ist das bestimmende Element der Existenz, Bewegung und Entwicklung aller Dinge, Systeme usw. auch in der *Makrowelt*. Der relativ stabilen Existenz eines Sterns liegt z. B. das Gleichgewicht der in ihm in entgegengesetzten Richtungen wirkenden Kräfte des Strahlungsdrucks und der Gravitation zugrunde. Für die Existenz *lebender Organismen* ist der Widerspruch zwischen Aufbau- und Abbauprozessen (Assimilation und Dissimilation) charakteristisch; ihre Entwicklung, die Entstehung neuer, höherer Arten von Lebewesen aus niederen, wird durch den Widerspruch zwischen Vererbung und Anpassung bestimmt.

Auch die *Physiologie der höheren Nerventätigkeit* bestätigt die Allgemeinheit des Gesetzes von der Einheit und dem «Kampf» der Gegensätze. Die höhere Nerventätigkeit stellt sich dar als eine Einheit solcher gegensätzlichen Prozesse wie Erregung und Hemmung, Irradiation (Ausbreitung der Erregung bzw. der Hemmung über die Großhirnrinde) und Konzentration (Zusammenziehung des Nervenprozesses in einem bestimmten Punkt der Großhirnrinde). Der Widerspruch zwischen Erregung und Hemmung spielt eine große Rolle bei der Herausbildung von bedingten Reflexen und bildet zusammen mit dem Widerspruch zwischen Irradiation und Konzentration die Grundlage für die analytische und synthetische Nerventätigkeit der Tiere, die es ihnen gestattet, sich biologisch an die Umwelt anzupassen.

Selbst auf dem Gebiet der *Mathematik* läßt sich das Gesetz von der Einheit und dem «Kampf» der Gegensätze demonstrieren. Engels weist darauf hin, «daß die höhere Mathematik den Widerspruch, daß Gerade und Krumm unter Umständen dasselbe sein sollen, zu einer ihrer Hauptgrundlagen hat. Sie bringt den andern Widerspruch fertig, daß Linien, die sich vor unsern Augen schneiden, dennoch schon fünf bis sechs Zentimeter von ihrem Schneidepunkt als parallel, als solche gelten sollen, die sich selbst bei unendlicher Verlängerung nicht schneiden können. Und dennoch bringt sie mit diesen und mit noch weit stärkern Widersprüchen nicht nur richtige, sondern auch für die niedere Mathematik ganz unerreichbare Resultate zustande» (Marx/Engels 20, 113).

Von besonderer praktischer und politischer Bedeutung ist das Wirken des Gesetzes von der Einheit und dem «Kampf» der Gegensätze im Bereich der Entwicklung der *menschlichen Gesellschaft*. Die gesellschaftliche Produktion – ihrerseits die ständige Lösung und Neusetzung des Widerspruchs von Natur und Gesellschaft – ist eine Einheit von sich ständig entwickelnden Produktivkräften und relativ konstant bleibenden Produktionsverhältnissen. Der Widerspruch zwischen den Produktivkräften und den Produktionsverhältnissen in den einzelnen Gesellschaftsformationen ist die entscheidende Triebkraft der gesellschaftlichen Entwicklung.

In der *Klassengesellschaft* findet dieser Widerspruch seinen Ausdruck im Klassenkampf zwischen Ausbeutern und Ausgebeuteten. Die Zuspitzung des Widerspruchs zwischen Produktivkräften und Produktionsverhältnissen führt zur sozialen und politischen Revolution, als deren Resultat die alte Produktionsweise durch eine neue, höhere abgelöst wird, die den Widerspruch löst und zugleich auf höherer Ebene neu setzt.

Die für die Entwicklung der Klassengesellschaft spezifischen Widersprüche sind *antagonistischer Natur*. Sie verschwinden mit dem Übergang zum *Sozialismus*, für dessen Entwicklung *nichtantagonistische Widersprüche* die Triebkraft bilden.

Die jeweilige Spezifik der Widersprüche zu erkennen und auf dieser Grundlage die Methoden ihrer Lösung zu bestimmen, ist für den Kampf der Arbeiterklasse und ihrer revolutionären Partei von größter Wichtigkeit. So ergibt sich in der *Übergangsperiode vom Kapitalismus zum Sozialismus*, in der die Arbeiterklasse bereits die entscheidenden Machtpositionen innehat, die Möglichkeit, ihrer Natur nach antagonistische Widersprüche (z. B. den Widerspruch zwischen Arbeiterklasse und Resten der Bourgeoisie, die noch über Privateigentum an Produktionsmitteln verfügen) mit Methoden zu lösen, die für die Lösung nichtantagonistischer Widersprüche charakteristisch sind, d. h., der antagonistische Widerspruch muß hier nicht zu einem Konflikt führen, der nur gewaltsam gelöst werden kann.

In der Deutschen Demokratischen Republik wurde dieser Widerspruch durch die allmähliche Einbeziehung der Reste der kapitalistischen Produktion auf freiwilliger Basis in die sozialistische Planwirtschaft (in der Hauptsache auf dem Wege der staatlichen Beteiligung) gelöst. Dagegen kann der antagonistische Widerspruch zwischen den auf Provokation, Diversion und Aggression ausgehenden offenen Gegnern der sozialistischen Entwicklung der Deutschen Demokratischen Republik und den auf die Erhaltung des Friedens und den Aufbau des entwickelten gesellschaftlichen Systems des Sozialismus gerichteten Interessen der Arbeiterklasse und ihrer Verbündeten nur durch entschiedene Sicherungsmaßnahmen erfolgen, die letztlich auf die Bändigung der Kräfte des Krieges hinauslaufen.

In der gegenwärtigen Epoche des Übergangs vom Kapitalismus zum Sozialismus im Weltmaßstab eröffnet sich auf Grund der wachsenden ökonomischen, politischen, militärischen und moralischen Überlegenheit des sozialistischen Weltsystems, der erstarkenden nationalen Befreiungsbewegung, der Erfolge der weltweiten Friedensbewegung und des fortschreitenden Zerfalls des Kolonialsystems des Imperialismus die Möglichkeit, die antagonistischen Widersprüche zwischen Kapitalismus und Sozialismus auf internationaler Ebene auf dem Wege von Verhandlungen der Lösung näherzubringen, den Klassenkampf in der Form der friedlichen Koexistenz und des ökonomischen Wettbewerbs zwischen beiden Systemen auszutragen.

Die für das *entwickelte gesellschaftliche System des Sozialismus* charakteristischen Widersprüche sind ihrer Natur nach nichtantagonistisch. Zum Teil sind es Widersprüche, die auch in früheren Gesellschaftsformationen wirken, z. B. zwischen Natur und Gesellschaft, zwischen Produktivkräften und Produktionsverhältnissen, zwischen Produktion und Konsumtion, zwischen Gesellschaft und Individuum u. a. Dennoch ist die Spezifik dieser Widersprüche im Sozialismus eine andere als in der Klassengesellschaft, und dementsprechend unterscheiden sich auch die Methoden ihrer Lösung von denen in den antagonistischen Gesellschaftsformationen.

Während z. B. der Widerspruch zwischen Produktivkräften und Produktionsverhältnissen in der Klassengesellschaft nur auf dem Wege der sozialen und politischen Revolution zu lösen ist, wird er im Sozialismus durch rechtzeitige wirtschaftspolitische Maßnahmen von Partei und Regierung sukzessiv gelöst. In der sozialistischen Gesellschaft wirken auch Widersprüche, die nur für sie charakteristisch sind und erst auf der Grundlage sozialistischer Produktionsverhältnisse entstehen, etwa der Widerspruch zwischen den verschiedenen Formen des sozialistischen Eigentums in der Industrie und in der Landwirtschaft.

Das Gesetz der Einheit und des «Kampfes» der Gegensätze ist nicht nur ein allgemeines Grundgesetz der Struktur, Bewegung und Entwicklung materieller Systeme in der Natur und in der Gesellschaft, sondern es bestimmt auch die Entwicklung der menschlichen Erkenntnis, wissenschaftlicher Theorien usw. Die *menschliche Erkenntnistätigkeit* schlechthin bewegt sich in dem «Widerspruch zwischen dem innerlich unbegrenzten menschlichen Erkenntnisvermögen und seinem wirklichen Dasein in lauter äußerlich beschränkten und beschränkt erkennenden Menschen» (MARX/ENGELS 20, 113), in dem widersprüchlichen Verhältnis zwischen relativer und absoluter Wahrheit. Die Entwicklung wissenschaftlicher Theorien erfolgt auf dem Wege der Überwindung alter Vorstellungen und Anschauungen, die sich nur für bestimmte Bedingungen als richtig erweisen. Der Widerspruch zwischen neuen Beobachtungs- und Erfahrungsdaten einerseits und schon vorhandenen Hypothesen, Theorien usw. treibt die menschliche Erkenntnistätigkeit immer weiter. In der Entwicklung der wissenschaftlichen Praxis und Erkenntnis wird er ständig gelöst und wieder neu gesetzt.

Das Gesetz von der Einheit und dem «Kampf» der Gegensätze hat dergestalt Gültigkeit für alle Bewegungsformen der Materie. Seine zentrale *erkenntnistheoretische* und *methodologische Bedeutung* für die *wissenschaftliche Forschung* und die *praktische Tätigkeit* der Menschen besteht in seiner Forderung, nicht bei der Betrachtung der äußeren Erscheinung eines gegebenen Dinges, Prozesses, Systems usw. stehenzubleiben, sondern sie in ihrer Bewegung und Entwicklung zu betrachten, ihre inneren Bewegungsgesetze, die Triebkräfte ihrer Entwicklung in Gestalt der inneren Widersprüche aufzudecken.

Mit dieser Forderung unterscheidet sich die dialektische Denkweise grundlegend von der metaphysischen, die die Dinge, Systeme usw. vorwiegend in ihrer Statik erfaßt und nicht zur Erkenntnis ihrer inneren Widersprüche vordringt. «Solange wir die Dinge als ruhende und leblose, jedes für sich, neben- und nacheinander betrachten, stoßen wir allerdings auf keine Widersprüche an ihnen. Wir finden da gewisse Eigenschaften, die teils gemeinsam, teils verschieden, ja einander widersprechend, aber in diesem Fall auf verschiedene Dinge verteilt sind und also keinen Widerspruch in sich enthalten. Soweit dies Gebiet der Betrachtung ausreicht, soweit kommen wir auch mit der gewöhnlichen, metaphysischen Denkweise aus. Aber ganz anders, sobald wir die Dinge in ihrer Bewegung, ihrer Veränderung, ihrem Leben, in ihrer wechselseitigen Einwirkung aufeinander betrachten. Da geraten wir sofort in Widersprüche» (MARX/ENGELS 20, 112). Die Anwendung des Gesetzes der Einheit und des «Kampfes» in der praktischen und der Erkenntnistätigkeit darf jedoch nicht in schematischer Weise erfolgen. Sie beinhaltet vielmehr, daß die *Spezifik der Widersprüche* des jeweiligen Prozesses, Systems usw. aufgedeckt wird, muß also mit einer konkreten, allseitigen Analyse des betreffenden Systems, Prozesses usw. einhergehen. Diese Forderung ist insofern wichtig, als es für den praktisch tätigen und handelnden Menschen darauf ankommt, auf der Grundlage der erkannten Widersprüche und ihrer Spezifik spezifische Methoden zu ihrer Lösung, zur bewußten Lenkung und Leitung von Entwicklungsprozessen in der Natur und Gesellschaft ausfindig zu machen. «Spaltung des Einheitlichen und Erkenntnis seiner widersprechenden Bestandteile ... ist das *Wesen* (eine der, Wesenheiten', eine der grundlegenden, wenn nicht die grundlegende Besonderheit oder Seite) der Dialektik» (LENIN 38, 338).

Für die *Arbeiterklasse* und ihre *revolutionäre Partei* folgt aus diesem Gesetz insbesondere die Aufgabe, die spezifischen Widersprüche einer jeden Etappe ihres Kampfes einer konkreten Analyse zu unterziehen und auf dieser Grundlage die Strategie und Taktik ihrer Lösung im Interesse der Erhaltung des Friedens und der Errichtung des gesellschaftlichen Systems des Sozialismus zu bestimmen.

→ Dialektik → Widerspruch → Qualität und Quantität → Negation der Negation → Entwicklung → Gegensatz → Polarität.

Einsetzung – ein logischer Ausdruck H^* geht durch Einsetzung aus einem logischen Ausdruck H hervor, wenn in H für einen Ausdruck H_o an allen Stellen, an denen er in H vorkommt, gleichzeitig ein bestimmter Ausdruck H_{oo} eingesetzt wird. Welche Arten von Einsetzungen in einem Logikkalkül jeweils erlaubt sind, wird ausdrücklich in Form von Einsetzungsregeln angegeben.

In der Aussagenlogik gilt eine Einsetzungsregel, die besagt: Wenn ein aussagenlogischer Ausdruck H dadurch in einen aussagenlogischen Ausdruck H^* übergeht, daß für eine Aussagenvariable an allen Stellen, an denen sie in H vorkommt, gleichzeitig ein aussagenlogischer Ausdruck H_{oo} eingesetzt wird, und H allgemeingültig ist, so ist auch H^* allgemeingültig.

Beispiel: Der aussagenlogische allgemeingültige Ausdruck $(p \wedge q) \longleftrightarrow (q \wedge p)$ geht durch Einsetzung in den aussagenlogischen Ausdruck $[p \wedge (q \vee r)] \longleftrightarrow [(q \vee r) \wedge p]$ über, indem man q an allen Stellen, an denen es im ursprünglichen Ausdruck vorkommt, gleichzeitig durch $(q \vee r)$ ersetzt.

In prädikatenlogischen Ausdrücken darf man Variable durch andere Variable gleicher Art ersetzen, wenn es gleichzeitig an allen Stellen geschieht und die neu eingesetzten Variablen nicht schon im ursprünglichen Ausdruck vorkommen.

Beispiel: Der allgemeingültige Ausdruck $\forall(x)\,[F(x) \vee \sim F(x)]$ geht durch Einsetzung in $\forall(y)\,[F(y) \vee \sim F(y)]$ über, wenn man y für x einsetzt; er geht in $\forall(x)\,[G(x) \vee \sim G(x)]$ über, wenn man G für F einsetzt. Nicht zulässig ist dagegen der Übergang von $\forall(x)\,[F(y) \rightarrow G(x)]$ zu $\forall(x)\,[F(x) \rightarrow G(x)]$. Andere Möglichkeiten der Einsetzung in prädikatenlogische Ausdrücke – z. B. die Einsetzung von Ausdrücken für Prädikatenvariable – bedürfen gewisser Vorsichtsmaßregeln, die ausdrücklich in Form von Einsetzungsregeln angegeben werden müssen.

→ Ersetzung.

Einsetzungsregel – Regel, die angibt, welche Arten von Einsetzungen in die logischen Ausdrücke eines gegebenen Logikkalküls zulässig sind. Einsetzungsregeln geben also an, wie durch Einsetzungen aus gegebenen (allgemeingültigen)

Ausdrücken andere (allgemeingültige) Ausdrücke hervorgehen.
→ Einsetzung → Schlußregel.

Einteilung → Division.

Einteilung, Trugschluß der → Trugschluß der Division.

Einzelnes – eine konkrete, quantitativ und qualitativ bestimmte, raumzeitlich begrenzte individuelle Gegebenheit (Ding, Prozeß, Eigenschaft, Relation usw.). Das Einzelne ist begrifflich nicht völlig erfaßbar, sondern nur durch einen Einzelnamen ausdrückbar, der durch Aufzeigen direkt oder indirekt mit dem, was er bezeichnet, konfrontiert werden kann.

Das Einzelne steht im dialektischen Wechselverhältnis zum Besonderen und Allgemeinen. Besonderes ist Einzelnes in bezug auf ein Allgemeines und Allgemeines in bezug auf anderes Einzelnes. «Das Einzelne existiert nicht anders als in dem Zusammenhang, der zum Allgemeinen führt» (LENIN 38, 340), d. h., außerhalb und unabhängig vom universellen Zusammenhang gibt es kein Einzelnes. Das Allgemeine aber existiert nur im Einzelnen und durch das Einzelne. In der Entwicklung kann sich Einzelnes in Allgemeines verwandeln. In der Welt der Organismen treten Mutationen z. B. zunächst nur an einzelnen Individuen auf; erweisen sie sich jedoch als vorteilhaft in der Auseinandersetzung der Organismen mit ihrer Umwelt, so werden sie auf dem Wege der Auslese allmählich zu Eigenschaften ganzer Arten und Gattungen von Lebewesen. In der Sklavenhaltergesellschaft und im Feudalismus ist die Warenwirtschaft Einzelnes; im Prozeß der weiteren Entwicklung der Gesellschaft zum Kapitalismus wird dieses Einzelne zum Allgemeinen.

Die Kategorie des Einzelnen steht in Beziehung zur Kategorie des → Zufalls und der → Erscheinung. Die einzelne, konkrete Erscheinung ist im Hinblick auf das Allgemeine, das Gesetz, zufällig.

Der *Neukantianismus* (WINDELBAND, RICKERT u. a.) behauptet, es gebe zwei grundsätzliche Typen von Wissenschaften, und zwar die nomothetischen Wissenschaften (vor allem die Naturwissenschaften), die es mit Gesetzen zu tun haben, die das Allgemeine erfassen wollen, und idiographische Wissenschaften (Geschichte usw.), die das Einzelne, Individuelle beschreiben bzw. deuten sollen. Diese Unterscheidung ist wissenschaftlich nicht haltbar, weil die Dialektik des Allgemeinen, Besonderen und Einzelnen für Natur und Gesellschaft gleichermaßen gilt.

Eine Nichtbeachtung der Dialektik von Einzelnem und Allgemeinem führt zur subjektiv-idealistischen, vor allem positivistischen Entstellung der Beziehungen zwischen Allgemeinem, Einzelnem und Besonderem. Der *subjektive Idealismus* läßt nur das Einzelne, das uns in der Sinnesempfindung gegeben ist, als existierend gelten. In seiner speziellen Ausgestaltung als → *Positivismus* wird das Allgemeine entweder völlig auf das Einzelne reduziert, oder es wird auf den Gebrauch bestimmter Worte für eine Vielzahl einzelner Individuen eingeschränkt. Der Positivismus, der nur das Konkrete, Einzelne, tatsächlich Existierende gelten läßt, kann nicht erklären, wie es zur Bildung allgemeiner Begriffe, Gesetzesaussagen usw. kommt und weshalb es auf der Grundlage allgemeiner Begriffe, Aussagen, Theorien möglich ist, wissenschaftliche Voraussagen zu machen, die sich in der Praxis bewähren.

Wenn die allgemeinen Gesetze, die Allgemeinbegriffe usw. nur bequeme begriffliche Zusammenfassungen unserer einzelnen Kenntnisse über einzelne Dinge, Prozesse usw. wären, so gäbe es keinen logischen Schluß von Bekanntem auf noch nicht Bekanntes. Der Positivismus hält auch einer immanenten Kritik nicht stand. Ist das Allgemeine nur ein Wort, das zur Bezeichnung einer Vielzahl physikalischer usw. Objekte benützt wird, so muß wenigstens dieses *Wort* allgemein sein, da es ja immer wieder vorkommt und die einzelnen vorkommenden Wörter dann Exemplifizierungen dieses «allgemeinen» Wortes wären.

Die richtige Erkenntnis der Rolle des Einzelnen und des dialektischen Wechselverhältnisses zwischen Einzelnem und Allgemeinem hat nicht nur erkenntnistheoretische oder allgemeinwissenschaftliche, sondern auch große *praktische* und *politische* Bedeutung. Das Einzelne darf weder vernachlässigt noch in seiner Bedeutung geleugnet werden (Dogmatismus). Der *Revisionismus* richtet sein Augenmerk fast ausschließlich auf das Einzelne. Das führt in der Praxis, der Politik, der Ökonomie usw. zu Praktizismus, Prinzipienlosigkeit und Unfähigkeit zur Einschätzung von Gesamtzusammenhängen und allgemeinen Entwicklungslinien.
→ Allgemeines → Besonderes.

Eklektiker [griech] – *eigtl*: Auswählende. Von DIOGENES LAERTIUS (I 21) geprägter Name für diejenigen Philosophen des Altertums, die aus Systemen ihrer Vorgänger zusammenhanglos einzelne Elemente und Thesen entnahmen und daraus eine eigene Lehre zusammenstellten.
→ Eklektizismus.

Eklektizismus [griech → lat] – Verfahrensweise der Eklektiker, *allgemein*: mechanische Vereinigung verschiedener Gedankenelemente.

Philosophischer Eklektizismus liegt dann vor, wenn ohne Versuch zu schöpferischer Synthese und ohne Ausschluß logischer Widersprüche Theorien und Anschauungen, vor allem einzelne Elemente und Thesen verschiedener philosophischer Systeme oder Richtungen, zu einem «neuen» System vereinigt werden. In diesem Sinne gelten als Eklektiker zahlreiche Denker der *griechisch-römischen Philosophie* seit dem 1. Jahrhundert

v. u. Z., die sog. Kirchenväter und Kirchenschriftsteller (*Patristik*), verschiedene Vertreter der *Scholastik*, einige Vertreter der deutschen Aufklärungsphilosophie des 18. Jahrhunderts (FEDER, GARVE), im 19. Jahrhundert der französische Denker COUSIN.
→ Eklektiker.

Element [lat] – im allgemeinen philosophischen und systemtheoretischen Sinn Objekt in einem System von Objekten, das innerhalb dieses Systems selbst nicht mehr in kleinere bzw. einfachere Objekte zerlegt werden kann bzw. als innerhalb dieses Systems unzerlegbar angesehen wird.
So können etwa die einzelnen Menschen als Elemente bestimmter sozialer Gruppen aufgefaßt werden. Im Nervensystem des Menschen und der höheren Tiere spielen die Neuronen die Rolle von Elementen. In der Chemie sind die chemischen Elemente bzw. Atome Elemente in unserem Sinne. So ist etwa das Methan-Molekül ein chemisches System, das aus fünf Atomen besteht, und zwar aus vier Wasserstoffatomen und einem Kohlenstoffatom. Schon die griechischen *Atomisten* haben mit dem Begriff des Elements gearbeitet und verstanden darunter die letzten, nicht mehr weiter reduzierbaren Bestandteile der Materie. Ein Moment dieser Auffassung ist in den Begriff des chemischen Elements eingegangen. Es hat sich letztlich gezeigt, daß es Atome bzw. Elemente im Sinne der griechischen Atomisten nicht gibt, da kein Bestandteil der Materie absolut unzerlegbar bzw. unveränderlich ist. Wenn man heute von chemischen Elementen spricht, so meint man die letzten Bestandteile bzw. Bausteine des Stoffes, die sich mit chemischen Mitteln nicht in kleinere Bestandteile zerlegen lassen. Der Begriff des Elements ist also relativ. Ein Objekt, das im Hinblick auf ein System den Charakter des Elements trägt, kann im Hinblick auf ein anderes System selbst ein sehr kompliziertes Teilsystem des betreffenden Systems sein. Geht man etwa von der Chemie zur Atomphysik über, so erweist sich das Element der Chemie als kompliziertes atomphysikalisches System (→ Elementarteilchen → Atom).
In der *kybernetischen Systemtheorie* entspricht dem obigen allgemeinen Element-Begriff der Begriff des Schaltelements (→ Schaltalgebra) bzw. des Baukastenelements des Black-box usw. In jedem System ist in diesem Sinne eine bestimmte Menge von Elementen nach bestimmten Schaltprinzipien (→ Struktur) zusammengeschaltet. In dem oben angegebenen Beispiel des Methans etwa ergibt sich die topologische Struktur des Systems aus dem angeführten Schema, und die Kopplung der Elemente entspricht den chemischen Bindekräften.
Der abstrakte Element-Begriff (der durch einen langen Abstraktionsprozeß aus den in den verschiedensten Bereichen der Mathematik und der Logik üblichen Element-Begriffen abstrahiert worden ist,) ist ein Grundbegriff der → Mengentheorie. Die Elemente der Mengen werden in ihr nicht mehr unter dem Gesichtspunkt ihrer verschiedenen konkreten Eigenschaften behandelt, sondern nur noch unter dem einen Gesichtspunkt, Element einer bestimmten Menge zu sein. Ist ein Objekt a Element einer Menge M, so wird dieses symbolisch wie folgt dargestellt:

$$a \in M$$

→ Elementbeziehung → aktives Element → System.

Element, aktives → aktives Element.

Elementaraussage – Aussage, die nicht selbst wieder andere Aussagen als Teil enthält. Ein wichtiger Aspekt der sog. logischen Analyse besteht darin, daß komplizierte zusammengesetzte Aussagen so umgeformt werden, daß alle in ihnen auftretenden Elementaraussagen dort deutlich als solche zu erkennen sind. Nur in den einfachsten Fällen gelingt dies durch entsprechende Gruppierung der Wörter eines komplizierten Aussagesatzes. *Beispiel*: Der Aussagesatz, d. h., die sprachliche Formulierung der entsprechenden Aussage, sei «Ich gehe ins Konzert und dann nach Hause». Eine Reduktion dieses Aussagesatzes auf ein logisches Gefüge von Elementaraussagen (genauer: Elementaraussagesätzen) ergibt: «(Ich gehe ins Konzert) und (ich gehe dann nach Hause).»
→ Aussage.

Elementarteilchen – die nach dem gegenwärtigen Stand der physikalischen Forschung kleinsten Strukturelemente der Materie (Teilchen und Antiteilchen).
Seit den ältesten Zeiten waren Philosophie und Einzelwissenschaften bemüht, die kleinsten und «letzten» Bausteine der Materie aufzufinden, was historisch insbesondere in der von den altgriechischen materialistischen Philosophen LEUKIPP, DEMOKRIT und EPIKUR begründeten und von GASSENDI am Beginn der Neuzeit wiedererweckten Atomistik seinen Ausdruck fand. Die Forderung, die die Atomistik an die kleinsten Materieteilchen stellte, war ihre Unveränderlichkeit und Irreduzibilität. Der schnelle Fortschritt der Chemie im 19. Jahrhundert schien diese Auffassung der Atomistik zu bestätigen. Man glaubte die kleinsten Bausteine der Materie im chemischen Atom gefunden zu haben, wobei der Begriff des Atoms in bewußter Anlehnung an die atomistische Tradition geprägt wurde. Im periodischen System der Elemente von MENDELEJEW schien dann die Frage nach den kleinsten Bausteinen der Materie ihre endgültige Beantwortung gefunden zu haben. Die im Zusammenhang mit der Entdeckung der Radioaktivität (BECQUEREL 1896) gewonnene Er-

kenntnis, daß bestimmte Atome (z. B. Radium, Uran) die Eigenschaft besitzen, im Laufe der Zeit in andere, leichtere Atome und in Bestandteile, die nicht selbst wieder Atome sind, zu zerfallen, machte einsichtig, daß die chemischen Atome nicht *die* Atome sein können, um die es in der Atomistik gegangen war. Die chemischen Atome erwiesen sich als kompliziert zusammengesetzte Gebilde. Im Anschluß an diese Forschungsergebnisse unterschied man als Bausteine der Materie zunächst Protonen und Elektronen. Da der Begriff des Atoms bereits durch die Chemie beansprucht war, wurden die neuentdeckten Teilchen, deren Zahl sich durch weitere Forschungen ständig erhöhte, mit dem Namen «Elementarteilchen» bezeichnet. Der Begriff der Elementarteilchen ist somit kein philosophischer Terminus im Sinne der Atomistik, sondern eine fachwissenschaftliche Bezeichnung aus dem Bereich der Physik.
Die Entdeckung der Antiteilchen begann mit einer wissenschaftlichen Voraussage: Nach der Interpretation der DIRACschen Elektronentheorie (1928) wurde die Existenz einer zweiten Art von Elektronen vorhergesagt, die sich von den gewöhnlichen Elektronen durch umgekehrte Ladung und – bezogen auf den Spin – umgekehrtes magnetisches Moment unterscheiden. Dieses hypothetische Teilchen wurde 1932 entdeckt und erhielt die Bezeichnung «Positron». Davon ausgehend wurde die heuristische These aufgestellt, daß zu jedem Teilchen ein Antiteilchen existiert. Diese These ist durch die vor allem in jüngster Zeit gehäufte Entdeckung von immer mehr Antiteilchen bestätigt worden. Es gibt jedoch einige Teilchen, zu denen keine Antiteilchen existieren, oder, mit anderen Worten, bei denen Teilchen und Antiteilchen identisch sind. Dies ist dann der Fall, wenn alle Ladungen (einschließlich der elektrischen Ladung) gleich Null sind. Z. B. sind das Photon und das neutrale π^0-Meson mit ihren Antiteilchen identisch.
Da die Antiteilchen sehr kurzlebig sind, war ihre Entdeckung im natürlichen Zustand (Höhenstrahlung) sehr schwierig. Erst die in den letzten Jahren geschaffenen hochenergetischen Beschleuniger haben günstigere Bedingungen für ihre Entdeckung im Experiment geschaffen.
Die Bezeichnung der Antiteilchen als «Antimaterie» kann philosophisch irreführend sein. Die Antiteilchen sind, da sie entsprechend der LENINschen Definition der Materie genauso außerhalb und unabhängig vom Bewußtsein existieren wie die Teilchen, Materie. Analoges gilt für den Begriff «Antiwelten». Ausgehend von der Existenz und den Eigenschaften der Antiteilchen liegt die Vermutung nahe, daß sie als Bausteine für kosmische Systeme dienen können, genauso wie die Teilchen die Bausteine z. B. unseres Sonnensystems sind. Die Vorsilbe «Anti» bedeutet dabei nichts anderes als die genannten Umkehrungen mit ihren symmetrischen strukturellen Konsequenzen: Bei einem «Antiatom» der «Antiwelt» z. B. würden sich Positronen um einen Kern bewegen, der aus Antiprotonen und Antineutronen besteht. Treffen Teilchen und Antiteilchen aufeinander, so zerstrahlen sie, d. h. wandeln sich in andere Materieformen um (→ Annihilation).
Die derzeit bekannten Elementarteilchen sind – ohne die entsprechenden Antiteilchen – untenstehend vereinfacht dargestellt (Tabelle). Nach ihrer Masse (beginnend mit den leichten) werden die Elementarteilchen in Leptonen, Mesonen und Baryonen eingeteilt, in bezug auf ihren Spin

Teilchengruppe		Teilchen	Ruhemasse bezogen auf Ruhemasse des Elektrons	Spin	Ladung bezogen auf Elementarladung e
Nullgruppe		Photon	0	1	0
Leptonen		Neutrino Elektron	<0,0005 1	1/2 1/2	0 −1
Mesonen		μ-Mesonen (μ^+, μ^-) π-Mesonen (π^+, π^0, π^-) K-Mesonen (K^+, K^0, K^-)	207 264–273 965–966	1/2 0 0	+1, −1 +1, 0, −1 +1, 0, −1
Baryonen	*Nukleonen*	Proton Neutron	1836 1838	1/2 1/2	+1 0
	Hyperonen	Λ-Hyperon Σ-Hyperonen Ξ-Hyperonen	2182 2324–2341 2586	1/2 halbzahlig halbzahlig	0 +1, 0, −1 +1, 0, −1

(ganzzahlig oder halbzahlig) genügen sie der Bose-Einstein-Statistik (Bosonen) oder der Fermi-Dirac-Statistik (Fermionen). Die Statistik der Elementarteilchen liefert Aussagen über den Zustand von Systemen von Elementarteilchen, z. B. über die wahrscheinlichste Geschwindigkeits- und Energieverteilung. Durch die Entdeckung der sog. Resonanzen, d. h. von angeregten Zuständen von Elementarteilchen mit sehr kurzer Lebensdauer, ist die Anzahl der bekannten Elementarteilchen erheblich größer geworden. Das Problem, ob die kleinsten Mikroteilchen «echte» Elementarteilchen sind, ist durch die Entdeckung der Resonanzen noch komplizierter geworden.

Die Anzahl der Elementarteilchen (einschließlich der Resonanzen) beträgt gegenwärtig (1968) nahezu zweihundert. Damit ist das wichtige Problem ihrer Klassifizierung aufgeworfen. Diese hat vor allem das wissenschaftliche Ziel, als Grundlage für die Voraussage noch unbekannter Elementarteilchen zu dienen. Bei der Klassifizierung spielen die → Erhaltungssätze eine wesentliche Rolle. Z. B. konnte an Hand der Klassifizierung der sog. «seltsamen Teilchen» nach dem Isospin die Existenz eines neutralen Σ-Hyperons und des entsprechenden Anti-Σ-Hyperons vorausgesagt werden. Beide Teilchen sind inzwischen entdeckt worden. Die heuristische und methodologische Grundlage dafür war der Erhaltungssatz des Isospins. Da die Anzahl der Elementarteilchen die Anzahl der chemischen Elemente erheblich übertrifft, muß man entweder den Gedanken an «echte» Elementarteilchen aufgeben, indem man sie quasi als Knotenpunkte im Energiespektrum betrachtet, die nur im Feld von Wechselwirkungen existent sind, d. h. also, daß die Teilchen Erscheinungsformen eines Ganzen sind, wobei dann die Frage, was ein Energiefeld letztlich sei, physikalisch einstweilen noch offenbleibt; die Elementarität der Teilchen ist dabei eine relative. Oder man muß, ausgehend von einem Ordnungsschema, nach Teilchen suchen, die als «echte» Elementarteilchen die Bauelemente für die gegenwärtig als Elementarteilchen bezeichneten Mikroteilchen sind. Ein grundlegender Schritt dazu war die Entdeckung der unter der Bezeichnung SU (3) bekannt gewordenen Symmetriebeziehungen (durch GELL-MANN und NÉEMAN). Es wurde erkannt, daß sich verschiedene Teilchen in einigen wesentlichen physikalischen Eigenschaften gleichen und sich etwa durch Masse, elektrische Ladung oder Spin voneinander unterscheiden. Auf der Grundlage der sich darin äußernden Symmetriebeziehungen lassen sich nun Gruppen von Elementarteilchen (Multiplets) anordnen, die z. B. einem achteckigen Körper gleichen, wobei jede Ecke von einem Teilchen besetzt ist. Bisher sind jedoch weder das Schema SU (3) noch die erweiterten Schemata SU (4) und SU (6) befriedigend im Hinblick auf die Erfassung der Gesamtheit der Elementarteilchen. Daß der eingeschlagene Weg aber brauchbare Resultate liefert, davon zeugt die Tatsache, daß eines der auf dieser Grundlage vorhergesagten Teilchen bereits nachgewiesen werden konnte. Überraschend war vor allem die Tatsache, daß die gruppentheoretische Struktur dieser Multiplets so beschaffen ist, daß sie die Hypothese erlaubt, die Baryonen und die Baryonenresonanzen seien aus einem oder mehreren Triplets von fundamentalen Teilchen zusammengesetzt, die *Quarks*, *aces* oder *Fundamentaltriplets* genannt werden. Diese Teilchen seien die Träger von Ladung, Baryonenzahl, Isospin und Strangeness und müßten einen halbzahligen Spin besitzen. Auch der Elektromagnetismus ließe sich gut in dieses Klassifikationsschema einordnen.

Da die Quarks, falls sie existieren, eine relativ große Masse haben müßten, würde ihr experimenteller Nachweis durch künstliche Erzeugung Beschleunigungen erfordern, die über weit größere Energien verfügen müßten als die, mit denen die größten gegenwärtig vorhandenen Beschleuniger arbeiten. Neuerdings hat der Astronom BURBIDGE die Vermutung geäußert, daß möglicherweise die bisher unerklärlich intensive Strahlung der Quasars durch Zerstrahlung von Quarks zu erklären ist.

Die vermutliche Relativität der Elementarität wirft ein neues Licht auf das philosophische Problem Teil–Ganzes.

Für die Relativität der Elementarität spricht die experimentelle Tatsache, daß sich Teilchen in Abhängigkeit von ihren Energiebedingungen verschieden verhalten. Das Proton tritt z. B. bei kleiner Energie als Elementarteilchen in Erscheinung, bei großer Energie aber als aus bestimmten Hyperonen bestehend. Nach HEISENBERGS Auffassung gibt es überhaupt kein Kriterium, an Hand dessen Elementarteilchen von zusammengesetzten Teilchen zu unterscheiden sind. Zu den Grundannahmen seiner einheitlichen Feldhypothese gehört das Postulat, daß alle Elementarteilchen zusammengesetzte Gebilde seien. Somit läßt sich die Frage nach «echter» Elementarität an Hand des gegenwärtigen Materials (experimenteller und theoretischer Art) nicht entscheiden. Die dialektische Forderung nach Zusammenhang der Teilchen ist fürs erste bereits durch die Umwandelbarkeit der Teilchen erfüllt. Der tatsächliche Umfang dialektischer Relationen kann nur durch weitere einzelwissenschaftliche Erforschung der Struktur der Elementarteilchen erkannt werden. Vom dialektischen Standpunkt aus scheint es aber wahrscheinlicher, daß es eine absolute Elementarität nicht gibt. Damit wäre auch die Teil-Ganzes-Problematik in diesem Bereich zugunsten der Relativität entschieden. Die bootstrap-Hypothese von Chew hat in dieser Hinsicht wesentliche heuristische Bedeutung. Sie besagt, daß alle Teilchen mit starker Wechselwirkung dynamische Strukturen sind, die nur im Wechselwirkungsfeld mit anderen Teilchen existieren. Der eventuelle Nachweis der Existenz von Quarks würde prinzipiell nicht gegen diese Annahme verstoßen, denn auch sie wären dann als Knotenpunkte im Feld der Wechselwirkungen zu betrachten, die relativ zu den gewöhnlichen Elementarteilchen eine höhere Stufe der Elementarität einnehmen, in bezug auf das Wechselwirkungsfeld aber nicht elementar wären, eben weil sie zugleich Produkt und Miterzeuger dieses Feldes wären.

Es ist das große Verdienst Lenins, daß er bereits 1908 in *Materialismus und Empiriokritizismus* die philosophische Bedeutung der Entdeckung der Elementarteilchen erkannte und für die Vertiefung des philosophischen Materialismus ausnutzte (Materiedefinition). Der mechanische Materialismus des 19. Jahrhunderts hatte die chemischen Atome als letzte Bausteine der Materie ausgegeben. Der Nachweis der Unhaltbarkeit dieser These war eines der Argumente (Verschwinden der Materie) des Idealismus gegen den Materialismus schlechthin. Lenin zeigte, daß dadurch jedoch lediglich der mechanische Materialismus mit seiner undialektischen Annahme unveränderlicher Elemente oder Wesenheiten der Materie getroffen wird; er zeigte weiter, daß die Entdeckung der Elementarteilchen ein bedeutungsvoller Schritt im Prozeß der sich ständig vertiefenden Erkenntnis der Struktur der unendlichen Materie ist und daß die Elementarteilchen als Formen der in ihrer Mannigfaltigkeit einheitlichen Materie sich als ebenso unerschöpflich erweisen werden wie das Atom. Diese Erkenntnisse Lenins wurden durch die weitere Entwicklung der Physik bestätigt.

Die Entdeckung und Erforschung der Elementarteilchen hat eine Fülle dialektischer Gesetzmäßigkeiten zutage gebracht, die in ihrer Gesamtheit die These Lenins, daß die Physik im Begriff sei, den dialektischen Materialismus zu gebären, vollauf bestätigen. So stellt sich z. B. jedes Elementarteilchen als eine widersprüchliche Einheit gegensätzlicher Korpuskel- und Welleneigenschaften dar (→ Korpuskel-Welle-Dualismus). Auch treten die Elementarteilchen durchweg paarweise – als Teilchen und Antiteilchen – auf, wobei die Partner jedes Paares sich durch einen dialektischen Gegensatz unterscheiden. Unter Ausnützung ihrer dialektischen Beziehungen konnten Elementarteilchen theoretisch vorausgesagt werden, bevor sie experimentell nachgewiesen wurden.

Eine charakteristische Eigenschaft der Elementarteilchen ist ihre Umwandelbarkeit; Teilchen einer oder verschiedener Art können sich in «Elementarprozessen» in Teilchen anderer Art verwandeln. Diese «Elementarprozesse» unterliegen bestimmten Erhaltungsgesetzen, die gewisse Arten von Umwandlungen ausschließen. Beispiele solcher Elementarprozesse sind die Emission und Absorption von Lichtquanten (Photonen) bei Zustandsänderungen der Atomelektronen, die Bildung eines Elektron-Positron-Paares aus einem Photon, die Emission von Mesonen in nuklearen Prozessen, die Umwandlung von Protonen in Neutronen und umgekehrt unter Emission von Leptonen beim β-Zerfall. Von Bedeutung sind zahlreiche Elementarprozesse, die über virtuelle Zwischenzustände ablaufen. So werden bei der Streuung von Protonen an Neutronen Mesonen ausgetauscht (Theorie der Kernkräfte). In der allgemeinen Umwandelbarkeit der Elementarteilchen kommt eine der Grundeigenschaften der sich bewegenden Materie – die Fähigkeit des Übergangs einer Materieform in eine von ihr qualitativ verschiedene – zum Ausdruck. Die Theorie und die praktische Erforschung der Elementarteilchen bestätigen dergestalt für ihren Bereich die allgemeine weltanschauliche These des *dialektischen Materialismus* von der materiellen Einheit der Welt.

In der Welt der Elementarteilchen treten im Vergleich zur Makrowelt und dem atomaren Bereich eine Reihe neuartiger Eigenschaften und Gesetzmäßigkeiten auf. Dies entspricht der These des *dialektischen Materialismus* vom notwendigen Umschlagen quantitativer Veränderungen in qualitative, von den spezifischen qualitativen Besonderheiten der einzelnen Strukturebenen und Bewegungsformen der Materie. Die moderne Physik ist dabei, eine einheitliche Theorie der Elementarteilchen zu schaffen. Das Resultat dieses Unternehmens kann nur in einer komplizierten mathematischen Theorie, die die ganze Mannigfaltigkeit der dialektischen Beziehungen der Elementarteilchen in abstraktem mathematischem Gewande darstellt, bestehen.

Überschaut man die Entwicklung der Lehre von den Elementarteilchen von der Entdeckung der Radioaktivität bis auf den heutigen Tag, so wird deutlich, daß alle Interpretationsversuche der Erscheinungen der Elementarteilchen durch die spätbürgerliche Philosophie von dem tatsächlichen Gang der Entwicklung der Physik nicht bestätigt worden sind. Allein die dialektisch-materialistische Interpretation hielt den jeweils neuen Entdeckungen aus der Welt der Elementarteilchen stand.

→ Atom → Atomistik.

Elementbeziehung – zweistellige logische Relation, die zwischen Objekten (z. B. Dingen, Individuen, Einzelnem) und einer Klasse besteht, der diese Objekte angehören (symbolisch: $a \in K$; sprach-

lich ausgedrückt: «*a* ist Element der Klasse *K*» bzw. «*a* gehört zu *K*» bzw. «*K* enthält *a* als Element»). Ein und dasselbe Individuum *a* – z. B. ein bestimmter Mensch – kann gleichzeitig Element verschiedener Klassen sein - z. B. der Dichter, der Marxisten, der Briefmarkensammler. Zwischen einem Element *a* und einer Klasse *K* besteht die Elementbeziehung entweder, oder sie besteht nicht (→ Satz vom ausgeschlossenen Dritten). Im letzten Fall schreibt man: $a \sim \in K$. Ein Individuum *a*, das zu einer bestimmten Zeit t_1 Element einer Klasse *K* ist, kann sich natürlich so verändern, daß diese Elementbeziehung zum Zeitpunkt t_2 nicht mehr besteht. *Beispiel*: Jemand, der zum Zeitpunkt t_1 noch Oberschüler ist, ist nach seinem Abitur zum Zeitpunkt t_2 nicht mehr Element der Klasse der Oberschüler. Die Anwendung des Satzes vom ausgeschlossenen Dritten auf Klassen mit unendlich vielen Elementen bringt allerdings schwierige logische und erkenntnistheoretische Probleme mit sich.
Nicht nur Individuen usw. sind Elemente von Klassen, sondern Klassen können ihrerseits wieder Elemente anderer Klassen sein. Läßt man die Elementbeziehung uneingeschränkt für Elemente beliebiger Art und beliebige Klassen zu, so entstehen → Paradoxien.
Im *umgangssprachlichen Gebrauch* wird die Relation der Elementbeziehung häufig durch die Kopula «ist» bezeichnet. *Beispiel*: «J. R. Becher ist ein großer deutscher Dichter.» Die Kopula «ist» kann jedoch zu logischen Unklarheiten führen. Wir verwenden diese Kopula beispielsweise auch in dem Satz «Der Wal ist ein Säugetier». Aber in diesem Beispiel bezeichnet die Kopula «ist» nicht die Elementbeziehung, sondern die → Enthaltenseinsbeziehung. Der erste Satz kann auf die Form gebracht werden: «J. R. Becher ist ein Element der Klasse der großen deutschen Dichter.» Der zweite Satz hingegen hat eine ganz andere logische Struktur, die in folgender Formulierung zum Ausdruck kommt: «Die Klasse der Wale ist in der Klasse der Säugetiere enthalten.»
→ Element.

Elitetheorie [lat → franz] – *eigtl*: Theorie der Auslese, der Auswahl, der Auserlesenen. Die Elitetheorie betrachtet die gesellschaftliche Entwicklung als Werk einer tragenden Führungsschicht, deren privilegierte Stellung und Herrschaft über die Massen sie aus besonderen sozialen, natürlichen, geistigen oder sittlichen Qualitäten dieser Schicht herzuleiten versucht. In dem von ihr postulierten *ewigen* Gegensatz von Elite und Masse sind die Eliten «Individuen oder Individuengruppen von spezieller Qualifikation; die Masse ist die Gesamtheit der nicht besonders Qualifizierten» (Ortega y Gasset, *Der Aufstand der Massen*). In der Elitetheorie sind die Massen eine unselbständige Horde, willenlos, leicht verführbar, eine an sich zerstörende Kraft, zu selbständiger schöpferischer Leistung und geschichtsbildender Tätigkeit unfähig.
Elitetheorien sind der Sache nach in den reaktionären Ideologien aller Ausbeuterklassen enthalten. Sie gewinnen immer dann an Bedeutung, wenn die Herrschaft bestimmter Ausbeuterklassen durch Massenaktionen bedroht ist, wenn es gilt, die privilegierte Stellung der Eigentümer der Produktionsmittel und damit auch der politischen Macht gegenüber dem Volk zu rechtfertigen und zu verteidigen.
Die *bürgerlichen Elitetheorien* entstanden als Reaktion auf den Klassenkampf des Proletariats, als Form des ideologischen Kampfes der Bourgeoisie gegen die Arbeiterbewegung, als Form des Kampfes gegen den zunehmenden Einfluß der marxistisch-leninistischen Weltanschauung. Sie propagieren autoritäre, hierarchisch gegliederte Gesellschaftssysteme, wie die sog. Repräsentativdemokratie, den faschistischen Ständestaat, die berufsständische Ordnung u. a. Die Diktatur der Monopolbourgeoisie in den imperialistischen Staaten preist sie als die Herrschaft der Besten, der Qualifiziertesten, der Aristokraten des Geistes und des Charakters. Jede revolutionäre Aktion der Massen wird von ihr als «Einbruch des Urwaldes» (Ortega y Gasset), als blinder Aufruhr, als sinnlos, unnatürlich, als Frevel gegen Gott verworfen. In der Elitetheorie sind die Massen nur Objekt der Politik einer Elite. In der Ideologie und Praxis des deutschen Faschismus offenbarte die Elitetheorie ihre antihumanistischen und barbarischen Züge am sichtbarsten.
Elitetheorien treten innerhalb der Ideologie des Imperialismus in verschiedenen Formen auf: rechtssozialdemokratische, revisionistische, liberale, faschistische und klerikale. Sie stützen sich auf rassistische Erwägungen (Nietzsche, Chamberlain, *Faschismus*), auf eine abstrakte menschliche Natur (Treitschke, Max Weber, Jaspers, Pius XII.), auf psychologische Tatbestände (Le Bon, Mosca, Pareto, Ortega y Gasset), auf Argumente des Technizismus (Burnham, Dahrendorf), auf die führende Rolle der Intelligenz in unserer Zeit (Bloch, Fischfr, Kolakowski).
Nachdem die faschistische Elitetheorie in ihrer rassistischen Gestalt durch die Niederlage des deutschen Imperialismus im zweiten Weltkrieg diskreditiert worden war, traten im Prozeß der Wiedergeburt des Imperialismus und Militarismus in Westdeutschland religiös verbrämte Elitekonzeptionen des politischen Klerikalismus und des Neonazismus besonders hervor.
Das von der Elitetheorie benutzte soziale Einteilungsprinzip Elite–Masse basiert, ebenso wie die Begriffe selbst, fast ausschließlich auf subjek-

tiven Kriterien. Die Elitetheorie leugnet die Existenz objektiver gesellschaftlicher Gesetze, den Primat des gesellschaftlichen Seins gegenüber dem gesellschaftlichen Bewußtsein. Sie ignoriert die Tatsache, daß die Produktionsweise materieller Güter den Charakter und die Entwicklung der Gesellschaft bestimmt und daß demzufolge die unmittelbaren Produzenten materieller Güter die entscheidenden Träger der gesellschaftlichen Entwicklung und überhaupt aller wichtigen historischen Ereignisse sind.
→ Persönlichkeit.

Emanation [lat] – *eigtl*: Ausfluß, Ausströmung; Hervorgehen des Niederen, Unvollkommenen aus *einem* Höheren, Vollkommenen. In der Geschichte der Philosophie sind die verschiedenen Emanationslehren meist im engsten Zusammenhang mit religiös-mystischen (-ketzerischen) Vorstellungen aufgetreten, so im *Neuplatonismus* und in der *Gnosis* (Hervorgehen der Welt aus der Gottheit), bei CUSANUS (Entfaltung des göttlichen Seins in der Welt), in der *Mystik* (etwa bei ECKHART), bei BÖHME, bei LEIBNIZ (Monaden als «Fulgurationen», d. h. Ausblitzungen Gottes). Emanatistisch sind auch die Lehren des späten SCHELLING und E. VON HARTMANNS. Alle Emanationslehren sind gleichsam umgekehrte Entwicklungstheorien (allerdings unter Eliminierung des Moments der Veränderung), da sie die Mannigfaltigkeit der objektiven Realität (worunter sie das Niedere verstehen) aus *einem* Höheren hervorgehen lassen. In Übereinstimmung mit den Ergebnissen der naturwissenschaftlichen Forschung und als deren Folge (insbesondere der Biologie, *Abstammungslehre*) steht der *dialektische Materialismus* konsequent auf dem Standpunkt der Entwicklung, die in letzter Instanz von niederen, unvollkommenen (weniger entwickelten) zu höheren, vollkommeneren Formen, Arten, Gattungen usw. fortschreitet.
→ Entwicklung.

Emanzipation [lat → franz] – *urspr*: im römischen Recht Entlassung eines Familienmitgliedes aus der hausherrlichen Gewalt; *allgemein*: Befreiung aus entrechtender, entwürdigender gesellschaftlicher Abhängigkeit; Befreiung von Überholtem (Vorurteilen); Verselbständigung.
In der marxistischen Gesellschaftstheorie wird «Emanzipation» oft als Begriff für gesellschaftlich und klassenmäßig konkrete Veränderungen gesellschaftlicher Verhältnisse, die zu einer (in ihrem tatsächlichen Inhalt näher zu bestimmenden) Befreiung bestimmter Klassen, Gruppen oder der Individuen führen, gebraucht. In diesem Sinne treten bei MARX z. B. die Begriffe «*politische Emanzipation*» (als Moment der bürgerlich-demokratischen Revolution und der Erkämpfung bürgerlich-demokratischer Verhältnisse) und «*menschliche Emanzipation*», auch Emanzipation der arbeitenden Klassen (als sozialistische Revolution und Organisierung sozialistischer Gesellschaftsverhältnisse) auf.
Ein Problem von großer gesellschaftlicher und geschichtlicher Tragweite ist das der *Emanzipation der Frau*, die nicht nur eine politisch-rechtliche Frage der Gleichstellung von Mann und Frau ist, sondern insbesondere ein vielschichtiges ökonomisches und politisch-soziales Problem (Befreiung der werktätigen Klassen von Ausbeutung, Einbeziehung der Frauen in das gesellschaftliche Leben, besondere Unterstützung hinsichtlich Bildung und Qualifizierung, Befreiung der Frau von der Bürde der Hauswirtschaft u. a.).
→ Freiheit → Demokratie → Sozialismus und Kommunismus.

Emotion [lat] – in der Psychologie: Gefühl; die durch die Persönlichkeitsstruktur gegebene, ganzheitliche subjektive Reaktionsweise des Individuums auf den Inhalt seines Erlebens (seiner Wahrnehmungen, Vorstellungen, Denkinhalte usw.).
In der *Erkenntnistheorie* hingegen wird unter «Emotion» oder «emotionaler Stufe der Erkenntnis» mitunter in einer nicht exakten Ausdrucksweise diejenige Komponente des Widerspiegelungsprozesses verstanden, die nicht auf Begriffen, Aussagen und Schlüssen, sondern auf Sinnesempfindungen beruht.
→ Gefühl.

emotional [lat; *auch*: emotionell] – gefühlsmäßig, auf das Gefühl bezogen; in der *Erkenntnistheorie* im davon abweichenden, aber nicht präzisen Sinne mitunter: sinnlich.

Emotionalismus [lat] – Anschauung, die das Gefühl (die Emotionen) als Grundtatbestand der Erkenntnis betrachtet.

Emotivismus → Meta-Ethik.

Empfindung – Form der ideellen Widerspiegelung der objektiven Realität vermittels des Zentralnervensystems. Die Empfindung ist das Abbild einzelner Eigenschaften und Seiten von Gegenständen oder Prozessen, die unmittelbar auf die Sinnesorgane oder Rezeptoren einwirken.
Als elementare Form der Widerspiegelung geht die Empfindung in der phylogenetischen Entwicklung der → Wahrnehmung voraus. Die menschlichen Empfindungen unterscheiden sich jedoch grundlegend von denen der Tiere. Sie existieren nicht beziehungslos zueinander und zu den anderen Formen der sinnlichen und rationalen Widerspiegelung der objektiven Realität. «Die Materie wirkt auf unsere Sinnesorgane ein und erzeugt die Empfindung. Die Empfindung ist abhängig vom Gehirn, von den Nerven, der Netzhaut usw.» (LENIN 14, 47) und damit auch an die im Gehirn vor sich gehenden Bewußtseinsprozesse gebunden. Die menschlichen Empfindungen werden also wesentlich durch das Bewußtsein beeinflußt.

Vom heutigen Stand der Forschung her lassen sich folgende *Arten der Empfindung* unterscheiden: 1. *äußere* (*exterorezeptive*) *Empfindungen.* Zu ihnen gehören Tast- (taktile), Gesichts- (optische), Gehörs- (akustische), Geschmacks- (gustatorische), Geruchs- (osmische), Temperatur- (thermische), Schmerz- und statiko-kinästhetische (Gleichgewichts-, Bewegungs-, Beschleunigungs-, Vibrations-) Empfindungen. Die äußeren Empfindungen, insbesondere die ersten fünf, die mit Hilfe der Sinnesorgane des Menschen entstehen, liefern dem Menschen Abbilder der Außenwelt und sind insofern von entscheidender Bedeutung für die Erkenntnis der objektiven Realität. 2. *innere* (*interorezeptive*) *Empfindungen.* Zu ihnen gehören die sog. Organempfindungen, z. B. die Chemo-, Thermo-, Luftdruck- und Schmerzrezeption der inneren Organe. Die inneren Empfindungen sind in erster Linie Erscheinungen der Lebenstätigkeit des Organismus; sie sind vor allem für das zweckmäßige Handeln des Menschen von Bedeutung.

Die Einteilung der Empfindungen in äußere und innere ist relativ. So gehören z. B. Temperatur-, Schmerz- und statiko-kinästhetische Empfindungen sowohl zu den äußeren als auch zu den inneren Empfindungen. Für alle Arten der Empfindungen gilt jedoch, daß sie sowohl Abbilder der Außenwelt bzw. Informationen über den inneren Zustand des Organismus als auch Erscheinungen der Lebenstätigkeit darstellen. Insofern spielen die äußeren Empfindungen auch eine Rolle bei der Gestaltung der bewußten, zweckmäßigen Tätigkeit des Menschen, während andererseits auch die inneren Empfindungen eine gewisse Erkenntnisfunktion ausüben.

Die Empfindungen entstehen im Prozeß der aktiven Einwirkung des Menschen auf die Umwelt. Die objektiven Eigenschaften und Verhältnisse der materiellen Welt wirken als Reize auf die Sinnesorgane oder Rezeptoren. Liegen die Reize in dem Bereich zwischen der unteren und der oberen Reizschwelle, dann verursachen sie einen neurophysiologischen Erregungsprozeß, der über die sensorischen Nerven zu den entsprechenden sensorischen Zentren des Gehirns geleitet wird. In einem komplizierten Nervenprozeß werden die Impulse analysiert und synthetisiert, wobei die Empfindung als ideelles Abbild entsteht. Dieser Prozeß erfolgt auf der Grundlage des ersten → Signalsystems nach dem Prinzip der bedingt-reflektorischen Nerventätigkeit.

Die Empfindung entsteht aus der unmittelbaren und gegenwärtigen Wechselwirkung zwischen den Gegenständen der objektiven Realität und dem menschlichen Erkenntnisvermögen. Ihrer Entstehung nach ist sie die Verwandlung der Energie des äußeren Reizes in eine Bewußtseinstatsache (LENIN 14, 43). Sie bildet die unmittelbare Verbindung des Bewußtseins mit der Außenwelt, weshalb sie die nächste Quelle aller Erkenntnisse ist.

Die Empfindung ist ein Abbild einer Eigenschaft der objektiven Realität. Ihr Inhalt ist objektiv bestimmt, sie besitzt objektiven Charakter, weil sie eine objektiv existierende Eigenschaft der materiellen Welt annähernd getreu widerspiegelt. Allerdings ist die menschliche Empfindung keine Kopie der objektiven Realität, sondern die Abbildung erfolgt vermittelt durch die spezifische Funktionsweise und Gesetzmäßigkeit der Sinnesorgane und des Zentralnervensystems. Daher besitzt die Empfindung auch eine subjektive Seite, die sowohl den Inhalt als auch die Form betrifft. Sie ist an das Subjekt gebunden und daher auch durch den Zustand des Organismus, der Sinnesorgane und des Nervensystems, durch den Umfang des Wissens des Subjekts mitbestimmt. Die Empfindung ist eine Einheit von Objektivem und Subjektivem. Aber die subjektiven Elemente sind letzten Endes selbst objektiv bedingt, denn die Sinnesorgane und das erkennende Subjekt überhaupt sind ein Entwicklungsprodukt der objektiv-real existierenden Materie.

Jede Empfindung ist begrenzt, sie gibt nur einen winzigen Ausschnitt der objektiven Realität wieder, doch die Gesamtheit der Empfindungen liefert das nötige Sinnesmaterial, dessen rationale Verarbeitung eine immer weitere und tiefere Erkenntnis der objektiven Realität ermöglicht.

→ Erkenntnis → Denken.

Empirie [griech] – *eigtl:* → Erfahrung.
→ Empirisches und Theoretisches.

Empiriokritizismus – vornehmlich erkenntnistheoretisch orientierte *subjektiv-idealistische* und *agnostizistische philosophische Strömung* innerhalb der Bewegung des *Positivismus* in der Zeit vom Ende des 19. Jahrhunderts bis zum ersten Weltkrieg.

Der Begründer des Empiriokritizismus war AVENARIUS, von dem auch der Name geprägt wurde (Kritik der reinen Erfahrung 1888–1890, 1907). Als sein einflußreichster Vertreter ist MACH anzusehen. Weitere Vertreter des Empiriokritizismus waren mehr oder weniger in *Österreich* GOMPERZ, KLEINPETER, STÖHR, WAHLE, in *Deutschland* PETZOLDT, VERWORN, WILLY, ZIEHEN, in *Rußland* BASAROW, LESSEWITSCH, VALENTINOW.

Im Rückgriff auf die subjektiv-idealistischen Lehren von HUME und BERKELEY sieht der Empiriokritizismus seine erste Aufgabe darin, durch «Analyse der Empfindungen» den Begriff der Erfahrung so rein als möglich herauszuarbeiten und ihn von allem metaphysischen Beiwerk (die Tatsache der Existenz der objektiven Realität außerhalb des Bewußtseins und der Abbildcharakter der Erkenntnis) zu reinigen. Im Ergebnis kommt der Empiriokritizismus zu der radikalen subjektiv-idealistischen Behauptung, daß die objektive

Realität aus Empfindungen als «Elementen» alles Wirklichen und Empfindungskomplexen bestehe. Die Tatsache, daß durch die Empfindungen ein von ihr unabhängiger (objektiver) Inhalt gegeben ist, wird als metaphysische Annahme abgelehnt. «Die Empfindungen sind ... keine ‚Symbole (d. h. Abbilder) der Dinge'. Vielmehr ist das ‚Ding' ein Gedankensymbol für einen Empfindungskomplex von relativer Stabilität. Nicht die Dinge (Körper), sondern Farben, Töne, Drucke, Räume, Zeiten (was wir gewöhnlich Empfindungen nennen) sind *eigentliche* Elemente der Welt» (MACH).

Von einer solchen Position aus muß natürlich die Grundfrage der Philosophie dem Empiriokritizismus als «Verkehrtheit» erscheinen. «Die Materie ist für uns nicht das erste Gegebene. Dies sind vielmehr die *Elemente* (die in gewisser bekannter Beziehung als Empfindung bezeichnet werden) ...» (MACH). Die Tatsache der Existenz einer vom Bewußtsein, also auch von Empfindung und Wahrnehmung unabhängigen objektiven Realität ist für den Empiriokritizismus nichts weiter als eine metaphysische Erfindung. Nicht viel anders betrachtet der Empiriokritizismus die Kategorien. Kausalität, Notwendigkeit usw. existieren nicht objektiv, sondern sind «bloße Gedankensymbole», die sich aus Gewohnheit herleiten.

Auf der Grundlage dieser subjektiv-idealistischen philosophischen Grundlagen formuliert MACH dann als Aufgabe der Wissenschaft: «1. Die Gesetze des Zusammenhangs der Vorstellungen zu ermitteln (Psychologie). 2. Die Gesetze des Zusammenhangs der Empfindungen (Wahrnehmungen) aufzufinden (Physik). 3. Die Gesetze des Zusammenhangs der Empfindungen und Vorstellungen klarzustellen (Psychophysik).» Insofern die objektive Realität aus Empfindungen besteht, fällt der Gegenstand der Psychologie und Physik zusammen. Der Unterschied zwischen beiden Wissenschaften ist kein Unterschied des Gegenstandes, sondern lediglich der Betrachtungsweise.

LENIN hat in *Materialismus und Empiriokritizismus* den Empiriokritizismus und seine verschiedenen Spielarten und verwandten Strömungen (*Empiriomonismus*, *Empiriosymbolismus*, *Immanenzphilosophie*) einer ausführlichen und vernichtenden Kritik unterzogen.

Diese Kritik LENINS ist nicht nur für die Beurteilung des Empiriokritizismus von prinzipieller Bedeutung, sondern für die Einschätzung der verschiedenen *subjektiv-idealistischen Strömungen* innerhalb der bürgerlichen Philosophie in der Epoche des Imperialismus überhaupt. Keine der mannigfachen subjektiv-idealistischen philosophischen Strömungen der gegenwärtigen bürgerlichen Philosophie konnte die von LENIN aufgeworfenen Fragen beantworten oder sich den Hauptpunkten seiner Kritik entziehen.

→ Positivismus.

Empiriomonismus [griech → lat] – Spielart des Empiriokritizismus. Hauptvertreter: BOGDANOW.

Der Empiriomonismus war einer der Versuche der Gegner des Marxismus in der *russischen Sozialdemokratie*, den dialektischen und historischen Materialismus durch die Philosophie des Empiriokritizismus zu ersetzen. Er gewann besonders im Zusammenhang mit der Niederlage der russischen Revolution von 1905 vorübergehend Einfluß auf Teile der kleinbürgerlichen Intelligenz Rußlands.

Der Empiriomonismus versuchte die *subjektiv-idealistische* und *agnostizistische Erkenntnistheorie* des Empiriokritizismus vor allem auf Fragen der Gesellschaft anzuwenden. So wie für den Empiriokritizismus die objektive Realität aus Empfindungen und Empfindungskomplexen besteht, ist für den Empiriomonismus «das soziale Leben in all seinen Erscheinungen ein bewußt psychisches ... Die Sozialität ist von der Bewußtheit untrennbar. Das gesellschaftliche Sein und das gesellschaftliche Bewußtsein sind im genauen Sinn dieser Worte identisch». Und weiter: «Jeder materielle Produktionsprozeß ist stets ein Bewußtseinsvorgang seines Beobachters ... Erkenntnistheoretisch ist also nicht der äußere Produktionsprozeß das *prius*, sondern das Subjekt resp. die Subjekte, oder mit anderen Worten: auch der rein materielle Produktionsprozeß führt nicht aus dem allgemeinen Bewußtseinszusammenhang heraus» (BOGDANOW).

Eine ausführliche und vernichtende Kritik des Empiriomonismus entwickelte LENIN im *Materialismus und Empiriokritizismus*, insbesondere im Kapitel VI.

→ Empiriokritizismus.

Empiriosymbolismus [griech → lat] – von JUSCHKEWITSCH im Rußland vor dem ersten Weltkrieg entwickelte *subjektiv-idealistische* und *agnostizistische Philosophie*, eine Spielart des *Empiriokritizismus*.

empirisch [griech] – erfahrungsmäßig, sich auf Erfahrung, Beobachtung, Experiment usw. gründend.

→ Empirisches und Theoretisches.

Empirisches und Theoretisches – zwei Arten wissenschaftlicher Kenntnisse, die in der Erkenntnistätigkeit des Menschen und im wissenschaftlichen Forschungsprozeß eine Einheit bilden und einander ergänzen.

Empirische Kenntnisse ergeben sich als Resultat der Beobachtung, experimenteller Untersuchungen und der Anwendung anderer, sich auf die Sinneserfahrung gründender wissenschaftlicher Verfahren; sie sind im wesentlichen Maße an die Sinneserkenntnis gebunden, ohne sich jedoch auf diese zu reduzieren. Mit Hilfe empirischer Kenntnisse wird eine möglichst detaillierte Beschreibung der Objekte, Zusammenhänge usw. des betreffenden Bereichs angestrebt. Empirische Kenntnisse widerspiegeln jedoch in der Regel nur die äußere Erscheinung; auf ihrer Grundlage sind weder eine Erklärung des Wesens dieser Erscheinung, die Aufdeckung ihrer Ursachen noch exakte wissenschaftliche Voraussagen bisher unbekannter Sachverhalte möglich. Sätze, die empirische Kenntnisse enthalten, konstatieren lediglich individuelle Sachverhalte bzw. endliche Gesamtheiten von Sachverhalten.

Theoretische Kenntnisse dagegen haben nicht unmittelbar ein sinnliches Korrelat. Die abstrakten Begriffe, in denen sie ausgedrückt werden, bedeuten in der Regel idealisierte Objekte, sind logische Rekonstruktionen der Wirklichkeit, denen auf direktem Wege keine realen Objekte entsprechen, die in der Sinneserfahrung, durch Beobachtung oder Experiment gegeben wären. Theoretische Kenntnisse widerspiegeln das Wesen der Erscheinungen des betreffenden Bereichs. Sie gestatten sowohl die Erklärung bereits bekannter empirischer Sachverhalte als auch wissenschaftliche Voraussagen bisher noch nicht bekannter Sachverhalte. Sätze, in denen theoretische Kenntnisse fixiert sind, können zum Unterschied von empirischen Sätzen objektiv existierende Gesetzeszusammenhänge zum Ausdruck bringen.

Obwohl empirische Kenntnisse eng mit der sinnlichen Erkenntnis und theoretische Kenntnisse eng mit der rationalen Erkenntnis zusammenhängen, ist Empirisches doch nicht mit Sinnlichem identisch, Theoretisches nicht mit Rationalem und reduziert sich das Verhältnis von Empirischem und Theoretischem nicht auf das von → *Sinnlichem und Rationalem*. Insbesondere ist empirisches Wissen nicht mit Sinnlichem identisch, da es zwar auf Grund von Sinneseindrücken entsteht, stets aber schon eine gewisse rationale Verarbeitung der Sinnesdaten voraussetzt und beinhaltet. Allein die Tatsache, daß die Sinnesdaten im empirischen Wissen in sprachlicher Form ausgedrückt werden, setzt den Gebrauch gewisser logischer Kategorien voraus, ohne die das empirische Wissen nicht formuliert werden könnte. Jedes Wissen, auch das empirische, hat die logische Form von Aussagen und kann daher nicht außerhalb der Sphäre des Denkens und der rationalen Erkenntnis existieren. Empirisches und Theoretisches können deshalb als zwei Arten des Wissens angesehen werden, die vorwiegend der rationalen Erkenntnis angehören.

Von besonderer Bedeutung für die wissenschaftliche Praxis ist das Problem, welche Beziehungen zwischen Empirischem und Theoretischem bestehen, wie Empirisches im Laufe des Erkenntnisprozesses zu Theoretischem wird, wie es auf Grund empirischer Kenntnisse zur Gesetzeserkenntnis kommt, kurz: das Problem des Übergangs vom Empirischen zum Theoretischen.

Dieses Problem beschäftigt die Philosophie und Logik besonders seit der Neuzeit und wird hier vom Rationalismus und Empirismus in entgegengesetzter Weise behandelt. Dem *Rationalismus* zufolge hat das theoretische Wissen, von ihm auch notwendige Wahrheiten, Urteile a priori usw. genannt, einen prinzipiell anderen Charakter als das empirische Wissen, das nur aus zufälligen Wahrheiten besteht. Theoretisches Wissen entstehe nicht aus empirischem, sondern verdanke seine Notwendigkeit allein der Verstandestätigkeit, dem Verstand eingeborenen Ideen, apriorischen Verstandesformen usw.

Dem *Empirismus* zufolge hat dagegen jedes Wissen seinen Ursprung in der Erfahrung. Für ihn erhebt sich deshalb die Frage, die für den Rationalismus als Problem gar nicht existiert, wie nämlich allgemeines theoretisches Wissen aus empirischem Einzelwissen entsteht. Diese Frage wurde besonders mit der raschen Entwicklung der Naturwissenschaften zu Beginn der Neuzeit akut. Die sich auf Erfahrung gründende Naturwissenschaft jener Zeit bedurfte in der Auseinandersetzung mit den überkommenen scholastischen Dogmen des Mittelalters der festen philosophisch-erkenntnistheoretischen Fundierung. Diese Aufgabe lösen hieß zeigen, wie Erfahrungswissen zu zuverlässigem, allgemeinem, theoretischem Wissen, zur Erkenntnis notwendiger Zusammenhänge und zur Gesetzeserkenntnis führen kann.

Der *materialistische Empirismus* nahm sich dieser Aufgabe an, indem er versuchte, Methoden des Übergangs von empirischem zu theoretischem Wissen anzugeben. Als wichtigstes, wenn nicht einziges Mittel, von der Empirie zur Theorie übergehen zu können, sah er die → Induktion an. Beginnend mit Bacon führt diese Linie bis ins 19. Jahrhundert zu J. St. Mill. Die Induktionsregeln und besonders die Bacon-Millschen Regeln der Aufdeckung von Kausalzusammenhängen werden hier als das Kernstück einer Logik der Entdeckungen und der wissenschaftlichen Forschung angesehen. Jeder Prozeß der Erkenntnis allgemeiner Gesetze vollziehe sich induktiv. Indes ist der Übergang von der Empirie zur Theorie nicht als einfache Summierung oder Kombination von empirischem Wissen zu begreifen. Die Erkenntnis notwendiger, gesetzmäßiger Zusammenhänge setzt vielmehr die Bildung von Abstraktionen voraus, die das Wesen der untersuchten Objekte, Prozesse usw. widerspiegeln. Empirisches Wissen und selbst auf induktivem Wege verallgemeinertes Wissen vermag dagegen stets nur empirische Abhängigkeiten festzustellen, denen das Attribut der Gesetzmäßigkeit noch nicht zugeschrieben werden kann. «Die Empirie der Beobachtung allein kann nie die Notwendigkeit genügend beweisen» (MARX/ENGELS 20, 497). Der Grundmangel des materialistischen Empirismus und des auf ihm aufbauenden klassischen Induktionismus besteht deshalb in der Verabsolutierung der induktiven Methode, die als grundlegende Methode der Naturwissenschaft und als alleinige Methode, den Übergang vom Empirischen zum Theoretischen zu vollziehen, angesehen wird.

Während der materialistische Empirismus Wege zur Begründung des allgemeinen, theoretischen Wissens suchte, kennzeichnet den *idealistischen Empirismus* die Geringschätzung der theoretischen Wissensebene. Sein Programm ist, das theoretische Wissen auf empirisches zu reduzieren und letzteres seinerseits auf unmittelbare Erfahrung, auf subjektive Empfindungen und Wahrnehmungen zurückzuführen. So entstehen nach HUME allgemeine Begriffe und Ideen, Vorstellungen von Naturnotwendigkeiten und -gesetzmäßigkeiten durch Assoziation subjektiver Wahrnehmungen und Empfindungen. Die von dieser Konzeption ausgehende Assoziationstheorie führte im 19. Jahrhundert zum *Psychologismus* in der Logik und Erkenntnistheorie, dem zufolge der Nachweis des genetischen Zusammenhangs zwischen Empfindung und Begriff, Empirie und Theorie eine Sache der Assoziationspsychologie ist, als deren Teildisziplin die Logik erscheint. Doch auch die im Geiste des Psychologismus gehaltene Betrachtungsweise des Verhältnisses von Empirischem und Theoretischem erwies bald ihre Unhaltbarkeit, vor allem, sobald sie auf die Entstehung mathematischer Begriffe und Theorien angewandt wurde.

Den empirischen Versuchen, das Problem des Verhältnisses von Empirischem und Theoretischem zu lösen, stellte der *Rationalismus* im 19. Jahrhundert in Nachfolge der KANTschen Philosophie seine Auffassung entgegen. So hebt W. WHEWELL richtig die Einseitigkeit und Unhaltbarkeit der induktionistischen Konzeption hervor; er hält zwar an der Induktion als Grundmethode der Gesetzeserkenntnis fest, betont aber zugleich, daß Gesetzeserkenntnis die Einführung wissenschaftlicher Abstraktionen voraussetzt, welche die empirischen Daten zu einem theoretischen System zusammenschließen. Diese wissenschaftlichen Abstraktionen sollen als apriorische Ideen dem Verstand immanent sein und auf das empirische Material angewendet werden. Die Frage, wie Empirisches zu Theoretischem wird, findet damit auch in dieser Konzeption keine befriedigende Antwort.

Mit einer entschiedenen Kritik sowohl der induktionistischen als auch der psychologistischen Betrachtungsweise des Verhältnisses von Empirischem und Theoretischem trat im 20. Jahrhundert der *Neupositivismus* auf. Er wendet sich einerseits mit Recht gegen den induktiven Aufbau theoretischen Wissens aus Empirischem und fordert andererseits, die psychologistische Betrachtung des Verhältnisses von Empirischem und Theoretischem durch eine logische Analyse dieses Verhältnisses zu ersetzen. Wie der Induktionismus und der Psychologismus sieht auch der Neupositivismus das empirische Wissen als das primäre gegenüber dem theoretischen an, leitet daraus aber im Gegensatz zu jenen nicht die Aufgabe ab, vom Empirischen zum Theoretischen, von der Empfindung und Wahrnehmung zum Begriff überzugehen, sondern das Theoretische durch logische Reduktion auf seine empirischen Elemente, auf das «unmittelbar Gegebene» zurückzuführen. Empirisches und Theoretisches werden von ihm nicht in ihrem genetischen Zusammenhang betrachtet; er faßt sie vielmehr als fertige Wissensbereiche auf, die in verschiedener sprachlicher Form existieren, und sieht seine Aufgabe darin, den *logischen* Zusammenhang zwischen ihnen aufzudecken, die Unterschiede in der sprachlichen Form zwischen beiden Wissensebenen aufzuheben, indem durch logische Analyse Theoretisches auf Empirisches reduziert wird.

Als *radikaler Reduktionismus* (CARNAP) erwies sich dieses Programm jedoch bald als undurchführbar, so daß für den Neupositivismus der letzten Jahrzehnte ein gemäßigter Reduktionismus charakteristisch ist, dem es auf eine nur teilweise Interpretation der theoretischen Sprache in Termini der empirischen Sprache ankommt (CARNAP 1956).

Die Mängel der neupositivistischen Auffassung des Verhältnisses von Empirischem und Theoretischem bestehen vor allem darin, daß sie die vielfältigen und verschiedenartigen genetischen Zusammenhänge zwischen empirischem und theoretischem Wissen auf logische Zusammenhänge reduziert, das Theoretische mit den Mitteln der logischen Analyse auf Empirisches zu reduzieren versucht und damit letztlich die qualitative Spezifik des theoretischen Wissens gegenüber dem empirischen leugnet. Dort aber, wo sie – wie im gemäßigten Reduktionismus – diese qualitative Spezifik teilweise anerkennt, deutet sie sie im Sinne des *Konventionalismus* als subjektive Zweckmäßigkeit der theoretischen Sprache. Darüber hinaus wird das Empirische im Sinne des subjektiven Idealismus als das in den Empfindungen und Wahrnehmungen subjektiv und unmittelbar Gegebene gedeutet. Trotz dieser Mängel hat der Neupositivismus durch seine Beschränkung auf den logischen Aspekt des Problems viel zur Aufhellung der logischen Zusammenhänge zwischen Empirischem und Theoretischem beigetragen. Seine akzeptablen Einzelerkenntnisse können deshalb von einer marxistischen

Methodologie der Wissenschaften aufgegriffen und auf dialektisch-materialistischer Grundlage in sie integriert werden.

Die *marxistische Auffassung des Verhältnisses von Empirischem und Theoretischem* geht davon aus, daß das theoretische Wissen durch eine Vielzahl verschiedenartiger genetischer und logischer Zusammenhänge mit dem empirischen Wissen verbunden ist. Zur Aufklärung der konkreten Übergänge von Empirischem zu Theoretischem, von empirischem Wissen um einzelne Abhängigkeiten zur Erkenntnis gesetzmäßiger Zusammenhänge bedarf es jedoch noch eingehender Forschungen, die sich auf die vereinten Bemühungen von marxistischer Erkenntnistheorie und Methodologie, Logik und Psychologie, Semiotik, aber auch Wissenschaftsgeschichte und anderer Wissensdisziplinen stützen müssen. Die Vernachlässigung der zwischen beiden Wissensebenen bestehenden Zusammenhänge und eine Verabsolutierung einer von ihnen macht jede wirklich wissenschaftliche Forschung und Erkenntnis unmöglich. Empirisches kann von Theoretischem ebensowenig getrennt werden wie Theoretisches von Empirischem. So bildet sich z. B., wie ENGELS feststellt, «die exklusive Empirie ... ein, nur mit unleugbaren Tatsachen zu hantieren. In Wirklichkeit aber hantiert sie vorzugsweise mit überkommenen Vorstellungen, mit großenteils veralteten Produkten des Denkens ihrer Vorgänger ... diese Empirie *kann* die Tatsachen nicht mehr richtig schildern, weil die überkommene Deutung mit in die Schilderung unterläuft» (MARX/ENGELS 20, 415f). Die empirische Wissensebene ist bereits mit so viel theoretischem Gedankengut durchsetzt, daß der reine Empiriker, der «so sehr in die Gewohnheit des empirischen Erfahrens» vertieft ist, «sich noch auf dem Gebiet des sinnlichen Erfahrens glaubt, wenn er mit Abstraktionen hantiert» (MARX/ENGELS 20, 502).

Empirisches und Theoretisches weisen jedoch trotz der zwischen ihnen bestehenden Zusammenhänge und dialektischen Wechselbeziehungen eine jeweils qualitative Spezifik auf. Insbesondere ist das theoretische Wissen weder als eine bloße Abkürzung noch als rein induktive Summierung oder Generalisierung einzelner empirischer Beobachtungsdaten zu begreifen. Der Zusammenhang zwischen Empirischem und Theoretischem ist auch nicht in dem Sinne aufzufassen, daß einzelne Elemente des theoretischen Wissens unmittelbar auf entsprechende Elemente des empirischen Wissens reduzierbar seien. Die marxistische Methodologie der Wissenschaften legt vielmehr Wert auf die Feststellung, daß das theoretische Wissen als Ganzes, als System mit der empirischen Wissensebene zusammenhängt. Zur Begründung einer gegebenen theoretischen Aussage ist daher nicht in jedem Falle eine direkte Hinwendung zu entsprechenden empirischen Kenntnissen erforderlich; diese Begründung kann vielmehr im Rahmen des jeweiligen theoretischen Systems vorgenommen werden, wobei der Zusammenhang der betreffenden Aussage mit anderen theoretischen Aussagen und von deren Gesamtheit mit der empirischen Wissensebene zu berücksichtigen ist. In dieser Wechselbeziehung zwischen Empirischem und Theoretischem spielen → Beobachtung und → Experiment, → Interpretation, → Beschreibung und → Erklärung, → Hypothesen und → Prognosen usw. eine gleichermaßen wichtige Rolle. So muß z. B. ein System theoretischer Aussagen sowohl die Erklärung beobachtbarer, im Experiment feststellbarer usw. Sachverhalte als auch die theoretische Voraussage solcher Sachverhalte gewährleisten können. Ein theoretisches System in der Form einer hypothetisch-deduktiven Theorie muß empirisch interpretierbar sein, d. h., einzelne Elemente des theoretischen Systems müssen in der Beobachtungssprache ausdrückbar sein, während andere ihre empirische Interpretation durch den logischen Zusammenhang mit diesen erhalten usw.

Ein wichtiges Problem bei der Klärung des Verhältnisses zwischen Empirischem und Theoretischem ist auch die Ausarbeitung von Kriterien einer quantitativen Bewertung des Grades, mit dem theoretische Aussagen durch empirische Daten bestätigt bzw. begründet werden. Hier erweist sich der Begriff der Wahrscheinlichkeit als anwendbar und eröffnet sich ein weites Feld der Forschung, auf dem die verschiedenen Varianten der Wahrscheinlichkeitslogik ihre Tragfähigkeit unter Beweis stellen müssen.

Das Verhältnis von Empirischem und Theoretischem wird in der marxistischen Philosophie als ein dringendes Problem weiterer Forschungen im Rahmen einer zu schaffenden marxistischen Methodologie der Wissenschaften bzw. Logik der wissenschaftlichen Forschung und Erkenntnis und in Auseinandersetzung vor allem mit der neupositivistischen Auffassung dieses Verhältnisses angesehen. Erste Erfolge auf diesem Gebiet haben vor allem sowjetische Philosophen und Logiker aufzuweisen (RAKITOW, W. A. SMIRNOW, SCHWYRJEW, TAWANEZ, SINOWJEW u. a.).

Empirismus [griech] – Name für eine Klasse von *erkenntnistheoretischen Lehren*, die die methodisch allein in Beobachtung, Messung und Experiment gegründete Erfahrung mit Erkenntnis überhaupt gleichsetzen. Wird unter Erfahrung die *sinnliche Erfahrung* in Form der Empfindung verstanden, so wird der Empirismus auch als *Sensualismus* bezeichnet.

Der Name «Empirismus» ist, wie die Namen «Sensualismus» und «Rationalismus» (*Ggs*), keine Bezeichnung für eine philosophische Grundrichtung, sondern charakterisiert nur die Stellungnahme einer Erkenntnistheorie zum Problem des Ursprungs der Erkenntnis. Er sagt nichts darüber aus, ob diese oder jene Erkenntnistheorie die *Grundfrage der Philosophie* materialistisch oder idealistisch beantwortet. Der Name «Empirismus» ist deshalb zur eindeutigen Qualifizierung des weltanschaulichen Gehalts einer Erkenntnistheorie unzureichend. Weitergehend ist zwischen *materialistischem* und *idealistischem Empirismus* zu unterscheiden. Wird davon ausgegangen, daß die Erfahrung *objektive Erkenntnisse*, Abbilder der objektiven Realität vermittelt, handelt es sich um *materialistischen Empirismus*. Wird dagegen behauptet, die Erfahrung vermittele keine objektiven Erkenntnisse, sondern sei in dieser oder jener Form nur etwas Subjektives, weil die objektive Realität nur aus Komplexen von Empfindungen und dergleichen bestehe, so haben wir es mit *idealistischem Empirismus* zu tun (LENIN 14, 120).

Vorformen eines *materialistischen Empirismus* sind die Erkenntnislehren des *Epikureismus*, der *Stoa*, des *Nominalismus*. Die erste ausgeprägte *materialistisch-empiristische Erkenntnistheorie* entwickelten BACON, vor allem LOCKE, dessen Lehre im *französischen Materialismus des 18. Jahrhunderts* eine konsequent materialistische Ausgestaltung und Weiterbildung erfährt.

Andererseits entwickeln BERKELEY und HUME im Anschluß an LOCKE im Rahmen ihrer subjektiv-idealistischen Philosophien eine *idealistisch-empiristische Erkenntnistheorie*, die zum Vorbild der Erkenntnistheorien des *Empiriokritizismus*, des *Positivismus* überhaupt wird.

Die Entwicklung des Empirismus von BACON zu LOCKE und innerhalb des *französischen Materialismus des 18. Jahrhunderts* war eine *historisch progressive Erscheinung* des Kampfes der Ideologen der aufstrebenden Bourgeoisie gegen das feudal-klerikale Weltbild, insbesondere gegen die spekulative Methode und Naturauffassung der mittelalterlichen Scholastik.

Insofern die philosophische Entwicklung von BACON zu LOCKE und über LOCKE hinaus zu HUME vorwiegend erkenntnistheoretisch-empiristisch orientiert war, wird der Name «Empirismus» in einem weiteren Sinne oft auch zur Bezeichnung dieser philosophischen Entwicklung in Anspruch genommen; man spricht dann meist – nicht ganz exakt – von *englischem Empirismus*.

Allgemein ist der Empirismus eine einseitige, inkonsequente und unzureichende erkenntnistheoretische Richtung. Er betont zwar richtig, daß die Erkenntnis mit der Erfahrung anhebt, daß «die Empfindungen die einzige Quelle unserer Kenntnisse» sind (LENIN). Indem er jedoch einseitig die sinnliche Stufe der Erkenntnis mit Erkenntnis überhaupt gleichsetzt, vernachlässigt er deren rationale Stufe, ohne die Erkenntnis unmöglich ist. Indem der Empirismus in der Regel weiter nicht eindeutig zu erkennen gibt, ob die von ihm gemeinte Erfahrung *objektive Inhalte* als Erkenntnis vermittelt, begeht er eine Inkonsequenz, die es ermöglicht, sowohl materialistische als auch subjektiv-idealistische Schlußfolgerungen aus seinem Standpunkt herzuleiten. Indem der Empirismus schließlich völlig unzureichend die Erfahrung als das bloße Resultat der Einwirkungen der Außenwelt auf unsere Sinne (materialistischer Empirismus) oder in dieser oder jener Form als bloße Empfindungskomplexe, als bloße Verbindungen von Empfindungen (idealistischer Empirismus) betrachtet, verleiht er der Erkenntnis einen ausgesprochen kontemplativen, passiven und undialektischen Charakter.

Der *dialektische Materialismus* anerkennt zwar den richtigen erkenntnistheoretischen Ansatz des Empirismus, vor allem des materialistischen Empirismus, daß die Erfahrung die Grundlage und die Empfindung die Quelle der Erkenntnis ist, identifiziert diese jedoch nicht mit Erkenntnis überhaupt. Zur Erfahrung und Empfindung muß das theoretische Denken (Abstraktion, Verallgemeinerung, Theorienbildung, logische Analyse usw.) hinzutreten, damit Erkenntnis zustande kommt. Und die Erkenntnis findet ihr Kriterium nicht, wie der Empirismus will, wieder an der Erfahrung, sondern in der Praxis und durch sie. «Um zu begreifen, muß man ... von der Empirie zum Allgemeinen aufsteigen» (LENIN 38, 196). Konsequent vertretener Empirismus führt letzten Endes nicht zur Wissenschaft, sondern von ihr weg. «Man mag noch so viel Geringschätzung hegen für alles theoretische Denken, so kann man doch nicht zwei Naturtatsachen in Zusammenhang bringen oder ihren bestehenden Zusammenhang einsehen ohne theoretisches Denken.» Die «alle Theorie verachtende, gegen alles Denken mißtrauische Empirie» ist «der sichere Weg», der «in den ödesten aller Aberglauben» führt (MARX/ENGELS 20, 346, 345).

→ Sensualismus.

empiristisches Sinnkriterium → Sinnkriterium, empiristisches.

Endliches und Unendliches – gegensätzliche Charakteristika der sich bewegenden Materie, die in ihrer Einheit die Einheit des Absoluten und des Relativen, der Diskontinuität und der Kontinuität, qualitativer und quantitativer Veränderungen in der Bewegung und Entwicklung der Materie zum Ausdruck bringen.

Die sich bewegende Materie existiert als eine unendliche Vielfalt endlicher, diskreter und qualitativ unterschiedlicher materieller Existenz-, Struktur-, Bewegungs- und Entwicklungsformen. Endliches und Unendliches bilden insofern eine Einheit, als jede konkrete Form der sich bewegenden

Materie einerseits in Raum und Zeit sowie quantitativ und qualitativ begrenzt, endlich, relativ ist, andererseits aber als eine raumzeitlich, quantitativ und qualitativ bestimmte Materieform zugleich Ausdruck des absoluten Charakters der Bewegung und der materiellen Einheit der Welt ist und somit Zeugnis ablegt von der Unerschöpflichkeit der Materie in ihrem unendlichen Entwicklungsprozeß.

Die Begriffe «Endliches» und «Unendliches» und ihr Verhältnis zueinander sind von jeher Gegenstand philosophischer Betrachtungen gewesen. Die Auffassungen über das Wesen des Endlichen und des Unendlichen, über ihre Wechselbeziehungen und ihre Erkennbarkeit haben in der Geschichte der Philosophie und der Einzelwissenschaften erhebliche Wandlungen durchgemacht. Die einzelnen Denker betonten in der Regel verschiedene Aspekte des Endlichen und Unendlichen bzw. ihrer Einheit. Die marxistische Philosophie erkennt diese verschiedenen Auffassungen als spezielle und zum Teil einseitige Lösungsversuche des Problems und hebt sie dialektisch auf, indem sie die in der Geschichte der Philosophie und der Einzelwissenschaften gewonnenen speziellen Erkenntnisse über das Wesen des Endlichen und Unendlichen sowie ihrer Einheit auf dialektisch-materialistischer Grundlage verallgemeinert.

In der Frühzeit des menschlichen Denkens werden Endliches und Unendliches zwar voneinander unterschieden, jedoch noch nicht in ihrer Gegensätzlichkeit begriffen. Dem frühen Menschen erscheinen sehr lange Zeitabschnitte, sehr große räumliche Entfernungen sowie quantitative Bestimmungen, die über das Maß der in seiner täglichen Praxis üblichen hinausgehen, bereits als unendlich groß. Das Unendliche wird hier lediglich als vergrößertes oder verlängertes bzw. verkleinertes oder verkürztes Endliches, d. h. als Spezialfall des Endlichen aufgefaßt. Im Vordergrund dieser Betrachtungsweise steht noch nicht die Gegensätzlichkeit von Endlichem und Unendlichem, sondern die naiv-ursprüngliche Auffassung von deren Einheit: das Unendliche ist die Summe vieler Endlicher und das Endliche ein Teil des Unendlichen. In dem Maße, wie sich mit der raschen Entwicklung der Produktivkräfte der Übergang zur Sklavenhaltergesellschaft vollzog, Wissenschaft und Kultur sich entwickelten und das Denken immer mehr abstraktbegriffliche Formen annahm, wurden auch die Begriffe «Endliches» und «Unendliches» zunehmend in ihrer Gegensätzlichkeit erkannt. Unendliches gilt jetzt als das Grenzenlose, Unbegrenzte und damit als Negation des Endlichen, des Begrenzten.

In der *antiken griechischen Naturphilosophie* wird das Problem des Endlichen und Unendlichen mit dem des materiellen Urstoffs verknüpft, aus dem die gesamte Welt hervorgegangen sein soll. Während sich THALES, ANAXIMENES und HERAKLIT die Welt noch aus einem qualitativ bestimmten, endlichen Urstoff – dem Wasser, der Luft, dem Feuer – entstanden dachten, nimmt ANAXIMANDER bereits eine unbestimmte, qualitätslose und damit unendliche Urmaterie, das «Apeiron» an, aus dem alle konkreten, endlichen Materieformen hervorgehen sollen. Das Apeiron ist das qualitativ Unbestimmte, Unbegrenzte und in diesem Sinne Unendliche. Zum Unterschied von dieser qualitativen Auffassung des Unendlichen versteht ANAXAGORAS die Unendlichkeit der Materie quantitativ, und zwar im Sinne der unendlichen Teilbarkeit der Materie; ihm zufolge bestehen alle endlichen materiellen Körper aus qualitativ verschiedenen, unendlich kleinen Teilchen, den Homoiomerien, die als in unendlicher Anzahl von Anfang an gegeben gedacht werden.

Der ursprüngliche, materialistische und dialektische Ansatz des ANAXIMANDER, der das Problem des Unendlichen mit dem absoluten Charakter der Materie und die Einheit von Endlichem und Unendlichem mit der Bewegung und den Veränderungen der Materie verknüpft, somit im ganzen gesehen zwar richtig, aber noch zu unbestimmt und zum Teil widersprüchlich ist, trifft auf den Widerstand der idealistischen Philosophie, insbesondere der *Pythagoreer*. Den pythagoreischen Philosophen gilt die Zahl, also eine ideelle Gegebenheit, als das Prinzip aller Dinge; die Zahl ist das Symbol des Endlichen, sie ist quantitative Grenze und kann, da sie stets eine bestimmte Zahl, z. B. entweder eine gerade oder eine ungerade ist, niemals unendlich sein, denn das Unendliche ist weder gerade noch ungerade, sondern unbestimmt, abstrakte Negation des Endlichen. Das Apeiron hingegen wird von ihnen als Symbol des Unbegrenzten, Unbestimmten und Unendlichen angesehen, dem im Gegensatz zur Zahl das Sein aberkannt wird; es soll nur als Nichtsein neben dem eigentlichen Sein – der Zahl – existieren, als Leere, die zwischen den einzelnen Zahlen besteht und deren diskrete Natur bedingt. Der in der Vorstellung der Pythagoreer ganzzahlige Charakter der Welt schließt die Endlichkeit alles Seins ein. Endliches und Unendliches werden hier auf idealistischer Grundlage voneinander getrennt und einander absolut und unvermittelt gegenübergestellt. Erstmalig verknüpfen sie die Vorstellungen vom Endlichen und Unendlichen auch mit ethischen Gesichtspunkten. Das Endliche, die Zahl, das Bestimmte wird von ihnen positiv gewertet und als Ausdruck des Guten und Vollkommenen angesehen, während das Unendliche, das Apeiron, das Unbestimmte ihnen als negativ, als Böses und Unvollkommenes gilt.

Zweifellos spielte für diese ethische Bewertung des Unendlichen die Abwehr des anaximandrischen Materialismus, aber auch die weltanschaulich bedingte Furcht vor den Konsequenzen, die ihre eigene Entdeckung der Irrationalzahlen für die These von der Ganzzahligkeit und Endlichkeit der Welt hatte, eine Rolle. Die Entdeckung der Irrationalzahlen durch die Pythagoreer erwies ihre einseitige Verabsolutierung der Ganzzahligkeit, Endlichkeit und Diskontinuität der Welt als logisch widersprüchlich und damit falsch. Doch hatten ihre über die naturphilosophische Problemstellung der ionischen Materialisten hinausgehenden Forschungen und die aufgedeckten Widersprüche der finitistischen Denkweise die logische Problematik des Endlichen und Unendlichen aufgeworfen und deren explizite Problemstellung bei den Eleaten vorbereitet.

Während bei den Pythagoreern die Zahl als das Endliche, Begrenzte und Bestimmte alleiniges Sein haben soll und das Unendliche nur als Nichtsein, als Leere anerkannt wird, treibt PARMENIDES diese Auffassung zu ihrer philosophischen Konsequenz weiter. Bei ihm wird der Seinsbegriff zum obersten Begriff der Philosophie erhoben; entsprechend muß die Zahlbestimmung den allgemeineren Charakteristika der mathematischen Gegenstände weichen. So ist das Sein hier nicht mehr Zahl, sondern wie die mathematischen Gegenstände zeitlos und bewegungslos, unveränderlich. Es ist das Eine, außer dem es nichts gibt; das Nichtsein ist nicht. Da das Sein überall ein und dasselbe ist, lassen sich in ihm keine irgendwie ausgezeichneten Teile herausheben. Es ist unteilbar, so wie sich die ganzen Zahlen der Pythagoreer, insbesondere die Einheit, nicht in Teile zerlegen lassen. Das Sein ist Eines; es kann deshalb nicht unbegrenzt sein. Andererseits weist das geometrische Bild – die vollkommene Kugelgestalt –, das PARMENIDES zur Veranschaulichung des Seins wählt, bereits darauf hin, daß das unteilbare und begrenzte – also endliche – Sein nicht losgelöst vom Unbegrenzten und Unendlichen gedacht werden kann, denn die Kugeloberfläche hat wie der Kreis weder Anfang noch Ende, ist zwar endlich, aber doch unbegrenzt.

Wenn schließlich für PARMENIDES die Seinsdichte überall dieselbe ist, Seiendes dicht an Seiendes stößt, das Sein somit das Zusammenhängende und Kontinuierliche ist, so ist diese Auffassung in ihrer Anwendung auf die Zahlen dem Kontinuumsbegriff schon weniger fremd als die pythagoreische Lehre von den ganzen Zahlen. So führt die anfängliche Leugnung des Unendlichen bei den Pythagoreern und bei dem Begründer der eleatischen Schule schließlich zu jener intensiven Beschäftigung mit dem Problem des Kontinuums und des Unendlichen überhaupt, wie wir sie bei ZENON treffen. ZENON untersucht das Unendlichkeitsproblem vornehmlich in seinem raumzeitlichen und rein quantitativen Aspekt. Die zentralen Probleme seiner Aporien, die der logischen Analyse der Bewegung und der Struktur der Materie gewidmet sind und das Ziel verfolgen, die Nichtwirklichkeit der Bewegung und des Raumes zu beweisen, sind das der unendlichen Ausdehnung und das der unendlichen Teilbarkeit. ZENON zeigt, wie die Annahme einer unendlichen Teilbarkeit des Raumes und der Zeit gleichermaßen wie die Annahme der Existenz kleinster unteilbarer Raum- und Zeitintervalle zu Widersprüchen führt.

Hatte ZENON aus der Widersprüchlichkeit des Unendlichen auf die Nichtwirklichkeit der Bewegung und des Raumes geschlossen, so gehen LEUKIPP, DEMOKRIT, EPIKUR und später in der römischen Philosophie LUKREZ in Fortsetzung der naturphilosophischen Tradition der ionischen Materialisten von der offenkundigen Wirklichkeit der Bewegung und des Raumes aus und verzichten dafür auf die Annahme einer unendlichen Teilbarkeit der Materie. Sie behaupten die Existenz kleinster, unteilbarer, endlicher Teilchen der Materie, von ihnen «Atome» genannt, die in verschiedenen Kombinationen im unendlichen Raum, der als Leeres vorgestellt wird, eine unendliche Anzahl von Welten bilden (→ *Atomistik*).

Die idealistische Linie in den Auffassungen vom Endlichen und Unendlichen führt von den Pythagoreern zu PLATON. Ist es bei jenen die Zahl, die das Endliche, Begrenzte, die Ordnung verkörpert und der das Unendliche als das Nichtsein gegenübersteht, so sind für PLATON die Ideen die Träger des Endlichen; sie formen und ordnen die ungeformte, unvollkommene und unendliche Materie. Neben dieser, dem Pythagoreismus verpflichteten Auffassung des Verhältnisses von Endlichem und Unendlichem gibt PLATON als eigentliche philosophische Bestimmung des Unendlichen an, daß es in der unaufhörlichen Vorwärtsbewegung bestehen soll, als Möglichkeit unbegrenzter Vergrößerung oder Verkleinerung gedacht werden müsse. In ähnlicher Weise wird das Unendliche durch ARISTOTELES bestimmt; ihm zufolge existiert das Unendliche nicht als Selbständiges, nicht losgelöst von den sinnlich wahrnehmbaren Gegenständen, sondern kommt in deren Bewegung, in einem ständigen Anderswerden zum Ausdruck; es hat «kein Sein der Verwirklichung nach», sondern besteht nur «im Sinne eines Hinzugekommenen». ARISTOTELES gibt für den in diesem Sinne aufgefaßten Begriff des Unendlichen auch erstmalig sieben verschiedene Bedeutungen an (*Metaphysik* K, 10).

Der Begriff des Unendlichen, wie er von PLATON und insbesondere von ARISTOTELES gebraucht wird, ist der einer *potentiellen Unendlichkeit*. Er unterscheidet sich grundlegend von dem Begriff des Unendlichen, mit dem ANAXAGORAS und auch ZENON operierten. Diese verstanden das Unendliche als in fertiger, abgeschlossener, unveränderlicher Form existierend, als aktual gegeben. Die potentielle Unendlichkeit unterscheidet sich von dieser *aktualen Unendlichkeit* durch ihren prozeßhaften Charakter; sie ist das Unendliche nicht als Verwirklichtes, sondern als Mögliches, die Möglichkeit, über die Grenze jedes Endlichen hinauszugehen. Ausgehend von der griechischen Philosophie der Antike, stehen sich die Begriffe der aktualen und der potentiellen Unendlichkeit auch in der weiteren Entwicklung der Philosophie und der Einzelwissenschaften im Mittelalter und in der Neuzeit gegenüber.

Die aktuale Unendlichkeit spielt eine besondere Rolle in den theologisch-idealistischen Lehren der *Scholastik*. Als das vollendete, unveränderliche, vollkommene Unendliche wird die aktuale Unendlichkeit hier ausschließlich als Attribut Gottes betrachtet. Aus dem Schöpfungsdogma folgt die Endlichkeit der Welt in Raum und Zeit. THOMAS VON AQUIN spricht den materiellen Dingen entschieden jede Unendlichkeit im aktualen Sinne ab und gesteht ihnen lediglich das potentiell Unendliche zu. Bemerkenswert am Unendlichkeitsbegriff der scholastischen Philosophie ist, daß in ihr im Vergleich zu den Pythagoreern die ethische Wertung des Unendlichen in entgegengesetzter Weise vorgenommen wird: nicht das Endliche, sondern das Unendliche gilt hier als das Vollkommene und wird in den Rang eines göttlichen Attributs erhoben.

Der *Materialismus des 16. und 17. Jahrhunderts* ist bestrebt, die religiös-idealistische Interpretation des Unendlichkeitsbegriffs zu überwinden. Das Unendliche soll als aktual Unendliches nicht nur Gott, sondern auch der materiellen Welt, der Natur zukommen. Bereits CUSANUS zweifelt an der Richtigkeit des Schöpfungsdogmas und lehrt, daß Gott eins sei mit der Natur und dergestalt auch seine Unendlichkeit auf diese übertrage. Wenn das Unendliche in der Natur auch noch kein aktuales, kein absolutes sein soll, das absolute Unendliche, das «absolute Maximum» nur Gott zukommen soll, so betont CUSANUS doch die Unendlichkeit auch des Universums, das seinen Mittelpunkt überall und nirgends hat. Darüber hinaus soll das Unendliche eine Einheit von Gegensätzen bilden, da in ihm Maximum und Minimum, Gerade und Kreis usw. zusammenfallen.

BRUNO geht über CUSANUS hinaus, wenn er erstmalig den Begriff der aktualen Unendlichkeit nicht auf Gott, sondern auf das materielle Universum angewendet wissen will. Während CUSANUS sich noch der Hilfsmittel der Scholastik bedienen mußte, um das Dogma von der Endlichkeit der Welt zu widerlegen, setzt mit der Lehre des KOPERNIKUS die Befreiung der Naturwissenschaft und der Philosophie von den Fesseln der Scholastik ein. BRUNOS Gedanke vom unendlichen und ewigen Weltall ist deshalb nicht nur als eine Fortführung der Lehre des CUSANUS, sondern zugleich als Weiterentwicklung der Lehre des KOPERNIKUS zu betrachten. Auch SPINOZA bedient sich des Begriffs der aktualen Unendlichkeit im Hinblick auf die materielle Substanz, die nach räumlicher Ausdehnung und zeitlicher Dauer unendlich sein soll. Er betont besonders den Zusammenhang des Unendlichen mit dem Absoluten: die Unendlichkeit der Substanz folgt seiner Auffassung gemäß aus ihrer absoluten Existenz. Zum Unterschied von SPINOZA bezieht DESCARTES die Unendlichkeit nur auf die Ausdehnung der materiellen Substanz, versteht sie allerdings als indefinitum, als unbestimmte Unendlichkeit, bei der es immer möglich bleibt, sich ein noch größeres Unendliches vorzustellen, d. h. im Sinne der potentiellen Unendlichkeit. Die absolute, aktuale Unendlichkeit, das infinitum, soll nur Gott zukommen.

Die *materialistische Philosophie des 17. und 18. Jahrhunderts* machte sich in der Hauptsache DESCARTES' Begriff des indefinitum bzw. der potentiellen Unendlichkeit zu eigen. So weisen schon die *englischen Materialisten* dieser Zeit auf die Unzulänglichkeit des Begriffs der Unendlichkeit im Sinne eines aktual Unendlichen hin. MARX resümiert z. B. die Auffassung HOBBES' folgendermaßen: «Das Wort *unendlich* ist *sinnlos*, wenn es nicht die Fähigkeit unseres Geistes bedeutet, ohne Ende hinzuzufügen» (MARX/ENGELS 2, 136). In ähnlicher Weise versteht LOCKE unter dem Unendlichen die Bewegung über alle Grenzen hinaus, die Möglichkeit, ein und dasselbe ohne Ende zu wiederholen. Als Modus der Quantität komme das Unendliche nur dem leeren Raume zu, nicht aber dem Weltall, das als eine Gesamtheit materieller Körper von endlicher Ausdehnung sei und im leeren Raume ruhe. Zum Unterschied hiervon leitet TOLAND die Unendlichkeit des Raumes aus der Unendlichkeit der Materie ab. Nach TOLAND folgt aus der Möglichkeit eines unendlichen Progresses, z. B. einer Zahlenreihe, noch nicht die aktuale Existenz einer unendlichen Zahl.

Auch die *französischen Materialisten des 18. Jahrhunderts* bedienen sich des Unendlichkeitsbegriffs vorwiegend in der Bedeutung des potentiell Unendlichen. Sie verstehen die räumliche und zeitliche Unendlichkeit der Welt als unaufhörliche Wiederholung gleicher Objekte. Ihre Auffassung von der Unendlichkeit trägt einen ausgeprägt antireligiösen Charakter. Die aktuale Unendlichkeit wird nicht nur der Natur, sondern auch Gott abgesprochen; das Attribut der unendlichen Vollkommenheit, Güte usw., mit dem die Theo-

logie Gott ausstattet, sei nichts als die ins Unermeßliche und Grenzenlose gesteigerten entsprechenden menschlichen Eigenschaften.
In ähnlicher Weise verfährt im 19. Jahrhundert auch FEUERBACH bei seiner Kritik der Religion.
Während die Auffassung der französischen Materialisten vom Unendlichen als eines unendlichen Progresses noch materialistischen Charakter trägt, interpretiert KANT sie im subjektiv-idealistischen Sinne. Raum und Zeit sind ihm zufolge apriorische Anschauungsformen, so daß der räumlich-zeitliche unendliche Progreß nur als subjektive Verstandestätigkeit möglich ist. Der Begriff der Unendlichkeit ist, da er keine objektive Bedeutung hat, auch nicht auf die Welt der Erscheinungen anwendbar. Diese existiert «weder als *ein an sich unendliches*, noch als *ein an sich endliches* Ganzes. Sie ist nur im empirischen Regressus der Reihe der Erscheinungen und für sich selbst gar nicht anzutreffen». Der Begriff der Unendlichkeit widerspiegelt somit nichts Objektives, sondern ist als ein regulatives Prinzip der Vernunft aufzufassen, als «ein Grundsatz der größtmöglichen Fortsetzung und Erweiterung der Erfahrung, nach welchem keine empirische Grenze für absolute Grenze gelten muß, also ein Prinzipium der Vernunft, welches, *als Regel*, postuliert, was von uns im Regressus geschehen soll, und *nicht antizipiert*, was *im Objekte* vor allem Regressus an sich gegeben ist» (KANT B 533, 537).
HEGEL betont in seiner Kritik der KANTschen Auffassung des unendlichen Progresses, den er als «schlechte Unendlichkeit» bezeichnet, die dialektische Einheit des Endlichen und Unendlichen: das Endliche enthält das Unendliche in sich, und das Unendliche verwirklicht sich nur im Endlichen. Das Unendliche ist nicht schlechthin die Negation des Endlichen, sondern die «wahre Unendlichkeit» ist vor allem die Negation der «schlechten Unendlichkeit», des unendlichen Progresses, d. h., sie ist nicht nur endlich, sondern auch in sich abgeschlossen und konkret. HEGEL vergleicht den unendlichen Progreß mit einer geraden Linie, «an deren beiden Grenzen nur das Unendliche ist». Dagegen ist das Bild der wahren Unendlichkeit der in sich zurückgebogene Kreis, «die sich erreicht habende Linie, die geschlossen und ganz gegenwärtig ist, ohne Anfangspunkt und Ende» (*Logik*, I, 138f).
Das Verdienst der HEGELschen Auffassung von der Unendlichkeit besteht vor allem in der Betonung der dialektischen Einheit von Endlichem und Unendlichem. Allerdings orientiert sich sein Begriff der «wahren Unendlichkeit» noch wesentlich an dem der aktualen Unendlichkeit, der das Unendliche nicht als Prozeß, sondern als abgeschlossenes, sich selbst genügendes Ganzes faßt. Darüber hinaus werden die wertvollen dialektischen Gedanken HEGELS von seiner idealistischen Grundhaltung überschattet: das Endliche ist nur wahr als Widerschein der unendlichen, absoluten Idee.
Der Unendlichkeitsbegriff des *dialektischen Materialismus* unterscheidet sich sowohl von dem der potentiellen als auch von dem der aktualen Unendlichkeit, sowohl von der «schlechten» als auch von der «wahren» HEGELschen Unendlichkeit. Das Unendliche bedeutet das Hinausgehen über die Grenze des Endlichen, die Negation dieser Grenze. Als abstrakte Negation dieser Grenze jedes Endlichen ist das Unendliche jedoch nur ein abstraktes Unendliches, das Unbegrenzte schlechthin und somit eine rein quantitative Bestimmung. Die konkrete, *reale Unendlichkeit* hingegen besteht in der Negation der Grenze eines *bestimmten* Endlichen, wobei diese Grenze sowohl quantitativ als auch qualitativ zu fassen ist. Während im Begriff der aktualen Unendlichkeit die Unendlichkeit einer gegebenen *Qualität* verabsolutiert wird, das Unendliche in Form einer sich gleichbleibenden, ein für allemal gegebenen Qualität verstanden wird, hebt der Begriff der potentiellen Unendlichkeit einseitig die *quantitative* Unendlichkeit einer gegebenen Qualität hervor. Während im Begriff der aktualen Unendlichkeit das positive Moment des Unendlichen als eines Allgemeinen, qualitativ Bestimmten betont wird, gibt der Begriff der potentiellen Unendlichkeit eine negative Bestimmung des Unendlichen als des quantitativ Unbegrenzten bzw. Unerschöpflichen. In beiden Fällen tritt das Unendliche zwar als Negation eines Endlichen auf, bezieht sich jedoch immer auf ein Endliches von ganz bestimmter Natur, von derselben Qualität.
Das gilt auch für die HEGELsche «wahre» Unendlichkeit, in der die Einheit des Unendlichen und Endlichen bedeutet, daß das Unendliche innerhalb eines qualitativ bestimmten Endlichen existiert, an dieses gebunden ist. Der Begriff der realen Unendlichkeit, wie er in der marxistischen Philosophie Verwendung findet, führt die einseitigen Bestimmungen der potentiellen und der aktualen Unendlichkeit, des indefinitum und des infinitum, der «schlechten» und der «wahren» Unendlichkeit zu ihrer dialektischen Einheit zusammen. Die reale Unendlichkeit ist die Negation sowohl der quantitativen als auch der qualitativen Grenze eines Endlichen; sie besteht nicht nur im Hinausgehen über die quantitative Grenze eines qualitativ gleichbleibenden Endlichen, sondern zugleich im Hinausgehen über die qualitative Grenze desselben, im Übergang zu Endlichem von anderer Qualität. Die reale Unendlichkeit hat nicht statischen Charakter wie die aktuale Unendlichkeit, sondern ist ein dynamischer Prozeß. Doch unterscheidet sich der Prozeßcharakter der realen Unendlichkeit grundlegend

vom unendlichen Progreß des potentiell Unendlichen, da in der realen Unendlichkeit quantitative Veränderungen nicht unbegrenzt vor sich gehen, sondern zu qualitativen Veränderungen führen. Im Begriff der realen Unendlichkeit widerspiegeln sich somit sowohl der absolute als auch der relative Charakter der Bewegung der Materie.

Endliches und Unendliches bilden in der realen Unendlichkeit eine Einheit. Alle konkreten Formen und Zustände der sich bewegenden Materie sind in Raum und Zeit sowie ihrer Qualität nach endlich, relativ. Nach dem Gesetz des Umschlagens quantitativer Veränderungen in qualitative erreichen sie eine jeweils bestimmte Grenze, jenseits derer sie nicht existieren können, ohne eine neue Qualität zu erlangen. Als Existenzformen der unerschaffbaren, unzerstörbaren, qualitativ unerschöpflichen Materie sind jedoch alle endlichen, relativen Materieformen zugleich Erscheinungsformen der unendlichen Materie. Die reale Unendlichkeit hängt demnach mit der Anerkennung sowohl der Endlichkeit, der Relativität jeder besonderen einzelnen Erscheinung als auch ihrer unerschöpflichen quantitativen und qualitativen Mannigfaltigkeit zusammen. Jedes materielle Objekt ist eine Einheit des Endlichen und Unendlichen, und das Endliche selbst ist eine Existenzform des Unendlichen. Die reale Unendlichkeit findet ihren vollständigsten Ausdruck in dem unendlich mannigfaltigen Entwicklungsprozeß der Materie. Die Unendlichkeit von Raum und Zeit ist darin als wesentliches, aber nicht als hauptsächliches Moment enthalten und darf ebenfalls nicht im Sinne eines bloßen quantitativen unendlichen Progresses verstanden werden, sondern als Einheit quantitativer und qualitativer, extensiver und intensiver Unendlichkeit.

Aus der Einheit des Endlichen und Unendlichen, des Relativen und Absoluten, der Quantität und Qualität, der Möglichkeit und Wirklichkeit folgt die Widersprüchlichkeit der realen Unendlichkeit. «Die Unendlichkeit *ist* ein Widerspruch und voll von Widersprüchen. Es ist schon ein Widerspruch, daß eine Unendlichkeit aus lauter Endlichkeiten zusammengesetzt sein soll, und doch ist dies der Fall ... Eben *weil* die Unendlichkeit ein Widerspruch ist, ist sie unendlicher, in Zeit und Raum ohne Ende sich abwickelnder Prozeß. Die Aufhebung des Widerspruchs wäre das Ende der Unendlichkeit» (MARX/ENGELS 20, 48).

Der unendlichen Mannigfaltigkeit des universellen Entwicklungsprozesses der Materie entspricht die Unendlichkeit des Erkenntnisprozesses (→ Wahrheit). Alle wirkliche Erkenntnis besteht darin, «daß wir das Unendliche im Endlichen, das Ewige im Vergänglichen auffinden und feststellen ... Alle wahre Naturerkenntnis ist Erkenntnis von Ewigem, Unendlichem und daher wesentlich absolut». Aber die absolute Erkenntnis des Unendlichen ist selber ein unendlicher Prozeß; sie besteht aus einer unendlichen Anzahl endlicher Erkenntnisakte der einzelnen erkennenden Subjekte. Die Erkenntnis des Unendlichen vollzieht sich «in einem unendlichen asymptotischen Progreß». In diesem dialektischen Sinne ist «das Unendliche ... ebenso erkennbar wie unerkennbar» (MARX/ENGELS 20, 501f).

Die philosophische Kategorie des Unendlichen ist nicht identisch mit dem Begriff der Unendlichkeit, wie er in der Mathematik gebräuchlich ist, und reduziert sich auch nicht auf die von der Kosmologie untersuchten Probleme der Unendlichkeit in der Struktur und der Bewegung der Materie im Weltall. Eine solche Beschränkung würde eine Reduzierung der Philosophie auf bloße Zusammenfassung der Ergebnisse der Einzelwissenschaften bedeuten. Der dialektische Materialismus gelangt vielmehr, ausgehend von seinen Hauptthesen und Grunderkenntnissen, zu Konsequenzen und Schlußfolgerungen in der Auffassung vom Unendlichen, die über den Rahmen der einzelwissenschaftlichen Erkenntnisse hinausgehen. Dabei liefert die moderne Naturwissenschaft, insbesondere *Kosmologie* und *Quantentheorie*, wichtige Erkenntnisse, welche die Richtigkeit der dialektisch-materialistischen Auffassung von der Unendlichkeit bestätigen.

Bereits im *19. Jahrhundert* führte die im Sinne einer «schlechten Unendlichkeit» gehaltene Vorstellung von einem unendlichen Weltall mit einer gleichmäßigen Verteilung der in ihm enthaltenen unendlichen Materiemenge zu Widersprüchen in der kosmologischen Theorie. Das von OLBERS 1823 aufgestellte photometrische Paradoxon (bei einer gleichmäßigen Verteilung unendlich vieler leuchtender Sterne im Weltraum müßte die Helligkeit des Himmels in jeder Richtung eine unendlich große sein) und das von SEELIGER 1894 entdeckte Gravitationsparadoxon (bei einer gleichmäßigen Verteilung unendlich vieler Sterne im Weltraum müßten die auf jeden Körper wirkenden Gravitationskräfte unendlich groß sein) resultieren einmal aus den unbegründeten Annahmen, daß die Sterne im unendlichen Raum gleichmäßig verteilt seien und daß der Raum überall euklidische Struktur aufweise, zum anderen aber auch aus einer unzulässigen Extrapolation bekannter Naturgesetze auf das gesamte Weltall. Der Versuch CHARLIERS, beide Paradoxien durch die Annahme eines hierarchischen Aufbaus des Weltalls zu beseitigen, mußte ohne Erfolg bleiben, weil bei der von ihm vorgeschlagenen hierarchischen Struktur die mittlere Dichte des Stoffs um so geringer wird, je höher die Ord-

nung des jeweiligen Systems ist, so daß für das unendliche Weltall die mittlere Dichte gleich null wäre, woraus sich ein neues Paradoxon ergeben würde.
Die Erklärung der kosmologischen Paradoxien ist nur möglich mit Hilfe der dialektisch-materialistischen Auffassung von der Unendlichkeit. Die Unendlichkeit der Welt bedeutet nicht die Existenz unendlich vieler qualitätsgleicher Objekte (gravitierende Massen oder leuchtende Sterne), sondern die absolute Existenz der sich bewegenden Materie. Auf Grund des Gesetzes vom Umschlag quantitativer Veränderungen in qualitative ist vielmehr damit zu rechnen, daß in genügend weit entfernten kosmischen Räumen sowohl neue, noch unbekannte Materieformen wie auch neue Gesetzmäßigkeiten auftreten, so daß die genannten Paradoxien gegenstandslos werden.
Zu analogen Schlußfolgerungen führte in jüngster Zeit auch die Quantentheorie, die ebenfalls gewisse, sich aus dem Begriff des Unendlichen ergebende Schwierigkeiten zu überwinden hat. Die Quantentheorie der Felder betrachtet die Elementarteilchen als unendlich kleine, ausdehnungslose Gebilde. Unter dieser Voraussetzung verlieren aber Begriffe wie «Energie», «Masse» und «Ladung» ihren physikalischen Sinn, weil sie unendlich große Werte annehmen. Diesen Widerspruch zu lösen wird versucht, indem man eine «Quantelung» des Raumes und der Zeit vornimmt, d. h., eine kleinste Längen- und Zeiteinheit einführt. Auch hier geht es also letztlich darum, daß in mikrokosmischen Bereichen eine bestimmte Grenze existiert, jenseits derer sich die räumlich-zeitlichen Eigenschaften der materiellen Objekte grundlegend wandeln.
→ Endlichkeit → Unendlichkeit → Unerschöpflichkeit der Materie → Qualität und Quantität → Raum und Zeit → Kontinuität und Diskontinuität → Absolutes und Relatives.

Endlichkeit – Charakteristik aller objektiv-realen Struktur-, Bewegungs- und Entwicklungsformen der Materie, die besagt, daß diese stets innerhalb gewisser raumzeitlicher, quantitativer und qualitativer Grenzen existieren. Die Endlichkeit aller konkreten Materie- und Bewegungsformen ist eine Folge ihres relativen Charakters; sie ergibt sich weiterhin aus dem Gesetz vom Umschlagen quantitativer Veränderungen in qualitative.
→ Endliches und Unendliches → Absolutes und Relatives.

endogen [griech] – von innen verursacht, durch innere Ursachen oder Anlagen bedingt. *Ggs*: exogen.

energeia [griech] – *eigtl*: Tatkraft, Tätigkeit; bei *Aristoteles* die Wirklichkeit zum Unterschied von der Möglichkeit (→ dynamis).

Energetik [griech] *auch*: Energetismus – Name der von OSTWALD gegen Ende des 19. Jahrhunderts im Zusammenhang mit der durch die Fortschritte der naturwissenschaftlichen Forschung bedingten Relativierung des an der klassischen Physik orientierten Weltbildes und seines mechanischen Materiebegriffs (→ Materie), der sog. Krise der Physik, entwickelten Theorie, in der als Grundlage alles Geschehens die Energie fungiert. Für die Energetik sind alle materiellen Prozesse Erscheinungsformen der Energie, die sie unhistorisch in ihrer aus dem Entwicklungsstand der naturwissenschaftlichen Forschung im letzten Drittel des 19. Jahrhunderts resultierenden begrifflichen Fassung ihren Betrachtungen zugrunde legt. Die geistigen Prozesse faßt die Energetik – analog den materiellen – als Transformationen von Energie.
Mit der Energetik versuchte OSTWALD die Grundfrage der Philosophie zu umgehen, den Gegensatz von Materie und Bewußtsein aufzuheben, indem er beide unter den Begriff «Energie» subsumierte. Das Unternehmen OSTWALDS führte, wie LENIN in *Materialismus und Empiriokritizismus* (14, 251ff, 283ff) hervorhob, ungeachtet der in der Energetik enthaltenen mechanisch-materialistischen Elemente, in letzter Instanz zum subjektiven Idealismus. [1]
Die in vielen Einzelwissenschaften noch vorherrschende Terminologie leistet diesen philosophischen Irrtümern Vorschub. So kann man noch in vielen Physiklehrbüchern lesen, daß sich bei diesem oder jenem Prozeß Materie in Energie verwandele. Tatsächlich hat die Materie drei Hauptaspekte: den stofflichen, den energetischen und den informationellen Aspekt. Keiner dieser drei Aspekte läßt sich auf die anderen zurückführen oder durch sie ersetzen. Die Energie ist also nicht eine besondere Form der Materie, sondern sie ist ein Aspekt der Materie. Der Versuch OSTWALDS, auch das Bewußtsein unter den Energiebegriff zu subsumieren, läuft in moderner Sicht auf das Unterfangen hinaus, den informationell-organisatorischen Aspekt der Materie auf den energetischen zu reduzieren. Bewußtsein ist im wesentlichen ein Informationsgefüge, das wie jedes Informationsgefüge selbstverständlich an einen stofflichen Träger gebunden ist (das Gehirn) und Aktivität nur deswegen ausüben kann, weil besondere Energieformen und energetische Prozesse die Aktivität des Gehirns (Informationsaufnahme, Speicherung, Verarbeitung usw.) erst ermöglichen. [2]
→ Energie.

Energie [griech] – Fähigkeit physikalischer Systeme, Arbeit zu leisten.
Das *physikalische Maß* der Energie ist erg: 1 erg = 1 dyn · 1 cm. Zu den heute bekannten Energiearten gehören die *mechanische* Energie

(*potentielle* und *kinetische*), *magnetische*, *elektrische*, *chemische* Energie, *Wärme-*, *Licht-* und *Kernenergie*. Die Physik kennt zwei Grundgesetze der Energie: den Satz von der Erhaltung und Umwandlung der Energie und den Entropiesatz. Das *Gesetz von der Erhaltung und Umwandlung der Energie* besagt, daß in einem System, dem Energie in irgendeiner Form weder zugeführt noch entnommen wird, die Summe aller Energien konstant bleibt, also Energie weder aus Nichts entstehen noch in Nichts vergehen kann, sondern sich die einzelnen Energiearten nur ineinander verwandeln können. Für Umsetzungen einer Energieart in eine andere gilt dabei folgender Umwandlungsschlüssel (für die gebräuchlichsten Energiearten):

stanz, d. h., ihr wurde eine von der Materie unabhängige und losgelöste Sonderexistenz zugeschrieben. Damit wurde der Versuch gemacht, die «Bewegung ohne Materie zu denken», die Bewegung von der Materie zu trennen und zu verselbständigen. Das ist aber «gleichbedeutend mit der Trennung des Denkens von der objektiven Realität», mit «dem Übertreten auf die Seite des Idealismus» (LENIN). OSTWALD, der Hauptvertreter der Energetik (oder des Energetismus), betrachtet die Energie an sich als das Primäre, die Einheit der Welt bestehe in der Energie, und somit werde der Gegensatz zwischen Natur und Geist dadurch «gelöst», daß beide Erscheinungsformen der Energie seien.

Der *dialektische Materialismus* hat, gestützt auf

	Absolutes Maß [erg]	Mechanische Energie, gemessen in Kilopondmetern [kpm]	Elektrische Energie, gemessen in Kilowattstunden [kWh]	Wärmeenergie, gemessen in Kilokalorien [kcal]
erg	1	$0{,}102 \cdot 10^{-7}$	$0{,}28 \cdot 10^{-13}$	$2{,}39 \cdot 10^{-11}$
1 kpm	$9{,}81 \cdot 10^{7}$	1	$2{,}724 \cdot 10^{-6}$	$2{,}34 \cdot 10^{-3}$
1 kWh	$3{,}6 \cdot 10^{13}$	$0{,}367 \cdot 10^{6}$	1	860
1 kcal	$4186 \cdot 10^{7}$	426,9	$1{,}16 \cdot 10^{-3}$	1

Die Entdeckung des Gesetzes der Erhaltung und Umwandlung der Energie (MAYER, JOULE, HELMHOLTZ) im 19. Jahrhundert (Vorläufer im 18. Jahrhundert: LOMONOSSOW) war für die Naturbetrachtung von revolutionierender Bedeutung. Hatte man bis dahin zur Erklärung der wirkenden Ursachen in der Natur spekulativ die Existenz irgendwelcher, nicht näher zu bestimmender «Kräfte» angenommen, die als voneinander unabhängige Wesenheiten angesehen wurden (z. B. Schwungkraft, Spannkraft, chemische Kraft usw.), so wurden jetzt diese Ursachen («Kräfte») «als besondere Formen, Daseinsweisen einer und derselben Energie, d. h. Bewegung» nachgewiesen. Die Entdeckung des Gesetzes von der Erhaltung und Umwandlung der Energie bestätigte damit die dialektische Lehre vom Zusammenhang aller Naturvorgänge, von der «Einheit aller Bewegung in der Natur» (ENGELS).

Ungeachtet seines offensichtlich dialektischen und materialistischen Aussagegehalts wurde das Gesetz von der Erhaltung und Umwandlung der Energie zum Objekt idealistischer Spekulationen (→ *Energetik*). An Stelle der einzelnen «Kräfte» der mathematisch-mechanistischen Naturwissenschaft betrachtete man jetzt in methodisch gleicher Weise die Energie als eine selbständige Sub-

die Geschichte der Philosophie und Naturwissenschaft, nachgewiesen, daß die Bewegung mehr ist als eine bloße «Eigenschaft der Materie», sie ist ihre «Daseinsweise» (ENGELS). Wie es keine Materie ohne Bewegung gibt, so kann es auch keine Bewegung ohne Materie geben. Seinen physikalischen Ausdruck fand dieser Zusammenhang in der von EINSTEIN (→ Relativitätstheorie) entdeckten Beziehung $E = m \cdot c^2$, die besagt, daß jede Masse mit Energie verknüpft und jede Energie an Masse gebunden ist. (Dieser Beziehung zufolge entsprechen einem Gramm Masse $2{,}15 \cdot 10^{13}$ Kalorien.) Da jede physikalische Bewegung mit Energie verknüpft und in aller Bewegung auch physikalische Bewegung enthalten ist, besagt diese Beziehung, daß es grundsätzlich keine Materie ohne Bewegung geben kann. Freilich spielt die physikalische Bewegung in den höheren Bewegungsformen der Materie eine untergeordnete Rolle, so daß die EINSTEINsche Beziehung nicht das Wesen z. B. der biologischen oder gesellschaftlichen Bewegung erfaßt. Sie bestätigt vielmehr die dialektisch-materialistische Auffassung vom Zusammenhang zwischen Materie und Bewegung für den Bereich der Physik. Damit liefert sie gleichzeitig ein physikalisches Argument gegen die idealistische These von der

Erschaffung der Welt, von einem «ersten Beweger»: wenn die Materie prinzipiell mit Bewegung verknüpft ist, so braucht diese der Materie nicht von außen zugeführt zu werden, und der «erste göttliche Anstoß» erweist sich als überflüssig.
Die moderne Physik hat durch die Entdeckung des → Korpuskel-Welle-Dualismus auch bewiesen, daß es eine im Sinne des Energetismus «reine Energie», d. h. immaterielle Energie (wobei Materie mit Stoff bzw. Korpuskeln und Energie mit Feld bzw. Wellen identifiziert wurden), nicht gibt. Die physikalischen Erscheinungen des Stoffes und der Korpuskularstrahlung einerseits und des Feldes und der Wellenstrahlung andererseits sind nur verschiedene Formen der in ihrer Einheit mannigfaltigen und widersprüchlichen Materie, deren Daseinsweise die Bewegung ist. Damit ist die Energetik durch die Entwicklung der modernen Physik selbst widerlegt worden. Die einzelwissenschaftliche Erforschung der Energie ist insbesondere Gegenstand der Quantentheorie der Felder.
→ Erhaltungssätze → Entropie.

Engagement [german → franz] – *eigtl*: Verpflichtung, Verbindlichkeit, Aufforderung; *übertragen*: Parteinahme, sich einsetzen. Begriff, der zunächst bei Jean-Paul SARTRE in dessen erster philosophischer Phase eine zentrale Stellung einnahm und seinem Existentialismus, zum Unterschied vom deutschen, sein besonderes Gepräge gab, später in Verbindung wie «engagierte Literatur», «politisches Engagement» usw. in den allgemeinen Sprachgebrauch einging und soviel wie Parteinahme (aber nicht Parteilichkeit!) bedeutet.
Wie der Mensch für SARTRE stets frei ist, diese Freiheit aber dennoch bewußt verwirklichen muß, so ist er auch stets in eine Situation engagiert, von der er sich lösen muß (dégager), um sich dann bewußt zu engagieren. Bewußt seine Freiheit verwirklichen, sich bewußt engagieren und authentisch (eigentlich) leben sind nur verschiedene Formeln für das, wozu SARTRE mit seinem philosophischen, literarischen und politischen Werk seine Mitmenschen aufrufen will. In SARTRES späterem Werk tritt der Engagementbegriff zurück. SARTRE: «Die Freiheit des Für-sich ist immer irgendwie *eingesetzt* (engagé); hier handelt es sich nicht um eine Freiheit, die ein undeterminiertes Können wäre, das vor seinem Wählen vorhanden ist.» Und: «So würde ich mich zwar in jedem beliebigen Augenblick als eingesetzt (engagé) in der Welt fassen, und zwar an meinem kontingenten Platze. Aber gerade dieses Eingesetztsein (Engagement) verleiht meinem kontingenten Platze seinen Sinn und ist meine Freiheit. Wohl *nehme ich Platz*, indem ich geboren werde, aber ich bin für den Platz, den ich nehme, verantwortlich. Hier erkennt man deutlicher das unentwirrbare Verbundensein von Freiheit und Geworfenheit in der Situation, denn ohne die Geworfenheit gäbe es keine Freiheit – als Nichten – und Wählenkönnen –, und ohne Freiheit würde die Geworfenheit nicht entdeckt und hätte nicht einmal einen Sinn» (Das Sein und das Nichts, 607; 627).
SARTRES Begriff des Engagements impliziert dergestalt zwar gesellschaftliche (politische) Aktivität, jedoch in einem ziel- und richtungslosen Sinne, weil sein Denken im Rahmen der bürgerlichen Gesellschaft verbleibt. SARTRES wiederholtes Schwanken in akuten Situationen des internationalen Klassenkampfes sowie seine schillernden Stellungnahmen zu Grundfragen unserer Epoche legen davon Zeugnis ab.

englische Aufklärung → Aufklärung.

ens [lat] – *eigtl*: seiend; in der *Scholastik* das Seiende, *auch*: das Sein, das Wesen. – *a se* – das durch sich selbst Seiende. – *rationis* – Gedankending. – *reale* – das reale Sein, wirkliches Wesen. – *realissimum* – das allerrealste Sein, der Inbegriff aller Realität: Gott.

Entäußerung – wichtige, für die Herausbildungsperiode des Marxismus folgenreiche Kategorie der klassischen bürgerlichen deutschen Philosophie. Sie wurde theoretisch von der *christlichen Theologie* sowie von den Naturrechtslehren der Aufklärung vorbereitet. Das Problem der Entäußerung ist im theologischen Thema der Einheit und Gegensätzlichkeit von Gott und Mensch (von Unendlichem und Endlichem) gestellt. Es wird (besonders klar z. B. im Athanasianismus) im Gedanken der Inkarnation° des göttlichen Logos zur leiblichen Gegenwart unter den Menschen und der damit einsetzenden Versöhnung von Gott und Welt ausgeführt. Für die christliche Theologie (mit Einschränkung für die christliche Mystik) bietet jedoch nicht das Problem der Inkarnation oder Entäußerung Gottes (fast ein Verlegenheitspunkt der Theologie), sondern die Versöhnung des Menschen mit Gott durch Eintritt in die Gemeinde Christi das Hauptinteresse.
Die *Naturrechtstheorien* benutzen die Kategorie der Entäußerung im Sinne der Übertragung von Rechten (alienatio oder translatio juris). Insbesondere die Staatsvertragstheorien bauen auf dem Begriffe der juristischen Entäußerung auf: jedes Mitglied der Gesellschaft entäußert sich aller seiner Rechte zugunsten der Gesamtheit bzw. einer Repräsentation der Gesamtgesellschaft; durch diese Übertragung von Rechten wird positives Recht als Regel des gesellschaftlichen Zusammenlebens gesetzt. Die revolutionäre Bourgeoisie des 17. und 18. Jahrhunderts gewann mit der naturrechtlichen Konstruktion der Gesellschaft und des Staates die Möglichkeit zu systematischer ideologischer Kritik der be-

stehenden gesellschaftlichen Wirklichkeit zugunsten der idealisierten bürgerlichen Warenbesitzergesellschaft, deren Lebensgesetz den Gesetzen der gegenseitigen Entäußerung von Waren durch die Gesellschaftsmitglieder nachgebildet ist. An der mit den Vertragstheorien gegebenen Auffassung des objektiven sozialen Zusammenhangs als einer Entäußerung des Subjekts knüpfte die klassische bürgerliche deutsche Philosophie an. Sie schritt (insbesondere FICHTE und HEGEL) über die Kritik veralteter positiver sozialer Beziehungen vom Standpunkt einer natürlichen gesellschaftlichen Ordnung, in der sich die naturrechtlich konstruierende Geschichtsphilosophie der Aufklärung erschöpfte, zu einer idealistisch-dialektisch vertieften Geschichtsauffassung fort. Die Kategorie der Entäußerung nimmt dabei in zweifacher Hinsicht eine zentrale Stellung ein. Durch sie gelingt die dialektische Fassung der Beziehung von Mensch (Subjekt) und gegenständlicher Wirklichkeit (Objekt) auf der Grundlage des Begriffs eines *tätigen Subjekts*. Mit der Ausarbeitung der Kategorie der Entäußerung setzt in der klassischen bürgerlichen deutschen Philosophie die philosophische Bewältigung des Problems der menschlichen Arbeit ein. Darüber hinaus erweitert sich der Gedanke der Entäußerung zum tragenden Moment für die von der klassischen bürgerlichen deutschen Philosophie entwickelte Auffassung des Zustands der gesellschaftlichen Freiheit als der Realisierung eines historischen Prozesses. Die Aktivität des Subjekts entäußert sich zum Geschichtsprozeß und erreicht aus der Überwindung der entäußerten Gestalten das Reich der Freiheit.

FICHTE, dessen ganze Philosophie nichts als eine idealistische Darstellung der menschlichen Tätigkeit ist, geht in seinen religions- und rechtsphilosophischen Schriften von den Resultaten des Aufklärungsdenkens aus. Er verwendet den Begriff der Entäußerung zur Kritik der erstorbenen, entfremdeten religiösen und rechtlichen Wirklichkeit (Offenbarungsglaube und Feudalabsolutismus). FICHTE unterscheidet Stufen der Entäußerung (Entfremdung) des Menschen von seinem reinen moralischen Wesen, auf denen er die Wesenszüge seiner moralischen Natur zu ihm gegenüberstehenden Geboten Gottes macht. Die Offenbarungsreligion als die unterste Stufe der Entäußerung entstand in einem gesellschaftlichen «Zustand der Not» als der vollen Entfremdung des Menschen von den sittlichen Bestimmungen des Gesellschaftslebens. Die hierher gehörende «Idee von Gott, als Gesetzgeber durchs Moralgesetz in uns, gründet sich also auf eine Entäußerung des unserigen, auf Übertragung eines Subjektiven in ein Wesen außer uns, und diese Entäußerung ist das eigentliche *Prinzip der Religion*» (Werke 5, 55; 88ff). Über der Offenbarungsreligion steht die Naturreligion. Die Aufhebung der Entäußerung bildet die direkte Befolgung des Sittengesetzes ohne äußere Hilfsmittel. Die direkte Realisierung des Sittengesetzes setzt die Überwindung des «Notstaates» des äußeren Zwanges durch das «Vernunftreich» der Freiheit in der gesellschaftlichen Wirklichkeit voraus (Werke 4, 399ff; 433). FICHTES theoretische Wissenschaftslehre, in der seine Bemühungen um die philosophische Durchdringung des Begriffs der menschlichen Arbeit konzentriert sind, weist der Kategorie der Entäußerung eine wichtige Funktion zu. FICHTE bestimmt die Tathandlung des Subjekts als Einheit von Tätigkeit und Leiden. Das Subjekt überträgt seine Tätigkeit auf das Objekt und schränkt sich durch dieses Entäußern ein. «Der aufgezeigten Tätigkeit des Entäußerns muß ein Leiden entgegengesetzt sein, ... ein Teil der absoluten Tätigkeit wird entäußert, wird gesetzt, als nicht gesetzt» (Werke 1, 165). An anderer Stelle faßt FICHTE die Entäußerung des Ich ins Nicht-Ich auch als die «absolute Selbstentäußerung des Wissens» in der Anschauung, die Synthese von Subjekt und Objekt (die Aufhebung der Entäußerung) aber als die Einkehr des Wissens ins Selbstbewußtsein (Werke 2, 652ff).

In HEGELS universalem dialektisch-idealistischen System gewinnt die Kategorie der Entäußerung systematische Bedeutung als die Phase der Negation, durch die jede Erscheinung im Gang ihrer Entwicklung hindurchgeht. Der zunächst nur an sich seiende Geist entäußert sich zur Gegenständlichkeit bestimmter Objekte und gelangt zum absoluten An-und-für-sich-Sein durch die Erkenntnis der entäußerten Wirklichkeit als der Vergegenständlichung des geistigen Subjekts. «Das unmittelbare Dasein des Geistes, das *Bewußtsein*, hat die zwei Momente, des Wissens und der dem Wissen negativen Gegenständlichkeit ... Der Geist wird aber Gegenstand, denn er ist diese Bewegung, sich ein *Anderes*, d. h. *Gegenstand seines Selbst* zu werden und dieses Anderssein aufzuheben.» Es ist diese Bewegung, «worin das Unmittelbare, das Unerfahrene, d. h. das Abstrakte, es sei des sinnlichen Seins oder des nur gedachten Einfachen, sich entfremdet, und dann aus dieser Entfremdung zu sich zurückgeht, und hiermit jetzt erst in seiner Wirklichkeit und Wahrheit dargestellt» ist (Phän 32).

HEGEL betont sowohl in seiner «Logik» als auch bei deren Anwendung auf die anderen philosophischen Disziplinen die Unabdingbarkeit des Moments der Entäußerung im Verwirklichungsprozeß einer Sache. Inhaltsbestimmungen einer Sache, auch die Ideen des Menschen, müssen äußerlich werden, ins Objektive herausgesetzt werden und erhalten erst dadurch den Zusammenhang eines Ganzen und ihre Existenz (Logik I,

104ff). Das Etwas erfährt durch die Negation der Entäußerung erst seine weitere Bestimmung als «sein entwickeltes Insichsein» (111), so daß das Etwas die Einheit von Ansichsein und Außersichsein, also Negation der Negation ist (102). Somit ist das Sein nur als Werden wirklich. Die Kategorie der Entäußerung besitzt in HEGELS Philosophie konstitutive Bedeutung für deren dialektische Methode. HEGEL verbindet alle Stufen der natürlichen und geschichtlichen Wirklichkeit zu einem universalen systematischen Prozeß des sich in seiner Entäußerung verwirklichenden Geistes. Die Entäußerung ist der Prozeß, in welchem «der Geist sein Werden zum Geiste in der Form des freien zufälligen Geschehens darstellt» (Phän 563). So ist die Natur der entäußerte oder «sich entfremdete Geist» (Enz § 247). «Die andere Seite seines Werdens, die *Geschichte*, ist das wissende, sich vermittelnde Werden – der an die Zeit entäußerte Geist; aber diese Entäußerung ist ebenso die Entäußerung ihrer selbst ... Dies Werden stellt eine träge Bewegung und Aufeinanderfolge von Geistern dar, eine Galerie von Bildern ... Das Geisterreich, das auf diese Weise sich in dem Dasein gebildet, macht eine Aufeinanderfolge aus, worin einer den andern ablöste.» Ihr Ziel ist «der *absolute Begriff* ..., daß diese Entäußerung sich an ihr selbst entäußert» (Phän 563) und der Geist im absoluten Wissen zur Aufhebung seiner äußeren Gegenständlichkeit gelangt. An diesem Punkt tritt die idealistische Verschränkung, in der HEGEL die Kategorie Entäußerung darstellt, deutlich hervor.

Die wohl bedeutsamste – auch für die Entstehungsperiode des Marxismus bedeutsamste – HEGELsche Ausführung der Kategorie Entäußerung findet sich in dessen Rechtsphilosophie. Hier wird die bürgerliche Gesellschaft – gegenüber der Familie und gegenüber einer harmonisch-sittlichen gesellschaftlichen Ordnung, als die HEGEL den Staat darstellt – als «das System der in ihre Extreme verlorenen Sittlichkeit», als die Entäußerung der konkreten Sittlichkeit dargestellt (§ 184). HEGEL faßt sie derart als eine nur transitorische, von bewußter, freier Sittlichkeit aufzuhebende Sphäre. In HEGELschen Werken bzw. Manuskripten wie der Rechtsphilosophie, der Geschichtsphilosophie, dem System der Sittlichkeit, den Jenenser Vorlesungen u. a. erfährt die Kategorie Entäußerung bedeutsame Entfaltung bei der kritischen Auffassung der kapitalistischen Gesellschaft – eine entwickelte Verwendung der Kategorie, die MARX (1, 233; 283ff) in seiner Kritik des HEGELschen Staatsrechts und in seinen ökonomischen Studien von 1844 im Sinne seines revolutionären Demokratismus aufnahm und weiterführte.

In FEUERBACHS materialistischer Philosophie ist die Kategorie der Entäußerung unmittelbar mit deren Grundanliegen verwachsen, durch anthropologische Kritik von Religion und spekulativer Philosophie den Menschen aus diesen Selbstentäußerungen seines Wesens zu befreien. FEUERBACH überwand die idealistische Form, in der die Kategorie der Entäußerung vor ihm in der klassischen deutschen Philosophie ausgeführt wurde. Er setzte an die Stelle der Entäußerung des Ich bzw. des Geistes die Entäußerung des sinnlich-geistigen, wenn auch noch nicht des gegenständlich-praktischen Menschen. MARX knüpfte an die aus der materialistischen Kritik der HEGELschen Philosophie gewonnenen FEUERBACHschen Ansätze zu einer materialistischen Theorie der Subjekt-Objekt-Dialektik an und stellte die Entäußerung in seinen Werken zur Kritik der kapitalistischen Gesellschaftsformation als spezifische historische Form der Vergegenständlichung des Menschen im Arbeitsprozeß dar: «Die auf den Tauschwert basierte Produktion ... ist in der Basis Austausch von *vergegenständlichter Arbeit* als Tauschwert gegen die lebendige Arbeit als Gebrauchswert oder wie das auch ausgedrückt werden kann, Verhalten der Arbeit zu ihren objektiven Bedingungen – und daher zu der von ihr selbstgeschaffenen Objektivität – als fremdem Eigentum: *Entäußerung der Arbeit*» (Grundrisse 414).

→ Entfremdung.

Entelechie [griech] – Grundbegriff der *Aristotelischen Philosophie*: die sich im Stoff verwirklichende Form, die zielstrebige, vollendende Tätigkeit oder Kraft, die als Prinzip jede Entwicklung, insbesondere die der Lebewesen, bedinge und bestimme. Der Sache nach ist der Entelechie-Begriff in jeder *idealistischen Weltanschauung* enthalten, in der auf irgendeine Art *teleologisches Denken* eine Rolle spielt (vor allem *Scholastik* und *Neuscholastik*, *Vitalismus*; LEIBNIZ).

→ Teleologie.

Entfremdung – gesellschaftliches Verhältnis, historisch-gesellschaftliche Gesamtsituation, in der die Beziehungen zwischen Menschen als Verhältnisse zwischen Sachen, Dingen erscheinen und in der die durch die materielle und geistige Tätigkeit der Menschen hervorgebrachten Produkte, gesellschaftlichen Verhältnisse, Institutionen und Ideologien den Menschen als fremde, sie beherrschende Mächte gegenübertreten. Dieser historisch-gesellschaftliche Tatbestand tritt vor allem in Erscheinung als ökonomische (Warenfetischismus), politische, ideologische und religiöse (→ Religion) Entfremdung. Allumfassenden Charakter nimmt diese Entfremdungssituation im Kapitalismus an.

Der Begriff «Entfremdung» geht auf die lateinischen Wörter *alienatio* (Entfremdung, Entäußerung, das Weggeben einer Sache in fremden Besitz, Abfall) und *alienare* (veräußern, entfremden, entzweien, in fremde Gewalt bringen, in fremde Hände geben) zurück, womit die *klassische bürgerliche englische politische Ökonomie* die «Veräußerung» eines Gegenstandes, der dadurch seinem Produzenten «entfremdet» wird, und die *naturrechtlichen Theorien vom Gesellschaftsvertrag* des 18. Jahrhunderts die «Übertragung» (die «Veräußerung», den «Verlust») der ursprünglichen Freiheit an eine dem Individuum fremd gegenüberstehende Macht (Gesellschaft, Herrscher) bezeichnen.

Über diese Bedeutungen hinaus entwickelte HEGEL den Begriff der Entfremdung in der *Phänomenologie des Geistes* als eine zentrale Kategorie im Rahmen seines Versuchs einer dialektischen Gesamtdarstellung des Geschichtsprozesses. Inhaltlich hier zusammenfallend mit dem Begriff «*Entäußerung*» bezeichnet Entfremdung innerhalb der phantastischen, mystifizierten Deutung der Geschichte als Prozeß der Selbstverwirklichung der «absoluten Idee» einerseits die Sphäre oder Etappe des Andersseins, der Vergegenständlichung der Idee in Natur und Geschichte, die innerhalb ihres Entwicklungsprozesses zur Selbsterkenntnis vordringt, die *Selbstentfremdung* überwindet und zur Einheit mit sich gelangt. Andererseits beinhaltet der Begriff «Entfremdung» im Rahmen dieser idealistischen Gesamtkonstruktion zugleich, daß die Triebkraft aller Entwicklung innerhalb jener Welt des sich entfremdeten Geistes, d. h. der wirklichen Geschichte, die *Arbeit* ist, daß die Menschen durch «Entäußerung» ihrer Wesenskräfte, durch ihre gesellschaftliche Praxis, ihre Geschichte selbst machen, daß die Arbeit als Selbsterzeugungsprozeß des Menschen begriffen wird, wenn auch unter «Arbeit» die rein geistige Tätigkeit – im Hinblick auf das absolute Wissen als die Aufhebung der Selbstentfremdung – verstanden wird. Schließlich enthält der HEGELsche Begriff der Entfremdung gewisse Vorstellungen von der ökonomischen Entfremdung unter kapitalistischen Bedingungen, von der Fetischisierung der Resultate der gesellschaftlichen Produktion. Jedoch interpretierte HEGEL jegliche Vergegenständlichung menschlicher Wesenskräfte im Arbeitsprozeß – unabhängig von den Bedingungen der Produktion und der Art der Aneignung ihrer Ergebnisse – als Äußerungen der Entfremdung und stellte damit die Entfremdung als ein für den Menschen unter allen gesellschaftlichen Bedingungen bis zu ihrer endlichen «Aufhebung», die einen rein geistigen Akt darstellt, unentrinnbares Verhängnis hin.

Der HEGELsche idealistische Entfremdungsbegriff war einer der wichtigsten Ansatzpunkte für die von materialistischer Seite, durch FEUERBACH, vorbereitete, von MARX und ENGELS vollendete Kritik der *Hegelschen Philosophie*. FEUERBACH, der die *Hegelsche Konzeption* der Entäußerung, Entfremdung wie ihrer Aufhebung – unter Beiseitelassen der hierin eingekleideten effektiven Leistungen in der Fixierung der Kategorien der Dialektik – selbst als eine Variante der Selbstentfremdung des menschlichen Wesens verstand (weil sie letztlich nur eine Hypostasierung und Verobjektivierung des menschlichen Selbstbewußtseins in Gestalt jener absoluten Idee darstellt), entwickelte gegenüber HEGEL einen Entfremdungsbegriff, der die erkenntnistheoretische Seite der Entäußerung menschlicher Qualitäten in den spekulativen, idealistischen Systemen der Philosophie und den phantastischen Vorstellungen des religiösen Bewußtseins freizulegen half. Hiernach ist die Selbstentfremdung des menschlichen Wesens – verstanden als existierender Gegensatz, als verlorengegangene Einheit des Menschen mit dem Menschen, von Ich und Du, von Individuum und Gattung (Gesellschaft) – die Ursache der Verdoppelung der Welt, der geistigen Produktion eines idealistischen oder religiösen Jenseits, in dem das Verlorene wiederhergestellt ist. Die Inhalte der Religionen sind in diesem Sinne nichts als illusionäre, phantastische Reflexe bestimmter Aspekte des Wesens des Menschen, der menschlichen Verhältnisse, der Beziehungen der Menschen untereinander und ihrer Stellung zur Natur. Diese Schöpfungen des Menschen treten ihm als objektive, ursprüngliche, ihn ihrer Willkür ausliefernde fremde Mächte entgegen, ohne daß er sich – und darin liegt das Verhängnis jener Entfremdung – dessen bewußt ist, daß er sich seinen eigenen Gedankenschöpfungen unterwirft.

Die Reduktion der idealistischen und religiösen Vorstellungen auf ihre menschlichen Grundlagen im Interesse eines Durchschauens des phantastischen Spiels der menschlichen Einbildungs- und Vorstellungskraft und die Propagierung wahrhaft menschlicher Beziehungen im Leben der Gesellschaft, die der Religion nicht bedürfen, war das *humanistische Anliegen* der Religionskritik FEUERBACHS, das jedoch im Kampf gegen die Ursachen der religiösen Entfremdung den Rahmen rein bewußtseinsmäßiger Aufklärung nicht überschritt (→ Religion → Materialismus).

MARX und ENGELS orientierten sich im Unterschied zu FEUERBACH in der Auseinandersetzung mit HEGEL und in konkreter Untersuchung wirklicher Phänomene der Entfremdung – ihren zutiefst humanistischen und revolutionär-kritischen Intentionen zufolge – auf die Entschleierung der ihnen zugrunde liegenden gesellschaftlichen Ursachen. Sie knüpften dabei einerseits an das vorliegende philosophiegeschichtliche Material an. Andererseits aber analysierten sie die objektiven ökonomischen Verhältnisse der Gesellschaft, insbesondere die kapitalistischen Produktionsverhältnisse und deren antagonistischen Charakter, sowie die diesen Verhältnissen entsprechenden Bewußtseinsformen und deren objektiven Inhalt und erkannten den *historischen Charakter* der Entfremdung, deren entscheidende soziale Basis das Privateigentum an den Produktionsmitteln ist.

Neben der Arbeit *Umrisse zu einer Kritik der Nationalökonomie* von ENGELS und den sog. *Ökonomisch-philosophischen Manuskripten* von MARX, der *Heiligen Familie* und der *Deutschen Ideologie* besitzen vor allem die *Kritik der politischen Ökonomie*, die sog. *Grundrisse der Kritik der politischen Ökonomie* und schließlich *Das Kapital* erstrangige Bedeutung hinsichtlich der Aufdeckung der materiellen Ursachen der Entfremdung und deren Beseitigung durch die sozialistische Revolution.

Die ökonomische Entfremdung im Arbeitsprozeß der auf dem kapitalistischen Privateigentum an den Produktionsmitteln beruhenden Warenproduktion wird von MARX u. a. folgendermaßen charakterisiert: «Der Arbeiter wird um so ärmer, je mehr Reichtum er produziert, je mehr seine Produktion an Macht und Umfang zunimmt. Der Arbeiter wird eine um so wohlfeilere Ware, je mehr Waren er schafft. Mit der *Verwertung* der Sachenwelt nimmt die *Entwertung* der Menschenwelt in direktem Verhältnis zu. Die Arbeit produziert nicht nur Waren; sie produziert sich selbst und den Arbeiter als eine Ware, und zwar in dem Verhältnis, in welchem sie überhaupt Waren produziert. – Dies Faktum drückt weiter nichts aus als: Der Gegenstand, den die Arbeit produziert, ihr Produkt, tritt ihr als ein *fremdes Wesen*, als eine von dem Produzenten *unabhängige Macht* gegenüber. Das Produkt der Arbeit ist die Arbeit, die sich in einem Gegenstand fixiert, sachlich gemacht hat, es ist die *Vergegenständlichung* der Arbeit. Die Verwirklichung der Arbeit ist ihre Vergegenständlichung. Diese Verwirklichung der Arbeit erscheint in dem nationalökonomischen Zustand als *Entwirklichung* des Arbeiters, die Vergegenständlichung als Verlust und Knechtschaft des Gegenstandes, die Aneignung als *Entfremdung*, als *Entäußerung* … Die Vergegenständlichung erscheint so sehr als Verlust des Gegenstandes, daß der Arbeiter der notwendigsten Gegenstände, nicht nur des Lebens, sondern auch der Arbeitsgegenstände, beraubt ist. Ja, die Arbeit selbst wird zu einem Gegenstand, dessen er nur mit der größten Anstrengung und mit den unregelmäßigsten Unterbrechungen sich bemächtigen kann. Die Aneignung des Gegenstandes erscheint so sehr als Entfremdung, daß, je mehr Gegenstände der Arbeiter produziert, er um so weniger besitzen kann und um so mehr unter die Herrschaft seines Produkts, des Kapitals, gerät. – In der Bestimmung, daß der Arbeiter zum *Produkt seiner Arbeit* als einem *fremden* Gegenstand sich verhält, liegen alle diese Konsequenzen» (MARX/ENGELS Erg 1, 511f).

Während die Vergegenständlichung eine Eigenschaft der Arbeit generell ist, in der sich die menschliche Praxis mit der Umwelt vermittelt, ist die Entfremdung der Arbeit eine Folgeerscheinung vor allem der kapitalistischen Lohnarbeit, der Tatsache, daß im Kapitalismus dem Arbeiter sowohl die Produktionsmittel wie das Produkt seiner eigenen Arbeit als fremde, unabhängige Macht gegenüberstehen. Daher ist unter diesen Bedingungen dem Arbeiter auch die Arbeit selbst etwas Äußerliches, weil er sich «in seiner Arbeit nicht bejaht, sondern verneint, nicht wohl, sondern unglücklich fühlt, keine freie physische und geistige Energie entwickelt, sondern seine Physis abkasteit und seinen Geist ruiniert». Von hier aus leiten sich wesentlich alle dem Kapitalismus eigenen verhängnisvollen gesellschaftlichen und menschlichen Konsequenzen und Konflikte ab.

Auf dem Boden der ökonomischen Entfremdung durch die Herrschaft des Privateigentums erwachsen alle anderen Erscheinungen der Entfremdung. Die politische Entfremdung tritt zutage im Widerspruch zwischen Volksmassen und Staat, zwischen Staat und Nation, zwischen persönlichem und gesellschaftlichem Interesse usw. Die ideologischen Formen der Entfremdung treten u. a. zutage im Herrschaftsanspruch der Ideologie der herrschenden Klassen, der geistigen Niederhaltung der Volksmassen, in der Verschleierung der wirklichen gesellschaftlichen Zusammenhänge usw.

Grundlage der Entfremdung in der Klassengesellschaft ist im allgemeinsten Sinne die Spontaneität der gesellschaftlichen Entwicklung, die Tatsache, daß die Menschen den gesellschaftlichen Prozeß auf Grund des privaten Eigentums an den Produktionsmitteln und der sich daraus ableitenden gesellschaftlichen Verhältnisse nicht bewußt und planmäßig regulieren können, daß sie nicht die Herren ihres Produkts sind und die Folgen ihrer eigenen gesellschaftlichen Tätigkeit nicht durchschauen können. In der Klassengesellschaft ist die Entfremdung durch die Entwicklung des Privateigentums an den Produktionsmitteln und die diesem entsprechende Spaltung der Gesellschaft in antagonistische Klassen bedingt. Entscheidende Grundlage der Entfremdung sind daher in der Klassengesellschaft die Verhältnisse der Ausbeutung und Unterdrückung des Menschen.

Seinen Höhepunkt erreicht der Entfremdungsprozeß im Kapitalismus, in der kapitalistischen Warenproduktion. Die tote Arbeit in Gestalt des Kapitals herrscht über die lebendige Arbeit des unmittelbaren Produzenten, des Arbeiters; die Resultate der Tätigkeit des Arbeiters und alle Eigenschaften der gesellschaftlichen Arbeit (Arbeitsteilung, Kooperation, Wissenschaft usw.) erscheinen als Eigenschaften des Kapitals, als Mittel der verstärkten Ausbeutung und Unterjochung des Arbeiters. Im Imperialismus verstärkt sich dieser Entfremdungsprozeß. Das Monopolkapital und der staatsmonopolistische Kapitalismus werden zu beherrschenden Mächten des gesellschaftlichen Lebens. Auf dem Gebiet der Politik entspricht dem der Übergang von der bürgerlichen Demokratie zur politischen Reaktion, die Schaffung einer den breiten Schichten des Volkes entgegengestellten allmächtigen bürokratischen und militarisierten Staatsmaschine und schließlich der Übergang zur faschistischen Diktatur. Gleichzeitig vollzieht sich der Prozeß eines tiefen Kulturverfalls, der Zerstörung der kulturellen Werte, der Verseuchung der Volksmassen durch Kultursurrogate mittels moderner Massenkommunikation, der Anwendung der Wissenschaft und Technik gegen den gesellschaftlichen Fortschritt und für den Krieg.

Im Klassenkampf wendet sich die Arbeiterklasse nicht nur gegen die Ausbeutung, sondern auch gegen die Entfremdung. Sie wird dabei in zunehmendem Maße von den anderen werktätigen Klassen und Schichten unterstützt, die sich im demokratischen Kampf gegen die Allmacht der Monopole, gegen die Ausplünderung der Volksmassen durch die Monopole und gegen die Intensivierung des Entfremdungsprozesses im Imperialismus wenden.

Beseitigt wird die Entfremdung erst mit der sozialistischen Revolution, der Errichtung der Diktatur des Proletariats im Prozeß des Aufbaus der sozialistischen Gesellschaft. Grundlage dafür ist, daß die Spontaneität der gesellschaftlichen Entwicklung durch die Bewußtheit und Planmäßigkeit der gesellschaftlichen Entwicklung abgelöst wird, was zur Voraussetzung hat, daß an die Stelle des Privateigentums an den Produktionsmitteln und des ihm entsprechenden Klassenantagonismus das sozialistische Eigentum und die diesem entsprechende Solidarität zwischen der Arbeiterklasse, der sozialistischen Bauernschaft und der sozialistischen Intelligenz tritt. Die Aufhebung aller Formen der Ausbeutung und Unterdrückung ist somit begleitet von der Aufhebung der Entfremdung.

Das bedeutet nicht, daß alle Erscheinungen der Entfremdung automatisch verschwinden. Für ihre Überwindung ist der bewußte Kampf der Volksmassen unter der Führung der marxistisch-leninistischen Partei und die Verwandlung der Menschen der sozialistischen Gesellschaft in wirkliche Herren ihres eigenen Schicksals notwendig. Die gesellschaftliche Entwicklung vollzieht sich bei ständig wachsender Teilnahme der Volksmassen an der Leitung der sozialistischen Wirtschaft und des sozialistischen Staates, bei gleichzeitiger Überwindung des bürgerlichen Individualismus und Egoismus und Schaffung wahrhaft menschlicher Beziehungen zwischen den Angehörigen der sozialistischen Gesellschaft. Die verschiedenen Erscheinungsformen der Entfremdung, die noch aus dem Kapitalismus ererbt sind, werden im Sozialismus durch die allseitige Entwicklung der Persönlichkeit und die ständige Ausweitung der sozialistischen Demokratie endgültig überwunden.

Der Begriff der Entfremdung reflektiert nicht das Gesamte der zu charakterisierenden gesellschaftlichen Situation, sondern wesentlich Rückwirkungen der menschlichen Tätigkeit auf den Menschen selbst. Deshalb kann dieser Begriff in der marxistisch-leninistischen Gesellschaftsanalyse nicht isoliert eingesetzt werden. [1]

Der Begriff der Entfremdung steht im Mittelpunkt der *bürgerlichen Marx-Kritik* der Gegenwart. Seit der Veröffentlichung der *ökonomisch-philosophischen Manuskripte* von MARX im Jahre 1932 gibt es keinen Begriff aus der Geschichte der Herausbildung des Marxismus, der von den bürgerlichen und revisionistischen Gegnern des Marxismus-Leninismus ausgiebiger strapaziert wird. Den bürgerlichen und revisionistischen Gegnern des Marxismus-Leninismus geht es bei ihrem betonten Rückgriff auf den von MARX vornehmlich in den *ökonomisch-philosophischen Manuskripten* verwendeten Begriff der Entfremdung um die Revision der revolutionären Grundlehren und Grundprinzipien des wissenschaftlichen Kommunismus, insbesondere um die Liquidierung der wissenschaftlichen Theorie von den Klassen, dem Klassenkampf und der Diktatur des Proletariats – um die Liquidierung der Theorie von der sozialistischen Revolution überhaupt. Die Mittel, deren sie sich dabei bedienen, sind recht einfacher Natur und bei einiger Sachkenntnis auch relativ leicht zu durchschauen. Die mit ihnen erzielten Ergebnisse halten schon einer immanent philologischen Kritik nicht stand.

Die einzelnen Elemente der mit Hilfe des Begriffs der Entfremdung versuchten Revision des Marxismus-Leninismus sind im groben die folgenden: Zwischen den frühen Schriften und Manuskripten von MARX und seinen späteren, gereiften Werken wird eine – gelegentlich sehr scharfe – Scheidung vollzogen, die in Wirklichkeit nicht vorhanden ist. Eine fortschreitende Gedankenentwicklung von MARX wird geleugnet, sein Schaffen seit dem *Kommunistischen Manifest* als Verfall hingestellt. Die *Kritik der politischen Ökonomie*, das *Kapital* usw. werden in diesem Zusammenhang in einem Vergleich mit den *ökonomisch-philosophischen Manuskripten* als gedankenarm, bestenfalls als mehr oder weniger beachtliche Beiträge zur politischen Ökonomie abgetan. Vor allem fehle ihnen der spekulative Zug und die betont humanistische Aussage der frühen Schriften. Zwischen Marx und Engels wird ein Gegensatz konstruiert: Engels wird dabei als Verflacher und Vulgarisator Marxscher Ideen ausgegeben. Ganz auf dieser Linie liegt es dann, wenn auf die für die Gedankenentwicklung von Marx folgenreiche frühe Schrift von Engels *Umrisse zu einer Kritik der Nationalökonomie* ebensowenig reflektiert wird wie auf die Tatsache, daß die *Deutsche Ideologie* von Marx und Engels gemeinsam verfaßt wurde, obwohl Marx auf die Bedeutung beider Schriften für das Fortschreiten seiner Ideen zum wissenschaftlichen Kommunismus energisch hingewiesen hat.

Im folgenden wird dann von den bürgerlichen und revisionistischen Gegnern des Marxismus-Leninismus der Schluß gezogen, daß eine Umwertung des Marxschen Schaffens notwendig sei. Die Interpretation des Marxismus dürfe nicht beim *Manifest der Kommunistischen Partei* und beim *Kapital*, sondern müsse bei den *ökonomisch-philosophischen Manuskripten* ansetzen. Von diesen her müsse der Marxismus interpretiert werden. Daß damit keine bloße Umwertung, sondern eine Abwertung der Lehre von Marx beabsichtigt ist und dabei auch herauskommt, versteht sich gleichsam von selbst.

Schon der Ausgangspunkt der angestrebten Analysen der verschiedenen Marx-Kritiker unterstreicht das Gesagte. Erich Thier leitet seine Schrift *Das Menschenbild des jungen Marx* mit dem Satz ein: «Der junge Marx ist die Entdeckung unserer Zeit.» Den Schluß seiner Studie bildet dann die Feststellung, daß Marx' «Anthropologie völlig entwickelbar ist, ... ohne daß des Wertgesetzes und seiner Problematik gedacht» zu werden brauche, und daß dieser Tatbestand die Frage «nach dem Verhältnis des späten Marx zum jungen Marx» aufwerfe. In der gleichen Richtung formuliert Robert Tucker in seinem Buch *Karl Marx – die Entwicklung seines Denkens von der Philosophie zum Mythos*: «Die Entdeckung dieses ersten Marxschen Systems hat neuen Auffassungen vom Marxismus Auftrieb gegeben, die sich schon seit geraumer Zeit besonders im Westen unabhängig voneinander entwickelten. Zumindest kann man sagen, daß sich die allgemeine Vorstellung von Marx im 20. Jahrhundert gewandelt hat.» Und: «Das neue Bild zeigt [Marx] nicht als Analytiker der Gesellschaft, der er sein wollte, sondern eher als einen Moralisten oder als so etwas wie einen religiösen Denker. Die alte Ansicht, daß der ‚wissenschaftliche Sozialismus' ein wissenschaftliches System sei, macht mehr und mehr der Meinung Platz, daß es im Kern ein ethisches und religiöses Gedankensystem ist.» Die letzten beiden Sätze sind entscheidend. Thier wollte einen Marx ohne Wertgesetz und natürlich – darauf kommt es an – ohne Mehrwertlehre. Tucker möchte den Analytiker der bürgerlichen Gesellschaft Marx durch einen Moralisten – wir müssen hinzufügen: einen unverbindlichen, keine Forderungen stellenden Moralisten Marx, der «so etwas wie ein religiöser Denker» ist – ersetzt wissen.

Wir haben es hier überhaupt mit einer *Grundtendenz der bürgerlichen Marx-Kritik* der letzten Jahrzehnte zu tun: dem Bestreben, Marx' wissenschaftliches Werk und politisches Vermächtnis, die beide eine untrennbare Einheit bilden, voneinander zu lösen, seine Lehre so zu interpretieren, daß sie in Gegensatz zur Arbeiterklasse als realer geschichtlicher Bewegung und zum Sozialismus als realer geschichtlicher Macht der gegenwärtigen Epoche gerät. Tucker spricht diese Absicht auch offen aus. Er schreibt: «Bei dem Begriff ‚Marxismus' denken viele heute einfach an die kommunistische Ideologie, ein doktrinäres Gebäude, das nur zum Teil aus den Ideen von Karl Marx abgeleitet ist, zu dem sich aber die Mitglieder aller kommunistischen Parteien bekennen. Wenn auf den folgenden Seiten von Marxismus gesprochen wird, so wird darunter etwas anderes verstanden werden. Wir verstehen hier unter Marxismus die Gedanken von Marx. Unser Gegenstand ist der Marxismus von Marx selbst», vor allem seine «erste Fassung» [die *ökonomisch-philosophischen Manuskripte*], «die sich sehr von dem ausgebildeten Marxschen System zu unterscheiden scheint, dem Marx und sein Mitarbeiter Friedrich Engels den Titel ‚Materialistische Geschichtsauffassung' oder auch ‚Wissenschaftlicher Sozialismus' gegeben haben.»

Auf einen Nenner gebracht, laufen die Bemühungen der bürgerlichen Marx-Kritiker darauf hinaus, Marx gleichsam vom Parteigeist zu reinigen, ihn zu entpolitisieren, ihn aus der Dynamik des Klassenkampfes in die windstille Atmosphäre bürgerlicher philologischer Auslegungskunst zu versetzen, um ihn um so besser aus einem Theoretiker der Arbeiterklasse zu einem Gelehrten bürgerlicher Observanz des 19. Jahrhunderts machen zu können – oder ihn, wie es auch genannt worden ist, vor ihrem bürgerlichen Publikum «zu rehabilitieren».

Die von Thier und Tucker entwickelten Gedanken sind nicht neu. Bereits 1932 warf Hendrik de Man in einer Besprechung der eben veröffentlichten *ökonomisch-philosophischen Manuskripte*, die er – nicht zufällig – mit der Überschrift *Der neuentdeckte Marx* versah, das Problem der zwei Phasen der Marxschen Gedankenentwicklung auf: «Anfang dieses Jahres ist ein bis jetzt unbekanntes Werk von Marx veröffentlicht worden, das für die richtige Beurteilung des Entwicklungsgangs und des Sinnes der Marxschen Lehren von entscheidender Bedeutung ist ... Es offenbart nämlich viel deutlicher als irgendein anderes Werk von Marx die ethisch-humanistischen Motive, die hinter seiner sozialistischen Gesinnung und hinter den Werturteilen seines ganzen wissenschaftlichen Lebenswerkes stehen. Es handelt sich dabei freilich zunächst nur um eine Phase in der Entwicklung des Marxschen Denkens; es bleibt also eine offene Frage, ob man diese ‚humanistische' Phase als später überwundene Vorstufe oder als bleibenden Bestandteil der Marxschen Lehre betrachten soll. Die Frage selbst aber läßt sich nun nicht mehr umgehen ...: entweder gehört dieser humanistische Marx zum Marxismus, und dann muß sowohl der Marxismus von Kautsky wie der Marxismus von Bucharin gründlich umrevidiert werden; oder er gehört nicht dazu, und dann gibt es einen humanistischen Marxismus, auf den man sich gegen den materialistischen Marxismus berufen kann.»

In der zweiten, ebenfalls 1932 erschienenen Besprechung der *ökonomisch-philosophischen Manuskripte* von Herbert MARCUSE wird Analoges festgestellt: «Die Veröffentlichung der ökonomisch-philosophischen Manuskripte von Marx ... muß zu einem entscheidenden Ereignis in der Geschichte der Marx-Forschung werden. Diese Manuskripte könnten die Diskussion über den Ursprung und den ursprünglichen Sinn des Historischen Materialismus, ja der ganzen Theorie des ‚wissenschaftlichen Sozialismus', auf einen neuen Boden stellen ... und es könnte notwendig werden, die geläufige Interpretation der späteren Ausarbeitung der Kritik [der politischen Ökonomie] im Hinblick auf die Ursprünge zu revidieren, als daß umgekehrt die ursprüngliche Gestalt der Kritik von der späteren Stufe aus zurechtinterpretiert wird.»

Im Grunde genommen finden sich bei DE MAN und MARCUSE alle Elemente der vom Begriff der Entfremdung ausgehenden bürgerlichen und revisionistischen Marx-Kritik beisammen; ihre Feststellungen waren ein klar formuliertes Programm zur Revision des Marxismus. Sie wurden denn auch als solches verstanden und von den bürgerlichen und revisionistischen Marx-Kritikern, bei allen Unterschieden, die in Einzelheiten zwischen ihnen bestehen mögen, bis auf den heutigen Tag befolgt, ohne daß sie den Thesen von DE MAN und MARCUSE grundsätzlich etwas Neues hinzugefügt hätten.

Bereits 1945 diktierte dann Hans BARTH ohne nähere Begründung, daß «die philosophisch-anthropologische Grundlegung» des wissenschaftlichen Kommunismus mit dem *Kommunistischen Manifest* abbreche, was nichts anderes bedeutet, als daß MARX nach 1848 seinen einstigen humanistischen Ideen und Anliegen untreu geworden sei und daß – in der Folge – die gesellschaftlich-praktische Bewegung des Sozialismus, die Arbeiterklasse und ihre marxistisch-leninistische Partei, ihre wissenschaftliche Orientierung im Klassenkampf vom falschen MARX hergeholt und eben deshalb mit MARX selber eigentlich nichts zu tun hätte. Der Kampf mit MARX gegen den Marxismus wurde so auf die Tagesordnung gesetzt.

Noch offener spricht Siegfried LANDSHUT im Vorwort der nach dem zweiten Weltkrieg in Westdeutschland neu aufgelegten Ausgabe der Frühschriften von MARX diese Absicht aus. Mit der Veröffentlichung der *ökonomisch-philosophischen Manuskripte*, schreibt LANDSHUT, hat «das Verständnis von Marx eine ganz neue Bedeutung erhalten ... Die gesamte Marx-Auffassung, wie sie sich durch die Vermittlung von Engels, Kautsky, Bernstein, Luxemburg und schließlich Lenin befestigt hatte und sowohl für die Marxisten wie die Anti-Marxisten gleichermaßen maßgebend geworden war, rückte jetzt unter einen völlig veränderten Aspekt. Der vollständigere Überblick über die Gedankenarbeit von Marx bis zu seinem 30. Lebensjahr machte deutlich sichtbar, in welche Beschränkung und ‚materialistische' Dürftigkeit der ganze Reichtum der Marxschen Gedankenwelt durch die bisherigen Ausleger gebracht worden war.»

Angesichts der Bemühungen der bürgerlichen Marx-Kritik um den Begriff der Entfremdung muß an ein Wort von MEHRING erinnert werden. In der von ihm besorgten Marx-Engelsschen Nachlaß-Ausgabe schrieb er: «Die geschichtlichen Wurzeln des Marxismus aufdecken heißt, die Wurzellosigkeit seiner ‚Überwindung' enthüllen.» In der Tat kann es sich bei der Bloßlegung der geschichtlichen Quellen des Marxismus, wozu auch die Frühschriften von MARX gehören, darunter auch die *ökonomisch-philosophischen Manuskripte* aus dem Jahre 1844, immer nur um eine Verdeutlichung des geistigen Entwicklungsgangs von MARX handeln, um eine Verdeutlichung des Prozesses seiner geistigen Emanzipation von zeitgeschichtlichen Ideen und vom überkommenen Gedankenmaterial unter dem Eindruck der praktischen gesellschaftlich-sozialen Bewegung der Zeit, die er – was wichtig ist – studierte und an der er teilnahm. Dieser Prozeß kulminiert nicht in der Bloßlegung des Problems der Entfremdung innerhalb der bürgerlichen Gesellschaft, sondern in der Erkenntnis von der *welthistorischen Rolle des Proletariats*, welche die Grundvoraussetzung zur Schaffung des wissenschaftlichen Kommunismus war.

Anders formuliert: Wenn es einen Punkt gibt, von dem aus an die Interpretation der Werke von MARX und ENGELS, auch an ihre frühen Werke und Manuskripte, herangegangen werden muß, dann ist es die Erkenntnis von der welthistorischen Rolle des Proletariats. Einmal deshalb, weil allein diese Erkenntnis den weiteren Fortgang und die Richtung der wissenschaftlichen Arbeit und politischen Tätigkeit von MARX und ENGELS bestimmte, zum anderen deshalb, weil in erster Linie diese Erkenntnis historisch wirksam geworden ist, und zwar in einem Ausmaß, für das es aus dem Bereich der gesellschaftswissenschaftlichen Erkenntnis in der Geschichte keine Parallele gibt: Sie ist *welthistorisch* wirksam geworden im buchstäblichen Sinne. Und schließlich war es MARX' und ENGELS' Bestreben – ein Bestreben, das sich in der Zeit vor dem *Kommunistischen Manifest* von Jahr zu Jahr verstärkte und immer konkretere Formen annahm –, den wissenschaftlichen Kommunismus mit der praktisch-gesellschaftlichen Bewegung des Proletariats zu verbinden. Hierin haben sie den eigentlichen Sinn ihrer gesamten Tätigkeit (einschließlich ihrer wissenschaftlichen Bemühungen) gesehen.

Die Erkenntnis von der welthistorischen Rolle des Proletariats wird aber das erstemal eindeutig – d. h. nicht nur rhetorisch wie in der *Kritik der Hegelschen Rechtsphilosophie* – im *Kommunistischen Manifest* formuliert. Und gemessen an dieser im *Kommunistischen Manifest* eindeutig formulierten und wissenschaftlich begründeten Erkenntnis von der welthistorischen Rolle des Proletariats verblassen alle mit der Erscheinung der Entfremdung begründeten Aussagen über die notwendige Emanzipation des Proletariats aus den *ökonomisch-philosophischen Manuskripten*, wobei beachtet werden muß, daß sie erst durch diese Erkenntnis auf ihren wirklichen Sinn reduziert und an ihren historischen Ort gestellt werden können.

Das ist auch der Punkt, an dem sich die Geister scheiden. Bürgerliche Gelehrte und Ideologen, die im Bildungsbetrieb der bürgerlichen Universität groß geworden sind, werden nach Einflüssen und Ideen in den Frühschriften von MARX suchen, die in seinen späteren Werken nicht mehr feststellbar sind oder in abgewandelter Form, inhaltlicher Verschiebung und anderem Begründungszusammenhang erscheinen. Dieser – übrigens bei jedem Denker zu beobachtende – Sachverhalt ist für sie dann Anlaß genug, einen «ursprünglichen Marxismus» zu postulieren (TUCKER), MARX' Lehre als «Werk eines Phantasten», das ein «Torso» geblieben sei, zu schmähen (BORKENAU) oder zu behaupten, daß bestimmte Tendenzen aus den MARXschen Frühschriften «in der nachmarxschen Entwicklung seiner Gesellschaftskritik [durch die internationale Arbeiterbewegung und ihre Theoretiker] verdünnt worden sind» (MARCUSE). Sie finden so gleichsam einen geistigen Überschuß in den Frühschriften von MARX, mit dem sie dann ihre These vom Verfall der MARXschen Gedankenentwicklung begründen. Sie übersehen dabei, daß MARX mit der Erkenntnis von der welthistorischen Rolle des Proletariats und der Verbindung des wissenschaftlichen Kommunismus mit der proletarischen Bewegung einen qualitativen Sprung in der Geschichte des Denkens vollzogen hat, der seine Theorie von allen vorangegangenen Ideologien und aller gegenwärtigen bürgerlichen Ideologie grundsätzlich unterscheidet.

Nur von hier aus ist der tiefere Sinn der *11. These über Feuerbach* zu verstehen: «Die Philosophen haben die Welt nur verschieden *interpretiert*; es kommt aber darauf an, sie zu *verändern*.» Denn für sich genommen ist die 11. Feuerbach-These gar nicht so selbstverständlich und vor allem nicht so einleuchtend, wie es auf den ersten Blick scheint. Es hat in allen Jahrhunderten Philosophen gegeben, die bestrebt waren, ihre Ideen in die gesellschaftliche Praxis umzusetzen. Allein das will MARX mit der 11. These über Feuerbach gar nicht in Abrede stellen. Worum es ihm geht, ist der Tatbestand, daß alle bisherigen Versuche, philosophische Ideen in der Gesellschaft praktisch werden zu lassen, scheiterten. Sie scheiterten einmal, weil die historisch-gesellschaftlichen Bedingungen für diese Ideen nicht reif waren bzw. ihnen nicht entsprachen, zum anderen aber, weil sie und ihre Schöpfer nicht mit einer praktischen gesellschaftlich-sozialen Bewegung bewußt einhergingen. Auf das letzte aber kommt es an. Es ist zugleich erste Voraussetzung jedes Versuchs, Texte von MARX zu interpretieren.

Nun wäre allerdings nichts verkehrter, als wegen der Tatsache, daß die bürgerlichen und revisionistischen Gegner des Marxismus-Leninismus den Begriff der Entfremdung zur Untergrabung der wissenschaftlichen Weltanschauung und der sozialistischen Gesellschaftsordnung benutzen, das Problem der Entfremdung gleichsam als illegitimes Kind zu verbannen. Gerade die aus dogmatischer Enge resultierende und noch bis vor wenigen Jahren ungenügende monographische Erschließung der ökonomisch-philosophischen Manuskripte machten es den Gegnern des Marxismus-Leninismus leicht, ihr Spiel mit dem Begriff der Entfremdung zu treiben.

Der Sachverhalt, der von MARX mit dem Begriff der Entfremdung umschrieben wird, stellt eine Erscheinung dar, die an den Nerv der bürgerlich-kapitalistischen Gesellschaftsordnung rührt. Diese Erscheinung verstärkt sich mit der weiteren Entwicklung des Kapitalismus, besonders mit seinem Übergang zum Imperialismus und der Herausbildung des staatsmonopolistischen Kapitalismus. Die Untersuchung dieser Erscheinung ist ein fester Bestandteil aller Werke der Klassiker des Marxismus-Leninismus, ganz gleich, ob sie den Begriff der Entfremdung dabei verwenden oder nicht. Es ist falsch zu behaupten, daß MARX, der in der frühen Periode seines Schaffens den

Begriff der Entfremdung ausnehmend gebraucht hat, in seinen Werken nach der *Deutschen Ideologie* aber auf seine Verwendung aus guten (inhaltlichen wie formalen) Gründen weitgehend verzichtete, mit dem Verzicht auf den Begriff der Entfremdung auch das diesem zugrunde liegende Problem aus den Augen verloren habe. Ein Blick in die *Grundrisse der Kritik der politischen Ökonomie* oder in das *Kapital*, auch in ENGELS' *Anti-Dühring* genügt, um zu einer anderen Auffassung zu gelangen.

Es war eine der großen Erkenntnisse von MARX, daß er die in seinem frühen Schaffen mit dem Begriff der Entfremdung umschriebene Erscheinung, daß die durch die materielle und geistige Tätigkeit der Menschen geschaffenen Produkte ihnen als fremde, sie beherrschende Mächte gegenübertreten, ihnen gleichsam als unentrinnbares Schicksal erscheinen, als zum Wesen des Kapitalismus gehörig dargetan und ihre materielle Grundlage aufgedeckt hat, wobei der Ausgangspunkt von MARX nicht die Entfremdung schlechthin, sondern die *entfremdete Arbeit* gewesen ist. Im Gegensatz zu den bürgerlichen Ideologen vor und nach ihm betrachtete er diese Erscheinung jedoch – und das ist eine weitere große Erkenntnis von ihm – als eine *historisch gewordene und mit dem Kapitalismus vergehende*. Die Voraussetzungen zur Überwindung dieser zum Wesen des Kapitalismus gehörenden Erscheinung sah er in der Umgestaltung der kapitalistischen Verhältnisse, in der sozialistischen Revolution, was er bereits in den *ökonomisch-philosophischen Manuskripten* andeutungsweise formuliert hat. Und genauso, wie die gesellschaftliche Erscheinung der Entfremdung eine historisch gewordene und historisch vergängliche ist, ist auch der sie widerspiegelnde Begriff der Entfremdung ein historischer und sinnvoll nur auf kapitalistische Verhältnisse anwendbar. Den Begriff der Entfremdung auf sozialistische Verhältnisse übertragen zu wollen bedeutet, ihn in eine abstrakte, unhistorische Kategorie zu verwandeln. In der Konsequenz wird durch ein solches Vorgehen der unversöhnliche Gegensatz von Sozialismus und Kapitalismus eliminiert.

Gerade diese Tatsache wird von den bürgerlichen und revisionistischen Marx-Kritikern nicht zur Kenntnis genommen. Ihre Absicht ist es, den Begriff der Entfremdung in den Rang einer unhistorischen, gleichsam ewigen, zumindest Kapitalismus und Sozialismus umfassenden Kategorie zu erheben, um so den grundlegenden Unterschied zwischen den beiden ökonomischen Gesellschaftsformationen zu verwischen und das revolutionäre Kernstück des Marxismus-Leninismus, die Lehre von der sozialistischen Revolution, als überflüssig darzutun. [2]

→ Entäußerung → Warenfetischismus.

Enthaltenseinsbeziehung – logische Relation zwischen zwei Klassen von Individuen oder Klassen A, B (symbolisch: $A \subset B$) derart, daß jedes Element der Klasse A auch Element der Klasse B ist. Diese Beziehung wird auch als Inklusion bezeichnet.

So ist etwa die Klasse der Bäume in der Klasse der Pflanzen enthalten.

Die Enthaltenseinsbeziehung wird mit Hilfe der → Elementbeziehung folgendermaßen definiert:

$$A \subset B =_{\text{Def}} \forall(x)\,[x \in A \rightarrow x \in B].$$

Nach dieser Definition ist die Gleichheit oder Identität der Klassen A und B ein Spezialfall der Enthaltenseinsbeziehung; denn für sie trifft ja ebenfalls zu, daß jedes Element der Klasse A auch Element der Klasse B ist. Diese (unechte) Enthaltenseinsbeziehung wird daher häufig durch $A \subseteq B$ symbolisiert. Wenn man in der Definition die mögliche Gleichheit von A und B ausdrücklich ausschließt, hat man zum Unterschied von der unechten die echte Enthaltenseinsbeziehung definiert.

Bei der sprachlichen Darstellung der Enthaltenseinsbeziehung und der Elementseinsbeziehung wird (in der deutschen Sprache) die Partikel «ist» benutzt. Wenn wir etwa sagen «jeder Mensch ist sterblich», hat es den Anschein, als hätte dieser Satz die gleiche logische Struktur wie der Satz «Sokrates ist ein Mensch». Tatsächlich bezeichnet «ist» in beiden Fällen nicht dieselbe Beziehung. Im ersten Fall bezeichnet es die Tatsache, daß die Klasse der Menschen in der Klasse der Sterblichen enthalten ist, im zweiten Fall hingegen, daß Sokrates ein Element der Klasse der Menschen ist. Die Verwechslung der Relation des Elementseins mit der des Enthaltenseins führt zu logischen Fehlern.

→ Element.

Enthymem [griech] – in der *traditionellen Logik* verkürzter Schluß – insbesondere Syllogismus –, bei dem eine Prämisse oder die Conclusio stillschweigend als bekannt vorausgesetzt wird. Ein *Beispiel* für einen solchen Schluß ist: «Der Sozialismus wird in jedem der heute noch kapitalistischen Länder siegen. Also wird er auch in Westdeutschland siegen.» Die zu einem vollständigen Schluß gehörende zweite Prämisse «Westdeutschland ist ein heute noch kapitalistisches Land» wird stillschweigend als bekannt vorausgesetzt.

Entität [lat] – das Dasein eines Dinges, seine Seinshaftigkeit, das «Daß» im Unterschied zum «Was». Grundbegriff der *Scholastik*. *Ggs*: Quidditas.

Entropie [griech] – *eigtl*: Umwandelbarkeit. 1865 von CLAUSIUS in die Thermodynamik eingeführter Name einer physikalischen Zustandsgröße, die den Grad der Nichtumkehrbarkeit von physikalischen Prozessen, insbesondere von Energieumwandlungen, angibt. Der Begriff der Entropie diente CLAUSIUS zur quantitativen Formulierung des von ihm und THOMSON aufgestellten zweiten Hauptsatzes der Thermodynamik, dem zufolge Wärme (statistisch gesehen) immer nur von wärmeren auf kältere Körper übergehen kann, aber nicht umgekehrt, d. h., daß Temperaturdifferenzen stets in nichtumkehrbarer Richtung dem Ausgleich (Gleichgewichtszustand) zustreben. Die von BOLTZMANN (1877) entdeckte statistische Beziehung zwischen der Entropie und der Wahrscheinlichkeit eines Zustands, nach der 1. der Gleichgewichtszustand der Zustand größter Wahrscheinlichkeit ist und 2. die Entropie dem Logarithmus der Wahrscheinlichkeit proportional ist, gestattet es, den zweiten Hauptsatz (auch Entropiesatz) in der Form auszusprechen, daß ein abgeschlossenes physikalisches System dem Zustand maximaler Wahrscheinlichkeit zustrebt, oder auch, daß die Entropie eines abgeschlossenen Systems von Körpern, die miteinander in Wechselwirkung stehen, nur zunehmen, jedoch niemals abnehmen kann.

Dies soll durch eine einfache Überlegung verdeutlicht werden: Es sei ein Gas gegeben, dessen Volumen und Energie bekannt sei und in dem diese Energie in einer bestimmten Weise auf die einzelnen Moleküle verteilt ist (z. B. habe das Molekül M_1 die Energie E_1, das Molekül M_2 die Energie E_2 usw.). Ferner seien alle Zustandsgrößen der einzelnen Moleküle bekannt. Dann ist dadurch ein bestimmter Momentanzustand des Gases festgelegt. Eine solche Zustandsfestlegung nennt man eine Komplexion. Es leuchtet unmittelbar ein, daß ein und derselbe Gesamtzustand des Gases durch verschiedene Komplexionen realisiert werden kann.

Aus den Gesetzen der Wahrscheinlichkeitsrechnung folgt nun, daß im Prozeß der ständigen Änderungen des Gesamtzustandes des Gases gewissermaßen ein Ausleseprozeß stattfindet, und zwar derart, daß allmählich die Zustände vorherrschen, die durch die größte Zahl von Komplexionen verwirklicht werden. Jedes abgeschlossene System strebt diesem Zustand maximaler Wahrscheinlichkeit zu. Es ist z. B. extrem unwahrscheinlich, daß bei gegebener Energie, gegebenem Volumen und gegebener Molekülzahl eines Gases ein Molekül die gesamte Energie annimmt, alle übrigen dagegen gar keine.

Die Zahl der Komplexionen, die einen bestimmten Zustand des Gases realisiert, heißt thermodynamische Wahrscheinlichkeit dieses Zustandes. Bezeichnet man sie mit W und die Entropie des betreffenden Systems (in diesem Falle eines Gases) mit S, so ergibt sich aus den Gesetzen der Wahrscheinlichkeitsrechnung:

$$S = k \ln W$$ (BOLTZMANNsche Beziehung).

Hierin ist

$$k = 1{,}381 \cdot 10^{-16}\ \text{erg/grd}$$ (BOLTZMANNsche Konstante).

Dieser Ausdruck ist formal identisch mit einer Beziehung der Informationstheorie. Es sei ein endliches Feld von Ereignissen E_i gegeben, das wie folgt charakterisiert werden kann:

$$\frac{E_1 \quad E_2 \quad \dots E_n}{p_1 \quad p_2 \quad \dots p_n}$$
$$p_1 + p_2 + \dots p_n = 1$$

Die Information, die wir erhalten, wenn das Ereignis E_i aus diesem statistischen Ensemble eintritt, beträgt

$$I_i = \operatorname{ld} p_i.$$

Dieser Ausdruck ist zwar tatsächlich mit der oben angegebenen Beziehung für die Entropie formal identisch, es muß jedoch beachtet werden, daß die Konstante k eine physikalische Dimension (nämlich erg/grd) besitzt, während dies bei dem zuletzt angegebenen Ausdruck nicht der Fall ist.

Mit der Einführung des Entropiebegriffs ist prinzipiell etwas über die Richtung jeglicher Energieumwandlungen in der Zeit ausgesagt. Hieraus bestimmt sich die philosophische Bedeutung des Entropiebegriffs: er ist der physikalische Ausdruck der nichtumkehrbaren oder durchlaufenden historischen Zeitrichtung des Universums. Dabei ist allerdings zu beachten, daß der Entropiesatz keine universelle Gültigkeit hat. Er ist ein Wahrscheinlichkeitsgesetz und besagt, daß im Durchschnitt die Zahl der Prozesse, die durch Wachstum der Entropie gekennzeichnet sind, die Zahl der die Entropie vermindernden Prozesse überwiegt. Solche, die Entropie vermindernden Prozesse (auch ektropische genannt) sind z. B. einige Prozesse der Wechselwirkung zwischen Elementarteilchen. Da für letztere die Zeitrichtung umgekehrt im Vergleich zur Zeitrichtung bei Makroprozessen ist, kann das Wachstum der Entropie nur als relatives Kriterium für die nichtumkehrbare Zeitrichtung des Universums angesehen werden, das nur für einzelne Gruppen von Erscheinungen anwendbar ist. Es geht in das allgemeinere Kriterium der Kausalbeziehung ein, deren asymmetrische Struktur die Nichtumkehrbarkeit der Zeitrichtung universell widerspiegelt.

Als Wahrscheinlichkeitsgesetz spiegelt der Entropiesatz die Dialektik von Notwendigkeit und Zufall wider: der Entwicklungsprozeß eines abgeschlossenen Systems ist eine dialektisch-widersprüchliche Einheit ektropischer und entropischer Elementarprozesse, wobei erstere im Hinblick auf den Gesamtprozeß zufällige Abweichungen von der allgemeinen Entropievermehrung darstellen, die für das System als Ganzes notwendig eintritt; die ektropisch verlaufenden Prozesse

treten dabei als Erscheinungs- und Ergänzungsform des als Ganzes mit Notwendigkeit entropisch verlaufenden Gesamtprozesses auf.
Da praktisch alle Naturprozesse nicht umkehrbar sind (die «umkehrbaren» sog. Kreisprozesse können nur unendlich langsam ablaufen, d. h., sie sind real unmöglich), beweist der Entropiesatz schon für die elementare physikalische Bewegungsform die Tatsache ständiger Veränderung, deren Richtung nicht teleologisch zu deuten, sondern durch innere Gesetzmäßigkeiten der Materie bestimmt ist. Der Endzustand, dem ein solches System zustrebt, wird bei → Extrapolation des Entropiesatzes auf das unendliche Weltall vielfach als Wärmetod des Weltalls interpretiert. Diese Schlußfolgerung ist physikalisch unzulässig und philosophisch falsch.
→ Wärmetod des Weltalls.

entscheidbar – ein logischer Ausdruck ist innerhalb eines Systems entscheidbar, wenn er innerhalb dieses Systems beweisbar oder widerlegbar (d. h. wenn seine Negation beweisbar) ist. Ein logischer Ausdruck kann mittels eines → Beweises oder eines → Entscheidungsverfahrens entschieden werden.

Entscheidung – ursprünglich umgangssprachlicher Begriff, heute in streng theoretischem Sinne verwendet: Auswahl einer zu realisierenden Möglichkeit aus einem Feld gegebener realer Möglichkeiten. So spricht man z. B. in der Spieltheorie von einer Entscheidung als der Auswahl eines Zuges aus der Menge der in einer bestimmten Spielsituation möglichen Züge bzw. als der Auswahl einer Strategie aus der Menge der einem Spieler entsprechend den Spielregeln verfügbaren Strategien. Allgemein liegen in der Sphäre des menschlichen Handelns dann Entscheidungen vor, wenn ausgehend von der Erkenntnis mehrerer vorhandener Möglichkeiten des Handelns die für die Ziele und Zwecke des Menschen günstigste Möglichkeit ausgewählt und damit Stellung für eine in dieser Situation mögliche Entwicklungsrichtung bezogen wird.
Die *Entscheidungstheorie* ist ein System von Regeln und Gesetzen, die sich auf die Vorbereitung und das Treffen von Entscheidungen beziehen. Sie ermöglicht es, die einzelnen Schritte des Entscheidungsprozesses zu objektivieren und optimal zu gestalten.
Der Entscheidungsprozeß selbst ist charakterisiert
1. durch die Vorentscheidung über das Ziel der Handlungen und die Problemstellung;
2. durch die Analyse der zu einer bestimmten Zeit herangereiften Möglichkeiten und den Vergleich dieser Möglichkeiten untereinander;
3. durch die vorausschauende Abschätzung und Abwägung der für die Entscheidung wichtigsten Faktoren, des Risikos, der Störungsmöglichkeiten, der Störanfälligkeit sowie der Möglichkeit, diese auszuschalten oder abzufangen;
4. durch die Auswahl und Festlegung der Wege, Mittel und Methoden zur Erreichung des durch die Entscheidung gestellten Zieles;
5. durch die Festlegung der Kriterien für die Bestimmung des Optimums der Entscheidung, die den gesellschaftlichen Nutzeffekt sichtbar macht;
6. durch die Auswahl der günstigsten Varianten auf der Grundlage des vorher bestimmten Optimalkriteriums;
7. durch die Entscheidungsfällung und die Sicherung der Realisierung der Entscheidung.
Jedem bewußten Handeln des Menschen geht als vermittelndes Glied zwischen Denken und Handeln eine Entscheidung voraus. Sie legt das Verhalten und Handeln in der Zukunft fest, führt zur Auslösung bestimmter Handlungen, zur Veränderung der gegebenen Situation in einer bestimmten Richtung und findet ihren Ausdruck in einem Entschluß, einem persönlichen oder gesellschaftlichen Plan, einer Verordnung, Weisung usw.
Eine Entscheidung wird sowohl von objektiven als auch von subjektiven Faktoren bestimmt. Die objektive Grundlage für die Entscheidungsnotwendigkeit und -findung ist die gesetzmäßige Herausbildung mehrerer realer Möglichkeiten in der objektiven Realität, die es zu erkennen und gegeneinander abzuwägen gilt. Ferner ist eine Entscheidungsfindung immer bestimmt durch eine gegebene Umweltsituation sowie durch das (objektiv oder subjektiv bestimmte) Ziel der Tätigkeit bzw. den angestrebten Nutzen. Zu den subjektiven Faktoren der Entscheidungsfindung gehören vor allem das Wissen um die vorhandenen Möglichkeiten, bereits gesammelte Erfahrungen, persönliche Interessen usw. Entscheidungen können sowohl durch individuelle als auch durch Klassen- oder gesamtgesellschaftliche Interessen determiniert sein.
Entscheidungen in Fragen der weiteren gesellschaftlichen Entwicklung setzen nicht nur subjektive Einsicht in objektive Zusammenhänge, sondern auch ein hohes Maß an Verantwortung bei der Auswahl von Zielen und Handlungen voraus. Unter sozialistischen Verhältnissen müssen solche Entscheidungen auf der Kenntnis der objektiven gesellschaftlichen Struktur- und Entwicklungsgesetze beruhen und auf dem neuesten Stand der Wissenschaft aufbauen. Sie sind Bestandteil der prognostischen Tätigkeit der Arbeiterklasse und deren Partei und gehen von der grundsätzlichen Übereinstimmung zwischen persönlichen und gesellschaftlichen Interessen im Sozialismus aus. Vom einzelnen wie von der Gesellschaft werden effektive Entscheidungen angestrebt, die bei minimalem Aufwand auf optimalem Wege das gestellte Ziel zu erreichen ermöglichen, eine stabile, langfristige Entwicklung garantieren und

einen hohen gesellschaftlichen Nutzen erbringen.
Der komplizierte Prozeß der Entscheidungsfindung macht es erforderlich, moderne Leitungsmethoden, Systemtheorie, Operationsforschung, Kybernetik sowie Programmierung, Modellierung, Netzwerktechnik und andere Erkenntnisse und Methoden der modernen Wissenschaft anzuwenden und für das Finden optimaler Entscheidungen auszunutzen.
Dies ist besonders deshalb notwendig, weil einerseits das Resultat einer Entscheidung um so genauer vorherbestimmt werden kann, je mehr Parameter bei der Entscheidungsfindung berücksichtigt werden können, und weil andererseits Entscheidung immer mit Risiko und Verantwortung verbunden ist, d. h. mit Verantwortung für die Auswahl einer bestimmten Möglichkeit und deren Realisierung durch bestimmte Handlungen.
Da sich bei der Realisierung einer bestimmten Entscheidung neue Momente und Bedingungen ergeben können, die vorher nicht bekannt oder erfaßbar waren und deshalb auch nicht berücksichtigt werden konnten, macht sich ein dynamisches Verhalten zu strategischen Entscheidungen notwendig, das u. U. eine Korrektur der strategischen Entscheidung durch eine neue Entscheidung erzwingen kann.
Entscheidungen können untergliedert werden:
1. nach dem Gegenstand der Entscheidung (Zielentscheidung, Operationsentscheidung, Mittelentscheidung);
2. nach dem Grad der Schwierigkeit der Entscheidungsfindung (programmierbare oder nichtprogrammierbare Entscheidungen; schöpferische Entscheidung, Routineentscheidung);
3. nach dem Entscheidungsorgan (Einzelentscheidung, Kollektiventscheidung);
4. nach dem Gültigkeitszeitraum von Entscheidungen (taktische, strategische; operative, perspektivische Entscheidung).

Entscheidungsverfahren – Verfahren innerhalb eines logischen Systems, das gestattet, von jedem beliebigen Ausdruck dieses Systems in endlich vielen Schritten zu entscheiden, ob dieser Ausdruck *allgemeingültig*, *erfüllbar* oder eine *Kontradiktion* ist.
In der *Aussagenlogik* gibt es derartige Verfahren. Man kann einen Ausdruck etwa dadurch entscheiden, daß man seine Wahrheitsmatrix aufstellt. Enthält die Spalte, die zum Gesamtausdruck gehört, nur den Wert *wahr*, so ist dieser logische Ausdruck *allgemeingültig*. Tritt in dieser Spalte der Wahrheitswert *wahr* wenigstens einmal auf, so nennt man einen solchen logischen Ausdruck *erfüllbar*, und ergibt sich in allen Fällen der Wahrheitswert *falsch*, so liegt eine *Kontradiktion* vor.
Beispiel: Der logische Ausdruck

$$(p \to q) \to (\sim q \to \sim p)$$

soll auf seine Allgemeingültigkeit hin geprüft werden. Wenn *w* und *f* Abkürzungen für die Wahrheitswerte *wahr* bzw. *falsch* sind und außerdem die Wahrheitsmatrix der Implikation beachtet wird, so ergibt sich folgende Ausführung des Verfahrens:

p	q	$p \to q$	$\sim q \to \sim p$	$(p \to q) \to (\sim q \to \sim p)$
w	w	w	w	w
w	f	f	f	w
f	w	w	w	w
f	f	w	w	w

Da in der letzten Spalte immer der Wahrheitswert *wahr* steht, d. h. jede beliebige Kombination von *wahr* und *falsch* für die Aussagen *p* bzw. *q* immer den Wahrheitswert *wahr* für die Aussagenverbindung ergibt, so ist diese Aussagenverbindung, die auch als *Gesetz der Kontraposition* bekannt ist, *allgemeingültig*.
Für die Aussagenlogik gibt es verschiedene Verfahren, die es gestatten, von jedem beliebigen aussagenlogischen Ausdruck gewissermaßen mechanisch in endlich vielen Schritten zu entscheiden, ob er allgemeingültig, erfüllbar oder eine Kontradiktion ist. Man kann einen aussagenlogischen Ausdruck nicht nur an Hand seiner Wahrheitsmatrix, sondern auch mit Hilfe seiner konjunktiven bzw. alternativen Normalform entscheiden.
Allgemeine Entscheidungsverfahren gibt es auch für einige andere elementare Bereiche der Logik (etwa für die einstellige *Prädikatenlogik*, für bestimmte eingeschränkte Bereiche der *Relationslogik*). Es ist jedoch durch Untersuchungen der Mathematiker GÖDEL und CHURCH bewiesen worden, daß es ein allgemeines Entscheidungsverfahren für die gesamte Logik nicht gibt und nicht geben kann. GÖDEL (*Über formal unentscheidbare Sätze der Principia Mathematica und verwandter Systeme*) hat gezeigt, daß es in jedem einigermaßen reichhaltigen System (z. B. in einem System, das außer logischen Axiomen die der gewöhnlichen Arithmetik der natürlichen Zahlen enthält) Aussagen gibt, die zwar mit den Mitteln dieses Systems formuliert werden können, die aber in diesem System weder bewiesen noch widerlegt werden können. Nun kann man das System entsprechend erweitern, so daß der Beweis bzw. die Widerlegung des betreffenden Satzes doch möglich wird. Aber in diesem neuen erweiterten System treten wieder andere Sätze

der genannten Art auf, und dieser Prozeß bricht niemals ab. Der dialektische Widerspruch zwischen dem Bestreben, alle wahren Sätze eines Gebietes auch zu beweisen, und der prinzipiellen Unabgeschlossenheit aller komplizierteren Systeme ist die Quelle dieses unendlichen Prozesses. Einige philosophische Theoretiker der Logik glaubten in dieser Tatsache einen mathematischen Beweis für den Agnostizismus zu sehen. Diese Auffassung ist jedoch falsch. Jedes konkrete endliche Problem kann gelöst werden. Der GÖDELsche Satz beweist vielmehr im Bereich der modernen Logik und Mathematik die allgemeine Feststellung des dialektischen Materialismus, daß es kein Aufhören der Entwicklung gibt.

Entwicklung – Veränderung, Bewegung in aufsteigender Linie, Übergang von niederen zu höheren, von einfacheren zu komplizierteren Qualitäten.

In der Geschichte der Philosophie und der Einzelwissenschaften lassen sich zwei grundlegende Auffassungen der Entwicklung verfolgen: «Entwicklung als Verkleinerung und Vergrößerung, als Wiederholung, *und* Entwicklung als Einheit der Gegensätze ... Bei der ersten Auffassung der Bewegung bleibt die Selbstbewegung, ihre treibende Kraft, ihre Quelle, ihr Motiv im Schatten (oder diese Quelle wird nach außen verlegt – Gott, Subjekt etc.). Bei der zweiten Auffassung richtet sich die Hauptaufmerksamkeit gerade auf die Erkenntnis der *Quelle* der ‚Selbst'bewegung» (LENIN 38, 339).

Erste Ansätze zu einer *dialektischen Auffassung* der Entwicklung finden sich schon bei den Philosophen des Altertums, besonders bei HERAKLIT, der die Welt als in ständiger Bewegung, Veränderung und Entwicklung begriffen auffaßt und die Bewegung als Selbstbewegung versteht, deren Quelle der Kampf der Gegensätze ist. ANAXIMANDER äußert zum erstenmal den Gedanken einer Entwicklung im Tierreich: die Menschen seien ursprünglich aus andersartigen Lebewesen entstanden. In der griechischen Philosophie des Altertums bilden sich jedoch auch schon metaphysische, auf eine Leugnung der Entwicklung hinauslaufende Vorstellungen heraus. So lehren die *Pythagoreer* eine allgemeine Kreislauftheorie: alles kehre nach einer bestimmten Anzahl von Jahren in seinen ursprünglichen Zustand zurück. Nach EMPEDOKLES sind die Lebewesen nicht aus niederen Formen der Materie entstanden, sondern das Resultat zufälliger Verbindungen einzelner Körperteile und Gliedmaßen, die vordem für sich existiert haben sollen; die Entwicklung wird bei ihm auf einen ewigen Wechsel von «Liebe» und «Haß» reduziert.

In dem durch ökonomische, gesellschaftliche und wissenschaftliche Stagnation gekennzeichneten *feudalen Mittelalter* geht der Entwicklungsgedanke im wesentlichen verloren und wird von einer allgemeinmetaphysischen Denkweise abgelöst.

Mit der Entstehung des *Frühkapitalismus*, der stürmischen Entfaltung der Produktivkräfte und der damit verbundenen raschen Fortschritte der Wissenschaften, bricht sich die Entwicklungsidee allmählich Bahn. Hatte BÖHME die Entwicklung des Weltalls noch wesentlich auf der Grundlage mystisch-religiösen und alchemistischen Gedankenguts begriffen, so wird im materialistisch-pantheistischen Denken, vor allem BRUNOS und SPINOZAS, die Entwicklung als Selbstentwicklung eines materiellen Prinzips gefaßt. Das dialektische Prinzip der Selbstentwicklung wird auch von LEIBNIZ in der Monadenlehre – freilich in idealistischer Form – vertreten: Die Monaden sind aktive, selbsttätige, geistige Substanzen mit einem inneren Trieb zur Vervollkommnung. LEIBNIZ betont das Moment der Kontinuität innerhalb der Entwicklung, verabsolutiert es allerdings, indem er die Diskontinuität, die Sprünge in der Entwicklung, leugnet und das Kontinuitätsprinzip so zur Grundlage einer einseitigen metaphysischen Entwicklungsauffassung werden läßt. In Anwendung auf die naturwissenschaftliche Problematik findet der Entwicklungsgedanke in mechanischer und noch spekulativer Form eine erste Anwendung in der Kosmologie DESCARTES'; das Planetensystem sei durch Wirbelbildung aus einer amorphen Materie (Äther) entstanden.

Trotz dieser einzelnen Keime des Entwicklungsgedankens war in der ersten Hälfte des 18. Jahrhunderts die vorherrschende Naturauffassung noch metaphysisch (undialektisch, unhistorisch); in ihrem Mittelpunkt stand die Ansicht von der absoluten Unveränderlichkeit der Natur. Die erste große Bresche in diese versteinerte Naturauffassung schlug KANT mit seiner 1755 erschienenen *Allgemeinen Naturgeschichte und Theorie des Himmels*, in der er die Theorie von der Entstehung und Entwicklung unseres Sonnensystems und der Erde aus einem gasförmigen Urzustand begründet. Obwohl der Gedanke einer durchgehenden Entwicklung in der materiellen Welt zunächst nur zögernd Anerkennung fand, war seine Durchsetzung doch nicht mehr aufzuhalten. Ebenfalls Mitte des 18. Jahrhunderts tritt C. F. WOLFF mit der durch zahlreiche Beobachtungen erhärteten und gegen die scholastische Präformationstheorie gerichteten These von der Entwicklung des Pflanzen- und Tierreichs aus einfachen Organismen und der Entwicklung des Embryos aus dem Keim auf. In ähnlicher Weise wird die Veränderlichkeit der Organismen von dem französischen Naturforscher BUFFON behauptet, der die Entwicklungsidee auch auf die Entstehungsgeschichte der Erde anwendet. LYELL entwickelt im Gegensatz zu CUVIERS Katastrophentheorie eine Theorie der langsamen Umgestaltung

der Erde. Gegen die CUVIERsche Theorie der Unveränderlichkeit der Arten und eines mehrmaligen Schöpfungsaktes tritt in der Französischen Akademie der Wissenschaften SAINT-HILAIRE auf, für den in Deutschland GOETHE Partei ergreift.
Die Theorie der Entwicklung der Arten hat gegen Ende des 18. und zu Beginn des 19. Jahrhunderts hervorragende Vertreter in fast allen europäischen Ländern aufzuweisen. LAMARCK erklärt die Entwicklung der Arten aus den sich verändernden Umweltbedingungen. OKEN verfolgt die Entwicklung der Natur von mechanischen und chemischen Erscheinungen bis zu den Organismen, und BAER nimmt für alle Lebewesen eine gemeinsame Urform an, aus der diese sich entwickelt haben sollen.
Ihren Höhepunkt erreicht die Entwicklungslehre für den Bereich der organischen Natur in den Werken von DARWIN und HAECKEL (→ Abstammungslehre). ENGELS (20, 319) charakterisiert den Siegeszug des Entwicklungsgedankens in den Wissenschaften von der organischen Natur im 18. und 19. Jahrhundert folgendermaßen: «Es war bezeichnend, daß fast gleichzeitig mit *Kants* Angriff auf die Ewigkeit des Sonnensystems *C. F. Wolff* 1759 den ersten Angriff auf die Beständigkeit der Arten erließ und die Abstammungslehre proklamierte. Aber was bei ihm nur noch geniale Antizipation, das nahm bei *Oken*, *Lamarck*, *Baer* feste Gestalt an und wurde genau 100 Jahre später, 1859, von *Darwin* sieghaft durchgeführt.»
Doch auch in der Gesellschaftslehre gewinnt der Entwicklungsgedanke im 18. Jahrhundert immer mehr an Bedeutung. 1777/80 wendet ihn LESSING in seiner Schrift «Die Erziehung des Menschengeschlechts» auf die Entstehung der Religion an, 1784 HERDER (Ideen zur Philosophie der Geschichte der Menschheit) auf die Geschichte. Für HERDER ist die Geschichte gesetzmäßig in fortschreitender Entwicklung begriffen: sie ist die Fortsetzung der Entwicklung der Natur. In Rußland findet das Entwicklungsprinzip um die Mitte des 19. Jahrhunderts hervorragende Vertreter in den revolutionären Demokraten. So nennt HERZEN die Geschichte des Denkens die Fortsetzung der Geschichte der Natur. Er betont, daß weder die Menschheit noch die Natur sich außerhalb der historischen Entwicklung verstehen lassen.
Den Versuch einer philosophischen Synthese der verschiedenen Aspekte des Entwicklungsgedankens unternimmt die klassische deutsche Philosophie. Vor allem in den Systemen von FICHTE, SCHELLING und HEGEL macht das Entwicklungsprinzip den zentralen Gedanken ihrer Philosophie aus. «Ihren Abschluß fand diese neuere deutsche Philosophie im Hegelschen System, worin zum erstenmal – und das ist sein großes Verdienst – die ganze natürliche, geschichtliche und geistige Welt als ein Prozeß, d. h. als in steter Bewegung, Veränderung, Umbildung und Entwicklung begriffen, dargestellt und der Versuch gemacht wurde, den innern Zusammenhang in dieser Bewegung und Entwicklung nachzuweisen» (MARX/ENGELS 19, 206). Doch ist die auf einer idealistischen Grundlage aufgebaute HEGELsche Entwicklungslehre inkonsequent und widersprüchlich. Während HEGEL der Natur eine Entwicklung in der Zeit überhaupt abspricht, ist ihm die Entwicklung der menschlichen Gesellschaft nur die Widerspiegelung der Selbstentwicklung der «absoluten Idee»; und selbst in der Geschichte läßt HEGEL eine Entwicklung nur in der Vergangenheit gelten. Während der Entwicklungsprozeß der Gesellschaft seiner Natur nach nicht durch die Entdeckung einer sog. absoluten Wahrheit seinen intellektuellen Abschluß finden kann, behauptet das HEGELsche System, der Inbegriff eben dieser absoluten Wahrheit zu sein (MARX/ENGELS 19, 207).
Die Inkonsequenzen der *Hegelschen Entwicklungslehre* sind letzten Endes Ausdruck dessen, daß die bürgerliche Klasse, deren Ideologen den Entwicklungsgedanken erstmalig wissenschaftlich formuliert hatten, auf Grund ihrer eigenen Entwicklung immer mehr dazu getrieben wird, zunächst dessen Allgemeingültigkeit einzuschränken und später – mit dem Übergang zum Imperialismus – seine Rechtmäßigkeit überhaupt zu leugnen. Die Klasseninteressen der Bourgeoisie verlangen, daß die Welt so bleiben müsse, wie sie nach dem vollen Sieg der Bourgeoisie geworden war. Der wissenschaftliche Entwicklungsbegriff ist jedoch unvereinbar mit jeder Apologetik bestehender Verhältnisse. Darüber hinaus ist er auch mit einer idealistischen Weltanschauung, besonders in ihrer spezifisch religiösen Form, nicht zu vereinbaren, da diese einen Schöpfungsakt und damit einen Anfang der Entwicklung in Raum und Zeit voraussetzt.
Ein wahrhaft wissenschaftlicher und konsequent durchgeführter Entwicklungsbegriff kann heute nur von den Ideologen jener Klasse erarbeitet und vertreten werden, die selbst Träger der über die bürgerliche Gesellschaft hinausweisenden historischen Entwicklung ist: der *Arbeiterklasse*. Ihre Philosophie, der *dialektische und historische Materialismus*, bewahrt das fortschrittliche Erbe des Entwicklungsgedankens und vertieft denselben auf Grund der neuesten Erkenntnisse der Natur- und Gesellschaftswissenschaften sowie der revolutionären Praxis der Arbeiterklasse.
LENIN (21, 42f) charakterisierte die wesentlichen Züge des marxistischen Entwicklungsbegriffs folgendermaßen: «Eine Entwicklung, die die bereits durchlaufenen Stadien gleichsam noch

einmal durchmacht, aber anders, auf höherer Stufe (‚Negation der Negation'), eine Entwicklung, die nicht gradlinig, sondern sozusagen in der Spirale vor sich geht; eine sprunghafte, mit Katastrophen verbundene, revolutionäre Entwicklung; ‚Abbrechen der Allmählichkeit'; Umschlagen der Quantität in Qualität; innere Entwicklungsantriebe, ausgelöst durch den Widerspruch, durch den Zusammenprall der verschiedenen Kräfte und Tendenzen, die auf einen gegebenen Körper einwirken oder in den Grenzen einer gegebenen Erscheinung oder innerhalb einer gegebenen Gesellschaft wirksam sind; gegenseitige Abhängigkeit und engster, unzertrennlicher Zusammenhang aller Seiten jeder Erscheinung (wobei die Geschichte immer neue Seiten erschließt), ein Zusammenhang, der einen einheitlichen, gesetzmäßigen Weltprozeß der Bewegung ergibt – das sind einige Züge der Dialektik als der (im Vergleich zur üblichen) inhaltsreicheren Entwicklungslehre.»

Der dialektische Materialismus deckt die allgemeinsten Bewegungs- und Entwicklungsgesetze der Natur, der Gesellschaft und des Denkens auf. Es sind dies das Gesetz von der Einheit und dem «Kampf» der Gegensätze, das die Ursache, die Quelle der Entwicklung aufdeckt, das Gesetz vom Umschlagen quantitativer Veränderungen in qualitative, das die Art und Weise der Entstehung neuer Qualitäten im Lauf der Entwicklung beschreibt, und das Gesetz der Negation der Negation, das die Richtung und das Resultat der Entwicklung angibt.

Der dialektische Materialismus hat schon im vorigen Jahrhundert die These aufgestellt, daß sich die Materie in einem ständigen Prozeß der Veränderung befindet, der zu immer höheren und komplizierteren Organisationsformen führt. Zum Begriff der Entwicklung gehört im Unterschied zum Begriff der Veränderung stets eine Richtung, eine Tendenz, die auf höhere Entwicklungsformen zielt. Alles Beweismaterial der Einzelwissenschaften, das seither auf dem Gebiet der Entwicklung der verschiedensten Bereiche gefunden wurde, hat die Richtigkeit der These des dialektischen Materialismus bestätigt.

Die materielle Welt ist ein System qualitativer Entwicklungsstufen (Anorganisches, Organisches, Gesellschaft einschließlich des Denkens), wobei jeder dieser großen Bereiche wiederum seine eigenen Entwicklungsstufen besitzt, wie sich dies anschaulich im organischen Bereich an der Entwicklung der Arten bis zur Entstehung des Menschen zeigt. Darüber hinaus trägt die allgemeine Entwicklungsgesetzmäßigkeit in jedem dieser Bereiche spezifische Züge. So ist z. B. das Entwicklungstempo für Objekte der höheren Bewegungsformen der Materie wesentlich schneller als in den niederen. Während für die höheren Bewegungsformen (organische Natur, Gesellschaft) eindeutige Kriterien einer progressiven Entwicklung angegeben werden können (Vollkommenheit der Organisation und Grad der Differenzierung der Organismen; Entwicklungsstand der Produktivkräfte), ist das für die anorganische Natur, insbesondere für die Entwicklung der kosmischen Objekte nicht möglich.

Das ganze Universum kann als ein System von Entwicklungsprozessen aufgefaßt werden. Die Galaxien, die Sternhaufen und Sternassoziationen, die Sonnen- und Planetensysteme sind Produkte solcher Entwicklungsprozesse. Alle materiellen Gebilde oder Prozesse im Universum sind in dieser oder jener Weise an Entwicklungsprozessen beteiligt bzw. sind ihr Produkt. Es ist jedoch sinnlos, den Begriff der Entwicklung auf das Universum selbst anzuwenden. Alle derartigen Versuche sind gescheitert. Es wurden etwa Theorien konstruiert, denen zufolge die Evolution des Universums vor einigen Milliarden Jahren begonnen haben soll. Der sowjetische Astronom V. A. Ambarzumjan u. a. haben jedoch kosmische Gebilde entdeckt (sog. Sternassoziationen), die erst vor einigen Millionen Jahren entstanden sein können.

Unter kybernetischen Gesichtspunkten ist vor allem die Entwicklung der Organismenwelt, der Gesellschaft und der modernen kybernetischen Maschinensysteme interessant. Diese dynamischen Systeme unterscheiden sich von den obengenannten dadurch, daß sie den Charakter selbstregulierender und -optimierender Systeme haben.

Die Tatsache der Evolution (hier als Synonym für Entwicklung verstanden) der Organismen ist angesichts der großen Fülle des paläontologischen Beweismaterials heute nicht mehr abzustreiten.

Hier interessieren vor allem zwei Fragen: Wie ist die Entwicklung von Organismen möglich? Wie ist die Entwicklung der Organismen tatsächlich vor sich gegangen? Um die Mitte des vorigen Jahrhunderts konnte Darwin wesentliche Teilantworten auf diese Fragen geben: Im Prozeß der Vererbung entstehen Variationen der verschiedensten Art, die nach statistischen Gesetzen um einen Mittelwert streuen. Die im Hinblick auf die Auseinandersetzung mit der Umwelt ungünstigen Variationen werden durch einen Ausleseprozeß ausgemerzt, die günstigen bleiben erhalten und setzen sich quantitativ allmählich innerhalb der Zufallsverteilung der Variationen durch. Diese Erzeugung von Variationen ist gewissermaßen die Art und Weise, wie die Gattung bzw. die Art die → Trial-and-error-Methode anwendet. Über den tatsächlichen Vorgang der Vererbung und der Erzeugung von Mutationen konnte Darwin noch keine wissenschaftlich begründeten

Annahmen formulieren. Die Genetik ist in Verbindung mit der Informationstheorie heute in der Lage, den Mechanismus der Vererbung mit einiger Exaktheit darzustellen. Träger des Vererbungsgeschehens sind die Desoxyribonukleinsäuren (DNS). Die unterschiedlichen Erbinformationen, die an die nächste Generation weitergegeben werden, sind durch unterschiedliche Stellung bzw. Anordnung von vier organischen Gruppen festgelegt.

Noch wesentlicher ist der Beitrag, den die *kybernetische Systemtheorie* zur Erklärung der Entwicklung der Organismen leisten kann. Vom spezifischen kybernetischen Aspekt erscheint Höherentwicklung als verbesserte Adaptation eines organischen selbstregulierenden Systems an seine Umgebung, als fortschreitende Unabhängigkeit des inneren Milieus eines Systems von den äußeren Störungen, als Optimierung der Verhaltensweise solcher Systeme. Unter diesem Gesichtspunkt ist die Entwicklung des Lebens etwas durchaus Verständliches.

Der Begriff des dynamischen selbstregulierenden Systems erklärt Anpassungsleistungen des Lebens ohne Zuhilfenahme der Begriffe der Teleologie. Das ultrastabile System macht die Anpassung organischer kybernetischer Systeme an die Vielfalt von Umweltbedingungen verständlich. Multistabile Systeme schließlich sind in der Lage, immer neue Anpassungsleistungen zu vollbringen, ohne daß im Prozeß der Erwerbung neuer Eigenschaften früher bereits erworbene Eigenschaften verlorengehen, obwohl möglicherweise die Strategie, die im Laufe der Auseinandersetzung mit der Umwelt zur Gewinnung einer bestimmten Eigenschaft geführt hat, der Strategie widerspricht, die mit der Aneignung einer anderen Eigenschaft verbunden war (Ultrastabilität, Multistabilität). Dies ist bedingt durch die Eigenschaft des multistabilen Systems, zeitweilig dieses oder jenes Teilsystem vom Gesamtsystem abschalten und sich der Umgebung gegenüber gewissermaßen selbständig verhalten zu können. Wären die organischen kybernetischen Systeme so organisiert, daß sich in jedem Moment und in jeder Hinsicht alle Teilsysteme in einer komplexen und wesentlichen Wechselwirkung miteinander befänden, so wäre eine Anpassung an die Umgebung praktisch unmöglich, schon deswegen, weil jede Änderung der Umweltbedingungen dann erfordern würde, daß sich die Gesamtheit der Variablen des Systems auf neue Werte einreguliert. Eine grobe Abschätzung in bezug auf die zur Verfügung stehende Zeit der Entwicklung von den einfachsten Organismen bis zum Menschen zeigt, daß selbst die zweieinhalb Milliarden Jahre, die tatsächlich zur Verfügung standen, unter solchen Bedingungen nicht ausgereicht hätten. Das multistabile System, das zeitweilig und im Hinblick auf bestimmte Zusammenhänge in voneinander relativ unabhängige Teilsysteme zerfällt, steht aber einer Umgebung gegenüber, die selbst nicht ein dichtes zusammenhängendes Netz von Wechselwirkungen bildet, sondern deren Teilsysteme ihrerseits ebenfalls relativ unabhängig voneinander sind. Deshalb kann das multistabile System Teilaufgaben der Anpassung einem seiner Teilsysteme «übertragen», das sie relativ unabhängig vom Gesamtsystem erledigt. Können sich Teilsysteme S_1, S_2 eines kybernetischen Systems an Teilsysteme der Umgebung U_1, U_2 usw. unabhängig voneinander anpassen, so vermindert sich die erforderliche Anpassungszeit dann, wenn dies bei einem anderen System nicht möglich ist, um einen Faktor von vielen Zehnerpotenzen. Die primitivsten Lebensformen konnten sich ihrer Umgebung nur mit Hilfe der Strategien anpassen, die ihnen durch das in den Genen verankerte Programm zur Verfügung standen. Solche Programme können die Stabilität dynamischer selbstregulierender Systeme nur im Hinblick auf relativ konstante Klassen von Störungen aus der Umwelt garantieren. Die höheren Organismen zeichnen sich dadurch aus, daß sie die Fähigkeit des Lernens erworben haben. Die Vererbung gibt in diesem Falle nicht die Ergebnisse des Lernens der vorangegangenen Generationen weiter, sondern die Strategie des Lernens. Erst die kybernetische Theorie lernender dynamischer selbstregulierender Systeme ist in der Lage, den Mechanismus der Entwicklung der Organismen in vollem Umfang zu erklären.

Der unendliche Entwicklungsprozeß der Materie im Kosmos ist eine dialektische Einheit von «aufsteigenden» und «absteigenden» Linien, von reversiblen und irreversiblen Prozessen (→ Kosmogonie). Die allgemeine Tendenz zur Höherentwicklung gilt somit nur für endliche materielle Systeme und Bereiche im Weltall und darf nicht auf die unendliche Welt als Ganzes übertragen werden. Es gibt keine Entwicklung *des* Weltalls, sondern eine Entwicklung *im* Weltall.

Die natürliche Entwicklung der Materie von ihren einfachen Formen bis zu den kompliziertesten Strukturen des Tierreichs und bis zur Entstehung des Menschen und der Gesellschaft ist heute wissenschaftlich einwandfrei gesichert und wird allgemein anerkannt (wenn auch über wichtige Einzelheiten, z. B. in der Frage der Entstehung des Lebens, über einzelne Zusammenhänge in der Entstehungsgeschichte des Menschen noch keine völlige Klarheit besteht).

Selbst die Vertreter der zeitgenössischen bürgerlichen Philosophie können angesichts der Fülle des vorhandenen Tatsachenmaterials, das den Entwicklungsgedanken beweist, diesen heute nicht mehr rundweg ablehnen. Sie versuchen daher, unter Mißdeutung bestimmter Ergebnisse der

modernen Naturwissenschaft, einen Anfang bzw. ein Ende der Entwicklung im Universum zu konstruieren (→ Rotverschiebung → Wärmetod des Weltalls). Alle diese Theorien stehen jedoch im Widerspruch zur Naturwissenschaft selbst, weil sie letztlich einen göttlichen Schöpfungsakt voraussetzen und somit einem religiösen Wunderglauben das Wort reden.
→ Veränderung → Dialektik → Einheit und «Kampf» der Gegensätze → Qualität und Quantität → Negation der Negation → Evolutionismus.

Enzyklika [griech] – seit dem 18. Jahrhundert Name für ein *Rundschreiben des Papstes*, das sich als Weltrundschreiben (litterae encyclicae) an alle Bischöfe und damit an alle Gläubigen oder als epistolae encyclicae an die Bischöfe eines begrenzten Bereichs wendet. Es enthält grundlegende Verlautbarungen des obersten kirchlichen Lehramtes, meist mit lehrhaftem Charakter und zu aktuellen Fragen. Die Enzykliken werden jeweils nach ihren Anfangsworten zitiert (z. B. *Aeterni patris*).
Obwohl die Enzykliken keine unfehlbaren Lehrentscheidungen darstellen, sind sie für alle Katholiken verbindlich. Der autoritative Charakter der Enzykliken wurde von PIUS XII. deutlich hervorgehoben, als er in dem Rundschreiben *Humani generis*, 1950, schrieb: «Wenn die Päpste in ihren Akten ein Urteil über eine bislang umstrittene Frage aussprechen, dann ist es für alle klar, daß diese nach der Absicht und dem Willen der Päpste nicht mehr der freien Erörterung der Theologen unterliegen kann.»
Bedeutsame Enzykliken der letzten Jahrzehnte, die zu Problemen der Kirche und des Glaubens im engeren Sinne Stellung nehmen, sind: *Militantis ecclesiae* (1897); *Editae saepe* (1910, mit wichtigen Einschätzungen zur Reformation); *Mortalium animos* (1928, bedeutsam wegen der früher negativen Haltung der katholischen Kirche zur ökumenischen Bewegung); *Divini illius magistri* (1929, maßgeblich für die katholische Erziehungs- und Schulpolitik); *Mystici corporis* (1943, grundlegend für das Selbstverständnis der katholischen Kirche); *Divino afflante spiritu* (1943, mit wichtigen Einschätzungen zur Interpretation der biblischen Schriften und zum Charakter der Inspiration).
Philosophisch von Bedeutung sind jene Enzykliken, die zur philosophischen und wissenschaftlichen Entwicklung Stellung nehmen und die Ausbildung der neueren → katholischen Philosophie beeinflußt haben. Der erste Platz gebührt hier der Enzyklika *Aeterni patris* über die katholische Kirche und die Wissenschaft (1879), in der LEO XIII. die Forderung erhebt, «daß *alle* menschlichen Wissenschaften so gelehrt würden, wie es der katholische Glaube erfordert, vor allem aber die *Philosophie*, da ja gerade von dieser die rechte Beschaffenheit der übrigen Wissenschaften großenteils abhängt». Als Philosophie, die am besten dieser Aufgabe gerecht werde und die Aussöhnung von Glauben und Wissen gewährleiste, wird die *Scholastik* bezeichnet, vor allem die Philosophie des THOMAS VON AQUIN, in dem die Vernunft den «höchsten Gipfel menschlicher Vollendung» erreicht habe, über den sie «kaum mehr noch höher emporzusteigen vermag».
Pascendi Dominici Gregis (1907) setzte die Intentionen der Enzyklika *Aeterni patris* fort; sie stellte die große Abrechnung mit dem → Modernismus dar, der um die Jahrhundertwende nach einer Erneuerung des Katholizismus strebte, die Wiederbelebung der scholastischen Philosophie ablehnte und die Aussöhnung von Glauben und Wissen mit Gedankenmitteln der neueren bürgerlichen Philosophie zu bewältigen versuchte. Die Enzyklika bekämpft den Modernismus als das «Sammelbecken aller Häresien» und bezeichnet Subjektivismus, Agnostizismus, Relativismus und Evolutionismus als seine philosophischen Grundlagen.
Die dritte große Enzyklika, die für die katholische Philosophie richtungweisend ist und mit der das Papsttum zur wissenschaftlichen Entwicklung Stellung nahm, ist das Rundschreiben *Humani generis Pius XII.* aus dem Jahre 1950. *Humani generis* wendet sich gegen die «falschen Ansichten, die die Grundlagen der katholischen Kirche zu untergraben drohen» und bekämpft in diesem Zusammenhang den dialektischen und historischen Materialismus, den Existentialismus, die moderne Evolutionstheorie und den in Gestalt der «Théologie nouvelle» in Frankreich wieder auflebenden Modernismus.
Das größte Interesse verdienen jene Enzykliken, die den sozialen und politischen Problemen gewidmet sind und die die Grundlagen der neueren katholischen Soziallehre entwickelten. Während im vergangenen Jahrhundert in diesen Enzykliken teilweise die Auseinandersetzung, aber auch die Anpassung an die durch die bürgerliche Revolution herbeigeführten sozialen und politischen Verhältnisse noch eine große Rolle spielen, steht gegen Ende des Jahrhunderts bereits die Auseinandersetzung mit dem Sozialismus und der sich entwickelnden Arbeiterbewegung mehr im Vordergrund.
Mirari vos (1832) ist noch durchgehend geprägt von der legitimistisch-absolutistischen Denkweise GREGORS XVI. Die Enzyklika wendet sich gegen die entstehende bürgerliche revolutionäre Bewegung am Ende der Restaurationszeit und bekämpft erbittert die bürgerlich-demokratischen Forderungen. Wegen seiner gehässigen und verstiegenen Ausfälle gegen die bürgerlichen Frei-

heiten – Gewissensfreiheit als «unsinniges Geschwätz» – gilt *Mirari vos* neben dem *Syllabus* von 1864 als eines der reaktionärsten Dokumente des Katholizismus im 19. Jahrhundert.
Qui pluribus (1846) verurteilt erstmals den Kommunismus. Auch *Quanta cura* (1864) enthält bereits eine Stellungnahme gegen den Sozialismus, ist aber seiner ganzen Anlage nach noch auf die Bekämpfung des bürgerlichen Liberalismus ausgerichtet. *Quanta cura* verurteilt 16 liberale Thesen, darunter die Forderungen nach absoluter Religions-, Kultus-, Gewissens-, Rede- und Pressefreiheit, nach der Trennung von Staat und Kirche sowie die Forderung, daß der Staat allein als Quelle des Rechts zu gelten habe.
Mit den Enzykliken LEO XIII. zeichnet sich immer deutlicher die Tendenz einer Anpassung an die bürgerlichen Verhältnisse ab; gleichzeitig gewinnt die Auseinandersetzung mit der sozialistischen Bewegung eine immer größere Bedeutung.
Quod apostolici muneris (1878) ist die erste große Auseinandersetzung des Vatikans mit dem Sozialismus. LEO XIII. verurteilt darin den Sozialismus als «verderbenbringende Seuche ..., welche durch das Lebensmark der menschlichen Gesellschaft schleicht und sie in äußerste Gefahr bringt». Es wird betont, daß sich der Sozialismus mit seiner Forderung nach Aufhebung des Privateigentums, nach Beseitigung der Ungleichheit unter den Menschen, nach Herstellung der Gleichberechtigung von Mann und Frau und der nach revolutionärer Umwälzung der Gesellschaft gegen die gottgewollte Ordnung auflehne. Die Enzyklika enthält einen eindringlichen Appell an den bestehenden Staat, doch endlich die Hilfe der Kirche anzunehmen, die mit der Religion das beste Heilmittel besitze, der drohenden Gefahr zu begegnen.
Diuturnum illud (1881) und *Immortale Dei* (1885) befassen sich mit der katholischen Staatslehre. Die Enzykliken bekämpfen die Lehre von der Volkssouveränität und behaupten ihr gegenüber, daß die politische Gewalt von Gott stamme. Bedeutsam ist an beiden Enzykliken, daß hier für die neuere Zeit erstmals der Grundsatz ausgesprochen wird, der Katholizismus sei an keine bestimmte Staatsform gebunden, ferner, «daß es mit der *katholischen Lehre* nicht im Widerspruch steht, wenn man sagt, daß diejenigen, welche einem Staatswesen vorzustehen haben, in gewissen Fällen nach dem Wunsche und dem Willen der Majorität des Volkes *gewählt* werden können; auf diese Weise wird nun allerdings der Betreffende bezeichnet, der die Gewalt ausüben soll, das Recht dazu aber oder die Herrschaft selbst wird an diesen nicht vom Volke übertragen».
Die bedeutendste Enzyklika aus dem Kreis der sozialen Rundschreiben ist *Rerum novarum* oder *Über die Arbeiterfrage* (1891). Das Rundschreiben stellt die grundlegende Äußerung der katholischen Kirche zur sozialen Frage dar und enthält alle wesentlichen Elemente der bis in die jüngste Gegenwart gültigen katholischen Soziallehre. Das Rundschreiben besitzt im wesentlichen drei Teile. Im ersten Teil geht LEO XIII. auf die Widersprüche der kapitalistischen Gesellschaft ein, wobei zunächst der sich verschärfende Gegensatz zwischen dem wachsenden Reichtum der Kapitalisten und der Verarmung der Arbeiterklasse zutreffend geschildert wird. Auch geht LEO XIII. richtig davon aus, daß der «Produktionsprozeß und fast der ganze Handel unter die Verfügungsmacht nur weniger Menschen geraten (sind), so daß eine verschwindend kleine Schicht gutgestellter und sehr vermögender Leute eine breite Masse von Besitzlosen in beinah sklavischer Abhängigkeit hält». Der zweite Teil wendet sich gegen den Sozialismus, dessen Lösung des sozialen Problems mit drei Argumenten abgelehnt wird: der Sozialismus schädige die Arbeiter, er zerstöre Recht und Gerechtigkeit, weil Privateigentum in jeder Form (einschließlich Grund und Boden) «ein den Menschen von Natur zustehendes Recht» sei, und schließlich verkehre er die Aufgaben des Staates. Der dritte Teil enthält die eigene Lösung. LEO XIII. betont, daß die «Grundlage aller Überlegungen die Unverletzlichkeit des Sondereigentums zu bilden hat». Von hier ausgehend wird ein «organisches» Gesellschaftsideal entwickelt, das grundsätzlich auf die Überwindung des Klassenkampfes ohne Aufhebung der Klassen gerichtet ist. Die Menschen seien von Natur aus ungleich, und die verschiedenen Gruppen und Schichten der Gesellschaft seien mit verschiedenen Aufgaben auf das Funktionieren eines Ganzen hingeordnet: «Wie im Körper die verschiedenen Glieder zu einem Zustand der Ordnung zusammenwirken – man spricht dann von Symmetrie –, so hat die Natur auch das Leben des Staates derart eingerichtet, daß jene zwei Klassen einträchtig zusammenwirken und in ihrer gegenseitigen Entsprechung eine Gleichgewichtslage der Gesellschaft herbeiführen sollen. Die eine bedarf durchaus der anderen; das Kapital bedarf der Arbeit und die Arbeit des Kapitals.»
Quadragesimo anno (1931) ist die zweite große Sozialenzyklika des Vatikans. Sie bekräftigt die Grundsätze LEOS XIII., bringt aber entsprechend den fortgeschrittenen gesellschaftlichen Verhältnissen eine Reihe Weiterentwicklungen der katholischen Soziallehre. Neu ist die stärkere Betonung der Unterscheidung zwischen der Individual- und Sozialnatur des Eigentums, die Formulierung des Subsidiaritätsprinzips und vor allem die Forderung einer ständischen Ordnung als das eigentliche gesellschaftspolitische Ziel. Die Enzyklika hebt hervor, daß die kapitalistische Gesellschafts-

ordnung auf der Gegensätzlichkeit der Interessen der Klassen aufgebaut ist, die nur dadurch beseitigt werden könne, «daß wohlgefügte Glieder des Gesellschaftsorganismus sich bilden, also ‚Stände', denen man nicht nach der Zugehörigkeit zur einen oder andern Arbeitsmarktpartei, sondern nach der verschiedenen gesellschaftlichen Funktion des einzelnen angehört». Die Enzyklika zollt in diesem Zusammenhang dem faschistischen Korporationssystem in Italien Anerkennung, an dem nur der staatliche Zwangscharakter und ihr «übermäßig politischer und bürokratischer Einschlag» kritisiert wird.

Die Enzyklika erneuert in scharfer Form die Verurteilung des Sozialismus, wobei unterschieden wird zwischen einer «schärferen» und einer «gemäßigteren» Richtung. Gegenüber linksgerichteten Bestrebungen im eigenen Lager, die das Rundschreiben mehrfach entschieden zurückweist, wird festgestellt, daß eine Zusammenarbeit auch mit der gemäßigten Richtung nicht möglich sei. Der Gegensatz zwischen sozialistischer und christlicher Gesellschaftsauffassung sei unüberbrückbar: «Religiöser Sozialismus, christlicher Sozialismus sind Widersprüche in sich; es ist unmöglich, gleichzeitig guter Katholik und wirklicher Sozialist zu sein.»

Mit *Charitate Christi* (1932), *Acerba anima* (1932), *Dilectissima Nobis* (1933) und vor allem *Divini redemptoris* (1937) setzte PIUS XI. seine Aufrufe zum Kampf gegen den Kommunismus fort und leistete damit dem deutschen und italienischen Faschismus ideologische Hilfe.

Die nur wenige Tage vor *Divini redemptoris* erschienene Enzyklika *Mit brennender Sorge* wendet sich gegen die Kirchenpolitik der Faschisten in Deutschland. Sie protestiert gegen die Nichteinhaltung des Reichskonkordats, die Unterdrückung der Glaubensfreiheit und kritisiert den Gebrauch religiöser Begriffe und Symbole durch die faschistische Ideologie, ohne jedoch eine grundsätzliche Verurteilung des Faschismus auszusprechen.

Die in den Dokumenten des II. Vatikanischen Konzils (1962–1965) zusammengefaßten tiefgreifenden Wandlungen im Denken der katholischen Kirche, die mit der Wahl JOHANNES' XXIII. einsetzten und in der Abkehr von der reaktionären Politik PIUS XII., in der Linie des «aggiornamento» mit seiner Aufgeschlossenheit gegenüber der neueren Entwicklung in Gesellschaft, Kultur und Wissenschaft, der Annäherung an fortschrittliche gesellschaftliche Bewegungen und Ideen zum Ausdruck kommen, finden ihren Niederschlag auch in drei Enzykliken zu sozialen und politischen Problemen.

Mater et Magistra (1961) bekräftigt die von den Päpsten bisher vertretenen Grundsätze der katholischen Soziallehre, ist überhaupt dem Alten noch sehr verhaftet und kommt in einzelnen Abschnitten den Interessen des staatsmonopolistischen Kapitalismus direkt entgegen. Andererseits deutet sie eine gewisse Wende an, die gegenüber der Haltung PIUS XII. und der Einstellung nicht weniger Würdenträger des hohen Klerus in einer gewissen realistischen Einschätzung des veränderten Kräfteverhältnisses in der Welt, der Macht des sozialistischen Weltsystems und der Weltfriedensbewegung sowie des Zusammenbruchs des imperialistischen Kolonialsystems zum Ausdruck kommt. Die Enzyklika, welche die militante Form der Auseinandersetzung früherer Rundschreiben meidet, wendet sich gegen den imperialistischen Kolonialismus, unterläßt die Forderung einer ständischen Ordnung und bezieht zu zwei praktisch-politischen Fragen einen fortschrittlichen Standpunkt: die von den Arbeitern in den kapitalistischen Ländern geforderte Mitbestimmung wird bejaht und die Mitarbeit von Katholiken in nichtchristlichen Gewerkschaften gutgeheißen.

Ähnlich zeigt sich diese Wende in der 1963 von JOHANNES XXIII. herausgegebenen Friedensenzyklika *Pacem in terris*. Zum ersten Male in der Geschichte der katholischen Kirche wendet sich eine Enzyklika nicht nur an die Gläubigen, sondern an «alle Menschen guten Willens». In ihr werden die Forderungen der sozialistischen Länder und der Weltfriedensbewegung nach Einstellung der Kernwaffenversuche, nach Ächtung der Atomwaffen und einer kontrollierten Abrüstung aufgegriffen. Es wird betont, daß der «wahre Friede unter den Völkern nicht durch die Gleichheit der militärischen Rüstung, sondern nur durch gegenseitiges Vertrauen fest und sicher bestehen kann». Nachdrücklich wird gegenüber früheren Auffassungen der katholischen Philosophie über Krieg und Frieden festgestellt, daß es im Atomzeitalter nicht mehr möglich ist, den Krieg als «das geeignete Mittel zur Wiederherstellung verletzter Rechte zu betrachten». Ferner werden die katholischen Gläubigen zur Zusammenarbeit mit Andersgesinnten aufgerufen. Sie sollen – wie es bereits in *Mater et Magistra* hieß – auch andere Auffassungen mit gebührendem Wohlwollen prüfen und in «ehrlicher Zusammenarbeit dort mitwirken, wo es um etwas geht, das seiner Natur nach gut ist oder zum Guten führen kann». Schließlich wird – erstmals in der Geschichte katholischer Sozialenzykliken – ein Unterschied gemacht zwischen abzulehnenden «philosophischen Lehrmeinungen über das Wesen, den Ursprung und das Ziel der Welt und des Menschen» und «bestimmten Bewegungen, die sich mit wirtschaftlichen, sozialen, kulturellen Fragen oder Politik befassen»; denn: es «kann der Fall eintreten, daß Fühlungnahmen und Begegnungen über praktische Fragen, die in der Vergangenheit unter keiner Rücksicht sinnvoll

erschienen, jetzt wirklich fruchtbringend sind oder es morgen sein werden».
Am deutlichsten kommen diese Wandlungen in dem 1967 veröffentlichten Rundschreiben *Populorum progressio* (Über den Fortschritt der Völker) zum Ausdruck. Neben dem Dokument des Konzils «Die Kirche in der Welt von heute» stellt es diejenige Stellungnahme der Kirche dar, die die meisten progressiven Auffassungen enthält. Das Rundschreiben beschäftigt sich vorwiegend mit dem Problem, wie die Zurückgebliebenheit der ehemals vom Kolonialismus beherrschten Völker überwunden werden kann; es wendet sich mit brauchbaren Vorschlägen an die hochindustrialisierten Staaten und brandmarkt in äußerst scharfer Form die Praktiken des imperialistischen Neokolonialismus. Bedeutsam ist, daß die Enzyklika das Problem als Teil einer «weltweit» gewordenen sozialen Frage behandelt und in diesem Zusammenhang einige Grundsätze der katholischen Soziallehre modifiziert. Die wichtigste Modifikation betrifft die Stellung zum Privateigentum als dem Eckpfeiler dieser Lehre: «Das Konzil hat dies in Erinnerung gerufen: ‚Gott hat die Erde mit allem, was sie enthält, zur Nutzung für alle Menschen und Völker bestimmt, so daß die geschaffenen Güter allen in einer billigen Art und Weise zufließen müssen, wobei Gerechtigkeit der Leitstern und die Liebe ihre Begleiterin sei.‘ Alle anderen Rechte, ganz gleich welche, auch das des Eigentums und des freien Handelns, sind ihm untergeordnet.» Aufschlußreich ist, daß die offizielle Kirche hier erstmals seit hundert Jahren – eigentlich seit noch viel längerer Zeit – wieder auf eine Tradition reflektiert, auf die sich bisher nur Rebellierende und in neuerer Zeit bewußte Linkskatholiken berufen haben: «Es ist bekannt, mit welcher Entschiedenheit die Kirchenväter gelehrt haben, welche Haltung die Besitzenden gegenüber den Notleidenden einzunehmen haben: ‚Es ist nicht dein Gut‘, sagt Ambrosius, ‚mit dem du dich gegen die Armen großzügig erweist. Du gibst ihnen zurück, was ihnen gehört. Denn du hast dir nur herausgenommen, was zu gemeinsamer Nutzung gegeben ist. Die Erde ist für alle da, nicht nur für die Reichen.‘ Das Privateigentum ist also für niemand ein unbedingtes und unumschränktes Recht.» Die Enzyklika bejaht auf dieser Grundlage Enteignungen und legt fest, unter welchen Umständen sie erlaubt sind: «Das Gemeinwohl verlangt ... eine Enteignung, wenn ein Besitz wegen seiner Größe, seiner geringen oder überhaupt nicht erfolgten Nutzung, wegen des Elends, das die Bevölkerung durch ihn erfährt, wegen eines beträchtlichen Schadens, den die Interessen des Landes erleiden, dem Gemeinwohl hemmend im Wege steht.»
Grundsätzliche Gegensätze zum Marxismus-Leninismus werden freilich an *Populorum progressio* deutlich. Das Rundschreiben bekräftigt die allgemeine weltanschauliche Grundlage der katholischen Soziallehre, wie es überhaupt weitgehend naturrechtlich argumentiert und die Lösung der sozialen Frage nach wie vor als ein moralisches Problem betrachtet. Trotzdem sind die neuen Auffassungen positiv zu bewerten, weil sie eine Annäherung an die friedliebenden und fortschrittlichen Kräfte in der Welt bedeuten, Verständigungsmöglichkeiten bieten und es den katholischen Werktätigen ermöglichen, noch stärker als bisher mit der Arbeiterbewegung zusammenzuarbeiten.

Epagoge [griech] – *eigtl*: Hinausführung; das Fortschreiten des wissenschaftlichen Denkens vom Einzelnen zum Allgemeinen; *svw* → Induktion.

epagogisch [griech] – vom Einzelnen zum Allgemeinen fortschreitend; *svw* induktiv. *Epagogischer Beweis*: Die Wahrheit eines Satzes zeigt sich an seinen (ihn bewahrheitenden) Folgen.

Epicheirem [griech] – in der *traditionellen Logik* Polysyllogismus mit mindestens einer aus einem → Enthymen bestehenden Prämisse.

Epikureismus – die von Epikur und seinen Schülern im Anschluß an Demokrit entwickelte *materialistische Philosophie*, deren Hauptwirkung in die letzten drei Jahrhunderte v. u. Z. fällt.
Das zentrale Anliegen des Epikureismus ist das Bestreben, eine *materialistische* und *atheistische Naturerklärung* zu geben, die jeden übernatürlichen göttlichen Eingriff in das Weltgeschehen ausschließt. Eine solche Naturerklärung betrachtet der Epikureismus als notwendige Voraussetzung der Verwirklichung des *ethischen Ideals* der Glückseligkeit (Eudämonie) und der Gemütsruhe (Ataraxie).
Die elementaren Bausteine der Welt stellen für den Epikureismus die Atome (→ Atomistik) dar. Sie sind unzerstörbar und unveränderlich. Alle Naturerscheinungen sind das Resultat verschiedener Atomverbindungen. Im Unterschied zu Demokrit kennt der Epikureismus eine Fallbewegung der Atome und spontane Abweichungen von ihrer senkrechten Bewegungsrichtung, die den Zusammenprall der Atome und damit die Bildung der materiellen Körper bedingen. In der *Erkenntnislehre* vertritt der Epikureismus im Prinzip die *Abbildtheorie*: die materiellen Körper wirken auf die Sinnesorgane kraft der sich von ihnen lösenden «Eidola» («Bilderchen», «Ausflüsse»). In den *gesellschaftlich-sozialen Anschauungen* des Epikureismus findet sich «zuerst die Vorstellung, daß der Staat auf einem gegenseitigen Vertrage der Menschen, auf einem contrat social beruhe» (Marx/Engels 3, 125).
Die bedeutendsten Vertreter des Epikureismus waren, neben Epikur selber, die *römischen Dichter* Lukrez und Horaz.
Während des ganzen Mittelalters durch die

theologische Reaktion entstellt und bekämpft, wurde die materialistische Philosophie des Epikureismus, vor allem seine Atomistik, durch den französischen materialistischen Denker GASSENDI im 17. Jahrhundert erneuert und wurde zu einem wichtigen Element der Herausbildung der materialistischen Philosophie der aufsteigenden Bourgeoisie.

Die Auffassung, daß der Epikureismus einen unbeschränkten Sinnengenuß predige, geht auf Verunglimpfungen zurück, denen er als *materialistische Philosophie* von seiten der philosophischen Reaktion seit jeher, beginnend mit der *Stoa*, ausgesetzt war.

DIDEROT hielt in seinem Enzyklopädieartikel «Epikureismus» fest, daß niemals eine Philosophie weniger verstanden und mehr verleumdet worden ist als die EPIKURS: «Man bezichtigte diesen Philosophen des Atheismus, obgleich er die Existenz der Götter anerkannte, die Tempel besuchte und sich nicht scheute, vor den Altären niederzuknien. Man betrachtete ihn als Apologeten der Ausschweifung, obwohl sein Leben eine Ausübung aller Tugenden – vor allem der Mäßigkeit – war. Das Vorurteil war so allgemein, daß man zur Schande der Stoiker, die alle Hebel in Bewegung setzten, um dieses Vorurteil zu verbreiten, sagen muß, daß die Epikureer zwar sehr rechtschaffene Menschen waren, aber dennoch den schlechtesten Ruf hatten.»

Epiphänomen [griech] – Begleiterscheinung; Auswirkung, Nacherscheinung; *auch*: Bewußtsein im Sinne von Begleiterscheinung des Naturgeschehens (E. VON HARTMANN, NIETZSCHE).

Epistemologie [griech] – Wissenschaftstheorie, -lehre; *auch*: Erkenntnistheorie, -lehre.

epistemologisch [griech] – wissenschaftstheoretisch; *auch*: erkenntnistheoretisch; besonders in der *englisch-* und *französischsprachigen* philosophischen Literatur heimisch.

Epistolae obscurorum virorum → Dunkelmännerbriefe.

Episyllogismus [griech] – *eigtl*: Nachsyllogismus. In der *traditionellen Logik* Syllogismus in einer Schlußkette, der die Conclusio eines anderen Syllogismus als Prämisse enthält.

Alle *B* sind *A*.
Alle *C* sind *B*.
Also: Alle *C* sind *A*. }
Alle *D* sind *C*. } Episyllogismus
Also: Alle *D* sind *A*. }

In diesem Beispiel ist der aus den letzten drei Zeilen bestehende Syllogismus Episyllogismus hinsichtlich des aus den ersten drei Zeilen bestehenden.

→ Prosyllogismus.

Epoche [griech] – ein historisch bestimmter Zeitabschnitt in der Geschichte der menschlichen Gesellschaft. Sie charakterisiert den Abschnitt eines geschichtlichen Entwicklungsprozesses, bis zu welchem die Vergangenheit überwunden und die Zukunft im Werden ist. Sie bestimmt die Grundzüge der geschichtlichen Gegenwart in ihrer Verknüpfung mit Vergangenheit und Zukunft und die soziale Hauptkraft des gesellschaftlichen Fortschritts in dieser konkreten historischen Situation. «Es ist von großen geschichtlichen Epochen die Rede; in jeder Epoche gibt es wie bisher so auch künftig einzelne Teilbewegungen bald vorwärts, bald rückwärts, gibt es wie bisher so auch künftig verschiedene Abweichungen vom Durchschnittstypus und Durchschnittstempo der Bewegungen. Wir können nicht wissen, mit welcher Schnelligkeit und mit welchem Erfolg sich einzelne geschichtliche Bewegungen der jeweiligen Epoche entwickeln werden. Wir können aber wissen und wissen tatsächlich, *welche Klasse* im Mittelpunkt dieser oder jener Epoche steht und ihren wesentlichen Inhalt, die Hauptrichtung ihrer Entwicklung, die wichtigsten Besonderheiten der geschichtlichen Situation in der jeweiligen Epoche usw. bestimmt. Nur auf dieser Grundlage, d. h. wenn wir in erster Linie die grundlegenden Unterscheidungsmerkmale verschiedener ‚Epochen' (nicht aber einzelner Episoden in der Geschichte einzelner Länder) in Betracht ziehen, können wir unsere Taktik richtig aufbauen; und nur die Kenntnis der Grundzüge einer bestimmten Epoche kann als Basis für die Beurteilung der mehr ins einzelne gehenden Besonderheiten dieses oder jenen Landes dienen» (LENIN 21, 134).

→ ökonomische Gesellschaftsformation → Epoche des Übergangs vom Kapitalismus zum Sozialismus.

Epoche des Übergangs vom Kapitalismus zum Sozialismus – begann mit der Sozialistischen Oktoberrevolution in Rußland 1917 und endet mit dem Sieg des Sozialismus im Weltmaßstab. Sie löst historisch die Epoche des Imperialismus ab und ist die Epoche des Kampfes zwischen dem kapitalistischen und dem sozialistischen Gesellschaftssystem, die Epoche der sozialistischen Revolution und nationalen Befreiungsrevolutionen, des Zusammenbruchs des Imperialismus und des Kolonialismus, des Übergangs immer neuer Völker auf den Weg zum Sozialismus und Kommunismus im Weltmaßstab.

Die *erste Etappe* der Epoche des Übergangs vom Kapitalismus zum Sozialismus ist gekennzeichnet durch den erfolgreichen Aufbau des Sozialismus in einem Lande, in der Sowjetunion.

Die *zweite Etappe* der Epoche des Übergangs vom Kapitalismus zum Sozialismus ist gekennzeichnet durch die Herausbildung des sozialistischen Weltsystems. Sie begann nach dem zweiten Weltkrieg. Seither hat sich das Kräfteverhältnis zwischen Kapitalismus und Sozialismus in der Welt grundlegend zugunsten des Sozialismus ver-

ändert. Das sozialistische Weltsystem unter Führung der Sowjetunion wurde immer mehr zum bestimmenden Faktor in der Weltpolitik. Durch diese Entwicklung wurden und werden die Grundfragen des Kampfes um den gesellschaftlichen Fortschritt neu gestellt.
Solange die Epoche des Übergangs vom Kapitalismus zum Sozialismus andauert, wird der erbitterte Klassenkampf zwischen beiden Systemen geführt. Eine Konvergenz der beiden Systeme, ihr Aufgehen in einer «neuen Synthese» ist unmöglich, weil ihre bestimmenden sozialökonomischen Grundlagen einander ausschließen. Der antagonistische Grundwiderspruch dieser Epoche, der Widerspruch zwischen der auf dem gesellschaftlichen Eigentum an den Produktionsmitteln beruhenden sozialistischen Gesellschaftsordnung und der auf dem monopolkapitalistischen Privateigentum an den Produktionsmitteln beruhenden kapitalistischen Gesellschaftsordnung bedingt objektiv den Charakter des Kampfes der beiden Systeme.
Im Programm der Kommunistischen Partei der Sowjetunion und im *Programm der Sozialistischen Einheitspartei Deutschlands* werden die Hauptrichtung und die Haupttriebkraft der gesellschaftlichen Entwicklung in der Epoche des Übergangs vom Kapitalismus zum Sozialismus umfassend bestimmt.
→ Sozialismus und Kommunismus → friedliche Koexistenz → Klassenkampf.

Ereignis – bei RUSSELL *svw* → atomare Tatsache.

Erfahrung – philosophischer (und umgangssprachlicher) Begriff, der eine wesentliche Seite der unmittelbaren Beziehung des Menschen zu seiner natürlichen und sozialen Umwelt widerspiegelt, wobei zwischen dem Erfahren als Prozeß und der Erfahrung als Resultat zu unterscheiden ist.
Nach *dialektisch-materialistischer Auffassung* ist der letzte Grund aller Erfahrung die objektive Realität, welche die Menschen in ihrer gesellschaftlichen Praxis in verschiedenen Formen, wie Wahrnehmung, Beobachtung, gegenständliche Veränderung, unmittelbar erleben, kennenlernen, erfahren. Die gesellschaftliche Praxis ist der Boden, auf dem die Erfahrung erwächst, sie kann aber nicht mit ihr identifiziert werden. Im Ergebnis der Erfahrung, die immer in der Praxis mit eingeschlossen ist, entsteht eine theoretisch noch nicht verarbeitete empirische Kenntnis, die eine wichtige Voraussetzung der theoretischen Erkenntnis ist. Die aus unmittelbarer Erfahrung gewonnenen empirischen Kenntnisse sind ein Verbindungsglied zwischen dem theoretischen Wissen und der Praxis; daher spielt die Erfahrung stets eine große Rolle beim richtigen Verständnis der Theorie und bei ihrer konkreten Anwendung in der Praxis.
Der Erfahrungsbegriff des *vormarxistischen Materialismus* war einseitig auf die Sinneswahrnehmung beschränkt und daher von der gesellschaftlichen Praxis getrennt. Das führte dazu, daß die Erfahrung lediglich als individuelle Erfahrung gefaßt wurde. Der *dialektische Materialismus* sieht hingegen den gesellschaftlichen Charakter auch der individuellen Erfahrung und erweitert den Erfahrungsbegriff nicht nur seinem Inhalt, sondern auch seinem Umfang nach, indem er die Erfahrung als fortschreitende Erfahrung der Menschheit nimmt. Nach ENGELS (20, 529) «hat die moderne Naturwissenschaft den Satz vom erfahrungsmäßigen Ursprung alles Denkinhalts in einer Weise erweitert, die seine alte metaphysische Begrenzung und Formulierung über den Haufen wirft. Indem sie die Vererbung erworbener Eigenschaften anerkennt, erweitert sie das Subjekt der Erfahrung vom Individuum auf die Gattung; es ist nicht mehr notwendig das einzelne Individuum, das erfahren haben muß, seine Einzelerfahrung kann bis auf einen gewissen Grad ersetzt werden durch die Resultate der Erfahrungen einer Reihe seiner Vorfahren».
Der *subjektive Idealismus* setzt die Erfahrung mit der Wahrnehmung gleich und macht sie in der Regel zur zentralen Kategorie seiner philosophischen Systeme (AVENARIUS, Kritik der reinen Erfahrung). Bereits BERKELEY faßte die Erfahrung als rein psychischen Vorgang auf, HUME sah in ihr die gewohnheitsmäßige Verknüpfung von Ideen. Für KANT ist Erfahrung mit Erkenntnis identisch und als solche etwas Zusammengesetztes, das erst möglich wird durch die apriorischen Anschauungsformen und Verstandesbegriffe, mit deren Hilfe die Empfindungen zur synthetischen Einheit verarbeitet werden. Von KANT ausgehend und auf HUME und BERKELEY zurückgreifend, sieht der *Neukantianismus* dann in der Erfahrung überhaupt dasjenige, das die Gegenstände erst schafft.
Der Begriff «Erfahrung» ist nicht eindeutig und läßt sowohl materialistische als auch subjektiv-idealistische Schlußfolgerungen zu. Insofern ist er in der Wissenschaftssprache nur eindeutig bestimmt und in eindeutig klaren weltanschaulichen Bezügen zu verwenden. «Hinter dem Wort ‚Erfahrung' kann sich ... ohne Zweifel sowohl die materialistische als auch die idealistische Linie in der Philosophie und gleichermaßen sowohl die Humesche als auch die Kantsche verbergen ... Die ‚Erfahrung' umfaßt sowohl die materialistische als auch die idealistische Linie in der Philosophie und sanktioniert ihre Vermischung» (LENIN 14, 148, 143).
→ Praxis → Erkenntnis.

Erfolgsethik – in der bürgerlichen Ethik verbreitete Bezeichnung für ethische Konzeptionen, welche als Kriterium der Moral und der moralischen Haltung von Menschen den Handlungszweck im Sinne eines Erfolgs von Handlungen ansehen. Dabei kann der Erfolg inhaltlich verschieden bestimmt sein, beispielsweise im Sinne der antiken Glückseligkeitsvorstellung oder im Sinne eines allgemeinen Interesses, das aus der Vermittlung natürlicher Eigeninteressen hervorgeht (Sozialeudämonismus, Utilitarismus) usw. Gewöhnlich wird dieser Konzeption die sog. → Pflichtethik entgegengestellt.

In der Sicht der *marxistisch-leninistischen Ethik* besitzt der Begriff «Erfolgsethik» sowohl aus meta-ethischen als auch aus ethischen Gründen keinen wissenschaftlichen Wert. Er macht nur die Einseitigkeit eines idealistischen Standpunkts in der Ethik gegen die Einseitigkeit eines anderen idealistischen Standpunkts geltend und markiert weder die berechtigten theoretischen Anliegen noch die Mängel der entsprechenden ethischen Konzeptionen. So besteht z. B. der Fehler der in der englischen und französischen Aufklärung vertretenen ethischen Auffassungen nicht in der Orientierung des Kriteriums der Moral am Erfolg, sondern in der abstrakt-unhistorischen individualistischen oder in der ebenso abstrakten und unhistorischen utilitaristischen Inhaltsbestimmung des Erfolgs, in der spezifisch bürgerlichen Fassung des Nützlichkeitsbegriffs. In Wahrheit orientiert sich die Moral – bewußt oder unbewußt – immer an den Interessen der Menschen, aber an den *gesellschaftlichen Interessen* jeweiliger sozialer Klassenkräfte oder Gruppen, die aus ihren realen geschichtlichen Lebensverhältnissen hervorgehen. Tatsächlich war z. B. die aufklärerische Ansicht über das Erfolgskriterium oder über das Nützlichkeitskriterium, in welcher Form diese auch auftraten (Lust, allgemeiner Wille, Glück der größten Zahl usw.), nur die idealistisch verzerrte Fassung realer geschichtlicher Interessen und Ziele der damaligen Bourgeoisie bzw. einzelner ihrer Fraktionen. Daher war diese theoretische Auffassung in der Ethik des 17. und 18. Jahrhunderts historisch progressiv, wurde aber in dem Maße konservativ und reaktionär (so bei J. BENTHAM und J. St. MILL), in dem sich der Klassenantagonismus zwischen Bourgeoisie und Proletariat zuspitzte und in dem die theoretische Klärung der Klassenaufgaben des Proletariats notwendig wurde.

Die sozialistische Ethik und Moral anerkennt die Zwecksetzung eines konkreten Handlungsresultats und insofern den Erfolg als notwendiges Kriterium der moralischen Einstellung; jedoch gibt sie diesem eine genaue, konkret-historische und klassenmäßige Bestimmung in dem Sinne, in dem LENIN feststellt: «Für uns gibt es keine Sittlichkeit außerhalb der menschlichen Gesellschaft, das ist Betrug. Für uns ist die Sittlichkeit den Interessen des proletarischen Klassenkampfes untergeordnet ... Sittlich ist, was der Zerstörung der alten Ausbeutergesellschaft und dem Zusammenschluß der Werktätigen um das Proletariat dient, das eine neue, die kommunistische Gesellschaft aufbaut ... Für den Kommunisten besteht die Sittlichkeit ganz und gar in dieser festen, solidarischen Disziplin und in dem bewußten Kampf der Massen gegen die Ausbeuter ... Die Sittlichkeit ist dazu da, die menschliche Gesellschaft emporzuheben und sie von der Ausbeutung der Arbeit zu befreien» (LENIN 31, 280ff).

So gesehen sind Erfolg (Interesse) und moralische Pflicht keine Gegensätze, sondern bilden eine dialektische Einheit, in der sie sich wechselseitig bedingen. In dieser historisch-materialistischen Sicht der Dinge verliert die Gegenüberstellung von Erfolgsethik und Pflichtethik jeden wissenschaftlichen Sinn.

erfüllbar – Eigenschaft eines logischen Ausdrucks, bei mindestens einer Einsetzung von Wahrheitswerten für seine Aussagenvariablen oder mindestens einer Interpretation seiner Prädikate oder für mindestens einen Individuenbereich den Wahrheitswert *wahr* anzunehmen. Eine andere Definition lautet: Ein Ausdruck ist erfüllbar genau dann, wenn er keine *Kontradiktion* ist.

Beispiel eines erfüllbaren Ausdrucks aus der *Aussagenlogik*: $(p \wedge \sim q) \vee r$. Durch die Einsetzung $p = w$; $q = f$; $r = w$ wird der logische Ausdruck erfüllt, d. h., erhält er den Wahrheitswert *wahr* (symbolisch: *w*).

Beispiel eines erfüllbaren Ausdrucks aus der *Prädikatenlogik*: $\exists(x)\,[A(x) \wedge B(x)]$. D. h.: Es gibt mindestens ein *x*, für das gilt: *x* hat die Eigenschaft *A* und die Eigenschaft *B*. Setzen wir als Individuenbereich die Klasse der Menschen und interpretieren wir *A* als Eigenschaft «Deutscher sein» und *B* als «englisch sprechen», erhalten wir die *wahre* Aussage «Es gibt Menschen, die Deutsche sind und englisch sprechen». Eine Veränderung des Individuenbereichs (z. B. die Klasse der Pflanzen) kann ebenso wie eine veränderte Interpretation eines der Prädikate (z. B. *B* als «Baum sein») dazu führen, daß man eine falsche Aussage erhält.

Die Menge der erfüllbaren Ausdrücke enthält die Menge der *allgemeingültigen* Ausdrücke, denn jeder immer *wahre* Ausdruck ist natürlich erfüllbar; aber nicht jeder erfüllbare Ausdruck ist allgemeingültig. Um die beiden verschiedenartigen Klassen von Ausdrücken, die unter den Begriff «erfüllbar» fallen, besser zu unterscheiden, bezeichnet man einen erfüllbaren, aber nicht allgemeingültigen Ausdruck auch als → Neutralität.

Folgendes Schema veranschaulicht das Verhältnis von erfüllbaren Ausdrücken (*E*), allgemeingültigen Ausdrücken (*A*), Neutralitäten (*N*) und Kontradiktionen (*K*).

A	*N*	*K*

E

Jeder Ausdruck gehört also zu einer der drei Klassen *A*, *N* und *K*, aber keiner zu zweien davon. Jeder Ausdruck gehört zu *E* oder *K*, aber keiner zu beiden.

Erfüllung – ein logischer Ausdruck wird genau dann durch eine Belegung *erfüllt*, wenn er bei dieser Belegung den Wahrheitswert *wahr* annimmt (im Falle einer mehrwertigen Logik: wenn er bei dieser Belegung einen der ausgezeichneten Werte annimmt).

Beispiele: Die Konjunktion $p \wedge q$ wird durch eine Belegung beider Aussagenvariablen mit dem Wert *wahr* erfüllt. Der prädikatenlogische Ausdruck $V(x)$ wird erfüllt durch die Belegung von V mit dem Prädikat «Verfasser von ‚Materialismus und Empiriokritizismus'» und die Belegung von x mit dem Namen «Lenin».

Ein logischer Ausdruck, der durch mindestens eine Belegung erfüllt wird, ist *erfüllbar*; ein Ausdruck, der durch jede Belegung erfüllt wird, ist *allgemeingültig*; ein Ausdruck, der durch keine Belegung erfüllt wird, ist eine *Kontradiktion*.

Eine Belegung, die jeden Ausdruck aus einer Menge von logischen Ausdrücken (z. B. aus einem Axiomensystem) erfüllt, wird als Modell dieser Menge bezeichnet.

Erhaltungssätze – Klasse physikalischer Gesetze von in der Regel großem Allgemeinheitsgrad, die Aussagen treffen über die Erhaltung gewisser physikalischer Größen bei Umwandlungen oder Wechselwirkungen physikalischer Objekte (Körper, Atome, Elementarteilchen usw.).

Die allgemeinsten Erhaltungssätze sind das Gesetz der Erhaltung der Masse und das Gesetz der Erhaltung und Umwandlung der Energie. Von den *altgriechischen Naturphilosophen* spekulativ geahnt, von Leibniz und Descartes in spezieller Fassung ausgesprochen, wurden sie in allgemeiner Form zum erstenmal von Lomonossow 1748 als Gesetz von der Erhaltung und Umwandlung der Materie und der Bewegung im Hinblick auf chemische Umsetzungen formuliert.

Der Satz der Chemie von der Erhaltung des Stoffs, der die historisch erste exakte Formulierung eines Erhaltungssatzes war, ist durch die Entwicklung der modernen Physik und Chemie dialektisch negiert worden. Er hat seine Geltung als relative Wahrheit bei den chemischen Grundprozessen der Oxydation und Reduktion behalten.

Überhaupt gilt für die Erhaltungssätze, daß mit fortschreitender Erweiterung der physikalischen Erkenntnisse neue Erhaltungsgrößen entdeckt werden, die zu den schon bekannten hinzukommen oder diese dialektisch negieren. So kennt die klassische Physik die Sätze von der Erhaltung der Masse, der Energie, des Impulses, des Drehmoments usw. Zu ihnen kommen in der Physik der Elementarteilchen die Sätze von der Erhaltung der Ladung, des Isotopenspins, der Parität, der kombinierten Parität u. a. hinzu. Von diesen gelten einige nur für bestimmte Bereiche elementarer Wechselwirkungen und sind daher in ihrer allgemeinen Bedeutung eingeschränkt: die Gesetze der Erhaltung der Parität und des Isotopenspins z. B. haben im Bereich schwacher Wechselwirkungen zwischen Elementarteilchen keine Gültigkeit. Der Nachweis, daß ein bestimmtes Erhaltungsgesetz unter gewissen Bedingungen nicht gültig ist, führt in der Regel zur Entdeckung einer neuen Erhaltungsgröße. Die neuesten Erkenntnisse der Physik der Elementarteilchen und die moderne Gravitationstheorie deuten darauf hin, daß höchstwahrscheinlich auch den Erhaltungssätzen keine absolute Bedeutung zukommt, d. h., daß auch ihre Gültigkeit an die Existenz bestimmter Bedingungen gebunden ist.

Die wohl wichtigste und revolutionierendste Erkenntnis der neuesten Physik war die Entdeckung der Nichterhaltung der Parität (einer abstrakten Größe im Bereich der Elementarteilchen, die Invarianz bei Spiegelung beinhaltet) bei schwachen Wechselwirkungen durch Yang und Lee im Jahre 1957. In der Folgezeit wurde der Ausweg aus der komplizierten Problemlage in der Annahme gesucht, die Parität (*P*) bleibe nicht für sich erhalten, sondern nur im Zusammenhang mit der Zeit *T* und der Ladung *C* (*TCP*-Theorem oder Erhaltung der kombinierten Parität), d. h., wenn zugleich mit der räumlichen Spiegelung die Zeitumkehr und der Ladungsaustausch (Ersatz der Teilchen durch Antiteilchen) vorgenommen werden. Der Sturz des *TCP*-Theorems ist eine noch nicht eindeutig bewiesene Schlußfolgerung aus experimentellen Daten. Ist sie richtig, so hat das vor allem auch eine wichtige Konsequenz für die Auffassung der Zeit: Diese wäre dann im Hinblick auf Elementarteilchenprozesse nicht mehr – wie bisher angenommen – spiegelungsinvariant. Auf jeden Fall haben weitere Experimente die Hypothese einer bisher noch unbekannten fünften Naturkraft (sehr schwache Wechselwirkung), die u. a. zur Erklärung des Sturzes des *TCP*-Theorems aufgestellt wurde, nicht bestätigt. Theoretisch bedeutet dieser Sturz vor allem, daß das Machsche Prinzip nicht absolut universal ist; z. B. würden auf einem aus Antiteilchen bestehenden Planeten die Naturgesetze von denen der Teilchenwelt abweichen. Die neuesten Forschungen haben gezeigt, daß es außer den exakten auch angenäherte Erhaltungssätze gibt. Eine bestimmte Größe bleibt dann angenähert erhalten, wenn sie sich in den Prozessen nicht verändert, die mit großer Geschwindigkeit ablaufen und innerhalb eines kurzen Zeitraums abgeschlossen sind, kann sich aber in den Prozessen verändern, die wesentlich länger dauern. Ein typisches Beispiel ist die Erhaltung der sog. strangeness. Diese bleibt bei starker Wechselwirkung erhalten, bei schwacher nicht. Bei Prozessen mit schwacher Wechselwirkung bleiben weiter der Isotopenspin und die Parität nicht erhalten.

Philosophisch gesehen besteht die allgemeinste Bedeutung der Erhaltungssätze darin, daß sie der Vielfalt der denkbar möglichen Verhaltensweisen eines Systems gewisse Einschränkungen auferlegen. So gestatten es die Erhaltungssätze in der Theorie der Elementarteilchen, die Auswahlregeln zu finden, welche Reaktionen der Elementarteilchen möglich sind und welche nicht.

Die erkenntnistheoretische Bedeutung und der erkenntnistheoretische Platz der Erhaltungssätze können wie folgt bestimmt werden: In der Physik geschlossener Systeme muß jede neue Theorie, die Gesetzmäßigkeiten bis dahin unbekannter Zusammenhänge widerspiegelt, entweder mit den bekannten Erhaltungssätzen im Einklang stehen oder aber allgemeinere Erhaltungssätze liefern, die diese dialektisch negieren. In der Physik offener Systeme werden die Erhaltungssätze von allgemeineren Zusammenhängen negiert, z. B. von den in den Feldgleichungen erfaßten. In den Fällen, in denen eine vollständige Beschreibung eines physikalischen Systems nur im Rahmen der dynamischen Gesetze möglich ist, diese aber entweder nicht bekannt oder zu kompliziert sind, ist es möglich, auf Grund der Erhaltungssätze bestimmte Voraussagen über das Verhalten des betreffenden Systems zu machen. In der Quantentheorie der Felder sind die Erhaltungssätze die einzige Informationsquelle über die Eigenschaften von Systemen.

Philosophisch interessant ist weiter der Zusammenhang der Erhaltungssätze mit der Gleichförmigkeit (Homogenität und Isotropie) von → Raum und Zeit. Bereits 1918 hatte Emmy NOETHER mathematisch gezeigt, daß dann, wenn sich die Eigenschaften eines Systems durch beliebige Werte der Variablen nicht verändern, immer ein entsprechendes Erhaltungsgesetz gilt (NOETHER-Theorem). Methodologisch ist das NOETHER-Theorem von größter Bedeutung: Es ist die einfachste Regel, in allen Bereichen der Physik Erhaltungssätze zu finden. So ergibt sich aus der Invarianz der Wirkung eines Systems gegenüber der Zeit (was eine Folge der Homogenität der Zeit ist) der Erhaltungssatz der Energie, ergeben sich aus der Homogenität des Raumes die drei Erhaltungssätze des Impulses (für jede Raumkoordinate einer) und aus der Isotropie des Raumes die des Drehimpulses (ebenfalls drei). Mit anderen Worten: Die Symmetrieeigenschaften (→ Symmetrie) eines physikalischen Systems gestatten es, entsprechende Erhaltungssätze zu finden, und umgekehrt kann man – was für eine Theorie der Struktur der Materie besonders wichtig ist – aus experimentell festgestellten Erhaltungssätzen Schlußfolgerungen über die fundamentalen Eigenschaften der Materie und ihre Existenzformen Raum und Zeit ziehen.

Die *philosophisch verallgemeinerte Fassung* der Erhaltungssätze im Satz des *dialektischen Materialismus* von der Unerschaffbarkeit und Unzerstörbarkeit der Materie und der Bewegung ist die materialistische Konsequenz der Ergebnisse der Naturwissenschaften. Sie richtet sich gegen die religiös-idealistische Behauptung, daß die Materie erschaffen und die Bewegung ihr von außen (erster Beweger, Gott) erteilt worden sei. Diese These, die ihrem Wesen nach nichts anderes ist als das Rudiment einer längst überlebten historischen Entwicklungsetappe der menschlichen Erkenntnis, der Etappe der mythologischen Welterklärung, soll in der Gegenwart durch pseudowissenschaftliche Hypothesen, z. B. der ständigen primären Entstehung von Wasserstoff, dem Stand der modernen Naturerkenntnis angepaßt werden. Die Leugnung des materialistischen Standpunkts bedeutet jedoch in diesem Falle die Annahme eines Wunders.

Der dialektische Materialismus beschränkt sich nicht auf den Satz, Materie und Bewegung seien quantitativ unerschaffbar und unzerstörbar, sondern dehnt diese Aussage auch auf die Erhaltung der Qualität der Bewegung aus. In der Behauptung vom Wärmetod des Weltalls ist die These miteinbegriffen, daß sich alle im Universum vorhandenen Energieformen letztlich in Richtung auf eine bestimmte Form, nämlich die Wärmeenergie, umwandeln. In der Konsequenz bedeutet dies, daß die höheren Bewegungsformen der Materie durch eine Art Schöpfung entstanden und seitdem in stetiger Abnahme begriffen seien. Leben und Bewußtsein etwa wären dann auch in allumfassenden, kosmischen Maßstäben eine äußerst kurzlebige Erscheinung, die nie mehr durch Entwicklung entstehen könnte. Die Materie würde so einige ihrer wesentlichen Eigenschaften notwendig und unwiderruflich einbüßen und sich auf die physikalische, vor allem die mechanische Bewegungsform beschränken. Demgegenüber zeigt der dialektische Materialismus im Einklang mit der Naturwissenschaft (→ Kosmologie → Kosmogonie), daß die Materie keines ihrer Attribute je einbüßt, daß sie einen sich in gewisser Weise wiederholenden Entwicklungszyklus durchläuft (Wiederholung des Wesentlichen, nicht absolute Wiederkehr), in dem kosmische Systeme ver-

gehen und neu entstehen und in dem sich in einem bestimmten Stadium Leben und Bewußtsein gesetzmäßig entwickeln. In allgemeiner Form wurde diese Erkenntnis bereits von ENGELS in der *Dialektik der Natur* formuliert: eine Materie, die außerstande ist, die Bedingungen für ihre Daseins- und Bewegungsformen aus sich selbst zu erzeugen und die folglich an Bewegung verlieren würde, ist undenkbar (MARX/ENGELS 20, 325).
→ Wärmetod des Weltalls.

Eristik [griech] – Lehre vom wissenschaftlichen Streitgespräch, Kunst der Widerlegung, Name der *griechischen Philosophie* für den wissenschaftlichen Meinungsstreit. Besonders gepflegt von den *Megarikern* (Anhänger des EUKLID VON MEGARA), deshalb auch *Eristiker* genannt.

Erkennbarkeit der Welt – aus erkenntniskritischen Untersuchungen wie auch aus wissenschaftshistorischen Tatsachen gezogene und als *erkenntnistheoretisches Prinzip* des dialektischen Materialismus formulierte Schlußfolgerung, daß das menschliche Bewußtsein imstande ist, die objektive Realität adäquat widerzuspiegeln und zu erkennen. Das Prinzip der Erkennbarkeit der Welt ist als positive Antwort auf den erkenntnistheoretischen Aspekt der *Grundfrage der Philosophie* zu verstehen. ENGELS (21, 275) schreibt über den Zusammenhang zwischen diesem Aspekt der Grundfrage der Philosophie und der Frage nach der Erkennbarkeit der Welt: «Die Frage nach dem Verhältnis von Denken und Sein hat ... noch eine andere Seite: Wie verhalten sich unsre Gedanken über die uns umgebende Welt zu dieser Welt selbst? Ist unser Denken imstande, die wirkliche Welt zu erkennen, vermögen wir in unsern Vorstellungen und Begriffen von der wirklichen Welt ein richtiges Spiegelbild der Wirklichkeit zu erzeugen? Diese Frage heißt in der philosophischen Sprache die Frage nach der Identität von Denken und Sein und wird von der weitaus größten Zahl der Philosophen bejaht.»
Nicht nur der dialektische Materialismus, sondern auch andere Philosophen behaupten die Erkennbarkeit der Welt. Da sie aber mit einem anderen Begriff der Erkenntnis operieren, ist ihre These von der Erkennbarkeit der Welt von der des dialektischen Materialismus inhaltlich verschieden. Für den dialektischen Materialismus ist die Erkenntnis identisch mit der direkten oder indirekten Abbildung der objektiven Realität auf Aussagen, denen Wahrheit zukommt. Dagegen ist etwa für PLATON Erkenntnis ein Erinnerungsprozeß; die Seele des Menschen erinnert sich an ihre ursprüngliche Heimat im Bereiche der Ideen und erkennt in den Dingen der Umwelt die Idee, die diesen Dingen zugrunde liegt, wieder (Anamnesis). Für den Vertreter des *Thomismus* gibt es zwei Formen der Erkenntnis, die sinnliche und die rationale, wobei die Grundlage letzterer darin zu sehen sei, daß der Mensch am «göttlichen Licht» teilhabe und deshalb in der Lage sei, das Wesen der Dinge zu erkennen, d. h., in den Dingen die Gedanken wiederzufinden, die Gott in die Weltordnung gelegt habe. Daneben soll es die Erkenntnis durch Offenbarung geben, wie sie in der Bibel und ähnlichen Schriften niedergelegt ist.
Für HEGEL ist Erkenntnis letztlich die Rückkehr der «absoluten Idee» zu sich selbst. Diese Rückkehr, die sich im geistigen Entwicklungsprozeß der gesamten Menschheit ausdrückt, sei ein ausschließlich geistiger Prozeß, dem gegenüber alle materiellen Dinge, vor allem auch der materielle Produktionsprozeß der Menschheit, zufälligen Charakter haben. Die Vertreter des *Neupositivismus* schließlich bestreiten, daß es ein Wesen der Dinge gäbe. Das Problem der ständigen Lösung des Widerspruchs zwischen der uns in den Sinnesempfindungen gegebenen Erscheinung der Dinge und ihrem Wesen besteht für sie gar nicht. Erkenntnis sei das, was uns die Sinnesorgane vermitteln, und eine andere Erkenntnis gäbe es nicht.
Allen diesen Auffassungen ist gemeinsam, daß sie entweder überwiegend spekulative und mystische Elemente enthalten (PLATONische Anamnesis, göttliche Offenbarung) oder ein Moment des tatsächlichen Prozesses der Entwicklung der menschlichen Erkenntnis herausgreifen und verabsolutieren (HEGELsche Vernunft, neupositivistische Reduktion aller Erkenntnis auf Sinneseindrücke). Keine dieser Auffassungen war in der Lage, einen Erkenntnisbegriff zu erarbeiten, der sich für die Einzelwissenschaften, für die gesellschaftliche Produktion, für die allgemeine gesellschaftliche Praxis der Menschen als fruchtbar und wertvoll erwiesen hätte. Die genannten Philosophen erwecken also nur den Anschein eines erkenntnistheoretischen Optimismus; dieser beruht auf falschen Vorstellungen vom Wesen der objektiven Realität und vom Wesen der Erkenntnis.
Das Prinzip der Erkennbarkeit der Welt wendet sich gegen den → Agnostizismus. Dabei sind zwei unterschiedliche Aspekte zu beachten:
Einmal geht es um die prinzipielle Unerkennbarkeit des Wesens der Dinge, wie sie etwa in der Lehre KANTS vom Ding an sich behauptet wird. Diese Lehre setzt u. a. einen psycho-physischen Dualismus voraus, wonach wegen der angenommenen metaphysischen Wesensverschiedenheit von Materie und Bewußtsein, von Objekt und Subjekt echte Wesenserkenntnis nicht möglich sei; die Materie könne zwar auf das Bewußtsein durch Sinnesreize einwirken, bleibe ihm aber an sich unzugänglich.
Trotz ihrer falschen Grundposition hat diese

Entscheidung des Problems der Erkennbarkeit der Welt philosophisch stimulierend gewirkt: der alte, mechanische Materialismus war noch mit wesentlichen Überresten eines naiven Realismus behaftet; er wurde durch den Agnostizismus gezwungen, die Erkenntnis in materialistischer Sicht erneut zum Problem zu machen und nach einer der modernen Wissenschaft entsprechenden Lösung zu suchen. Dieser erste Aspekt ist der erkenntnistheoretisch wichtigste. Die Vertreter eines «prinzipiellen» Agnostizismus könnten nämlich folgendes behaupten: Die Wissenschaften können Erkenntnisse liefern, soviel sie mögen, das Wesen der Dinge bleibt grundsätzlich unerkennbar. Der dialektische Materialismus hat diese Frage dadurch gelöst, daß er das wahre Verhältnis von Materie und Bewußtsein, von Objekt und Subjekt dargelegt hat.

Der zweite Aspekt betrifft die Erkenntnisschranken der wissenschaftlichen Forschung. Manche Anhänger des Agnostizismus behaupten, daß es selbst dann, wenn man die KANTsche Auffassung vom nichterkennbaren Ding an sich nicht teile, absolute Erkenntnisschranken in der Praxis der Wissenschaften gäbe. Diese Behauptung ist so oft durch die Entwicklung der Wissenschaften widerlegt worden, daß sie als allgemeine These unhaltbar geworden ist. Zum Beispiel galt es vor der Entdeckung der Spektralanalyse durch BUNSEN und KIRCHHOFF (1859) als prinzipiell unmöglich, über die bereits vorhandenen Erkenntnisse in der Astronomie wesentlich hinauszugehen. Vor der Entdeckung der Radioastronomie galt es als unmöglich, Erkenntnisse über die hinter Dunkelnebeln liegenden Bereiche des Weltalls zu gewinnen. Ein bekanntes Musterbeispiel für die Behauptung der Erkenntnisschranken ist der oft zitierte Ausspruch von DUBOIS-REYMOND: Ignoramus, ignorabimus (Wir wissen es nicht, wir werden es nie wissen). Als eines der evidentesten Beispiele sei angeführt, daß er u. a. die Unmöglichkeit der Farbfotografie behauptet hatte.

Die Unterscheidung dieser beiden genannten Aspekte ist deshalb von Bedeutung, weil oft mit dem Hinweis auf (verabsolutierte) zeitliche Erkenntnisschranken der Wissenschaft stillschweigend ein prinzipieller Agnostizismus untermauert werden soll.

Das Prinzip der Erkennbarkeit der Welt hat eine objektive und eine subjektive Voraussetzung. Die *objektive Voraussetzung* ist die → materielle Einheit der Welt. Der dialektische Materialismus zeigt durch Verallgemeinerung der Ergebnisse der Wissenschaften von der Natur und der Gesellschaft, insbesondere der praktischen Erfahrung der gesellschaftlichen Produktion, daß die Welt ein strukturell geordnetes, zusammenhängendes Ganzes ist und ein System von sich gesetzmäßig vollziehenden materiellen Prozessen darstellt. Diese Tatsache ist Voraussetzung aller Erkenntnis. Wäre die Welt kein zusammenhängendes Ganzes, so gäbe es isolierte Systeme als Bestandteile der Welt, die prinzipiell nicht auf uns einwirken könnten, zwischen denen und uns keine Kausalzusammenhänge existierten, von deren Existenz wir also prinzipiell nichts wissen könnten.

Die Erkenntnis muß als Prozeß aufgefaßt werden, der den Gesetzen der Informationstheorie unterliegt. Wir können nur solche Vorgänge erkennen, von denen Informationen zu uns gelangen. Die spezielle Relativitätstheorie zeigt, daß nur solche Vorgänge auf uns einwirken können, die im sog. Nachkegel liegen, die also zeitartige Abstände von uns haben, während Ereignisse, die nur raumartige Abstände von uns haben, auf uns nicht einwirken können. Ebenso muß bei einer Erläuterung der Erkennbarkeit der Welt beachtet werden, daß beispielsweise im Bereich der Elementarteilchen die Prozesse des Rauschens (informationstheoretisch gesehen) auf derselben Ebene liegen wie die Prozesse, die uns als Erzeuger von Informationen interessieren. Diese informationellen Schranken schließen nun aber nicht jegliche Erkenntnismöglichkeit aus solchen Bereichen aus. Die mannigfaltigen Wechselwirkungsrelationen der materiellen Systeme, die entweder bereits mathematisch erfaßt sind oder um deren quantitative Darstellung man sich bemüht oder in Zukunft bemühen wird, gestatten in vielen Fällen exakte Aussagen über Strukturen und Prozesse, über die wir keine direkten Informationen erhalten.

Die wichtigste Einsicht über die objektive Voraussetzung der Erkennbarkeit der Welt liegt darin, daß es keine prinzipielle Kluft zwischen dem Wesen und der Erscheinung der Dinge gibt, wie dies etwa in der KANTschen Gegenüberstellung vom Ding an sich und der Erscheinung zum Ausdruck kommt. Die Praxis der Menschen, die Ergebnisse der Wissenschaft beweisen, daß der Mensch in der Lage ist, von der uns in den Sinnesempfindungen gegebenen Erscheinung der Dinge zu ihrem Wesen vorzudringen.

Die *subjektive Voraussetzung* der Erkennbarkeit der Welt ist die Fähigkeit des Menschen, die objektive Realität zu erkennen; sie bezieht sich auf die Beschaffenheit des menschlichen Bewußtseins als des Instruments der Erkenntnis. Die Einwirkung der Materie auf die Sinnesorgane des Menschen, die auf diese Weise zustande kommenden Sinnesempfindungen, Wahrnehmungen und Vorstellungen bilden die Grundlage für die gedankliche Verallgemeinerung und Abstraktion, die den Menschen zum Wesen der Dinge führt.

Unter *kybernetischem Aspekt* gesehen besteht Erkenntnis vor allem darin, ein inneres Modell der Außenwelt (einschließlich des Menschen und seiner Bewußtseinsvorgänge) zu schaffen. Generell tragen die Begriffe der *Kybernetik* und der *Informationstheorie* dazu bei, manche erkenntnistheoretischen Sachverhalte begrifflich zu präzisieren bzw. neu und vertieft zu erfassen. Im Sinne der Kybernetik ist der Mensch ein sich selbst optimierendes, kybernetisches System, das sich im Laufe einer Jahrmillionen währenden Auseinandersetzung mit der Umwelt immer besser an diese angepaßt hat. Das höchste Produkt dieses Selbstoptimierungsprozesses ist das menschliche Gehirn. Die subjektive Voraussetzung für die Erkennbarkeit der Welt kann also auch wie folgt formuliert werden: Der Mensch ist in der Lage, die objektive Realität zu erkennen, weil sein Gehirn als das höchstentwickelte Produkt dieser objektiv-realen Welt in ständiger Reaktion und Anpassung an deren Einwirkung entstanden ist.

Die Vertreter des *Agnostizismus* und *Skeptizismus* betonen, daß die gesamte Geschichte der menschlichen Erkenntnis zugleich eine Geschichte der menschlichen Irrtümer sei. Richtig ist, daß viele Erkenntnisse, die die Menschen in der langen Geschichte der Wissenschaft erworben haben, in einem späteren Stadium dieser Entwicklung verbessert, präzisiert oder durch allgemeinere Erkenntnisse dialektisch negiert wurden. Das heißt aber nicht, daß die Erkennbarkeit der Welt in jedem geschichtlichen Moment ausschließlich eine relative sei. Eine solche Schlußfolgerung ist bereits mit einem semantischen Fehler behaftet: Erkennbarkeit der Welt bedeutet keineswegs, daß Erkenntnisse notwendig vollendet und abgeschlossen sein müssen, d. h., nicht der Negation bedürftig seien; Erkennbarkeit bedeutet vor allem, daß das Wesen der Dinge, ihre Strukturen, Relationen und Prozesse adäquat widergespiegelt werden; dabei führt die Forderung nach Vollständigkeit – insgesamt gesehen – auf einen unendlichen historischen Progreß. Dies zu leugnen, hieße aus der Tatsache, daß es auch in Tausenden von Jahren noch Unerkanntes geben wird den falschen Schluß auf die Unerkennbarkeit der Welt zu ziehen.

Neben der Relativität der Erkenntnisse von überwiegend umfassenden theoretischen Zusammenhängen gibt es im Detail eine beträchtliche Menge von bleibend gültigen Erkenntnissen, z. B. über die chemischen und physikalischen Eigenschaften von Grundstoffen und chemischen Verbindungen, über komplizierte technische Zusammenhänge, die auf völlig gesicherten physikalischen Erkenntnissen beruhen, usw. Die Tatsache, daß viele Erkenntnisse, welche die Menschen gewinnen, den Charakter relativer Wahrheiten haben, ist dadurch bedingt, daß die menschliche Erkenntnis immer auf dem jeweiligen Entwicklungsstand der gesellschaftlichen Praxis der Menschen und der Wissenschaft aufbauen muß. «Wir können nur unter den Bedingungen unserer Epoche erkennen und *soweit diese reichen*» (MARX/ENGELS 20, 508). Es gibt zwar relative, historisch bedingte Erkenntnisschranken, keinesfalls aber prinzipielle, absolute. Der dialektische Materialismus fördert durch seinen wissenschaftlichen Erkenntnisoptimismus die weitere Entwicklung der Wissenschaften und damit auch die gesellschaftliche Entwicklung. Der Verabsolutierung des Moments des Relativen in der Geschichte der Erkenntnis entzieht der dialektische Materialismus durch seine Darlegung des Verhältnisses von relativer und absoluter Wahrheit den Boden.

→ Erkenntnis → Grundfrage der Philosophie → Praxis.

Erkenntnis – Prozeß und Resultat der (sinnlichen oder rationalen) Widerspiegelung der objektiven Realität im menschlichen Bewußtsein.

Der *Erkenntnisprozeß im umfassenden Sinne* ist die sich historisch entwickelnde Erkenntnis der objektiven Realität durch die Menschheit, im *engeren Sinne* die einzelne Erkenntnis eines bestimmten Gegenstandes. *Erkenntnis* als Resultat des Erkenntnisprozesses im *umfassenden Sinne* ist die Gesamtheit des jeweils erreichten menschlichen Wissens, das seinen höchsten und systematisch geordneten Ausdruck in der Wissenschaft findet, im *engeren Sinne* das Wissen über einen bestimmten Kreis von Gegenständen. Der historisch-gesellschaftliche Erkenntnisprozeß der Menschheit vollzieht sich und die Erkenntnis wächst nach Umfang und Tiefe an, indem in unendlich vielen einzelnen Erkenntnisakten immer mehr Gegenstände und Zusammenhänge der objektiven Realität erkannt werden.

Die Frage nach dem Wesen der Erkenntnis ist eng verbunden mit der *Grundfrage der Philosophie* und daher Gegenstand des Kampfes von Materialismus und Idealismus. Nach *materialistischer Auffassung* ist alle Erkenntnis, unabhängig von ihrem jeweiligen Gegenstand und ihren besonderen Formen und Methoden, ihrem allgemeinen Wesen nach eine annähernd getreue Abbildung oder ideelle Widerspiegelung der objektiven Realität im Bewußtsein der Menschen. Das erkennende Subjekt erzeugt im Erkenntnisprozeß vermittels der analytisch-synthetischen Nerventätigkeit ideelle Abbilder der Objekte in anschaulich-sinnlicher Form (Empfindungen und → Wahrnehmungen) und in abstrakt-logischer Form (Urteile und Begriffe). Der Ablauf des Erkenntnisaktes wird wesentlich durch die Gesetzmäßigkeiten der bedingt-reflektorischen Nerventätigkeit bestimmt, der Erkenntnisinhalt jedoch durch die Eigenschaften des Erkenntnisobjekts. Zwischen den abgebildeten Objekten und ihren Abbildern im Bewußtsein besteht eine Ähnlichkeit im Sinne einer Isomorphierelation (→ Isomorphie).

Im Gegensatz zur materialistischen Auffassung der Erkenntnis haben die verschiedenen Richtungen der *idealistischen Philosophie* Erkenntnisbegriffe geschaffen, die zwar einzelne Momente des Erkenntnisprozesses erfassen, diese aber verabsolutieren und daher das Wesen der Erkenntnis verfehlen. Nach PLATON besteht die Erkenntnis darin, daß die immaterielle und ewige Seele die ewigen und unveränderlichen Ideen schaue, genauer, daß sie sich der Ideen wieder erinnere, die sie früher schaute. Erkenntnis ist ein geistiger Akt, nämlich Wiedererinnerung (Phaedon 20, 25, 27). Der Erkenntnisbegriff PLATONS wirkt bis in die gegenwärtige idealistische Philosophie (BOLZANO, HUSSERL, WHITEHEAD). Nach BERKELEY ist Erkennen nur ein Ordnen von Bewußtseinsinhalten, eine Auffassung, wodurch Ähnlichkeiten, Harmonien, Übereinstimmungen entdeckt werden (Über die Prinzipien der menschlichen Erkenntnis C, V); nach HUME handelt es sich bei der Erkenntnis um ein Verknüpfen von Vorstellungen (Eine Untersuchung über den menschlichen Verstand VII). Diese Auffassung wurde die wichtigste theoretische Quelle des Erkenntnisbegriffs des *Empiriokritizismus*, nach dem Erkennen darin besteht, die Empfindungen zu ordnen, die Weltelemente, Vitalreihen, Gignomene oder einfach das Gegebene genannt werden. Auch der *Neupositivismus*, wie er vor allem von SCHLICK entwickelt wurde, geht von HUME aus. Erkennen bedeutet, daß unseren Wahrnehmungen Zeichen zugeordnet und diese geordnet werden (SCHLICK, Allgemeine Erkenntnislehre I, 11). Alle idealistischen Erkenntnisbegriffe laufen darauf hinaus, die Erkenntnis von ihrem wirklichen Gegenstand, der objektiven Realität, zu trennen.

Die Erkenntnis entspringt nicht einem mystischen Erkenntnistrieb, sondern hat ihre Grundlage und entscheidende Triebkraft in der gesellschaftlichen Praxis. Die Praxis und die praktischen Bedürfnisse der Menschen, vor allem die der Produktion, bestimmen die Entwicklungsrichtung der Erkenntnis, stellen ihr die entscheidenden Aufgaben, und die Praxis liefert auch die materiellen Mittel (Instrumente, wissenschaftliche Geräte), um diese Aufgaben lösen zu können. Die Erkenntnis der Naturgegenstände mit ihren Eigenschaften und der Naturgesetze ist die wichtigste Voraussetzung dafür, die Naturkräfte in der Produktion den Menschen dienstbar machen zu können. Die Erkenntnis der gesellschaftlichen Entwicklungsgesetze ermöglicht es ihnen, den sozialen Lebensprozeß bewußt und planmäßig zu lenken. Diesem Ziel dienen letzten Endes, direkt oder vermittelt, alle Erkenntnisse. Sie münden schließlich wieder in die Praxis ein, wobei sich erweist, in welchem Grade sie mit der objektiven Realität übereinstimmen. Die Praxis ist das letzte und entscheidende Kriterium der Erkenntnis.

Die Erkenntnis der objektiven Realität durch die Menschheit ist ein komplizierter, vielgestaltiger und langwieriger Prozeß, in dessen Verlauf ständig Widersprüche entstehen und überwunden werden, Umwege und Abwege möglich sind, der aber über alle Schwierigkeiten hinweg zu einer immer umfassenderen und tieferen Einsicht in das Wesen und die Gesetzmäßigkeiten der Natur und Gesellschaft führt. «Erkenntnis ist die ewige, unendliche Annäherung des Denkens an das Objekt. Die *Widerspiegelung* der Natur im menschlichen Denken ist nicht ‚tot', nicht ‚abstrakt', *nicht ohne Bewegung*, *nicht ohne Widersprüche*, sondern im ewigen *Prozeß* der Bewegung, der Entstehung und Aufhebung von Widersprüchen aufzufassen» (LENIN 38, 185). Dabei verläuft der Weg der Erkenntnis, sowohl des einzelnen Erkenntnisprozesses als auch der menschlichen Gesamterkenntnis, von der Erscheinung zum Wesen, von der Sammlung, Vergleichung und Klassifizierung der Tatsachen zur Aufdeckung ihrer inneren, allgemeinen und notwendigen Zusammenhänge, zur Feststellung ihrer Gesetze. Zugleich ist die Erkenntnis ein dialektischer Prozeß des Aufsteigens vom Konkreten zum Abstrakten und von diesem zu einer höheren Form des Konkreten.

Die Erkenntnis stößt in ihrer Entwicklung ständig auf Grenzen, die jedoch historisch bedingt sind. Sie hängen vom Entwicklungsstand der Produktivkräfte und Produktionsverhältnisse der Gesellschaft, insbesondere von den wissenschaftlichen Instrumenten und Geräten sowie vom bereits erreichten Wissensstand ab und werden fortlaufend verändert. Das ist ein unendlicher Prozeß, in dem sich die Souveränität der menschlichen Erkenntnis verwirklicht und der Widerspruch zwischen den jeweils beschränkten Möglichkeiten der Erkenntnis und der unbeschränkten Erkenntnisfähigkeit ständig gelöst und erneut gesetzt wird. «In diesem Sinn ist das menschliche Denken ebensosehr souverän wie nicht souverän und seine Erkenntnisfähigkeit ebensosehr unbeschränkt wie beschränkt. Souverän und unbeschränkt der Anlage, dem Beruf, der Möglichkeit, dem geschichtlichen Endziel nach; nicht souverän und beschränkt der Einzelausführung und der jedesmaligen Wirklichkeit nach» (MARX/ENGELS 20, 80f). Die Erkenntnis kann keinen endgültigen Abschluß mit der Fixierung einer allumfassenden absoluten Wahrheit finden. Sie kann sich der absoluten Wahrheit nur asymptotisch durch immer neue Erkenntnis relativer Wahrheiten annähern, ohne sie jemals zu erreichen. Die absolute Wahrheit wird in den und durch die relativen Wahrheiten erkannt.

→ Abbildtheorie → Erkennbarkeit der Welt → Praxis → Wahrheit.

Erkenntnisprozeß → Erkenntnis.

Erkenntnistheorie – philosophische Lehre von den

Gesetzmäßigkeiten der Erkenntnis. Die Erkenntnistheorie bildet im Rahmen der Philosophie eine relativ selbständige Disziplin mit ihrem eigenen, relativ abgegrenzten Gegenstandsbereich, der folgende Hauptprobleme umfaßt: Gegenstand, Quellen und Wesen der Erkenntnis, Grundlagen und Triebkräfte der Erkenntnis, Stufen, Formen und Methoden der Erkenntnis, Semiotik, Wahrheit, Verhältnis von Theorie und Praxis, wissenschaftstheoretische Fragen.

Das Wort «Erkenntnistheorie» entstammt dem Gedankenkreis der *Kantianer* der ersten Hälfte des 19. Jahrhunderts (KRUG, Erkenntnislehre oder Metaphysik 1808; Handbuch der Philosophie 1820 §§ 251ff; REINHOLD, Theorie des menschlichen Erkenntnisvermögens und Metaphysik 1832–1834 II 52ff). In die philosophische Terminologie endgültig eingeführt wurde es durch ZELLER (Über Aufgabe und Bedeutung der Erkenntnistheorie 1862).

Erkenntnistheoretische Überlegungen durchziehen die *Geschichte der Philosophie* von den Anfängen bis zur Gegenwart. Bereits von der *antiken griechischen Philosophie* sind die wichtigsten Grundprobleme der Erkenntnistheorie untersucht worden. Zugleich entwickelte sich in ihr die *materialistische und die idealistische Linie der Erkenntnistheorie*. Die *materialistische Linie* wurde von PARMENIDES, HERAKLIT, EMPEDOKLES und besonders von DEMOKRIT entwickelt. Als Begründer der Erkenntnistheorie kann PARMENIDES angesehen werden. Er erklärte Wahrnehmung und Denken aus der Mischung der Stoffe im Körper; im Denken sah er eine natürliche Tätigkeit des menschlichen Körpers. Wir finden bei ihm eine klare Unterscheidung von Sinneserkenntnis und Denken, der beiden Grundformen der Erkenntnis, die er allerdings einander unvermittelt gegenüberstellt. Nach seiner Auffassung kann nur das Denken zur Erkenntnis des wahren Seins führen. HERAKLIT dagegen erkennt die Berechtigung sowohl der Sinneserkenntnis als auch des Denkens an und kommt damit zu einer im Prinzip richtigen Einschätzung des Verhältnisses von sinnlicher und rationaler Erkenntnis. EMPEDOKLES versucht das Wesen der Sinneserkenntnis durch seine Theorie der Poren und Ausflüsse näher zu erklären. Er nahm an, daß die Sinnesorgane Poren besitzen, in welche die Ausflüsse, die sich von allen Körpern in Form unsichtbarer Teilchen absondern, eindringen.

Die Auffassungen DEMOKRITS bilden den Höhepunkt in der Entwicklung der *materialistischen Erkenntnistheorie* innerhalb der griechischen Philosophie. Nach DEMOKRIT werden alle Körper durch die Vereinigung der ewigen, unteilbaren Atome gebildet. Die verschiedenen materiellen Gegenstände mit ihren Eigenschaften sind der sinnlichen Wahrnehmung unmittelbar zugänglich. Die Wahrnehmung und die sich darauf gründende Meinung ist nur eine dunkle Erkenntnis; um das Wesen der Dinge, die Atome und das Leere, zu erkennen, muß das Denken, die echte Erkenntnis hinzutreten. DEMOKRIT versuchte, den unmittelbaren Charakter der Sinneswahrnehmung zu erklären, indem er alle Wahrnehmungen auf eine Art Berührung der Atome zurückführte. Er schuf die erste Gestalt der *Abbildtheorie*, nach der alle Körper ständig Atome aussenden, die Bilder (*eidola*), welche die Sinnesorgane berühren und dadurch die Wahrnehmung ermöglichen.

Die *idealistische Linie* der Erkenntnistheorie innerhalb der griechischen Philosophie fand ihren klarsten Ausdruck in den Werken PLATONS, vor allem im *Phaedon*, im *Theätet* und im *Staat*. PLATON vertrat eine objektiv-idealistische, eng mit der Religion verbundene Weltanschauung, nach der wahres Sein nur den ewigen und unveränderlichen Ideen zukomme, während die Gegenstände der materiellen Welt lediglich Nachbildungen, Abschattungen der Ideen seien und eine Mittelstellung zwischen Sein und Nichtsein einnähmen (Phaedon 48, 49, 50). Die Erkenntnis der Ideen wird durch die immaterielle Seele vollzogen, die ihr Werk am besten verrichten kann, wenn sie von den Einflüssen des Körpers befreit ist. Alles Erkennen ist nur ein Wiedererinnern, denn die Seele besitzt bereits alle Kenntnisse (Phaedon 20). Sie erinnert sich der Ideen, die sie früher, in ihrer körperlosen Existenz schaute. Diese Erkenntnis der Ideen, die in Form der Begriffe, des begrifflichen Wissens erfolgt, ist für PLATON allein wahre Erkenntnis. Daneben unterscheidet er noch die mathematische Erkenntnis, die zwischen Vernunft und bloßer Meinung steht, und die Sinneswahrnehmung, die kein Wissen, sondern nur Meinungen ergibt (Staat VI, 21; Theätet 30). PLATONS Erkenntnistheorie ist die erste Form des → Apriorismus.

Von großer Bedeutung für die Entwicklung der Erkenntnistheorie sind die Anschauungen des ARISTOTELES, die insgesamt zwar idealistischen Charakter tragen, aber mit vielen materialistischen Elementen durchsetzt sind. ARISTOTELES kritisierte eingehend die Ideenlehre PLATONS, die das Allgemeine verselbständigt und verabsolutiert (Metaphysik A 9), und kehrte zu der im Grunde materialistischen *Auffassung* zurück, daß der Gegenstand der Erkenntnis in der sinnlich gegebenen Realität zu suchen sei. Doch da das Wissen nach ARISTOTELES nur das Allgemeine zum Gegenstand haben kann (Metaphysik B 6), er das dialektische Wechselverhältnis des Allgemeinen und Einzelnen jedoch nicht richtig faßte, gelang es ihm nicht, die Frage nach dem Gegenstand des Wissens in Übereinstimmung mit seinem gegen PLATONS Ideenlehre gerichteten Ausgangspunkt zu lösen. Er suchte im Gegensatz zu PLATON das Allgemeine in den Einzeldingen, erklärte es aber für die ewige Form, die der Materie gegenüber primär sei, ihr Gestalt und Bewegung verleihe und ihr Wesen bilde (Metaphysik B 3, 4). Die Form (oder Gestalt) des menschlichen Körpers ist die Seele (Über die Seele II 1). Mit ihrem Wahrnehmungsvermögen erkennt sie die einzelnen Gegenstände und Eigenschaften, mit dem Denkvermögen, das vom Körper unabhängig ist, die Formen, das Wesen, wobei sie die Vorstellungsbilder, die aus der Wahrnehmung zurückbleiben, benutzt (Über die Seele III 8). Die Erkenntnis muß aber mit der sinnlichen Wahrnehmung beginnen und dann zum Denken übergehen, welches das Sinnenmaterial verarbeitet. Die Wahrheitsauffassung des ARISTOTELES ist ihrem Wesen nach materialistisch, denn die Wahrheit soll in der Übereinstimmung des Urteils mit der objektiven Realität bestehen. Wahr ist ein Urteil dann, wenn es das verbindet, was in der Wirklichkeit verbunden ist, und das trennt, was in der Wirklichkeit getrennt ist. Die Anschauungen des ARISTOTELES haben einen weitreichenden Einfluß auf die weitere Entwicklung der Erkenntnistheorie ausgeübt und wirken bis in die Gegenwart hinein.

Während innerhalb der *mittelalterlichen Philosophie* infolge der geistigen Herrschaft der christlichen Theologie nur geringe Fortschritte auf dem Gebiet der Erkenntnistheorie gemacht wurden, erfolgte eine starke Belebung der erkenntnistheoretischen Untersuchungen auf der sozialen Grundlage der sich entwickelnden kapitalistischen Produktionsweise und des damit verbundenen Aufschwungs der Wissenschaften. Erkenntnistheoretische Fragen erhielten eine große Bedeutung für die Neubegründung der Naturwissenschaft im Kampf gegen die herrschenden theologischen Dogmen und die scholastische Philosophie. Die Philosophen der *aufstrebenden Bourgeoisie* bemühten sich intensiv, die Quellen des menschlichen Wissens zu ergründen und die Methoden auszuarbeiten, die es ermöglichen, zu wahrem Wissen zu gelangen.

Francis BACON begründet den *materialistischen Empirismus*, die Lehre, daß der Ursprung allen Wissens in der Sinneserfahrung liegt. Er stellte sich die Aufgabe, «die Stufen der Gewißheit zu bestimmen, die sinnliche Wahrnehmung durch Rückführung auf ihre Gründe zu sichern, aber das den Sinnen folgende Spekulieren des Geistes zu verwerfen, um so dem Verstande einen neuen, unfehlbaren Weg von der sinnlichen Wahrnehmung aus zu eröffnen und zu sichern» (Organon, Vorr). Die Erkenntnis ist nach BACON darauf gerichtet, die Eigenschaften und Gesetze der Natur zu erfassen, um durch dieses Wissen die Macht des Menschen über die Natur zu vermehren. Sie muß von den Sinnen und vom Einzelnen ausgehend durch Vergleich und Experiment stufenweise zu immer höheren Verallgemeinerungen aufsteigen, so daß man erst auf dem Gipfel zu den allgemeinsten Sätzen gelangt (Organon I 19, 104). Die wahre Methode der Erkenntnis sei die Induktion, die mit planmäßig durchgeführten Experimenten zu verbinden ist.

BACONS erkenntnistheoretische Anschauungen wurden von HOBBES fortgeführt. Auch er sieht in der sinnlichen Wahrnehmung die Grundlage allen Wissens (Lehre vom Körper I 6, 1). Die Wahrnehmungen im menschlichen Bewußtsein sind Abbilder der Dinge, allerdings sind solche Sinnesqualitäten wie Farbe, Wärme, Ton usw. nicht in den Objekten, sondern nur im wahrnehmenden Bewußtsein, obgleich sie durch die Einwirkung der Objekte auf die Sinne erzeugt werden. Um die Vorstellungen und Ideen von den Dingen im menschlichen Bewußtsein zu bezeichnen und das Wissen anderen Menschen mitteilen zu können, haben die Menschen in Form der Worte Namen geschaffen, welche Zeichen für die Gedanken und mittelbar auch für die Gegenstände sind. Das Denken besteht nach HOBBES darin, daß die Namen miteinander verbunden oder getrennt werden; es ist ein Rechnen mit Zeichen (Lehre vom Körper I 1, 2).

LOCKE hat als erster das Erkenntnisproblem in systematischer und umfassender Weise behandelt und damit die Erkenntnistheorie als eine relativ selbständige und abgegrenzte Disziplin der Philosophie begründet. Er stellte sich die Aufgabe, den Ursprung, die Sicherheit und die Ausdehnung des menschlichen Wissens zu untersuchen (Über den menschlichen Verstand I 1, 2). Er begründete ausführlich den Empirismus (Sensualismus), den erfahrungsmäßigen Ursprung aller Erkenntnisse, setzte sich überzeugend mit der idealistischen Theorie der angeborenen Ideen auseinander und versuchte eine umfassende und detaillierte Analyse der Bewußtseinsprozesse beim Erkennen zu geben. LOCKES Werk wurde dadurch zu einem Markstein der weiteren Entwicklung der Erkenntnistheorie.

Wie BACON und HOBBES sah LOCKE in der Sinneserfahrung die Quelle aller Erkenntnis. Doch im Unterschied zu ihnen unterschied er zwischen *Sinneswahrnehmung* (sensation) und *Selbstwahrnehmung* (reflection). Diese beiden Formen der Erfahrung sind die Quelle aller Ideen (Über den menschlichen Verstand II 1, 2). Die Annahme der inneren Erfahrung als Quelle der Erkenntnis bedeutete eine Abweichung vom Materialismus, weil sie die grundlegende These, daß die uns in den Sinnen gegebene objektive Realität die einzige Quelle unserer Erkenntnis bildet, in einem bestimmten Maße einschränkt und eine zweite Erkenntnisquelle zuläßt. LOCKE unterschied zwei Arten von «Ideen», nämlich einfache und zusammengesetzte (Über den menschlichen Verstand II 2, 1). Die *einfachen Ideen* entstehen unmittelbar aus der äußeren und inneren Erfahrung, die *zusammengesetzten* sind Kombinationen von einfachen Ideen, die der Verstand schafft. Die einfachen Ideen der äußeren Erfahrung, die Wahrnehmungen der Gegenstände, haben einen objektiven Ursprung und sind teils Abbilder der Eigenschaften der Gegenstände, teils aber haben sie keine Ähnlichkeit mit den Eigenschaften, durch die sie verursacht werden. Die ersten Eigenschaften nennt LOCKE *primäre Qualitäten* – dazu rechnet er Solidität, Ausdehnung, Gestalt, Bewegung oder Ruhe und Anzahl –, die zweiten nennt er *sekundäre Qualitäten*, wozu er Farben, Töne, Geschmack, Geruch usw. rechnet. Die sekundären Qualitäten sind keine Abbilder, aber sie entstehen durch die Wirkung der primären Qualitäten der unsichtbaren Teilchen auf die Sinnesorgane und hörten auf, sekundäre Qualitäten zu sein, wenn wir die primären ihrer kleinsten Teilchen entdecken könnten (Über den menschlichen Verstand II 8, 9, 10; 23, 11).

Die einfachen Ideen bilden das einzige Material, das dem Verstand für seine Tätigkeit zur Verfügung steht. Es ist nichts im Verstand, was nicht vorher in den Sinnen war. Die Verstandestätigkeit besteht im Unterscheiden, Vergleichen und Zusammensetzen der einfachen Ideen. Durch Abstraktion bildet der Verstand *allgemeine* oder *zusammengesetzte Ideen*, d. h., er faßt die einzelnen Ideen einer Reihe von Gegenständen zusammen, wodurch sie zu Repräsentanten für viele Dinge und ihre Namen zu allgemeinen Namen werden (Über den menschlichen Verstand II 11, 9). Die allgemeinen Ideen werden nur gebildet, weil wir sonst unendlich viele Namen brauchten, um jede Idee gesondert zu bezeichnen. In der Realität entspricht den allgemeinen Ideen und Namen nichts. Alle Erkenntnis beschränkt sich darauf, die Eigenschaften der Einzeldinge zu erfassen, die Erkenntnis des Allgemeinen, der gesetzmäßigen Beziehungen der Dinge fiel aus dem Gesichtskreis dieses einseitigen Empirismus, dem ein gewisses Maß an → Agnostizismus eigen ist, heraus, da er das Wesen der Dinge für unerkennbar hält (Über den menschlichen Verstand II 23, 29).

Die besondere Qualität des Denkens gegenüber der Sinneserfahrung wurde von LOCKE – wie vom gesamten Empirismus – nicht erfaßt. Das Denken besteht im Vergleichen und Unterscheiden der einfachen Ideen, und die Erkenntnis reduziert sich auf die Wahrnehmung der Übereinstimmung oder Nichtübereinstimmung der Ideen im menschlichen Bewußtsein (Über den menschlichen Verstand IV 1, 2). Diese Wahrnehmung kann auf verschiedene Weise erfolgen, und entsprechend unterscheidet LOCKE drei Arten der Erkenntnis, die *intuitive*, die *demonstrative* und die *sensitive*. Die *intuitive Erkenntnis* ist die klarste und sicherste, sie besteht darin, daß der Geist die Übereinstimmung oder Nichtübereinstimmung zweier Ideen unmittelbar durch Anschauung erfaßt. Bei der *demonstrativen Erkenntnis* stellt der Geist die Übereinstimmung der Ideen nicht unmittelbar, sondern unter Zuhilfenahme anderer Ideen, durch Schlußfolgerung und Beweis fest; die *sensitive Erkenntnis* schließlich ist unsicherer, doch vermittelt sie ein sicheres Wissen von der Existenz der einzelnen sinnlich wahrnehmbaren Gegenstände (Über den menschlichen Verstand II 2, 1, 2; 2, 14).

HOBBES und LOCKE hatten sich in ihren Arbeiten eingehend mit den erkenntnistheoretischen Auffassungen DESCARTES' auseinandergesetzt, der eine rationalistische Erkenntnistheorie entwickelt hatte. Die Erkenntnistheorie DESCARTES' beruht auf einer Weltanschauung, die im Bereich der Physik durch einen konsequenten mechanischen Materialismus, außerhalb der Grenzen der Physik jedoch durch einen idealistischen Standpunkt charakterisiert ist, nach dem die Welt dualistisch in zwei einander ausschließende Substanzen zerfällt, die ausgedehnte und die denkende Substanz (Die Prinzipien der Philosophie I 48–50; Abhandlung über die Methode IV 4).

Die wichtigste erkenntnistheoretische Aufgabe bestand für DESCARTES in der Ausarbeitung einer allgemeinen Methode, die es gestattet, zu sicheren und beweisbaren Erkenntnissen zu kommen, die einen solchen Grad von Klarheit und Gewißheit haben wie die Mathematik (Regeln zur Leitung des Geistes IV 2; IV 4–5). Unter der Methode verstand er sichere und einfache Regeln, mit denen jeder, der sie peinlich genau beachtet, zu wahrer Erkenntnis gelangen kann. Der Hauptinhalt der Methode besteht aus vier Regeln, die folgendes besagen: 1. Nur das als wahr anzuerkennen, was klar und ohne jeden Zweifel ist; 2. alle Schwierigkeiten in möglichst viele Teilprobleme zerlegen, um sie nacheinander zu lösen; 3. stets bei den einfachsten und am leichtesten zu erkennenden Gegenständen zu beginnen; 4. überall vollständige Übersichten und Aufzählungen anzufertigen (Abhandlung über die Methode II 14–17). Der Erkenntnisbegriff DESCARTES' ist an der Geometrie orientiert: Erkennen bedeutet, einen Gegenstand in seine einfachsten Elemente zu zerlegen und ihn daraus aufzubauen. Daher ist das Wichtigste zunächst das Erfassen des Einfachsten; darin besteht das Geheimnis der ganzen Methode (Regeln zur Leitung des Geistes VI 5). Die einfachen Elemente werden intuitiv erkannt, und von ihnen werden alle weiteren Erkenntnisse deduktiv abgeleitet. Intuition und Deduktion sind die beiden Erkenntnisweisen, die zur Wahrheit führen; alle anderen, wie die Erfahrung, sind als verdächtig und irreführend zurückzuweisen (Regeln zur Leitung des Geistes III 4; III 9). Die einfachen, intuitiv erfaßten Wahrheiten aber, die das Fundament aller weiteren deduktiven Erkenntnis bilden, sind von Natur in unseren Seelen, es sind angeborene Ideen, die der Verstand bereits in sich vorfindet (Abhandlung über die Methode VI 6).

Nach der rationalistischen Auffassung DESCARTES' besteht alles Erkennen in reiner Verstandestätigkeit, im intuitiven Erfassen der angeborenen Ideen und in der deduktiven Ableitung. Nur der Verstand ist befähigt, die Wahrheit zu erkennen, die Sinneswahrnehmung ist keine Quelle der Erkenntnis, kann aber den Verstand in gewissen Fällen unterstützen (Regeln zur Leitung des Geistes VIII 12).

Wenn sich aber die ganze Erkenntnis in der Konstruktion geistiger Gebilde erschöpft und sich lediglich im Geist, in der denkenden Substanz abspielt, die keine Beziehung zur materiellen Welt hat, bleibt die Frage offen, wie sich die Erkenntnis zur objektiven Realität verhält. Aus allen Verstandeserkenntnissen folgt noch nicht einmal, daß es eine materielle Welt gibt, nur, daß es sie geben kann. Um die Existenz der objektiven Realität zu beweisen, macht DESCARTES den komplizierten Umweg über den Beweis der Existenz Gottes, und aus Gottes Wahrhaftigkeit leitet er dann ab, daß die sinnlichen Wahrnehmungen Wirkungen der materiellen Gegenstände seien, weil Gott den Menschen nicht betrügen könne (Betrachtungen über die Grundlagen der Philosophie VI). Diese Schwierigkeiten ergeben sich vor allem aus dem dualistischen Standpunkt DESCARTES', der zur Folge hat, daß seine erkenntnistheoretischen Anschauungen im wesentlichen idealistisch bleiben.

Einen *materialistischen Rationalismus* vertrat SPINOZA. Er kritisierte und überwand den Dualismus DESCARTES' und die daraus folgenden idealistischen Inkonsequenzen. Seine pantheistische Weltanschauung geht von der einen unteilbaren Substanz aus, die durch sich selbst existiert, deren Wesen zugleich die Existenz einschließt. Das Wesen der Substanz – die SPINOZA auch Gott oder Natur nennt – kommt in ihren Attributen zum Ausdruck, deren es unendlich viele gibt. Attribute der Substanz sind Ausdehnung und Denken, die Substanz ist zugleich ein ausgedehntes und ein denkendes Ding (Ethik II 1; II 2). Die Substanz mit ihren Attributen tritt in Erscheinung in Gestalt der Modi. Die materiellen Körper sind Modi des Attributs Ausdehnung, und die Ideen sind Modi des Attributs Denken, die beide miteinander übereinstimmen, da sie die gleiche Ursache haben (Identität von Denken und Sein).

Erkennen bedeutet für SPINOZA ein Abbilden oder Widerspiegeln der Dinge und ihrer Ordnung in den Ideen und deren Ordnung. «Die Ordnung und Verknüpfung der Ideen ist dieselbe wie die Ordnung und Verknüpfung der Dinge», lautet ein Lehrsatz, der für die Erkenntnistheorie SPINOZAS grundlegend ist (Ethik II 7). Dadurch, daß die Ideen mit den Dingen übereinstimmen, sind sie wahr (Ethik I 6). Das Erkennen ist auf die Dinge gerichtet, nicht auf die Ideen, es soll ein getreues Bild der Natur liefern (Abhandlung über die Läuterung des Verstandes 22).

SPINOZA unterscheidet drei Gattungen der Erkenntnis: Die Erkenntnis der *ersten Gattung* umfaßt die unsichere Erfahrung, die verworrene sinnliche Wahrnehmung der Einzeldinge und die Erkenntnis aus Zeichen, d. h. aus Lernen oder Mitteilung. Die Ideen dieser Erkenntnisarten sind inadäquat und verworren, sie sind die einzige Quelle der Falschheit. Die Erkenntnis der *zweiten Gattung* ist das Vernunftwissen aus den Gemeinbegriffen (*notiones communes*) und adäquaten Ideen, und die *dritte Gattung* ist die anschauende oder intuitive Erkenntnis. Nur die zweite und dritte Gattung der Erkenntnis führen zur Wahrheit (Ethik II 40 Anm 2; 41, 42; Abhandlung über die Läuterung des Verstandes 15–16). Ausgangspunkt der Erkenntnis sind die einfachen Begriffe, die klar und deutlich und folglich wahr sind. Mit Hilfe der Definitionen und der klaren und deutlichen Gemeinbegriffe können die weiteren Ideen in der Ordnung abgeleitet werden, die der Ordnung der Dinge entspricht (→ Spinozismus).

Der Standpunkt des *Rationalismus* wurde auf *idealistischer Grundlage* auch von LEIBNIZ vertreten. Er verfaßte zu LOCKES Werk *Über den menschlichen Verstand* eine ausführliche Gegenschrift *Neue Versuche über den menschlichen Verstand*, in der er die Einwände LOCKES gegen die rationalistische Auffassung der Erkenntnis zu entkräften suchte. Auf LOCKES programmatische Feststellung, daß nichts im Verstand sei, was nicht zuvor in den Sinnen war, erwiderte LEIBNIZ, daß dieser Satz einer Ergänzung bedürfe: Es ist nichts im Verstand, was nicht vorher in den Sinnen war, mit Ausnahme des Verstandes selbst (Neue Versuche über den menschlichen Verstand II 2, 2). Der Verstand aber enthalte Prinzipien, die von der Erfahrung unabhängig seien, und ebenso die Anlagen, aus sich die notwendigen Wahrheiten zu entwickeln (Neue Versuche über den menschlichen Verstand I 1, 21). Diese sind also nicht angeboren wie bei DESCARTES, sondern sie sind nur virtuell angeboren. Während bei DESCARTES Gott anläßlich jedes Erkenntnisaktes eingreifen mußte, um die Übereinstimmung zwischen Körper und Geist herzustellen, hat Gott nach LEIBNIZ eine *prästabilierte Harmonie* sowohl zwischen allen Dingen als auch zwischen dem Körper und dem Geist geschaffen, so daß sie wie zwei gleichgehende Uhren immer übereinstimmen (Neue Untersuchungen über den menschlichen Verstand IV 11).

Der von LOCKE begründete materialistische Empirismus (Sensualismus) wurde von BERKELEY und HUME subjektiv-idealistisch umgebogen. BERKELEY knüpfte in seinen erkenntnistheoretischen Auffassungen direkt an LOCKE an, nutzte dessen Inkonsequenzen geschickt aus und kritisierte seine Schwächen scharfsinnig. LOCKE hatte in seinem *Essay* die vom materialistischen Standpunkt inkonsequente Formulierung gebraucht, daß unmittelbares Objekt des Wissens und Erkennens die Ideen (Wahrnehmungen, Vorstellungen, Begriffe) in unserem Bewußtsein seien (Über den menschlichen Verstand IV 1, 1). BERKELEY akzeptierte diese These und zog daraus den Schluß, daß alle Objekte nur im Bewußtsein existieren, daß folglich Existieren gleich Wahrnehmen ist (Über die Prinzipien der menschlichen Erkenntnis I III). So wird die ganze objektive Realität in eine Anhäufung von Bewußtseinsinhalten aufgelöst, und die Erkenntnis beschränkt sich dementsprechend auf ein Ordnen der Bewußtseinsinhalte.

Von der gleichen subjektiv-idealistischen Position geht auch HUME aus. Auch für HUME stammen alle Bewußtseinsinhalte aus der Erfahrung, doch im Unterschied zu BERKELEY, für den sie alle «Ideen» sind, unterscheidet er zwischen Gedanken oder Vorstellungen (ideas) und Eindrücken (impressions). Die Eindrücke, die Wahrnehmungen sind die unmittelbaren Gegebenheiten, sie sind daher stark und eindringlich, die Gedanken oder Vorstellungen aber sind nur Abbilder der Eindrücke und daher schwach und weniger eindringlich. Die Gedanken beruhen also sämtlich auf unmittelbaren Wahrnehmungen, und soll unseren Begriffen ein Sinn zukommen, dann muß man die zugrunde liegenden Wahrnehmungen zeigen können. Läßt sich nicht zeigen, daß einem Begriff eine Wahrnehmung entspricht, dann ist er einfach sinnlos, dann ist das Wort nur eine Zusammensetzung von Lauten ohne Inhalt (Eine Untersuchung über den menschlichen Verstand II). (Diese Auffassung wurde später die unmittelbare theoretische Quelle der «Sinntheorie» und des «Verifikationsprinzips» des *Neupositivismus.*) Aus HUMES Standpunkt folgt notwendig, daß alle Begriffe, die etwas Allgemeines widerspiegeln, keinen Sinn haben, denn für das Allgemeine läßt sich keine Wahrnehmung zeigen.

Erkennen besteht für HUME in der Assoziation von Bewußtseinsinhalten, wobei die assoziative Verknüpfung nach bestimmten Regeln erfolgt, die auf die Relationen zwischen den Vorstellungen zurückgehen. Diese Relationen sind teils unveränderliche, teils veränderliche. Die ersten, die relations of ideas, ergeben sich intuitiv durch bloße Vergleichung der Ideen im Bewußtsein, sie bilden den Gegenstand der Geometrie, Algebra und Arithmetik und werden durch die reine Tätigkeit des Verstandes entdeckt. Die zweiten dagegen, die matters of fact, sind nicht gewiß, denn sie entstammen der Erfahrung (Eine Untersuchung über den menschlichen Verstand IV). HUME spricht aber den mathematisch-logischen Erkenntnissen eine von der Erfahrung unabhängige Geltung und Gewißheit zu, womit er sich auch in diesem Punkt als unmittelbarer Vorläufer des Neupositivismus erweist.

Alle Verknüpfung von Tatsachen gründet sich auf die Beziehung von Ursache und Wirkung, denn nur vermöge dieser Vorstellung können wir über die Evidenz unseres Gedächtnisses und unserer Sinne hinausgehen. Die Beziehung von Ursache und Wirkung läßt sich aber durch Denken nicht erkennen, sie stammt aus der Erfahrung, und das bedeutet, daß sie lediglich eine Folge unserer Gewohnheit ist. Die wahre Erkenntnis beschränkt sich also auf die – nach HUME – von der Erfahrung unabhängige Mathematik, in allen anderen Bereichen aber ist der menschliche Verstand schwach, und die «letzten Grundkräfte und Prinzipien» sind der menschlichen Wißbegierde und Forschung ganz und gar verschlossen (Eine Untersuchung über den menschlichen Verstand IV).

Einen großen Beitrag zur weiteren Entwicklung und Begründung der materialistischen Erkenntnistheorie leisteten die *französischen Materialisten des 18. Jahrhunderts*, insbesondere HOLBACH, HELVÉTIUS und DIDEROT (→ Abbildtheorie).

Einen Höhepunkt in der Geschichte der Erkenntnistheorie nach LOCKE stellt die Lehre KANTS dar. KANT versuchte in seiner Erkenntnistheorie, die in der *Kritik der reinen Vernunft* und in den *Prolegomena zu einer jeden künftigen Metaphysik, die als Wissenschaft wird auftreten können* dargestellt ist, Materialismus und Idealismus miteinander zu vereinigen (LENIN 14, 195). KANT ging von der Existenz der objektiven Realität, der «Dinge an sich» aus. Die «Dinge an sich», die außerhalb des Bewußtseins existieren, affizieren die Sinne und bewirken dadurch die sinnliche Anschauung. Durch diese werden uns Gegenstände gegeben. Doch die Anschauung allein bleibt blind, wenn nicht das begriffliche Denken hinzutritt. Alle Erkenntnis entspringt aus der sinnlichen Anschauung und dem Verstand. Es ist aber zu beachten, daß sich der Begriff der sinnlichen Anschauung bei KANT wesentlich von dem der englischen Empiristen unterscheidet. Während bei diesen die empirische Erfahrung mit der Sinneswahrnehmung zusammenfällt, unterscheidet KANT in der sinnlichen Anschauung ebenso wie im Denken reine und empirische Elemente. Die reine Anschauung enthält lediglich die Anschauungsformen, die empirische Anschauung dagegen das Sinnesmaterial; die reinen Begriffe sind Denkformen, der empirische Inhalt der Begriffe entstammt dagegen der Anschauung. Die empirischen

Elemente der Anschauung und des Denkens haben ihren letzten Ursprung in den «Dingen an sich», die reinen Elemente dagegen im menschlichen Bewußtsein, im Erkenntnisvermögen, die ersteren sind a posteriori, die letzteren a priori.

KANTS Erkenntnistheorie unterscheidet sich vom Empirismus dadurch, daß sie auch in die sinnliche Anschauung apriorische Elemente (Raum und Zeit als Anschauungsformen), und vom Rationalismus dadurch, daß sie in das Denken ein empirisches Element (die Begriffe erhalten ihren Inhalt aus der Anschauung) einführt. Nach KANT steuert die sinnliche Wahrnehmung (und damit die objektive Realität) nur einen geringen Teil zur Erkenntnis bei. Sie liefert nur die «Materie» der Erkenntnis, ein «Gewühl von Empfindungen», das erst Ordnung und Sinn erhält, wenn es durch die apriorischen Anschauungsformen des Raumes und der Zeit aufgenommen, unter die apriorischen Kategorien des Verstandes subsumiert und mit Hilfe der apriorischen Schemata des Verstandes auf Gegenstände bezogen wird. Aus der Sinneserkenntnis entspringt nur ein formales «Gewühl von Empfindungen», das erst durch die «transzendentale Einheit der Apperzeption» zu einem Begriff vom Gegenstand verarbeitet wird. Der Verstand steuert also einen wesentlich größeren Teil zur Erkenntnis bei als die Sinnlichkeit, denn seine unabhängig von aller Erfahrung gegebenen Anschauungsformen und Kategorien sind Bedingungen jeder möglichen Erfahrung (Erkenntnis).

Da die «Dinge an sich» unsere Sinne lediglich affizieren und durch die Empfindungen die formlose «Materie» der Erkenntnis liefern, sind die Gegenstände, die wir erkennen, nicht die «Dinge an sich», sondern nur Erscheinungen, denen zwar «Dinge an sich» korrespondieren, die uns aber gänzlich unerkennbar bleiben. Alle Gegenstände der Erfahrung müssen für uns unvermeidlich zu «Sinneswesen» oder Erscheinungen werden. Die Welt der Erscheinungen wird ihrer Form nach durch den Verstand a priori hervorgebracht, und daher ist sie auch erkennbar. Wenn man bisher annahm, die Erkenntnis müsse sich nach den Gegenständen richten, so nimmt KANT an, daß die Gegenstände sich nach unserer Erkenntnis richten müssen, so daß wir von den Dingen nur das a priori erkennen, was wir selbst in sie hineinlegen (*kopernikanische Wendung* des Erkenntnisproblems).

Die Beschränkung der menschlichen Erkenntnis auf die Erscheinungswelt, auf die Welt der möglichen Erfahrung, soll ihr in diesen Grenzen Notwendigkeit und Allgemeingültigkeit sichern. Da die apriorischen Anschauungsformen und Kategorien von aller Erfahrung unabhängig sind und die Bedingungen jeder möglichen Erfahrung bilden, erhalten alle Erkenntnisse, die durch den richtigen Gebrauch des Verstandes zustande kommen, Allgemeingültigkeit und Notwendigkeit. Damit glaubte KANT den Skeptizismus HUMES, der außerhalb der Mathematik jede allgemeingültige Erkenntnis bestritt und sie lediglich für gewohnheitsbedingte Erwartung erklärte, überwunden zu haben. Das war jedoch ein Trugschluß. KANT hat die Allgemeingültigkeit und Notwendigkeit, die er ebensowenig wie HUME aus der Erfahrung ableiten konnte, nur in den Verstand verlegt, der nun der Erscheinungswelt seine Gesetze verschreibt. Das eigentliche Problem aber, wie das menschliche Bewußtsein zu allgemeingültigen Erkenntnissen nicht über eine von ihm selbst bestimmte Erscheinungswelt, sondern über die vom Bewußtsein unabhängige objektive Welt kommen kann, blieb bei KANT ungelöst. Mehr noch: durch seine metaphysische Trennung von Erscheinung und Ding an sich und die Begrenzung der Erkenntnis auf die Erscheinung begründete KANT eine Variante des → Agnostizismus, welche die Erkenntnis des Wesens der objektiven Realität prinzipiell für unmöglich erklärt (→ Ding an sich).

Von *positiver Bedeutung* in KANTS Erkenntnistheorie ist die Hervorhebung der Spontaneität des Verstandes, d. h. seiner aktiven Rolle im Erkenntnisprozeß. KANT hat als erster versucht, die Funktion der Kategorien in der Erkenntnis zu bestimmen und zu untersuchen, wie das empirische Material vermittels der Kategorien, über die der Verstand bereits verfügt, verarbeitet wird.

Unter dem apriorischen Charakter der Kategorien will KANT jedoch nicht verstehen, daß sie eine Art angeborene Ideen sind. Er glaubt, daß die Kategorien im menschlichen Verstand im Keime und der Anlage nach vorbereitet liegen und durch Erfahrung entwickelt werden (B 91 ff). KANT trennt durch seinen → Apriorismus Form und Inhalt der Erkenntnis scharf voneinander und stellt sie einander metaphysisch gegenüber. In der Unterscheidung von Form und Materie der Erkenntnis steckt ein rationaler Kern, und die Untersuchung der Form der Erkenntnis ist ein großes Verdienst. Doch hat KANT diese berechtigte Unterscheidung verabsolutiert und verfiel dadurch dem *subjektiven Idealismus* und *Agnostizismus*. Andererseits enthält KANTS Erkenntnistheorie viele rationelle Gesichtspunkte und positive Ansätze, die auch für die Ausarbeitung der dialektisch-materialistischen Erkenntnistheorie bedeutungsvoll waren (→ Kritizismus).

Einen besonderen Platz in der Entwicklung der Erkenntnistheorie nimmt die Philosophie HEGELS ein, weil in ihr die dialektische Denkmethode in der bisher umfassendsten Weise ausgearbeitet wurde. Die Philosophie HEGELS ist ein System des objektiven Idealismus, in dem der Geist, die «absolute Idee», Schöpfer der ganzen Welt und zugleich ihr wahres Wesen ist. Denken und Sein fallen für HEGEL zusammen, weil die ganze Entwicklung der Welt nur die stufenweise Entfaltung des Geistes vom Sein bis zur «absoluten Idee» ist. Diese dialektische Entwicklung erfolgt in der Form des Begriffs, und die Entwicklungsstufen des Geistes sind Etappen seiner Bestimmung und Konkretisierung und zugleich seiner fortschreitenden Selbsterkenntnis. Indem der Geist sich, dialektisch von Begriff zu Begriff fortschreitend, bestimmt und konkretisiert, erkennt er sich zugleich immer tiefer und umfassender, bis er in der «absoluten Idee» zur vollen Selbsterkenntnis, zum absoluten Wissen seiner selbst gelangt (Logik III 3, 3).

Da für HEGEL Denken und Sein zusammenfallen, ist seine Darstellung des Entwicklungsprozesses des Geistes zugleich allgemeine philosophische Theorie, Dialektik, Erkenntnistheorie und Logik. Daher gibt es in HEGELS Philosophie keine Erkenntnistheorie als philosophische Disziplin, seine erkenntnistheoretischen Anschauungen sind in seiner Darstellung des dialektischen Entwicklungsgangs des Geistes enthalten. Insofern gibt es bei HEGEL eine Identität von Dialektik, Erkenntnistheorie und Logik. Sie beruht allerdings auf der idealistischen Identifizierung von Erkenntnisprozeß und Weltentwicklungsprozeß und hat daher neben den rationellen Gesichtspunkten zugleich auch das negative Resultat, daß das eigentliche Erkenntnisproblem – die Frage nach dem *Wie* der Widerspiegelung der objektiven Realität im Bewußtsein des Menschen – einfach entfällt.

Die wichtigste positive Errungenschaft der erkenntnistheoretischen Anschauungen HEGELS ist, daß die Erkenntnis als ein dialektischer Entwicklungsprozeß betrachtet wird. ENGELS schrieb, daß in HEGELS System «zum erstenmal – und das ist sein großes Verdienst – die ganze natürliche, geschichtliche und geistige Welt als ein Prozeß, d. h. als in steter Bewegung, Veränderung, Umbildung und Entwicklung begriffen dargestellt und der Versuch gemacht wurde, den inneren Zusammenhang in dieser Bewegung und Entwicklung nachzuweisen» (MARX/ENGELS 20, 22f). HEGEL nahm die Erkenntnis nicht als etwas Fertiges und sah auch in den Denkformen nicht ein für allemal gegebene Schemata, sondern versuchte, sie historisch zu erklären und auseinander hervorgehen zu lassen.

Von großer Bedeutung für die Entwicklung der Erkenntnistheorie ist HEGELS Kritik des *Subjektivismus* und *Agnostizismus* KANTS. Wie ENGELS bemerkte, ist das «Entscheidende zur Widerlegung dieser Ansicht ... bereits von Hegel gesagt, soweit dies vom idealistischen Standpunkt möglich war» (MARX/ENGELS 21, 276). HEGEL wandte sich gegen KANTS Auffassung, daß die Verstandesbegriffe oder Kategorien formal und subjektiv seien, und behauptete demgegenüber, daß die Begriffe einen objektiven Inhalt und Wahrheit besitzen, daß die Begriffe zur Realität übergehen, weil sie die Realität aus sich erzeugen (Logik III: Vom Begriff im allgemeinen). So richtig die Kritik an KANT ist, so verkehrt ist HEGELS eigene Auffassung, daß die Begriffe die Realität hervorbringen.

Scharfe und berechtigte Kritik übte HEGEL auch an KANTS undialektischer (metaphysischer) Trennung von Wesen und Erscheinung und der agnostizistischen Beschränkung der Erkenntnis auf die Welt der Erscheinungen. Er wies nach, daß das Ding an sich eine inhaltlose Abstraktion ist (Logik I 1, 2), denn in Wirklichkeit haben alle Dinge Eigenschaften und Beziehungen und bilden eine Einheit von Wesen und Erscheinung.

HEGEL hat in seiner Lehre wesentliche Seiten der Dialektik des Erkenntnisprozesses erfaßt, wenn auch in einer idealistisch verzerrten Form. Neben der Anwendung des Entwicklungsgedankens auf die Erkenntnis ist eines seiner größten Verdienste in dem Versuch zu sehen, das Leben, die Praxis in die Logik und Erkenntnistheorie einzubeziehen. HEGEL läßt den Begriff in seiner letzten Entwicklungsetappe, als Idee, drei Stufen durchlaufen: das Leben, das Erkennen und die «absolute Idee». In das Erkennen bezieht HEGEL auch das Handeln in Gestalt der praktischen Idee ein. Die Tätigkeit des Begriffs verändert die Wirklichkeit, so daß das Erkennen sich mit der praktischen Idee vereinigt und in die «absolute Idee», welche die Identität der theoretischen und praktischen ist, übergeht (Logik, III 3, 2, 3). Wenn die Praxis bei HEGEL auch nur in Form der «Tätigkeit des Begriffs» auftritt, so bedeutet das doch, daß «die Praxis als Kettenglied in der Analyse des Prozesses der Erkenntnis steht, und zwar als Übergang zur objektiven (bei Hegel: ‚absoluten') Wahrheit. Marx knüpft folglich unmittelbar an Hegel an, wenn er das Kriterium der Praxis in die Erkenntnistheorie einführt: siehe die Thesen über Feuerbach» (LENIN 38, 202). In Gestalt der HEGELschen Philosophie erreichte die Entwicklung der Erkenntnistheorie innerhalb der bürgerlichen Philosophie ihre höchste Entwicklungsstufe; sie wurde zu einer der wichtigsten theoretischen Quellen der Erkenntnistheorie des dialektischen Materialismus.

Einen wichtigen Platz in der Vorbereitung der dialektisch-materialistischen Erkenntnistheorie nehmen die Anschauungen FEUERBACHS ein. Zunächst Anhänger des HEGELschen Idealismus, entwickelte er später eine materialistische Philosophie, die – durch die kritische Überwindung HEGELS vermittelt – in mancher Hinsicht über den englischen und französischen Materialismus hinausging. FEUERBACH setzte sich gründlich mit HEGELS Lehre von der Identität von Denken und Sein auseinander, wies ihren spekulativ-idealistischen und in letzter Instanz theologischen Charakter nach und gelangte zu einer verallgemeinerten Fassung und klaren materialistischen Beantwortung der Grundfrage der Philosophie (Vorläufige Thesen zur Reform der Philosophie; Grundsätze der Philosophie der Zukunft §§ 24, 27, 51; Das Wesen der Religion 13). Das reale Sein, die objektive Realität, die uns in den Sinnen gegeben ist, bildet für FEUERBACH den Gegenstand der Erkenntnis, und Gegenstand ist nur, was außer dem Kopfe existiert (Das Wesen des Christentums, Vorwort zur dritten Auflage). Der Gegenstand ist uns nur in den Sinnen gegeben, daher ist die Sinnlichkeit der Inbegriff aller Wirklichkeit und daher kann es ohne Sinnestätigkeit kein Denken und keine Erkenntnis geben (Das Wesen der Religion 2, 10). FEUERBACH braucht «zum Denken die Sinne, vor allem die Augen», gründet seine Gedanken «auf Materialien, die wir uns stets nur vermittelst der Sinnestätigkeit aneignen können» (Das Wesen des Christentums, Vorwort zur dritten Auflage). Sein Sensualismus ist frei von jedem Anflug des Agnostizismus, er sieht in den Sinnen zuverlässige Zeugen, deren Material zu einer fortschreitenden Erkenntnis der Welt genügt, um so mehr, als die Natur sich nicht versteckt, sondern sich dem Menschen mit Gewalt, sozusagen mit Unverschämtheit aufdrängt (Das Wesen der Religion 14). Da er den Menschen samt seinen Sinnesorganen für ein Ergebnis der natürlichen Entwicklung hält, sind diese an die Natur und ihre Qualitäten angepaßt und zu deren Erkenntnis befähigt. Ganz im Gegensatz zu LOCKE, der meinte, daß uns viele Eigenschaften verborgen blieben, weil der Mensch nicht mehr als fünf Sinne hätte, stellte FEUERBACH fest, wir hätten keinen Grund zu der Einbildung, daß, «wenn der Mensch mehr Sinne oder Organe hätte, er auch mehr Eigenschaften oder Dinge der Natur erkennen würde. Es ist nicht mehr in der Außenwelt, in der unorganischen Natur, als in der organischen. Der Mensch hat gerade soviel Sinne, als eben notwendig ist, um die Welt in ihrer Totalität, ihrer Ganzheit zu fassen» (Das Wesen der Religion 14). Das Denken ist ebenso eine natürliche Tätigkeit eines wirklichen Wesens, und daher ist ganz erklärlich, daß es die wirklichen Dinge und Wesen auch erfassen kann. Nur, wenn man das Denken vom Menschen absondert und für sich fixiert, entstehen die peinlichen, unfruchtbaren und von diesem Standpunkt auch unlösbaren Fragen, wie das Denken zum Objekt komme (Grundsätze der Philosophie der Zukunft 51). Zwischen dem Denken und der Wirklichkeit herrscht Übereinstimmung, denn die Gesetze der Wirklichkeit sind auch Gesetze des Denkens, das Denken darf nicht aus der Natur herausgelöst werden (Grundsätze der Philosophie der Zukunft 45). FEUERBACH bemühte sich auch, die Rolle des Denkens, des rationalen Moments in der Erkenntnis zu klären. Er wies richtig den untrennbaren Zusammenhang des Denkens mit der Natur, deren Produkt es ist, und mit der Sinnestätigkeit nach. Er verwahrte sich dagegen, daß nur dem Denken das Wesen, der Kern, den Sinnen hingegen bloß das Äußere, die Schale, zugeschrieben werde (Das Wesen der Religion 14). Hier zeigt sich bereits ein tieferes Verständnis für das dialektische Verhältnis von Sinneserkenntnis und Denken als bei den früheren Materialisten, doch gelang auch FEUERBACH noch keine befriedigende Lösung. Eine wichtige Ursache hierfür war, daß er das dialektische Wechselverhältnis zwischen Allgemeinem und Einzelnem nicht richtig faßte. Während er richtig feststellte, daß das Wesen des Denkens die Allgemeinheit sei, behauptete er irrtümlicherweise, das Wesen der Wirklichkeit sei die Individualität (Grundsätze der Philosophie der Zukunft 48). Da die objektive Realität aber eine untrennbare Einheit von Einzelnem und Allgemeinem ist, konnte FEUERBACH die wirkliche Rolle des Denkens in der Erkenntnis nicht endgültig aufklären. Die Allgemeinbegriffe, die in Wirklichkeit Widerspiegelungen des Allgemeinen in der Realität selbst sind, betrachtete er als bloße Produkte des Denkens, die keine reale Grundlage haben, sondern lediglich das Gemeinsame vieler Einzeldinge, das Prädikat der Individuen, zusammenfassen (Das Wesen der Religion 14).

Ein Fortschritt der Erkenntnistheorie FEUERBACHS gegenüber dem *englischen* und *französischen Materialismus* besteht darin, daß er in gewissem Grade bereits den gesellschaftlichen Charakter der Erkenntnis hervorhebt. Er geht nicht vom isolierten Einzelmenschen aus, sondern von einer Gemeinschaft von Menschen, denn nur aus dem Zusammenwirken der Menschen kann Erkenntnis entspringen (Grundsätze der Philosophie der Zukunft 41). Die vereinte Kraft der Menschen unterscheidet sich nicht nur quantitativ, sondern auch qualitativ von der vereinzelten. «Einzeln ist die menschliche Kraft beschränkt, vereinigt eine unendliche Kraft. Beschränkt ist das Wissen des Einzelnen, aber unbeschränkt die Vernunft, unbeschränkt die Wissenschaft, denn sie ist ein gemeinschaftlicher Akt der Menschheit, und zwar nicht nur deswegen, weil unzählig viele an dem Bau der Wissenschaft mitwirken, sondern auch in dem innerlichen Sinne, daß das wissenschaftliche Genie einer bestimmten Zeit die Gedankenkräfte der vorangegangenen Genies in sich vereinigt ... also keine vereinzelte Kraft ist» (Das Wesen des Christentums IX). Vernunft, Phantasie, Scharfsinn und Gefühl hält FEUERBACH für Produkte der menschlichen Gesellschaft, es sind Kräfte der Menschheit, nicht des einzelnen Menschen.

Es gibt in FEUERBACHS Erkenntnistheorie auch einige Hinweise auf die sinnliche Praxis, so, wenn er davon spricht, daß die sinnliche Tatsache in der Theorie zur sinnlichen Gewalt in der Praxis werde (Das Wesen des Christentums XXII Anm). Indes bleiben das doch nur Andeutungen, und FEUERBACH ist von einem wirklichen Verständnis der Praxis sowie ihrer grundlegenden Rolle im Erkenntnisprozeß noch weit entfernt.

Die Erkenntnistheorie des *dialektischen Materialismus,* die von MARX und ENGELS begründet und von LENIN weiterentwickelt wurde, bedeutet eine völlig neue Qualität in der Entwicklung der erkenntnistheoretischen Auffassungen. Während die ganze Entwicklung der Erkenntnistheorie von BACON bis FEUERBACH auf bürgerlicher Klassengrundlage erfolgte, den praktischen und theoretischen Bedürfnissen der aufstrebenden Bourgeoisie diente, beruht die dialektisch-materialistische Erkenntnistheorie auf einer völlig anderen sozialen Basis: sie ist aus den praktischen und theoretischen Bedürfnissen der Arbeiterklasse hervorgegangen und dient ihr als Mittel der Erkenntnis und der Umgestaltung der Welt im Sinne ihres historischen Zieles, des Kommunismus. Das ist von grundlegender Bedeutung, denn die Arbeiterklasse ist auf Grund ihrer materiellen Existenzbedingungen und ihrer historischen Rolle keinerlei sozial-klassenmäßig bedingten Erkenntnisschranken unterworfen, wie das für alle anderen Klassen gilt.

Die Erkenntnistheorie des dialektischen Materialismus bildet auch ihrem theoretischen Inhalt nach eine neue Qualität. Sie ist in einem gewissen Sinne das Resultat aller vorangegangenen erkenntnistheoretischen Auffassungen, denn sie verarbeitet kritisch alle richtigen Ergebnisse und weiterführenden Ansätze aus der ganzen Geschichte der Erkenntnistheorie. Sie führt insbesondere die materialistischen und dialektischen Anschauungen über die Erkenntnis fort, überwindet deren Mängel und hebt sie damit auf eine neue Stufe, begründet sie wissenschaftlich.

Die Hauptmängel der *vormarxistischen materialistischen Erkenntnistheorie* bestanden in folgendem: da sie den gesellschaftlichen Charakter der menschlichen Erkenntnis nicht erfaßte, konnte sie die grundlegende Rolle der gesellschaftlichen Praxis in der Entwicklung der Erkenntnis nicht verstehen. Damit hängt eine vorwiegend kontemplative Auffassung der Erkenntnis als einer passiven Abbildung zusammen (MARX, Thesen über Feuerbach I). Weiter war die vormarxistische materialistische Erkenntnistheorie wesentlich undialektisch. Sie sah nicht den komplizierten und widerspruchsvollen Erkenntnisprozeß, vermochte nicht das dialektische Wechselverhältnis der sinnlichen und rationalen Elemente in der Erkenntnis zu erfassen. LENIN hat diese Schwäche der vormarxistischen materialistischen Erkenntnistheorie in dem Satz charakterisiert, daß ihr «*Hauptübel* in der Unfähigkeit besteht, die Dialektik auf die Bildertheorie, auf den Prozeß und die Entwicklung der Erkenntnis anzuwenden» (LENIN 38, 344).

Die *Vereinigung von Materialismus und Dialektik* sowie die Erkenntnis der Entwicklungsgesetze der Gesellschaft ermöglichten es MARX und ENGELS, die materialistische Erkenntnistheorie auf eine qualitativ neue Stufe zu heben und die einzige konsequent wissenschaftliche Erkenntnistheorie zu begründen. Sie setzten sich dabei kritisch mit der idealistischen Erkenntnistheorie auseinander und verarbeiteten deren wissenschaftlich fruchtbare Gedanken materialistisch.

Die marxistische Erkenntnistheorie beruht nicht nur auf der kritischen Verarbeitung des früheren philosophischen Denkens; sie hat ihre Grundlage vor allem in der Verallgemeinerung wesentlicher Resultate der Einzelwissenschaften und der gesellschaftlichen Praxis. Die dialektisch-materialistische Erkenntnistheorie beruht – und das ist zugleich ein Programm ihrer weiteren Entwicklung – auf der Verallgemeinerung der Geschichte der Erkenntnis, im besonderen der Geschichte der einzelnen Wissenschaften, der Geschichte der geistigen Entwicklung der Menschheit, der Geschichte der geistigen Entwicklung des Kindes, der Geschichte der psychischen Entwicklung der Tiere, der Geschichte der Sprache, weiter auf Verallgemeinerung der Ergebnisse der modernen Neurophysiologie und Sinnesphysiologie, der Psychologie, der Sprachwissenschaft, der Kybernetik.

Die Erkenntnistheorie ist als relativ selbständige philosophische Disziplin ein organischer Bestandteil des Gesamtsystems der marxistisch-leninistischen Philosophie und kann von dessen anderen Bestandteilen nicht getrennt werden. Zunächst ist die Erkenntnistheorie mit der Weltanschauung des dialektischen Materialismus verbunden, sie geht mit ein in die umfassende Weltanschauung und beruht zugleich auf diesem Fundament, denn sie ist nicht voraussetzungslos.

Im besonderen bildet die marxistische Erkenntnistheorie eine untrennbare Einheit mit der Dialektik, der philosophischen Lehre von den allgemeinen Bewegungs- und Entwicklungsgesetzen der Natur, der Gesellschaft und auch der Erkenntnis. Die marxistische Dialektik schließt die Erkenntnistheorie ein, da sie die allgemeinsten Gesetze der Erkenntnis und ihrer Entwicklung, die allgemeine Erkenntnismethode und die allgemeinen kategorialen Erkenntnismittel enthält. In diesem Sinne sagt LENIN: «Die Dialektik in der Marxschen ebenso wie in der Hegelschen Auffassung schließt aber in sich das ein, was man heute Erkenntnistheorie, Gnoseologie nennt, die ihren Gegenstand gleichfalls historisch betrachten muß, indem sie die Entstehung und Entwicklung der Erkenntnis, den Übergang von der *Un*kenntnis zur Erkenntnis erforscht und verallgemeinert» (LENIN 21, 42).

Es gibt im dialektischen Materialismus eine Einheit von Dialektik und Erkenntnistheorie, die sowohl Identität als auch Verschiedenheit umfaßt. Die Verschiedenheit beruht wesentlich darauf, daß die Erkenntnis mit der objektiven Realität nicht identisch, sondern deren Widerspiegelung ist. Die Dialektik umfaßt nur die allgemeinsten Gesetze und Wesenszüge der Erkenntnis, in denen sie mit der objektiven Realität übereinstimmt, aber die Erkenntnis als Widerspiegelung der objektiven Realität hat außer diesem Allgemeinen auch ihre spezifischen Gesetze und Wesenszüge, ihre Besonderheiten, die ihre qualitative Eigenart ausmachen. Daher muß die Erkenntnistheorie über die Dialektik hinausgehen und außer dem Allgemeinen auch das Besondere der Erkenntnis, die konkrete Dialektik der Widerspiegelung der objektiven Realität im Bewußtsein der Menschen in ihrer widerspruchsvollen Entwicklung untersuchen. Dadurch wird die Erkenntnistheorie im Rahmen des Gesamtsystems des dialektischen Materialismus zu einem besonderen Aspekt, zu einer relativ selbständigen Disziplin mit einer spezifischen Aufgabenstellung.

Entsprechend dieser Aufgabenstellung untersucht die dialektisch-materialistische Erkenntnistheorie die Gesetzmäßigkeiten der menschlichen Erkenntnis, im umfassenden Sinne als Erkenntnis der Menschheit (Phylogenese) und im engeren Sinne als einzelnen Erkenntnisprozeß. Hierzu klärt sie die grundlegenden Fragen nach dem Gegenstand, den Quellen, dem Wesen und der Wahrheit der Erkenntnis, erforscht die Grundlagen und Triebkräfte des Erkenntnisfortschritts, arbeitet eine allgemeine Methodologie der Erkenntnis aus, untersucht die Rolle von Sprache und Zeichen in der Erkenntnis und befaßt sich mit wissenschaftstheoretischen Fragen (→ Bewußtsein → Denken → Empfindung → Erkenntnis → Objekt → Sprache → Subjekt → Wahrheit → Widerspiegelung).

Durch ihre philosophische Untersuchung der allgemeinen Fragen aller Erkenntnis gibt die dialektisch-materialistische Erkenntnistheorie allen Wissenschaften eine große Hilfe für die Lösung ihrer Aufgaben. Ein sicheres erkenntnistheoretisches Fundament gibt den Wissenschaften eine richtige Orientierung und bewahrt sie vor dem Abgleiten in Idealismus und Agnostizismus.

Die bürgerliche Philosophie begann sich in den letzten Jahrzehnten des 19. Jahrhunderts immer stärker auf die Probleme der Erkenntnistheorie zu orientieren, sie spezialisierte sich geradezu auf die Erkenntnistheorie (LENIN 14, 333). Dieser Prozeß hatte soziale und erkenntnistheoretische Wurzeln, er hing einerseits mit der Verschärfung des Klassenkampfes zwischen Proletariat und Bourgeoisie und den ideologischen Bedürfnissen der Bourgeoisie im Kampf gegen die materialistische Weltanschauung der mächtig wachsenden Arbeiterbewegung zusammen, andererseits mit den erkenntnistheoretischen Problemen, die sich aus der revolutionären Umwälzung in der Physik und dem Zusammenbruch des mechanisch-naturwissenschaftlichen Materialismus ergaben. Die Spezialisierung der bürgerlichen Philosophie auf die Erkenntnistheorie richtete sich insbesondere gegen den dialektischen und historischen Materialismus, die philosophisch-theoretische Grundlage der Weltanschauung der Arbeiterklasse und des Sozialismus und Kommunismus. Sie erfolgte vorzugsweise im Neukantianismus und im Neupositivismus.

→ Erkenntnis → Abbildtheorie → Dialektik.

Erklärung – Rückführung (Reduktion) einer Aussage bzw. Theorie auf andere Aussagen bzw. Theorien. Das elementarste Schema einer solchen Erklärung sieht wie folgt aus:

$$\frac{\begin{array}{l}\text{Wenn } A \text{ dann } B\\ B\end{array}}{\text{Folglich } A}$$

Die zu erklärende Aussage sei *B* (ihre Wahrheit sei durch Experiment, Beobachtung usw. bereits festgestellt). Es soll nun eine theoretische Begründung für diese Aussage gefunden werden. Ist *A* ebenfalls als wahr bekannt, dann hat diese Form der Erklärung den Charakter einer (theoretischen) Entdeckung. Im anderen Falle hingegen, wenn über *A* nur Vermutungen usw. vorliegen, hat man es mit der Konstruktion einer Hypothese zur Erklärung von *B* zu tun. Von einer solchen Hypothese *A* wird man naturgemäß verlangen, daß nicht nur eine Aussage *B* durch sie erklärt wird, sondern eine ganze Klasse solcher Aussagen. Man wird ferner verlangen, daß nicht nur bekannte Aussagen in kleinerer oder größerer Zahl durch *A* erklärt werden; denn eine Erklärung, die den Charakter einer wissenschaftlich brauchbaren und fruchtbaren Hypothese hat, soll es auch ermöglichen, noch unbekannte Aussagen *B* deduktiv aus *A* abzuleiten. Ganz allgemein stellt sich diese Aufgabe wie folgt: Gegeben ist eine Menge von Aussagen, die durch Experiment, Beobachtung bzw. sonstige Formen der Praxis als wahr erwiesen sind. Gesucht ist ein Axiomensystem, das es gestattet, alle diese

Aussagen deduktiv abzuleiten und darüber hinaus wissenschaftliche Voraussagen zu machen.

Eros [griech] – *eigtl*: Gott der Liebe; bedeutet bei PLATON die Liebe zu oder Drang nach philosophischer Erkenntnis, die Kraft, im Erkennen von der Sinnen- zur Ideen- (begrifflichen) Erkenntnis aufzusteigen.

Als *kosmogonischer Eros* ist er das mystische Prinzip der Schöpfung und Zeugung. In diesem Sinne faßt DIONYSIUS PSEUDO-AREOPAGITA den Eros als bewegendes Prinzip der Welt auf, als ein Streben dieser nach Gott, der letzte Endursache allen Seins sei. Innerhalb der *Lebensphilosophie* greift L. KLAGES (Vom kosmogonischen Eros 1930) auf die Vorstellung vom Eros zurück und beschreibt diesen in mythischen Bildern.

Erscheinung – Gesamtheit der äußeren Eigenschaften der Dinge, Prozesse usw., die uns durch die Sinne, durch die Anschauung, die unmittelbare Erfahrung gegeben sind. Der Begriff «Erscheinung» bildet den dialektischen Gegensatz zum Begriff «Wesen». Im Gegensatz zum Wesen hat die Erscheinung einzelnen, zufälligen und veränderlichen Charakter. Sie weist sowohl wesentliche als auch unwesentliche Merkmale auf.

Da die unmittelbare Erfahrung uns nicht mehr erkennen läßt als die Erscheinung, bedeutet ein Verweilen bei ihr – theoretisch gesehen – die Festlegung auf den *Empirismus* und birgt *subjektiv-idealistische* und *agnostizistische* Konsequenzen.

Es ist eine der Hauptaufgaben der Wissenschaft, den jeweiligen dialektischen Widerspruch zwischen Erscheinung und Wesen zu überwinden. Das theoretische Denken erschließt, ausgehend von der Erscheinung, das Wesen der Dinge. Der Prüfstein für die Richtigkeit der dabei gewonnenen Begriffe, Theorien usw. ist die Praxis.

Die Beschränkung auf die Erscheinung zieht in der praktischen Politik, im gesellschaftlichen Verhalten der Menschen zwangsläufig Verhaltensweisen wie *Praktizismus*, *Opportunismus* usw. nach sich. Eine wissenschaftlich begründete gesellschaftliche Tätigkeit der Menschen, insbesondere eine wissenschaftlich betriebene Politik, hat die Aufgabe, von der Erscheinung zum Wesen der gesellschaftlichen Prozesse vorzudringen bzw. von ihrem Wesen und nicht von ihrer äußeren Erscheinung auszugehen.

In einer *anderen Bedeutung* wird der Begriff «Erscheinung» im Hinblick auf eine bestimmte Gesamtheit materieller oder ideeller Objekte, Prozesse usw. verwendet. In diesem Sinne wird etwa von Naturerscheinungen, gesellschaftlichen Erscheinungen, psychischen Erscheinungen usw. gesprochen. Der so verstandene Begriff «Erscheinung» ist verwandt mit Begriffen wie «Gegenstand», «Ding», «Prozeß» usw.

→ Wesen.

Ersetzung – ein logischer Ausdruck H geht durch *Ersetzung* in einen Ausdruck H^* über, wenn man einen in H vorkommenden Teilausdruck H_o an beliebigen Stellen durch einen Ausdruck H_{oo} ersetzt.

In der Aussagenlogik gelten *Ersetzbarkeitstheoreme* für die (semantische bzw. syntaktische) Äquivalenz, die besagen: Wenn H dadurch in H^* übergeht, daß H_o in H an beliebigen Stellen durch H_{oo} ersetzt wird und H_o zu H_{oo} (semantisch bzw. syntaktisch) äquivalent ist, so ist auch H zu H^* (semantisch bzw. syntaktisch) äquivalent.

Beispiel: Der aussagenlogische allgemeingültige Ausdruck $(\sim p \vee q) \rightarrow (\sim p \vee q)$ geht durch Ersetzung in den ihm semantisch äquivalenten Ausdruck $(p \rightarrow q) \rightarrow (\sim p \vee q)$ über, indem der Teilausdruck $(\sim p \vee q)$ an der ersten Stelle durch den ihm semantisch äquivalenten Ausdruck $(p \rightarrow q)$ ersetzt wird.

Die *Ersetzung* darf nicht mit der *Einsetzung* verwechselt werden. Der Unterschied besteht darin, daß die Einsetzung an allen Stellen vorgenommen werden muß, an denen der Ausdruck vorkommt, für den etwas eingesetzt werden soll, während die Ersetzung nicht an allen Stellen vorgenommen werden muß.

Ersetzungsregel – Regel, die angibt, wie in einem Logikkalkül aus gegebenen logischen Ausdrücken durch Ersetzung neue Ausdrücke hergestellt werden dürfen. Eine Ersetzungsregel gründet sich auf ein entsprechendes Ersetzbarkeitstheorem.

→ Ersetzung.

esoterisch [griech] – *eigtl*: innerlich; nur für Eingeweihte verständlich und bestimmt; *auch*: geheim. *Ggs*: exoterisch.

esse est percipi [lat] – Sein ist Wahrgenommenwerden. Ausgang und Hauptthese der subjektiv-idealistischen Philosophie BERKELEYS.

Essentia [lat] (*auch*: Essenz) – Wesen, Wesenheit. Grundbegriff der *Scholastik*: Essentia im Unterschied zu Existentia, dem Dasein. Bei SPINOZA bedingt die Essentia (das wesenhafte Sein) die Existentia (das wahrgenommene Sein: Dasein).

Essentia quinta [lat] – von ARISTOTELES angenommenes fünftes Element, das den vier Elementen der Welt der Erscheinung (Erde, Wasser, Luft, Feuer) als unwandelbares und ewiges Wesen zugrunde liegt und sie durchdringt.

essentiell [lat] (*auch*: essential) – wesenhaft, wesentlich, zum Wesen einer Erscheinung gehörend. *Ggs*: akzidentiell.

Ethik [griech] – allgemein Lehre oder Wissenschaft vom Sittlichen, jener Teil der Philosophie, der das moralische Bewußtsein und Verhalten der Menschen zum Gegenstand hat.

1. *Zur etymologischen Bedeutung des Wortes «Ethik»*

Der Name «Ethik» ist von dem griechischen Wort

ethos abgeleitet. Dieses selbst weist mehrere, voneinander unterschiedene Bedeutungen auf. Es bedeutet *erstens*, meist im Plural gebraucht, den gewohnten Aufenthaltsort, den Wohnsitz, die Wohnung, auch Heimat; *zweitens*, ebenfalls meist im Plural, die Gewohnheiten, das Herkommen, die gewohnte Art der Menschen, sich zu verhalten, die Lebensgewohnheiten, Sitten, Bräuche usw.; *drittens* das sittliche Bewußtsein, die sittliche Gesinnung und Haltung, den sittlichen Charakter, das Sittliche, die Sittlichkeit.

Es mag vielleicht auf den ersten Blick scheinen, als ständen diese verschiedenen Bedeutungen beziehungslos nebeneinander; doch läßt sich bei näherer Untersuchung ein gesetzmäßiger Zusammenhang zwischen ihnen, ein historischer und logischer Zusammenhang, eindeutig nachweisen. Die unterschiedlichen Bedeutungen des Wortes *ethos* widerspiegeln unterschiedliche Entwicklungsetappen in der Geschichte (besonders Frühgeschichte) der menschlichen Gesellschaft, des menschlichen Gemeinschaftslebens und auch des Sittlichen selbst.

In seiner ersten, ursprünglichen Bedeutung bringt das Wort *ethos*, das wir hier nur in seinem Bezug zum menschlichen Dasein ansehen wollen (es wurde ursprünglich auch auf das Zusammen-«Wohnen» von Tieren angewandt), noch eindeutig einen wesentlich *materiellen* Zusammenhang zwischen den Menschen, die einfache, elementare Grundtatsache ihres an einen bestimmten (gewohnten) Raum, Wohnort gebundenen Zusammenwohnens und Zusammenlebens, zum Ausdruck. Von einem *ethos* in seinem spezifisch sittlichen, auf das Bewußtsein und das bewußte sittliche Verhalten bezogenen Sinne ist hier noch nichts zu erkennen.

Der Übergang hierzu vollzieht sich (historisch gesehen) nur äußerst allmählich, in einem langen historischen Prozeß gesellschaftlicher und kulturell-geistiger Entwicklung und Differenzierung. Was *zunächst* als «sittlicher» Bezug in dem Wort *ethos* anklingt, ohne jedoch sogleich von dem Zusammenwohnen und Zusammenleben der Menschen in der gesellschaftlichen Gruppe (Geschlechtsverband, Sippe) abgehoben und unterschieden zu werden, ist lediglich das Moment des Gewohnten, des Gewohnheitsmäßigen, des Gewohntseins, der Gewohnheit, der Sitte, des Brauchs. Zwar sind Gewohnheiten, Sitten, Bräuche, Gepflogenheiten usw. von Anfang an eine abgeleitete, sekundäre Erscheinung des materiellen gesellschaftlichen Lebens der Menschen. Aber sie bleiben *zunächst* damit noch unmittelbar verschmolzen, bilden mit ihrem Ursprung, den Verhältnissen des Zusammenwohnens, Zusammenlebens und Zusammenarbeitens, noch eine undifferenzierte Einheit, erscheinen geradezu als damit identisch.

Dieser unmittelbare Bezug widerspiegelt sich nicht nur in den beiden zuerst genannten Bedeutungen des Wortes *ethos* selbst, sondern findet auch in anderen, diesem stammverwandten Wörtern seinen Ausdruck. So bedeutet z. B. das griechische Wort *syn-ethes* sowohl zusammenwohnend und zusammenlebend als auch aneinander gewöhnt, einander vertraut und bekannt (auch verwandt), durch gemeinsame Lebensgewohnheiten und Lebensart miteinander verbunden. Oder das Wort *syn-etheia* bedeutet nicht nur das Zusammenwohnen und -leben, den geselligen Umgang, die Gemeinschaft und Verwandtschaft von Menschen, sondern auch soviel wie Angewöhnung, Gewohnheit, Brauch, Übung.

Für unser heutiges Sprachgefühl ist der etymologische Zusammenhang zwischen «wohnen» und «gewöhnen, Gewöhnung, Gewohnheit» usw. (oder auch schon zwischen «Sitte» und «Sittlichkeit») weitgehend verlorengegangen. Aber dieser Zusammenhang ist nicht nur für die griechische, sondern auch für die deutsche Sprache nachgewiesen. Im Althochdeutschen und noch im Mittelhochdeutschen bestand zwischen «wohnen» und «gewohnen» bzw. «gewöhnen» kaum ein Bedeutungsunterschied. Das althochdeutsche «giwon» (gewohnt) bzw. «giwonen» (gewöhnen) und noch das mittelhochdeutsche «gewonen» (gewöhnen) werden als gleichbedeutend mit dem einfachen «wonen» (wohnen, verweilen) gebraucht. Und umgekehrt erscheint auch «wonen» im Sinne von «sein, pflegen, gewohnt sein». Das «Gewohntsein» erscheint hier also als mit dem «Wohnen», d. h. dem Gemeinschaftsleben der Menschen, noch unmittelbar verbunden.

Es bedurfte erst einer langen Zeit der «Gewöhnung» und «Übung», d. h. der praktischen Betätigung der aus den objektiven Bedürfnissen der Produktion, des Zusammenwohnens und Zusammenlebens hervorgegangenen Gewohnheiten, Sitten, Bräuche, Gepflogenheiten usw., bis diese als eine besondere Seite oder Erscheinung des gesellschaftlichen Daseins empfunden, von diesem unterschieden, in ihrer besonderen Bedeutung für das Leben erfaßt und dann ihrerseits zum Ausgangspunkt und zur Richtschnur für die (bewußte) Setzung entsprechender sittlicher Regeln und Normen des gesellschaftlichen Verhaltens genommen wurden. Das Sittliche, das *ethos* oder die Moral reduziert sich in den Anfängen der Menschheitsgeschichte wesentlich auf das Gewohnheitsmäßige, Sittengemäße, d. h. auf praktische Verhaltensweisen der Menschen zueinander, die zunächst weit mehr den objektiven Bedürfnissen der Produktion und des Gemeinschaftslebens geschuldet sind als einem *inneren*, subjektiven Bedürfnis der einzelnen Menschen. Dieses innere Bedürfnis, das subjektive moralische Bewußtsein bildet sich erst – und hierauf haben schon PLATON und ARISTOTELES ausdrücklich hingewiesen – allmählich, durch «Gewöhnung», «Übung» und Erziehung, d. h. auf der Grundlage der praktischen Betätigung von Sitte und Brauch und unter dem ständigen, unmittelbaren erzieherischen Einfluß des Kollektivs, der Sippe, des Stammes auf ihre einzelnen Mitglieder. Die praktische Betätigung von Sitte und Brauch ist zwar von Anfang an, wie jede andere Betätigung auch, nicht bloß objektiv durch die Notwendigkeiten des Lebens gefordert, sondern immer zugleich auch ein Ausdruck bzw. eine Äußerung eines bestimmten, wenn zunächst auch noch unmittelbar praktischen und undifferenzierten Bewußtseins der Sippen- oder der Stammesgemeinschaft. Aber nicht im Bewußtsein ist die primär bestimmende Grundlage und Triebkraft für die Entstehung, Entwicklung und Einhaltung von Sitte, Gewohnheit und Brauch zu sehen, sondern vielmehr in den objektiven Bedürfnissen der Produktion, der Verteilung und des Gemeinschaftslebens überhaupt. Hierin, im System der materiellen gesellschaftlichen Verhältnisse, in den Beziehungen der universellen gegenseitigen Abhängigkeit und des Aufeinander-angewiesen-Seins der Menschen, hat das *ethos*, das Sittliche seinen Ursprung; losgelöst davon ist es nicht zu begreifen.

Die Etymologie des Wortes *ethos* führt auf diesen materiellen Ursprung des Sittlichen zurück, und sie widerspiegelt zugleich auch dessen Entwicklung vom Niederen zum Höheren. Sie stützt damit die allgemeinere, historisch-materialistische These, daß eine bestimmte (historisch und gesellschaftlich bedingte) Art und Weise des Zusammenwohnens, -lebens und -arbeitens der Menschen, eine bestimmte Produktions- und Lebensweise gesetzmäßig und notwendig auch bestimmte Verhaltensweisen, Gewohnheiten, Sitten und Bräuche und schließlich auch bestimmte sittliche Anschauungen und Gefühle, Regeln und Normen nach sich zieht, die dann ihrerseits auf das Gemeinschaftsleben der Menschen aktiv zurückwirken.

In der Urgesellschaft, auf der Grundlage des gesellschaftlichen Eigentums, der gemeinschaftlichen Produktionstätigkeit und des kollektiven Lebens im Geschlechtsverband, in der Sippe und schließlich im Stamm (das griechische Wort *ethnos* für Geschlecht, Sippe, Stamm steht übrigens auch in etymologischem Zusammenhang mit *ethos*) sind alle Mitglieder einer gegebenen Gemeinschaftsgruppe durch gleiche Sitten und Normen einander verbunden und verpflichtet. Die herrschende Sitte ist die einheitliche Sippen- und Stammessitte, und das sittliche Bewußtsein der einzelnen Menschen ist wesentlich identisch mit dem sittlichen Gemeinschafts- oder Kollektivbewußtsein, dem Stammesbewußtsein.

Dieses Verhältnis änderte sich grundlegend, als sich mit der Auflösung des einheitlichen urkommunistischen Gemeinschaftslebens auch die bis dahin einheitliche urkommunistische Sitte und Sittlichkeit auflöste. Die Entstehung des Privateigentums und der antagonistischen Klassengesellschaft, die Teilung von körperlicher und geistiger Arbeit, die soziale Differenzierung zwischen den Menschen, die Entstehung des Gegensatzes von Individuum und Gesellschaft auf der Grundlage des Klassenantagonismus zwischen Herren und Sklaven, Ausbeutern und Ausgebeuteten, Privilegierten und Rechtlosen, kurz, die Entstehung und Entwicklung einer qualitativ neuen Produktions- und Lebensweise der Menschen, der Sklavenhalterordnung, führten gesetzmäßig und unvermeidlich zu tiefgehenden Veränderungen und Konflikten in den sittlichen Beziehungen und Anschauungen der Menschen.

Nachdem aber einmal auf diese Weise das *ethos* zu einem ernsten praktischen Problem des gesellschaftlichen Lebens geworden war, mußte es früher oder später auch für das gesellschaftliche Bewußtsein, für das Denken der Menschen zu einem Problem werden. Daß sich die Ideologen der antiken Sklavenhaltergesellschaft schon sehr frühzeitig mit ethischen und anderen ideologischen Fragen beschäftigen mußten, dafür ließen sich aus den ältesten Literaturdenkmälern der Menschheit zahlreiche Belegstellen anziehen. Ob wir uns hier auf das *babylonische Gilgamesch-Epos* oder auf *altägyptische Literaturdenkmäler* wie das *Lied des Harfners* und das *Gespräch eines Lebensmüden mit seiner Seele*, auf die Gesetzestafeln eines HAMMURABI und eines MOSES, auf die ältesten *indischen Veden* oder die Dichtungen eines HOMER und HESIOD beziehen, alle diese Werke aus der Frühzeit der Sklavenhaltergesellschaft liefern zahlreiche Beispiele dafür, wie aktuell und bedeutsam ethische und andere gesellschaftliche, besonders politische Probleme mit dem Aufbrechen der Klassengegensätze geworden waren. Längst bevor das Sittliche zu einem besonderen Gegenstand philosophischer Untersuchung geworden ist, ja, längst bevor es überhaupt Philosophie gegeben hat, haben die vielfältigen ethischen Probleme im Leben und Denken der Menschen einen festen Platz gehabt. Der entscheidende Grund hierfür ist darin zu sehen, daß das Sittliche, gleich auf welcher Stufe seiner historischen Entwicklung, im Unterschied zu anderen gesellschaftlichen Bewußtseinsformen nicht besondere oder einzelne Sphären des gesellschaftlichen Daseins widerspiegelt, sondern von Anfang an auf *alle* Seiten und Beziehungen des gesellschaftlichen Lebens, auf *alle* Tätigkeiten der Menschen, auch auf ihre persönlichsten und intimsten Beziehungen und nicht zuletzt auf den einzelnen Menschen selbst, auf seine Persönlichkeit, seinen Charakter, seine gesamte Haltung dem Leben gegenüber bezogen ist. Aus dieser Eigenart und Bedeutung des Sittlichen im Leben der Gesellschaft und im Leben des einzelnen Menschen erklärt es sich auch, daß sich in der gesamten Geschichte der Klassengesellschaft nicht bloß die Vertreter bestimmter Ideologien, wie etwa der Religion oder der Philosophie, mit sittlichen Fragen beschäftigt haben, sondern mehr oder weniger ausführlich alle Ideologen der besitzenden Klassen. Die Dichtung z. B. oder auch die politische Literatur einer bestimmten Zeit vermittelt zu den ethischen Problemen und Konflikten bestimmter sozialer Schichten oder einzelner Menschen dieser Zeit in der Regel ein konkreteres und genaueres Bild als die gleichzeitige philosophische (oder auch religiöse) Ethik, da diese von Anfang an ihre Aufgabe darin sieht, nicht so sehr die hier und jetzt gerade aktuellen ethischen Fragen zu erörtern, als vielmehr die allgemeinen Prinzipien der Moral, ihr Wesen und ihre wesentlichen Formen, ihre inneren Entwicklungsgesetze und ihre grundsätzliche Bedeutung für das Leben der Gesellschaft und des einzelnen Menschen zu begründen.

2. *Zur Geschichte der Ethik*

Als eine spezielle Disziplin der Philosophie ist die Ethik relativ jungen Datums. Ihr Begründer ist ARISTOTELES. Er hat als erster den Versuch unternommen, die vielfältigen ethischen Probleme seiner Zeit philosophisch zu verarbeiten, die Formen und Bedingungen moralischen Verhaltens und Strebens zu analysieren sowie Wesen, Bestimmung und Ziel des Sittlichen zu begründen und systematisch darzustellen. Der Name «Ethik» ist wohl erst im Zusammenhang mit der Einteilung der philosophischen Schriften des ARISTOTELES entstanden. Seitdem ist dieser Name zur Bezeichnung philosophischer Untersuchungen zur Moral beibehalten worden; er ist grundsätzlich gleichbedeutend mit dem später aufkommenden lateinischen Namen «Moralphilosophie», auch wenn die einen Richtungen mehr diesen, andere dagegen mehr jenen bevorzugt haben.

Die Anfänge philosophisch-ethischen Denkens gehen zurück bis in das 6./5. Jahrhundert v. u. Z. Sie finden sich sowohl in der *indischen* und *chinesischen Philosophie* dieser Zeit als ganz besonders auch in der *griechischen Philosophie*. Diese Anfänge sind eng mit der Entwicklung der Sklavenhaltergesellschaft verbunden und spiegeln bereits relativ entwickelte Klassengegensätze zwischen Sklavenhaltern und Sklaven wider.

Im antiken Griechenland war es vor allem DEMOKRIT, der sich in stärkerem Maße ethischen Fragen zuwandte. Unter den zahlreichen Fragmenten, in denen er sich mit naturwissenschaftlichen und philosophischen Fragen beschäftigt, finden sich etwa 230 fragmentarische Äußerungen, meist in Form kurzer Aphorismen, zu ethischen Problemen. DEMOKRIT leitete seine sittlichen Ideen *aus der Natur des Menschen* ab und pries das Wohlbefinden des Menschen, die «Wohlgemutheit» als das Wesen der Glückseligkeit. Als Voraussetzung dafür betrachtete er die Freundschaft, die Liebe zum Mitmenschen, Mäßigkeit und Klugheit sowie das Streben nach dem allgemeinen Nutzen und der Befriedigung der Interessen aller freien Bürger. Die politischen und ethischen Ansichten DEMOKRITS charakterisieren ihn als einen Vertreter der gemäßigten Demokratie, der demokratischen Mittelschichten der Sklavenhalterklasse.

Die *Sophisten* gingen in ihren ethischen Reflexionen davon aus, daß das Recht und die Gesetze der Moral nicht von den Göttern stammen, sondern die Resultate von Übereinkünften zwischen den Menschen sind. Die Begriffe Gut und Böse, Lob und Schande hielten sie für relativ. Der Mensch, so erklärte PROTAGORAS, sei das Maß aller Dinge. Jeder, nicht bloß die Besitzenden und Herrschenden, sei befähigt, die Tugenden zu erlernen. In der Sophistik leuchtet zuerst in der philosophischen Ethik die Idee von der Gleichheit der Menschen auf. Zugleich beginnt mit den Sophisten die Entwicklung der relativistischen und subjektivistischen Richtung in der Ethik. Aus der Sophistik gingen unterschiedliche ethische Schulen hervor, teils in Weiterführung sophistischen Gedankenguts, wie der *Kynismus* und die *ältere Stoa*, teils im Gegensatz dazu, wie die *sokratisch-platonische Schule*.

Gegen den Relativismus der Sophisten traten vor allem SOKRATES und seine Anhänger auf. Mit SOKRATES beginnt in der Geschichte der Philosophie die direkte Hinwendung zu den Problemen des Menschen und damit auch der Ethik. Sein Ausgangspunkt bildet die Auffassung, daß wahre Moral an die Anerkennung eines geistigen Prinzips im Menschen (und in der Natur) gebunden sei. Für dieses Prinzip hielt er die Seele, das geistige Ich des Menschen, das er auch als den Gegenstand der Philosophie betrachtete. Von hier aus verkündete er die innere Selbsterkenntnis («Erkenne dich selbst») als die einzige Quelle wirklichen Wissens und das Wissen selbst als wahre Tugend. Tugend sei erkennbar und lehrbar, und wer das Gute wisse, der tue es auch. Wissen und Tun des Sittlichen bilden ihm eine untrennbare Einheit. Solche Sittlichkeit sei allerdings nur von auserwählten, wissenden Menschen zu erreichen.

PLATON führt als Schüler SOKRATES' dessen Ideen weiter. Er war der bedeutendste Vertreter der idealistischen Ethik in der Antike. Seine ethischen Ansichten vom Wesen des Guten, der Tugend, Gerechtigkeit usw., Ansichten, die er in Verbindung mit den Fragen des Staates, der Gesetze, der Freundschaft, des Glücks usw. entwickelte, gründete er auf die objektiv-idealistische Vorstellung von einer Welt der Ideen, an deren Spitze die göttliche Idee des Guten steht. In Übereinstimmung mit seiner philosophischen Auffassung betrachtete er die Seele als Grundlage der von ihm aufgestellten vier *Kardinaltugenden*: *Weisheit*, *Tapferkeit*, *Einsicht* und *Gerechtigkeit*, wobei die Gerechtigkeit gleichzeitig die Vereinigung der anderen drei Tugenden ist. Weisheit und Mut sind nach PLATON nur einigen Auserwählten, den aristokratischen Sklavenhaltern eigen. Dem Volk, dem Demos, ist nur «negative» Sittlichkeit eigen, die Tugend der Einsicht, die Moral der Unterordnung. Sklaven waren nach Ansicht PLATONS keine vollwertigen Menschen und zu sittlichem Leben überhaupt unfähig. Zwischen Sklaven und Sklavenhaltern bestehen darum auch keine sittlichen Beziehungen und Verpflichtungen. Die Platonische Ethik hat in der Folgezeit auf Grund ihres religiös-mystischen und idealistischen Charakters allen reaktionären Klassen als ideologische Waffe gedient.

Gegen die *Platonische Philosophie* und Ethik trat ARISTOTELES auf. ARISTOTELES entwickelte seine Ethik im engen Zusammenhang mit den Fragen des praktischen Lebens seiner Zeit. Vor allem galt ihm die Gemeinschaft der Polis, d. h. der freien Staatsbürger, als der eigentliche Boden, auf dem die Sittlichkeit wachsen kann und sich entwickeln muß. In der tätigen Hingabe für die Polis sah er eine notwendige Voraussetzung für die Entwicklung des Bürgers zur sittlichen Persönlichkeit. Die Polis-Gemeinschaft fordert das menschliche Individuum in ihren Dienst. Obwohl ARISTOTELES die Sklaven nur als sprechende Werkzeuge auffaßte und die Sklaverei als naturgegeben annahm, war seine Auffassung vom freien Menschen als *zoon politikon*, als einem gesellschaftlichen Wesen, ein großer Fortschritt im menschlichen Denken, der es ihm erlaubte, auch seine Theorie von der Moral mit den praktischen Erfordernissen – besonders mit staatspolitischen und pädagogischen Aufgaben – seiner Zeit zu verbinden. Nicht um der Theorie willen und nicht um zu wissen, was Tugend sei, sondern um die Menschen tüchtig für das Leben zu machen, muß nach ARISTOTELES Ethik betrieben werden. ARISTOTELES sieht in der Eudämonie, einer auf Vernunft und sittliches Streben gegründeten Glückseligkeit des Menschen, das höchste Gut. Er betrachtet diese nicht als Selbstzweck, sondern vielmehr als praktische Aufgabe, als Ergebnis der sittlichen Leistung und Tätigkeit der Menschen, die zur Erkenntnis und zum Erstreben dieses höchsten Gutes erzogen werden müssen. Dementsprechend teilt er die Tugenden in dianoetische und ethische, in Denk- und Charaktertugenden ein. Die Denktugenden sind ihm die höheren: Vernunft, Weisheit, praktische Einsicht. Charaktertugenden sind: Tapferkeit, Freundschaft, Wahrhaftigkeit, Wohlwollen, Großherzigkeit, Milde, Gerechtigkeit, Selbstbeherrschung, Höflichkeit u. a. In ihrer Gesamtheit verkörpern diese Tugenden oder Werte das Idealbild des sittlichen Menschen. Ihm zuzustreben ist des Menschen Bestimmung, entspricht seinem Wesen, seiner Natur.

Jede der genannten Tugenden bildet nach ARISTOTELES die für den Menschen erstrebenswerte «rechte Mitte» zwischen zwei zu vermeidenden Extremen, so die Tapferkeit zwischen Feigheit und Tollkühnheit, die Großherzigkeit zwischen Kleinlichkeit und Glanzsucht. Für ARISTOTELES besteht die Sittlichkeit vor allem in der Einhaltung der «rechten Mitte». Die Gerechtigkeit hält er für die vollkommenste der Tugenden. In ihr sieht er die Grundlage des staatlichen und Familienlebens, und von ihr gelangt er in seiner Philosophie auch zu den Fragen der Politik und der Ökonomie.

Die Sklaven hielt er ihrer Natur nach für unfähig, ein tugendhaftes Leben zu führen. In seinen Auffassungen über die Sklaverei kommt der Klassencharakter der politischen und ethischen Ansichten sehr deutlich zum Ausdruck.

Große Verdienste um die Entwicklung des antiken ethischen Denkens erwarb sich EPIKUR. Er setzte in der Philosophie die materialistische Linie DEMOKRITS fort und übte eine leidenschaftliche Kritik an der Platonischen Philosophie. EPIKURS Philosophie und Ethik trug atheistischen Charakter. Er verbannte die Götter aus der Natur und leugnete jede Möglichkeit einer Einflußnahme von Göttern auf diese und den Menschen. MARX charakterisierte EPIKUR als den Stammvater des antiken Atheismus, als radikalen Aufklärer des Altertums. In seiner Ethik ging EPIKUR davon aus, daß das eigentliche Ziel des menschlichen Lebens die Lust ist, die er aus der menschlichen Natur ableitete und als Fehlen von Leid verstand, nicht aber als hemmungslosen sinnlichen Genuß, wie ihm das von seinen Gegnern unterstellt wurde. EPIKUR lehrte, daß der Mensch kein Sklave blinder Notwendigkeiten sei, daß er vielmehr die Notwendigkeit beherrschen, seine sinnlichen Triebe dem Verstand unterordnen und sich für seine Taten verantworten müsse. Als höchstes Gut des menschlichen Lebens betrachtete er die Glückseligkeit, die Ataraxie, die er als Gemütsruhe, als Ruhe der Seele verstand und höher wertete als das Streben der Hedoniker nach Lust und Genuß. Die Grundelemente der Ataraxie sind nach EPIKUR Freisein von körperlichem Schmerz, Furchtlosigkeit vor den Göttern, vor dem Schicksal und vor dem Tode, Freundschaft und geistige Genüsse. Die Ethik EPIKURS ist ihrer Grundtendenz nach individualistisch und kontemplativ. Sie widerspiegelt bereits die Ver-

fallsperiode der Sklavenhalterordnung und wendet sich an Menschen, denen diese Ordnung keine Aufgaben und Ziele mehr zu geben vermag, die sich vom öffentlichen, politischen Leben auf sich selbst zurückziehen, um nach dem Wahlspruch EPIKURS «Lebe im Verborgenen!» in der Abgeschiedenheit von der Gesellschaft, im kleinen Kreis von Freunden und Gleichgesinnten der Ruhe des Gemüts zu pflegen und sich rein beschaulichen, geistigen Genüssen hinzugeben.
Wie die Lehre EPIKURS widerspiegeln auch die etwa gleichzeitige Philosophie und Ethik der *Stoa* bereits den Niedergang der antiken Sklavenhalterordnung. Allerdings muß die ältere, von ZENON gegründete Schule der *Stoa* noch sehr deutlich von der mittleren und späteren Stoa abgegrenzt und unterschieden werden. Die ältere Stoa ist, gerade was ihre Ethik betrifft, mit den gesellschaftlichen und politischen Verhältnissen der Zeit in gewisser Hinsicht weit enger verbunden als etwa die Ethik des ARISTOTELES. Diese steht noch ganz auf dem Boden des griechischen Stadtstaates, eines Staates, der durch die Unterwerfung Griechenlands unter die Herrschaft Makedoniens und durch die Gründung des alexandrinischen Weltreichs bzw. der Diadochenreiche bereits historisch überlebt war. Die ältere stoische Ethik hingegen sucht gerade den Forderungen und Entwicklungstendenzen, die sich seit Alexanders Welteroberung abzeichnen, Rechnung zu tragen. Nachdem die Enge des griechischen Stadtstaates durchbrochen war, glaubte ZENON im Weltreich ALEXANDERS die Grundlage entdeckt zu haben, auf der sich die schon in der Sophistik und dann besonders deutlich auch im Kynismus ausgesprochenen Ideen von der Gleichheit aller Menschen, von der Einheit des Menschengeschlechts und von einem allgemeinen Weltbürgertum realisieren ließen.
ZENON forderte (ähnlich wie schon vor ihm die Kyniker, deren Schüler er war), daß alle Menschen, weil von Natur gleich, auch sozial gleichgestellt werden, daß die Unterschiede zwischen Herren und Sklaven, Reichen und Armen, Hellenen und Barbaren beseitigt werden und die Frauen die gleichen Rechte und Pflichten wie die Männer erhalten. Alle Menschen sollen in Gemeinschaft, Freundschaft und Frieden miteinander leben, alle die gleiche Bildung und Erziehung erhalten.
Das oberste Lebensziel, die Glückseligkeit, ist nach ZENON das «naturgemäße Leben», d. h. die Übereinstimmung des menschlichen Verhaltens mit dem «Naturgesetz», der Vernunft. Dieses naturgemäße, vernünftige Leben ist Tugend. Die höchste Aufgabe des Menschen besteht nicht in der Betrachtung, sondern im Handeln. Die Haupttugenden, die der Mensch hierbei bewähren soll, sind sittliche Einsicht, Tapferkeit, Besonnenheit und Gerechtigkeit. Pflichterfüllung ist tugendhaftes Handeln der Menschen im Dienste der Gemeinschaft. Der Mensch ist um der Gemeinschaft willen da, und der Trieb nach Gemeinschaft ist mit der Vernunft in jedem Menschen gegeben. Und da in allen Menschen dieselbe Vernunft lebt, welche als allgemeines Gesetz gelten soll, kann es für die Menschen nur *ein* Gesetz, nur *ein* Recht, nur *eine* Gemeinschaft geben.
Es braucht hier nicht erläutert zu werden, warum derart hochgespannte Ideen in der antagonistischen Klassengesellschaft unvermeidlich Utopie bleiben mußten. Die Schüler ZENONS rückten nicht bloß von dessen utopischen Forderungen ab, sondern zogen sich auch mehr und mehr vom politischen Leben zurück. Die Ethik der späteren Stoiker wird weltflüchtig und einseitig auf die «Natur», die «Weltvernunft» oder das eigene «Ich» bezogen. Diese Weltflüchtigkeit ist darin begründet, daß der Mensch als einzelner den herrschenden gesellschaftlichen Mächten ohnmächtig gegenübersteht und nicht in der Lage ist, das staatliche und gesellschaftliche Leben nach seinen Wünschen, Hoffnungen und Idealen zu gestalten: Da der Mensch, wie EPIKTET in seinen *Dissertationen* und seinem *Enchiridion* ausführt, doch nicht über die Dinge der Außenwelt, über Leib, Familie, Staat usw. verfügen kann, bleibt ihm nichts anderes übrig, als sich auf sein eigenes Ich, auf seine Seele als die angeblich einzige Wirklichkeit zu orientieren. Die Distanzierung von der äußeren Welt, verbunden mit völliger Passivität und Leidenschaftslosigkeit ihr gegenüber, erfordert zugleich auch die Distanzierung von allen inneren Leidenschaften, durch welche die äußere Welt noch in uns wirksam ist. Indem sich der Mensch von diesen Leidenschaften, insbesondere auch von der Furcht vor dem Tode als dem Grundpathos in der Einsamkeit menschlichen Daseins frei macht, gewinnt er nach EPIKTET erst jene «wahre» Freiheit, in der sich die «Apathie», die unerschütterliche Ruhe der Seele einstellen kann. «Unerschütterlichkeit» und «Leidenschaftslosigkeit» sind das ethische Ziel, das der Mensch anstreben soll, um sich gegen alle äußeren Geschehnisse abzuschirmen.
Im Grunde genommen führt die *spätere Stoa* mit derartigen «Theorien» Momente des Fatalismus und Skeptizismus in ihre Ethik ein. Die Aufforderung, sich mit dem unabwendbaren Schicksal auszusöhnen und die Tugend respektive das Glück darin zu sehen, daß man sich dem Schicksal unterwirft, die Leiden des Lebens geduldig zu ertragen (EPIKTET, «leide und meide»), das sind einige Hauptthemen spätstoischer Ethik (SENECA, EPIKTET u. a.), die den Stoizismus so wie den Platonismus zu theoretischen Quellen des Christentums werden ließen.
Neben den beiden großen ethischen Lehren des

Epikureismus und der *Stoa* brachte die Niedergangsperiode der antiken Sklavenhalterordnung eine Vielzahl mehr oder weniger einflußreicher ethischer Strömungen hervor, in denen sich die gesellschaftlichen Verfallserscheinungen und, als deren Ergebnis, die Niedergangsstimmung jener Periode sehr deutlich widerspiegeln. Wenn die Berührung und Vermischung des Griechentums mit dem Orient (seit ALEXANDER DEM GROSSEN) und dem Römertum auch allgemein das geistige Leben bereicherten und zu der hohen Blüte der hellenistisch-römischen Kultur führten, so war das Zeitalter des Hellenismus und dann der römischen Weltherrschaft doch nicht in der Lage, den Menschen und Völkern überzeugende, zukunftsfreudige Ideale und Werte zu vermitteln. Die Verschärfung der sozialen und nationalen Gegensätze, der wachsende Reichtum, die äußere Machtentfaltung, der Luxus und die Sittenverwilderung auf seiten der herrschenden und besitzenden Klassen, das wachsende Elend auf seiten der unterdrückten und ausgebeuteten Klassen und Völker, die unaufhörlichen Kriege mit ihren verheerenden Auswirkungen – alle diese vielfältigen Verfallserscheinungen der Zeit machten nur allzu offensichtlich, daß die schönen, auf Vernunft und Wissen gegründeten Güter, Tugenden und Pflichten der klassischen griechischen Ethik an der Wirklichkeit des Lebens gescheitert waren. Aber auch die Berührung zwischen den Völkern der hellenistischen und römischen Welt ließ nur allzu deutlich die *Relativität* der Sitten und sittlichen Ideale der Völker sichtbar werden.

Unter diesen, hier nur angedeuteten Umständen wird es verständlich, daß sich in der Ethik neue Elemente, neue Strömungen geltend machen. Es sind vor allem Skeptizismus und Relativismus, Pessimismus und Eklektizismus, Irrationalismus und mystische religiöse Tendenzen, die nunmehr an Einfluß gewinnen. Der Beziehungspunkt des ethischen Ideals und der ethischen Betätigung ist jetzt nicht mehr wie bei ARISTOTELES die Polis-Gemeinschaft oder wie bei ZENON die ganze Menschheit, sondern das eigene Ich oder auch eine abstrakte Weltvernunft, der Kosmos oder gar ein jenseitiger Gott wie im *Neuplatonismus* und im entstehenden *Christentum.* Im Neuplatonismus (PLOTIN) besteht die ethische Aufgabe des Menschen in der Loslösung und Läuterung der Seele von allem Sinnlichen, im Aufstreben zur Gottheit (über verschiedene «Emanations»stufen) bis zum schließlichen Einswerden mit ihr in unmittelbarer Gottesschau.

Damit löst sich aber bereits die antike philosophische, auf Vernunft, auf Erkenntnis und Denken gegründete Ethik auf, und an ihre Stelle tritt nun für mehr als tausend Jahre vorherrschend, ja, weitgehend alleinherrschend, die christliche, auf Offenbarung, auf Glauben, auf Theologie gegründete Ethik.

Eine solche Ethik ist als Ethik von vornherein problematisch. Einmal ist ihr Beziehungspunkt nicht die Gesellschaft und der Mensch, sondern ein Jenseitiges, Gott. Dieser aber fordert vom Menschen keine eigene, auf Wissen und Erkenntnis gegründete ethische Entscheidung, sondern gläubigen Gehorsam und bedingungslose Unterwerfung. Zum andern ist christliche Ethik theoretisch unfähig, ihre ethischen Grundsätze und Forderungen aus sich selbst und allein mit theologischen Mitteln zu begründen. Sofern sie sich mit wirklich ethischen, d. h. gesellschaftlich bezogenen Fragen beschäftigt, verläßt sie das die Theologie allein angehende Gebiet, nämlich das Verhältnis von Gott und Mensch. Für dieses Gebiet ist aber nicht die Ethik, sondern allein die Dogmatik zuständig. Hierfür besitzt die Theologie ihre eigene Terminologie. Für die Ethik, d. h. für das Wechselverhältnis Mensch–Gesellschaft, hat die Theologie keine eigene Sprache. Sie muß von vornherein Anleihen aufnehmen bei der philosophischen Ethik. Und wenn wir uns die theologischen «Ethiker» des Mittelalters, wie etwa AUGUSTIN oder THOMAS VON AQUIN, näher ansehen, so geht jener, wenn er sich mit Ethik beschäftigt, bei PLATON bzw. dem *Neuplatonismus* in die Schule und dieser vornehmlich bei ARISTOTELES.

Es ist darum auch nicht zufällig, daß mittelalterliche Theologen die Ethik nicht als selbständigen Teil der Theologie entwickelt haben. Ihre Ethik ist eingebaut in die Dogmatik. Wenn sie die Philosophie als Ganzes der Theologie unterworfen haben, so die Ethik ihrer Dogmatik. Grundsätzlich neue Erkenntnisse hat die theologische Ethik nicht hervorgebracht. In dem großen Streit zwischen AUGUSTIN und PELAGIUS um das Problem der Willensfreiheit verteidigt dieser den Standpunkt der philosophischen Ethik der Griechen, jener den Standpunkt der Theologie. Es ist, theologisch gesehen, nur konsequent, wenn AUGUSTIN den Menschen die Fähigkeit abspricht, aus eigener Kraft und Fähigkeit zwischen Gut und Böse zu unterscheiden, und wenn die Kirche den *Pelagianismus* verdammte, weil dieser die Autonomie des Menschen retten wollte.

Die ethischen Leistungen THOMAS VON AQUINS beschränken sich im wesentlichen auf den Ausbau der schon in der griechischen Philosophie ausgebildeten Naturrechts- und Tugendlehre entsprechend den Bedürfnissen der geistlichen und weltlichen Mächte des Feudalismus. Die thomistische Ethik ist zu einer brauchbaren Grundlage für die den heutigen Imperialismus rechtfertigende *neuthomistische Ethik* geworden.

Philosophische, d. h. auf das Wechselverhältnis Mensch–Gesellschaft bezogene Ethik setzt erst wieder ein im Zeitalter der *Renaissance* und des *Humanismus*, und zwar im Kampf gegen die Theologisierung der Ethik, gegen die Unterwerfung der menschlichen Person unter den theologisch gerechtfertigten Totalitätsanspruch der mittelalterlichen Papstkirche. Die Renaissance-Humanisten knüpfen sehr bewußt an die antike Philosophie und Ethik an. Ihr hauptsächliches ethisches Anliegen ist die Wiederherstellung der geistigen und moralischen Selbständigkeit und Freiheit der menschlichen Persönlichkeit.

Mit der Herausbildung des Frühkapitalismus im 15. und 16. Jahrhundert entwickelten sich immer schärfere Formen des ideologischen Kampfes gegen die feudalabsolutistische Herrschaft und alle Versuche ihrer ideologischen Rechtfertigung durch die Theologie. In den utopischen Werken von MORUS und CAMPANELLA, die inhaltlich bereits eine Kritik am Kapitalismus sind, erfährt die *Arbeit* als Grundlage des menschlichen Lebens eine hohe ethische Wertschätzung. Das ist ein neues Moment in der Geschichte der Ethik. In der griechischen Ethik hatte das Problem der produktiven Arbeit, von keimhaften Ansätzen im Kynismus und der Stoa abgesehen, noch keinen Platz. Den Bürgern in CAMPANELLAS *Sonnenstaat* gilt die Arbeit als höchste Ehre.

Große Bedeutung für den Kampf gegen die theozentrische Ethik, gegen die moralischen Dogmen der katholischen Kirche haben die ethischen Auffassungen BRUNOS, die er in seinem Werk *Degli eroici furori* (Heroische Leidenschaften und individuelles Leben) darlegt. Er vertrat darin die sittliche Berechtigung des Kampfes der Vernunft gegen den religiösen Mystizismus und die kirchlichen Autoritäten und verteidigte das auf wissenschaftliche Erkenntnis gegründete Streben nach der Wahrheit. BRUNO übte gleichzeitig eine schonungslose Kritik am Parasitismus und an der sittlichen Dekadenz der herrschenden Klasse.

Das Bemühen um die Loslösung der Ethik aus den Fesseln der Theologie findet auch in den Werken des französischen Philosophen MONTAIGNE beredten Ausdruck. Mit philosophischer Skepsis wendet er sich gegen die erstarrten Dogmen der feudalen Scholastik und gegen die Heuchelei der religiösen Moral. Gestützt auf die epikureische Ethik vertritt er als ethisches Ziel das Ideal einer Persönlichkeit, die von allen feudalen Fesseln und der geistigen Bevormundung durch die Theologie befreit ist und als freies Individuum ihr Ziel im geistigen Genuß sieht. Seinem Lehrer MONTAIGNE folgend, tritt CHARRON ebenfalls für die Trennung der Ethik von der Theologie ein. Er sieht die Grundlage der Moral in den Naturgesetzen und in ihrer Befolgung entsprechend dem «gesunden Menschenverstand» den «wirklichen Genuß» menschlichen Lebens.

In den philosophischen Systemen des 17. Jahrhunderts passen sich die ethischen Theorien immer mehr den neuen Verhältnissen des Kapitalismus an. HOBBES, einer der schärfsten Widersacher der Scholastik in dieser Zeit, gehört zu jenen frühen materialistischen Philosophen des aufkommenden Bürgertums, die den Menschen grundsätzlich zu einem egoistischen Wesen erklärten. Egoismus und gegenseitige Feindschaft sind nach HOBBES allgemeine Wesenszüge der menschlichen Natur.

Die These «Der Mensch ist des Menschen Wolf» (*homo homini lupus est*) und seine Auffassung vom «Krieg aller gegen alle» (*bellum omnium contra omnes*) sind wichtige Stützpfeiler seiner ethischen Ansichten, in denen er solche charakteristischen Züge der kapitalistischen Gesellschaft wie Konkurrenz und Anarchie, Krieg und Unterdrückung des Menschen durch den Menschen zum Ausdruck bringt.

Mit SPINOZA macht die Ethik weitere Fortschritte in bezug auf ihre Loslösung von der scholastischen Philosophie und Theologie. SPINOZA ist bemüht, die materialistischen Prinzipien seiner Philosophie auf den Menschen und die Gesellschaft anzuwenden und so auch der Ethik eine streng rationale Begründung zu geben, die das Handeln des Menschen ausschließlich aus den Gesetzen seiner Natur erklärt. Nach SPINOZA besteht die Aufgabe der Ethik vor allem darin, dem Menschen zu helfen, sich aus seiner Ohnmacht im Kampf mit seinen Leidenschaften zu befreien. In dieser Ohnmacht erblickt er die eigentliche «Sklaverei» der menschlichen Natur, in ihrer Kontrolle durch den Verstand hingegen höchste Sittlichkeit. Den Weg zur Befreiung daraus sieht er vor allem in der Erkenntnisfähigkeit des Menschen. Erkenntnis, Vernunft und Sittlichkeit sind bei SPINOZA dem Wesen nach identisch. Der Verstand wird bei SPINOZA nicht nur zur Quelle, sondern auch zum Kriterium der Moral. Die Erkenntnis der Natur durch den Menschen, sowohl der äußeren wie seiner eigenen, ist nach SPINOZA die Quelle höchsten Glücks und größter Befriedigung.

Eine ähnliche, sich auf die Erkenntnis stützende Begründung der Ethik finden wir bei LOCKE, der in seinen ethischen Vorstellungen von der sensualistischen These ausgeht, daß die Quelle der Erkenntnis die Sinneserfahrung und demzufolge die Moral der Menschen das Produkt ihrer sozialen Erfahrung ist, die ihnen Lust und Schmerz bereitet und sie dadurch erst befähigt, Gut und Böse zu unterscheiden. Er wendet sich damit gegen die scholastische Auffassung von den ewigen und unveränderlichen, von Gott dem Menschen eingegebenen moralischen Ideen und bereitet theoretisch die später bei den französischen Materialisten auftretenden Auffassungen von der

Bedeutung des sozialen Milieus für die Moral der Menschen vor.
In den philosophischen und soziologischen Lehren der *französischen Materialisten* DIDEROT, HELVÉTIUS und HOLBACH macht das progressive ethische Denken der vorangegangenen materialistischen Philosophie weitere große Fortschritte. Ihre materialistische Philosophie wurde zur ideologischen Waffe der jungen Bourgeoisie im Kampf gegen die feudalabsolutistische Ordnung und deren Ideologie. Die ethischen Auffassungen der französischen Materialisten des 18. Jahrhunderts trugen atheistischen und antitheologischen Charakter. Die philosophische Grundlage ihrer Moralauffassung bildet der materialistische Sensualismus, den sie auch auf das Verhalten der Menschen anwenden. Ausgangspunkt ihrer Ethik ist die «Natur» des Menschen und das mit ihr gegebene «wohlverstandene persönliche Interesse» jedes Individuums.
Entsprechend der sensualistischen These, daß der Mensch sein Wissen aus der Sinneserfahrung schöpft, vertraten sie die Meinung, daß die Normen und Regeln der Moral ein Produkt des sozialen Milieus sind, innerhalb dessen die Menschen leben. Das soziale Milieu, die politische Ordnung und die Gesetzgebung bestimmen, in welcher Richtung sich die moralischen Qualitäten der Menschen, ihre Interessen und Leidenschaften entwickeln, zur Tugend hin oder zum Laster. Daraus zogen sie die revolutionäre Schlußfolgerung, daß man folglich die sozialen Umstände verändern muß, wenn man zu höherer Sittlichkeit gelangen will. Sie empfehlen, durch vernünftige Gesetzgebung und Erziehung die persönlichen mit den gesellschaftlichen Interessen sinnvoll zu verbinden und dadurch die Menschen zur Tugend zu erziehen. Der allgemeine Nutzen, das «allgemeine Wohl» ist ihnen Quelle der Tugenden und zugleich Zweck der Gesetze, Sitten und Gebräuche.
Die französischen Materialisten waren Anhänger eines sog. «vernünftigen» Egoismus. Sie waren der Meinung, die wahre Tugend bestehe darin, daß der Mensch durch die Verwirklichung seiner persönlichen Interessen in Übereinstimmung mit den Interessen der ganzen Gesellschaft zum allgemeinen Glück, zum Wohl des Volkes beitragen wird. Die ethischen Lehren der französischen Materialisten, ihre Theorie vom persönlichen Interesse, dem allgemeinen Wohl oder Nutzen, der unveränderlichen Natur des Menschen und der Rolle des sozialen Milieus waren ihrem konkreten sozialhistorischen Wesen nach bürgerliche Theorien, dazu bestimmt, der aufstrebenden Bourgeoisie im Kampf gegen den Feudalismus zum Siege zu verhelfen. Dennoch waren diese Lehren ein hervorragender Fortschritt in der Geschichte des ethischen Denkens, das mit den französischen Materialisten großartige geistige Triumphe über die reaktionäre mittelalterliche scholastische Philosophie und Ethik errang.
In *Deutschland* fand das progressive ethische Denken in dieser Periode seinen Ausdruck besonders in den Werken von LESSING, HERDER, SCHILLER und GOETHE. Die ethischen Ansichten dieser Persönlichkeiten sind in solchen hervorragenden literarischen Werken dargelegt wie HERDERS *Briefe zur Beförderung der Humanität*, LESSINGS *Nathan der Weise*, SCHILLERS Dramen *Die Räuber*, *Kabale und Liebe* u. a. sowie besonders in GOETHES Werken, deren Krönung der *Faust* ist. In ihren literarischen Schöpfungen vertraten sie leidenschaftlich das Recht der Persönlichkeit auf Freiheit und Glück auf der Erde. Sie kritisierten den religiösen Asketismus und Fatalismus sowie die moralische Dekadenz und den feudalen Despotismus des Adels und waren kämpferische Verfechter des Humanismus-Gedankens und einer optimistischen Geschichtsauffassung. Der humanistische Gehalt ihrer Werke sichert ihnen für immer einen hervorragenden Platz in der Weltliteratur sowie im fortschrittlichen ethischen Denken der nachfolgenden Menschheit.
Großen Raum nehmen Fragen der Ethik in den Werken KANTS ein. Nach KANT haben die Begriffe der Moral ihren Ursprung in der «praktischen Vernunft» des Menschen, in der sie unabhängig von jedwedem konkreten Interesse a priori enthalten sind. Dieser praktischen Vernunft entspricht – gleichsam als deren Forderung – das allgemeine Sittengesetz, der kategorische Imperativ: «Handle so, daß die Maxime deines Willens jederzeit als Prinzip einer allgemeinen Gesetzgebung gelten könne.» Das *Kantsche Sittengesetz* betrifft jedoch nur die Form des Handelns, nicht dessen Inhalt und Folgen. Darum fordert er die Einhaltung der Pflicht nicht äußerer Ziele wegen, sondern nur «aus Achtung fürs Gesetz», um der abstrakten «Pflicht» selbst willen. Seine auf die «Autonomie des Willens» gegründete Pflichtauffassung war gegen die «heteronome» Begründung der Pflicht durch die Theologie und scholastische Philosophie gerichtet und insofern ein wichtiger Fortschritt im ethischen Denken.
Das Sittengesetz drückt nach KANT den Selbst- oder Endzweck menschlichen Handelns aus, die Tatsache, daß der Mensch als «vernünftiges Wesen» sich selbst als Zweck an sich setzt. Dementsprechend lautet die zweite Formulierung des Sittengesetzes folgendermaßen: «Handle so, daß du die Menschheit, sowohl in deiner Person als in der Person eines jeden anderen, jederzeit zugleich als Zweck, niemals bloß als Mittel brauchst.» Trotz des abstrakten und formalen Charakters des *Kantschen Sittengesetzes*, seiner Loslösung

vom praktischen politischen Kampf und dem konkreten gesellschaftlichen Leben kommt hierin die eindeutig antifeudale Tendenz der KANTschen Ethik sehr klar zum Ausdruck. KANT verteidigt die Würde der menschlichen Persönlichkeit gegen die feudal-absolutistische Ordnung, kommt allerdings über eine bloß *formale* Anerkennung der Menschenrechte nicht hinaus. Seine Ethik spiegelt die Zurückgebliebenheit, die Ohnmacht und politische Inkonsequenz des deutschen Bürgertums der damaligen Zeit wider.

Die Bourgeoisie bedient sich bis heute der KANTschen Ethik, um mit deren abstrakten und formalen Lehrsätzen ihre eigenen Klasseninteressen zu verschleiern und die von ihr ausgebeuteten Werktätigen den Zielen der kapitalistischen Klassen unterzuordnen. KANTS Ethik kulminiert letzten Endes in der These, daß der Mensch selbst infolge seiner Unvollkommenheit das Sittengesetz nicht voll verwirklichen könne und daß er dazu einer unsterblichen Seele und Gottes bedürfe. So nimmt das Sittengesetz bei KANT trotz aller Betonung der menschlichen Vernunft und des menschlichen Willens in letzter Instanz doch den Charakter einer Forderung Gottes an, und Gott selbst wird zur Voraussetzung und zur Garantie sittlichen Handelns.

Bei HEGEL sind die Fragen der Ethik eng mit den Problemen des Rechts verbunden. Ausgangspunkt seiner ethischen Auffassungen ist die Annahme einer absoluten Idee, die zunächst das Stadium der Natur durchläuft und dann im Geiste wieder «zu sich selbst» zurückkehrt. Sie manifestiert sich als «objektiver Geist» 1. im abstrakten Recht, 2. in der Moralität und 3. in der «Sittlichkeit». Während das abstrakte Recht als erste Stufe des objektiven Geistes den Einzelwillen des Subjekts verkörpert, den HEGEL als Ausdruck der Person oder Persönlichkeit des Privateigentümers und seines absoluten Rechts auf Privateigentum auffaßt, verkörpert die Moralität die nächsthöhere Stufe, auf der die Rechtspersönlichkeit zum moralischen Subjekt wird und bei der es schon nicht mehr allein um das Wohl des einzelnen geht, sondern um das Wohl der anderen. Hier behandelt HEGEL solche Fragen wie das Problem der Schuld, des Wohles der Individuen, das Gute und das Gewissen, d. h. Fragen, die inhaltlich bereits die Beziehung zu einem anderen voraussetzen. Die Aufgabe der Moral besteht nach HEGEL darin, Wege zur Herstellung der Übereinstimmung der Handlungen der einzelnen Individuen zu finden, die aus deren innerer geistiger Gesinnung hervorgehen und nicht das Resultat rechtlicher Verbote sind. Diese subjektive «Moralität» ist für HEGEL ein notwendiges Durchgangsstadium der Entwicklung des «objektiven Geistes» zur «objektiven Sittlichkeit», als deren Verkörperung er die Familie, die bürgerliche Gesellschaft und den Staat betrachtet. Für HEGEL ist der Staat die Vollendung der sittlichen Idee, die Verkörperung des Weltgeistes und der Freiheit, «das an und für sich Vernünftige». Er verbindet dabei die Sittlichkeit mit den Fragen der Ökonomie, des Rechts und der Politik. «So idealistisch die Form, so realistisch ist hier der Inhalt», bemerkt ENGELS zur HEGELschen Moralauffassung. HEGEL wendet seine idealistische Dialektik auch auf die ethischen Kategorien an, indem er z. B. das Böse als eine notwendige Form betrachtet, worin die Triebkraft der geschichtlichen Entwicklung sich darstellt, und wendet sich damit gegen den Dogmatismus der scholastischen ethischen Theorien.

Gegen die idealistischen ethischen Theorien KANTS und HEGELS trat FEUERBACH auf. Er war der Auffassung, daß die Moral weder aus der «praktischen Vernunft» (KANT) bzw. dem «objektiven Geist» (HEGEL) noch aus den Geboten Gottes abgeleitet werden kann. Nach FEUERBACH ist der Materialismus die einzig solide Grundlage der Moral. Er verstand diesen jedoch vor allem als anthropologischen Materialismus. Sein Ausgangspunkt ist die Natur des Menschen, die er rein abstrakt, außerhalb ihrer konkreten sozialen Beziehungen auffaßt. Moral ist nach FEUERBACH nur dort möglich, wo es sich um Verhältnisse des Menschen zum Menschen, des *Ich* zum *Du* handelt. Sie ist nach seiner Auffassung im Streben des Menschen nach Befriedigung seiner Bedürfnisse, nach Glück begründet. Dabei faßte er das Streben nach individuellem Glück keineswegs rein egoistisch auf. Der Egoismus ist bei FEUERBACH nicht in erster Linie ein moralisches, sondern ein philosophisches Prinzip. Die Verpflichtung gegen sich selbst verstand er zugleich als Verpflichtung gegenüber den anderen. Wahre Moral «kennt keine eigene Glückseligkeit ohne fremde Glückseligkeit» an.

Der Weg zur Herstellung der Harmonie von Pflicht und Glück, der Übereinstimmung der Interessen des einen (des Ich) mit denen des anderen (des Du) sah er vor allem in der «allgemeinen Liebe». Die Forderung nach rationeller Selbstbeschränkung und allgemeiner Liebe gründete zwar in einem echten humanistischen Anliegen FEUERBACHS; sie mußte jedoch in einer Gesellschaftsordnung, die – wie die kapitalistische – auf der Ausbeutung des Menschen durch den Menschen beruht, letztlich ebenso ohnmächtig bleiben wie KANTS kategorischer Imperativ (MARX/ENGELS 21, 289).

Ähnlich wie FEUERBACH bauten auch die *russischen revolutionären Demokraten* – insbesondere TSCHERNYSCHEWSKI und DOBROLJUBOW – ihre ethischen Auffassungen auf anthropologischen Prinzipien auf. Sie verbanden jedoch ihre Ethik aufs engste mit den Interessen und Zielen des Volkes in seinem Kampf gegen die Leibeigenschaft und den Zarismus. Sie erklärten die Sitten und moralischen Verhaltensweisen der Menschen noch bestimmter als die französischen Materialisten aus den sozialhistorischen Bedingungen und begründeten, hiervon ausgehend, die Notwendigkeit einer revolutionären und demokratischen Veränderung der Gesellschaft und des Menschen. Die höchste Pflicht des Menschen und die Quelle seines Glücks sahen sie im Dienste für das Volk. Vom Prinzip des «vernünftigen Egoismus» und des «wohlverstandenen Vorteils» ausgehend, forderten sie die bewußte Unterordnung der persönlichen Interessen unter die Interessen und Ziele des Volkes in seinem Kampf für demokratische Freiheiten. Die russischen revolutionären Demokraten vertraten in ihren politischen und moralischen Auffassungen die Interessen der bäuerlichen Revolution gegen die feudale Leibeigenschaftsordnung im zaristischen Rußland. Infolge der unentwickelten sozialökonomischen Bedingungen des Kapitalismus in Rußland vermochten sie sich jedoch noch nicht auf das Niveau der theoretischen und praktischen Aufgaben des Proletariats zu erheben.

In der zweiten Hälfte des 19. Jahrhunderts verliert das bürgerliche ethische Denken – wie die bürgerliche Philosophie überhaupt – immer mehr seine progressiven und humanistischen Züge und nimmt einseitig apologetischen Charakter an. Es rechtfertigt das kapitalistische Privateigentum und verherrlicht das kapitalistische Individuum, das sein egoistisches Privatinteresse gegen die Interessen des Volkes rücksichtslos durchzusetzen strebt, als Ideal der menschlichen Persönlichkeit und Freiheit. Bei einer Reihe von Vertretern der bürgerlichen Ethik wird diese direkt reaktionär und volksfeindlich.

In *Deutschland* wird der Niedergang der bürgerlichen Ethik bereits mit SCHOPENHAUER eingeleitet. SCHOPENHAUERS pessimistische Grundansicht vom Leben wird bestimmend auch für seine Ethik. Das Leben sei Schuld und Schmerz und Leid, darum sei nicht leben auch besser als leben. Selbstsucht, gesteigert bis zur Bosheit, sei der Charakter des natürlichen Willens. Nur wo Mitleid am Werke sei, könne von Sittlichkeit gesprochen werden. Da aber in einer Welt des Egoismus und der Bosheit sich das Prinzip des Mitleids nicht allgemein realisieren lasse, sei es sinnlos, dem Menschen nach dem Vorbild früherer Ethik (z. B. KANTS) Normen und Pflichten sittlichen Verhaltens zu geben. Die Unfähigkeit des Menschen, die Leiden des Lebens zu lindern, führt SCHOPENHAUER zu dem Schluß, daß sich der Wille gänzlich vom Leben zurückziehen und damit die Welt ihrem eigenen Schicksal oder auch dem Nichts überlassen solle. SCHOPENHAUERS Ethik ist pessimistisch und nihilistisch, letztlich fatalistisch. Sie verurteilt den Menschen zur Passivität dem Leben gegenüber. Damit erweist sich SCHOPENHAUERS Ethik, ob diesem bewußt oder nicht, als eine Ideologie, die im Interesse der Verewigung kapitalistischer Herrschafts- und Ausbeutungsverhältnisse gegen die Freiheitsstrebungen des Volkes gerichtet ist. Seine Ethik ist reaktionär und volksfeindlich.

In Anknüpfung an SCHOPENHAUER bringt in der zweiten Hälfte des 19. Jahrhunderts vor allem NIETZSCHE das rücksichtslose Profit- und Machtstreben der Bourgeoisie und des im Entstehen begriffenen Monopolkapitalismus in seiner Ethik zum Ausdruck. Ausgehend von den Zielen des Kampfes der Bourgeoisie gegen die Arbeiterbewegung fordert er die «Umwertung aller Werte» und propagiert eine Moral des «Willens zur Macht», eine «Herrenmoral», eine Moral der «Elite», die «jenseits von Gut und Böse» steht und deren «Ideal» – nach seinen eigenen Worten – «die blonde Bestie» der «Herrenrasse» ist – eine Theorie, die zutiefst reaktionär und volksfeindlich ist und die später zu einer der wichtigsten ideologischen Quellen der deutschen Monopolbourgeoisie, besonders des deutschen Faschismus geworden ist.

Sofern das progressive und humanistische Gedankengut in der bürgerlichen Ethik der zweiten Hälfte des 19. Jahrhunderts wenigstens formell (bzw. dem Schein nach) fortgeführt wird, tritt es vornehmlich als Neukantianismus auf, dessen philosophische und ethische Auffassungen zu einer wichtigen Grundlage des *Opportunismus* und *Revisionismus* wurde. Wie die Neukantianer im bürgerlichen Lager (LANGE, COHEN, STAMMLER, NATORP u. a.) leugneten auch die neukantianischen Revisionisten in der Arbeiterbewegung den Sozialismus als eine historisch notwendige Gesellschaftsordnung, verwandelten ihn in eine abstrakte ethische Maxime und schufen schließlich im Gegensatz zum Marxismus eine Theorie des «ethischen Sozialismus», in der die Forderung von der revolutionären Veränderung des gesellschaftlichen Lebens durch allgemeine Deklarationen über ewige ethische Werte und philanthropische Vorstellungen von der moralischen Selbstvervollkommnung des Menschen ersetzt wird.

Mit dem Übergang des Kapitalismus in sein letztes Stadium, den Imperialismus, und der Herausbildung des ersten sozialistischen Staates, der Sowjetunion, sowie nach 1945 des sozialistischen Weltsystems nimmt die offiziell herrschende bürgerliche Ethik durchgehend reaktionäre Züge an. Sie widerspiegelt die allgemeine Krise des kapitalistischen Systems in der Ökonomie, Politik, Ideologie und Kultur sowie die moralische Degradation der parasitären kapitalistischen Klassen in dieser Periode. Es entstanden zwar zu Beginn der imperialistischen Epoche eine Vielzahl bürgerlicher ethischer Gesellschaften, die den Zerfall der bürgerlichen Moral durch die Pflege und Förderung eines «ethischen Humanismus» und einer «ethischen Kultur» aufzuhalten hofften. Sie stellten sich das Ziel, im Sinne der humanistischen Tradition eine Ethisierung des persönlichen, gesellschaftlichen, wirtschaftlichen, staatlichen und internationalen Lebens durchzusetzen, forderten eine gerechte Wirtschafts- und Gesellschaftsordnung, Demokratie, Völkerverständigung und Weltfriede. Obwohl sich in den ethischen Gesellschaften demokratisch und humanistisch gesinnte Persönlichkeiten aus Natur- und Gesellschaftswissenschaft vereinigten – in Deutschland bestanden enge Beziehungen zwischen der Ethischen Gesellschaft und dem Monistenbund –, die als Fortschrittsoptimisten, Evolutionisten und «Aufklärer» jeder metaphysischen und religiösen Ethik entgegentraten und die progressive humanistische Tradition in der bürgerlichen Ethik fortzuführen bemüht waren (F. Jodl, Wesen und Ziele der ethischen Bewegung in Deutschland), vermochten sie doch nicht, die Krise und den Verfall der bürgerlichen Moral und Ethik aufzuhalten. Auch die verschiedenen Richtungen der bürgerlichen Philosophie, die in der Epoche des Imperialismus ethisch relevant wurden – Phänomenologie, Neupositivismus, Existentialismus, Personalismus, vom Neuthomismus und anderen theologischen Schulen nicht zu reden – konnten die Krise der bürgerlichen Moral nicht verhindern, ja sie sind selbst nur ein Ausdruck dieser Krise.

Wenn z. B. Vertreter des Neupositivismus, ausgehend von der Annahme, daß alle erkenntnishaltigen Sätze entweder apriorische Tautologien der Mathematik und Logik oder empirische Tatsachenurteile seien, die These aufstellten, die ethischen Urteile besäßen keinen Erkenntnisgehalt, da sie nur Gefühle ausdrückten oder andere nur überreden wollten, dieses oder jenes zu tun bzw. nicht zu tun, so wird damit jede wissenschaftliche Beschäftigung mit der Moral unmöglich gemacht bzw. als sinnlos erklärt. Konsequenterweise löst denn auch der Neupositivismus die Ethik auf in eine Analyse der Moralsprache.

Der Existentialismus zerstört Moral und Ethik dadurch, daß er, ausgehend von seinem völlig subjektivistisch gefaßten Begriff der Existenz, d. h. der *individuellen* Existenz des Menschen, Individuum und Gesellschaft metaphysisch voneinander trennt bzw. einander entgegensetzt und damit der Ethik ihren eigentlichen Gegenstand nimmt. Auch die von der Phänomenologie ausgehenden Wertethiker wie M. Scheler oder N. Hartmann mußten an dem Versuch, die überkommene, besonders *Kantische Ethik* weiterzuführen, scheitern, weil ersterer zur Begründung der «materialen Wertethik» bei der Anthropologie und der christlichen Religion, letzterer in metaphysisch-idealistischer Weise bei einem «an sich seienden», dem «ontologischen» Bereich des «idealen Seins» zugeschriebenen «Reich der Werte» Zuflucht nimmt.

In allen diesen Richtungen der spätbürgerlichen Ethik, dies gilt im besonderen auch von der relativistischen bürgerlichen Situationsethik, sind die ethischen Aussagen den neuen sozial-historischen Bedingungen angepaßt. Ihre philosophischen Grundlagen sind ein extremer Subjektivismus und Irrationalismus oder (wie im *Neuthomismus*) Religion und Mystizismus. Skeptizismus und Pessimismus, Fatalismus und Mystizismus, Relativismus und Subjektivismus – das sind die entscheidenden Züge, die in mehr oder weniger ausgeprägter Form den imperialistischen Moraltheorien der Gegenwart eigen sind. Ihr Hauptanliegen ist der Kampf gegen den Sozialismus-Kommunismus und die marxistisch-leninistische Weltanschauung, für die moralische Sanktionierung des heutigen Kapitalismus.

Die *bürgerliche Ethik* in *Deutschland* hat seit dem Ausgang der klassischen deutschen Philosophie keine prinzipiell neuen Erkenntnisse mehr hervorgebracht. Sie hat zwar eine Reihe alter ethischer Probleme – wie z. B. das Wertproblem, das Freiheitsproblem, das Persönlichkeitsproblem u. a. – sehr detailliert untersucht und dargelegt, und sie hat auch noch eine Vielzahl ethischer Werke und Systeme auf der Grundlage bestimmter neuer Wissenschaften, wie etwa der Biologie, der Psychologie und Anthropologie, geschaffen, aber keine neuen Prinzipien mehr hervorgebracht.

Seit dem historischen Auftreten der Arbeiterklasse ist der ethische Fortschritt unlöslich mit dem Kampf dieser Klasse und der Volksmassen gegen kapitalistische Ausbeutung und Unterdrückung für eine höhere, die sozialistische Gesellschaftsordnung und, im Zusammenhang damit, mit der Entwicklung und Durchsetzung der sozialistischen Moral und Ethik verbunden. [1]

3. *Die marxistisch-leninistische Ethik*

Die marxistische Ethik ist ein untrennbarer Bestandteil der marxistisch-leninistischen Philosophie und Weltanschauung. Mit der Schaffung des dialektischen und historischen Materialismus – der theoretischen und methodologischen Grundlage der marxistischen Ethik – durch Marx und Engels wurde in der geschichtlichen Entwicklung des ethischen Denkens eine grundlegende Umwälzung vollzogen. Sie besteht vor allem darin, daß dadurch die Ethik aufhört, nur eine philosophische Theorie zur mehr oder weniger kontemplativen Beschreibung und Interpretation menschlicher Beziehungen, sittlicher Tugenden und Ideale oder Normen und Werte zu sein. Sie wird erstmalig zu einer Theorie, deren entscheidende Aufgabe darin besteht, auf ihrem spezifischen Gebiet einen entscheidenden Beitrag zur Veränderung der Welt, d. h. vor allem zur Höherentwicklung der menschlichen Beziehungen und der Persönlichkeit jedes Menschen zu leisten.

Die Ethik als Teil der Philosophie war stets auf das engste mit den praktischen Aufgaben des Lebens der Menschen verbunden. In fast allen vormarxschen philosophischen Lehren wurde die Ethik als «praktische Philosophie» ausgearbeitet, als Anwendung der in den theoretischen Systemen entwickelten philosophischen Konzeptionen auf das gesellschaftliche und individuelle Leben der Menschen, auf das Gebiet der Erziehung, auf Politik, Kultur usw. Jedoch beruht diese Auffassung von der ethischen Theorie als «praktischer Philosophie» auf der viele Jahrhunderte währenden undialektischen Entgegensetzung von Materie und Geist, Theorie und Praxis, «reiner Vernunft» und «praktischer Vernunft», «absoluter Idee» und «Moralität». Diese Entgegensetzung von theoretischem Erkennen und praktischem Handeln war engstens verbunden mit der idealistischen Erklärung der Moralphänomene aus dem abstrakten Selbstbewußtsein der Menschen, aus Gott oder einer ewigen sittlichen Idee, aus der unveränderlichen Natur des Menschen u. a. ideellen Quellen und Prinzipien.

Von entscheidender Bedeutung für die Entwicklung der marxistischen Ethik ist die Entdeckung der elementaren Tatsache durch MARX, daß «die Produktion der unmittelbaren materiellen Lebensmittel und damit die jedesmalige ökonomische Entwicklungsstufe eines Volkes oder eines Zeitabschnitts die Grundlage bildet, aus der sich die Staatseinrichtungen, die Rechtsanschauungen, die Kunst und selbst die religiösen Vorstellungen der betreffenden Menschen entwickelt haben, und aus der sie daher auch erklärt werden müssen – nicht, wie bisher geschehen, umgekehrt» (MARX/ENGELS 19, 335f).

Damit ist erstmalig in der Geschichte des ethischen Denkens ein konsequent materialistischer Ausgangspunkt für die wissenschaftliche Analyse der Theorie gefunden, der es ermöglicht, die Gesetze der menschlichen Entwicklung aus der gesellschaftlichen Wirklichkeit selbst herzuleiten und die Forderungen an das Handeln, Denken und Verhalten auf diese Erkenntnisse zu gründen.

Diesen Erkenntnissen entsprechend geht die marxistische Ethik bei der Untersuchung der Entwicklung der Moral davon aus, daß die Gesellschaft eine komplizierte Gesamtheit von sozialen Beziehungen der Menschen ist, deren bestimmende Grundlage die materiellen Verhältnisse sind, die die Menschen unabhängig von ihrem Bewußtsein im Prozeß der Produktion miteinander eingehen. Mit der Zurückführung der vielfältigen materiellen und ideellen gesellschaftlichen Verhältnisse auf die Produktionsverhältnisse und dieser auf die Entwicklung der Produktivkräfte wurde es erstmals in der Geschichte des menschlichen Denkens möglich, jenes entscheidende, durch alle historischen Perioden hindurchgehende Kontinuum zu finden, von dem aus es allein möglich ist, die ganze Entwicklung der Gesellschaft, einschließlich ihrer ideellen Komponenten, als einen naturhistorischen Prozeß darzustellen, der sich auf der Grundlage objektiver Gesetzmäßigkeiten vollzieht.

Die Produktionsweise des materiellen Lebens bestimmt, wie MARX schreibt, den gesamten übrigen sozialen, politischen und geistigen Lebensprozeß. Die sittlichen Normen, Prinzipien und Kategorien, die Ethik insgesamt, gehören zum gesellschaftlichen Bewußtsein, das stets konkreten historischen sozialökonomischen Verhältnissen entspricht, aus ihnen entsteht und auf sie zurückwirkt. Sie widerspiegeln objektive Erfordernisse des Zusammenlebens in der menschlichen Gesellschaft, grundlegende gemeinsame Interessen der Gesellschaft oder bestimmter Klassen, ohne deren Berücksichtigung die Gesellschaft sich nicht entwickeln kann. Durch die Zurückführung der Ethik (und der Moral) auf objektive Erfordernisse des materiellen Lebens der Gesellschaft erhält die Ethik erstmalig eine wissenschaftlich begründete objektive Grundlage und hört auf, eine Sammlung a priori gewonnener Forderungen der abstrakten Vernunft, des objektiven Geistes, der menschlichen Natur usw. zu sein. Sie ist ein theoretisch verallgemeinertes Abbild jener Verhältnisse, aus denen sie entsteht und auf die sie durch ihre Leitsätze zurückwirkt.

Wenn die marxistische Ethik ihre Leitsätze und Forderungen auf das materielle Leben der Gesellschaft und in letzter Instanz auf die ökonomischen Verhältnisse gründet, dann bedeutet das nicht, daß sie diese unmittelbar und direkt aus der Ökonomie ableitet. Der Zusammenhang der Moral mit der Ökonomie ist in der höherentwickelten menschlichen Gesellschaft sehr kompliziert. Die moralischen Vorstellungen und Normen besitzen eine relative Selbständigkeit. In ihnen spielt die Macht der Gewohnheit und der Tradition eine große Rolle, was dazu führt, daß moralische Prinzipien und Normen für eine gewisse Zeit erhalten bleiben, selbst wenn die Bedingungen, die sie hervorgebracht haben, sich bereits wesentlich verändert haben oder gänzlich verschwunden sind. Die ökonomischen Bedingungen bestimmen die moralischen Normen und Prinzipien, ihren Inhalt und die Richtung ihrer Entwicklung nicht direkt und unmittelbar, sondern nur in letzter Instanz – in der Klassengesellschaft vor allem vermittels der Politik und des Rechts. In der sozialistischen Gesellschaft vereinfacht sich der Zusammenhang von ökonomischen Bedingungen und moralischer Entwicklung und wird leichter durchschaubar. So sind bei der Gestaltung des entwickelten Systems der sozialistischen Gesellschaft viele neue Anforderungen an die sozialistische Moral entstanden, denen wesentliche Prozesse der wissenschaftlich-technischen Revolution und der weiteren Vervollkommnung der sozialistischen Produktionsverhältnisse zugrunde liegen, so z. B. spezielle Anforderungen an die sozialistischen Gemeinschaftsbeziehungen in der Produktion, an die Persönlichkeit der Werktätigen, besonders an das Verantwortungsbewußtsein.

Indem die Menschen der sozialistischen Gesellschaft die objektiven Erfordernisse ihres gesellschaftlichen Zusammenlebens als ihre eigenen Forderungen an sich selbst begreifen und verwirklichen, indem sie sich die Erkenntnisse der marxistischen Ethik aneignen und sie in praktische Taten für die ganze sozialistische Gemeinschaft umsetzen, fügen sie sich selbst bewußt in den gesellschaftlichen Prozeß ein, lenken und gestalten sie damit gleichzeitig den Prozeß der ständigen weiteren Vervollkommnung ihrer moralischen Beziehungen und bewirken sie damit den kontinuierlichen Fortschritt der Moralentwicklung. Historische Notwendigkeit und moralische Zielsetzung stimmen in der sozialistischen Wirklichkeit wie auch in ihrer theoretischen Widerspiegelung in der marxistischen Ethik hinsichtlich der Grundrichtung ihrer Entwicklung überein. Das Streben nach Verwirklichung der marxistischen ethischen Zielsetzungen wird zum Streben nach bewußter Anwendung und Verwirklichung der objektiven historischen Gesetzmäßigkeiten. «Wir treten ... nicht der Welt doktrinär mit einem neuen Prinzip entgegen: Hier ist die Wahrheit, hier kniee nieder ...!», schrieb MARX. «Wir zeigen ihr nur, warum sie eigentlich kämpft, und das Bewußtsein ist eine Sache, die sie sich aneignen muß, wenn sie auch nicht will» (MARX/ENGELS 1, 345). Diese Kongruenz von historischer Notwendigkeit und moralischem Sollen ist nur der marxistischen Ethik eigen. Sie macht sie zu einer scharfen ideologischen Waffe im Kampf des Proletariats um seine Befreiung und für den Aufbau der sozialistischen Gesellschaft. Der marxistischen Ethik sind darum Normen, Prinzipien und andere Forderungen an das Handeln, Denken und Fühlen der Gemeinschaften sowie der einzelnen Persönlichkeit, die im Widerspruch zur geschichtlichen Notwendigkeit stehen, wesensfremd. In ihr bildet die sittliche Notwendigkeit mit der sozialökonomischen Notwendigkeit eine untrennbare dialektische Einheit.

Wie kompliziert der Zusammenhang der Ethik mit der materiellen Basis der Gesellschaft auch immer sein mag, so erlaubt doch nur dieser Ausgangspunkt, die Ethik in eine wirkliche Wissenschaft zu verwandeln, die reale Prozesse, Fakten und Erscheinungen in ihrem kausalen Zusammenhang erforscht und damit erst die Möglichkeit gewinnt, zu einer wirklichen Waffe der Erkenntnis und Veränderung der Gesellschaft und des Menschen zu werden.

Damit war zugleich eine weitere wesentliche Erkenntnis gewonnen. Mit der Zurückführung der Moral auf ihre ökonomischen Grundlagen war die entscheidende Ursache der schon von vielen Denkern vor MARX festgestellten historischen Veränderlichkeit der moralischen Normen, Gewohnheiten, Beziehungen, Begriffe und Gefühle gefunden. Nunmehr war es möglich nachzuweisen, daß und warum «im ganzen und großen für die Moral sowohl, wie für alle andern Zweige der menschlichen Erkenntnis ein Fortschritt zustande gekommen ist» (MARX/ENGELS 20, 88). Es zeigte sich, daß der Fortschritt in der Moral untrennbar verbunden ist mit der Tätigkeit und dem Kampf der Volksmassen, die die hauptsächliche gesellschaftliche Produktivkraft sind, daß folglich auch die geschichtliche Entwicklung der Moral, ihre Kontinuität in der historischen Entwicklung nur richtig verstanden werden kann, wenn sie begriffen wird als ein Element oder Bestandteil der Arbeit als der elementarsten menschlichen Lebenstätigkeit und des Kampfes der Volksmassen um ihre Befreiung. Dabei war die jeweils höchste Moral in der geschichtlichen Entwicklung stets jene Moral, die die Gesellschaft zu höheren Entwicklungsformen und zu ständig höheren Stufen menschlicher Freiheit führte.

Gleichzeitig war es damit möglich, den widersprüchlichen Charakter der Moral verschiedener historischer Epochen sowie innerhalb ein und derselben Gesellschaftsordnung zu verstehen, die elementare Tatsache nämlich, daß in der Klassengesellschaft die verschiedenen Klassen und Schichten je nach ihrem spezifischen Verhältnis zu den Produktionsmitteln und ihrem Platz in der gesellschaftlichen Produktion verschiedene und entgegengesetzte Moralbeziehungen, Auffassungen, Normen usw. herausbilden, daß folglich die Moral in diesen Gesellschaftsordnungen den Antagonismus der Klasseninteressen zum Ausdruck bringt und Klassencharakter hat. Alle wesentlichen Fragen der Moral der Klassengesellschaft können darum nur im Zusammenhang mit dem Klasseninteresse theoretisch richtig verstanden und praktisch nur dann und insoweit erfolgreich gelöst werden, wenn und inwieweit sie als Teilfragen des Klassenkampfes gelöst werden.

Mit der Aufdeckung dieser Tatsachen ist auch die in der bürgerlichen Ethik weitverbreitete Theorie von dem klassenindifferenten, allgemeinmenschlichen Charakter der Moralnormen und sittlichen Auffassungen widerlegt, die von der herrschenden kapitalistischen Klasse in besonderer Weise dazu verwendet wird, das Klassenwesen ihrer Moralforderungen zu verschleiern und die von ihr aus-

gebeuteten, unterdrückten und ideologisch manipulierten Massen in Botmäßigkeit zu halten.
Mit der Begründung der Moral auf das materialistische Fundament der ökonomischen Basis hat die marxistische Ethik schließlich auch konsequent den Atheismus zur Grundlage ihrer Theorie gemacht. Damit ist jeder Versuch einer Ableitung moralischer Postulate und ethischer Theoreme aus außergesellschaftlichen und ahistorischen Quellen sowohl in religiösen wie in nichtreligiösen Formen wissenschaftlich unhaltbar geworden. An die Stelle der in den ethischen Systemen der Ausbeuterklassen und ihren Moralgeboten vertretenen Orientierung der Massen auf «göttliche Autoritäten», auf den «Willen Gottes» als den letztendlichen Maßstab ihres Handelns lenkt die marxistische Ethik das Handeln, Denken und Fühlen der Volksmassen auf die Erkenntnis ihrer ureigensten, lebenswichtigen Interessen, auf die Herausbildung des Anspruchsniveaus und der einzelnen Normen und Forderungen ihrer Moral in Übereinstimmung mit ihren gesellschaftlichen und persönlichen Lebensinteressen.
Damit verwirklicht sie die Einheit von Theorie und Praxis, von der Erkenntnis dessen, was ist, mit der Bestimmung dessen, was sein soll, was zu tun ist, in neuer Weise.
Die marxistische Ethik ist als Wissenschaft nicht einfach «Theorie vom Sollen». Wie jede andere wirkliche Wissenschaft erklärt sie die von ihr untersuchten Erscheinungen aus den realen Quellen ihrer Existenz und Entwicklung, d. h. sie untersucht, was ist, worin die Ursachen der Existenz und Veränderung der moralischen Vorstellungen und Verhaltensnormen bestehen, welche Zusammenhänge sie mit anderen gesellschaftlichen Erscheinungen haben, welche Funktion ihnen im System der gesellschaftlichen Beziehungen zukommt usw. Die marxistische Ethik untersucht die Gesetzmäßigkeiten der Entstehung, Entwicklung und Wirkungsweise der Moral als einer Form des gesellschaftlichen Bewußtseins, ihr Wesen und ihre soziale Funktion, sowie die Wege zur vollen Entfaltung der moralischen Beziehungen und Triebkräfte bei der Schaffung der sozialistischen und kommunistischen Gesellschaft.
Die marxistische Ethik ist sowohl im Hinblick auf ihren Charakter und ihre Methodik wie auch hinsichtlich ihrer Problemstellungen eine selbständige philosophische Disziplin. Ihr Hauptproblem ist der Mensch in seiner Totalität als Persönlichkeit und in seinen Beziehungen zur menschlichen Gemeinschaft. In ihren Ergebnissen stützt sich die philosophische Ethik sowohl auf solche allgemeineren philosophischen Disziplinen wie den dialektischen und historischen Materialismus, der ihre entscheidende Grundlage bildet, als auch auf solche Einzelwissenschaften wie politische Ökonomie, Soziologie, Pädagogik, Rechtswissenschaft, Psychologie, Ethnologie u. a. m. Sie kann darum weder dem historischen Materialismus einfach als Teilgebiet oder Teildisziplin untergeordnet noch schlechthin von ihm absorbiert werden. Bei der Ausarbeitung der Probleme des Menschenbildes, der Theorie von der Persönlichkeit und Gemeinschaft, von den Zielen und dem Sinn des menschlichen Lebens, von den Prinzipien und Werten des Zusammenlebens in den verschiedenen Formen menschlicher Gemeinschaft erfüllt die Ethik eigenständige philosophische Aufgaben von großer weltanschaulicher Bedeutung.
Eine wichtige Besonderheit der philosophisch-weltanschaulichen Funktion der Ethik besteht darin, daß sie wesentliche Erfordernisse des gesellschaftlichen Lebens in der Form von Zielen, Idealen, Prinzipien, Normen und Wertbegriffen faßt und darüber vermittelt großen Einfluß auf das Handeln, Denken und Fühlen der Menschen gewinnt.
Die Ethik gliedert sich in zwei voneinander unterschiedene Teilbereiche. Der erste Bereich beinhaltet die wesentlichen philosophisch-theoretischen Probleme der Ethik. Dazu zählen solche Fragen wie Wesen und Funktion der Moral, Struktur des gesellschaftlichen und des individuellen Moralbewußtseins, das Problem der Persönlichkeit und Gemeinschaft, das Verhältnis von Determinismus und Freiheit der Entscheidung, Funktion und Struktur moralischer Wertungen, das Verhältnis von Tatsachen und Werturteilen, Untersuchungen über das Wesen und die Rolle der moralischen Grundbegriffe und die Spezifik der Kategorien der Ethik als Wissenschaft; Fragen der → Moralsprache und andere Fragen, die zum Teil auch als Probleme der → Meta-Ethik zu bezeichnen sind. Der zweite Bereich umfaßt die spezifisch normativen Teile der Ethik, d. h. jene inhaltlichen Aussagen, durch die das menschliche Handeln, Denken und Fühlen unmittelbar Impulse hinsichtlich seiner geistigen Orientierung und praktischen Äußerung erhält. Dazu gehören die inhaltlichen Aussagen über das Gute und Böse, über Verantwortung, Pflicht, Ehre, Gewissen u. a. moralische Grundbegriffe, die Prinzipien und Normen der Moral, wie sie in geschriebenen oder mündlich überlieferten Moralkodizes bestehen – z. B. die Gebote der sozialistischen Moral –, die Tugenden oder moralischen Charaktereigenschaften der als Ziel angestrebten Stufe menschlicher Persönlichkeit u. a. m.
Der theoretische und der normative Teil der Ethik sind untrennbar miteinander verbunden und ergänzen einander. Versuche, den theoretischen Teil aus der Ethik zu eliminieren und die Ethik nur auf eine Morallehre im Sinne ihres normativen Teiles zu reduzieren, wären gleichbedeutend mit der Liquidierung der Ethik als philosophischer Wissenschaft. Aus der philosophischen Theorie

von der Moral würde dann eine moralisierende Doktrin.

Bei der Gestaltung des entwickelten Systems der sozialistischen Gesellschaft, bei der es in immer höherem Grade auf die bewußte und zielstrebige Leitung der Prozesse der Moralentwicklung ankommt, gewinnt sowohl die Ausarbeitung der theoretischen Grundfragen wie auch der normativen Probleme der marxistischen Ethik große Bedeutung.

Die marxistische Ethik ist untrennbar mit der Anerkennung des dialektischen Determinismus als eines entscheidenden Grundprinzips jeder echten Wissenschaft verbunden. Daraus folgt, daß beim Studium der Gesetze der Moralentwicklung neben der Analyse der Kausalbeziehungen auch die Dialektik von notwendigen und zufälligen Zusammenhängen beachtet werden muß. Die Prozesse der Moralentwicklung sind wesentlich stochastische Prozesse, in denen auch zufällige Faktoren eine Rolle spielen. Die Ethik hat es beim Studium der Moral sowohl mit Strukturgesetzen als auch mit Entwicklungsgesetzen zu tun. Zur erstgenannten Gruppe von Gesetzen kann man z. B. die Struktur- und Funktionsbeziehungen zwischen den Elementen des gesellschaftlichen und des individuellen Moralbewußtseins zählen. Zur zweiten Gruppe gehören die Gesetze der Entstehung und Entwicklung der Moral innerhalb der einzelnen Gesellschaftsformationen.

Die konsequente Anwendung des Prinzips des dialektischen Determinismus in der Ethik schließt keineswegs die Möglichkeit der Auswahl von Entscheidungen und die moralische Bewertung des Handelns und Verhaltens aus.

Der Mensch handelt nicht willkürlich und unabhängig von den Notwendigkeiten, die seiner Existenz und Entwicklung zugrunde liegen. Sein Verhalten ist durch bestimmte gesellschaftliche Verhältnisse bedingt. Doch innerhalb der gegebenen Bedingungen seines Handelns kann er diese oder jene Art und Weise seines Verhaltens auswählen, in Übereinstimmung mit bestimmten gesellschaftlichen Bedürfnissen und Notwendigkeiten handeln oder im Widerspruch zu ihnen. Das Kriterium der richtigen Wahl des Verhaltens und seiner moralischen Bewertung kann stets nur die Notwendigkeit eines bestimmten Verhaltens sein, die sich auf die Erfordernisse des gesellschaftlichen Fortschritts gründet. Der dialektische Determinismus anerkennt mit der Möglichkeit der bewußten Wahl bestimmter Verhaltensweisen zugleich auch die Notwendigkeit der moralischen Bewertung des individuellen Verhaltens und die Verantwortung des Menschen für diese Wahl vor der Gesellschaft, dem Volk, der Klasse usw. «Die Idee des Determinismus verwirft ... keineswegs die Vernunft, das Gewissen des Menschen oder eine Bewertung seines Handelns. Ganz im Gegenteil, nur die deterministische Auffassung gestattet eine strenge und richtige Bewertung und schließt aus, daß alles mögliche auf den freien Willen abgewälzt wird» (Lenin 1, 152). Mit dieser Auffassung wendet sich die marxistische Ethik bewußt gegen jene idealistische Ethik, die die Handlungen des Menschen auf die absolute Freiheit seines Willens zurückführt und keinerlei Determiniertheit des Handelns anerkennt, wie auch gegen den absoluten Determinismus des vormarxistischen Materialismus, der jegliche freie Willensbestimmung und die Auswahl des Verhaltens ausschloß. Beide Auffassungen, sowohl die von der absoluten Determiniertheit des Handelns wie die idealistische Auffassung von der absoluten Willensfreiheit und Indeterminiertheit des Verhaltens, schließen jede Möglichkeit einer wissenschaftlich begründeten moralischen Bewertung aus. Im ersten Falle ist das Verhalten fatalistisch bestimmt und läßt nur eine einzige Möglichkeit zu, im zweiten ist es durch nichts bestimmt, rein zufällig, willkürlich und besitzt demzufolge auch kein objektives Kriterium, an dem es bewertet werden kann. Die Berufung auf den angeblich indeterminierten freien Willen ist der Versuch, jedwede Handlung theoretisch zu rechtfertigen, wie sehr sie auch immer im Widerspruch zu den Interessen des Volkes, des gesellschaftlichen Fortschritts oder der Menschheit im ganzen stehen mag.

Marx und Engels haben mit dem dialektischen und historischen Materialismus das unerschütterliche theoretische Fundament der marxistischen Ethik geschaffen. Im Kampf gegen die idealistische Geschichtsauffassung, die den Fortschritt der menschlichen Gesellschaft in vieler Hinsicht auf ethische Postulate gründete, zeigten sie die theoretische Unhaltbarkeit der moralisierenden Geschichtsbetrachtung und schufen zugleich die theoretischen Grundlagen der wissenschaftlichen marxistischen Ethik. Lenin hat die Gedanken von Marx und Engels zu den Grundfragen der Ethik weiterentwickelt und sie entsprechend den neuen Bedingungen beim Aufbau des Sozialismus in den ersten Jahren der Sowjetmacht um viele neue Fragestellungen und Erkenntnisse bereichert. Mit dem Sieg der Großen Sozialistischen Oktoberrevolution stellten sich erstmals alle Fragen der marxistischen Ethik als unmittelbar praktische Probleme des sozialistischen Aufbaus, als Probleme der sozialistischen Revolution auf dem Gebiet der Kultur und Ideologie, die sich in unmittelbarem Zusammenhang mit der Schaffung der ökonomischen und politischen Grundlagen der neuen Gesellschaft vollzog. «Der Kampf für die Festigung und Vollendung des Kommunismus», das ist nach Lenin die entscheidende Grundlage und das wichtigste Kriterium der kommunistischen Moral. Unmittelbar im Zusammenhang mit der Lösung der praktischen Aufgaben formulierte LENIN den neuen Inhalt und das neue Anspruchsniveau der sozialistischen Solidarität, des sozialistischen Internationalismus, der neuen Disziplin und der sozialistischen Arbeitsmoral. Von prinzipieller Bedeutung für die weitere Entwicklung der marxistischen Ethik waren LENINS Erkenntnisse über die Funktion der gesellschaftlichen und persönlichen materiellen Interessen bei der Entwicklung der sozialistischen Beziehungen zwischen den Werktätigen sowie über das Verhältnis von materiellen und moralischen Antrieben menschlichen Handelns.

In seinen Werken verband LENIN die Fragen der sittlichen Erziehung auf das engste mit der Formung der sozialistischen Persönlichkeit durch die Teilnahme am praktischen Kampf um die Festigung der Sowjetgesellschaft und mit der weltanschaulichen, politisch-ideologischen, ästhetischen und körperlichen Erziehung. «Die ganze Erziehung, Bildung und Schulung der heutigen Jugend muß eine Erziehung zur kommunistischen Moral sein» (LENIN 31, 280).

Bedeutende Beiträge bei der Entwicklung der Theorie und Praxis der sittlichen Erziehung sowie der weiteren wissenschaftlichen Ausarbeitung der marxistischen Ethik leisteten M. I. KALININ, N. K. KRUPSKAJA, A. S. MAKARENKO, Maxim GORKI u. a. hervorragende Persönlichkeiten. «Die kommunistischen Grundsätze, wenn man sie in ihrer einfachen Form nimmt», sagte KALININ, «das sind die Grundsätze eines hochgebildeten, ehrlichen, fortschrittlichen Menschen, das ist Liebe zur sozialistischen Heimat, Freundschaft, Kameradschaftlichkeit, Menschlichkeit, Ehrlichkeit, Liebe zur sozialistischen Arbeit und eine ganze Reihe anderer, jedem bekannter edler Eigenschaften. Die Herausbildung, die Förderung dieser Charakterzüge, dieser edlen Eigenschaften macht denn auch den Hauptbestandteil der kommunistischen Erziehung aus» (Über kommunistische Erziehung und militärische Pflicht).

Die heutige marxistische Ethik entwickelt sich unter den neuen Bedingungen der Existenz eines sozialistischen Weltsystems und des Übergangs von immer mehr Ländern zum Sozialismus. Sie entwickelt sich vor allem unter den Bedingungen eines scharfen internationalen ideologischen Klassenkampfes und des weltweiten Prozesses der wissenschaftlich-technischen Revolution. Die Meisterung der Aufgaben bei der Durchsetzung der wissenschaftlich-technischen Revolution, bei der sozialistischen Rationalisierung und Automatisierung, bei der ständigen Vervollkommnung des Systems der sozialistischen Bildung und Kultur und insbesondere des Systems der sozialistischen Demokratie und der Planung und Leitung der Entwicklung der Gesellschaft auf allen ihren Ebenen stellt die marxistische Ethik vor qualitativ neue Aufgaben.

Sie muß heute durch ihre wissenschaftlichen Untersuchungen vor allem dazu beitragen, die theoretischen und methodischen Voraussetzungen für eine zielstrebige Leitung der ideologischen Prozesse bei der Entwicklung der sozialistischen Moral, bei der Entfaltung aller individuellen und gesellschaftlichen moralischen Triebkräfte zu schaffen. Sie muß im untrennbaren Zusammenhang damit und in unversöhnlichem Kampf mit den verschiedenen Theorien der spätbürgerlichen, der imperialistischen und der revisionistischen Ethik die weltanschaulichen Probleme des sozialistischen Menschenbildes und – gestützt auf das Studium der gesellschaftlichen Gesetzmäßigkeiten – insbesondere die Theorie von der sozialistischen Persönlichkeit und Gemeinschaft schöpferisch weiter ausarbeiten. So kann sie unter den heutigen Bedingungen erfolgreich mit dazu beitragen, die in der praktischen Leitungs- und Führungstätigkeit und im ideologischen Klassenkampf auftretenden Probleme der Moral und Ethik lösen zu helfen.

Von wesentlicher Bedeutung für das richtige Verständnis der Gesetzmäßigkeiten der Entwicklung der sozialistischen Moral ist die Erkenntnis, daß der Sozialismus keine kurzfristige Übergangsphase, sondern eine relativ selbständige sozialökonomische Formation in der Entwicklung der menschlichen Gesellschaft ist. Daraus folgt, daß auch die Probleme der Entwicklung der sozialistischen Moral nicht allein aus den Besonderheiten der ökonomischen, politischen und ideologischen Prozesse der Übergangsphase erklärt, nicht nur aus der Sicht der «Überwindung von Muttermalen» der alten kapitalistischen Gesellschaft verstanden werden können. Mit dem Sieg der sozialistischen Produktionsverhältnisse und dem weiteren Fortschritt der Gesellschaft bei der Gestaltung des entwickelten gesellschaftlichen Systems des Sozialismus entwickelt sich auch die sozialistische Moral immer stärker auf der Grundlage der qualitativ neuen ökonomischen und politischen Verhältnisse, die sich nach den eigenständigen Gesetzen der sozialistischen Formation verändern.

Eines der entscheidenden theoretischen und praktischen Grundprobleme bei der Durchsetzung der sozialistischen Moral und Weiterentwicklung der marxistischen Ethik ist die richtige Gestaltung des Verhältnisses von sozialistischer Persönlichkeit und sozialistischer Gemeinschaft (bzw. Gesellschaft), das seinem Kern nach vor allem die Frage nach der richtigen Gestaltung des Verhältnisses von persönlichen, kollektiven und gesellschaftlichen Interessen ist. Dieses Problem bildet seit den Anfängen der Ethik die Grundfrage aller

Moraltheorie und das Hauptproblem aller progressiven ethischen Lehren der Vergangenheit.
Das Verhältnis von Persönlichkeit und Gemeinschaft verwirklicht sich über eine Vielzahl unterschiedlicher Beziehungen der einzelnen Persönlichkeit zur Menschheit insgesamt, zum Staat, zur eigenen Nation und den Nationen anderer Völker, zur Klasse, Familie und anderen Formen von Gruppen von Menschen, zum anderen einzelnen Menschen und auch zu sich selbst. Es verwirklicht sich weiterhin im Verhalten der Individuen zu den Aufgaben und Zielen der für den Fortschritt der Gesellschaft kämpfenden Klassen, in unserer Zeit vor allem zur Arbeiterklasse und zum Sozialismus als Gesellschaftsordnung. Hinter den Schöpfungen der materiellen und geistigen Kultur der Menschheit, hinter den Zielen und Aufgaben des Kampfes der progressiven Klassen verbergen sich objektive Erfordernisse, historische Notwendigkeiten des gesellschaftlichen Fortschritts, allgemeine Interessen der Menschheitsentwicklung, die für die Individuen gleichfalls als sittliche Erfordernisse und Notwendigkeiten verbindlichen Charakter annehmen und sie zu einer Verhaltensweise verpflichten, die den Erfordernissen des geschichtlichen Fortschritts entspricht.
Viele ethische Systeme der Vergangenheit waren bemüht, Wege zur harmonischen Vereinigung des Individuums mit der jeweiligen Gesellschaft zu weisen. Alle diese Versuche mußten Utopien bleiben, solange in der Gesellschaft selbst die dafür notwendigen Bedingungen nicht gegeben waren. Die auf dem Antagonismus der Klassen beruhende Gesellschaft ist stets auch mit dem Antagonismus von Individuum und Gesellschaft belastet, denn als Repräsentant der jeweiligen Gesellschaft tritt stets eine Klasse auf, deren Existenz auf der Ausbeutung und Unterdrückung anderer Klassen beruht. Erst mit dem Proletariat entsteht jene Klasse der Weltgeschichte, deren besonderes Klasseninteresse mit dem allgemeinen Interesse aller anderen werktätigen Menschen zusammenfällt, die jegliche Form der Ausbeutung und Unterdrückung abschafft, den Krieg für immer aus dem Leben der Gesellschaft verbannt und die nie aufhört, den allgemeinen Interessen des gesellschaftlichen Fortschritts zu entsprechen.
Den Weg zur Verbindung von persönlichen und gesellschaftlichen Interessen, zur Herstellung der Übereinstimmung des Handelns der Persönlichkeit mit den objektiven Erfordernissen der Entwicklung der sozialistischen Gesellschaft sieht die marxistische Ethik im Unterschied zu den bürgerlichen und anderen Moraltheorien jedoch nicht primär in der moralischen Belehrung und Unterweisung sowie in der Selbstvervollkommnung der Menschen, sondern in der planmäßigen Organisierung ihrer gesellschaftlichen Tätigkeit, in ihrer Einbeziehung in die Lenkung und Leitung des Staates, der Wirtschaft, der Kultur und anderer Bereiche des gesellschaftlichen Lebens auf der Basis einer richtigen Vereinigung aller materiellen und moralischen Antriebe zur Entwicklung ihrer gesellschaftlichen Aktivität.
«Das Ziel der sozialistischen Produktion ist die ständig bessere Befriedigung der materiellen und geistigen Bedürfnisse der Mitglieder der Gesellschaft, die Entfaltung der sozialistischen gesellschaftlichen Beziehungen und der Persönlichkeit der Menschen, ihrer schöpferischen Tätigkeiten und die Stärkung ihrer politischen Organisation, des Staates und der Gesellschaft» (W. ULBRICHT).
Die sozialistischen Verhältnisse und die mit ihnen gegebene Zielsetzung der sozialistischen Produktion bewirken, daß der für die kapitalistische Gesellschaftsordnung typische antagonistische Gegensatz von Persönlichkeit und Gesellschaft, Bürger und Staat überwunden und ersetzt wird durch die Übereinstimmung zwischen den gesellschaftlichen Erfordernissen und den materiellen, politischen und kulturellen Interessen der einzelnen Werktätigen und Kollektive. Diese Übereinstimmung ist die wichtigste Triebkraft der sozialistischen Gesellschaftsordnung. Sie wird vor allem verwirklicht durch die ökonomische Politik der marxistischen Partei und des sozialistischen Staates, in der sowohl die Maßnahmen zur Durchführung der wissenschaftlich-technischen Revolution und zur ständigen Vervollkommnung der gesellschaftlichen Planung und Leitung ökonomischer Prozesse als auch die Maßnahmen zur materiellen und moralischen Stimulierung der individuellen und kollektiven Arbeit für die weitere Entwicklung der sozialistischen moralischen Triebkräfte bedeutsam sind. Sie wird weiter verwirklicht durch die systematische Entfaltung und Vervollkommnung der sozialistischen Demokratie auf allen Ebenen des Gesellschaftsaufbaus und durch die zielstrebige Befähigung der Staatsbürger zur wirkungsvollen Teilnahme an der Lenkung gesellschaftlicher Prozesse, die es ermöglichen, die aktive Rolle der sozialistischen Persönlichkeit als bewußter Staatsbürger immer mehr zu vergrößern und ihre gesellschaftliche Verantwortung zu erhöhen.
Sie wird drittens verwirklicht durch die wachsende Bereitschaft der Bürger der Deutschen Demokratischen Republik, sich mit ganzer Kraft für den Fortschritt der sozialistischen Gesellschaft einzusetzen, Verantwortung für das Ganze zu übernehmen und die Entwicklung der sozialistischen Gemeinschaft allseitig zu fördern. Die sozialistische Ideologie und Moral bestimmen in zunehmendem Maße das Handeln der Bürger der Deutschen Demokratischen Republik. Im Ergebnis dieser engen Verbindung von ökonomischer, politischer und kulturell-ideologischer Entwick-

lung in der Führungstätigkeit der Sozialistischen Einheitspartei Deutschlands als der lenkenden Kraft des gesellschaftlichen Fortschritts in der Deutschen Demokratischen Republik bilden sich ständig neue moralische Triebkräfte, Maßstäbe, Verhaltensweisen, Normen und Beziehungen heraus und entfaltet sich die sozialistische Persönlichkeit in untrennbarer Verbindung mit den verschiedenen Formen ihrer Gemeinschaft.

Auf dieser Grundlage vollzieht sich auch der Zusammenschluß der Menschen zur politisch-moralischen Einheit des ganzen Volkes, zur neuen sozialistischen Menschengemeinschaft, die durch kameradschaftliche Zusammenarbeit und brüderliche gegenseitige Hilfe zum Wohl der ganzen Gesellschaft und der Persönlichkeit eines jeden einzelnen gekennzeichnet ist. Dem humanistischen Charakter der sozialistischen Gesellschaft entsprechend, nimmt der Humanismus auch als ethisches Prinzip einen zentralen Platz in der marxistischen Ethik ein. Die marxistische Ethik sieht in der allseitig entwickelten sozialistischen Persönlichkeit, die fest auf dem Boden der sozialistischen Gemeinschaft steht und untrennbar mit ihr verbunden ist, das höchste Gut und Endziel aller Maßnahmen sowie die eigentliche historische Mission der sozialistischen Gesellschaft. Sorge um den Menschen, humanes Verhalten und gegenseitige Achtung der Menschen gehören zu ihren wichtigsten Anliegen.

Humanismus, Gemeinschaftsgeist, Vaterlandsliebe, sozialistischer Internationalismus, brüderliche Solidarität, hohes Verantwortungsbewußtsein für das Ganze sowie für die Einzelaufgaben, Aktivität und bewußte Disziplin – das sind entscheidende Wesensmerkmale sozialistischer moralischer Gesinnung und Haltung, die bei immer mehr Menschen zur bestimmenden Grundlage ihres Handelns, Denkens und Fühlens werden.

Entsprechend dem neuen Inhalt des Verhältnisses von Persönlichkeit und Gesellschaft im Sozialismus haben auch solche Kategorien der marxistischen Ethik wie Pflicht, Ehre, Würde, Gewissen und Glück eine inhaltliche Bereicherung erfahren. Sie drücken von verschiedenen Seiten her die Einheit und Übereinstimmung von persönlichen Interessen und gesellschaftlichen Erfordernissen sowie den qualitativ neuen Inhalt der moralischen Beziehungen der Menschen im Sozialismus aus. Die marxistische Ethik leitet die Pflichten der sozialistischen Menschen aus den herangereiften Bedürfnissen des gesellschaftlichen Fortschritts ab und verbindet sie auf das engste mit dem Wohl und den Interessen der ganzen Gesellschaft. In der Erfüllung der familiären, Freundes-, staatsbürgerlichen, patriotischen, internationalen und anderen Pflichten erblickt die marxistische Ethik zugleich den wichtigsten Ausdruck der Ehre und Würde eines Menschen der sozialistischen Gesellschaft. Ebenso verbindet sie das persönliche Glück eng mit dem Glück aller werktätigen Menschen und sieht das wahre Glück der Persönlichkeit und den Sinn ihres Lebens vor allem im Kampf für den Fortschritt der Menschheit, für eine Welt ohne Ausbeutung, Unterdrückung und Krieg. Auch das Gewissen spiegelt den Zusammenhang des einzelnen mit der Gesellschaft oder bestimmten Gruppen von Menschen wider. Es drückt das Bewußtsein und Gefühl der Verantwortung des Menschen für seine Handlungen, die Selbstbewertung seines Verhaltens gegenüber anderen Menschen, der Familie, der Klasse, der Gesellschaft usw. aus und wirkt dadurch als Regulator des persönlichen Handelns und Denkens.

Mit dem Übergang zur Gestaltung des entwickelten gesellschaftlichen Systems des Sozialismus in der Deutschen Demokratischen Republik sind zahlreiche theoretische Probleme der marxistischen Ethik entsprechend den neuen gesellschaftlichen Bedingungen und Anforderungen weiter zu präzisieren. Dazu gehören besonders die weitere theoretische Ausarbeitung des Wechselverhältnisses von Ökonomie und Moral und auf der Wissenschaftsebene von politischer Ökonomie und Ethik sowie Untersuchungen über die Dialektik von Recht und Moral, darin speziell über den Prozeß der Normenbildung im Sozialismus sowie über den Prozeß der Annäherung und wechselseitigen Durchdringung von rechtlichen und moralischen Formen der Regelung gesellschaftlicher Beziehungen. Von nicht geringerer Bedeutung ist die Erforschung der Wechselbeziehungen von Ethik und Pädagogik, Ethik und Psychologie sowie Ethik und Ästhetik. Die genannten Wissenschaften tragen auf jeweils spezifische Weise auch zur weiteren Erforschung der Herausbildung des gesellschaftlichen und individuellen Moralbewußtseins sowie der Wirkungsweise neuer moralischer Antriebe und Wesensmerkmale der sozialistischen Persönlichkeit und Gemeinschaft bei.

Die theoretische Untersuchung solcher und anderer Fragen ist in der Deutschen Demokratischen Republik zu einem unmittelbar praktischen Erfordernis geworden. Sie dient der Ausarbeitung einer einheitlichen marxistischen Erziehungstheorie, die über den Bereich der bisherigen Pädagogik hinausgehend alle Seiten des gesellschaftlichen Prozesses der Formung der sozialistischen Persönlichkeit und der Entwicklung der sozialistischen Gemeinschaft umfaßt und die Grundlage bildet für die zielstrebige und bewußte Ausgestaltung des Systems der sozialistischen Ideologie und Kultur. Sie dient weiterhin der planmäßigen perspektivischen Lenkung der ideologischen Prozesse auf dem speziellen Gebiet der Entwicklung der sozialistischen Moral.

Die Herausbildung der neuen gesellschaftlichen Beziehungen, der neuen sozialistischen Lebensweise und der sozialistischen Persönlichkeit ist eine objektive Gesetzmäßigkeit der sozialistischen Gesellschaft, die unter Führung der marxistisch-leninistischen Partei bewußt durch die Leitungstätigkeit des sozialistischen Staates realisiert wird. Indem die Partei der Arbeiterklasse als führende und organisierende Hauptkraft der sozialistischen Gesellschaft die Bedingungen und die Wirkungsweise der diesen Prozessen zugrunde liegenden Gesetze erforscht, die neuen sittlichen Wesenszüge, Verhaltensregeln und Gewohnheiten, die sich im Sozialismus herausbilden, in ihren Beschlüssen und Direktiven schöpferisch theoretisch verallgemeinert, entwickelt sie zugleich die marxistische Ethik um neue wesentliche Seiten weiter.

Die Aufgabenstellungen und Beschlüsse der Partei der Arbeiterklasse sind Bausteine der marxistischen Theorie. Sie bieten die Grundlage und Gewähr dafür, daß sich die marxistische Ethik im engsten Zusammenhang mit den Erfordernissen der gesellschaftlichen Praxis des Sozialismus weiterentwickelt und zu einer scharfen Waffe der Erkenntnis und Veränderung der moralischen Beziehungen sowie des moralischen Bewußtseins der sozialistischen Menschen wird. [2]

→ Moral → Humanismus → Norm → Wert.

Ethos [griech] – *eigtl*: Sitte, Brauch; bezeichnet eine Gesamtheit moralischer Normen, Ideale usw., soweit diese als subjektive Motive, als innere Maßstäbe der Haltung und des Handelns von Individuen, von Angehörigen sozialer Gruppen, Klassen oder Gesellschaftsordnungen wirksam werden und in tatsächlichen, dauerhaften, sich wiederholenden Handlungsweisen von progressiver gesellschaftlicher Bedeutung zum Ausdruck kommen. In diesem Sinne spricht man vom Ethos des Wissenschaftlers, vom Ethos des Kommunisten, vom Ethos des sozialistischen Menschen.

Der Begriff «Ethos» ist also nicht identisch mit dem Begriff «Moral». Er bezeichnet nur einen bestimmten Teil jener Erscheinungen des ideologischen Lebens der Gesellschaft, welche mittels des Begriffs «Moral» erfaßt werden. Er bezieht sich auf moralische Normen, Wertungen usw. unter dem Aspekt, daß diese bei großen Gruppen von Individuen tatsächlich zu inneren Überzeugungen, zu inneren ideellen Triebkräften *geworden sind* und zu entsprechenden gesellschaftlich bedeutsamen Handlungsweisen *geführt haben und weiter führen*, und zwar zu geschichtlich progressiven Handlungsweisen, die im Zukunftsinteresse breiter Schichten der fortschrittlichen Menschheit liegen und so eine humanistische Bedeutung haben; d. h., die Verwendung des Begriffs «Ethos» drückt stets zugleich eine historisch-kritische Wertung aus.

Das Ethos ist weder eine unergründbare, übergeschichtliche Macht, noch ist es nur Sache subjektiv-willkürlicher Entscheidungen. Es ist vielmehr Ausdruck realer Gesellschaftsverhältnisse, Ausdruck einer konkret-historisch bestimmten gesellschaftlichen Stellung und Aufgabe einer jeweiligen sozialen Gruppe oder Klasse sowie Ausdruck der dadurch bedingten Fähigkeit, große subjektive Kräfte der Menschen, innere Bereitschaft, Verantwortung im Dienste einer geschichtlichen Aufgabe, die im Interesse des geschichtlichen Fortschritts liegt, hervorzubringen.

→ Moral.

Eudämonismus [griech] – *eigtl*: Glückseligkeitslehre; *ethische Lehre*, nach der das eigentliche Motiv, letzte Ziel und sittliche Kriterium des menschlichen Handelns die Glückseligkeit ist. In der Regel wird vom Eudämonismus die Glückseligkeit als Genußfähigkeit des Menschen aufgefaßt. Insofern wird der Eudämonismus auch als *Philosophie des Genusses* bezeichnet.

Der Eudämonismus ist eine der weitestverbreiteten ethischen Lehren der *vormarxistischen* Geschichte der Philosophie. Die Mehrzahl der ethischen Lehren der Vergangenheit sind mit eudämonistischen Elementen durchzogen. Mehr oder weniger ausgeprägte eudämonistische ethische Anschauungen entwickelten DEMOKRIT, SOKRATES, PLATON, ARISTOTELES, EPIKUR, SPINOZA, WOLFF, viele Vertreter der *englischen*, *französischen* und *deutschen Aufklärung*, FEUERBACH, BENTHAM, MILL, COMTE.

Nach der Art von Glückseligkeit, auf die das menschliche Handeln nach dieser oder jener eudämonistischen ethischen Lehre gerichtet sein soll, kann zwischen einem *egoistischen* (Verwirklichung rein *individueller* Glückseligkeit auf Kosten anderer bzw. ohne Rücksicht auf andere), *altruistischen* oder *sozialen* (Verwirklichung *fremder* Glückseligkeit, die der Mitmenschen, besonders im Hinblick auf soziale Wohlfahrt) und *individuellen* (Verwirklichung *sinnlicher* oder *seelischer* Glückseligkeit) *Eudämonismus* unterschieden werden. Wird in einer ethischen Lehre die Glückseligkeit vornehmlich in der Verwirklichung sinnlichen Genusses gesehen, so ist der Eudämonismus zum *Hedonismus* modifiziert.

Innerhalb der ethischen Anschauungen des *vormarxistischen Materialismus* ist eine breite sozial orientierte eudämonistische Tradition zu verzeichnen, die von DEMOKRIT und EPIKUR über den *französischen Materialismus des 18. Jahrhunderts* bis zu FEUERBACH reicht. In dieser Entwicklungslinie stellt der Eudämonismus ein – allerdings historisch und weltanschaulich-philosophisch begrenztes – *progressives Moment* des ideologischen Klassenkampfes dar, weil die vormarxistische materialistische Philosophie die Verwirklichung ihrer ethischen Ideale nicht in

ein erdachtes Jenseits verlegte, sondern sie in dieser, d. h. der gegebenen Welt zu realisieren trachtete. Indem der vormarxistische Materialismus jedoch – *unhistorisch* – von einer ein für allemal gegebenen menschlichen Natur ausging, offenbarte er eine Seite seiner *weltanschaulich-philosophischen Grenze*: im Hinblick auf die Gesellschaft und Geschichte *idealistische Theorien* zu entwickeln.
Seinem *sozialen Inhalt* nach ist der Eudämonismus ein Produkt der Klassengesellschaft. Seiner *gesellschaftlichen Funktion* nach hat er nicht zur Bloßlegung der wirklichen gesellschaftlichen Bewegungen (Klassenspaltung) beigetragen, sondern, da seine Forderungen abstrakt blieben, d. h. nicht gesellschaftlich-sozial bezogen waren, zu deren Verschleierung. Seinem *Wesen* nach bringt der Eudämonismus die moralischen Neigungen bevorrechteter gesellschaftlicher Schichten innerhalb der Klassengesellschaft zum Ausdruck.
Die gesellschaftliche Zwiespältigkeit und historische Begrenztheit des Eudämonismus haben MARX und ENGELS (3, 402f) in der *Deutschen Ideologie* aufgedeckt: «Die Philosophie des Genusses war nie etwas andres als die geistreiche Sprache gewisser zum Genuß privilegierter gesellschaftlicher Kreise. Abgesehen davon, daß die Weise und der Inhalt ihres Genießens stets durch die ganze Gestalt der übrigen Gesellschaft bedingt war und an allen Widersprüchen litt, wurde die Philosophie zur reinen *Phrase*, sobald sie einen allgemeinen Charakter in Anspruch nahm und sich als die Lebensanschauung der Gesellschaft im Ganzen proklamierte ... Die Philosophie des Genusses kam auf in der neueren Zeit mit dem Untergang der Feudalität und der Umwandlung des feudalen Landadels in den lebenslustigen und verschwenderischen Hofadel unter der absoluten Monarchie ... Zur eigentlichen Philosophie wird sie erst unter den Händen einiger Schriftsteller der revolutionären Bourgeoisie, die einerseits an der Bildung und Lebensweise des Hofadels teilnahmen und andererseits die auf den allgemeineren Bedingungen der Bourgeoisie beruhende allgemeinere Anschauungsweise dieser Klasse teilten. Sie wurde deshalb von beiden Klassen, obwohl von ganz verschiedenen Gesichtspunkten aus, akzeptiert ... Als die weitere Entwicklung den Adel gestürzt und die Bourgeoisie mit ihrem Gegensatz, dem Proletariat, in Konflikt gebracht hatte, wurde der Adel devot-religiös und die Bourgeoisie feierlich-moralisch und streng in ihren Theorien ..., obwohl der Adel in der Praxis keineswegs aufs Genießen verzichtete und der Genuß bei der Bourgeoisie sogar eine offizielle ökonomische Form annahm – als *Luxus*.»
Der Zusammenhang der eudämonistischen ethischen Lehren «jeder Zeit mit den Klassenverhältnissen und den sie erzeugenden Produktions- und Verkehrsbedingungen ..., der Zusammenhang jeder Philosophie des Genießens mit dem ihr vorliegenden wirklichen Genießen und die Heuchelei einer solchen Philosophie, die sich an alle Individuen ohne Unterschied richtet, konnte natürlich erst aufgedeckt werden, als die Produktions- und Verkehrsbedingungen der bisherigen Welt kritisiert werden konnten, d. h. als der Gegensatz zwischen Bourgeoisie und Proletariat kommunistische und sozialistische Anschauungen erzeugt hatte. Damit war aller Moral, sei sie Moral der Askese oder des Genusses, der Stab gebrochen».
→ Hedonismus.

evident [lat] – augenscheinlich, offenkundig, einleuchtend; gewiß.

Evidenz [lat] – *eigtl*: das Herausscheinen; höchste Gewißheit, allgemeingültige Einsicht.
→ Axiom.

Evolution [lat] – *eigtl*: Auswickelung, Entfaltung von etwas bereits Existierendem. In diesem Sinne wird der Begriff «Evolution» sowohl von CUSANUS gebraucht, der in seinen mathematischen Schriften die Linie als Evolution (Auswickelung, Entfaltung) des Punktes bezeichnet, als auch in den naturphilosophischen Werken J. BÖHMES. In der neueren Philosophie, vor allem in dem Maße, wie sich im 18. und 19. Jahrhundert der Entwicklungsgedanke in den Natur- und Gesellschaftswissenschaften durchsetzte, wird «Evolution» immer mehr zum Synonym für «Entwicklung» schlechthin. In dieser Bedeutung wird der Begriff denn auch in der modernen Biologie (z. B. Evolution der tierischen und pflanzlichen Organismen) und in anderen Wissenschaften gebraucht.
In der *marxistischen Philosophie* wurde der Begriff lange Zeit in der Bedeutung von nur quantitativen Veränderungen innerhalb von Entwicklungsprozessen gebraucht. Diese Verwendung des Begriffs «Evolution» entsprang den Bedürfnissen der Auseinandersetzung mit der metaphysischen (undialektischen) Entwicklungskonzeption des Evolutionismus. Nachdem sich der Entwicklungsgedanke Ende des 19. Jahrhunderts endgültig durchgesetzt hatte, standen sich Dialektik und Metaphysik nicht mehr in der Frage nach Anerkennung oder Leugnung des Entwicklungsprinzips, sondern vor allem in der Frage, *wie* die Entwicklung aufzufassen sei, gegenüber. Während die dialektische Entwicklungslehre Entwicklung als Einheit allmählicher und sprunghafter, kontinuierlicher und diskontinuierlicher sowie quantitativer und qualitativer Veränderungen verstand, wurden in den metaphysischen Entwicklungskonzeptionen beide Aspekte der Entwicklung voneinander getrennt und Entwicklung (Evolution) entweder als rein quantitative, all-

mähliche, kontinuierliche Veränderung, als bloße Vergrößerung oder Verkleinerung bereits vorhandener Qualitäten verstanden, oder aber – wie z. B. in der Theorie der «schöpferischen Evolution» – als Folge sprunghaft erfolgender Qualitätsänderungen, die durch keine kontinuierlichen, quantitativen Veränderungen vorbereitet und deren Ursachen in mystisches Dunkel gehüllt und unerkennbar sein sollen. Die erste dieser beiden einseitigen metaphysischen Entwicklungskonzeptionen wurde als Evolutionismus bekannt, so daß der Begriff «Evolution» in der Folgezeit in der marxistischen Philosophie häufig auch zur Kennzeichnung des für diese Konzeption charakteristischen Entwicklungsbegriffs gebraucht wurde.

Indes bedeutet «Evolution» nicht nur rein quantitatives Wachstum. In der Bedeutung, in welcher der Begriff in den modernen Natur- und Gesellschaftswissenschaften gebraucht wird – z. B. Evolution von Sternen, Galaxien und anderen kosmischen Gebilden, Evolution der Lebewesen, Evolution des Denkens, Evolution einer ökonomischen Gesellschaftsformation –, kennzeichnet er eine Form der Entwicklung, die im Rahmen ein und derselben Grundqualität (Stern, Galaxis, Lebewesen, Denken, ökonomische Gesellschaftsformation) vor sich geht und die sowohl allmähliche, quantitative als auch sprunghafte, qualitative Veränderungen einschließt, dabei aber immer im Rahmen der betreffenden Grundqualität verbleibt. Führt die evolutionäre Entwicklung zu einem Überschreiten des Maßes der Grundqualität, so wird diese auf Grund des Gesetzes vom qualitativen Umschlag durch eine neue abgelöst. Das Umschlagen der alten Grundqualität in eine neue macht die revolutionäre Form der Entwicklung aus.

Demzufolge geht zwar jeder Umschlag einer Qualität in eine neue in Form eines dialektischen Sprungs vor sich, doch ist nicht jeder Qualitätsumschlag bereits ein Ausdruck einer revolutionären Entwicklung. Von einer revolutionären Entwicklung spricht man nur dann, wenn es sich um einen sprunghaften Umschlag in eine neue Grundqualität handelt. So stellen z. B. der Kapitalismus der freien Konkurrenz und der Imperialismus als Monopolkapitalismus und auch als staatsmonopolistischer Kapitalismus durchaus qualitativ verschiedene Entwicklungsstufen des kapitalistischen Gesellschaftssystems dar, die sich nicht nur in quantitativer Hinsicht voneinander unterscheiden. In diesem Falle ist es durchaus sinnvoll, von einer Evolution des kapitalistischen Gesellschaftssystems zu sprechen, das durch diese qualitativen Veränderungen nicht in seiner Grundqualität angegriffen wird. Hingegen erfolgt der Übergang vom Kapitalismus zum Sozialismus auf revolutionärem Wege, da hier die Grundqualität des kapitalistischen Systems durch eine neue abgelöst wird.

Evolutionäre Veränderungen sind stets unabdingbare Voraussetzung für revolutionäre Veränderungen. Der Entwicklungsprozeß, in dessen Verlaufe es zur Herausbildung neuer Grundqualitäten kommt, ist stets eine Einheit evolutionärer und revolutionärer Veränderungen. Die Verabsolutierung einer dieser beiden Formen der Entwicklung führt notgedrungen zur Leugnung des dialektischen Charakters der objektiven Entwicklungsprozesse in Natur und Gesellschaft und somit zu einer unwissenschaftlichen Entwicklungskonzeption. In der praktisch-politischen Tätigkeit der Arbeiterklasse führt eine solche Haltung entweder zum Reformismus, der den Übergang vom Kapitalismus zum Sozialismus auf rein evolutionärem Wege – unter Umgehung der sozialistischen Revolution – vollziehen will, damit aber niemals den Rahmen des kapitalistischen Gesellschaftssystems sprengen kann, oder zum Anarchismus und linken Radikalismus, welche die Bedeutung evolutionärer Veränderungen für die Vorbereitung der revolutionären Umwälzung unterschätzen.

→ Entwicklung → Evolutionismus → Qualität und Quantität.

evolutionär [lat] – Merkmal von Entwicklungsprozessen, die im Rahmen einer und derselben Grundqualität vor sich gehen, dabei jedoch sowohl rein quantitative als auch qualitative Veränderungen betreffen können. Evolutionäre Veränderungen werden im Entwicklungsprozeß von revolutionären Veränderungen abgelöst, wenn sie das → Maß der Grundqualität überschreiten und diese in Form eines dialektischen Sprungs durch eine neue abgelöst wird.

→ Entwicklung → Evolution → Qualität und Quantität.

Evolutionismus [lat] – metaphysische (undialektische) Entwicklungslehre, die Entwicklung mit Evolution gleichsetzt und dabei unter Evolution rein quantitative Veränderungen, bloßes quantitatives Wachstum bereits fertiger Qualitäten versteht. Nach der dialektischen Entwicklungskonzeption ist Entwicklung eine Einheit quantitativer und qualitativer, allmählicher und sprunghafter, kontinuierlicher und diskontinuierlicher, systemerhaltender und systemzerstörender, evolutionärer und revolutionärer Veränderungen. Wird eine dieser beiden Entwicklungsformen von der anderen getrennt und einseitig verabsolutiert, so ergibt sich eine Entwicklungslehre, die Entwicklung entweder als rein quantitative, kontinuierliche Veränderung oder als unvermittelt auftretende qualitative Sprünge verstehen muß. Die erste dieser beiden metaphysischen Entwicklungskonzeptionen bezeichnet man als Evolutionismus.

Der Evolutionismus betont einseitig das Moment der allmählichen quantitativen Veränderung, der Kontinuität, und leugnet das Moment der sprunghaften Veränderung, der Diskontinuität, in den Entwicklungsprozessen. Alle Dinge und Erscheinungen werden als von Anfang an vorhanden gedacht, wenn auch unter Umständen zunächst nur keimhaft und sinnlich nicht wahrnehmbar. Alle Entwicklung reduziert sich auf Vergrößerung bzw. Verkleinerung schon vorhandener Qualitäten und ist so für den Evolutionismus ein einfacher Wachstumsprozeß. Die Herausbildung neuer Qualitäten, die Entwicklung der Materie vom Niederen zum Höheren, bleibt im Rahmen des Evolutionismus unverständlich oder fordert zur Erklärung die Annahme eines überweltlichen Prinzips, da eine Ausgangsqualität, die sich nur entfaltet, nicht aber qualitativ ändert, transzendenten Ursprungs (z. B. von Gott geschaffen) sein muß. Der Evolutionismus birgt dergestalt zwangsläufig idealistische Konsequenzen in sich.
Charakteristischer Ausdruck des Evolutionismus war die im 17. und 18. Jahrhundert entstandene, von LEIBNIZ, MALPIGHI, HALLER u. a. vertretene, in der neueren Zeit durch WEISMANN modernisierte *Präformationstheorie* in der Biologie. Nach ihr ist jeder Organismus in allen seinen Teilen im Ei bzw. Samen vorgebildet; weder ontogenetisch noch phylogenetisch entstünde jemals etwas völlig Neues, vielmehr muß jede Form, wenn auch unmerklich klein und «eingewickelt», als schon immer vorhanden gedacht werden.
Auch der *mechanische Materialismus* des 17. und 18. Jahrhunderts, der Bewegung nur als rein quantitative, mechanische Ortsveränderung faßte, reduzierte die Entwicklung auf bloße quantitative Veränderungen, auf eine verschiedene Zahl, Kombination und Proportion einzelner Merkmale.
Die evolutionistische Auffassung der Entwicklung war im 17. bis 18. Jahrhundert in gewissem Maße unvermeidlich, weil die Naturwissenschaften noch nicht zur Aufdeckung der grundlegenden dialektischen Entwicklungszusammenhänge in der Natur fortgeschritten waren. In dem Maße jedoch, wie – besonders auf Grund der kosmologischen Ideen KANTS (→ Kosmogonie), der Entdeckung der organischen Zelle und der DARWINschen Lehre von der Entstehung der Arten (→ Abstammungslehre) – der Entwicklungsgedanke in der Naturwissenschaft des 18. und 19. Jahrhunderts sich immer mehr durchsetzte, wurde der Evolutionismus zu einer naturwissenschaftlich überholten Auffassung, die nunmehr vor allem auf gesellschaftliche Prozesse angewandt wurde.
Die ersten großen Erfolge der internationalen Arbeiterbewegung in der zweiten Hälfte des 19. Jahrhunderts, die erbitterten Klassenkämpfe zwischen Bourgeoisie und Proletariat zeigten anschaulich, daß die gesellschaftliche Entwicklung kein rein kontinuierlicher, quantitativer Wachstumsprozeß ist. MARX und ENGELS bewiesen zu dieser Zeit, daß die Entwicklung der inneren Widersprüche des Kapitalismus gesetzmäßig zur proletarischen Revolution, d. h. zum sprunghaften Übergang in eine neue, höhere Grundqualität der gesellschaftlichen Entwicklung führen muß. Unter diesen Bedingungen gewann die im 18. Jahrhundert noch progressive bürgerliche Fortschrittsidee, die den weiteren Fortschritt der gesellschaftlichen Entwicklung in einem ständigen evolutionären Fortschreiten des Kapitalismus sah, immer mehr reaktionäre Züge. Die revolutionäre Arbeiterbewegung sollte durch das bewußte Hineintragen evolutionistischer Entwicklungstheorien in ihrem Kampf für die revolutionäre Umgestaltung der Gesellschaft geschwächt werden.
So wurde insbesondere durch SPENCER in der zweiten Hälfte des 19. Jahrhunderts der Evolutionismus zum tragenden Gedanken eines ganzen philosophischen Systems gemacht, das später auf verschiedene Richtungen der bürgerlichen Philosophie und auf den Revisionismus der Jahrhundertwende einen großen Einfluß ausübte. Das evolutionistische Wesen des Revisionismus kommt in der These BERNSTEINS zum Ausdruck: «Die Bewegung ist alles, das Endziel nichts.» Der Revisionismus leugnet die Bedeutung des revolutionären Kampfes der Arbeiterklasse und orientiert sie auf eine allmähliche, quantitative Veränderung ihrer Lage im Rahmen der bestehenden kapitalistischen Verhältnisse bzw. auf qualitative Veränderungen, die das kapitalistische Gesellschaftssystem in seiner Grundqualität nicht berühren.
Es ist zu beachten, daß der Begriff «Evolution» in der marxistischen Philosophie nicht in demselben Sinne wie im Evolutionismus gebraucht wird. In der dialektisch-materialistischen Entwicklungskonzeption bedeutet Evolution eine Einheit quantitativer und qualitativer Veränderungen, die aber im Rahmen ein und derselben Grundqualität vor sich gehen. Entwicklung als Herausbildung grundlegend neuer Qualitäten ist in diesem Sinne nur als Einheit evolutionärer und revolutionärer Entwicklungsprozesse möglich.
→ Evolution → evolutionär → Entwicklung → Qualität und Quantität.

Exegese [griech] – Erklärung, Interpretation, Auslegung eines Textes (im engeren Sinne der Bibel).

Exemplarismus [lat] – Lehre von den ewigen Urbildern der Dinge in Gott, nach denen alles Irdische und Endliche gestaltet ist.
Der Exemplarismus ist ein Wesenszug der Scho-

lastik. Er entstand in der Patristik durch eine spezifisch christliche Umbildung der *platonischen, philonischen* und *neuplatonischen Ideenlehre* und wurde in ausgeprägter Form erstmals durch AUGUSTIN vertreten: Gott schuf das, «was er vorher erkannt hatte» (Quest. 83, qu. 48). In der *Scholastik* erhält der Exemplarismus seine definitive Form vor allem durch die Lehre von der → Exemplarursache und durch die in der Universalienlehre angenommene Existenz der «universalia ante rem».

Exemplarursache [lat] – in der scholastischen Philosophie neben der Material-, Formal-, Wirk- und Finalursache diejenige, die als die «vorbildliche» bezeichnet wird. Die Exemplarursache ist zum Unterschied von der Wirkursache, die einen realen Einfluß auf eine andere Realität ausübt, eine Ursache im weiten und uneigentlichen Sinn. «Wenn eine Wirkursache, die geistbegabt ist, ihren Einfluß ausübt, um eine bestimmte Wirkung hervorzubringen, wird ‚Exemplarursache' der Plan oder dei Gegenstand genannt, die als Urbild für die Realisierung des Effektes vorschweben» (F. VON STEENBERGHEN, Ontologie, Philosophia Lovaniensis 4, 203). Die Exemplarursache, die nicht selbständig wirkt, hat darum keinen direkten Einfluß auf die Wirkung, sondern nur einen indirekten über den Geist der Wirkursache.

Während die *scholastische Philosophie* die ersten vier der genannten Ursachen der *aristotelischen Metaphysik* entnommen hat, ist die Exemplarursache ein Produkt der christlichen Philosophie. Sie wurde vor allem durch PSEUDO-DIONYSIUS AREOPAGITA (De divinis nominibus V, 8) und durch AUGUSTIN (Quest. 83, qu. 48) in die Philosophie eingeführt. In der Scholastik erhalten die Exemplarursachen ihren Platz dadurch, daß sie zur Begründung des Schöpfungsgedankens dienen, indem Gott und dessen Ideen als die Exemplarursächlichkeit der Dinge in Natur und Geschichte dargestellt werden.

Existentialaussage – Aussage, in der festgestellt wird, daß es mindestens ein Individuum oder mindestens eine Klasse mit einer bestimmten Eigenschaft oder in einer bestimmten Beziehung zu gewissen Individuen oder Klassen gibt. *Beispiel*: «Es gibt ein x, so daß gilt: x ist ein Pol der Erde», *symbolisch*: $\exists(x)$ [Erdpol (x)]. Der vor der eckigen Klammer stehende Ausdruck wird als *Existentialoperator* bezeichnet. Er wird gelesen: «Es gibt mindestens ein x, so daß ...» Existentialaussagen entsprechen etwa den partikulären Urteilen der traditionellen Logik.

Ein *Beispiel*, in dem zwei Existentialoperatoren auftreten, wäre etwa:

$$\exists(x)\,\exists(y)\,[x+y=10]\,.$$

In der *modernen Logik* werden noch besondere Symbole eingeführt, die es auszudrücken gestatten, daß es genau ein x bzw. höchstens ein x gibt usw.

Eine Existentialaussage in diesem Sinne darf nicht mit einer Aussage der Form: «Das Individuum x existiert» verwechselt werden. Die wahre Aussage der Mathematik «Zu jeder natürlichen Zahl *gibt es* eine größere» z. B. besagt nicht, daß alle Zahlen, die größer sind als irgendeine andere, irgendwo existieren. Sie besagt vielmehr nur, daß zu jeder natürlichen Zahl eine größere formal möglich ist, d. h., daß dieser Gedanke keinen logischen Widerspruch in sich birgt oder hervorruft.

Existentialismus [lat] – einflußreiche subjektiv-idealistische und irrationalistische Strömung der gegenwärtigen bürgerlichen Philosophie.

Der Existentialismus entstand und entwickelte sich im Zusammenhang mit den einschneidenden Krisenerscheinungen des kapitalistischen Systems (Weltwirtschaftskrise) der dreißiger Jahre zunächst in *Deutschland*, fand dann in *Frankreich* Eingang und Verbreitung und wurde schließlich nach dem zweiten Weltkrieg zu einer Art Modeweltanschauung und Modelebenshaltung breiter Kreise der bürgerlichen Intelligenz und kleinbürgerlicher Schichten in den westeuropäischen kapitalistischen Ländern (besonders in *Westdeutschland*, *Frankreich*, *Italien*). Nach eigenem Eingeständnis seiner Vertreter entstand der Existentialismus «in der verzweifelten Zeit nach dem ersten Weltkrieg mit der ganzen damals über den [bürgerlichen] Menschen hereinbrechenden Unsicherheit und trägt die Spuren dieser alles ergreifenden Erschütterung deutlich an sich». Der Existentialismus verdankt seinen «erneuten Durchbruch ... den noch viel tiefer in das gesamte Gefüge unseres Daseins eingreifenden Folgen des zweiten Weltkriegs und des nunmehr totalen geschichtlichen Zusammenbruchs unserer ganzen bisherigen geistigen Welt» (O. F. BOLLNOW, Existenzphilosophie 126f).

Ideengeschichtlich setzt der Existentialismus bestimmte Motive der *Phänomenologie*, vor allem der *Lebensphilosophie* fort, die er radikalisiert. Als seine Vorläufer im 19. Jahrhundert gelten NIETZSCHE, besonders KIERKEGAARD.

Im Gesamtprozeß der Entwicklung der Philosophie stellt der Existentialismus eine ausgesprochen reaktionäre Strömung dar, der es um die Zurücknahme der positiven Errungenschaften der *klassischen bürgerlichen Philosophie* von DESCARTES bis HEGEL und FEUERBACH unter gleichzeitiger Verfälschung und Bekämpfung des *dialektischen und historischen Materialismus* zu tun ist.

Hauptvertreter des Existentialismus sind in *Deutschland* HEIDEGGER und JASPERS, in *Frankreich* SARTRE und MARCEL.

Weitere Vertreter des Existentialismus sind WUST, HAECKER, GUARDINI, PRZYWARA, GRISEBACH,

Häberlin, O. Becker, O. F. Bollnow, Szilasi, Gadamer, Volkmann-Schluck; Berdjajew, Simone de Beauvoir, E. Mounier, J. Wahl, Merleau-Ponty, Kojève; Abbagnano, Grassi u. a.

In der Literatur wird der Name «Existentialismus» oft nur zur Bezeichnung des sog. französischen Existentialismus (vornehmlich Sartre) verwendet, während die im deutschen Sprachgebiet wirkenden Existentialisten unter dem Ausdruck «Existenzphilosophie» zusammengefaßt werden. Im Hinblick auf Marcel, Wust, Haecker, Guardini, Przywara wird von *christlicher Existenzphilosophie* oder von einem *christlichen*, auch → *katholischen Existentialismus* gesprochen. Die Lehre Heideggers wird auch *Existentialontologie* oder *ontologische Existenzphilosophie* genannt.

Die verschiedenen Spielarten des Existentialismus gehen in ihren Betrachtungen vom *Begriff der Existenz* aus. Dabei vermeiden sie es, diesen Begriff näher zu bestimmen. «Die Existenz ist nichts, was man aus der Entfernung denken kann: das muß dich plötzlich überfluten, das bleibt über dir, das lastet schwer auf deinem Herzen wie ein großes unbewegtes Tier – sonst ist da gar nichts» (Sartre). Allgemein versteht der Existentialismus unter «*Existenz*» immer die *individuelle Existenz* des Menschen. Existenz kommt nur dem Menschen zu, nicht den Dingen. Sie ist die typische Seinsweise des Menschen. Als solche ist sie dem Menschen nicht gegeben, sondern nur seine *Möglichkeit*, die er realisieren kann oder auch nicht. Der Mensch *schafft* nach Ansicht der Existentialisten seine Existenz: sie ist sein «Entwurf».

In der Sprache der Existentialisten erscheint der Mensch in der Regel nicht so genannt, sondern wird als «Dasein», «Existenz», «Ich», «Fürsichseiendes» usw. bezeichnet.

Die Vertreter des Existentialismus geben vor, zum Begriff der Existenz durch ein sog. *existentielles Erlebnis* zu gelangen. Heidegger gibt als solches die Erfahrung des Todes (den «Vorlauf zum Tode»), Sartre den Ekel (nausée), Marcel das Mysterium als religiöses Grunderlebnis des Menschen, Jaspers die Brüchigkeit des Seins, das Scheitern des Menschen in den «Grenzsituationen» (Tod, Leiden, Schuld), O. F. Bollnow die Ungeborgenheit des Menschen an, wodurch ihre Philosophie einen ausgesprochen *subjektivistischen Charakter* erhält.

Vom Begriff der Existenz ausgehend verwerfen die Existentialisten die erkenntnistheoretische Unterscheidung von Materie und Bewußtsein (Objekt und Subjekt). Für sie ist die *Grundfrage der Philosophie* ein Vorurteil der bisherigen philosophischen Entwicklung. Der Existentialismus setzt damit die menschliche Erkenntnisfähigkeit herab, entwertet insbesondere die wissenschaftliche Erkenntnis. Die objektive Realität ist für die Existentialisten im wissenschaftlichen Sinne unerkennbar: sie kann nur (individuell) erlebt werden. Dabei ist festzuhalten, daß der Existentialismus «Erleben» und «Denken» gleichsetzt. «Daß Wissenschaft überhaupt sein soll, ist niemals unbedingt notwendig» (Heidegger, Die Selbstbehauptung der deutschen Universität 8). «Die Geschichte, die Kunst, die Dichtung, die Sprache, die Natur, der Mensch, Gott – bleibt den Wissenschaften unzugänglich ... Das Wesen der genannten Bereiche ist Sache des Denkens», d. i., des irrationalen Erlebens (Heidegger, Was heißt Denken? 161).

Die Triebkraft des Erlebens der objektiven Realität ist vornehmlich die *Angst*. Durch die Angst wird der Mensch seiner *endlichen Stellung* im Weltganzen gewahr, d. h., durch die Angst erlebt er seine Ungeborgenheit, seine Geworfenheit, die Brüchigkeit seines Seins, das von Anfang an durch den Tod bestimmt ist, dem er nicht entrinnen kann.

Der Existentialismus proklamiert dergestalt einen absoluten *Irrationalismus*. Er geht sowohl methodisch als auch systematisch bei seinen Betrachtungen irrationalistisch vor und schaltet von vornherein jede rationale Erkenntnisweise aus. Er stellt fest, daß es Blindheit wäre, «wenn man die irrationale Bewegung einfach als eine Art Sündenfall der *menschlichen* Vernunft betrachten würde, den es möglichst bald durch entsprechende Reue wieder rückgängig zu machen gelte (oder wenn man gar im Irrationalismus nichts anderes als den ideologischen Ausdruck bestimmter politischer Tendenzen sehen wollte). Es kommt vielmehr darauf an, die Entdeckung des Irrationalen und die dadurch ermöglichte Ausweitung unserer geistigen Welt voll anzuerkennen und auf diesem Boden dann eine Lösung zu suchen» (O. F. Bollnow, Die Vernunft und die Mächte des Irrationalen 93). Die Abwertung der Ratio zugunsten der Irratio wird im Existentialismus auf die Spitze getrieben. War die Vernunft einst Waffe des revolutionären Bürgertums in seinem Kampf gegen die feudalklerikale Gesellschaft, ihre Institutionen und Ideologie, so wird sie von seinen reaktionären Nachfahren zur Schimäre herabgewürdigt.

Kennzeichnend für den gesamten Existentialismus ist der durchgängige *Bruch mit der philosophischen Tradition*, mit der philosophischen Überlieferung. Die philosophiehistorische Grundthese des Existentialismus lautet: die philosophische Entwicklung ging seit Platon und Aristoteles in die Irre. Deshalb kommt es unter Ausschaltung der philosophischen Tradition darauf an, völlig von vorn zu beginnen. Heidegger nennt solches Herangehen an die philosophische Überlieferung «Destruktion», Jaspers «Synthesis».

Der Existentialismus ist von seinen verschiedenen Vertretern unterschiedlich ausgestaltet worden. Sie bedienen sich unterschiedlicher Terminologien, unterschiedlicher Darstellungsweisen und unterschiedlicher Methoden. Gemeinsam ist jedoch allen Spielarten des Existentialismus, daß sie vom Begriff der Existenz ausgehen, der von ihnen völlig subjektivistisch gesetzt wird, ihre Verachtung und Herabsetzung des wissenschaftlichen Denkens, der Wissenschaft überhaupt, ihr Agnostizismus, ihr bewußt vollzogener Bruch mit der philosophischen Tradition, ihre zentrale Behandlung zum Teil psychisch abnormer Zustände wie Angst, Ekel usw. als wesentliche Fragen der Philosophie, ihr in methodischer und systematischer Hinsicht gewollter Irrationalismus, ihre Ersetzung des wissenschaftlichen Denkens durch das Erleben, nicht zuletzt ihr Eklektizismus, schließlich ihre abstrakte, metaphysische und unhistorische, von den gesellschaftlichen Bedingungen losgelöste Behandlung des Menschen.

Im Ergebnis seiner Bemühungen kommt der Existentialismus zu der Schlußfolgerung, daß das menschliche Leben der Anfang des Totseins ist: «Der Tod ist eine Weise zu sein, die das Dasein [der Mensch] übernimmt, sobald es ist» (HEIDEGGER, Sein und Zeit 245) oder «Da-sein heißt: Hineingehaltenheit in das Nichts» (HEIDEGGER, Was ist Metaphysik? 32). Seinem Charakter nach ist der Existentialismus vom Anfang wie vom Ergebnis her eine zutiefst *pessimistische* und *nihilistische Lehre*. Ihre Wirkungen gehen in Richtung der Auflösung aller kollektiven Verantwortung, der Zerschlagung jedweder Ideale und der Negation objektiver Maßstäbe. Der Existentialismus versucht zu begründen, daß dem Menschen sowohl als Einzel- wie als Gattungswesen von Haus aus jeder Halt und jede Orientierung und jede Bezogenheit auf ein anderes abgeht, insbesondere jede gesellschaftliche Bezogenheit. JASPERS faßte diese Auffassung in dem Satz zusammen: «Aber als soziales Ich bin ich nicht ich selbst» (Philosophie II, 30).

Die *gesellschaftliche Funktion* des Existentialismus ist negativer Natur. Die Bewegung des sog. *deutschen Existentialismus* war es vornehmlich, die in den dreißiger Jahren weite Kreise der bürgerlichen Intelligenz und des gebildeten Kleinbürgertums in den Strudel intellektuellen Abenteurertums hinabzog, den Prozeß ihrer Abwendung von den Idealen echter Menschlichkeit der bürgerlichen Klassik beschleunigte und sie dadurch gleichsam weich, d. h. für die Ideologie und Praxis des deutschen Faschismus empfänglich machte. Genau dieselbe Rolle spielte der Existentialismus nach dem zweiten Weltkrieg und spielt er noch heute in Westdeutschland. Es ist kein Zufall, daß sich die führenden Vertreter des Existentialismus einst dem deutschen Faschismus verschrieben, vorab HEIDEGGER, und sich heute in den Dienst der Atomkriegspolitik des westdeutschen Imperialismus stellen.

Im Unterschied zum sog. deutschen Existentialismus hat sich der sog. *französische Existentialismus* nur zum Teil den politisch reaktionären Kräften verschrieben. Während MARCEL zur offiziellen katholischen Lehre in Opposition steht, nahm SARTRE am Widerstand gegen den deutschen Faschismus teil und arbeitet aktiv in der Weltfriedensbewegung mit.

Was der Existentialismus als «Existenz» oder als «Dasein», als Wesen des Menschen ausgibt, ist in Wirklichkeit die aussichtslose Lage des *bürgerlichen Menschen* in der Epoche des Übergangs vom Kapitalismus zum Sozialismus. Der Existentialismus ist mit seiner Problematik wie kaum eine andere Richtung der gegenwärtigen bürgerlichen Philosophie auf das Dasein des bürgerlichen Menschen in einer bestimmten historisch-gesellschaftlichen Situation zugeschnitten. Die vom Existentialismus aufgeworfenen «ewigen Fragen» sind nichts anderes als ideologischer Widerschein der Krise des imperialistischen Gesellschaftssystems.

Existentialoperator → Existentialaussage.

Existenz [lat] – das bloße Dasein eines Gegenstandes ohne jede weitere Bestimmung. Im Begriff der Existenz wird nur das Dasein, das Vorhandensein beliebiger Gegenstände erfaßt, gleichgültig, ob es sich um materielle oder ideelle Gegenstände handelt, und unabhängig davon, ob sie außerhalb oder innerhalb des Bewußtseins existieren. Infolge dieser Unbestimmtheit und Indifferenz gegenüber der Grundfrage der Philosophie ist der Begriff der Existenz geeignet, den Gegensatz von Materialismus und Idealismus zu verwischen oder zu verschleiern. Der *dialektische und historische Materialismus* verwendet den Begriff der Existenz daher stets in eindeutig bestimmter Weise, indem er angibt, ob es sich um materielle oder um ideelle Objekte handelt, deren Existenz ausgesagt wird. [1]

Der *Existentialismus* versteht unter Existenz (*subjektiv-idealistisch*) die dem Menschen – und nur ihm – eigentümliche Seinsweise, die immer bloß individuelle Existenz ist. HEIDEGGER (Sein und Zeit): «Das Sein selbst, zu dem das Dasein sich so oder so verhalten kann und immer irgendwie verhält, nennen wir *Existenz*. Und weil die Wesensbestimmung dieses Seienden nicht durch Angabe eines sachhaltigen Wesens vollzogen werden kann, sein Wesen vielmehr darin liegt, daß es je sein Sein als seiniges zu sein hat, ist der Titel Dasein als reiner Seinsausdruck zur Bezeichnung dieses Seienden gewählt» (12). – «Das ‚Wesen' des Daseins liegt in seiner Existenz» (42). «Das Dasein bestimmt sich als Seiendes je aus einer Möglichkeit, die es *ist* und in

seinem Sein irgendwie versteht. Das ist der formale Sinn der Existenzverfassung des Daseins» (43). – «Dasein ist Seiendes, das sich in seinem Sein verstehend zu diesem Sein verhält. Damit ist der formale Begriff von Existenz angezeigt. Dasein existiert» (52). Schließlich: «*Die Substanz des Menschen ist die Existenz*» (212). JASPERS (Philosophie): «Existenz ist, was ein Objekt wird, *Ursprung*, aus dem ich denke und handle, worüber ich spreche in Gedankenfolgen, die nichts erkennen; Existenz ist, was sich *zu sich selbst und darin zu seiner Transzendenz* verhält» (I 15). – «Existenz findet sich mit anderer Existenz in der Situation als in der Welt, ohne *als* Weltsein erkennbar zu werden. Was in der Welt ist, wird durch mich als Bewußtsein überhaupt als Sein erfaßt; Existenz ist allein im Transzendieren möglicher Existenz für diese gewiß» (I 17). [2]
→ Dasein → Sein.

Existenzaussage – *svw* → Existentialaussage.

Existenzphilosophie → Existentialismus.

Existenzquantor – *svw* → Existentialoperator.

Exklusion [lat] – *eigtl*: Ausschluß, Ausschließung; in der *modernen Logik* Aussagenverbindung, die dann und nur dann wahr ist, wenn mindestens eine der verbundenen Aussagen falsch ist. – Symbolisiert man die aus den Aussagen p, q gebildete Exklusion durch $p \mid q$, so ergibt sich für sie folgende Wahrheitsmatrix:

p	q	$p \mid q$
w	w	f
w	f	w
f	w	w
f	f	w

Angemessene Formulierungen für eine Exklusion sind «p ist mit q unverträglich», «p und q schließen sich aus» oder «höchstens p oder q». In der deutschen Sprache wird das Bindewort «oder» manchmal auch ohne weiteren Zusatz zur Formulierung einer Exklusion verwendet. *Beispiel*: «Werner ist Arbeiterkind oder er ist Bauernkind.» Dadurch besteht die Gefahr, sie mit der → Alternative oder mit der → Kontravalenz zu verwechseln.

Die Exklusion widerspiegelt Möglichkeiten, bei denen die Verwirklichung der einen die der anderen ausschließt, ohne daß sich überhaupt eine von ihnen verwirklichen muß.

M. H. SHEFFER entdeckte 1913, daß die Exklusion geeignet ist, alle übrigen zweistelligen Aussagenverbindungen der Aussagenlogik einschließlich der Negation auszudrücken. Sie wird deshalb nach ihrem Entdecker auch «Sheffersche Funktion» genannt.

Negation, Konjunktion und Alternative lassen sich mit Hilfe der Exklusion z. B. folgendermaßen ausdrücken:

$$\sim p \text{ äqu } p \mid p$$

$$p \wedge q \text{ äqu } (p \mid q) \mid (p \mid q)$$

$$p \vee q \text{ äqu } (p \mid p) \mid (q \mid q)$$

J. NICOD hat in einer 1917 veröffentlichten Arbeit gezeigt, daß man mittels der Exklusion ein Axiomensystem für die Aussagenlogik aufstellen kann, das aus dem folgenden einzigen Axiom besteht:

$$[p \mid (q \mid r)] \mid \{[s \mid (s \mid s)] \mid [(t \mid q) \mid ((p \mid t) \mid (p \mid t))]\}$$

Neben der → Einsetzungsregel wird statt der Abtrennungsregel als einzige weitere die folgende Regel benötigt:

$$\frac{\begin{matrix} p \\ p \mid (q \mid r) \end{matrix}}{r}.$$

Die Beschränkung auf eine einzige Aussagenverbindung in der Aussagenlogik – außer der Exklusion ist dazu auch die → *Nicodsche Funktion* geeignet – ist zwar für gewisse theoretische Untersuchungen vorteilhaft, führt jedoch zu außerordentlich unübersichtlichen Ausdrücken, wie die angeführten Beispiele bereits zeigen.

exogen [griech] – von außen verursacht, durch äußere Ursachen bedingt. *Ggs*: endogen.

exoterisch [griech] – *eigtl*: äußerlich; öffentlich, allgemein verständlich, auch für Außenstehende. *Ggs*: esoterisch.

Experiment [lat] – Verfahren, bei dem durch bewußte systematische Einwirkung auf Prozesse der objektiven Realität und durch die theoretische Analyse der Bedingungen, unter denen diese Einwirkungen erfolgen, sowie der Resultate des Einwirkens neue Erkenntnisse gewonnen oder Kenntnisse überzeugend vermittelt werden können. Diese Einwirkungen können je nach den bestehenden Umständen unmittelbar oder durch Geräte bzw. andere objektiv-reale Prozesse vermittelt erfolgen. Ein Experiment schließt also in jedem Falle einen Eingriff in die Wirklichkeit ein und verändert diese. Der Eingriff kann einmalig erfolgen, oder er kann in einer stochastischen oder gesetzmäßigen Variation der Einwirkungen bestehen. Gleichzeitig können der Prozeß und die Einwirkungen unter veränderten Bedingungen vor sich gehen. Besteht ein Experiment in einer Folge von Einwirkungen, so nennt man die einzelnen Einwirkungen mitunter auch «Versuche» und die beobachteten Resultate der Einwirkungen «Versuchsausgänge».

Die theoretische Analyse der Resultate dieser Einwirkungen und die gewonnenen Erkenntnisse bzw. vermittelten Kenntnisse können sehr vielfältig sein. Im einfachsten Falle kann sich die

Analyse auf eine (passive) Beobachtung der Resultate beschränken. In der Regel wird aber eine mehr oder weniger komplizierte Konfrontation mit in der Vergangenheit bereits gewonnenen Erkenntnissen vorgenommen.
Ein wesentlicher Anwendungsbereich des Experiments besteht in der Überprüfung von → Hypothesen auf ihre Richtigkeit und auf ihren etwaigen Ausbau zu Theorien (experimentelle Methode).
Es lassen sich zwei Arten des Experiments unterscheiden:
1. Experimente, die der Untersuchung einer spezifischen Gesetzmäßigkeit dienen. Es sind dies vorwiegend Experimente zur Bestimmung quantitativer Zusammenhänge innerhalb einer bestimmten Qualität (z. B. die Experimente GALILEIS zur Bestimmung der Gesetze des freien Falls).
2. Experimente, die der Untersuchung von Zusammenhängen bzw. Übergängen zwischen qualitativ verschiedenen Gebieten der Wirklichkeit dienen (z. B. Experimente zur Bestimmung des Einflusses der kosmischen Strahlung auf die Lebenstätigkeit der Organismen; Experimente zur Herstellung organischer Stoffe aus anorganischen usw.).
Die Entwicklung des Experiments ist auf das engste mit der Entwicklung der Produktion, der Produktivkräfte verbunden. Schon die Herstellung des einfachsten Arbeitsinstruments setzt ein gewisses Experimentieren, aber auch die gedankliche Formulierung bestimmter Ziele voraus. Der Erfolg eines Experiments bringt den Menschen neben der Erweiterung ihres Wissens eine Ausdehnung ihrer praktischen Tätigkeit auf Gebiete, die bis dahin von der menschlichen Praxis unberührt waren. Damit tauchen neue Probleme und Aufgaben auf, zu deren Lösung neue Experimente erforderlich werden. Die Entwicklung des Experiments vorwiegend als Element des Arbeitsprozesses bleibt im wesentlichen für alle vorkapitalistischen Gesellschaftsformationen charakteristisch.
Die Entstehung und Entwicklung des Kapitalismus und der Maschinenindustrie sowie die damit verbundene stürmische Entwicklung der Naturwissenschaften lassen das Experiment allmählich aus der Sphäre der unmittelbaren Produktion auch in das Gebiet der Wissenschaften übergehen. In dieser Zeit entsteht das eigentlich wissenschaftliche Experiment, das sich mit der weiteren Entwicklung der Wissenschaft auf eine immer breitere theoretische Basis und eine sich ständig vervollkommnende technische Grundlage stützt. Es dient schließlich nicht mehr nur den Bedürfnissen der unmittelbaren Produktionspraxis, sondern fördert auch die Lösung entfernt liegender theoretischer Probleme der Wissenschaft und eröffnet dieser neue Wege zu ihrer Entwicklung.
Das Experiment stützt sich sowohl auf die Besonderheiten der sinnesmäßigen Erkenntnis als auch auf das abstrakte, theoretische Denken. In der geschichtlichen Entwicklung der Auffassungen verschiedener philosophischer Richtungen vom Experiment erfahren diese beiden Momente zuweilen eine einseitige Betonung. Für die bedeutenden Vertreter der Anfänge der experimentellen Naturwissenschaft im 16. und 17. Jahrhundert – etwa LEONARDO DA VINCI, GALILEI, dann auch BACON – ist es vor allem das im Experiment vorhandene Moment der sinnesmäßigen Erkenntnis, das von ihnen im Kampf gegen die spekulativen Dogmen der scholastischen Philosophie einseitig betont wird. Dagegen weist später GOETHE in seinen naturwissenschaftlichen Arbeiten darauf hin, daß jedes Experiment auch schon theoretisierend sei, also eine Einheit von Theorie und Praxis darstelle.
Die dem *Empirismus* eigene Leugnung der Rolle des theoretischen Denkens bei der Erkenntnis ist in der bürgerlichen Philosophie vor allem für die verschiedenen Schulen des *Positivismus* charakteristisch. Schon MACH betrachtete das Experiment als das selbsttätige Aufsuchen neuer Zusammenhänge zwischen Erscheinungen. Der zeitgenössische Neupositivismus in der Person von St. CHASE rät den Physikern zu einem reinen Empirismus, denn nur die im Experiment gewonnene Erfahrung bringe neue Erfahrung hervor. Die dem Empirismus entgegengesetzte einseitige Auffassung des Experiments besteht in der Leugnung seiner Rolle als Mittel der Erkenntnis und ist mit einer Überbetonung seines theoretischen Gehalts verbunden. So sprechen z. B. die Vertreter des *Neukantianismus* dem Experiment jeden heuristischen Wert ab: weil ein Experiment stets zur Prüfung einer schon vorhandenen Idee durchgeführt wird, kann das Resultat des Experiments diese Idee nur bestätigen oder verwerfen; das Experiment kann daher nur das geben, was der Experimentator schon vorher in das Experiment hineingelegt hat.
Dieser agnostizistischen Auffassung zum Trotz zeugt jedoch die Entwicklung der Wissenschaft und der Produktionspraxis der Menschen davon, daß das Experiment ein wichtiges Mittel zur Gewinnung neuer Erkenntnisse und zur Umgestaltung der Wirklichkeit ist.
Die Spezifik des Experiments als Methode der Erkenntnis besteht im Vergleich zu anderen Erkenntnismethoden, z. B. der Beobachtung, darin, daß in ihm der Mensch als aktives Moment auftritt. Er legt dem Experiment eine bestimmte Idee zugrunde, deren Richtigkeit geprüft werden soll, und wirkt in bewußter, zielgerichteter Weise auf die zu untersuchende Erscheinung ein. Dabei gibt das Experiment im Unterschied zur einfachen → Beobachtung die Möglichkeit, die be-

treffende Erscheinung unter den verschiedensten Bedingungen beliebig oft zu reproduzieren, um so diese oder jene ihrer Seiten, die ganz besonders interessieren, in verhältnismäßig reiner Form studieren zu können. Das Experiment schließt die Beobachtung ein, reduziert sich aber nicht auf sie.

Das Experiment als Mittel der Erkenntnis ist zugleich eine spezifische Form der Praxis. Als solche tritt es als Wahrheitskriterium auf. Mit Hilfe des Experiments wird eine bestimmte Idee entweder in ihrer Richtigkeit bestätigt oder aber verworfen. Dabei ist zu beachten, daß die Richtigkeit einer Hypothese durch das Experiment nicht absolut bewiesen werden kann. Es hängt dies mit dem relativen Charakter der Praxis als Wahrheitskriterium zusammen.

Das Experiment kann nicht nur eine schon vorhandene wissenschaftliche Vermutung bestätigen oder widerlegen, sondern kann auch zu völlig neuen und unerwarteten Einsichten führen. So entdeckte z. B. Becqerel die Erscheinung der Radioaktivität bei Experimenten zum Studium des Einflusses phosphoreszierender Stoffe auf fotografische Platten. Auch die Entdeckung der Röntgenstrahlen ging aus Experimenten hervor, die ursprünglich andere Ziele verfolgten.

Das Experiment ist nicht nur Mittel zur Gewinnung neuer Erkenntnisse und Wahrheitskriterium, sondern auch eine Form der praktischen Umgestaltung und Veränderung der Wirklichkeit. Mit Hilfe des Experiments ist es möglich, unter Ausnutzung bekannter objektiver Gesetze neue Erscheinungen hervorzubringen, die in der Natur bisher nicht vorkamen. So schuf die experimentelle Biologie, von Mitschurin ausgehend, viele neue Sorten von Kulturpflanzen mit für den Menschen wünschenswerten Eigenschaften. Auch in der Produktion materieller Güter wird z. B. jedes neue Produktionsverfahren vor seiner massenmäßigen Anwendung experimentell auf seine Brauchbarkeit geprüft.

Unter dem Einfluß der *Kybernetik* ist der Experimentbegriff verallgemeinert worden: Ein Experiment ist ein Typ des Verhaltens kybernetischer Systeme, bei dem durch systematische Einwirkung auf Prozesse der objektiven Realität oder auf Modelle solcher Prozesse und durch die Verarbeitung der aus Resultaten dieser Einwirkung stammenden Informationen die Verhaltensweisen der Systeme beeinflußt werden können. Handelt es sich bei den kybernetischen Systemen um Menschen und bei den Objekten, auf die eingewirkt wird, um objektiv-reale Prozesse oder externe Modelle, so geht diese Begriffsbestimmung in die traditionelle über. Kybernetisch gesehen, handelt es sich beim Experimentieren also um einen Regelprozeß (→ Regelung). Als «Regler» fungiert der Experimentator, der die Analyse durchführt. Regelstrecke (häufig als Black-box aufzufassen) ist der reale Prozeß, der untersucht wird. Daß der Vorgang des Experimentierens als kybernetisches System interpretierbar ist, hat große Bedeutung für die Entwicklung der allgemeinen Methodik des Experiments. Darüber hinaus ist dies aber auch praktisch bedeutungsvoll: Der menschliche Experimentator kann in seiner Eigenschaft als Regler auch durch einen technischen Regler (durch ein künstliches System) ersetzt werden. Damit ist aber die reale Möglichkeit gegeben, das Experimentieren insgesamt zu automatisieren. Es ist also nicht nur die automatische Auswertung der Versuchsergebnisse und -bedingungen möglich, sondern z. B. ebenso die Variation der Einwirkungen.

Die Einwirkung des Systems auf das jeweilige Objekt ist ein spezifischer Typ von Trial-and-error-Verhalten. Das Spezifikum besteht darin, daß die Einwirkungen stets auf der Grundlage bereits früher gewonnener und gespeicherter Informationen erfolgen. Man kann diese Art von Einwirkungen als «systematisch» kennzeichnen. Eine systematische Einwirkung in diesem Sinne liegt auch dann vor, wenn sie in einer stochastischen Folge von einzelnen Wirkungen besteht, denn die zufälligen Varianten der Einwirkung werden stets auf der Grundlage gespeicherter «Erfahrungen» ausgewählt (→ Wahrscheinlichkeitsrechnung).

Bemerkenswert ist, daß auch bei nichtmenschlichen kybernetischen Systemen (z. B. Organismen) Modellexperimente vorkommen. Sie treten dort jedoch vorwiegend als Experiment am internen Modell der Umwelt auf. Auch beim Menschen spielen Experimente an seinem internen Modell der Umwelt eine bedeutende Rolle. Die von der Kybernetik in diesem Zusammenhang gewonnenen Einsichten tragen wesentlich dazu bei, das Wesen menschlicher schöpferischer Arbeit und schöpferischen Denkens tiefer zu verstehen.

Jede Wissenschaft tritt in ein neues, höheres Stadium ihrer Entwicklung ein, sobald sie sich der experimentellen Methode zu bedienen vermag. Die Entstehung und Entwicklung der modernen Naturwissenschaften, namentlich die Entstehung und Entwicklung der Physik, legt hiervon Zeugnis ab. Die großen Erfolge dieser Wissenschaften sind in hohem Maße auf den Einsatz experimenteller Methoden zurückzuführen. Bezeichnend hierfür ist z. B. der Weg der Astronomie von einer rein beobachtenden Wissenschaft im Altertum und Mittelalter über die Anwendung solcher experimenteller Methoden wie Spektralanalyse, Fotografie u. a. bis zur Ausnutzung von Sputniks, automatischen interplanetarischen Stationen usw., die die Astronomie in das eigentliche Stadium einer experimentellen Wissenschaft eintreten ließen.

Der Anwendungsbereich von Experimenten als Erkenntnismethode, Wahrheitskriterium und Mittel zur aktiven Umgestaltung der Wirklichkeit im Interesse des Menschen ist allerdings nicht auf die Natur bzw. die Naturwissenschaften beschränkt, sondern erfaßt auch solche spezifisch gesellschaftlichen Erscheinungen wie die Produktion materieller Güter und ist auch in den Gesellschaftswissenschaften (Wirtschaftswissenschaften, Soziologie, Rechtswissenschaften, Sprachwissenschaft, Pädagogik usw.) anwendbar. Lange Zeit hindurch schien es freilich, als seien in den Gesellschaftswissenschaften, insbesondere in den Wirtschaftswissenschaften, Experimente überhaupt nicht durchführbar. Dies hängt nicht nur damit zusammen, daß unter kapitalistischen gesellschaftlichen Verhältnissen wohl ein Interesse an der stürmischen Entwicklung der Naturwissenschaften besteht (die ein wesentliches Moment des Fortschritts der Produktion und der Entwicklung der Produktivkräfte ist), aber kein Interesse an einem tieferen Eindringen in die gesamtgesellschaftlichen, insbesondere die ökonomischen Bewegungsgesetze, sondern ist auch durch besondere Schwierigkeiten bedingt, die mit der Qualität der gesellschaftlichen Bewegungsform der Materie zusammenhängen. Hier haben erst die Entwicklung der Kybernetik und die Konstruktion großer elektronischer Rechenanlagen neue Perspektiven eröffnet.
Tatsächlich unterliegen die Möglichkeiten dafür, innerhalb der Gesellschaft Experimente durchzuführen, gewissen Einschränkungen. Einmal ist jedes Experiment im Rahmen der Gesellschaft ein Eingriff in eine außerordentlich komplexe Struktur. Es können daher dabei völlig unerwartete Auswirkungen zustande kommen. Ein jedes derartiges Experiment von einiger Bedeutung stellt in der Regel ein erhebliches Risiko dar und kann große materielle und andere Verluste zur Folge haben. Zum anderen dauern gesellschaftliche Experimente, wenn sie etwa dazu dienen sollen, brauchbare theoretische Einsichten für künftiges praktisches Handeln zu gewinnen, im allgemeinen viel zu lange. Die gesellschaftlichen Gesamtveränderungen können inzwischen so groß geworden sein, daß die gewonnenen Einsichten bereits nicht mehr praktisch brauchbar sind.
Mit kybernetischen Methoden wird es nun möglich, Modelle der interessierenden gesellschaftlichen Zusammenhänge zu konstruieren und die notwendigen Experimente an diesen durchzuführen. So können mehrere Varianten (etwa entsprechender ökonomischer Einsatzgrößen) in das Modell eingegeben und in relativ kurzer Zeit die jeweiligen Resultate gewonnen werden. Dadurch wird es z. B. möglich, die optimale Variante eines Wirtschaftsplans zu bestimmen. Die Durchführung derartiger Modellexperimente eröffnet auch den Gesellschaftswissenschaften den Zugang zur experimentellen Methodik, die ihnen bisher völlig verschlossen zu sein schien. Dies ist nicht nur von großem praktischen Nutzen für eine bessere Beherrschung gesellschaftlicher Bewegungsgesetze, sondern Hand in Hand damit vervollkommnet sich auf diese Weise auch die ökonomische Theorie.
→ experimentelle Methode → Erkenntnis → Praxis.

experimentelle Methode – wissenschaftliche Methode der Verifikation bzw. Falsifikation von Hypothesen mittels Experimenten.
Die Durchführung von Experimenten ist das charakteristische Merkmal der experimentellen Methode, das sie von anderen Methoden der Überprüfung von Hypothesen (Beobachtung, Prüfung auf logische Widerspruchsfreiheit u. a.) unterscheidet. Die experimentelle Methode reduziert sich jedoch nicht auf die Durchführung von Experimenten. Das Experiment selbst ist nur eine Etappe, wenn auch die wesentliche, bei der Anwendung der experimentellen Methode. In der Gesamtheit der Operationen, die bei der Anwendung der experimentellen Methode vorzunehmen sind, bildet das Experiment nur eine Teilmenge. Andere Operationen, die außer dem Experiment selbst zur experimentellen Methode gehören, sind die Ableitung von Folgerungen aus der zu prüfenden Hypothese, die Auswahl der experimentell zu überprüfenden Folgerungen sowie die Interpretation der Resultate des Experiments. Die experimentelle Methode wird heute in fast allen Natur- und Gesellschaftswissenschaften in weitem Umfang angewandt.
In der *Frühgeschichte der menschlichen Gesellschaft* kann noch nicht von einer bewußten Anwendung der experimentellen Methode gesprochen werden. Da jedoch jede Arbeitstätigkeit, auch die des primitiven Menschen, die gedankliche Vorwegnahme des Ziels der Tätigkeit voraussetzt und die Resultate der Tätigkeit mit dieser gedanklichen Vorstellung verglichen werden, sind schon im einfachsten Arbeitsprozeß erste, keimhafte Elemente der experimentellen Methode enthalten. Die Anwendung dieser Elemente erfolgt hier jedoch noch spontan, ohne Kenntnis der objektiven Gesetze, die den entsprechenden Prozessen zugrunde liegen. Diese Art der Tätigkeit kommt deshalb mehr dem Probieren als dem Experimentieren gleich.
In der *antiken Wissenschaft und Philosophie* werden schon bewußt Experimente angestellt, um bestimmte spekulative Ideen und Hypothesen zu bestätigen oder zu widerlegen. Bekannt sind z. B. die experimentellen Untersuchungen der *Pythagoreer* zur musikalischen Harmonielehre, in denen sie die Abhängigkeit der Höhe eines Tones von

der Saitenlänge des Instruments entdeckten und durch die sie ihre Idee von der Rolle ganzzahliger mathematischer Verhältnisse in der Welt bestätigt sahen.

ARISTOTELES berichtet von LEUKIPP, DEMOKRIT und anderen Vertretern der *Atomistik*, daß sie die atomistische Hypothese von der Existenz leerer Räume zwischen den Atomen durch «das Experiment mit der Asche, die ebensoviel Wasser aufnimmt wie das leere Gefäß» zu beweisen suchten (ARISTOTELES, *Physik* IV, 6, 213a). Andererseits dient die experimentelle Methode in der Antike auch schon dazu, die mit ihrer Hilfe gewonnenen Ergebnisse in technischen Vorrichtungen zu verwerten (ARCHIMEDES, HERON u. a.). Eine schon systematischere und von prinzipiellen Erwägungen getragene Anwendung findet die experimentelle Methode bei den Vertretern der *empirischen Ärzteschule*, hier vor allem bei GALEN, der sich zudem um die Aufstellung allgemeiner Regeln für das Experimentieren bemühte. Im ganzen gesehen gibt es so in der Antike zwar wertvolle Ansätze zur Erkenntnis der Rolle des Experiments in der Wissenschaft und der Praxis, doch werden Experimente mehr oder weniger sporadisch durchgeführt und sind nicht Bestandteil einer bewußt angewandten Methode. Die Gründe hierfür liegen einerseits in dem noch niedrigen Entwicklungsstand der Wissenschaften, in denen spekulative Ideen im allgemeinen noch den Vorrang gegenüber der konkreten empirischen Forschung hatten; andererseits sind sie aber auch sozialer Natur, da die herrschende Sklavenhalterklasse infolge ihrer Verachtung der körperlichen Arbeit und der Produktion, die Sache der Sklaven war, die Geringschätzung der empirischen Erfahrung, experimenteller Untersuchungen usw. ideologisch sanktionierte.

Der niedrige Entwicklungsstand der Produktivkräfte erforderte auch im *Mittelalter* zu ihrer Beherrschung noch keine umfassende Kenntnis der Naturgesetze und brachte infolgedessen auch noch nicht das gesellschaftliche Bedürfnis nach einer allseitigen Ausarbeitung und umfassenden Anwendung der experimentellen Methode hervor. Das wissenschaftliche Denken bleibt noch weitgehend von Spekulation und Mystik beherrscht. Soweit die Experimentiertechnik hier eine gewisse Höhe erreicht, ist sie meist nicht auf rationale Naturerkenntnis gerichtet, sondern auf praktische Ziele, wie die Herstellung von Gold aus unedlen Metallen, eines Lebenselixiers (Alchemie) usw., gelangt dabei aber häufig zu zufälligen Entdeckungen (z. B. neue chemische Verbindungen, Nacherfindung des Porzellans), die nachdrücklich den Wert experimenteller Untersuchungen für den Fortschritt der wissenschaftlichen Erkenntnis und der Produktionstätigkeit unterstrichen. Auf derartige Erfolge hin wird im 13. bis 15. Jahrhundert vereinzelt die methodologische Forderung erhoben, Beobachtung und Experiment als Mittel des Erwerbs wissenschaftlicher Kenntnisse den Vorrang gegenüber Spekulation und scholastischen Dogmen zu geben (ALBERTUS MAGNUS, Roger BACON, OCKHAM, BURIDAN u. a.).

Ihren gesellschaftlichen Nachdruck fand diese Haltung allerdings erst zu Beginn der Neuzeit und des Übergangs zur kapitalistischen Produktionsweise. Die zu dieser Zeit einsetzende stürmische Entwicklung der Produktivkräfte war von einem raschen Aufschwung der naturwissenschaftlichen Forschung begleitet, der es auf exakte Untersuchung der Naturprozesse und deren Anwendung in der Produktionspraxis ankam.

Philosophisch reflektiert sich diese Entwicklung in der Belebung des Empirismus und der Auseinandersetzung zwischen Empirismus und Rationalismus. Von beiden Richtungen gehen für die Entwicklung der experimentellen Methode wertvolle Anregungen aus. So ist für LEONARDO DA VINCI, GALILEI und Francis BACON an der experimentellen Methode vor allem ihre Appellation an die Erfahrung, an das empirische Erkennen maßgebend. Zwar fordert GALILEI, daß die experimentelle Methode Empirisches und Theoretisches verbinden müsse, zwar soll nach BACON die Theorie das Experiment leiten, doch bleibt die Rolle von Theorien und Hypothesen bei der Durchführung von Experimenten für die Vertreter des Empirismus ein im ganzen gesehen zweitrangiges Problem gegenüber der empirischen Erkenntnis, die im Experiment gewonnen wird und auf dem Wege induktiver Verallgemeinerungen zu theoretischer Erkenntnis werden soll.

Der Rationalismus dagegen betont die entscheidende Rolle bereits fertiger Theorien oder Begriffe für die Durchführung von Experimenten. Besonders DESCARTES beschäftigt sich intensiv mit der Ausarbeitung methodologischer Prinzipien der theoretischen und experimentellen Forschung. Die einseitige Betonung der Rolle des Rationalen bei der Erkenntnis führt ihn jedoch zur Annahme eingeborener, evidenter Begriffe, von denen die im Experiment zu gewinnende empirische Erkenntnis abhängig sei.

Die empirische Richtung, bei BACON und LOCKE noch auf materialistischer Grundlage beruhend, wurde im 19. Jahrhundert auf subjektiv-idealistischer Grundlage vom *Positivismus* weitergeführt, für den die strikte Leugnung der Rolle des theoretischen Denkens kennzeichnend ist. Eine positivistische Grundhaltung zeichnet z. B. die Induktionslehre J. St. MILLS aus, in der die experimentelle Methode vorwiegend als induktive Methode aufgefaßt wird und unter diesem Aspekt eine Reihe von Regeln der experimentellen Methode formuliert werden. Der *Neupositivismus* des 20. Jahrhunderts distanziert sich zwar vom Induktionismus, doch leugnet auch er die Spezifik und die Bedeutung der theoretischen Erkenntnis gegenüber der empirischen, wenn er versucht, theoretisches Wissen auf empirisches Wissen, auf Aussagen über individuelle Fakten, die in der Sinneswahrnehmung als «unmittelbar Gegebenes» vorhanden sein sollen, zurückzuführen.

Die *marxistische Philosophie* betont die Einheit von Empirischem und Theoretischem, von Sinnlichem und Rationalem sowie von Hypothese und Prognose, Induktion und Deduktion, Analyse und Synthese innerhalb der experimentellen Methode. Die experimentelle Methode wird angewandt, um die Wahrheit von Hypothesen zu prüfen. Aus der vorliegenden, sich aus einer bestimmten Theorie oder einer theoretischen Problemstellung ergebenden Hypothese werden zu diesem Zweck alle möglichen Folgerungen abgeleitet. Ein Teil bezieht sich auf schon bekannte Sachverhalte, die somit aus der Hypothese erklärt werden können. Für die Prüfung der Hypothese ist nun entscheidend, daß sich unter den Folgerungen eine Teilmenge von Aussagen befindet, die sich auf bisher noch nicht bekannte bzw. beobachtbare Sachverhalte beziehen, die also den Charakter von Prognosen haben. Unter diesen Prognosen werden diejenigen ausgewählt, deren Richtigkeit im Experiment überprüft werden soll. Für die Auswahl sind im allgemeinen verschiedenartige Gesichtspunkte maßgebend. Auf alle Fälle müssen aber Prognosen ausgewählt werden, deren Verifikation bzw. Falsifikation die größte Aussagekraft über Wahrheit bzw. Falschheit der Hypothese besitzen; auch müssen sie derart sein, daß sie eine experimentelle Überprüfung überhaupt gestatten.

Die so ausgewählte Prognose wird nun selbst hypothetisch als wahr angenommen und unter dieser Voraussetzung ein Gedankenmodell konstruiert, das eine bestimmte experimentelle Vorrichtung unterstellt, auf Grund derer sich unter Berücksichtigung schon bekannter Gesetzeszusammenhänge ein bestimmter Sachverhalt einstellen müßte. Es folgt die Realisierung der experimentellen Vorrichtung und die Auslösung der experimentellen Operation, also das eigentliche Experiment. Sein Resultat wird mit dem erwarteten verglichen, wobei sich die Prognose als wahr oder falsch herausstellt. Je nach Art des Ergebnisses werden dann die entsprechenden Rückschlüsse auf die Ausgangshypothese gezogen, d. h., entweder wird der Bestätigungsgrad der Hypothese durch das Ergebnis erhöht, oder sie wird in einzelnen ihrer Komponenten oder auch als Ganzes als falsch erwiesen. Tritt als Ergebnis des Experiments ein völlig unerwarteter Sachverhalt auf, so kann dies Anlaß sein, eine neue Hypothese aufzustellen, neue Experimente durchzuführen usw. In jedem Falle zielt die Anwendung der experimentellen Methode jedoch darauf ab, die vorliegende Theorie weiter auszubauen, besser zu begründen usw.

Als Beispiel für die konkrete Anwendung der experimentellen Methode bei der Weiterentwicklung der Theorie der Elementarteilchen mag die Entdeckung der Verletzung des Gesetzes der Erhaltung der Parität im Bereich schwacher Wechselwirkungen dienen. Beim Studium der Zerfallprozesse von K-Mesonen stieß man auf Erscheinungen, die mit dem Gesetz der Erhaltung der Parität nicht vereinbar waren. Aus der Hypothese, daß das Gesetz der Erhaltung der Parität im Bereich der schwachen Wechselwirkungen erfüllt sei, ergab sich insbesondere die Folgerung, daß beim β-Zerfall eines radioaktiven Kerns in der nach dem Spin orientierten Richtung wie auch in entgegengesetzter Richtung die gleiche Anzahl von Elektronen ausgestrahlt werden müsse. Um diese Prognose zu prüfen, wurde eine experimentelle Vorrichtung realisiert, in der der β-Zerfall polarisierter Kobalt-60-Kerne studiert werden konnte. Dabei zeigte sich, daß in der nach dem Spin orientierten Richtung weniger Elektronen ausgestrahlt werden als in der entgegengesetzten. Da sich die Voraussage somit als falsch erwiesen hatte, konnte auch die ihr zugrunde liegende Hypothese von der Gültigkeit des Gesetzes der Erhaltung der Parität im Bereich schwacher Wechselwirkungen nicht aufrechterhalten werden. Das experimentelle Ergebnis war zugleich Ausgangspunkt für weitere Untersuchungen, die in der Folgezeit zu einer neuen Hypothese, zur Idee von der Erhaltung der kombinierten Parität führten.

Die experimentelle Methode wird in den einzelnen Natur- und Gesellschaftswissenschaften in unterschiedlichem Maße angewendet. Ihre Anwendung ist jedoch nicht an irgendwelche prinzipiellen Bedingungen gebunden, die es bestimmten Wissenschaften unmöglich machen würden, sich ihrer zu bedienen. Die Bedingungen für die Anwendbarkeit der experimentellen Methode ergeben sich aus ihrer Struktur und ihrem Inhalt. Um die experimentelle Methode anwenden zu können, muß die jeweilige Theorie zunächst einen bestimmten Reifegrad erreicht haben, d. h., sie muß so klar und übersichtlich sein, daß sich aus ihr exakte theoretische Problemstellungen ergeben, die zur Aufstellung präzis formulierter Hypothesen führen. Die Folgerungen aus diesen Hypothesen müssen so beschaffen sein, daß sie eine Prüfung im Experiment gestatten. In den meisten Fällen setzen hier die Bedenken gegen die Anwendbarkeit der experimentellen Methode ein, da es sich erweisen kann, daß die Folgerungen sich auf Prozesse, Ereignisse usw. beziehen, die dem experimentellen Eingriff unzugänglich sind.

Gewöhnlich handelt es sich aber in diesen Fällen nicht um prinzipielle Hindernisse, da sich in der Menge der Folgerungen aus der Hypothese im Prinzip stets solche finden lassen, die experimentell überprüft werden können, und da sich die experimentelle Technik mit dem Fortschreiten von Wissenschaft und Praxis selbst weiterentwickelt. Während z. B. noch zu Beginn des 20. Jahrhunderts die Anwendbarkeit der experimentellen Methode in den Gesellschaftswissenschaften grundsätzlich verneint wurde, hat sie sich inzwischen auch in diesen Wissensdisziplinen einen festen Platz erobert; ähnliches gilt für Experimente unter kosmischen Bedingungen usw. Das zunehmende Eindringen mathematischen und kybernetischen Gedankenguts in viele Natur- und Gesellschaftswissenschaften erhöht zudem laufend die Möglichkeiten der Anwendung der experimentellen Methode in ihnen.
→ Methode → Hypothese → Experiment → Sinnliches und Rationales.

Experimentum crucis [lat] – *eigtl*: Überkreuz-Experiment; ein Experiment, dessen Ausgang eine Hypothese entweder bestätigt oder widerlegt. Nur in seltenen Fällen ergibt sich in der Forschung eine Situation, bei der ein Experimentum crucis möglich ist. Im allgemeinen erhöht der Ausgang eines Experiments nur den Bestätigungsgrad einer Hypothese oder setzt ihn herab. Die Entdeckung des Planeten Neptun 1846 hat angenähert den Charakter eines Experimentum crucis. Die Planeten Uranus und Saturn wiesen Störungen auf, die nur zwei Möglichkeiten offen ließen: Entweder gelten die Keplerschen Gesetze und die Gravitationsgesetze in großer Entfernung von der Sonne nicht mehr in der bisherigen Form, oder es mußte sich ein großer Planet außerhalb der Bahnen der bisher bekannten Planeten befinden, wobei sich der hypothetische Ort dieses Planeten für das Jahr 1846 mathematisch errechnen ließ. Der Planet Neptun wurde in unmittelbarer Nähe der errechneten Position aufgefunden, das Experimentum crucis hatte einen positiven Ausgang.
Gelegentlich wird der Terminus «Experimentum crucis» in einem vom Vorstehenden etwas abweichenden Sinne gebraucht, und es werden eine Reihe von Bedingungen daran geknüpft, ob das tatsächliche Vorliegen eines solchen Experimentum crucis festgestellt werden kann.

Explikandum → Explikation.

Explikat → Explikation.

Explikation [lat] – nach Rudolf CARNAP Verbesserung bzw. Präzisierung eines im Alltagsgebrauch bzw. im vorwissenschaftlichen Stadium bereits gegebenen Begriffs. Der gegebene Begriff heißt Explikandum, das Resultat der Operation der Explikation hingegen heißt Explikat.
Der Übergang vom Explikandum zum Explikat erfolgt durch einen Abstraktionsvorgang, bei dem das konstruktive Element der Abstraktion wesentlich im Vordergrund steht.
Beispiel: Es soll ein logisches Explikat der Wenn-So-Beziehung gefunden werden. Das Explikandum kommt also in Aussagen der Form: «Wenn p, so q» vor.
Mit dem Alltagsgebrauch der Wenn-So-Beziehung sind eine Reihe nichtlogischer Momente in höchst unklarer Weise verknüpft. Man nimmt etwa an, daß p die Ursache von q sein müsse, damit die Aussage «wenn p, so q» *wahr* ist. Bei entsprechenden Testfragen ergibt sich ferner, daß die meisten Menschen die Aussage für *falsch* halten, wenn p *falsch*, q aber *wahr* ist. Ein Explikat zu diesem Explikandum ist, wie eine eingehende Analyse feststellt, die → Implikation. Sie ist ausschließlich durch nachstehende Wahrheitsmatrix festgelegt:

p	q	$p \rightarrow q$
w	*w*	*w*
w	*f*	*f*
f	*w*	*w*
f	*f*	*w*

Diese Begriffsexplikation verwirft das Explikandum nicht schlechthin als *falsch*, sondern bewahrt die wissenschaftlich wertvollen und richtigen Momente auf, beseitigt Unklarheiten und begriffliche Unschärfe und führt schließlich zu dem von allen psychologischen, kausaltheoretischen usw. gereinigten Explikat. Ganz allgemein müssen an ein Begriffsexplikat, das sich als Resultat einer wissenschaftlich adäquaten Begriffsexplikation ergeben soll, folgende Bedingungen gestellt werden:

1. Das Explikat muß das Explikandum dialektisch negieren. Im Explikat müssen alle positiven und praktisch erprobten Momente des Explikandums aufbewahrt werden, und das Explikat muß eine echte Weiterentwicklung des Explikandums sein.
2. Das Explikat muß eine logisch exakte Definition möglich machen, und zwar so, daß alle begrifflichen Unschärfen usw. verschwinden.
3. Das Explikat muß sich in der wissenschaftlichen Praxis bewähren und insbesondere in der Lage sein, auch überall dort, wo bisher das Explikandum ausgereicht hat, an dessen Stelle zu treten.
4. Das Explikat soll so beschaffen sein, daß es nach Möglichkeit als Bestandteil einer in sich geschlossenen Theorie fungieren kann.
5. Das Explikat soll dem Prinzip der maximalen Einfachheit genügen. Dort, wo unter den Gesichtspunkten einer bestimmten Theorie mehrere Explikate vom Explikandum ausgehend konstruiert werden können, soll dasjenige ausgewählt werden, das mit einem Minimum an logischer und all-

gemein systemtheoretischer Reichhaltigkeit auskommt.
Es wird also etwa wenig zweckvoll sein, solche Explikate ausgehend von einem bestimmten Explikandum zu konstruieren, die zugleich die Änderung ganzer wissenschaftlicher Systeme verlangen.

explizit(e) [lat] – auseinandergefaltet, entwickelt. *Ggs*: implizit(e).

explizite Definition → Definition.

Extension → extensional.

extensional [lat] – nennt man eine Aussagenverbindung, wenn ihr Wahrheitswert nur von den Wahrheitswerten der verknüpften Aussagen, nicht aber von deren Inhalt abhängt. Die *Konjunktion* ist eine solche extensionale Aussagenverbindung. Sie ist dann *wahr*, wenn die beiden durch die Partikel «und» verknüpften Aussagen *wahr* sind; in allen anderen Fällen ist sie *falsch*.
Der Wahrheitswert einer Aussage wird von CARNAP als *Extension* dieser Aussage bezeichnet. Die Aussage «Kant ist der Bruder von Napoleon» hat danach den Wahrheitswert bzw. die Extension *falsch*.
Im Bereich der *Prädikatenlogik* versteht man unter der *Extension des Begriffs* bzw. *Prädikats* die Klasse der Individuen usw., auf die das Prädikat zutrifft. So ist etwa die Extension des Begriffs «Werkzeuge anfertigende und benutzende Säugetiere» die Klasse der Menschen. Dieselbe Extension hat aber auch der Begriff «Säugetiere, die Sprache besitzen». Das bedeutet nicht, daß beide Begriffe in jeder Weise identisch sind. Verschieden ist ihre *Intension*. Das Gesagte läßt sich weiter ausdehnen auf zwei- und mehrstellige *Relationen*.
Für die *formale Logik* ist es charakteristisch, daß sie dort, wo sie in ihrem engeren Bereich arbeitet, wo sie nicht als angewandte Logik oder als Methodologie auftritt, nur *extensionale* Aussagenverbindungen, extensionale Beziehungen zwischen Prädikaten, Relationen usw. behandelt. Aus dieser Tatsache leitet CARNAP die – umstrittene – *Extensionalitätstheorie der formalen Logik* ab, die besagt, daß sich alle nicht-extensionalen, d. h. intensionalen Beziehungen, Bestimmungen usw. ausmerzen und durch extensionale ersetzen lassen. In dieser absoluten Formulierung ist die Extensionalitätsthese der formalen Logik falsch. Sie verstößt gegen die dialektische Beziehung von Inhalt und Form. Außerdem kann man Verbindungen angeben, die sich nicht auf extensionale Aussagenverbindungen reduzieren lassen. Eine solche Aussagenverbindung ist z. B. «*p* weil *q*». Die Extensionalitätsthese der formalen Logik muß auf ihren annehmbaren Sinn reduziert werden, nämlich nicht eine *These*, sondern lediglich ein anzustrebendes *methodologisches Ideal* und eine Abgrenzung der formalen Logik der *dialektischen Logik* gegenüber, die vornehmlich die Intension der Aussagenverbindungen, Begriffe usw. untersucht, darzustellen.
→ intensional.

Extensionalitätsthese → extensional.

Exterorezeptoren [lat] – Rezeptoren, welche die Reize (Informationen) aus der Umwelt des Organismus aufnehmen und an die Nervenzentren weiterleiten.
Zu den Exterorezeptoren gehören die Rezeptoren des optischen und des akustischen Sinns, des Geruchs- und des Geschmackssinns sowie die Rezeptoren des sogenannten Tastsinns, die spezialisiert sind in Rezeptoren für Druck- bzw. Berührungsempfindung, für Kaltempfindung, für Warmempfindung und für oberflächliche Schmerzempfindung. Ferner ist für die Information über Gewicht, Verformbarkeit, Konsistenz usw. der Muskel-, Spannungs- bzw. Kraftsinn von Bedeutung, der in den sensiblen Nervenendigungen der Muskeln seine Rezeptoren besitzt.
→ Interorezeptoren → Rezeptor.

extramental [lat] – *svw* außerhalb des Bewußtseins, objektiv.

extramundan [lat] – außerhalb der Welt; *svw* → transzendent.

Extrapolation [lat] – im *allgemeinen philosophischen Sinne*: hypothetische Übertragung von Einzelaussagen, allgemeinen Gesetzesaussagen oder ganzen Theorien von dem Bereich, für den ihre Gültigkeit erwiesen ist, auf andere Bereiche, für die ihre Gültigkeit nicht feststeht, sondern nur angenommen wird. Im *engeren Sinne* versteht man unter Extrapolation und der mit ihr verwandten Interpolation bestimmte in der praktischen Analysis (Näherungsmathematik) gebräuchliche Verfahren: die *Extrapolation* ermittelt aus gegebenen Werten eines Kurvenabschnitts die außerhalb von ihm gelegenen Werte, die *Interpolation* dagegen zwischen auseinanderliegenden Punkten, deren Zusammenhang vorausgesetzt wird, die Zwischenwerte.
Bei den Bereichen, die durch Extrapolation erschlossen werden, handelt es sich in der Regel um empirisch und experimentell unzugängliche Gebiete (z. B. die Übertragung der auf der Erde festgestellten Gesetze der Physik und Chemie auf andere Himmelskörper). Voraussetzung dafür, daß die Extrapolation zu richtigen Erkenntnissen führt, ist, daß in dem zu erschließenden Bereich die Wirkungsbedingungen der aus dem bekannten Bereich übertragenen Gesetzmäßigkeiten gegeben sind. Ist diese Voraussetzung nicht erfüllt, so führt die Extrapolation zu falschen Ergebnissen, wie z. B. im Falle der mißbräuchlichen und schematischen Übertragung von spezifischen Gesetzen einer niederen Bewegungsform der Materie auf höhere Bewegungsformen, insbesondere von

biologischen Gesetzen auf die Entwicklung der menschlichen Gesellschaft.
Die Begriffe der Extrapolation und der Interpolation im allgemeinen Sinne stehen in enger Beziehung zum Begriff der Hypothese. Als Mittel zur Aufstellung von Hypothesen sind Extrapolation und Interpolation einerseits im Hinblick auf die materielle Einheit der Welt legitime und notwendige Verfahren innerhalb der rationalen Stufe der Erkenntnis, um neue Bereiche in die wissenschaftliche Forschung einbeziehen zu können; andererseits sind ihnen objektive Schranken gesetzt durch die dialektischen Gesetze der Negation der Negation und des Umschlagens quantitativer Veränderungen in qualitative, weil in qualitativ neuen Bereichen neue Gesetzmäßigkeiten auftreten.
Extrapolation und Interpolation sind insofern notwendige Verfahren, als auf Grund eines Analogieschlusses gleichen oder ähnlichen Objekten folgerichtig gleiche oder ähnliche Eigenschaften zugeschrieben werden müssen. Es besteht deshalb ein enger Zusammenhang zwischen Extrapolation und Interpolation einerseits und unvollständiger Induktion andererseits, bei der aus der Erkenntnis, daß einer gegebenen Anzahl von Objekten einer Klasse von Gegenständen die Eigenschaft *A* zukommt, die Schlußfolgerung gezogen wird, daß die ganze Klasse die Eigenschaft *A* besitzt. Wie bei der unvollständigen Induktion bedürfen auch die Ergebnisse der Extrapolation und der Interpolation des (praktischen oder logischen) Beweises.
Mit Hilfe von Extrapolationen und Interpolationen werden nicht nur Hypothesen, sondern auch Prognosen aufgestellt. Solche Prognosen gehen von der Annahme aus, daß bisher beobachtete, relativ konstante Entwicklungsreihen auch in Zukunft in entsprechender Weise verlaufen werden. Die Sicherheit derartiger, auf Extrapolation oder Interpolation beruhender Prognosen ist naturgemäß geringer als die von Prognosen, die auf der Grundlage gesicherter Gesetzesaussagen und Aussagen über bekannte oder abzuschätzende Rand- oder Anfangsbedingungen des zu prognostizierenden Prozesses getroffen werden.
Ein großer Teil der Aussagen vieler Wissenschaften, z. B. der Geologie, Astronomie, der Abstammungslehre, stützt sich auf Extrapolation bzw. Interpolation. Beide sind nicht nur denkmögliche, sondern vom realen Stand der Forschung ausgehende wissenschaftliche Verfahren; ihnen kommt weit mehr als bloß heuristische Bedeutung zu.
Läßt man die Forderung nach praktischer und logischer Bewährung außer acht, so werden Extrapolation und Interpolation zu rein spekulativen Werkzeugen, die der bewußten Irreführung dienen können. Am bekanntesten ist das Beispiel der Extrapolation von biologischen Gesetzen auf das Leben der Gesellschaft im Sozialdarwinismus. Der kapitalistische Konkurrenzkampf sollte quasi eine naturwissenschaftliche Begründung erfahren durch den Hinweis auf den (ohnehin einseitig dargestellten) Kampf ums Dasein im Tierreich. Daraus wurde dann eine Moral abgeleitet, die ihren konsequentesten Ausdruck in der Ideologie des deutschen Faschismus fand. Ein anderes Beispiel einer ungerechtfertigten Extrapolation ist die Ausdehnung des 2. Hauptsatzes der Thermodynamik auf das unendliche Weltall, in dem die notwendigen Bedingungen für seine Gültigkeit gar nicht gegeben sind (→ Wärmetod des Weltalls).
→ Analogie → Gesetz → Hypothese → Prognose.

extrem [lat] – übertrieben, äußerst; radikal. *Extrem* – Übertreibung, das Äußerste, äußerste Grenze.

F

f – in deutschsprachiger Logikliteratur gebräuchliche Abkürzung zur Bezeichnung des → Wahrheitswertes *falsch*; statt dessen findet man auch die Abkürzung «0».
→ *w*.

Fachsprache → Wissenschaftssprache.

Fachterminus → Terminus (technicus).

faktisch [lat] – tatsächlich, gegeben; wirklich vorhanden.

Faktizität [lat] – Tatsächlichkeit, Gegebenheit; Wirklichkeit.

Faktorentheorie [lat + griech] – eklektische bürgerliche Gesellschaftstheorie, die dem Monismus der materialistischen Geschichtsauffassung des Marxismus-Leninismus die «multilineare Interpretation» (L. von Wiese) oder den «Pluralismus der Faktoren» (M. Ginsberg) gegenüberstellt. Vertreter dieser Theorie verstehen die gesell-

schaftliche Entwicklung als Resultat der Wechselwirkung verschiedener Faktoren, des geographischen, ökonomischen, politischen, sozialen, technischen, wissenschaftlichen, ideologischen, moralischen, religiösen usw. Faktors. Geschichte und gesellschaftliche Entwicklung sei das Zusammenfließen dieser Faktoren an einem bestimmten Punkt. Von verschiedenen Vertretern dieser Theorie werden einzelne Faktoren mehr, andere weniger hervorgehoben. In den heutigen bürgerlichen Sozialtheorien wird immer häufiger der technische und wissenschaftliche Faktor als der dominierende betont. Dazu zählt vor allem die Theorie der Industriegesellschaft und die auf ihr beruhende Konvergenztheorie wie auch die Technik-Philosophie. Demgegenüber geht der historische Materialismus zwar ebenfalls davon aus, daß die gesellschaftliche Entwicklung Resultat einer Vielzahl von Faktoren ist, stellt diese aber nicht einfach eklektisch als Triebkräfte nebeneinander, sondern führt die gesellschaftliche Entwicklung auf die letztlich bestimmenden ökonomischen Triebkräfte in einem bestimmten gesellschaftlichen System, in einer bestimmten ökonomischen Gesellschaftsformation zurück.
→ ökonomische Gesellschaftsformation → Produktionsweise.

Faktum [lat; *Plur*: Fakta] – Tatsache, Gegebenheit.

falsch → Wahrheit → Wahrheitswert.

Falschheit → Wahrheit.

Falsifikation [lat] – im Rahmen der Verifikation erfolgte Feststellung der *Falschheit* einer Aussage bzw. Hypothese. Die Falsifikation erfolgt dadurch, daß wenigstens eine der aus der Aussage bzw. Hypothese deduktiv abgeleiteten Aussagen durch unmittelbare Beobachtung des ihr entsprechenden Sachverhalts oder Ähnlichem als *falsch* nachgewiesen wird (→ Reduktion).
Die *empirische Falsifikation* einer Hypothese ist im Prinzip leichter durchzuführen als ihre *empirische Bestätigung*. Auch dann, wenn aus einer Hypothese eine ganze Reihe von Aussagen ableitbar sind, die sich als *wahr* erweisen, ist dies noch keine endgültige Verifikation der Hypothese. Bereits eine einzige *falsche* Aussage, die aus dieser Hypothese gewonnen werden kann, kommt ihrer Falsifikation gleich. Allerdings braucht eine falsifizierte Hypothese nicht unbedingt insgesamt verworfen zu werden; häufig genügt es, sie in geeigneter Weise zu modifizieren, um sie dann erneut dem Verfahren der Verifikation zu unterwerfen.
→ Verifikation.

Familie [lat] – durch gemeinsame Abstammung, Heirat, gemeinsame Nachkommenschaft usw. begründete Lebensgemeinschaft von Menschen, deren jeweilige Besonderheit durch historisch bestimmte Eigentumsverhältnisse und Eheformen geprägt wird.
Das Wort «Familie» entstammt dem antiken römischen Rechtsdenken und brachte die patriarchalische Form der Hausgenossenschaft der Sklavenhaltergesellschaft zum Ausdruck, deren «Haupt Weib und Kinder und eine Anzahl Sklaven unter römischer väterlicher Gewalt, mit dem Recht über Tod und Leben aller, unter sich hatte» (MARX/ENGELS 21, 61), weshalb das Wort gleichzeitig die Bedeutung von Gesinde, Sklaven, Geschlecht hatte. Später wurden alle sozial-biologischen Einheiten von Männern und Frauen, von Eltern und Kindern und im weiteren Sinne die Gesamtheit der Verwandtschaftsbeziehungen (Verwandten) als Familie bezeichnet.
Unter den Vertretern der klassischen bürgerlichen Philosophie gebührt vor allem HEGEL das Verdienst, den Zusammenhang zwischen Familie und der jeweiligen Eigentums-, Rechts- und Erziehungspraxis im Leben der Gesellschaft aufgezeigt zu haben (*Grundlinien der Philosophie des Rechts, III: Die Sittlichkeit*).
Die *historisch-materialistische Theorie* von der Entstehung, den Grundformen sowie den historischen Perspektiven der Entwicklung der Familie als sozialem Organismus wurde vor allem von ENGELS (*Der Ursprung der Familie, des Privateigentums und des Staats*, 1884) unter Benutzung zahlreicher Vorarbeiten von MARX, besonders im Zusammenhang mit der Würdigung der Forschungen von MORGAN (Ancient society, or researches in the lines of human progress from savagery, through barbarism to civilization, 1877 – Die Urgesellschaft. Untersuchungen über den Fortschritt der Menschheit aus der Wildheit durch die Barbarei zur Zivilisation) ausgearbeitet. Bedeutendes hat hierzu u. a. auch BEBEL (*Die Frau und der Sozialismus*, 1878) beigetragen.
In der Geschichte der Menschheit sind drei Hauptformen der Familie aufgetreten: *Gruppenfamilie, Paarungsfamilie und monogame Familie*, die den drei sog. Hauptstadien der Menschheitsentwicklung entsprechen: Wildheit, Barbarei und Zivilisation.
Die *monogame Familie* ist die Familienform, die sich auf den Sieg des Privateigentums über das ursprüngliche, naturwüchsige Gemeineigentum gründet. Sie entstand aus der Konzentration größerer Reichtümer in der Hand des Mannes als Familienoberhaupt und aus dem Interesse, das Vermögen ausschließlich den Kindern dieses Mannes bzw. dem engsten Verwandtenkreis zu vererben. Aus diesen ökonomischen Interessen und Rücksichten resultiert zugleich die ökonomische und rechtliche Sonderstellung des Mannes gegenüber der Frau in der Klassengesellschaft.
Mit der im Kapitalismus sich entwickelnden Großindustrie wurden die ökonomischen Grundlagen der im wesentlichen patriarchalischen For-

men der monogamen Familie, wie sie in der Sklaverei und im Feudalismus bestanden, zerstört und neue ökonomische Grundlagen für eine höhere Form der Familie und des Verhältnisses der Geschlechter geschaffen, zunächst hauptsächlich für die Familie der Proletarier, besonders durch die massenhafte Einbeziehung proletarischer Frauen in den gesellschaftlichen Produktionsprozeß.
In der *bürgerlichen Familie* ist nach wie vor die Klassenlage und nicht die individuelle Geschlechtsliebe das eigentliche Band der Familie. Eine Vielzahl ökonomischer Rücksichten übt Einfluß auf die Gattenwahl und auf die Familienbeziehungen aus, wenn auch die auf Liebe begründete Freiheit der Eheschließung formal für beide Ehepartner als allgemeines Menschenrecht proklamiert ist. Erst durch die Beseitigung des Privateigentums an den Produktionsmitteln durch die sozialistische Revolution und den Aufbau des Sozialismus und Kommunismus verschwindet die «ganze Vererbungssorge» (ENGELS) und damit auch die eigentliche speziell ökonomisch-soziale Ursache der monogamen Familie. In der auf dem gesellschaftlichen Eigentum an den Produktionsmitteln beruhenden sozialistischen und kommunistischen Gesellschaftsordnung bleibt für die Gattenwahl, für die Familienbeziehungen kein anderes Motiv mehr als die gegenseitige Zuneigung, als die individuelle Geschlechtsliebe, weil in ihr alle Ursachen für die Ungleichheit der Geschlechter beseitigt sind. Die auf Geschlechtsliebe und gegenseitige Zuneigung begründete Familie ist ihrem Wesen nach monogam. Nur die auf Liebe gegründete Ehe und Familie sind sittlich und somit auch nur die, worin die Liebe fortbesteht.
Die Herausbildung neuer Familienbeziehungen in der *Epoche des Übergangs vom Kapitalismus zum Sozialismus* ist von vielfältigen Konflikten begleitet, ist ein Kampf zwischen überlieferten Traditionen und seit Jahrhunderten zur Gewohnheit gewordenen, fest verwurzelten Anschauungen und Verhaltensweisen einerseits und den neuen, auf der Gleichberechtigung der Geschlechter, der gegenseitigen Hilfe, Liebe und Achtung beruhenden neuen sozialistischen und kommunistischen Familienbeziehungen andererseits. Aber die entscheidende Voraussetzung für die Herausbildung neuer Familienbeziehungen wird im Sozialismus sofort geschaffen: die völlige Gleichberechtigung der Frau auf allen Gebieten des gesellschaftlichen Lebens, auf der Grundlage des gesellschaftlichen Eigentums an den Produktionsmitteln.
→ Klasse.

Fangschluß – in der *traditionellen Logik* Schluß, der nicht zwingend ist, aber zum Zweck der Täuschung so formuliert wird, daß er als zwingend erscheint.

Faschismus [lat → ital] – offene terroristische Diktatur der reaktionärsten, am meisten chauvinistischen, am meisten imperialistischen Elemente des Finanzkapitals (DIMITROFF).
Der Faschismus dient diesen Elementen dazu, ihre Vorherrschaft in allen Bereichen des gesellschaftlichen Lebens zu sichern und auszubauen und sich die Volkswirtschaft zur Vorbereitung auf einen Krieg vollständig zu unterwerfen. Er beschleunigt die Verschmelzung der Macht der Finanzoligarchie mit der Macht des Staates und führt zur völligen Unterordnung des gesamten Staatsapparates unter die Herrschaft der reaktionärsten und aggressivsten Gruppen des Finanzkapitals. Er vernichtet alle bürgerlich-demokratischen Freiheiten und übt einen hemmungslosen Terror gegen alle demokratischen und fortschrittlichen Kräfte des Volkes aus. Sein Hauptangriff richtet sich gegen die Arbeiterklasse. Um jeglichen organisierten Widerstand gegen die Verschärfung der Ausbeutung durch das Monopolkapital zu brechen, zerschlägt er ihre Organisationen und versucht vor allem ihre marxistisch-leninistische Führung, die Kommunistische Partei, zu vernichten.
Der Faschismus ist die Reaktion der imperialistischen Bourgeoisie auf die Veränderung des Kräfteverhältnisses seit dem Beginn der allgemeinen Krise des Kapitalismus, seit dem Sieg der Großen Sozialistischen Oktoberrevolution, die den weltweiten Übergang vom Kapitalismus zum Sozialismus einleitete. Er ist Ausdruck des Unvermögens der reaktionärsten Kräfte des Finanzkapitals, die Volksmassen, insbesondere die revolutionäre Arbeiterbewegung, mit den bisherigen Mitteln der bürgerlichen Demokratie ihren antinationalen, imperialistischen Interessen unterzuordnen und ihre Macht weiter aufrechtzuerhalten.
Der Faschismus ist ein Regierungssystem des politischen Banditentums und der Provokationen, des politischen Abenteurertums, das sich in seinen Beziehungen zu anderen Staaten hemmungslos über jegliches Völkerrecht hinwegsetzt. Da das Vordringen des Faschismus in einem Land aus den genannten Gründen nicht nur die Lebensinteressen des Volkes dieses Landes, sondern auch die aller übrigen Völker bedroht, kann und darf sich kein Staat aus Rücksicht auf das völkerrechtliche Prinzip der Nichteinmischung in die inneren Angelegenheiten eines anderen Staates gegenüber dieser Gefahr gleichgültig verhalten.
Kern der faschistischen Ideologie ist der extreme → Antikommunismus, der den zügellosen Terror gegen die Kommunistische Partei und gegen alle anderen antifaschistischen Kräfte im Innern des eigenen Landes rechtfertigt und in Verbindung mit rassistischen, sozialdarwinistischen, neomalthusianischen, organologischen und anderen

pseudowissenschaftlichen Theorien zur Begründung einer aggressiven Außenpolitik gegenüber anderen, insbesondere sozialistischen, Staaten dient. Ein weiteres Kennzeichen dieser Ideologie ist ihre umfassende soziale Demagogie («national-sozialistisch», «national-demokratisch», «antikapitalistisch», «anti-plutokratisch», «Volksgemeinschaft» usw.), durch die der Klassencharakter der Herrschaft des Faschismus verschleiert und die Werktätigen, insbesondere die kleinbürgerlichen Schichten, für den Faschismus gewonnen werden sollen.

Die ersten faschistischen Regimes wurden in den zwanziger Jahren in Italien, Polen und Ungarn errichtet, 1933 gelangte der deutsche Faschismus zur Macht und 1938 – durch Unterstützung des deutschen und italienischen Faschismus – der spanische Faschismus. Während des zweiten Weltkrieges kamen in verschiedenen vom deutschen und italienischen Faschismus besetzten Ländern faschistische Elemente an die Regierung.

Im zweiten Weltkrieg wurden der deutsche Faschismus und seine Verbündeten durch die Sowjetunion, die Antihitlerkoalition, die Kräfte der antifaschistischen nationalen Befreiungsbewegungen in den vom Faschismus okkupierten Ländern militärisch, politisch und ideologisch vernichtend geschlagen. Durch den Beschluß des Potsdamer Abkommens über die Vernichtung der übermäßigen Konzentration der Wirtschaftskraft Deutschlands wurde die Verantwortung der deutschen Konzernherren für die verbrecherische Politik der deutschen Faschisten und damit die Notwendigkeit und Berechtigung des Kampfes der deutschen Werktätigen gegen das Monopolkapital bestätigt. Diese Niederlage des Faschismus war nicht eine Niederlage des vom Faschismus unterjochten deutschen Volkes, sondern ihrem klassenmäßigen Wesen nach ein Sieg für die deutsche Arbeiterklasse, die zu keiner Zeit eine Stütze des deutschen Faschismus gewesen ist.

Auf Grund der Wiederherstellung der wirtschaftlichen und politischen Macht der Monopole lebt der Faschismus in Westdeutschland wieder auf. Erneut versuchen die reaktionärsten Kreise des Finanzkapitals, durch Faschisierung des Staates jeglichen Widerstand des Volkes gegen die Vorbereitung eines neuen Weltkrieges gewaltsam zu unterdrücken. Die pseudogesetzliche Grundlage für die Errichtung einer neuen faschistischen Diktatur bilden die sog. Notstandsgesetze, die sämtliche verbliebenen bürgerlich-demokratischen Freiheiten vernichten und das gesamte Staatsvolk der Bundesrepublik unter Androhung schwerster Strafen dazu verpflichten, alle seine Kräfte vorbehaltlos und bedingungslos in den Dienst der Kriegsvorbereitung bzw. Kriegführung des Monopolkapitals zu stellen.

Die Tendenz zur Faschisierung beschränkt sich in der Nachkriegszeit nicht nur auf Westdeutschland, sondern ist auch in anderen Staaten zu verzeichnen. Wie die Lehren der Geschichte bezeugen, kann nur das Bündnis aller Schichten des Volkes unter Führung der Arbeiterklasse und ihrer marxistisch-leninistischen Partei, die Herstellung einer antifaschistischen Einheitsfront, die Gefahr der Errichtung einer faschistischen Diktatur bannen.

Fatalismus [lat] – *eigtl*: Schicksalsglaube. Weltanschauung, nach der das gesamte Geschehen in Natur und Gesellschaft einer blinden Notwendigkeit unterliegt, der der Mensch bedingungslos (schicksalhaft) ausgeliefert ist.

Fatum [lat] – Schicksal, Verhängnis, blinde Notwendigkeit; *auch*: Weissagung; Weltordnung.

Fehlschluß – in der *traditionellen Logik* Schluß, bei dem aus *wahren* Prämissen (irrtümlich) auf eine *falsche* Conclusio geschlossen wird.

Felapton – künstlich geschaffenes Merkwort der *traditionellen Logik* für einen gültigen Modus der 3. Schlußfigur, und zwar für:

Aus MeP und MaS folgt SoP.

Die in der traditionellen Logik stillschweigend geltende Voraussetzung, wonach dem Mittelbegriff M nicht die Nullklasse entsprechen darf, muß in der *modernen Logik* ausdrücklich hinzugefügt werden; der Modus Felapton lautet in *moderner Schreibweise* folglich:

Aus $\forall(x)\,[M(x) \rightarrow \sim P(x)]$, $\forall(x)\,[M(x) \rightarrow S(x)]$ und $\exists(x)\,M(x)$ folgt $\exists(x)\,[S(x) \wedge \sim P(x)]$.

Feld – physikalischer Zustand des Raumes, der durch die Existenz von Massen, Magnetpolen oder elektrischen Ladungen und Strömen hervorgerufen wird und deren Kraftwirkungen vermittelt. Neben dem Stoff eine der Erscheinungsformen der Materie.

Die gegenwärtig bekannten physikalischen Formen von Feldern sind: elektrische, magnetische und Gravitationsfelder. Zur Deutung der Kernkräfte wurde ferner das Mesonenfeld eingeführt. Die moderne Physik dehnt den Feldbegriff immer weiter aus (z. B. Elektron–Positron-Feld, Neutronenfeld usw.).

Die Feldhypothese entstand in der zweiten Hälfte des 19. Jahrhunderts mit der Erforschung elektromagnetischer Erscheinungen. Bereits OERSTED hatte die Magnetwirkung eines stromdurchflossenen Leiters festgestellt und AMPÈRE die Erscheinung der elektromagnetischen Induktion quantitativ erfaßt. MAXWELL schuf, sich auf Vorarbeiten FARADAYS stützend, eine mathematische Theorie der elektromagnetischen Felder, die durch HERTZ experimentell bestätigt wurde und in ihren wesentlichen physikalischen Aussagen noch heute Gültigkeit besitzt.

Die Theorie MAXWELLS ging davon aus, daß elektrische Kräfte nicht auf Fernwirkung, sondern infolge der Vermittlung des Raumes, in dem ein elektrisches Feld entsteht, auf Nahwirkung beruhen. Der klassische Maxwellsche Feldbegriff war – abgesehen von seiner großen physikalischen Bedeutung als exakte Widerspiegelung einer neu entdeckten Erscheinungsform der Materie – *erkenntnistheoretisch* noch mit metaphysischen Mängeln belastet, da er das Feld als Erscheinungsform der Materie metaphysisch verabsolutierte, indem der Stoff (die Teilchen, Korpuskeln) quasi nur als «Knotenpunkte» des Feldes angesehen wurden. Damit war eine einseitige Deutung der Materie als eines lückenlosen Kontinuums verbunden.

Diese Auffassung wird zuweilen noch von Physikern vertreten. So versuchte z. B. EINSTEIN (1950), auf der allgemeinen Relativitätstheorie aufbauend, eine allgemeine Theorie der Felder (des Zusammenhangs aller Arten der Felder) aufzustellen, in der das Feld gegenüber den Korpuskeln primär ist. Dieser Versuch war jedoch physikalisch undurchführbar, da es wegen des nicht reduzierbaren Dualismus von Welle und Korpuskel nicht gelang, aus dem Feld die Elementarteilchen abzuleiten. Philosophisch gesehen ging dieser Versuch von der metaphysischen Vorstellung einer rein kontinuierlichen Urmaterie aus und ignorierte das dialektische Verhältnis von Kontinuität und Diskontinuität sowie den dialektisch widersprüchlichen Charakter der Materie und ihrer Mannigfaltigkeit.

Das gleiche gilt auch für den von SCHRÖDINGER unternommenen Versuch, die Korpuskeln mit Hilfe der von ihm entdeckten Wellengleichung auf sog. Wellenpakete zu reduzieren. Auch dieses Vorhaben erwies sich als unmöglich, weil die Wellenpakete im allgemeinen nicht stabil sind, sondern im Laufe der Zeit zerfließen, so daß der Ort, an dem das auf ein Wellenpaket reduzierte Teilchen, der Schrödingerschen Ψ-Funktion gemäß, sich mit großer Wahrscheinlichkeit befinden müßte, immer größer und damit unbestimmter wird.

Die Erkenntnisse der modernen Physik bestätigen die dialektische Auffassung, daß die Materie in ihrer Struktur und ihren Erscheinungsformen (Stoff, Feld) zugleich kontinuierlich und diskontinuierlich ist.

Das Verhältnis des Feldbegriffs zum Materiebegriff wird auch in der Gegenwart von vielen Physikern und Philosophen erkenntnistheoretisch nicht bewältigt. Den falschen Auffassungen liegt jeweils das Festhalten an einem begrenzten physikalischen Materiebegriff (Stoff, Masse) zugrunde. Das Feld ist aber keine neben der Materie existierende Sondersubstanz, schon gar nicht der Ursprung der Materie, sondern, da es außerhalb des Bewußtseins und unabhängig von ihm existiert, eine Erscheinungsform der Materie.

→ Stoff → Korpuskel-Welle-Dualismus.

Feld (einer Relation) – einer zweistelligen Relation $R(x, y)$ ist die Menge derjenigen Zahlen, Individuen usw., die als Werte der Variablen x, y auftreten können.

Liegt eine Relation $R(x, y)$ vor, so nennt man die Klasse der Individuen, die als Wert von x auftreten können, den *Bereich* der Relation, die Klasse der y den *Gegenbereich* oder den *konversen Bereich* dieser Relation. Ein Individuum x, das in der Relation R zu einem y steht, wird als Vorgänger, ein y, das zu einem x in der Beziehung R steht, als Nachfolger bezeichnet. Hiernach kann der Bereich einer zweistelligen Relation als Vereinigung der Klasse der Vorgänger und der Klasse der Nachfolger dieser Relation definiert werden.

Die wichtigste Form der Relationen sind die Funktionen. Im Falle einer zweistelligen Relation entspricht dem Bereich die Klasse der Funktionswerte, dem Gegenbereich die Klasse der Argumentwerte.

Relation — $R(x, y)$: Vorgänger (x), Nachfolger (y)

Funktion — $x = R(y)$: Funktionswert (x), Argumentwert (y)

Im Falle einer *Booleschen Algebra* bzw. ihrer aussagenlogischen Interpretation sind Bereich und Gegenbereich bzw. Klasse der Funktionswerte und Klasse der Argumentwerte besonders einfach:

Argument	Argumentwerte	Funktion	Funktionswerte
p	1,0	$f(p)$	1,0
p, q	1,0	$g(p, q)$	1,0

In der *Aussagenlogik* haben die Argumente, d. h. die Aussagenvariablen, nur die Werte 1 bzw. 0, wobei dem Wahrsein die 1, die 0 dem Falschsein entspricht. Ebenso haben die Funktionen dieser Argumente nur die Funktionswerte 1 bzw. 0. In der Literatur ist gelegentlich davon die Rede, daß die Argumentwerte der Wahrheitswertefunktionen Aussagen seien. Diese Redeweise ist nicht korrekt; in Wirklichkeit treten nicht die Aussagen, sondern die Wahrheitswerte von Aussagen als Argumentwerte auf. Ebenso sind die entsprechenden Funktionen nicht Aussagenfunktionen, sondern Funktionen von Wahrheitswerten von Aussagen. Der Bereich einer solchen Funktion ist also nicht die unendliche Menge der Aussagen, sondern der nur aus zwei Werten bestehende Funktionswertebereich der Aussagenfunktionen, vereinigt mit dem ebenfalls nur aus zwei Argumentwerten bestehenden Argumentwertebereich.

Ferio – künstlich geschaffenes Merkwort der *traditionellen Logik* für einen gültigen Modus der 1. Schlußfigur, und zwar für:
Aus MeP und SiM folgt SoP – in *moderner Schreibweise*:
Aus $\forall(x)\,[M(x) \rightarrow \sim P(x)]$ und $\exists(x)\,[S(x) \wedge \wedge M(x)]$ folgt $\exists(x)\,[S(x) \wedge \sim P(x)]$.

Ferison – künstlich geschaffenes Merkwort der *traditionellen Logik* für einen gültigen Modus der 3. Schlußfigur, und zwar für:
Aus MeP und MiS folgt SoP – in *moderner Schreibweise*:
Aus $\forall(x)\,[M(x) \rightarrow \sim P(x)]$ und $\exists(x)\,[M(x) \wedge \wedge S(x)]$ folgt $\exists(x)\,[S(x) \wedge \sim P(x)]$.

Fesapo – künstlich geschaffenes Merkwort der *traditionellen Logik* für einen gültigen Modus der 4. Schlußfigur, und zwar für:
Aus PeM und MaS folgt SoP.
Die in der traditionellen Logik stillschweigend geltende Voraussetzung, wonach dem Mittelbegriff M nicht die Nullklasse entsprechen darf, muß in der *modernen Logik* ausdrücklich hinzugefügt werden; der Modus Fesapo lautet in *moderner Schreibweise* folglich:
Aus $\forall(x)\,[P(x) \rightarrow \sim M(x)]$, $\forall(x)\,[M(x) \rightarrow S(x)]$ und $\exists(x)\,M(x)$ folgt $\exists(x)\,[S(x) \wedge \sim P(x)]$.

Festino – künstlich geschaffenes Merkwort der *traditionellen Logik* für einen gültigen Modus der 2. Schlußfigur, und zwar für:
Aus PeM und SiM folgt SoP – in *moderner Schreibweise*:
Aus $\forall(x)\,[P(x) \rightarrow \sim M(x)]$ und $\exists(x)\,[S(x) \wedge \wedge M(x)]$ folgt $\exists(x)\,[S(x) \wedge \sim P(x)]$.

Fetischismus [lat → portugies → franz] – Glaube an übernatürliche Eigenschaften bestimmter auserwählter oder ungewöhnlicher (vorwiegend selbstverfertigter) Gegenstände und deren Verehrung.
Äußerungen des Fetischismus finden sich in allen Religionen. Sie sind keineswegs bloß Ausdruck einer frühen Stufe der Religionsentwicklung, wie dies die herrschende Ansicht in der *bürgerlichen Religionsgeschichtsschreibung* ist. Der Begriff des Fetischismus ist kein Klassifikationsmerkmal eines bestimmten Religionstyps. Er hat religionsgeschichtlich lediglich Berechtigung als allgemeine Bezeichnung für formal gleiche Erscheinungen des religiösen Lebens, die – inhaltlich von durchaus unterschiedlicher Bedeutung – durchgängig in allen Religionsformen und auf allen Entwicklungsstufen der Religion auftreten: die Verehrung von Gegenständen als Sitz von Dämonen, Geistern, magischen Kräften, als Versinnbildlichung von Heiligen. Die «Tjurunga» und andere heilige Gegenstände der *Australier*, die in verschiedenen materiellen Gegenständen verkörperten «Schutzgeister» der *nordamerikanischen Indianer*, der schwarze Kaabastein der *Mohammedaner* (Mekka), die Heiligtümer der *Buddhisten* (Lhasa), die Heiligenbilder, Kruzifixe und Reliquien des *Christentums* und schließlich die verschiedenen ähnlichen Erscheinungen rein *abergläubischer Praxis* (→ Aberglaube) wurzeln bedeutungsmäßig in sehr unterschiedlichen Vorstellungen und in sozialökonomisch weitgehend verschiedenen Voraussetzungen. Ihrem Wesen nach sind sie jedoch sämtlich Erscheinungsformen des Fetischismus.
Hieraus folgt ein *allgemeiner Grundzug* aller religiös-abergläubischen Praxis: das Vergegenständlichen (Sinnlich-konkret-Machen) des angenommenen Numinosen (der göttlichen Macht), worin sich die *erkenntnistheoretisch* wichtige Tatsache verdeutlicht, daß in der Religion «die Produkte des menschlichen Kopfes» in «mit eigenem Leben begabte, untereinander und mit den Menschen in Verhältnis stehende selbständige Gestalten» verwandelt werden (MARX/ENGELS 24, 86).
→ Religion.

Feudalismus [lat] – ökonomische Gesellschaftsformation, die sich entweder auf der Basis einer voraufgegangenen Sklavenhalterordnung oder auch unmittelbar aus der sich auflösenden Urgesellschaft entwickelte. Grundlage dieser Gesellschaftsformation sind die feudalen Produktionsverhältnisse, die durch das Eigentum der Feudalherren (Adel und Geistlichkeit) am damaligen Hauptproduktionsmittel, dem Boden, und durch das beschränkte Eigentum der Feudalherren an den unmittelbaren Produzenten, den hörigen bzw. leibeigenen Bauern, charakterisiert werden. In Form der Arbeitsrente (Frondienst), der Produktenrente oder der Geldrente eignete sich die Klasse der Feudalherren mit Hilfe außerökonomischen Zwangs das Mehrprodukt der Arbeit an, die die hörigen bzw. leibeigenen Bauern auf den ihnen zur Nutzung von den Feudalherren übergebenen Bodenanteilen leisteten. Aus dieser Ausbeutung resultiert der Klassenkampf zwischen Feudalherren und Bauern, der von seiten der Bauern anfangs gegen die Verschärfung der Ausbeutung, später gegen die Feudalordnung selbst geführt wird.
Die politische Struktur der Feudalgesellschaft war durch die hierarchischen Über- und Unterordnungsverhältnisse der Feudalherren gekennzeichnet, die den einzelnen Feudalherren in ihrem Herrschaftsbereich weitgehende staatliche Befugnisse gewährleisteten, sie jedoch zugleich zum Gehorsam gegenüber ihrem übergeordneten Lehnsherrn verpflichteten, dessen Vasallen sie waren. Sie war ferner durch die ständische Gliederung der Gesellschaft charakterisiert, die die Klassenunterschiede und die Unterschiede zwischen den verschiedenen sozialen Schichten juristisch fixierte,

d. h. die Rechte und Pflichten eines jeden Standes gesetzlich festlegte.

Ideologisch wurde die Herrschaft der Klasse der Feudalherren durch die monotheistischen Weltreligionen und durch die religiöse Philosophie gestützt. Eine große Rolle spielten dabei die *katholische Religion* und der *Thomismus*, die – unter Mißbrauch der religiösen Gefühle der unterdrückten Klassen und Schichten der Feudalgesellschaft – die Ständegliederung der Gesellschaft als gottgewollt zu rechtfertigen versuchten. Diese Form der Weltanschauung spiegelte die sozialökonomischen Beziehungen und die Hierarchie der feudalen Gesellschaft mit dem König als oberstem Feudalherrn, dem in der Religion der eine und allmächtige Gott entsprach, am adäquatesten wider. Im Bewußtsein der ausgebeuteten und unterdrückten Massen übte die Religion faktisch eine ungeteilte Herrschaft aus.

Mit der Zeit führte die ökonomische Entwicklung im Feudalismus zur Trennung der gewerblichen von der landwirtschaftlichen Produktion und zur Entstehung von Städten, in denen die sich entwickelnde Warenproduktion und der Handel konzentriert waren. Damit entstanden neben den beiden Hauptklassen der Feudalgesellschaft, den Feudalherren und den leibeigenen bzw. hörigen Bauern, die soziale Schicht der Handwerker und die der Kaufleute, die ebenfalls durch die Klasse der Feudalherren ausgebeutet wurden. Diese Ausbeutung war die Grundlage des Klassenkampfes zwischen den Grundherren und den Städten, der zum Teil mit dem Klassenkampf der Bauern gegen die Feudalherren verschmolz. Mit der Entwicklung kapitalistischer Elemente in der Warenproduktion setzt der Verfall des Feudalismus und die Durchsetzung kapitalistischer Produktionsverhältnisse ein. Der Übergang vom Handwerk und von der Handarbeit zur maschinellen Produktion führt zu einem wesentlichen Erstarken der aufstrebenden Bourgeoisie und gewährleistet letztlich deren Sieg über den Feudalismus.

Fideismus [lat] – Name für eine gegen Ende des 19. Jahrhunderts mit dem Ziel, die kirchlichen Dogmen zu relativieren, entwickelte religiöse Lehre (*Pariser Schule*: SABATIER, MÉNÉGOZ), nach der die religiösen Glaubenssätze und Begriffe nur Symbole (*Symbolfideismus*) sind, die der Mensch schon vor aller theologischen Reflexion erwarb.

Im *übertragenen Sinne* Name für eine erkenntnistheoretische Haltung, die den (religiösen) Glauben als einzige Grundlage aller Erkenntnis und den Glauben über die Vernunft setzt bzw. aus erkenntnistheoretischen Bemühungen religiöse Folgerungen zieht (z. B. die Erkenntnistheorie des *Neuthomismus*). Dem Fideismus nahe kommt die subjektiv-idealistische Erkenntnistheorie des *Empiriokritizismus* (LENIN 14 I, 4; V 6).

Fiktion [lat] – Annahme; Erdichtung, Unterstellung.

final [lat] – auf ein Ziel gerichtet; zielbestimmt, zweckbestimmt; auf einem Zweck-Mittel-Zusammenhang beruhend bzw. in einem Zweck-Mittel-Zusammenhang stehend.

→ Finalität → Teleologie → Ziel → Zweck.

finales Verhalten → Finalität → Zielstrebigkeit → Zweckmäßigkeit.

Finalismus [lat] – Name für philosophische Richtungen, die das → Kausalitätsprinzip leugnen und denen zufolge jede Veränderung und Entwicklung in der objektiven Realität auf die Erreichung und Realisierung ideeller Ziele gerichtet ist, die den Veränderungen und der Entwicklung gegenüber primär und bestimmend seien.

Der Finalismus ist im Bereich der idealistischen Philosophie angesiedelt. Er überträgt das für die menschliche Tätigkeit charakteristische Setzen und Realisieren von ideellen Zielen über den Bereich der Gesellschaft hinaus auf die gesamte Natur und sieht die alleinige Triebkraft aller Veränderung und Entwicklung in der Welt nicht in der Wechselwirkung innerer und äußerer Widersprüche der Dinge, Prozesse, Systeme usw., sondern in ideellen – meist überweltlichen – Ziel- und Zwecksetzungen. Soweit der Finalismus Wirkursachen gelten läßt, ordnet er diese den sog. Finalursachen unter und betrachtet die letzteren als primär.

Der Finalismus ist primär Bestandteil vieler objektiv-idealistischer Philosophien, des *Platonismus* ebenso wie des *Thomismus* und *Neuthomismus*. Er dient ihnen in der Regel zur Begründung eines zwecksetzenden transzendenten Wesens und damit zur Rechtfertigung der Religion. Die sich auf ihn gründenden Gottesbeweise sind unhaltbar, da sie von einem Zirkelschluß ausgehen: die in der organischen Natur herrschende Zweckmäßigkeit wird mit der Existenz Gottes erklärt und das Dasein Gottes aus eben dieser Zweckmäßigkeit abgeleitet.

→ Finalität → Teleologie → Ziel → Zweck.

Finalität [lat] – Zweckbestimmtheit, Zielgerichtetheit. In moderner Sicht wird darunter die Eigenschaft kybernetischer Systeme verstanden, unabhängig von äußeren Störungen und Beeinflussungen, immer wieder zum gleichen Zustand (Sollwert, finaler Zustand) zurückzukehren oder einer bestimmten Führungsfunktion zu folgen. Der Sachverhalt der Finalität war lange Zeit ein Thema metaphysischer philosophischer Spekulationen. Wer nur die Verhaltensweise eines finalen Systems betrachtet und nicht die nähere Struktur analysiert, wird auf einer niederen Stufe der Entwicklung der entsprechenden Wissenschaften unter Umständen zu dem Schluß gelangen, daß es eine geheimnisvolle Kraft geben müsse, die das betreffende System so leitet und lenkt, daß es unabhängig von allen «natürlichen» Einwirkungen (Störungen, Herausdrängen aus dem Gleichgewicht usw.) immer wieder ein und demselben Zustand, d. h. einem statischen Zustand bei Festwertregelung, einem dynamischen Zustand bei Folgeregelung, eben dem finalen Zustand zustrebt.

Der *dialektische Materialismus* hat in Verbindung mit der Kybernetik diesen Sachverhalt völlig aufgeklärt und auf natürliche Ursachen zurückgeführt. Finale Festwert- bzw. Folgeregelungszustände sind im Bereich der organischen Natur Resultate eines Optimierungsprozesses, nicht aber die Auswirkungen übernatürlicher Prinzipien. Auch in der Gesellschaft gibt es keine finalen Zustände im Sinne einer idealistischen Theorie der Finalität. Es sind vielmehr gesellschaftliche Kräfte, die sich ihre Ziele setzen, und in den gesellschaftlichen Auseinandersetzungen setzen sich diejenigen Ziele unter vielen möglichen durch, die den objektiv-realen gesellschaftlichen Zuständen am besten entsprechen. Im *Sozialismus* nimmt die gesellschaftliche Finalität den Charakter von wissenschaftlich vorherberechneten und planmäßig durchgeführten gesellschaftlichen Veränderungen an.

→ final → Finalismus → Teleologie → Ziel → Zielstrebigkeit → Zweck → Zweckmäßigkeit.

Finalursache (*auch*: Zweckursache) – wird in idealistischen Philosophien diejenige Ursächlichkeit genannt, nach der das Geschehen durch ein vorausliegendes Ziel bestimmt ist. Die Finalursache existiert nicht unabhängig oder neben der Wirkursächlichkeit, sie setzt diese vielmehr voraus, da sie nur in ihr oder über sie wirksam ist.

Der erste, der den Zweck systematisch unter die Ursachen einreihte, war ARISTOTELES, indem er in seiner Lehre von den Ursachen neben der → Material-, → Formal- und Wirkursache die Finalursache unterschied. Nach ARISTOTELES ist Ursache als Zweck «dasjenige, um deswillen etwas geschieht» (Metaphysik 1013a).

→ Teleologie.

Folge → Grund.

Form [lat] – 1. Philosophische Kategorie zur Erfassung der Organisation, der Struktur von Systemen überhaupt, d. h. der Gesamtheit der Relationen, die zwischen den Elementen eines Systems bestehen. In dieser Bedeutung sind «Form» und «Struktur» synonyme Begriffe.

2. Eine ideelle Struktur, ein gedankliches Relationsgefüge, das eine andere (materielle oder ideelle) Struktur widerspiegelt. So gilt z. B. die Gesamtheit der den ideologischen Überbau einer Gesellschaft konstituierenden Beziehungen als die Form, in der sich die Gesamtheit der materiellen (sozialökonomischen) Beziehungen der Gesellschaft als deren Inhalt in adäquater oder verzerrter Weise widerspiegelt. In dieser Bedeutung wird auch der Terminus *Denkform* gebraucht. Als Denkformen bezeichnet man Begriffe, Aussagen, Theorien usw., in denen als Inhalte die Phänomene der materiellen Welt widergespiegelt werden.

3. In weniger exaktem, mehr umgangssprachlichem Sinne bezeichnet man als Form häufig auch die äußere Gestalt, die sichtbaren Oberflächenerscheinungen der Dinge, Prozesse usw. der objektiven Realität.

In der *Geschichte der Philosophie* waren die jeweiligen Auffassungen vom Verhältnis zwischen Inhalt und Form stets engstens an die entsprechenden Antworten auf die *Grundfrage der Philosophie* und die nach dem *Verhältnis von Materie und Bewegung* gebunden. Die Unterscheidung von Inhalt und Form war mit der Unterscheidung von Stoff und Form, ihre undialektische Trennung mit der Trennung der Materie von ihren Eigenschaften gegeben.

Während für DEMOKRIT Form und Struktur eines Dinges von der Menge, Art, Reihenfolge und Anordnung der Atome abhängen, die Form also von der inneren Struktur eines Objekts bestimmt wird, tritt bei PLATON – nach dem Muster der menschlichen Tätigkeit – zu dem bewegungslos gedachten Stoff, der an sich ungeformt ist, die Form von außen als separates, bewegendes und formendes Prinzip hinzu. Es ist die immaterielle, transzendente Idee, die das Chaos des toten Stoffes durchdringen, formen muß, damit die konkreten Gebilde des Wirklichen entstehen. Inhalt wird also (bei PLATON) mit Stoff, Form mit Idee identifiziert. ARISTOTELES betont zwar, daß es in der Wirklichkeit weder ungeformten Stoff noch stofflose Formen gibt und daß nicht jeder Stoff eine beliebige Form, sondern nur die seinen Möglichkeiten adäquate annehmen könne; dennoch verabsolutiert auch er letztlich die Form, da er sie als das dem Stoff gegenüber aktive, bewegende, dominierende Prinzip ansieht. An der Spitze aller Formen steht die mit keinem Stoff behaftete reine Form: Gott. Mit PLATONS und ARISTOTELES' Haltung – der Stoff ist passiv, träge, nur der Möglichkeit nach Träger von Gestalten, Strukturen; die Form ist das Aktive, Bewegende, Strukturierende, letztlich Geistige – ist der Modellfall für jede künftige objektiv-idealistische Lösung des Verhältnisses von Inhalt und Form vorgezeichnet.

Mit der Überwindung der – vor allem ARISTOTELES verpflichteten – *Scholastik*, mit der Wiederentdeckung der Eigenständigkeit der Natur und in Anknüpfung an Gedankengänge der *antiken Atomistik* wird in der Renaissance die Einheit von Materie und Bewegung und demzufolge die von Inhalt und Form behauptet (BRUNO). BACON zufolge kommt die Form der Materie notwendig zu. Innerhalb der Einheit von Form und Inhalt ist der Inhalt das bestimmende Moment, wobei

BACON unter Form das Bewegungsgesetz der Materie versteht. Da jedoch der *mechanische Materialismus* die Trennung von Materie und Bewegung nicht aufheben kann, werden in der Folgezeit die Ansätze, Form und Inhalt als dialektische Einheit zu betrachten, nicht wesentlich weiterentwickelt. Zwar wird von den *französischen Materialisten* des 18. Jahrhunderts behauptet, daß die Form innernatürlich sei und durch die Materie bestimmt werde – ihre Transzendenz und Immaterialität wird damit abgewiesen –, aber sie bleibt dennoch etwas den Dingen Äußerliches. Nur der Gesamtheit der Materie wird innere Bewegung zugeschrieben, das Einzelding gilt weiterhin als durch Druck und Stoß bewegt. In diesem Sinne verdankt z. B. für LA METTRIE der Gegenstand seine Form dem Druck der Teile des einen Körpers gegen die Teile des anderen, nicht aber seiner inneren Selbstbewegung. Der noch fehlende Entwicklungsgedanke – die Form soll dem Inhalt ein für allemal gegeben sein – hinderte den vormarxistischen Materialismus daran, die Veränderlichkeit der Formen und damit die Dialektik von Form und Inhalt tiefer zu begreifen.

Wird von der *vormarxistischen materialistischen Philosophie* vor allem die bestimmende Rolle des Inhalts gegenüber der Form hervorgehoben, so entwickelt der *Idealismus* in erster Linie das Prinzip der Aktivität der Form gegenüber dem Inhalt.

Der *subjektive Idealismus* betrachtet das Verhältnis von Inhalt und Form unter der Voraussetzung der Trennung der Materie von ihren Eigenschaften. So liegt die Form, das Struktur- und Ordnungsprinzip, für KANT auf seiten des erkennenden Subjekts in den a priori gegebenen Formen der Anschauung (Raum und Zeit) und des Verstandes (Kategorien), deren wir uns bedienen, um das Material unserer Erfahrung zu ordnen. Nicht den Dingen an sich, die jenseits unserer Subjektivität existieren, kommt Form und Struktur zu. Sie liefern uns lediglich einen erst zu formenden Inhalt. Die Formen der Anschauung und des Denkens sind unveränderliche, inhaltsleere logische Strukturen, die unabhängig von den Inhalten der menschlichen Erfahrung und vor ihnen existieren. Als solche stellen sie das aktive, formgebende Prinzip der Erkenntnis dar.

HEGEL überwindet, wenn auch auf *objektiv-idealistischer* Grundlage, die Trennung von Form und Inhalt und betont demgegenüber deren dialektische Einheit. Der Inhalt ist nur für die gewöhnliche Reflexion von der Form geschieden; in Wirklichkeit ist kein Inhalt form- oder bestimmungslos. Der Inhalt ist vielmehr Form in ihm selbst. Form ist nichts Äußerliches: «Es ist darum unnötig, dem konkreten Inhalt den Formalismus äußerlich anzutun; jener ist an ihm selbst das Übergehen in diesen, der aber aufhört, dieser äußerliche Formalismus zu sein, weil die Form das einheimische Werden des konkreten Inhalts selbst ist» (HEGEL 2, 53). Betrachtet man die Dinge unabhängig von ihrer Wechselwirkung mit anderen Dingen, als Dinge an sich, so tritt ihr Inhalt zutage, d. h. die Tatsache, daß sie in sich gegliedert sind, aus verschiedenen stofflichen Substraten bestehen usw., die jedoch so untereinander verbunden sind, daß ihre Selbständigkeit in einer Ganzheit aufgehoben ist. Diese Selbständigkeit ist das Sein der Dinge als Form. Jedoch darf der Unterschied von Form und Inhalt der Dinge nicht verabsolutiert werden, da außerhalb der Sphäre der Abstraktion, in der Wechselwirkung der Dinge, «diese Seiten, worin ihr unterschiedenes Wesen bestehen sollte, nur verschwindende Momente, ein unmittelbares Übergehen jeder in die entgegengesetzte sind» (2, 115).

Trotz dieser Einsichten ist auch HEGEL letztlich eine Überschätzung der Form eigen. Das aktive, bestimmende formale Prinzip jeder Entwicklung sei die «absolute Idee», deren passives Anderssein die Materie ist, die materielle Realität in Gestalt der Natur und der Gesellschaft.

Die *zeitgenössische bürgerliche Philosophie* zeichnet sich in der Regel durch eine metaphysische Trennung von Form und Inhalt und eine Überbetonung der Form gegenüber dem Inhalt aus. Der *Neukantianismus* verwirft das von KANT noch inhaltlich gefaßte, von ihm jedoch als unerkennbar deklarierte Ding an sich und leugnet die Existenz aller objektiven Inhalte außerhalb der Empfindungen, der reinen Erfahrung. Der *Positivismus* in seiner *syntaktischen Ausgestaltung* erklärt als Hauptaufgabe der Wissenschaft das Operieren mit sprachlichen, syntaktischen Formen, die keine Beziehung zum Inhalt der durch sie bezeichneten Begriffe hätten. Eine einseitige Überschätzung der Form, der Struktur ist auch für die *Gestalttheorie* in der Psychologie, für den *Holismus* in der Biologie und alle formalistischen Tendenzen in der *bürgerlichen Kunst* kennzeichnend.

Der *dialektische Materialismus*, der von der untrennbaren Einheit der Materie mit der Bewegung und mit ihren mannigfachen Eigenschaften ausgeht, überwindet erstmalig in konsequenter Weise die jahrtausendelange Trennung von Inhalt und Form. Die Materie im Sinne des dialektischen Materialismus ist zum Unterschied von den Auffassungen des vormarxistischen Materialismus nicht mit einem irgendwie gearteten Substanzbegriff identisch. Bewegung und Entwicklung, Raum und Zeit usw. gelten als der Materie immanent. Wenn ENGELS daher von Bewegungs*formen*, von Raum und Zeit als Existenz*formen* der Materie spricht, so geht es ihm darum, deutlich zu machen, daß die Form nichts anderes ist als die Organisation, die Struktur der Dinge, die einem System immanente Wechselwirkung seiner Bestimmungen, die eine bestimmte Art der Wechselwirkung mit den äußeren Bedingungen gewährleisten.

Die Form steht dem Inhalt nicht beziehungslos gegenüber, kann nicht mit einem beliebigen Inhalt «ausgefüllt» werden, sondern wird wesentlich vom Inhalt bestimmt. Form und Inhalt bedingen sich wechselseitig. Es gibt ebensowenig einen ungeformten, nichtstrukturierten Inhalt wie leere, inhaltlose Formen. Reine Formen existieren nur in der Abstraktion. Selbst in der Logik, die es mit Denkformen zu tun hat, sind die Formen nicht jeden Inhalts entkleidet. Die Aussageformen beispielsweise sind nicht reine Formen, die sich auf keinerlei Inhalte beziehen, sondern enthalten Variable für irgendwelche Inhalte. Auch die Aussagenlogik, die von jedem konkreten Inhalt der Aussagen abstrahiert, ist nicht inhaltslos. Sie muß immer noch die Wahrheit bzw. Falschheit der Aussagen berücksichtigen, und Wahrheit bzw. Falschheit werden in letzter Instanz durch den Inhalt der Aussagen bestimmt.

Innerhalb ihrer dialektischen Einheit bilden Inhalt und Form Gegensätze. Der Inhalt ist das bestimmende, bewegliche Element in dieser Wechselwirkung. Die Form hingegen ist im allgemeinen relativ stabil, langlebiger als der Inhalt. Die Entwicklung führt deshalb an einem bestimmten Punkt zur Zuspitzung der Widersprüche zwischen dem sich rasch entwickelnden Inhalt und der relativ stabilen Form. Schließlich wird die alte Form zerstört, der neue Inhalt schafft sich eine neue Form. Systemtheoretisch betrachtet handelt es sich darum, daß es bei Zu- oder Abnahme von Elementen innerhalb des Systems – sofern diese einen bestimmten Schwellenwert überschreiten – zu einer Veränderung der Systemstruktur kommt, d. h. neue Relationen, Teilsysteme usw. entstehen. Ausgehend von der Entwicklung des Inhalts entwickelt sich also nicht nur die Form, sondern auch die Einheit von Inhalt und Form (das System). LENIN (38, 214) charakterisiert diesen Aspekt der Dialektik von Form und Inhalt wie folgt: «Kampf des Inhalts mit der Form und umgekehrt. Abwerfen der Form, Umgestaltung des Inhalts.» Zum Beispiel ist – in vereinfachter Darstellung – die in einer bestimmten Gesellschaftsformation vorherrschende Produktionsweise die Einheit der sich entwickelnden Produktivkräfte als ihres Inhalts und der relativ konstant bleibenden Produktionsverhältnisse als ihrer Form. Der Entwicklungsstand der Produktivkräfte bestimmt die jeweiligen Produktionsverhältnisse. Die Entwicklung des Widerspruchs zwischen Produktivkräften und Produktionsverhältnissen führt zur Herausbildung einer neuen Produktionsweise, in der sich die Einheit von Produktivkräften und Produktionsverhältnissen auf höherer Ebene reproduziert. So schreibt MARX an ANNENKOW (27, 452, 453): «Setzen Sie einen bestimmten Entwicklungsstand der Produktivkräfte der Menschen voraus, und Sie erhalten eine bestimmte Form des Verkehrs [commerce] und der Konsumtion. Setzen Sie bestimmte Stufen der Entwicklung der Produktion, des Verkehrs und der Konsumtion voraus, und Sie erhalten eine entsprechende soziale Ordnung, eine entsprechende Organisation der Familie, der Stände oder der Klassen, mit einem Wort, eine entsprechende Gesellschaft [société civile] ... Die ökonomischen Formen, unter denen die Menschen produzieren, konsumieren, austauschen, sind also *vorübergehende und historische.* Mit der Erwerbung neuer Produktivkräfte ändern die Menschen ihre Produktionsweise, und mit der Produktionsweise ändern sie alle ökonomischen Verhältnisse, die bloß die für diese bestimmte Produktionsweise notwendigen Beziehungen waren.»

Die Form ist vom Inhalt abhängig, aber einmal entstanden, gewinnt sie *relative Selbständigkeit.* Das verdankt sie dem Umstand, daß Systeme (vor allem höherer Ordnung) nicht jegliche Einwirkung seitens ihrer Umgebung mit einer Veränderung ihrer Struktur beantworten. Die Störungen müssen vielmehr ein bestimmtes quantitatives Maß erreicht haben, ehe sie die Stabilität des Systems soweit erschüttern, daß es zu einer neuen Struktur übergeht. Alte Formen können deshalb noch lange weiterbestehen, obwohl die zugehörigen Inhalte weitestgehend verschwunden sind. Diese Tatsache hat große Bedeutung für die Erkenntnis der Gesetzmäßigkeiten der Gesellschaft. Alte Formen des Staates, der Ideologie leben oft noch weiter, obwohl sie ihren Inhalt verloren haben und daher überlebt sind. Umgekehrt können neuartige Inhalte in der Entwicklung der Gesellschaft oft in alten Formen auftreten. ENGELS weist darauf hin, daß die ersten bürgerlichen Revolutionen zwangsläufig in religiösen, an sich dem Zeitalter des Feudalismus angehörenden Formen auftreten mußten. Auch die sozialistische Gesellschaft bedient sich zum Teil aus der Zeit des Kapitalismus stammender Organisationsformen (Warenaustausch, Geld, Kredit, Banken usw.), erfüllt diese jedoch mit neuem Inhalt und entwickelt sie auf dieser neuen inhaltlichen Grundlage weiter. Der Konservatismus gesellschaftlicher Formen, der in revolutionären Perioden zum reaktionären Hemmnis werden kann, ist keineswegs eine für die gesellschaftliche Entwicklung schlechthin negativ zu bewertende Erscheinung. Die Fixierung des Inhalts in relativ stabilen Formen schafft einen Stabilitätsbereich, in dem sich die gesellschaftlichen Wachstumsprozesse ungestört vollziehen können, sichert den Ausbau des erreichten Systemniveaus. Revolu-

tionen, die nicht in eine nachrevolutionäre Periode der Stabilisierung des Errungenen übergingen, würden zum Rückfall des Systems auf das frühere Systemniveau führen.
Wegen ihrer relativen Selbständigkeit wirkt die Form aktiv auf den Inhalt zurück. So kann z. B. der Staat als die politische Organisationsform der Gesellschaft stimulierend oder hemmend auf die Entwicklung der ökonomischen Basis einwirken.
Ein Nichtbeachten der dialektischen Beziehungen zwischen Form und Inhalt führt in der gesellschaftlichen Praxis, der Politik zu schweren Fehlern. So liegt dem *Anarchismus* und linken *Radikalismus* die Vorstellung zugrunde, daß die politischen Formen nicht durch ihren ökonomischen Inhalt bestimmt seien und sich in Abhängigkeit von diesem entwickelten, sondern willkürlich geändert werden könnten. Andererseits führt eine Unterschätzung der aktiven Rolle der Form zu jener Spielart des *Opportunismus*, welche die Veränderung der ökonomischen Basis der Gesellschaft vom ökonomischen Selbstlauf erwartet und die politische Organisation zur Veränderung der Gesellschaft für überflüssig hält.
Große Bedeutung hat die relative Selbständigkeit der Form auch auf dem Gebiet des Denkens, vor allem in der *Mathematik*. Die Mathematik ist in der Lage, Begriffssysteme von möglichen Relationen zu schaffen, für die zunächst noch gar kein Inhalt, noch keine Modellbelegung durch eine Theorie gefunden ist. Ferner existiert in diesem Falle keine eindeutige Zuordnung der Form zum Inhalt, da allgemeine mathematische Strukturen verschiedene Inhalte aufnehmen können. Es handelt sich also darum, daß unter Form hier etwas relativ Abstraktes und Allgemeines und unter dem Inhalt etwas relativ Konkretes und Besonderes verstanden wird. Da sich die Mathematik über weite Strecken selbständig entwickelt, kann hier das Primat des Inhalts gegenüber der Form nur in letzter Instanz geltend gemacht werden.
Die Erkenntnis formaler, struktureller Beziehungen zwischen den Dingen, Prozessen usw. spielt eine große Rolle in der modernen Wissenschaft. Die Untersuchung formaler Analogien zwischen Objekten verschiedener Wissenschaftsbereiche und die Schaffung entsprechender Modelle gestattet die Erkenntnis allgemeiner Gesetzmäßigkeiten, die für Objekte in verschiedenen Bewegungsformen der Materie, und zwar unabhängig von deren konkretem Inhalt, gleichermaßen gültig sind.
Im Zusammenhang mit der Erforschung der Gesetzmäßigkeiten von Systemen durch die *Kybernetik* und die *allgemeine Systemtheorie* wird eine erneute Untersuchung der Kategorien «Form» und «Inhalt» nötig. «Form» und «Inhalt» müssen zu dem Begriffskomplex «Element», «Struktur», «System» und «Funktion» in Beziehung gesetzt werden. Dabei zeigt sich, daß die behauptete Relativität von Form und Inhalt in Wirklichkeit zwischen Elementen und System statthat, da Systeme zu Elementen bzw. Teilsystemen von Systemen höherer Ordnung werden können. In das kompliziertere System gehen nämlich als Elemente bzw. Teilsysteme nicht nur die Strukturen niederer Systeme, sondern das ganze, aus Elementen *und* Beziehungen bestehende System ein.
→ Inhalt → Element → Struktur → System → Funktion.

formal [lat] – die Form betreffend, nicht aber den Inhalt; mit den Mitteln der Form.

formale Logik → Logik, formale.

formale Redeweise → Redeweise, formale.

formalisierte Sprache → Sprache, formalisierte.

Formalisierung [lat → franz] – Aufbau einer formalisierten Sprache für ein bestimmtes Wissenschaftsgebiet. Voraussetzung für eine Formalisierung ist immer der Versuch, Eindeutigkeit der verwendeten sprachlichen Zeichen zu erzielen und die logische Struktur des Gebiets zu erfassen. Erst dann kann mit dem eigentlichen Aufbau einer formalisierten Sprache begonnen werden. Es ist heute noch nicht feststellbar, ob es Gebiete gibt, die prinzipiell nicht formalisiert werden können. Der Versuch der Formalisierung eines Gebiets trägt auf jeden Fall, auch wenn er fehlschlägt, zu einer gedanklichen und sprachlichen Präzisierung in dem betreffenden Gebiet bei.
→ Sprache, formalisierte.

Formalismus [lat] – in der modernen Logik *svw* formalisierte Sprache.
→ Sprache, formalisierte.

Formalursache → Materialursache.

Formator [lat] – nach Charles William MORRIS (Signs, Language, and Behavior 1946) ein → Zeichen, das bedeutet, wie etwas in einem → Askriptor bedeutet wird. *Beispiel*: «oder». Formatoren veranlassen den Zeichenempfänger, seine Disposition, die durch andere Zeichen innerhalb des Askriptors hervorgerufen wird, in bestimmter Weise zu modifizieren.
Formatoren werden im allgemeinen *systematisch* gebraucht. Ein Zeichen wird systematisch gebraucht, wenn es dazu dienen soll, das durch andere Zeichen hervorgerufene Verhalten des Zeichenempfängers zu systematisieren, zu organisieren.
In einer späteren Publikation (Signification and Signifiance. A Study of the Relations of Signs and Values 1964) hielt MORRIS es nicht mehr für richtig, eine formative Dimension als eine vierte mögliche Dimension der Bedeutung von Zeichen neben die designative, die appraisive und die preskriptive zu stellen, obwohl eine solche vierte Dimension nach seiner Ansicht den Status der formalen Logik, der Mathematik wie der Gramma-

tik erklärbar macht. Er erörtert hier zwar verschiedene Möglichkeiten der Behandlung von Formatoren, ohne sich jedoch für eine von ihnen zu entscheiden.

Das Problem der Formatoren, die für die Zeichenreihen, in denen sie vorkommen, strukturbestimmend sind, kann offenbar nicht von einem positivistischen Standpunkt aus gelöst werden, der eine strenge Trennung z. B. zwischen sog. empirischer oder faktischer Wahrheit einerseits und formaler oder logischer Wahrheit andererseits vornimmt. Es wird sich nur lösen lassen, wenn man von der materialistischen Beantwortung der Grundfrage der Philosophie ausgeht, ohne dabei die vorhandenen Unterschiede im Realitätsbezug der verschiedenen Arten von Sätzen zu negieren.

Formel [lat] – feststehende Redewendung, kurze Begriffsbestimmung, Vorschrift, sinnvolle Zeichenreihe in einer symbolisierten Sprache; in der *modernen Logik svw* logischer Ausdruck.
→ Ausdruck, logischer.

Formregel – Regel, nach der aus den Grundzeichen einer Sprache (sinnvolle) Zeichenreihen dieser Sprache gebildet werden können. Für Regeln dieser Art findet man in der Literatur auch den Terminus «Bildungsregel».

Formregeln natürlicher Sprachen sind grammatische Regeln, nach denen z. B. aus Wörtern der betreffenden Sprache Sätze gebildet werden können. Die Formregeln von Kalkülen geben an, wie aus den jeweiligen Grundzeichen Ausdrücke aufgebaut werden dürfen. Sie werden im allgemeinen in einer induktiven Ausdrucksdefinition für den entsprechenden Kalkül angegeben.
→ Ausdruck, logischer.

Fortschritt – im philosophisch-soziologischen Sinne die nach objektiven Kriterien bestimmbare geschichtliche Höherentwicklung der menschlichen Gesellschaft bzw. einzelner Bereiche des gesellschaftlichen Lebens.

Der Gedanke des geschichtlichen Fortschritts ist ein relativ spätes Produkt der geschichtlichen Entwicklung und ihrer ideellen Reflexion. Die Geschichte des Fortschrittsgedankens beginnt erst mit der frühbürgerlichen Aufklärung. Die voraufgegangene Philosophie und Gesellschaftstheorie wurde sich der Tatsache eines geschichtlichen Progresses überhaupt nicht bewußt. Der Gedanke eines geschichtlichen Fortschritts konnte sich erst herausbilden, als sich mit dem aufstrebenden revolutionären Bürgertum eine Produktionsweise entwickelte und durchsetzte, welche die unausgesetzte Tendenz der Entwicklung der Produktivkräfte, der Vergesellschaftung der Produktion, der Umwälzung gesellschaftlicher Strukturen und der Sprengung der engen Grenzen bisheriger, wesentlich stationärer Produktionsweisen mit sich brachte. Die wesentlichen Resultate der Entwicklung des bürgerlichen geschichtsphilosophischen Denkens im Hinblick auf das Fortschrittsproblem sind in folgendem zu sehen (→ geschichtliches Denken):

Es gibt einen historischen Fortschritt, eine Höherentwicklung der Menschheit.

Die Kriterien dieses Fortschritts werden in letzter Instanz in ideellen Prinzipien gesehen, wobei Ansätze vorhanden sind, auch die Entwicklung von Handwerk, Landwirtschaft, Industrie sowie der ökonomischen Verhältnisse in Rechnung zu stellen.

Der geschichtliche Fortschritt steht in der Macht des Menschen, in seiner Fähigkeit zu rationaler Weltbeherrschung und rationaler Gestaltung der gesellschaftlichen Beziehungen.

Neben vorwiegend mechanistischen Fortschrittskonzeptionen (PERRAULT, TURGOT, CONDORCET) entwickeln sich Einsichten in den dialektisch-widersprüchlichen Charakter des Fortschritts (ROUSSEAU, HERDER, KANT, FICHTE, HEGEL).

Die marxistische Fassung und Begründung des geschichtlichen Fortschritts knüpft an dieses Gedankengut an und führt es fort, nicht ohne es zugleich einer materialistischen und von den Interessen der Arbeiterklasse ausgehenden Kritik zu unterwerfen. HEGEL bedeutet den Höhepunkt bürgerlichen Fortschrittsdenkens. In dem Maße, wie sich die bürgerliche Klassenherrschaft konsolidiert und wie sich vor allem der Klassenantagonismus zwischen Bourgeoisie und Proletariat zuspitzt, verliert die Bourgeoisie ihre Zukunftsgewißheit, was sich in der Ideologie als Abkehr vom Gedanken des historischen Fortschritts reflektiert. Das wird bereits bei NIETZSCHE, sodann bei SPENGLER deutlich. Ein tiefer Pessimismus beginnt sich des bürgerlichen Geschichtsdenkens zu bemächtigen. Im 20. Jahrhundert wird schließlich der Begriff des Fortschritts immer mehr zum Objekt bürgerlicher Angriffe. Diese Zurücknahme eines der wichtigsten progressiven Anliegen des jungen Bürgertums und die theoretische Motivierung derselben richten sich immer deutlicher gegen die revolutionäre Arbeiterbewegung, gegen den Vormarsch des Sozialismus und der demokratischen Bewegung der Völker überhaupt. Der Fortschrittsglaube gilt den bürgerlichen Ideologen als durch bittere Erfahrungen zerbrochen (E. R. CURTIUS, K. LÖWITH); der Fortschrittsbegriff ist nach Meinung der meisten bürgerlichen Ideologen ein wissenschaftlich nicht faßbarer Begriff, an keinem objektiven Kriterium prüfbar, ein Bündel subjektiver Wertungen (B. RUSSEL, L. VON WIESE, THORNDIKE); beliebt ist die Methode, der marxistischen Auffassung vom Fortschritt die Konzeption einer Eschatologie oder einer primitiv-linearen Bewegung zu unterstellen.

Allerdings ist festzustellen, daß mehr und mehr

auch Konzeptionen an Bedeutung gewinnen, die den geschichtlichen Fortschritt nicht verneinen, ihn aber im Sinne der Konvergenztheorie oder der Theorie der formierten Gesellschaft entstellen und der aggressiv-konterrevolutionären Globalstrategie des USA- und des westdeutschen Imperialismus adäquater sind.

Auf vielen Teilbereichen des gesellschaftlichen Lebens steht die Tatsache der Höherentwicklung für jedermann außer Zweifel, z. B. in bezug auf den wissenschaftlich-technischen Fortschritt. Dieser ist der allseitige Prozeß der ständigen evolutionären und revolutionären Vervollkommnung der technischen Arbeitsmittel und Arbeitsgegenstände sowie der Wissenschaften, welche die theoretischen Grundlagen dieser Vervollkommnung liefern. In Gegenwart und absehbarer Zukunft ist er vor allem mit der durchgängigen Mechanisierung, mit der Automatisierung, insbesondere mit der Entwicklung informationsverarbeitender Maschinen, mit der Umgestaltung der Rohstoffbasis sowie mit dem exponentiellen Wachstum wissenschaftlicher Erkenntnisse, mit dem Auftreten neuer Wissenschaften und Methoden, insbesondere mit der Verwandlung wissenschaftlicher Disziplinen in unmittelbare Produktivkraft, in Leitungswissenschaften, Informations- und Kommunikationswissenschaften verbunden. Der wissenschaftlich-technische Fortschritt überträgt gleichzeitig seine Ergebnisse auf Gesellschaftsprozesse außerhalb der unmittelbaren materiellen Produktion (Militärwesen, Gesundheitswesen). Dieser Fortschrittsprozeß ist relativ leicht bestimmbar und meßbar (Wachstum der Kenntnisse, Entwicklung der Arbeitsproduktivität usw.). Schwieriger aber ist das Problem des Fortschritts in bezug auf das gesellschaftliche Leben als Ganzes.

Die marxistisch-leninistische Auffassung vom Problem des gesellschaftlichen Fortschritts läßt sich in folgenden Grundgedanken zusammenfassen:

1. Es ist theoretisch unsinnig, die Frage nach dem geschichtlichen Fortschritt abstrakt zu stellen; nach Marx (13, 640) ist «der Begriff des Fortschritts nicht in der gewöhnlichen Abstraktion zu fassen». Die Ausgangsfeststellung ist, daß sich die gesellschaftliche Entwicklung im wirklichen praktischen Lebensprozeß der Menschen, in der Wirklichkeit der praktischen Tätigkeit der Individuen vollzieht, die stets auf der Grundlage bestimmter Produktivkräfte und innerhalb bestimmter, den Erfordernissen der Produktivkräfteentwicklung mehr oder weniger entsprechender Produktionsverhältnisse vollzieht. Die entscheidenden Kriterien des Fortschritts müssen in diesem realen, vom gesellschaftlichen Bewußtsein unabhängigen, historisch-konkreten gesellschaftlichen Lebensprozeß gesucht werden.

2. Ein solches Kriterium des gesellschaftlichen Fortschritts ist das der Entwicklung der materiellen Produktivkräfte. Lenin (13, 240) nennt es das höchste Kriterium, «das Hauptkriterium der gesamten gesellschaftlichen Entwicklung» (32, 239). Die Entwicklung der Produktivkräfte als Kriterium des Fortschritts schließt u. a. ein: die Entwicklung der Arbeitsproduktivität, das Anwachsen der verfügbaren Zeit, die Entwicklung des menschlichen Wissens, das Anwachsen der Bedürfnisse, den Grad der Naturbeherrschung. Die Hervorhebung dieses Kriteriums verleiht den Überlegungen über den gesellschaftlichen Fortschritt nicht nur theoretisch festen Boden; es ist auch von prinzipieller praktischer Bedeutung, insbesondere für die Beschleunigung des gesellschaftlichen Fortschritts beim Aufbau des Sozialismus. Es weist darauf hin, daß alle Maßnahmen des sozialistischen Aufbaus – insbesondere auf dem Gebiet der ökonomischen Beziehungen, des Systems der Planung und Leitung und in der politisch ideologischen Arbeit – dem optimalen Wachstum der Produktivkräfte dienen müssen.

3. Es ist zu berücksichtigen, daß die Entwicklung der Produktivkräfte in letzter Instanz Entwicklung menschlicher Kräfte, Fähigkeiten, «Entwicklung des Reichtums der menschlichen Natur» (Marx) bedeutet. Dieser Aspekt ist als grundlegend in die Fassung des genannten Fortschrittskriteriums einzubeziehen. Hier aber wird die gegensätzliche Form sichtbar, die der Fortschritt in den antagonistischen Gesellschaftsformationen einnimmt, die Tatsache, daß er mit Rückschritten hinsichtlich der Lage der werktätigen Massen einhergeht. Marx (26/2, 111) betont, daß diese «Entwicklung der Fähigkeiten der Gattung *Mensch*, obgleich sie sich zunächst auf Kosten der Mehrzahl der Menschenindividuen und gar Menschenklassen macht, schließlich diesen Antagonismus durchbricht und zusammenfällt mit der Entwicklung des einzelnen Individuums, daß also die höhere Entwicklung der Individualität nur durch einen historischen Prozeß erkauft wird, worin die Individuen geopfert werden». Erst unter sozialistischen Bedingungen kann dieses Zusammenfallen Wirklichkeit werden. Die Dialektik der Produktivkräfteentwicklung ist derart, daß gerade durch die wissenschaftlich-technische Revolution die Durchbrechung des genannten Antagonismus zum grundlegenden Erfordernis der Entwicklung der Produktivkräfte und zur Sicherung des weiteren menschlichen Fortschritts überhaupt geworden ist. Gerade in bezug auf diesen Aspekt des genannten Fortschrittskriteriums hat der Sozialismus seine Überlegenheit über den Kapitalismus eindeutig unter Beweis gestellt.

4. Die Entwicklung der Produktivkräfte als Kriterium des Fortschritts ist in engstem Zusammenhang zu sehen mit der Entwicklung und dem Wechsel der Produktionsverhältnisse. Sie ent-

scheiden über Tempo, Umfang und gesellschaftliche Zielsetzung der Entwicklung der Produktivkräfte sowie über die gesellschaftlichen Lebensbedingungen der werktätigen Massen. Allgemein ist zu sagen, daß diejenigen Produktionsverhältnisse den gesellschaftlichen Fortschritt fördern und repräsentieren, welche die Entwicklung der Produktivkräfte vorantreiben, diejenigen Produktionsverhältnisse aber den gesellschaftlichen Fortschritt aufhalten, zeitweise fehlleiten, unter Umständen zurückwerfen können, welche die Entwicklung der Produktivkräfte hemmen oder entstellen. In der Entwicklung der Produktionsverhältnisse wird auf diese Weise ebenfalls eine gesellschaftliche Höherentwicklung sichtbar, die sich im Wechsel von Kontinuität und Diskontinuität vollzieht. Jeder neue Typ von Produktionsverhältnissen bedeutet eine höhere qualitative Stufe möglicher Optimierung der Produktivkräfteentwicklung, die auf die Dauer auch wirksam wird und dann einem neuen System von Produktionsverhältnissen Platz machen muß.

5. Hinsichtlich der Lage der werktätigen Massen bedeutet unter den Bedingungen der antagonistischen Klassengesellschaft jeder historische Fortschritt zugleich Rückschritte, Degradation, Verderben. Das Maß an Elend, Not, Verbrechen und Völkermord, das der Kapitalismus hervorbrachte, beweist diese These. Gleichzeitig aber vollzieht sich auch hier eine Höherentwicklung: der Leibeigene steht hinsichtlich seiner gesellschaftlichen Lebensposition höher als der Sklave, die Lage der Werktätigen unter kapitalistischen Bedingungen schließlich bietet zugleich die Möglichkeit, den Befreiungskampf auf das Niveau des Kampfes für den Sozialismus zu heben. Die Entwicklung der Produktivkräfte zusammen mit der Verbesserung der gesellschaftlichen Position und der geschichtlichen Bewegungs-, Organisations- und Kampfmöglichkeiten der Werktätigen, insbesondere der Arbeiterklasse, bilden für den Marxismus-Leninismus die entscheidenden Gesichtspunkte zur Beurteilung der Fortschrittlichkeit von beliebigen Ereignissen, Prozessen oder politischen Maßnahmen. Diese Gesichtspunkte verdichten sich für die Gegenwart zu der These, «daß sich das Kräfteverhältnis wesentlich schneller zugunsten des Sozialismus und der antiimperialistischen Kräfte verändern kann, wenn es gelingt, *die sozialistische und die wissenschaftlich-technische Revolution zu einem Prozeß zu verbinden*» (ULBRICHT).

6. Die materialistische Beantwortung der Frage nach den Kriterien des Fortschritts schließt auch eine Klärung des Problems der Gerichtetheit der geschichtlichen Entwicklung ein. Die Systemauffassung der Produktivkräfte wie der Produktionsverhältnisse, wie auch der Wechselbeziehungen zwischen Produktivkräften und Produktionsverhältnissen ermöglicht eine gegen jeglichen Mechanismus und gegen jegliche Teleologie und Eschatologie gerichtete materialistische Interpretation der Zielstrebigkeit der gesellschaftlichen Entwicklung, die mit den Gesichtspunkten der modernen Systemtheorie vollauf übereinstimmt.

Die marxistisch-leninistische Auffassung vom gesellschaftlichen Fortschritt erwächst somit historisch aus dem Erbe des Besten, was menschliches Denken in vergangenen Jahrhunderten hervorbrachte. Sie gibt eine objektive, materialistische Bestimmung des Fortschritts und ermöglicht eine kritische, geschichtlich wertende Beurteilung von gesellschaftlichen Ereignissen und Bewegungen, die von subjektivistischen Maßstäben frei ist. Sie macht die antagonistische Gestalt des Fortschritts unter den Bedingungen der Ausbeutung des Menschen durch den Menschen verständlich. Sie zeigt, daß erst dann, wenn die Arbeiterklasse die Macht erobert hat und unter ihrer Führung das werktätige Volk die Entwicklung der Produktivkräfte und der Gesellschaft planmäßig und bewußt gestaltet, «der menschliche Fortschritt nicht mehr jenem scheußlichen heidnischen Götzen gleichen (wird), der den Nektar nur aus den Schädeln Erschlagener trinken wollte» (MARX/ENGELS 9, 226). Vor allem aber ist zu betonen, daß die marxistisch-leninistische Auffassung nicht nur nach dem zu beurteilen ist, was sie hinsichtlich der theoretischen Erklärung und Interpretation des geschichtlichen Fortschritts leistet. Sie ist gleichzeitig nach ihrem operativen Wert im Sinne des bewußten Wirkens für Frieden und Sozialismus zu beurteilen. Sie hat sich als einzige Auffassung des Problems erwiesen, die zugleich eine wissenschaftlich begründete Konzeption der praktischen Gestaltung des geschichtlichen Fortschritts im Interesse der Arbeiterklasse, der Werktätigen, der Völker, der zukünftigen Generationen einschließt.

französische Aufklärung → Aufklärung.

Freiheit – Verhältnis des Menschen zur objektiven Gesetzmäßigkeit (Notwendigkeit) in Natur und Gesellschaft, insbesondere der Grad ihrer Erkenntnis und praktischen Beherrschung. Die Freiheit besteht in der Einsicht in die objektive Notwendigkeit und in der darauf beruhenden Fähigkeit, die Gesetzmäßigkeiten mit Sachkenntnis bewußt anzuwenden und auszunutzen; sie schließt auch die ökonomischen, politischen, rechtlichen und ideologischen Bedingungen ein, die hierzu erforderlich sind.

Der Kampf um die Freiheit in allen ihren Aspekten (ökonomische, politische, geistige, persönliche, nationale Freiheit), der sich durch die ganze Geschichte der Klassengesellschaft zieht, widerspiegelt sich in der Geschichte der Philosophie in den ideologisch-theoretischen Auseinandersetzungen um den Inhalt des Freiheitsbegriffs.

Aristoteles unterschied im Verhalten des Menschen zwischen freiwillig und unfreiwillig. «Als unfreiwillig gilt also, was unter Zwang und auf Grund von Unwissenheit geschieht. Dementsprechend darf als freiwillig das gelten, dessen bewegendes Prinzip in dem Handelnden selbst liegt, wobei er ein volles Wissen von den Einzelumständen der Handlung hat» (Nikomachische Ethik III, 3). Er bringt die freie Entscheidung richtig mit dem Wissen in Zusammenhang, aber in seiner Auffassung ist schon die Beschränkung auf das Problem der Willensfreiheit angelegt, die in der weiteren Entwicklung der Freiheitsproblematik vorwiegt. In der Epoche des *Feudalismus* ist die herrschende Freiheitskonzeption die des Thomas von Aquin, nach der alles Denken und Handeln der Menschen vorbestimmt, und zwar von Gott gewollt ist, doch da Gott frei ist, kommt der Vorherbestimmung des Menschen zugleich Freiheit zu (Summa Theologica II, 19, 10). Die Freiheit im Katholizismus wird als rein geistige Freiheit, als Willensfreiheit aufgefaßt, und das höchste Ziel, auf das sich die menschliche Freiheit bezieht, ist Gott. Die katholische Kirche als Bindeglied zwischen Mensch und Gott ist die Institution zur Verwirklichung der Freiheit. Luther vertrat dagegen die Ansicht, daß Freiheit nicht im geistigen Prinzip des Menschen selbst (der Willensfreiheit) besteht, sondern in der Begnadigung, der Sündenvergebung durch Gott, woraus sich seine Polemik gegen die Willensfreiheit erklärt. Sowohl der katholischen wie der protestantischen Freiheitsauffassung ist gemeinsam, daß die Freiheit nicht als gesellschaftliche Erscheinung behandelt wird. Die personalistische Freiheitskonzeption orientiert auf die rein individuelle Freiheit als geistiges Gut, auf die Unterwerfung des Menschen unter die Obrigkeit Gottes und seiner irdischen Statthalter.

Im Zusammenhang mit dem Kampf der *aufstrebenden Bourgeoisie* gegen den Feudalismus wurde der Freiheitsbegriff durch die fortschrittlichen bürgerlichen Ideologen neu gefaßt und weiterentwickelt. Freiheit als gesellschaftliche Forderung bedeutete für die fortschrittliche Bourgeoisie Beseitigung der feudalen Gesellschaftsordnung und Errichtung der Herrschaft des kapitalistischen Privateigentums an den Produktionsmitteln. Sie fand ihren philosophischen Ausdruck vorwiegend im mechanischen Determinismus, der jedoch die Behandlung des Freiheitsproblems einschloß. In der Philosophie Spinozas wird die Freiheit in ein dialektisches Verhältnis zur objektiven Notwendigkeit gesetzt: «Daß notwendig und frei zwei Gegensätze sind, scheint mir ... unsinnig und vernunftwidrig ... Ich nenne also ein Ding frei, wenn es nur aus der Notwendigkeit seiner Natur existiert und handelt; gezwungen aber, wenn es von einem andren Ding bestimmt wird, in einer gewissen bestimmten Weise zu existieren und zu handeln» (Briefwechsel 228ff). Spinoza faßte den Freiheitsbegriff erstmalig als Einsicht in die objektive Notwendigkeit und lehnte die Verabsolutierung der Freiheit in Gott oder der menschlichen Willensfreiheit ab. Wille und Verstand sind ihm ein und dasselbe; die Freiheit wächst analog dem Wachstum der menschlichen Erkenntnis. Bei Spinoza ist alles, einschließlich der Freiheit selbst, mechanisch determiniert, daher bleibt sein Freiheitsbegriff kontemplativ und schließt nicht die menschliche Praxis ein.

Für Rousseau ist Freiheit das Attribut des menschlichen Naturzustandes und kommt nur dem Individuum zu. Diese Auffassung findet in der Französischen Revolution ihren Niederschlag in Artikel 4 der *Erklärung der Menschenrechte* von 1791: «Die Freiheit besteht darin, alles tun zu können, was keinem anderen schadet.» Die Proklamierung der Freiheit der Persönlichkeit schließt die Freiheit, voll und uneingeschränkt über sein Privateigentum (an den Produktionsmitteln) zu verfügen, ein.

Die *französischen Materialisten des 18. Jahrhunderts* konkretisierten auf der Basis der Mechanik die Vorstellung von der objektiven Notwendigkeit, überwanden die Trennung von Materie und Bewegung (aufgefaßt als rein mechanische Bewegung), verblieben aber bei der Anschauung einer mechanischen Determiniertheit alles Geschehens einschließlich der menschlichen Erkenntnis, was in der Konsequenz zum Fatalismus führen mußte. Der mechanische Determinismus fand seine Krönung in der Hypothese von Laplace, nach der ein «Dämon», der die Geschwindigkeit und den Ort eines jeden Teilchens im Universum zu einem gegebenen Zeitpunkt kennt, alle Ereignisse der unendlichen Bewegung voraussagen kann (Essai Philosophique sur les probabilités I, 3).

Der metaphysische Charakter des mechanischen Determinismus wurde in der *klassischen deutschen Philosophie* einer Kritik unterzogen. Kant versuchte, mit seiner Auffassung der Freiheit den Fatalismus des mechanischen Determinismus zu durchbrechen. Allerdings gelang ihm das nur, indem er den Menschen gewissermaßen als Bürger zweier Welten betrachtete, der natürlichen Welt der Erscheinungen und der intelligiblen Welt der Dinge an sich. Da in der natürlichen Welt der Erscheinungen durchgängige Kausalität herrscht, ist das Handeln des Menschen als Naturwesen kausal bestimmt, als Vernunftwesen (sittliches Wesen) hat der Mensch jedoch auch an der übersinnlichen intelligiblen Welt und damit auch an der Freiheit teil, die sich im Sittengesetz verkörpert (KdpV I, 1, 3).

Bei Fichte ist die Freiheit die schöpferische

Aktivität des «Ich», was zur Verabsolutierung der Freiheit führt. Da bei FICHTE das «Ich» und das «Nicht-Ich» identifiziert werden, erlangt die Freiheit das Primat über jede Notwendigkeit und wird zur absoluten Willensfreiheit.

Das Verdienst HEGELS in der Geschichte des Freiheitsbegriffs besteht darin, daß er die Freiheit als historische Kategorie faßt. Wie auch SPINOZA setzt HEGEL die Freiheit in eine dialektische Beziehung zur Notwendigkeit: «Eine Freiheit, die keine Notwendigkeit in sich hätte, und eine bloße Notwendigkeit ohne Freiheit, dies sind abstrakte und somit unwahre Bestimmungen. Die Freiheit ist wesentlich konkret, auf ewige Weise in sich bestimmt und somit zugleich notwendig» (Werke 8, 110f). Bei HEGEL ist die Freiheit ein Attribut des «absoluten Geistes». Sie kommt in der Entwicklung des menschlichen Geistes in zunehmendem Maße zum Bewußtsein ihrer selbst. «Die Weltgeschichte ist der Fortschritt im Bewußtsein der Freiheit» (Philosophie der Weltgeschichte, Einl).

Die Auffassungen der Bourgeoisie über die Freiheit in der Epoche ihres Kampfes gegen den Feudalismus waren progressiv, wenn auch belastet durch die Grenzen, die sich aus dem historischen Stand der Wissenschaften und aus der Position der Bourgeoisie als Ausbeuterklasse notwendig ergaben. Mit der Entfaltung der ökonomischen und politischen Macht des Kapitalismus werden die Freiheitskonzeptionen der Ideologen des Bürgertums reaktionär. Die heutigen bürgerlichen Freiheitsauffassungen gehen ausdrücklich oder stillschweigend von einer Leugnung der objektiven Gesetzmäßigkeit in der Natur, der Gesellschaft und dem Bewußtsein aus. Sie sind in ihrer Konzeption durchweg idealistisch, vorwiegend subjektivistisch und in ihrer politischen Aussage mehr oder minder stark gegen den Marxismus-Leninismus gerichtet. Der politische und ökonomische Liberalismus des vormonopolistischen Stadiums des Kapitalismus ist in der Zeit des entfalteten Imperialismus selbst innerhalb des Bürgertums zu einer Utopie geworden, dem der eindeutig empfundene imperialistische Zwang der Monopole in Wirtschaft und Staat gegenübersteht. Eine andere, kleinbürgerliche Freiheitsutopie ist der → Anarchismus, der in Wirtschaft und Politik die absolute Freiheit des Individuums durch die Abschaffung eines jeden Zwangs, vor allem des Staates, fordert.

Der *marxistisch-leninistische Freiheitsbegriff* bezieht sich auf das Verhältnis der Menschen zu der objektiven Notwendigkeit (objektive Gesetzmäßigkeit) in Natur und Gesellschaft. Er faßt das Verhältnis von Notwendigkeit und Freiheit als eine dialektische Relation auf und bestimmt die Freiheit als Erkenntnis der objektiven Notwendigkeit und Anwendung und Ausnutzung der erkannten Notwendigkeit in der gesellschaftlichen Praxis. Umfaßt die Notwendigkeit alle Bereiche der objektiven Realität, so ist Freiheit eine speziell gesellschaftliche Kategorie und auf andere Bereiche nicht ausdehnbar. Als gesellschaftliche Kategorie schließt der Freiheitsbegriff das Problem der individuellen Freiheit in sich ein. Freiheit ist zugleich eine konkret-historische Kategorie; eine absolute, ewige Freiheit gibt es nicht. «Freiheit besteht also in der, auf Erkenntnis der Naturnotwendigkeiten gegründeten Herrschaft über uns selbst und über die äußere Natur; sie ist damit notwendig ein Produkt der geschichtlichen Entwicklung. Die ersten, sich vom Tierreich sondernden Menschen waren in allem Wesentlichen so unfrei wie die Tiere selbst; aber jeder Fortschritt in der Kultur war ein Schritt zur Freiheit» (MARX/ENGELS 20, 106).

Der marxistische Freiheitsbegriff faßt die verschiedenen Aspekte der Kategorie Freiheit (ökonomische, politische, moralische, künstlerische u. a. Freiheit) in der philosophischen Definition zusammen und lehnt jede inhaltliche Aufspaltung des Freiheitsbegriffs in verschiedene getrennte Bereiche ab. In der dialektischen Relation zwischen Notwendigkeit und Freiheit ist die Notwendigkeit stets die Voraussetzung unserer Freiheit, da sie absolut wirkt. Solange sie durch die Menschen nicht erkannt ist, setzt sie sich ihnen gegenüber blind durch. Indem wir die Notwendigkeit erkennen und zweckvoll benutzen, indem wir das objektiv Notwendige wollen und entsprechend handeln, hört die Notwendigkeit auf, blind zu wirken, ist sie in der Freiheit aufgehoben, aufbewahrt und verwandelt sich in diesem Sinne in Freiheit, ohne indessen aufzuhören, Notwendigkeit zu bleiben. «Die Notwendigkeit verschwindet nicht, indem sie Freiheit wird» (LENIN 38, 153). «Nicht in der geträumten Unabhängigkeit von den Naturgesetzen liegt die Freiheit, sondern in der Erkenntnis dieser Gesetze, und in der damit gegebenen Möglichkeit, sie planmäßig zu bestimmten Zwecken wirken zu lassen» (MARX/ENGELS 20, 106).

Das Problem der *Willensfreiheit* ist ein spezieller erkenntnistheoretischer Aspekt des marxistisch-leninistischen Freiheitsbegriffs. Der dialektische Materialismus geht davon aus, daß alle Erscheinungen, Dinge, Prozesse der Welt einschließlich des Bewußtseins als Funktion der höchstentwickelten Materie, des Gehirns, determiniert sind, lehnt jedoch die mechanische Fassung der Determiniertheit ab. Der Wille als Erscheinung des Bewußtseins fällt aus der universellen Determiniertheit nicht heraus. «Freiheit des Willens heißt daher nichts andres als die Fähigkeit, mit Sachkenntnis entscheiden zu können. Je *freier* also das Urteil eines Menschen in Beziehung auf einen bestimmten Fragepunkt ist, mit desto größerer *Notwendigkeit* wird der Inhalt dieses Urteils bestimmt sein; während die auf Unkenntnis beruhende Unsicherheit, die zwischen vielen verschiednen und widersprechenden Entscheidungsmöglichkeiten scheinbar willkürlich zählt, eben dadurch ihre Unfreiheit beweist, ihr Beherrschtsein von dem Gegenstande, den sie grade beherrschen sollte» (MARX/ENGELS 20, 106).

In der *bürgerlichen Philosophie* wird die Willensfreiheit als Entscheidungsfreiheit für prinzipiell mehrere, verschiedene, oft abstrakt verstandene Möglichkeiten gefaßt. Die Freiheit des Willens wird erkenntnistheoretisch aus der angeblichen Indeterminiertheit des Willens begründet. Das Entscheidungsproblem setzt ferner die absolute Gleichberechtigung mehrerer Möglichkeiten unabhängig von Ort und Zeit voraus.

Freiheit als gesellschaftlicher Zustand (Reich der Freiheit) setzt das Begreifen der Freiheit als Prozeß voraus. Die Verwandlung des Reiches der Notwendigkeit in das Reich der Freiheit kann nur dann erfolgen, wenn die Menschen nicht nur die Gesetze der Natur, sondern auch die Gesetze der Gesellschaft erkennen und ihren Zwecken nutzbar machen.

In der bisherigen Geschichte bis zur Errichtung des Sozialismus ging die gesellschaftliche Notwendigkeit aus einem Konflikt vieler Einzelwillen hervor, sie erschien als «*bewußtlos* und willenlos wirkende Macht» (ENGELS).

Im *Sozialismus* befindet sich die gesellschaftliche Notwendigkeit in wachsendem Maße in Übereinstimmung mit dem Einzelwillen der Werktätigen, und der gesellschaftliche Gesamtwille ist eine Zusammenfassung des Einzelwillens sozialistischer Menschen, welcher der gesellschaftlichen Notwendigkeit entspricht. Die gesellschaftliche Notwendigkeit ist hier eine erkannte, bewußt gewordene Macht und kann sich daher in gesellschaftliche Freiheit verwandeln. Dieser Prozeß ist nur möglich durch die Beseitigung der Ausbeutung des Menschen durch den Menschen. Indem die Arbeiterklasse ihre politische Macht errichtet, die kapitalistischen Produktionsverhältnisse beseitigt und durch sozialistische ersetzt, vernichtet sie die Grundlage der Unfreiheit im Kapitalismus, der kapitalistischen Lohnsklaverei. Durch die Vergesellschaftung der Produktionsmittel wird die Unterdrückung des Menschen durch den Menschen im Produktionsprozeß und im Gesamtleben der Gesellschaft beseitigt, es bilden sich Beziehungen der Zusammenarbeit, der Kollektivität heraus, welche eine Grundlage dafür sind, daß die Arbeit aus einer Qual oder einem notwendigen Übel zu einem Bedürfnis werden kann. Die Befreiung der werktätigen Menschen von der kapitalistischen Ausbeutung ist die Voraussetzung für die Errichtung des Reiches der Freiheit im Sozialismus. Die Freiheit auf dem Gebiet der materiellen Produktion besteht darin, «daß der vergesellschaftete Mensch, die assoziierten Produzenten, diesen ihren Stoffwechsel mit der Natur rationell regeln, unter ihre gemeinschaftliche Kontrolle bringen, statt von ihm als von einer blinden Macht beherrscht zu werden; ihn mit dem geringsten Kraftaufwand und unter den, ihrer menschlichen Natur würdigsten und adäquatesten Bedingungen zu vollziehn» (MARX/ENGELS 25, 828). Auf dieser Basis allein ist das Reich der Freiheit innerhalb der Produktion zu errichten.

Im *Sozialismus und Kommunismus* ist erstmalig in der Geschichte der Menschheit eine sozialistische Gemeinschaft aller Menschen als Voraussetzung der vollen Entfaltung der persönlichen Freiheit gegeben. «Erst in der Gemeinschaft (mit Andern hat jedes) Individuum die Mittel, seine Anlagen nach allen Seiten hin auszubilden; erst in der Gemeinschaft wird also die persönliche Freiheit möglich. In den bisherigen Surrogaten der Gemeinschaft, im Staat usw. existierte die persönliche Freiheit nur für die in den Verhältnissen der herrschenden Klasse entwickelten Individuen und nur, insofern sie Individuen dieser Klasse waren. Die scheinbare Gemeinschaft, zu der sich bisher die Individuen vereinigten, verselbständigte sich stets ihnen gegenüber und war zugleich, da sie eine Vereinigung einer Klasse gegenüber einer andern war, für die beherrschte Klasse nicht nur eine ganz illusorische Gemeinschaft, sondern auch eine neue Fessel. In der wirklichen Gemeinschaft erlangen die Individuen in und durch ihre Assoziation zugleich ihre Freiheit» (MARX/ENGELS 3, 74).

Da im Sozialismus der Übergang zur klassenlosen Gesellschaft, damit auch die Überwindung aller Reste materieller wie geistiger Unfreiheit erfolgt, da die Menschen ihre weitere Geschichte bewußt, gemäß der erkannten Gesetzmäßigkeit, gestalten, können wir den *Sozialismus und Kommunismus* gegenüber der bisherigen Geschichte der Menschheit als das Reich der Freiheit kennzeichnen. Auch im Sozialismus und Kommunismus bleibt die Freiheit ein Prozeß, will sie ständig neu erlangt und vertieft werden.

→ Notwendigkeit → Determinismus → Grundrechte.

Freimaurerei – überkonfessioneller, internationaler, bürgerlicher Männerbund mit geheimen Ritualen verschiedener Systeme, der seine Mitglieder durch Initiation in verschiedene Grade, welche verschiedene Stufen der Perfektion beinhalten, aufnimmt und philanthropische Ziele verfolgt.

Die moderne «spekulative» Freimaurerei ist aus der operativen Freimaurerei, den Dombauhütten des Mittelalters, hervorgegangen. Diese besaßen neben besonderen Ritualen und Zunftgeheimnissen technischer und philosophischer Natur

eigenes Recht und eigene Gerichtsbarkeit, weshalb sie sich «Freimaurer» nannten.
Mit dem Nachlassen der sakralen Bautätigkeit und dem wirtschaftlichen und politischen Aufschwung der Städte setzte der Niedergang der Bauhüttenbruderschaften ein, dem vor allem die englischen Freimaurer durch Aufnahme einflußreicher nichtzünftiger Persönlichkeiten zu begegnen suchten (sog. «accepted masons»).
Diese erweiterten die bereits vorhandenen Rituale und Mysterien vor allem unter dem Einfluß des aus Deutschland importierten *Rosenkreuzertums*, einer von dem protestantischen Geistlichen ANDREAE inspirierten Sekte, die auf der Grundlage der christlichen Mystik arbeitete und sich auch mit «weißer» Magie und Alchemie befaßte. Sie strebte eine von allen Standesvorurteilen freie brüderliche Menschengemeinschaft an. Auf der gleichen Grundlage standen die englischen Rosenkreuzer, durchweg Gelehrte, die den mangelnden Kenntnisstand ihrer Zeit durch die Pflege von «Geheimwissenschaften» zu kompensieren suchten. Auch ihnen schwebte eine antike und christliche Tradition verschmelzende Idealgesellschaft nach dem Vorbild von BACONS *Nova Atlantis* vor.
1646 verband sich das von Elias ASHMOLE auf dieser Basis gegründete «Haus Salomonis» mit der operativen Freimaurerei; 1717 wurde in London die erste von der operativen Maurerei unabhängige «spekulative» freimaurerische Organisation, die «Großloge von England», noch heute Zentrum eines großen Teiles der Weltfreimaurerei, geschaffen.
In Frankreich wurde die Freimaurerei durch die Anhänger des schottischen Kronprätendenten KARL-EDUARD STUART eingeführt und breitete sich rasch aus. Die erste Loge in Deutschland entstand 1737 in Hamburg als Tochtergründung der englischen Großloge; sie gab ihrerseits Anstoß zur Gründung der ersten preußischen Loge in Berlin (1740). Gleichzeitig wurden in Sachsen Tochterlogen in Anlehnung an die französische und schottische Freimaurerei geschaffen. Jedoch verflachte ihre Zielstellung in Frankreich und Deutschland von Anfang an infolge des starken Zulaufs aus allen Schichten des Bürgertums und des Adels. Betrüger machten das Interesse an geheimen Gesellschaften zu einer Erwerbsquelle, indem sie im Auftrage «Unbekannter Oberer» gegen hohe Gebühren «Geheimnisse» verkauften. Neben der Freimaurerei entstanden andere Geheimgesellschaften, die teilweise auch Frauen aufnahmen.
Eine in Deutschland besonders verbreitete Sekte, die auch in Frankreich Fuß faßte, war die *Strikte Observanz* des Reichsfreiherrn VON HUND, der den Orden der Tempelritter wiederzubeleben versuchte.
In England, dem Ursprungsland der Freimaurerei, kam es im 18. Jahrhundert im allgemeinen nur zu organisatorischen, kaum zu ideologischen Spaltungen.
In Nordamerika, wo die Freimaurerei von England aus sehr früh eingedrungen war, wurde sie zum Zentrum der Unabhängigkeitsbewegung. Deren Führer, an ihrer Spitze FRANKLIN, waren Freimaurer; die berühmte *Boston Tea Party* wurde von der dortigen Loge inszeniert. Im 19. Jahrhundert wuchs die Zahl der Logen und ihrer Mitglieder rasch an, ohne indessen das weltanschauliche Niveau der europäischen Freimaurerei zu erreichen: 1930 lebten von den 4,5 Mill. Freimaurern in der Welt 3,3 Mill. in den USA. Bezeichnend für die amerikanische Freimaurerei ist, daß sie grundsätzlich keine Neger, teilweise auch keine Katholiken und Juden als Mitglieder in Logen der Weißen aufnimmt.
Die Behauptung, die moderne Freimaurerei rühre aus biblischen Zeiten bzw. aus der Kreuzfahrerzeit her, eine Behauptung, die erstmals 1723 im *Konstitutionenbuch* von ANDERSON aufgestellt und seitdem vielfach wiederholt worden ist, findet zwar eine Erklärung im symbolischen Bau des «Hauses Salomonis», des Tempels der Weisheit, sowie in dem Patronat, das lange Zeit der Templerorden über die Bauhüttenbruderschaften ausübte, ist aber historisch unbegründet. Die Freimaurerei entstand vielmehr in der Epoche der Herausbildung der bürgerlichen Gesellschaft im Zusammenhang mit der europäischen Aufklärungsbewegung als erster organisatorischer Zusammenschluß der europäischen Bildungsschicht über Standes- und Landesgrenzen hinweg. Indem sie dazu beitrug, ihren Mitgliedern die das Jahrhundert durchwaltende Problematik bewußt zu machen, bereitete sie, auch wenn sie so gut wie keine eigenen der Problematik angemessenen Lösungsvorschläge zu entwickeln vermochte, «allmählich die Geister auf Reformen vor» (Gaston MARTIN).
Die weltanschauliche Grundlage und die Ziele der Freimaurerei wurden erstmals dargestellt in der *Historischen Verteidigung der Freimaurergesellschaft* und der *Anrede des Großmeisters der Freimaurer in Frankreich* aus dem Jahre 1737, beide von dem Schotten A. M. RAMSAY verfaßt.
RAMSAY bekennt sich eindeutig zum Pantheismus SPINOZAS und zur Toleranz: «Alle Dinge in der Welt machen nur ein Einziges aus, und dieses Einzige befindet sich ganz in allen Dingen. Dasjenige, was wir alles in allem heißen, ist Gott, ein ewiges, unermeßliches und höchst weises Wesen.»
Aus dieser pantheistischen Grundhaltung resultiert als Ziel der Freimaurerei das Streben nach Welterkenntnis im Sinne einer Realisierung des Individuums als Emanation des Weltgeist-Gottes. Da die Integrität des Individuums in der Feudal-

gesellschaft nicht existiert und nicht einmal begrifflich, rationell zu erfassen ist, sucht die Freimaurerei sie aus den überkommenen «Mysterien» zu erschließen und durch Pflege von Sinnen, Verstand und Seele neu zu schaffen. Daher die Forderung, daß Freimaurer nur werden kann, wer über die notwendige körperliche, geistige und sittliche Reife verfügt, die entsprechende Bildung erworben hat und frei von körperlichen Gebrechen ist, d. h. volle Erkenntnisfähigkeit besitzt. Die Freimaurerei ist mithin auf die Bildung einer geistigen Elite gerichtet, in der alle Standes-, rassischen und nationalen Grenzen eliminiert sind und Unterschiede nur im Grad der Perfektion bestehen (daher die Einteilung in Grade: zunächst Lehrling, Geselle, Meister; später weitere bis zu 33). Von dieser Elite soll die Regeneration der gesamten Menschheit ausgehen; die gesammelten Erkenntnisse möchte RAMSAY in einer Enzyklopädie niedergelegt wissen.

Die Verwurzelung der Freimaurerei in der Aufklärung, mit der sie Beginn und Ursprungsland gemeinsam hat, ist unverkennbar. Wie diese blieb sie zunächst von Angriffen nicht verschont. Außer drakonischen Verbotsmaßnahmen durch die französische Krone wurde sie 1738 und 1751 mit dem päpstlichen Bann belegt (der im 19. Jahrhundert viermal erneuert wurde).

Indessen wandelte sie sich bald. Durch den Zustrom vor allem auch aus Kreisen des Hochadels wurde ihre philanthropische Zielstellung in billigen Sinnengenuß umgemünzt. Dazu kamen Einflüsse aus Deutschland, wo unter den zurückgebliebenen gesellschaftlichen Verhältnissen das Gold- und Rosenkreuzertum blühte, das Alchemie, Magie, Kabbala und von Jakob BÖHME inspirierte christliche Mystik zu vereinen suchte.

Auf mehreren Konventen in Deutschland und Frankreich, deren wichtigster der von Wilhelmsbad 1782 war, bemühten sich die führenden Freimaurer beider Länder vergeblich um eine Zusammenführung der widersprüchlichen Tendenzen innerhalb der Freimaurerei. Mit Hilfe der französischen Aufklärer gelang 1773 der organisatorische Zusammenschluß der französischen Logen unter eine einheitliche Dachorganisation, die den Verwaltungsaufbau des revolutionären Frankreichs im Modell vorwegnahm. Gleichzeitig arbeitete in Deutschland LESSING, vor allem in *Ernst und Falk*, die Grundpositionen der Freimaurerei heraus. Von ihm und seinen Freunden, vor allem dem Schauspieler SCHRÖDER, dem Übersetzer BODE und dem Freiherrn VON KNIGGE, angeregt, schlossen sich GOETHE, HERDER, WIELAND, NICOLAI, FICHTE u. a. der Freimaurerei an. In der *Zauberflöte* versuchte MOZART die freimaurerischen Ideale darzustellen.

Vom *Illuminatenorden*, der 1776 von dem Ingolstädter Professor WEISHAUPT gegründet und 1784 vom bayerischen Kurfürsten verboten und verfolgt wurde, ging der Versuch aus, die Freimaurer konkreten politischen Zielen, dem Kampf gegen den feudalabsolutistischen Despotismus, dienstbar zu machen und dabei ihre Tendenzen zu zentralisieren. Die Illuminatenlogen und ein Teil der französischen Logen wurden auf diese Weise in den Jahren vor der Revolution zu echten Bildungsstätten des Bürgertums und propagierten die fortschrittlichen Ideen der Zeit. Fast alle Führer der Französischen Revolution, von CONDORCET bis MARAT, aber auch die deutschen Jakobiner kamen aus der Freimaurerei. In einer Reihe von revolutionären Klubs ist die Fortsetzung der freimaurerischen Logenarbeit auf breiter exoterischer Grundlage erkennbar. Das veranlaßte den Abbé BARRUEL, in seinen *Mémoires pour servir à l'histoire du Jacobinisme* (1797) die Freimaurer und insbesondere die Illuminaten und ihre französischen Anhänger als Urheber der Revolution zu bezeichnen.

Indessen versagte die Freimaurerei infolge ihrer abstrakt-humanistischen Zielsetzung als Institution während der Revolution völlig: 1792 stellten die letzten französischen Logen ihre Tätigkeit ein.

Im 19. Jahrhundert wurde die Freimaurerei, sich vom magischen und alchemistischen Beiwerk weitgehend befreiend, zum Zufluchtsort des Klein- und Mittelbürgertums, das der sich entfaltenden kapitalistischen Gesellschaftsordnung ohnmächtig gegenüberstand.

In Deutschland erhielt das freimaurerische Denken durch KANTS Lehre von der Autonomie des Sittengesetzes seinen klassischen Ausdruck; diese wurde zugleich zum Schlußstein der ideologischen Entwicklung der Freimaurerei.

Organisatorisch hat sich die Freimaurerei bis zur Gegenwart erhalten. Mit dem Heraufkommen des Imperialismus war sie zahlreichen Anfeindungen ausgesetzt, die ihren Höhepunkt während der Zeit des deutschen Faschismus erreichten, der sie als Instrument «jüdischer Welteroberungspolitik» brandmarkte und verfolgte.

Nach dem zweiten Weltkrieg wurde die Freimaurerei in den ehemals faschistisch besetzten Ländern mit Hilfe der amerikanischen Besatzungsbehörden reaktiviert. Ihren beiden Hauptrichtungen – der aristokratisch-christlichen und der republikanisch-freigeistigen – ist der Antikommunismus und die unversöhnliche Gegnerschaft zur Arbeiterklasse gemeinsam. Sie ist damit offen zum Instrument der Reaktion geworden.

Als Teil der Aufklärung vermochte die Freimaurerei in der Vorbereitung der bürgerlichen Revolution und bei der Herausführung der Menschheit «aus ihrer selbstverschuldeten Unmündigkeit» (KANT) eine progressive Rolle zu spielen; auf starren, wandlungsunfähigen Denknormen aufgebaut, war sie jedoch bereits im 19. Jahrhundert historisch überlebt.

→ Aufklärung.

Fresison – künstlich geschaffenes Merkwort der *traditionellen Logik* für einen gültigen Modus der 4. Schlußfigur, und zwar für:

Aus *PeM* und *MiS* folgt *SoP* – *in moderner Schreibweise*:

Aus $\forall(x)\,[P(x) \rightarrow \sim M(x)]$ und $\exists(x)\,[M(x) \wedge \wedge\, S(x)]$ folgt $\exists(x)\,[S(x) \wedge \sim P(x)]$.

Frieden – Gegensatz des Krieges; Inhalt und Charakter des Friedens als Zustand ist historisch bedingt, d. h. entspricht stets einer historisch bestimmten ökonomischen Gesellschaftsformation.

1. dem *Kommunismus* und seiner ersten Phase, dem *Sozialismus*, immanent. Der Frieden beinhaltet die Eintracht der in gegenseitiger Hilfe und Zusammenarbeit miteinander verbundenen Menschen und Völker der sozialistisch-kommunistischen Gemeinschaft. Er ist nicht nur Abwesenheit des Krieges oder Nichtkrieg, sondern ein positives Verhältnis im kommunistischen gesellschaftlichen Leben. Er ist die notwendige Folge des gesellschaftlichen Eigentums an den Produktionsmitteln und der dementsprechenden gesellschaftlichen Verhältnisse und inneren Gesetzmäßigkeiten der sozialistisch-kommunistischen Produktionsweise.

Der Frieden ist ein internationales Prinzip des *Sozialismus und Kommunismus*, von dem sich die kommunistischen und Arbeiterparteien in ihrer Politik leiten lassen. Dieses Prinzip hat die Verwirklichung freundschaftlicher Beziehungen zwischen allen Völkern – gleich welcher sozialen Ordnung – und die Regelung der zwischenstaatlichen Beziehungen auf der Grundlage des Völkerrechts, internationaler und zwischenstaatlicher Verträge und Abmachungen zum Inhalt. Ist der Krieg eine gesetzmäßige Erscheinung der Klassengesellschaft und folglich ein Ziel der Bestrebungen der Ausbeuterklassen zur Sicherung und Erweiterung ihrer Macht, so ist der Frieden eine gesetzmäßige Erscheinung des Kommunismus und Ziel des Kampfes der Arbeiterklasse. Die Schöpfer des Marxismus-Leninismus betrachteten es als die historische Mission der Arbeiterklasse, Ausbeutung und Unterdrückung, Elend und Entrechtung zu beseitigen und zugleich die Menschheit von jeder Art von Kriegen zu befreien.

Die Existenz und Entwicklung des sozialistischen Weltsystems, die konsequente Friedenspolitik der sozialistischen Staaten bestätigt die Lehre von MARX, daß nur die Arbeiterklasse in der Lage ist, die Wurzeln des Krieges vollständig auszurotten, daß nur sie dazu fähig ist, «im Gegensatz zur alten Gesellschaft mit ihrem ökonomischen Elend und ihrem politischen Wahnwitz» eine Gesellschaftsordnung zu schaffen, «deren internationales Prinzip der Friede sein wird, weil bei jeder Nation dasselbe Prinzip herrscht – die Arbeit» (MARX/ENGELS 17, 7).

Die Geschichte der Sowjetunion und des sozialistischen Lagers bestätigt die Wahrheit der im *Manifest der Kommunistischen Partei* formulierten These, daß mit dem Verschwinden des Gegensatzes der Klassen im Innern der Nationen auch die feindliche Stellung der Nationen gegeneinander fällt. Im multinationalen Staat der Union der Sozialistischen Sowjetrepubliken gibt es keine Ausbeutung und keine nationale Unterdrückung, dafür aber die unzerstörbare Freundschaft und Zusammenarbeit gleichberechtigter Völker, die gemeinsam miteinander den Weg zum Kommunismus gehen. In der Gemeinschaft der sozialistischen Länder gibt es nicht das Recht des Stärkeren und die Unterdrückung des Schwächeren, nicht die schnelle Entwicklung des einen und das Zurückbleiben des anderen, nicht den Kampf aller gegen alle, wie dies für die Entwicklung des kapitalistischen Systems typisch ist, sondern nur das gemeinsame Voranschreiten aller Glieder der sozialistischen Völkerfamilie auf dem Wege der planmäßigen Entwicklung der Wirtschaft, der ständigen Vertiefung der wirtschaftlichen, wissenschaftlich-technischen und kulturellen Zusammenarbeit.

2. in der *Klassengesellschaft* ist der Frieden ein Zustand des Nichtkrieges, eine Pause zwischen den Kriegen, in der die herrschenden Klassen bzw. Klassenfraktionen neue Kriege vorbereiten und versuchen, andere Staaten und Völker mit nichtkriegerischen Mitteln zu unterwerfen. So dient im Imperialismus der Frieden der politischen, wirtschaftlichen, militärischen, moralischen und propagandistischen Vorbereitung von Kriegen zur Eroberung der Weltmacht, der Vernichtung des Sozialismus, der imperialistischen Konkurrenten, der Vernichtung der nationalen und sozialen Befreiungsbewegung, der Beseitigung der nationalen Souveränität und Gleichberechtigung der Staaten und Völker, der Errichtung der Konterrevolution usw., und unter friedlicher Lösung eines umstrittenen Problems verstehen die reaktionären, militaristischen Kräfte des Finanzkapitals die Unterwerfung von Staaten, Völkern und ausgebeuteten Klassen unter ihre Macht. Folglich kann in der Klassengesellschaft der Frieden reaktionär sein, beispielsweise, wenn es sich um einen imperialistischen Frieden handelt, der die nationale und soziale Freiheit von Völkern usw. unterdrückt, bzw. der imperialistische Frieden ist gegenüber einem nationalen und sozialen Befreiungskrieg reaktionär.

Im Imperialismus wird notwendig, gesetzmäßig neben der Tendenz zum Krieg die Tendenz zum Kampf gegen den Krieg, für den Frieden erzeugt.

Der Widerspruch zwischen Krieg und Frieden in unserer Epoche ist eine Erscheinung des Widerspruchs zwischen den militaristisch-imperialistischen Kräften einerseits und den Völkern andererseits und daher wesentlich umfassender als der Widerspruch zwischen Kapitalismus und Sozialismus. Der imperialistische Krieg bedroht nicht nur den Sozialismus und die Arbeiterklasse, sondern alle Menschen, gleich welcher sozialen Stellung und Herkunft, welcher Hautfarbe und Weltanschauung. Weil der militaristische Imperialismus zum Feind der Menschheit schlechthin geworden ist, ist es für diese zu einer Existenz- und Lebensfrage geworden, alle ihre Kräfte unter der Führung der Arbeiterklasse, des sozialistischen Lagers zum gemeinsamen Kampf gegen den Militarismus und zur Erhaltung und Sicherung des Weltfriedens zusammenzuschließen.

Das qualitativ Neue der modernen Weltfriedensbewegung besteht darin, daß sich in dieser unter Führung der Arbeiterklasse alle Friedenskräfte, unabhängig von ihrer sozialen Stellung, ihrer Hautfarbe oder weltanschaulichen und politischen Haltung vereinigt und organisiert haben, mit dem Ziel, durch den Kampf aller Friedenskräfte in der Welt das Verbot der Kernwaffenversuche und die vollständige und allgemeine Abrüstung der Staaten zu erwirken, den Krieg aus dem Leben der Völker und Staaten auszuschalten, die *friedliche Koexistenz* durchzusetzen und die Völker einem dauernden Frieden entgegenzuführen. Dieses großartige humanistische Ziel ist heute nicht mehr utopisch wie frühere Friedensbestrebungen. Hinter dem Kampf für dieses Ziel steht die gewaltige, das Weltgeschehen immer mehr bestimmende Macht des sozialistischen Weltsystems, dahinter stehen die internationale Arbeiterklasse, die jungen Nationalstaaten und alle friedliebenden Menschen. Das gegenwärtige internationale Kräfteverhältnis hat dem sozialistischen Lager die Möglichkeit gegeben, gemeinsam mit allen Friedenskräften zum erstenmal in der Geschichte die reale Aufgabe zu stellen, einen neuen Weltkrieg zu verhindern und den Frieden und die Sicherheit der Völker zu gewährleisten.

In unserer Epoche sind auf Grund der Existenz des sozialistischen Weltsystems alle Bedingungen herangereift, die jahrtausendealte Sehnsucht der Menschen nach einem «ewigen Frieden» zu verwirklichen.

Das Wort «Frieden» weist schon seiner etymologischen Herkunft und Bedeutung nach auf das ursprüngliche, auf Gemeineigentum, sozialer Gleichheit und gemeinsamer Arbeit beruhende Gemeinschaftsleben der Menschen im Geschlechtsverband, in der Sippe, im Stamm zurück. Auf dieser Entwicklungsstufe der Gesellschaft waren Ausbeutung, Klassenkampf und Krieg noch unbekannt und der Friede noch der ganz normale, natürliche Zustand des menschlichen Daseins.

Die Auflösung und der schließliche Verlust der Urgemeinschaft durch die Entstehung des Privateigentums an den Produktionsmitteln und der Klassengesellschaft mit ihren Kriegen und sozialen Übeln aller Art wurden für das Bewußtsein der Menschen geradezu gleichbedeutend mit dem Verlust des Friedens. In den Mythen und ältesten Literaturdenkmälern vieler Völker sind die Vorstellungen vom Frieden unmittelbar mit den Vorstellungen von der verlorengegangenen Zeit des urkommunistischen Gemeinschaftslebens verknüpft und mit ihnen identisch. Die Sehnsucht nach Frieden ist auf dieser Entwicklungsstufe der Menschheit identisch mit ihrer Sehnsucht nach Wiederkehr der «guten alten Zeit» ihres früheren Daseins.

An ältesten Friedensvorstellungen, wie phantastisch sie uns heute auch erscheinen mögen, ist wesentlich, daß der Friede nicht einfach bloß negativ als ein Zustand des Nichtkrieges, als Gegensatz zum Krieg oder als Abwesenheit von Krieg verstanden, sondern vor allem auch positiv als ein wertvolles Gut und als ein Zustand ersehnt wurde, aus dem Glück und Wohlergehen wie überhaupt alle Segnungen für Land und Leute fließen. Diese positive Friedensvorstellung ist in ihrem Kern zu allen Zeiten in der Geschichte der Klassengesellschaft lebendig geblieben. Wir finden sie in dieser oder jener Gestalt, mehr oder weniger phantastisch ausgemalt, in der Literatur der alten Babylonier und Perser, der Chinesen und Inder, in den religiösen Lehren des Buddhismus, des Judentums und Christentums, in der Dichtung und Philosophie der Griechen und Römer, in der Literatur und in den Friedensbewegungen des Mittelalters und auch der neueren und neuesten Zeit. In der antiken griechischen Philosophie und Dichtung wird der Friede in den Rang eines «höchsten Guts» erhoben, das die Menschen verpflichtet, gegen Krieg und Kriegspolitik, für eine friedliche, der Vernunft und Würde des Menschen gemäße Ordnung zu kämpfen. So verbinden sich bereits in der griechischen Philosophie und Dichtung die Idee des Friedens und die Idee der Menschlichkeit zu einer inneren Einheit.

In der von unversöhnlichen Klassen- und Interessengegensätzen, von Fehden und Kriegen zerrissenen Feudalgesellschaft gab es für eine Verwirklichung der Friedensidee – trotz der ausschließlichen ideologischen Alleinherrschaft der christlichen Liebes- und Friedensreligion, trotz der so oft gepriesenen mittelalterlichen «Einheit» und «Gemeinschaft des Glaubens» – keine sozialen Voraussetzungen. Wenn darum die theologischen Ideologen des Feudalismus die christliche Friedensidee entgegen ihrem ursprünglichen Sinn auf einen bloß «inneren Frieden», auf den Frieden der

Seele mit Gott bzw. einen erst «im Jenseits» zu erlangenden Frieden einengten, so entsprach das sehr genau den räuberischen Interessen der herrschenden weltlichen und geistlichen Feudalmächte. Daß sich große Teile der christlichen Bevölkerung, besonders unter den abhängigen Bauern und den werktätigen Schichten der Städte, mit den sehr vagen Jenseitsvertröstungen der Kirche nicht zufriedenstellen ließen, sondern vielmehr den wirklichen, ungeteilten Frieden, wie ihn schon die urchristliche Gemeinde erstrebte, hier auf Erden begehrten, dafür liefert die Geschichte der mittelalterlichen Volksbewegungen zahlreiche Beispiele. Ausgangs des 10. und im Verlaufe des 11. Jahrhunderts bildeten sich unter dem Einfluß der von Frankreich, besonders dem Kloster Cluny, ausgehenden und bald auch auf Italien und Deutschland übergreifenden mönchischen Reformbewegung an zahlreichen Orten regelrecht organisierte Friedensvereinigungen, Friedensligen und Friedensbünde, deren Mitglieder sich durch Eid verpflichteten, Leben und Eigentum sowie die friedliche Arbeit der abhängigen Bauern und der Mönche gegen die Räubereien und kriegerischen Überfälle des Adels zu schützen.
Die gegen den Feudalismus und päpstliche Kirche gerichtete Ketzerbewegung stand bereits in engstem Zusammenhang mit dem Entstehen und Aufblühen der Städte, die aus ökonomischen Gründen an der Aufrechterhaltung bzw. Herbeiführung friedlicher Zustände unmittelbar interessiert waren. Die Mitglieder der «Bürgergemeinden» der Städte verpflichteten sich – nach dem Vorbild der beschworenen «Friedensligen» – durch Eid, den allen gemeinsamen Frieden zu halten, die friedliche Arbeit und die dem Feudalismus abgerungenen Freiheiten zu schützen. Sie bezeichneten sich als «Männer des Friedens», als «Schwurbrüder», oder auch als «Freundschaft», in der ein jeder einem jeden zum Schutz der gemeinsamen Interessen und Anliegen gegen feudale Übergriffe verpflichtet war.
Daß auch die Großen der Feudalgesellschaft, Kaiser und Papst, Bischöfe und Territorialfürsten, zumindest zeitweilig an der Herstellung friedlicher Zustände bzw. an einer zeitlich und räumlich begrenzten Unterbrechung oder doch Verminderung der feudalen «Privatkriege», des Fehde- und Faustrechtunwesens, d. h. an der Unterbrechung der kleinen Kriege und Fehden des Adels im Inneren interessiert waren, um ungestörter den großen Raubzug nach außen, gegen die «Ungläubigen» durchführen zu können, lehrt die im 11. Jahrhundert beginnende Geschichte der «Gottesfrieden», auch «Volksfrieden» genannt, und der «Landfrieden». Diese Einrichtungen entsprachen jedoch auch den Friedenswünschen der Völker, vor allem dem allgemeinen Bedürfnis nach friedlicher Entwicklung der Produktion und des wirtschaftlichen Lebens in Stadt und Land. Im Mittelalter haben einige Persönlichkeiten, wie DANTE, MARSILIUS VON PADUA und JOHANNES VON JANDUN, die Verfasser des *Defensor pacis*, oder auch der hochgebildete und humanistisch gesinnte Enea Silvio PICCOLOMINI, der nachmalige Papst PIUS II., Gedanken entwickelt, die bereits auf einen allgemeinen und dauernden Frieden zwischen den Völkern hinweisen. Aber hierin künden sich schon Prinzipien an, die nicht mehr dem Feudalismus zugehören, sondern das Interesse des jungen, aufstrebenden Bürgertums und der mit diesem im Kampf gegen den Feudalismus verbundenen Volksmassen zum Ausdruck bringen.
Die Ideologen des jungen, fortschrittlichen und revolutionären Bürgertums gaben den Friedensbestrebungen der Volksmassen neue geistige Grundlagen. Sie sahen im Sturz des Feudalismus die unerläßliche Voraussetzung, das Reich der Vernunft und der menschlichen Freiheit aufzurichten, den Krieg aus dem Leben der Völker und Staaten zu verbannen und den «ewigen Frieden» zu verwirklichen, und verknüpften den Friedensgedanken mit den Ideen der Humanität und Toleranz, der Freiheit, Gleichheit und Brüderlichkeit aller Menschen. Das neue, an der Vernunft, der Würde und Freiheit des Menschen orientierte Humanitätsideal wurde von den großen Persönlichkeiten des Humanismus und der Renaissance begründet und in der Folgezeit von den Vertretern der → Aufklärung und des klassischen Humanismus weitergebildet.
Die ideologischen Vertreter des jungen Bürgertums – ERASMUS, FRANCK, BODIN, GROTIUS, COMENIUS sowie LEIBNIZ, ROUSSEAU, HERDER, KANT, FICHTE und viele andere mehr – verwarfen die mittelalterliche Vorstellung von der Gottgewolltheit und Gerechtigkeit der Kriege gegen «Ungläubige» als wider alle Vernunft und als unvereinbar mit der Würde des Menschen. Sie übten scharfe Kritik an der Herrschsucht und Raubgier der Fürsten und Könige, in denen sie vor allem die Ursache der Kriege sahen. Würden diese Kräfte beseitigt, dann würde auch der Frieden zwischen den Menschen und Völkern Wirklichkeit werden.
Jedoch der Sieg der Bourgeoisie und der Volksmassen über die Kräfte des Feudalismus in der Französischen Revolution brachte nicht den ersehnten Frieden. Die kapitalistische Wirklichkeit stand in krassem Gegensatz zu den vom jungen Bürgertum verkündeten Idealen. Wo das kapitalistische Eigentum an den Produktionsmitteln die beherrschende Macht über den Menschen ist, sind Klassenkampf und Krieg genauso gesetzmäßige Erscheinungen wie die Ausbeutung und Unterdrückung der Arbeiterklasse und der übrigen Werktätigen. Der Kapitalismus ist aus sich

heraus nicht in der Lage, das Friedensproblem zu lösen.
Gleichwohl kennt das 19. und auch 20. Jahrhundert noch zahlreiche Versuche bürgerlicher Kreise, die menschliche Gesellschaft dem Ziel des Friedens näherzubringen. Hier ist vor allem die bürgerliche Friedensbewegung zu nennen, die sich im Verlaufe des 19. Jahrhunderts in Amerika und in einer Reihe europäischer Länder, auch in Deutschland, entwickelte, mit dem Ziel, durch Einwirkung auf die Völker und ihre Regierungen die Schaffung internationaler Schiedsgerichte und Gerichtshöfe zu erwirken, um mit ihrer Hilfe bestehende Streitigkeiten zwischen den Staaten zu schlichten, den Ausbruch von Kriegen zu verhindern oder doch zumindest die Zahl der Kriege zu vermindern.
Die Forderungen der bürgerlichen Friedensbewegung, wie sie immer wieder auf nationalen und internationalen Friedenskonferenzen, auf interparlamentarischen Konferenzen, auf den verschiedenen Weltfriedenskongressen und auch den Haager Konferenzen formuliert worden sind, zielten darauf ab, daß Streitfragen zwischen den Staaten nicht durch Krieg, sondern durch Verhandlungen bzw. durch internationale Schiedsgerichte und Schiedsgerichtshöfe entschieden werden, daß sich kein Staat in die inneren Angelegenheiten eines anderen Staates einmischt und in den Staaten eine vollständige oder zumindest teilweise Abrüstung herbeigeführt wird, vor allem die stehenden Heere abgeschafft werden.
Die bürgerliche Friedensbewegung konnte diese Ziele nicht verwirklichen, weil sie mit einer Gesellschaftsordnung verbunden war, die auf dem kapitalistischen Privateigentum an den Produktionsmitteln, auf der Ausbeutung und Unterdrückung des werktätigen Volkes beruht und ihrem innersten Wesen nach menschen- und friedensfeindlich ist. Die Schwäche der bürgerlichen Friedensbewegung – und insbesondere der deutschen – war von Anfang an vor allem dadurch bedingt, daß sie von der stärksten, konsequentesten und zuverlässigsten Friedenskraft, der Arbeiterklasse und den Volksmassen, losgelöst war und sich in ihrem Wirken fast ausschließlich auf den fortschrittlichen, demokratisch und humanistisch gesinnten Teil der Intelligenz gestützt hat. In einer Gesellschaftsordnung, die von Imperialisten und Militaristen beherrscht wird, wie das noch heute in Westdeutschland und den anderen Ländern des kapitalistischen Systems der Fall ist, reichen der «gute Wille» zum Frieden und Appelle an Moral und Gewissen, an Vernunft und Einsicht nicht aus, imperialistische Kriege zu verhindern und den Frieden zu verwirklichen.
Durch das geschichtlich selbständige Auftreten der Arbeiterklasse sowie durch den *Marxismus-Leninismus* wurde der Frieden zu einer realen gesellschaftlichen Kraft und Macht, erhielt er erstmals in der Geschichte eine wissenschaftliche Orientierung und reale Perspektive seiner Verwirklichung. Aus der historischen Stellung und Rolle der Arbeiterklasse ergibt sich ihr konsequenter Kampf für den Frieden in der Welt. Er ist eine Hauptbedingung für die Errichtung der sozialistisch-kommunistischen Gesellschaft.
In der gegenwärtigen Epoche hat sich der Inhalt und Umfang des Friedenskampfes wesentlich erweitert. War der Friedenskampf vor und im ersten Weltkrieg – einem allseitig imperialistischen Krieg – in seinem Wesen vor allem sozialistisch und vor und während des zweiten Weltkriegs vor allem antifaschistisch, so trägt er heute antiimperialistischen Charakter. Dieser Tatbestand ergibt sich aus dem antagonistischen Widerspruch zwischen dem Imperialismus und den Völkern, aus dem wachsenden Widerstand der Volksmassen, der sozialistischen Staaten und der national befreiten Staaten gegen die Rüstungs- und Kriegspolitik des Imperialismus. Dieser Widerspruch kann sich im Bewußtsein der Menschen außer als marxistische Erkenntnis auch als religiöses, moralisches u. a. Motiv für den Friedenskampf, als pazifistische Auffassung usw. widerspiegeln. Objektiv ist die Einheit der Friedenskämpfer – gleich, wie sie ihr Eintreten für den Frieden motivieren – auf dem Boden des unüberbrückbaren Gegensatzes zwischen imperialistischer Kriegspolitik und den Interessen der Völker an der Erhaltung eines dauerhaften Friedens möglich und notwendig. Diese Einheit ist nur unter der Führung der Arbeiterklasse und ihrer marxistisch-leninistischen Partei zu verwirklichen.
→ friedliche Koexistenz → Humanismus → Krieg.

friedliche Koexistenz – beinhaltet den objektiv-realen Zustand des Nebeneinanderbestehens von Staaten mit gegensätzlichen sozialökonomischen Verhältnissen und einer entsprechenden Politik als Widerspiegelung der objektiven Erfordernisse, deren Erfüllung die Voraussetzung dafür bildet, daß das Verhältnis zwischen kapitalistischen und sozialistischen Staaten die Form friedlichen Nebeneinanders annimmt.
Der objektiv-reale Zustand des Nebeneinanderbestehens (Koexistenz) von sozialistischen und kapitalistischen Staaten ist die notwendige Konsequenz der Ungleichmäßigkeit der ökonomischen und politischen Entwicklung der kapitalistischen Staaten im Stadium des Imperialismus. LENIN, der die Gesetzmäßigkeit dieser Entwicklung entdeckte, sagte auf Grund dessen die Möglichkeit des Sieges des Sozialismus in wenigen oder auch in einem Lande und damit die Notwendigkeit der Koexistenz von sozialistischen und kapitalistischen Staaten bereits 1915 voraus.

Die Koexistenz von sozialistischen und kapitalistischen Staaten ist eine spezifische Erscheinungsform des Klassenantagonismus zwischen Bourgeoisie und Proletariat. Indem die Arbeiterklasse in einem gegebenen Land durch die sozialistische Revolution den kapitalistischen Grundwiderspruch löst, hebt sie zugleich den Klassenwiderspruch zwischen Bourgeoisie und Proletariat auf, und zwar in doppeltem Sinne: sie hebt ihn auf, d. h. liquidiert ihn, insofern sie die Bourgeoisie als Klasse liquidiert und sich selbst als herrschende Klasse zusammen mit den Bündnispartnern, d. h. als Staat konstituiert; sie hebt ihn auf, d. h. bewahrt ihn auf, insofern sich die Arbeiterklasse als sozialistischer Staat den imperialistischen Staaten entgegenstellt. Damit erscheint der Klassenwiderspruch zwischen Bourgeoisie und Arbeiterklasse auf neuer, auf zwischenstaatlicher und internationaler Ebene. Aus dem Leninschen Prinzip der friedlichen Koexistenz folgt, daß der Sozialismus ohne Krieg über den Kapitalismus zu triumphieren vermag. Hieraus erwachsen den sozialistischen Staaten zwei historische Aufgaben: 1. den Frieden gegen den Imperialismus zu verteidigen, der sich mit der friedlichen Koexistenz nicht abfinden will, 2. den Kampf des internationalen Proletariats zur Beseitigung des Imperialismus und den Sieg der sozialistischen Revolution in den einzelnen Ländern zu unterstützen, d. h., eine spezielle Strategie und Taktik des Kampfes gegen den Imperialismus zu entwickeln, die über die internationalen Beziehungen auf zwischenstaatlicher, internationaler Ebene wirksam wird. Die Politik, die diesen beiden objektiven Erfordernissen gerecht wird, ist die Politik der friedlichen Koexistenz. Ihrem Wesen nach ist sie eine spezifische Form des Klassenkampfes, die mit den allgemeinen Normen des Völkerrechts vereinbar ist. Ihrer einfachsten Lesart nach bedeutet sie den Verzicht auf den Krieg als Mittel zur Lösung strittiger Fragen. Damit ist der Begriff der friedlichen Koexistenz jedoch noch nicht erschöpft. Außer der Verpflichtung, nicht anzugreifen, bedeutet er, daß man darauf verzichtet, sich in die inneren Angelegenheiten anderer Länder mit dem Ziel einer Änderung ihrer Staatsordnung oder ihrer Lebensweise oder aus irgendwelchen anderen Motiven einzumischen. Das Prinzip der friedlichen Koexistenz schließt weiter ein, daß die politischen und wirtschaftlichen Beziehungen zwischen den Ländern auf der Grundlage völliger Gleichberechtigung und gegenseitigen Nutzens beruhen müssen. Die Orientierung der sozialistischen Staaten auf die friedliche Koexistenz mit den imperialistischen Staaten ist kein taktischer Winkelzug, sondern wurzelt im Wesen des Sozialismus (Kommunismus) und steht im völligen Einklang mit der marxistisch-leninistischen Revolutionstheorie.
In der sozialistischen Gesellschaft gibt es keine Klassen und anderen Kräfte, die an einem Krieg interessiert sein könnten. Die sozialistische Wirtschaft, die die Aufhebung des Privateigentums und damit die ursächliche Wurzel aller Kriege zur Voraussetzung hat, bewegt sich nach anderen objektiven Gesetzen als die imperialistische Ökonomie. Es gibt dergestalt keine objektive Ursache in der sozialistischen Gesellschaft, die die herrschende Arbeiterklasse und ihre Verbündeten zwingen könnte, den Krieg als Mittel der Politik zu gebrauchen.

Schließlich gehen die sozialistischen Staaten davon aus, daß es für den Sieg des Sozialismus in der ganzen Welt objektiv weder möglich noch notwendig ist, die sozialistische Revolution zu exportieren. «Eine solche ‚Theorie' (vom gewaltsamen Export der Revolution) wäre ein völliger Bruch mit dem Marxismus, denn dieser hat stets ein ‚Anpeitschen' von Revolutionen abgelehnt, die sich in dem Maße entwickeln, wie die Klassengegensätze, die Revolutionen hervorrufen, immer größere Schärfe gewinnen» (Lenin 27, 56). Die sozialistische Revolution ist wesentlich ein innerer Prozeß innerhalb eines gegebenen Landes, in dessen Verlauf der innere kapitalistische Grundwiderspruch gelöst werden muß. Dieser innere Widerspruch kann nur von inneren Klassenkräften, der Arbeiterklasse mit ihren Bündnispartnern unter Führung der kommunistischen und Arbeiterpartei des gegebenen Landes, gelöst werden, wenn im Zuge der evolutionären Entwicklung alle Voraussetzungen für die revolutionäre Beseitigung des alten Regimes herangereift sind.

Angesichts des Standes der Waffentechnik bildet heute der Frieden die elementarste Voraussetzung aller progressiven gesellschaftlichen Prozesse, namentlich aller sozialen und nationalen Befreiungsrevolutionen.

Da das sozialistische Weltsystem gewaltige Anstrengungen zur allseitigen Entwicklung aller seiner Potenzen macht und auch andere Anstrengungen zur Sicherung des Friedens unternimmt, trägt es wesentlich zur Festigung der friedlichen Koexistenz bei, schafft es denkbar günstige äußere Bedingungen für die revolutionären Bewegungen der Klassenkräfte innerhalb der nichtsozialistischen Länder. Politik der friedlichen Koexistenz ist ökonomischer, politischer und ideologischer Klassenkampf.

Naturgemäß steht der ökonomische Kampf in Gestalt des friedlichen Wettbewerbs im Mittelpunkt; wie schon Lenin schrieb, ist «die Arbeitsproduktivität ... in letzter Instanz das allerwichtigste, das ausschlaggebende für den Sieg der neuen Gesellschaftsordnung» (29, 416). «Unsere Haupteinwirkung auf die internationale Revolution üben wir jetzt durch unsere Wirtschaftspolitik aus ... Der Kampf ist im Weltmaßstab auf dieses Gebiet übertragen. Lösen wir diese Aufgabe, dann haben wir im internationalen Maßstab bestimmt und endgültig gewonnen» (LENIN 32, 458).

Auf ideologischem Gebiet ist das Prinzip der friedlichen Koexistenz nicht anwendbar. Der im Interesse der Völker liegende Sieg des Prinzips der friedlichen Koexistenz hat den unversöhnlichen ideologischen Kampf gegen die imperialistische Ideologie zur Voraussetzung. Hier gibt es keinerlei «Ausgleich» der Ideologien, sondern nur prinzipielle Auseinandersetzung mit der gegnerischen Ideologie. Was nicht bedeutet, daß die Marxisten-Leninisten ihren Bündnispartnern im Kampf gegen Imperialismus, Militarismus und Krieg die Anerkennung des dialektischen Materialismus als Bedingung einer Aktionseinheit auferlegen.

Im Gegensatz zu den Behauptungen der Dogmatiker, die in der Politik der friedlichen Koexistenz eine Preisgabe des Klassenkampfes erkennen wollen, ist zu sagen, daß die herrschende Arbeiterklasse in den sozialistischen Staaten sehr wohl ihrer Aufgabe im Klassenkampf gegen den internationalen Imperialismus gerecht wird, wie das Pflicht einer jeden nationalen Abteilung des internationalen Proletariats ist. Jedoch unterscheiden sich sowohl die Formen, in denen die regierende Arbeiterklasse der sozialistischen Staaten den Kampf führt, als auch die Aufgaben, die sie in diesem Kampf gegen den internationalen Imperialismus zu erfüllen hat, qualitativ von den Formen des Kampfes, mit denen die anderen Abteilungen des internationalen Proletariats in den imperialistischen Staaten ihre spezifischen Aufgaben erfüllen.

Die Ursache dafür liegt in der grundlegend anderen Stellung, die die Arbeiterklasse der sozialistischen Staaten gegenüber dem Imperialismus einnimmt. Während sie dem Imperialismus als selbständige sozialistische Staatsmacht auf internationaler, interstaatlicher Ebene entgegentritt, stehen die anderen Abteilungen des Weltproletariats als Bürger imperialistischer Staaten der herrschenden Monopolbourgeoisie in ihren Ländern gegenüber.

Ungeachtet dessen, daß die Politik der friedlichen Koexistenz eine spezifische Form des Klassenkampfes des Proletariats ist, erschöpft sich ihr Inhalt nicht im Klasseninteresse der Arbeiterklasse. Da die Politik der friedlichen Koexistenz den Kampf um den Frieden zum Inhalt hat, bildet sie eine politische Plattform von solcher Breite, daß sich alle am Frieden interessierten Kräfte ungeachtet ihrer Klassenzugehörigkeit auf ihr formieren können.

Die Politik der friedlichen Koexistenz hat die ununterbrochene Veränderung des Kräfteverhältnisses zugunsten der Kräfte des Friedens, der Demokratie und des Sozialismus sowohl zur Voraussetzung als auch zum Ergebnis. Sie ist unmittelbar darauf gerichtet, den Krieg zu vermeiden, und schafft allmählich die Bedingungen, unter denen noch vor dem vollen Sieg des Sozialismus und Kommunismus im Weltmaßstab der Krieg gänzlich aus dem Leben der Völker verschwinden wird.

→ Frieden → Krieg.

Funktion [lat] – 1. Fähigkeit eines dynamischen Systems, bestimmte Verhaltensweisen hervorzubringen. Diese Fähigkeit wird durch die Struktur des Systems und die Art und Weise der Kopplung zwischen den Elementen dieses Systems bestimmt. Struktur und Funktion eines jeden Systems bilden eine dialektische Einheit. Ein und dieselbe Funktion kann unter Umständen durch verschiedenartige Strukturen eines Systems hervorgebracht werden. Das ist schon an einfachen Beispielen demonstrierbar. Es mögen etwa zwei aussagenlogische Ausdrücke vorliegen, die einander semantisch äquivalent sind, die sich aber in sonstiger Hinsicht wesentlich unterscheiden (der eine Ausdruck sei etwa relativ übersichtlich, der andere lang und kompliziert). Es wird nun von diesen Ausdrücken übergegangen zu ihrer schaltalgebraischen (→ Schaltalgebra) Entsprechung. Das Schaltverhalten dieser so gewonnenen technischen Systeme ist das gleiche (laut Voraussetzung), d. h., die Funktionen beider Systeme sind identisch; die Strukturen der beiden aber wären (ebenfalls nach Voraussetzung) erheblich voneinander verschieden.

2. Vorschrift, die den Elementen x einer Menge $\mathfrak{M}$, den Argumenten der Funktion bestimmte Elemente y einer Menge $\mathfrak{M}'$ zuordnet. Die Zuordnung wird symbolisch durch $y = f(x)$ ausgedrückt. Die Menge $\mathfrak{M}$ nennt man den Definitions- oder Argumentwertebereich, die Menge $\mathfrak{M}'$ den Wertevorrat der Funktion.

Im Laufe der Geschichte der Mathematik sind zahlreiche Funktionen und Klassen von Funktionen der verschiedensten Art entdeckt worden. Dieser Entwicklungsprozeß geht unaufhörlich weiter. Die Funktionen wurden dabei nach verschiedenartigen Gesichtspunkten klassifiziert (stetige, differenzierte, analytische, ganze meromorphe Funktionen usw.). Für die Kybernetik ergeben sich besondere Gesichtspunkte der Klassifizierung. Sie unterscheidet z. B. Funktionen nach der Art der Kopplung von Elementen bzw. Systemen, sog. Vollfunktionen, Teilfunktionen, Nullfunktionen, Funktionen, die die Beziehung zwischen Input und Output eines Systems darstellen (Übergangsfunktionen), Signalfunktionen, die den zeitlichen Verlauf der Signale beschreiben, usw.

Von besonderer Bedeutung für Philosophie und Kybernetik sind die logischen Funktionen (→ Aus-

sagenlogik → Boolesche Algebra). Die aussagenlogischen Funktionen sind über einer Menge definiert, die nur aus zwei Elementen besteht. Der Wertevorrat dieser Funktion besteht aus denselben Elementen. Die logischen Funktionen stellen eine Abbildung einer Menge in sich selbst dar.
Mit der Einführung von Funktionen (und damit von Variablen) zieht nach ENGELS die Dialektik in die Mathematik ein.
3. Gelingt es, die verschiedenen Verhaltensweisen eines dynamischen (insbesondere kybernetischen) Systems durch mathematische bzw. logische Funktionen zu beschreiben, so fällt der Funktionsbegriff unter 1. mit dem unter 2. zusammen. Es gibt dann nicht neben oder über dem speziellen Funktionsbegriff gemäß 1., der für die Verhaltensweise eines Systems zuständig ist, noch einen anderen, der über oder hinter dem genannten Funktionsbegriff stünde. Der Funktionsbegriff ist deshalb nicht nur ein zentraler Begriff der Mathematik und der modernen Logik, sondern auch der Erkenntnistheorie und der Philosophie im allgemeinen.

Funktionsmodell → Modell.

Funktor [lat] – logisches Gebilde, mit dessen Hilfe aus logischen Ausdrücken andere Ausdrücke erzeugt werden können.
Die wichtigsten *aussagenlogischen Funktoren* sind: «nicht», «und», «oder», «wenn – so», «genau dann, wenn». Der Funktor «nicht» erzeugt, wenn er auf eine Aussage angewandt wird, deren logische Negation. Die anderen genannten Funktoren erzeugen aus einfachen Aussagen zusammengesetzte Aussagen. Aus den einfachen Aussagen «Die Sonne scheint» und «Es ist warm» kann mit Hilfe des Funktors «und» die zusammengesetzte Aussage «Die Sonne scheint *und* es ist warm» erzeugt werden.
Die aussagenlogischen Funktoren werden auch *aussagenlogische Konstante* genannt. Man kann die Aussagenlogik als Theorie der *aussagenerzeugenden Funktoren* charakterisieren. Wird sie als abstrakter Kalkül aufgebaut, so ergibt sich der *Aussagenkalkül.*
Der Übergang von der Aussagenlogik zur Prädikatenlogik geschieht in dieser Beziehung dadurch, daß die Aussagenlogik als Theorie der aussagenlogischen Funktoren erweitert wird durch eine Theorie der *prädikatenlogischen Funktoren* «alle» und «es gibt». Logische Ausdrücke, die freie Variable enthalten, werden dadurch zu Aussagen, daß die freien Variablen mit Hilfe der prädikatenlogischen Funktoren gebunden werden. Der prädikatenlogische Ausdruck «$x + 1 = 2$» wird dadurch zu einer Aussage, daß die freie Variable x mit Hilfe des prädikatenlogischen Funktors «es gibt» gebunden wird. Es entsteht dadurch die (wahre) Aussage «Es gibt ein x derart, daß $x + 1 = 2$».
Die Prädikatenlogik kann in diesem Sinne als Theorie der Funktoren «alle» und «es gibt» bezeichnet werden. Die prädikatenlogischen Funktoren nennt man auch *Quantoren.*
Sowohl die aussagenlogischen Funktoren als auch die prädikatenlogischen Funktoren werden in der modernen formalen Logik (→ Aussagenlogik → Prädikatenlogik) durch bestimmte Symbole ausgedrückt. Häufig werden diese Symbole selbst als aussagenerzeugende Funktoren, allgemein alle Zeichen für Funktionen als Funktoren bezeichnet.

Futurologie [lat] – Name für die Gesamtheit der bürgerlichen Zukunftsforschung, -gestaltung und -deutung.
Die Futurologie wurde angesichts der auch für den staatsmonopolistischen Kapitalismus wachsenden Notwendigkeit zur Voraussicht gesellschaftlicher Entwicklungsprozesse 1943 von O. K. FLECHTHEIM in den USA vorgeschlagen. Nach FLECHTHEIM erfaßt die Futurologie als «Wissenschaft von der Zukunft» drei Bereiche: eine Lehre der Prognosen und Projektionen, eine Theorie der Programmierungen und Planungen und eine Philosophie (Methodologie, Erkenntnislehre und Ethik) der Zukunft. FLECHTHEIM sieht in der Futurologie nicht die Wissenschaft, mit der die historisch notwendigen gesellschaftlichen Prozesse zur Überwindung des staatsmonopolistischen Kapitalismus vorausermittelt und vorausgesehen werden sollen. Für ihn ist die Futurologie ein Instrument zur Voraussicht von gesellschaftlichen Zukunftsbedingungen, denen sich die kapitalistische Gesellschaft im Interesse ihrer weiteren Existenz anpassen müßte.
Die Futurologie lehnt den Marxismus-Leninismus als theoretische Grundlage für eine progressive Gesellschaftsprognostik ab und ist bemüht, sich selbst zu einer Gegenideologie der Zukunft zu entwickeln, um dem Spätkapitalismus theoretisch einen Weg in die Zukunft zu erschließen. In diesem Sinne will Futurologie vor allem ein neuer «Denkansatz», ein «approach», eine neue Philosophie sein. Sie knüpft an die Ideologiekritik Karl MANNHEIMS an, die zwischen «Ideologie» als Rechtfertigung und Verherrlichung der von der Vergangenheit her bestimmten bestehenden Gesellschaftsordnung und «Utopie» als Verwerfung und Überwindung des Status quo unterscheidet. Die Futurologie will beide überwinden, jedoch hätte die Utopie gegenüber der Ideologie einen relativen Vorrang in der jetzigen dynamischen Epoche. Ideologie und Utopie würden aufgehoben durch eine «kritisch-rationale Fortbildung der Utopie zur konkreten oder realen Utopie, d. h. zur Futurologie» (Futurum 1968/1, 15). Der Marxismus sei nicht die Überwindung des utopischen Sozialismus, weil er angeblich an den Traditionen des utopischen Denkens festhielte (History and Futurology 97). Allein die

Futurologie überwinde die unbrauchbar gewordene «Ideologie» und «Utopie» mit einer vorwärtsweisenden Orientierung der Gegenwart auf die Zukunft.
Im Bereich des bürgerlichen futurologischen Denkens kreuzen sich verschiedene Bestrebungen der Voraussicht zukünftiger gesellschaftlicher Entwicklungen. Einerseits ist es das Bemühen, der staatsmonopolistischen Gesamtwirtschaft bzw. Gesamtgesellschaft Perspektiven zu weisen und die sich in ihr zuspitzenden Widersprüche regulieren zu helfen. Andererseits ist es ein humanistisch begründetes Bemühen, im Interesse einer friedlichen und fortschrittlichen Zukunft der Menschheit einen stärkeren Einfluß der bürgerlich-demokratischen, antiimperialistischen Kräfte in der kapitalistischen Gesellschaft auf die Politik des herrschenden Monopolkapitals zu gewinnen. In diesen Bemühungen vereinen sich Philosophen, Soziologen, Vertreter der verschiedensten Natur- und Gesellschaftswissenschaften, Publizisten und Politiker, um mehr oder weniger spontan materialistisch begründete Voraussagen für ihr Fachgebiet, auch in der Form der «Science fiction»-Literatur, zu treffen. Manchen wertvollen Voraussagen über Teilgebiete der gesellschaftlichen Entwicklung haftet jedoch der Mangel einer ungenügend komplexen, gesamtgesellschaftlichen Betrachtungsweise der Zukunft des Menschen an. Es bedarf umfassenderer Aus- und Überblicke, «mit deren Hilfe kontradiktorische Zukunftsentwicklungen rechtzeitig erkannt und bekannt gemacht werden können, ehe sie miteinander in Konflikt geraten oder zerstörerisch aufeinanderprallen» (Robert JUNGK, Unsere Welt 1985, 1965, 13). Diese einende, komplexe Betrachtungsweise der gesellschaftlichen Entwicklung soll die Futurologie als Wissenschaft gewährleisten. Sie ist jedoch selbst in ihrer Erkenntnisfähigkeit beschränkt, da sie nicht die gesetzmäßig bedingte historische Entwicklung der kapitalistischen Gesellschaft, die mit Notwendigkeit zum Sozialismus und Kommunismus führt, in ihre Vorausschau einschließt.
→ Gesellschaftsprognose → Prognose → Ideologie.

G

Galaxis [griech] – Milchstraße; das in der hierarchischen Struktur des uns bekannten Teils des → Weltalls dem Sonnensystem übergeordnete Sternsystem. Das der Galaxis wiederum übergeordnete System ist die Metagalaxis; die Gesamtheit aller außerhalb der Galaxis befindlichen materiellen Systeme wird Extragalaxis genannt. Die Galaxis gehört ihrer Struktur nach zu den Spiralnebeln.
Auf Grund der neueren Forschungsergebnisse (AMBARZUMJAN, KUKARKIN u. a.) über den Aufbau, die Entwicklung und Bewegung der Galaxis lassen sich einige bislang umstrittene philosophisch relevante astronomische Fragen heute bereits mit hinreichender Sicherheit entscheiden. Dies ist vor allem die Frage der Entstehung und des Alters der uns bekannten Sterne und Sternsysteme. Entgegen der idealistischen Annahme, diese seien (durch einen einmaligen Schöpfungsakt) gleichzeitig entstanden, zeigen die neueren Forschungen, daß die Sterne ein unterschiedliches Alter haben und daß darüber hinaus die wissenschaftliche Vermutung berechtigt ist, daß der Sternentstehungsprozeß offenbar auch gegenwärtig anhält. Diese Vermutung stützt sich auf die Tatsache, daß im astronomischen Sinne «gegenwärtig», d. h. in dem der räumlichen Entfernung von vielen Tausenden von Lichtjahren entsprechenden zeitlichen Abstand die Entstehung neuer Sterne beobachtet werden konnte. Die Entdeckung der sog. Sternassoziationen Ende der vierziger Jahre zeigte, daß es Gruppen gleichzeitig entstandener Sterne gibt, deren Alter nur einige Millionen Jahre oder sogar nur etwa eine Million Jahre oder noch weniger beträgt. Die großen Unterschiede im Alter der Sterne zeigen uns das Bild einer in ständiger Veränderung und Entwicklung befindlichen Galaxis und die Mannigfaltigkeit der Entwicklungswege der einzelnen Sternsysteme.
Ganzes – eine Menge von qualitativ identischen oder (und) qualitativ verschiedenen Elementen, die ein zusammenhängendes System bilden dergestalt, daß dessen einzelne Teile morphologisch

und funktionell voneinander abhängig sind. «Ganzes» ist demzufolge ein Relationsbegriff, der nur in bezug auf sein Korrelat «Teil» sinnvoll ist.

Das Ganze besteht zwar aus Teilen, läßt sich jedoch in bezug auf seine Verhaltensweisen nicht auf die Summe seiner Teile zurückführen. Es weist diesen gegenüber qualitativ eigenständige Gesetzmäßigkeiten auf. So bestehen z. B. soziale Klassen aus Individuen, ohne daß deswegen das Verhalten einer Klasse als Ganzes auf das der Individuen reduziert werden könnte. Das Ganze ist also «mehr» als die Summe seiner Teile, wobei dieses «Mehr» in der durch die Wechselwirkung der Teile erzielten qualitativ höheren Leistung gegenüber der Leistung der Summe der isolierten Teile besteht.

Sowohl in der Produktions- als auch in der Denktätigkeit spielt die Konstruktion von Ganzheiten eine große Rolle. Mit Hilfe synthetischer Verfahren werden die durch Zerlegung gegebener Ganzheiten gewonnenen isolierten Elemente in neuer, noch nicht existierender Ordnung gekoppelt, zu Systemen zusammengefügt, die vermöge ihres Ganzheitscharakters etwas qualitativ Neues sind.

→ Ganzheit → Teil und Ganzes.

Ganzheit – Eigenschaft komplizierter bzw. komplexer Systeme, ein dem Verhalten ihrer Teile gegenüber qualitativ unterschiedenes eigenständiges Verhalten aufzuweisen. Es läßt sich etwa das Verhalten einer Gesellschaftsklasse nicht einfach darstellen als die Summe des Verhaltens der einzelnen Individuen, die dieser Klasse angehören.

«Ganzheit» muß abgegrenzt werden gegenüber «Gesamtheit», «Summe», «Aggregat», die jede Menge von irgendwie zusammengefaßten Objekten bezeichnen, welche nicht unbedingt in einem inneren Zusammenhang miteinander zu stehen brauchen, kein System bilden. Die unter einer Gesamtheit zusammengefaßten Objekte brauchen, wenn sie sich nicht in wechselseitiger Abhängigkeit voneinander befinden, im Rahmen dieser Gesamtheit noch kein anderes Verhalten zu zeigen als außerhalb derselben. Gesamtheiten haben daher auch im eigentlichen Sinne keine Teile. Im Gegensatz zum Begriff «Ganzheit», der eine qualitative Bestimmung ist, ist Gesamtheit eine rein quantitative Bestimmung.

Gesamtheit (Menge) und Ganzheit (Ganzes) hängen jedoch insofern zusammen, als jede Ganzheit zugleich eine Menge von Elementen, also nicht nur qualitativ, sondern auch quantitativ bestimmt ist. Umgekehrt tragen Gesamtheiten auch immer mehr oder weniger Ganzheitscharakter, da der Fall, daß zwischen den Elementen einer Menge keinerlei Kopplung besteht, für objektiv reale Systeme im strengen Sinne nicht auftritt. Jedoch kann die wechselseitige Abhängigkeit so gering sein, daß sie vernachlässigt werden kann. Selbst die mathematische Mengenlehre abstrahiert nicht restlos vom Ganzheitscharakter von Mengen, wie man CANTORS klassischer Definition (1895) entnehmen kann: «Unter einer ‚Menge' verstehen wir jede Zusammenfassung *M* von bestimmten wohlunterschiedenen Objekten *m* unserer Anschauung oder unseres Denkens (welche die ‚Elemente' von *M* genannt werden) zu einem Ganzen» (Abh. 1932 282). Allgemein gilt deshalb: Je komplizierter und komplexer die Systeme sind, desto ausgeprägter ist auch die Eigenschaft der Ganzheit.

Da die Eigenschaft der Ganzheit immer voraussetzt, daß das betreffende Ganze einerseits aus Teilen besteht, andererseits ein den Teilen gegenüber eigenständiges Verhalten aufweist, können letztere auf zwei einander ergänzenden Wegen erkannt werden: Einerseits durch Beschreibung des Zustandes und der Bewegung der Teile und andererseits durch Ermittlung der spezifischen Abhängigkeiten zwischen den Teilen, die durch die jeweilige Ganzheits- (System-) Struktur gegeben sind.

So ist z. B. für die Geschichtswissenschaft die Kenntnis der historischen Einzelfakten und Einzelprozesse zwar unbedingt erforderlich, aber ihre Wertigkeit für den Gesamtprozeß läßt sich nur von der jeweiligen Gesellschaftsstruktur her erschließen. Das Revolutionäre der *marxistischen Gesellschaftslehre* bestand unter diesem Aspekt darin, daß MARX den mechanischen Standpunkt seiner Vorläufer überwand, welche die Gesellschaft als Menge von an sich getrennten, aber sich zusammenschließenden Individuen (atomistische Gesellschaftslehren) und die Bewegung der Gesellschaft als Summe von Einzelaktionen verstanden. MARX ging demgegenüber vom ganzheitlichen Charakter der Gesellschaft aus, deren Selbstbewegung er aus ihrer Spaltung in qualitativ gegensätzliche Klassen erklärte, wobei die den Individuen übergeordnete Ganzheit (die Klasse) wesentlich das Verhalten ihrer Teile (der Individuen) bestimmt.

Die materialistische Dialektik verallgemeinerte diese Erkenntnisse, indem sie in Überwindung mechanischer Auffassungen, die die Dinge als tote, von außen bewegte Substanzen betrachteten, den Dingbegriff neu bestimmte. Unter Dingen, Objekten, Gegenständen überhaupt werden in sich gegliederte, widersprüchliche und daher selbstbewegte Ganzheiten verstanden. Die Dinge sind Ganzheiten, weil sie Systeme von Qualitäten sind. Da aber jedes Etwas Ding ist, ist die Welt ein in sub- und koordinierte Ganzheiten gegliedertes System, ist der Ganzheitscharakter der Realität universell. So sind Atome und Moleküle ebenso Ganzheiten wie Zellen, Organe, Organismen oder Gesellschaftsformationen, und sie verdanken ihre jeweils spezifische Gesetzmäßigkeit ihrem Ganzheitscharakter. [1]

Zu einer Zeit, als der mechanische Materialismus die einzige natürliche Erklärungsmöglichkeit für die Dinge und Prozesse der objektiven Realität zu sein schien, wurde von vielen Naturwissenschaftlern (und Soziologen), die sich auf den mechanischen Materialismus stützten, entweder das Phänomen der Ganzheit geleugnet (das widersprach einem umfangreichen Tatsachenmaterial aus den verschiedensten Bereichen der Wissenschaft), oder es wurde versucht, eine Erklärung auf der Basis der klassischen Mechanik bzw. Atomistik zu geben, ein Versuch, der zwangsläufig scheitern mußte. So konnten sich idealistische Deutungen der Erscheinung der Ganzheit lange Zeit in den verschiedensten Bereichen der Wissenschaft behaupten (Vitalismus, Gestaltpsychologie usw.).

Erst der *dialektische Materialismus* konnte auf der Grundlage der Dialektik von Teil und Ganzem, von Quantität und Qualität eine natürliche Erklärung des Phänomens der Ganzheit geben, die einerseits dem erwähnten Tatsachenmaterial Rechnung trug (also auch die Teilwahrheiten, die in verschiedenen idealistischen Ganzheitstheorien enthalten waren, einschloß), andererseits jeden Bezug auf übernatürliche Wesenheiten, Ganzheitsfaktoren usw. als unwissenschaftlich nachwies. Nach Auffassung des dialektischen Materialismus ändern quantitative Änderungen der Zahl der Elemente und ihrer Ordnung den Charakter der Ganzheit, wenn sie ein bestimmtes Maß überschreiten. Umgekehrt hat dieses oder jenes Element im Rahmen verschiedener Ganzheiten eine unter Umständen völlig verschiedene Wertigkeit. Der Charakter der Ganzheit bestimmt in gewissem Umfange den Charakter der Teile, der Elemente. Das bedeutet natürlich nicht, daß Elemente, die in eine Ganzheit integriert sind, damit aufhören, eine eigene Bestimmung zu haben, die ihnen selbst und nicht der Ganzheit zukommen.

Der → Holismus von J. C. Smuts und J. S. Haldane verabsolutiert das Moment der Bestimmung der Elemente durch die Ganzheit und will das Einfache aus dem Komplizierten ableiten (physikalische Vorgänge aus biologischen, biologische aus psychischen). Faschistische und staatsmonopolistische Staatstheorien übertragen diesen Gedanken auf das Verhältnis zwischen dem Staat und seinen Bürgern. Berüchtigt ist die faschistische Losung: «Das Volk bzw. der Staat ist alles, Du bist nichts!», deren Konsequenzen von den faschistischen Machthabern in Hitlerdeutschland mit erschreckender Deutlichkeit gezogen wurden.

Die Auffassung des *dialektischen Materialismus* über die Natur der Ganzheiten und das Verhältnis der Ganzheiten zu ihren Teilen wird durch die moderne *kybernetische Systemtheorie* gestützt und vertieft. Für die Kybernetik sind vor allem zwei Typen von Ganzheiten von Bedeutung: stofflich-energetische und informationelle Ganzheit. *Stofflich-energetische Ganzheit* ist ein wichtiger Untersuchungsgegenstand der kybernetischen Systemtheorie. Es erweist sich als möglich, eine Theorie aufzubauen, die von der besonderen stofflich-energetischen Beschaffenheit abstrahiert und allgemeine Aussagen über die Entstehung und Entwicklung von Ganzheitseigenschaften und -verhaltensweisen zu machen gestattet. Bemerkenswerte Betrachtungen wurden hierzu in jüngster Zeit insbesondere von O. Lange angestellt, der sich darum bemüht hat, dem Begriff der Ganzheit und den Gesetzmäßigkeiten, denen die Entwicklung von Ganzheiten unterworfen ist, eine strenge mathematische Fassung zu geben.

Informationelle Ganzheiten treten in der Informationstheorie als Objekt der Forschung auf. So erhalten z. B. die einzelnen Töne, aus denen sich eine Melodie zusammensetzt, oder die verschiedenen Farbelemente eines Bildes je nach der Art der Kombination der Grundelemente für den ganzheitlich wahrnehmenden Menschen eine ganz verschiedene Ausdrucksqualität. Die einzelnen Töne, aus deren Anordnung sich die Struktur der Melodie ergibt, oder die Farbverteilung auf dem Bilde bestimmen sich als Glieder der Ganzheit in ihrer Eigenart gegenseitig und ergeben insgesamt einen vom Charakter der Einzelelemente verschiedenen Charakter des Ganzen. [2]

→ Ganzes → Teil → Teil und Ganzes.

Ganzheitstheorie – Theorie vom Entstehen, von der Struktur, den spezifischen Gesetzmäßigkeiten und der Verhaltensweise von Ganzheiten. Der theoretische und praktische Wert einer auf Ganzheitsbetrachtungen ausgehenden Theorie ist in entscheidendem Maße davon abhängig, inwieweit in ihr die Dialektik von Teil und Ganzem richtig erkannt und beachtet wird.

In der Geschichte des *vormarxistischen Denkens* stehen sich in der Behandlung des Verhältnisses von Ganzem und Teil zwei gleichermaßen metaphysische Standpunkte gegenüber. Während der *Mechanizismus* die Neigung hat, den Teil zu verabsolutieren, indem er die qualitativ unterschiedenen Organisationsstufen der Materie als mehr oder weniger komplizierte Summen der gleichen letzten unteilbaren Teile (z. B. Atome) auffaßt, auf deren Bewegung und Verhalten jede Ganzheit zurückgeführt werden könne, verabsolutieren die verschiedenen Varianten idealistisch-teleologischen Denkens die Sonderqualität der Ganzheit. Dies kann auf zwei Wegen erfolgen. So nimmt der *Vitalismus* spezifische immaterielle Faktoren an, welche die mechanische Summe von an sich toten Stoffmassen zu geordneten Systemen organisieren. Der *Holismus* dagegen, der sich zwar nicht explizit auf immaterielle Ganzheitsfaktoren beruft, billigt den Teilen dennoch nur eine untergeordnete Rolle für das Entstehen und die Spezifik der Ganzheit zu, so daß Ganzheit als eine im Grunde mystische, nicht erklärbare Gegebenheit erscheint. Wenn für den Mechanizismus die Teile dem Ganzen gegenüber das genetisch Frühere sind, so behaupten einige Holisten ebenso undialektisch, daß das Ganze vor seinen Teilen sei, so daß die niederen Bewegungsformen der Materie aus den höheren abgeleitet werden müßten, also z. B. physikalische Vorgänge aus biologischen oder biologische aus psychologischen Prozessen erklärt werden müssen.

Diese beiden grundsätzlich möglichen metaphysischen Haltungen zur Ganzheitsproblematik traten bereits in der Antike auf. Mit der durch EMPEDOKLES angebahnten Trennung von Stoff und bewegendem Prinzip – dieser Grundvoraussetzung der Verabsolutierung von Teil einerseits und Ganzem andererseits – wird die Frage aktuell, wie ein Ganzes aus seinen stofflich unbewegten Teilen entstehen könne. Die Ganzheiten jeder Organisationsstufe der Materie sind für EMPEDOKLES Mischungen der vier Elemente (archai), die als unteilbare Qualitäten nicht weiter reduziert werden können. Auch DEMOKRIT erklärt die gegebenen Ganzheiten jeder Organisationsstufe der Materie als Kombinationen letzter einfacher Teile, der Atome, betont jedoch die Bedeutung der Lage und Anordnung der Atome (die Struktur) für die Qualität eines Dinges.

Diesen Meinungen tritt PLATON entgegen. Das Ganze sei rein qualitativ als Wesenheit und Individualität bestimmt. Jeder Teil erhalte seine Bedeutung für das Ganze nur durch das Ganze, das als separate Qualität unteilbar und in den Ideen – diesen Ur- und Vorbildern der Dinge – vorgegeben sei. Strukturen und Ordnungen aber seien unsichtbar und immateriell. Das Weltall sei nicht einfach eine Summe von Dingen, sondern eine in sich geschlossene Ganzheit, die ihrerseits wieder aus Ganzen aufgebaut sei.

Bei ARISTOTELES wird erstmalig der Begriff «Ganzes» (holon) deutlich von dem Begriff der bloßen Gesamtheit (pantes) unterschieden. Während bei der Gesamtheit die Lage und Anordnung der Teile keinen Unterschied macht, ändern sich Ganzheiten mit der Lage ihrer Teile (Metaphysik 1024a). Die verschiedenen Bewegungsformen der Materie betrachtet ARISTOTELES als ebensoviele Typen von Ganzheiten. Der Grad ihrer Ganzheitlichkeit hängt vom Grad ihrer Beseeltheit ab. Insofern ARISTOTELES jedoch Seele mit Form (Organisiertheit, Struktur) gleichsetzt und die Untrennbarkeit von Stoff und Form behauptet, kann er als Vorläufer der dialektischen Lösung des Verhältnisses von Teil und Ganzem betrachtet werden. Indes wurde er, da er – gemeinsam mit PLATON – Form zugleich als Seele bestimmte, geschichtlich wirksam als Initiator der *idealistischen* Lösung des Ganzheitsproblems und des Vitalismus jeder Prägung.

Während im teleologischen Denken des christlichen Mittelalters im Anschluß an den *Neuplatonismus* (PLOTIN), an ARISTOTELES und AUGUSTIN die idealistische Lösung des Ganzheitsproblems im wesentlichen das Feld beherrschte, trat nach dem Siegeszug der Mechanik in der neueren Philosophie der Widerspruch zwischen mechanizistischer und idealistischer Haltung zum Ganzheitsproblem erneut in Erscheinung. So beruhte die *Newtonsche Mechanik* auf dem Prinzip, daß sich jedes Ding aus den gleichen und einfachen Teilen, den Atomen zusammensetzt; LEIBNIZ dagegen behauptete, daß die wirklichen Einheiten der Welt, die Monaden, nicht einfache Elemente, sondern in sich geschlossene Ganzheiten, Organismen sind. Jede Monade ist unverwechselbare Individualität, da sie spezifische Repräsentation des gesamten Universums ist.

KANT verallgemeinerte den mit dieser Kontroverse aufgestellten Gegensatz in seiner zweiten Antinomie der reinen Vernunft: «*Thesis*: Eine jede zusammengesetzte Substanz in der Welt besteht aus einfachen Teilen, und es existiert überall nichts, als das Einfache oder das, was aus diesem zusammengesetzt ist. *Antithesis*: Kein zusammengesetztes Ding in der Welt besteht aus einfachen Teilen, und es existiert überall nichts Einfaches in derselben» (B 420f). Er zeigte, daß sowohl Thesis als auch Antithesis wechselweise durch einander widerlegt werden können. Indem KANT durch sein Verfahren darauf aufmerksam machte, daß jede der beiden Behauptungen zu logischen Widersprüchen und Absurditäten führt, bahnte er die Erkenntnis an, daß die Lösung des Problems weder in einer Verabsolutierung des Teils noch des Ganzen gefunden werden könne. Diese Gedankengänge werden in der *Kritik der Urteilskraft* (§ 64, 65) fruchtbar. Wirkliche Ganzheiten sind für KANT die Organismen. Erstens, weil sie ihren Zweck in sich selbst haben. «Ein Ding existiert als Naturzweck, wenn es von sich selbst Ursache und Wirkung ist.» Zweitens, weil sie sich selbst erzeugen, d. h., die hinzutretende Materie zu spezifisch-eigentümlicher Qualität verarbeiten, «die der Naturmechanismus außer ihr nicht liefern kann». Drittens macht es den Charakter der Ganzheit aus, daß die Teile (ihrem Dasein und ihrer Form nach) nur durch «ihre Beziehung auf das Ganze möglich sind ... daß die Teile desselben sich dadurch zur Einheit eines Ganzen verbinden, daß sie einander wechselseitig Ursache und Wirkung ihrer Form sind; denn auf solche Weise ist es allein möglich, daß umgekehrt (wechselseitig) die Idee des Ganzen wiederum die Form und Verbindung aller Teile bestimme». Obwohl

KANT damit wesentliche Einsichten in die Dialektik von Teil und Ganzem entwickelt, bleibt er auch in dieser Frage im Subjektivismus befangen, da er die «objektive Zweckmäßigkeit» nicht für eine Naturerscheinung, sondern lediglich für ein regulatives Prinzip hält, das die reflektierende Urteilskraft an die Erscheinungen heranträgt: «So wird der Begriff der Zweckmäßigkeit der Natur in ihren Produkten ein für die menschliche Urteilskraft in Ansehung der Natur notwendiger, aber nicht die Bestimmung der Objekte selbst angehender Begriff sein, also ein subjektives Prinzip der Vernunft für die Urteilskraft, welches als regulativ (nicht konstitutiv) für unsere menschliche Urteilskraft ebenso notwendig gilt, als ob es ein objektives Prinzip wäre» (§ 76).

HEGEL knüpft sowohl an die Fragestellung der zweiten KANTschen Antinomie als auch an die in der *Kritik der Urteilskraft* entwickelte Dialektik des Verhältnisses von Teil und Ganzem an. Das Ganze ist ihm zufolge aus Teilen zusammengesetzt, insofern es Ganzheit ist und die Dinge durch das Ganze ihren Teilcharakter erhalten. Da jedoch die Dinge nicht nur im Zusammenhang einer bestimmten Ganzheit existieren, sind sie nicht nur Teile, sondern zugleich auch selbständige Dinge, ihrerseits Ganzheiten, die ebenfalls aus Teilen bestehen. «Das Existierende also als Ganzes bestimmt, so hat es Teile und die Teile machen sein Bestehen aus ... Insofern dieses nun Teil ist, so ist es nicht Ganzes, nicht Zusammengesetztes, somit *Einfaches*. Aber indem ihm die Beziehung auf ein Ganzes äußerlich ist, so geht sie dasselbe nicht an; das Selbständige ist somit auch nicht an sich Teil; denn Teil ist es nur durch jene Beziehung. Aber indem es nun nicht Teil ist, so ist es Ganzes ... Indem es aber Ganzes ist, so ist es wieder zusammengesetzt; es besteht wieder aus Teilen und so fort ins Unendliche» (HEGEL, Logik 2, 143). Je nach dem, in welchen Relationen es sich befindet, ist ein Ding also zugleich einfach – sofern es Teil ist – und «zusammengesetzt» – sofern es Ganzheit ist. Ganzes und Teil bedingen sich gegenseitig: «Das Ganze aber ist die Bedingung zwar der Teile, aber es enthält zugleich unmittelbar selbst, daß auch es nur ist, insofern es die Teile zur Voraussetzung hat.» Teil und Ganzes sind auch insofern untrennbar, als nichts im Ganzen ist, «was nicht in den Teilen und nichts in den Teilen, was nicht im Ganzen ist» (141).

In Fortsetzung der Einsichten HEGELS in die Dialektik von Teil und Ganzem und bei gleichzeitiger Überwindung seines Idealismus – Ganzes und Teil nicht als objektiv reale Gegebenheiten, sondern als bloßes Verhältnis von Begriffen zu betrachten – schuf der *dialektische Materialismus* eine erstmals wirklich wissenschaftliche Ganzheitstheorie. Indem MARX und ENGELS sowohl die wechselseitige Abhängigkeit der Teile voneinander, der Teile vom Ganzen und des Ganzen von den Teilen als auch die relative Eigengesetzlichkeit von Ganzheiten gegenüber ihren Teilen sowie die Relativität von Ganzheit und Teilsein erkannten, nahmen sie einerseits den mechanizistischen und andererseits den idealistischen Ganzheitstheorien ihre wissenschaftliche Berechtigung. Aufbauend auf der Erkenntnis, daß Materie und Bewegung untrennbar sind, und ausgehend von der *Dialektik von Qualität und Quantität*, der *Lehre vom Widerspruch*, von der *Wechselwirkung* usw. konnte das Phänomen der Ganzheit erstmalig konsequent materialistisch erklärt werden.

Wenn sich in der nachmarxschen Entwicklung der bürgerlichen Philosophie und in den einzelnen Wissenschaften bis in jüngste Zeit der idealistische Ganzheitsbegriff und die mechanizistische Rückführung der Ganzheiten auf mechanische Summen immer wieder gegenüberstanden, so müssen neben den Ursachen, die in klassenmäßiger Beschränktheit wurzeln, echte, an den Entwicklungsstand bestimmter Einzelwissenschaften geknüpfte Gründe geltend gemacht werden. Wissenschaften wie z. B. die Biologie und Psychologie, die sich bis vor wenigen Jahrzehnten im Stadium vorwiegend analytischer Forschung befanden, konnten allein aus ihren Forschungsresultaten (Erklärung von Einzelfakten und Einzelprozessen) noch keine konkrete Vorstellung über den Zusammenhang des Ganzen mit seinen Teilen entwickeln, so daß über deren Beziehungen weiterhin mechanizistisch bzw. idealistisch spekuliert wurde. In der Biologie stand einer mechanischen Maschinentheorie die neovitalistische Erklärungsweise des Lebens gegenüber. Tendenzen zur einseitigen Verabsolutierung des Teils und des Ganzen zeigte auch die beginnende gehirnphysiologische Forschung, die den – durch bestimmte Experimente belegbaren – Standpunkt entwickelte, daß jede Leistung des Gehirns an eine bestimmte Region des Gehirns gebunden sei (Lokalisationstheorie), sowie den – ebenfalls durch Experimente belegbaren – gegenteiligen Standpunkt, daß an jeder Leistung des Gehirns das Gehirn in seiner Totalität beteiligt sei. Neuere Forschungen haben gezeigt, daß sowohl die einseitige Lokalisationstheorie als auch die einseitige Ganzheitstheorie nicht haltbar sind, daß das Gehirn vielmehr als multistabiles System funktioniert. Ähnliche Verhältnisse gelten auch für die Entwicklung der Psychologie. Während die Assoziationspsychologie das Bewußtsein als Summierung von Einzelelementen (Einzelwahrnehmungen usw.) begriff, verabsolutierte die Gestaltpsychologie das Phänomen der Ganzheitlichkeit zu der Behauptung, daß jede psychische Leistung auf einer ganzheitlichen Reaktion des Bewußtseins beruhe.

Auf der heutigen Stufe der Entwicklung der Wissenschaften tritt in immer stärkerem Maße die Tendenz hervor, die im vorwiegend analytischen Stadium gewonnenen Einzelfakten und Einzelbeziehungen in ihren Zusammenhängen und im Rahmen der ihnen übergeordneten Ganzheiten zu sehen. Damit wurden Struktur und Verhalten von Ganzheiten selbst zum Forschungsgegenstand. Die dabei gewonnenen Ergebnisse bestätigten, konkretisierten und vertieften die Ganzheitsauffassung des dialektischen Materialismus.

Dies gilt besonders für die *Kybernetik*, die unter anderem die Struktur und die Verhaltensweise von dynamischen Systemen und die Zusammenhänge dynamischer Systeme mit ihren Teilsystemen erforscht. Es erweist sich als möglich, eine Theorie aufzubauen, die von der besonderen stofflich-energetischen Beschaffenheit abstrahiert und allgemeine Aussagen über die Entstehung und Entwicklung von Ganzheitseigenschaften und -verhaltensweisen zu machen gestattet. Bemerkenswerte Betrachtungen wurden hierzu in jüngster Zeit insbesondere von O. LANGE angestellt, der sich darum bemühte, dem Begriff der Ganzheit und den Gesetzmäßigkeiten, denen die Entwicklung von Ganzheiten unterworfen ist, eine strenge mathematische Fassung zu geben.

Informationelle Ganzheiten treten in der *Informationstheorie* als Objekt der Forschung auf. So erhalten z. B. die einzelnen Töne, aus denen sich eine Melodie zusammensetzt, oder die verschiedenen Farbelemente eines Bildes je nach der Art der Kombination der Grundelemente für den ganzheitlich wahrnehmenden Menschen eine ganz verschiedene Ausdrucksqualität. Die einzelnen Töne, aus deren Anordnung sich die Struktur der Melodie ergibt, oder die Farbverteilung auf dem Bilde bestimmen sich als Glieder der Ganzheit in ihrer Eigenart gegenseitig und ergeben insgesamt einen vom Charakter der Einzelelemente verschiedenen Charakter des Ganzen.

→ Ganzes → Ganzheit → Teil und Ganzes.

Gattungsbegriff – in der *traditionellen Logik* ein Begriff, der anderen Begriffen, seinen Artbegriffen, übergeordnet ist.

In der *modernen Logik* wird die Beziehung zwischen Art- und Gattungsbegriff durch die Enthaltenseinsbeziehung ausgedrückt: $A \subset G$. So ist beispielsweise der Gattungsbegriff zu den Begriffen «spitzwinkliges Dreieck», «rechtwinkliges Dreieck», «stumpfwinkliges Dreieck» der Begriff «Dreieck». Anders ausgedrückt: Die Klassen der spitzwinkligen, der rechtwinkligen und der stumpfwinkligen Dreiecke sind in der Klasse der Dreiecke enthalten.

→ Artbegriff.

Gedanke – relativ selbständiger Bestandteil des Denkprozesses, z. B. in Gestalt einer Aussage oder einer Aussagenverbindung; *auch*: Resultat eines Denkprozesses; Leitsatz; Einfall.

gedanklich – dem Denken zugehörig, mit den Mitteln des Denkens; in Gegenüberstellung zu sinnlich, praktisch oder objektiv real.

Gefühl [lat; *auch*: Emotion] – die durch die Persönlichkeitsstruktur gegebene ganzheitliche subjektive Reaktionsweise des Individuums auf den Inhalt seines Erlebens (seiner Wahrnehmungen, Vorstellungen und Denkinhalte). Gefühle bzw. Emotionen lassen sich nicht auf andere Komponenten des Bewußtseins reduzieren, da sie selbst grundlegende Komponenten psychischer Erlebnisse sind. Gefühle sind z. B. die jedem bekannten Zustände der Traurigkeit, der Freude, des Mutes, der Angst usw. Sie sind nicht mit spezifischen Bereichen der Gehirnstruktur verknüpft und nicht nur dem Menschen, sondern auch den höchstentwickelten Säugetieren – wie die Tierpsychologie gezeigt hat – eigen.

Gefühle unterscheiden sich von Wahrnehmungen, Vorstellungen usw., die stets einen objektiven, vom Bewußtsein unabhängigen Inhalt besitzen, insofern, als die Wahrnehmungen, Vorstellungen usw. im Gefühl auf individuelle Weise zu subjektiven Zuständen verarbeitet sind und angemessene oder unangemessene subjektive Reaktionen auf Wahrnehmungen, Vorstellungen usw. darstellen. Gefühle können daher auch nicht wahr oder falsch, sondern nur der objektiven Situation adäquat oder inadäquat sein.

Zwar gibt es zahlreiche Versuche, die Gefühle zu klassifizieren und ihre Mannigfaltigkeit auf gewisse Grundgefühle zurückzuführen (z. B. auf das Gegensatzpaar Lust und Unlust, aus deren verschiedenen Intensitätsgraden die qualitative Spezifik der unterschiedlichen Gefühle erklärt werden soll), jedoch führte keiner dieser Versuche zu befriedigenden Ergebnissen.

Als fruchtbare Vorarbeit kann der von I. P. PAWLOW gelieferte Ansatz gelten, der an die Beschaffenheit des Nervensystems gebundene Typen der Sensitivität unterscheidet, die ihrerseits untrennbar mit den Typen der Emotionalität verbunden sind: mit der emotionalen Erregbarkeit und Hemmbarkeit, mit der Affektivität oder Trägheit, mit der Monotonie oder Mannigfaltigkeit des emotionalen Verhaltens gegenüber variierenden Umweltsituationen, weshalb gleiche Umweltreize und gleiche Wahrnehmungs- und Vorstellungsinhalte von verschiedenen Individuen unterschiedlich verarbeitet und beantwortet werden.

Trotz ihrer Subjektivität und relativen Eigenständigkeit können die Emotionen nicht von den Wahrnehmungen, Denkinhalten usw. getrennt werden, da sie angemessene oder unangemessene, auf jeden Fall aber Reaktionen auf diese sind. Ebensowenig darf man die Gefühle aus ihrem Kontext mit dem Handeln des Menschen lösen.

Da sie wesentlich an der Produktion der Bedürfnisse des Menschen und an der Ausarbeitung seiner Motive beteiligt sind, sind sie wichtige Stimulatoren für die Anpassung an die Umwelt und zu deren Veränderung. Das Denken führt nicht automatisch, sondern vermittelt über die Gefühle zum Handeln.
In der Diskussion über den prinzipiellen Unterschied zwischen den höchstentwickelten Rechenautomaten und dem Menschen wurde das Argument geltend gemacht, daß Maschinen keine Gefühle entwickeln könnten. (Man kann zwar einen Roboter bauen, der auf bestimmte Reize hin mit dem Schwanz wackelt, aber keinen, der sich dabei freut.) Zwar ist es richtig, daß die Gefühle keine logische, wohl aber eine heuristische Funktion besitzen, die der Maschine fehlt, jedoch ist es ein bedenkliches Unternehmen, aus den heute bekannten Tatsachen über die Perspektiven solcher Maschinen zu schließen, daß Gefühle für alle möglichen Maschinen prinzipiell unerreichbar sind.
In der Geschichte der Philosophie spielen Gefühle vor allem für bestimmte Systeme der *Ethik* eine konstitutive Rolle. So sieht z. B. der *Hedonismus* das Ziel des menschlichen Handelns in der Vermehrung der Lust- und der Verminderung der Unlustgefühle, die alle Grade der Intensität annehmen können (Aristipp, La Mettrie).

Gegenbereich → Feld (einer Relation).

Gegensatz – *eigtl*: das Entgegengesetzte oder auch Satz, der einem anderen entgegengesetzt ist und diesen ausschließt. Im allgemeineren philosophischen Sinne bedeutet der Begriff «Gegensatz» einen der beiden Pole eines (dialektischen oder logischen) Widerspruchs, d. h. einen objektiven Sachverhalt, der zu einem anderen Sachverhalt im Verhältnis des dialektischen Widerspruchs steht (*realer Gegensatz*), oder einen Begriff bzw. eine Aussage, der bzw. die zu einem anderen Begriff bzw. einer anderen Aussage im Verhältnis des logischen Widerspruchs steht (*logischer Gegensatz*).
Logische Gegensätze sind Begriffe oder Aussagen, die einander ausschließen. Dabei ist zwischen *kontradiktorischem* und *konträrem Gegensatz* zu unterscheiden. Begriffe stehen formallogisch im *Verhältnis der Kontradiktion*, wenn der eine die logische Negation des anderen darstellt, z. B. «Sein» – «Nichtsein», «weiß» – «nichtweiß», «Möglichkeit» – «Unmöglichkeit» usw. *Konträre Gegensätze* liegen dann vor, wenn beide positive Gegebenheiten widerspiegeln, die sich innerhalb eines bestimmten Bezugssystems ausschließen, z. B. «Sein» – «Anders-Sein», «weiß» – «schwarz», «Kreis» – «Quadrat», «Maximum» – «Minimum» usw. Analoges gilt für Aussagen, die sich im Verhältnis der Kontradiktion (z. B. «Jeder Baum hat Wurzeln» – «Nicht jeder Baum hat Wurzeln») oder der Kontrarietät (z. B. «Jeder Baum hat Wurzeln» – «Kein Baum hat Wurzeln») befinden. Kontradiktorische und konträre Begriffe bzw. Aussagen unterliegen dem → Satz vom ausgeschlossenen Widerspruch, dem zufolge zwei derartige Begriffe Eigenschaften widerspiegeln, die einem Objekt unmöglich zugleich und in derselben Hinsicht zukommen bzw. dem zufolge zwei derartige Aussagen nicht zusammen *wahr* sein können. Während jedoch von zwei kontradiktorischen Sätzen immer der eine *wahr* und der andere *falsch* sein muß, wobei der eine aus dem anderen durch logische Negation formal ableitbar ist, können zwei konträre Sätze auch zusammen *falsch* sein; der eine ist aus dem anderen formallogisch nicht ableitbar.
Reale Gegensätze sind objektive Sachverhalte, zwischen denen ein Polaritätsverhältnis besteht, d. h. Sachverhalte, die als Glieder einer disjunktiven Reihe sich polar gegenüberstehen (→ Polarität), einander ausschließen und sich zugleich gegenseitig bedingen. Reale Gegensätze bilden innerhalb eines gemeinsamen Wesens Extreme, z. B. Proletariat – Bourgeoisie, Notwendigkeit – Zufall, Kontinuität – Diskontinuität usw. Reale Gegensätze sind nichts Starres, Unbewegliches, sondern unterliegen wie alle Erscheinungen der objektiven Realität dem Werden und Vergehen. Sie entwickeln sich aus Unterschieden, sind der Unterschied auf der höchsten Stufe seiner Entwicklung. Andererseits können reale Gegensätze sich auch über wesentliche Unterschiede in unwesentliche Unterschiede verwandeln und unter Umständen ganz zu existieren aufhören. So wird z. B. der in der antagonistischen Klassengesellschaft bestehende Gegensatz zwischen Stadt und Land oder zwischen körperlicher und geistiger Arbeit im Laufe der Entwicklung des sozialistischen Gesellschaftssystems zu einem wesentlichen Unterschied, der sich seinerseits immer mehr auf einen unwesentlichen Unterschied reduziert. Die Dynamik realer Gegensätze findet ihren Ausdruck auch darin, daß beide Gegensätze aufeinander einwirken, miteinander in Wechselwirkung stehen. In dieser aktiven Wechselwirkung durchdringen die Gegenstände sich gegenseitig, können ineinander übergehen und in bestimmter Hinsicht identisch werden.
Das Prinzip von der Identität und der gegenseitigen Durchdringung der Gegensätze ist eines der wichtigsten Prinzipien der Dialektik. Lenin (38, 99) bestimmt die Dialektik geradezu als «die Lehre, wie die *Gegensätze identisch* sein können und es sind (wie sie es werden) – unter welchen Bedingungen sie identisch sind, indem sie sich ineinander verwandeln».
Der reale *dialektische Gegensatz* unterscheidet sich sowohl vom kontradiktorischen als auch vom konträren. Während diese in der Realität nicht

existieren, sondern nur den Widerspiegelungen objektiver Gegebenheiten zukommen, bestehen dialektische Gegensätze objektiv real. Sätze, die einen kontradiktorischen oder konträren Gegensatz zum Ausdruck bringen, können nicht zusammen *wahr* sein, während zwei Sätze, die einen realen, dialektischen Gegensatz widerspiegeln, beide *wahr* sein müssen, z. B. «Ein Elementarteilchen hat Wellencharakter» – «Ein Elementarteilchen hat Korpuskelcharakter».

→ Identität → Unterschied → Einheit und «Kampf» der Gegensätze → Widerspruch, dialektischer.

Gegenstand – das, was dem Subjekt «entgegensteht», worauf die materielle oder Erkenntnistätigkeit des Subjekts gerichtet ist. Im *engeren Sinne* wird der Begriff «Gegenstand» häufig auch als Synonym für die Begriffe «Sache», «Ding», «Objekt» usw. gebraucht.

Die objektive Realität besteht aus Gegenständen (Elementarteilchen, Atomen, mikroskopischen und makroskopischen Körpern, Organismen, Menschen usw.), denen bestimmte Eigenschaften, → Prädikate zukommen und die untereinander in bestimmten → Relationen stehen. Die Tatsache, daß einem bestimmten Gegenstand eine bestimmte Eigenschaft zukommt, daß er in bestimmten Relationen (Beziehungen) zu anderen Gegenständen steht, wird als Sachverhalt bezeichnet. Dieser Begriff drückt aus, daß sich die Sachen (Gegenstände) in bestimmter Weise verhalten.

Die Gegenstände können eingeteilt werden in *materielle Gegenstände*, denen materielle Sachverhalte entsprechen, und in *ideelle Gegenstände*, denen ideelle Sachverhalte entsprechen. Unsere Erde ist beispielsweise ein materieller Gegenstand. Die Tatsache, daß unsere Erde ein Planet ist, stellt einen materiellen Sachverhalt dar. Zahlen hingegen sind ideelle Gegenstände, die nur im Bewußtsein existieren. Die ideellen Gegenstände haben zwar eine prinzipiell andere Qualität als die materiellen Gegenstände, wurzeln aber in diesen. Ideelle Sachverhalte besagen, daß sich die ideellen Gegenstände in gewisser Weise verhalten. Die Beziehung «$2 + 2 = 4$» macht z. B. einen ideellen Sachverhalt aus.

Die materiellen und ideellen Gegenstände können Elemente von Klassen sein. Die Elektronen beispielsweise sind Elemente der Klasse der Elementarteilchen. Die Zahlen 1, 2, 3 usw. sind Elemente der Klasse der natürlichen Zahlen. Klassen von Gegenständen können selbst wieder als Gegenstände aufgefaßt werden. Beispielsweise können die natürlichen Zahlen als Klassen gleichzahliger Mengen aufgefaßt werden, die Zahl 2 etwa steht für die Klasse aller Mengen mit zwei Elementen.

Unter dem *Gegenstand einer Wissenschaft* versteht man die Gesamtheit der Eigenschaften, Struktur- und Bewegungsgesetze usw. bestimmter (materieller oder ideeller) Objekte, die von der betreffenden Wissenschaft untersucht werden. Die Gegenstände des Wissens bzw. Erkennens existieren unabhängig vom Wissen bzw. Erkennen und werden im Bewußtsein durch entsprechende Begriffe abgebildet. Die Tatsache, daß sich die Gegenstände in gewisser Weise verhalten, daß sie gewisse Eigenschaften haben, in bestimmten Relationen zu anderen Gegenständen stehen, wird durch Aussagen in unserem Bewußtsein abgebildet.

→ Ding.

Gegenstandsbereich – *svw* → universe of discourse.

Gegenstandsvariable – *svw* → Individuenvariable.

Gemeinschaft – soziale, vor allem politische und moralische Qualität der gesellschaftlichen Vereinigung von Menschen. Die Mitglieder einer Gemeinschaft sind durch in den materiellen gesellschaftlichen Verhältnissen begründete, relativ stabile und dauerhafte politische, geistige und moralische Gemeinsamkeiten verbunden, die mit den Interessen des gesellschaftlichen Fortschritts übereinstimmen und seiner Durchsetzung dienen. Diesen Gemeinsamkeiten entsprechen bestimmte gemeinsame Ziele, Interessen und Anschauungen, die von den Mitgliedern der Gemeinschaft freiwillig vertreten und durchgesetzt werden. Durch die gemeinsame Realisierung dieser Ziele, Interessen und Anschauungen sowie den wechselseitigen Einfluß der einzelnen formt die Gemeinschaft die Persönlichkeit ihrer Mitglieder.

In der *bürgerlichen Philosophie und Soziologie* wird zumeist außer acht gelassen, daß sich die Entwicklung und Wirksamkeit einer Gemeinschaft stets auf der Grundlage bestimmter materieller gesellschaftlicher Verhältnisse und objektiver sozialer Interessen vollzieht und daß der konkret-historische Charakter einer Gemeinschaft durch ihre materiellen bzw. klassenmäßigen Grundlagen geprägt wird. So wird z. B. ignoriert, daß sich in der antagonistischen Klassengesellschaft in der Regel die Ausgebeuteten und Unterdrückten zu einer Klassengemeinschaft zusammenschließen und, wie z. B. die Arbeiterklasse im Kapitalismus, für die Verwirklichung ihrer fortschrittlichen Interessen, gemeinsamen Ziele und Anschauungen gegen ihre Ausbeuter und Unterdrücker kämpfen. Die bürgerliche Philosophie und Soziologie hingegen betrachtet die Gemeinschaft als ein rein geistiges sozial-psychisches oder biologisch bedingtes Phänomen. Nach F. Tönnies wie auch in der modernen bürgerlichen Soziologie z. B. bedeutet Gemeinschaft «innere seelische Verbundenheit», ein «Gefühl der Zusammengehörigkeit», in der klerikalen Soziallehre naturgewachsene Einheit oder Einheit der Gesinnung,

die sich im Streben nach einem «höchsten Gut» (z. B. Gott), in einer «geistigen Werthaltung» ausdrückt. Während in der antagonistischen Klassengesellschaft Gemeinschaft und Gesellschaft auseinanderfallen, entwickelt sich die *sozialistische Gesellschaft* auf der Grundlage des gesellschaftlichen Eigentums an den Produktionsmitteln und der grundlegenden gemeinsamen Interessen aller Klassen und Schichten des werktätigen Volkes unter der Führung der Arbeiterklasse und ihrer Partei zu einer umfassenden sozialistischen Menschengemeinschaft. Die sozialistische Gemeinschaft ist eine historisch neue politische und moralische Qualität des Zusammenlebens und -wirkens der Menschen. Sie ist Ausdruck des freiwilligen und bewußten Zusammenschlusses der sozial gleichberechtigten Mitglieder der sozialistischen Gesellschaft, deren gemeinsames Ziel in der ökonomischen, politischen, kulturellen und militärischen Stärkung ihres sozialistischen Staates besteht. Die sozialistische Gemeinschaft ist geprägt von den Grundsätzen und Werten der sozialistischen Moral, die die gemeinsamen Beziehungen immer stärker bestimmt. In der sozialistischen Gemeinschaft vollzieht sich die allseitige Entwicklung sozialistischer Persönlichkeiten mit ihren charakteristischen moralischen Zügen und ihrem hohen Staatsbewußtsein.
Als politisch-moralische Qualität gesellschaftlicher und zwischenmenschlicher Beziehungen hat die sozialistische Gemeinschaft universellen Charakter. Sie prägt in fortschreitendem Maße alle sozialen Formen des gemeinsamen Arbeitens, Lernens und Lebens, die Gesellschaft insgesamt ebenso wie die verschiedenen Kollektive, Gruppen usf. Die Entwicklung aller sozialen Formen des Zusammenlebens und -wirkens der Menschen, insbesondere der Arbeitskollektive, zu sozialistischen Gemeinschaften, führt zu ihrer vollen Entfaltung als einer wichtigen Triebkraft zur Meisterung der wissenschaftlich-technischen Revolution bei der Gestaltung des entwickelten gesellschaftlichen Systems des Sozialismus.

Gemeinwohl – in der Geschichte der Philosophie verschiedentlich gebrauchter Begriff zur Bestimmung des gemeinsamen *Zweckes* oder des zu verwirklichenden *Wertes*, um dessentwillen sich die Menschen zusammenschließen und eine Gemeinschaft bilden. Der Begriff wird inhaltlich unterschiedlich bestimmt, je nachdem, ob eine mehr individualistische Auffassung zugrunde liegt, für die allein das Interesse und das äußere Wohlergehen der einzelnen Glieder im Vordergrund steht, oder eine Auffassung, die der Gemeinschaft einen eigenen, überindividuellen Wert zuerkennt. Für ARISTOTELES ist der Zweck des Staates als der höchsten Form der Gemeinschaft nicht der «Schutz wider gegenseitige Beeinträchtigungen» oder die «Pflege des Tauschverkehrs», sondern das «vollkommene und sich selbst genügende Dasein», das in einem «glücklichen und tugendhaften Leben» besteht (Politik 1281 a). THOMAS VON AQUIN bestimmt das Gemeinwohl ähnlich, ergänzt es aber durch drei spezielle Seiten: Wahrung des inneren und äußeren Friedens, Beschaffung eines materiellen Wohlstandes und Sicherung des von Gott gesetzten menschlichen Endziels. ROUSSEAU betrachtet als Zweck der staatlichen Gemeinschaft «die Erhaltung und das Wohl seiner Glieder», wobei ihm als das sicherste Merkmal der Zweckerfüllung die Zunahme der Bevölkerung gilt (Der Gesellschaftsvertrag III, 9). Für HOLBACH ist das «beständige und unveränderliche Ziel jeder Gesellschaft ihre Selbsterhaltung und ihre Glückseligkeit»; die Gesetze müssen «das allgemeine Interesse der Gesellschaft zum unveränderlichen Ziel haben, das heißt, sie müssen dem größten Teil der Staatsbürger die Vorteile gewähren, um derentwillen sie sich vereinigt haben. Diese Vorteile sind Freiheit, Eigentum und Sicherheit» (System der Natur, 466, 109). Nach LEIBNIZ dient alles Recht dem Gemeinwohl, das er als die Erhaltung und das Gedeihen der göttlichen Weltordnung, des Menschengeschlechts und des Staates ansieht. Mehr individualistisch ist dagegen die Auffassung Christian WOLFFS, für den das Gemeinwohl wesentlich mit dem äußeren Wohlergehen und dem rechtverstandenen Nutzen aller identisch ist. Gemeinwohl ist in diesem Sinne die Beförderung «alles dessen, was zur Notdurft, zur Bequemlichkeit und zum Vergnügen des Lebens, auch zur Glückseligkeit des Menschen erfordert wird» (Grundsätze des Natur- und Völkerrechts § 972). KANT spricht im Sinne von Gemeinwohl vom «Heil des Staates», worunter man aber «nicht das *Wohl* der Staatsbürger und ihre *Glückseligkeit* verstehen muß ..., sondern den Zustand der größten Übereinstimmung der Verfassung mit Rechtsprinzipien» (Metaphysische Anfangsgründe der Rechtslehre § 49). Auch nach HEGEL ist die Verwirklichung von Gerechtigkeit und sittlicher Freiheit der Zweck des Staates. Er charakterisiert deshalb das «allgemeine Wohl» als das Gute, das Recht und Wohl vereinigt: Das «Wohl ist nicht ein Gutes ohne das *Recht*. Ebenso ist das Recht nicht das Gute ohne das Wohl» (Rechtsphilosophie § 130).
Ein zentraler Begriff ist das Gemeinwohl in der *katholischen Soziallehre*. Gemeinwohl ist hier ein Wesensmerkmal jeder Art von Gemeinschaft (Familie, Berufsgemeinschaft, Staat) und bedeutet den Zweck, das zu verwirklichende Gut, um dessentwillen sich die Menschen zusammenschließen. Dieses höchste Gut heißt *bonum commune* und wird durch die Vertreter des *Neuthomismus* im allgemeinen mit *Gemeingut*, durch die Vertreter der *Neuscholastik* mit *Gemeinwohl* über-

setzt. Der sprachliche Unterschied bedeutet dabei eine gewisse sachliche Differenz. Während die Neuthomisten unter dem höchsten Gut an erster Stelle die Vollkommenheit der Glieder verstehen, betonen die anderen Vertreter der katholischen Soziallehre auch einen bestimmten Eigenwert der Gemeinschaft, insofern eine Gemeinschaft die Vollkommenheit seiner Glieder nur gewährleisten kann, wenn sie richtig organisiert und ihrem Zweck entsprechend funktionsgerecht aufgebaut ist. In diesem Sinne geht es den letzteren beim Gemeinwohl um ein Zweifaches: um die rechte Verfassung der Gemeinschaft als dem gesellschaftlichen *Instrumentalwert* und um die Vervollkommnung der einzelnen Gemeinschaftsmitglieder als dem gesellschaftlichen *Zielwert*.

Über den Zielwert der staatlichen Gemeinschaft besteht dabei innerhalb der Vertreter der katholischen Soziallehre allgemeine Übereinstimmung. Er wird bestimmt als der «Inbegriff jener gesellschaftlichen Voraussetzungen, die den Menschen die volle Entfaltung ihrer Werte ermöglichen oder erleichtern» (Mater et Magistra 65) oder als die «Summe aller jener Bedingungen des sozialen Lebens, durch welche die einzelnen, die Familien und gesellschaftlichen Gruppen ihre eigene Vervollkommnung voller und ungehindert erreichen können» (Die Kirche in der Welt von heute 74). Freilich ist damit über das Konkrete dieser Voraussetzungen und Bedingungen kaum etwas ausgesagt. Die katholischen Philosophen betonen, daß es sich dabei um rechtliche, wirtschaftliche, politische, geistig-sittliche und technische handelt, die sich zudem mit der Geschichte verändern. Eine Reihe allgemeiner Grundsätze werden dabei allerdings immer wieder hervorgehoben: innerer und äußerer Friede, gesellschaftliche Stabilität und Sicherheit, eine «für alle Klassen des Volkes gesicherte und würdige materielle Lebenslage», Respektierung des Rechts auf Privateigentum (einschließlich Produktionsmittel), soziale Befriedigung, volle und dauerhafte Eintracht unter den Mitgliedern der Gemeinschaft.

Obwohl in den Erörterungen zum Gemeinwohl in der Geschichte der Philosophie auch fortschrittliche Auffassungen vertreten und humanistische Ideale aufgestellt wurden, leiden sie doch alle unter der Nichtbeachtung der Klassengegensätze in der Gesellschaft und verkennen, daß ein echtes Gemeinwohl nur in einer klassenlosen Gesellschaft möglich ist. Dieser Mangel macht es auch möglich, daß das eigentliche humanistische Anliegen in das Gegenteil verkehrt und zur Verschleierung der Klassengegensätze benutzt werden kann.

Zur Kritik der katholischen Auffassung → Neuthomismus (katholische Soziallehre).

Generalisator → Alloperator.

generalisierende Abstraktion → Abstraktion.

Generalisierung → Abstraktion.

Generatianismus → Traduzianismus.

generatio aequivoca oder **spontanea** [lat] – Urzeugung; Formel der Entwicklungslehre, die besagt, daß das Leben im Verlauf einer langen historischen Entwicklung aus anorganischer Materie entstanden ist.

→ Leben.

Generationsbewußtsein → Generationstheorie.

Generationstheorie – verbreitete Theorie der bürgerlichen Geschichts- und Literaturgeschichtsschreibung des 20. Jahrhunderts, die den objektiven Geschichtsprozeß nach dem Maßstab seiner subjektiven Träger periodisiert und systematisiert. Ihre Verfechter haben mit der Gliederung der Geschichte und Kulturgeschichte nach Generationen die Frage der Epochenbegriffe neu gestellt und versucht, durch die Konstruktion von Generationsfolgen den Verlust eines einheitlichen bürgerlichen Geschichtsbildes aufzuheben.

Die Einführung des Begriffs der Generation in die geschichts- und kulturwissenschaftliche Methodologie drückt allgemein das Bestreben aus, geschichtliche Zusammenhänge aufzudecken. Dieser Vorsatz bleibt im Subjektivismus stecken, weil die tatsächliche geschichtliche Widersprüchlichkeit und ihr Klassencharakter durch die Zerlegung der Geschichtsepochen in Generationsepochen und Generationsgegensätze verdeckt und mystifiziert wird. In letzter Konsequenz werden mit dieser Theorie alle Klassengegensätze in Generationsgegensätze aufgelöst.

Der dieser Theorie zugrunde liegende Begriff der Generation, aus der biologischen Forschung entlehnt, bezeichnet im allgemeinen die durch gemeinsame Erlebnisse bestimmte und geformte Jugend, deren Selbstbewußtsein sich aus der Negation der von den älteren Zeitgenossen vertretenen Tradition bildet. Die Dauer einer Generation wird unterschiedlich angenommen (15, 30 oder gar die ein ganzes Menschenalter umfassende Anzahl der Jahre). Man spricht von *Generationsbewußtsein*, das sich in einem *Generationsstil* manifestiert. Eine Verallgemeinerung ist nicht zulässig, weil es sich bei beiden um konkrete historische Erscheinungsweisen handelt. «Generationsbewußtsein war erst durch den Sieg der bürgerlichen Gesellschaft über die traditionellen Ordnungen möglich geworden. Erst unter dieser Voraussetzung erwacht das Bedürfnis, die Zerlegung des Menschenlebens in rationale Teilprozesse wieder aufzuheben und den verlorenen Lebenssinn bei der nachdrängenden Jugendgeneration zurückzugewinnen. Bürgerhaß war das einzige gemeinsame Merkmal der verschiedenartigen und sich schnell ablösenden Jugendreihen» (Werner KRAUSS, *Das Ende der Generationsgemeinschaft*, 1947).

Die Generationstheorie findet in diesem Zustand

der bürgerlichen Gesellschaft eine reale Entsprechung. Mit der *Romantik* entsteht zum ersten Mal ein sich aus dem Gegensatz zu dem Ereignis und den Folgen der *Französischen Revolution* herleitendes Generationsbewußtsein.
Der Begriff der geschichtlichen Generation knüpft an die → Aufklärung an, die unter Generation noch die Gesamtheit der geschichtlichen Lebensträger einer Epoche verstand. Der *historische Materialismus* erweitert diesen Begriff durch die Lehre vom aktiven Wechselverhältnis zwischen Basis und Überbau und ordnet ihn dem Begriff der ökonomischen Gesellschaftsformation unter: «Die Geschichte ist nichts als die Aufeinanderfolge der einzelnen Generationen, von denen jede die ihr von allen vorhergegangenen übermachten Materiale, Kapitalien, Produktionskräfte exploitiert, daher also einerseits unter ganz veränderten Umständen die überkommene Tätigkeit fortsetzt und andrerseits mit einer ganz veränderten Tätigkeit die alten Umstände modifiziert» (MARX/ENGELS 3, 45).
Die Generationstheorie wurde mit dem Aufkommen der deutschen Geistesgeschichte vor allem von Literar- und Kunsthistorikern ausgearbeitet. Zugrunde liegt eine Verabsolutierung der im Bereich der geistigen Kultur (vor allem der Literatur) auftretenden Generationsproblematik. Die Annahme von Traditionsketten schärfte den Blick für innere Zusammenhänge geistiger Prozesse, führte aber letztlich zu der ahistorischen Auffassung von ihrer absoluten Autonomie. In der Geschichtswissenschaft findet sie sich zum ersten Mal bei RANKE, der als eine Aufgabe des Historikers formulierte, «die Generationen, soweit es möglich ist, nacheinander aufzuführen, wie sie im Zusammenhang der Weltgeschichte auftreten».
Bestimmend für die geistesgeschichtliche Generationstheorie wurde DILTHEY, der 1865 in seinem Novalisaufsatz die «geistige Kultur einer Generation» aus der Verbindung der sie hervorbringenden Ursachen ableiten wollte. DILTHEY unterscheidet zwei Faktoren, unter deren Einfluß sich die «intellektuelle Kultur einer Generation» bildet: den überlieferten «Besitzstand der intellektuellen Kultur» und die «Bedingungen des umgebenden Lebens tatsächlicher Verhältnisse, gesellschaftlicher, politischer, unendlich vielartiger Zustände». Entsprechend dem geistesgeschichtlichen Verfahren legt DILTHEY das Schwergewicht auf den inneren Zusammenhang der geistigen Kultur. Er hat als einer der ersten die Tatsache methodologisch und theoretisch verallgemeinert, daß mit der Romantik zum ersten Mal ein kohärentes Generationsbewußtsein entstanden war. Bei DILTHEY verbindet sich die Generationstheorie symptomatisch und folgerichtig mit einem Elite-Ideal insofern, als die Kultur einer Generation nach der Leistung der hervorragenden Einzelpersönlichkeiten gewertet wird, welche die umfassende Ausprägung des «Zeitgeistes» bestimmen.
Für die weitere Ausbildung der Generationstheorie wurde die Bestimmung des Verhältnisses zwischen geistig-kulturellem Prozeß und Geschichte wesentlich. Dieses Verhältnis wird zumeist als *Reaktion* der subjektiven Träger einer Kultur auf den objektiven Geschichtsprozeß verstanden. Die Vorstellung von der absoluten Autonomie der geistigen Kultur ist damit eng verbunden. Wenn die Generationstheorie daher der Tatsache Rechnung trägt, daß die Entwicklung von Literatur und Kunst sich in einem fortschreitenden Gegensatz zu Erscheinungsformen der bürgerlichen Gesellschaft vollzieht, daß die sich ablösenden, einander negierenden und aufhebenden geistigen Bewegungen in der bürgerlichen Gesellschaft (Romantik – Realismus – Naturalismus – Neuromantik – Neuklassizismus – Expressionismus – Futurismus, Dadaismus, Surrealismus usw.) in der Tat den Charakter von Generationsbewegungen annehmen, so ist nicht zu übersehen, daß die Generationstheorie die verlorengegangene Einheit der bürgerlichen Nationalkultur (vor allem der Literatur) in einer fiktiven Einheit der Generationenabfolge wiedergewinnen will. Die zentrale Stellung der Vater–Sohn-Problematik im Expressionismus zeigt besonders anschaulich die Subsumierung geschichtlicher Widersprüche unter Generationskonflikte. Die Fragwürdigkeit einer Verwendung des Generationsbegriffs für die Periodisierung der Kulturgeschichte wie der Geschichte überhaupt beginnt dort, wo er unterschiedslos auf Geschichtsepochen übertragen wird, in denen das Generationsbewußtsein keine reale Entsprechung besitzt.
Eine erste zusammenhängende Generationstheorie arbeitete Ottokar LORENZ 1886 aus (*Die Geschichtswissenschaft in Hauptrichtungen und Aufgaben kritisch erörtert*), der an RANKE anknüpfte und die Generationen in den Ablauf der Jahrhunderte stellte. Die geschichtliche Periodisierung müsse nach dem «Gesetz der drei Generationen» vorgenommen werden. Richard M. MEYERS 1900 erschienene *Deutsche Literatur des 19. Jahrhunderts* gliedert den ganzen Stoff nach Jahrzehnten. Eine traditionalistisch-konservative Wendung erfährt die Generationstheorie bei Friedrich KUMMER (*Deutsche Literaturgeschichte des 19. Jahrhunderts nach Generationen* 1909), der das Jahrhundert in fünf Generationen unterteilt. Der wechselnde Generationsimpuls bringe immer wieder in neuer Gestalt den ewig gleichbleibenden Impuls eines deutschen Nationalcharakters und Nationalgefühls zum Ausdruck. Die Konsequenz dieser Auslegung ist eine rassistische Generationstheorie, wie sie die faschistische Ideologie hervorbringt. Hier soll

eine «generativ determinierte Zeitgenossenschaft» von der «lebensgesetzlichen Wesensart der Führung» ihre ausschlaggebenden Impulse empfangen (W. SCHEIDT, *Lebensgesetze der Kultur, Biologische Betrachtungen zum Problem der Generation in der Geistesgeschichte* 1929).
Breitenwirkung erlangte die Generationstheorie vor allem in der Literatur- und Kunstgeschichte nach dem ersten Weltkrieg in *Deutschland* und zum Teil in *Frankreich* (F. MENTRÉ, *Les générations sociales* 1920; auf die französische Literaturgeschichte wendete A. THIBAUDET zum ersten Mal die Generationstheorie in seiner 1926 postum erschienenen *Histoire de la littérature française de 1789 à nos jours* an. Zur methodologischen Grundlage einer allgemeinen Literaturgeschichte erhob Henri PEYRE die Generationstheorie 1948 (*Les générations littéraires*); in der französischen Historiographie wurde sie von E. CAVAIGNAC, *La succession des générations en histoire*, 1938 verfochten).
Unter dem Eindruck eines durch den ersten Weltkrieg hervorgerufenen universalen Generationserlebnisses erfolgt dann die generelle Ausweitung auf die unterschiedlichsten Geschichtsepochen. Zwei Hauptrichtungen zeichnen sich ab:
1. Der Kunsthistoriker Wilhelm PINDER (*Das Problem der Generation in der Kunstgeschichte Europas* 1926) vertritt eine biologische Prädestinationslehre, die ausschließlich im gemeinsamen Geburtsjahr die Gewähr für ein gemeinsames Schicksal erkennen will. «Das ist genau der Punkt, auf dem die Astronomie in Astrologie umschlägt, auf dem der Versuch einer biologisch-historischen Untermauerung der Generationstheorie zugunsten einer mystischen Konzeption eines Schicksalszusammenhangs preisgegeben wird» (Werner KRAUSS).
2. Die Auffassung von der Generation als Bildungs- oder Erlebnisgemeinschaft, wonach das gemeinsame Jugenderlebnis zum Ursprung eines neuen «Zeitstils» wird. Der Zusammenhang mit der Periodisierung nach Jahrhunderten wird aufgegeben. Der Germanist Julius PETERSEN (*Die literarischen Generationen* 1930) geht von der Generation als «Schicksalsgemeinschaft» aus, «die eine Gleichheit der Erfahrungen und Ziele in sich schließt». «Die Generationsfolge bedeutet den Taktschlag des Schicksals, durch den unzählige Einzelexistenzen in einen Rhythmus der Arbeit gezwungen werden.» Ein mystischer Determinismus kennzeichnet auch diese Auffassung, mit der PETERSEN dann den Übergang zum Faschismus vollzog. Die aktive geschichtsbildende Funktion der Literatur wird negiert. Die elitäre Überhöhung der subjektiven Träger des objektiven Geschichtsprozesses hat ihre Kehrseite in ihrer Erniedrigung zu mechanisch-linearer Abhängigkeit von der Geschichte. PETERSEN hat dem Einwand von der Verschiedenheit und Entgegengesetztheit zwischen Vertretern einer Generation dadurch Rechnung getragen, daß er die Generation in eine Gruppe der Avantgarde, der «Umgelenkten» und der «Unterdrückten» gliedert. In ähnlicher Weise waren an der Ausarbeitung der Generationstheorie in dieser Zeit der Romanist Eduard WECHSLER (*Die Generation als Jugendgemeinschaft* 1929) und der Germanist R. ALEWYN (*Das Problem der Generation in der Geschichte* 1929) beteiligt. Die Wissenssoziologie Karl MANNHEIMS (*Das Problem der Generation* 1930) interpretiert die Krise der bürgerlichen Gesellschaft nach dem ersten Weltkrieg und den Verlust einer kontinuierlichen Kulturentwicklung mit einem zur Typologie erstarrten Generationsbegriff. Durch die Annahme einer rapiden Folge von Generationsstilen wird das steigende «Tempo gesellschaftlich-geistiger Umwälzungen» erklärt, ohne daß die geschichtlichen Grenzen eines Generationsbewußtseins und dessen innere Widersprüchlichkeit aufgedeckt werden.
Zur Bedeutung einer die gesamten geschichtlichen Wissenschaften beherrschenden Methode gelangte die Generationstheorie in *Spanien*. Hier hatte ORTEGA Y GASSET (→ Orteguismus) schon 1923 den Begriff der Generation zum Zentrum einer allgemeinen Geschichtsauffassung gemacht (*Die Idee der Generation* 1923). Nach dieser Theorie entwickelt und verändert sich die Geschichte im Rhythmus der Generationen alle 15 Jahre. ORTEGA Y GASSET verbindet die Generationstheorie aufs engste mit einer Elitekonzeption. Entscheidend ist nicht der Gegensatz zwischen den verschiedenen Gruppen einer Generation, die für ihn immer eine Zeitgemeinschaft bilden, sondern der Gegensatz zwischen Masse und Elite innerhalb einer Generation und der sie bildenden Gruppen. Unter Generation wird ein «dynamischer Kompromiß zwischen Masse und Individuum» verstanden. Hinter dieser Auffassung steht der Versuch, den Herrschaftsanspruch einer bürgerlichen Kulturelite zu legitimieren. Innerhalb einer Theorie der spanischen Geschichte bildet sie den Ausgangspunkt, von dem aus die demokratischen Traditionen und ihre Träger abgewertet werden.
In dieser Generationstheorie drückt sich wie in einem Zerrspiegel eine geschichtliche Tatsache aus. Die bürgerlich-liberale Intelligenz des Landes wurde seit der zweiten Hälfte des 19. Jahrhunderts zum Träger einer bürgerlichen Emanzipationsbewegung, die sich bis zur II. Republik (1931) nicht geschichtlich realisierte. Sie besaß in der 1876 gegründeten *Freien Unterrichtsanstalt* (Institución Libre de Enseñanza) eine eigene Bildungs- und Wirkungsstätte, aus der die führende Intelli-

genz Spaniens hervorging. Diese Intelligenz stand in einem freien Verhältnis zum Staat und besaß ein ausgeprägtes Bewußtsein nationaler Repräsentanz. Sie wurde seit 1898 immer mehr zum Träger einer geistig-kulturellen nationalen Befreiungsbewegung, die in der bürgerlich-demokratischen Revolution von 1931 gipfelte. Diese durch den sog. «Institutionismus» bestimmte Bewegung nahm den Charakter einer Generationsbewegung an, so daß die sich ablösenden und einander aufhebenden geistigen Richtungen im Bewußtsein ihrer Repräsentanten als den Geschichtsprozeß bestimmende Bewegungen erschienen. Das so entstandene Generationsbewußtsein besaß die wesentliche geschichtliche Voraussetzung in der Absage an die durch die Macht der herrschenden feudalen Mächte am Leben erhaltenen politischen und kulturellen Traditionen. Jede Generation der liberalen Intelligenz mußte von dieser Absage ausgehen. Durch den Sieg des Francofaschismus (1939) wurde dieser Zustand bis in die Gegenwart verlängert. Auf der Gegenseite übernahm die franquistische Ideologie die Generationstheorie und bemühte sich, in der spanischen Geschichte eine traditionalistisch-konservative Generationskette nachzuweisen. Im Anschluß an ORTEGA Y GASSET haben dann auch die spanischen Neoliberalen nach dem zweiten Weltkrieg die Generationstheorie wieder aufgegriffen und ihr Generationsbewußtsein geschichtlich zu untermauern versucht. Ein fiktives Gemeinschaftsbewußtsein ersetzt hier den Verlust eines wirklichen Einflusses auf den Verlauf der geschichtlichen Entwicklung. Repräsentativ für diese Richtung wurden vor allem Pedro Laín ENTRALGO (*Las generaciones en la historia* 1945; Die Generationen in der Geschichte) und der ORTEGA-Schüler Julián MARÍAS (*El método histórico de las generaciones* 1948; Die historische Generationsmethode).

generell [lat] – allgemein, allgemeingültig; die Gattung betreffend. *Ggs*: individuell.

Genesis [griech] – *eigtl*: das Werden; Entstehung, Entwicklung, Ursprung. In der Bibel Titel des 1. Buches Mosis, das die *christlich-religiöse Weltentstehungslehre*, die sog. *Schöpfungsgeschichte*, ausführt.

Genetik [griech] – Teilgebiet der allgemeinen Biologie, dessen Gegenstand die morphologisch-anatomische und physiologisch-chemische Grundlage sowie der Mechanismus der Vererbung ist. Durch ihren engen Zusammenhang mit der Abstammungslehre steht die Genetik im Zentrum weltanschaulicher Auseinandersetzungen.

Die sog. *klassische* (*formale*) *Genetik* (MENDEL, MORGAN) ging unter dem Aspekt der Konstanz der Organismen bei gleichbleibenden Umweltbedingungen davon aus, daß Vererbung ausschließlich durch die Kerne der Keimzellen erfolge. Diese galten als unbeeinflußbar durch die Körperzelle (Soma) und die durch den Stoffwechsel vermittelten Umwelteinflüsse. Sie wurden als ewig und unveränderlich betrachtet (WEISMANNS Keimbahnentheorie). Die Entdeckung der Chromosomen, einer Anzahl streng strukturierter Makromoleküle in den Keimzellen, schien die Vermutung der klassischen Genetik von der Existenz streng diskreter, ausschließlich die Vererbung bedingender, materieller Faktoren (Gene) zu bestätigen. Wenn mit dieser Auffassung auch der Versuch gemacht wurde, das Erbgeschehen materialistisch zu erklären, so führte die Trennung von Keimplasma, Stoffwechsel und Umwelt zu der metaphysischen Vorstellung, daß alle Veränderungen in den Erbanlagen nur quantitativer Natur, d. h. Um- und Neukombination von ewigen, ihrer Qualität nach unveränderlichen Chromosomenteilen seien, weshalb es keine funktionelle Anpassung und Vererbung erworbener Eigenschaften, also strenggenommen keine Entwicklung gebe (→ Evolutionismus).

Die angenommene Unveränderlichkeit der Gene wurde durch die Entdeckung hinfällig, daß bestimmte physikalische Einwirkungen auf die Chromosomen (z. B. Röntgenstrahlen) und bestimmte Zellgifte (z. B. Colchizin) sprunghafte Erbveränderungen (Mutationen) der Chromosomen- und Genanordnung bewirken (NÄGELI, DE VRIES, MULLER u. a.). Die Spontaneität, Zufälligkeit, nur statistische Voraussagbarkeit und Ungerichtetheit der Mutationen wie auch ihr Auftreten bei vorwiegend zweitrangigen, nicht lebenswichtigen Merkmalen verstärkte den Antievolutionismus dieser Schule, denn auf keinen Fall läßt sich – nach den Gesetzen der Wahrscheinlichkeitstheorie – die Entstehung der Arten durch das zufällige Zusammentreffen einer Vielzahl von ebenfalls zufälligen Mutationen isolierter Merkmale erklären. Der Mangel dieses mechanistischen Erklärungsversuchs der Vererbung, nämlich die Reduktion spezifisch biologischer auf physikalische und quantenphysikalische Gesetze, unterstützte zwangsläufig die religiös-idealistischen und teleologischen Vorstellungen von der Schaffung der Arten durch ein höheres Prinzip, durch Gott.

Das Phänomen der plasmatischen Vererbung – von der Genetik lange Zeit als Ausnahme behandelt –, die experimentell gewonnene Erkenntnis, daß das Zytoplasma selbst, und zwar durch wiederholt einwirkendes, extrem verändertes Milieu seine biochemische Autoregulation, seinen Stoffwechseltypus den neuen Bedingungen anpaßt und dies Verhalten auf die folgenden Generationen überträgt (wahrscheinlich über die Veränderung des Chemismus des Zellkerns), machte eine grundlegende Revision des Genbegriffs notwendig. Das Gen gilt heute für die Mehrzahl der Biologen nicht mehr als morphologisch-anatomische Einheit, nicht mehr als isoliertes Gebilde, sondern im Gegenteil als Knotenpunkt biochemischen Zellgeschehens, das – durch den Stoffwechsel determiniert – die Erbeigenschaften bestimmt, indem «Gen-Orte» Genprodukte abgeben, die – ins Zytoplasma gelangend – Fermente zur Proteinsynthese bilden, ausschalten oder aktivieren, die vorhandenen Rückkopplungsbezüge auflösen und «neuverknoten». Die Ergebnisse der Virusforschung, die Aufhellung der Struktur der → Desoxyribonukleinsäure (DNS) und die Anwendung der → Informationstheorie haben zu der Auffassung geführt, daß der zentrale Träger der Erbinformationen eben die DNS sind. Ihre Moleküle bestehen aus langen Ketten, an die vier organische Basen angelagert sein können. Diese vier Basen sind gewissermaßen die → Zeichen eines Zeichenensembles, mit dessen Hilfe die Erbinformation codiert werden kann. Die DNS ist als Träger der Erbinformation deswegen besonders gut geeignet, weil sie reaktionsträge und relativ beständig ist. Ihre Moleküle enthalten nicht nur Informationen, mit deren Hilfe der Organismus die Struktur seiner spezifischen Eiweiße aufbaut, sondern auch solche über die Zusammenschaltung der Moleküle zur Gesamtstruktur des Systems. Die DNS sind die Grundlage für die erbliche Reproduktion der Organismen. Unter dem Einfluß der Umwelt treten an den DNS-Molekülen gewisse Veränderungen (Mutationen) auf, die dazu führen, daß sich die Erbinformation beim Übergang von der Mutter- auf die Tochtergeneration wandelt. Unter den durch Mutation geänderten Individuen haben die an die Umwelt schlecht angepaßten eine geringere Überlebenschance als die gut angepaßten, so daß sich die für das Individuum vorteilhaften allmählich gegenüber den unvorteilhaften Mutationen durchsetzen. Sofern sie vom Menschen nicht beeinflußt werden, sind Mutationen im allgemeinen ungerichtet bzw. folgen einer statistischen Zufallsverteilung. Die Erzeugung von Mutationen ist gewissermaßen das → Trial-and-error-Verfahren der Art, sich verändernden Umweltverhältnissen anzupassen. Bewußtes Eingreifen des Menschen kann aus diesem Trial-and-error-Verfahren eine Methode der Züchtung neuer Arten entwickeln.

Bei der Untersuchung der Frage, wie man erblich fixierte Anpassungen der Organismen an sich verändernde Umweltbedingungen erzielen könne, gelangte MITSCHURIN, von der züchterischen Praxis ausgehend, zu einer der klassischen Genetik entgegengesetzten dialektischen Vererbungslehre. MITSCHURIN zeigte, daß Vererbung und Stoffwechselgeschehen untrennbar verbunden sind, daß die Organismen sich im Zusammenhang mit dem sie umgebenden Milieu entwickeln, daß sie aber gleichzeitig der Umwelt eine bestimmte Widerstandskraft entgegensetzen, mit ihr im Widerspruch sind, indem sie ihre gegebenen Eigenschaften (ererbten Regulationssysteme) gegenüber zufälligen Milieueinflüssen solange beibehalten, wie diese ein bestimmtes Maß nicht überschreiten. Ist jedoch der Qualitätsumschlag zu einem neuen Stoffwechseltyp erfolgt und wird dieser wiederholt durch das Milieu bestätigt, erweist er sich als erbfest. Dabei sind die Organismen im Jugendstadium, wenn die Umwelt ihre Erbanlagen noch nicht genügend gefestigt hat, besonders labil, anpassungsfähig. In diesem Stadium sind sie in der Lage, ihre Regelsysteme variierenden Umweltbedingungen anzupassen und diese Veränderungen häufig in den folgenden Generationen beizubehalten. Diese «Plastizität», «Lockerung» und «Erschütterung» der Erbanlagen wird auch durch die Setzung eines extremen Widerspruchs, d. h. durch Kreuzung von unterschiedlichen Sorten, Arten und Unterarten oder durch Bastardisierung ein und derselben, aber unterschiedlichen Umweltbedingungen zugehörigen Organismen erzielt. Besonders der Umstand, daß die durch vegetative Hybridisierung (die Pfropfung von Reisern auf Unterlagen verschiedener Rassen und Arten) erzielten Eigenschaften sich als erblich erweisen, wobei die labilere, jüngere Komponente durch die ältere, stabilere «erzogen» wird (Mentormethode), widerlegt die Vorstellungen der klassischen Genetik von der Getrenntheit von Keimplasma, Soma und Umwelt. Zu adäquaten Resultaten gelangten im Tierexperiment SACHAROW, KUSCHNER u. a. Bei den Nachfolgern MITSCHURINS führte die Ablehnung der metaphysischen Trennung von Keimsubstanz und Stoffwechsel in der klassischen Genetik zu einer Leugnung der relativen Diskretheit der Gene, der zentralen Rolle des Zellkerns im Erbgeschehen und zu einseitiger Verabsolutierung der Einheit von zytoplasmatischem und Kerngeschehen.

Die biochemischen Resultate und Vorstellungen der modernen Genetik geben die zu Lebzeiten MITSCHURINS noch nicht mögliche physiologische Erklärung seiner praktischen Erfolge und theoretischen Erkenntnisse, so daß sich unter Vermeidung der Einseitigkeiten beider Richtungen eine Synthese der rationellen Momente der MITSCHURINschen Vererbungslehre und der klassischen Genetik anbahnt.

→ Abstammungslehre.

genus proximum → Definition.

Geopolitik [griech] – pseudowissenschaftliche Theorie, die behauptet, daß die Politik der Staaten von geographischen Faktoren bestimmt sei. Das zusammengesetzte Wort «Geopolitik»

soll auf einen wesentlichen Zusammenhang zwischen dem geographischen Milieu und der Politik des Staates aufmerksam machen.
Gestützt auf die Lehren des geographischen Determinismus, entstand die Geopolitik mit dem Übergang zum Imperialismus in allen größeren kapitalistischen Ländern. Als Begründer gelten RATZEL, MACKINDER und MAHAN. Den Begriff prägte der schwedische Staatsrechtler KJELLÉN.
Nach dem ersten Weltkrieg erlangten die geopolitischen Lehren in Deutschland zunehmenden Einfluß. HAUSHOFER, ihr führender Vertreter, lieferte mit ihrer Hilfe eine theoretische Begründung für die faschistische Lehre vom «Volk ohne Raum» bzw. vom «Lebensraum». Von Anbeginn mit dem Rassismus eng verbunden, wurde die Geopolitik 1933 zur offiziellen Staatswissenschaft des faschistischen Regimes. Nach der Zerschlagung des deutschen Faschismus lebten die geopolitischen Lehren mit dem Wiedererstehen des Imperialismus und Militarismus in Westdeutschland wieder auf. Sie dienen hauptsächlich der Begründung revanchistischer Gebietsanforderungen gegenüber den sozialistischen Ländern.

Gerechtigkeit – ethisches und rechtliches Prinzip, das vor allem die Forderung der Volksmassen nach grundsätzlich gleichen sozialen Bedingungen und Möglichkeiten für die freie und allseitige Entwicklung der Persönlichkeit aller werktätigen Menschen und für ihre schöpferische Betätigung in der Gemeinschaft von Gleichberechtigten und Gleichverpflichteten zum Ausdruck bringt. Gerechtigkeit bedeutet den Anspruch auf gleiche Grundrechte und Pflichten für alle und auf die Achtung und Wahrung der persönlichen Würde eines jeden durch die Gesellschaft und alle ihre Mitglieder.
Das Prinzip der Gerechtigkeit wurde und wird durch bürgerliche Ideologen von den konkreten gesellschaftlichen Bedingungen losgelöst und oftmals im Sinne eines unhistorischen und allgemeinmenschlichen Ideals interpretiert. Im Namen der «Gerechtigkeit» werden Forderungen erhoben, daß eine jede Klasse, ein jeder Stand «das Ihrige» und jeder Mensch «das Seinige» zu tun habe. Die Verbreitung dieser und anderer Losungen – wie der vom «Allgemeinwohl», vom «demokratischen Wohlfahrtsstaat», von einer «freien und gerechten Sozialordnung» – durch die imperialistische Propaganda soll den Anschein gerechter sozialer Verhältnisse und Zustände unter den Bedingungen des staatsmonopolistischen Kapitalismus erwecken. Damit sollen die imperialistischen Eigentums- und Machtverhältnisse, die Grundlage aller sozialen Ungerechtigkeiten in der monopolkapitalistischen Gesellschaft, verschleiert und die Werktätigen politisch und moralisch desorientiert werden. Die Forderung der Werktätigen nach sozialer Gerechtigkeit, vor allem im Bereich der ökonomischen, politisch-rechtlichen und zwischenmenschlichen Beziehungen, ist ein wesentlicher Bestandteil ihres Kampfes gegen das staatsmonopolistische Herrschaftssystem. Die Forderung der Arbeiterklasse und der anderen werktätigen Schichten nach Gerechtigkeit richtet sich immer mehr gegen das maßlose Profitstreben der Monopolisten, den Mißbrauch ihrer Macht zur verschärften Ausbeutung und Unterdrückung der werktätigen Menschen, gegen die Willkür der kapitalistischen Unternehmer, die soziale Unsicherheit und den systematischen Abbau aller demokratischen Rechte. Sie fordern immer stärker eine gleichberechtigte soziale Stellung der werktätigen Menschen, Mitbestimmung bei der Lenkung und Leitung von Wirtschaft und Gesellschaft, Sicherung der demokratischen Rechte und Zurückdrängung der Macht der Monopole.
Die *sozialistische Gesellschaft* hat alle Voraussetzungen dafür geschaffen, den Anspruch der Arbeiterklasse und aller werktätigen Klassen und Schichten auf Gerechtigkeit umfassend erfüllen zu können. Dadurch erhält das Prinzip der Gerechtigkeit im Sozialismus zugleich einen neuen Sinn und Inhalt. Das sozialistische gesellschaftliche Eigentum an den Produktionsmitteln und die politische Macht der Arbeiter und Bauern sind die entscheidenden gesellschaftlichen Voraussetzungen für die gleichberechtigte und -verpflichtete soziale Stellung aller Werktätigen, für das Recht und die Pflicht der schöpferischen Tätigkeit in der sozialistischen Produktion, der aktiven demokratischen Teilnahme an der Planung und Leitung der gesellschaftlichen Entwicklung. Ausdruck der Gerechtigkeit im Sozialismus sind die Gewährleistung der sozialen Sicherheit und einer gesicherten Perspektive der Menschen, die Verwirklichung des Grundsatzes «Jeder nach seinen Fähigkeiten – jedem nach seiner Leistung», die Gleichberechtigung von Mann und Frau sowie die großen Möglichkeiten zur allseitigen und freien Entfaltung der Persönlichkeit des werktätigen Menschen. In allen Bereichen des gesellschaftlichen Lebens wird der sozialistische Grundsatz der Achtung der Würde des Menschen verwirklicht.
«Gerechtigkeit im großen wie im kleinen, unbedingte Rechtssicherheit und Gesetzlichkeit, Schutz der Würde und der Rechte des Bürgers in unserer Gesellschaft kennzeichnen unsere Staats- und Rechtsordnung. Sie sind für die Tätigkeit aller Staats- und Wirtschaftsorgane wie für die Rechtspflege unverbrüchliches Gebot» (Walter ULBRICHT). Auf der Grundlage der Übereinstimmung von gesellschaftlichen und persönlichen Interessen wird das Prinzip der Gerechtigkeit zu einer wichtigen politischen und

moralischen Triebkraft im Bewußtsein und Verhalten der Menschen.

Geschichte – Entwicklungsprozeß in Natur und Gesellschaft; *im engeren Sinne*: der Verlauf des objektiven und in seiner Mannigfaltigkeit gesetzmäßigen Entwicklungsprozesses der Gesellschaft vom Niederen zum Höheren, der mit der Bewegung von Gesellschaftsordnungen – ihrer Entstehung, Entwicklung, ihrem Untergang und ihrer Ablösung durch eine neue – identisch ist.

Alle *bürgerlichen Geschichtsauffassungen* reduzieren dagegen die Geschichte der Gesellschaft auf die Geschichte einzelner ideologischer Verhältnisse (vornehmlich Politik und Religion) bzw. auf die Entwicklung der technischen Elemente der Produktion und klammern damit die materiellen Verhältnisse der Gesellschaft, die Produktionsverhältnisse aus, die – in Abhängigkeit von den Produktivkräften und in Wechselwirkung mit ihnen – die eigentliche Grundlage der Geschichte bilden und als das entscheidende Teilsystem der Gesellschaft die Entwicklung aller übrigen Teilsysteme, wie Politik, Religion, Moral usw., bestimmen.

Der *historische Materialismus* geht davon aus, daß in der Geschichte wie in der Natur allgemeine, wesentliche und notwendige Zusammenhänge existieren, die die Wiederholbarkeit und Regelmäßigkeit bestimmter gesellschaftlicher Prozesse ausdrücken; er geht mit anderen Worten davon aus, daß Existenz und Entwicklung der Gesellschaft bestimmten Gesetzmäßigkeiten unterliegen. Unterschiedlich ist jedoch die Wirkungsweise der Gesetze, denn die Entwicklungsgeschichte der Gesellschaft erweist sich «in einem Punkt als wesentlich verschiedenartig von der der Natur. In der Natur sind es ... lauter bewußtlose Agenzien, die aufeinander einwirken und in deren Wechselspiel das allgemeine Gesetz zur Geltung kommt. Von allem, was geschieht ..., geschieht nichts als gewollter bewußter Zweck. Dagegen in der Geschichte der Gesellschaft sind die Handelnden lauter mit Bewußtsein begabte, mit Überlegung oder Leidenschaft handelnde, auf bestimmte Zwecke hinarbeitende Menschen; nichts geschieht ohne bewußte Absicht, ohne gewolltes Ziel. Aber dieser Unterschied ... kann nichts ändern an der Tatsache, daß der Lauf der Geschichte durch innere allgemeine Gesetze beherrscht wird» (MARX/ENGELS 21, 296). Die Geschichte der Menschheit ist trotz ihrer vielseitigen, ungleichmäßigen und widersprüchlichen Entwicklung ein objektiv gesetzmäßiger einheitlicher Prozeß. Die Einheit der Weltgeschichte besteht erstens darin, daß alle Völker und Länder in der Regel in etwa gleicher Reihenfolge dieselben sozialökonomischen Stufen durchschreiten und die diesen Stufen entsprechenden politischen und ideologischen Prozesse aufweisen. Sie äußert sich ferner darin, daß die einzelnen, isolierten «Geschichten» der Stämme und Völker in dem Maße, wie sich die Beziehungen (ökonomische, politische, kulturelle u. a.) zwischen ihnen verstärken und festigen, zu einer einheitlichen Weltgeschichte verschmelzen, in die im Laufe der Zeit immer mehr Völker, Länder und Territorien einbezogen werden. Der innere Zusammenhang der Geschichte ist dadurch gegeben, daß von den einzelnen Generationen eine jede «die ihr von allen vorhergegangenen übermachten Materiale, Kapitalien, Produktionskräfte exploitiert, daher also einerseits unter ganz veränderten Umständen die überkommene Tätigkeit fortsetzt und andererseits mit einer ganz veränderten Tätigkeit die alten Umstände modifiziert» (MARX/ENGELS 3, 45).

In allen antagonistischen Klassengesellschaften ist die Geschichte zugleich eine Geschichte von Klassenkämpfen, durch die der Widerstand der reaktionären Klassen gegen die im Interesse des gesellschaftlichen Fortschritts jeweils zu vollziehende Umgestaltung der Gesellschaft gebrochen wird. In diesen Gesellschaftsordnungen sind die Revolutionen die höchste Form des Klassenkampfes, «Lokomotiven der Weltgeschichte» (MARX).

Die Geschichte kennt keinen Endzustand ihrer Entwicklung, wie er ihr von religiösen Geschichtsphilosophen angedichtet (eschatologische Geschichtsauffassung) und dessen Behauptung auch dem Marxismus unterstellt wird. «Ebensowenig wie eine Erkenntnis kann die Geschichte einen vollendeten Abschluß finden in einem vollkommenen Idealzustand der Menschheit» (MARX/ENGELS 21, 267). Da die Entwicklung der Produktivkräfte kein Ende kennt, kann es auf Grund des Systemcharakters der Gesellschaft, der eine entsprechende Entwicklung der Produktionsverhältnisse und davon abhängig auch der ideologischen Verhältnisse verlangt, keinen Endzustand der Gesellschaft geben. Die Entwicklungsgesetze der Gesellschaft wirken auch nach der Errichtung der sozialistischen Gesellschaftsordnung weiter, jedoch werden diese Gesetze, «die Gesetze ihres [der Menschen] eigenen gesellschaftlichen Tuns, die ihnen bisher als fremde, sie beherrschende Naturgesetze gegenüberstanden ... von den Menschen mit voller Sachkenntnis angewandt und damit beherrscht ... Erst von da an werden die Menschen ihre Geschichte mit vollem Bewußtsein selbst machen, erst von da an werden die von ihnen in Bewegung gesetzten gesellschaftlichen Ursachen vorwiegend und in stets steigendem Maß auch die von ihnen gewollten Wirkungen haben. Es ist der Sprung der Menschheit aus dem Reich der Notwendigkeit in das Reich der Freiheit» (MARX/ENGELS 19, 226).

Wissenschaftliche Einsicht in das Wesen des Geschichtsprozesses, d. h. Kenntnis der Gesetzmäßigkeiten und Triebkräfte des Geschichtsprozesses, erlangte als erste Klasse in der Geschichte die Arbeiterklasse. Als erste Klasse in der Geschichte erobert sie die politische Herrschaft nicht, um eine Form der Ausbeutung durch eine andere zu ersetzen, sondern um jegliche Ausbeutung zu beseitigen. Aus diesem Grunde sind ihrem Erkenntnisstreben keinerlei soziale Schranken gesetzt. Sie kann im Gegenteil nicht ohne die Aufdeckung der gesellschaftlichen Entwicklungsgesetze zur Macht gelangen. Die Bedürfnisse des praktischen Kampfes um ihre Befreiung von der kapitalistischen Unterdrückung und Ausbeutung zwingen sie dazu, tief in das Wesen der sozialen Erscheinungen einzudringen, sich über ihre Stellung in der Gesellschaft und die Wege zu ihrer Umwandlung in die sozialistische Gesellschaft volle Klarheit zu verschaffen. Ihr geht es nicht um die Entwicklung einer «Mobilisierungsideologie» schlechthin, wie es deren in der Geschichte viele gegeben hat und die trotz ihres unwissenschaftlichen Charakters im Interesse des Fortschritts wirksam geworden sind, sondern um eine wissenschaftliche Ideologie, die als Grundlage für die Gewinnung von Methoden dient, mit denen der ökonomische, politische und ideologische Kampf der Arbeiterklasse für den Sieg des Sozialismus erfolgreich geführt werden kann. Methoden aber, die nicht auf einer wissenschaftlichen Theorie der Gesellschaft und ihrer Entwicklung aufbauen, sind mangelhaft bzw. irreführend. Das heißt, daß für die marxistische Geschichtstheorie nicht die Nützlichkeit oder Zweckmäßigkeit irgendeiner Erklärung der Geschichte entscheidend ist, sondern ihre Wahrheit. Ihre Parteilichkeit hat im Gegensatz zu der der Ausbeuterklassen in der Wahrheit ihre Grundlage.

Die Erforschung der Geschichte der Gesellschaft durch die Begründer des Marxismus stellt neben der Analyse der damaligen bürgerlichen Gesellschaft die Grundvoraussetzung für die Entwicklung einer wissenschaftlichen Geschichts- und Gesellschaftstheorie dar. Das Studium der Geschichte betrachtet der Marxismus als unerläßlich, um in der gegenwärtigen Auseinandersetzung mit dem internationalen Imperialismus Lehren aus der Geschichte ziehen zu können, um die Methoden des Kampfes gegen ihn zu verbessern, um objektive geschichtliche Entwicklungstendenzen rechtzeitig zu erkennen, um auf Grund ihrer Erkenntnis zu bestimmten Geschichtsprognosen zu gelangen, die für die Erarbeitung der eigenen Strategie des Klassenkampfes von Bedeutung sind. Als ebenso wichtig betrachtet der Marxismus das Studium der bisherigen Geschichte der sozialistischen Gesellschaftsordnung für den weiteren erfolgreichen Aufbau des Sozialismus in den einzelnen sozialistischen Ländern.

Die wissenschaftliche Erkenntnis der Gesetzmäßigkeit des Geschichtsprozesses beinhaltet die Erkenntnis der historischen Mission der Arbeiterklasse als des Schöpfers einer neuen, der sozialistischen Gesellschaft. Sie bildet das feste Fundament für den dieser Klasse eigenen Geschichtsoptimismus und verleiht ihr die unerschütterliche Überzeugung ihres Sieges im Weltmaßstab.

Aus dem Gang der Geschichte versuchten die verschiedensten Klassen und Schichten zu allen Zeiten eine Rechtfertigung für ihr eigenes Handeln, für die Errichtung bzw. für die ewige Aufrechterhaltung ihrer Klassenherrschaft abzuleiten. Insbesondere versuchten die Unterdrücker- und Ausbeuterklassen aus der Geschichte zu beweisen, daß es Unterdrückung und Ausbeutung sowie Kriege schon immer gegeben habe und folglich immer geben werde, jegliches Streben nach Errichtung einer Ordnung ohne diese Erscheinungen daher utopisch sei. Systemtheoretisch gesehen hatte das zur Folge, daß alle Ausbeuterklassen bei der Deutung der Geschichte den semantischen Aspekt dem pragmatischen unterordneten, d. h., letztlich die Wahrheit ihrer Parteilichkeit unterordneten. Dieselbe Einstellung legen Ausbeuterklassen auch bei der Behandlung der erkenntnistheoretischen Probleme der Geschichte an den Tag. Charakteristisch ist dafür der stete Wandel in den diesbezüglichen Auffassungen der Bourgeoisie. In der Periode ihres Aufstiegs entwickelten ihre progressiven Ideologen die Idee, daß das gesellschaftliche Leben ebenso wie die Natur von Gesetzen beherrscht werde, die es zu erkennen gelte. Nachdem die Bourgeoisie die Macht ergriffen, die Arbeiterklasse den Schauplatz der Geschichte betreten hatte, die antagonistischen Widersprüche zwischen ihr und der Bourgeoisie sich entfaltet und die Begründer des Marxismus die Gesetze des geschichtlichen Entwicklungsprozesses der Gesellschaft aufgedeckt hatten, wandten sich die bürgerlichen Ideologen von nun an entschieden gegen die Idee der Gesetzmäßigkeit der Geschichte. Zur Begründung und Rechtfertigung dieser Ablehnung entstand eine spezifische Form der bürgerlichen Geschichtsphilosophie, die im nichtmarxistischen Sprachgebrauch durch Termini wie «Erkenntniskritik der Geschichte», «formale Geschichtsphilosophie» u. ä. gekennzeichnet wird. Hauptvertreter dieser Richtung waren die Neukantianer Wilhelm Windelband und Heinrich Rickert. Ihre Auffassungen, wie auch lebensphilosophische, werden von den Gegnern des historischen Materialismus noch heute dazu benutzt, die Existenz objektiver Gesetze des Geschichtsprozesses zu leugnen.

Diesen Auffassungen zufolge sind alle geschichtlichen Erscheinungen absolut einmalig und nicht wiederholbar, daher auch nicht vergleichbar und keiner Verallgemeinerung zugänglich. Erkenntnisziel der Geschichtswissenschaft seien nicht Gesetze, sondern besondere historische Tatsachen, die es nicht zu erklären, sondern nur zu beschreiben gelte (*idiographische Methode*). Anstelle der aus einer wissenschaftlichen Theorie ableitbaren Methoden der Auswahl aus Informationsmengen und der Erklärung historischer Fakten wird die Anwendung eines «trainierten Wahrheitssinns», d. h. die «Schau», die «Intuition» empfohlen, jegliche Erklärung von einer Theorie her als «dogmatische Explikation» verunglimpft. Mit der Begründung, daß die Geschichte einen chaotischen Charakter trage, wird jeder Versuch, Lehren aus der Geschichte zu ziehen und Geschichtsprognosen aufzustellen, als «anmaßliche Nutzbarmachung» der Geschichte zurückgewiesen. Diese Auffassungen gipfeln in der These von der absoluten Sinnlosigkeit der Geschichte, von der «Unerforschlichkeit des Ziels» der Geschichte (ROTHFELS), womit Gesetzmäßigkeit und Zielgerichtetheit des Geschichtsprozesses sowie seine rationale Erkennbarkeit geleugnet und der weitere Verlauf der Geschichte als absolut offen erklärt werden.

Mit dem Eintritt des Kapitalismus in sein imperialistisches Stadium, insbesondere aber mit Beginn seiner allgemeinen Krise, ergibt sich für die Vertreter dieser Ordnung der objektive Zwang, seine Fortexistenz geschichtsphilosophisch zu rechtfertigen. Zu diesem Zweck versuchen reaktionäre Ideologen, eine solche Ordnung, Gesetzmäßigkeit und Zielgerichtetheit in der Geschichte zu «entdecken», die das imperialistische System im allgemeinen als Krönung der Geschichte und einen jeweils anderen imperialistischen Staat im besonderen als «rechtmäßigen» Prätendenten auf die Weltherrschaft ausweist. Wenngleich es sich dabei in jedem Falle um mehr oder weniger spekulative Geschichtskonstruktionen und Pseudogesetze handelt, so sind diese Versuche, wie sie in jüngster Zeit vor allem von Kreislauftheoretikern und Vertretern der Industriegesellschaftslehren vorgenommen wurden, dennoch mit den oben dargestellten Auffassungen vom Wesen der Geschichte und mit den davon abgeleiteten erkenntnistheoretischen Schlußfolgerungen unvereinbar. Das führt von Zeit zu Zeit zu einer ernsten philosophisch-methodologischen Auseinandersetzung – im nichtmarxistischen Sprachgebrauch auch als «Methodenstreit», als «Grundlagenkrise der Geschichtswissenschaft» oder als «Krise des Historismus» bezeichnet –, die insbesondere nach dem zweiten Weltkrieg besonders heftige Formen annahm und letztlich dazu führte, daß von den orthodoxen neukantianischen Auffassungen von der Geschichte und von den Methoden ihrer Erkenntnis einstweilen bestimmte Abstriche vorgenommen wurden.

Die Unterordnung der Wahrheit unter die Parteilichkeit führt in der reaktionären, imperialistischen Auffassung von der Geschichte so weit, daß um der Erreichung oben erwähnter Ziele willen sogar die von den progressiven Ideologen der aufsteigenden Bourgeoisie bereits als wissenschaftlich unvertretbar zurückgewiesenen theologischen Spekulationen über die Geschichte, über ein angeblich im Heilsplan Gottes vorgesehenes Eschaton (Ende der Geschichte) wiederbelebt und weit verbreitet werden. Die Autorität, die der Begriff Gottes bei den Gläubigen genießt, wird mißbraucht, um das imperialistische System als Eschaton der Geschichte und das expansionistische Streben imperialistischer Staaten als eine «von Gott gewollte Sendung» auszugeben (TOYNBEE, MESSERSCHMID u. a.).

Die emotionale Einstellung der Ausbeuterklassen zur Geschichte wandelt sich mit ihrer Stellung im Geschichtsprozeß. So ist für Ideologen der aufsteigenden Bourgeoisie ein unbegrenzter Geschichtsoptimismus kennzeichnend, der mit dem Beginn des imperialistischen Stadiums und vor allem mit dem Beginn der allgemeinen Krise des Kapitalismus in einen Geschichtspessimismus übergeht: «die Überzeugung, die Geschichte bestätige uns, auf dem rechten, in ihr selbst vorgezeichneten Wege zu sein ..., ist uns aus guten Gründen abhanden gekommen» (ROTHFELS). Das «Gefühl der ‚Geborgenheit' im Gang der Geschichte» geht verloren, an seine Stelle tritt «das Gefühl des ‚Geworfenseins', der Zufälligkeit unserer Existenz inmitten eines als chaotisch empfundenen geschichtlichen Geschehens. Geschichte tritt uns nicht mehr als ein von uns selbst hervorgerufenes ..., sondern weithin als blindes Fatum gegenüber» (W. MOMMSEN). Lediglich aus den Erfordernissen des ideologischen Kampfes gegen den Marxismus ist es zu erklären, wenn in der Gegenwart Ideologen der imperialistischen Bourgeoisie im Widerspruch dazu scheinoptimistische Geschichts- und Gesellschaftstheorien zu entwickeln versuchen, die das kapitalistische System mit einer Perspektive ausstatten, die es nicht mehr besitzt.

Der Begriff «Geschichte» wird auch synonym für Geschichtswissenschaft gebraucht.

→ Materialismus, dialektischer und historischer → Geschichtsphilosophie → Klassenkampf → Revolution → Prognose.

657/1

548/8

rororo klassiker

KARL MARX
Texte zu Methode und Praxis

I: Jugendschriften 1835–1841 [rk 194/95]

II: Pariser Manuskripte 1844 [rk 209/10]

III: Der Mensch in Arbeit und Kooperation / Aus den Grundrissen der Kritik der politischen Ökonomie 1857/1858 [rk 218/19]

Herausgegeben von Günther Hillmann. Jeder Band mit einem Essay «Zum Verständnis der Texte», Erläuterungen, Bibliographie, Namenregister und Verzeichnis der Fremdwörter.

In drei Bänden werden Texte vorgelegt, die heute von aktueller Bedeutung für die Auseinandersetzung mit dem Marxismus-Leninismus und den Auflösungsprozeß der offiziellen Ideologie von höchster Bedeutung sind. Die bisher nur schwer oder unvollständig zugänglichen Jugendschriften des 1. Bandes bilden den Ausgangspunkt der heutigen Marx-Diskussion, weil sie das Verhältnis von Marx und Hegel, den Beginn der Auseinandersetzung um Theorie und Praxis und schließlich den Zerfallsprozeß eines geschlossenen Systems verständlich machen. Der 2. Band enthält die ökonomisch-philosophischen und andere Pariser Schriften des Jahres 1844, die in die Ost-Berliner Marx-Ausgabe nicht aufgenommen wurden. Der 3. Band schließlich wird aus den ‹Grundrissen der politischen Ökonomie› (1857/58) jene Texte bringen, die das aktuelle Problem ‹Der Mensch in Arbeit und Kooperation› behandeln und die Entwicklung und Aufhebung der gesellschaftlichen Macht als einer ‹fremden Sache› interpretieren.

Professor Georg Lukács: «Diese Marx-Ausgabe gehört sicher zu den nützlichsten Publikationen der letzten Jahre.»

221/4

lagen [221/22] – Bd. II: Der Aufbau [223/24] – Bd. III: Die Vollendung [225/26] – Bd. IV: Die Krönung [227/28] – Bd. V: Der Einsturz [229/30]
Joachim Matthes, Einführung in die Religionssoziologie I: Religion und Gesellschaft [279/80] – II: Kirche und Gesellschaft [312/13]

Physik, Naturwissenschaft und Technik

Albert Einstein / Leopold Infeld, Die Evolution der Physik / Von Newton bis zur Quantentheorie [12]
Werner Heisenberg, Das Naturbild der heutigen Physik [8]
Albert Ducrocq, Der Mensch im Weltall / Die zweite Entwicklungsstufe der Raumflugkörper [175/76]
Norbert Wiener, Kybernetik / Regelung und Nachrichtenübertragung in Lebewesen und Maschine [294/95]
Mortimer Taube, Der Mythos der Denkmaschine / Kritische Betrachtungen zur Kybernetik [245]

Biologie

Thure von Uexküll, Grundfragen der psychosomatischen Medizin [179/80]
Charles Oberling, Krebs, das Rätsel seiner Entstehung [93]
Hans Marquardt / Gerhard Schubert, Die Strahlengefährdung des Menschen durch die Atomenergie [91]
Agnes Arber, Sehen und Denken in der biologischen Forschung [110]
August Thienemann, Leben und Umwelt / Vom Gesamthaushalt der Natur [22]
Maurice Burton, Die Kindheit der Tiere [57]
Hugh Nicol, Der Mensch und die Mikroben [32]

Psychologie

Hans Jürgen Eysenck, Wege und Abwege der Psychologie [17/18]
F. J. J. Buytendijk, Mensch und Tier / Ein Beitrag zur vergleichenden Psychologie [74]
Gustav Bally, Einführung in die Psychoanalyse Sigmund Freuds / Mit Originaltexten Freuds [131/32]
Peter R. Hofstätter, Gruppendynamik. Durchgesehene und erweiterte Neuauflage [38/39]
Hans Strotzka, Einführung in die Sozialpsychiatrie [214]
● **Joachim Israel,** Der Begriff Entfremdung / Makrosoziologische Untersuchung von Marx bis zur Soziologie der Gegenwart [359]
Geoffrey Gorer, Die Amerikaner / Eine völkerpsychologische Studie [9]
Christian Kellerer, Objet trouvé und Surrealismus / Zur Psychologie der modernen Kunst [289]
Eric Hoffer, Der Fanatiker / Eine Pathologie des Parteigängers [220]
Günter Schmölders, Psychologie des Geldes [263–65]

Soziologie

Karl-Dieter Opp, Methodologie der Sozialwissenschaften. Einführung in Probleme ihrer Theorienbildung [339–41]
● **H. J. Krysmanski,** Soziologie des Konflikts / Materialien und Modelle [362]
● **Joachim Israel,** Der Begriff Entfremdung / Makrosoziologische Untersuchung von Marx bis zur Soziologie der Gegenwart [359]
Friedrich Jonas, Geschichte der Soziologie. Mit Quellentexten I: Aufklärung – Liberalismus – Idealismus [302/03] – II: Sozialismus – Positivismus – Historismus [304/05] – III: Französische und italienische Soziologie [306/07]

● **Gabor Kiss,** Marxismus als Soziologie / Theorie und Empirie in den Sozialwissenschaften der DDR, UdSSR, Polens, der CSSR, Ungarns, Bulgariens und Rumäniens [329]
Zvi Rudy, Soziologie des jüdischen Volkes [217/18]
David Riesman / Reuel Denney / Nathan Glazer, Die einsame Masse / Eine Untersuchung der Wandlungen des amerikanischen Charakters [72/73]
José Ortega y Gasset, Der Aufstand der Massen [10]
Arnold Gehlen, Die Seele im technischen Zeitalter / Sozialpsychologische Probleme in der industriellen Gesellschaft [53]
Eric Hoffer, Die Angst vor dem Neuen / Freiheit als Herausforderung und Aufgabe [288]
Helmut Schelsky, Soziologie der Sexualität [2]
Eugen Lemberg, Nationalismus I: Psychologie und Geschichte [197/98] – Nationalismus II: Soziologie und politische Pädagogik [199]
Oskar Klug, Katholizismus und Protestantismus zur Eigentumsfrage / Eine gesellschaftliche Analyse [153/54]
Renate Mayntz, Soziologie der Organisation [166]
Elisabeth Noelle, Umfragen in der Massengesellschaft / Einführung in die Methoden der Demoskopie [177/78]
Günter Hillmann, Die Befreiung der Arbeit. Die Entwicklung kooperativer Selbstorganisation und die Auflösung bürokratisch-hierarchischer Herrschaft [342/43]
Philippe Muller, Berufswahl in der rationalisierten Arbeitswelt [133]

Staats- und Wirtschaftswissenschaften

Hans Apel, Der deutsche Parlamentarismus / Unreflektierte Bejahung der Demokratie? [298/99]
Walter Eucken, Grundsätze der Wirtschaftspolitik [81]
J. R. Hicks, Einführung in die Volkswirtschaftslehre [155/56]
Günter Schmölders, Konjunkturen und Krisen [3] – Finanz- und Steuerpsychologie. Erweiterte Neuauflage von Das Irrationale in der öffentlichen Finanzwirtschaft [100/01] – Geschichte der Volkswirtschaftslehre [163/64]
Börje Kragh, Konjunkturforschung in der Praxis / Prognosen und ihre Anwendung in der Konjunkturpolitik [321]
Hans Raupach, Geschichte der Sowjetwirtschaft [203/04] – System der Sowjetwirtschaft / Theorie und Praxis [296/97]
Andreas Predöhl, Das Ende der Weltwirtschaftskrise / Eine Einführung in die Probleme der Weltwirtschaft [161]
Erich Kosiol, Die Unternehmung als wirtschaftliches Aktionszentrum / Einführung in die Betriebswirtschaftslehre [256/57]
Ralf-Bodo Schmidt unter Mitwirkung von **Jürgen Berthel,** Unternehmungsinvestitionen / Strukturen – Entscheidungen – Kalküle [338]
Hans Kellerer, Statistik im modernen Wirtschafts- u. Sozialleben [103/04]
Elisabeth Noelle, Umfragen in der Massengesellschaft / Einführung in die Methoden der Demoskopie [177/78]
Clemens A. Andreae, Ökonomie der Freizeit / Zur Wirtschaftstheorie der modernen Arbeitswelt [330/31]
Oskar Klug, Katholizismus und Protestantismus zur Eigentumsfrage / Eine gesellschaftspolitische Analyse [153/54]

Anthropologie

Arnold Gehlen, Anthropologische Forschung / Zur Selbstbegegnung und Selbstentdeckung des Menschen [138]
Bronislaw Malinowski, Geschlecht und Verdrängung in primitiven Gesellschaften [139/40]

Margaret Mead, Mann und Weib / Das Verhältnis der Geschlechter in einer sich wandelnden Welt [69/70]

Geschichte, Kulturgeschichte und Zeitgeschichte

Johan Huizinga, Homo Ludens / Vom Ursprung der Kultur im Spiel [21]
T. S. Eliot, Zum Begriff der Kultur [136]
Vilhelm Grønbech, Hellas / Griechische Geistesgeschichte I: Die Adelszeit [215/16] – Griechische Geistesgeschichte II: Götter und Menschen [274/75]
Franz Altheim, Entwicklungshilfe im Altertum / Die großen Reiche und ihre Nachbarn [162]
Basil Davidson, Vom Sklavenhandel zur Kolonialisierung / Afrikanisch-europäische Beziehungen zwischen 1500 und 1900 [266/67]
Erwin Hölzle, Geschichte der zweigeteilten Welt: Amerika und Rußland [135] – Die Revolution der zweigeteilten Welt – Eine Geschichte der Mächte 1905–1929 [169]
Joel Carmichael, Die russische Revolution / Von der Volkserhebung zum bolschewistischen Sieg. Februar–Oktober 1917 [283/84]
Günter Hillmann, Selbstkritik des Kommunismus / Texte der Opposition [272/73]
Pietro Gerbore, Formen und Stile der Diplomatie [211/12]
Eugen Lemberg, Nationalismus I: Psychologie und Geschichte [197/98] – Nationalismus II: Soziologie und politische Pädagogik [199]
Margret Boveri, Der Verrat im 20. Jahrhundert. IV: Verrat als Epidemie: Amerika / Fazit [105/06]
Hildegard Brenner, Die Kunstpolitik des Nationalsozialismus [167/68]
Ingeborg Y. Wendt, Geht Japan nach links? [202]
Edvard Kardelj, Vermeidbarkeit oder Unvermeidbarkeit des Krieges / Die jugoslawische und die chinesische These [128]
Georg Lukács, Marxismus und Stalinismus / Politische Aufsätze. Ausgewählte Schriften IV [327/28]

Kunstwissenschaft und Kunstgeschichte

Karl Schefold, Römische Kunst als religiöses Phänomen [200]
Guido Kaschnitz von Weinberg, Römische Kunst I: Das Schöpferische in der römischen Kunst [134] – II: Zwischen Republik und Kaiserreich [137] – III: Die Grundlagen der republikanischen Baukunst [150] – IV: Die Baukunst im Kaiserreich [165]
Hans Jantzen, Kunst der Gotik / Klassische Kathedralen Frankreichs [Chartres – Reims – Amiens] [48/49]
Gustav René Hocke, Die Welt als Labyrinth / Manier und Manie in der europäischen Kunst [50–52]
Christa Baumgarth, Geschichte des Futurismus / Balla · Boccioni · Carrà · Marinetti · Palazzeschi · Prampolini · Russolo · Sant'Elia · Severini [248/49]
Christian Kellerer, Objet trouvé und Surrealismus / Zur Psychologie der modernen Kunst [289]
Walter Hess, Dokumente zum Verständnis der modernen Malerei [19]
Jürgen Claus, Theorien zeitgenössischer Malerei in Selbstzeugnissen von Pollock · Hartung · Tàpies · Nay · Baumeister · Michaux · Vedova · Mathieu · Wols [182] – Kunst heute / Personen, Analysen, Dokumente [238/39]
Jürgen Claus, Expansion der Kunst / Action–Environment–Kybernetik–Technik–Urbanistik [334/35]
Reyner Banham, Die Revolution der Architektur / Theorie und Gestaltung im Ersten Maschinenzeitalter [209/10]

Literaturwissenschaft und Sprachwissenschaft

Karl Otto Conrady, Einführung in die Neuere deutsche Literaturwissenschaft [252/53]
Jean-Paul Sartre, Was ist Literatur? [65]
Werner Krauss, Grundprobleme der Literaturwissenschaft / Zur Interpretation literarischer Werke. Mit Textanhang [290/91]
Friedrich-W. und Erika Wentzlaff-Eggebert, Deutsche Literatur im späten Mittelalter 1250–1450. Mit Lesestücken. I: Rittertum – Bürgertum [350/52] – II: Kirche [353–55] – III: Neue Sprache aus neuer Welterfahrung [356–58]
Marian Szyrocki, Die deutsche Literatur des Barock / Opitz – Fleming – Zesen – Gryphius – Lohenstein – Grimmelshausen – Beer [300–01]
Georg Lukács, Ausgewählte Schriften I: Die Grablegung des alten Deutschland / Essays zur deutschen Literatur des 19. Jahrhunderts [276] – Ausgewählte Schriften II: Faust und Faustus / Vom Drama der Menschengattung zur Tragödie der modernen Kunst [285–87]
Hugo Friedrich, Die Struktur der modernen Lyrik / Von der Mitte des neunzehnten bis zur Mitte des zwanzigsten Jahrhunderts [25–26a]
Walter Höllerer, Theorie der modernen Lyrik / Dokumente zur Poetik I [231–33]
Christa Baumgarth, Geschichte des Futurismus: Balla – Boccioni – Carrà – Marinetti – Palazzeschi – Prampolini – Russolo – Sant/Elia – Severini / Mit Dokumenten und Texten [248/49]
Gerda Zeltner-Neukomm, Das Wagnis des französischen Gegenwartromans / Butor – Robbe-Grillet – Sarraute – Beckett – Queneau – Camus – Malraux – Sartre [109]
Georg Lukács, Ausgewählte Schriften III: Russische Literatur – Russische Revolution. Puschkin – Tolstoi – Dostojewskij – Fadejew – Makarenko – Scholochow – Solschenizyn [314/16]
Gustav René Hocke, Manierismus in der Literatur / Sprach-Alchimie und esoterische Kombinationskunst [82/83]
Rudolf Pfeiffer, Geschichte der klassischen Philologie. Von den Anfängen bis zum Ende des Hellenismus [344/46]
Hans Eggers, Deutsche Sprachgeschichte I: Das Althochdeutsche [185/86] – II: Das Mittelhochdeutsche [191/92] – III: Das Frühneuhochdeutsche [270/71]
Mario Wandruszka, Der Geist der französischen Sprache [85]
Benjamin Lee Whorf, Sprache – Denken – Wirklichkeit / Beiträge zur Metalinguistik und Sprachphilosophie [174]
Max Bense, Einführung in die informationstheoretische Ästhetik. Grundlegung und Anwendung in der Texttheorie [320]

Musikwissenschaft und Musikgeschichte

Theodor W. Adorno, Einleitung in die Musiksoziologie / Zwölf theoretische Vorlesungen [292/93] – Nervenpunkte der Neuen Musik / Ausgewählt aus «Klangfiguren» [333]

Theaterwissenschaft und Film

Hans Heinrich Borcherdt, Das europäische Theater im Mittelalter und in der Renaissance [322–24]
Martin Esslin, Das Theater des Absurden [234–36]

637/1